DreiStromLand
Ems·Weser·Elbe

DreiStromLand
Ems·Weser·Elbe

Das EWE-Handbuch der Städte, Samtgemeinden und Gemeinden zwischen Ems, Weser und Elbe

Herausgegeben anlässlich des 75-jährigen Jubiläums der EWE Aktiengesellschaft

Band 1

EUROPA VERLAG

EWE

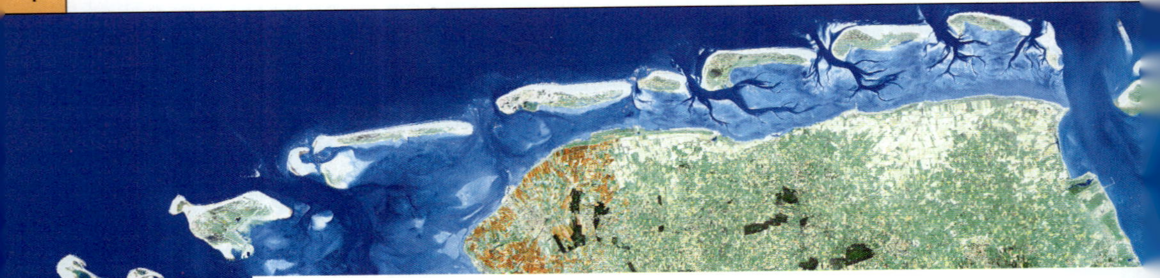

Inhalt

Geleitwort

SEHR GEEHRTE LESERINNEN UND LESER,

„Was liegt beim Reisen näher als die Ferne?“, fragt der deutsche Aphoristiker Werner Mitsch. Tatsächlich führt die Exotik des Fernen und Fremden dazu, dass manchem bei der Wahl seines Reiseziels nichts ferner liegt als die Nähe. Wer das Mittelmeer oder die Alpen kennt, ist nicht unbedingt auch mit den Sehenswürdigkeiten seiner Umgebung vertraut.

Die EWE AG blickt in diesem Jahr auf eine 75-jährige Unternehmensgeschichte zurück. Deshalb möchte ich Sie einladen zu einer Reise durch das **DreiStromLand**. Dieser Name steht für das Gebiet zwischen den drei Flüssen Ems, Weser und Elbe. Zugleich steht er für die ungewöhnliche Perspektive, aus der die Region und ihre Orte in dieser mehrmedialen Dokumentation betrachtet werden. Eine Perspektive, die es erlaubt, das Ganze zu sehen, aber auch, sich nach Belieben und gezielt in Details zu vertiefen.

Überfliegen Sie im Geiste weite Landschaften oder setzen Sie zur Punktlandung in einzelnen Ortschaften an. Erleben Sie neue, interessante Blickwinkel und sehen Sie eine Stadt oder einen Ort mit den Augen eines Bürgers, der die Stadtgeschichte miterlebt hat. Viele Menschen – Künstler, Prominente und Menschen „von nebenan“ – lassen Sie in diesem Werk an ihren Lebensgeschichten und besonderen Erlebnissen teilhaben. Dabei stoßen Sie immer wieder auf außergewöhnliche und unerwartete Verbindungen in die ganze Welt – ein Beispiel dafür ist die Ehrenhäuptlingswürde, die ein peruanischer Stamm einem Hattener Bürger als Dank für sein persönliches Engagement verlieh.

Der Blick auf Daten und Fakten erlaubt darüber hinaus eine schnelle Orientierung. Doch lassen Sie sich ruhig verführen zu Abstechern in den Alltag und in die Geschichte der Menschen, die hier leben, oder der Gebäude und Einrichtungen, denen Sie möglicherweise früher oder später einmal einen Besuch abstatten werden.

Unser Unternehmen ist zusammen mit seinen Tochtergesellschaften ein Teil des Netzes, das diese Region verbindet. Wir bringen Strom, Erdgas und Telekommunikationsdienstleistungen in die Häuser der Menschen und nehmen damit an ihrem Alltag teil – wenn sie das Mittagessen zubereiten oder an kalten Tagen die Heizung aufdrehen. Unser Beitrag zur hohen Lebens- und Standortqualität in dieser Region ist ein sicheres Stromnetz, ein leistungsstarkes, flächendeckendes Erdgasnetz und ein schnelles Telekommunikationsnetz. Wir haben hier Maßstäbe für andere gesetzt. Doch das ist nur der Blick auf das Ganze. Aus der Nähe betrachtet sind es unsere Mitarbeiterinnen und Mitarbeiter, von denen die Mehrzahl im **DreiStromLand** lebt und arbeitet. Im Gebiet zwischen Ems, Weser und Elbe sind unsere Mitarbeiter an rund 100 Standorten als Ansprechpartner da und machen EWE vielerorts zu einem lebendigen Teil des Gemeinwesens. Weitere Standorte unterhalten wir unter anderem in Brandenburg, auf der Insel Rügen und in Polen.

Als Unternehmen mit regionaler Verantwortung engagieren wir uns über unsere Versorgungsaufgabe hinaus durch die Förderung von Wissenschaft, Bildung, Kunst, Kultur und Sport. Zu diesem Zweck wurde unter anderem die EWE Stiftung ins Leben gerufen.

Die Dokumentation, die nun vor Ihnen liegt, ist eine aktuelle Momentaufnahme der Region und als solche eine Hommage an all diejenigen Menschen, die der Region Charakter verleihen. Ich würde mich freuen, wenn Sie diese Dokumentation dazu einlädt, die „Exotik der Nähe“ wieder zu entdecken.

Dr. Werner Brinker
Vorsitzender des Vorstandes
EWE Aktiengesellschaft

Geleitwort

Liebe Bürgerinnen und Bürger,

früher war es so, dass Heranwachsende von ihren Eltern und Großeltern mit ihrem Wohnort und seiner näheren Umgebung vertraut gemacht wurden. Der Reiseradius war deutlich enger bemessen als heute, ebenso waren es die Mittel, die für Ausflüge und Vergnügungen zur Verfügung standen. So zeigten die Älteren den Jüngeren nicht nur das, was sie mit den eigenen Augen sehen und neu entdecken konnten, sondern vermittelten zugleich die Hintergründe und Geschichten, die mit den Orten und Gebäuden verbunden waren und sind.

Die vorliegende Dokumentation erfüllt in mancherlei Hinsicht die Funktion dieser tradierten Informationsweitergabe. Die Identifikation mit dem eigenen Lebensumfeld trägt wesentlich dazu bei, dass sich jemand als Bürger oder „Neubürger" in einer Stadt oder einer Gemeinde wohl fühlt. Gerade für junge Leute aber ist diese Vertrautheit mit der Umgebung ein wichtiger Teil ihrer Identität. Nicht nur die vielfältigen Informationen in den drei Buchbänden, sondern auch das ergänzende Filmmaterial machen den aktuellen und den historischen Blick auf die Region lebendig.

Sicher gäbe es über jeden Ort noch viel mehr zu sagen. Und ganz sicher kann dieses Werk nicht den Anspruch der Vollständigkeit erheben. Aber es gelingt, die Sinne für die Vielfalt und zugleich Unverwechselbarkeit der Region zu wecken – für die abwechslungsreiche Landschaft ebenso wie für die Fülle des Stadt- und Dorflebens. Der Leser erfährt Dinge, die ihm als Durchreisender verborgen blieben, und er kann einen Hauch des Geistes spüren, der durch jede Gemeinde weht. Das macht den besonderen Reiz dieser Dokumentation aus.

Es passt ins Bild, dass EWE als Herausgeber dieses Werkes ein Unternehmen ist, das den Landkreisen und Städten dieser Region gehört und damit starke regionale Wurzeln hat. Diese Wurzeln wurden weiter gestärkt mit der Entscheidung, die Städte und Landkreise der Region zu den alleinigen Eigentümern von EWE zu machen. Eine solche gewachsene Identität gewinnt durch die fortschreitende Globalisierung zunehmend an Bedeutung. Sie ist der beste Garant dafür, dass Qualität und Ausbau wichtiger Versorgungsinfrastrukturen auch langfristig mit der Entwicklung der Region Schritt halten, und ebenso dafür, dass Wirtschaftskraft in der Region geschaffen wird und erhalten bleibt. Die vorliegende Dokumentation und deren Initiierung anlässlich des EWE-Firmenjubiläums sind deutliche Zeichen dieser Verbundenheit.

Die Städte und Orte, die in diesen Buchbänden beschrieben werden, gehören zu dem Gebiet, in dem EWE unternehmerisch tätig ist. Das ist allerdings nicht der einzige Grund, warum der Ems-Weser-Elbe-Raum hier als zusammenhängende Region definiert wird. Es wird eine Identität aufgegriffen, die durch gemeinsame Landschaftsräume gestützt und durch gemeinsame Verkehrswege und -ströme sowie gemeinsame Versorgungsstrukturen geknüpft wird. Das **DreiStromLand** ist groß genug, um eine Fülle von Neuem und Entdeckenswertem zu bieten, und klein genug, um Gemeinsames und Vertrautes überwiegen zu lassen. Verstehen Sie diese räumliche Definition als Anstoß für neue Kontakte und Kooperationen und lassen Sie sich dazu anregen, sich in dieser Region zu Hause zu fühlen.

GÜNTHER BOEKHOFF
Vorsitzender des Aufsichtsrates
EWE Aktiengesellschaft

Ehrenbürgermeister der Stadt Leer

Die Landschaft

Das Land zwischen den drei Strömen Ems, Weser und Elbe ist eine raue und ehemals dünn besiedelte, am Rande gelegene, spät kultivierte, hart umkämpfte und schon seit Römerzeiten leidenschaftlich auf ihre Eigenständigkeit bedachte Region. Das Porträt dieses Landes ist von weiten Ebenen und Äckern, ungezählten Birken und Kanälen, heftigem Wind und tiefem Himmel geprägt. Und in der Tat haben die Flüsse, die flache Tiefebene, die Kraft von Wind und Wetter und die Nähe zum Meer den Charakter der Region ganz entscheidend geformt.

Die Große Seeschleuse hält die Emshäfen in Emden tidefrei (r.)

Die Flüsse

Die **Ems** ist der kleinste der drei großen, in die Nordsee mündenden, tidebeeinflussten deutschen Flüsse. Die Einwirkung von Ebbe und Flut ist seit 1899 durch ein Wehr bei Herbrum oberhalb von Papenburg begrenzt, aber auf diesen beinahe 100 Kilometern strömt der Fluss bei auflaufendem Wasser immer noch den einstmals idyllischen Lauf mit seinen zahlreichen Schleifen und den Sandstränden am Ufer hinauf.

Diese Idylle ist verloren. Heute erzählt die Ems eine Geschichte vom Kampf gegen die Natur und der Sicherung ökonomischer Existenz. Um die verheerenden Hochwasser im Sommer schadlos abzuleiten, die Versandung durch erhöhte Fließgeschwindigkeit einzuschränken und weitere Schlickablagerungen im Fluss und auf den angrenzenden Kulturflächen zu verhindern, verschwinden seit 1928 zahlreiche Schleifen und Altarme. Außerdem wird das Flussbett, um der Werft in Papenburg – und damit der gesamten Region – Arbeit zu sichern, bis auf 7,30 Meter vertieft. So wird die Ems, die heute in ihrem Unterlauf zwischen Papenburg und der Mündung im **Dollart** mehr einem Kanal als einem Fluss ähnelt, durch jahrzehntelangen Umbau zur wichtigen Seewasserstraße, die mit der Weser durch den Küsten- und Mittellandkanal und mit dem Rhein durch den Dortmund-Ems-Kanal verbunden ist.

Es ist eine der zahlreichen Volten der Geschichte, dass der einstige Zustand der Ems heute Maßstab ihrer erneuten Umgestaltung ist. Auf Teilstrecken werden abgeschnürte Altarme wieder mit dem Fluss verbunden, an anderen Stellen die Böschungssicherungen entfernt, sodass der Fluss die Steinschüttungen nach und nach unterspülen wird und

Die Weser in Bremen mit der Weserhalbinsel Teerhof (l.)

sich einen naturnahen Verlauf suchen kann. Die Fließgeschwindigkeit wird zwangsläufig abnehmen und der Fluss sich weniger tief in sein Bett eingraben. Die Ems wird wieder mehr in die Fläche gehen, wodurch natürliche Strukturen wie sanfte Gleithänge und Steilufer entstehen und damit natürliche Lebensräume für Tier- und Pflanzenarten.

Als einziger der fünf großen deutschen Ströme berührt die **Weser** auf 464 Kilometer zwischen Hannoversch-Münden und der Mündung in die Nordsee ausschließlich deutsches Gebiet. Franz Dingelstedt schwärmt 1838 in nationalem Überschwang: „*Der Rhein endet niederländisch, die Donau wird türkischer Renegat, die Oder führt mehr slawische, die Elbe mehr czechische Elemente von ihrer Quelle aus in die durchzogenen Länder – rein deutsch, Vollblut-Race, ist und bleibt eben nur die Weser.*“

Dennoch hat kein Patriot die Weser zum nationalen Symbol erhoben. Das liegt an ihrer Mittellage, vielleicht auch an der Unauffälligkeit, mit der sie durch das flache Land fließt. Franz Dingelstedt jedenfalls wendet sich an der **Porta Westfalica** enttäuscht ab: „*Während südlich ein Land voller grüner Berge mit blühenden Auen und ein mächtiger und stolzer Bergstrom sich zeigte, flog unser Auge gegen Norden über dunkele, öde erscheinende Flächen in eine endlose Ferne.*“

Tatsächlich ist die Weser kein grandioser Fluss. Er ist nicht wie andere deutsche Ströme von Burgen und Schlössern gesäumt. Er animiert niemanden zu Gedichten und Liedern wie der Rhein, hat nicht wie die Donau einer Monarchie den Namen gegeben und grenzt keine Staaten gegeneinander ab wie Elbe und Oder. Symbolhaft ist zu Dingelstedts Zeiten bestenfalls ihr Lauf durch das zersplitterte Deutschland: Mitte des 19. Jahrhunderts berührt die Weser mehr als 35 selbständige Landeshoheiten und verbindet sie zu einem Kulturraum. Noch einmal der Dichter: „*Ihr ganzes geschichtliches Leben wie ihre Erscheinung tragen echt deutsches Gepräge, von dem Zeitpunkt an, wo in den Bergwäldern am Wesergestade zum ersten Mal der Siegesflug römischer Adler sich ermattet verfing, bis zu dem heutigen,*

Badener Berge an der Weser in Achim, Landkreis Verden (o.)

Die „Weserkorrektion" am Ende des 19. Jahrhunderts sichert Bremen den Zugang zur See und damit zum Welthandel. Sie wird nach Plänen des Wasserbauingenieurs Ludwig Franzius (o.) (1832–1903) durchgeführt.
Zur Korrektionsflotte gehören auch gewaltige Eimerkettenbagger (o.r.)

wo hessische, preußische, sächsische, braunschweigische, freie reichsstädtische und Gott weiß welche Farben alle noch in schöner deutscher Zerrissenheit an den Silberfäden des gleichmütig hinfließenden Stromes aufgereiht sind."
Jahrhunderte mühen sich die Menschen, den Fluss zu bändigen. Sein Umbau ist ruinös für die natürliche Flusslandschaft und gleichzeitig notwendige kulturelle Umformung. Die Menschen haben kein idyllisches Verhältnis zu ihrem Fluss, der durch die Ebene mäandert und immer wieder Wiesen und Felder überschwemmt. Sie sehen die Weser als Lebensader, als Spender von Nahrung, Wasserreservoir und leicht befahrbare Wasserstraße. Aber extreme Trockenzeiten oder ungleichmäßige Wassertiefen machen oft gerade die Schifffahrt unmöglich. Deswegen versuchen die Menschen, der Fahrrinne künstlich eine Mindestwassertiefe abzuringen. Aber selbst aufwändige Baggerarbeiten helfen an der Weser kaum. Die Flut drückt von Nordwesten in die Mündung und staut die Wassermengen auf. Bei Ebbe werden die abgelagerten Sinkstoffe nicht vollständig abgetragen. Der Fluss versandet immer mehr. Mit großem Aufwand an Energie und einem Hauch von Genialität begradigen die Bremer unter der Leitung des Ingenieurs **Ludwig Franzius** am Ende des 19. Jahrhunderts den gewundenen Lauf ihres Flusses, der seitdem durch die Kraft des abfließenden Wassers bei Ebbe den Schlick aus der Fahrrinne fortschwemmt. So belegen der Zustand des Flusses, seine begradigten Ufer und braungrauen Fluten, das Fehlen badender Kinder und die Flotte der tief liegenden Binnenschiffe das Verhältnis von zivilisatorischem Prozess bzw. ökonomischer Notwendigkeit und Verlust der Natürlichkeit.

Die **Elbe** ist schon immer schillernd und zeigt im Lauf ihrer Geschichte viele Gesichter. Sie ist ein Grenzweg, der Europa über Jahrhunderte in Ost und West trennt. Sie ist ein Handelsweg, über den schon im frühen Mittelalter kostbares Salz transportiert wird und über dessen Bedeutung für den Wohlstand ihrer Anwohner der Hamburger Dichter Barthold Heinrich Brockes Anfang des 18. Jahrhunderts fabuliert: *„So kömmt die Elbe mir / vornehmlich auch in unsrer Stadt Canälen / Als Blut in Adern für. Denn wie der Adern Saft / Dem Körper Nahrung, Wachstum, Kraft, / Gesundheit, Leben bringt; so wird die Handelsschaft / (als unsrer Stadt und unsrer Börse Seelen) / Kraft, Nahrung, Wachstum, Geist und Leben / durch ihr Geblüt / durch ihren Strom gegeben."*

Aber die Elbe ist noch weit mehr als Lebenssaft für hanseatische Pfeffersäcke. Sie ist ein Kunstweg, über den der Schwedenkönig Gustav Adolf seine Beute nach Norden transportiert und die aufrührerischen Gedanken der Aufklärung in Form teurer Bücherladungen den Strom aufwärts nach Prag wandern. Sie ist ein Schiffsweg, den *„treulich freizuhalten"* sich 1823 alle Uferstaaten verpflichten. Sie ist ein Kriegsfluss, an dessen Ufern bei Königgrätz 1866 der Deutsche Bund endgültig untergeht und 1945 bei Torgau russische und amerikanische Truppen am Ende des zweiten Weltkriegs zusammentreffen und sich verbrüdern. Die Elbe trägt für mehr als hundert Jahre den Abfall der Industrialisierung mit sich, dessen Gefahr der Ingenieur Schott auf der XV. General-Versammlung des Westdeutschen Fischerei-Verbandes zu Hameln schon 1899 prophetisch anprangert: *„Wir sind, was die Verunreinigung unserer Flüsse anbelangt, heute an einem Wendepunkt angekommen. Nach meiner Ansicht laufen wir Gefahr, daß die Flüsse in den großen Industriebezirken in nicht zu langer Zeit derart verunreinigt sind, daß ein gesunder Zustand bei ihnen überhaupt nicht mehr hergestellt werden kann."*

Die Außenelbe in Cuxhaven. Im Bild: Abfahrt der Englandfähre am Steubenhöft (o.)

Die Untere Elbe beginnt an der **Staustufe Geesthacht**, wo die einzige deutsche Wehranlage der Elbe den Fluss auf vier Meter über Normal Null staut und so den Einfluss von Ebbe und Flut künstlich begrenzt. Auf dem Weg zur Nordsee bei Cuxhaven trennt sich der Fluss in Hamburg in Norder- und Süderelbe und verbreiterte sich früher unterhalb der Stromspaltung auf etwa 1.500 Meter. In diesem Binnendelta teilte sich der Fluss im Gezeitenstau zwischen unzähligen Inseln und Sandbänken vielarmig auf, um sich dann im breiten Mündungsschlauch zu sammeln und der Nordsee entgegenzufließen. Das ist lange vorbei. Die so genannte Tideelbe wird immer wieder zugunsten der Seeschifffahrt begradigt und vertieft. Die Solltiefe bei mittlerem Niedrigwasser steigt von 3,30 Meter im Jahr 1859 auf 13,5 Meter im Jahr 1978. Zum Schutz vor Hochwasser und Sturmfluten wird die gesamte Unterelbe außerdem bis auf wenige Hochufer eingedeicht. Dabei gehen ein Drittel der tidebeeinflussten Überschwemmungs- und Wattflächen der Vordeichsländer verloren, was wiederum die Lebensräume aller an amphibische Gezeitenzonen oder saisonal überflutete Uferbereiche gebundenen tierischen und pflanzlichen Lebensgemeinschaften begrenzt. Aber es gibt auch erfreuliche Nachrichten. Zahlreiche Maßnahmen reduzieren die Belastung mit toxischen Schwermetallen wie Blei, Quecksilber, Cadmium und Arsen in zehn Jahren um bis zu 80 Prozent. Biber bauen wieder an ihren Dämmen, Kraniche brüten und mehr als 40 Fischarten leben jetzt in der Elbe. Fast alle diese sich vorsichtig wieder ansiedelnden Tiere und Pflanzen stehen auf der Roten Liste bedrohter Arten.

Die Elbe in Bleckede, Landkreis Lüneburg (l.)

Der Küstenraum

„Das weltdurchschweifende Seeleben unserer Nordseelande bietet mancherlei Ersatz für das berg- und waldumschlossene Stilleben der romantischen Partien Mitteldeutschlands, die braunen und verwegenen Teerjacken auf den Schiffen und Bollwerken unserer Nordseehäfen sind die echten Söhne jener Freibeuter, die die Meere durchstreiften und niemand über sich erkannten als den Himmel und seine Sturmwolken.“ So heißt es in einem alten Reiseführer, dessen Autor Theodor von Kobbe an der Küste steht, vor sich *„nichts als eine weite Ebene, oft vom blauen Himmel mit weißen Wolkenschiffen überwölbt, vor sich das bleigraue Watt“*, diese Landschaft, nicht mehr Wasser und noch nicht Land.

Seit 1985 ist das Wattenmeer als **Nationalpark Niedersächsisches Wattenmeer** geschützt. Es umfasst den gesamten während der Flut überschwemmten und bei Ebbe trocken liegenden Teil der Nordsee, mithin die ostfriesischen Inseln sowie die Seemarschen zwischen dem Dollart an der Grenze zu den Niederlanden im Westen bis zur Außenelbe bei Cuxhaven im Osten. Während der zwölf Stunden und 26 Minuten dauernden Tide geben Ebbe und Flut zweimal täglich dem Wattenmeer ein anderes Gesicht, überschwemmt graues Wasser den braunen Schlick und gibt ihn wieder frei. Die Inseln und Strandwälle dienen als natürliche Wellenbrecher. Der flache Meeresboden und das feine Bodenmaterial in der Nordsee und den Flussmündungen, die Salzwiesen vor den Küstendeichen und im Süden der Inseln, die Dünen und Strände der „Sieben Ostfriesen“ sind Lebensgrundlage einer eigenwilligen Flora und Fauna.

Führung durch das Watt bei Cuxhaven durch Mitglieder des Nationalpark Zentrums Sahlenburg (r.)

Das Wattenmeer ist Teil der Nordsee. Sie zählt mit einer Fläche von nur 0,2 Prozent der Weltmeere zu den fischreichsten Gewässern der Welt. In dem relativ kleinen Gebiet werden fünf Prozent des Weltertrages abgefischt, neben Speisefischen wie Scholle und Hering auch riesige Mengen an Muscheln und Krebsen. Die Meerestiere sind für viele Küstengemeinden von großer wirtschaftlicher Bedeutung. Aber die Zukunft des Fischfangs hängt an der Gesundheit der Meeresökosysteme. Diese Erkenntnis fordert Konsequenzen, um deren Bewertung und Umsetzung Unternehmen, Umweltschützer, Anwohner und Politik hart ringen. Unbestritten ist, dass sich heutiges Fischereimanagement am Prinzip der Nachhaltigkeit orientieren muss und zwar nicht nur für die gefangenen Arten, sondern für das gesamte Ökosystem. Unstrittig ist auch die Reduktion der Fangkapazitäten. Auch die Beifänge von marinen Säugern und anderen Arten

Insel Borkum, Landkreis Leer (l.)

werden einhellig abgelehnt. Aber jede Maßnahme ist mit Kosten verbunden. So werden Entscheidungen verschoben, die Kosten der Durchführung auf fremde Schultern gewälzt. Heute stehen viele Arten wie der Kabeljau, der ehemals in riesigen Schwärmen durch die Nordsee zog, vor dem Aussterben. Fischereiexperten vom International Council for the Exploration of the Sea (ICES) raten, den Kabeljaufang ganz aufzugeben. Die EU hält dagegen, diese Entscheidung steigere die Arbeitslosigkeit in den betroffenen Regionen und führe zum Verlust wirtschaftlicher Kontinuität. In der Nachhaltigkeitsdebatte verfolgt jede Partei handfeste Interessen.

Die Inseln

Im niedersächsischen Wattenmeer liegen sieben Inseln: Wangerooge, Spiekeroog, Langeoog, Baltrum, Norderney, Juist und Borkum. Hinzuzurechnen sind die unbewohnten Inseln Memmert und Lütje Hörn. Wie eine Kette von Perlen liegen die „Sieben Ostfriesen" vorgelagert acht bis zehn Kilometer von der Küstenlinie entfernt. Sie sind bei klarem Wetter vom Festlandsdeich aus mit ihren Dünen, Häusern und Türmen zu sehen. Wie auch umgekehrt von den Inseln aus der Küstensaum mit der schmalen Deichlinie, aufragenden Kirchen und Windmühlen deutlich zu erkennen ist. Alle Inseln haben vier Landzonen gemeinsam, die weißen Dünen am Nordrand, dahinter die grün bewachsenen Hügel, an die sich ein Saum von Heide anschließt und im Süden die von jeder Flut überschwemmten salzigen Wattwiesen oder Polder. Alle Inseln sind viele Jahrhunderte isoliert, arm, dünn besiedelt und beinahe hilflos dem Meer ausgesetzt. Aber bei aller Unterschiedlichkeit endet die Geschichte auf allen Inseln als touristische Erfolgsstory: Spiekeroog zählt heute rund 750 Einwohner und über eine halbe Million Übernachtungen im Jahr, Norderney mit seinen 6.000 Bewohnern jährlich über drei Millionen Übernachtungen, Tendenz steigend...

Das Land

Marsch, Geest, Moor und Heide prägen die Landschaft im Dreistromland. Der schwere Boden der Marsch nahe der Küste grenzt an den sandigen Grund der Geest im flachen Land. Schwer zugängliches Moor ist jahrhundertelang dunkel und unpassierbar und weite Wälder gehen an die karge Landschaft der Heide verloren. All diese Landschaften sind gewachsen. Die Menschen haben die Marsch mühsam dem Meer abgerungen, die Geest kultiviert, das Moor trocken gelegt, die Wälder abgeholzt, das Land erodieren lassen, die Heide unter Schutz gestellt. Unberührte Landschaften sind zu Kulturlandschaften geworden und erzählen eine Geschichte.

Marsch bei Elsfleth, Landkreis Wesermarsch (o.)

Zuerst die **Marsch**. Jede Flut spült Sand und Schlick an die Nordseeküste. Das Meer trägt feine Schlammteilchen, Reste von Pflanzen und Tieren, mit sich, die wie dunkle Wolken im Wasser schweben. Sie geben der Nordsee die typische graue Farbe. Wenn das Wasser zwischen Festland und den Inseln langsamer strömt, sinken die feinen Teilchen zu Boden und lagern sich ab. Dieser ewige Prozess wiederholt sich jahrein, jahraus. Das Watt wächst in die Höhe, an geschützten Stellen bis zu vier Zentimeter pro Jahr. Das Meer baut neues Land auf, seit der frühesten Besiedlung vor vielleicht 8.000 Jahren einen bis zu 25 Kilometer breiten Streifen entlang der Küste. Dieser Streifen heißt Marsch. Das junge Land ist sehr fruchtbar. Die Böden sind schwer und durch die Schwebstoffe feinkörnig und nährstoffreich. Auch das Klima begünstigt den Boden: Durch die küstennahe Lage ist die Temperatur in der Marsch konstanter als im Binnenland und Fröste sind seltener.

Das Schwemmland der nordwestdeutschen Küsten liegt unter oder nur wenige Meter über dem Meeresspiegel. Wegen der Überflutungsgefahr und des nassen Untergrunds stehen Gehöfte und Ansiedlungen traditionell auf Warften oder Wurten, bis zu mehrere Meter hohen Aufschüttungen. Diese Siedlungsform ist uralt. Schon vor 2.000 Jahren berichtete der römische Chronist Plinius nach einer Reise in den Norden von einem eigenartigen Volksstamm, der auf Hügeln am Meer lebt: *„In gewaltigem Andrang treibt dort [an der Nordseeküste] zweimal in den Zwischenräumen je eines Tages und einer Nacht […] der Ozean heran […] und zweifelhaft ist es, ob man hier Land oder einen Teil des Meeres vor sich hat. Dort wohnt ein armseliges Volk auf hohen Erdhügeln […] und mit den darauf erbauten Hütten gleichen sie Seefahrern wenn das Meer das Land ringsherum überflutet, Schiffbrüchigen aber, wenn das Wasser zurückgeflutet ist."* Plinius hält nicht viel von den Barbaren im Nordland und noch weniger von der rauen Gegend: *„Um die Hütten herum fangen sie die Fische, die mit dem Meer zurückfliehen. Diese Menschen können kein Vieh halten und sich nicht wie ihre Nachbarn von Milch ernähren. Sie können nicht einmal wilde Tiere jagen, da es weder Wälder noch Gebüsche gibt. Aus Schilf und Binsen flechten sie Stricke für ihre Netze. Und mit ihren Händen formen sie den Schlamm und lassen ihn in der Sonne trocknen. Darauf kochen sie ihre Speisen und wärmen daran ihre vom Nordwind erstarrten Glieder."*

Nordseedeich bei Esens, Landkreis Wittmund (r.)

Mit dem Ansteigen des Meeresspiegels im Laufe der Jahrhunderte müssen die Bauern ihre Wurten ständig höher anlegen. Doch geschützt sind lediglich die Wohnplätze. Acker- und Weideland ist weiterhin den Fluten der Nordsee ausgesetzt. Um ihre Felder zu sichern, legen die Friesen zunächst niedrige Wälle um die Kulturflächen an, die aber höchstens kleine Sommerfluten abwehren können. Etwa 1000 n. Chr. beginnt die Eindeichung der Küstenlinie; seit dem 13. Jahrhundert entsteht eine geschlossene Deichlinie entlang der Nordseeküste. Der Schutzwall ermöglichte den Menschen die Umsiedlung von den Wurten auf die tiefer liegenden Marschgebiete.

Die Bewohner beschleunigen den natürlichen Prozess der Landgewinnung. Um die Aufschlickung voranzutreiben, rammen sie doppelte Reihen von Hölzern in den Wattboden und flechten Zweige und Reisigbündel zwischen die Pfähle. In diesen rechteckigen Feldern kommt das auflaufende Wasser schneller zur Ruhe. Sie halten außerdem die absinkenden Schlammteilchen fest. So wächst der Meeresboden in die Höhe. Als erste Pflanze siedelt sich der Queller auf dem salzhaltigen Land an und krallt sich mit seinen Wurzeln in den Boden. Allmählich wachsen auf dem neu gewonnenen Vorland harte, kurze Gräser. Das sind die Salzwiesen, auf denen Schafe weiden.

Kein Jahrhundert vergeht, ohne dass Sturmfluten die Deichlinie aufbrechen und den Verlauf der Küste verändern. Im Mittelalter empfinden die Menschen die Urgewalt des Meeres als *Sündflut* (Sintflut), als Strafe Gottes für ein lästerliches Leben. Eine der schlimmsten Katastrophen ist die **Julianenflut** von 1164, die 20.000 Menschen ertränkt. Noch schlimmer wütet die **Marcellusflut** am 16. Januar 1362. Ihr fallen nach zeitgenössischen Angaben an der gesamten Nordseeküste 100.000 Menschen zum Opfer. Die Chronik vermerkt weitere Tragödien: 1717 die **Weihnachtsflut**, die nach offiziellen Zahlen 2.752 Menschen das Leben kostet. Viele Bauern müssen ihre Höfe aufgeben, das Wasser dringt bis nach Aurich und in die Geest vor, 930 Häuser werden weggespült und Kilometer entfernt wieder abgesetzt. Es folgen 1825 die **Februarflut**, 1953 die **Hollandflut**, 1962 die **Hamburger Flut** mit über 300 Todesopfern und 1976 die **Jahrhundertflut.**

Hinter der Marsch liegt landeinwärts die **Geest**. Schon der Name deutet auf beschwerliches Leben hin, denn das niederdeutsche Wort *güst* steht für sandig, steinig und unfruchtbar. Geformt haben diese Landschaft die Eiszeiten, als gewaltige Gletscher riesige Massen von Gesteinen von den Gebirgen Skandinaviens und aus dem Becken der Ostsee mit sich bis nach Nordwestdeutschland tragen. Nach dem Abschmelzen des Eisschildes bleiben riesige Felsblöcke, Steine und Sand zurück. So entstehen die steinig-sandigen Böden der Geest in der heutigen Weser-Ems-Region.

Menschen siedeln sich hier vor 8.000 Jahren an. Das eindrucksvolle Vermächtnis dieser jungsteinzeitlichen Siedler sind die **Großsteingräber**. Sie heißen „Hünengräber", weil sie das Maß normaler Menschen überschreiten; nur Riesen (Hünen) hinterlassen solche Monumente. Zu ihrer Zeit ist die Geest dicht mit Birken, Kiefern und Eichen bewachsen. Die Menschen leben von der Jagd auf Hirsche, Rehe und Wildschweine. Klima und karge Böden erschweren Ackerbau und Viehzucht. In einem Jahrtausende währenden Prozess domestizieren frühe Siedler die Natur. Sie lernen Vorräte anzulegen, Wildtiere ans Haus zu binden, Kühe, Schafe und Hühner zu züchten, Getreide anzubauen. Das Land ist dünn besiedelt. Ackerflächen liegen wie Inseln im Schutz der Bäume. Aber die Ansiedlungen wachsen. Auf dem Wald abgerungenen Äckern gedeiht Roggen, zwischen den Kiefern streunen Rinder, der scheinbar unendliche Bestand an Bäumen liefert Brennholz, Schweine fressen Eicheln. Allmählich wird der Wald weniger. Das Land wird weit. Die Menschen leben ihr hartes und einfaches Leben, das sich bis zur industriellen Revolution nicht grundlegend ändert.

Geestrücken bei Schwanewede, Landkreis Osterholz (l.)

Die **Heidelandschaft** ist das Ergebnis der Auflichtung alter Waldlandschaft, das Resultat einer mittelalterlichen Waldzerstörung durch Viehverbiss, Abholzung und Abstich der Vegetationsdecke. Rinder und Schweine finden kaum mehr Futter, die Bauern gehen in ihrer Not zur Haltung von Heidschnucken über, die in den lichten Wäldern noch genügend Nahrung finden. Das Abfressen der jungen Triebe zerstört den Wald endgültig. Auf den trockenen Sandflächen breiten sich Besenheide, kriechender Ginster, Wacholder und in feuchten Senken Glockenheide aus. Um 1750 zählen in der norddeutschen Geest zahlreiche Gemeinden weniger als ein Prozent Waldbestand, dagegen 20 Prozent Sandwehen und sogar Wanderdünen. Jetzt bemühen sich Verwaltungen um Aufforstungen. Das wird begünstigt durch die rückläufige Schafzucht, ausgelöst durch preiswerte Wollimporte aus England, und durch die Erfindung des Kunstdüngers. Geliebt wird die Landschaft nicht. In Küttners Reisebeschreibungen über die **Lüneburger Heide** von 1797 heißt es: *„Ich dachte nicht, daß das Land so elend wäre. Mich dünkt, es ist der schlechteste Strich von einem solchen Umfange, der mir jemals vorgekommen. Der Boden dieses Geländes ist eine ungeheure Sandwüste, die von der Natur entweder ganz nackt ist oder dürre, stechende Halme hervor bringt.“* Nicht viel freundlicher urteilt sein Kollege Meyer fünfzig Jahre später: *„Da sieht der eine nur schwarze Erde mit ihrem borstigen, dunklen Heidekraut und den Himmel darüber. Der andere erblickt da einen pontinischen Sumpf, der mefistische Dämpfe aushaucht, die den Himmel mit ewigen Nebelschleiern verfinstern.“* Erst die naturalistischen Dichter brechen für die Heide eine Lanze, allen voran Hermann Löns, aber auch Theodor Storm und Annette von Droste-Hülshoff.

Heute ist die Heide, einst das Ergebnis einer Zerstörung, selbst geschützte Kulturlandschaft, in der seltene Tiere und eine Vielzahl von Pflanzen leben. Mit viel Mühe werden Keimlinge neuer Bäume vernichtet und neu entstehender Humusboden wird künstlich abgetragen, damit sich die Heide auf dem Sandboden ausbreiten kann.

Die dritte das Dreistromland prägende Landschaft ist das **Moor**, einstmals eine offene, baumlose Weite bis zum Horizont, unwegsam und lebensfeindlich, eine amphibische Welt aus Wasser und Land, eine Welt der Extreme und Gegensätze. Sie entsteht vor rund 8.000 Jahren mit dem neuen warm-feuchten Klima. Es bietet ideale Voraussetzungen für die

Schnuckenherde in der Heide bei Schneverdingen, Landkreis Soltau-Fallingbostel (r.)

Entstehung von Mooren. Denn abgestorbene Pflanzenreste in Feuchtgebieten werden zu Torf. Die faulende Decke wächst in Jahrtausenden bis zu einem Dutzend Meter über seine Umgebung hinaus, die Verbindung der Pflanzen zum Grundwasser bricht ab, das Material verdichtet.

Moore sind für Menschen zunächst kaum passierbar. Für Unkundige bilden sie unüberwindbare Hindernisse und tödliche Fallen. Doch spätestens in der jüngeren Steinzeit beginnt der Mensch, diesen Raum zu erschließen. Lange Bohlenwege durchziehen das Moor. Dass die Landschaft dem Menschen dennoch unheimlich bleibt, bezeugen Kultobjekte entlang der Wege. Heute ist nur noch ein kleiner Teil der einstigen Moore im naturnahen Zustand. Diese Nordwestdeutschland einst prägende Naturlandschaft ist unwiederbringlich verloren.

Eines der bekanntesten Restmoore ist das **Teufelsmoor**, dessen Name ursprünglich nichts Diabolisches meint. Denn eigentlich heißt das Moorgebiet auf Plattdeutsch *Duvelsmoor*, taubes, unfruchtbares Land. Später mutiert das Duvelsmoor zum Düwelsmoor. Das 600 Quadratkilometer große Teufelsmoor hat die Form eines Dreiecks mit Bremervörde im Norden, Ritterhude im Westen und Fischerhude im Osten als Eckpunkte. Der Beiname „Nasses Dreieck“ leitet sich von zahlreichen Flüssen her: Oste, Hamme, Wörpe und Wümme fließen hindurch. Berühmt wird die Künstlerkolonie Worpswede, deren Maler, wie Fritz Overbeck, ihre Begeisterung auch in mystisch aufgeladenen Aufsätzen kund tun: *„Ein Hauch leiser Schwermut liegt ausgebreitet über der Landschaft. Ernst und schweigend umgeben weite Moore und sumpfige Wiesenpläne das Dorf, das, als suche es einen Zufluchtsort gegen unbekannte Schrecknisse, sich an dem Hange einer alten Düne zusammendrängt.“*
Moorgebiete durchziehen das ganze Dreistromland. Sie erstrecken sich besonders über den ganzen friesischen Raum, die Region um Diepholz und das Emsland. Das Moor ist hart und seine Geschichten gespenstisch und grausam. Der Zug blutrünstiger Untoter und winziger Kobolde raubt den Moorbewohnern den Schlaf. Schrecken verbreitet der Werwolf, der um Mitternacht Fohlen und Kälber reißt. Zahllose Legenden beleben die Natur. So trägt der Riese Hüklüt auf seinem Weg vom Harz an die Nordsee feinen Sand mit sich, der ihn vor dem Moor bewahren soll. Dennoch versinkt Hüklüt jämmerlich in dem „schwimmenden Land“ von Waakhausen. Von ihm bleibt nur der Sand zurück, der seitdem den Weyerberg formt. Eine Dichterin wie Annette von Droste-Hülshoff kann dem Stoff nicht widerstehen: *O, schaurig ist's, übers Moor zu gehen / wenn es wimmelt vom Heiderauche / sich wie Phantome die Dünste drehn / und die Ranke häkelt am Strauche / Unter jedem Tritte ein Quellchen springt / wenn aus der Spalte es zischt und singt / O, schaurig ist's, übers Moor zu gehen / wenn das Röhricht knistert im Hauche!*
Auch Moorleichen tragen zum Grausen bei. Sie sind mumifiziert, denn im sauerstoffarmen Boden finden kaum Zersetzungsprozesse statt. Gerbsäure erhält die Haut, Huminsäure verhindert das Verfaulen des Körpers. Frühe Siedler bestrafen Vergehen mit dem Tod durch Versenken: der Delinquent wird gefesselt ins Moor geworfen. Germanen werfen Menschenopfer ins Moor. Ihre Unwegsamkeit macht die Moore im letzten Jahrhundert während der Nazi-Diktatur auch zum Isolationsraum: Kriegsgefangene und Häftlinge von Konzentrationslagern werden hier als Arbeitssklaven gefangen gehalten. Das „Lied der Moorsoldaten“ aus den **Emslandlagern“** erzählt von dieser Geschichte.

Hochmoor in Geeste, Landkreis Emsland (o.)

Torfgewinnung im Teufelsmoor in den 1930er Jahren (l.)

Die Menschen

Die Einflüsse der Natur, aber auch Geschichte und Kultur formen einen Menschenschlag. Das Land prägt die Menschen wie die Menschen das Land. Diese Identität beginnt mit der Sprache. Selbst das Hochdeutsche hat durch langgezogene Vokale plattdeutsche Einschläge. Dieses **Plattdeutsch** ist in der gesamten Region – zumindest bei älteren Menschen – noch immer lebendig. Es kommt aus dem Niedersächsischen, das in verschiedenen Einschlägen einst von den nordöstlichen Teilen der Niederlande über ganz Norddeutschland bis zu den baltischen Ländern hin gesprochen wird. Als Hansesprache ist es im Mittelalter an der Nordsee und um die Ostseeküste herum Verhandlungs-, Handels- und Rechtssprache. Erst mit dem Niedergang der Hanse beginnt im 16. Jahrhundert der Siegeszug des Deutschen. Jedoch bleibt das Niedersächsische bis in die Neuzeit Alltagssprache. Um 1950 ist z.B. das ostfriesische Platt im ländlichen Ostfriesland noch die lebendige Sprache des Volkes. Das Deutsche dagegen ist eine selten und ungern genutzte Zweitsprache im Umgang mit Fremden und ungeliebten Behörden. Erst dramatische Veränderungen in der Sozialstruktur und die neuen Kommunikationsmittel ebnen in Ostfriesland dem Hochdeutschen den Weg und verbannen das Platt in die Gespräche der Alten und der ländlichen Bevölkerung. Südlich von Ostfriesland hat im Ortskreis Saterland des Landkreises Cloppenburg in und um die Dörfer Ramsloh, Scharrel and Strücklingen sogar eine eigenständige Sprache überlebt. Dieses **Saterfriesisch** wird von widerständigen Katholiken eingeführt, die sich dem Druck der Ostfriesland überrollenden lutherischen Reformation entgegenstellen. Über Jahrhunderte bleibt das Idiom lebendig und wird heute, da die Regionen Europas ihre Eigenständigkeit gegen die Nivellierungen setzen, sogar gefördert. Die Saterländer bilden heute mit etwa 2.000 Menschen die kleinste Sprachinsel Europas. Die besondere Form der Artikulation und noch mehr natürlich die eigene Sprache ist Teil der Identität. Für viele Menschen im Dreistromland ist die lokale Färbung der Sprache, die Beherrschung eines Dialektes eine Form von Heimat.

Heidekönigin mit Gefolge, Samtgemeinde Amelinghausen, Landkreis Lüneburg (r.)

Shanty-Chor Loxstedt, Landkreis Cuxhaven (r.)

Das Dreistromland ist außerdem protestantisch geprägt. Im 16. Jahrhundert erobert der neue Glaube Norddeutschland bis auf ganz wenige, scharf begrenzte Regionen. Ostfriesland und Bremen werden unter niederländischem Einfluss calvinistisch („reformiert"). Die Gegenreformation hat nur im südlichen und westlichen Niedersachsen örtlich begrenzte Erfolge. Die sachlich-nüchterne norddeutsche Art, das zunächst distanzierte Wesen hängt direkt mit dem schwach vertretenen Katholizismus und der überall präsenten lutherischen Variante der Reformation zusammen. Da es anders als im Katholizismus keine diesseitige Vergebung gibt, fehlt es der Religion – und damit den Menschen im Dreistromland – besonders in der calvinistischen Ausprägung manchmal an Heiterkeit, und der Glaube an die Unausweichlichkeit des Leidens führt zu einem Ernst, dem es schwer fällt, die Früchte des Erfolgs offen zu genießen. Mit dieser Haltung einhergeht ein starkes Verantwortungsgefühl. Gerade das Großbürgertum sieht sich in der Pflicht, wohltuend zu wirken: Das Ergebnis sind zahlreiche soziale Einrichtungen, aber auch Institutionen wie Kunsthallen in Bremen oder Emden, die ohne Engagement eingesessener Familien oder eines großzügigen Mäzenatentums nicht gegründet worden wären.

Bäuerliche Traditionspflege in Apen, Landkreis Ammerland (l.)

Junge Besucher vor dem Lüneburger Rathaus (l.)

Bis weit ins Landesinnere Norddeutschlands reichen die Wirkungen des Meeres und der Küste. Der ozeanische Einfluss macht sich klimatisch, z.B. durch vorherrschende Westwinde und im Jahresverlauf relativ ausgeglichene Temperaturen bemerkbar. Der Einfluss der See ist auch kulturell spürbar, so in maritimen musikalischen Traditionen wie den Shanties oder Seemannsliedern. Die See prägt die Essgewohnheiten; sie fördert als Handelsort Vorlieben wie die für schwere Baumwollstoffe oder Tee, sie bringt eine gewisse Weltoffenheit ins Land, schafft Gemeinsamkeiten mit Nationen wie den Holländern, Briten, Dänen und den Schweden. Insbesondere in den unmittelbaren Küstengebieten bestimmt die See als Naturgewalt das Denken und Fühlen der Menschen, die mit ihr seit Urzeiten tiefgreifende Erfahrungen im Ringen um die Existenz verbinden. Dieser Kampf fördert den Gemeinschaftssinn. Denn Gemeinschaften müssen gebildet werden, weil kein Familienverband die für die Landnahme und für den Schutz gegen die Fluten erforderlichen Arbeiten allein durchführen kann. Familien schließen sich zu *Geschlechtern* zusammen, die Städte zur *Hanse*. Siedlungsgemeinschaften verteidigen mit bis zu 500 wehrfähigen Männern das Land gegen die Naturgewalten, die Hanse aus dem Geist des Geschäftes die Freiheit der Meere. Der regionale Charakter im wenig besiedelten friesischen Raum ist natürlich anders geprägt als in einer Stadtrepublik wie Bremen. Aber beiden Gemeinschaften ist ein langer, den Charakter über Generationen prägender Kampf um die Unabhängigkeit eigen.

Die Kargheit des Landes, die Sprödigkeit der Landschaft, ihre relative Abgelegenheit und das Fehlen hochherrschaftlicher Pracht fördern eine sachliche Nüchternheit der Menschen, die sich besser auf das Arbeiten als den Genuss versteht. Künstler zieht dieses Land nicht sehr an und die Menschen sehnen sich kaum nach der Kunst. Ihr Sinn ist eher auf den Kommerz als das Kulturelle gerichtet. Patrioten aber sind die Bewohner der Region allemal. Denn die Jahrhunderte währende Auseinandersetzung, so mühevoll und schwierig sie auch ist, bindet die Menschen an das flache, weite Land.

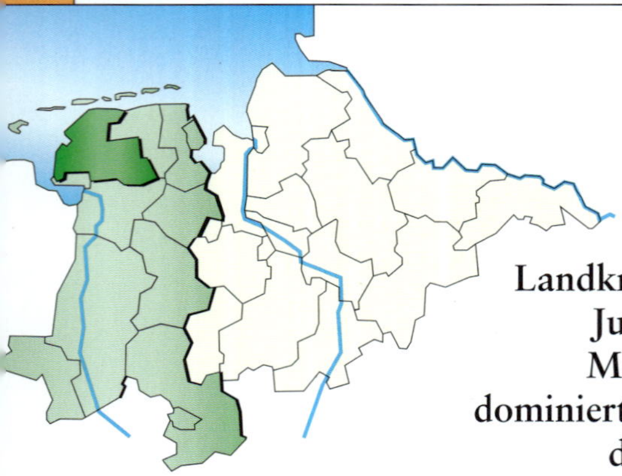

Landkreis Aurich

An der südlichen Nordsee, in der nordwestlichsten Ecke Deutschlands, liegt der Landkreis Aurich, zu dem auch die Nordseeinseln Juist, Norderney, Baltrum und die Vogelinsel Memmert gehören. Hier hat immer das Meer dominiert, das der Mensch seit Jahrhunderten durch den Bau von Deichen zu bändigen versucht.

In Ostfriesland lebt ein besonderer Menschenschlag. Das raue Land hat Eigenarten geprägt, die sicher durch die Nähe des Meeres bedingt sind, durch die Abgeschiedenheit der Region in früherer Zeit, durch die früher allgegenwärtige Armut.

Die Vogelinsel Memmert ist unbewohntes, gemeindefreies Gebiet (o.)

Eigenwilligkeiten finden sich überall im Alltag wieder. In der Sprache, mit der zu jeder Tageszeit genutzten Begrüßung *„Moin Moin"*. In spezifisch ostfriesischen Sportarten, dem Boßeln und Klootschießen. Hier stehen die Glockentürme meist abseits der Kirchen. Und hier wird wie nirgendwo sonst in der Republik das Teetrinken zelebriert. *„Un wat is mit Tee?"* ist ein Ausdruck, den man bei einem Besuch unweigerlich zu hören bekommt.

Dieses Land ist lange freies Land. Keine fremde Macht kann sich festsetzen. Im Mittelalter heißen die Herrscher nicht Grafen, sondern Häuptlinge. Sie treffen sich jährlich zu Beratungen. Kein Häuptling ist dem anderen untertan; man hat gemeinsame Interessen und geht sich ansonsten in dem weiten, leeren, nassen Land aus dem Wege. Der besondere Charakter der Landschaft sticht ins Auge. Marsch und Geest laden zu weiten Wanderungen oder Radtouren vorbei an Windmühlen und Klappbrücken ein. Im Winter bevölkern Eisläufer die zugefrorenen Gewässer und Fehnkanäle. Vor allem aber fasziniert das Watt, die endlose Fläche von Schlick, die das Meer freigibt, wenn es sich bei Ebbe kilometerweit zurückzieht – ein Naturschauspiel, das einzigartig ist auf der Welt.

Viele Museumsprojekte zeigen das Zusammenspiel und Gegeneinander von Mensch und Natur. Der Deichbau ist ein fortwährender Kampf der Küstenbewohner gegen das Meer mit seinen hereinbrechenden Sturmfluten; das Trockenlegen der Moore ein elendes Geschäft, Fläche für Fläche muss ihnen bebaubares Ackerland abgerungen werden.

Auch das Leben auf den Inseln ist schwer. Baltrum, das „Dornröschen der Nordsee", ist die kleinste der sieben Inseln und das Leben ist ebenso hart wie auf Juist. Immer wieder erzählen die Inselchroniken von schweren Fluten, von barschem Ostwind, vom Eisgang und der zugefrorenen See, über die sogar Wagen vom Festland herüberkommen.

Endlos lange Fehnkanäle durchziehen die Moorlandschaft (l.)

Weckt die Lebensgeister: akribisch zubereiteter ostfriesischer Tee (o.)

Das erste Nordseebad ist Norderney. Heinrich Heine besucht als einer der frühen Gäste die Insel schon 1825 und 1826: „*Bis Mitte des September blieb ich auf Norderney. Vom Anfang des Monats bis zur Abreise fast der einzig übrig bleibende Badegast*". Theodor Fontane kommt 1882 und 1883 für mehrere Wochen nach Norderney. Er ist hingerissen von der Insel – und akzeptiert die Geschäftstüchtigkeit ihrer Bewohner: „*Mir (ist) die eingeborene Bevölkerung sympathisch... Daß sie sich ihre Luft gut bezahlen lassen, kann ich ihnen nicht verdenken...*". An dieser Geschäftstüchtigkeit hat sich in den letzten 125 Jahren nichts geändert. 2002 zählt die Insel mit ihren 6.200 Bewohnern 297.000 Gäste mit über drei Mio. Übernachtungen. Memmert ist ein Sonderfall. Die, abgesehen von einem Vogelschutzwart, unbewohnte Insel liegt südwestlich von Juist. Memmert ist ein gemeindefreies Gebiet. Da sie in der Schutzzone I des Nationalparks Niedersächsisches Wattenmeer liegt, darf sie ohne ausdrückliche Genehmigung der Nationalparksverwaltung nicht betreten werden. Aufgrund der fehlenden Küstenbefestigung wandert die Insel durch Sandverlagerungen weiter ostwärts. Der letzte Leuchtturm der Insel wird 1986 aufgegeben und 2002 abgerissen, als er bereits in der Brandung stand.

Landkreis-Profil

	Landkreis	Land Nieders.
Einwohner, Fläche		
Einwohner gesamt	189.652	7.993.415
darunter 0 bis 15 Jahre in %	17,8	15,4
darunter älter als 65 Jahre in %	17,5	18,7
darunter Ausländer in %	3,4	6,7
Fläche in qkm	1.287,28	47.618,24
Einwohner je qkm	147,3	167,9
Sozialstruktur (Jahresdurchschnitt, gerundet)		
Erwerbstätige gesamt	67.800	3.492.600
Empfänger von Arbeitslosengeld / -hilfe	8.800	354.300
Empfänger sonst. Hilfen zum Lebensunterhalt	8.250	311.900
Anzahl Wirtschaftsbetriebe		
Gesamt (Industrie, Handel, Gewerbe, Dienstl.)	8.807	351.151
darunter Land-, Forst-, Fischereiwirtschaft	427	15.862
Steueraufkommen		
Lohn- und Einkommensteuerzahler	61.155	2.738.281
Summe positiver Einkünfte (in Tsd. EUR)	1.725.210	88.279.875
Steuereinnahmen (EUR je Einwohner)	464,90	544,33

Wahlen

Landtagswahl 2003	
CDU	41,5
SPD	46,1
FDP	4,5
Grüne	6,4
Sonstige	1,6

Ortsteile:
- Brockzetel
- Dietrichsfeld
- Egels
- Extum
- Georgsfeld
- Haxtum
- Kirchdorf
- Langefeld
- Middels
- Pfalzdorf
- Plaggenburg
- Popens
- Rahe
- Sandhorst
- Schirum
- Spekendorf
- Tannenhausen
- Walle
- Wallinghausen
- Wiesens

Einwohner: 40.440
Fläche: 197,21 qkm
205,1 Einw. je qkm

Lambertikirche (o.r.)

Dorfplatz im Carolinenhof (r.)

Der Ihlower Altar (r.) in derLambertikirche ist der bedeutendste Kunstschatz der Stadt. Der Schnitzaltaraufsatz aus dem 15. Jahrhundert stammt aus dem alten Zisterzienserkloster in Ihlow. 2003 wird er um das lange in der Sakristei aufbewahrte Kruzifix, ebenfalls aus dem 15. Jahrhundert stammend, bereichert. Zusammen mit der Barockkanzel bilden sie nun ein Ensemble mit dem Altar als Mittelpunkt

Aurich

Aurich, Verwaltungs-, Dienstleistungs- und Einkaufszentrum des Landkreises, stellt den Anspruch, die „heimliche Hauptstadt Ostfrieslands" zu sein. Architektonisch wird die Stadt von Bauten des 19. Jahrhunderts wie der **Lambertikirche** geprägt. Das ursprüngliche Kirchengebäude entstammt dem Boom des Kirchen- und Klosterbaus im Ostfriesland des 12. und 13. Jahrhunderts. Um 1820 ist die Kirche derart baufällig geworden, dass sie vollständig abgetragen werden muss. Im folgenden Jahrzehnt findet der Wiederaufbau an gleicher Stelle in neuem klassizistischem Gewand statt. Das Pflaster der umlaufenden Wege ist denkmalgeschützt und besteht aus eiszeitlichen, im Mittelalter von Bauern gesammelten Granitsteinen, die **„Katzenköpfe"** genannt werden. Sie sind eine Eigenheit vieler norddeutscher Städte. Der **Glockenturm** steht – typisch für die Gegend – abseits vom Kirchenschiff. Er ist heute das Wahrzeichen der Stadt.

1981 führt die Lamberti-Gemeinde den alten vorreformatorischen Brauch des **Beierns** wieder ein. Dabei wird der Klöppel in einem bestimmten Intervall gegen die Innenwand der arretierten Glocke geschlagen. Dies bringt die Glocken zum „Singen". Auf diese Weise werden vor

und an Festtagen fünfzehn Minuten lang die Glocken in der gleichmäßigen Tonfolge gg-aa-dd-ee angeschlagen.

City

Einmal im Jahr gibt es auf dem Auricher Marktplatz für mehrere Tage neben den Wochen- und Krämermärkten ein **Weinfest.** Das überrascht den Unkundigen, wähnt er sich doch mitten im Herzen des Tee- und Bierlandes Ostfriesland. Seit 20

Jahren kommen aber Winzer aus allen deutschen Weinanbaugebieten hierher, um ihre ostfriesischen Stammkunden zu betreuen.

Vom Marktplatz geht die **Burgstraße** ab. Sie ist die Flaniermeile der Auricher. Das Einkaufs- und Freizeitzentrum in der City ist der **Carolinenhof.** In dessen zweitem Obergeschoss befindet sich der sogenannte **Dorfplatz.** Jeden Dienstag gibt es Live-Konzerte, auf denen von Irish-Folk bis Rock alles zu hören ist. Um den Dorfplatz herum findet man u.a. Bowlingbahnen, ein fünf Säle umfassendes Kinocenter, eine Disco, kleine Lokale und Geschäfte und ein Postamt.

Auricher Nachtschwärmern steht mit der **Nachteule** ein Nachtbus zur Verfügung. Er bringt seine Fahrgäste bis gegen 5.00 Uhr morgens innerhalb der Stadt und zu den umliegenden Orten sicher nach Hause.

Markthalle und Sous-Turm (l.)

Die belebte Burgstraße, Aurichs Fußgängerzone (l.u.)

Berühmtester Sohn der Stadt ist Rudolf Eucken (o.). 1846 in Aurich geboren, lehrt er in Basel an der Seite von Nietzsche und Jakob Burckhardt. Er erhält 1908 den Nobelpreis für Literatur

Überhaupt spielen Busse im öffentlichen Verkehr Aurichs eine größere Rolle als andernorts: die Stadt hat keinen Bahnanschluss. Dennoch ist ein beliebter Treffpunkt das **Bahnhofsgebäude**. Gleise und Züge kamen nie hierher. Man kann Tickets kaufen und eine Fahrt antreten, per Bus eben. Seit der Renovierung 1994 beherbergt das Bahnhofsgebäude den städtischen Verkehrsverein, eine Agentur der DB AG, eine Busauskunft und die **Bahnhofsbeule**, ein kleiner Anbau, in dem ein Kiosk dieses Namens untergebracht ist, um das Warten zu verkürzen.

In der **Fußgängerzone**, in Höhe der Hafenstraße, befindet sich der älteste Gebäudekomplex der Stadt. Einst das Gerichtshaus, wird es nach dem Gefängnis im Keller auch **Snappe** genannt. Im hinteren Teil des Gebäudes liegt die **Ewige Lampe**, die älteste Kneipe der Stadt.

An der Hafenstraße Nr. 7 ziert ein Relief mit Bienenkorb und Füllhörnern den Eingang. Unter dem Schriftzug *„De wat spoort, de wat hett“* war hier früher die Ostfriesische Sparkasse zu finden. Heute ist in dem Gebäude die **Stadtbibliothek** zu Hause.

Der **Marktplatz** selbst, fast 500 Jahre alt, ist mit 150 Metern Länge und 50 Metern Breite einer der größten in Niedersachsen. Nachdem in den 1970er Jahren bereits die Innenstadt zur Fußgängerzone umgestaltet worden war, wird 1991 auch der Marktplatz autofrei. Sogar die in Aurich sonst allgegenwärtigen Fahrradfahrer sind von hier verbannt. Moderne und denkmalgeschützte historische Gebäude begrenzen den Platz.

Autofahrern steht unter dem Marktplatz eine **Tiefgarage** mit 400 Stellplätzen zur Verfügung. Treppen führen zur **Markthalle**. Der 1991 entstandene markante Bau aus Stahl und Glas sollte ursprünglich ein Brauhaus werden. Als sich dies wirtschaftlich nicht rechnet, übernehmen 1997 neue Investoren das Gebäude und etablieren dort die Markthalle. Man flaniert unter Glas, zwischen in den Boden eingelassenen Bäumen und kauft einheimische oder internationale Produkte. Oder man verweilt in einem der Restaurants und schaut dem Treiben zu.

Nahe der Markthalle steht der **Sous-Turm,** eines der wenigen modernen – und bei den Bürgern lange umstrittenen – Kunstobjekte der Stadt. Errichtet aus Edelmetallabfällen und mit 25 Metern von beachtlicher Höhe, problematisiert der Turm die Mentalität der Wegwerfgesellschaft.

Keine architektonische Schönheit, aber beliebt ist der Kiosk Bahnhofsbeule (u.l.)

Geselligkeit und der Ruf „Ein Bier und 'n Klaren!“ sorgen dafür, dass in der Ewigen Lampe das Licht nicht ausgeht (u.)

Das vierflügelige Auricher Schloss, das 1851–1855 auf den Ruinen der mittelalterlichen Wasserburg der friesischen Häuptlingsfamilie der Circsena errichtet wird (r.)

Rundum beliebt ist der **Kugelbrunnen** am Südrand des Marktplatzes. Die Kugel aus Rosengranit mit einem Durchmesser von 1,30 Meter wiegt fast drei Tonnen. Aber der mit 1,2 Bar relativ geringe Wasserdruck des Brunnens reicht aus, die Kugel in der Schwebe zu halten, so dass selbst Kinder sie bewegen können.
Ein kleiner gepflasterter, von Buchen und Kastanien gesäumter Weg, der **Philosophenweg**, führt zum **Auricher Schloss**. In den Schlossanlagen sind das Landgericht und seit 1998 das Niedersächsische Landesamt für Bezüge und Versorgung der Bezirksregierung untergebracht. Der klassizistische Bau wird unter König Georg V. von Hannover zwischen 1851 bis 1855 auf den Mauern einer alten Burganlage errichtet, die ab dem 15. Jahrhundert der ostfriesischen Herrscherdynastie der **Circsenser** als Residenz gedient hatte.
Gegenüber dem Schloss steht der **Marstall** mit dem Arkadengang, einst die Stallungen für Pferde und Wagen der Fürsten. Anfang des 19. Jahrhunderts wird das Gebäude zu einer Kaserne umfunktioniert und der **Schlossplatz** zum Exerzierplatz gemacht.
Keine Gegend, sondern eine altehrwürdige Institution mit Sitz in Aurich bezeichnet der Name **Ostfriesische Landschaft.** In einem über 500 Jahre dauernden Prozess, hervorgegangen aus einem Ständeparlament von Ritterschaft, Stadtbürgern und Bauern, werden deren Mitglieder heute von den ostfriesischen Kreistagen und dem Emder Stadtrat gewählt und verstehen sich als ein regionales **Kulturparlament** zur Förderung des aktuellen ostfriesischen Kultur-, Wissenschafts- und Bildungsgeschehens.
Das Gebäude der Ostfriesischen Landschaft, ein Bau im Stil der Neorenaissance, weist einen prachtvollen **Sitzungssaal** und ein **Prunkzimmer** sowie eine Sammlung von Porträts ostfriesischer Fürsten auf, die besichtigt werden können. In einem benachbarten Gebäude wird die wissenschaftliche Bibliothek, ein Hort für **Ostfrisica**, aufbewahrt.
Alljährlich im Mai kommen die Delegierten der zu Ostfriesland zählenden Kreistage und der kreisfreien Stadt Emden zum **Ostfriesentag** nach Aurich. Das Treffen erinnert an den **Upstalsboom.** Auf diesem Hügel im heutigen Ortsteil **Rahe** trafen sich einst die freien Friesen des Mittelalters. Heute führt dort eine Buchenallee hinauf, und eine Steinpyramide erinnert an die Zusammenkünfte der Stämme.
Eine Freiheit ganz eigener Art nimmt sich **Opa Willy** aus **Wallinghausen.** Der über 70-jährige Willy Hoppmann be-

Der Upstalsboom (u.), bis heute Symbol friesischer Freiheit und Einheit, ist auch Namensgeber für eine Hotelkette

Die zweithöchste Mühle Ostfrieslands ist die Stiftsmühle (o.l.)

treibt unter **www.oi-zeitung.de** seine eigene Homepage. Fast täglich kann man dort Neuigkeiten aus Ostfriesland hören, und zwar *„up platt“*! Nahezu jede Sendung beginnt mit dem Auricher Wetterbericht, zumeist mit eigenen Digitalfotos illustriert. Danach folgt eine kleine Presseschau. Alles ohne Manuskript, frei gesprochen. Willy Hoppmann nutzt die Website auch, um Nachrichten aus Aurich und Umgebung zu kommentieren. Besonders brisante Themen führen zu Sondersendungen. Zum Beispiel das Thema „ostfriesischer Grünkohl“, mit Originalfotos von einem Grünkohlteller aus Wallinghausen.

An der Oldersumer Straße, außerhalb des Stadtkerns, liegt die **Stiftsmühle**. Mit 29,6 Metern Höhe ist der fünfstöckige Galerieholländer mit Windrose die zweithöchste Mühle Ostfrieslands. Ein Flügelpaar misst 24 Meter Länge. Die Mühle kann besichtigt werden. Wenn einer der fünf Getreidemahlgänge mit Windkraft in Gang gesetzt wird, lässt sich die technische Raffinesse der Mühle gut beobachten. Auf den fünf Böden der Mühle findet man Absackanlagen, Mahlgeräte, Schäl- und Entspitzmaschinen für Hafer und Weizen. An der Bauernschrotmühle von 1631 darf auf Wunsch auch selbst Hand anlegt werden. Danach führt der Weg fast zwangsläufig ins Müllerhaus, wo man sich in der **Teestube Kluntje** bei Tee und selbstgebackenem Kuchen stärken kann.

In Aurich-Rahe wurde **Hannes Flesner** geboren. Als ostfriesisches Original kennt ihn im Landkreis bis heute jeder. Viele wissen noch Geschichten von zufälligen Kneipenbegegnungen zu erzählen, z.B. in der legendären Schleusenkneipe **Kukelorum** am Ems-Jade-Kanal, wo man den Schleusenwärter beobachten kann, wie er die Rahester Schleuse per Hand öffnet. Der Journalist Flesner liefert zunächst Texte für bekannte Größen des Showgeschäfts wie Lale Andersen, Catharina Valente und Nana Mouskouri, ehe er selbst zu singen beginnt. Seine Lieder nennt er **„Schansongs“**. Sie wurden in Ostfriesland zu einer Art neuer Volkslieder. Die Texte sind nie rührselige Heimatverbundenheit, sondern immer mit einem verschmitzten Lächeln versehen. Sein **Bottermelk-Tango** etwa stellt humorvoll die Frage: *„Wat is bi uns överall?“* Und beantwortet sie mit: *„De Kau, de Kau, de Kau.“*

Webmaster Opa Willy mit Headset in der heimischen Küche in Wallinghausen (l.)

In Titeln wie „De Pastor mit de koll Föten“ oder „Johann Iken, musst eben kieken“ zeigt sich der spezifisch ostfriesische Humor von Hannes Flesner, dessen Bücher und CDs im Leeraner JeJo Musikverlag erscheinen (l.)

Eine ganz andere Attraktion für junge Leute, und nicht nur aus Aurich, ist die **Playground Skate Hall** am Finkenburgweg in **Walle**. Mit ihren 3.000 Quadratmetern ist sie die derzeit größte Skaterbahn Norddeutschlands. Hier werden nationale Wettkämpfe im

Das Pingelhus (o.) vor dem Gebäude der Ostfriesischen Landschaft, das ehemalige Hafenwärterhäuschen, dessen „Pingel“ (Glocke) heute noch zu Hochzeiten erklingt

Getriebelose Windmühlen von Enercon (r.)

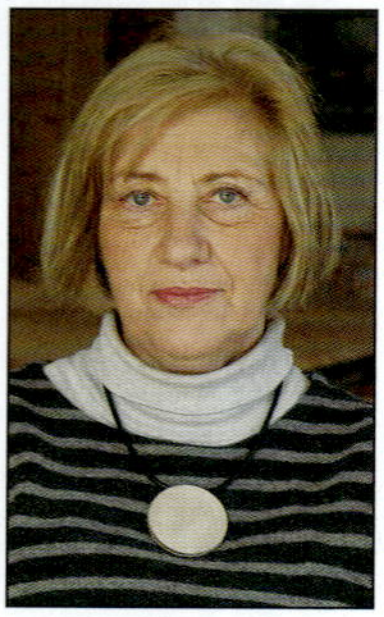

Helga Flade-Peters (o.)

Skateboarden und BMX-Fahren ausgetragen. Da die Wettkämpfe oft mehrere hundert Aktive anlocken, sind die Auricher Hotels und Jugendherbergen an solchen Wochenenden gut belegt. Den **Eastfrisian Skate Cup** allerdings tragen die Ostfriesen – wie der Name unschwer erkennen lässt – allein unter sich aus.

Aus der Wirtschaft

Größter Arbeitgeber in Aurich ist **Enercon,** Hersteller von **Windenergieanlagen.** 1984 durch **Aloys Wobben** gegründet, hat sich das Unternehmen inzwischen weltweit etabliert. Selbst auf dem bei deutschen Urlaubern beliebten Teneriffa wird die Meerwasserentsalzungsanlage mit Strom betrieben, der von einer dort errichteten Anlage Enercons geliefert wird. Den Durchbruch schafft das Unternehmen 1991, als es gelingt, die erste *getriebelose* Windenergieanlage zu bauen. Dabei wird der anströmende Wind mit vergleichsweise geringer mechanischer Belastung und weniger Übertragungsverlusten in Energie umgesetzt. Getriebeaustausch und Ölwechsel bleiben den Betreibern erspart. Im Jahr 2000 konnte der Enercon-Gründer den „Deutschen Umweltpreis" entgegennehmen.

In der **Molkerei Rücker GmbH** werden vor allem Feta, Mozzarella, Butter und Milchpulver produziert. Zudem sind Geschäftsführung und Verwaltung der Gruppe in Aurich angesiedelt. **Paul Rücker** hatte 1974 die **Molkerei Egels** im gleichnamigen Stadtteil gekauft, die damals nur Butter und Magermilch herstellt. Dann setzt die kleine Landmolkerei auf innovative Produkte und Technik und wächst zu einem modernen Großbetrieb in einer der milchreichsten Regionen Deutschlands heran. Heute verarbeiten 290 Mitarbeiter der Rückergruppe rund 500 Millionen Kilogramm Milch pro Jahr. Die entdeckte Marktlücke ist die **Käserei,** die bis dahin in Ostfriesland als unrentabel gegolten hatte. Heute ist das Unternehmen einer der führenden **Feta-Produzenten** weltweit. Zwei Drittel des Käses gehen in den Export, bis nach China, Japan, Afrika oder Nahost. Es ist durchaus nicht ungewöhnlich, ostfriesischen Feta in Griechen-

Action ist angesagt in der Playground Skate Hall (o.)

Milch- und Käseprodukte aus der Molkerei Rücker (r. o.) gibt es in aller Welt und im Direktverkauf in der Egelser Straße 113 (r.)

land oder Auricher Mozzarella in Italien zu finden. An der **Egelser Straße 113** werden Erzeugnisse der Molkerei im **Direktverkauf** angeboten: Käsespezialitäten ebenso wie tagesfrische lose Butter oder Sahne.
Die **Wasser- und Schifffahrtsdirektion Nordwest** ist eine Bundesbehörde mit Sitz in Aurich. Sie ist dem Bundesminister für Verkehr nachgeordnet und zuständig für die Wasserstraßen in den Revieren Ems, Jade, Weser und Teilen der Nordsee. Ihr unterstellt sind Wasser- und Schifffahrtsämter in Emden, Wilhelmshaven, Bremerhaven und Bremen. Etwa 140 Mitarbeiter sorgen von hier aus für einen sicheren und geordneten Schiffsverkehr auf den Wasserstraßen sowie für deren Bau, Unterhaltung und Überwachung. Wenn zum Beispiel in > Bremerhaven (II–174) der Container Terminal erweitert werden soll, werden die Pläne dafür in Aurich genehmigt.
Ein etwas anderes Unternehmen ist die im Ortsteil **Middels** angesiedelte **Krüderee.** Auf den 10.000 qm dieses ostfriesischen Aroma- und Kräutergartens wachsen über 180 verschiedene Arten. Zwischen Mai und September führt **Helga Flade-Peters** Besucher durch Kräuter- und Gemüsegarten, über Obstbaumwiese, Sonnenblumenfeld und Wassertretanlage und erläutert die vielfältigen Wirkungen der Pflanzen. Zusammen mit ihrem Mann **Tjarko Peters** hat die Kräuterexpertin und passionierte Gärtnerin dieses Kleinod des Gartenbaus auf dem brachliegenden Grundstück ihrer Schwiegereltern angelegt. Mit allen Sinnen sollen die Besucher den Garten genießen; auch ein **Barfußpfad** gehört deshalb dazu. Kochkurse mit Kräutern, Lesekreise, Kunstausstellungen und Musikaufführungen runden das Angebot ab. Im Mai 2003 wird die Krüderee von der Stadt Aurich zum „Unternehmen des Monats“ ernannt.
Im Land der Teetrinker darf natürlich ein entsprechendes Geschäft nicht fehlen: An der Oldersumer Straße hält die **Uwe Rolf GmbH Ostfriesischer Teeimport** ständig 500 verschiedene Sorten Tee bereit. Schon immer hatte der Großvater des Firmeninhabers aus verschiedenen Originalteesorten seine eigene Ostfriesenmischung bereitet, und zwar mit Hilfe eines Bettlakens. Das weckt früh das Interesse des Enkels, der Ende der 1970er Jahre seine heutige Firma gründet. Bundesweit werden für Fachgeschäfte Teemischungen hergestellt, die diese als Eigenmarken verkaufen. Auch Teezubehör und Sanddornprodukte aus Eigenanbau zählen zum Sortiment von Uwe Rolf.
In der Kirchstraße sitzt die Redaktion der **Ostfriesischen Nachrichten.** Seit Generationen von der **Familie Dunkmann** geführt, widersteht das Blatt bis heute allen Verkäufen oder Fusionen und ist neben der *Rheiderland-Zeitung* in >Weener (94) die einzige noch selbständige Lokalzeitung Ostfrieslands. Die Geschichte des Hauses beginnt 1861. 1906 läuft die erste Rotationsmaschine und man fühlt sich als *„Männer am Webstuhl der Zeit“*. Inzwischen führt schon die fünfte Generation das Unternehmen; die Druckauf-

Uwe Rolf (links im Bild) und Mitarbeiter bei der Teeprobe (o.)

Das Gebäude der Ostfriesischen Nachrichten in der Kirchstraße (u.)

Ostfriesische Nachrichten
Wir bringen's

lage liegt derzeit bei 15.000 Exemplaren und die *Ostfriesischen Nachrichten* sind längst online unter www.ostfriesische-nachrichten.de.

Die Umgebung

Aurich wird die „grüne Stadt Ostfrieslands" genannt. Gewässer, Moor- und Heideland prägen den ganzen Landkreis. Aber man findet zentrumsnah sogar größere **Waldstücke** und die landschaftstypischen **Wallhecken**. Erwähnenswert ist der renaturierte Gletscherbach **Sandhorster Ehe** im Staatsforst **Sandhorster Wald**. Dort liegen auch die **Eierberge**, eine Ansammlung von Binnendünen, mit 13,5 Metern die höchste Erhebung Aurichs.

Bis in die 1930er Jahre verkehren auf der Sandhorster Ehe noch Schiffe. Im Zuge der lokalen Agenda 21 wird der eiszeitliche Gletscherbach renaturiert (r.)

Die Ortsteile außerhalb des Stadtkerns geben sich ländlich-bäuerlich. Man findet restaurierte Höfe, die sich von alters her erhalten zu haben scheinen. Typisch ist **Dat Wallinghus**, ein Gulfhof in **Wallinghausen**. Nachdem der Abriss durch den engagierten Einsatz Wallinghauser Bürger verhindert werden konnte, ist der Hof zu einer Begegnungsstätte für ostfriesische Volkstanzgruppen geworden.

Auf dem Tannenhausener Mehrzweckgelände (r.) finden u.a. regelmäßig Schleuderkurse statt, die vom ADAC veranstaltet werden

Der **Silbersee** im **Meerhusener Wald** ist ein flaches, von Bäumen gesäumtes Gewässer, Anfang des 19. Jahrhunderts bei der Kultivierung des Bernuthsfelder Moores entstanden. Hier laichen Kröten und Frösche. Das Baden ist deshalb verboten.

Gebadet wird im **Badesee Tannenhausen**. Bei der Schaffung dieses ebenfalls künstlichen Sees durch Zusammenlegung einiger Sand- und Kiesgruben, vergaß man nicht, einen Strand aus weißem Sand anzulegen, der von den im Sommer zahlreichen Besuchern auch liebevoll „Rimini" genannt wird.

Open-Air-Veranstaltungen wie Konzerte oder Ballonfahrertreffen finden auf dem **Tannenhausener Mehrzweckgelände** statt. Zu den Sehenswürdigkeiten in Tannenhausen zählt schließlich ein **Großsteingrab**, das man in den Sandböden des Heidegebiets fand. Seine drei Steine heißen im Volksmund **„Butter, Brot, Käse"**.

„Rimini" in Tannenhausen (u.)

Porträt

„Die ersten Spiele waren die schönsten"

Mit über sechzig Medaillen im Rollstuhl-Fechten gehört der Auricher Hans-Joachim Böhm zu den erfolgreichsten Sportlern Deutschlands

Seit seinem Motorradunfall 1964 ist **Hans-Joachim Böhm** auf den Rollstuhl angewiesen. Den heute über Sechzigjährigen hat das nicht gehindert, einer der erfolgreichsten Sportler Deutschlands zu werden. Nach seinem Unfall wendet er sich dem **Fechten** zu. Ein Glücksgriff, denn von Anfang an ist sein Talent für diese Sportart nicht zu übersehen. Nach einigen Freundschaftsduellen mit französischen Fechtern nimmt er 1967 als Florett- und Säbelfechter an den Weltmeisterschaften teilt. Auf Anhieb gewinnt er eine Silbermedaille.

1968, ein Jahr später, wird er Mitglied des deutschen Fechterteams bei den **Paralympics**, den Olympischen Spielen der Behinderten, in Tel Aviv. An diesen Spielen hängt noch heute sein Herz: *„Die ersten Spiele in Tel Aviv waren die schönsten. Das sind Eindrücke, die man nicht vergisst."* Aus Silber wird hier auch zum ersten Mal für Hans-Joachim Böhm Gold.

Als 1972 die **Olympischen Spiele** in München stattfinden und das Pendant, die Paralympics, in Heidelberg ausgetragen werden, steigt das Interesse der Öffentlichkeit. Das ist nicht zuletzt ein Verdienst des ZDF, dessen Reporter **Hans Mohl** viel für den Behindertensport getan hat, wie Hans-Joachim Böhm bemerkt. Auch er selbst tut einiges dazu. Denn mit Ausnahmen, die er selbst als Ausrutscher bezeichnet, folgt nun eine Medaille der nächsten. Fast immer handelt es sich um Gold. Insgesamt holt er über sechzig Medaillen. 1985, in Foggia an der Adria, gewinnt er in allen vier Wettbewerben, an denen er teilnimmt, die Goldmedaille. Für ihn entscheidend ist, dass er erstmals auch den Titel im Säbelfechten erringt. Seine Paradedisziplin ist **Florett-Einzel.** 1987 mit den Weltmeisterschaften in England, bei denen er wieder einmal Gold gewinnt, will er eigentlich seine Sportkarriere beenden. Aber das Fechten lässt ihn nicht los, drei Mal wird er noch fürs Nationalteam nominiert. Nach den Paralympics in Seoul (1988) und in Barcelona (1992), an denen er aus gesundheitlichen Gründen nicht teilnimmt, will er es 1995 noch einmal wissen. Er nimmt an den Weltmeisterschaften in Blackpool teil und gewinnt noch eine Bronzemedaille. Danach kommt der Degen dann doch auf den Dachboden: *„Irgendwann macht der Arm nicht mehr mit."*

Von Beruf ist Hans-Joachim Böhm Technischer Zeichner. Sein Arbeitgeber hat seine Sportkarriere immer unterstützt. Heute ist er in Rente und kann mehr Zeit mit seiner Familie verbringen.

Hans-Joachim Böhm wohnt in Aurich-Egels (o.)

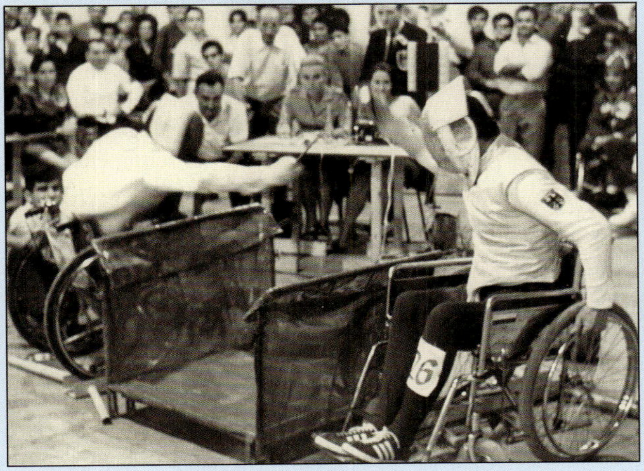

Hans-Joachim Böhm bei den Paralympics 1968 in Tel Aviv (l.) und 1980 in Arnheim (u.)

Ortsteile:
_ keine

Einwohner: 495
Fläche: 6,50 qkm
76,2 Einw. je qkm

Neben der winzigen alten Kirche steht das Wahrzeichen Baltrums: die bei Sturm an Land getriebene Schiffsglocke (o.)

Baltrum

Die Baltrumer behaupten, den feinsten Sandstrand der Inseln zu besitzen und nennen ihre Insel auch **„Sandfatt“** oder **„Dornröschen der Nordsee“**. Von Neßmersiel dauert die Überfahrt etwa 30 Minuten. Im Sommer pendeln die Fährschiffe der **Baltrum-Linie** tideabhängig meist drei Mal täglich. Im Winter versorgt die kleine Fähre **Baltrum III** die Inselbewohner mit allem vom Apfel bis zum Zement. Übers Watt kommt man zu Fuß von > Neßmersiel (Dornum 35) auf die Insel. Mit einer Länge von ca. fünf km und einer Breite von etwa einem km

Baltrum ist autofrei. Personen und Gepäck werden mit der Pferdekutsche befördert (r.)

ist Baltrum die kleinste der bewohnten ostfriesischen Inseln und die kleinste Gemeinde Niedersachsens. Autos gibt es nicht und auch Fahrräder sind nicht gern gesehen.

Zum Baltrumer Schachwatt-Turnier tragen die Spieler Tisch, Brett und Figuren eigenhändig ins Watt (o.). Gespielt wird Blitzschach, denn die Gewinner müssen vor der einsetzenden Flut feststehen. Am Ende heißt es immer: „Schachwatt“

Wer nicht zu Fuß laufen möchte, kann mit der Kutsche fahren oder reiten. Die Vermieter lassen das Gepäck der ankommenden Gäste mit einer Kofferkarre abholen oder stellen Handwagen an den Anleger.

In der Strand- und Dünenlandschaft finden sich zwei durch befestigte Wege verbundene Orte, das **West-** und das **Ostdorf**. Im größeren Westdorf gibt es Einkaufsmöglichkeiten und öffentliche Einrichtungen. Keiner kommt am **Kaufhaus Stadtlander** vorbei. Hier findet man alles, was für den Inselurlaub gebraucht wird: Zeitungen und Fotoausrüstung, aber auch Spielzeug und Badeanzüge.

In der **Turnhalle** finden Veranstaltungen statt. **Jürgen Janßen** leitet die 45 Mitglieder umfassende Theatergruppe **Inselbühne**. Man spielt zwei neue Stücke im Jahr und das jeweils erfolgreichste des Vorjahres. Mittwoch ist der Aufführungstag, an dem sich bis zu 300 Zuschauer einfinden. Besprechungen der Stücke kann man in der **Inselglocke**, der von **Sabine Hinrichs** redaktionell betreuten und vom **Heimatverein** herausgegebenen Zeitschrift, nachlesen.

Badefreunde besuchen das **Erlebnisbad Sindbad.** In der Eingangshalle deutet schon ein Kronleuchter an, dass mehr als das übliche Badevergnügen geboten wird. Viele exotische Pflanzen, eine romantische **Grotte mit Wasserfall** und **Sprudelliegen** gehören zum Inventar. Darüber hinaus gibt es Solarien und eine **römische Dampfsauna.**

Lokale wie das **Strandcafé** sind Café, Musikkneipe, Kiosk und allgemeiner Treffpunkt in einem. Hierher kommt man zu Konzerten oder zur geselligen Verfolgung von Sportübertragungen am Bildschirm.

Einzigartig ist die **Hausnummerierung** auf Baltrum. Sie richtet sich nach dem Jahr der Erbauung: je kleiner die Zahl, desto älter das Haus. Straßennamen sind unbekannt.

Zwischen dem weißen Dünengürtel im Norden und den grauen Dünen in der Inselmitte liegt das landschaftlich schöne **Dünental.** Meterhohes Schilf steht im angrenzenden **Feuchtgebiet.** Hier ist die Heimat der **Kreuzkröte**, die wegen ihrer kraftvollen Frühlingskonzerte auch die „Baltrumer Nachtigall“ genannt wird.

SG Brookmerland

Im Brookmerland begegnet man ihm auf Schritt und Tritt: dem berühmten Seeräuber **Klaus Störtebeker**. In dem alten Marktflecken **Marienhafe** finden seit 1996 alle drei Jahre die **Störtebeker Freilichtspiele** statt. Rund 200 Laienspieler mit aufwändigen Kostümen stellen vor der **Marienkirche** Szenen aus dem Leben des Freibeuters nach.
Das Wahrzeichen Marienhafes ist der mächtige **Störtebekerturm** der zwischen 1230 und 1270 erbauten Marienkirche. Hier findet Klaus Störtebeker der Sage nach Unterschlupf, ehe die Hamburger ihn gefangennehmen und

köpfen. Einst war der große Kirchenbau Seezeichen, Wehrturm und Störtebekers Beutelager in einem. Von den ehemals außen am Turm angebrachten 250 Meter langen **Sandsteinreliefs** konnten 127 Einzelbilder gerettet werden. Sie werden heute im Innern ausgestellt. Sie zeigen biblische Szenen, Wiedergaben aus der altgermanischen Sagenwelt, Bilder aus der Tierfabel „Reineke Fuchs“ und vereinzelte erotische Abbildungen.
Die Haupteinkaufsstraße Marienhafes ist die **Rosenstraße**, die zum Marktplatz und dem Störtebekerturm führt. Mehrfach im Jahr ist sie Schauplatz der Feste in der Gemeinde.
Seit Jahren finder in Marienhafe während der Vorweihnachtszeit auch ein kleiner Weihnachtsmarkt statt, der von den Kaufleuten und den örtlichen Vereinen ausgerichtet wird. Natürlich heißt es **„Weihnachtsaktion Störtebeker“**, wenn die **Interessengemeinschaft Marienhafe** der Kaufleute alljährlich vom 24. November bis Heiligabend **Buchstabenlose** verkauft, um mit dem Erlös karitative Einrichtungen des Brookmerlandes zu unterstützen. Das Prinzip ist einfach: Wer das Wort „Störtebeker“ aus den gesammelten Losen zusammensetzen kann, gewinnt einen Geldpreis. Wer drei Mal den Buchstaben „B“ vorlegen kann, erhält einen Warengutschein. Der kann bei den Geschäften der IG eingelöst werden.

Mitgliedsgemeinden:
- Leezdorf
- Flecken Marienhafe
- Osteel
- Rechtsupweg
- Upgant-Schott
- Wirdum

Einwohner: 13.343
Fläche: 77,25 qkm
172,7 Einw. je qkm

Laiendarsteller bei den Störtebeker Festspielen (ganz l.)

Die Sandsteinreliefs (l.) im Störtebekerturm (u.) zeigen theologische und weltliche Motive

Der heute über 80-jährige Jakob Peters (r.) aus Rechtsupweg mit einem erhaltenen Originalfahrrad, mit dem er noch in den 1960er Jahren Strommasten transportiert

Buchautor und Mühlenexperte Torsten Scheweling (o.)

Wirdumer Wasserpumpmühle (r.)

Die Urania des Fabriciusdenkmals ist unter den neun Musen die Vertreterin der Astronomie (u.)

Zu Anfang der 1920er Jahre wird in **Marienhafe** eine Strom-Genossenschaft gegründet, das **E-Werk Marienhafe**. Ein Generator, der über ein Lokomobil angetrieben wird, ist das technische Herzstück der Anlage. 1964 übernimmt der **Energieversorger EWE** das heute nicht mehr existierende Werk. In diesen Jahren werden die Strommasten noch per Fahrrad über Land transportiert. Später führt die EWE für diese Arbeit Motorräder mit Anhängern ein.

Die jüngste Gemeinde des Brookmerlandes ist **Rechtsupweg**. Sie ist, wie die Nachbargemeinde **Leezdorf**, eine ehemalige Moorgemeinde. Ein lohnendes Ausflugsziel vor allem für Kinder ist der private, ganzjährig geöffnete **Tiergarten** in Rechtsupweg. Es gibt eine Reihe von Streicheltieren, aber auch Vögel, Lamas, Affen und viele andere Arten.

Upgant-Schott, Marienhafe und Leezdorf verbindet eine Leidenschaft, der Erhalt und Betrieb historischer Windmühlen. In den Gemeinden haben sich Vereine dazu gebildet. In Leezdorf öffnet die Mühle mit Teestube interessierten Besuchern ihre Tore in der Saison von Mai bis September samstagnachmittags. Ähnliches bietet man in Upgant-Schott an, wo sich ebenfalls ein Ensemble aus Mühle und Müllerhaus befindet.

In **Wirdum**, zwischen den Gehöften Drennhusen und Soltenland, steht die **Wasserpumpenmühle**, ein Typ der auch in dieser an Mühlen nicht eben armen Gegend etwas Besonderes darstellt. Pumpmühlen wurden zum Entwässern von Moor- und Ackerflächen eingesetzt. Man nutzte sie aber auch zur Versorgung von Viehtränken und zum Abpumpen des Kielwassers von Segelschiffen. War das Gebiet trockengepumpt, wurde die Mühle abgebaut, auf einen Pferdewagen verladen und zu einem neuen Einsatzort gebracht. Den Brüdern **Torsten** und **Gundolf Scheweling**, beide überregional tätig in Sachen Mühlenerhaltung, die bereits die **Marienhafer Windmühle** restauriert hatten, regen den Erhalt der Kleinstwindmühle an, deren Restaurierung dann über die Gemeinde Wirdum betrieben wird. Diese ist heute die einzige funktionsfähige Mühle dieser Art in Deutschland.

Auf dem Osteeler Friedhof, östlich der Warnfried-Kirche, steht das **Fabricius-Denkmal.** Vater **David Fabricius** war Pastor an der Osteeler Kirche und Astronom. Es schuf die erste umfangreichere Karte Ostfrieslands, die heute in >Emden (58) ausgestellt ist, und wies am Sternenhimmel einen der veränderlichen Sterne, den *Mira Ceti*, nach. Als er während einer Predigt einen Torfarbeiter des Diebstahls bezichtigt, erschlägt ihn dieser kurzerhand. Sein Sohn **Johannes** publiziert 1610 als Erster über die Sonnenflecken, die etwa zeitgleich mit ihm auch Galilei entdeckt hat. Aus seinen wissenschaftlichen Beobachtungen schließt er auf die Rotation der Sonne um die eigene Achse. Teleskop und Sonnenscheibe sind auf dem Denkmal in die Hände der Urania gelegt.

Dornum

Ortsteile:
- Dornum
- Dornumergrode
- Dornumersiel
- Nesse
- Neßmersiel
- Roggenstede
- Schwittersum
- Westdorf
- Westeraccum
- Westeraccumer-siel
- Westerbur

Einwohner: 4.763
Fläche: 76,77 qkm
62,0 Einw. je qkm

Die Museumseisenbahn wird von einer alten Dampflok gezogen (l.o.)

Scheinbar endlos verlaufen die Rohre der Europipe I & II (l.)

Dornumersiel, Westeraccumersiel und Neßmersiel sind die an der Küste gelegenen Ortsteile der Gemeinde Dornum. Der Fischerhafen mit dem Sportboothafen liegt in Westeraccumersiel. Der alte Hafen von Neßmersiel war früher Umschlagplatz für Raps, der nach Bremen, Hamburg, Holland und Norwegen verschifft wurde. Auch heute noch finden sich weit gestreckte Rapsfelder im nahen Hinterland. Von der Außenreede vor Neßmersiel laufen die Fähren der **Baltrum-Linie** aus. Da auf der Insel Autos nicht zugelassen sind, gibt es im Hafen reichlich Garagen und bewachte Parkplätze.

Im historischen Dornum warten etliche Sehenswürdigkeiten auf den Besucher. Die alte **St. Bartholomäus Kirche** mit der **Holy Orgel** gehört dazu und das **Dornumer Wasserschloss** aus dem 17. Jahrhundert. Der angrenzende Schlosswald beherbergt eine der größten **Saatkrähenkolonien** Deutschlands. Von dem Küstenbadeort Neßmersiel aus lassen sich hervorragend **Wattwanderungen** starten. Das Watt grenzt direkt an den Nationalpark Niedersächsisches Wattenmeer. Wenn Wetter und Tide mitspielen, sind Routen bis nach Baltrum möglich. Zurück kommt man mit dem Fährschiff. Zwischen Dornum und >Norden (48) fährt in den Sommermonaten immer sonntags eine alte Diesellok der **Museumseisenbahn.**

In der **Europipe-Empfangsanlage** in Dornum werden an die 115 Millionen Kubikmeter Erdgas aus Norwegen angelandet und für den Weitertransport aufbereitet. Stündlich fließen 3,7 Millionen Kubikmeter durch die Leitungen. Vom Troll-Feld, dem größten Erdgasfeld Europas unter dem Meeresboden, ist es bis nach Dornum je nach Druckverhältnissen zwei bis vier Tage durch die Europipes I und II unterwegs. In Dornum wird es gefiltert, erwärmt und über eine 50 Kilometer lange Landleitung nach >Emden (58) weitergeschickt.

Das Wahrzeichen Dornums ist die **Bockwindmühle.** Von Zisterziensermönchen erbaut, weist eine Einkerbung im Mühlenstock vom 23. März 1626 anlässlich ihrer Inbetriebnahme sie als „erste Mühle in Ostfriesland" aus.

In Dornum ist der Goldschmied **Klaus Matthey** zu Hause. Geometrische Formen und Anlehnungen an keltische Handwerkskunst zeichnen seinen Stil aus. Neben eigenen Entwürfen werden auch Umarbeitungen und Sonderanfertigungen vorgenommen, wie zum Beispiel der Abendmahlskelch für die Kirchengemeinde in Ochtersum.

Goldschmied Klaus Matthey (o.)

Ortsteile:
- Akelsbarg
- Aurich-Oldendorf
- Bagband
- Felde
- Fiebing
- Holtrop
- Mittegroßefehn
- Ostgroßefehn
- Spetzerfehn
- Strackholt
- Timmel
- Ulbargen
- Westgroßefehn
- Wrisse

Einwohner: 13.157
Fläche: 127,24 qkm
103,4 Einw. je qkm

Großefehn

Wie viele Gemeinden der Region verdankt Großefehn seine Entstehung dem Torfabbau. 1634 wird mit dem Stechen dort begonnen, wo heute **Westgroßefehn** liegt. Die Moorlandschaft wandelt sich durch Entwässerung. Durchzogen von Wasserläufen und künstlichen **Fehnkanälen**, präsentiert sich das alte Kulturland heute mit seinen typischen Wallhecken und Niederungsmooren.

Großefehn nennt sich selbst das „Fünf-Mühlen-Land", da es heute noch fünf funktionstüchtige Mühlen innerhalb der Gemeindegrenzen gibt. Die **Spetzerfehntjer Mühle** von **Müllermeister Steenblock** produziert Mehl und schreibt damit schwarze Zahlen. Der Betrieb gehört zu einer Reihe von Handwerksbetrieben, die zusammenarbeiten, um Gästen Einblick in ostfriesische Handwerkskunst zu gewähren. Dazu gehören auch der Schmiedemeister **Gerd Fleßner** in **Lübbersfehn** oder der Stövchenbauer **Gerhard Saathoff** in **Großefehn.**

Baden am Timmeler Meer (r.)

Gerd Fleßner (o.)

Das markanteste Gebäude im Ortsteil **Timmel** ist die ehemalige **Seefahrtschule**, die nachts angestrahlt wird. Heute dominiert in der Gemeinde der Fremdenverkehr; Seeleute werden hier nicht mehr ausgebildet. Ein Patent wird aber noch vergeben: das **Torfschifferpatent.** Die Ausbildungszeit beträgt vier Stunden. Der theoretischen Schulung, unterbrochen von einer ostfriesischen Teezeremonie, folgt die Praxis auf dem **Timmeler Meer** und den Kanälen. Auf dem ehemaligen Torfschiff **„Gretje von Großefehn"** erhält der Teilnehmer kurze Lektionen in Signalkunde und Rudergehen.

Die Mühle von Müller Steenblock (r.) ist noch in Betrieb. Hier bewahrt er auch seine Sammlung origineller Schilder auf

René Krischer (ganz r.) am Braukessel seiner Brauerei

Zwischen dem Naturschutzgebiet Boekzeteler Meer in der Gemeinde

>Moormerland (83) und Timmel kam es zur Anlage eines ca. 20 Hektar großen Sees, dem **Timmeler Meer**, ein Binnensee mit Badestrand, umgeben von saftigen Wiesen. Von hier kann man die Ems bis zur Nordsee befahren. Alljährlich im August lockt das **Reiterfest** tausende Zuschauer nach Timmel. Zum Showprogramm am Sonntagnachmittag fahren Römerwagen, Vierspänner oder die Ungarische Post auf. Die Traber veranstalten Rennen und kleine Voltigeure zeigen ihr Können. Der Veranstalter, der **Fahr- und Reitverein,** hat bäuerliche Wurzeln: junge Landwirte richteten mit ihren Arbeitspferden 1948 das erste Turnier aus.

In der alten Dorfschule im Ortsteil **Westgroßefehn** ist **De Weevstuuv** eingerichtet, ein Webereimuseum. Die ausgestellten Webstühle sind zwischen 2 und 200 Jahre alt. Man kann auch selbst einige „Schüsse" weben. Um das Haus herum liegt ein **Färbergraben** und es wachsen hier Pflanzenarten, aus denen früher die Farbstoffe gewonnen wurden. Kurse zum Erlernen des Handwerks werden angeboten.

In Bagband backt **Rindert Flessner** Brot- und Backwarenspezialitäten wie das Bierbrot. Das verwendete Bier liefert Braumeister **René Krischer** aus der benachbarten Brauerei **Ostfriesen Bräu.** Über die Grenzen der Gemeinde hinaus wird die Brauerei bekannt, als sie im Zuge der Einführung der Gesundheitsreform 2004 damit wirbt, gegen Vorlage einer Quittung der Praxisgebühr ein Glas Bier gratis auszuschenken. Die Brauerei hat zwei Festangestellte und einen Jahresausstoß von 1.000 Hektolitern.

Ein anderer Getränkehersteller ist die altehrwürdige **Brauerei Feyen** in **Mittegroßefehn**, gegründet 1713. Das Stammhaus der Familie steht in der **Schrahörnstraße.** Bier wird heute nicht mehr selbst gebraut, sondern nur noch über den Getränkefachgroßhandel vertrieben. Selbst hergestellt wird aber das seit den 1950er Jahren wohlbekannte kultige Erfrischungsgetränk **Anjola,** der ehrliche Saft mit den Fruchtstücken in der charakteristischen Ananasflasche.

Die Seefahrtsschule in Timmel (l.) aus der Zeit, als noch ein Großteil der Bevölkerung zur See fährt

Jürgen Tjaden (u.) im Oll Reef Hus (Altes Werkzeug Haus) inmitten seiner Sammelobjekte. Eine alte Zapfsäule gehört ebenso dazu wie Schulbänke von anno dazumal

Im Ortsteil **Wrisse** liegt das **Oll Reef Hus** von **Gisela** und **Jürgen Tjaden.** Es ist Café, Teestube und Museum in einem. Inmitten alter Gebrauchsgegenstände trinkt man Tee und probiert Gisela Tjadens selbst gebackenen Kuchen. In der Teeküche steht ein schöner alter **Stangenofen**, der mit Holz und Torf befeuert wird. Das Privatmuseum beruht auf der Sammelleidenschaft, die Gisela Tjaden mit ihrem Mann teilt. Antiquarische Bücher, selbst alte Traktoren samt landwirtschaftlichem Zubehör, Motorräder, Möbel und vieles mehr finden sich hier. Auf Wunsch gibt es eine persönliche Führung von Jürgen Tjaden, wahlweise auf Hoch- oder Plattdeutsch.

Die charakteristische Ananasflasche von Anjola (o.)

Ortsteile:
- Arle
- Berumerfehn
- Großheide
- Menstede-Coldinne
- Westerende

Einwohner: 8.744
Fläche: 69,32 qkm
126,1 Einw. je qkm

Kea Büscher, Vorsitzende des Heimatvereins, vor einem Eiskeller, wie er einst den Moorarbeitern auch zum Kühlen des Bieres dient (u.)

Gisa Wäcken in ihrem Kolonialwarenladen, wo man sich auch manchmal nur zum Klönschnack trifft (r.)

Die ehemalige Pferdedeckstation (u.)

Großheide

Landwirtschaft und Tourismus sind die wirtschaftlichen Schwerpunkte der Gemeinde. Die Umgebung lädt zu Wanderungen oder Spaziergängen ein, zu Fuß oder mit dem Rad. Bis ans **Ewige Meer** reicht ein gepflegtes Wandernetz. Auch Kahnfahrten auf den Kanälen werden angeboten.

Berumerfehn ist von einem Kanal durchzogen, der heute zur Entwässerung dient und früher auch von Bedeutung für die Torfabfuhr war. Der **Heimatverein** unter der Leitung von **Kea Büscher** ist bemüht, Schätze aus der Gründerzeit zu bergen. Nach der Renovierung der **Alten Schleuse** und eines **Torfkahns** wird mit der Restaurierung des **Eiskellers** eine weitere interessante Sehenswürdigkeit geschaffen: bäuerliche Kühltechnik vor der Erfindung des Kühlschranks. Jeder größere Hof hatte einst einen Eiskeller, einen schmalen in die Erde gegrabenen, oben verschlossenen Raum. Im Winter werden Eisblöcke aus Seen und Kanälen gesägt und in das Kellergewölbe gebracht. In dem kalten und feuchten Moorboden hält sich das Eis bis in den Sommer hinein. Natürliche Pflanzenwirkstoffe im Boden schützen es zudem vor Keimen. Von dem Original des Berumerfehner Eiskellers, der bis Anfang des 20. Jahrhunderts auch das Bier für durstige Moorarbeiter kühl hält, sind nur wenige Zeugnisse erhalten. Der Heimatverein kann sich bei der Restaurierung aber auf Berichte älterer Fehnbewohner stützen.

Seit vier Generationen führt die **Familie Wäcken** in der Westerender Straße in **Großheide** ihren **Gemischtwarenladen.** Er ist ein Stück Dorfgeschichte. Zwar macht man keinen Gewinn, man macht aber auch kein Minus. Wirtschaftliches Standbein war der Laden nie. Das war immer die Landwirtschaft, der Milchbetrieb mit z. Zt. 25 Kühen. Hinzugekommen ist seit den 1960er Jahren die Zimmervermietung an Urlauber. Verkauft wird allerhand, egal ob Tauwerk, Töpfe, Teekannen oder Lebensmittel. Schaufenster und Werbung gibt es nicht. Wozu auch? „*Die Leute hier wissen das alle*“, sagt **Gisa Wäcken** und **Johann Wäcken** ergänzt: „*Wir haben hier eigentlich schon alles gehabt.*“ Womit er meint, dass sich in dem Haus früher auch schon eine Kohlenhandlung und eine Deckstation für Pferde befunden haben. Punkt 6.30 Uhr wird geöffnet. Dann gibt es frische Brötchen. Man steht in keinerlei Konkurrenz zu den Supermärkten. Die Leute kommen hierher zum Klönen, und das ist wichtig für die Dorfgemeinschaft.

SG Hage

Mitgliedsgemeinden:
- Flecken Hage
- Berumbur
- Hagermarsch
- Halbemond
- Lütetsburg

Einwohner: 10.684
Fläche: 68,64 qkm
155,7 Einw. je qkm

Im wunderschönen Lütetsburger Schlosspark (l.) kann man zur Nachtzeit sogar die seltenen Wasserfledermäuse beobachten

Der **Flecken Hage** ist ein staatlich anerkannter Luftkurort. Durch die Errichtung des **Ferienparks Hage-Berum** mit Kurzentrum, Hallenbad, Sauna und Solarien nahm seit den 1970er Jahren die Bedeutung des Fremdenverkehrs in der Samtgemeinde stetig zu.

Das zweitägige **Ortsfest** im Juli, das **Internationale Shanty Chor Treffen** und der **Tuffelmarkt**, der im September stattfindet, sind die festlichen Höhepunkte in der Gemeinde. Beim Tuffelmarkt dreht sich alles um die Kartoffel. Die Gegend ist ein Kartoffelanbaugebiet und der Pro-Kopf-Verbrauch liegt mit 100 kg pro Jahr deutlich über dem Bundesdurchschnitt. **Albert Kleemann** ist einer derjenigen, die Kartoffeln anbauen. Und er ist der Konstrukteur seines eigenen **Kartoffelautomaten**. Der steht an der Hagermarscher Landstraße Nr. 14. Drei verschiedene Kartoffelsorten kann man hier nach Geldeinwurf bekommen. Darunter auch die eigene Marke **„Unsere Gelbe"**. Für vier Euro gibt der Automat einen ganzen Sack voll mit 12,5 kg Kartoffeln her. Auch Geldscheine werden angenommen; Restgeld wird herausgegeben. Albert Kleeman plant weiter: Demnächst soll sein Automat auch Sprache erkennen und antworten können.

Burg Berum (l.)

Im Privatbesitz der **Familie Oppeln-Bronikowski** ist die **Burg Berum.** Sie wird als Gästehaus angeboten und gehört zu den ältesten Burgen Ostfrieslands. Im Jahr 1600 wird hier der **Berumer Vertrag** unterzeichnet, der zu einer Vereinigung des Harlingerlandes mit Ostfriesland führt.

In der Gemeinde **Lütetsburg** geht von dem **Lütetsburger Schlosspark** ein besonderer Zauber aus. Die Anlage ist ganzjährig geöffnet und zählt zu den schönsten Landschaftsparks Europas. Seine Gestaltung hat drei europäische Stilepochen durchlaufen. Ursprünglich als Renaissance-Garten um das **Schloss**

Albert Kleemann (o.) ist Agrarökonom und erfinderisch bei allem, was den Verkauf fördert (u.)

Schloss Lütetsburg (o.)

Lütetsburg herum angelegt, wird er im 18. Jahrhundert im barocken Stil umgemodelt. Um 1810 gestaltet C. F. Bosse den Park erneut nach der gerade herrschenden Mode zu einem englisch-japanischen Landschaftsgarten um. Diese Gestalt bewahrt er bis heute. Zwischen prächtigem und abwechslungsreichem Baumbestand führen verschlungene Wege vorbei an Azaleenblüten, meterhohen Rhododendronbüschen, farbigen Blumenbeeten und Rasenflächen. Kleine Brücken führen über moordunkle Wasserläufe oder zu kleinen Inseln in Teichen. Eine Kapelle und ein Tempelnachbau, der Freundschaftstempel, fügen sich in die Landschaft. Das Schloss Lütetsburg wird 1956 ein Raub der Flammen. Der Wiederaufbau fällt schlicht aus. Der Hauptturm und die lang gestreckte Vorburg stammen allerdings noch aus dem 16. Jahrhundert.

Weniger kontemplativ geht es zu bei einem Besuch des **Motodroms** in der Gemeinde **Halbemond**. Hier erringt **Egon Müller** vor 40.000 Zuschauern 1983 als erster und bisher einziger Deutscher den Weltmeistertitel im **Speedway-Einzelfahren**. Einige schwere Jahre führen aber dazu, dass das große Speedway-Stadion lange Zeit darniederliegt. Gras wächst auf den Zuschauertribünen, Schlaglöcher durchziehen den Innenraum, bis Mitglieder des **Motorsportclubs Norden** das Motodrom wieder herrichten. 2001 bringt ein Tag der offenen Tür auf Anhieb mehrere tausend Zuschauer. Seitdem werden auf der Bahn wieder Rennen gefahren. Deutschland- und europaweite Meisterschaften sind angesagt. Einer der Hoffnungsträger ist der junge Bremerhavener **Mike Kallauch**, der 2002 auf der Bahn mit neun Jahren seinen ersten Titel in der 65-ccm-Schülerklasse gewinnt. Wenn keine Wettkämpfe angesagt sind, kann die Bahn des täglich geöffneten Stadions von Amateuren zum Training benutzt werden. Der MC-Norden hat gemeinsam mit dem Team Mike Lüders eine **Speedway-Schule** eröffnet, in der die erforderlichen Fahrkünste erworben werden können.

Die Erfolgsstory des Bremerhavener Mike Kallauch (r.) hat schon in jungen Jahren auf der Bahn des Motodroms begonnen und verspricht noch lange anzuhalten

Immer Heiligabend zwischen 20 und 22 Uhr dient der Telefonanschluss der **Familie Niebel** in **Hage** als **NDR-Weihnachtstelefon**. Menschen aus ganz Norddeutschland, die an diesem Abend einsam sind, finden mit **Werner Niebel** jemanden, der ihnen zuhört. Vor seiner Pensionierung sorgt er als Polizeibeamter zwölf Jahre lang mit einer **Polizei-Puppenbühne** in ganz Ostfriesland für die Verkehrserziehung von Kindern. Seine neue Aufgabe am Weihnachtstelefon sieht er darin, Hilfe zur Selbsthilfe zu leisten. Er nennt Beratungsstellen und Selbsthilfegruppen. Werner Niebel ist über seine Tätigkeit in der Evangelischen Kirchengemeinde zum Weihnachtstelefon gekommen. *„Es gibt mir das Gefühl, etwas Sinnvolles zu tun"*, sagt er.

Werner Niebel (o.) ist auch nach seiner Pensionierung noch für die Gemeinschaft tätig

Hinte

Ortsteile:
_ Hinte
_ Canhusen
_ Cirkwehrum
_ Groß Midlum
_ Loppersum
_ Osterhusen
_ Suurhusen
_ Westerhusen

Einwohner: 7.300
Fläche: 48,06 qkm
151,9 Einw. je qkm

Burg Hinta (l.). Einmal im Jahr führt der Umzug des Schützenvereins Hinte über das Gelände

Engelke Brink (o.) wirkt nicht nur während seiner Amtszeit als Gemeindepastor, sondern organisiert auch Aufführungen Alter Musik in der Kirche zu Hinte (u.l.). Die Propsteikirche ist eines der wenigen Zeugnisse der Spätgotik in Ostfriesland

Der Osterhusische Accord (l.) verbürgt den Ostfriesen erste bürgerliche Freiheiten

Hinte liegt in unmittelbarer Nachbarschaft Emdens. Die Gemeinde hat ländliches Flair bewahrt und nutzt es zum Ausbau des Fremdenverkehrs. In den zur Gemeinde gehörenden Ortschaften prägen landwirtschaftliche Betriebe das Ortsbild und das Leben der Menschen. Zahlreiche erhaltene Burganlagen, auf denen einst friesische Häuptlinge saßen, zeugen von der langen Geschichte der Ortschaften um Hinte. In Osterhusen kommt es 1611 zur Unterzeichnung der Magna Charta der Ostfriesischen Stände, dem **Osterhusischen Accord**, der die gräfliche Macht erheblich einschränkt.

Special Verdrach ende Accordt,
wegen der
Froen ende Hoff-
diensten/ Mitgaders anderen tho
der Gräfflicken Hoffholdinge praestatien,
Den Welgeboren Graven ende Heeren/
Heeren ENNO Graef ende Heere tot
Ostfrieslandt/ Heren tot Esens/ Stedesdorp
ende Wittmunde/ etc.
Ende
Den Onderdanen
Des Amptes Embden/
Up den Landtage tot Osterhusen den
20. May 1611. opgericht.

Von **Hinte** aus bestehen zahlreiche Möglichkeiten, eine Fahrradtour zu starten. Eine der abwechslungsreichen Touren führt über eine Strecke von 47 Kilometern von der Windmühle in Hinte über **Suurhusen**, vorbei am **Großen Meer**, dem größten Binnensee Ostfrieslands, bis nach >Emden (58).

In der Kirche zu Hinte erklingen etwa zehnmal im Jahr Gambe, Laute, Barockgitarre und andere Instrumente der Alten Musik zu **„Musik am späten Nachmittag"**. Angefangen hat alles 1988, kurz vor dem Fall der Mauer, als Pastor **Engelke Brink** und der Berliner Kirchenmusikdirektor Christian Schlicke als Vertreter ihrer Landeskirchen West und Ost an der Schaffung eines einheitlichen Evangelischen Gesangbuches arbeiten. Brink lädt Schlicke ein, die reiche Orgellandschaft Ostfrieslands kennen zu lernen. Schlicke nimmt an und spielt bei seinem Besuch in der Kirche die Orgel. Die Resonanz ist positiv und die Idee zu einer Konzertreihe wird geboren. Die Musiker

Fehnkanal in Hinte (o.)

Für die Tourismusförderung kann weicher Moorboden – sonst für jegliche Bautätigkeit eher von Nachteil – schon einmal vorteilhaft sein, wenn er, wie bei der Kirche in Suurhusen, einen Turm noch schiefer werden lässt, als den in Pisa (u.)

kommen seitdem häufig von weither, aus Finnland, Schweden, Holland, Frankreich oder den USA. Bis auf den von Besuchern zu zahlenden Kostenbeitrag von fünf Euro erhalten die Musiker keine Gage. Bei den meisten Aufführungen singen die Zuhörer zwei Choräle aus dem Evangelischen Gesangbuch, wobei sie von den ausführenden Künstlern begleitet werden.

Sehr sehenswert in der aus dem 15. Jahrhundert stammenden gotischen Kirche ist die geschnitzte Kanzel und der aus Sandstein gearbeitete Taufstein, beide in den letzten Jahren restauriert. Typisch für reformierte Kirchen, gibt es keinen Altar; das Gestühl ist auf die Kanzel ausgerichtet. Das gesprochene Wort soll ganz im Zentrum des Gottesdienstes der reformierten Gemeinde stehen. Die Kirche und ihr frei stehender Glockenturm bilden zusammen mit der **Burg Hinta** ein einzigartiges mittelalterliches Ensemble. Seit dem 16. Jahrhundert befindet sich die Burg im Privatbesitz der Familie **von Frese**. Die vierflügelige Anlage ist von einem Burggraben umgeben, über den eine Holzbrücke führt. Die Innenräume sind nicht öffentlich zugänglich; der Westflügel wird von einem Mitglied der Familie bewohnt.

Gebäude in moorreichen Gegenden wie Ostfriesland werden seit altersher auf starken Pfählen als Unterbau errichtet, um ein Absinken zu verhindern. Besonders gefährdet sind Kirchtürme; das Läuten der Glocken versetzt das Mauerwerk in Schwingungen und lässt es langsam in den Boden sinken. Damit dabei das Kirchenschiff nicht auch in Mitleidenschaft gerät, werden ostfriesische Kirchtürme oft abseits desselben errichtet. In **Suurhusen** hat das nicht geholfen. Dafür hat man heute einen aus dem 13. Jahrhundert stammenden Kirchturm, der zwar nicht so berühmt wie der in Pisa, wahrscheinlich aber **der schiefste Turm der Welt** ist. Im Laufe der Jahrhunderte entsteht ein „Überhang", eine Schieflage, die auf 2,43 Meter anwächst. Dies entspricht einer Neigung von 5,07 Grad. In Pisa sind es gerade einmal 4,43 Grad. Durch Sanierungsmaßnahmen gelingt es 1982, den Turm vor dem Einsturz zu bewahren.

Ihlow

Die im 17. Jahrhundert gegründeten Ortschaften **Ostersander** und **Ihlowerhörn** sind rundliche Geestdörfer. Die anderen Siedlungen wie **Riepe** und **Ochtelbur** am Geestrand dagegen zeigen sich als langgestreckte Straßendörfer. **Ihlowerfehn** als Ortsteil mit den zentralen Einrichtungen, wie z.B. dem Rathaus, hat sich mit seinen vielen „Wieken" genannten Kanälen den typischen Fehncharakter bewahrt.

Vieles dreht sich in Ihlow um das berühmte **Kloster Ihlow**. Von dem ehemaligen Zisterzienserkloster sind heute nur noch Grundmauern im **Ihlower Forst** erhalten. 1228 gegründet, wird es 1529 im Zuge der Reformation wieder abgetragen. Seit den 1970er Jahren wird das Gelände der Anlage von Wissenschaftlern der „Ostfriesischen Landschaft" erforscht. Die Grabungsstelle ist öffentlich zugänglich und kann besichtigt werden. Beim benachbarten **Forsthaus** sind Fundstücke aus dem Kloster, Klostergarten, Backhaus und wechselnde Ausstellungen zu sehen. Dort wurde auch der Grundriss des Klosters mit Ziegelsteinen nachgestellt.

Seit November 2003 finden erneut Ausgrabungen in Ihlow statt. Gegenstand ist das ehemalige **Jagdschloss** aus dem 17. Jahrhundert des **Hauses Cirksena.** Die Grabungen werden von der Gemeinde in Zusammenarbeit mit dem Arbeitsamt Aurich und dem Archäologischen Dienst der Ostfriesischen Landschaft unter der Leitung von **Marion Brüggler** durchgeführt. Anhand der gefundenen Mauerreste will man die Lage und das ehemalige Aussehen der Gebäude wieder sichtbar werden lassen.

Mit seinem Mehrzweckraum für 120 Personen ist das **Forsthaus** Teil der **Internationalen Jugendbegegnungsstätte** in Ihlow. Dazu gehört außerdem das am **Ihler Meer** gelegene **Gästehaus.** Der schön angelegte **Badesee** am Ihler Meer bildet zusammen mit dem **Ferien- und Sportpark Ihlow**, dem **Haus des Gastes** und dem **Fitness- und Sportzentrum** den touristischen Mittelpunkt der Gemeinde.

In **Ihlowerfehn** betreibt die **Familie Huismann** einen **Reiterhof.** Hier warten Pferde und Kleinpferde mit einem Stockmaß von 140 bis 145 cm (überwiegend norwegische Fjordpferde) auf Besucher. Es gibt auch Kühe, Rinder, Ziegen, Esel, Katzen, Kaninchen und einen Hund.

Einen musikalischen Leckerbissen findet man unter der Vielzahl von Vereinen in der Gemeinde Ihlow: das **Akkordeon-**

Ortsteile:
- Bangstede
- Barstede
- Ihlowerfehn
- Ihlowerhörn
- Ludwigsdorf
- Ochtelbur
- Ostersander
- Riepe
- Riepster-hammrich
- Simonswolde
- Westerende-Holzloog
- Westerende-Kirchloog

Einwohner: 12.559
Fläche: 123,09 qkm
102,0 Einw. je qkm

Marion Brüggler (o.)

Mit Ziegelsteinen ist der Grundriss der ehemaligen Klosterkirche, einst eine der größten Kirchen zwischen Groningen und Bremen (ganz o.), nachgezeichnet. 2004 werden hier bei Ausgrabungen Gräber mit den Gebeinen bedeutender ostfriesischer Häuptlinge gefunden

Akkordeon-Orchester Wanderfreunde Ihlow (l.)

Der Name der Gemeinde geht auf das Waldgebiet Ihlower Forst zurück. „Y-lo“ bedeutet Eibenwald (o.)

Gerhard Druck in Riepe (o.r.)

Orchester Wanderfreunde Ihlow. Die derzeit zehn Mitglieder des Orchesters unter der Leitung von **Therese Behrends** spielen Heimatmusik zu Hochzeiten, Vereins-, Dorf- und Stadtfesten sowie auf kirchlichen Veranstaltungen.
Unter den Gewerbebetrieben in Ihlow gibt es einige interessante Unternehmen. Eines ist die 1991 von dem Elektromeister **Manfred Lienemann** als Ein-Mann-Betrieb gegründete **Lienemann Aufzug und Rehatechnik.** Das Metier sind Aufzüge, die verkauft und montiert werden. Der Erfolg stellt sich rasch ein. Heute beschäftigt das Unternehmen mehr als zehn Mitarbeiter. Auf der Kundenliste stehen illustre Namen wie die Firma *Porsche* in Stuttgart oder das *Kloster Andechs* in Bayern, die beide mit Behindertenaufzügen ausgestattet worden sind.

Der Sandwater ist ein 23 Hektar großer Flachsee und das Wahrzeichen der Ortschaft Simonswolde (o.)

Fuchsienausstellung der Gärtnerei Kuhlmann (r.)

Im Gewerbegebiet in **Riepe** fällt ein Gebäude besonders auf: der Sitz der Firma **Gerhard Druck GmbH & Co. KG.** Die Architektur dieses eigenwilligen Baues zitiert mit den runden Formen die Produktionsmittel einer Druckerei: Papierrollen oder die Druckzylinder einer Rotationsmaschine sind ansatzweise nachgebildet. Auf 2.000 qm arbeiten rund 120 Mitarbeiter. Sie drucken Tages-, Wochen- und Monatszeitungen sowie Beilagen und Kataloge für das gesamte Bundesgebiet.

Alljährlich richtet die **Gärtnerei Kuhlmann** seit den 1980er Jahren in den Sommermonaten Juli und August die wohl größte Fuchsienausstellung Deutschlands aus. Auf 8.500 qm Garten- und Parkgelände und 3.300 qm Gewächshausfläche sind ungefähr 250 Fuchsiensorten in ihrer ganzen Blütenpracht zu bewundern. Eine Modelleisenbahn fährt durch die Gartenlandschaft aus Geranien, Begonien, Engelstrompeten und Margariten. In dem Familienbetrieb in **Ihlowerfehn** sind neben Ehefrau, Vater und Schwester zehn weitere Mitarbeiter tätig. Beim Personal erhält man Tipps zur Pflege und Überwinterung der Pflanzen. Weitere zehn Mitarbeitern führen das integrierte **Fuchsiencafé.** Als eine Art Wintergarten gebaut, kann man von hier aus auch einen Blick auf das Gartengelände werfen. Es muss sich lohnen: Im Jahresdurchschnitt kommen 45.000 Besucher.

Juist

Ortsteile:
_ Juist
_ Loog

Einwohner: 1.801
Fläche: 16,43 qkm
109,6 Einw. je qkm

Inselspitze Kalfamer, friesisch für „Kälberweide“ (l.)

Leuchtturm (l. Mitte)

Fähranleger (ganz l.)

Juist ist lang und schmal. Die heutige Gestalt der Insel wird durch die **Allerheiligenflut** von 1570 geprägt. Sie zerstört den Dünenwall und verschmälert die Insel, die seitdem in der Länge wächst und bis heute 17 Kilometer erreicht hat. In der Breite zählt sie dagegen nur 0,5 Kilometer.
Wie die Insel heißt auch ihr Hauptort: **Juist**. Westlich davon liegt das ältere **Loog**. Zwischen Juist und Loog liegt die **Kleine Siedlung**. Sie besteht lediglich aus 16 Häusern, die allesamt weiß sind. Aus dem Rahmen fällt Haus Nr. 10

von **Gaby** und **Wilhelm Katenkamp-Schaawe**. Als einziges ist es nicht mit Touristenunterkünften umbaut, sondern bietet seinen Gästen einen kleinen Garten an. Bei der Kleinen Siedlung findet sich ein Strandabschnitt abseits vom Trubel mit kaum mehr als 10 Strandkörben.
Ost- und Westspitze der Insel tragen die Bezeichnungen „**Bill**“ bzw. „**Kalfamer**“. Bill ist das friesische Wort für Gesäßbacke und in der Tat lässt die Form des Sandstrandes diese Assoziation aufkommen. Auf dem Bill findet man die **Domäne Bill**. Hier werden neben deftigen Eintöpfen die nach einem alten Geheimrezept gebackenen **Rosinenstuten** von **Familie Ahrends** angeboten. Man isst sie leicht warm und mit Butter bestrichen.
Als die Schifffahrt den Insulanern nicht mehr genügend Gewinn bringt und nur noch 14 Schiffe auf der Insel registriert sind, stellt Inselpastor Janus 1783 einen Antrag auf Erlaubnis zum Seebaden bei der zuständigen preußischen Regierung. Dieser Antrag ist das **älteste Dokument zur deutschen Seebädergeschichte**. Gleichwohl beginnt diese nicht auf Juist, sondern auf >Norderney (52). Erst 1840 bekommt die Insel ihr Seebad. Der Tourismus entwickelt sich aber schnell zur Haupteinnahmequelle. Mitten im Nationalpark Niedersächsisches Wattenmeer gelegen, sind von der Insel gute Erkundungstouren ins Watt möglich, die aber unter der Leitung eines **Wattführers** durchgeführt werden sollten.
Juist hat mit dem **Hammersee** den einzigen Süßwassersee der sieben Ostfriesischen Inseln. Entstanden ist er bei einer Sturmflut.
In den 1920er Jahren hatte der Biologe **Dr. Otto Leege** westlich des Hammersees mit der Anpflanzung winterharter Pflanzen begonnen. Später lässt die Wasserbauverwaltung Norden mehr als 50.000 Bäume dort pflanzen und schafft damit etwas, was in dem rauen Nordseeklima und ständigen Wind auf den Inseln nicht vorgesehen ist: Wald.

Blick auf den Hammersee (o.)

Gaby und Wilhelm Katenkamp (o.l.)

Domäne Bill (l.)

Krummhörn

Ortsteile:
- Campen
- Canum
- Eilsum
- Freepsum
- Greetsiel
- Grimersum
- Groothusen
- Hamswehrum
- Jennelt
- Manslagt
- Pewsum
- Pilsum
- Rysum
- Upleward
- Uttum
- Visquard
- Woltzeten
- Woquard

Einwohner: 13.374
Fläche: 159,20 qkm
84,0 Einw. je qkm

Romantische Seiten Greetsiels: die Zwillingsmühlen (o.) und der kleine Hafen (u.)

Als typische Marschregion ist die Krummhörn flaches und fruchtbares Kulturland. Milchwirtschaft dominiert. **Greetsiel** hat einen tideunabhängigen Hafen. Hier liegen 28 Krabbenkutter. Sie laufen mit zwei oder drei Mann Besatzung aus. Wer im Hafen einen Kutterkapitän fragt, hat eine Chance, mitfahren zu können.

Greetsiel mit seinen malerischen, winkligen Gassen, den historischen Häusern mit ihren kunstvoll geschnitzten Haustüren wird die **„Puppenstube Krummhörns“** genannt. In den Gaststätten bekommt man **Krintstut mit Botter** (Rosinenbrot mit Butter) oder **Schietwettertee** serviert. So etwa im 200 Jahre alten **Witthus**; einst Teestube, ist es heute ein bekanntes Feinschmeckerlokal. Oberhalb des Hafens liegt der **Rettungsschuppen.** In diesem Café-Bristro gibt es jeden zweiten Mittwoch im Monat Live-Musik.

Maler, Fotografen und andere Künstler fühlen sich durch das Ambiente des Ortes angezogen. Die Kunstausstellung **Greetsieler Woche** findet seit mehr als dreißig Jahren im Gemeindehaus und in der Schule statt. Sie wird im Rahmen eines kurzen Gottesdienstes in der Kirche zu Greetsiel eröffnet.

Die **Greetsieler Zwillingsmühlen** gehören zu den bekanntesten Mühlen Ostfrieslands. In der älteren von beiden aus dem Jahre 1856 wird bis heute mit Windkraft gemahlen. Das Ensemble wirkt ein wenig wie ein Vorläufer heutiger Windenergieparks.

Eine der allerersten derartigen Anlagen in Deutschland ist der 1988 errichtete **Windenergiepark Pilsum** dicht hinter dem Deich. Auf 16 Hektar Land werden zehn Windräder des Auricher Herstellers Enercon mit einer Gesamtleistung von drei Megawatt installiert. Heute benötigt man für diese Leistung gerade einmal zwei Anlagen. In dem Besucher- und Informationszentrum des **Energieversorgers EWE** erfährt man einiges über Windenergie. Man kann an Führungen über das Gelände teilnehmen.

Um Energie geht es auch im Ortsteil **Upleward.** Hier lagert die **Ruhrgas AG** in unterirdisch angelegten Hohlräumen, sog. **Salzkavernen**, mehr als 180 Mio. Kubikmeter Erdgas. In der **Verdichtungsstation** haben 21 Mitarbeiter die Aufgabe, das aus der Nordsee vor Norwegen stammende Gas in die Kavernen zu pressen. In den von einer Salzschicht umgebenen Hohlräumen in ca. 1.600 Meter Tiefe kann das Erdgas nicht entweichen. Der Eigendruck des gespeicherten Gases reicht aus, um es ins Leitungsnetz Richtung Berlin und Ruhrgebiet zu Industriebetrieben und Privathaushalten strömen zu lassen. Pro Stunde werden etwa 100.000 Kubikmeter entnommen.

Einer der Höhepunkte des Veranstaltungsjahres in der Krummhörn

Sauberkeit ist bei den Schlickschlittenmeisterschaften (l.), die von Maike Arndt (o., im Bild rechts) und ihren Kollegen organisiert werden, eher keine Tugend

Beliebte Filmkulisse, Postkartenmotiv und Ausflugsziel ist der „Ottoturm" genannte Pilsumer Leuchtturm (l.)

ist die **Schlickschlittenmeisterschaft** im **Pilsumer Watt**. Auf Schlickschlitten sind Fischer früher zu ihren Stellnetzen im Watt gefahren. Heute verfolgen Tausende Besucher die Rennen. Um die 20 Mannschaften treten an. Mit selbst gebauten Holzschlitten geht es über die Distanz von zweimal 50 Metern, mit einem Bein auf dem Schlitten kniend, während das andere Bein vorwärtstreibt. **Maike Arndt** von der Touristik GmbH stellt die Pläne für die Damen-, Herren- und gemischten Teams auf. Jeder Teilnehmer muss in Verkleidung antreten. Es gibt Preise nicht nur für die schnellsten Fahrer, sondern auch für die besten Kostüme, von denen nach dem Rennen im Watt mit reichlichem Bodenkontakt allerdings nur noch wenig zu sehen ist.

Berühmt geworden unter den zahlreichen Leuchttümen an der Küste ist der rot-gelb geringelte **Pilsumer Leuchtturm**. Er wird auch **„Otto-Turm"** genannt nach dem Komiker **Otto Waalkes**, der den Turm mehrfach als Kulisse in seinen Filmen („Otto der Außerfriesische" u.a.) verwendet hat. Auch in den Kinderbüchern von Bernd Fleßner und Peter Papst wird der Leuchtturm erwähnt.

Unter dem Motto „Kultur auf dem Lande" macht die **Ländliche Akademie Krummhörn e.V. (LAK)** seit über 20 Jahren sozial-kulturelle Angebote in fast allen 19 Dörfern der Krummhörn. Das Hauptaugenmerk gilt der dörflichen Gruppenarbeit mit Kindern und Jugendlichen. In 78 Musik-, Theater- und Kunstgruppen treffen sich wöchentlich etwa 800 Aktive. In spartenübergreifenden Projekten beschäftigt die LAK sich mit Themen aus Alltag, Kultur und Geschichte der Menschen in der Region. In **Pewsum** gibt es z.B. die Kunstwerkstatt **LAKritze:** In einer alten Mühlenscheune wird getöpfert, gemalt oder gebastelt.

Die Krummhörn ist auch Orgelland. In der reformierten **Kirche zu Rysum** befindet sich die älteste noch spielbare Orgel Deutschlands, 1457 von dem **Orgelbaumeister Harmannus** aus Groningen geschaffen. Die Rysumer haben damals mit drei *„vetten Beesten"* bezahlt. Der Grundbestand der Pfeifen ist weitgehend erhalten und die Orgel wird zum sonntäglichen Gottesdienst regelmäßig gespielt.

Kunstwerkstatt LAKritze (u.)

Ortsteile:
- Ostermarsch
- Leybuchtpolder
- Neuwesteel
- Norddeich
- Bargebur
- Süderneuland I
- Süderneuland II
- Tidofeld
- Westermarsch I
- Westermarsch II

Einwohner: 24.943
Fläche: 106,33 qkm
234,6 Einw. je qkm

Norden

Norden ist die älteste Stadt Ostfrieslands und zugleich die nordwestlichste Deutschlands. Der Name hat nichts mit der Himmelsrichtung zu tun, sondern lässt sich aus der Lage der Stadt herleiten. Die ersten Ansiedlungen zu Beginn des 13. Jahrhunderts liegen an den Endpunkten der Handelswege von Bremen entlang der Küste und von Münster und Westfalen entlang der Ems. Wo sie zusammentreffen, bilden sie *'n Hörn*, woraus im Laufe der Zeit *Nörn* und dann der Name *Norden* wird. Vereinfacht gesehen, lässt sich Norden in drei Abschnitte einteilen, die einer Süd-Nord-Achse folgen.

Am südlichen Ende liegt der verkehrstechnische Knotenpunkt der Stadt. Eine Bahnstrecke sowie die Bundestraße 72 verbinden Norden mit der Autobahn im südwestlichen Ostfriesland und dem Rest der Republik. Folgerichtig ist hier auf einer Fläche von 69 Hektar der **Gewerbe- und Dienstleistungspark Leegemoor** entstanden, wirtschaftlich ein Vorzeigeprojekt der Stadt mit einer Vielzahl unterschiedlichster Unternehmen.

Eingang zum Kundenzentrum des SKN Verlages (u.)

Dazu zählt etwa die Firma **Döpke**. In dem alteingesessenen Maschinenbaubetrieb, 1872 gegründet, sind derzeit 80 Beschäftigte tätig. Hergestellt werden Bäckereimaschinen für die Aufbereitung von Brotteigen. Seit den 1950er Jahren kommen Saug- und Schneidkopfbagger nebst Kreiselpumpen hinzu, Geräte, die zur Sand- und Kiesgewinnung oder auch bei der Gewässerreinigung eingesetzt werden.

Auf ein noch stolzeres Alter kann die **SKN Druck- und Verlags GmbH** zurückblicken, die 1982 in Leegemoor ihr neues Druck- und Verlagshaus bezieht. Das S knüpft an die Geschichte des Unternehmens an und steht für den Gründer von 1861, **Gerhard Soltau**, das K symbolisiert das älteste Produkt der Firma, den „*Kurier*". Das N schließlich gibt den Firmensitz, Norden, wieder. In der City ist man mit dem **Kundenzentrum**, Neuer Weg 114, vertreten. Bei SKN werden die Tageszeitung *Ostfriesischer Kurier* und die Monatszeitschrift *Ostfriesland Magazin* gedruckt. Der Verlag gibt zahlreiche Publikationen zu regionalen Themen heraus, an denen kein Ostfriesland-Interessierter vorbeikommt. Erst recht gilt das für das **SKN-Bildarchiv** mit seinen über 200.000 Motiven zum Thema Nordsee und Ostfriesland. Zudem gehört SKN mit seinen über 450 Mitarbeitern heute zu den führenden Druckereien für Werbedrucksachen in Deutschland.

Im Zentrum

In der **Fußgängerzone Neuer Weg** oder in der **Oster- und Westerstraße** herrscht reges Geschäftsleben. Im Kesselhaus der ehemaligen **Doornkaat-Brennerei** mitten im Zentrum ist das **Holzheizwerk I** der **Stadtwerke Norden** untergebracht. An die 5.000 Tonnen Holzhackschnitzel von unbehandeltem Restholz werden pro Jahr verbrannt. Das Heizwerk liefert etwa 4.800 Kilowatt Wärme, die über Rohrleitungen in ca. 700 Wohnungen in der Altstadt gelangt, aber auch Geschäftshäuser, Rathaus, Standesamt oder Heimatmuseum werden beliefert. Trotz der Verbrennung einer nicht geringen Menge Holz mitten in der Stadt gibt es keine spürbare Luftverunreinigung. Großen Wert legt man auf die ökologisch verträgliche Ausfilterung der Rauchgase. Ehe diese den Schorn-

Das Holz für das Holzheizwerk (r.) wird über Schächte, die in die Straße eingefügt sind, in einen Silo eingelassen, aus dem die Entnahme je nach Bedarf erfolgt

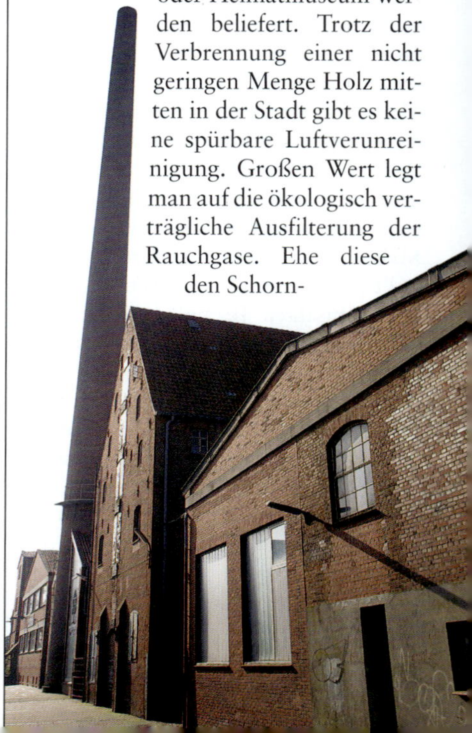

stein des ehemaligen Kesselhauses verlassen, haben Multizyklone und Elektrofilter selbst die feinsten Staubpartikel herausgefiltert.
In den 1960er und 1970er Jahren entstehen in Nordens Altstadt eine Reihe neuer Wohnblocks. Am Marktplatz hat sich aber auch ein historischer Gebäudebestand erhalten. Diese prachtvollen **Bürgerhäuser** verdankt Norden seiner Vergangenheit als **Hafenstadt.** 1370 hatte der durch Sturmfluten verursachte Einbruch der **Leybucht** die Nordsee bis zur Stadtgrenze vordringen lassen, sodass man plötzlich einen Hafen hatte. Als Umschlagsplatz des Warenhandels steigt Norden im 15. Jahrhundert zum führenden Hafen an der ostfriesischen Küste auf. Durch Versandung und Eindeichung der Leybucht vorbereitet, verliert die Stadt um 1930 mit der Errichtung des **Schöpfwerkes Neuwesteel** den Zugang zur Nordsee aber wieder und damit auch seinen Status als Hafenstadt.
Sehenswert ist der **Marktplatz** mit seinem reichen **Baumbestand,** darunter über 200 Jahre alte Baumriesen. Die Größe des Marktplatzes entspricht mit 6,7 Hektar in etwa der des Roten Platzes in Moskau! Man unterscheidet noch einmal zwischen dem **Torfmarkt** im Südosten und dem im Westen liegenden **Blücherplatz.** Außer Wochenmärkte werden hier auch Stadtfeste veranstaltet.
Die andere im Zentrum das Stadtbild prägende Sehenswürdigkeit ist die an der Westseite des Marktplatzes gelegene **Ludgerikirche,** dem mit einer Länge von 80 Meter größten Sakralbau Ostfrieslands. In den 1980er Jahren wird die Kirche renoviert und zwischenzeitlich zum *Nationaldenkmal* erklärt. Ihr ältester Teil ist ein romanisches Langhaus, welches noch vor 1250 entstand. Erst im 14. und 15. Jahrhundert kommt das Querhaus hinzu. Aus dem 14. Jahrhundert stammt der Glockenturm, in welchem die Stadtwaage untergebracht war. Im Kircheninneren findet man eine Reihe sehenswerter sakraler Kunstschätze, so den **Hochaltar** aus dem Jahre 1582. Die goldenen Lettern über seine drei Flügel hinweg geben Stellen aus dem I. Korintherbrief des Paulus in mittelniederdeutscher Sprache wieder. Berühmt ist die Kirche vor allem durch ihre Orgel. Es ist eine der erhaltenen Orgeln des Orgelbauers **Arp Schnitger.** Durch sie wurden Kirche und Stadt zu einem der **Zentren europäischer Orgelmusik,** was regelmäßige Konzerte bedeutender Organisten unter Beweis stellen.

Blick ins Innere der Ludgerikirche auf den Altar mit Bibeltexten aus I. Kor. 10, 11 (u.) und die Arp-Schnitger-Orgel mit ihren 3.110 Pfeifen (l.)

Der baumbestandene Marktplatz in Norden (l.)

Zeugen des einstigen Wohlstandes in Norden sind Bürgerhäuser wie die Dree Süsters (u.)

Wappen der „Theelacht to Nörden" (u.) an der Fassade des Alten Rathauses

Am Markt 36 liegt das **Alte Rathaus** aus dem 16. Jahrhundert. Bis Ende des 19. Jahrhunderts ist hier die Stadtverwaltung untergebracht. Heute wird es vom **Norder Heimatverein** als Museum genutzt. Das Gebäude hat in seiner Geschichte schon vielfältige Nutzungen erfahren, ist Lager für Handel und Gewerbe, dient als Versammlungsraum des Rates und der Bürgerschaft, als Gerichtsort und Sitz der Verwaltung. Überliefert ist auch, dass es der Bürgergemeinde als Tanz- und Festhaus gedient hat sowie als Klassenraum oder Gefängnis herhalten musste.

Im unteren Stockwerk des alten Rathauses hat die **Theelacht** ihren Versammlungsort. Sie ist die älteste, seit über 1.100 Jahren bestehende bäuerliche Gemeinschaft Europas auf genossenschaftlicher Basis. *Arfburen* (Erbbauern) und *Koopburen*, die ein Stück Land käuflich erworben haben, treffen sich kurz vor Ostern und zu Weihnachten in der **Theelkammer**. Bei Petroleumlicht am Kaminfeuer, leicht erwärmten **Theelachtbier** und dem Rauch von Tonpfeifen wird nach uralten Bräuchen und genossenschaftlichen Grundsätzen der Erlös der Erbpacht aufgeteilt. Ihr Wappen ist an der Außenwand des Alten Rathauses angebracht.

Im Nachbarhaus, im **Ostfriesisches Teemuseum** mit **Museum für Volkskunde Norden** Am Markt 36, werden in der Tee-Abteilung Anbau und Verarbeitung von Tee und der Fernhandel nach Europa dargestellt. Die Herstellung der **ostfriesischen Mischungen** und die Teekultur in Europa und Asien sind weitere Themen. Dazu hat man ein japanisches Teehaus aufgebaut, wo die japanische Teezeremonie nachvollzogen wird. Zu sehen ist auch Teeporzellan, das aus vier in weit auseinander liegenden Zeiträumen im ostchinesischen Meer gesunkenen Schiffen geborgen wurde. Daher kann man an den geborgenen Gegenständen gut die Entwicklung des Porzellanexports von China nach Europa ablesen. Mit der CD „Die Maus im Teemuseum" wendet man sich an die kleinen Besucher. Diese Teekunde für Kinder in der Form eines Hörspiels ist *„im Grunde nichts anderes als eine Führung durch die Ausstellung"*, meint Museumsleiterin **Dr. Marion Roehmer**.

Norddeich

Der Ortsteil **Norddeich** bildet das nördliche Ende der imaginären Stadtachse, die in **Norddeich-Mole** direkt an der See endet. Von hier aus fahren die Fähren der **Reederei Norden-Frisia** zu den Inseln Norderney und Juist. Die Bahn fährt bis zur Mole vor. Wer mit dem Pkw kommt, findet Abstellmöglichkeiten in den **Frisia-Großgaragen**. Die Überfahrt nach Norderney dauert etwa eine Stunde und

Dr. Marion Roehmer (o.) führt durch die Ausstellung des Teemuseums

Fütterung hungriger Heuler in der Seehundstation Norden-Norddeich (r.)

Auswilderung von geretteten Seehunden im Wattenmeer

„... this is Norddeich Radio, good-bye for ever, over and out.“ – *Mit diesen Worten verstummt 1998 die Funkstation (o.) nach 91 Jahren für immer. Die Älteren an der Küste kennen noch die Sendungen an Heiligabend. Für die Menschen auf See war Norddeich Radio dann die einzige Verbindung zu ihren Familien und Freunden an Land. GPS und Satellitenfunk haben die Station veralten lassen*

nach Juist eineinviertel Stunde. Während im **Osthafen** noch eine kleine **Fischereiflotte** beheimatet ist, hat der **Westhafen** sich dem Segelsport geöffnet und bietet bis zu 400 Yachten einen Liegeplatz. Seit Ende der 1960er Jahre geht auch der Inselflugverkehr von Norddeich aus.

Norddeich ist nicht nur Hafen sondern auch **Nordseebad** mit allem, was dazu gehört: die See, der Strand, die Strandkörbe. Daneben befindet sich eine Parkanlage mit zahlreichen Attraktionen wie dem Meerwasserwellenbad **Ocean Wave.** Für jeweils acht Minuten gibt es bis zu 80 cm hohe Wogen. Von einem künstlichen Leuchtturm führt eine über 100 Meter lange Großrutsche in das Wellenbad. Bei Dunkelheit wirft der Leuchtturm seinen Lichtstrahl über das Areal mit Grotte, Wasserfall, Strömungskanal und Brodelbecken.

Auf dem Areal befindet sich auch die bekannte **Seehundaufzucht- und Forschungsstation Norden-Norddeich** mit ihrer angeschlossenen **Vogelpflegestation.** In aufopferungsvoller Arbeit, unterstützt von vielen ehrenamtlichen Helfern, bergen die Mitarbeiter kranke oder mutterlose Seehunde und andere Tiere und pflegen sie gesund. Cheftierpfleger ist **Fritz Rabenstein.** Zahlreiche Tierfreunde übernehmen für 250 Euro die Patenschaft für ein einzelnes Tier. Der Betrag deckt in etwa die Futterkosten für einen Heuler ab, der einen von dem Paten gewählten Namen empfängt. Auf Wunsch nimmt der Pate an der Auswilderung seines geretteten Schützlings teil.

Grünstrand in Norden-Norddeich (u.l.)

Fährterminal der Reederei Norden-Frisia (u.)

Ortsteile:
_ keine

Einwohner: 5.970
Fläche: 26,29 qkm
227,1 Einw. je qkm

Norderney

Brigitte Janssen (o.) ist staatlich geprüfte Wattführerin. Sie und ihr Vater Käpt'n Willy begleiten Inselbesucher ins Watt (o.r.). Beide wissen um die interessanten Stellen, aber auch um die Gefahren von Ebbe und Flut

Der Strand von Norderney (r.)

Norderney liegt etwa eine Schiffsstunde von der Küste entfernt und ist unabhängig von Ebbe und Flut gut zu erreichen. Die Fähren fahren täglich mehrmals, während der Sommermonate fast stündlich, ab **Norddeich-Mole.** Autos müssen nicht sein, sind aber zugelassen. Den rund 6.000 Einwohnern stehen im Jahresdurchschnitt fast 300.000 Gäste mit etwa 3,1 Millionen Übernachtungen gegenüber. West- und Nordküste haben kilometerlange Sandstrände. **Anbaden** ist Mitte Mai – mit einem Sprung in die kalten Fluten, nicht selten bei Wassertemperaturen unter 15 Grad. Im Osten der Insel liegt das Strandbad **Weiße Düne,** unweit davon der FKK-Strand. Hier tat **Kalli Meyenburg** über 25 Jahre lang Dienst als Strandkapitän – mit nichts an als einem Uniformstück: seiner Mütze!

Seit mehr als 200 Jahren ist Norderney Treffpunkt für Adelige, Künstler und Literaten. *„Die See war mein einziger Umgang – und ich habe nie einen besseren gehabt"*, schwärmt beispielsweise **Heinrich Heine** auf Norderney. Und im **Café Marienhöh**e schreibt er vermutlich das Lied *„Am Meer"*, das später von Franz Schubert vertont wird. Die Marienhöhe, eine Düne mit Café und schöner Aussicht, empfiehlt sich auch heute.

Im Mittelpunkt des Kur- und Tourismusbetriebs steht das **Kurhaus,** dahinter das **Kurhotel,** die ehemalige Sommerresidenz des Königs von Hannover. Heute hat hier die **Norderneyer Spielbank** ihr Domizil. Das **Kap,** einst Seezeichen, ist das Wahrzeichen Norderneys. 58 Stufen führen hinauf; oben wird man mit einem weiten Blick über die See belohnt. Höchstes Gebäude ist jedoch der **Leuchtturm** von 1874. Seine 253 Stufen führen 54,5 Meter in die Höhe. Die **Selden Rüst** ist die einzige Windmühle auf den ostfriesischen Inseln. 1862 errichtet, beherbergt sie heute ein Restaurant.

Deutschlands kleinste unabhängige Tageszeitung ist die **Norderneyer Badezeitung.** 1868 gegründet, gehört das Blatt zum Traditionsbestand der Insel, ist Informationsquelle für Einheimische wie für Gäste.

Südbrookmerland

Ortsteile:
- Bedekaspel
- Forlitz-Blaukirchen
- Moordorf
- Moorhusen
- Münkeboe
- Oldeborg
- Theene
- Uthwerdum
- Victorbur
- Wiegboldsbur

Einwohner: 19.040
Fläche: 96,82 qkm
196,7 Einw. je qkm

Nicht selten bei bestimmten Wetterlagen bietet das Große Meer (l.) einen dramatischen Anblick. Motorboote sind nicht zugelassen, dürfen aber auf den angrenzenden Kanälen (u.) fahren

Idyllische Ortschaften und Ecken abseits der Hauptverkehrsstraßen, das ist die Gemeinde Südbrookmerland. Der niedersächsische Natur- und Landschaftsschutz betrachtet dieses Moorgebiet als besonders erhaltenswerte Kostbarkeit. Die mannigfaltige **Schilfvegetation** rund um den Binnensee **Großes Meer** gewährt Brut- und Lebensraum für seltene Sumpf- und Wasservögel und ist Rastgebiet nordischer Zugvögel.

Der Name „Südbrookmerland" erinnert an die ursprüngliche Bruchlandschaft, die sich in Jahrhunderten herausbildet und durch Meereseinbrüche und Kultivierung stetig verändert hat. Vom **Norder Tief** bis zum **Fehntjer Tief** erstreckt sich eine von zahlreichen Binnenseen durchzogene Niederung. Kleinere Seen versanden im Lauf der Zeit, das **Große Meer** aber bleibt erhalten und dehnt sich im späten Mittelalter und in der frühen Neuzeit sogar aus. Dieses Wachstum verdankt es der Leybucht bei >Norden (48), die sich allmählich weiter ins Land schiebt, den Grundwasserspiegel hebt und dadurch ein Reservoir für den Binnensee bildet. Heute ist das nur etwa einen Meter tiefe Große Meer mit einer Fläche von 461 Hektar der größte Binnensee Ostfrieslands. Die Entfernung vom nördlichen Seeufer bis zum südlichen Rand beträgt 4,5 Kilometer. Direkte Verbindung besteht mit zahlreichen Gräben und Kanälen, aber auch mit anderen Binnenseen wie dem kleineren **Loppersumer Meer**. Das im Windschatten liegende Westufer verlandet langsam. Am östlichen Seerand findet dagegen Abbruch statt. Das Wechselspiel von Abbruch und Anlandung verschiebt den See allmählich, in Jahrzehnten spürbar, in eine östliche Richtung.

Im Winter, wenn das Große Meer und die Kanäle zufrieren, verwandelt sich die Gegend in eine einzige Eislauffläche. Zahlreiche **Schöfler** und **Schlittschuhläufer** findet man dann dort, wo den Sommer über **Segelboote** oder **Flachbodenschiffe** fahren. Schlittschuhlaufen hat in Ostfriesland Tradition. Seit der Urbarmachung der Hoch-

Wassersport und Erholung haben in der ungestörten Natur von Südbrookmerland einen besonders hohen Stellenwert

Das Moormuseum (o.) ist ein Freilichtmuseum. Die Hütten aus Gras-Torfsoden oder Lehm geben einen Eindruck von der Härte der Lebensbedingungen der Moorkolonisation

moore durchziehen Kanäle das Land. Früher öffnen sie im Winter den isoliert liegenden Höfen für eine Weile das Tor zur Welt. Der südliche Bereich des Großen Meeres steht unter Naturschutz, die nördliche Hälfte ist für Erholungssuchende offen. Hier sind der **Segelboothafen** und ein **Campingplatz** angelegt. Stetiger Westwind kräuselt die Oberfläche des Sees und macht ihn zu einem idealen Revier für **Surfer**.

Neben der Landwirtschaft und kleineren Gewerbebetrieben, die das Wirtschaftsleben der Gemeinde bestimmen, hat sich der **Fremdenverkehr** vor allem in den Ortsteilen **Bedekaspel** und **Forlitz-Blaukirchen** in den letzten Jahren zu einem Wirtschaftsfaktor entwickelt. Dort stehen ca. 600 Ferienhäuser für Besucher bereit.

In **Wiegboldsbur** liegt der **Woldenhof**. Er ist Niedersachsens erster **Schulbauernhof** des **Naturschutzbundes NABU**. 2002 von Jugendlichen ohne Schulabschluss im Rahmen des Projekts *Arbeiten und Lernen* umgebaut und saniert, bietet er seitdem Schulklassen und Gruppen sowie einzelnen Besuchern die Möglichkeit, naturnahe Landwirtschaft auf einem Gulfhof zu erleben. Ostfriesische Milchschafe, Emder Gänse, die Bunten Bentheimer Schweine und weitere regionale Haustierrassen, gehören zum Hofleben. Um die noch lebenden Bestände alter Haustierrassen wie Rinder, Schweine und Gänse zu erhalten, wurde 1981 die **Gesellschaft zur Erhaltung alter und gefährdeter Haustierrassen e.V. (GEH)** gegründet. Der Woldenhof unterstützt dieses Projekt, indem alte ostfriesische Nutztiere gehalten werden, zum Beispiel die **Ostfriesische Möwe**, eine optimal an das zuweilen raue Klima Nordwestdeutschlands angepasste Hühnerrasse. Die erwirtschafteten Produkte wie Milch und Eier werden möglichst auf dem Hof verwertet oder im Hofladen zum Verkauf angeboten. Der traditionelle Bauerngarten, eine Lindenlaube und wechselnde Ausstellungen bieten Abwechslung nach der Hofarbeit und sind interessant für Besucher.

Dörpmuseum Münkeboe (r.)

Stark der Tradition des ländlichen Raums verhaftet ist auch das **Dörpmusem Münkeboe**. Verschiedene Aktionswagen und Stände bilden ein historisches Dorf auf Rädern nach. An Aktionstagen kann man Müller, Bäcker, Schmiede, Böttcher, Butterweiber und viele andere bei der Ausführung ihrer Tätigkeiten beobachten und dabei einiges abschauen. Auf Wunsch wird ein echter Ostfriesentee mit **Kluntje un' Wulkje** eingeschenkt und **Krintstut mit sülvst kaarnt Botter** (Rosinenbrot mit selbst gemachter Butter) oder **Swartbrod mit Pümmelwurst of Kees** serviert.

Nostalgisch geht es ebenfalls zu bei den **Münkeboer Festtagen.** Immer am letzten Augustwochenende ziehen sie Tausende Besucher an. Neben dem Umzug mit regionalgeschichtlichen Themen und Motiven gibt es seit 1987 den **Oldtimer-Treff.** Besucher und Sammler kommen aus der ganzen Republik. **Karl Goldenstein** hatte beim Bier mit Freunden die Idee, einen Korso nahezu vergessener Fahrzeuge zu organisieren. Dazu gibt es nicht-alltägliche Disziplinen wie das **Wettheizen von Glühkopftraktoren.** Der Pokal für den Gewinner ist jetzt bereits zum drittenmal an **Jakob Ocken** aus Westermoordorf gegangen, der ihn damit behalten darf. Wer das **Tauziehen zwischen Mensch und Traktor** gewinnt, ist hingegen nie ganz sicher. Die Bastler unter den Teilnehmern des Treffens profitieren auch sehr von dem **Teilemarkt** während des Festes.

Die Einkaufzentren der Gemeinde Südbrookmerland liegen in **Moordorf** und **Victorbur**. Shoppen und Speisen kann man rund um den Marktplatz. Bei **Elke Best** zum Beispiel bekommt man außer verschiedenen Sorten Tee auch selbst gebackenen Kuchen angeboten. Man soll sich wohl fühlen. *„Deshalb habe ich mein Lokal ja auch ‚Klönschnack' genannt, und das bedeutet, dass die gemütliche Atmosphäre im Vordergrund steht"*, meint die Besitzerin. Hier und andernorts bekommt man aber auch, ganz im ostfriesischen Sinne, ein kühles Bier serviert.

Die Initiative **Kleiderkammer für die Ärmsten dieser Welt** der Evangelisch-Freikirchlichen Gemeinde Moorhusen wird geleitet von **Edzard Agena.** Man sammelt das Jahr über Kleider und andere brauchbare Sachen, die an Kinder- und Altenheime, an Krankenhäuser und Kirchengemeinden in Weißrussland, Lettland, Moldawien und der Ukraine oder an Bedürftige in der Region weitergegeben werden. Regelmäßig alle zwei Monate fahren einige 7,5-Tonner mit um die 60–80 Kubikmeter Sammelgut zu den Bedürftigten.

Oldtimer-Fan Karl Goldenstein (o.) mit seinen Freunden vom Oldtimertreff in Münkeboe (l.)

Elke Best (o.)

Edzard Agena (o.) ist mit seiner Frau Johanne einer der Ersten, der sich für die medizinische Versorgung von Kindern aus Tschernobyl in Deutschland einsetzt. Seine Frau ist auch Verfasserin eindringlicher plattdeutscher Lyrik

Ortsteile:
- _ Hinrichsfehn
- _ Marcardsmoor
- _ Mullberg
- _ Voßbarg
- _ Wiesederfehn
- _ Wiesmoor-Mitte
- _ Wilhelmsfehn
- _ Zwischenbergen

Einwohner: 13.039
Fläche: 82,96 qkm
157,2 Einw. je qkm

Wiesmoor

Das alte Torfkraftwerk Wiesmoor (o.r.)

Wiesmoor ist eine Blumengemeinde. Bis zu der Gärtnereisiedlung **Hinrichsfehn** ziehen sich die größten zusammenhängenden Gartenbauflächen Europas. Über 20 Millionen Topfpflanzen werden pro Jahr erzeugt. Dass es überhaupt dazu gekommen ist, hängt mit der Energiegewinnung aus Torf zusammen: Die Gemeinde ist eine der letzten großen Fehngründungen. Erst spät, Anfang des 20. Jahrhunderts, wird das zwischen Aurich und Wilhelmshaven gelegene Hochmoorgebiet zum Abtorfen und zur Besiedlung freigegeben. 1909 wird das **Torfkraftwerk Wiesmoor** gebaut. Als eines der ersten Kraftwerke setzt es Dampfturbinen zur Stromerzeugung ein. In den 1920er Jahren kommt die Idee auf, **Gewächshäuser** für Gemüse, Gurken, Tomaten usw. zu errichten und mit **Abwärme** aus dem Kraftwerk zu beheizen. Gewächshäuser mit einer Fläche von 7,5 Hektar werden gebaut und mit dem überschüssigen Dampf des Kraftwerks beheizt. In den 1960er Jahren werden beide, der Gemüseanbau und das Torfkraftwerk, unrentabel. Das Kraftwerk und die Gärtnereianlagen werden 1966 abgerissen. Es entsteht direkt im Ortskern eine acht Hektar große Gewächshausanlage, die privat geführte **Wiesmoor-Gärtnerei**, die fortan Topfblumen züchtet.

Mit staatlicher Hilfe entstehen an der **Azaleenstraße** in Hinrichsfehn 16 Gärtnereien und fünf Baumschulen. Die Produzenten schließen sich zur **Nordwest-Blumen Gartenbaugenossenschaft** zu-

Logistikhalle der NWB. Von hier aus gehen die Blumen in den Handel (o.)

Die Blumenhalle zeigt eine Blütenpracht auf einer Fläche von rund 1.500 qm (r.)

sammen. Heute unterhält die Genossenschaft große Lagerkapazitäten; in Wiesmoor und auch in >Lingen (123) besteht ein Auslieferungslager. Die Erzeugnisse ihrer 57 Mitgliedsbetriebe, zum Teil auch außerhalb Wiesmoors ansässig, werden an Großabnehmer in Deutschland und den benachbarten Ländern und über den Direktverkauf an rund 1.200 Einzelhändler im Weser-Ems-Gebiet vertrieben. Die hundertprozentige Tochterfirma Flora 3000 Blumengroßhandel GmbH in Magdeburg beliefert Baumärkte und Baumarktgartencenter in Nordwestdeutschland und den neuen Bundesländern mit Mitgliedsware.

Besucher können in der **Blumenhalle**, die von der Gemeinde unterhalten wird, bei Kuchen und Tee die Farben- und Blütenpracht mit tanzenden Wasserfontänen und einer **Wasserorgel** bewundern.

Bundesweit bekannt ist Wiesmoor durch sein **Blütenfest**, immer am ersten Wochenende im September. Fahrgeschäfte und Verkaufsstände aller Art bauen dann auf dem Marktplatz ihre Stände auf. Eröffnet wird das fünftägige Blumenfest mit einem Bieranstich und viel Musik. Der Höhepunkt ist die Wahl der **Blütenkönigin**, die im Krönungswagen den sich anschließenden **Blütenkorso** mit Millionen von Blüten begleitet.

Ihre Geschichte zum Nacherleben präsentiert die Gemeinde Wiesmoor im **Torf- und Siedlungsmuseum**. Inmitten eines Landschaftsparks mit Kanal, Torfschiff und Moor stehen zwei reetgedeckte Kolonistenhäuser. Davor ein **Torfbrunnen** mit **Haalboom**, einem Gabelbaum zum Wasserschöpfen. Es gibt ein Backhaus mit Steinofen, wo echte **Steinofenbrote** für Gäste gebacken werden. Eine Schmiede und eine Remise zum Unterstellen landwirtschaftlicher Geräte runden die Anlage ab. Die „gute Stube" eines der Kolonistenhäuser mit ihrer rustikalen Atmosphäre steht als **Trauzimmer** zu Verfügung. Das abgerissene Torfkraftwerk und die alte Gärtnereianlage aus der Gründerzeit können als Modell besichtigt werden. Im Außenbereich finden sich auch restaurierte Maschinen des industriellen Torfabbaus wieder. Unter dem Namen **„Der Schnelle Harm"** ist in Wiesmoor allen die nicht bundeseigene Eisenbahn bekannt. Von einer kleinen Lok gezogen, werden in zwei Waggons die Passagiere zu den verschiedenen Einrichtungen des Landschaftsparks gefahren.

Festlicher Höhepunkt der Blumengemeinde Wiesmoor ist das Blütenfest mit dem Blütenkorso (o.) und der Wahl einer Blütenkönigin

Das **Ottermeer** am Ortsrand von Wiesmoor ist umgeben von Restmoorflächen, Heide, Nadelgehölzen und Laubwald. An seinen Seeufern wird es begrenzt von charakteristischen **Röhrichtstreifen.** An den See schließt der **Camping- und Bungalowpark Ottermeer** an. Er wurde Ostern 2001 eröffnet und liegt am Rande eines ca. 80 Hektar großen Freizeit- und Erholungsgeländes. Ein **Moorstrandbad** und Wassersportmöglichkeiten werben für einen Aufenthalt im kurbeitragsfreien **Luftkurort** Wiesmoor. Mit dem Ausflugsschiff **„Moornixe"** kann man Ausflüge über die Kanäle unternehmen. Rund ums Ottermeer verläuft der **Wiesmoorer Volkslauf.** Start und Ziel ist in der **Dahlienstraße** in Wiesmoor. Die Strecke geht über zehn Kilometer und führt über Asphalt, Schotter und Sandboden. Eine Versorgungsstation erreicht man allerdings schon nach ca. sechs Kilometern. Am Ende bekommen alle Teilnehmer Urkunden mit ihrer persönlichen Zeit.

Im Torf- und Siedlungsmuseum wird ursprüngliches bäuerliches Leben wieder lebendig (l.)

Emden

Emden ist Ostfrieslands größte Stadt und Mittelpunkt der Region. Wasser prägt das Gesicht der Stadt: Da sind die Seehäfen, die zusammen mit Schiffbau und Automobilbau den wirtschaftlichen Kern bilden. Da sind aber auch 150 Kilometer Kanäle, die Emden zum „Venedig des Nordens" machen. Mit der Kunsthalle und dem Filmfest besitzt die Stadt kulturelle Highlights von überregionaler Ausstrahlung.

Rathaus und Ratsdelft (r.)

Von etwa 28.000 Industriebeschäftigten im Nordwesten Deutschlands sind allein 15.000 in Emden tätig. Deutlich weniger als das Umland stellt Emden auf Tourismus ab. Bombardierungen im Zweiten Weltkrieg haben die Stadt zu 80 Prozent zerstört. Trotz schwerer Kriegsschäden und der Auswirkungen der Industrialisierung hat Emden seine Schönheiten, seine malerischen Ecken, die viele Besucher anziehen. Wo viel Wasser ist, wurden Städte auf **Pfählen** gebaut. Der weiche, aus Klei bestehende Unterboden lässt die Häuser auf Dauer absacken. Meist sind es sieben Meter lange Baumstämme, die ins Erdreich gerammt werden. Im Stadtteil **Constantia** können es bis zu 14 Meter sein. Der hohe Grundwasserspiegel macht es erforderlich, dass Keller in Emden besonders gut isoliert werden. Bei Neubauten werden die Keller unter permanentem Abpumpen von Wasser gemauert oder gegossen.

Von der Ems abgehend, erstrecken sich Hafenbecken, holländisch *„delft"*, bis in die Stadt hinein. Das Ende bildet der **Ratsdelft**, der älteste Hafen der Stadt, an dem das **Rathaus** liegt. Es ist das Wahrzeichen der Stadt. Im Zweiten Weltkrieg zerstört, wird es um 1960 unter Leitung von **Bernhard Wessel** in modernisierter Form wiederaufgebaut. Erhalten geblieben ist das alte **Hauptportal** mit dem Spruch *concordia res parvae crescunt (Durch Eintracht wachsen kleine Dinge)*. Im Rathausturm hängt das **Glockenspiel**, das **Bernhard Brahms** seiner Vaterstadt im Jahre 2000 stiftet. Das zu tun, falls er überlebt, hatte er sich in einer Bombennacht des Zweiten Weltkriegs geschworen. Obwohl vor 400 Jahren beim Bau des Rathauses bereits eingeplant, hatte die Stadt bis dahin ohne Glockenspiel auskommen müssen. Bernhard Brahms löst seinen Schwur mit den Mitteln einer Erbschaft ein und wohnt heute in Hörweite des Glockenspiels, welches in der seltenen G-Dur-Tonart gegossen ist.

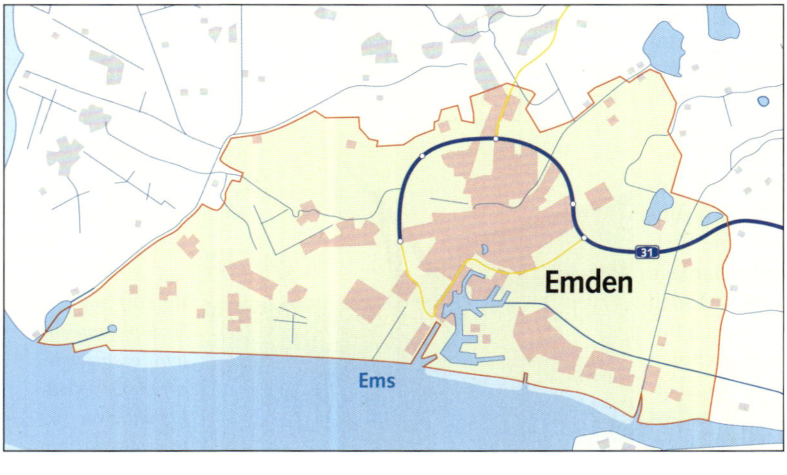

Das Rathausinnere beherbergt das **Ostfriesische Landesmuseum.** Neben einer Gemäldesammlung sind zahlreiche historische Stadtansichten und Karten zu sehen, darunter die **Fabricius-Karte** von 1589, die bedeutendste frühe Karte Ostfrieslands. Ein weiteres interessantes Dokument ist das **Statut** des **Vereins zur Rettung Schiffbrüchiger in Ostfriesland**, aus dem sich später die *Deutsche Gesellschaft zur Rettung Schiffbrüchiger* entwickelt, die heute in > Bremen (II-194f) beheimatet ist. Das **Emder Tafelsilber**, das zu Repräsentationszwecken noch benutzt wird, zeugt vom Wohlstand der Stadt im 16. und 17. Jahrhundert. In der **Rüstkammer** werden Spieße, Harnische, Musketen und anderes Gerät aufbewahrt. Diese in Deutschland einmalige Sammlung besteht in ihrem Kern aus der kompletten Ausrüstung der **Emder Bürgerwehr**, die während der **Emder Revolution** 1595 dem gräflichen Landesherrn die Selbstverwaltung ihrer Stadt unblutig abtrotzt.

Am Ratsdelft fahren die Boote zu den **Hafen- und Kanalrundfahrten** ab. Die Fahrt lohnt sich. Wie die umliegende ostfriesische Landschaft, ist auch die Stadt Emden von **Kanälen** mit einer Gesamtlänge von ca. 150 Kilometern durchzogen. Auf der Tour erklärt der originelle **Meinhard („Meini") Meissner** seit vielen Jahren seinen Passagieren die Stadt. Wegen der niedrigen Durchfahrtshöhe der zahlreichen Brücken, die passiert werden müssen, sind die Aufbauten der Schiffe nicht höher als 1,50 Meter. Wer an Deck sitzt, sollte vor den Brücken rechtzeitig seinen Kopf einziehen.
Im Ratsdelft liegen drei **Museumsschiffe.** Eines ist der Seenotrettungskreuzer **„Georg Breusing".**

Das von Bernhard Brahms (o.) gestiftete Glockenspiel (u.) im Rathausturm

Meini Meissner (l.)

Stadt-Profil

	Stadt Emden	Land Nieders.
Einwohner, Fläche		
Einwohner gesamt	51.445	7.993.415
darunter 0 bis 15 Jahre in %	15,4	15,4
darunter älter als 65 Jahre in %	18,7	18,7
darunter Ausländer in %	6,7	6,7
Fläche in qkm	112,38	47.618,24
Einwohner je qkm	457,8	167,9
Sozialstruktur (Jahresdurchschnitt, gerundet)		
Erwerbstätige gesamt	35.300	3.492.600
Empfänger von Arbeitslosengeld / -hilfe	2.860	354.300
Empfänger sonst. Hilfen zum Lebensunterhalt	2.890	311.900
Anzahl Wirtschaftsbetriebe		
Gesamt (Industrie, Handel, Gewerbe, Dienstl.)	2.077	351.151
darunter Land-, Forst-, Fischereiwirtschaft	41	15.862
Steueraufkommen		
Lohn- und Einkommensteuerzahler	17.281	2.738.281
Summe positiver Einkünfte (in Tsd. EUR)	506.237	88.279.875
Steuereinnahmen (EUR je Einwohner)	785,37	544,33

Wahlen

Landtagswahl 2003	
CDU	32,1
SPD	50,6
FDP	6,6
Grüne	8,5
Sonstige	2,2

Stadtteile:
- Barenburg
- Borssum/ Hilmarsum
- Conrebbersweg
- Constantia
- Friesland
- Früchteburg
- Harsweg
- Herrentor
- Larrelt
- Larrelt/ VW-Siedlung
- Logumer Vorwerk
- Petkum
- Port Arthur/ Transvaal
- Twixlum
- Uphusen/ Marienwehr
- Widdelswehr/ Jarssum
- Wolthusen
- Wolthusen/Dorf
- Wybelsum

Feuerschiff „Amrumbank" (o.r.)

Hartwig Bakker (u.) in der Funkzentrale der „Amrumbank". Er steht auch dem Verein zur Betreuung des Feuerschiffes vor

Der Namensgeber war Zollinspektor in Emden. Nach verschiedenen Schiffskatastrophen an der ostfriesischen Küste gründet er die Seenotrettungsgesellschaft. In 25 Dienstjahren retten die Männer auf dem Kreuzer von der Station > Borkum (70) aus 1.672 Menschen aus Seenot. Zu besichtigen sind die nautischen Einrichtungen, die Maschinenanlagen sowie die Unterkünfte der Besatzung. Besucher erfahren Wissenswertes über die Geschichte der deutschen Seenotrettung und manch dramatische Rettungsaktion.

An Bord des leuchtendroten Feuerschiffes **„Amrumbank"** treffen sich die **Funkamateure Emden**, ein Ortsverband des Deutschen Amateur-Radio-Clubs. Jeden Sonntagvormittag gehört das Schiff den Funkern. Im Brückenhaus trifft man sich zum **11-ührtje**, unter ihnen **Hartwig Bakker**. Er ist nicht nur Mitglied bei den Funkamateuren, sondern auch Vorsitzender des Vereins **Museums-Feuerschiff Amrumbank/ Deutsche Bucht e.V.**, des Eigentümers der „Amrumbank". Die Funker treffen sich zu sogenannten **Skeds**, Funkverbindungen, die zuvor zwischen Sender und Empfänger verabredet werden. Sie pflegen damit ein Medium, das noch vor wenigen Jahren auf einem Schiff wie der „Amrumbank" lebensnotwendig war. „Deutsche Bucht" steht in riesigen Buchstaben auf ihrem Rumpf. 65 Jahre lang tut sie dort Dienst, ist Leuchtfeuer und Lotsenstation. Schiff und Maschinenanlage werden noch heute vom Verein betriebsbereit gehalten.

Am **Eisenbahndock 3** sitzt das **Wasser- und Schifffahrtsamt Emden**, das über Ausbau, Unterhaltung und Sicherheit des Schiffsverkehrs auf der Wasserstraße Ems und auf See im küstennahen Bereich wacht. Diese Aufgaben erledigen etwa 350 Mitarbeiter, darunter 30 Auszubildende. Sie kümmern sich um Fahrwasser, Schleusen, Sperrwerke, Brücken oder Schifffahrtszeichen. Das Amt ist, wie auch die Ämter andernorts an der Küste, der Wasser- und Schifffahrtsdirektion Nordwest in > Aurich (24) unterstellt.

City

In der **Fußgängerzone Große Straße** steht seit 1986 das überlebensgroße Bronzestandbild der 1956 verstorbenen **Peterke de Boer**. Als Tagelöhnerin und

Straßenkehrerin, die den Lebensunterhalt für sich, ihre Kinder und eine kranke Schwester verdienen muss, ist sie in Emden stadtbekannt geworden. Am **Neuen Markt** findet der Emder **Wochenmarkt** statt. Kneipen, Bistros und Straßencafés laden zum Verweilen.

Ein recht junges und erfolgreiches Stadtfest ist das seit 2001 stattfindende dreitägige **Delftfest**. Um die 150.000 Menschen kommen. Es gibt das Übliche, Live-Musik, Karussels, Bungee-Jumping, Papierbootregatten usw. Aber eines gibt es nur hier: Mit dem Schlachtruf *„Ab in'n Delft"* stürzen sich die meist jungen Teilnehmer über eine 30 Meter lange Rampe tollkühn ins Wasser. Nicht etwa zu Fuß, sondern mit dem Nationalgefährt, dem Fahrrad, das für diesen Zweck fantasievoll verkleidet oder umgebaut wird. Erst einmal im Wasser, gilt es, so schnell wie möglich im Becken zu einer Glocke zu gelangen und diese zu läuten.

Hinter dem **Hafentor** am Ratsdelft, das einst in die Emsmauer eingefügt war, welche die Stadt vor Überflutungen schützen sollte, beginnt die **Pelzerstraße**. An

ihrem Ende steht die **Große Kirche**, auch **Moederkerk** genannt. Sie war die Mutterkirche der calvinistischen Gemeinden Nordwesteuropas. Am Ende des 16. Jahrhunderts erlebt Emden eine Blütezeit, als während des Niederländischen Befreiungskrieges Tausende von Glaubensflüchtlingen in die Stadt kommen. Sie machen Emden zum Mittelpunkt des calvinistischen Glaubens. Außer ihrem Glauben bringen sie Kapital, Schiffe und Handelsbeziehungen mit. Auch das Gotteshaus wird im Zweiten Weltkrieg erheblich in Mitleidenschaft gezogen. Der Turm und die Eingangswand im Antwerpener Renaissancestil werden nach dem Krieg wieder aufgebaut und mit einem modernen Anbau versehen.

Dort ist heute die **Johannes-a-Lasco-Bibliothek (JaL)** untergebracht, benannt nach dem polnischen Reformator und Humanisten **Johannes a Lasco**, der als Superintendent in Emden tätig war. Spezialgebiete der öffentlich zugänglichen Bibliothek sind der reformierte Protestantismus, die Konfessionsgeschichte der Frühen Neuzeit und die Landesgeschichte Ostfrieslands. Die historisch wertvollen Bücher des im 16. Jahrhundert lebenden Kaufmanns und Kirchenratmitglieds **Gerhard tom Camp** bilden den Grundstock der Bibliothek, die 2001 vom Deutschen Bibliotheksverband zur **Bibliothek des Jahres** gewählt wird und sich zu einer international bekannten Forschungsstätte entwickelt hat. Daneben ist das Gebäude ein viel genutzter Veranstaltungsort, was u.a. der sehr gelungenen Verbindung von mittelalterlicher Ruine und moderner Architektur zusammen mit mächtigen Kronleuchtern und alten Porträts zu danken ist. Neben Konzerten nutzen es auch die Nordseewerke, VW oder die Kunsthalle für Veranstaltungen.

An der Ecke Große Straße/Am Delft steht das **Otto-Huus**. Dort bekommt man im Erdgeschoss **Ottifanten** und anderes aus dem Otto-Merchandising. Im oberen Stock wird in Form eines musealen Schmunzelkabinetts die Karriere des aus Emden stammenden berühmten Komikers **Otto Waalkes** nachgezeichnet. Der Eintrittspreis wird

Eine gelungene Kombination von historischer Bausubstanz und moderner Architektur ist die Lasco-Bibliothek (o. und ganz o.)

Blick in die Fußgängerzone Große Straße (l.)

Dort steht auch das Bronzestandbild der „Peterke" (l.o.)

Der Ottifant bricht durch die Wand – könnte man meinen (o.)

für verschiedene karitative Zwecke gespendet.
Die in der Stadt meistgelesene Tageszeitung ist die **Emder Zeitung.** Gedruckt in > Ihlow (43), erreicht sie eine tägliche Auflage von etwas über 11.000 Exemplaren und hält damit einen Marktanteil von 70 Prozent in der Stadt. Selbstverständlich ist die Emder Zeitung nicht nur als Druckerzeugnis erhältlich, sondern auch im Internet verfügbar.

Kulturelles Leben

Überregionale Beachtung findet das **Filmfest Emden/Aurich/Norderney.** Seit 1990 wird es jährlich von der **Emder Volkshochschule** ausgerichtet. Schwerpunkte des Programms sind drei internationale Wettbewerbe mit Preisgeldern von insgesamt 24.000 Euro. **Rolf Eckard, Silke Santjer** und **Jürgen Seidel** gehören zum Organisatorenteam. Spielstätten sind die Emder Kinos, aber auch der Carolinenhof in > Aurich (24) und das Kurtheater auf > Norderney (52). Das achttägige Festival zieht mit über 100 Filmbeiträgen bis zu 20.000 Besucher an. Man definiert sich als Publikumsveranstaltung, die weniger vom Glamour als von der Begegnung zwischen Filmschaffenden und Publikum lebt. Regisseure, Schauspieler und Publikum haben die Chance, nach den Vorstellungen miteinander ins Gespräch zu kommen.

Die Organisatoren des Emder Filmfest Rolf Eckard, Silke Santjer, Jürgen Seidel (r.)

Im November herrscht in der Szene in Emden Hochbetrieb. Dann findet ein anderes Festival mit internationalem Programm statt: das **Internationale Emder Nordsee Bluesfestival**, verteilt auf 15 Kneipen der Stadt.
Das kulturelle Zentrum der Stadt ist zweifelsohne die **Kunsthalle.** Sie ist ein Projekt des ehemaligen *Stern*-Chefredakteurs **Henri Nannen** und seiner Frau **Eske.** Grundstock des Museums ist die von Nannen gestiftete Privatsammlung mit Arbeiten von Kirchner, Nolde, Heckel und vielen anderen Künstlern der klassischen Moderne. Seit der Gründung 1986 verdoppelte sich die Ausstellungsfläche auf etwa 2.000 qm. Eine Schenkung des Münchener Galeristen **Otto van de Loo** bildet den chronologischen Anschluss an die Zeit nach 1945. Außer der ständigen Sammlung zeigt das Museum wechselnde Ausstellungen klassisch-moderner und zeitgenössischer Kunst von internationaler Bedeutung. In einer Stadt wie Emden ist die Kunsthalle auch auf dem Wasserweg zu erreichen: Von der **Anlegestelle Kunsthalle** legt von April bis Ende Oktober zudem täglich die **„Jantje Viss"** zu **Grachtenfahrten** ab.

Eske und Henry Nannen (r.)

Kunst soll nicht nur ausgestellt, sondern auch spielerisch erlernt werden. Das will die **Emder Malschule**, in der Kinder, Jugendliche und Erwachsene den Umgang mit Kunst üben können. Sie befindet sich gegenüber der Kunsthalle in einem restaurierten ehemaligen Lagerhaus mit Cafeteria und Restaurant.
Zwei Ottifanten bilden das Logo des **Emder Square Dance Club**, einer Sparte

der **Freizeitinitiative Barenburg (F.I.B.)**. Seit 1984, damals noch unter dem Namen *Ossi Hoppers*, pflegt man hier diese ausgelassene US-amerikanische Tanzvariante. Selbstverständlich ist man Mitglied der *European Association of American Square Dancing Clubs*. Mittwochs ist Clubabend. Zum Tanzen treffen sich die etwa 35 Mitglieder im **Bootshafenhaus**, dem Vereinsheim der F.I.B. Bei gutem Wetter wird im Freien getanzt.

Sehenswert

Zahlreiche Emder überleben den Zweiten Weltkrieg nur im Schutz von Bunkern, die ausländische Zwangsarbeiter, Kriegsgefangene und KZ-Häftlinge errichtet hatten. Insgesamt werden 35 große Luftschutzbunker gebaut. 31 Bunkeranlagen sind heute noch erhalten. Sie werden für unterschiedlichste Zwecke genutzt, als Getreidesilo ebenso wie als Übungsraum für Rock-Gruppen. Der Bunker in der **Holzsägerstraße** ist als **Bunkermuseum** eingerichtet. Die Zeit des Nationalsozialismus sowie die furchtbaren Folgen des Krieges werden hier zur mahnenden Erinnerung festgehalten. Die Härte des Bombenkrieges wird u.a. durch die Gedenktafel der Emder Bombentoten mit 368 Namen dokumentiert. Im **„Klein Faldern"** genannten Viertel zwischen Delft und Wallanlage, in der Kran-, Mühlen- oder Sleedrieverstraße findet man Zeugnisse des **Niederländischen Klassizismus**. Alte Bürgerhäuser sind erhalten oder restauriert worden, und ganze Ensembles bieten das malerische Bild des alten Emden.

Emder Square Dance Club (o.)

Tischlermeister Bödeker (links im Bild) vom Holtwark mit Geselle Wilfried Fooken (l.)

Hier, in einem alten Werkstattgebäude in der Sleedrieverstraße 1, ist seit 1989 die Tischlerei **Holtwark** tätig. Die vier Gründer **Regine Tieben, Heiner Ackermann, Hero Bödeker** und **Klaus Sparringa** denken zunächst an eine klassische Möbeltischlerei, die sie in diesem alten Handwerker- und Wohnviertel einrichten wollen. Bald entschließen sie sich aber zu mehr und beginnen mit dem Vertrieb von Türen und Fensterrahmen für Neu- und Altbauten im ostfriesischen und emsländischen Raum. Eine kleine Ausstellung mit Möbeln wird eingerichtet. Das Unternehmen bleibt erfolgreich; ein Partner scheidet aus, ein Geselle, eine Auszubildende und eine Bürokraft kommen hinzu. Entscheidungen werden nach wie vor im Team getroffen. Eine davon ist, auf Ökologie zu setzen. So werden ausschließlich massive europäische Hölzer verarbeitet und Oberflächen nur mit natürlichen Ölen und Wachsen behandelt. An Tagen der offenen Tür lässt man sich gern hinter die Kulissen schauen.

Die **Wallanlagen** ziehen sich als grüner Park mit Sieltiefs und Wassergräben im Halbkreis um den Stadtkern. Die baumbestandene parkähnliche Anlage ist mit Rasenflächen und einem Netz von **Spazier- und Radfahrwegen** versehen.

Bunkermuseum (u.)

Die **Kesselschleuse** von 1884 ist Europas einzige in Betrieb befindliche **Vierkammer-Schleuse**. Sie verbindet vier Wasserwege mit unterschiedlichen Höhen miteinander: den **Ems-Jade-Kanal**, den **Falderndelft** mit Hafen, das **Fehntjer Tief** und den **Stadtgraben**.

Als Befestigungsanlage werden die Wallanlagen 1606–1616, kurz vor dem Dreißigjährigen Krieg, angelegt (ganz o.). Ihre ursprünglich zehn Zwinger werden im 19. Jahrhundert teilweise mit Windmühlen bebaut. Quasi als Kreisverkehr wirkt die Kesselschleuse: hier kreuzen sich vier Wasserstraßen (o.)

Jährlich passieren etwa 2.400 Schiffe die Schleuse, um in das tiefer liegende Marschland zu gelangen.

Im Stadtteil **Borssum,** am Kaierweg, liegt das **Ökowerk Emden e.V.** Man versteht sich als außerschulischer Lern- und Ausstellungsort, als „grünes Klassenzimmer", wo zu Natur- und Umweltthemen praxisbezogen unterrichtet wird. Die Idee entsteht 1989 mit der Schließung des **Borssumer Klärwerks**. Auf der fünf Hektar großen Freifläche kann man heute Natur hautnah erleben und Anregungen zu deren Schutz bekommen. Gemeinsam mit dem **Umweltamt der Stadt Emden** betreiben die 100 Mitglieder des Trägervereins Ökowerk Emden das Projekt. Zivildienstleistende, ABM-Kräfte und ehrenamtliche Helfer legen bei vielen Projekten Hand an. Auf einem **Solarofen,** der mit Hilfe von Fachschulen gebaut wurde, wird mit Sonnenwärme gekocht. In einer **Piep-Show** kann man durch eine Glasscheibe heimische Vögel beim Nestbau, Brüten und Aufzucht der Jungen beobachten. Das ehemalige Klärbecken ist zum **Feuchtbiotop** geworden, das Chlorbecken ein **Libellenteich**. Auf dem **Wildbienenlehrpfad** wird gezeigt, wie man Nisthilfen und Überwinterungsquartiere schafft, welche in der freien Natur zusehends zerstört werden. Fleisch fressende Pflanzen finden in einer alten Telefonzelle ihren Platz. Das Ökowerk lädt zu einer **Rallye** der besonderen Art über das Gelände ein. „*Wir sind kein Zoo. Die Tiere sind alle freiwillig da*", erläutert die Rallyeleiterin **Karin Hruska-Quest**. Sie werden nicht ausgestellt, man muss sie selber finden. Die Rallye ähnelt daher einer Detektivarbeit, wenn man den Bisam erst ganz am Ende des Geländes findet oder unter die Teichrosenblätter schauen muss, um die Eier der Spitzschlammschnecke zu entdecken. Der Besuch ist kostenlos, eine Anmeldung nicht erforderlich.

Aus der Wirtschaft

Mit Abstand größter Arbeitgeber in Emden ist die **Volkswagenwerke AG.** Ab 1977, nach dem Ende der Käfer-Ära in Deutschland, wird hier der Mittelklassewagen **Passat** produziert. Die Belegschaft zählt heute rund 9.500 Beschäftigte. Die hochmoderne Produktionsanlage ist der Kern eines komplizierten Logistiksystems. Ein Passat besteht aus etwa 10.500 Einzelteilen. Module für die Montage werden von 600 Zulieferern in aller Welt gefertigt. Alles muss taktgenau ans Band geliefert werden. Tag für Tag bringen 200 Lkw und 90 Eisenbahnwaggons Material, um die Produktion zu sichern. 1.150 Autos, alle 90 Sekunden eines, rollen täglich vom Band. Die meisten gehen über den Emder Hafen in den Export.

Die beiden großen Werftbetriebe in Emden sind die **Nordseewerke (NSW)** und die **Cassens-Werft.** Letztere hat sich mit ihren rund 160 Mitarbeitern auf kleinere Containerschiffe und luxuriös ausgestattete Yachtkreuzer spezialisiert. Bei NSW sind circa 1.500 Personen beschäftigt. Die Hellinge und Docks liegen an der Einfahrt zum **Industriehafen.** Gebaut werden U-Boote, Fregatten, Handelsschiffe und Spezialschiffe. Die Werft ist eine der weltweit führenden Werften im nicht-nuklearen U-Bootbau. Zu **Stapelläufen** öffnet die Werft normalerweise ihre Tore. Ein Besuch ist dann unbedingt lohnend. Unter Sirenenklang gleiten die riesigen Stahlkolosse ins Wasser, werfen

Anker und werden dann von **Schleppern** an den **Ausrüstungskai** geschleppt, wo die restlichen Arbeiten vorgenommen werden. Auf dem **Rysumer Nacken**, am dortigen **Erdgasterminal** endet die auf dem Meeresboden verlegte **Erdgaspipeline** aus dem norwegischen **Ekofisk-Feld**. Das Nordseegas wird verarbeitet, entschwefelt und ins Ruhrgebiet, in die Niederlande, nach Belgien und Frankreich weitergeleitet. Jährlich gehen um die 15 Milliarden Kubikmeter Gas durch diese Anlage.

An exponierter Stelle am **Neuen Seedeich** im **Wybelsumer Polder** steht der **Windpark Wybelsum**. Die hier erzeugte Windenergie deckt den Strombedarf der Stadt Emden. Vier Betreiber teilen sich die Anlagen: die **Stadtwerke Emden**, der **Energieversorger EWE**, der Auricher Hersteller von Windrädern **Enercon** und der **Bürgerwindpark**, dem auch zahlreiche Anleger aus der Region angehören. Zusammen betreiben sie den größten Windpark Europas. Die **Windmühle** des Typs **E-112** auf dem EWE-Abschnitt stößt in neue Dimensionen der Windenergiegewinnung vor: Mit einer Nabenhöhe von 124 Metern und einem Rotordurchmesser von 114 Metern erzeugt sie eine Leistung von 4.500 Kilowatt. Eine zweite E-112 wird von den Stadtwerken auf ihrem Abschnitt im Laufe des Jahres 2004 aufgestellt.

Montage der riesigen Windmühle vom Typ E-112 in Wybelsum (l.)

Erdgas-Terminal der Ruhrgas AG (l.u.)

Der große Hellingportalkran der NSW ist eine weithin sichtbare Landmarke. Er hebt 450 Tonnen und dient dazu, Bauteile auf Position zu setzen (u.)

Montage am Band des VW-Werks (l.)

38 Seemeilen stromauf von der Emsmündung

Der Seehafen Emden hat sich vom einstigen reinen Massenguthafen für Erz, Kohle, Koks und Öl zum Universalhafen mit den Schwerpunkten Neufahrzeuge und Forstprodukte gewandelt.

Große Seeschleuse (r.)

Verladung von importiertem Zellstoff für die Papierindustrie von See- auf Binnenschiff (o.)

Die Schifffahrtsstraße Ems verbindet den Seehafen Emden mit der Nordsee. Ein Teil des Binnenhafens ist **Freihafen**, also Zollausland zur Zwischenlagerung unverzollter Ware. Eigentümer des Hafens ist das Land Niedersachsen mit dem **Niedersächsischen Hafenamt Ems-Dollart** als zuständiger Behörde. Die Terminals werden von verschiedenen Gesellschaften betrieben. Um den Hafen herum angesiedelte Produktionsbetriebe, Werften, Reedereien und Dienstleister machen den Hafen zu einem wirtschaftlichen Schwerpunkt der Region. Die ältesten Hafenteile liegen mitten in der Stadt. Im 16. Jahrhundert ist Emden ein Großhafen von europäischem Rang. Sturmfluten fügen dem Hafen und dem Schifffahrtsweg Ems mehrfach schweren Schaden zu. Seit den 1870er Jahren halten Baggerarbeiten und andere moderne Strombaumaßnahmen die Ems mit großem Aufwand für Schiffe mit wachsendem Tiefgang schiffbar. 1899 erreicht der Hafen mit der Inbetriebnahme des Dortmund-Ems-Kanals den Anschluss an die Industriegebiete im Hinterland. Die **Nesserlander Seeschleuse** (1888) und die **Große Seeschleuse** (1913) sind beide bis heute in Betrieb. Sie gliedern die Hafenanlagen in den tideoffenen **Außenhafen** und den durch die Seeschleusen abgetrennten tidefreien **Binnenhafen**.

Für Jahrzehnte ist Emden der führende deutsche **Massenguthafen**. Erz, Öl, Kohle, Baustoffe dominieren. Mitte der 1970er Jahre setzt eine Entwicklung ein, der der Hafen Emden nicht folgen kann. Größe und Tiefgang der Massengutfrachter wachsen dramatisch an. Emden hat keine Chance gegen die Konkurrenz der nahen holländischen Rheinmündungshäfen. Eine Zeit der Krise folgt. 1993 wird die letzte Tonne Erz umgeschlagen. Aber es gelingt auch der Strukturwandel zum Universalhafen für Stückgut, Container und Projektladung.

Mit Abstand wichtigstes Umschlagsgut sind heute **Automobile**, an erster

Verladung von Automobilen für Großbritannien und Irland am EVAG-Terminal 1 (l.)

Stelle die gesamte mitteleuropäische Produktpalette des Volkswagen-Konzerns. Umgeschlagen werden aber auch VW-Import-Fahrzeuge, die in Brasilien und Mexiko gebaut und über die VW-Drehscheibe Emden auf den mitteleuropäischen Markt gelangen. Andere Marken, in Skandinavien gebaute *Porsche* oder *Nissan* aus England, gehen in Emden ebenfalls über die Kaje. Mit fast 800.000 Neufahrzeugen pro Jahr ist Emden zur Zeit die Nummer Drei unter den Automobilumschlagplätzen in Europa.

Über den Hafen Emden läuft auch ein Großteil der Rohstoffversorgung der Nordland Papierfabrik in >Dörpen (102). Aus Finnland und Übersee kommender **Zellstoff** wird direkt ins Binnenschiff verladen und erreicht Dörpen auf diesem auch ökologisch vorteilhaften Weg. Ein zweiter, für die Papierherstellung wichtiger Rohstoff ist **Flüssigkreide.** Dieses empfindliche Flüssiggut wird im **Kreidehafen,** dem ehemaligen Ölhafen, umgeschlagen und in dort neu gebauten Edelstahltanks gelagert. Auf dem benachbarten Gelände werden die für Umschlag und Lagerung von Flüssigkeiten geeigneten Anlagen und Tanks der ehemaligen Frisia-Ölraffinerie genutzt. Aus Polen kommt **Ammoniumnitrat,** Flüssigdünger, der mit Wasser versetzt und weitertransportiert wird. Zum Beispiel in den Landkreis >Vechta (II-90f), wo er zur Düngung von Weiden und beim Futtermaisanbau gebraucht wird. **Magnesiumchlorid** kommt mit dem **Binnenschiff** aus Holland und geht in die USA.

Wichtige Umschlagsgüter sind ferner Aluminiumbleche aus Russland, Petrolkoks, ein Grundstoff für die chemische Industrie, aus Frankreich oder aus >Lingen (123f) im Emsland. Auch die Baustoffversorgung der umliegenden Landkreise erfolgt von hier aus. Über Emden verschifft werden ferner die weltweit begehrten Windräder von Enercon aus >Aurich (24). Sie gehen nach Südeuropa, Skandinavien, Südamerika, Japan und China.

Einen Synergieeffekt ganz eigener Art bewirkt das neue **Biomasse-Heizkraftwerk** am Binnenschiffsbecken. Gemeinsam betrieben von dem **Energieversorger EWE,** den **Stadtwerken Emden** und **e.on,** wird dort Bruchholz verbrannt. Der Einsatz erneuerbarer Energie ist gut für die Umwelt und gut für den Emder Hafen; kann er doch dadurch ca. 100.000 Tonnen pro Jahr zusätzlich umschlagen.

Der Sportschifffahrt stehen im Außenhafen mit dem **Jachthafen,** im **Jarßumer Hafen** und in den citynahen Hafenbecken zahlreiche Liegeplätze zur Verfügung. Die Autofähren nach >Borkum (70) fahren ab **Borkumanleger** im Außenhafen. Die Fahrt dauert zwei Stunden. Pro Jahr werden weit über 800.000 Passagiere und fast 100.000 Pkw befördert.

Verladung von Windenergieanlagen des Auricher Herstellers Enercon im Hafen Emden (o.)

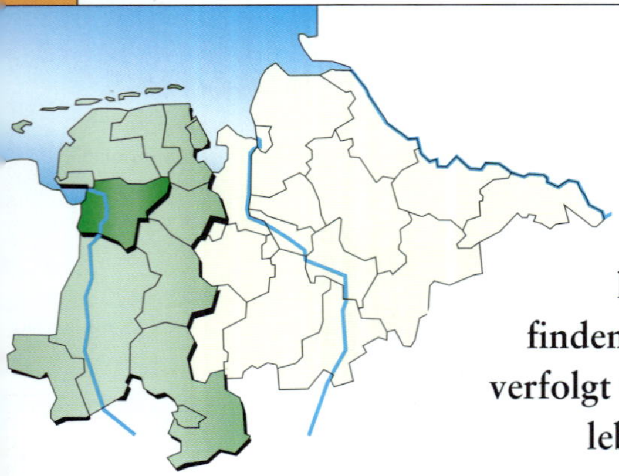

Landkreis Leer

Bis ins 18. Jahrhundert sind die Ostfriesen nur ihren Häuptlingen, aber keinem fremden Herrscher untertan. Später finden hier Flüchtlinge, die wegen ihres Glaubens verfolgt werden, eine neue Heimat. Und noch heute leben die Friesen, unbeirrt und selbstbewusst, ihre ganz eigenen Traditionen.

Zum Landkreis Leer gehört auch das gemeindefreie Gebiet der Insel Lütje Hörn (o.)

Im Landkreis Leer sind zahlreiche spezifische, den Naturräumen angepasste Siedlungsformen bis heute lebendig. In der alten Marsch liegen die bis zu 2.000 Jahre alten **Wurtendörfer**, deren Häuser auf von Menschenhand errrichteten Hügeln stehen, die vor Sturmfluten schützen. Die junge Marsch, höher gelegen und enorm fruchtbar, ist mit ihren Einpolderungen Ackerbaugebiet mit riesigen, von reichen Bauern bewohnten **Gulfhöfen**. Auf der ärmeren Geest, dem mit Flugsand bedeckten Grundmöränengebiet der Eiszeit, liegen die **Gastedörfer**. In diesen auf den Geestrücken überschwemmungsfrei liegenden Siedlungen sind eine Anzahl von Höfen in unregelmäßiger, lockerer Anordnung um die Kirche gruppiert. In den ausgedehnten Hochmoorgebieten endlich liegen die **Fehndörfer**, deren Häuser wie an einer Schnur gereiht entlang den Kanälen stehen.

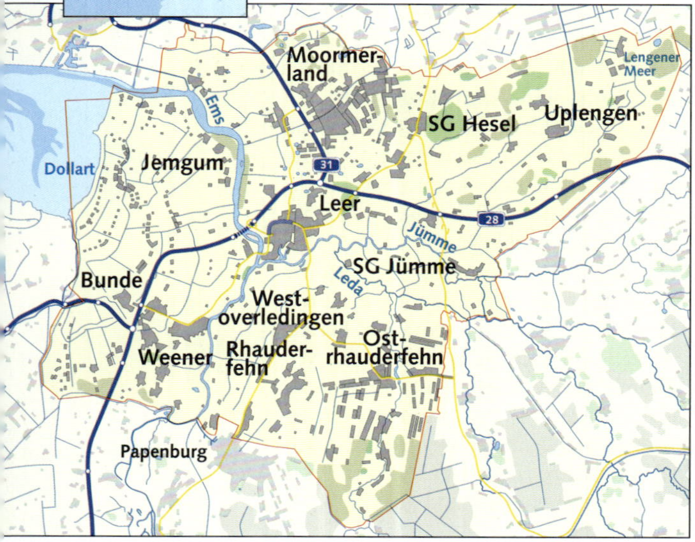

Bedingt durch die geografische Lage, kommt dem Deich- und Wasserbau eine existenzielle Bedeutung zu. Am Dollart und an der Ems schützen heute hohe Deiche das Binnenland vor Sturmfluten. Aber schon um das Jahr 1000 bauen alle Bewohner einer Siedlung gemeinsam die ersten Deiche. Seitdem sind kaum vorstellbare Mühen und Finanzmittel in den Deichbau geflossen. Die Geschichte der Region ist – ungewöhnlich in Deutschland – geprägt von Bauerngemeinden und Häuptlingsherrschaften. Aus diesen freien Gemeinschaften entsteht 1464 die Grafschaft Ostfriesland. Bis 1744 regiert die Familie Cirksena. Erst nach ihrem Aussterben fällt das Land an das Königreich Preußen, dann an das Königreich Holland und 1810 kurzfristig an das französische Kaiserreich. Nach einer erneuten kurzfristigen Zugehörigkeit zu Preußen wird Ostfriesland nach dem Wiener Kongress Teil des Königreiches Hannover und gerät 1866 bis zum Ende des Zweiten Weltkrieges wieder unter preußische Herrschaft.

Die Kultur der Region ist zwangsläufig nicht durch Feudalherrschaft oder Bürgertum geprägt. Im Landkreis Leer leben über Jahrhunderte allein freie Landleute, reiche Bauern und arme Siedler, außerdem viele Glaubensvertriebene: Im 16. Jahrhundert kommen die Calvinisten aus den Niederlanden, im 17. Jahrhundert immigrieren Mennoniten, im 18. Jahrhundert Pfälzer. Betont freiheitsliebend, treiben die Menschen im Landkreis Leer Handel und fahren zur See.

Vergeblich sucht man auch großartige Profanbauten. Aber es gibt andere, nicht

Die Schönheiten des Landkreises Leer kann man zu Lande mit dem Rad (l.) oder zu Wasser mit dem Kanu (u.) entdecken

minder eindrucksvolle Zeugen einer bemerkenswerten Vergangenheit: Romanische und gotische Backsteinkirchen mit abseits stehenden Glockenstühlen, Steinhäuser – ehemals Sitze der einflussreichen Häuptlinge – und mächtige Bauernhöfe.

Neben der Landwirtschaft bestimmen über Jahrhunderte der Handel und die Seefahrt die ökonomischen Verhältnisse im Lande. Aufgrund der äußerst günstigen Verkehrslage wird Leer im 18. Jahrhundert zu einem wichtigen Handels- und Umschlagszentrum der Region. Die Verbindungen zu Wasser und zu Lande in den Richtungen von Nord nach Süd und von Ost nach West verhelfen dem Ort zu seiner wirtschaftlichen Bedeutung.

Die Wirtschaft des Kreises wird heute von kleinen und mittleren Unternehmen geprägt. Die meisten Firmen beschäftigen weniger als 50 Mitarbeiter; nur eine von hundert hat mehr als hundert Beschäftigte. Die Stadt Leer hat sich als zweitgrößter Standort für Reedereien in Deutschland profiliert. Sie erwirtschaften jährlich etwa 500 Millionen Euro und ziehen in ihrem Umfeld weitere Dienstleister an.

Landkreis-Profil

	Landkreis	Land Nieders.
Einwohner, Fläche		
Einwohner gesamt	164.540	7.993.415
darunter 0 bis 15 Jahre in %	18,1	15,4
darunter älter als 65 Jahre in %	17,0	18,7
darunter Ausländer in %	4,9	6,7
Fläche in qkm	1.085,77	47.618,24
Einwohner je qkm	151,5	167,9
Sozialstruktur (Jahresdurchschnitt, gerundet)		
Erwerbstätige gesamt	57.100	3.492.600
Empfänger von Arbeitslosengeld / -hilfe	8.560	354.300
Empfänger sonst. Hilfen zum Lebensunterhalt	7.320	311.900
Anzahl Wirtschaftsbetriebe		
Gesamt (Industrie, Handel, Gewerbe, Dienstl.)	6.864	351.151
darunter Land-, Forst-, Fischereiwirtschaft	323	15.862
Steueraufkommen		
Lohn- und Einkommensteuerzahler	50.051	2.738.281
Summe positiver Einkünfte (in Tsd. EUR)	1.369.324	88.279.875
Steuereinnahmen (EUR je Einwohner)	362,03	544,33

Wahlen

Landtagswahl 2003	
CDU	48,5
SPD	40,4
FDP	4,3
Grüne	6,0
Sonstige	0,8

Ortsteile:
- Borkum-Stadt
- Borkum-Reede

Einwohner: 5.521
Fläche: 30,74 qkm
179,6 Einw. je qkm

Borkum

Insel Borkum (r.)

Mit Volldampf über die Insel, dabei aber gemütlich: die Borkumer Kleinbahn (ganz u.)

Blick ins Heimatmuseum Dykhus (u.)

Borkum ist die westlichste und größte der sieben ostfriesischen Inseln. Das Hochseeklima, die jodhaltige Luft sind gesund bei Atemwegserkrankungen. Seit 1844 ist die Insel Kurort und zieht heute jährlich etwa 250.000 Besucher an, die sich an den langen Sandstränden und mit fast 130 Kilometern gut ausgebauten Rad- und Wanderwegen erfreuen. Mit dem Schiff erreicht man Borkum ab Emden (Autofähre oder Katamaran) oder ab dem holländischen Eemshaven. Ab Emden gibt es auch Flüge.

Autofahren ist auf der Insel Borkum mit Einschränkungen erlaubt. Aber Umweltfreundlicher und entspannter für alle ankommenden Gäste ist die Fahrt mit der nostalgischen **Borkumer Kleinbahn** vom Fähranleger auf **Borkum-Reede** in die Stadt. Die liebevoll eingerichteten Waggons kann man übrigens für private Veranstaltungen mieten.

Vor allem für Familien ein außergewöhnliches Erlebnis sind **Inseltouren mit dem Planwagen,** die der **Reitstall Borkum** von Mai bis Oktober veranstaltet. Die Pferdegespanne erreichen auch entlegenere Gebiete der Insel, so dass man die Natur in ihrer ganzen Vielfalt genießen kann.

Sehenswert sind das **Heimatmuseum Dykhus,** wo zahlreiche Exponate von der Zeit erzählen, als Walfang und Seefahrt noch das Leben der Insulaner bestimmen, und der **Alte Leuchtturm** von 1576.

Auf Borkum-Reede, im **Neuen Hafen,** hat das einst letzte bemannte Feuerschiff, die **„Borkumriff“**, endgültig festgemacht. Bis 1988 hatte es in der Deutschen Bucht Dienst getan. Als **Nationalparkschiff** bietet es heute interessante Informationen an Bord zum Wattenmeer.

Der Neue Hafen ist auch die Heimat des Seenotrettungskreuzers **„Alfried Krupp“** und des Segelclubs **Burkana.** Daneben gibt es den privaten Yachthafen **Port Henry.**

Seit 1994 findet auf Borkum der **Beach-Volleyball-Sommer** statt. Rund 5.000 Spieler aller Leistungsklassen kämpfen an drei Wochenenden um Trophäen und feiern hinterher eine Riesenparty. Ein solches Mega Beach Event gibt es außerdem auch auf > Norderney (52).

Klaasohm, einen alten Brauch aus rauer Walfängerzeit, gibt es dagegen nur auf Borkum. Wilde Kerle mit Schaffellmasken ziehen in der Nacht zum 6. Dezember paarweise umher, verteilen Süßigkeiten an Kinder, Alte und Kranke, kehren in Kneipen ein und versohlen Frauen den Hintern. Heutzutage vielleicht politisch nicht mehr ganz korrekt, doch für die Insulaner immer noch ein Riesenspaß – auch für die Frauen …

Beach-Volleyball wird nicht nur auf Borkum immer beliebter (r.)

Bunde

Ortsteile:
- Boen
- Bunde
- Bunderhee
- Dollart
- Wymeer

Einwohner: 7.540
Fläche: 121,00 qkm
62,3 Einw. je qkm

Südöstlich des Dollart und unmittelbar an der Grenze zu den Niederlanden liegt die Gemeinde Bunde. Grenzüberschreitendes europäisches Denken ist hier selbstverständlich. Kontakte zur holländischen Provinz Groningen sind genauso normal wie zu den deutschen Nachbargemeinden. Damit verbunden ist die Hoffnung beider Seiten auf neue wirtschaftliche Impulse durch das geeinte Europa. Vorbildlich erschlossene grenznahe Gewerbegebiete tragen dieser optimistischen Grundhaltung Rechnung.

Der Radwanderweg von Bunde nach Nieuweschans, Teil der **Internationalen Dollard Route,** überquert hier eine kaum noch sichtbare Staatsgrenze. Wie anderswo in der an reizvoller Landschaft reichen Region, ist der Tourismus einer der wirtschaftlichen Schwerpunkte. Das **Naturschutzgebiet Dollart,** das man sich mit der Nachbargemeinde >Jemgum (75) teilt, beeindruckt mit dem Artenreichtum seiner Pflanzenwelt. Die Salzwiesen dienen über 40 Vogelarten als Brut- und Nahrungsrevier. Zum **Natur- und Kulturpark Dollart** im Ortsteil Bunde gehört das **Dollartmuseum,** das 1997 in einem alten Gulfhof eingerichtet wurde. Themen sind der Dollart und die Geschichte des Deichbaues. Das Museum hat sich quasi nach draußen „verlängert". Wer sich mit dem Fahrrad auf den Weg macht, findet an alten Deichen, Mühlen, Sielen usw. zusätzlich interessante Erläuterungen.

Im südlichen Teil der Gemeinde liegt das **Landschaftsschutzgebiet Wymeer.** Es bietet als aktives Hochmoorbiotop Lebensräume für gefährdete Arten. Der Besucher kann hier das Moorgebiet durchschreiten und an die feuchtesten Stellen gelangen, ohne die empfindliche Vegetation zu stören. Er kann eine abgetorfte Moorkuhle (*Pütte*) besichtigen und von einer Platt-form aus das Biotop überblicken.

Das bekannteste Gebäude Bundes ist das **Steinhaus** in **Bunderhee,** Mitte des 14. Jahrhunderts erbaut und zu den ältesten Häuptlingsburgen Ostfrieslands gehörend. 1972 gründet Professor **Harald Vogel** im Steinhaus die **Niederdeutsche Orgelakademie,** ein Treff-

Kanäle und Siele durchziehen die ostfriesische Landschaft (l.)

Im Jahr 1796 schrieb J.C. Freese in seinem Buch „Über das Ost-Friess- und Harlingerland": „Der Name Syhl ist friesischen Ursprungs. Sil oder Zyl bedeutet eine Wasserleitung, eine Abwässerung, ein Graben, um das Wasser loszuwerden. Die Abzugsgräben, (...) durch die das innere Wasser in die See seinen Abfluß erhält, nennen wir jetzt Syhltiefe. Sie sind so eingerichtet, daß das inwendige überflüssige Wasser fortgeschafft, das auswendige Wasser aber zurückgehalten wird."

Nutzung der Windenergie vor 200 Jahren und heute: Wasserschöpfmühle im Wynhamster Kolk (o.) und Windenergieanlage der Firma Enova (ganz o.)

punkt für Musiker aus aller Welt. Seit dem Umzug der Akademie nach >Weener (94) im Jahre 1997 befindet sich hier das **Kunsthaus Steinhaus.** Besitzerin **Elisabeth Tatenberg** hat damit einen neuen Ausstellungs- und Veranstaltungsort in der Gemeinde geschaffen. Neben ihren eigenen Werken gibt es wechselnde Ausstellungen und Konzerte regional und überregional bekannter Künstler. Espresso oder ein echter **Steinhaustee** sind im Eintritt inbegriffen.

In der Ortschaft **Dollart** liegt mit 2,5 Meter unter NN die wahrscheinlich tiefste Stelle Deutschlands, der **Wynhamster Kolk.** Der Kolk ist ein See, der durch die Überflutung einer Niederung entstanden ist. Die 1804 erbaute Windmühle auf einer Anhöhe über dem See mahlt kein Korn, sondern treibt ein Schöpfwerk an, das der Entwässerung des Kolks dient.

Moderne Windenergie ist auch das Thema der **Enova Unternehmensgruppe** in Bunderhee. Sieben Windparks hat das Unternehmen in Ostfriesland und dem >Emsland (100f) bereits realisiert. Neue Ideen und innovative Lösungen bestimmen das Handeln des 1989 gegründeten Unternehmens. Dazu gehört auch die Offshore-Windenergienutzung. Enova errichtet im Jahr 2004 als Forschungs- und Demonstrationsanlage eine Windenergieanlage im Wasser am Emder Südkai. Parallel dazu geht Enova den zweiten Schritt in Richtung Offshore-Windenergie mit der Planung von zwei Windparks in der Nordsee.

Elisabeth Tatenberg (o.r.) leitet das Kunsthaus Steinhaus (r.)

SG Hesel

Rings um den zentralen Ort **Hesel** und bis nach **Holtland** gliedern die typischen Wallhecken das bäuerliche Geestland. Neben klassischem Ackerbau werden Spargel und Erdbeeren angebaut. Der Wald- und Parklandschaft im Nordosten der Samtgemeinde schließt sich im Nordwesten und Westen das Fehngebiet an. Übrigens lag Hesel ursprünglich einige hundert Meter weiter südlich des heutigen Dorfes. Erst im Hochmittelalter wurde es an seinen jetzigen Standort verlegt. Rund um den alten Geestort erstreckt sich das größte zusammenhängende Waldgebiet Ostfrieslands.

Hier stand früher das Prämonstratenserkloster **Barthe**, dessen Lage heute durch eine Hecke kenntlich gemacht ist. Die Geschichte der im 12. Jahrhundert erbauten Klosteranlage kann man im Domizil der Tourist-Info in der **Villa Popken** in Hesel verfolgen. Eine Ausstellung zeigt ferner zahlreiche Funde archäologischer Ausgrabungen. Hesel ist reich an Fundstätten und immer wieder veranlassen überraschende Entdeckungen neue Ausgrabungen. So finden sich in Brinkum, Holtland und Hesel Spuren der Menschen, die nach dem Ende der Eiszeit den hohen, trockenen Sandrücken der Geest besiedeln. Auch eine 10.000 Jahre alte Feuerstelle ist in Hesel gefunden worden.

Abseits inmitten eines Waldgebietes liegt umgeben von Akazien, Zypressen, Zedern und anderen seltenen Bäumen das **Gut Stikelkamp**, ursprünglich ein Teil des heute nicht mehr erhaltenen **Klosters Hasselt**. Innen gleicht es einem Schatzkästlein hochbäuerlicher Wohnkultur mit alten Möbeln und einer umfangreichen Ahnengalerie. Der Anfang des 19. Jahrhunderts in der Nähe angelegte Waldfriedhof kann ebenfalls besichtigt werden.

Das Wahrzeichen der Gemeinde Holtland ist die weithin sichtbare **Holländerwindmühle**. Wo früher der Motor für windstille Zeiten untergebracht war, befindet sich heute das **Mühlencafé**, ein uriger Treffpunkt für Einheimische und Besucher. Bewirtschaftet wird das Café von Mai bis September jeweils sonntags im Wechsel von örtlichen Vereinen. Ausgebildete Freizeitmüller halten die Technik funktionsfähig und führen Besucher durch die Anlage. Diese können sich danach im Café selbst gebackenen Kuchen für einen Euro und für einen weiteren Euro Tee oder Kaffee gönnen.

Verlässt man Holtland in östliche Richtung, erreicht man nach wenigen Kilometern den **Wasserpark Hasselt**, der vom **Wasserversorgungsverband Moormerland-Uplengen-Hesel** betrieben wird. Auf dem 700 qm großen Areal erfährt der Besucher alles Wissenswerte rund um das Thema Trinkwasser. Praktisch kann man hier erfahren, wie mühsam das Wasserschöpfen in früheren Zeiten war und

Mitgliedsgemeinden:
- Brinkum
- Firrel
- Hesel
- Holtland
- Neukamperfehn
- Schwerinsdorf

Einwohner: 10.226
Fläche: 84,31 qkm
121,3 Einw. je qkm

Gut Stikelkamp (o.)

Villa Popken (ganz o.)

Wallhecken (u.) sind mit Strauchwerk und Bäumen bestandene Sandwälle. Sie entstehen im Laufe der Jahrhunderte als Windschutz und Ackergrenze. Mittlerweile stehen die Wallhecken unter strengem Schutz und sind für viele Tier- und Pflanzenarten ein Rückzugsgebiet

Im Wasserpark Hasselt wird Wissen rund um das Thema Wasser auf unterhaltsame Weise vermittelt (o. und r.)

Radfahrer und Fußgänger kurbeln sich eigenhändig mit der Fähre über das Holtlander Ehetief (ganz o.)

Start der Jüngsten beim Ostfrieslandmarathon zum „Bambini"-Lauf (r.)

welche Erleichterung die zentrale Trinkwasserversorgung einst gebracht hat. Die natürlichen Abläufe im Wasserkreislauf werden ebenso dargestellt wie das technische System der Förderung, Aufbereitung und Verteilung des Trinkwassers. Schutz des Grundwassers und sparsamer Umgang mit dem Trinkwasser sind zentrale Anliegen des Wasserparks. Wasserspiele wie z.B. eine Fontäne, die mit einem **Aqua-Velo-Mobil** erradelt werden kann, oder einen Wasserstrudel in einer Säule, der durch Armkraft erzeugt wird, bieten eine willkommene Abwechslung.

Wer hingegen schon immer einmal eine Fähre steuern und sich dabei noch sportlich betätigen wollte, hat dazu Gelegenheit auf der **Kurbelfähre** über die **Holtlander Ehe.** Das Flüsschen bildet die natürliche Grenze zwischen Holtland und Filsum. Der Fahrgast bedient sich selbst und muss zeigen, was er kann. Eilige kurbeln etwas kräftiger.

Sportlich geht es auch zu beim **TSV Hesel.** Der veranstaltet seit 2000 alljährlich seinen **Ostfrieslandmarathon.** Start und Ziel ist in Hesel. Die Laufstrecke führt in drei Runden über Waldboden, Wanderwege und Asphalt. Neben den Läufen für Frauen und Männer gibt es auch einen „Bambini"-Lauf für Kinder bis zu 10 Jahren. Typisch für diesen Marathon ist die familiäre Atmosphäre unter Teilnehmern und Zuschauern und der volksfestartige Charakter des Wettbewerbs.

Eine andere, nicht minder gute Idee haben im Jahre 2003 acht Heseler Jugendliche. Aus der spontanen Eingebung heraus, in Hesel einmal etwas auf die Beine zu stellen, werden Bands aus der Umgebung (später gar aus ganz Deutschland) eingeladen, Flyer gedruckt und Sponsoren akquiriert. So entsteht schließlich das **Halte-Deine-Umwelt-Sauber-Festival,** das erste „Umsonst-und-Draußen"-Festival Hesels.

Jemgum

Ortsteile:
- Böhmerwold
- Critzum
- Ditzum
- Hatzum
- Holtgaste
- Jemgum
- Marienchor
- Midlum
- Nendorp
- Oldendorp
- Pogum

Einwohner: 3.754
Fläche: 78,48 qkm
47,8 Einw. je qkm

Am *Endje van de Welt,* im alten, die Grenze zu Holland überschreitenden **Rheiderland** gelegen, ist das Gebiet der Gemeinde Jemgum im Norden und Osten durch die Ems, im Westen durch den Dollart und im Süden durch die A 28 begrenzt. Hier liegt die westliche Einfahrt zum **Emstunnel**, durch den der Autobahnverkehr die Ems unterquert.

Schornsteine der Ziegeleien Cramer und Leding in Midlum (l.)

Blick von der stillgelegten Bohrinsel vor Dyksterhusen (l.)

Die kleinen Ortschaften der Gemeinde reihen sich entlang der Ems wie Perlen an einer Schnur. Im Mittelpunkt steht das Fischerdorf **Ditzum.** Das Bild des alten Sielhafens prägen die bunte Kutterflotte der Fischer, die Holzbootwerft Bültjer sowie die historische **Emsfähre,** die hinter der Hafenmauer liegt. Seit hundert Jahren verbindet sie Ditzum mit dem Stadtteil Petkum in >Emden (58). Eine Fahrt mit ihr ist für Besucher ein Muss. In den Sommermonaten führt eine weitere Fährverbindung als Teil der „Internationalen Dollard Route“ von Ditzum über Emden nach Delfzijl. Ab Ditzum fahren im Sommer Ausflugsdampfer und ein Katamaran nach >Borkum (70) und nach Helgoland.

Nahe der Einfahrt zum Emstunnel, wurde 1995 der erste Windpark im Landkreis Leer durch den Energiedienstleister **Enova** aus >Bunde (71) errichtet: der **Windpark Holtgaste.** Die zehn Windkonverter produzieren mit einer Gesamtleistung von sechs Megawatt jährlich 10,5 Millionen Kilowattstunden Strom.

Geradezu vor der Haustür liegt das **Naturschutzgebiet Dollart,** das man sich mit der Nachbargemeinde Bunde teilt. Vom Ortsteil Dyksterhusen aus ist eine **stillgelegte Bohrinsel** gut zu erreichen, die dem Naturfreund einen tollen Ausblick auf den Dollart gewährt. Man sollte Wetter und Gezeiten beachten: die Flut kann bisweilen höher auflaufen und den Rückweg für ein paar Stunden abschneiden.

Einmal im Jahr, und nur ausnahmsweise, darf das Watt vor Dyksterhusen im Naturschutzgebiet betreten werden. Dann ist **Kreierrennen.** *Up de Spör van de Dullertfiskers* treffen sich Einheimische und Besucher bei Niedrigwasser zu einem der traditionellen Rennen nach Art der Wattfischer auf den „Kreier“ genannten Schlickschlitten.

Die für Ostfriesland typischen Backsteinbauten sind meist aus Ziegeln des Rheiderlandes erbaut. Der tonhaltige Kleiboden macht die Gegend am Dollart schon im 18. Jahrhundert zu einem der größten Ziegeleistandorte Deutschlands.

Sielhafen in Ditzum mit der Holzbootwerft Bültjer (u.l.)

„Tant' Dientje“ (o.), die letzte Fischersfrau aus Ditzum, die mit dem Fang über Land geht – Werk des Bildhauers Uwe Hantke aus Westoverledingen

Mitglieds-gemeinden:
- Flecken Detern
- Filsum
- Nortmoor

Einwohner: 6.416
Fläche: 82,34 qkm
77,9 Einw. je qkm

SG Jümme

Fahrt mit der Pünte (o.r.) und Kanufahrer (o.) auf der Jümme; im Hintergrund die Burg Stickhausen

An der für Ostfriesland charakteristischen Klappbrücke begegnen sich Wasser- und Radwanderer (r.o.)

Durch das Gebiet der Samtgemeinde fließt die Jümme, trifft am Ende auf die Leda, die ihrerseits bei > Leerort (78) in die Ems mündet. Die Jümme hat ihre Quellflüsse im Aper Tief, aus der Oldenburger Geest kommend, und in der Soeste. Die Leda bezieht ihr Wasser aus dem Hümmling über die Sagter Ems und das Langholter Tief. Diese natürlichen Entwässerungsläufe sind die wichtigsten Verkehrsadern des Handels früherer Jahrhunderte zwischen Hamburg und Holland, zwischen der Küste und dem Münsterland, auf denen Boote – Schuten, Kähne, Mutten und Tjalken – fahren.

Die reizvollen Flussniederungen, „Hammriche" genannt, und das **Filsumer Hochmoor** prägen die vielgestaltige Landschaft. Jümme ist etwas für Angler. In allen Fließgewässern, Seen und Kolken darf man mit einem Erlaubnisschein des **Fischereivereins Altes Amt Stickhausen e.V.** nach Aal, Barsch, Forelle, Hecht, Karpfen, Schleie oder Zander angeln. Wer kein Petri-Jünger ist, dem bietet die Flusslandschaft gute Wassersportmöglichkeiten, etwa zum Rudern oder für Kanufahrten. An der **Paddel- und Pedalstation Stickhausen** lassen sich diese auch nach Belieben mit Radtouren kombinieren.

Eine attraktive Freizeitanlage mit großem Spielplatz um den elf Hektar großen **Jümmesee** mit Sandstrand lädt zum Baden, Sonnenbaden oder Beachvolleyball ein.

Am Zusammenfluss von Leda und Jümme legen sich **Heinz Penning** und **Dietmar Diekmann** ins Zeug. Sie ziehen die **Pünte** zwischen Amdorf und Wiltshausen (> Leer 78) über die Jümme. Die kleine, nur fünf Meter breite Fähre ist eine der letzten handbetriebenen Fähren, die außer Personen auch Pkw, immer nur einen zur Zeit, übers Wasser bringt. Seit dem 15. Jahrhundert fährt an dieser Stelle eine Fähre. Rund 100 Leeraner Bürgern, die 1974 den **Püntenverein** gründen, ist es zu danken, dass dies so geblieben ist. Um die drohende Schließung abzuwenden, übernimmt der Verein kurzerhand die Pünte und unterhält sie bis heute. Jedes Jahr am 1. Mai wird sie während eines Festaktes mit Gottesdienst zu Wasser gelassen. Am 30. September endet für die beiden Fähr-

Petri Heil an der Jümme (r.)

Ingenieurbau in idyllischer Landschaft: Die Amdorfer Brücke (l.) wurde 1956 in Wilhelmshaven gebaut, für den Transport in drei Teile zerlegt und wieder zusammengesetzt. Damalige Baukosten: 150.000 Mark

männer die Saison. Durchschnittlich 25.000 Personen haben sie dann übergesetzt.

Ein anderes interessantes Detail der wassernahen Verkehrsinfrastruktur in der Samtgemeinde Jümme ist die **Amdorfer Brücke** über die Leda. Mit einer Durchfahrtsbreite von 1,83 Meter (und einer Höhe von 1,96 Meter) bei einer Länge von immerhin 85 Metern gilt sie als die schmalste Autobrücke Europas. Den Verkehr regelt eine Ampel. Fußgänger und Radfahrer, die die Brücke überqueren möchten, sollten sich allerdings beeilen, um während der Grünphase rechtzeitig über die Brücke zu kommen.

An dem ehemals wichtigen Handelsweg entlang von Leda und Jümme entsteht im 15. Jahrhundert die **Burg Stickhausen.** Sie zeugt von der Zeit, als Detern noch ein mittelalterlicher Marktflecken ist. Im Unterschied zu den anderen ostfriesischen Burgen ist sie daher auch nicht Sitz friesischer Häuptlinge, sondern sichert die hanseatischen Handelsverbindungen jener Zeit. In dem alten Wehrturm kann heutzutage das **Heimatmuseum** besucht werden.

Mit dem **Jümmetaler** werden seit dem Jahr 2000 jährlich Bürger geehrt, die sich um das Wohl der Samtgemeinde verdient gemacht haben. Im Rahmen eines Neujahrsempfangs gehen die Medaillen an engagierte Bürger in den Sparten Kultur, Sport, Arbeit und Soziales sowie an Personen, die sich auswärts um die Gemeinde Verdienste erworben haben. Ausgewählt werden die Preisträger von dem ehrenamtlich tätigen **Arbeitskreis Pro Jümme.**

Im Jahr 1984 feiert mit dem **Ostfriesland Triathlon** eine damals kaum bekannte Sportart in **Stickhausen** Premiere. Dem **SV Holtland** gefällt die Idee des Ausdauerdreikampfes in den Disziplinen Schwimmen, Radfahren und Laufen so gut, dass am **Jümmesee** der erste Triathlon in Niedersachsen ausgerichtet wird. Zwei Jahre später zieht sich der Verein als Ausrichter zurück. Aber 20 Jahre nach dem Debüt wird die Veranstaltung wiederbelebt. 99 Triathleten gehen 2004 an den Start, davon 16 Staffeln. Die Sportart wandelt sich erheblich. Aus Langstrecklern, die anfänglich tastende Versuche unternehmen, Radrennen, Schwimmen und Laufen zu einem Dreikampf zu verbinden, werden Triathlonspezialisten. Waren einfache Hollandräder oder sogenannte „Halbrenner“ in den 1980er Jahren vorherrschend, sind es heute hochmoderne Spezialmaschinen. Nur **Ute Tinnemeyer** aus Bochum, die einzige Teilnehmerin, die beim ersten Mal und nach 20 Jahren erneut dabei ist, kommt mit ihrem ganz „normalen“ Fahrrad.

Eingang zum Heimatmuseum im Wehrturm der Burg Stickhausen (o.)

Leer (Ostfriesland)

Ortsteile:
- Leerort
- Bingum
- Heisfelde
- Hohegaste
- Loga
- Logabirum
- Nettelburg
- Nüttermoor

Einwohner: 33.979
Fläche: 70,28 qkm
483,5 Einw. je qkm

Stammhaus (o.) der Bünting-Gruppe und heutige Firmenzentrale in der Brunnenstraße (o.r.)

Die Einwohner von Leer sind keine „Leerer", sondern „Leeraner", so wie die Leute aus Emden keine „Emdener" sind, sondern „Emder" genannt werden wollen. Die alte Handels- und Hafenstadt liegt an der Mündung der Leda in die Ems. Bereits im 8. Jahrhundert gibt es an dieser Stelle eine christliche Kirche. Leer gilt daher als Ursprungsort ostfriesischer Frömmigkeit. Während der Reformationszeit wird die Stadt zum Zufluchtsort von Mennoniten aus ganz Europa. Die freundlich Aufgenommenen leisten wichtige Beiträge zur wirtschaftlichen Entwicklung Leers zu Beginn der Neuzeit. So sorgen zum Beispiel zugewanderte Mennoniten für ein Aufblühen der Leinenweberei gegen Ende des 16. Jahrhunderts.

War die verkehrsgeografisch günstige Lage am Ort des Zusammentreffens zweier Flüsse historisch förderlich für die Entwicklung Leers, so dürften in jüngerer Zeit der Bau der Autobahnen A 28 und A 31 und des Emstunnels wesentliche Faktoren für die Entwicklung der Stadt und des Landkreises zu einer modernen Wirtschaftsregion gewesen sein. 1989 nach fünf Jahren Bauzeit freigegeben, durchquert der 1.453 Meter lange Autobahntunnel die Ems zwischen den Anschlussstellen Leer-West und >Jemgum (75). In Verbindung mit der Emslandautobahn A 31 ist der Tunnel die wichtigste Verbindung für den Güter- und Personenverkehr ins Ruhrgebiet sowie in die Niederlande.

Aus der Wirtschaft

Noch heute ist das Stammhaus der **Bünting-Gruppe** aus dem Jahre 1806 Teil der Firmenzentrale. Dort, mitten in der Leeraner Altstadt, beginnt der Gründer Johann Bünting vor knapp 200 Jahren mit dem Handel von Kolonialwaren, auch von Tee, Kaffee und Tabak. Aus Ostfrieslands ältestem Teehandelshaus ist im Laufe der Jahrzehnte durch stetigen Ausbau der Geschäftsfelder ein Handelsunternehmen geworden, das mit seinen Vertriebsgesellschaften **Combi** und **famila** über 85 SB-Warenhäuser und Verbrauchermärkte betreibt und über die Vertriebsschiene **Markant** über 600 inhabergeführte Supermärkte betreut. Die Kernregionen des Vertriebsgebietes liegen zwischen der Nordseeküste und dem Münsterland und reichen von der holländischen Grenze im Westen bis nach Ostwestfalen und ins Sauerland. Mit mehr als 6.500 Mitarbeitern gehört Bünting zu den bedeutendsten mittelständischen Unternehmen Nordwestdeutschlands. Die Bünting-Gruppe ist zugleich einer der wichtigsten Ausbildungsbetriebe der Region.

Uferpromenade Leer Sommer 2003 (u.)

1508 verleiht Graf Edzard I. dem Flecken Leer das Marktrecht. Markttag ist der 16. Oktober, der St. Gallus-Tag. Bis dahin ist die Ernte eingebracht; alle Bauern, Knechte, Mägde und Händler kommen in die Stadt. Seit 1820 finden Gallimarkt (l.) und Viehmarkt (l.u.) getrennt statt. Seit 1902 beginnt der Gallimarkt immer am zweiten Mittwoch im Oktober. 1952 wird er auf fünf Tage verlängert

Landmaschinen, vornehmlich für den Kartoffelanbau, und Gartengeräte wie Häcksler, Kehrmaschinen, Vertikutierer, Laubsauger und Aufsitzmäher baut die **Cramer Technik GmbH**. In mittlerweile vierter Generation in Familienbesitz, kann auch dieses Unternehmen auf eine stolze Tradition bis in das Gründungsjahr 1835 zurückblicken, als alles mit dem Vertrieb von Getreidemühlen begann.

Mit rund 230 Mitarbeitern gehört das Leeraner Werk der **Kautex Textron** zu den größten Arbeitgebern der Region. In dem 1987 eigens für die Produktion des Kraftstofftanks für den VW Passat gebauten Werk werden geblasene Kunststoffteile für die Automobilindustrie gefertigt. Zu den wichtigsten Kunden zählen neben Volkswagen vor allem Siemens VDO und Opel. Das Unternehmen mit dem Hauptsitz in Bonn gehört zu den führenden Kunststoffverarbeitern und ist Marktführer bei der Fertigung von Hohlkörpern, speziell bei Kraftstoffbehältern für Pkw.

Während des **Gallimarktes** findet gleichzeitig der Leeraner Viehmarkt, der größte seiner Art in Deutschland, statt. Zwar werden auch Kleintiere sowie Ziegen und Pferde gehandelt, doch der weitaus größte Teil des Umsatzes wird mit Rindern gemacht. Rund tausend Rinder, Kälber, Kühe und Futterbullen werden derzeit jährlich auf dem **Nesse-Gelände** aufgetrieben und verkauft. Das Ritual ist so alt wie der Viehmarkt selbst: Während sie handeln, klatschen die Händler einander in die rechte Hand. Wenn einer von oben schlägt, ist der Kauf besiegelt. Oder einer der beiden wendet sich ab. Dann ist man nicht ins Geschäft gekommen. Wer einmal schummelt, hat für alle Zeit verspielt. Ursprünglich war der bis ins 16. Jahrhundert zurückreichende Gallimarkt ein reiner Kramermarkt. Daraus ist heute das beliebteste Volksfest Ostfrieslands geworden. Wenn am zweiten Mittwoch im Oktober die **Herolde** von der Rathaustreppe verkünden: *Radeau, Radeau, raditjes doe / de Stadt, de hört de König toe / radeau, radeau, raditjes dum / de Börgmester let verbeden / nümms mag kopen of verkopen / bevör de Klocke negen sleit / bi Verlüß van Goederen / un all, wat over tein Pund weggt / is na de Waage to brengen / un darno fier dag free Markt* – dann beginnt in Leer die „fünfte Jahreszeit".

Sehenswertes

Die **Evenburg**, ein im 19. Jahrhundert im neugotischen Stil umgebautes Wasserschloss, ist zusammen mit dem Park, der barocken Vorburg und der schnurgeraden Allee, die aus der Stadt zu ihr hinausführt, ein lohnendes Ziel für einen Spaziergang. Der Landkreis Leer hat das im Zweiten Weltkrieg schwer beschädigte Schloss sowie den **Schlosspark** umfangreich renovieren lassen.

In einem alten Patrizierhaus in der Neuen Straße ist das **Museum des Heimatvereins Leer** untergebracht. Fünfzehn Räume sind dort im Laufe der Zeit als Schauräume eingerichtet worden. Neben Themen aus der Schifffahrt wird traditionelle ostfriesische Wohnkultur gezeigt. Man geht durch liebevoll gestaltete Wohnräume und Wohnküchen mit handgefertigtem Hausrat. Auch ein

Praktisches Gartengerät produziert die Leeraner Firma Cramer Technik (o.)

Wasserschloss Evenburg in Leer-Loga (o.)

Das Haus Samson in der Rathausstraße mit der Weinhandlung Wolff im Erdgeschoss (r.)

Kruideneerswinkel, ein kleiner Laden mit typischer Einrichtung ist erhalten. Zum Haus gehört außerdem eine Bibliothek, die über eine umfangreiche Sammlung Ostfrisica und anderer heimatkundlicher Literatur Niedersachsens verfügt.

Einen Eindruck traditioneller Wohnkultur vermittelt auch das **Haus Samson** aus dem Jahr 1643. Es gilt als das schönste Haus der Stadt. Ein Prachtstück ist beispielsweise die Tür aus dem 18. Jahrhundert mit ihren barocken Ornamenten und dem zierlichen Oberlicht. Im Erdgeschoss befindet sich seit 1800 die renommierte **Weinhandlung Wolff.** Ihr Weinsortiment umfasst über 900 Sorten. Unter dem Namen des Stammhauses I. W. Wolff werden außerdem sehr spezielle ostfriesische Spirituosen hergestellt und verkauft, darunter der **Kruiden**, der bekannte ostfriesische Magenbitter, Tee-Söpke, ein Teelikör, der aus Tassen getrunken wird, **Sinbohntjesopp**, Branntwein mit Rosinen und verschiedene Sanddornspezialitäten.

Karola Scheibehenne, in Leer besser als „Drehorgel-Oma" bekannt, ist häufiger Gast aller möglichen Veranstaltungen. Oft spendet sie das, was auf dem Tellerchen landet, einem guten Zweck (o.)

Vor der malerischen Kulisse der **Stadtwaage** liegen im Leeraner **Museumshafen** zahlreiche maritime Schätze dicht gedrängt an der Uferpromenade. Gemanagt wird der Museumshafen vom Schipperklottje, einer Abteilung des Heimatvereins. Einige Boote gehören dem **Schipperklottje**, wie zum Beispiel der mit nur sechs Meter Länge kleinste funktionstüchtige Schlepper Europas, das **„Keerlke"**. Andere Schiffe sind meist Dauergäste. Seit 1995 lockt alle zwei Jahre das Treffen der Traditionsschiffe zahlreiche begeisterte Besucher nach Leer.

Die Ems-Dollart-Region, ist >Orgelland (96), reich an wiederentdeckten, teilweise weltbekannt gewordenen Orgeln. Leer wurde zu einem Zentrum dieser Entwicklung. Hier, in **Loga**, arbeitet die Orgelwerkstatt von **Jürgen Ahrend.** Heute von Vater und Sohn **Hendrik** gemeinsam geführt, baut und restauriert der Betrieb seit 1954 zahlreiche Orgeln in Deutschland und in aller Welt. Das Neue an seiner Arbeit ist die Rückbesinnung auf die im 19. Jahrhundert abgebrochene Tradition der alten Orgelbaukunst und die Orientierung auf die Bauweise und die Klangwelt der alten Meister. Diese Einstellung

und sorgfältige Handwerksarbeit führten zu Restaurierungen bedeutender historischer Orgeln wie der Ebert-Orgel der Hofkirche Innsbruck aus dem Jahre 1561 oder der Arp-Schnitger-Orgel der Jacobi-Kirche in Hamburg von 1693, um deren Organistenamt sich 1720 Johann Sebastian Bach beworben hatte.

Blick in den Leeraner Museumshafen; im Hintergrund die Stadtwaage (o.)

Jürgen Ahrend (o.l.)

Zahlreiche Neubauten liefert er zunächst in die umliegenden Städte und in die Niederlande, dann auch in die USA, nach Österreich, Frankreich, Großbritannien, Australien, die Schweiz, nach Japan und Italien. Führende Organisten sehen einhellig in Jürgen Ahrend einen der besten Meister des heutigen Orgelbaus.

Das **Böke-Museum** in einem der alten Häuser an der Hafenseite der Neuen Straße zeigt in wechselnden Ausstellungen Werke von **Karl-Ludwig Böke** (1927–1996) und anderen Künstlern. Der Bildhauer gilt als bedeutendster Leeraner Künstler des 20. Jahrhunderts. Den Schwerpunkt seines Werks bilden Porträtbüsten, deren Ausdruckskraft und Lebensnähe gerühmt werden. Hervorgetreten ist er in seinem letzten Lebensjahrzehnt darüber hinaus mit einer Anzahl figürlicher Plastiken im öffentlichen Raum, die ihn in ganz Ostfriesland populär gemacht haben. Die **Karl-Ludwig-Böke-Gesellschaft** hat es sich zur Aufgabe gemacht, das Werk des Künstlers der Nachwelt zu erhalten und weitere aktuelle Künstler der Region zu präsentieren.

Das Fahrrad gehört in Leer zum Alltag. Seit den 1980er Jahren gibt es Fördermaßnahmen unter dem Slogan „Fahrradfreundliche Stadt Leer“. Dabei geht es um die Schaffung einer fahrradgerechten Infrastruktur und um Radtourismus als Wirtschaftsfaktor.

Eines der letzten vollendeten Werke Karl-Ludwig Bökes ist die Porträtplastik „Henriette“ aus dem Jahre 1995 (l.)

Die Leeraner **Fahrradfestivals** sowie die Internationalen Deutschen Meisterschaften im Liegeradfahren (2001) ziehen jeweils Tausende von Besuchern an. Im Frühjahr 2002 zeichnet das Niedersächsische Verkehrsministerium Leer als „fahrradfreundlichste Stadt Niedersachsens“ aus.

Neben dem Bahnhof steht das ehemalige **Zollhaus**, heute ein vom **Kulturverein Zollhaus** betriebenes teilweise subventioniertes Kulturzentrum. Dazu gehören auch **Radio Ostfriesland** mit dem Studio Leer (weitere Studios in Emden und Aurich), das **Zollhaus-Theater-Ensemble** und regelmäßige Ausstellungen. Neben Rock- und Blues-Konzerten gehören Parties zum Schwerpunkt der Veranstaltungen. Zusammen mit dem *Pumpwerk* in Wilhelmshaven und der *Kulturetage* in Oldenburg ist das Zollhaus eines der etablierten Kulturzentren im Weser-Ems-Gebiet.

Ein beliebter Szene-Treff ist, gleich neben dem Rathaus, das **Taraxacum.** Café und Buchhandlung in einem, trifft man sich hier zu Konzerten (Folk, Songwriter) und Lesungen.

Zu der Reihe *Jazz im Speicher* reisen Fans aus dem ganzen Nordwesten bis nach Bremen und Groningen an. Bei jährlich sechs bis acht Veranstaltungen sind die neuesten Trends im Jazz zu hören. Fürs Programm ist **Wilfried Berghaus** verantwortlich. Der **Kulturspeicher** ist ein kom-

„Das Meerwiefke“ ist eine der bekanntesten Skulpturen Karl-Ludwig Bökes (u.)

Stattliche 9 Meter über NN ragt der Plytenberg aus der ansonsten flachen Landschaft (r.)

munales Haus in der Altstadt, dessen 180 Plätze von der Stadtbibliothek verwaltet werden.

Die Entstehung des **Plytenberges** mit seiner Höhe von immerhin 9 Metern über NN und einem Durchmesser von 64 Metern, ist bis heute nicht endgültig geklärt. Ist es ein vorchristlicher Grabhügel oder eher eine Landmarke für die frühe Schifffahrt auf der Ems? Fest steht, dass der einst baumlose Hügel als Ausguck für die historische Festung Leerort gedient hat. Auf den Plytenberg gehen die Leeraner besonders im Winter, wenn Schnee liegt, mit dem Schlitten und zu Ostern. Dann werden bunte Ostereier „hinuntergetrüllt“ und erst nach dem Platzen der Schale verzehrt.

„Jazz im Speicher“ im Kulturspeicher (o.)

Umwelt

Seit 1994 wird der **Stadtökologische Leer-Pfad** in der Innenstadt beständig weiterentwickelt. Der Pfad vermittelt auf unterhaltsame Weise Wissen über Vorgänge in der Natur und gibt Denkanstöße für das eigene Handeln. Jede Leer-Pfad-Station bietet ein stadtökologisches Thema an. Insgesamt finden sich in der Innenstadt zur Zeit neun Stationen mit farbigen Schautafeln. Das didaktische Prinzip *Staunen – Begreifen – Nachahmen* macht den Leer-Pfad auch als externen Ort zum Lernen bei den Schulen beliebt. Seine Themen finden sich in den unterschiedlichsten Unterrichtsfächern wieder. Stadtbibliothek, Heimatmuseum und Kreis-Mediencenter bieten Begleitmaterial und öffentliche wie gemeinnützige Einrichtungen und Initiativen bringen ihre Arbeit in das Projekt mit ein, das durch Öko-Sponsoring auch von Unternehmen der Region unterstützt wird. Mit dem Stadtökologischen Leer-Pfad sollen vielfältige Ideen für eine Stadt der Zukunft dauerhaft in die Öffentlichkeit gebracht und frühzeitig in die Planung einbezogen werden.

Begrüßung an der mobilen Station des Leer-Pfades (u.)

Moormerland

Ortsteile:
- Boekzetelerfehn
- Gandersum
- Hatshausen
- Jheringsfehn
- Neermoor
- Oldersum
- Rorichum
- Terborg
- Tergast
- Veenhusen
- Warsingsfehn

Einwohner: 22.361
Fläche: 122,27 qkm
182,9 Einw. je qkm

Bereits der Name der Gemeinde weckt Assoziationen: Land zwischen Moor und Meer, weite Niederungen und kleine Dörfer, durchzogen von ungezählten Wasserläufen, auf denen weiße Seerosen blühen. Moormerland ist landwirtschaftlich geprägt und nach Leer die einwohnerstärkste Gemeinde des Landkreises. Die zur Gemeinde gehörenden Ortschaften haben unterschiedliche Entwicklungen durchgemacht, liegen teils an der Ems oder sind frühere Fehngemeinden. Drei Jahrzehnte gemeinsamer Arbeit haben seit der Gemeindegebietsreform aus dem einstigen „Gebilde" Moormerland eine zusammengewachsene Gemeinde entstehen lassen. Warsingsfehn mit einem für eine Fehngemeinde eher geschlossenen Ortsbild bildet den Mittelpunkt Moormerlands. Hier ist der Sitz der Gemeindeverwaltung. Impulse für die Entwicklung des Gemeindelebens entstehen auch aus der Lage zwischen den Städten Emden und Leer. An der Grenze zu > Großefehn (36) im Landkreis Aurich liegt das Naturschutzgebiet **Boekzeteler Meer.** Es besteht aus einem natürlichen Niedermoorsee, Kleingewässern und ausgeprägten Verlandungszonen mit daran anschließenden Grünlandbereichen. Auf dem See finden sich großflächige Schwimmblattgesellschaften mit weißen Seerosen und gelben Teichrosen. Auf den Grünlandflächen leben seltene Wiesenvogelarten wie Uferschnepfe, Kiebitz und Bekassine. In den Randzonen des Sees haben sich Röhrichtbewohner, der Teich- und Schilfrohrsänger und verschiedene Entenvögel, angesiedelt. Die Flachwasserbereiche und Grünlandflächen üben eine hohe Anziehungskraft auf durchziehende Wasservogelarten aus. Aufgrund seiner vogelkundlichen Bedeutung ist das Boekzeteler Meer als Vogelbrutgebiet mit nationaler Bedeutung eingestuft. Auch für Amphibien und andere gefährdete Tier- und Pflanzenarten ist das Boekzeteler Meer ein Lebensraum. Es steht unter strengem Naturschutz und darf nicht betreten werden. Von dem erhöht liegenden **Aussichtspunkt** am **Schöpfwerk** bekommt man aber einen interessanten Überblick. Wer baden oder zu einer Bootstour aufbrechen möchte, tut dies am Timmeler Meer in

Die Mühle an der Hauptwieke in Warsingsfehn (o.) beherbergt heute einen Landhandel

Typisch friesische Landschaft mit Wieken und Mühlen gibt es in Moormerland reichlich (ganz o.)

Blick in den Hafen von Oldersum an der Ems (l.)

Julius Diedrich Schiffswerft in Oldersum (r.)

Die Tradition des Fischerstechens geht auf das Mittelalter zurück (u.r.)

Dieter Baumann, stellv. Vorsitzender des Interfriesischen Rates (u.)

Kein schlechter Fang, aber fürs Schollenfest reicht's nicht ganz (o.)

Das Schöpfwerk in Oldersum (u.) wurde mit EU-Mitteln für den Hochwasserschutz modernisiert

Großefehn und nimmt den Weg über den Kanal, der Verbindung mit dem nördlich gelegenen Timmeler Meer.

Ausgesprochen sportlich geben sich die Teilnehmer beim **Rorichumer Fischerstechen**, das seit 1998 jeden letzten Sonntag im Juli ausgetragen wird. Die Idee zu diesem Ritterturnier zu Wasser stammt ursprünglich aus Süddeutschland und wird hier vom Projekt „Paddel und Pedal" umgesetzt. Zwei Boote mit je vier bis fünf Paddlern fahren aufeinander zu. Auf einer Plattform steht jeweils ein *Stecher*. Die Stecher haben eine lange Lanze, mit der sie sich gegenseitig ins Wasser zu stoßen versuchen. Zwei Tage dauert das Turnier mit insgesamt 24 Mannschaften, das innerhalb weniger Jahre einen Kultstatus in der Gemeinde erreicht hat.

Ein weiteres Spektakel steigt bereits im Juni in **Oldersum**, dafür aber nur alle zwei Jahre. Matjesfeste, so dachte man sich hier, gibt es schon genug. Zeit also für das erste **Schollenfest** in der Region. Unter dem Motto „Mein lieber Scholli" zelebrieren die Oldersumer seit dem Jahr 2000 jeweils am ersten Juniwochenende im Hafenviertel den Plattfisch, der natürlich frisch gefangen und in allen Variationen dort angeboten wird.

Dieter Baumann aus Warsingsfehn ist seit 2003 stellvertretender Vorsitzender des **Interfriesischen Rats**, der sich der Bewahrung der friesischen Kultur widmet. Der Interfriesische Rat vertritt alle Friesen aus dem nordwestniederländischen Westfriesland, Nordfriesland im nordwestlichen Schleswig-Holstein und Ostfriesland. Dem Vorstand gehören je zwei Vertreter aus West-, Nord- und Ostfriesland an.

Die **Schiffswerft Julius Diedrich** mit ca. 20 Mitarbeitern hat sich heute auf das Reparaturgeschäft zurückgezogen. Bis 1998 wurden auch noch Neubauten abgeliefert. Die Schiffbauer in Oldersum haben sich spezialisert auf Fährschiffe zu den Inseln, Fischereifahrzeuge, Traditionsschiffe und Schiffe der Wasser- und Schifffahrtsverwaltung. So manches Schiff der Weißen Flotte, die heute zu den Inseln unterwegs ist, und so manches Schiff in einem der zahlreichen ostfriesischen Museumshäfen wurde bei Diedrich gebaut oder wieder aufgemöbelt.

Das **Schöpfwerk Moormerland** in Oldersum wird betrieben durch den **Entwässerungsverband Moormerland**. Das 1935 gebaute und 2002 modernisierte Schöpfwerk gehört zu den größten und stärksten seiner Art in Deutschland. Seine beiden Pumpen bewegen 40 Kubikmeter Wasser in der Sekunde, was etwa dem dreifachen Wasserverbrauch der Stadt Berlin entspricht.

Am Emssperrwerk stoppen die Gezeiten

„Sturmflutsperrwerk zwischen Gandersum und Nendorp mit Staufunktion für Schiffsüberführungen"

Zweiter November 2002: Am Unterlauf der Ems stoppen die Gezeiten. Das gerade fertiggestellte **Emssperrwerk** zwischen Gandersum und >Nendorp (75) ist zum ersten Mal geschlossen worden. Dreieinhalb Jahre Bauzeit liegen hinter dem Ereignis. 220 Millionen Euro werden investiert; ein Projekt, das in dieser Größenordnung bislang einmalig für die Region ist. Kein anderes Projekt war hier je umstrittener.

Bereits Jahre vorher gibt es Überlegungen zu dem Bau eines Sperrwerks. Für die neugebauten Kreuzfahrtschiffe der Meyer Werft in >Papenburg (137) werden die Passagen emsabwärts immer aufwändiger. Dreimal ist die Fahrrinne der Ems bis dahin bereits ausgebaggert worden, von 3,50 Meter auf 7,30 Meter. Mehr geht nicht, der Emstunnel bei Leer ist buchstäblich im Weg. Die Lösung: Aufstauen des Flusses durch ein Sperrwerk im Mündungsbereich.

Die ökologischen Bedenken dagegen sind indes immens und führen zu heftigen Protesten gegen das Projekt. Hohe Salzkonzentrationen und Sauerstoffmangel in der Ems können die empfindliche Süßwasserfauna schädigen. Ein mehrjähriger Rechtsstreit nimmt seinen Lauf. Der alte Disput Umweltschutz contra Arbeitsplätze spaltet die Bevölkerung in dieser ohnehin mit Strukturproblemen kämpfenden Region.

Ein Gutachten im Jahr 2001 bringt die Wende. Darin wird festgestellt: Stetig steigende Sturmflutpegel durch den Treibhauseffekt in den kommenden 50 Jahren gefährden die Küstenregion mehr als bisher angenommen. Die Deichbaumaßnahmen, so die Gutachter, würden dann nicht mehr zum Schutz vor schweren Sturmfluten ausreichen. Das Verwaltungsgericht Oldenburg entscheidet nun für den Küstenschutz und weist die Klagen der

Das alte Sprichwort „Wer nicht deichen will, muss weichen" steht bildhaft für den Kampf der Küstenbewohner gegen dasMeer und damit auch für das Emssperrwerk (o.)

Faszination Technik: Das lange umstrittene Emssperrwerk zieht heute viele Besucher an. Untere Bilder: Bauphase

Naturschützer ab. Allerdings werden in der Folgezeit strenge Richtlinien für den Betrieb des Sperrwerks erlassen. Grenzwerte für den Sauerstoff- und Salzgehalt im Staufall müssen eingehalten werden. Die Stauhöhe wird auf 2,70 über NN und die Stauzeit pro Jahr auf 104 Stunden begrenzt. Gestaut werden darf ohnehin nur im Winterhalbjahr. Während der Brutzeit darf das Vorland nicht überflutet werden. Für Natur- und Landschaftsschutzmaßnahmen werden insgesamt etwa 150 Hektar Ausgleichsflächen zur Verfügung gestellt.

Den gefundenen Kompromiss drückt eine Formel aus, die quasi den Untertitel des Sperrwerks bildet: *„Sturmflutsperrwerk zwischen Gandersum und Nendorp mit Staufunktion für Schiffsüberführungen“*. In der Bevölkerung hat sich der Meinungsstreit zum Bauwerk gelegt. Denn jetzt erweist sich das Emssperrwerk als Attraktion. Faszination Technik. Damit Seeschiffe die Hauptschifffahrtsöffnung ohne Höhenbegrenzung passieren können, ist statt der herkömmlichen Hubtore ein Drehsegmentverschluss eingebaut worden, der sich bereits zuvor im Themsesperrwerk vor London bewährt hat. Das Drehsegment liegt im Normalbetrieb in einer Mulde unter dem Fahrwasser und wird von dort zum Stauen und zur Sturmflutabwehr ausgefahren. Die daneben liegende Binnenschifffahrtsöffnung hat bei mittlerem Hochwasser eine Durchfahrtshöhe von 5,75 Meter. Reicht diese vor allem bei hohen Wasserständen nicht aus, müssen Binnenschiffe auf die Hauptöffnung ausweichen.

Von April bis Oktober gibt es ab Oldersum und ab >Ditzum (75) die Möglichkeit, an Informationsfahrten per Schiff teilzunehmen und das Bauwerk von der Wasserseite aus zu besichtigen.

Ostrhauderfehn

Die Entstehung der Gemeinde Ostrhauderfehn ist eng verbunden mit der Geschichte der Nachbargemeinde > (West-)Rhauderfehn (89). Sie beginnt im Jahre 1765, als fünf Kaufleute ein Gesuch an den preußischen König richten, in dem sie um Überlassung der Hochmoorflächen im Overledingerland bitten, um dort ein neues **Fehn** anzulegen. Vier Jahre später unterzeichnet Friedrich der Große die Verleihungsurkunde eigenhändig. Wann Ostrhauderfehn eine selbständige Kommune wird, ist nicht ganz genau, spätestens aber ab 1874 dokumentiert. 1970 schließt sich **Holtermoor** freiwillig an. Im Zuge der Gebietsreform der 1970er Jahre kommen **Potshausen**, der Ortsteil **Idafehn** der Gemeinde Strücklingen und ein Teil der Gemeinde **Langholt** hinzu. Der andere Teil Langholts gehört seitdem zu Rhauderfehn.

Langholt ist die älteste Siedlung der Gemeinde und geht zurück auf eine Gründung des Johanniter-Ordens im frühen 14. Jahrhundert. 1409 wird **Potshausen** erstmals urkundlich erwähnt. Nach dem gleichen Muster wie Ostrhauderfehn entstehen im 19. Jahrhundert die lang gestreckten Fehnsiedlungen **Holterfehn** und **Idafehn**, das übrigens durch Großherzog Peter von Oldenburg nach dessen Mutter Ida benannt worden ist.

Besuchern fallen bis heute sofort die scheinbar endlosen Reihen schmucke Häuser auf, die an beiden Seiten kilometerlanger, schnurgerader Kanäle und Wieken stehen. Diese typische Fehnstruktur ist reizvoll, aber auch eine nicht geringe Belastung, denn alle Versorgungseinrichtungen wie z.B. Straßen und Kanalisation müssen doppelt angelegt werden.

In Ostrhauderfehn erinnert man sich gern an die Schönheit althergebrachter Formen. An der 1. Südwieke wurden das **Fehnhaus** und am Leda-Jümme-Weg das **Gulfhaus** und die **Schleusenanlage** am Hauptfehnkanal wieder stilgerecht hergerichtet. Die **Kirche in Potshausen** ist die älteste in Ostrhauderfehn und birgt einige sehenswerte Kostbarkeiten, wie das **Altarbild** von 1647 und ein mittelalterliches **Kruzifix**. Sehenswert ist auch die **Mühle** vom Typ Galerieholländer in Idafehn. Sie brennt 1972 komplett ab. Aber 1999 beginnt die Gemeinde, die Mühle wieder aufzubauen. Zwei Jahre später erstrahlt sie in neuem Glanz und ist jetzt ein gern genutzter Treffpunkt und Veranstaltungsort mit Packhaus und Maschinenraum.

Im Norden des Gemeindegebietes bestimmt die **Leda-Niederung** mit offenem Hammrich die Landschaft. In der Leda, die hier bis zu 80 Meter breit ist, sind Ebbe und Flut der Nordsee noch wirksam. Die Landschaftsschutzgebiete **Langholter Meer** und **Rhauder Meer**, zusammen über 200 Hektar groß, weisen intakte Natur auf. In Idafehn lädt das **Erholungszentrum** mit dem etwa zehn Hektar großen **Idasee** zum Camping, Baden, Angeln, Surfen und Bootfahren ein.

Ortsteile:
- **Ostrhauderfehn**
- **Holterfehn**
- **Holtermoor**
- **Idafehn**
- **Langholt**
- **Potshausen**

Einwohner: 10.683
Fläche: 51,00 qkm
209,5 Einw. je qkm

Am 13. November 1972 fegt ein schwerer Sturm über Nordwestdeutschland hinweg. Der Wind ist so stark, dass die Arretierung der alten Mühle bricht und die Flügel sich zu drehen beginnen. Damit nimmt das Unglück seinen Lauf: Die hölzerne Königswelle läuft heiß, wird glühend und nach kurzer Zeit wird der hölzerne Aufbau ein Raub der Flammen. Rund 30 Jahre später wird die Mühle restauriert und ist heute ein Veranstaltungszentrum (o.l.)

Blick auf den Idasee (u.)

Gulfhaus am Leda-Jümme-Weg (o.)

Ostfriesische Evangelische Landvolkhochschule in Potshausen mit der Kirche St. Martin (r.)

Seit 50 Jahren ist im Ortsteil Potshausen die **Ostfriesische Evangelische Landvolkhochschule** (LVHS) ansässig. Bei dieser Heimvolkshochschule handelt es sich um eine, die unter dem Motto „Leben und Lernen unter einem Dach" es der Landbevölkerung ermöglicht, sich weiterzubilden. Heute verfügt die LVHS über 100 Betten und neun unterschiedliche Häuser und hat sich im Laufe der Jahre zu einem Bildungsbetrieb mit Hunderten von Besuchern und ca. 15.000 Teilnehmertagen entwickelt. Zahlreichen Jugendlichen und Heranwachsenden ohne Schulabschluss wird in dieser Einrichtung in Internatsform der Erwerb des Haupt- oder Realschulabschlusses ermöglicht.

Fehnhaus an der I. Südwieke (o.)

Ein Pflege- und Wohnheim für ältere oder pflegebedürftige Mitbürger gibt es mit dem **Haus zwischen den Wieken** an der **Liebigstraße.** „Gemeinsam sind wir mittendrin", lässt sich das Konzept umschreiben. In direkter Nachbarschaft wurden attraktive Reihenhauswohnungen gebaut, in denen sich ältere Menschen selbständig versorgen und gleichzeitig umfangreiche Serviceangebote des Seniorenzentrums wahrnehmen können. Der zentralen Lage ist es zu verdanken, dass alle wichtigen sozialen und infrastrukturellen Einrichtungen zu Fuß in wenigen Gehminuten zu erreichen sind.

Der **Reisemobilstellplatz Ostrhauderfehn** ist bei Wohnmobilisten beliebt. Dies begründet sich in der zentralen aber ruhigen Lage, den Einkaufsmöglichkeiten in unmittelbarer Nähe sowie den Ver- und Entsorgungsmöglichkeiten für Wohnmobile.

Einen wichtigen Grundpfeiler des gesellschaftlichen Miteinanders in Ostrhauderfehn bilden die Vereine. Die Schützenvereine mit ihren jährlichen öffentlichen Schützenfesten und Umzügen spielen dabei eine große Rolle. **Der Schützenverein Ostrhauderfehn** zum Beispiel, der vor über 75 Jahren gegründet wurde, hat sich mit seinen rund 300 Mitgliedern zum größten Schützenverein im Ort entwickelt. Das jährliche **Zeltfest** zieht Besucher aus der gesamten Umgebung an. Bei vielen Festen wirkt der **Spielmannszug** des Vereins mit. Das kulturelle Leben in der Gemeinde Ostrhauderfehn bereichern mehr als 50 Vereine unterschiedlichster Sparten wie Gesangvereine, Sportvereine, Tierzuchtvereine, Vereine mit technischen Zielsetzungen wie der Möhlenkring Idafehn, Fördervereine für Schulen, Pfadfinder usw.

Rhauderfehn

Ortsteile:
- **Backermoor**
- **Burlage**
- **Collinghorst**
- **Holte**
- **Klostermoor**
- **Langholt**
- **Rhaude**
- **Rhaudermoor**
- **Schatteburg**
- **Westrhauderfehn**

Einwohner: 17.158
Fläche: 102,92 qkm
166,7 Einw. je qkm

Blick über den Westrhauderfehnkanal auf das Fehn- und Schifffahrtsmuseum (l.)

Das Konzept der Gründer des historischen „Rhauder-Vehn" liest sich aus heutiger Sicht genial einfach: Zwei Stichkanäle, einer in nördlicher, einer in westlicher Richtung, entwässern das Moor, machen das Land nutzbar und schaffen eine Verkehrsverbindung zur Aussenwelt. Und diese Verbindung sollte sich als ergiebig erweisen für Rhauderfehn. Einträglicher Handel mit dem gewonnenen Torf ermöglicht den Fehntjern im 19. Jahrhundert über Ems und Dollart sogar die Verbindung zur Seeschifffahrt.
Mit Hilfe des Fehnprogramms der Niedersächsischen Landesregierung werden in den 1980er Jahren alte Wasserwege auf den Fehnkanälen erneuert. In Westrhauderfehn entsteht ein Liegebecken für historische **Plattbodenschiffe** hinter einer neuen Schleuse.

Am Steuerstand eines Segelschiffes stehen: erlebbar im Fehn- und Schifffahrtsmuseum (l.)

Straßenklappbrücken nach holländischem Vorbild sind typisch für das Bild der ostfriesischen Kulturlandschaft (l.)

Eine neue **Straßenklappbrücke** führt die Bundesstraße B 438 über den Westrhauderfehnkanal. Sieben weitere Kanalbrücken werden nach historischen Vorbildern neu errichtet.
Die Geschichte der über 200-jährigen Besiedlung des Gebietes ist im **Fehn- und Schifffahrtsmuseum** in Westrhauderfehn nachzuvollziehen. In der schönen, efeubewachsenen **Villa Graepel** mit großer Gulfscheune als Hintergebäude können Besucher etwa am Steuerrad eines historischen Großseglers stehen. Andere Exponate dokumentieren, wie aus den Fehntjer Kolonisten Reeder und Seeleute wurden und

In der Museumsschmiede gibt es mehrmals im Jahr Aktionstage (r.)

Fühlt sich seiner Heimatgemeinde auch heute noch verbunden: der Künstler und Wahlberliner Zoppe Voskuhl (o.) Er hat in Bremen studiert, lebt zeitweilig in Paris und Hannover. Im Zentrum seiner Malerei steht das Abbild des Menschen

Johann Christian Reil (1759–1811) (o.)

wie Segelschifffahrt und Schiffbau eine Blütezeit in Rhauderfehn erlebten.

Eine Attraktion besonderer Art ist die **Alte Schmiede.** Die ehemalige Dorf- und Schiffschmiede ist heute Teil des Fehn- und Schifffahrtsmuseums. An Aktionstagen wird dort geschmiedet und gehämmert wie früher; Besucher können mitmachen. Einstmals stand die Schmiede in der Nähe der Werften am Ortsausgang.

Wer durch den Ortsteil **Langholt** fährt, trifft beim Überqueren des Burlage-Langholter Tiefs, auch „Rote Riede" genannt, auf ein zweites Ortsschild mit der Bezeichnung „Langholt". Der Grund: Im Zuge der Gebietsreform von 1973 ist die ehemals selbständige Gemeinde Langholt nach einer uneinheitlichen Abstimmung über die künftige Gemeindezugehörigkeit von den verantwortlichen Planern geteilt und das Langholter Tief als Grenze bestimmt worden. Seither gehört der westliche Teil Langholts zu Rhauderfehn, der östliche Teil zur Gemeinde >Ostrhauderfehn (87). Dass die Rote Riede nicht zur Grenze in den Köpfen wird, ist seither das Anliegen der Langholter in Ost und West, die sich hinsichtlich der „politischen Realität" ihrer Heimat nach wie vor befremdet zeigen.

Der Lehrer **Heinrich Jansssen Sundermann**, nach dem eine Straße und eine Grundschule auf dem Fehn benannt ist, gilt als einer der wichtigsten Reformer des Ostfriesischen Schulwesens. Er wird 1815 in Nesse bei Norden geboren und stirbt 1879 in Westrhauderfehn an Schwindsucht. Mit 14 Jahren startet er ins Berufsleben, absolviert eine Ausbildung zum Lehrergehilfen in Nesse und wirkt später als Lehrer in Hesel, wo er die Apothekertochter Johanne Amalie Wilhelmine Gündel aus Carolinensiel heiratet. Sundermann entwickelt neue Lehrbücher, so zum Beispiel 1845 ein Lehrbuch zur Geometrie, und veröffentlicht im Jahr darauf eine Fibel.

Ein anderer prominenter Rhauderfehner, **Johann Christian Reil**, wird 1759 in Rhaude geboren, einem Ortsteil des heutigen Rhauderfehn. Sein Vater ist Pastor in Rhaude, seine Mutter eine Bauerntochter aus Holte. 1787 wird Reil Professor der Medizin in Halle, ab 1803 einer der Leibärzte Goethes. Seine Heilkunde und Behandlungen finden nicht immer die Zustimmung seiner ärztlichen Kollegen. Seine medizinischen Erkenntnisse als Augenarzt, Chirurg und Hirnforscher sind Epoche machend. Auch auf sozialem und hygienischem Gebiet betätigt sich Dr. Reil. 1810 wird er zum ordentlichen Professor an die Medizinische Klinik in Berlin berufen. In den Freiheitskriegen gegen Napoleon wird er Inspektor des preußischen Lazarettwesens. Dabei infiziert er sich auf dem Schlachtfeld bei Leipzig mit Typhus und stirbt 1811 in Halle. Seine Heimatgemeinde Rhauderfehn bewahrt bis heute das Andenken ihres großen Sohnes. Eine Straße, eine Schule und das Alten- und Pflegeheim tragen seinen Namen.

Porträt

Der Sammelhut ist immer dabei

„Musica Romantica" aus Rhauderfehn halten den Rekord für das größte orchestrale Drehorgelkonzert der Welt. Was im Hut landet, wird wohltätigen Zwecken gespendet.

Ob in Konstanz, Cottbus, auf Rügen, oder in Rhauderfehn: Musica Romantica absolvieren über 100 Auftritte im Jahr (l.)

Seit über 20 Jahren teilen **Theda** und **Frerich Kramer** ihre Begeisterung für Drehorgeln und deren Musik. Damals besaßen sie noch eine Porzellan-Manufaktur und einige erfolgreiche Gastronomiebetriebe in Rhauderfehn, wie die Discothek „Kajüte" und das Hotel-Restaurant „Zur Mühle". Als das die Gesundheit nicht mehr zulässt, erfüllt sich Frerich Kramer einen langgehegten Traum und kauft sich seine erste Drehorgel. Damit will er von nun an auf Reisen gehen. *„Zwei Tage später hab' ich noch eine für meine Frau gekauft"*, erzählt er, *„denn wozu soll sie allein zu Haus sitzen?"* Daraus ist das **Drehorgelorchester** entstanden. Ob Walzen-, Chip-, Lochband- oder Kirmesorgel, die Kramers kennen und beherrschen sie und begeistern als **Musica Romantica** Zuhörer in ganz Deutschland. Mit dabei sind **Gerold Bülthoff, Volker Lewerenz, Rudolf Poppinga, Wessel Veenhuis** und andere. Das Programm ist in seiner orchestralen Dimension einmalig und reicht von Opernarien wie Mozarts *Vogelfänger* bis zu Abba-Hits und Rock'n Roll. Auch Stimmungsmacher und sakrale Werke gehören dazu. Alle Stücke werden exklusiv für Musica Romantica bearbeitet. Im August 2000 präsentieren die Kramers mit Musikerfreunden aus ganz Deutschland in Papenburg das größte Drehorgel-Orchester der Welt mit 50 Drehorgeln. Das reicht für den Eintrag ins Guiness-Buch. Tourneen führen das Orchester bis nach Holland, Österreich und Italien. Auch Einladungen nach Frankreich und Polen hat es gegeben. Gespielt wird auf Benefizveranstaltungen, bei Gottesdiensten, Messen, auf Showbühnen, in Konzerthallen oder auf öffentlichen Plätzen. Etwas haben die Kramers immer dabei: ihren Hut! *„Der Sammelhut gehört nach alter Drehorgeltradition dazu"* erklärt Theda Kramer. Nach jedem Konzert geht der Hut mit der Bitte um eine Gabe herum. Damit unterstützen sie die Kinderkrebshilfe, den Kinderschutzbund und Menschen in Not vor Ort. Musica Romantica treten auch bei Hochzeiten, Betriebfesten, Gewerbeschauen und Straßenfesten auf und sind für viele Gelegenheiten buchbar. Auch zwei Videos und vier CDs können erworben werden. Aber das Kleingeld für den Hut nicht vergessen, denn: *„Es gibt nichts Gutes außer man tut es!"* (Goethe)

Ortsteile:
- Bühren
- Großoldendorf
- Großsander
- Hollen
- Jübberde
- Kleinoldendorf
- Klein-Remels
- Kleinsander
- Meinersfehn
- Neudorf
- Neufirrel
- Nordgeorgsfehn
- Oltmannsfehn
- Poghausen
- Remels
- Selverde
- Spols
- Stapel
- Südgeorgsfehn

Einwohner: 11.281
Fläche: 148,81 qkm
75,8 Einw. je qkm

In Großsander hat die Post früher die Pferde gewechselt (o.)

Klappbrücke in Nordgeorgsfehn (o.r.)

Großsander Badesee (r.)

Das Lengener Meer (u.) wurde in den 1980er Jahren als Naturraum gerettet

Uplengen

Die Gemeinde Uplengen bildet den nordöstlichen Teil des Landkreises Leer und ist die flächengrößte des Landkreises und eine der größten Gemeinden Niedersachsens insgesamt. Hauptverkehrsachse ist die Landstraße L 24, die in Ost-West-Richtung unter anderem direkt durch Remels verläuft. Sie entspricht dem Verlauf des alten Postwegs von Oldenburg nach Ostfriesland, an den heute noch die wiederaufgebaute **Poststation** in **Großsander** erinnert.
Das Landschaftsbild ist von Kontrasten geprägt. Während um den Hauptort Remels herum Geestlandschaft mit typischen Wallhecken dominiert, verlaufen entlang der südlichen Gemeindegrenze sowie von Remels in südwestlicher Richtung die beiden letzten in Ostfriesland angelegten Fehnkolonien, Südgeorgsfehn und Nordgeorgsfehn.

Mehr als tausend Hektar des Gemeindegebietes, hauptsächlich Moore, sind heute als Naturschutzgebiet ausgewiesen. Eines ist das **Lengener Meer**, einer der letzten Hochmoorseen Deutschlands, umgeben von noch wachsendem Moor. Der See liegt inmitten des Naturschutzgebiets **Stapeler Moor**, das bereits seit 1964 unter Naturschutz steht und mittlerweile über 250 Hektar umfasst. Durch Wiedervernässung sollen sich die Moorflächen am Rande des Lengener Meeres regenerieren. Diese Moorbiotope haben überregionale Bedeutung bei der Erhaltung bedrohter Pflanzen und Tiere.
Das 125 Hektar große Naturschutzgebiet **Hollesand** ist ein bewaldetes Dünengebiet mit Wanderwegen auf der oldenburgisch-ostfriesischen Geestplatte zwischen Neudorf, Großoldendorf und Neufirrel. Die ursprüngliche Größe dieses Dünen- und Flugsandgebietes reicht allerdings weit über das Naturschutzgebiet hinaus. So liegen die Dünen des Heseler Waldes in seiner Verlängerung. Die mit 18 m über NN höchste natürliche Erhebung innerhalb des Naturschutzgebietes, zugleich der höchste „Berg" im flachen Ostfriesland, ist der **Kugelberg**. Von dieser Erhebung, erkenntlich an ihrer weißen Sandlehne und den hohen, licht stehenden Kiefern, hat man einen weiten Blick nach >Wiesmoor (56). Die Landschaft ist von sandigen Wegen durchzogen und lädt zum beschaulichen Wandern ein.

Dass die Ostfriesen auch über ein ausgeprägtes Gemeinschaftsgefühl verfügen, ist in Uplengen spürbar geworden. Als zu Beginn der 1970er Jahre im fernen Hannover die Gemeindereform für Niedersachsen beschlossen wird, setzen Gemeinderäte und Bevölkerung von Nordgeorgsfehn, Hollen und Südgeorgsfehn gemeinsam gegen den Widerstand der Landesregierung die Zuordnung zur Gemeinde Uplengen durch. Das Zusammenwachsen dieser seinerzeit neu geschaffenen Gemeinde zeigt sich auch im Jahr 2003 mit der Fertigstellung des mittlerweile 13. **Dorfgemeinschaftshauses** Uplengens in Großsander. Zu den von Land und Gemeinde zur Verfügung gestellten 200.000 Euro für die Totalsanierung eines alten Hauses nahe dem Badesee von Großsander summieren sich am Ende satte 50.000 Euro Eigenleistung, die von den Bewohnern freiwillig in unzähligen Arbeitsstunden beigesteuert werden. Auch das Gemeinschaftshaus in **Stapel** ist inzwischen fertig. Und unter solchen Voraussetzungen steht dem Gemeinschaftshaus in **Spols** kaum noch etwas im Wege.

Tatkraft ist auch gefragt, wenn im Mai jeden Jahres das **Uple-Wieser Moorduell** zwischen den Gemeinden Uplengen und Wiesmoor ausgetragen wird. Warum, so dachten sich 2003 beide Gemeinden, sollen den Spaß am Paddel- und Pedal-Programm, das vielerorts Touristen auf die Freizeitmöglichkeiten zu Lande und zu Wasser aufmerksam machen soll, eigentlich nur jene haben? Also begeben sich seither die Uplengener und Wiesmoorer Vereine jedes Frühjahr auf eine kombinierte Fahrrad- und Kanustrecke von Wiesmoor nach Remels und zurück und messen sich im fröhlichen Wettstreit.

In Nordgeorgsfehn ist das letzte Uplengener Torfschiff **MS „Ella"** beheimatet. Der 1902 gebaute Torfmuttje transportiert noch bis 1974 Torf, Steine und Sand auf Jümme und Ems und dient heute als Touristenattraktion. Die MS „Ella" ist für Kaffeefahrten bis zu 30 Personen buchbar.

Zehntausende von Schadstoffen aus Reinigungsmitteln belasten unsere Abwässer. Ein nicht alltägliches, mehrfach für seine Umweltfreundlichkeit ausgezeichnetes Produkt bringt die Firma **Zielinsky** mit ihrem **Universal-Stein** auf den Markt. Das Reinigungs- und Poliermittel wird seit 1986 von heute 40 Mitarbeitern in Uplengen produziert und vornehmlich im Direktverkauf von rund 240 freien Mitarbeitern auf über 1.800 Messen und Märkten im Jahr im In- und Ausland vertrieben.

Fahrt mit dem über 100 Jahre alten Torfschiff MS „Ella" auf dem Nordgeorgsfehnkanal (o.)

Blick ins Innere der Kirche in Hollen (l.)

Stolz sind die Bürger von Großsander auf ihr Dorfgemeinschaftshaus (o.)

Universalstein: „Nur echt in der grünen Dose mit dem Baum" (o.)

Ortsteile:
- Beschotenweg
- Diele
- Holthusen
- Kirchborgum
- St. Georgiwold
- Stapelmoor
- Vellage
- Weener
- Weenermoor

Einwohner: 15.625
Fläche: 81,24 qkm
192,3 Einw. je qkm

Weener

Marina Park Weener: Wohnen am Wasser mit eigenem Bootsliegeplatz vor der Haustür (r.)

Am westlichen Emsufer, nahe > Leer (78) liegt Weener. Die Stadt gilt als kultureller Mittelpunkt des Rheiderlandes. Den Bahnreisenden auf der Strecke Bremen–Groningen beeindruckt vor allem die **Friesenbrücke** über die Ems. Diese mit 335 Metern größte deutsche Eisenbahnklappbrücke ist auch zu Fuß und mit dem Fahrrad passierbar. Für Radtouristen bildet sie den Knotenpunkt zwischen der Deutschen Fehnroute und der Internationalen Dollard Route.

Neben der St. Georgskirche steht der 1984 restaurierte Kaakebogen, der als Richtplatz die Trennung zwischen dem kirchlichen und dem weltlichen Bereich bildete (o.)

Das um 1660 gebaute Frone Haus ist das älteste Wohnhaus der Stadt (o.r.)

Der **Alte Hafen** mit seinen nostalgischen Schiffen wird umsäumt von Bürgerhäusern, Kleine-Leute-Häusern und Speichern, die einen Einblick in vergangene Epochen vermitteln. Der um 1570 erbaute Hafen endet seit dem Ausbau in der 1990er Jahren wieder „historisch korrekt" an der **Norderstraße.** Für Camper befindet sich in unmittelbarer Nähe des Stadtkerns ein **Wohnmobilstellplatz,** der einen bemerkenswerten Ausblick über die malerische Kulisse des Alten Hafens bietet. Auf dem höchsten Punkt Weeners liegt die um 1230 erbaute **St. Georgskirche.** Ihr freistehender Glockenturm befindet sich auf der anderen Straßenseite. Die aus dem 13. Jahrhundert stammende **Kreuzkirche** in **Stapelmoor** gehört bauhistorisch zu den interessantesten Kirchen Nordwestdeutschlands. Auf der Grundform eines Andreaskreuzes erhebt sich ein Bau, der praktisch keine rechten Winkel aufweist. Das neben der Kirche liegende Pfarrhaus aus dem Jahre 1429 ist eines der ältesten bewohnten Pfarrhäuser Deutschlands.

Ursprünglich als Armenhaus gebaut, beherbergt ein altes dreiflügeliges Gebäude aus dem Jahre 1791 in der **Neuen Straße** heute das **Heimatmuseum Rheiderland.** Es gehört zu den ältesten Museen Ostfrieslands und gibt Einblicke in die Geschichte der Landschaft und der Bewohner zwischen der Ems und der niederländischen Staatsgrenze. Ein viel beachtetes Architekturprojekt ist der **Marina Park Weener.** Hinter der

Produktionsanlage von WPPG (r.)

Die Friesenbrücke ist die letzte Eisenbahnbrücke vor der holländischen Grenze (l.)

Mit einer Bronzeplastik des Leeraner Bildhauers Karl-Ludwig Böke hat die Stadt Weener im Hafen den „Törfwieven“ und ihrer schweren Arbeit ein Denkmal gesetzt (o.)

Einfahrt zum Alten Hafen zweigt der **Yachthafen** ab. Dort ist eine Wohnanlage entstanden, in der man wohnen kann, *„wo die Wellen sind“*. Es gibt Penthouse-Wohnungen, Appartements und Einfamilienhäuser. Den Appartements und Einfamilienhäusern ist jeweils ein Liegeplatz zugeordnet und zu den Penthäusern gehört eine Bootsgarage, wie andernorts Garagen für Pkw. Rund ein Drittel der Eigentümer wohnt selbst im Marina Park, ein weiteres Drittel vermietet an Feriengäste und das letzte Drittel vermietet an Dauermieter. Die **EOC Immobilien GmbH & Co. KG** zeichnet verantwortlich für die Vermietung der Ferienwohnungen. Gastronomie, Fitnesscenter und Freizeitbad sorgen für ein angenehmes urbanes Umfeld.

Seit 1960 produziert die **Weener Plastic Packaging Group (WPPG)** mit rund 450 Mitarbeitern Verpackungen und Verschlüsse für Lebensmittel, Kosmetika und Reinigungsmittel. Die Produktpalette reicht vom Schraubglasdeckel über Plastiktuben und Kunststoffflaschen bis hin zu Dosierventilen für Ketchup oder Honig. Zu den wichtigsten Kunden gehören Markenartikler wie Kraft Foods, Henkel und Beiersdorf. WPPG hat neben dem Hauptsitz in Weener Produktionsstätten und Handelsvertretungen in zahlreichen Ländern. In Weener werden die speziellen Werkzeuge entwickelt, die für die jeweiligen Spritzgussmaschinen zum Einsatz kommen.

Blick in den Alten Hafen (o.l.)

Die **Wildeboer Bauteile GmbH** begann 1939 als Handwerksbetrieb für Lüftungsanlagen. Mit rund 150 Mitarbeitern in Weener sowie Niederlassungen in Leipzig und Ulm liefert das Unternehmen heute Komponenten in den Bereichen Luftverteilung, Brandschutz, Entrauchung und Schallschutz an Anlagenbauer in ganz Deutschland.

Bauteile aus Weener finden sich in Projekten wie der Neuen Messe München, den Flughäfen Frankfurt und Athen oder in City-Komplexen wie Ritz-Carlton Hotel in Berlin.

Die Kreuzkirche in Stapelmoor (u.)

Selbst Dorfkirchen besaßen stattliche Orgelwerke

Nur in der Ems-Dollart-Region ist es möglich, repräsentative Beispiele von Orgelklängen aus sieben Jahrhunderten von der Spätgotik bis heute zu hören

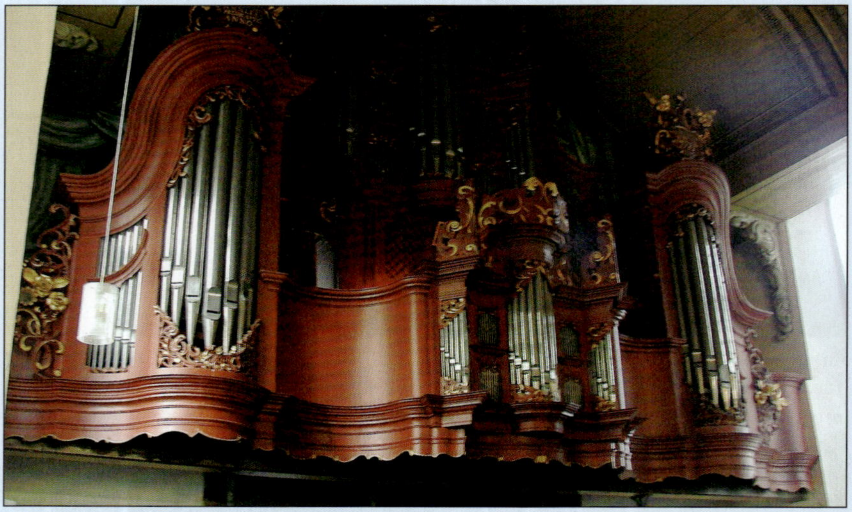

Seit den 1920er Jahren erfährt die norddeutsche Orgelbaukunst eine neue Beachtung. Anfang der 1950er Jahre spielt der blinde Organist Helmut Walcha auf der Schnitger- Orgel in Cappel Schallplattenaufnahmen ein, die auf dem Label „Archiv-Produktion" weltweit verbreitet werden. Anfang 1970 wird eine Sendereihe von Radio Bremen in 50 Länder übertragen, in der Harald Vogel Schnitger-Orgeln in Norddeutschland und den Niederlanden vorstellt. Das erweckte ungemeines Interesse an den Instrumenten Schnitgers und deren Restaurierung

Das Organeum in Weener (u.)

Nordwestdeutschland, besonders aber die Ems-Dollart-Region, bildet eine Orgellandschaft, reich an einer Orgelkultur, die in Europa ihresgleichen sucht. Seit 1997 ist das **Organeum** in **Weener** in einer um 1870 errichteten Stadtvilla die zentrale Anlaufstelle für Studien, Forschungen und Exkursionen rund um die Orgel. 1972 von Professor **Harald Vogel** zunächst in >Bunde (71) gegründet, kann dort im Rahmen von *postgraduate studies* das Orgelspiel an historischen Instrumenten erlernt werden. Studierende aus aller Welt nutzen diese Gelegenheit. Einer der bedeutendsten Orgelbauer der Vergangenheit ist **Arp Schnitger** (1648–1719), der im niedersächsischen Küstengebiet einige seiner klangschönsten Instrumente hinterlässt. Die Schnitger-Orgel in Weener etwa ist bekannt als ein Instrument, auf dem die Werke von Johann Sebastian Bach besonders gut klingen.

Schon ab Mitte des 15. Jahrhunderts verfügen am Dollart und in der Provinz Groningen selbst Dorfkirchen über stattliche Orgelwerke. Die Wirren der Reformationszeit bringen im 16. Jahrhundert Orgelbauer aus den Niederlanden nach Ostfriesland. Im 17. Jahrhundert fördert die Verbindung des Orgelklangs mit dem Gemeindegesang den Orgelbau in einer Zeit, da die Orgel andernorts ihre traditionelle Rolle in der Liturgie verliert.

Aus der Zeit vor 1850 sind rund um den Dollart fast 200 Orgelwerke baulich und klanglich erhalten. Die traditionelle Arbeitsweise der ansässigen Orgelbauer und der geringe Einfluss des industrialisierten Orgelbaus auf die Region im 19. und 20. Jahrhundert tragen dazu bei, dass hier viele Instrumente gerettet und sachgemäß gepflegt werden konnten. In den 1920er Jahren macht sich der Organologe und Theologe **Christhard Mahrenolz** um die Einrichtung einer geregelten Orgeldenkmalpflege verdient. Nach dem Zweiten Weltkrieg setzt überraschend eine Rückbesinnung auf die traditionellen Orgelbaupraktiken ein. Neue Instrumente entstehen nach historischen Modellen. Ein Zentrum dieser Entwicklung ist nicht zufällig >Loga (Leer 78), wo der weltweit anerkannte Orgelbauer **Jürgen Ahrend** wirkt.

Westoverledingen

Ortsteile:
- Breinermoor
- Driever
- Esklum
- Flachsmeer
- Folmhusen
- Großwolde
- Grotegaste
- Ihren
- Ihrhove
- Mitling-Mark
- Steenfelde
- Völlen

Einwohner: 19.996
Fläche: 112,07 qkm
178,4 Einw. je qkm

Gegenüber von Weener, auf der östlichen Seite der Ems, liegt die Gemeinde Westoverledingen (*Overledingen – „Land über der Leda“*). Sie ist die drittgrößte Gemeinde des Landkreises. Nachbar im Süden ist das emsländische Papenburg, im Norden die Stadt Leer. In den Flussniederungen an Ems und Leda liegen die alten Marschdörfer Esklum, Driever, Grotegaste, Mitling-Mark und Völlen. Die Menschen leben hier seit Jahrhunderten gleichsam in familiärer Verbundenheit im Schutz der Deiche. In der Mitte wird das Gemeindegebiet in Nord-Süd-Richtung von einem Geestrücken durchzogen. Hier liegen die ältesten Siedlungen der Gemeinde. An der alten Hauptstraße, der heutigen Bundesstraße 70, die Ostfriesland mit dem Emsland verbindet und parallel zur Bahnlinie Norddeich-Ruhrgebiet verläuft, werden vor Jahrhunderten die Bauerndörfer Folmhusen, Großwolde und Steenfelde gegründet. Gutes Weideland in Marsch und Geest begünstigen eine bis heute erfolgreiche Viehwirtschaft. In den Ortschaften Ihren, Ihrhove und Völlenerfehn siedeln sich dank guter Verkehrsanbindung frühzeitig Industrie, Handel und Gewerbe an. Moor- und Fehngebiete werden erst vor rund 200 Jahren durch Menschen urbar gemacht. Im Gegensatz zu anderen geplanten Fehnkolonien lassen sich die Menschen hier nieder, wo es ihnen günstig erscheint. Daher finden sich in diesem Teil der Gemeinde weitgestreckte Dörfer wie Breinermoor, Ihrenerfeld, Großwolderfeld, Steenfelderfeld, Flachsmeer, und Völlenerkönigsfehn.

Moderne Sielanlage (l.)

Am **Kloster Muhde** zwischen Driever und Esklum bietet sich dem Besucher ein Ausblick auf den Zusammenfluss von Ems und Leda. Eine Tafel am **Schöpfwerk** erinnert an das früher dort stehende Sieltor. Weitere historische Sielanlagen in Weekeborg und Esklum wurden 1990 restauriert. Das Sieltor in Weekeborg ist mit Steganlage ausgestattet und kann auch von innen besichtigt werden.

Interessant ist das **Ostfriesische Schulmuseum** im Ortsteil **Folmhusen.** Hier steht neben dem Museum mit historischen Lernmitteln eine originalgetreu eingerichtete alte Schule. Die Klassen sehen aus wie um

Historische Sielanlage (u.)

Das Schulmuseum (l.) mit dem Bibelzitat über dem Eingang (u.) zählt im Jahr rund 10.000 Besucher

1900. Besonders Mutige können sich nach vorheriger Terminabsprache einen Unterricht im wilhelminischen Zeitstil abholen, komplett mit Schiefertafeln und einem Klaps hinter die Ohren. Ein idealer Ort fürs nächste Klassentreffen!

Zum **Mühlenensemble Mitling-Mark** gehören die renovierte und funktionsfähige Galeriewindmühle aus dem 18. Jahrhundert und das Müllerhaus nebst Backhaus. Im Müllerhaus ist die **Sammlung Omas Küche** mit dem Nachbau einer Küche von anno dazumal zu sehen. Über 800 historische Küchengegenstände werden gezeigt. Einzigartig in Deutschland ist diese umfangreiche Sammlung mit vorwiegend handgemalten Mühlenmotiven auf Porzellan in Delfter Blau und teilweise mit Blattgold abgesetzten Ornamenten.

Ein Mühlentyp, der im 16. Jahrhundert genutzt wird, um Weideland zu entwässern, ist die Fluttermühle. Ein Nachbau dieses Typs steht im **Freizeitpark Am Emsdeich** bei Grotegaste. Fluttermühlen sind heute im Umweltschutz wieder aktuell und werden zum genauen Gegenteil ihres frü-

Teil des historischen Mühlenensembles Mitling-Mark ist die Galeriewindmühle (u.r.)

Die Fluttermühle in Grotegaste (u.) ist ein Nachbau dieses Mühlentyps

heren Zwecks eingesetzt: Nicht mehr zum Entwässern, sondern zum Wiedervernässen von Moorland.
Markenzeichen des Ortsteils Breinermoor am nordöstlichen Zipfel der Gemeinde sind die **Breinermöerkes.** Diese hölzernen Qualitätsschlittschuhe werden noch in den 1970er Jahren von örtlichen Schmieden und Schustern gefertigt und sind weit über die Grenzen Ostfrieslands hinaus bekannt. Ewald Watzema, ein Breinermoorer

Urgestein und bis 1991 Vorsitzender des Ortsvereins Breinermoor, erinnert sich: *„Die Hammriche wurden damals noch überschwemmt. Und so konnte man im Winter mit den Schlittschuhen von Papenburg bis nach Stickhausen laufen. In Breinermoor stellte der Schmied Koert Harm Schmidt von 1834 bis zu seinem Tod 1856 seine Schlittschuhe her. In die Kufen drückte er sein Zeichen ‚KHS'. Und das bürgte in ganz Ostfriesland für Qualität."* Ab 1859 setzen drei Schmiede die Kunst der Schmidt'schen Schlittschuhfertigung fort, später allerdings mit dem *Gütestempel Breinermoor* in der Laufschiene. 1975 wurde das letzte Paar Breinermoorer Schlittschuhe verkauft. Noch heute rühmen sich Dorfbewohner, im Besitz dieser besonderen Schöfels zu sein, die mit Lederriemen zum Festschnüren ausgestattet sind.
Mit einem ganz anderen Handwerk, nämlich der „Kunst des schönen Schreibens", beschäftigt sich seit mehr als 15 Jahren **Gudrun Saamer** aus **Völlenerfehn**. Etwa 20 verschiedene Schriftarten aus 2000 Jahren westeuropäischer Schriftgeschichte setzt sie mit unterschiedlichsten Federn, Tuschen und Tinten ein, um Gedichte, Liedstrophen oder volkstümliche Redensarten künstlerisch zu gestalten. Interessanterweise hat die Realschullehrerin für Englisch und Französisch sich aber auch intensiv mit der niederdeutschen Sprache beschäftigt und setzt sogar plattdeutsche Bibelverse in diese seltene Kunstform um. Ihre regionalen und überregionalen Ausstellungen finden bemerkenswerte Anerkennung.

Omas Küche im Müllerhaus (l.)

Gudrun Saamer (l.), Kalligraphin aus Völlenerfehn

„Breinermöerkes" heißen die traditionellen Schlittschuhe aus Breinermoor (u.). Ewald Watzema (o.) nennt eines der letzten Paare mit dem berühmten Gütesiegel sein eigen

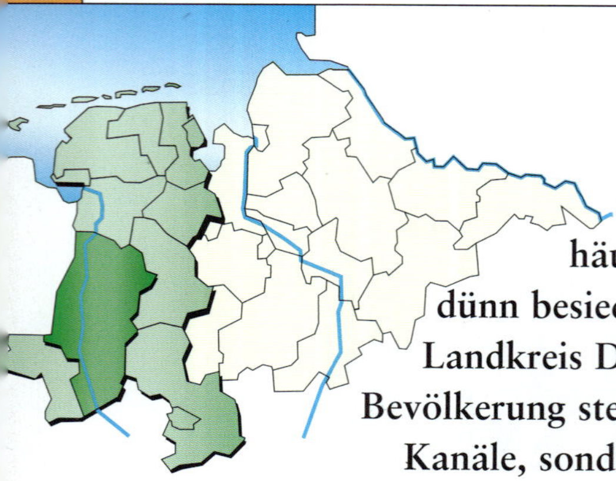

Landkreis Emsland

Das Emsland war einmal eines der Armenhäuser Deutschlands: unzugänglich, nass und dünn besiedelt. Das ist heute anders. Der zweitgrößte Landkreis Deutschlands mit überwiegend katholischer Bevölkerung steht nicht mehr nur für Moore, Klöster und Kanäle, sondern auch für den Transrapid, den Bau von Kreuzfahrtschiffen und das Mercedes-Benz-Prüfgelände.

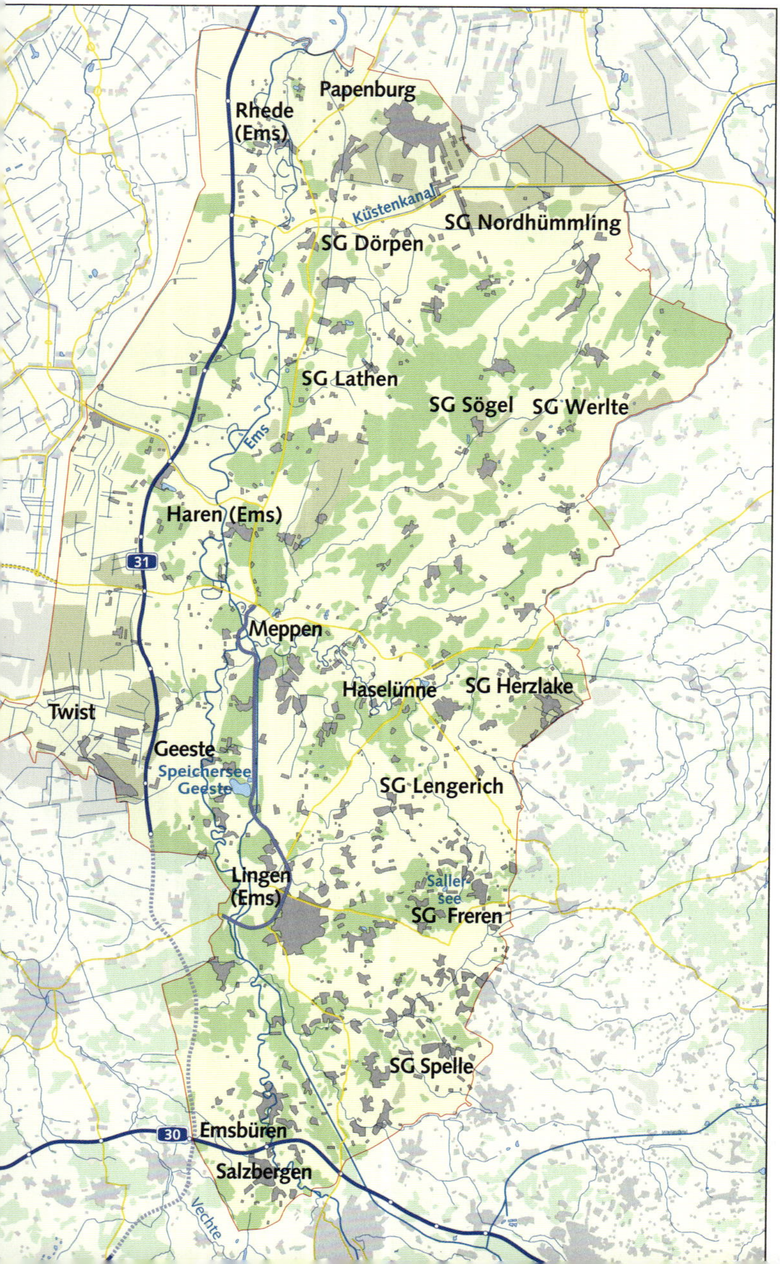

Die Ems gibt dem Land an ihrem Unterlauf den Namen. Sie entspringt im östlichen Teil des Teutoburger Waldes und mündet beim ostfriesischen Emden in den Dollart. Sie durchströmt in weiten mäandernden Bögen die an Altwässern reiche Aue eines bis zu vier Kilometer breiten Urstromtales. Auf beiden Seiten der Emsaue liegen Dünen- und Flugsandgebiete, im Unterlauf fließt die Ems parallel zum Dortmund-Ems-Kanal.

Die Fläche des Landkreises Emsland ist größer als die des Saarlandes. Nachbarn im Westen sind die Niederlande, zu denen über eine 60 Kilometer lange gemeinsame Grenze hinweg vielseitige wirtschaftliche und kulturelle Beziehungen bestehen. Im Gegensatz zum protestantischen Norddeutschland ist das Emsland durch die lange Zugehörigkeit zum Fürstbistum Münster katholisch geprägt.

Der Name Emsland taucht erstmals Ende des 13. Jahrhunderts auf. Die Herrschaft liegt bei den Familien der Grafen von Ravensberg und Tecklenburg, daneben bei den Bischöfen von Münster und Osnabrück und dem Abt des Klosters Corvey, der über den bedeutendsten Grundbesitz im Emsland verfügt. Die herrschaftliche Situation bleibt bis zum Reichsdeputationshauptschluss 1803 im Wesentlichen unverändert, dann fallen Teile

an Preußen. Als die Hohenzollern auch das Königreich Hannover ihrer Herrschaft unterwerfen, wird das Emsland Teil der preußischen Provinz Hannover. Traurige Berühmtheit erlangt das Gebiet während der Nazi-Diktatur durch die Emslandlager. In ihnen sind während der NS-Zeit über 80.000 Häftlinge sowie nach 1939 zwischen 100.000 und 180.000 Kriegsgefangene inhaftiert.
Über Jahrhunderte gilt das Emsland als Armenhaus Deutschlands, ein Land, geprägt durch weitgehend unzugängliche Hochmoore. Zwar gibt es bis in die Zeit der Weimarer Republik von Regierungsseite Entwicklungsversuche, aber sie scheitern, weil sie isoliert bleiben und keine nachhaltige Gesamterschließung im Blick haben. Allein der Bau eines Kanalnetzes links der Ems im Kaiserreich und die Einführung der deutschen Hochmoorkultur verbessert die wirtschaftliche Situation ein wenig. Nach dem Ende des Zweiten Weltkriegs bemüht sich die Politik intensiv um das Emsland. 1950 beschließt der Deutsche Bundestag einstimmig die „Erschließung der Ödländereien des Emslandes". Unter Federführung der Emsland-GmbH fließen zwischen 1951 und 1989 gut eine Milliarde Euro ins Land: 128.000 Hektar Böden werden verbessert oder kultiviert, 17.000 Hektar dräniert, über 6.800 km Vorfluter und Gräben ausgebaut, 700 Flusskilometer reguliert, über 800 km Straßen und 3.300 km Wirtschaftswege angelegt.
Die Investitionen haben sich amortisiert. Im Landkreis hat sich ein vielfältiger Branchen-Mix aus Industrie und Dienstleistung, Handwerk, Handel und Fremdenverkehr entwickelt. Wichtige Arbeitgeber sind die Betriebe des Maschinen-, Motoren- und Fahrzeugbaus, der Papiererzeugung, des Schiffbaus, der Ernährungswirtschaft und des Baugewerbes.

Transrapid-Versuchsstrecke (o.)

Landkreis-Profil

	Landkreis	Land Nieders.
Einwohner, Fläche		
Einwohner gesamt	307.734	7.993.415
darunter 0 bis 15 Jahre in %	18,9	15,4
darunter älter als 65 Jahre in %	15,3	18,7
darunter Ausländer in %	4,8	6,7
Fläche in qkm	2.881,23	47.618,24
Einwohner je qkm	106,8	167,9
Sozialstruktur (Jahresdurchschnitt, gerundet)		
Erwerbstätige gesamt	137.100	3.492.600
Empfänger von Arbeitslosengeld / -hilfe	10.860	354.300
Empfänger sonst. Hilfen zum Lebensunterhalt	7.530	311.900
Anzahl Wirtschaftsbetriebe		
Gesamt (Industrie, Handel, Gewerbe, Dienstl.)	13.124	351.151
darunter Land-, Forst-, Fischereiwirtschaft	825	15.862
Steueraufkommen		
Lohn- und Einkommensteuerzahler	97.251	2.738.281
Summe positiver Einkünfte (in Tsd. EUR)	2.895.790	88.279.875
Steuereinnahmen (EUR je Einwohner)	534,76	544,33

Wahlen

Landtagswahl 2003	
CDU	73,7
SPD	20,5
FDP	5,4
Grüne	0,9
Sonstige	0,0

Mitgliedsgemeinden:
- Dersum
- Dörpen
- Heede
- Kluse
- Lehe
- Neubörger
- Neulehe
- Walchum
- Wippingen

Einwohner: 15.328
Fläche: 209,01 qkm
73,3 Einw. je qkm

SG Dörpen

Es wohnt sich offensichtlich gut in Dörpen. In den zurückliegenden Jahrzehnten ist die Einwohnerzahl der Samtgemeinde um über 50 Prozent gestiegen. **Dörpen**, aber auch „blühende Dörfer“ wie **Neulehe** gehören zu den jüngsten Gemeinden Niedersachsens. Unter dem Motto „Unser Baugebiet ist unsere Zukunft“ hält die Gemeinde ein kompaktes Baugebiet für Häuslebauer vor. Die weltweit größte Testanlage für

Sommerliches Baden im Heeder See (r.)

Auf dem Gelände des Struven Hus haben sich auch die Kröchen Klütkers eingerichtet, die Freunde von nostalgischem landwirtschaftlichem Gerät (ganz r.)

Die 1000-jährige Dicke Linde in Heede ist Wahrzeichen und Wappen der Gemeinde (o.)

Magnetschwebetechnik ist die **Transrapid Versuchsanlage Emsland** zwischen >Lathen (119) und **Dörpen**. Sie wird von 1980 bis 1984 in einem ersten Bauabschnitt errichtet und 1987 mit dem zweiten Bauabschnitt (Südschleife) fertig gestellt. Mehr als 380.000 Besucher haben bis heute in Demonstrationsfahrten die Vorzüge des magnetischen Schwebens im Wortsinne „erfahren“ können. Vorteile gibt es viele: Weil der Fahrweg auf Beton- und Stahlträgern verläuft, ist die landwirtschaftliche Nutzung des Bodens kaum beeinträchtigt. Kein anderes Verkehrssystem kommt mit weniger Landschaftsverbrauch aus, denn die Stützen benötigen lediglich eine Grundfläche von 16 qm. Der Transrapid schwebt leise und elektrische Kräfte verursachen weder Rauch noch Ruß.

Der Stamm der **1.000-jährigen Linde** auf dem **Schapenborgplatz** in **Heede** vereint zwölf Einzelstämme mit einem Umfang von beachtlichen 18 Metern. Seit 1653 wird auf dem Platz unter dem Baum ein **Schützenfest** gefeiert.

Seit sechs Jahrzehnten zieht Heede viele Menschen zur **Eucharistiefeier,** zur Anbetung und Buße sowie zur besonderen Marienverehrung an. 1937 wird von den vier Heeder Kindern **Grete Ganseforth, Anni Schulte, Maria Ganseforth** und **Susanne Bruns**, zu dieser Zeit elf bis dreizehn Jahre alt, berichtet, ihnen sei auf dem alten Friedhof, 20 Meter von der Petruskirche entfernt, die Muttergottes mit dem Jesuskind erschienen. Diese Erscheinung begegnet den Kindern zwischen November 1937 und November 1940 etwa hundert Mal.

Tausende Wallfahrer kommen nach Heede und beten zur Mutter Gottes (r.)

In der Dörpener Nordschleife steht das Informationszentrum zur Transrapid Versuchsanlage (l.)

Leher Pünte (l.)

Seit damals wird Heede jährlich von tausenden Gläubigen aufgesucht und hat sich – wenn auch nicht zu einer offiziellen Wallfahrtsstätte – so doch zu einer seit März 2000 bischöflich anerkannten Gebetsstätte entwickelt.
An der B 70, kurz vor der Anschlussstelle Dörpen, liegt das **Naherholungsgebiet Heeder See.** Es gehört zum Naturschutzgebiet Emstal. Hier wird 1999 die größte und modernste Fünf-Mast-**Wasserskianlage** Europas mit einem Umlaufseil von 960 Metern errichtet.
Wohnen am Wasser wird in **Walchum** im **Marinapark Emstal** und am **Seepark Eiken** in hochwertigen Ferienhäusern groß geschrieben. Für Erholungssuchende ist die Ruhe der ländlichen Umgebung mit einem weit verzweigten Rad-, Reit- und Wanderwegenetz geradezu ideal.
Bei einem Besuch in **Wippingen** lohnt sich ein Ausflug zum **Mühlenhof.** Hier steht eine der seltenen **Holländer-Durchfahrtsmühlen** mit einem kleinen Heimatmuseum und dem Backhaus, wo bis heute nach altem Brauch Brot gebacken wird.

In der Gemeinde **Lehe** quert die **Leher Pünte** den Fluss. Es ist eine dem Original nachgebaute Seilzugfähre, die letzte noch aktive Pünte an der Ems, auf der Gäste zwischen Mai und Oktober per Muskelkraft mit dem Fährmann über die Ems setzen können.
Wenige hundert Meter vom Liegeplatz der Leher Pünte entfernt steht das **Struven Hus.** Die Gemeinde Lehe hat das Gehöft mit Wohnhaus und großer Scheune im Altdorf Lehe 1999 erworben. Der vordere Teil des Stallgebäudes ist heute das multifunktionale Kultur- und Kommunikationszentrum des Dorfes. Die Leher selbst nutzen das Struven Hus mit seiner Bühne u.a. für Lieder- und Theaterabende. Auf dem gemeindeeigenen Gelände hat sich der Oldtimerverein **Kröchen Klütkers** in einem eigenen Gebäude eingerichtet. Lehe wird außer von der Ems auch vom **Ems-Seitenkanal** und dem **Küstenkanal** eingeschlossen. Diese Insellage sollte der Gemeinde im Zweiten Weltkrieg zum Verhängnis werden. 1945, als der Krieg im Grunde entschieden ist, versuchen alliierte Truppen, den Küstenkanal von Dörpen in Richtung Norden zu überqueren. SS-Männer kommen ihnen zuvor und sprengen die Küstenkanal- und die Eisenbahnbrücke. Der Vormarsch der Alliierten verzögert sich um neun Tage. Als sie Lehe einnehmen, zerstören sie ohne militärischen Grund 60 Häuser

Madonna der Fahrensleute (u.)

Grabstein der Stiftsdame Emmy von Dincklage (u.) auf Gut Campe (r.)

Die Produktionsanlagen der Papierfabrik Nordland gehören zu den modernsten ihrer Art in Europa (r.) 60 Prozent der inländischen Lieferungen gehen über das Dörpener Güterverkehrszentrum Emsland (u.)

des verlassenen Dorfes. **Kluse** schließt den ältesten Teil der Samtgemeinde, den Ortsteil **Steinbild**, ein. Benannt wurde der Ortsteil nach der **Madonna der Fahrensleute.** Diese westfälische Sandsteinarbeit von 1430, geschlagen von einem unbekannten großartigen Steinmetz aus dem Kreis des Meisters des Bentlager Kreuzigungsreliefs, ist die schönste Madonnenfigur des Emslandes.

Nahe Steinbild liegt das **Gut Campe. Hermann Evehard Freiherr von Dincklage** betreibt hier einen landwirtschaftlichen Betrieb. Das Gut ist ein hufeisenförmiger Hof mit drei Flügeln, auf dem die Heimatschriftstellerin **Emmy von Dincklage** 1825 geboren wird. Ihre Heimatverbundenheit zeigt sich in Werken wie *Friesische Köpfe, Am Dollart* und *Geschichten aus dem Emsland.* Nach ihrem Tode 1891 wird die Heimatschriftstellerin auf der hofeigenen Begräbnisstätte beigesetzt.

Die Gemeinde **Neubörger** bezeichnet sich als „Pforte zum Hümmling". Auch wenn die Gemeinde noch recht jung ist, verfügt sie über einiges Sehenswertes: Im Rahmen der 200-Jahr-Feier gestalten die Initiatoren zusammen mit den Vereinen eine **Freilichtbühne** mit historischen Gebäuden, wie den Schafskoven, der Kluttenhütte und dem Torfhaus.

In Neubörger sind die **Neubörgeraner Nachrichten** ein fester Bestandteil des Gemeindelebens. Sie erscheinen monatlich mit aktuellen Terminen und Informationen für die Einwohner. Im September 1980 kommt an der Grundschule eine **Arbeitsgemeinschaft Zeitung** zusammen, die mit einem Informationsblatt eine Brücke zwischen Schule und Gemeinde sein will. Es hat bis heute Bestand.

Die **Siedlungsgemeinde Hasselbrock** bildet mit dem sehr alten **Walchum** eine politische Einheit. Hasselbrock entsteht als Internierungslager während des Nationalsozialismus und ist 1945 eine der erfolgreichen Neusiedlungen im Emsland. 1950 überqueren Neusiedler, unter ihnen viele Flüchtlinge aus den Ostgebieten, mit Pferden und Wagen auf der Fähre die Ems, um sich im 8.000 Jahre alten **Bourtanger Moor** eine neue Heimat zu schaffen. Allein in **Hasselbrock** verwandeln sie 1.250 Hektar Moor in eine blühende Landschaft. Der Pioniergeist dieser Jahre lebt noch heute in einer sehr agilen Dorfgemeinschaft fort.

Nordland Papier, mit 1.850 Beschäftigten der größte Arbeitgeber Dörpens, ist eine der weltweit größten Feinpapierfabriken. Das 1967 gegründete Unternehmen produziert sowohl holzfreies ungestrichenes und gestrichenes Schreib- und Druckpapier. Die Produktionskapazität umfasst 1,3 Million Tonnen jährlich.

In **Dersum** ist mit 220 Beschäftigten ein anderer wichtiger Arbeitgeber angesiedelt: die Firma **Hero Glas.** Der Familienbetrieb hat sich von 1970 bis heute zu einem der modernsten Verglasungsbetriebe im norddeutschen Raum entwickelt darunter so renommierte Projekte wie das Sony Center in Berlin.

Emsbüren

Ortsteile:
- Ahlde
- Berge
- Elbergen
- Emsbüren
- Gleesen
- Leschede
- Listrup
- Mehringen

Einwohner: 9.563
Fläche: 139,30 qkm
68,7 Einw. je qkm

Die Ems gibt Ort und Kirchspiel den Namen und die **St.-Andreas-Kirche** prägt seit vielen Jahrhunderten das Ortsbild. Folgerichtig schmücken die Ems und ein Andreaskreuz das Wappen der Gemeinde Emsbüren mit ihren acht Ortsteilen. Der mächtige, 78 Meter hohe Kirchturm mit der gotischen Halle und den spitzen Giebeln ist das geografische, architektonische und spirituelle Zentrum der Gemeinde. Zum Umgang am Turmhelm sind es mühsame 204 Stufen. Oben erwartet den Betrachter eine schöne Aussicht auf den in der Mitte des vorigen Jahrhunderts angelegten **Pfarrgarten.** Sein in 150 Jahren gewachsener Bestand seltener Bäume und Sträucher umfasst mehr als 200 verschiedene Arten und zieht besonders zur Rhododendronblüte viele Besucher an.

Blick ins Mühlencafé von Enkings Mühle (o.l.)

Der neu angelegte Kräutergarten auf dem Heimathof Emsbüren (l.) Dazu gehören u.a. noch ein Schafstall, eine Zehntscheune als Ausstellungsraum für alte landwirtschaftliche Geräte und Maschinen und ein offener Wagenschuppen

EMSBÜRENER MUSIKTAGE

In Emsbüren entsteht auch Europas größte Gewächshausanlage. Auf 60 Hektar pflanzt ein niederländisches Gartenbauunternehmen Nutz- und Zierpflanzen an.

Es sind zahlreiche private und öffentliche Initiativen, die dem Leben in der Gemeinde ein Gesicht geben: die bekannten Musiktage, das überregional angenommene Kaltblutrennen oder das Museumsdorf.

Der **Heimatverein Kirchspiel Emsbüren** beginnt 1974 mit dem Wiederaufbau eines alten Bauernhauses aus dem Jahre 1766 auf dem sagenumwobenen **Galgenberg,** einer, wie der Name schon deutlich zum Ausdruck bringt, ehemaligen Hinrichtungsstätte. Heute stehen am südlichen Ortsrand von Emsbüren acht alte Fachwerkhäuser, die originalgetreu aufgebaut und mit bäuerlichen Geräten eingerichtet sind: das **Freilichtmuseum Heimathof Emsbüren.** Es spiegelt ein Stück der typischen Heimatgeschichte und Wohnsituation der Landbevölkerung wider. Zum Freilichtmuseum gehören das Haupthaus und ein Backhaus, im vorderen Teil der Scheune steht wieder eine alte Schmiede, in der regelmäßig Hobby-Schmiedemeister ihr rotglühendes Eisen formen.

Die **Emsbürener Musiktage** blicken auf ein über 30-jähriges Bestehen zurück. Sie sind zu einer festen herbstlichen Institution in Emsbüren geworden. Die Emsbürener Musiktage bestehen zum einen aus niveauvollen Meisterkursen mit international renommierten Dozenten. Zum anderen stehen sie für ein anspruchsvolles Veranstaltungsprogramm mit Konzerten, Ausstellungen und Vorträgen.

Im Dezember 2001 gründen **Bernhard Bickers, Paul Surmann, Franz-H. Thien, Oliver Stuke** und weitere Pferdeliebhaber in Emsbüren den Verein **Schwere Pferde und bedrohte Tierrassen e.V.,** der sich intensiv dem Erhalt und der

Im Industriegebiet nahe Mehringen liegt der Outdoor Kart Park Emsbüren (o). Hier werden von Amateuren und Profis Rennen gefahren. Der Bahnrekord liegt bei 50,189" auf einem 6,5-PS-Leihkart. Etwa langsamer, aber sehr kinderfreundlich sind die Doppelsitzer für den Vater mit dem Formel-1-Nachwuchs

Fahrlader der Firma Hermann Paus unter Tage im Einsatz in einem russischen Apatit-Bergwerk (r.o.)

Zucht bedrohter Haustierrassen, insbesondere der Kaltblutpferde, widmet. Alljährlich organisieren die Mitglieder das **Emsbürener Kaltblutrennen**. Es sind eher kräftige Tiere, die hier gegeneinander antreten, müssen sie doch mindestens 600 kg wiegen. Das Interesse ist groß. 3.000 Besucher verfolgen regelmäßig das Spektakel. Im Begleitprogramm sind Schauvorführungen wie das *„Römerwagenrennen“* oder die *„Ungarische Post“* sowie *„Das größte pferdegezogene Bierfass der Welt“* Publikumsmagnete.

Zwei alte Schulen an der gleichnamigen Schulstraße tragen nach einem aufwändigen Umbau heute den Namen **Fokus – Forum für kulturelles Schaffen.** Es ist ein Zentrum für Veranstaltungen verschiedenster Art, bietet eine Bühne mit Zuschauerraum für 150 Personen, eine Halle für Ausstellungen sowie zwei Räume für Seminare. Außerdem gehören zum Fokus ein Café, ein Bistro sowie ein Hotel.

1968 wird die Grundstücksurkunde der **Hermann Paus GmbH** unterzeichnet. Seitdem hat sich das Unternehmen auf den Bau von Arbeitsbühnen, Radladern, Berg- und Tunnelfahrzeugen spezialisiert. Die heutigen Geschäftsführer, **Franz-Josef** und **Wolfgang Paus** sind nach dem Studium des Ingenieurwesens und der Betriebswirtschaft im elterlichen Unternehmen tätig. Dem Gründer **Hermann Paus** wird 2003 als herausragender Unternehmerpersönlichkeit das Bundesverdienstkreuz verliehen.

Im Zuge der Entwicklung des **Gewerbegebietes am Autobahnkreuz** wird 2004 die „größte Stecknadel der Welt“ errichtet. Die 15 Meter hohe Nadel schmückt den Einfahrtsbereich des 90 Hektar großen Gebiets.

Seit 1928 stellt die **Familie Enking** in Emsbüren ihren weithin bekannten **Pumpernickel** her. In der 200 Jahre alten Mühle wird der beste Roggen aus heimischem Anbau geschrotet und unter Zugabe von Wasser nach traditionellem Rezept gebakken. Die Familie Enking bietet nach Absprache eine informative Führung durch die Schwarzbrotbäckerei mit einer Verkostung und eine Besichtigung der Mühle aus Bentheimer Sandstein an. Anschließend kommt im rustikalen **Mühlencafé** die Spezialität des Hauses auf den Tisch: die **Pumpernickeltorte.**

Enkings Mühle (r.)

Paul Surmann aus Emsbüren auf zwei Rheinisch-deutschen Kaltblütern bei der Vorführung der „Ungarischen Post“ (ganz r.)

SG Freren

Mitglieds-gemeinden:
- Andervenne
- Beesten
- Stadt Freren
- Messingen
- Thuine

Einwohner: 10.829
Fläche: 131,84 qkm
82,1 Einw. je qkm

Die Samtgemeinde Freren liegt im südöstlichen Teil des Emslandes. Steingräber aus der jüngeren Steinzeit in **Freren** und **Thuine** zeugen von uralten Ansiedlungen. Typisch sind noch heute die kleinen malerischen Ortskerne und die liebevoll hergerichteten Fachwerkhäuser. Und wie in alter Zeit bieten Bauern in Hofläden Spezialitäten aus eigener Herstellung an.
Die beschauliche Stadt Freren ist Verwaltungssitz der Samtgemeinde. In der **Alten Molkerei** hat sich das **Kulturzentrum** etabliert. Zum Angebot der Einrichtung gehören Theateraufführungen und Konzerte, im Segment der klassischen Musik Blechbläserworkshops und Meisterkurse für Violine. Eine ständige Einrichtung ist das **Marionettentheater**. Die Molkerei gehörte Anfang des letzten Jahrhunderts zum Besitz von **Heinrich Brüne**. Seine kulturbegeisterten Nachkommen stellen die Industriebrache als Domizil für ein neues Kulturzentrum zur Verfügung und gründen die **Stiftung Alte Molkerei Freren.** 1997 eröffnet der Kulturkreis **impulse e.V.** das neue Haus. Hier hat 1998 auch die **Jüdische Geschichtswerkstatt „Samuel Manne“** die Arbeit aufgenommen. Seit 2001 bereichert die **Malschule SpuK** das Angebot.
Das **Erholungsgebiet Saller See**, im Norden der Samtgemeinde gelegen, bietet gemäß der neuen Ausrichtung auf sanften Tourismus zahlreiche Unterkünfte. Besucher können zwischen der Hotelanlage, Ferienhäusern und dem Campingplatz wählen. Das Vier-Sterne-Hotel mit seinem Panorama-Restaurant eröffnet einen schönen Blick auf den acht Hektar großen See. Eine Mini-Golf-Anlage und ein ausgeschildeter Nordic-Fitness-Park runden das Freizeitangebot ab.
Das schöne uralte Wasserschloss **Gut Hange** war lange nicht zugänglich und dient heute als Pflegeheim und Behindertenwerkstatt. Im Rahmen der Besichtigungstour „Kloster, Kirchen, Kaffeetafel“ können Neugierige das Gut aber mittlerweile ebenso wie das **Kloster Thuine** der Franziskanerinnen besichtigen. Der **Touristikverein Freren** organisiert außerdem einen Wanderspaziergang, auf dem Teilnehmer das **Hollandgängerdiplom** erwerben können, das zurückgeht auf

Gut Hange, der alte Rittersitz der „Herren von Vredderen, Budde und von Ascheberg“, 1256 erstmals urkundlich erwähnt (o.)

Saller See (o.l.)

Kuh-Plastik auf dem Hof der Alten Molkerei Freren (ganz o.l.)

Ansgar Kuiter (o.)

Wanderungen der Arbeit suchenden Landbevölkerung, die ihr Geld jenseits der Grenze verdienen musste.

Das Wahrzeichen **Thuines** ist der Turm der **Simultankirche St. Georg.** Bis 1826 wird das Gotteshaus ausschließlich von Protestanten genutzt. Seitdem aber halten dort auch die Katholiken im Ort ihre Messen ab. Die protestantische Minderheit nutzt die Kirche nur noch an hohen Feiertagen.

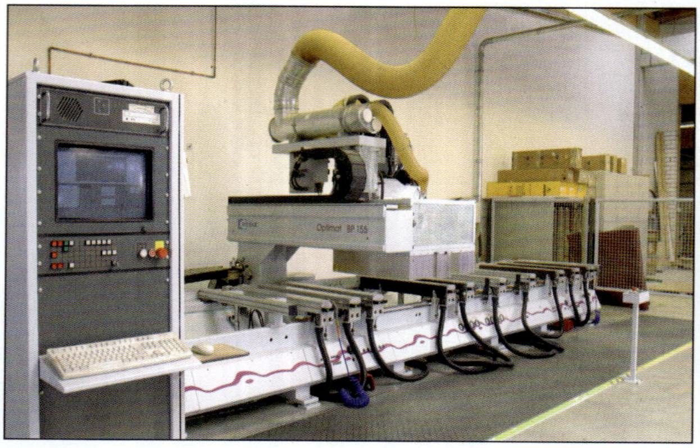

CNC Maschine der Gebr. Kuiter GmbH (o.). Das Unternehmen, Arbeitgeber für rund 90 Mitarbeiter, wird geleitet von Ansgar Kuiter aus Thuine zusammern mit seinem Cousin Ludwig Kuiter. Er hat die Verantwortung für die Abteilung Messebau / Innenausbau, sein Cousin ist für die Holzhandlung und Bauelemente zuständig. Ansgar Kuiter hat sich 15 Jahre lang im Gemeinderat Thuine und mehrere Jahre im Samtgemeinderat Freren engagiert und ist Vorsitzender des Sportvereins Germania Thuine

Fridurenmarkt (o.r.)

Simultankirche St. Georg in Thuine (r.)

Der große Komplex des **St. Georgsstifts** dominiert die Gemeinde Thuine. **Pfarrer Gerhard Dall** erwirbt 1860 im südlichen Dorfgebiet das Gelände des heutigen Klosters und lässt das Stift mit einer Kapelle errichten. So kann er den zwei Kreuzschwestern, die er 1857 wegen der im Ort immer wieder auftretenden Typhuserkrankungen aus Straßburg nach Thuine ruft, ein Kloster übergeben. Im Jahre 1869 sichert der 86-jährige Pfarrer sein Lebenswerk ab, indem er mit Unterstützung des Bischofs von Osnabrück eine Übereinkunft mit der Ordensleitung der Kreuzschwestern in Straßburg erzielt, so dass er mit den Schwestern Marianne und Anselma die **Kongregation der Franziskanerinnen vom heiligen Märtyrer Georg zu Thuine** gründet, in der heute 1.600 Schwestern in zahlreichen Ländern von Tansania bis Indonesien missionarisch und pflegerisch tätig sind.

Auf dem Gelände sind heute das Kloster, die Christus-König-Kirche, die St. Georgskapelle, das Noviziat für die Jungschwestern, das Altersheim der Schwestern, ein Gästehaus, ein Tagungsgebäude, das Internat für Jungen mit der Antoniusschule, die Berufs-

fachschule für Jugendliche, eine Turn- und Schwimmhalle, Werkstätten, Wohnhäuser für die Mitarbeiter und ein Bauernhof untergebracht. Die Schwestern sagen über ihr Leben: *„Zu der Lebensform unserer Kongregation gehört ein Leben nach den evangelischen Riten der gottgeweihten Keuschheit, der Armut und des Gehorsams. Es ist die Lebensform, die Jesus selbst gewählt hat."*

Der **Friduren-Markt** soll künftig einen festen Platz im Veranstaltungskalender der Stadt haben. Der ungewöhnliche Name ist wohl begründet, denn als „Friduren" wird Freren um das Jahr 1000 erstmals urkundlich erwähnt. Während des Marktes ist die Innenstadt vom Kreisverkehr an der Marktstraße bis hin zur Beestener Straße sowie die Gruland- und Goldstraße für den Autoverkehr gesperrt. Die ansässigen Unternehmen laden zu einem „Tag der offenen Tür" ein.

Geeste

Ortsteile:
- Bienerfeld-Nord
- Bramhar
- Dalum
- Geeste
- Groß Hesepe
- Klein Hesepe
- Osterbrock
- Varloh

Einwohner: 11.254
Fläche: 133,07 qkm
84,6 Einw. je qkm

Das **Emsland Moormuseum Groß Hesepe** in der Gemeinde Geeste ist in seiner Art einzigartig, da es neben der Ausstellungshalle noch eine 30 Hektar große Hochmoorfläche und einen Maschinenpark im Freigelände bietet. Das Moormuseum dokumentiert eindrucksvoll den schweren Weg von der Moorkolonisation bis zur heutigen industriellen Abtorfung. Im Maschinenpark stehen die zur Kultivierung und Torfgewinnung eingesetzten Großmaschinen. Ein geradezu magnetischer Anziehungspunkt ist der über 30 Tonnen schwere **Dampfpflug** der Firma **Ottomeyer.** Dieser größte Pflug der Welt wurde über zwei Jahrzehnte für Kultivierungsarbeiten in den Mooren eingesetzt.

Eine **Feldbahn** fährt seit Sommer 2000 über die Moorlandschaft des Freigeländes, vorbei an den Sehenswürdigkeiten des Emsland Moormuseums. Zum Transport des Torfes legt das **Heseper Torfwerk** in den 1920er Jahren eine feste Bahntrasse an, auf der mobile Feldbahngleise zu den jeweiligen Abbauflächen führen.

1999 bauen die Betreiber auf dem Gelände des Emsland Moormuseums den **Arche-Hof** im Stil der 1930er Jahre wieder auf. Zu dem Gehöft gehören das Haupthaus mit Diele, ein Schweinestall, ein Hühnerstall, ein Backhaus sowie ein typischer Bauerngarten. Der Hof wird natürlich traditionell bewirtschaftet. **Siedlertage** bringen jugendlichen Besuchern die damalige Bewirtschaftung des Hofes näher. Sie müssen auf fließend Wasser und Strom verzichten, bereiten selbst ihre Mahlzeiten und versorgen die Tiere.

Die ökumenische Autobahnkapelle **Jesus, Brot des Lebens** wird im Jahre 2000 eingeweiht. Sie gleicht einem traditionellen emsländischen Backhaus um die Jahrhundertwende, gemauert aus torfgebrannten, roten Klinkersteinen. Die farbigen Fenster, der

Blick auf das Speicherbecken Geeste (l.) Hier veranstalten der Windsurfclub und der Segelverein Speicherbecken Emsland regelmäßig Regatten und bieten Kurse für Anfänger und Fortgeschrittene an (l.)

Altar und ein offenes Kreuz bilden bewusst einen Kontrast zu dem eher traditionellen Äußeren der Kapelle.

Das **Speicherbecken Geeste** mit einem 50 Hektar großen angrenzenden Feuchtbiotop, ist ein künstlich angelegtes Kühlwasser-Reservoir für den Betrieb des Kernkraftwerks in Lingen mit einem Fassungsvermögen von 23 Millionen Kubikmeter Wasser. Die Ausmaße sind beeindruckend: Der Weg auf der Dammkrone rund um den See ist 5,8 Kilometer lang. Die Dammkrone liegt 36 m, die Sohle rund 20 m über NN, was bei maximaler Füllung eine Wassertiefe von 15 m ergibt.

Das Lokomobil (u.) zieht die Feldbahnen, die um 1910 das bisherige Transportsystem bei der Moorkultivierung ablösen. Heute fährt es über das Gelände des Moormuseums

In Bramhar auf dem Kräuterhof von Ingrid Rosen-Wübbels gibt es selbst gebackenen Kuchen und selbst gebackenes Brot. Auf Wunsch führt Ingrid Rosen-Wübbels Besucher durch den Kräutergarten (o.) Im Hofladen kann man die Kräuter in Töpfen, verschiedene Teesorten, Brote und Aufstriche kaufen

Abfüllung von Torf in Säcke bei Klasmann- Deilmann (o.r.)

Tankwagen bringen Mehl und Zucker zu Coppenrath, wo beides in die Silos geblasen wird (r.)

Längst haben die Geester den Freizeitwert des Sees erkannt. So ist er auch bei Sportlern beliebt, denn Baden, Surfen, Segeln und Tauchen sowie Inline-Skating sind hier möglich. Von 190 Bootsanlegeplätzen aus starten Segler in ihr Vergnügen. Anderen Besuchern stehen 850 Meter Sandstrand mit Liegewiese zur Verfügung. Gut ausgebaute **Radwander-** und **Wanderwege** führen Naturliebhaber durch die Landschaft der Ems und des Dortmund-Ems-Kanals. Über weite Strecken, insbesondere im Ortsteil **Dalum**, fährt und wandert man durch die Erdölfelder mit den für diese Gegend typischen **Erdölpumpen**. Im Ortsplan der Gemeinde Geeste sind verschiedene Radwanderwege beschrieben.

Eines der bekanntesten Unternehmen der Gemeinde ist die **Coppenrath Feingebäck GmbH** in **Groß-Hesepe**. Die Großbäckerei stellt Feingebäck, Spekulatius, Torteletts und Diätgebäck her. Täglich verlassen bis zu 80 Tonnen Gebäck das Haus. Das angegliederte **Coppenraths Knusperlädchen** lädt zu Kaffee und Kuchen ein und bietet leckere Sahnetorten, Obstkuchen und Strudel an.

Zurzeit weist die Gemeinde Geeste insgesamt rund 320 Unternehmen aus vielen Branchen aus: Handel, Dienstleistung, Kunststoff- und Metallverarbeitung, Container- und Spielplatzgerätebau, Tiefbau und traditionelle Torfverarbeitung.

Mit seinen Substraten für den Erwerbsgartenbau und seinen Blumenerden für die Hobbygärtner hat sich das im Jahr 1913 gegründete Geester Unternehmen **Klasmann-Deilmann** zum internationalen Marktführer entwickelt. Weltweit arbeiten 830 Mitarbeiter in der Unternehmensgruppe, zu der zehn Produktionsstätten und zehn Vertriebsgesellschaften gehören. Jährlich werden über 2,5 Millionen Kubikmeter Substrate und Blumenerden in knapp 60 Länder geliefert.

Der **Trink- und Abwasserverband Bourtanger Moor** im Ortsteil Varloh hat mit viel Aufwand und Liebe zum Detail einen **Trinkwassererlebnispfad** geschaffen, der Jung und Alt, Besuchern und Einheimischen Einblicke, praktische Informationen sowie Lernspiele rund um das Wasser bietet. Für Kinder sind der Spielplatz mit Wippe, Schaukel, Rutsche, Rohrreiten und mehrere abwechslungsreiche Wasserspiele besonders interessant.

Erdölförderpumpe (o.)

Haren (Ems)

Ortsteile:
- Altenberge
- Emen
- Emmeln
- Erika
- Fehndorf
- Landegge
- Raken
- Rütenbrock
- Schwartenberg/ Lindloh
- Tinnen
- Wesuwe

Einwohner: 22.564
Fläche: 208,62 qkm
108,2 Einw. je qkm

Die **Schifffahrt,** neben der Landwirtschaft über Jahrhunderte die Haupterwerbsquelle der Harener, bestimmt die Atmosphäre und das wirtschaftliche Leben in der Stadt bis heute. 50 Binnenschiffe und über 230 Seeschiffe sind in Haren zu Hause und befahren die Binnenwasserstraßen Europas sowie die Weltmeere. Die Bewohner nennen ihre Heimat jedenfalls eine „Seestadt im Binnenland", eine absolut zutreffende Charakterisierung für die Stadt, wie ein kleiner Bummel durch den Ort schnell zeigt. Kultureller Mittelpunkt der Stadt ist das **Schifffahrtsmuseum** am **Haren-Rütenbrock-Kanal.** Bezeichnend für das harte Leben der von ihrer Existenznot zu waghalsigen Fahrten getriebenen Harener – viele Harener Spitzpünten gehen bis 1902 verloren – ist das Schicksal der **Spitzpünte „Helene"**, deren originalgetreuer Nachbau als Symbol maritimer Geschichte gemeinsam mit vier weiteren Schiffen im Museumshafen liegt.

Die „Helene" wird im Jahr 1890 in Haren gebaut. Das Charakteristikum ist der spitz zulaufende Bug. Auf diesem flachen Segler mit gerade 24 Metern Länge und sechs Metern Breite überquert **Kapitän Kiepe** mehrmals den Atlantik mit Kurs Südamerika. Im Laderaum der „Helene" ist die Instrumentensammlung untergebracht; in den anderen Schiffen findet der Besucher Exponate zur Schifffahrtsgeschichte Harens, der Befahrung der Ems, zur Tier- und Pflanzenwelt sowie zum Wohnen und Leben auf einer Pünte und ein großes **Landschaftsmodell Haren an der Ems um 1900.**

Die alte Schleuse stammt aus der Zeit des Baus der linksemsischen Kanäle um die Jahrhundertwende (l.)

Sowohl die Museumsschiffe im Haren-Rütenbrock-Kanal (l.) als auch die Modellschiffe im Schifffahrtsmuseum (l.u.) zeugen von der langen Tradition Harens als Schifferstadt

Kötter-Werft (r.)

Idyllisches Plätzchen an der Harener Ems (o.)

Polnische Schilder bestimmen von Mai 1945 bis September 1948 das Stadtbild (o.)

Umzug polnischer Pfadfinder durch die „ulica Kopernika“ im damaligen Maczków (r.)

Zwei Werften sollen symbolisch für die Bedeutung, stehen, die die Befahrung der Meere und Flüsse für Haren immer gehabt hat. Die **Kötter-Werft** wird 1919 von dem Schiffszimmermann **Rudolf Kötter** gegründet. Bis 1939 werden vorwiegend hölzerne Schiffe und Pünten gebaut und repariert. 1939 läuft mit der „Elisabeth“ die letzte Harener Spitzpünte vom Stapel. Im Jahre 1958 folgt der erste stählerne Neubau. 1966 leitet der erste Seeschiffsneubau der Werft, das 424 BRT große Küstenmotorschiff **„Stephan“** eine neue Ära ein. Es folgen fast jährlich Rhein-Seeschiffe sowie Binnenfahrzeuge in allen Größenklassen. Heute ist die Werft ein leistungsfähiger Schiffbaubetrieb für Neubauten und Reparaturen an See-, Binnen- und Spezialschiffen. Eine zweite Werft war die Motorenwerft Klene.

Die Firmengeschichte der **Reederei Jüngerhans** z.B. geht bis in das 19. Jahrhundert zurück, in den 1960er Jahren setzen die heutigen Reeder **Heinrich** und **Hermann Jüngerhans** erste eigene Schiffe in Fahrt. Im Laufe der nächsten Jahrzehnte passt sich die Reederei Jüngerhans erfolgreich den neuen Bedürfnissen der Seeschifffahrt an. Zahlreiche Mehrzweckfrachter, Ro/Ro- und Schwergutschiffe und Containerfrachter gehen weltweit bei Werften in Auftrag. Unter Leitung der Familie Jüngerhans ist heute eine Flotte von über 40 modernen Seeschiffen weltweit im Einsatz. Sie wird ständig durch den Zugang neuer Einheiten verjüngt. Neben der Bereederung von Schiffen hält die Reederei Jüngerhans gemeinsam mit der Reederei Wessels Beteiligungen an der Befrachtungsgesellschaft Arkon Shipping GmbH & Co. KG.

Von der Ems bzw. dem Dortmund-Ems-Kanal abzweigend, führt der **Haren-Rütenbrock-Kanal** von Haren als einzige schiffbare Verbindung zwischen Nordsee und Rhein direkt in das niederländische Kanalnetz. Dieser Wasserweg wird heute vorwiegend von Yachten und Sportbooten genutzt.

Die Gemeinde **Haren** wird Ende Mai 1945 zum Schauplatz einer höchst dramatischen Kriegsepisode. Das Emsland

wird damals durch vorrückende britische, kanadische und polnische Verbände unter Führung des britischen **Generalfeldmarschalls Montgomery** besetzt. Die Briten sind die eigentliche Besatzungsmacht. In ihren Reihen kämpfen jedoch auch zahlreiche polnische Soldaten, die als Freiwilligenverbände von der polnischen Exilregierung in Großbritannien aufgestellt worden sind. Für Haren ist innerhalb der Exilarmee die 1. Polnische Panzerdivision unter Befehl des

Generals **Stanislaw Maczek** verantwortlich. Schon am ersten Tag ihres Aufenthaltes im Emsland befreien Soldaten dieser Division 1.726 Kämpferinnen der polnischen Untergrundarmee aus dem **Kriegsgefangenenlager Oberlangen.** Unmittelbar nach der deutschen Kapitulation suchen 30.000 polnische Zivilisten Zuflucht bei der polnischen Panzerdivision. Zusammen mit den rund 18.000 polnischen Soldaten bilden sie im Emsland eine große **polnische Enklave.** Die britische Militärregierung muss reagieren, sieht sich gezwungen, für die polnischen Zivilpersonen sowie die ehemaligen Kriegsgefangenen Unterkünfte zu beschaffen. Am 20. Mai 1945 erhält der Bürgermeister der Stadt Haren von der britischen Militärregierung den schriftlichen und unmissverständlichen Befehl, den Ort zu evakuieren, um Wohnungen für *„displaced persons"* polnischer Herkunft zu schaffen. Die einheimischen Bewohner Harens, etwa 1.000 Familien, verlassen ihre Stadt, die seit Juni 1945 **Maczków** heißt. Als Aufnahmegebiet werden den Harensern umliegende Bauernschaften zugewiesen. In Haren ziehen rund 4.000 Polen ein. Sie wählen einen polnischen Bürgermeister, einen Stadtrat, gründen eine polnische Pfarrei und ein Krankenhaus. Drei Jahre währt diese „Polenzeit". Sie endet erst im September 1948, als die letzten polnischen Familien Haren verlassen. Heute tragen fast 500 Polen in ihrem Paß den Eintrag „Geburtsort Maczków": ein Ort, der auf keiner Landkarte mehr zu finden ist.

In den vergangenen 35 Jahren ist im **Urlaubs- und Abenteuerparadies Schloss Dankern** ein vielfältiges Erlebnis- und Urlaubsangebot mit über 120 Spiel-, Freizeit- und Sportmöglichkeiten entstanden. 1919 übernimmt **Otto Freiherr von Landsberg-Velen** das Gut. Unter seiner Leitung werden große Flächen Heide urbar gemacht und Moore kultiviert. Am 13. November 1972, zwei Jahre vor seinem Tod, muss er miterleben, wie durch eine Sturmkatastrophe in einer Nacht der gesamte aufgeforstete Wald zerstört wird. Um Schloss Dankern für die Familie zu erhalten, gründet sein jüngster Sohn **Manfred** im Jahr 1970 das Ferienzentrum Schloss Dankern. Seine Idee ist es, kinderreichen Familien einen erschwinglichen Urlaub zu ermöglichen. Sein Motto *„Ferien mit dem Kind vom Kind"* findet schnell starken Zulauf. Das Feriendorf, das zunächst aus nur 50 Ferienhäusern besteht, wird bis heute auf rund 1.180 Häuser erweitert und das Freizeitangebot immer umfangreicher.

Viele Harener sind in der Nachkriegszeit im historischen Wasserschloss Dankern (l.) untergebracht. Heute ist es das Kernstück der Ferienanlage Schloss Dankern (o.) Dazu gehören Abenteuerspielplätze, Minigolfanlage, Jugendklause und Spaßbad. Angeboten werden auch Ponyreiten, eine Spielhalle, eine Wasserskiseilbahn, eine Kart-Bahn, eine Tischtennishalle, ein Schießstand, Kegelbahnen, ein Kino und ein Ultraleichtflugplatz

Modell einer wassergetriebenen Papiermühle aus dem Mühlenmuseum in der Landegger Straße (o.)

Das ehemalige Rittergut Haus Landegge (ganz o.) beherbergt heute nicht nur Feriengäste, sondern – wie mancher glaubt – mit der „weißen Frau" auch ein echtes Schlossgespenst

Die St. Martinus-Kirche ist das Wahrzeichen der Stadt Haren. Von vielen wird sie „Emsland-Dom" genannt (o.r.)

1976 beginnt die Aushebung des **Dankernsees**, der im Endausbau eine Fläche von 50 Hektar umfasst und heute mit 3 km Badestrand Gelegenheit zum Windsurfen und Bootfahren bietet.

Das **Schloss Dankern**, als Mittelpunkt des Ferienzentrums wird von der Besitzerfamilie weiterhin bewohnt. Für Besucher ist die Besichtigung der Kapelle, des Saales und des einmaligen Kachelgewölbes möglich. Seit 1974 wird Schloss Dankern restauriert. Die Dächer sind erneuert, die Sandsteinornamentik gesäubert und gefestigt und der im 19. Jahrhundert angebrachte Verputz ausgebessert, gesäubert und mit einem Anstrich versehen worden.

Im Herzen eines parkähnlichen Golfplatzgeländes liegt westlich der Straße von Haren nach Wesuwe das Anwesen **Gut Düneburg.** Der aus verschiedenen Gebäuden bestehende, mehrheitlich aus dem 19. Jahrhundert stammende Komplex, dem heute Hotel und Golfanlage angegliedert sind, wird von einer teilweise erhaltenen Gräftenanlage umschlossen. 1836 geht das Anwesen in den Besitz von Franz Albert Reinking über, dessen Nachkommen noch heute hier ansässig sind.

Im Norden der Innenstadt, in der **Landegger Straße,** befindet sich das **Mühlenmuseum.** Das Ensemble der Gebäude steht auf einem 1,8 Hektar großen Areal, dessen Ausgangsbauwerk die restaurierte und funktionsfähige **Mersmühle** ist. Es handelt sich um eine Kappenwindmühle aus dem Jahre 1825. Das **Müllerhaus,** ein Zweiständerhaus in Ankerbalkenkonstruktion, beherbergt im Erdgeschoss die Ausstellung **„Vom Korn zum Brot".** Im Dachgeschoss befindet sich der große Ausstellungsraum mit den maßstabgerechten Mühlenmodellen aller Bauarten. An diesen Modellen wird die gesamte Entwicklung des Mahlwesens und der Müllerei über viele Jahrhunderte dokumentiert. Alle Modelle sind mit ausführlichen Beschriftungen und zeichnerischen

Darstellungen versehen. Mit dem Thema **„Säen und Ernten"** beschäftigt sich die Ausstellung in der **Fachwerkscheune.** Die Schrifttafeln beschreiben anschaulich die dort ausgestellten Geräte und ihren Einsatz. Um sich den Wandel in der Geschichte der Müllerei zu verdeutlichen, bietet die Besichtigung der **Motormühle** aus dem Jahre 1935 einen krönenden Abschluss.

Die **St.-Martinus-Kirche** wird im Volksmund auch „Emsland-Dom" genannt. Ihre wuchtige Kuppel ist 58 Meter hoch und beherrscht das Bild der Stadt Haren (Ems). Das heutige Wahrzeichen der Stadt ist 1908–1911 errichtet worden und integriert den Westturm der alten Kirche von 1853/54.

Nördlich von Haren (Ems) an der Straße nach Oberlangen liegt das barocke **Haus Landegge.** Eine Allee führt seitlich der großen Gutsscheunen in den rechteckigen Innenhof der dreiflügeligen, eingeschossigen Anlage. Heute besteht die Möglichkeit, Ferien auf dem liebevoll restaurierten Gut zu verbringen.

Haselünne

Der staatlich anerkannte Erholungsort **Haselünne** ist die älteste Stadt im Emsland mit der größten historischen Kirche des Kreises, der **St.-Vinzentius-Kirche**, einer gotischen dreischiffigen Hallenkirche.

Die Wirtschaft Haselünnes zeichnet sich durch eine Reihe mittelständischer Unternehmen aus: Im Lebensmittelbereich sind es nicht nur weltbekannte Spirituosenhersteller, sondern auch weitere Unternehmen der Getränkeindustrie und einer großen Kuchenfabrik. Auch der Tourismus etabliert sich in Haselünne zunehmend, vor allem mit Ferien auf dem Bauernhof, Radwandertouren oder Kanu- und Kajak-Touren wahlweise auf der **Hase** oder dem **See am Wacholderhain.**

Bekannt geworden ist die alte Hansestadt vor allem als eines der ganz großen Zentren der **Kornbrennerei** in Deutschland. Das Familienunternehmen **Rosche,** gegründet 1792, ist Haselünnes älteste Kornbrennerei. In achter Generation führen **Mechthild Schimmöller**, geb. Rosche, und **Josef Rosche** das Unternehmen. In ihrer landwirtschaftlichen Kornbrennerei wird nur Weizen verarbeitet, den Rosche auf den Feldern rund um Haselünne anbaut, und zur Herstellung von Edelkorn und Likören nutzt Rosche ausschließlich das in der eigenen Brennerei gewonnene Weizen-Feindestillat. Rund 500 Besucher pro Jahr nutzen die Gelegenheit, in Rosches **Korn-Academie** sowie in der Kornkammer in Rosches Mühle mehr über den Korn zu erfahren.

Die **Kornbrennerei Heydt** gehört zu den traditionsreichsten Herstellern deutscher Spirituosen. Das mittelständische Familienunternehmen landwirtschaftlichen Ursprungs brennt seit 1860 in Haselünne Schnaps. Auch in der vierten Generation leitet die Gründerfamilie das Unternehmen. Zur Zeit ist **Hubert Heydt** geschäftsführender Gesellschafter. 2003 verleiht ihm die Deutsche Landwirtschafts-Gesellschaft den „Preis der Besten" in Gold für seinen Anspruch an die Qualitätskontrolle. Besuchergruppen zwischen zehn und 35 Personen haben täglich die Möglichkeit die Herstellung hautnah zu erleben.

Das bekannteste und größte Unternehmen in Haselünne ist die **Berentzen-Gruppe.** Ihr Ruf zieht zahlreiche Gäste in den Ort. Rund sechzigtausend Besucher kommen jährlich auf den **Berentzenhof,** das Besucherzentrum des Unternehmens.

Ortsteile:
- **Andrup**
- **Bückelte**
- **Dörgen**
- **Eltern**
- **Flechum**
- **Hamm**
- **Huden**
- **Hülsen**
- **Klosterholte**
- **Lage**
- **Lahre**
- **Lehrte**
- **Lohe**
- **Lotten**
- **Westerloh**

Einwohner: 12.552
Fläche: 159,16 qkm
78,9 Einw. je qkm

St.-Vinzentius-Kirche (l.)

Die Kornbrennerei Rosche (o.) ist die älteste Kornbrennerei in Haselünne. Einmal im Jahr wird dort eine Kornkönigin gekrönt (o.l.)

Blick in den Berentzenhof (o.) mit dem Westerholtschen Burgmannshof. Dieser zweigeschossige Wehrturm von dem Burgmann Dietrich von Schatt Ende des 14. Jahrhunderts errichtet, ist der älteste Profanbau des Emslandes und kaum verändert erhalten geblieben

Gastwirtschaft mit langer Tradition: „Zum alten Bock" in der Petersilienstraße (r.)

Auenlandschaft an der Hase (u.)

An der **Ritterstraße**, auf dem Betriebsgelände von Berentzen, ist das Hofgelände umgeben von alten Fachwerkbauten. Mittelpunkt ist der **Westerholtsche Burgmannshof.** Sehenswert ist auch das **Brennereimuseum** in der ehemaligen Mälzerei. Alte Geräte und Fotos erklären die Technik des Kornbrennens und weitere Exponate unterstreichen die hohen Ansprüchen an die Qualität des hochprozentigen Produktes. Im deutlichen Kontrast zu den alten Produktionsweisen stehen die hochmodernen Destillationsanlagen, an denen die Besucher während der Führungen vorbeigehen.

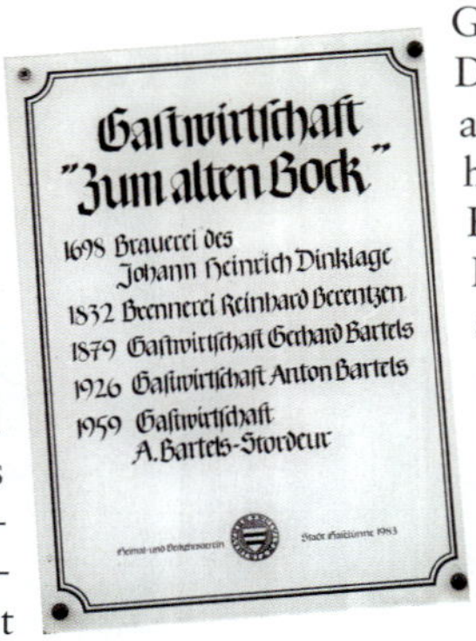

Nach diversen Übernahmen namhafter Unternehmen wird im Juni 1994 die Aktie der Berentzen-Gruppe erstmals an den Börsen in Frankfurt und Bremen notiert. Im Jahre 2003 folgt der Erwerb des norwegischen Spirituosen-Monopolisten *Arcus A.S.*, dem Produzenten von „Linie Aquavit", der für seine Reise zum Reifen rund um die Welt berühmt ist.

Höhepunkt im Veranstaltungskalender ist der alle zwei Jahre stattfindende historische **Korn- und Hansemarkt.** Traditionelle Handwerker und Künstler sind bei ihrer Arbeit zu bewundern. Die angebotenen Speisen und Getränke zeigen, dass auch die Vorfahren schon zu leben verstanden haben.

Einen Eindruck des ländlichen Lebens vermittelt das **Freilicht- und Heimatmuseum** in Haselünne. Zur Erinnerung an die ackerbürgerliche Tradition der Hansestadt hat der **Heimatverein** acht Gebäude wiedererrichtet. Das Ensemble besteht u.a. aus Zehntscheune, Backhaus, Dorfschmiede und Kapelle rund um den Dorfplatz mit seinem schönen alten Sandsteinbrunnen.

Das **Naturschutzgebiet Wacholderhain** liegt am Rande von Haselünne. Das 36 Hektar große Areal beeindruckt durch den Kontrast der sumpfigen Niederungen und sandig-trockenen Heideflächen. In diesem Gebiet liegt auch ein Altarm der Hase. Für Besucher ist das Schutzgebiet über einen Naturpfad zugänglich.

Die **Hase** ist das bedeutendste Nebengewässer der Ems. Der Wiederanschluss der Hase-Altarme **Wehlage** und **Südliche Wehlage** östlich von Haselünne ist ein Baustein im Gesamtkonzept der **Hase-Auen-Revitalisierung,** der dauerhaften Rückführung der Hase in einen naturnäheren Zustand. Dieses Projekt leistet einen wichtigen Beitrag zum vorbeugenden Hochwasserschutz. Ziele sind auch die Förderung der Eigendynamik und ökologischen Vielfalt durch Anschluss der Altarme, die Extensivierung anliegender Flächen sowie die Einstellung der Gewässerunterhaltung (Räumung der Ufer, Rückschnitt gewässerbegleitender Gehölze). Das Projekt wird von der Bundesstiftung Umweltschutz gefördert.

SG Herzlake

Mitgliedsgemeinden:
- Dohren
- Herzlake
- Lähden

Einwohner: 9.622
Fläche: 155,29 qkm
62,0 Einw. je qkm

Die Samtgemeinde Herzlake liegt im Osten des Emslandes. Die nördliche Mitgliedsgemeinde **Lähden** gehört naturräumlich zum **Hümmling**, während das namensgebende **Herzlake** selbst im **Hasetal** zwischen zwei Geestrücken liegt und ein Brückenort des bedeutenden Handelweges Flandern–Hamburg–Dänemark (jetzt E 233) ist. In **Dohren** befindet sich der **Dreiherrenstein**. Dieser Grenzstein aus dem Jahr 1652 wird 1952 wiedergefunden und neu aufgestellt.

Das idyllische Hasetal bestimmt den landschaftlichen Charakter der Samtgemeinde Herzlake – einem Urlaubs- und Erholungsgebiet mit vielen Facetten. Urlaub mit dem Fahrrad wird in Herzlake groß geschrieben. Ein weiteres touristisches Highlight ist das **Flusswandern** auf der Hase, die sich von Ost nach West durch das Gemeindegebiet schlängelt.
Manch einer begnügt sich jedoch nicht mit dem Betrachten von Land und Leuten, sondern steigt tiefer in die Geschichte ein und besieht sich die **Großsteingräber** bei Lähden und Herßum und weitere prähistorische Begräbnisstätten wie die **Kanonenberge** in Aselage, Kirchliches, wie wertvolle Schnitz- und Bildhauerarbeiten – von Altären bis zu Sandstein-Taufbecken in den Kirchen in Herzlake, Holte und Vinnen – oder alte Verteidigungsanlagen wie die Fluchtburg **Aseburg**, die ihren Ursprung im 11. Jahrhundert hat und die heute noch als Wallanlage erkennbar ist. Südlich von Herzlake liegt das Naturschutzgebiet **Hahnenmoor**. Aufgrund der Rekultivierung des Moores sind hier typische Pflanzen der Moorlandschaft zu sehen. Das Areal umfasst 627 Hektar Hochmoorgebiet. Besonders beeindruckend ist es im Mai durch die Frucht des Wollgrases oder

Auf der Waldbühne Ahmsen (o.) werden Stücke mit religiösem Inhalt gespielt. Im Bild: die Aufführung „Die Passion" aus dem Jahr 2000, die über 15.000 Besucher angezogen hat

Naturschutzgebiet Hahnenmoor (l.)

Kanufahrer auf der Hase (o. ganz l.)

im September, wenn die Besen- und Glockenheiden blühen.
Die **St.-Nikolaus-Kirche** in Herzlake zeichnet sich durch ihre Stildurchmischung aus. Ursächlich sind die stetigen Veränderungen vom Erbauungsdatum im 13. Jahrhundert bis zur letzten Veränderung 1968. Der zweijochige Saalbau wurde vermutlich im 14. Jahrhundert durch ein weiteres Joch ergänzt, davon zeugen die Mauerstärke und der Fensterschnitt. Der Dachabschluss war im 13. Jahrhundert niedriger als der spätgotische Erweiterungsbau aus dem 15. Jahrhundert, welcher heute noch den Chorabschluss bildet. Im Jahre 1880 ist der historische Westturm abgetragen worden. Der Osna-

Ein Vierspänner überwindet die nach einem der Sponsoren so genannte „EWE-Brücke“ bei den Lähdener Pferdetagen (o.)

Star des Pferdesports in Lähden und Vizeweltmeister des Jahres 2002 ist Christoph Sandmann; im Bild: beim Durchfahren des „Sparkassen-Tunnels“ (o.r.)

Gut Aselage (Mitte)

Aselager Mühle (r.)

brücker Architekt **Franz Xaver Lütz** errichtete daraufhin einen neugotischen Westturm. Die letzte Erweiterung nimmt **H. Feldwisch-Drentrup** 1966/68 vor. Es handelte sich um einen Neubau der Akatur auf massiven Rundpfeilen.
Zwischen Mai und September finden die Aufführungen der **Waldbühne Ahmsen** statt. Jedes Jahr wird von den über 200 ehrenamtlich Mitwirkenden ein **Kinder-Musical** und ein **religiöses Freilichtspie**l aufgeführt. Die Waldbühne Ahmsen überschreitet 2003 bei den Gesamtbesucherzahlen die Millionengrenze. Sie ist in den letzten elf Jahren zehnmal die meistbesuchte Freilichtbühne Niedersachsens. Manche Traditionalisten sehen in Stücken wie „Hexenwahn“, „Der Besuch der alten Dame“ oder „Anatevka“ allerdings eine Abkehr vom Konzept des 1986 verstorbenen Gründers.

Das **Gut Aselage** und die **Aselager Mühle** mit der angrenzenden Hotelanlage des Romantikhotels Aselager Mühle stehen auf einem 380 Hektar großen Gelände, mit einem Bauernhof aus dem 17. Jahrhundert, auf dem heute noch Schweine, Schafe, Pferde und Mutterkühe gehalten werden.
Die im Herbst 1999 gegründete **Pferdesportgemeinschaft Lähden** war mit ihren Fahrturnieren so erfolgreich, dass die **Deutschen Meisterschaften der Vierspänner** 2002 nach Lähden vergeben werden. 15.000 Zuschauer verfolgen die spannenden Wettkämpfe in dem nur 1.800 Einwohner zählenden Ort. Für einen solchen Erfolg gibt es in Lähden drei Gründe. Das ganze Dorf steht hinter dem Fahrsport und den **Lähdener Pferdetagen**. Neben großen Unternehmen treten auch zahlreiche mittelständische Betriebe aus dem Ort und der Umgebung als Sponsoren auf. 300 Lähdener unterstützen die Veranstaltungen als ehrenamtliche Helfer.

SG Lathen

Mitgliedsgemeinden:
- Fresenburg
- Lathen
- Niederlangen
- Oberlangen
- Renkenberge
- Sustrum

Einwohner: 10.765
Fläche: 165,65 qkm
65,0 Einw. je qkm

Das Herz der **Transrapid Versuchsanlage Emsland** steht in Lathen. Das Versuchszentrum ist Betriebsgelände und Heimatbahnhof der Testfahrzeuge. Über etwa elf Kilometer erstreckt sich die weitgehend aufgeständerte Teststrecke entlang des Dortmund-Ems-Seitenkanals mit einer nördlichen Wendeschleife bei > Dörpen (102) und einer südlichen bei Lathen und zieht sich insgesamt über 31,5 km durchs Emsland. Die Anlage ist die weltweit größte dieser Art und mit 60.000 Besuchern pro Jahr zu einer Touristenattraktion geworden. Anfang der 1980er Jahre wird der erste Bauabschnitt errichtet, 1987 folgt mit der Südschleife der zweite Abschnitt. Die Anlage umfasst die Trasse, das Versuchszentrum mit Betriebseinrichtungen sowie das Magnetschwebefahrzeug **Transrapid 08**. Der Fahrweg ist aus verschiedenen Konstruktionen und Materialien zusammengesetzt, um die aus dem Verhalten der einzelnen Konstruktionstypen gewonnenen Erkenntnisse beim Bau späterer Anwenderstrecken einfließen zu lassen. Die Jungfernfahrt auf der ersten kommerziellen Strecke des Transrapid hat 2002 in Shanghai stattgefunden.

Der Transrapid hat keine Räder, sondern fährt mit Elektromagneten, die das Fahrzeug berührungsfrei tragen, führen und in einem Abstand von 10 mm von den Schienen des Fahrwegs halten. Ein über die Strecke zuschaltbares magnetisches Wanderfeld bewegt die Züge mit der jeweils erforderlichen Geschwindigkeit. Da es während der Fahrt keinen Kontakt zwischen Fahrzeug und Fahrweg gibt, entfällt der sonst bei spurgebundenen Verkehrsmitteln übliche Verschleiß. So fahren Magnetbahnzüge bei gleicher Geschwindigkeit leiser und energiesparender als klassische spurgeführte Rad/Schiene-Züge. Da das Beschleunigungsvermögen der Magnetschnellbahn im gesamten Geschwindigkeitsbereich groß ist, sind die erzielbaren Reisezeiten auch bei kurzen Strecken bzw. bei Zwischenstopps sehr kurz.

Der Erfinder der Magnetschwebetechnik **Hermann Kemper** (1892–1977) wird in > Nortrup (Samtgemeinde Artland 308) als Sohn eines Wurstfabrikanten geboren. Nach dem Studium der Elektrotechnik und ersten Anstellungen bei Siemens übernimmt er nicht den elterlichen Betrieb sondern beginnt 1922 gemeinsam mit einem Betriebsschlosser, mit den Möglichkeiten einer elektromagnetischen Schwebebahn zu experimentieren. Bis 1938 meldet er drei Patente an. Erst Mitte der 1960er Jahre erinnert man sich an seine Arbeiten. Sie werden Grundlage für das heutige Transrapidsystem.

Transrapid Versuchsanlage, Südschleife bei Lathen (l.)

Der Diplomingenieur Hermann Kemper (o.) lässt 1934 erstmals beim Reichspatentamt unter der Nummer 643316 die Erfindung einer „Schwebebahn mit räderlosen Fahrzeugen, die an eisernen Fahrschienen mittels magnetischer Felder schwebend entlanggeführt wird“ eintragen. 1972 wird er für seine Forschungsleistungen mit dem Großen Verdienstorden der Bundesrepublik Deutschland ausgezeichnet

Die achteckige Kapelle Frensenburg ist ein Nachbau einer Burgkapelle aus dem 13. Jahrhundert (o.)

Von allen Mühlen, die begutachtet wurden, kam die Hilter Mühle der Mühle im Logo der Rügenwalder Teewurst am nächsten und avancierte deshalb in dem Werbespot des Unternehmens zum „Fernsehstar“ (o.r.)

Die Denkmalslok „Pingel Anton“ (r.)

Der Arzt und Heimatforscher Dr. Hermann Frerker (1912–1993), Ehrenbürger der Gemeinde Lathen (o.)

Mitten in der grünen Weite des Emslandes zeigt Lathen seinen Besuchern auch seine erholsame Seite. Das idyllische **Emstal** lädt zu einem längeren Urlaub ein. Dies können Campingfreunde bestätigen, denen über 700 Stellplätze – alle reizvoll an der Ems gelegen – zur Verfügung stehen.

Ein Erlebnis für Kinder bieten die Pony- und Ferienhöfe: Reit- und Abenteuer-Ferien mit **Westernatmosphäre** und das jährlich stattfindende **Wild-West-Rodeo** mit seinem amerikanischen Flair.

Sehenswert sind die geschichtsträchtigen Kirchen, der klassizistische **Marktbrunnen**, die **Denkmalslok** aus dem Jahr 1916 sowie die Windmühle im Ortsteil Hilter aus dem Jahr 1818. Bis 1948 ist die **Hilter Mühle** noch in Betrieb. In den folgenden Jahrzehnten wird sie mit viel Energie vor dem drohenden Verfall gerettet und bleibt so der Nachwelt als Kulturdenkmal erhalten. Die letzte Restaurierung findet mit der feierlichen Einweihung 2002 ihren Abschluss. Heiratswilligen Paaren bietet sie eine stilvolle Umgebung. Die in >Bad Zwischenahn (234) ansässige **Rügenwalder Wurstfabrik** ist bundesweit bekannt durch ihren Werbespruch *„Ob grob oder fein, die mit der Mühle muss es sein“*. Was nur wenige Zuschauer wissen: Die TV Spots zeigen die Hilter Mühle auf dem Hilterberg, der die für emsländische Verhältnisse beachtliche Höhe von 34 Metern erreicht.

Seit dem Kanaldurchstich des **Dortmund-Ems-Kanals** zeichnet sich der Ortsteil **Düthe** der Gemeinde **Fresenburg** durch seine Insellage aus. Man überquert die Ems über eine der vier Brücken, darunter eine Fußgängerbrücke. Weiter nach Osten, liegt **Renkenberge** mit dem **Windenergiepark**. Mit den im Park **Sustrum** errichteten schlanken Anlagen stehen in Lathen insgesamt 32 Windräder.

Die Aufarbeitung der Lathener Geschichte, darunter auch die Feststellung der ersten urkundlichen Erwähnung, die es der Gemeinde ermöglicht, 1985 ihr 1.150-jähriges Bestehen zu feiern, verdankt sie **Dr. Hermann Frerker**. Der in >Ankum (Bersenbrück 323) geborene **Arzt** und **Heimatforscher** lässt sich 1950 in Lathen nieder. Als Arzt kommt er in viele Familien und kann eine Fülle historischer Informationen sammeln. Daraus entwickeln sich wissenschaftliche Forschungen und zahlreiche heimatgeschichtliche Veröffentlichungen.

SG Lengerich

Mitglieds-gemeinden:
- Bawinkel
- Gersten
- Handrup
- Langen
- Lengerich
- Wettrup

Einwohner: 9.013
Fläche: 142,85 qkm
63,1 Einw. je qkm

In der **Gemeinde Gersten** erleben Besucher auf dem Hof Linden während einer Gruppenbesichtigung das **Gerstener Gänseglück,** die traditionelle Gänsehaltung und Entenzucht der Gegend. Auf der Hofanlage Lindemann mitten im Dorf steht ein von einem Bauerngarten umgebenes Backhaus. In einem besonders schönen Fachwerkgiebel ist die Gaststätte eingerichtet. Die angrenzende Scheune **Holschenmaker Werkstatt** beherbergt eine Ausstellung traditioneller landwirtschaftlicher Maschinen und Geräte.

Maria-Anna-Hospital mit Bürgerpark (l.)

Der ländliche Charakter ist eindeutig die Stärke von **Wettrup.** Liebevoll restaurierte Fachwerkbauten zeugen vom Traditionsbewusstsein der Bewohner. Gerade die Ruhe und Beschaulichkeit der Bauernschaft regen Neubürger an, sich hier niederzulassen.

Im geschützten **Hahnenmoor** steht inmitten der Wiesen der **Dreiherrenstein.** Er diente einst der Markierung der Hoheitsgebiete dreier Landesherren: des Fürstbischofs von Münster, des Bischofs von Osnabrück und des Fürsten von Oranien.

Dreiherrenstein (o.)

Der **Hof zu Lengerich,** später als Salhof bezeichnet, existiert nicht mehr. Das Burggelände ist heute Teil einer Parkanlage mitten im Ortskern. Das Torhaus der Burganlage führt direkt in den **Bürgerpark.** In diesem Park befindet sich der Ehrenstein, der an die erfolgreiche Teilnahme am Wettbewerb „Unser Dorf soll schöner werden" erinnert.

Rathaus Lengerich (l.)

Unter Archäologen ist Lengerich ein Begriff. Am **Sallerweg** in der Gemeinde Lengerich wird im Jahr 1847 ein Schatz gefunden, der heute als **Lengericher Schatz** im Landesmuseum in Hannover liegt. Da einige Münzen auf den germanischen Usurpator Magnentius hinweisen, dessen Reich 353 n. Chr. von Constantius II. niedergeschlagen worden ist, liegt es nahe, auch den Besitzer des Fundes im Umfeld von Magnentius zu suchen. So kann man sich als Besitzer des Schatzes einen hohen Militär germanischer Herkunft vorstellen, der sich – nicht ungewöhnlich für die Spätantike – im römischen Heer hochgedient hatte, auf Seiten des Mag-

Kloster und Gymnasium Leoninum in Handrup (l.u.) Das Gymnasium ist eine freie, staatlich anerkannte katholische Schule in der Trägerschaft der Herz-Jesu-Priester mit rund 1.300 Schülerinnen und Schülern, 90 Lehrkräften und vier Patres der Ordensgemeinschaft der Herz-Jesu-Priester

Besucher der Gemeinde Langen finden eine Pfarrkirche vor, die überwiegend aus Naturstein gebaut ist. Wer sich für Wohnstätten Adeliger interessiert, sollte das **Gut Grumsmühlen** in der Gemeinde Langen besichtigen. Die an den Rittersitz angrenzende Kirche besteht überwiegend aus Naturstein. Das Kreuzschiff ist im gotischen Stil gehalten. Hier steht ebenfalls eine Mühle, welche noch heute Getreide mit Wasserkraft mahlt.

Für Pferdefreunde ist die Gemeinde Wettrup zu empfehlen. Der **Zuchthof Moormann** beschäftigt sich bereits seit dreißig Jahren mit der Aufzucht und dem Trainig von Hannoveraner Dressur- und Springpferden.

Für reitsportinteressierte Kinder bietet sich der **Reit- und Ferienhof** von **Monika Lohe** in **Bawinkel** an. Für kleine Gruppen mit maximal zwanzig Kindern wird hier zusätzlich zum Reitunterricht auch die Pflege der Tiere vermittelt. Ferner gibt es einen Streichelzoo und eine Ponyolympiade.

Aufführungen in plattdeutscher Sprache kann man sich bei der **Theatergruppe Wettrup** anschauen. Die Gruppe gründet sich 1959 und erfreut sich eines regen Andranges, wenn man bedenkt, dass 500 Gäste bei 650 Einwohnern zu jeder Aufführung kommen.

Zuchthof Moormann (o.)

St. Matthias Kirche in Langen (r.)

Gut Grumsmühlen (ganz r.)

Pfarrhaus in Bawinkel (r.)

nentius kämpfte und nach verlorener Schlacht fliehen musste.

Im 1869 gegründeten **Maria Anna Hospital** entstehen 2000 im Zuge der Neuerrichtung modellhaft 36 Langzeitpflege-, sechs Kurzzeitpflege- und acht Tagespflegeplätze. Die Gründung des Hauses geht auf eine Stiftung der Witwe **Maria Anna Kramer** aus Lengerich zurück. Ursprünglich fungiert das Gebäude, der sogenannte Nabersche Hof, als Kranken- und Waisenhaus – heute als Altenpflegeheim.

In der Gemeinde Handrup lohnt ein Besuch in der Kutschenmanufaktur Scholz. Hier werden antike Kutschwagen aufwändig restauriert.

Lingen (Ems)

Hinter manch alter Fassade Lingens geht es alles andere als ehrwürdig zu. Das denkmalgeschützte **Professorenhaus,** ein zweigeschossiger Fachwerkbau, liegt am Universitäts-

platz, einem der schönsten Plätze der Stadt Lingen und ist ein gutes Beispiel für „neuen Wein in alten Schläuchen". Es wird 1685 als Seminargebäude für die Professoren und Studenten der Lingener Hochschule erbaut. Später dient das Fachwerkgebäude u.a. als Dienstwohnung für die Lehrer des Lingener Gymnasiums. 1985 wird das Haus grundlegend renoviert und dem **Theaterpädagogischen Zentrum der Emsländischen Landschaft** (**TPZ**) zur Verfügung gestellt. Es beherbergt einen **Theatersaal** mit 100 Sitzplätzen, ein Café, eine Fachbibliothek, eine Werkstatt und ein Tonstudio sowie Übungsräume. Das Atrium wird als Ausstellungsraum genutzt und in der ersten Etage liegt das Theatermuseum für junge Menschen.

Das TPZ, eine Fachakademie für Theater, Spiel, Tanz und Zirkus, ist mit über 50.000 Kursteilnehmern und Besuchern jährlich eine der größten Institutionen ihrer Art in Deutschland. Neben den kontinuierlich laufenden Kursen, den Theaterreihen und Festivals unterhält das TPZ eine Schneiderei und eine Fachbibliothek. In der **Karolinenstraße** hat das TPZ einen großen Kostümfundus mit über 10.000 Kostümen aufgebaut. Zum Bestand gehören Märchenfiguren, Tierfiguren, Kinderkostüme aller Art, Bauerntrachten, Brautkleider, Clownkostüme, Gehröcke, Uniformen, Fräcke und vieles mehr. 1994 wird dem TPZ für seine theaterpädagogische Arbeit und die Entwicklung und Durchführung der Welt-Kindertheater-Treffen der **Ygdrasil-Preis** der Firma **LEGO** verliehen.

Lingen ist eine Stadt der Energiegewinnung. Einer der Energieproduzenten ist die **Erdöl-Raffinerie Emsland** (heute: **BP Lingen**), die seit 1953 nahe Lingen angesiedelt ist. Für die Wahl des Standortes sind die Erdölvorkommen im Emsland entscheidend. Auch heute noch stammt ein beträchtlicher Teil des verarbeiteten Rohöls aus den Förderbetrieben der Region. Die Verarbeitungskapazität beträgt rund vier Millionen Tonnen pro Jahr. Die Raffi-

Ortsteile:
- Altenlingen
- Wachendorf
- Brockhausen
- Darme
- Laxten
- Bramsche-Wesel
- Estringen
- Hüvede-Sommeringen
- Mundersum
- Baccum
- Ramsel
- Münnigbüren
- Holthausen
- Brögbern
- Clusorth-Bramhar
- Schepsdorf

Einwohner: 51.358
Fläche: 176,13 qkm
291,6 Einw. je qkm

Professorenhaus (l.o.)

Erdölraffinerie der BP Lingen (l.)

Kinder vor dem Professorenhaus beim Weltkindertheatertreffen in Lingen (o.)

nerie beschäftigt rund 600 Mitarbeiter. Für regionale Verbraucher und Kunden in Deutschland und den benachbarten Niederlanden werden Otto-, Diesel- und Flugturbinenkraftstoffe, leichtes Heizöl und Chemievorprodukte hergestellt. Eigene Kunden hat die **BP Lingen** nicht; sie ist ein reiner Produktionsstandort. Der Vertrieb der Produkte erfolgt über die BP-Tochter ARAL . schaltet, deren heiße Abgase dem Dampferzeuger als Verbrennungsluft zugeführt werden. Dadurch wird die Wärmeökonomie des gesamten Prozesses deutlich verbessert und weniger Brennstoff für die gleiche Menge Strom benötigt. Sowohl die Gas- als auch die Dampfturbine sind mit je einem Generator verbunden, der den Strom in das RWE-Netz einspeist. Der Bau des ersten

Kernkraftwerk Emsland (o.)

Über 30 Jahre hat die Stromerzeugung der **RWE** in der Stadt Lingen Tradition: Zwei Erdgaskraftwerke mit insgesamt 840 Megawatt Leistung und das **Kernkraftwerk Emsland** (KKE) mit 1.400 Megawatt produzieren im Stadtgebiet. Das **Kraftwerk Emsland** mit zwei Kraftwerksblöcken und insgesamt 840 MW elektrischer Leistung zählt zu den konventionellen Kraftwerken. Es arbeitet mit einer kombinierten Technik aus Gas- und Dampfturbinen. Erdgas als Brennstoffbasis eignet sich besonders gut für die Strom- und Fernwärmeerzeugung. Die Kraftwerksblöcke in Lingen arbeiten im Kombi-Betrieb, d.h. in einem Erdgaskombiblock wird dem Dampferzeuger eine Gasturbine vorge-

Erdgasblockes des Kraftwerkes Emsland beginnt 1972. Im August 1974 geht der Dampfturbosatz ans Netz, ein weiterer baugleicher Block ein Jahr später. Das Erdgaskraftwerk Emsland wird im Mittel- und Spitzenlastbereich eingesetzt.

1988 geht das Kernkraftwerk mit 1.400 MW ans Netz. Seitdem werden jährlich rund elf Milliarden Kilowattstunden Strom, ausreichend für drei Millionen Haushalte, erzeugt. Den Reaktorkern des Kraftwerks bilden 193 Brennelemente mit je 300 Brennstäben. Sie enthalten den auf vier Prozent angereicherten Spaltstoff Uran 235. Die bei der Kernspaltung erzeugte Wärme wird zu vier Dampferzeugern geleitet, die eine

Kunststoff-Additiv-Museum (l.)

Rennfahrer Bernd Rosemeyer (ganz o.)

Der Großvater des Rennfahrers ist der Gründer der Berobau (o.)

nachgeschaltete Dampfturbine mit Dampf versorgen und den Generator antreiben. Die in der Dampfturbine nicht mehr nutzbare Wärme wird über den Naturzugkühlturm an die Umgebung abgegeben. Im Kühlturm auftretende Verdunstungsverluste werden durch Emswasser ausgeglichen. Einmal im Jahr wird das Kernkraftwerk für ca. drei Wochen zur Revision abgeschaltet. Etwa ein Viertel der Brennelemente wird ersetzt. Zum Schutz der Menschen in der Umgebung und im Kraftwerk verfügt das Kernkraftwerk über passive und aktive Sicherheitssysteme wie eine stählerne Sicherheitshülle, den von außen sichtbaren Stahlbetonmantel, Nachkühl- und Reaktorschutzsysteme sowie eine umfangreiche Ersatzstromversorgung. Der Reaktor ist so ausgelegt, dass es nicht zu einer unkontrollierten Kernspaltung kommen kann. Auf dem Gelände des KKE ist im Dezember 2002 das Standort-Zwischenlager Lingen in Betrieb genommen worden. Die im KKE anfallenden Brennelemente werden in Castorbehältern zwischengelagert.

Zahlreiche Hochtechnologie-Unternehmen wie das **Baerlocherwerk** sind in Lingen angesiedelt. 1978 stellt das Werk zunächst PVC-Stabilisatoren her. Mittlerweile produziert es Stabilisator- und Additiv-Systeme sowie Fettsäuren für die Produktion von Metallseifen.

Das Unternehmen unterhält ein **Kunststoff-Additiv-Museum,** in dem die industrielle Produktion von Kunststoff in ihrer historischen Entwicklung anschaulich gemacht wird. Eine Dauerausstellung veranschaulicht die Rolle der Kunststoffe für das täglichen Leben. Im Zentrum steht PVC. Sonderausstellungen dokumentieren z.B. die Verwendung von Kunststoff in der Bauwirtschaft oder bei der Automobilproduktion.

1875 gründet **Bernd Rosemeyer** in Lingen eine Schlosserei. Das Unternehmen expandiert mit der Übernahme von Werksvertretungen für Dürkopp-Motorräder und die Automobilmarken Adler, Hanomag, Brennabor und Auto-Union. 1951 vertreibt Rosemeyer zusätzlich Nutzfahrzeuge und Baumaschinen. Seit 1963 nennt sich das Unternehmen Berobau. Die **Berobau Paul Stöckler GmbH & Co.** ist heute mit neun Standorten in Deutschland vertreten. Berobau besitzt in Lingen eine Produktionsstätte für Gelenkwellen, Hydraulikzylinder und Kolbenstangen sowie einen umfassenden Mietpark für

Kivelinge führen Gäste durch die Stadt (r.)

Theo Lingen bei der Eintragung in das Goldene Buch der Stadt in den 1960er Jahren (o.) Der Schauspieler besucht die Stadt anlässlich einer frühen Direktübertragung der Sendung „Ein Platz an der Sonne" der Deutschen Fernsehlotterie

Baumaschinen. Neben Baggern, Radladern und Raupen kann man hier Walzen, Stampfer und Vibrationsplatten mieten oder kaufen.
Ein berühmter Sohn der Stadt ist der Rennfahrer **Bernd Rosemeyer,** gleichnamiger Enkel des Unternehmensgründers. Rosemeyer gewinnt 1936 auf Auto-Union die Europameisterschaft. Er stirbt ein Jahr später im Alter von 28 Jahren bei einem Rekordversuch auf der Reichsautobahn bei Mörfelden.
Zwar nicht in Lingen geboren, aber Träger eines guten Namens ist **Franz Theodor Schmitz,** besser bekannt als **Theo Lingen.** Der berühmte Komiker, der in jungen Jahren als „Macheat" in der Uraufführung der Dreigroschenoper mitwirkt und 1933 Bertolt Brecht zur Flucht vor den Nationalsozialisten verhilft, wählt als Künstlernamen den Namen der Geburtsstadt seines Vaters.

Um das Gedenken an mutige Männer, die vor mehr als 625 Jahren in Lingen lebten, wach zu halten, feiert der Verein der Bürgersöhne Lingens, der **Kivelinge,** alle drei Jahre das **Kivelingsfest**. Der Ursprung der Kivelinge geht zurück auf eine Begebenheit des 14. Jahrhunderts: Bei Kämpfen zwischen dem Grafen von Tecklenburg und dem Bischof von Münster wird die männliche Bevölkerung Lingens so stark dezimiert, dass zur Verteidigung als letztes Aufgebot die jungen, unverheirateten Männer der Stadt auf die Wälle gerufen werden. Durch die Unterstützung der mutigen jungen Krieger gelingt es tatsächlich, die Eroberung der Festung Lingen zu verhindern und die Angreifer in die Flucht zu schlagen. Es wird vermutet, dass in dieser Begebenheit auch der Name „Kiveling" seinen Ursprung hat. Es handelt sich wohl um die Verkleinerungsform des mittelhochdeutschen „*kiven*", was soviel wie „kämpfen" oder „streiten" bedeutet.
Das Besondere der Kivelinge im Unterschied zu anderen Schützengesellschaften ist, dass der Aufzug der Bürgersöhne in früheren Zeiten eine Zwangseinrichtung der Stadt Lingen war, die sogar in Punkt 14 der städtischen Satzung von 1786, der sog. „Wetten", beurkundet ist. Danach haben die ledigen Bürger der Stadt unter Androhung hoher Strafen an diesem Aufmarsch mit der Waffe in der Hand teilzunehmen und nach ei-

nem strengen Reglement zu exerzieren. Der heutige Aufzug der Bürgersöhne, die in einem Verein organisiert sind, geht auf diese damalige zwangsweise Wehrmannschaft zurück und hat deren Sitten, Gebräuche und Eigentum übernommen. Heute sind die Kivelinge bemüht, in ihren Aufzügen das Leben des Mittelalters so authentisch wie möglich darzustellen. Besonderen Ausdruck findet ihr Engagement in den Aufbauten, Fassaden und Kostümen, die nach

Theater an der Wilhelmshöhe (o.)

Am Giebel des 1555 errichteten Rathauses (ganz u.) ist neben dem Stadtwappen täglich um 12.15 und 18 Uhr ein Glockenspiel (l.) zu bewundern. Eine der Figuren, der Trommler, symbolisiert die Bereitschaft, für die Belange der Stadt zu kämpfen

Originalvorlagen aus dem späten Mittelalter entstehen. Im Laufe der über 625-jährigen Vereinsgeschichte haben sich viele Statuten geändert, manche aber sind von altersher Gesetz geblieben. So können etwa nur unverheiratete Söhne der Stadt Lingen Kiveling sein. Wer heiratet, verliert seine Mitgliedschaft.

Die **Emslandhallen Lingen** bieten seit 1991 den Rahmen für Ausstellungen, Konzerte und besondere Events. Die Messehalle mit 7.100 qm bietet für regionale und überregionale Aussteller eine gute Präsentationsmöglichkeit ihrer Produkte. „Gartenträume", Modellbautage, Motorradmessen, Reisetage, Kreativ- und Antikmärkte sowie Trödel und Kitsch sind einige Schwerpunkte im Ausstellungskalender der Emslandhallen. Tierveranstaltungen locken zahlreiche Besucher jedes Jahr nach Lingen in den Innen- und Außenbereich der Hallen. Pferdemärkte, Kleintier- und Vogelbörsen, Rassehundeschauen sind das zweite Aushängeschild der Emslandhallen und belegen deren Multifunktionalität. Konzerte, Feste, Kundgebungen sind die dritte Säule im Funktionsbereich der Emslandhallen. In einer Veranstaltungshalle werden Konzerte von der Volksmusik bis zum Pop und Schlager ausgerichtet. Namhafte Künstler wie Udo Jürgens, Howard Carpendale usw. haben schon in Lingen Station gemacht. Die Scorpions, Status Quo, Pur, Die Toten Hosen rocken bei Konzerten vor bis zu 6.000 Besuchern. Musicals wie Grease, Phantom der Oper und Shows à la Magic of the Dance oder der Chinesische Staatszirkus runden das Spektrum der Unterhaltungsseite ab. Bei über 280 Hallenbelegungstage kletterte die Besucherzahl in den vergangenen Jahren auf über 300.000 Besuchern pro Jahr mit steigender Tendenz.

Das **Theater an der Wilhelmshöhe** existiert seit 1977. Über 100 Veranstaltungen im Jahr werden vom rührigen **Kulturamt** organisiert. Der Zuschauerraum bietet 753 Sitzplätze. Das „progressivere" Publikum bevorzugt den

und Kultur der Stadt Lingen und des südlichen Emslandes. „Land unter Gottes Thron", so hat die emsländische Schriftstellerin **Maria Mönch-Tegeder** das Emsland einmal genannt: jenen vergessenen Landstrich, den wohl der Herrgott selber bei der Gestaltung der Erde fast übersehen hätte und für den schließlich nur noch Moor und Heide übrig geblieben waren...

Das alte Bundesbahnausbesserungswerk beherbergt heute das Zentrum für Wirtschaft, Medien und Kunst (o.)

Emslandmuseum (r.)

Der Name „Universitätsplatz" (r.) erinnert an die Zeit, als die Universität Lingen 1697 aus der Lateinschule heraus gegründet wird und die vier klassischen Fächer Theologie, Jura, Medizin und Philosophie lehrt

Alten Schlachthof. Hier sind Avantgarde und neuer Pop zu Hause, hier geben „Die Sterne", „Wir sind Helden", „Fischmob" oder „Gentlemen" viel umjubelte Konzerte. Neben den Konzerten hat sich die Einrichtung aber auch durch das umfangreiche Jugendangebot profiliert.

„Let's fly" war das Motto des **Welt-Kindertheater-Festes**, das 2002 zum vierten Mal in Lingen stattfindet – und 2006 erneut an die Ems kommt. Die Stadt Lingen, der Weltverband des Amateurtheaters und das Theaterpädagogische Zentrum der Emsländischen Landschaft ziehen eine überaus positive Bilanz. Mehr als 40.000 Besucherinnen und Besucher überzeugen sich von der Qualität der Aufführungen der 23 Kindertheatergruppen mit 360 Kindern aus allen fünf Kontinenten, von Japan bis Venezuela, von Neuseeland bis Kanada.

Einmal jährlich findet auf dem Gelände des alten Kernkraftwerkes ein von den Lingener Abiturienten organisiertes Abifestival statt, auf dem hochkarätige Bands aus dem Independent-, Alternative- und Rockbereich auftreten. Mittlerweile zieht das kostenlose **Abifestival Open air** in Lingen regelmäßig über 5.000 Besucher an.

Inmitten der historischen Altstadt ist das **Emslandmuseum** untergebracht, ein Regionalmuseum zur Geschichte

Lingen gehört von 1815 bis 1866 zum Königreich Hannover. In dieser Zeit entstehen Überlandchausseen, der **Emskanal** zwischen Hanekenfähr und > Meppen (130) und die **Hannoversche Westbahn**. Durch sie wird Lingen früh an das deutsche Eisenbahnnetz angeschlossen. Gleichzeitig mit der Öffnung der Bahnlinie werden 1856 in Lingen die **Königlichen Bahnhofswerkstätten** eingerichtet. Mit 2.000 Beschäftigten entwickelt sich das spätere **Bundesbahnausbesserungswerk Lingen** zum wichtigsten Industriebetrieb der Stadt. Mit dem Verschwinden der Dampfloks von der Emslandstrecke wird auch die Instandhaltung der Dampfrösser im Werk ein- und der Betrieb auf die Güterwageninstandhaltung umgestellt. Im Jahre 1983 ist es auch damit vorbei. Die Stadt erwirbt das gesamte Gelände an der **Kaiserstraße**. Die Gebäude stehen unter Denkmalschutz. Eine Werkshalle,

die heutige Halle IV, ist bereits renoviert und beherbergt das **Zentrum für Wirtschaft, Medien und Kunst**. In dem über 5.000 Quadratmeter großen Gebäude sind über 20 Mieter untergebracht. In dem großen Kongressbereich werden Tagungen, Schulungen und Seminare abgehalten. Auf einer Fläche von über 800 Quadratmetern finden wechselnde Ausstellungen statt. In einem Teilbereich der **Halle IV** ist die Lingener Kunsthalle untergebracht. Der **Kunstverein Lingen** verwaltet und pflegt den Nachlass des langjährigen Kasseler Professors für Bildhauerei, **Harry Kramer**, der aus Lingen stammt. Sein Werk wird in wechselnden Ausschnitten das ganze Jahr über gezeigt. Mit rund 10.000 Besuchern pro Jahr steht die Kunsthalle im bundesweitem Vergleich – bezogen auf ihr Ausstellungsbudget und die ländliche Umgebung – sehr gut da. Zusätzlichen Raum bietet der **Wasserturm** gegenüber dem Eingang der Kunsthalle.

Das **Internationale Dressurfestival CDI Lingen** und die Deutsche Meisterschaft der behinderten Dressurreiter/-innen sind eine feste Größe im Bereich der sportlichen Mannschaftswettbewerbe. Zahlreiche Qualifikationsturniere der Klasse A der Landesverbände Weser-Ems und Westfalen stehen auf dem Programm. Die Preisgelder können sich sehen lassen. Der Grand Prix und der Grand Prix Special sind gleichzeitig auch Qualifikationsprüfungen für das Finale des **Kampmann Cups** in > Bremen (II-194f), der populärsten Dressurserie in Europa.

Landschaftliche Idyllen: Hanekenfähr (l.) und die Brögberner Teiche (o.)

Die EXPO 2000 fand auch in Lingen statt: Die **Brögberner Teiche** und die sie umgebende renaturierte Landschaft waren Außenstandorte der Weltausstellung. Auch heute werden die damals erstellten Routen von Radlern, Skatern und Spaziergängern genutzt. Tiere und Pflanzen haben das Gebiet zurückerobert.

Bis zur Mitte des 19. Jahrhunderts war die alte Posthalterei in Funktion. Heute beherbergt sie ein gemütliches Restaurant. Wegen seines Walmdaches sticht das Gebäude am Rande des Marktplatzes unter den dortigen Giebelhäuser auffällig hervor (o.)

Ein anderes landschaftliches Idyll liegt auf der Kreuzung von drei Wasserläufen: der Ems, dem Dortmund-Ems-Kanal und dem Ems-Vechte-Kanal. **Hanekenfähr** ist Anlaufpunkt für Erholungssuchende. Ein Hotel und ein Campingplatz können sich über ausbleibende Gäste nicht beklagen: Radfahrer, Inline- Skater und Spaziergänger. Für Motorbootkapitäne werden fünfzehn Gastliegeplätze vorgehalten. Paddler und Kanuten fahren vorbei, Ausflugsboote und Linienschiffe laden ein zu Touren auf dem Wasser von der Innenstadt bis in das südliche Emsland.

Ortsteile:
- Apeldorn
- Bokeloh
- Borken
- Groß Fullen
- Helte
- Hemsen
- Holthausen
- Hüntel
- Klein Fullen
- Rühle
- Schwefingen
- Teglingen
- Versen

Einwohner: 34.048
Fläche: 188,45 qkm
180,7 Einw. je qkm

Die hölzernen Tore der Koppelschleuse öffneten früher Schiffen den Weg vom Hase-Ems-Kanal in die Hase (o.r.)

Marktplatz Meppen mit dem Rathaus (r.)

Das traditionsreiche Windthorst-Gymnasium in der Nähe des Marktplatzes (o.) Es wird von Jesuiten im Zuge der Gegenreformation gegründet und verdankt seinen heutigen Namen dem katholischen, emsländischen Zentrumspolitiker Ludwig Windthorst (1812–1891)

Meppen

Meppen ist ein lebendiges Mittelzentrum, ein moderner Wirtschaftsstandort und eine Stadt im Grünen, bekannt für die höchst erfolgreiche **Freilichtbühne** oder den zum Kultverein aufgestiegenen **SV Meppen** – auch wenn dieser nicht immer gloriose Zeiten durchlebt.

Das Ende des 18. Jahrhunderts ist als eine „goldene Zeit" in die Geschichte der Stadt eingegangen. Durch den Anbau, die Verarbeitung und den Versand der **Zichorie**, den Bau und Betrieb von **Seifensiedereien**, die Gründung des Handelshauses **Frye** und den zunehmenden Warentransport mit dem Wagen und auf Schiffen blühen Handel und Gewerbe auf in dieser Zeit. Auf dem **Marktplatz** ist eine Gedenktafel für den Meppener Kom-

merzienrat **Wilhelm Anton Riedemann** angebracht. Riedemann verlässt 1863 Meppen und gründet in dem heute zu >Bremerhaven (II-174) gehörenden Geestemünde ein Unternehmen für den Handel mit Petroleum, einem Vorläufer der heutigen **Esso AG.** Er gehört zu den begründern der Tankschifffahrt und wird später der „Petroleumkönig" genannt.

Das Wahrzeichen der Stadt ist das **historische Rathaus.** Das Untergeschoss, bestehend aus mächtigen Findlingen, wird 1408 errichtet. 1605 erweitert man das Gebäude um zwei Stockwerke. Die Grundfläche wird vergrößert, indem die Obergeschosse auf vier Säulen gestellt werden. In der zwischen den Säulen eingearbeiteten **Gerichtslaube** ist ein Relief mit einer Darstellung des Urteil Salomos zu sehen. Auf der Turmspitze fährt eine Kogge im Wind, die die einstige Zugehörigkeit Meppens zur Hanse symbolisiert. Die Marke unter den Arkaden zeigt den Wasserstand, den das katastrophale **Hochwasser von 1946** erreicht hat.

Die um 1830 erbaute **Meppener Koppelschleuse,** ein technisches Baudenkmal, dient heute der Ableitung des oberhalb der Schleusengruppe Meppen aus dem Dortmund-Ems-Kanal anfallenden Sickerwassers. Nahe der alten Schleuse ist das **Kunstzentrum** mit dem **Meppener Kunstkreis e.V.** und der **Kunstschule** sowie der **Graphothek** zu Hause. In einem internationalen Netzwerk, für das die Koppelschleuse der Namensgeber ist, bündeln fünf Institutionen ihre Aktivitäten: die niederländische Stichting Van Gogh & Drenthe, der Landkreis Emsland mit seinem Ausstellungszentrum für Archäologie, die Stadt Meppen, der Meppener Kunstkreis sowie das Deutsche Jugendherbergswerk, das das **Jugend- und Kulturgästehaus** betreut.

Nur wenige Meter entfernt ist in einem modernen Museumsbau, der sich harmonisch in das Baudenkmal-Ensemble an der Koppelschleuse einfügt, das

Ausstellungszentrum für die Archäologie des Emslandes, untergebracht. In der Dauerausstellung sind Funde, Modelle, Inszenierungen und Rekonstruktionen zu sehen, die ein Gesamtbild der kulturgeschichtlichen Entwicklung des Emslandes von der Steinzeit bis zum Mittelalter vermitteln. Gezeigt werden u.a. die wichtigsten Forschungsergebnisse vom Hausbau der jungsteinzeitlichen Großsteingrabkultur über bronzezeitliche Bestattungssitten und kultische Gebräuche, Bestattungswesen der vorrömischen Eisenzeit, bis hin zum Siedlungswesen der Germanen aus der römischen Kaiserzeit.

Der repräsentative Profanbau der **Arenberg'schen Rentei** wird 1805 von dem Architekten August Reinking für den höchst erfolgreichen Meppener Kaufmann **Ferdinand Frye** erbaut. 1835 wird das Haus von der herzoglich-arenbergischen Domänenkammer gekauft und dient als Amtshaus und Wohnung des Rentmeisters. Heute beherbergt das inzwischen in städtischem Besitz befindliche Gebäude die Geschäftsstelle des **Heimatvereins Meppen** und das **Stadtmuseum.** Der Heimatverein präsentiert hier die wichtigsten Stadien aus Meppens Vergangenheit. Besonders interessant sind die Modelle der 1374 errichteten Paulsburg sowie der Festungsanlage aus der Zeit um 1760.

Sehenswert ist auch die **Propsteikirche St. Vitus** – eine aus Sandsteinquadern errichtete spätgotische Hallenkirche. Von der um 1225 erbauten romanischen Basilika ist das Portal an der Nordseite erhalten. Der Großteil der heutigen Kirche stammt aus der Zeit um 1460. Im Inneren ist ein neugotischer Flügelaltar mit geschnitzten Szenen aus dem Leben Christi zu bewundern.

Die Mitglieder der jüdischen Gemeinde haben bis zu ihrer Vertreibung durch die Nationalsozialisten als angesehene Bürger in der Stadt gelebt. In der Nähe der 1938 zerstörten **Synagoge** am **Nagelshof** ist zur Erinnerung an die verfolgten und ermordeten jüdischen Bürger eine **Gedenkstätte** errichtet worden. Der kleine Friedhof weist 22 Grabstellen auf, hauptsächlich Stelen.

Die **Freilichtbühne Meppen** führt seit 1950 Theaterstücke unter freiem Himmel auf. Sind es in den Anfangsjahren klassische und später plattdeutsche Stücke gewesen, werden seit geraumer Zeit Musiktheater mit Musicals und Operetten sowie Kinderstücke mit Musik gezeigt, die überregional Beachtung finden. In einer einzigartigen Atmosphäre haben bisher über eine Million Zuschauer dem Team aus Profis und talentierten Amateuren und den Stücken voller Liebe, Leidenschaft, Spannung und Komik gelauscht.

Blick in das Ausstellungszentrum für Archäologie (o.)

Gedenktafel an der Stelle des Geburtshauses von Wilhelm Anton Riedemann (1832–1919) (l.) Sie erinnert an den „Petroleumkönig" und Ehrenbürger von Meppen, der seiner Stadt den neugotischen Flügelaltar und den Marienaltar in der Propsteikirche (u.) gestiftet hat

Arenberg'sche Rentei (l.)

Auf dem Gelände der **Gaststätte Röckers** stehen ein Café, ein Biergarten und ein altes Backhaus. Das **Ehepaar Röckers** bietet selbst gebackenen Kuchen oder Brot mit Bauernschinken an. Großen Anklang finden auch der Bauerngarten sowie der angrenzende Wanderweg.
Eine Skulptur des Künstlerpaares **Renate** und **Leo Janischowsky** schmückt die Mitte des Ortsteils **Hemsen**: Der **„Verteller“** stellt einen älteren Mann in traditioneller Kleidung mit Schiffermütze und Holzschuhen auf einer Bank sitzend dar, der einem zu seinen Füßen sitzenden Mädchen eine Geschichte erzählt.
Auf einer Anhöhe am Ufer der Hase steht die **Alte Kirche** im Ortsteil **Bokeloh**. Nach umfangreicher Renovierung in den Jahren 1991 bis 1994, die mit dem Einbau neuer Fenster im Frühjahr 1998 abgeschlossen werden konnte, ist dieses emsländische Baudenkmal das Ziel vieler Ausflügler geworden.

Auch die **Alte Schule Bokeloh** im Schatten der mehr als tausend Jahre alten Kirche lockt Besucher. Nach der erfolgreichen Sanierung ist im Jahre 2002 eine Dauerausstellung eingerichtet worden, die zum einen an die ursprüngliche Funktion als Lehr- und Lernort und zum anderen an die Aufenthalte des Malers **Otto Pankok** erinnert.
Einer der wichtigsten Arbeitgeber der Stadt ist das **Krankenhaus Ludmillenstift.** Rund 1.000 Beschäftigte, darunter 80 Ärzte, betreuen rund 15.000 stationäre und 35.000 ambulante Patienten pro Jahr. Die größten Abteilungen sind die Innere Medizin, die Chirurgie und die Neuro-Fächer. Und das Krankenhaus ist ein großer Ausbildungsbetrieb: In der Krankenpflege- und Pysiotherapieschule werden 200 Männer und Frauen in Pflegeberufen ausgebildet.
Der **Schießplatz Meppen** ist mit 19.200 Hektar Fläche der größte Landschießplatz in Europa. Das Areal des Krupp'schen Kanonenschießplatzes aus dem 19. Jahrhundert erstreckt sich von Meppen über

Altes Gasthaus Giese in Bokeloh (o.) Es existiert seit 350 Jahren und bietet in dem denkmalgeschützten Bauernhaus ein idyllisches Ambiente unter alten Kastanien direkt an der Hase

Gaststätte Röckers am Helter Damm (ganz o.)

Skulptur „Der Verteller“ in Hemsen (ganz o.r.)

Krankenhaus Ludmillenstift (r.)

eine Länge von mehr als 30 Kilometern in Richtung Norden. Mit der Machtergreifung der Nationalsozialisten beginnt eine massive Aufrüstung in Deutschland. Das Gelände wird deutlich vergrößert auf über 50 Kilometer Länge. Das Dorf **Wahn**, mitten in der Hauptschussrichtung gelegen, und weitere einzelne Bauernhöfe werden geräumt. Die Bewohner werden in ein neues, gleichnamiges Dorf am Westrand des Schießplatzes umgesiedelt. Heute nutzt die **Wehrtechnische Dienststelle 91** das Gelände zur Erprobung von Waffen und Munition. Sie beschäftigt etwa 1.100 Menschen, davon ein Viertel Naturwissenschaftler und Ingenieure. Sie gehört zum Geschäftsbereich des Bundesamtes für Wehrtechnik und Beschaffung und ist zuständig für die Erprobung und Bewertung von Waffen, Munition und der Prüfung ihrer Funktions- und Betriebssicherheit.

Die Alte Kirche in Bokeloh (o.) zählt zu den ältesten im Emsland; Teile der gewaltigen Außenmauern stammen von dem Gotteshaus, das einst von Bischof Dodo I. aus Osnabrück um das Jahr 950 geweiht worden ist

Festliche Stimmung in Meppen beim jährlichen Weihnachtsmarkt (l.)

Ein faszinierendes Erlebnis erwartet Emsland-Besucher, wenn sie im Bimmelbahntempo das Tal zwischen Meppen und >Essen (Oldbg.) (268) im **Hasetalexpress** durchfahren. Auf dieser kreiseigenen Strecke fährt am 17. Oktober 1894 das erste Mal ein Zug von Meppen nach >Haselünne (115). Schnell entwickelt sich die Strecke zu einer der wichtigen Lebensadern im Osten des Kreises Meppen. Die Zeit der Dampfloks endet 1968 mit der Außerdienststellung der letzten Dampflok. Der Hasetalexpress besteht heute aus vier Personenwagen der Baujahre 1901 bis 1934, einem Salonwagen, einem Packwagen, Baujahr 1924, drei Güterwagen aus den Jahren 1911 bis 1913 und der Dampflok „Niedersachsen", 1922 bei Henschel in Kassel als Werklok „Typ Bismarck" gebaut.

Die **Arenberg-Meppen GmbH** und die **Arenberg-Nordkirchen GmbH** gehen auf die Besitztümer des Herzogs von Arenberg zurück, der 1803 für den Verlust seines linksrheinischen Herzogtums an Napo-

Die Wallanlagen bilden noch heute eine sternenförmige Begrenzung der Altstadt. Mit ihrem Jahrhunderte alten Baumbestand laden sie zu idyllischen Spaziergängen ein (l.)

Das Musical- und Gourmet-Wochenende Meppen verbindet Bühnen- und Esskultur (o.)

Das aus mächtigen Findlingen errichtetes Großsteingrab im Ortsteil Apeldorn (r.) stammt aus der Jungsteinzeit zwischen 2300 und 1800 v. Chr.

leon das vormals fürstbischöflich-münsterische Amt Meppen erhält. Das Unternehmen hat durch Kauf und Aufforstung große Waldgebiete im Landkreis Emsland und den Nachbarkreisen Cloppenburg und Grafschaft Bentheim geschaffen. Die Arenberg Meppen GmbH verfügt über 760 Hektar landwirtschaftliche Nutzfläche, die an eine große Zahl von Familienbetrieben verpachtet sind. Die forst- und landwirtschaftlichen Ländereien sind außerdem aufgeteilt in über 40 Jagdbezirke, die überwiegend an ortsansässige Jäger langfristig verpachtet sind.

Der sportliche Aufstieg des **SV Meppen** beginnt nach dem Zweiten Weltkrieg. 1961 gewinnt der SV Meppen erstmals die Niedersachsenmeisterschaft. 1970 gelingt der Aufstieg in die Regionalliga Nord. Für die 1974 neu gegründete 2. Bundesliga kann sich der Verein nicht qualifizieren. Die Emsländer werden der Amateuroberliga Nord zugeordnet. Unter Trainer **Rainer Persike** und mit einer Mannschaft, deren Spieler nahezu komplett aus dem Emsland stammen, wird der SV Meppen 1987 Meister der Oberliga Nord. Die Aufstiegsrunde zur 2. Bundesliga absolvieren die emsländischen Außenseiter ohne Niederlage; und so wird mit dem Aufstieg in den Profifußball pünktlich zum 75-jährigen Vereinsjubiläum ein Traum wahr. Der SVM wird in der Folgezeit zum Kult-Verein. Zweimal klopfen die Meppener an das Tor zur 1. Bundesliga, steigen aber wieder ab.

Das Emslandstadion hat Platz für 16.000 Besucher. Die Hälfte der Sitz- und Stehplätze sind überdacht (r.)

SG Nordhümmling

Mitgliedsgemeinden:
- Bockhorst
- Breddenberg
- Esterwegen
- Hilkenbrook
- Surwold

Einwohner: 12.152
Fläche: 142,63 qkm
85,2 Einw. je qkm

Der Name der Samtgemeinde bezieht sich natürlich auf die Landschaft, den **Hümmling.** Das ist ein über 70 Meter hoch ansteigender **Geestrücken** in der sonst flachen Moorlandschaft. Dieser eiszeitliche Höhenrücken am östlichen Rand des Emstals ist mit seinen Wäldern und Heideflächen uraltes Bauernland und seit dem Mittelalter bevorzugtes Jagdrevier von Fürsten, Bischöfen und dem Adel. Heute hat sich der Hümmling für den sanften Tourismus geöffnet und ist ein Geheimtipp für naturnahen Urlaub.

Auf dem bewaldeten Geestrücken, umgeben von ausgedehnten Hochmooren, liegt auch **Esterwegen,** der Verwaltungssitz der Samtgemeinde Nordhümmling und mit 5.200 Einwohnern der größte Ort der eher dünn besiedelten Region. Die heutige Gaststätte **Jan Heyen** ist das älteste Bauwerk Esterwegens, ehemals das **Herrenhaus** eines Rittergutes, das von seinem letzten Besitzer, **Baron Ludwig von Exterde,** Anfang des 19. Jahrhunderts aufgeteilt wird, damit sich dort bäuerliche Betriebe ansiedeln können.

Ende des 19. Jahrhunderts entsteht in unmittelbarer Nähe des ehemaligen Herrenhauses die **St. Johannes Kirche.** Das im neugotischen Baustil errichtete Gotteshaus ist der Mittelpunkt Esterwegens und steht heute unter Denkmalschutz.

Die großen Moore rund um Esterwegen stehen unter Naturschutz. Die 6.000 Hektar große **Esterweger Dose** ist das größte geschützte Hochmoor Deutschlands mit einer einzigartigen Fauna und Flora. Sonnentau, Brachvogel und Goldregenpfeifer sind hier zu Hause, außerdem der Moorfrosch. Er ist inzwischen als **Esti** Esterwegens Maskottchen. Als „Chef" des **Moorerlebnispfades** führt er die Besucher auf ihrer Erlebnistour im Moor. Zahlreiche Rad- und Wanderwege durchziehen den Esterweger Busch. Auf der **„TourNatur Esterweger Dose"** kann der Besucher mit dem Fahrrad die Moorlandschaft erkunden. Die Tour streift im „Dreiländereck" das Ems-

Moorfrosch „Esti" ist das Maskottchen des Moorerlebnispfades durch die Esterweger Dose (l.o.)

Moorerlebnispfad-Süd (l.)

Rathaus der Samtgemeinde Nordhümmling in Esterwegen (ganz u.)

Jugendzeltplatz am Erikasee (u.)

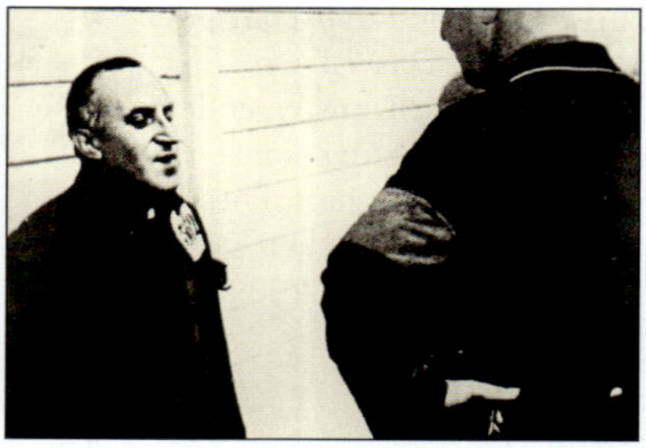

Lagerfriedhof des ehemaligen KZ Esterwegen (o.), in dem auch der spätere Friedensnobelpreisträger Carl von Ossietzky (o.r.) inhaftiert war

Originalpartitur des Liedes „Wir sind die Moorsoldaten" (r.), im August 1933 geschrieben von politischen Häftlingen des KZ Börgermoor in Surwold

Sommerrodelbahn in Surwolds Wald (u.)

land, Ostfriesland und das Oldenburger Münsterland. Vom Rand des Mischwaldes hat man einen schönen Blick über die Landschaft bis hin zu den Mooren nördlich des Küstenkanals. Am Ufer des **Erikasees** entsteht der **Emsland-Ferienpark Nordhümmling** mit 150 Ferienhäusern, einem Erlebnisbad, Sauna, Spielscheune, Kart- und Minigolfbahn. Jugendliche finden in Esterwegen einen eigenen Campingplatz mit Badesee und Grillhütten. Von 1933 bis 1945 ist das Moor bei Esterwegen einer der fünfzehn Standorte der **Emslandlager** und erlangt traurige Berühmtheit. Die Gefangenen, die sich selbst **„Moorsoldaten"** nennen, werden zur Kultivierung der emsländischen Moore herangezogen. Geblieben ist das „Lied der Moorsoldaten, das von ihrer Mühsal erzählt und mit den Worten beginnt: *„Wohin auch das Auge blicket / Moor und Heide nur ringsum / Vogelsang uns nicht erquicket / Eichen stehn kahl und krumm / Wir sind die Moorsoldaten / und ziehen mit dem Spaten ins Moor…"* Auf dem Gelände des ehemaligen Lagerfriedhofs an der Bundesstraße 401 steht heute eine **Gedenkhalle.** An den berühmtesten Gefangenen der Lager, den deutschen Schriftsteller, Publizisten und Friedensnobelpreisträger **Carl von Ossietzky,** nach dem die Oldenburger Universität benannt ist, erinnert ein Gedenkstein. Als mahnende Erinnerung an die insgesamt 15 Emslager plant der Landkreis auf dem ehemaligen Lagergelände in Esterwegen eine zentrale Gedenkstätte.

Am nördlichen Rand des hügeligen und waldreichen Hümmlings liegt der Surwolder Ortsteil **Börgerwald.** Dort ist das 34 Hektar umfassende Erholungsgebiet **Surwolds Wald** mit seinen zahlreichen Freizeiteinrichtungen die Attraktion. Surwolds Wald lockt nicht nur mit einer 300 Meter langen **Sommerrodelbahn,** einem großen Spielplatz mit Seilbahn und Autoskooteranlage sowie einem 32 Meter hohen Aussichtsturm mit Rutsche. Er ist auch bekannt durch seinen **Märchenwald.** Viele der bekanntesten deutschen Märchen wie *„Hänsel und Gretel"*, *„Aschenputtel"*, *„Der Wolf und die sieben Geißlein"*, *„Schneewittchen"*, *„Rotkäppchen"*, *„Die Gänsemagd"* und *„Dornröschen"* sind hier in Szene gesetzt.

Im **Waldmuseum** befinden sich einige eindrucksvolle Exponate aus der heimischen Tier- und Pflanzenwelt wie zum Beispiel sorgfältig präparierte Wildschweine, Füchse, Hasen und Eichhörnchen.

Papenburg

Ortsteile:
- Aschendorf
- Bokel
- Herbrum
- Nenndorf
- Tunxdorf

Einwohner: 34.245
Fläche: 118,36 qkm
289,3 Einw. je qkm

Schnurgerade Kanäle, 40 Kilometer insgesamt, über die geschmückte Holzbrücken führen, bestimmen das Stadtbild von Papenburg. Selbst bereits zugeschüttete Kanäle, hier „**Wieken**" genannt, werden wieder ausgehoben, um den einmaligen Charakter Papenburgs zu erhalten. Ein wirkliches Stadtzentrum, wie in anderen deutschen Städten, gibt es in Papenburg nicht. Stattdessen lockt die Stadt mit ihren denkmalgeschützten Gebäuden am Wasser und kleinen Geschäften, die sich an den Kanälen entlangreihen. Die Erinnerung an holländische Städte kommt nicht von ungefähr: Sein Aussehen verdankt Papenburg dem Drosten **Dietrich von Velen**, der es nach holländischem Vorbild erschlossen hat.

Die Stadt, gegründet 1631, ist die älteste und längste deutsche **Fehnkolonie.** Die Methode der Besiedlung ist in allen Fehnsiedlungen gleich. Vom Rand des Moores wird ein Kanal zu einem natürlichen Gewässer gegraben. Der heutige Hauptkanal ist damals ein Bachlauf, der weiter ausgehoben wird. Ihm folgt der Bau des Mittelkanals und des Osterkanals. Die Kanäle werden dann ins Moor vorgetrieben. Das Hochmoor wird entwässert, der bei den Erschließungsarbeiten anfallende Torf getrocknet und über den Kanal mit Torfschiffen zum Verkauf abtransportiert. Längs des Kanals siedeln sich auf vier bis fünf Hektar großen 60 bis 80 Meter breiten Grundstücksstreifen Untererbpächter an. Am Ende des 17. Jahrhunderts lassen sich die ersten Siedler in Papenburg nieder. Sie torfen die Moorflächen ihres Grundstückes ab und machen das Land

Papenburger Meyer Werft (l.)

Die Anfänge der Stadt Papenburg gehen zurück auf Dietrich von Velen (u.l.), der 1630 von Friedrich von Schwarzenberg ein Lehngut für 1.500 Reichstaler kauft und eine Fehnkolonie gründet

Rathaus der Stadt Papenburg (u.)

Die grüne Stadt Papenburg mit dem „langen Anton“, Meyers Mühle im Vordergrund und dem Sparkassenhochhaus (o.)

Die Überführung großer Luxusliner ist immer wieder ein Ereignis, das tausende Menschen in die Stadt und an die Ems lockt. Im Bild: Konzert von Joe Cocker zu einem solchen Anlass auf der Meyer Werft (r.)

In der Von-Velen-Anlage berichten Museumsführer über den Alltag der ersten Siedler im lebensfeindlichen Moor. Im Bild: ein Torfkahn und die lebensgroße Bronzefigur „Jan Treck an“ (r.)

urbar. Um den nährstoffarmen Boden zu verbessern, werden Grassoden und Sand untergemischt. Torfschiffe, die zuvor den Torf auf die Märkte gebracht haben, bringen zur Düngung des kargen Bodens Schlick aus der Emsmündung mit aufs Moor.

Die ersten **Siedler** auf den Fehnen haben ein schweres Leben. Die kleinen Parzellen ernähren kaum die Familie. Viele Männer versuchen durch einen Nebenerwerb zu Geld zu kommen. Manche werden Schiffer und verdienen sich durch Torftransport etwas hinzu. Kleine Schiffswerften entstehen, auf denen zunächst Torfschiffe, später auch Küstenmotorschiffe gebaut werden.

Der heute weithin bekannteste unter den Papenburger Schiffbauern ist die **Meyer Werft**, in sechster Generation im Besitz der Familie. Seit 1982 ist **Bernard Meyer** Geschäftsführender Gesellschafter des Unternehmens.

Die Meyer Werft hat sich international durch den Bau von Spezialschiffen wie luxuriösen Auto- und Passagierfähren, Ro/Ro- und Passagierschiffen, Gastankern, Tiertransportern und vor allem **Kreuzfahrtschiffen** einen Ruf als eine der modernsten Werften der Welt erworben. Rund 2.000 Mitarbeiter sind beschäftigt. Mehr als 230.000 Menschen kommen im Jahr, um den modernen Schiffbau im Emsland zu bestaunen. Besonders die großen Kreuzfahrtschiffe der Luxusklasse und die komplexe Fertigung in den gigantischen Vorfertigungshallen und in dem 370 Meter langen und über 100 Meter breiten überdachten Baudock für Schiffe bis hunderttausend Bruttoregistertonnen faszinieren die Besucher. Für die Gäste wurde ein eigenes **Besucherzentrum** eingerichtet, das die Werft zusammen mit der **Papenburg Tourismus GmbH** betreibt. Das Besucherzentrum bietet durch viele Exponate, Filme, eine Musterkabine u.a. mehr einen Einblick in den Produktionsprozess der Werft und den Glamour einer Kreuzfahrt.

Weltberühmt wird ein auf der Werft gebautes Schiff durch seine Rolle in dem Spielfilmklassiker „*The African Queen*“, wo es neben den beiden Sympathieträgern Humphrey Bogart und Katharine Hepburn als deutsches **Kanonen-**

boot „Luisa" quasi „mitspielt". Während das Schiff am Ende des Films von den beiden Helden in die Luft gesprengt wird, ist seine „Darstellerin", die **„Graf Goetzen"**, unter ihrem jetzigen Namen „Liemba" noch immer in Afrika unterwegs. Ihre Geburtsstunde schlägt kurz vor dem Ersten Weltkrieg. Damals erhält die Meyer Werft von der Ostafrikanischen Eisenbahn-Gesellschaft

den Auftrag, ein Schiff für den Fracht- und Passagierverkehr auf dem Tanganjikasee in Ostafrika zu bauen. Die Stapellegung erfolgt im Februar 1913 und am 5. Februar 1915 findet der Stapellauf des zuvor in 5.000 Einzelteile zerlegten und dann wieder zusammengebauten Schiffes am Bestimmungsort statt. Im Ersten Weltkrieg auf Grund gesetzt, wird das Schiff wieder gehoben und tritt 1927 als „Liemba" erneut in Dienst. Noch heute befährt es, nach einer gründlichen Sanierung, den See.

Im Gewerbegebiet am **Deverhafen**, südlich des Industriegebietes Nordhafen, liegt das **Forum Alte Werft.** Das ehemalige Werksgelände der Meyer Werft ist heute das **Kultur- und Tagungszentrum** mit sichtbar gebliebener Industriearchitektur. Die **Stadthalle** dort fasst bis zu 950 Personen. Im Theater finden neben den Aufführungen auch Vorträge, Konzerte und Seminare für bis zu 280 Personen statt. Ausführliche Informationen zur „Graf Goetzen" und zum Schiffbau oder zur historischen Entwicklung Papen-

burgs finden Besucher in dem 2004 eröffneten multimedialen **Zeitspeicher Papenburg** am **Ölmühlenweg**, einem Besucherinformationszentrum der **Papenburger Touristikzentrale.**

Der **Alte Turm** ist nach dem Vorbild des heute nicht mehr existierenden Leuchtturms der lettischen Hauptstadt Riga erbaut worden. Nur wenige Meter vom Alten Turm entfernt befindet sich die **Von-Velen-Anlage.** Das Museum ist nach dem Stadtgründer **Dietrich von Velen** benannt. Prunkstück der Museumsanlage ist das **Papenbörger Hus.** In dieser kleinen Moorplaggenhütte kann man das beengte Leben der Moorkolonisten nachempfinden.

Nicht nur im **Freilicht-Schifffahrtsmuseum** sind originalgetreue Nachbauten von Schiffen aus dem 19. Jahrhundert ausgestellt. Im gesamten Stadtgebiet sind historische Schiffstypen wie eine *Tjalk*, eine *Spitzmutte*, eine *Kuff*, zwei *Schmacks* und eine *Brigg* zu finden.

Der bekannteste Einwohner Papenburgs ist der ehemalige Bundesinnenminister **Dr. Rudolf Seiters.** Er wird 1937 in >Osnabrück (286) geboren. Nach dem Studium der Rechts- und Staatswissenschaften an der Westfälischen Wilhelms-Universität Münster tritt Rudolf Seiters 1958 in die CDU ein. Dem Deutschen Bundestag gehört er 33

Die Eisenbahnklappbrücke gegenüber dem Forum Alte Werft (o.)

Teil der Anlage des Guts Altenkamp (o.l.)

Der „Macher der Deutschen Einheit", Dr. Rudolf Seiters (o.) ist neben dem ehemaligen Papenburger Bürgermeister Gottfried Meyer der zweite Ehrenbürger der Stadt

Der Alte Turm, Gedenkstätte für die Toten und Vermissten beider Weltkriege (l.)

Blick in die Dauerausstellung des DIZ zu den Emslandlagern. Neben informativen Foto- und Texttafeln werden zahlreiche Originalexponate ehemaliger Häftlinge, von Zeichnungen über Schnitzereien bis hin zu Briefen, gezeigt. Daneben gibt es wechselnde Sonderausstellungen (o.)

Im Industriegebiet Nordhafen betreibt die Firma ProCon Nord Energiesysteme GmbH ein Biomasse-Kraftwerk, das seit seiner Inbetriebnahme im Jahr 2003 rund 50.000 Haushalte mit Strom versorgt (o.r.)

Jahre lang, von 1969 bis 1998, an. Seit 2003 ist Rudolf Seiters Präsident des Deutschen Roten Kreuzes.

Das **Dokumentations- und Informationszentrum Emslandlager,** kurz: DIZ, 1985 mit Unterstützung ehemaliger Häftlinge von einem privaten Verein eingerichtet, stellt die Geschichte der von den Nationalsozialisten eingerichteten **Emslandlager** 1933 bis 1945 dar.

1980 erwirbt die Stadt Papenburg das **Gut Altenkamp** in **Aschendorf** und lässt es renovieren. Als Ausstellungsgebäude steht es der Stiftung Preußischer Kulturbesitz zur Verfügung. Seit zehn Jahren finden dort zweimal jährlich überregional beachtete Ausstellungen statt. Aus den großen Museen der Stiftung Preußischer Kulturbesitz in Berlin und anderen Museen werden herausragende Ausstellungen in den 20 Räumen des Hauses präsentiert. Gut besucht sind auch die Konzerte, die regelmäßig im Haus und Garten aufgeführt werden. Besonders beliebt ist die große Gartenanlage. *„Einst“*, so notiert der Chronist, *„lustwandelten hier schöne Edeldamen mit Reifrock und hochgetürmtem Kopfputz, begleitet von Kavalieren in Schnallenschuhen und seidenen Strümpfen, den Dreispitz auf dem gepuderten Haar.“* Damals wie heute erliegen die Gäste dem Charme der prächtigen Anlage mit ihren über 200 Jahre alten Taxushecken.

Immer stärker profiliert sich Papenburg auch durch seine **Blumenschau.** *„In Papenburg da blüht Dir was“*, lautet das Motto der Schau, die alle drei Jahre weit über 100.000 Besucher anzieht. Für knapp zwei Wochen verwandeln sich dann Papenburgs Stadtmitte, der Stadtpark und der Hauptkanal in ein Blumenmeer. Zentrum der Ausstellung sind die über 2.000 qm großen Themengärten und ein Freigelände vor den Blumenschauhallen im **Forum Alte Werft.** An allen Schautagen gibt es ein Rahmenprogramm mit Shanty-Chören, Dixieland-Musik und Höhenfeuerwerk.

In Holland fehlen bekanntlich die Gardinen vor den Fenstern, eine Folge der calvinistische Tradition, in der alles übersichtlich, durchorganisiert und kontrolliert ist. Man zeigt, dass man nichts zu verbergen hat. Jeder kann jederzeit in die Wohnung des Nachbarn schauen und dessen Lebenswandel überprüfen. Papenburg liegt zwar in unmittelbarer Nähe zu den Niederlanden, aber eben doch in Deutschland. Und es ist es

katholisch. Sonst wäre der Ortsteil **Aschendorf** wohl kaum die „Gardinenhauptstadt" Deutschlands geworden. Die **ADO GmbH & Co. KG** in Aschendorf ist Europas Marktführer für Gardinen und Dekostoffe. Sie hat die Produktion, Konfektion, Lagerhaltung und den Versand der Textilien auf das Stammwerk in Aschendorf nahe der holländischen Grenze konzentriert. 850 Mitarbeiter finden hier Arbeit. Monatlich werden 2,5 Millionen Quadratmeter Stoff in 500 Designs und bis zu 50 Farben hergestellt.

Trotz des regen Testverkehrs, der auf dem von der **DaimlerChrysler AG** gebauten Prüfgelände der **ATP Automotive Testing Papenburg GmbH** herrscht, sind auf dem 870 Hektar großen Areal ökologisch wertvolle Flächen entstanden. Dass man dort viele Pflanzen- und Tierarten noch – oder wieder – antrifft, ist dem **Landschaftspflegeprogramm** des Unternehmens zu verdanken. So wurden Hochmoorflächen revitalisiert und ein großes Gebiet für Wiesenbrüter geschaffen. Neben der Steilkurve brütet der Brachvogel, zwischen den Pisten weiden Schafe. Die Verantwortung für die Pflege und die Schafherde ist dem **Sozialen Ökohof St. Josef** übertragen, der Langzeitarbeitslose im ökologischen Landbau einsetzt und sie für den Wiedereintritt ins Erwerbsleben qualifiziert. Das Prüfgelände Papenburg umfasst neben Werkstätten, Prüfständen und Verwaltungseinrichtungen Prüfstrecken von 72 Kilometern Länge. Vor allem für die Abstimmung von Fahrwerken und Regelsystemen sind alle notwendigen Prüfeinrichtungen vorhanden. Es werden aber auch alle anderen Aspekte der Erprobung von Pkw und Lkw abgedeckt. Das Prüfgelände ist für die Öffentlichkeit nicht zugänglich. Interessante Informationen und Blicke hinter die Kulissen bekommt man jedoch im Zeitspeicher in der Ölmühlenstraße.

Clowns-Workshop auf dem Sozialen Ökohof St. Josef (o.)

ADO-Mitarbeiterinnen prüfen an Kontrolltischen die über Rollen laufenden gewebten Gardinenstoffe (ganz o.)

Von der Aussichtsterrasse des Café-Restaurants „Zur Seeschleuse" (o.l.) hat man einen guten Blick, u.a. auf das Gelände der Meyer Werft.

Ortsteile:
- Borsum
- Brual
- Neurhede
- Rhede (Ems)

Einwohner: 4.066
Fläche: 75,02 qkm
54,2 Einw. je qkm

Rhede (Ems)

Zeitgenössische Wahrzeichen der Gemeinde sind die **Windenergieanlagen**. 17 Mühlen stehen in **Rhede** und 13 in **Borsum**. Die Enercon-Anlagen aus > Aurich (24) mit einem Investitionsvolumen von 80 Millionen Euro werden im Jahr 2002 in Betrieb genommen.

Blick in das Landwirtschaftsmuseum (o.)

Rathaus in Rhede (ganz o.)

Die Alte Rheder Kirche (o.r.)

Das große **Bourtanger Moor,** ein Hochmoor, liegt westlich der Ems, zu beiden Seiten der deutsch-niederländischen Grenze. Schon im 16. und 17. Jahrhundert wird die niederländische Seite besiedelt. Die Kolonisation auf der deutschen Seite beginnt im großen Stil erst nach 1940. Eine der wenigen Ausnahmen ist die Moorkolonie **Neurhede**. Im 18. Jahrhundert wird die Aufmerksamkeit der Münsterschen Regierung durch die Grenzvergleiche mit Holland auf die großen Moore im Emsland gelenkt. Die Erfolge der Moorbesiedlung in den Niederlanden regt sie an, durch Anlegung von Kolonien den sumpfigen Boden urbar zu machen und in **Plaatzen** einzuteilen. Die Plaatzen in Neurhede werden am 3. Juni 1788 verlost und 37 Neubauern zugewiesen. Durch den Fleiß der Kolonisten, die anfänglich mit großer Not und Armut zu kämpfen haben, entwickeln sich gesunde bäuerliche Betriebe.

Im Jahre 1988 feiert Neurhede seinen 200. Geburtstag. Innerhalb einer großen Festwoche werden viele alte Traditionen vorgestellt. Aus der Idee dieser Brauchtumspflege heraus entsteht – nicht ganz so weit nach hinten schauend – der Verein **Neurheder Oldtimer-Kollegen und Umgebung e.V.** Bald treffen sich deutlich über 10.000 Besucher; *„das 23-fache der Einwohnerzahl von Neurhede!“*, wie die Initiatoren damals stolz feststellen, und Hunderte von Ausstellern zu den **Oldtimertreffen** in Neurhede. Den Oldtimerfreunden werden auf dem 30.000 Quadratmeter großen Ausstellungsgelände alle möglichen motorisierten Vehikel aus alter Zeit präsentiert, so alte Traktoren der Marken Güldner, Porsche und Lanz, Motorräder und historische Automobile.

Gleich hinter der Grenze auf niederländischer Seite, aber in unmittelbarer Nähe von **Neurhede**, liegt die **Festung Bourtange**, ein historisches Verteidigungsbauwerk. Bourtange hat sich zum Publikumsmagneten mit jährlich über 200.000 Gästen entwickelt. Hier verläuft der Verbindungsweg von Groningen über Lingen nach Westfalen. Bourtange entwickelt sich zu einem blühenden Landstädtchen. Die holländische Gemeinde Vlagtwedde, zu der Bour-

tange heute gehört, entschließt sich 1964, die Festung zu rekonstruieren.

Das **Landwirtschaftsmuseum** ist in einem Gulfhaus mitten im Ortskern von **Rhede** untergebracht. In ihm werden auf 1.100 Quadratmetern Ausstellungsfläche Geräte und Maschinen gezeigt, die in der Getreide- und Rübenernte, dem Kartoffelanbau sowie der Milchwirtschaft in und um Rhede in der Zeit von 1850 bis 1950 in Gebrauch sind.

Verlässt man den Ortskern Rhedes in Richtung Borsum, kommt man zur **Alten Rheder Kirche**. Seit 1991 gehört sie dem Landkreis. Wegen der guten Akustik finden hier auch regelmäßig Konzerte der Reihe **„Kirchenmusik im Emsland“** statt.

Auf einer Sanddüne, die sich von Ost nach West erstreckt, liegt **Borsum**. Der Ort ist von der Landwirtschaft geprägt. Bis 1930 ist Borsum sogar eine Insel: Der Ort hat bis in diese Zeit keine hochwasserfreien Verbindungen zu den Nachbargemeinden. Erst später wird zwischen Borsum und Rhede eine hochwasserfreie Straße gebaut.

Alle zwei Jahre organisiert die **Landjugend** in Borsum das **Erdbeerfest**.

Frühmorgens schon werden die Erdbeeren auf dem Feld gepflückt. Über 2.000 Tassen Kaffee werden ausgeschenkt. Kinder amüsieren sich auf der Hüpfburg und mit der **Mistkarre** werden heiße Rennen gefahren. Der Erlös des Festes kommt einem guten Zweck zugute.

Gerhard und Anna Rave (o.)

Jährliches Oldtimertreffen in Neurhede (ganz o.)

An der Alten Rheder Kirche hat der Heimatverein Aschendorf-Hümmling eine Gedenkstätte für die Toten des Zweiten Weltkriegs eingerichtet (o.l.)

Brual liegt im nördlichen Teil der Gemeinde Rhede (Ems), einige hundert Meter östlich der alten Nord-Süd-Handelsstraße **Osseweg**. Während der NS-Zeit steht hier das **Lager III Brual-Rhede**. Die Gefangenen werden zur Moorkultivierung in der Nähe des Lagers eingesetzt. An das Lager erinnert heute nur noch eine Informationstafel, die die Kreisverwaltung zu Anfang der 1990er Jahre hier anbringen lässt.

Der Heimatdichter **Gerhard Rave**, der 1892 in Rhede geboren wird, greift die alte Ortsbezeichnung Rhedes als Titel für sein Heimatlied „Aole Rheen“ (altes Rhede) wieder auf. Er selbst wird in der Gemeinde auch „aorns Gert“ (unser Gert) genannt. Seine Sorge gilt den sozial Schwächeren. Der von ihm inspirierte „Ring der Bauwirte“ gehört zu den Vorläufern heutiger **Bausparkassen**, die es auch weniger gut Betuchten möglich machen, ein eigenes Haus zu besitzen. Später wird Gerhard Rave Vorstandsmitglied und Direktor der Hanseatischen Bauspar-AG in Bremen. Er stirbt 1952 in Bremen und ist auf dem Rheder Friedhof beigesetzt.

Ortsteile:
- Holsten-Bexten
- Hummeldorf
- Salzbergen
- Steide

Einwohner: 7.440
Fläche: 53,31 qkm
139,6 Einw. je qkm

Salzbergen

Schmierstoff-raffinerie H & R ChemPharm (r.)

Die ISP Motoren-prüfstände GmbH betreibt das Institut für Kraft- und Schmierstoffprüfung. Dort werden Schmierstoffe geprüft und Motorenbauteile wie Kolbenringe, Lager oder Nockenwellen vermessen. Auch Gebrauchtöl wird analysiert. Im Bild: die Messwarte (o.)

An sich ist die Buche ein häufig vorkommender Baum. Aber das beinahe 200 Jahre alte Exemplar mit dem untypischen Wuchs, das auf dem Vorplatz der **Pfarrkirche St. Marien** in **Holsten-Bexten** steht, ist etwas ganz Besonderes. Die **Holstener Buche** hat einen Kronendurchmesser von 35 Metern. Der Stamm misst im Querschnitt 1,40 Meter und in seinem Umfang 4,40 Meter. Im Jahre 1982 wird dieser ungewöhnliche Baum zum Naturdenkmal erklärt.

Mit dem Bau der Eisenbahnlinien Münster–Rheine–Emden (1854–1856) und Hannover–Osnabrück–Amsterdam (1865) sowie dem Bau der heute noch produzierenden Erdölraffinerie beginnt 1860 der wirtschaftliche Aufstieg der bis dahin unbedeutenden Landgemeinde zu einem Industriestandort. Der Erste Weltkrieg und die Weltwirtschaftskrise unterbrechen den wirtschaftlichen Fortschritt. Am Ende des Zweiten Weltkrieges liegen 70 Prozent aller Wohn- und Gewerbegebäude in Trümmern. Auch die Raffinerie ist vollständig zerstört. Die ehemalige Schmierstoffraffinerie Salzbergen, die jetzt als **H & R ChemPharm GmbH** firmiert, ist die älteste noch produzierende Raffinerie der Welt und dank umfangreicher Investitionen auch heute eine der modernsten Anlagen weltweit. Das Unternehmen verarbeitet jährlich 400.000 Tonnen Rohstoffe zu Paraffinen, technischen und medizinischen Weißölen, Feindestillaten, Basisölen, Weichmachern und Bitumen. *„Wir liefern die Rohstoffe für Kosmetika, Pharmazie sowie für die Reifen- und Druckfarbenindustrie“*, sagt die Geschäftsführerin **Maria-Elisabeth Ostermann-Müller**. Die Raffinerie verfügt in Salzbergen über ein eigenes Forschungs- und Entwicklungszentrum und beschäftigt vor Ort fast 400 Mitarbeiter.

Im **Industriegebiet Holsterfeld** direkt an der BAB 30 dominiert der amerikanische Konzern **GE Energy** mit fast 700 Beschäftigten.

Das Windenergie-Portfolio von GE Energy umfasst derzeit Anlagen mit Nennleistungen von 1.500 bis 3.600 KW. Ergänzt wird die Produktpalette durch ein umfassendes Serviceangebot sowie Unterstützung bei der Projektentwicklung bis zu Betrieb und Wartung von Windenergieanlagen. Als global orientierter Unternehmensbereich entwickelt und produziert GE Energy in den Fertigungsstätten Salzbergen (Deutschland), Noblejas (Spanien) und Tehachapi (USA). Eine Rotorblattfertigung befindet sich zudem in Pensacola (Florida, USA). Bis Juli 2004 hat das Unternehmen 6.700 Windkraftanlagen mit einer Gesamtleistung von mehr als 4.900 MW weltweit errichtet.

Eine ungewöhnliche Sammlung ist im **Feuerwehrmuseum Salzbergen** ausgestellt. Der junge Museumsverein hat Exponate aus aller Welt zusammengetragen, eine ansehnliche Zahl von Fahrzeugen, Handdruckspritzen, Geräten und Kleinteilen. U.a. werden Helme, Kappen und Mützen, Uniformen, Ärmelabzeichen, Orden und Ehrenzeichen, Stahlrohre, Feuerlöscher, Atemschutzgeräte, Urkunden und Dokumente gesammelt.

Eine Sehenswürdigkeit in Salzbergen ist das **Gut Stovern** der **Familie von Twickel**. Das Gut im Süden von Salzbergen wird im Jahre 1230 erstmals erwähnt. Im **Stovernschen Wald** findet der Spaziergänger neben dem **Walderlebnispfad** mit seinen unterschiedlichen Stationen vom Waldklassenzimmer bis hin zum Barfußgang eine vielfältige Pflanzenwelt und einen für das Emsland seltenen Buchenwald. Ein Campingplatz und ein Feriendorf mit über 70 Wochenendhäusern runden das Erholungsangebot in Salzbergen ab. Ein Eldorado für Angler ist die **Ems**, die durch die südemsländische Gemeinde fließt. Freunde des Reitsports kommen in der **Emshalle** und im **Pferdepark Holsterfeld** mit zehn Hektar Weiden und Paddocks auf ihre Kosten.

In den Sommermonaten ist der **Hengemühlensee** ein Anziehungspunkt für viele Badefreunde und Sonnenanbeter. Der 160.000 Quadratmeter große See bietet nahezu alles, was man sich für eine gelungene Freizeitgestaltung wünscht: Möglichkeiten zum Schwimmen, Tauchen, Angeln, Paddeln oder Rudern.

Ein Haus für Bildungsarbeit auf der Grundlage christlichen Glaubens im Sinne Adolph Kolpings ist das **Kolping-Bildungshaus Salzbergen**. Es ist eine auf den Mauern eines alten Zweiständerhauses errichtete Bildungs- und Begegnungsstätte des Kolpingwerkes des Diözesanverbandes Osnabrück. Übernachtungsmöglichkeiten bestehen für 60 Personen in 30 Zimmern.

Das nahe dem Kolping-Haus gelegene, vom **Heimatverein** wieder aufgebaute emsländische Heuerhaus aus dem Jahre 1729 gehörte zur Hofstelle des Bauern Lölver aus Holsten-Bexten. Das Zweiständer-Hallenhaus vereint Wohnbereich, Diele und Stallungen in einem einzigen Raum. Mittelpunkt des Hauses ist die offene Feuerstelle.

Das Feuerwehrmuseum Salzbergen zeigt die Entwicklung des Feuerlöschwesens der letzten 300 Jahre. Kinder können in einem alten Feuerlöschzug mitfahren (o.)

Das Kolpingwerk ist der Träger des Kolping-Bildungshauses Salzbergen (ganz l.)
Es steht in der Tradition Adolph Kolpings (1813–1865). Eine Gedenktafel an dem Haus (l.) erinnert an den „Handwerker, Priester und Gesellenvater“, der zu den bedeutenden Begründern der katholischen Soziallehre gehört

SG Sögel

Mitgliedsgemeinden:
- Börger
- Groß Berßen
- Hüven
- Klein Berßen
- Sögel
- Spahnharrenstätte
- Stavern
- Werpeloh

Einwohner: 15.431
Fläche: 285,71 qkm
54,0 Einw. je qkm

Clemens-August von Wittelsbach (o.)

Um das Schloss Clemenswerth (o.r.) sind sternförmig kleinere Pavillons angeordnet, die die Namen der Bistümer Köln, Münster, Paderborn, Hildesheim, Osnabrück und des Deutschordenssitzes Mergentheim tragen

Am Südrand des eiszeitlichen Geestrückens Hümmling gelegen, ist Sögel seit dem späten Mittelalter lange Ausgangspunkt höfischer Jagdgesellschaften. Das großartige **Schloss Clemenswerth** symbolisiert in der Idealform eines Jagdsternes diese aristokratische Leidenschaft.

Der Barockbaumeister **Johann Conrad Schlaun** baut das Schloss seit 1737 für den Kölner Kurfürsten und Erzbischof Clemens-August von Wittelsbach (1700–1761). Es ist eines der außergewöhnlichsten kulturgeschichtlichen Denkmäler des Spätbarock in Nordwestdeutschland. Der Besitzer, Zeigenosse Ludwig XIV., wird der „Sonnenfürst vom Rhein" genannt. Er interessiert sich eher für die schönen Künste und die Jagd als für die Religion. Neben seiner prächtigen Sommerresidenz Augustusburg in Brühl bei Bonn unterhält er weitere Jagdhöfe, darunter das abgelegene und gerade deswegen beeindruckende Clemenswerth.

Heimathaus auf der Heimathofanlage Sögel mit Museum und Veranstaltungsraum (o.)

Nach dem Tode des Kurfürsten Clemens August verbleibt Clemenswerth im Besitz der Fürstbischöfe von Münster, wird aber nicht mehr genutzt und verwahrlost. 1806 kommt der Hümmling zum durch Napoleons Gnade entstehenden Herzogtum Arenberg. Der in herzöglichen Diensten stehende Amtmann und Richter **Paulus Modestus Schücking** und seine Frau **Catharina Busch**, zu dieser Zeit eine bekannte Dichterin und Freundin der **Annette von Droste Hülshoff,** übernehmen den Marstall als Dienstwohnung. Ihr ältester Sohn **Levin Schücking** (1814–1883) wächst im **Marstall** auf. Er ist zu seiner Zeit einer der bekanntesten deutschen Schriftsteller, bringt etwa 200 Romane, Novellen, Dramen und wissenschaftliche Werke heraus.

1945 erteilt der Herzog von Arenberg dem Bischof von Osnabrück die Genehmigung, den **Marstall** des Schlosses als Bildungsstätte zu nutzen. Nach einem Umbau kann der Bischof 1948 das neue Bildungshaus und die Kapelle einweihen. Heute verzeichnet die Jugendbildungsstätte Marstall Clemenswerth jährlich ca. 20.000 Teilnehmertage. Es gibt internationale Jugendbegegnungen, religiöse Wochen, Veranstaltungen zu politischen Problemen, musische Angebote, Bildungsurlaube, Behindertenfreizeiten, Schulgemeinschaftstage, Jugendgottesdienste und vieles mehr.

Die Hüvener Mühle ist ebenso Wind- wie Wassermühle (l.)

Nach umfangreichen Restaurierungen bildet die Schlossanlage am Rande von Sögel heute den Rahmen eines Regionalmuseums für die Geschichte des 18. und 19. Jahrhunderts. Schloss Clemenswerth ist gleichzeitig Ausstellungszentrum für moderne figurative Kunst und realistische Malerei sowie für zeitgenössische Keramik.
In dem **Haus für Kultur und Heimatliteratur** kann man Gemälde der Familie Schücking sowie Briefe und Manuskripte einsehen.

Das Kammerorchester Schloss Werneck bei einem Gastauftritt 2003 im Schloss Clemenswerth (l.)

Die **Hüvener Mühle** ist 1801 durch ein Feuer zerstört, jedoch danach wieder aufgebaut worden. Sie ist die einzige kombinierte Wind- und Wassermühle Europas. Da die **Radde** in regenarmen Zeiten nicht genügend Wasser führt, hat ein Mühlenbauer aus Hüven die geniale Idee gehabt, eine Windmühle auf die Wassermühle zu setzen. So kann seit 1850, je nach Bedarf, entweder mit Wind- oder Wasserkraft gemahlen werden. Die Mühle steht unter Denkmalschutz und ist 2004 restauriert worden.
Der **Kulturkreis Clemenswerth** ist ein eingetragener Verein, der sich der Förderung des kulturellen Lebens in Sögel und den Nachbargemeinden verpflichtet fühlt und mehr als 400 Mitglieder

Christel Lüger vor dem Eingang des Tierparks Sögel-Eisten (l.)

hat. Ein ehrenamtlicher Vorstand organisiert etwa 25 Aufführungen pro Jahr: klassisches und modernes Sprechtheater, Operetten und Musicals, eine Konzertreihe, ein eigenes Kinder- und Jugendprogramm. Aufgeführt werden die Theaterstücke in der **Aula** des **Gymnasiums** mit ca. 500 Plätzen. Die Konzerte finden im Zentralbau des Jagdschlosses Clemenswerth statt.
Seit mehr als 20 Jahren ist der **Tierpark Sögel-Eisten** der **Familie Lüger** ein beliebtes Ausflugsziel. Die exotischen Tiere leben in einem großen Freigehege mit Hochständen und Hängematten. In dem Tierpark leben Emus, Lamas, Waschbären und Stachelschweine. Idyllisch ist es auch an dem Teich, an dem Enten und Schwäne zu Hause sind.
Zwischen Börger und Sögel liegt die Gemeinde **Werpeloh**. Eine Attraktion dort ist das **Batak-Haus.** Der Werpeloher **Pater Matthäus** hat 1978 wegen seiner Vorliebe für diese Art zu wohnen, ein Wohnhaus errichten lassen, wie es auf der Insel Sumatra üblich ist. Heute ist das Haus ein Museum.

Mitglieds-gemeinden:
- Lünne
- Schapen
- Spelle

Einwohner: 12.447
Fläche: 91,09 qkm
136,6 Einw. je qkm

SG Spelle

Die Samtgemeinde Spelle kann mit Stolz auf die Steigerung ihrer Einwohnerzahl in den letzten 25 Jahren verweisen. Sie hat die höchste Zuwachsrate im gesamten Landkreis.
Historische Gebäude wie der **Wöhlehof** in Spelle oder die **Hüberts'sche Handelsschule** in **Schapen**, die älteste private Handelsschule Europas, setzen kulturhistorische Akzente. Ein talentierter Junglehrer aus Holland lässt 1850 die **Hüberts'sche Handelsschule** erbauen, in der bis zu 150 Schüler aus allen Teilen Europas und Übersee unterrichtet werden. Die ehemalige Schule steht heute unter Denkmalschutz. Der freundliche Charakter der Einrichtung wird von den Wiesen- und Gartenflächen mit großkronigen Linden, Kastanien und anderen Laubbäumen bestimmt, die das Areal umgrenzen. 1996 erwirbt der Verein **Christophorus-Werk Lingen** die Gebäude. Sie werden restauriert und seit einigen Jahren ist ein neues Betreuungsangebot als Wohn- und Lebensraum für Menschen mit Mehrfachbehinderungen etabliert.
Das südliche Emsland ist die Heimat der **Tödden.** In **Schapen** erinnert im **Alten Pfarrhaus** eine ständige Ausstellung an das schwere ungebundene Leben dieser umherziehenden Händler. Die Tödden sind Leinenverkäufer, die einst mit ihren Leinenpacken ins benachbarte Holland und später durch halb Europa reisen und es manchmal sogar zu einigem Wohlstand bringen. Entstanden ist die Tradition der Tödden aus bitterer Not: Gutes Ackerland war rar. Auf den sandigen Böden wachsen nur Hanf und Flachs, die Rohstoffe für die Leinenherstellung. In der Mitte des 19. Jahrhunderts bietet deren Anbau aber für eine wachsende Bevölkerung keine ausreichende Lebensgrundlage. Industrie und Handwerk fehlen oder sind unterentwickelt, so daß sich viele Männer aus der Region im Sommer auf den Weg nach Holland machen, um sich dort als Saisonarbeiter zu verdingen. Das Leinen, welches in den Wintermonaten von den übrigen Familienmitgliedern gewebt worden ist, nehmen sie mit. Mit der Zeit werden die Holländer auf die immer bessere Qualität dieses Leinens auf-

Die St.-Vitus-Kirche auf dem Gelände der ehemaligen Wasserburg Venhaus aus dem 15. Jahrhundert (o.)

Der Wöhle-Hof in Spelle ist das Bürgerbegegnungszentrum der Gemeinde (ganz o.r.)

Zwischen den Töddenhäusern auf dem alten Marktplatz in Schapen steht seit 1990 das Schäferdenkmal, das auch „Tor zum Emsland" genannt wird (o.r.)

merksam und kaufen den Tödden größere Mengen ab. Es entwickelt sich ein Handel. Bald kommen die Tödden nicht mehr als Saisonarbeiter, sondern zum Verkauf des Leinens. Viele Familien beschäftigen sich daraufhin ausschließlich mit der Produktion von Leinen und die Männer ziehen durch halb Europa und bringen dort erworbenen Wohlstand mit in die Heimat.
Neben Ausstellungen über verschiedene Aspekte im Leben der Tödden finden im Alten Pfarrhaus Lesungen und Konzerte statt. Der **Heimatverein** hat sich in einem ehemaligen **Brauhaus** neben dem

Pfarrhaus niedergelassen. Ein **Töddenland-Rundwanderweg** verläuft auf der Route der umherwandernden Verkäufer.
Seit über 80 Jahren zählt das **Rekers Betonwerk** in der **Portlandstraße** in **Spelle** zu den leistungsstärksten Unternehmen der Beton- und Fertigteilindustrie in Deutschland. Mittlerweile hat es sich auf die Produktsparten Betonwaren für den Straßen-, Garten- und Landschaftsbau, Betonfertigteile und Fertiggaragen spezialisiert. Wegen der Erfahrung in der Verarbeitung von Beton wird Rekers unter anderem zum Lieferanten für die bekannte **Arena auf Schalke**. Für das neue Stadion liefert Rekers über 7.000 Betonfertigteile mit bis zu 60 Tonnen Gewicht. Rekers beschäftigt in Spelle über 600 Mitarbeiter.
In **Lünne** betreibt die **Privatbrauerei Borchert** das Emsländer Brauhaus. Wasser, Malz, Hopfen und Hefe und sonst nichts, getreu nach dem Deutschen Reinheitsgebot von 1516, ist die Rezeptur der Biere aus Lünne. Weil heute selbst die Zutaten nicht immer frei von Zusatzstoffen oder gar Rückständen sind, werden bei der Herstellung des Bieres nur Rohstoffe aus kontrolliertem Anbau eingesetzt. Das Emsländer Brauhaus bietet neben einer Brauereibesichtigung auch Musikveranstaltungen im Biergarten, Aktivitäten für Boßel-Touren und einen Kinderspielplatz an. Neben Bierfässerweitwerfen findet auch ein Ritterbankett statt. Essen bei Live-Musik sind im Rahmen der Brauhausabende zu genießen. Bei großen Veranstaltungen löscht ein feuerroter umgebauter Mercedes-Benz-Löschzug aus den 1960er Jahren, der **Emsländer Durstlöschzug,** mit viel Fassungsvermögen und einem modernen Kühlsystem den Durst.
Im Osten der Gemeinde Spelle liegt das Naturschutzgebiet **Speller Dose.** Auf einem 100 m langen Holzsteg gelangen die Besucher sicher in das Hochmoor und erleben die fremdartige Schönheit des über 50 Hektar großen Gebietes. Auf Informationstafeln ist Wissenswertes über Flora und Fauna sowie über notwendige Schutzmaßnahmen aufgezeichnet. Vom sechs Meter hohen Aussichtsturm genießen die Besucher einen weiten Blick über dieses Moorgebiet.

Zu den bekanntesten Projekten des Rekers Betonwerks gehört der Bau der Arena auf Schalke (o.)

Blick in die Privatbrauerei Borchert (l.)

Der „Emsländer Durstlöschzug“ (o.)

Ortsteile:
- Adorf
- Bült
- Hebelermeer
- Neuringe
- Rühlerfeld
- Schöninghsdorf
- Siedlung
- Twist

Einwohner: 9.567
Fläche: 105,63 qkm
90,6 Einw. je qkm

Twist

Die Gemeinde Twist liegt an der Westgrenze des Landkreises Emsland mit über 15 Kilometer gemeinsamer Grenze zu den Niederlanden. Sowohl die Lage am Rand des **Bourtanger Moores** als auch die unmittelbare Nachbarschaft zu Holland haben die Entwicklung der Gemeinde stark beeinflusst.
Sehenswert in der katholisch geprägten Gemeinde sind einige Details in evangelisch-reformierten Kirchen. Dazu zählt die 1719 eingeweihte Orgel in der Kirche in **Neuringe**, die zu den ältesten und wertvollsten im Besitz der evangelisch-reformierten Kirche gehört. Und eine der ältesten **Moorkirchen** im Grenzraum befindet sich in **Schöninghsdorf-Annaveen.** Es handelt sich um die aus dem Jahre 1907 stammende evangelisch-reformierte Kirche am Süd-Nord-Kanal. Bei Restaurierungsarbeiten in den letzten Jahren können die Jugendstilbemalungen wieder hergerichtet werden.
Vor gut 200 Jahren stellen Heuerleute aus **Hesepe** bei der Landesregierung den Antrag, in der Mark – also im Hochmoor auf dem **Twist** – siedeln zu dürfen. Die Hochmoorkolonie wächst stetig, wozu der Bau des **Süd-Nord-Kanals** 1892 und die Erschließung der Erdölfelder in **Rühlermoor** und **Rühlertwist** wesentlich beitragen. Der Kanal als Entwässerungsgraben und als Schifffahrtsweg ermöglicht zu Beginn des 20. Jahrhunderts großflächige Abtorfungen und bringt der Landwirtschaft große Vorteile. Bis zu 3.000 Arbeitskräfte, vor allem Saisonarbeiter und Grenzgänger, sind viele Jahre im ältesten Twister Industriezweig beschäftigt.
Nachdem die Landwirtschaft in der Region lange dominiert hat, bestimmen später **Erdöl- und Erdgasvorkommen** und weiterhin **Torfabbau** die wirtschaftliche Entwicklung. Heute arbeiten in Twist auch eine Reihe großer Produktionsbetriebe mit überregionaler Bedeutung im Bereich Kunststoffverarbeitung und Nahrungsmittel.
Charakteristisch für die Gemeinde sind immer noch die zahlreichen **Ölfelder** in der Umgebung. Bei Bentheim trifft 1938 eine Aufschlussbohrung auf Erdgas. 1942 stoßen Experten im Rahmen der Bohrung „Lingen 2“ bei Dalum auf **Erdöl.** Aus diesen Anfängen werden die Landkreise Emsland und Grafschaft Bentheim sowie die niederländische Provinz Drenthe zu bedeutenden europäischen Förderregionen für Erdöl und Erdgas. Das **Erdöl-Erdgas Museum Twist** im Heimathaus erzählt die Geschichte und Technik der deutschen Erdöl- und Erdgasindustrie. Die Ausstellungsanschnitte reichen von der Entstehung von Erdgas und Erdöl über das Aufsuchen der Lagerstätten, die Förderung der Rohstoffe bis zur Untergrundspeicherung. Die Bedeutung des Erdöls für das Emsland und die Grafschaft Bentheim wird im Erdölmuseum aufgezeigt. Auch der **Touristik-**

Pättkesfahrt (emsländisch für „Radtour“) mit dem Heimatverein. Die Fahrten finden wöchentlich statt und führen durch die Moorlandschaft (o.)

Bohrmeißel vor dem Erdölmuseum (r.)

verein Twist trägt der hohen Bedeutung des Erdöles für die Gemeinde Rechnung und bietet im Rahmen seiner Pauschalangebote auch eine Gästetour mit anschließender Prüfung zum „Twister Ölbaron" an.

Im Emsland macht die Ansiedlung von Flüchtlingen aus dem Osten nach Kriegsende die Erschließung von weiterem Moorland notwendig. Dafür werden Wasserleitungen gebraucht. Aufgrund der schwierigen Bodenbedingungen sucht man Rohre, die eine hohe Korrosions- und chemische Beständigkeit bei gleichzeitig geringem Gewicht haben. Umstände, die vergleichbar sind mit der Situation, die den Ingenieur und Erfinder **J.C. Keller,** Direktor des niederländischen Wasserbeschaffungsverbandes für die Provinz Overijssel (WMO), Anfang der 1950er Jahre auf die Idee bringen, PVC-Rohre für die Trinkwasserversorgung zu fertigen. 1955 wird in Zwolle, Niederlande, die Firma Wavin gegründet. Der Wasserbeschaffungsverband Bourtanger Moor regt bei den Niederländern an, im Bourtanger Moor ein zweites Werk zu errichten. So entsteht 1956 die **Wavin GmbH** in **Twist.** Heute ist das Unternehmen Teil der international tätigen Wavin BV, die mit knapp 5.000 Mitarbeitern in 24 Ländern eines Jahresumsatz von mehr als 900 Millionen Euro erwirtschaftet. Das umfangreiche Know-how ist in vielen Bereichen gefragt: in der Ver- und Entsorgungswirtschaft genauso wie in der Gebäudetechnik.

Im **Heimathaus Twist** finden regelmäßig Blues-Veranstaltungen statt. Initiator ist **Heiner Reinert.** Er meint zum ungewöhnlichen Erfolg dieser Musik bei den Grenzländern: *„Die Twister fühlen sich dem Blues, der Musik der Underdogs aus dem Süden der USA, wohl aufgrund ihrer schwierigen Lage während der Moorkolonisation verbunden und sehen im Blues eine Art neue Heimatmusik."* Mittlerweile finden im Heimathaus jährlich rund vierzig Veranstaltungen mit Größen aus Blues, Jazz, Folk etc. wie Keith Dunn, Barrelhouse, Dave Spector, Jan Akkermann, Chris Farlowe oder Walter Trout statt.

Ein häufiges Bild in Twist: Rapsfelder (o.)

Verlegung eines Kunststoffschachtes für Abwasserleitungen von Wavin (l.)

Der Torffabrikant Johannes Dues beginnt 1962 mit der Torfproduktion. Das Unternehmen besitzt in Twist große Torfgebiete (u.) und hat ein zweites Standbein in Schweden. Unter der Marke „Düsovit" werden Torfstreu, Blumenerde und Substrate verkauft

Mitgliedsgemeinden:
- Lahn
- Lorup
- Rastdorf
- Vrees
- Werlte

Einwohner: 15.490
Fläche: 200,11 qkm
77,4 Einw. je qkm

SG Werlte

Beeindruckend sind die beachtlichen Naturflächen in der Samtgemeinde Werlte. Das **Theikenmeer** ist eine in den 1970er Jahren renaturierte Seefläche des 250 Hektar großen Vogelreservats, eines der bedeutendsten Naturschutzgebiete Nordwestdeutschlands. Zu den Bewohnern des Theikenmeers gehören gefährdete Vogelarten und Reptilien. Auch vom Aussterben bedrohte Insekten- und Pflanzenarten leben im und am Theikenmeer. Eine rund 500 Tiere zählende Schafherde sorgt seit Mai 1998 dafür, dass nachwachsende Birken und Pfeifengras dauerhaft klein gehalten werden. Zuviel Schatten durch hohen Bewuchs würde der typischen Fauna und Flora des Hochmoores kaum Überlebensmöglichkeiten lassen. Die von Schäferin **Maike Grädener** gehaltene **Weiße gehörnte Heidschnucke,** eine vom Aussterben bedrohte Haustierrasse, wird traditionell bei der Beweidung von Moorstandorten eingesetzt. *„Die Renaturierung der Seefläche, die Etablierung einer Schafherde und die jüngst erfolgte Einrichtung eines Landschaftspflegehofes zählen zu unseren größten Erfolgen beim Kampf um den Erhalt des Theikenmeeres"*, so **Manfred Neubert** vom Naturschutzbund.

Ein weiteres kleineres Naturschutzgebiet, die **Bockholter Dose**, liegt zwischen dem Werlter Ortsteil **Bockholte** und der Gemeinde **Vrees**. Geschützt werden Moorlebensräume, die überwiegend durch Handtorfstiche aus dem vergangenen Jahrhundert geprägt wurden. Von weitgehend intakten Hochmoorheiden bis hin zu Moorbirkenwäldern finden sich auf 130 Hektar verschiedene Lebensräume eines Hochmoores. Typische Pflanzen wie das Wollgras können sich regenerieren und Wasservögel wie die Krickente beginnen wieder zu rasten und zu brüten.

Sehenswert ist der an die katholische Kirchengemeinde St. Sixtus angeschlossene **Bibelgarten.** Südlich der gleichnamigen Kirche gelegen, kann man in einem äußeren Kreis den Schöpfungsgarten, die Wüste, einen Ackergarten sowie das verheißene Land bewundern. Die Wüste gilt in der Bibel als Ort der Herausforderung und Entscheidung, während der Ackergarten die sozial-ökologische sowie ökonomische Grundlage des Lebens symbolisiert. Das Wasser im verheißenen Land ist die Lebensgrundlage, sorgt für Überfluss und somit für Frieden. Da der Bibelgarten sich einer großen Beliebtheit erfreut, finden mittlerweile zwei bis drei Führungen täglich statt.

Hermann Nortmann aus Lahn hat den **Bogensportclub Werlte** ins Leben geru-

Der innere Kreis des 2003 angelegten Bibelgartens der katholischen St.-Sixtus-Gemeinde ist der „Garten der Begegnung" (o.l.)

Die Bibel aus dem frühen 18. Jahrhundert (r.) aus hugenottischem Familienbesitz ist eine der fast 400 Familienbibeln aus Werlte und Umgebung, die 2003 in einer Bibelausstellung in der Gemeinde gezeigt werden

Das Theikenmeer zwischen Werlte und Sögel, ein Eldorado für Naturliebhaber (o.r.)

fen. Anstoß für die Vereinsgründung ist Nortmanns sehr erfolgreiche Teilnahme an den Paralympics 1996 in Atlanta, wo er mit der Nationalmannschaft Gold holt. Im Jahre 2000, nach Hermann Nortmanns Rückkehr von den Paralympics in Sydney, beginnen er und weitere Sportbegeisterte mit der Standortsuche für eine **Bogenschießanlage.** Im Juni 2001 gelingt es, den Rat der Gemeinde vom Sinn der Schaffung einer solchen Anlage neben dem Hallenbad zu überzeugen. Jetzt kommt es zur Gründung des **BSC Werlte:** *„Optimistisch wie ich war, lud ich die am Bogensport interessierten Personen zur Gründung eines Bogenschießvereins ein. So kam es am 4. April 2001 zur Vereinsgründung mit insgesamt 14 Mitgliedern. Eingeladen hatte ich 16 Personen."* Die Gemeinde Werlte, der Landkreis Emsland, der Landessportbund, der Behindertensportverband und die Sparkassenstiftung sowie Sponsoren fördern die Anlage. Die über 60 Vereinsmitglieder tragen ca. 1.000 freiwillige Arbeitsstunden zur Fertigstellung ihrer Bogensportanlage bei. Der Deutsche Schützenverbund gibt im November 2001 die Bogensportanlage frei und bezeichnet sie als „Vorzeige-Objekt".

Mit dem heimatgeschichtlichen Denkmal des Osnabrücker Künstlers **Bernd-Jürgen Hagedorn** bei **Krulls Hus** in **Lorup** wird an die Arbeit der jungen Männer erinnert, die im 19. Jahrhundert auch im Hümmling in der **Hollandgängerei** die einzige Möglichkeit sehen, ein paar Gulden zu verdienen. Das Denkmal zeigt eine einst alltägliche Abschiedsszene: Ein Familienvater verabschiedet sich von seiner Familie, um Buchweizen auf den umliegenden, mehrere Kilometer entfernten Mooren anzubauen und zu ernten. Der **„Bookweitenmeier"** misst immerhin 2,40 Meter in der Höhe und wiegt 240 Kilogramm. Die Gruppe der **„Binnerske"** mit ihren zwei Kindern kommt auf ein Gewicht von 300 Kilogramm Glockenbronze; dazu der bellende Hofhund mit 50 Kilogramm.

Am Ortseingang von **Lorup** hat der ehemalige Vorsteher der Markengemeinde Lorup, **Ulrich Borgmann,** 1993 einen originalgetreuen **Schafskoven** selbst errichtet. Die Loruper Bürger und ihre Gäste sollen an die vergangene Heideromantik des Emslandes, an die Zeit, als es in Lorup noch große Schafherden und Heideflächen gab, erinnert werden. Die Heidefläche an der **Breddenberger Straße** rund um den Schafstall beträgt 1,5 Hektar und wird von einigen Schafen beweidet.

Größter Arbeitgeber der Samtgemeinde ist das Fahrzeugwerk **Bernard Krone GmbH,** des zweitgrößten Herstellers von Lkw-Anhängern und Sattelaufliegern in Europa. Das Unternehmen blickt auf fast hundert Jahre Firmengeschichte zurück. In Werlte produzieren 630 Mitarbeiter auf 180.000 qm Gesamtfläche 15.000 Fahrzeugeinheiten pro Jahr. Das Programm umfasst Sattelauflieger, Wechselsysteme, Anhänger und Aufbauten für Motorwagen.

Fahrzeugmontage bei der Bernhard Krone GmbH (o.)

Das Heimathaus in Rastdorf (l.)

Die Skulpturen „Bookweitenmeier" und „Binnerske" (o.) in Lorup erinnern an die Hollandgänger. Im Vordergrund der Buchweizenmäher, dahinter eine Garbenbinderin mit ihren zwei Kindern

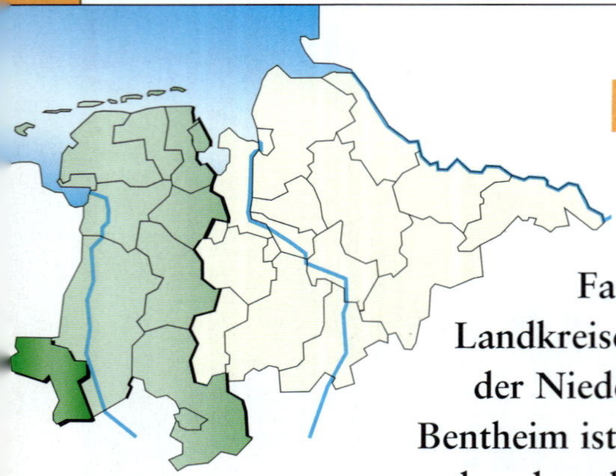

Landkreis Grafschaft Bentheim

Fast wie eine Halbinsel ragen große Teile des Landkreises Grafschaft Bentheim in das „Königreich der Niederlande“ hinein. Die historische Grafschaft Bentheim ist kulturell enger mit dem Nachbarland verbunden als andere niedersächsische und westfälische Grenzregionen. In Kultur, Sprache und Lebensweise sind niederländische Einflüsse in vielen Orten spürbar.

In der Grafschaft Bentheim biegt bei Emlichheim die im Münsterland entspringende und nach Norden fließende Vechte in Richtung Westen ab und überschreitet bei Laar und Gramsbergen die deutsch-niederländische Grenze. Die Vechte wird zur „Overijsseler Vecht“. 167 Kilometer weiter mündet der Fluss bei Zwolle in das Zwarte Water, um anschließend im Ijsselmeer zu enden. Über die Vechte wird der Bentheimer Sandstein verschifft. Bereits um das Jahr 1000 ist er das wichtigste Exportgut der Grafschaft Bentheim. Außerdem führen weitere wichtige Handelsrouten über holprige Straßen in die Niederlande.

Die Bindungen der Grafschaft Bentheim an die Niederlande sind aber nicht nur wegen des wirtschaftlichen Austausches eng, sondern auch wegen der religiösen Übereinstimmungen. Im Jahr 1544 setzt Graf Arnold I. von Bentheim-Bentheim in seiner Heimat das evangelisch-lutherische Bekenntnis durch, 1588 folgt die Einführung der reformierten Kirchenordnung und des Heidelberger Katechismus durch Graf Arnold II. Im Bereich der Klöster Frenswegen und Wietmarschen bleiben katholische Gemeinden erhalten.

Zu den Eigenheiten der Grafschaft gehören bis heute zwei reformierte Kirchen, die Evangelisch-reformierte Kirche, gegründet im Jahre 1588, und die Evangelisch-altreformierte Kirche aus dem Jahre 1838. Die Evangelisch-altreformierte Kirche zählt in der Grafschaft rund 6.000 Mitglieder in acht Gemeinden, die Evangelisch-reformierte Kirche rund 60.000 in 15 Gemeinden. Die größere der beiden ist eine von 24 evangelischen Landeskirchen, die gemeinsam die EKD, die Evangelische Kirche in Deutschland, bilden. Diese konfessionelle Besonderheit der Grafschaft führt dazu, dass der Landkreis Grafschaft Bentheim 1974 nicht mit dem eindeutig katholisch geprägten Kreis Lingen vereinigt wird.

Deutschlands Einfall in die neutralen Niederlande und die Erfahrungen mit den deutschen Besatzern führen in den Nachkriegsjahren zu starken Spannungen zwischen den einst guten Nachbarn. Die Niederlande erheben nach 1945 Ansprüche auf das Gebiet der Niedergrafschaft, aber auch Teile der Obergrafschaft Bentheim. Der Versuch stößt auf den Widerstand der britischen Besatzungsmacht. Sie legt entlang der deutsch-niederländischen Grenze eine drei bis sechs Kilometer breite „Schutzzone" an. Innerhalb dieser Zone werden die deutschen Bauernhöfe ausgesiedelt. Die Zone darf nur mit einem Sonderausweis betreten werden. Es gibt kaum Kontakte über die Grenze hinweg. Erst nachdem sich Ende der 1950er Jahre das Verhältnis zwischen beiden Ländern verbessert, verschwindet das Sperrgebiet und wird der Austausch wieder aufgenommen. Heute ist die Grenze zwischen der Grafschaft und den Niederlanden kaum noch auszumachen. Am ehesten wird an den Ortsschildern und Verkehrszeichen deutlich, in welchem Land man sich gerade befindet.

Die Wirtschaftsstruktur des Kreises wird lange von rückläufigen Branchen geprägt. Arbeitsplatzverluste, besonders durch den Strukturwandel in der Landwirtschaft und der Textil- und Bekleidungsindustrie, konnten durch die Aufnahme der Grafschaft Bentheim in EU-Förderprogramme und Gemeinschaftsinitiativen aufgefangen werden.

Typisch für evangelisch-reformierte Kirchen: das kreisförmig angeordnete Gestühl, das die Kanzel mit der aufgeschlagenen Bibel in den Mittelpunkt rückt, und das schlichte Kircheninnere; im Bild: die Schüttorfer Kirche

Landkreis-Profil

	Landkreis	Land Nieders.
Einwohner, Fläche		
Einwohner gesamt	132.975	7.993.415
darunter 0 bis 15 Jahre in %	18,6	15,4
darunter älter als 65 Jahre in %	17,3	18,7
darunter Ausländer in %	9,5	6,7
Fläche in qkm	980,75	47.618,24
Einwohner je qkm	135,6	167,9
Sozialstruktur (Jahresdurchschnitt, gerundet)		
Erwerbstätige gesamt	55.600	3.492.600
Empfänger von Arbeitslosengeld / -hilfe	5.020	354.300
Empfänger sonst. Hilfen zum Lebensunterhalt	3.800	311.900
Anzahl Wirtschaftsbetriebe		
Gesamt (Industrie, Handel, Gewerbe, Dienstl.)	5.709	351.151
darunter Land-, Forst-, Fischereiwirtschaft	288	15.862
Steueraufkommen		
Lohn- und Einkommensteuerzahler	41.026	2.738.281
Summe positiver Einkünfte (in Tsd. EUR)	1.238.616	88.279.875
Steuereinnahmen (EUR je Einwohner)	467,29	544,33

Wahlen

Landtagswahl 2003	
CDU	62,2
SPD	29,1
FDP	4,1
Grüne	4,5
Sonstige	0,0

Ortsteile:
- Achterberg
- Bardel
- Gildehaus
- Hagelshoek
- Holt und Haar
- Sieringhoek
- Waldseite
- Westenberg

Einwohner: 15.382
Fläche: 100,02 qkm
153,8 Einw. je qkm

Bad Bentheim

Aus dem Stadtbild des Kurortes im Südwesten der Grafschaft ist die tausend Jahre alte mächtige **Burg Bentheim** nicht wegzudenken. Sie steht auf dem höchsten Punkt des Bentheimer Rückens. Jährlich besuchen über 100.000 Gäste die Burg, die Baustile der Romanik, Gotik und Renaissance vereint. Die **Katharinenkirche** in der Burg wird heute für kulturelle Veranstaltungen genutzt. Vom **Pulverturm** auf dem 91 Meter hohen Felsen kann man bei klarer Sicht bis nach Westfalen und in die Niederlande schauen.
Mehr von der Geschichte der Grafschaft und des **Fürstenhauses zu Bentheim-Steinfurt** erfährt man in der **Kronenburg,** seit dem Mittelalter Wohnsitz der Fürstenfamilie. Repräsentative Räume wie der Rittersaal, die Waldecker- und die Ernst-August-Zimmer spiegeln das einstige Leben bei Hofe wider. Das **Museum** der Burg Bentheim gibt einen Einblick in die Geschichte des Adelsgeschlechts, das dem Bentheimer Land den Namen „Grafschaft" gibt. Mit dem Wiener Kongress im Jahre 1817 endet die Herrschaft der Grafenfamilie. Ihr Oberhaupt darf sich seitdem jedoch „Fürst zu Bentheim und Steinfurt" nennen. Angehörige der Familie wohnen heute noch auf Burg Bentheim.
Das **Kuren** hat in Bad Bentheim eine lange Tradition. Schon 1711 beginnt der Kurbetrieb mit einem Schwefelbad im Bentheimer Wald. Seit 1975 verfügt Bad Bentheim über eine in 1.200 Meter Tiefe erbohrte **Thermalsole.** Die Sole hat eine ähnliche Zusammensetzung wie das Wasser des Toten Meeres und eignet sich vor allem zur Behandlung der Schuppenflechte. Die **Fachklinik Bad Bentheim** ist Vorreiter der Thermalsole-Photo-Therapie, also der Behandlung mit Starksole und nachfolgender UV-Bestrahlung.

Kronenburg (r.)

Spielbank Bad Bentheim (u.)

Pulverturm (o.)

Am 3. Mai 2004 um genau 16.42 Uhr knackt ein Einwohner der Grafschaft Bentheim in der **Spielbank Bad Bentheim** den Niedersachsen-Jackpot. Mit einem Einsatz von nur wenigen Euro gewinnt der 42-jährige 293.369,28 Euro am Glücksspielautomaten. Solch „grandiose Gewinnchancen vor imposanter Kulisse" verspricht das am Fuße der Bentheimer Burganlage liegende Casino. Es gehört zur **Spielbanken Niedersachsen GmbH.** Die Automatenspielbank bietet an 359 Tagen im Jahr spannende Unterhaltung an über 100 hochmodernen Glücksspielautomaten.
Das **Sandsteinmuseum** im **Schlosspark,** befasst sich mit der Geologie des Bentheimer Sandsteins und mit der Geschichte seines Abbaus, seiner Verwendung und Bearbeitung. Nahe der Grenze zu den Niederlanden liegt das bis zu 70 Meter mächtige Vorkommen des unterkreidezeitlichen **Bentheimer Sandsteins,** ein fein- bis mittelkörniger Quarzsandstein. Der Fabton des Typs

„Emil und die Detektive“ von Erich Kästner, 2003 mit großem Erfolg auf der Freilichtbühne Bad Bentheim aufgeführt (l.)

Solebehandlung in der Fachklinik Bad Bentheim (l.u.)

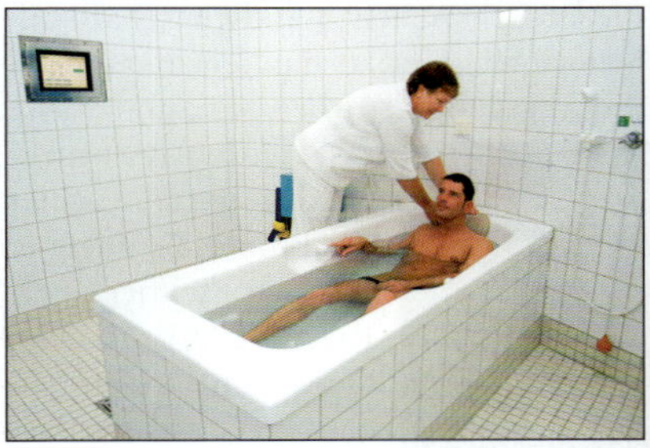

„Gildehaus“, der im **Fürstlichen Steinbruch Am Romberg** gewonnen wird, ist weiß bis gräulich-orange mit teilweise bräunlicher Maserung. Heute dient Bentheimer Sandstein zur Herstellung von Boden- und Fassadenplatten, Massivteilen sowie für Steinmetzarbeiten. Die einzige Firma, die den Sandstein in Gildehaus und Bad Bentheim heute abbaut, ist die **Monser Natursteinwerk GmbH** in >Nordhorn (163). Dort besteht sie seit 1951 und gehört mit den Steinbrüchen in Gildehaus und Bad Bentheim zu den größten Natursteinbetrieben in Norddeutschland.

In den **Freilichtspielen Bad Bentheim,** in einem ehemaligen Sandsteinbruch in den Bentheimer Bergen, wird seit 1925 vor einer beeindruckenden Felsenkulisse Theater gespielt. Jedes Jahr von Mai bis September zieht die Freilichtbühne mit einem breit gefächerten Programm große und kleine Besucher in ihren Bann. Dazu gehören neben Operetten und Musicals auch Märchenaufführungen sowie Operngastspiele und ein Freilichtkino. In jeder Saison gibt es einen **Familientag**, an dem auch Erwachsene nur den Kinderpreis zahlen.

Das im Jahr 1656 erbaute Haus Westerhoff in der Heeresstraße ist eines der wenigen Bürgerhäuser der Stadt, das bis heute ein unverändertes Bild kleinbürgerlicher Wohnverhältnisse des späten 19. Jahrhunderts zeigt (o.)

Das **Museum für Radio- und Funkgeschichte** im **Haus des Gastes** in der Schloßstraße präsentiert Rundfunk-

Bentheimer Nachtwächter (l.)

geschichte zum Miterleben. Hier verbindet sich Radiotechnik aus sieben Jahrzehnten mit dem Alltag der Menschen: die Goldenen Zwanziger im Radiofieber ebenso wie der Missbrauch des Rundfunks als Propagandainstrument während des Dritten Reiches. Einen Ausstellungsschwerpunkt bildet der Amateurfunk als völkerverbindender Aspekt. Ein Großteil der ausgestellten Exponate stammt von deutschen und holländischen Amateurfunkern.

Landwirt Gerhard Schulte-Bernd mit einer Bunten Bentheimer Muttersau und ihrem Wurf (o.)

Mitarbeiter der KCA Deutag Drilling beim Einsatz an der Bohranlage T-78 in Bangladesch (ganz o.)

Das größte Unternehmen Bad Bentheims ist der Ölförderer **KCA Deutag Drilling GmbH.** Das 1888 in Aschenbach von Heinrich Lapp gegründete Unternehmen hat seinen Sitz seit 1946 in Bad Bentheim und betreibt Ölförderstätten in Europa, Afrika und Asien. Neben der Betreuung von Förderanlagen an Land sowie Bohrplattformen auf dem Meer gehören auch Beratung und Wissensvermittlung rund um fachspezifische Probleme des Förderbetriebs zu den Leistungen der KCA Deutag.

Die 1993 gegründete **hobb Holzveredlung GmbH** ist spezialisiert auf die Verarbeitung von Rohfurnieren zu qualitativ hochwertigen Fixmaßen. Das rund 140 Mitarbeiter zählende Unternehmen verarbeitet im Jahr knapp zehn Millionen Quadratmeter Rohfurnier in den verschiedensten Holzarten und ist Zulieferer für die Möbel-, Türen-, Paneel- und Fußbodenindustrie.

Schweinezucht ist als Erwerbsgrundlage in der Grafschaft weit verbreitet. Das Engagement des Bentheimer Landwirts **Gerhard Schulte-Bernd** aber geht weit über diesen Aspekt hinaus und hat ihm viel Lob von Kollegen und auch von Naturschützern eingetragen. Quasi im Alleingang hat es nämlich Schulte-Bernd geschafft, die **Bunten Bentheimer Schweine** vor dem Aussterben zu retten. Seinem hartnäckigen Drängen beim niedersächsischen Landwirtschaftsministerium ist es zu danken, dass 1988 die längst ausgestorben geglaubte Rasse ins Herdbuch zurückgeführt wird. Züchter der Bunten Bentheimer erhalten seither eine Erhaltungsprämie. Genetische Untersuchungen ergeben, dass Gerhard Schulte-Bernd über 20 Jahre hinweg mit 22 Sauen und zwei Ebern einen größeren genetischen Abstand zu allen anderen Rassen halten kann, als diese untereinander aufweisen – ein Ergebnis, das auch heute noch als wissenschaftliche Sensation gilt. Der damalige niedersächsische Landwirtschaftsminister Karl-Heinz Funke verleiht Schulte-Bernd 1994 für sein Lebenswerk im Bereich der Tierzucht eine Goldplakette. Die Bunten Bentheimer sind weiterhin gefährdet. Der Bestand ist denkbar klein und weit verstreut.

Nicht ganz so kritisch steht es um ein anderes Nutztier, das den Namen der Grafschaft trägt: das **Bentheimer Landschaf.** Es zählt in seinem Ursprungsgebiet zwar auch nur rund 1.000 Exemplare, ist aber als „Landschaftspfleger" in den ostdeutschen Bundesländern weit verbreitet und zugleich wegen seiner Fleischqualität in der Gastronomie begehrt.

SG Emlichheim

Mitgliedsgemeinden:
- Emlichheim
- Hoogstede
- Laar
- Ringe

Einwohner: 13.869
Fläche: 184,65 qkm
75,1 Einw. je qkm

Der Überlieferung nach besteht Emlichheim bereits zur Zeit Karls des Großen um das Jahr 800. Prähistorische Funde lassen auf eine sehr frühe Besiedlung schließen. Die im Nordwesten des Landkreises liegende Samtgemeinde wird von der **Vechte** und von dem 1878–1882 gebauten **Coevorden-Piccardie-Kanal** durchzogen. Er verbindet das niederländische Coevorden mit dem Süd-Nord-Kanal in den er bei Georgsdorf in der Samtgemeinde > Neuenhaus (161) mündet. Der Kanal und der 1910 erfolgte Anschluss an das Eisenbahnnetz haben die Gemeinde wirtschaftlich erschlossen.

Werksgelände der Emsland Stärke GmbH (l.)

Erdölförderpumpe in Emlichheim-Weusten nahe der holländischen Grenze (l.u.)

Die Industrialisierung beginnt im Jahre 1913 mit der Errichtung einer Papier- und Strohpappenfabrik am Coevorden-Piccardie-Kanal. Sie wird 1927 zu einer Kartoffelmehlfabrik umgebaut. Dort werden heute jährlich bis zu eine Million Tonnen Kartoffeln zur Stärkegewinnung von der **Emsland-Stärke GmbH** verarbeitet. Stärke ist neben ihrer Nutzung als Binde- oder Verdickungsmittel bei der Nahrungsmittelherstellung auch ein wichtiger Grundstoff bei der Herstellung von Klebstoff sowie in der Papier- und Textilindustrie. Ob Gummibärchen, bedruckte T-Shirts, Pappkartons oder Tapetenkleister: In allem ist Kartoffelstärke enthalten. Mit rund 680 Arbeitnehmern ist Emsland-Stärke der größte Kartoffelstärkeproduzent in Deutschland.

Die eigentliche industrielle Belebung Emlichheims fällt in die Zeit des Zweiten Weltkriegs: 1943 wird bei Bohrungen Erdöl entdeckt. Die Erdöl- und Erdgasgewinnung ist noch heute überall im Samtgemeindegebiet anzutreffen, insbesondere jedoch in **Emlichheim-**Weusten sowie im Ortsteil Scheerhorn der Gemeinde **Hoogstede**. Im Volksmund werden die auf den Feldern arbeitenden Ölpumpen auch als **„Ja-Nicker“** bezeichnet.

Die Geschichte des Ortsteils **Neugnadenfeld** in der Gemeinde **Ringe** ist untrennbar mit dem früheren Barackenlager **Alexisdorf** verbunden. Wird in den 1930er Jahren noch der Reichsarbeitsdienst dort untergebracht, so sind es später vor allem Kriegsgefangene. Nach dem Kriegsende suchen Vertriebene aus Westpolen, West- und Ostpreußen, Posen, Pommern und Schlesien in Niedersachsen einen Ort, wo sie bleiben können. Sie sind in ihrer früheren Heimat in Kontakt zur **Herrnhuter Brüdergemeine**, einer evangelischen Freikirche, und bringen den Wunsch nach einer Herrnhuter Siedlung vor. Der spätere nieder-

Der Glockenturm der Barackenkirche in Neugnadenfeld Anfang der 1950er Jahre (u.)

Die Volleyball-Damen des SC Union Emlichheim (r.)

sächsische Ministerpräsident Hinrich Wilhelm Kopf weist sie auf das ehemalige Kriegsgefangenenlager Alexisdorf am Südwestrand des **Bourtanger Moores** hin. Im Februar 1946 besichtigen einige dieses Lager im Moor. Im April 1946 treffen die ersten neun Bewohner im Barackenlager ein. Anfang der 1950er Jahre wird mit dem Bau von Siedlungen begonnen. Nachdem die Neubauten bezogen sind, konnten die Baracken abgerissen und an ihre Stelle Nebenerwerbssiedlungen gebaut werden. Zum Schluss entstehen die **Kirche** und das **Dorfgemeinschaftshaus**. Es ist das erste seiner Art in Niedersachsen, hat einen Saal mit Küche, eine Gemeinschaftsgefrieranlage, eine Wäscherei und eine Schwesternstation für die medizinische Versorgung. Mehr als die Hälfte der heutigen 1.200 Einwohner Neugnadenfelds gehören nach wie vor der Herrnhuter Brüdergemeine an. Der Verein **Lagerbaracke Alexisdorf-Neugnadenfeld e.V.** hat es sich zur Aufgabe gemacht, eine Museumsbarack zur Dokumentation von Vertreibung, Flucht und Neuaufbau zu bauen.

Der **SC Union Emlichheim** ist mit 1.700 Mitgliedern der größte Sportverein der Samtgemeinde. 1948 ursprünglich als Fußballverein gegründet, hat heute Volleyball, besonders bei den Damen und der weiblichen Jugend, den größten Stellenwert. So haben die Damen seit 1999 neben drei Meisterschaften der 2. Bundesliga Nord auch dreimal den Aufstieg in die 1. Bundesliga feiern können, was den SCU zu einem erfolgreichen Verein macht.

Helga und Lambertus Arends vom Archehof (r.)

Neugnadenfeld heute: die Birger-Forell-Straße, benannt nach einem schwedischen Pastor, der für den Aufbau der Siedlung spendete (u.)

Dem Schutz gefährdeter Tiere hat sich **Helga Arends** in **Laar** verschrieben. Auf ihrem **Archehof** hält sie 15 verschiedene Haustierrassen, die vom Aussterben bedroht sind wie das Bunte Bentheimer Schwein oder das Schwarzbunte Niederungsrind. Zum Hof gehören auch einige Hektar ökologischer Ausgleichsfläche, auf denen die Tiere den ganzen Sommer mit ihrem Nachwuchs weiden. Ein Feldweg entlang alter Obstbaumsorten führt durch Grünland und Feuchtbiotope. An milden Frühlings- und Sommerabenden stimmen Frösche zu einem kräftigen Konzert an. Während der Öffnungszeiten können Besucher den Arends-Hof bei einer Tasse Kaffee und selbst gebackenem Kuchen genießen. Auf die kleinen Gäste wartet ein großer Spielplatz. In einer umgebauten Scheune sieht man, wie unsere Vorfahren vor 100 Jahren gelebt haben.

SG Neuenhaus

Mitgliedsgemeinden:
- Esche
- Georgsdorf
- Lage
- Stadt Neuenhaus
- Osterwald

Einwohner: 13.707
Fläche: 101,35 qkm
135,2 Einw. je qkm

Der Ursprung von Neuenhaus geht auf das Jahr 1317 zurück, als der Bentheimer Graf Johannes II. die Burg Dinkelrode zur Sicherung des Handelsweges zwischen Münster und Amsterdam erbauen lässt. Das *nyge hus*, wie sie auch genannt wird, gibt der Stadt Neuenhaus ihren Namen. Am über 200 Jahre alten **Rathaus** als herausragendem historischem Gebäude von Neuenhaus lassen sich niederländische Einflüsse in der Architektur erkennen. Genutzt wird es heute für standesamtliche Trauungen, Lesungen, Konzerte und Ausstellungen. An der rechten Seite hängt das **Geburtsglöckchen.** Es wird geläutet, wenn in Neuenhaus ein Kind geboren wird.

Mittelpunkt der Stadt Neuenhaus ist der **Mühlenkolk**, benannt nach einer Korn- und Sägemühle, die bis in die 1960er Jahre hinein dort steht und vom Wasser aus den Stadtgräben angetrieben wird. Wo einst Flusskähne von Dinkel und Vechte ihre Fracht abgeladen haben, wird 1995 eine parkähnliche Umgebung gestaltet, die heute zum Flanieren und Verweilen einlädt. Alljährlich findet dort auch das traditionelle **Neuenhauser Stadtfest** statt.

Eine besondere historische Rolle spielt die **Herrlichkeit Lage.** Der Begriff bezieht sich allerdings nicht auf eine idyllische Umgebung. Er zeugt vielmehr davon, dass die große Weltgeschichte Lage einst schlicht übersehen hatte. Bei der Neuordnung Europas nach dem Dreißigjährigen Krieg ist die territoriale Zugehörigkeit Lages nicht geregelt worden, so dass die Herren von Lage bis 1803 eine politisch selbständige „Herrlichkeit“ (Herrschaft) mit eigener Gerichtsbarkeit führen können.

Die erste Erwähnung eines Ritters von Lage geht auf das 12. Jahrhundert zurück. Von der mehrmals zerstörten und wieder aufgebauten **Festung** ist heute nur noch eine efeuüberwucherte Ruine erhalten, da das Bauwerk 1626 im 80-jährigen Krieg zwischen Holland und Spanien von den Niederländern erobert und in die Luft gesprengt wird.

Vermutlich aus dem 13. Jahrhundert stammt die malerische **Wassermühle** an der **Dinkel.** Zwei Mühlräder haben dort einst eine Korn- und eine Ölmühle getrieben und in der Zeit vor dem Ersten Weltkrieg sogar Strom für Lage erzeugt. Im ehemaligen Müllerhaus befindet sich heute die **Grafschafter Teestube**, eine ganzjährig geöffnete und gut besuchte

Herrenhaus (o.l.) und Landarbeiterhaus (o.) in der Eichenallee.

Das Rathaus von Neuenhaus (ganz l.)

Die Kirche in Veldhausen (l.)

Gaststätte. Dort kann man die **Grafschafter Korinthenweggen** (Korinthenbrot) oder selbst gebackenen Stuten mit Schinken, Mettwurst oder Käse probieren. Natürlich wird auch eine große Auswahl an Teesorten geboten.

Die Sternsiebanlage „Superscreener“ der Neuenhauser Maschinenbau findet Einsatz in der Umwelttechnik (o.)

Stadtfest am Mühlenkolk (r.)

Ein weiteres Relikt aus gutsherrlicher Zeit ist die **Eichenallee** mit dem **Herrenhaus** und seinen dazugehörigen sechs **Landarbeiterhäusern** aus dem 18. Jahrhundert. Am Ende der Eichenallee schließt sich der **Lager Busch** an. In den Baumwipfeln des kleinen Wäldchens nisten eine große Anzahl von **Graureihern**, die einen der letzten Bestände in Norddeutschland bilden.

Jürgen Donker ist Mitglied der **Interessengemeinschaft Arbeitspferd**, deren Ziel es ist, die Arbeit mit Pferden als kulturelles Erbe zu bewahren. Wie das aussieht, kann man auf dem historischen Pferdewirtschaftshof **Eekenhoff** in **Osterwald** erleben. Dort wird anschaulich gezeigt, wie die Landwirtschaft noch vor rund 80 Jahren funktioniert hat und man bietet unter anderem den **Hürmannsdag** für Kinder-, Jugend-, und Erwachsenengruppen an. Neben der Arbeit mit Tieren, der Bestellung und Pflege der Felder und der Arbeit in Küche und Garten stehen dabei vor allem auch alte bäuerliche Handwerke auf dem Programm.

Mit 600 Beschäftigten in vier Betrieben ist die **Neuenhauser Gruppe** inzwischen der größte Arbeitgeber in der Gemeinde. Das Unternehmen produziert unter anderem Maschinen und Bauteile für die Textilindustrie sowie für die Kompostierungs- und Recyclingwirtschaft.

Hafflinger Arbeitspferd auf dem Eekenhof (r.)

Die größte Mitgliedsgemeinde ist **Georgsdorf**. Seine Geschichte beginnt im 17. Jahrhundert. **Dr. Johan Picardt**, ein Prediger aus Coevorden, wird vom Grafen von Bentheim zu Hilfe gerufen, weil er sich in Holland mit den Methoden der Moorkultivierung vertraut gemacht hat. Eine der ersten Siedlungen im Grafschafter Moor bekommt deshalb den Namen „Piccardie“. Nach der Alten Piccardie entsteht 1775 auch die Neue Piccardie, die sich später nach König Georg von Hannover in Georgsdorf umbenennt.

Günter Brinkmann ist Heilpraktiker und Vorsitzender des Posaunenchors der Kirchengemeinde, als er 1992 durch Zufall von den katastrophalen Zuständen in einem Eriwaner Kinderkrankenhaus hört. Innerhalb eines Jahres sammelt er daraufhin 100.000 Mark für Hilfsgüter, die persönlich nach Armenien gebracht werden. Seither unterstützt die **Armenienhilfe** mit Geld- und Sachspenden medizinische Einrichtungen sowie Waisenkinder und Halbwaisen.

Nordhorn

Ortsteile:
- Bimolten
- Bookholt
- Brandlecht
- Hesepe
- Hestrup
- Hohenkörben
- Klausheide

Einwohner: 52.705
Fläche: 149,67 qkm
352,1 Einw. je qkm

Die größte Stadt der Grafschaft Bentheim liegt in der schmalsten Stelle des Kreisgebiets und zugleich direkt an der niederländischen Grenze. Bereits seit 1379 besitzt Nordhorn Stadtrechte. jahrhundertelang ist die **Vechte** entscheidend für die Entwicklung der Stadt. Zunächst wird sie von Schiffern als Handelsweg genutzt, später liefert sie das Wasser für die aufkommende Textilindustrie. Im Zuge der Industrialisierung entwickelt sich Nordhorn Ende des 19. Jahrhunderts zu einem bedeutenden Textilstandort. Die Betriebe *Niehues und Dütting*, *Povel* und *Rawe* sind die wichtigsten Arbeitgeber in der Stadt. Da das kleine städtische Gebiet Nordhorns nur geringe Entwicklungschancen bietet, siedeln sich die Textilfabriken zunächst um den Altstadtkern an, um so die günstigen Entwässerungsmöglichkeiten an den Nebenarmen der Vechte zu nutzen. Im Norden Nordhorns sind dies die Betriebe von Kistenmaker, Rawe und Schlieper, im Südosten der Betrieb von Povel.

Ein Beispiel für die Entwicklung der Textilindustrie, der Nordhorn seinen Aufschwung verdankt, ist der Textilunternehmer **Bernard Rawe.** Im April 1888 kommt Bernard Rawe nach Nordhorn und kauft im Alter von 23 Jahren den Textilbetrieb „Gebrüder Kistemaker“. Als erster Unternehmer in Nordhorn engagiert Rawe sich in den Bereichen Spinnerei und Weberei. Da das alte Werk aufgrund seiner Lage nicht genügend ausdehnungsfähig ist, erwirbt er ein Gelände in einer Größe von 10.000 Quadratmeter, wo er um 1890 eine neue Spinnerei mit 8.000 Spindeln errichtet.

Zwei Jahre später nimmt Rawe seinen Schwager Hermann Kistemaker und seinen Freund Kurt Schlieper aus Elberfeld als Teilhaber auf und firmiert unter dem Namen „Kistemaker, Rawe & Schlieper“. Der Seniorchef Bernard Rawe ist zu diesem Zeitpunkt 25 Jahre alt; Kistemaker zählt 23 und Schlieper 22 Jahre. 1896 entsteht ein neues Nordhorner Unternehmen, die Weberei **B. Rawe & Co.** Im Jahre 1905 beschäftigt die Firma 200 Arbeiter und Arbeiterinnen. Das Unternehmen verfügt über 500 Webstühle und die dazugehörigen Maschinen für Stärkereien und andere Vor- und Nacharbeiten. Es werden weißer Nessel, Futterstoffe, Militärnessel und Hemdennessel fabriziert. Die Firma lässt auch farbige Bettlaken anfertigen. Nach dem Ersten Weltkrieg hat es die Textilwirtschaft in Nordhorn sehr schwer, wieder Fuß zu fassen. Erst nach den Inflationsjahren von 1922/23 normalisiert sich das Wirtschaftsleben, um

Bernhard Rawe (o.)

Der barocke Stadtbrunnen beim Alten Rathaus an der Lingener Torbrücke wurde um 1908 von der Hauptstraße an seinen jetzigen Platz versetzt (ganz o.)

Blick in Nordhorns Fußgängerzone (ganz o.l.)

Feierabend im Nino-Werk, ca. 1928 (o.l.)

Alte Kirche am Markt (r.)

Povelturm (r. Mitte)

Fußgängerbrücke über die Vechte (ganz r.)

Haus Maate (r.)

dann in der Weltwirtschaftskrise erneut ein Chaos zu erleben. Die in der Folge der Weltwirtschaftskrise zusammengebrochenen Firmen *H. Schnieder & Co.* und *W. Stroink & Co.* werden von Bernard Rawe 1932 übernommen. 1937 sind in Nordhorn bei der Firma Rawe & Co. 1.570 Mitarbeiter beschäftigt. Nur wenige Monate nach dem Ende des Zweiten Weltkriegs nimmt der fast unbeschädigte Betrieb die Produktion wieder auf. 1948 überlässt Rawe seine große Villa, das **Haus Maate**, dem Landkreis zur Errichtung einer Frauenklinik. Aus Anlass seines 85. Geburtstages ernennt ihn die Stadt Nordhorn zu ihrem Ehrenbürger. Als Bernard Rawe im Februar 1950 im Alter von 85 Jahren stirbt, steht das Unternehmen mit rund 2.000 Mitarbeitern in Nordhorn auf sicherem Boden.

Modenschau und Kindermodenschau bei Nino in den 1950er Jahren (o. und r.)

Der Textilbetrieb von **Niehues und Dütting** wird verkehrsgeografisch besonders günstig zwischen der Bentheimer Bahn und dem Nordhorn-Almelo-Kanal auf dem ehemalig ackerbaulich genutzten **Osteresch** errichtet. Niehues und Dütting wird im Verlauf der 1920er Jahre zu einer der bedeutendsten Buntspinnereien und Buntwebereien. Bei der Weltausstellung in Barcelona im Jahr 1929 ist das Unternehmen einziger Aussteller der Textilindustrie im Deutschen Pavillon. Bis zu seiner endgültigen Stilllegung 1996 werden zahlreiche Neu-, Aus- und Umbauten vorgenommen. Rund um das Fabrikgelände werden Werkswohnungen errichtet. Zwischen der Zeppelinstraße und dem Kanal waren das Wasserwerk und der Wasserturm angesiedelt, nicht produzierende Funktionen wurden zum Teil östlich der Turmstraße ausgelagert. Nach dem Krieg wird eine 32.000 qm große Webereihalle südlich des Nordhorn-Almelo-Kanals errichtet, eine der größten ihrer Zeit. In den 1970er Jahren wird die Firma *Niehues und Dütting* in die **Nino AG** umgewandelt.

Einen hohen Bekanntheitsgrad erlangt Nino durch die seit den 1950er Jahren produzierten winddichten, wasserabstoßenden und atmungsaktiven **Nino-**

Flex-Stoffe, die weltweit reissenden Absatz finden. In der Hochphase der Textilindustrie sind bis zu 6.000 Mitarbeiter in dem Werk beschäftigt. Marketing-Erhebungen in den 1950er Jahren zufolge kennen 90 Prozent der Verbraucher die Marke Nino-Flex. Für Nino arbeiten international gefragte Mode- und Werbedesigner und Modefotografen wie Bessie Becker, Karl Lagerfeld, Regina Relang, Charles Wilp und Helmut Newton. Die Mode reflektiert den Zeitgeist und ist ein spannender Teil der Kulturgeschichte. Aufgrund der Textilkrise und der Verlagerungen nach Fernost wird die Produktion im Jahr 1996 eingestellt.

Im Oktober 1994 wird das in einem 26 Meter hohen, 1906 erbauten Spinnereiturm der ehemaligen **Textilfabrik Povel** als Historisches Museum der Stadt Nordhorn eingerichtete **Stadtmuseum Povelturm** in die Trägerschaft des Museumsvereins für die Grafschaft Bentheim übergeben. Mit dem Stadtmuseum Povelturm erhält Nordhorn einen Ort, in dem die eng miteinander verbundene Stadt- und Textilgeschichte des 20. Jahrhunderts wieder auflebt und dargestellt wird. In dem etwa 300 Meter entfernten **Kulturzentrum Alte Weberei** ist zudem eine **Museumsfabrik** eingerichtet. Auf einer Fläche von gut 400 qm zeigt sie mit Hilfe funktionierender Textilmaschinen den gesamten Produktionsgang einer Textilfabrik in der Blütezeit der drei großen Nordhorner Textilbetriebe in den Jahren 1950 bis 1990 mit Ausnahme der Stoffveredlung bzw. Ausrüstung. Der Vorgang der Baumwollaufbereitung, die Herstellung eines Garnes in der Spinnerei und die Herstellung eines Stoffgewebes aus Tausenden von Fäden in der Weberei sind live zu erleben. Auch Schulprojekte, Kurse und Musikveranstaltungen finden in der Alten Weberei statt. Außerdem befindet sich dort ein Lokalstudio der **Ems-Vechte-Welle,** einem gemeinsamen Bürgerradio für den Landkreis >Emsland (100f) und die Grafschaft Bentheim, sowie das **Grafschafter Brauhaus**, eine Gasthausbrauerei, die Bier in vier Sorten aus eigener Produktion anbietet.

Einer der wichtigsten Arbeitgeber Nordhorns in der heutigen Zeit ist die **Bose GmbH.** Die Vertriebsgesellschaft ist ein Tochterunternehmen der amerikanischen Bose Corp., einem der weltweit führenden Hersteller für Audiosysteme in allen Einsatzbereichen. Bose Lautsprecher sind heute bei den Olympischen Spielen und in Space Shuttles der NASA ebenso zu finden wie in der Sixtinischen Kapelle oder dem Japanischen Nationaltheater. Der Hauptsitz der 1974 in Deutschland etablierten Vertriebsgesellschaft liegt im Taunus. Der Standort Nordhorn ist das Kunden-Servicezentrum der Bose GmbH. Von hier aus werden unter anderem Bestellungen abgewickelt.

Seit 2004 operiert vom **Industriegebiet Klausheide** aus die **Frischdienst Nordhorn GmbH.** Ursprünglich ein Vertriebszentrum des Nordmilch-Kon-

Blick ins Grafschafter Brauhaus (o. Mitte) in der Alten Weberei (darunter)

Holzschnitzer beim Holschenmarkt (ganz o.)

zerns aus >Bremen (II-194), fasst sie nun den bisherigen Frischdienst der Nordmilch und den Betrieb von Verkaufswagen als eigenständiges Unternehmen mit 75 Mitarbeitern zusam-

Oft überraschende Flugobjekte gibt es beim Drachenfest in Nordhorn zu bestaunen (r.)

Die derzeit gefährlichste Rückhand der Grafschaft: Anna Lena Grönefeld vom TV Sparta Nordhorn (o.)

Eine der beiden Drahtskulpturen der Installation „Wortlos“ des russischen Künstlers Ilya Kabakov steht auf der deutschen Seite der Vechte (o.r.), die andere am holländischen Ufer

men. Der Frischdienst Nordhorn beliefert Großkunden wie Schulen, Kindergärten und Krankenhäuser und den Einzelhandel mit Milchprodukten. Außerdem versorgt er mehr als 10.000 Endverbraucher im westlichen Niedersachsen durch 32 „rollende Supermärkte“ mit Frischeprodukten.

Im Zeichen der Tradition steht der **Holschenmarkt**, der alljährlich am letzten Wochenende im April stattfindet. Es ist ein historischer Handwerkermarkt. Holzschuhschnitzer, Kupferschmiede, Buttermacher, Besenbinder, Korbflechter und viele andere Handwerker lassen die Atmosphäre von Tradition und altem Handwerk aufleben. Trachtengruppen und eine historische Modenschau, abgerundet durch Verkaufsstände, Kinderflohmarkt und Musik, begeistern große und kleine Besucher.

Anfang Mai gehört der Himmel über Nordhorn für ein Wochenende den Drachen. Dann lädt das **Nordhorner Jugendzentrum** zum **Drachenfest** auf die Wiese am Freibad ein. Dank des unermüdlichen Einsatzes zahlreicher freiwilliger Helfer des Jugendzentrums und des THW können dann rund 80 erfahrene Drachenflieger auf zwei verschiedenen Flugfeldern spektakuläre Flugobjekte am Himmel gleiten lassen. So sind riesige Räder mit einem Durchmesser von bis zu 20 Metern und fast 15 Meter hohe Figuren keine Seltenheit. Besucher dürfen keine eigenen Drachen mitbringen, können das imposante Schauspiel aber bei Snacks und Getränken vom nahen Hügel aus genießen.

Wenn am Abend des 5. Dezember der Nikolaus nach Nordhorn kommt, gibt es nicht nur Süßigkeiten für die Kinder. Im Anschluss an den Nikolausumzug eröffnet der den **Nordhorner Knobelabend**. Nach altem Brauch werden dann teils vor, teils in den Geschäften, Restaurants und Cafés Backwaren, Süßig-

Bernhard Brink (o.) Seine erste Single von 1972 (r.)

Das Handballbundesliga-Team der HSG Nordhorm (l.)

keiten und vieles mehr verknobelt. Gegen einen Einsatz von sechsmal einem Euro wird mit drei Würfeln um die höchste Augenzahl und damit um den Gewinn gewürfelt. Alles ist möglich: Obstkörbe, Hexenhäuschen, aber auch schon mal ein Fußball, eine ganze Wurst oder ein schmackhafter Fasan.

Mit Tradition und sportlichem Erfolg kann das Herrenteam der **HSG Nordhorn** aufwarten. Die Handballer haben sich in den vergangenen Jahren zum absoluten Sympathieträger in der weiten Region sowie zu einer festen und etablierten Größe in der Bel Etage der Handball-Bundesliga entwickelt. Vorläufiger Höhepunkt der noch jungen Erfolgsgeschichte war der Gewinn der Vizemeisterschaft im Jahre 2002 sowie die Teilnahme am internationalen EHF-Cup 2002 und 2003, bei dem die HSG jeweils erst im Viertelfinale ausgeschieden ist. Die HSG ist damit das erfolgreichste Sportteam der Stadt.

Zu den erfolgreichsten Einzelsportlern Nordhorns und zugleich den großen Talenten im deutschen Damentennis gehört **Anna Lena Grönefeld** vom **TV Sparta 87 Nordhorn.** 2003 wird sie Juniorensiegerin bei den French Open in Paris und rückt damit als zweitbeste deutsche Tennisspielerin in die Top 100 der Weltrangliste vor. 2004 bringt Ihr der Erfolg einen Startplatz für Deutschland im Federations-Cup. Im Januar 2005 tritt sie beim Hopman-Cup in Perth, der inoffiziellen Mixed-Weltmeisterschaft, an der Seite von Tommy Haas an.

Ein ebenfalls prominenter Nordhorner ist der Schlagersänger **Bernhard Brink.** Er kommt 1952 in Nordhorn zur Welt. Anfang der 1970er Jahre zieht er nach Berlin, studiert dort Jura, unterschreibt seinen ersten Plattenvertrag und lernt seine Ehefrau **Ute** kennen. Bereits seine erste Single **„Bombenfest“** wird 1972 zum Erfolg. Brink wird nicht nur einer der größten Stars der 1970er Jahre, sondern ist als einer von wenigen Sängern bis heute ununterbrochen erfolgreich in der deutschen Schlagerszene. Hits wie *Frei und abgebrannt*, *Blondes Wunder* und *Lieder an die Liebe* sind Meilensteine seiner Karriere. Zu Familienbesuchen zieht es den Star

Zur 625-Jahr-Feier der Stadt Nordhorn zeigt das Ensemble ConneXion der Musikschule ein Arrangement basierend auf „Also sprach Zaratustra“ (o.) von Richard Strauss. Neben der Gruppe ConneXion gehören ein Kinderchor, Tänzer, Solisten und ein Feuerwerk zu der 12-minütigen Performance

Der Schwarze Garten nach einem Entwurf der amerikanischen Künstlerin Jenny Holzer (r.)

Der Pavillon auf dem Vechtesee (o.)

auch heute noch regelmäßig in seine alte Heimatstadt Nordhorn.

Ein Beispiel für die enge kulturelle Verbindung der Grafschaft mit den benachbarten Niederlanden ist das grenzüberschreitende Gemeinschaftsprojekt **kunstwegen**. Entlang der Vechte sind im Laufe von rund zwanzig Jahren zahlreiche Skulpturen realisiert worden, die heute fast exemplarisch und auf internationalem Niveau die jüngere Geschichte der Kunst im öffentlichen Raum widerspiegeln. Zeitgleich sind ab 1987 auch auf der niederländischen Seite des Flusses zwischen Emmen und Zwolle entlang einer alten Eisenbahnlinie künstlerische Arbeiten im Stadtraum entstanden. Die auf einer Länge von insgesamt ca. 140 Kilometern versammelten Skulpturen sind nun miteinander verbunden und so zu einem der größten offenen Museen in Europa geworden. Das verbindende Glied in der Kette sind neue Werke von 15 Künstlerinnen und Künstlern, die sich sehr spezifisch mit der örtlichen Geschichte und der Landschaft auseinandersetzen. Allein 36 dieser Kunstwerke stehen im Stadtgebiet Nordhorns.

Bereits seit 1999 findet eine grenzüberschreitende Zusammenarbeit der **Musikschule Nordhorn** mit der niederländischen Muziekschool Dinkelland und der Music Academy Zanzibar aus Tansania statt. **Connexion** heißt ein Projekt der drei Musikschulen. Mit 27 Musikschülern aus Nordhorn und jeweils fünf bis acht Teilnehmern aus den Niederlanden und Tansania ist eine Symbiose von Musikkulturen aus aller Welt entstanden. Die Besetzung des insgesamt 37-köpfigen Ensembles verdeutlicht die grenzüberschreitende und weltumfassende Bedeutung und Wirkung von Musik. Mit Unterstützung der Sparkassenstiftung ist außerdem eine CD produziert worden.

Auf ihrem Weg durch Nordhorn verbreitert sich die Vechte in der Nähe der Innenstadt zum 22 Hektar großen **Vechtesee**. Er ist einerseits als Überlaufbecken ein natürlicher Hochwasserschutz für die Stadt, andererseits ein Mekka für Freizeitsportler und beliebtes Naherholungsgebiet. Surfen, Segeln, Paddeln und Tretbootfahrten sind möglich. Bei einem Spaziergang um den See

Bunte Bentheimer Schweine im Streichelzoo des Tierparks Nordhorn (o.)

kann man unter anderem Blässhühner, Stockenten, Haubentaucher und Wasserfrösche beobachten.
Südwestlich der Fußgängerzone, in der Nähe des Stadtrings, liegt der ehemalige **Langemarckplatz**, benannt nach dem Ort in Belgien, wo im Spätsommer 1914 eine Schlacht zwischen deutschen und englischen Truppen stattfand, und wo heute ein Denkmal für die Gefallenen beider Weltkriege steht. Nach Entwürfen der amerikanischen Künstlerin **Jenny Holzer** ist dort der **Schwarze Garten** entstanden. Der Garten steht sinnbildlich für die Gräuel des Krieges. Auf den Beeten wachsen Pflanzen mit dunklem Laub und dunklen Blüten, in der Mitte ein Apfelbäumchen, das schwarze Früchte trägt. Auf fünf Sandsteinbänken sind Inschriften in deutscher und englischer Sprache zu lesen.
Aus der „Entenperspektive" die Wasserflächen Nordhorns erleben und dabei auch noch umweltfreundlich vorankommen: das ist das Konzept des **Fahrgastschiffes „Vechtesonne"**. Der Katamaran wird ausschließlich durch die Nutzung von Solarenergie angetrieben. Angeboten werden Rundfahrten zwischen Freizeitvergnügen und Naturerlebnis. Die „Vechtesonne" ist aufgrund ihrer Bauweise und ihrer Antriebsart einzigartig in Deutschland. Ihr ungewöhnliches Konzept hat im Jahr 2002 einen ersten Preis beim Wettbewerb „Impulse Niedersachsen" eingebracht. Etwas traditioneller kommt der **Vechtestromer** daher. Mit dem Schaufelradboot kann man neben den Rundfahrten um die City und über den Vechtesee auch exklusive Mondscheinfahrten bei Nacht unternehmen.

Stadtrundfahrt mit dem solargetriebenen Fahrgastschiff „Vechtesonne" (l.)

Rund 900 Tiere in 90 verschiedenen Arten sind im **Tierpark Nordhorn** zu Hause. Sein Wappentier ist das mittlerweile selten gewordene Waldbison. Neben der Unterstützung des internationalen Artenschutzes und der Teilnahme an Erhaltungszucht-Programmen der EU widmet sich der Tierpark intensiv dem heimischen Naturschutz und dem Erhalt seltener Haustierrassen. Die Bunten Bentheimer Schweine als „Lokalmatadoren" verdienen da natürlich besondere Aufmerksamkeit. Für ihre Erhaltung gibt es hier einen eigenen Verein. 100 Schweinefreunde, Landwirte wie Privatleute, werben unter dem nur auf den ersten Blick kuriosen Motto „Erhalten durch Essen" für die immer noch vom Aussterben bedrohte Tierrasse. Der Vorsitzende und Tierparkleiter **Thomas Berling** erklärt es so: *„Nur wenn die Vermarktung unserer Schweine gelingt, werden wir sie dauerhaft erhalten können."* Das kann gelingen, denn das Fleisch der Bunten Bentheimer gilt als ausgesprochen delikat.

Begrüßung des 100. Mitglieds im Verein zur Erhaltung der Bunten Bentheimer Schweine: Hans Jäckering und Johann Schepers vom Blekkerhof Uelsen erhalten zwei Bentheimer Ferkel von Thomas Berling, Helge Thoelen und Martin Büning (o.)

Porträt

„Herr Schmidt und Herr Friedrich"

Die beiden Nordhorner Kurt Schmidt und Wilfried Friedrich wurden zu heimlichen Filmstars und waren trozdem „nur ein ganz bürgerliches Paar". Seit der Uraufführung im Dezember 2002 wird der Film zweier Kölner Filmemacher über ein homosexuelles Paar weltweit in Kinos, auf Festivals und im Fernsehen gezeigt.

Wilfried Friedrich (im Bild links) und Kurt Schmidt (r.)

Alltag in einer normalen und doch nicht alltäglichen Beziehung: Herr Schmidt und Herr Friedrich beim Besuch einer Gärtnerei in Nordhorn (o.)

Sie lernen sich 1977 über einen Schlager-Fanclub und die gemeinsame Zuneigung zu der Sängerin Renate Kern kennen und lieben. **Wilfried Friedrich** arbeitet damals als Kellner in der Nähe von Magdeburg, **Kurt Schmidt** ist kaufmännischer Angestellter in Nordhorn. Fortan kämpfen beide um eine gemeinsame Zukunft. Während Kurt Schmidt mit Eingaben bei der Ständigen Vertretung der DDR vorstellig wird, stellt Wilfried Friedrich mehrere Ausreiseanträge und wird von der Staatssicherheit observiert, die bei ihm eine *„abnorme Entwicklung der Persönlichkeit"* diagnostiziert. Im Juli 1980 darf Wilfried Friedrich schließlich in den Westen ausreisen. Die beiden kaufen eine Doppelhaushälfte mit Garten in Nordhorn und legen ihre Plattensammlungen zusammen. Es folgen glückliche gemeinsame Jahre.

1999 wird ihr Leben von den Kölner Dokumentarfilmern **Ulrike Franke** und **Michael Loeken** verfilmt. In *„Herr Schmidt und Herr Friedrich"* berichten die Männer, beide mittlerweile arbeitslos, mit großer Offenheit über ihre Vergangenheit, ihre Zukunftspläne und ihren Umgang mit den Sorgen der Gegenwart. Die Filmemacher entwickeln hieraus ein bewegendes Porträt, einfühlsam und jenseits von jeglichem Voyeurismus. Aus dem speziellen Fall von Herrn Schmidt und Herrn Friedrich wird aber auch eine melancholische Zustandsbeschreibung deutscher Befindlichkeiten.

Wilfried Friedrich stirbt kurz nach den Dreharbeiten. Kurt Schmidt, der bei fast jeder Vorführung des Films anwesend ist, um mit den Kinobesuchern über den Film zu sprechen, wird 2003 in Nordhorn zum **„Bürger des Jahres"** gewählt. Er widmet die Auszeichnung, die für beide gedacht ist, seinem verstorbenen Lebensgefährten. Das filmische Vermächtnis ihrer Ehe wird weltweit auf Festivals und im Fernsehen gezeigt. Auf dem FILMZ-Festival in Main gewinnt *„Herr Schmidt und Herr Friedrich"* den Publikumspreis. Ein US-Fernsehsender wiederholt die Dokumentation eineinhalb Jahre lang regelmäßig in seinem Programm. Viele hunderttausend Menschen in aller Welt haben den Film inzwischen gesehen.

SG Schüttorf

Schüttorf ist die älteste Stadt der Grafschaft. Schon 1295 bekommen die selbstbewussten Bürger die Stadtrechte. Hier wird der **Bentheimer Sandstein** auf Lastkähne verladen, der dann bis nach Holland und Dänemark verschifft wird. Im 19. Jahrhundert hat die Vechte als Handelsweg kaum noch Bedeutung. Nordöstlich von Schüttorf jedoch treffen sich am Kreuz Schüttorf die beiden wichtigsten Handelswege der heutigen Zeit für die Region: In Ost-West-Richtung verläuft die Autobahn A 30, die von Osnabrück nach Amsterdam führt. In Nord-Süd-Richtung verbindet die A 31 seit Dezember 2004 den > Seehafen Emden (66) mit dem Ruhrgebiet.

Relikte der aufstrebenden Textilindustrie des 19. Jahrhunderts sind die Backsteinfassaden der Textilfabriken, die das Stadtbild von Schüttorf prägen. Blickfang im historischen Ortskern der Stadt ist das alte **Rathaus** aus dem 15. Jahrhundert. Neben der Eingangstür ist im Mauerwerk ein Eisenstab eingelassen, die **Schüttorfer Elle,** die früher gebräuchliche Maßeinheit für Stoffe.

Vor dem Rathaus steht der **Ziegenbrunnen**. Die Bronzeplastik vor dem Wasserspiel stellt eine Schüttorferin dar, die zwei wenig kooperative Ziegen hinter sich herzieht. Den Ziegen als

Nutztier zur Eigenversorgung hat die Stadt ein Denkmal gesetzt. Denn eine Kuh konnte sich der Normalhaushalt in früherer Zeit kaum leisten, wohl aber eine Ziege. An die Anfänge der Textilindustrie erinnert seit 2002 die Skulptur **Blaufärber** des Künstlers **Berend Seiger**.

Ganz in der Nähe steht die **evangelisch-reformierte Kirche**. In dem gotischen Bau aus dem 14. Jahrhundert ist das Kirchengestühl kreisrund angeordnet. Ganz im Sinne der reformierten Lehre steht so die Kanzel im Mittelpunkt. Der zur Kirche gehörende, begehbare Turm aus dem 16. Jahrhundert ist mit seinen 81 Metern Höhe das Wahrzeichen der Stadt und wird im Volksmund auch der **„Riese von Schüttorf“** genannt.

Stadtführungen der besonderen Art bieten die Gästeführerinnen **Swenna Kleve** und **Elisabeth**

Mitglieds-gemeinden:

- Engden
- Isterberg
- Ohne
- Quendorf
- Samern
- Stadt Schüttorf
- Suddendorf

Einwohner: 15.465
Fläche: 133,14 qkm
116,2 Einw. je qkm

Das alte Schüttorfer Rathaus mit der Fassade aus Bentheimer Sandstein (ganz l.)

Der „Riese von Schüttorf“ genannte Turm der evangelisch-reformierten Kirche (l.)

Die Madonna aus dem 16. Jahrhundert, wertvollster Schatz der katholischen Kirche in Schüttorf, ist aus Sandstein (u.l.)

Führen Gäste durch die Stadt: Swenna Kleve (ganz o.) und Elisabeth Werning (o.)

Neben Textilien sind Nahrungsmittel wirtschaftlich relevant. In Schüttorf haben sich gleich drei führende Schinkenverendler angesiedelt: H. Klümper, Klüsta und Tulip.
Hausgemachte Torte, duftender Kaffee und deftige, wohlschmeckende Speisen, in einem liebevoll gestalteten Bauernhaus serviert **Arnold Hartgering** in seinem **Bauernhofcafé** in **Samern**. Gleich nebenan führt seine Schwester **Anne** noch einen **Hofladen**, in dem sie allerdings keine Kartoffeln und Salate verkauft, sondern Kunsthandwerk aus der Region.

Ein Webmeister kontrolliert die Stoffqualität bei den Rofa Bekleidungswerken (o.)

Eines der legendären Konzerte, die das Schüttorf Festival berühmt gemacht haben: die Rockabilly-Kultband „Stray Cats“ im Vorprogramm von Frank Zappa 1982 (r.)

Die alte Schlikkersche Dampfweberei von 1866 (r.)

Die nach ihrem Erbauer, einem Textilfabrikanten benannte Villa Rost. Nach der Umgestaltung durch das Ehepaar Seeling wird sie auch die „blaue Villa“ genannt (r.o.)

Werning an: In Holzschuhen geht es vom alten Rathaus durch die Stadt bis zur Kirche. Dazu gibt es Geschichten und Geschichte rund um Schüttorf und als Abschluss der Tour regionale kulinarische Spezialitäten.
Zu den traditionsreichen Unternehmen der Textilbranche gehört in Schüttorf die um 1800 gegründete **G. Schümer GmbH & Co.** Die ehemalige Kattunweberei ist bis heute in Familienbesitz. Hier stellen 150 Mitarbeiter in den Produktionsstufen Weberei, Färberei und Veredlung Gewebe für Berufs- und Schutzbekleidung sowie für Freizeitbekleidung aus Naturfasern und Mischungen her. Eine Spezialität sind schwerentflammbare Gewebe aus Baumwolle, die in einem eigens entwickelten Verfahren hergestellt werden.
Zu den führenden Herstellern moderner Berufs- und Schutzkleidung gehört auch das **Rofa-Bekleidungswerk**. 1897 als Weberei gegründet, beschäftigt Rofa heute rund 195 Mitarbeiter. Produziert das Unternehmen anfangs nur Gewebe für Schutzkleidung, werden diese seit 1967 auch konfektioniert, so dass alle Arbeitsschritte vom Garn bis zum fertigen Outfit im Hause durchgeführt werden.

Camembert aus Ziegenmilch ist eine der vielen Käsespezialitäten, die Hartgerings Nachbar **Dirk Dennemann** anzubieten hat. Neben vielen Sorten Käse aus Ziegenmilch, gibt es auf seinem **Käsehof** aber auch diverse Sorten Kuhmilchkäse, alle natürlich aus eigener Herstellung.
Musikfans dürften die **Schüttorf Festivals** zwischen 1980 und 1995, damals unter dem Namen „Schüttorf Open Air“, in bester Erinnerung sein. David Bowie, Frank Zappa, ZZ Top, die Rolling Stones und viele andere Rockgrößen haben seinerzeit der Grafschaft ihre Aufwartung gemacht. **Johannes Wessels**, hat seinerzeit das Schüttorf

Open Air als eines der ersten großen Musikfestivals in Deutschland mit internationalen Topstars ins Leben gerufen. Heute ist Wessels einer der Geschäftsführer der **MFMP Festival & Events** GmbH, die das Schüttorf Festival nach zehn Jahren Pause neu konzipiert hat. Während das Festival nur einmal im Jahr stattfindet, ist im **Index** direkt am

Autobahnkreuz Schüttorf mehrmals pro Woche etwas los. Der Musiktempel mit vier Discotheken und 24 Bars bietet eine musikalische Bandbreite von House und Techno über Soul, R 'n' B bis hin zu den Hits der 1980er und 1990er Jahre. Gegründet wird das Index von den drei Brüdern **Holger, Wilfried** und **Klaus-Hinrich Bösch.** Ein Swimmingpool, eine Freeclimbing-Wand und vier drehbare Tanzflächen gehören zu den technischen Gags, die sie für ihre Disco schon verwirklicht haben. Die Böschs gelten auch als die Erfinder der Beach-Party. Wenn im Index per Radlader 500 Tonnen Sand in die Discothek gefahren und Zelte aufgestellt werden, sind rund 10.000 Besucher an einem Wochenende keine Seltenheit. Eine weitere Idee der Brüder ist die Ladies Night inklusive Männer-Stripshow, zu der die weiblichen Besucher mit einem Bus kostenlos abgeholt und wieder nach Hause gefahren werden.

Mit 15 Jahren baut **Hans-Jürgen Wessels** sein erstes Modell einer Baumaschine: einen Radlader von 200 Kilogramm mit Melkmaschinenmotor und Sackkarrenrädern. Ein Jahr später folgt eine Planierraupe auf Mopedketten. Seitdem fertigt der Natursteinpflasterer und Landmaschinenmechaniker fast jedes Jahr ein Modell im Maßstab 1 : 2,5 voll funktionstüchtig und ferngesteuert.

Simon Cziommer im Einsatz für den FC Twente Enschede in der niederländischen Eredivisie (o.)

Hans-Jürgen Wessels in einem von ihm gebauten Modell eines Baggers (l.)

Die Brüder Bösch in der Disco Index (ganz l.)

Denn seine Modelle sind keine Spielzeuge. Sein **O&K Kettenbagger** hebt Gräber auf den Schüttorfer Friedhöfen aus und sein **Hanomag-Radlader** dient heute als Bombensuchgerät. Sein Hobby teilt Hans-Jürgen Wessels mittlerweile mit dem Maschinenbauunternehmer **Ingo Thannhäuser**. Er wird regelmäßig von großen Firmen eingeladen, um seine Mini-Boliden zu präsentieren.

Selbst als es noch eine Grenze zwischen Deutschland und Holland gab, war sie für **Simon Cziommer** nie wirklich da. In >Nordhorn (163) geboren, beginnt er mit drei Jahren, beim **FC Schüttorf 09** Fußball zu spielen. Er ist 14, als er 1994 über die Grenze zum niederländischen Erstligisten FC Twente Enschede wechselt, wo er zum Stammspieler wird. 2003 bekommt er einen Dreijahresvertrag bei Schalke 04 und absolviert dort seine ersten Bundesligaeinsätze. Seit Januar 2004 spielt er zur Freude seiner zahlreichen niederländischen Fans als Leihgabe der Schalker wieder für seine „alte Jugendliebe", den FC Twente.

Mitglieds-gemeinden:
- Getelo
- Gölenkamp
- Halle
- Itterbeck
- Uelsen
- Wielen
- Wilsum

Einwohner: 11.057
Fläche: 193,01 qkm
57,3 Einw. je qkm

SG Uelsen

Die Samtgemeinde Uelsen ist die flächenmäßig größte Gemeinde im Landkreis Grafschaft Bentheim, hat aber gleichzeitig die niedrigste Einwohnerzahl, ist also eher dünn besiedelt. Im Gegensatz zu den anderen Gemeinden der Grafschaft ist sie landschaftlich vor allem durch große Heideflächen und Waldgebiete geprägt.

Im Juni 2003 sind bei Baggerarbeiten für ein Neubaugebiet am Südostrand von Uelsen Grabhügelreste mit Urnenbestattungen entdeckt worden. Es handelt sich um ein **Gräberfeld**, das darauf hindeutet, dass diese Region auch in der Jungbronzezeit und älteren Eisenzeit (etwa 1000 bis 600 v. Chr.) besiedelt gewesen ist. Das Gräberfeld ist unter der Leitung des Bezirksarchäologen **Dr. Jörg Eckert**, unterstützt durch den ehrenamtlichen Beauftragten für archäologische Denkmalpflege, **Eckhardt Woide**, ausgegraben worden.

Ausgrabung in Uelsen (r.u.) unter der Leitung von Dr. Jörg Eckert (u.)

Der Goldene Becher von Gölenkamp (r.)

Altes Rathaus (ganz r.)

Die bislang ältesten Siedlungsspuren finden sich auf dem **Spöllberg**, einem hufeisenförmigen Moränenhügel, und stammen aus der Jungsteinzeit. Die umliegenden acht Grabhügel jedoch sind höchstwahrscheinlich der jüngeren Bronzezeit zuzuordnen. Wie hier gruppieren sich in der Bronzezeit häufig kleinere Grabhügel um einen größeren. Weitere Hügelgräber dieser Art sind die **Söven Pölle** zwischen **Getelo** und **Itterbeck** und die **Neegen Bargen** an der Grenze zu >Neuenhaus (161).

Im Jahre 1840 findet ein Bauer namens Pamann beim Bau eines Schafstalles am Fuße des Spöllbergs einen 11,5 cm hohen goldenen Becher. Der **Goldene Becher von Gölenkamp** stammt vermutlich aus der jüngeren Bronzezeit, also zwischen 1000 und 700 v. Chr. Man nimmt an, dass er als Urne gedient hat. Der Bauer verkauft ihn an einen Händler, dann erwirbt ihn der Fürst von Bentheim für seine Schatzkammer in Burgsteinfurt, wo er noch heute aufbewahrt wird. Eine Kopie kann man im alten Rathaus besichtigen. Das alte **Rathaus** Uelsens beherbergt heute den Verkehrs- und Veranstaltungsverein sowie eine heimatgeschichtliche **Dauerausstellung.** Die bauliche Vollendung des alten Rathauses im Jahre 1649 wird durch eine Spende von **Johann Niehoff** ermöglicht, den bekanntesten Sohn

des Ortes. Er ist ein Abenteurer und Seefahrer, der im Auftrag der holländischen Krone die Weltmeere durchkreuzt.

In unmittelbarer Nähe des Rathauses findet sich das **Pickmäijer-Denkmal.** Es erinnert an die Hollandgänger des 17. und 18. Jahrhunderts, im Volksmund „Pickmäijer" genannt. Die Hollandgänger kommen aus der Grafschaft Bentheim, dem benachbarten Emsland und der Region Vechta-Osnabrück. Sie versuchen der schlechten wirtschaftlichen Lage ihrer Heimat zu entfliehen und finden in den Niederlanden als Torfstecher oder bei der Heu- und Getreideernte Beschäftigung. Ihre Route, aber auch diejenige der **Kiepenkerle** (Steinbrucharbeiter) und der **Tödden** (Tuchhändler), führen durch Uelsen. Da die

Pickmäijer-Denkmal (u.)

Blick auf Uelsen (ganz l.)

In Hesingen steht ein Aussichtsturm mit einer Plattform in 22 Metern Höhe mit einen schönen Rundblick (l.) Bei guter Sicht sind Nordhorn, Lingen und die Burg in Bad Bentheim auszumachen

Auch das ist Uelsen: die gläserne Front der Discothek ZAK (l.)

Wanderer meist denselben Weg nehmen, ist es wahrscheinlich, dass auch die Gründer der Textilkette **C&A**, die Tuchhändler **Clemens** und **August Brenninkmeyer** aus Mettingen (Kreis Steinfurt/Westfalen), einst dieser Route gefolgt und durch Uelsen gezogen sind.

Sommerfeststand des Blekkerhofs (l.). Mit der Hilfe des Vereins „Gemeinsam leben und wohnen e.V." erhalten hier junge Menschen mit Behinderung Angebote zum Wohnen, Arbeiten und gemeinsamer Freizeitgestaltung

Einen Deutschen Meister, wenn auch einen inoffiziellen, kann die Gemeinde **Getelo** nicht ohne Stolz vorweisen. Der buchstäblich große Wurf ist im Jahr 2003 der weiblichen Jugend des Völkerballteams des **SV Cosmos Getelo** gelungen. Als Dank für diesen nicht alltäglichen Erfolg spielen die jungen Damen fortan in neuen Trikots, die das Wappen der Gemeinde ziert.

Das Schöne an Uelsen ist, so sagen die Bewohner, dass nichts wirklich Aufregendes passiert. Das kann man allerdings so nicht stehen lassen, denn nicht zuletzt die Discothek **ZAK** sorgt für ein ausgeprägtes Uelsener Nachtleben. Auf vier verschiedenen Areas mit Platz für insgesamt rund 3.500 Besucher kann man sich je nach Lust und Laune die aktuellen Musiktrends zu Gemüte führen: House und Techno in der **Mainarea**, Musik der 1980er und 1990er Jahre sowie Fetenhits im **Extra**, Blackmusic im **Glashaus** oder Hard Rock im **Route 66**. Zusätzlich gibt es das Restaurant **Piazza** und das einladende Foyer mit Kaffebar, welches zum Verweilen in den Tanzpausen einlädt.

Seit 1912 veredelt die **Milchverwertung Niedergrafschaft** mit heute 20 Mitarbeitern den Rohstoff Milch zu hochwertigen Milchprodukten für Kunden der weiterverarbeitenden Lebensmittelindustrie. Schwerpunkt bilden dabei Milchkonzentrate, die etwa für Schokolade oder Eiscreme verwendet werden. Standardisierte Voll- und Magermilch für eine gleichbleibende Qualität z.B. von Quark und Joghurts gehören ebenso zur Produkt–palette wie Sahne und Butter. Heute ist die Milchverwertung Niedergrafschaft die letzte produzierende Molkerei in der Grafschaft. Jährlich verarbeitet sie 63.000 Tonnen Milch, die von 238 Milchlieferanten der Region stammen.

Ortsteile:
- Füchtenfeld
- Lohne
- Lohnerbruch
- Nordlohne
- Schwartenpohl
- Wietmarschen

Einwohner: 10.790
Fläche: 118,91 qkm
90,07 Einw. je qkm

Wallfahrtskirche in Wietmarschen (ganz r.)

Die Anfänge der Wallfahrt zur wunderbaren Muttergottes in Wietmarschen (r.) liegen im Dunkeln. Historisch belegt ist die Verehrung des Gnadenbildes seit dem 17. Jahrhundert. Es war und ist Ziel von Pilgern aus dem Emsland, der Grafschaft Bentheim und dem benachbarten Holland. Eine starke Wiederbelebung findet die Wallfahrt, seit Bischof Wilhelm Berning am 28. August 1921 Wietmarschen besucht, die Marienstatue krönt und mit dem Gnadenbild in feierlicher Prozession, begleitet von Tausenden von Gläubigen, zur Kapelle im nahen Stiftsbusch zieht

Bischof Franz-Josef Bode aus Osnabrück mit Wallfahrern (o.r.)

Wietmarschen

Die Gemeinde Wietmarschen wird 1974 aus der um den Ortsteil Schepsdorf verkleinerten Gemeinde Schepsdorf-Lohne und den Gemeinden Schwartenpohl und Wachendorf gebildet. Gleichzeitig wird der Teil der neuen Gemeinde, der bislang zum Landkreis Grafschaft Bentheim gehört, in den Landkreis Lingen eingegliedert. Als es schließlich 1977 zur Bildung eines Großkreises Emsland aus den Kreisen Aschendorf-Hümmling, Meppen und Lingen mit Kreissitz in Meppen kommt, wird das soeben erst neu gebildete Wietmarschen im Rahmen der Kreisreform dem Landkreis Grafschaft Bentheim zugeordnet. Doch damit nicht genug. Schon ein weiteres Jahr später, im Jahr 1978, werden die Orte Herzford, Rheitlage und Wachendorf, der so genannte „Vorgarten von Lingen", von der neuen Gemeinde Wietmarschen abgetrennt und gehen an die Stadt Lingen.

Wyt in de Mersch, also weit in der Marsch, befindet sich der Landstrich, den Gräfin Gertrudis von Bentheim dem Ritter Hugo von Büren 1152 überträgt und der weitgehend aus Sumpfwiesen besteht. Der Ritter gründet dort das Kloster **Sünte Marienrode**, um seinem unsoliden Lebenswandel ein Ende zu bereiten. Um das Kloster herum entsteht der Ort Wietmarschen. Das Kloster selber wird ein Nonnenkloster, später ein Damenstift, in dem unverheiratete Töchter hochadeliger Familien untergebracht werden.

Da das Bentheimer Land fast restlos reformierten Glaubens ist, fungiert das strikt katholische Kloster Wietmarschen als Versorgungsinstitut des katholischen westfälischen Adels. Im Zuge der Säkularisation und der Auflösung des Fürstbistums Münster unter Napoleon erfolgt im Jahre 1808 die Auflösung des Stiftes und der Übergang des Vermögens in den Besitz des Fürsten zu Bentheim.

Das Packhaus der alten Brennerei Windus; daneben der Turm der Logemannschen Mühle (l.)

Nach dem Zweiten Weltkrieg werden die Gebäude des Klosters Wietmarschen rings um die katholische Wallfahrtskirche nach und nach abgerissen. Die Bewohner des **„Stiftes“**, wie die noch stehenden Gebäude genannt werden, errichten sich Eigenheime in den neuen Wohngebieten. Anfang der 1970er Jahre muss der neben der Wallfahrtskirche stehende **Spieker** dem Straßenbau weichen. Die verbleibenden vier Stiftsgebäude rings um die Kirche können vor dem Abriss gerettet und restauriert werden.

In der **Wallfahrtskirche** befindet sich eine berühmte alte Statue der Gottesmutter Maria, **„Unsere Liebe Frau von Wietmarschen“** genannt. Einer Legende nach wird dieses Gnadenbild mehrfach nach Bentheim gebracht. Doch soll immer wieder auf unerklärliche Weise zurückgekehrt sein. Die Statue ist Ziel von Wall-

fahrten und Prozessionen. Im Rahmen der Wallfahrten finden im **Stiftsbusch** nahe der Klosteranlagen, auch Gottesdienste unter freiem Himmel statt.

Das **Packhaus** im Ortszentrum gehört zur früheren **Kornbrennerei Windus** und kann besichtigt werden. Es wird 1996 durch die Gemeinde restauriert und heute insbesondere vom **Heimatverein Wietmarschen** als Museum genutzt. Der genau daneben liegende **Mühlenturm** wurde ebenfalls aufwendig restauriert. Die **Alte Lagemannsche Mühle** beherbergt jetzt in den unteren Etagen ein Café und Restaurant. Im oberen Bereich befindet sich eine Aussichtsplattform.

Lohne ist der größte Ortsteil der Gemeinde. Die frühere Bauernschaft Lohne wurde urkundlich erstmals 1152 bei der Gründung des Klosters Wietmarschen und 1154 bei einer Grenzbeschreibung des Klosters gegen Bakelde

Die letzten verbliebenen Klosterbauten rund um die Wallfahrtskirche bilden den Stiftsbereich (o.)

und Lohne genannt. Lohne zerfiel schon in alter Zeit in vier Bauernschaften: Südlohne, Mittellohne, Nordlohne und Lohne auf dem Oerde.

Mittellohne (Medellohn) wird erstmals 1285 erwähnt. Auf der ehemaligen Wasserburg **Schloss Herzford**, im 14. Jahrhundert als Bollwerk der Bischöfe zu Münster gegen Lingen und die Tecklenburger angelegt, war das Geschlecht der von Loen (Lohn) als Lehensleute ansässig. Von der Burg sind noch das dreiflügelige Herrenhaus und die Brückenpfeiler erhalten. Ein ganz neues Gesicht bekam Lohne, als nach dem Ersten Weltkrieg die „Dökult“ im Lohner Feld einige tausend Hektar Sumpf- und Ödland in fruchtbaren Boden verwandelte. Durch viele Neubaugebiete ist dieser Ortsteil in den letzten Jahren sehr stark gewachsen. Von der 2003 im Gemeindegebiet in Betrieb genommenen BAB A 31 verspricht sich die Gemeinde weiteren wirtschaftlichen Aufschwung, insbesondere neue Betriebsansiedlungen und viele Arbeitsplätze in dem großflächigen Gewerbe- und Industriegebiet an der Anschlussstelle in Lohne.

Blick auf den Marktplatz von Lohne (l.)

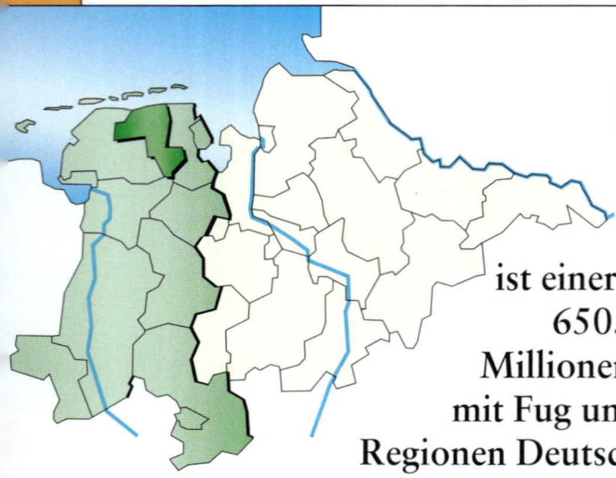

Landkreis Wittmund

Der Landkreis Wittmund gehört zu den kleinsten Landkreisen Niedersachsens und ist einer der größten, wenn es um die Besucher geht: 650.000 Touristen bleiben jährlich für über fünf Millionen Übernachtungen. Die Wittmunder können mit Fug und Recht behaupten, in einer der beliebtesten Regionen Deutschlands zu wohnen – was für viele von ihnen mit einer Menge Arbeit verbunden ist…

Nordseestrand in Neuharlingersiel (o.)

Im Norden des Landkreises liegen die Seemarschen, mühsam dem Meer abgerungenes, feuchtes, schweres Land, das seit dem Mittelalter besiedelt ist. Die verlandete Harlebucht ist eines der größten Gebiete dieser Art in Nordwestdeutschland. Etwa zwei Drittel des Landkreises nimmt die oldenburgisch-ostfriesische Geestplatte ein, sandiger Boden, der im Raum Wittmund oft nahtlos in die weite grabendurchzogene Landschaft der Marsch übergeht. Wo das Regenwasser nicht abfließen konnte, haben sich auf den Geeströcken die für Ostfriesland typischen Hochmoore gebildet. Obwohl auch im Landkreis Wittmund das Moor im Laufe der Geschichte fast vollständig kultiviert worden ist, erinnern einige heute geschützte Restflächen an das Landschaftsbild früherer Jahrhunderte.

Das ständige Wechselspiel von Land und Meer hat die Inseln Langeoog und Spiekeroog geformt, die früher nicht viel mehr als vor der Küste gewachsene Sandbänke waren, die von unerschrockenen Pionieren besiedelt worden sind. Die Bewohner Spiekeroogs arbeiten bis weit ins 19. Jahrhundert hinein als Fischer. Der Verkauf von Strandgut gekenterter Schiffe hilft beim Überleben. Heute zählt Spiekeroog knapp 800 Einwohner und über eine halbe Million Übernachtungen im Jahr. Das 18 Quadratkilometer große, autofreie Eiland bietet den Besuchern die älteste Kirche der Ostfriesischen Inseln und die höchste natürliche Erhebung Ostfrieslands, die 24,5 Meter hohe Wittdün.

Langeoog wird 1398 zum ersten Mal urkundlich erwähnt, ist aber damals wie alle anderen Inseln ein fast unbewohntes Eiland. 1680 leben 62 Menschen in zwölf Häusern auf der Insel. 1717 zerreißt die Große Weihnachtsflut die Insel in zwei Teile. Bis auf vier Familien wandern alle Bewohner ab. 1851 kommen die ersten 100 Badegäste nach Langeoog. 1876 zählt die Inselverwaltung fast 400 Besucher. Im Lauf der nächsten hundert Jahre vervielfacht sich ihre Zahl.

Auch die Küste ist ein beliebtes Urlauberziel: Die Nordseeheilbäder Neuharlingersiel und Bensersiel, das Nordseebad Carolinensiel-Harlesiel sowie der Luftkurort Werdum mit ihren modernen Kuranlagen sind außerordentlich gut be-

suchte Ferienorte. Beliebter Zeitvertreib sind ausgedehnte Wattwanderungen, Besichtigungen des Sielhafenmuseums in Carolinensiel sowie des Buddelschiffmuseums in Neuharlingersiel. Alle Nordseebäder verfügen in unmittelbarer Nähe zum Strand – im Schutze des Deiches – über moderne Campingplätze.
Aber auch das Wittmunder Hinterland ist attraktiv. Auf engstem Raum stehen zahlreiche mittelalterliche Kirchen, historische Windmühlen und andere historisch interessante Stätten. Alle Ausflugsziele sind durch ein dichtes Netz von Fahrradwegen miteinander verbunden. Einige Strecken sind Teil des Friesischen Heerwegs, einer Radwanderroute, die 18 Fremdenverkehrsorte zwischen Oldenburg, Jever und Aurich erschließt. Diese Route folgt einer Handelsstraße, die nicht angelegt, sondern von der Natur vorgegeben ist, es sind uralte Pfade auf dem Kamm der trockenen Geest, die die nassen, verkehrsfeindlichen Moor- und Marschgebiete meiden.

Strandleben auf Langeoog (o.)

Landkreis-Profil

	Landkreis	Land Nieders.
Einwohner, Fläche		
Einwohner gesamt	57.672	7.993.415
darunter 0 bis 15 Jahre in %	17,4	15,4
darunter älter als 65 Jahre in %	17,8	18,7
darunter Ausländer in %	3,8	6,7
Fläche in qkm	656,63	47.618,24
Einwohner je qkm	87,8	167,9
Sozialstruktur (Jahresdurchschnitt, gerundet)		
Erwerbstätige gesamt	21.900	3.492.600
Empfänger von Arbeitslosengeld / -hilfe	2.310	354.300
Empfänger sonst. Hilfen zum Lebensunterhalt	1.960	311.900
Anzahl Wirtschaftsbetriebe		
Gesamt (Industrie, Handel, Gewerbe, Dienstl.)	3.368	351.151
darunter Land-, Forst-, Fischereiwirtschaft	229	15.862
Steueraufkommen		
Lohn- und Einkommensteuerzahler	19.621	2.738.281
Summe positiver Einkünfte (in Tsd. EUR)	492.267	88.279.875
Steuereinnahmen (EUR je Einwohner)	419,68	544,33

Wahlen

Landtagswahl 2003

CDU	52,5
SPD	36,5
FDP	4,7
Grüne	5,5
Sonstige	0,8

Mitglieds-gemeinden:
- Dunum
- Holtgast
- Moorweg
- Neuharlingersiel
- Stadt Esens
- Stedesdorf
- Werdum

Einwohner: 14.006
Fläche: 162,11 qkm
86,4 Einw. je qkm

SG Esens

Die Samtgemeinde Esens liegt im nördlichen Teil des Landkreises Wittmund. Wirtschaftliches Zentrum der Samtgemeinde ist die Stadt Esens, deren Stadtkern etwa vier Kilometer von der Küste entfernt liegt. Dennoch kann Esens sich dank des Sielhafens im Ortsteil **Bensersiel** zu Recht als Küstenstadt bezeichnen. Tourismus ist der wesentliche Wirtschaftsfaktor. Bensersiel und **Neuharlingersiel** sind Nordseeheilbäder. Ab Bensersiel fahren außerdem die Fähren nach >Langeoog (187). Von Neuharlingersiel aus geht es zur Insel >Spiekeroog (189). Zwei Millionen Übernachtungen pro Jahr werden erreicht. Das Erlebnisbad Nordseetherme, das Meerwasserhallenbad in Neuharlingersiel sowie das Taka-Tuka-Land und das Naturkundehaus gehören zum Angebot. In Neuharlingersiel und Bensersiel kann man **Wattwanderungen** nach Langeoog unternehmen. Der Luftkurort **Werdum** rundet das touristische Angebot ab.

Der Ahnensaal des Rathauses, das Schmuckkästchen der Stadt (o.)

Wie sonst nur noch Berlin, führt Esens einen Bären im Stadtwappen. Dem Wappentier begegnet man in der **Bärenstadt am Meer** auf Schritt und Tritt, zum Beispiel als Skulptur in der Innenstadt. Der Sage nach soll ein Tanzbär die Stadt im Mittelalter von Belagerungstruppen befreit haben, wofür die Esenser bis heute dankbar sind.

Die Innenstadt wurde in den 1980er Jahren saniert. **Marktplatz** und **Kirchplatz** sind neu gestaltet worden. Rund um die evangelische **St.-Magnus-Kirche** fallen dabei vor allem die futuristischen **Kirchplatz-Arkaden** ins Auge. In dem nicht weniger extravaganten Gebäude daneben findet man das **Holarium**, eines von zwei Holografie-Museen in Deutschland. Der Künstler **Elmar Spreer** zeigt in dieser faszinierenden Technik dreidimensionale, zum Anfassen real erscheinende Objekte, die er per Laserstrahl auf Glasplatten bannt. Der Tidebrunnen verkörpert ein Schiffswrack, bei dem Bug und Heck getrennt sind. Der Wasserstand des Brunnens zeigt den aktuellen Stand der Gezeiten der Nordsee. Das **Rathaus** am **Marktplatz** war ursprünglich ein Witwenstift. Der **Ahnensaal** wird für repräsentative Zwecke und als Hochzeitsraum genutzt; regelmäßig finden Autorenlesungen statt.
Lesungen, teils mit Musik, gibt es auch in der **Peldemühle.** Der 150 Jahre alte Galerieholländer ist heute im Besitz des **Heimatvereins.** Im **Müllerhaus** und einem weiteren Anbau werden die Siedlungsgeschichte des **Harlingerlandes** und die Geschichte der Stadt Esens dargestellt. Neben der Mühle, am Mühlenvorplatz, lädt die **Café-Kneipe Pelle** von **Andrea „Pelle" Berghem** ein. Wer Lust hat, zusammen mit anderen zwanglos Musik zu machen, kann das hier jeden letzten Samstag im Monat tun, wenn er sein Instrument mitbringt. Auch reguläre Konzerte finden statt. Für literarisch Begabte bietet Pelle regelmäßig **Poetry-Slams** an, literarische Live-Wettkämpfe, bei denen das Publikum die Jury bildet.
Im **Forst Schafhaus**, einem Waldgebiet am Stadtrand von Esens liegt das **Nie-**

Der Bär ist das Wappentier von Esens (r.)

dersächsische Internatsgymnasium Esens (NIGE). Hier gehen 850 Schülerinnen und Schüler der Klassen 5 bis 13 zur Schule. Etwa 120 davon sind Internatsschüler. Das Gymnasium wird vom Land Niedersachsen für Schüler und Schülerinnen unterhalten, die aus familiären, verkehrstechnischen oder schulfachlichen Gründen ein Gymnasium sonst nur unter erschwerten Bedingungen besuchen können. Dazu gehören insbesondere Schüler von den Inseln. Schüler des NIGE haben als **Arbeitsgemeinschaft Astronomie** auf dem Deich zwischen Bensersiel und Neuharlingersiel den **Planetenlehrpfad** eingerichtet, der auf acht Kilometern Länge unser Sonnensystem maßstabsgetreu abbildet und einen Eindruck von den gewaltigen Dimensionen des Weltalls vermittelt.
Die Tradition der Bärenstadt Esens wird von der **Deutschen Teddy-Stiftung** aufgegriffen. Sie ist die deutsche Abteilung der weltweiten Stiftung **Good Bears of the World.** Sie verschenkt Teddybären an Kinder in Katastrophen- oder Unglücksfällen, um drohende Traumatisierungen abzumildern. Dazu werden Einsatzfahrzeuge von Polizei und Rettungsdiensten sowie die Notfallstationen in Krankenhäusern mit Teddybären ausgestattet, die den Kindern in dramatischen Situationen in die Hand gegeben werden können. Seit Gründung der Stiftung im Jahre 1998 sind mehr als 50.000 Bären verschenkt worden, z.B. beim Zugunglück von Eschede und bei zahllosen Verkehrsunfällen.
Frisch gebrautes Bier kann in der Gemeinde **Werdum** verkostet werden, in der **Ostfriesischen Küstenbrauerei**. Im Brauhaus der **Familie Pieperjohanns** läuft das **„Watt'n Bier“** in vier verschiedenen Brauarten aus dem Zapfhahn. Nach Absprache bietet der Braumeister Führungen durch die Brauerei mit anschließendem Umtrunk an.
Spannend vor allem für Kinder ist der **Haustierpark** des **Werdumer Heimat- und Verkehrsvereins e.V.** mit seltenen und vom Aussterben bedrohten Haustierrassen. Hier sind unter anderem Riesen-Poitou-Esel aus Frankreich, Angora-Ziegen aus der Türkei und Seidenhühner aus China zu bewundern.
Ein Muss für Kinder und Familien ist außerdem eine Fahrt durch Werdum mit der **Bimmelbahn „Rasender Kalle“**, die jeden Donnerstag Nachmittag fährt. Für Kurgäste interessant ist die im Sommer 2003 neu errichtete **Kneipphalle** die kostenlos genutzt werden kann.
Die Firma **Reuter Innenausbau** mit 65 Mitarbeitern ist für exklusive Projekte wie die Innenausstattung des Berliner Reichstags, des Kanzleramts oder des Hotels Adlon verantwortlich. Für Werften wie Lürssen in > Lemwerder (II-36), Meyer in > Papenburg (137), und Lloyd in > Bremerhaven (II-174f) übernimmt Reuter den Innenausbau vor allem von Luxusyachten und Kreuzfahrtschiffen. In > Sögel (146) im Emsland hat das Unternehmen einen zweiten Standort mit 20 Mitarbeitern für die eigene Möbelherstellung.

Tidebrunnen des Aachener Metall-Künstlers Albert Sous, von dem auch der Sous-Turm in Aurich stammt (o.)

Die Sonne, eine der zehn Stationen des Planetenlehrpfades (l.o.)

„Pelles Kneipe“ ist ein Geheimtip für Literaten und Musiker (l.)

Das prachtvolle Atrium des Kreuzliners „Superstar Leo“, gestaltet von Reuter Innenausbau (o.)

Porträt

„Rocken statt fiepen!"

Burkhard Theiner und Mareike Weymann sind Lehrer an der Grundschule Esens-Süd. Wie sie gemeinsam die Holtgast Hotpipers gründen und warum sich Grundschüler mit Begeisterung von ihnen „die Flötentöne beibiegen" lassen, erzählt Burkhard Theiner hier in seinen eigenen Worten.

Die Holtgast Hotpipers rocken auf der Flöte (r.)

Im Januar 1999 begann ich als Lehrer in **Holtgast** mit täglichem Flötenunterricht; jeden Morgen 15 Minuten Flöte mit allen Kindern. Die Auswahl von **Beatles-Stücken** und anderen Hits der 1960er und 1970er Jahre, die ausgefeilten Arrangements von **Mareike Weymann** und die Begleitung mit der **Gitarre** führten zu überraschenden Resultaten. Auf dem Pausenhof stellten wir fest, dass auch die Anwohner der Schule Spaß an unserer Musik hatten. Noch mysteriöser: Die Flöten machten sich in der Freizeit breit! Die Kinder begannen, nachmittags freiwillig zu üben, trafen sich sogar in Gruppen. Ein Vater berichtete fassungslos: *„Mein Sohn schließt sich nach dem Essen im Badezimmer ein und übt Flöte!"*

Im Sommer stellten die Kinder ein erstes kleines Programm auf dem **Esenser Wochenmarkt** vor. Passanten blieben stehen und ließen Hüte herumgehen. Die Einnahmen reichten für ein Eis pro Kind. Bald kamen erste Anfragen. Das Projekt Straßenmusik begann. Die Jahre 2000 und 2001 brachten den Durchbruch. Werbegemeinschaft, Vereine, Firmen, die Samtgemeinde, die Kurverwaltung, der Landkreis und der Arbeitskreis Esenser Schulen, alle buchten uns für Veranstaltungen. Der Name **Holtgast Hotpipers** wurde gefunden und die erste CD aufgenommen. Mittlerweile hat sich die Gruppe auf sechs Klassen an vier Standorten erweitert und wird von Mareike Weymann geleitet, während ich nur noch die Gitarre spiele.

Für viele Schüler der ersten und zweiten Schuljahre ist es heute ein besonderer Ansporn, ein **Hotpiper** zu werden. In der Musikecke, mit Hilfe von Spenden eingerichtet, üben die Kinder selbstständig Stücke aus dem Repertoire, aber auch neue Stücke, Ohrwürmer der Pop- und Schlagerszene, oder klassische Stücke.

Inzwischen haben sich Klassen in **Stedesdorf** und **Dunum** mit Unterstützung der Lehrerinnen Teile des Programms angeeignet. Im Herbst 2002 konnten erstmals die Flötengruppen aller Standorte gemeinsam öffentlich auftreten. Auch ehemalige Schüler halten Kontakt und verstärken die Gruppe bei Auftritten. Die Unterstützung der Elternschaft für die Hotpipers ist groß.

Friedeburg

Im Südosten des Landkreises, zwischen den Städten > Aurich (24) und > Wilhelmshaven (216) gelegen, ist die Gemeinde Friedeburg die waldreichste Gegend Ostfrieslands Die drei Forste der Gemeinde nehmen mit rund 2.000 Hektar gut zwölf Prozent ihrer Gesamtfläche ein. Der Name „Friedeburg" geht zurück auf eine im 14. Jahrhundert erbaute Festung in dem damals zwischen Ostfriesen und Oldenburgern umkämpften Grenzgebiet. Eines der interessantesten Bauwerke der Gemeinde ist die **St.-Mauritius-Kirche** in **Reepsholt.** 1474 belagern ostfriesische Truppen die Kirche, in der sich der mit den Oldenburgern verbündete **Sirk von Friedeburg** verschanzt hat. Die Friesen untergraben den Turm kurzerhand, bis die Westseite mitsamt Dach einstürzt und Sirk sich ergeben muss. Bis heute ist der Turm eine Ruine und stellt eine beliebte und viel fotografierte Sehenswürdigkeit dar.

Ein berühmter Sohn der Gemeinde ist **Albertus Seba.** Er kommt 1665 in **Etzel** zur Welt, wird mit seiner **Deuitse Apotheek** in Holland Apotheker und betreibt nebenher einen Großhandel für Arzneien, die er bis nach Russland an den Zarenhof verkauft. Privat sammelt er seltene Tiere und Pflanzen. Sebas **Naturalienkabinett** gilt als das schönste seiner Zeit und wird ihm von Zar Peter dem Großen kurzerhand abgekauft. Er legt eine neue, größere Sammlung an und verewigt diese in dem vierbändigen Nachschlagewerk **Großer Thesaurus.** Für seine Arbeit wird Seba Ehrenmitglied der Akademien von London, Straßburg und Bologna.

Als **Heike** und **Thomas Gerbracht** 1995 mit drei Kindern aus einem Reihenhaus am Niederrhein in die Moorlandschaft von **Bentstreek** ziehen, werden sie auf ihrem neu erworbenen Bauernhof nur von einer Eule begrüßt. Das schreckt die Familie wenig und mit jeder Menge Arbeit und viel Enthusiasmus entsteht **Heikes Moorhof.** Wenn die Gerbrachts morgens aufstehen, werden sie jetzt von Schafen, Pferden, Ziegen, Hühnern, Pommerngänsen, Kaninchen, Katzen, Hunden und vom Schwein **Aurelia** begrüßt. Der Bauernhof mit **Hofladen** und **Online-Shop** bietet Erzeugnisse aus eigener Produktion. Mit den Volkshochschulen umliegender Landkreise werden Kurse, Workshops und Abenteuerwochenenden auf dem Bauernhof angeboten. Der Moorhof ist ein beliebtes Ziel für Familien-, Schul- und Kindergartenausflüge.

1950 erfindet **Karl Blume** das **Moorfeuer,** einen Kräuterlikör, und begründet damit einen Vertrieb für ostfriesische Spezialitäten. Als **Heiko Blume Gruppe** beschäftigt das Familienunternehmen heute rund 240 Mitarbeiter und hat seine Produktpalette erheblich ausgeweitet. Neben Spirituosen, Likören, Tee und Süßwaren wird

Ortsteile:
- Abickhafe
- Bentstreek
- Dose
- Etzel
- Friedeburg
- Hesel
- Hoheesche
- Horsten
- Marx
- Reepsholt
- Wiesede
- Wiesedermeer
- Upschört

Einwohner: 10.646
Fläche: 163,57 qkm
65,1 Einw. je qkm

Heike und Thomas Gerbracht vor ihrem Hofladen (l.)

Albertus Seba (o.)

Modell der Festung Friedeburg (l.)

Frisch gekürtes Friedeburger Burgfräulein im blauen Umhang, rechts daneben die Hofdame (r.)

ostfriesisches Porzellan in eigener Manufaktur hergestellt. Die Rohlinge kommen aus China und werden in Friedeburg handbemalt. Das Flaggschiff des Unternehmens bildet allerdings der **Moorgeist,** ein Hochprozentiger, der brennend serviert wird. Nach Voranmeldung kann die Manufaktur besichtigt werden.

Die Mühle in Horsten (o.)

Um die gefährliche Zivilisationskrankheit der Verengung der Blutgefäße, wie z.B. der Herzkranzgefäße und der Gefäße in den Beinen, geht es bei der **Angiokard Medizintechnik**. Das Friedeburger Unternehmen mit seinen rund 200 Mitarbeitern ist in Europa einer der führenden Anbieter von medizinischen Sets und Komponenten und beliefert Kliniken, Herzkatheterlabors und niedergelassene Ärzte. Angiokard stellt die Sets, die alles enthalten, vom Katheter über den Infusionsschlauch bis zum OP-Kittel individuell nach den Wünschen der Ärzte und den Erfordernissen des Eingriffs zusammen.

In einem unterirdischen Salzstock unter dem Ortsteil **Etzel** befinden sich in weit über tausend Meter Tiefe **Kavernen**, in denen **Erdöl** und **Erdgas** gelagert werden. Diese Hohlräume entstehen, indem Wasser in den Salzstock hineingepumpt wird. Es löst das Salz und die Sole wird gefördert. Etzel ist wegen seines Salzvorkommen und seiner Lage für die Öl- und Gaslagerung prädestiniert. Deshalb lagern im Kavernenspeicher der **IVG Logistik GmbH** zur Krisenbevorratung Deutschlands und der Niederlande große Mengen an Rohöl. Ein Konsortium um die Unternehmen **Ruhrgas** und **Statoil** (Norwegen) lagert in Etzel außerdem Erdgas, um Schwankungen zwischen Anlieferung und Verbrauch des Erdgases ausgleichen zu können. Kavernen sind die umweltfreundlichste und kostengünstigste Lösung für derart großen Speicherbedarf.

Wenn die Kavernen ausgesolt und mit Öl oder Gas befüllt worden sind, verraten nur noch die sogenannten **Kavernenköpfe**, was sich in der Tiefe der Etzeler Erde verbirgt.

Jedes Jahr am letzten Wochenende im September organisiert der **Gewerbeverein** Friedeburg das **Friedeburger Festival**. Live-Musik, Spaß und Unterhaltung locken tausende Besucher an. Zu den Höhepunkten des Festivals gehört am Sonntag die Wahl des **Friedeburger Burgfräuleins**. Während ihrer einjährigen Amtszeit hat sie eine Menge repräsentativer Termine für die Gemeinde wahrzunehmen.

1978 wird die Discothek **Tunis** in **Marx** eröffnet. Ihrer Eigenwilligkeit wegen hat sie schnell Kultstatus. Seit 2004 wird das Tunis unter dem neuen Namen **„History"** betrieben. Das Konzept ist geblieben: Ob Barfußtänzer, Headbanger, Grufti oder Normalo, hier treffen sich Fans zwischen 16 und 46 zu den Sounds aus 40 Jahren alternativer Musikgeschichte. Moderationen gibt's nicht, nur Musik pur.

SG Holtriem

Im Städtedreieck Aurich, Norden, Esens liegt das **Holtriemer Land.** Klimatisch wird dieser Landstrich von der nur 14 km entfernten Nordsee geprägt. **Westerholt**, eine von insgesamt acht Mitgliedsgemeinden, ist die Zentralgemeinde, in der neben dem Rathaus mit Tourist-Information alle Einrichtungen der Daseinsfürsorge zu finden sind. Die Nähe zur Nordsee mit den Küstenbadeorten Esens-Bensersiel und Dornumersiel und die urwüchsige Naturlandschaft haben dazu beigetragen, dass der Fremdenverkehr an Bedeutung gewonnen hat und das Holtriemer Land als *grüne Perle* vor dem Nordseestrand bezeichnet wird. Die Landwirtschaft ist eher kleinbetrieblich. Die meisten Arbeitnehmer pendeln nach > Emden (58) oder nach > Wilhelmshaven (216). Im südwestlichsten Zipfel der Samtgemeinde liegt mit einer Fläche von ca. 90 Hektar Deutschlands größter Hochmoorsee, das **Ewige Meer.** Der 6.000 Jahre alte See ist vor der Trockenlegung bewahrt und als Naturschutzgebiet ausgewiesen worden. Vor allem in der Dämmerung geht von der herben Schönheit des Ewigen Meeres eine nahezu mystische Stimmung aus. Man kann das Moorgebiet auf einem 1,8 Kilometer langen Holzbohlenweg erkunden. Naturkundliche Wanderungen unter fachlicher Leitung werden angeboten.

Sehenswert als vorindustrielles Kulturdenkmal ist auch die 1850 erbaute **Holländerwindmühle Peters** in **Nenndorf.** Diese Windmühle, zugleich auch das Holtriemer Wahrzeichen, ist nach Einbau eines neuen Flügelkreuzes heute voll funktionsfähig. In **Schweindorf** steht die ehemalige **Windmühle Wiebersiek**, in der sich rustikale Ein- und Zweibett-Butzen für insgesamt 20 Personen befinden.

Völlig andere Windmühlen drehen sich im Windpark **Nenndorfer/Westerholter Hammrich.** 35 Windenergieanlagen produzieren im größten Windpark Europas zusammen 52,5 Megawatt Strom. Eine am **Holtriem-Wanderweg** gelegene Windmühle ist für Besucher begehbar. Wer Kondition und Schwindelfreiheit mitbringt, wird hier in 68 Meter Höhe mit einem einzigartigen Fotoblick über das Holtriemer Land mit der südlichen Nordsee belohnt.

Zur Erinnerung an die Wiedervereinigung ist der **Platz der Deutschen Einheit** im **Hochzeitswald** in **Schweindorf** errichtet worden. Hier gibt es sogar ein Stück „Berliner Mauer zum Anfassen". Der Hochzeitswald dokumentiert auch ein Stück Geschichte. 1697 verfügt der ostfriesische Fürst Christian Eberhard, dass alle frisch

Mitgliedsgemeinden:

- Blomberg
- Eversmeer
- Nenndorf
- Neuschoo
- Ochtersum
- Schweindorf
- Utarp
- Westerholt

Einwohner: 8.890
Fläche: 82,95 qkm
107,2 Einw. je qkm

Die Holländermühle in Nenndorf ist das Wahrzeichen der Gemeinde Holtriem (o.)

Die Ziegelei Kaufmann (l.) ist die letzte Ziegelei, die heute noch Torfbrandklinker herstellt. Jeder Stein ist ein Unikat

Das Rathaus Westerholt ist Sitz der Samtgemeindeverwaltung (r.)

vermählten Ehepaare des Harlingerlandes Eichenbäume zu pflanzen hätten. Aus dieser Tradition heraus bekommen die Brautpaare Holtriems einen Gutschein für eine Eiche.

In der 1904 gegründeten **Ziegelei Kaufmann** in **Nenndorf** werden Klinker in dem sogenannten **Hoffmannschen Ringofen** nach Altväter Sitte mit Torf gebrannt. Das 40 Meter lange Ofenoval fasst etwa 140.000 Steine und wird in vierzehntägigem Rhythmus beschickt. So lange dauert der Prozess, bis das Feuer durch den Ofen wandert, die Steine in verschiedenen Hitzezonen getrocknet und gebrannt werden und anschließend auskühlen. Pro Jahr werden knapp drei Millionen vielfarbige Klinkersteine in Handarbeit hergestellt. Sie kommen, hartgebrannt und witterungsbeständig, als **Wittmunder Torfklinker** auf den Markt und sind weit über Ostfriesland hinaus bekannt.

Wer mit dem Auto oder Fahrrad von **Ochtersum** nach **Westerholt** fährt, müsste eigentlich seine Uhr um eine Stunde zurückstellen. Er passiert nämlich bei 7 Grad 30 Minuten östlicher Länge den **Grenzmeridian** zwischen der Mitteleuropäischen und Westeuropäischen Zeitzone von Ost nach West. Diese verläuft – wenn nicht internationale Vereinbarungen Abweichungen von der „geraden Linie" beschlossen und an die Ländergrenzen angepasst hätten – quer durch die Samtgemeinde Holtriem und ist in Ochtersum und Neuschoo auf dem Holtriem Wanderweg durch einen rot-weiß gestreiften Grenzpfahl markiert.

Der Grenzmeridian zwischen der Mittel- und der Westeuropäischen Zeit verläuft mitten durch Holtriem (o.)

Das Ewige Meer, Deutschlands größter Hochmoorsee (u.)

Langeoog

Ortsteile:
_ keine

Einwohner: 1.988
Fläche: 19,67 qkm
101,1 Einw. je qkm

Die Fähre nach Langeoog geht ab >Bensersiel (Esens 180). Die Insel ist, wie die meisten anderen auch, autofrei. Ab >Harlesiel (Wittmund 190) und ab >Norddeich (Norden 48) sowie im Linien- und Charterverkehr von mehreren Inseln und Festlandsflughäfen kommt man auch per Flugzeug nach Langeoog. Vom Hafen aus fährt die **Inselbahn** in den Ort. Sie wird, wie die Schiffsverbindung zum Festland, von der Inselgemeinde betrieben und ist in den 1990er Jahren neu gebaut worden. Ihren nostalgischen Charme konnte die Bahn aber bewahren. Zu Fuß führt ein zehn Kilometer langer **Wattwanderweg** von >Neuharlingersiel (Esens 180) nach Langeoog, der aber nur für erfahrene Wattwanderer geeignet ist. Man bleibt über Nacht oder fährt mit der Fähre zurück.

Langeoog ist seit 1949 ein staatlich anerkanntes Nordseeheilbad. Die salz- und jodreiche Seeluft ist gesund und nahe der Brandung ein natürliches Sole-Inhalatorium. Wer unter Allergien oder Erkrankungen der Atemwege und der Haut leidet, findet Erleichterung. Der 14 Kilometer lange Sandstrand lädt ein zum Baden und Spazierengehen. Bei schlechtem Wetter und in der kalten Jahreszeit wird der Badespaß verlegt ins **Meerwasser-Erlebnisbad** im **Kurzentrum.** Neben der heute modernen **Badewelt** mit zahlreichen Attraktionen bietet die Dünensaunalandschaft diverse Sauna-Varianten zum Entspannen und Regenerieren.

Weithin sichtbares Wahrzeichen Langeoogs ist der 1909 gebaute **Wasserturm.** Seit seiner Renovierung ist er wieder als Aussichtsturm zugänglich. Über eine schmiedeeiserne Wendeltreppe erreicht man die Aussichtsplattform in 20 Meter Höhe. Bei guten Sichtverhältnissen sieht man die Schifffahrtsroute auf der Nordsee und die Nachbarinseln.

Trinkwasser für Langeoog wird aus einer **Süßwasserlinse** unter der Insel entnommen. Im **Pirolatal,** einem weiten Dünental, liegen die Förderbrunnen für das Trinkwasser. Sie werden durch Dünen vor einem Salzwassereinbruch geschützt, der die Süßwasserlinse zerstören würde.

Die Inselbahn (u.) auf Langeoog verkehrt zwischen Fähranleger und Inselort auf 1.000-mm-Gleisen

Das gibt es nur auf Langeoog: eine Sauna in den Dünen (l.)

Schon vom Festland aus zu sehen ist der der 1908/09 gebaute Wasserturm auf der Kaap-Düne (o.)

Im **Alten Wasserwerk**, einem denkmalgeschützten Gebäude, wird die Trinkwasserversorgung der Insel für große und kleine Besucher mit Ausstellungsstücken und Multimedia-Präsentationen erklärt. Eine riesige Teetasse lädt zum Probieren des Langeooger Trinkwassers ein.

Ein Wanderweg durch das Pirolatal führt am **Dünenfriedhof** vorbei. Der Friedhof wurde 1945 angelegt. Die Nordseite ist ein **Ehrenfriedhof** für russische Kriegsgefangene, die nach einer Epidemie im Winter 1941 unter miserablen Umständen auf der Insel sterben. Auf der Südseite liegen Gräber von Baltendeutschen, die es nach ihrer Flucht im März 1945 aus Schwetz an der Weichsel auf die Insel verschlagen hat. Ihnen ist seit 1965 eine Gedenkstätte gewidmet. In der Mitte des Friedhofs befinden sich die Grabstätten der Insulaner.

Der Dünenfriedhof ist auch die letzte Ruhestätte der 1972 verstorbenen Sängerin **Lale Andersen**. Die in >Bremerhaven (II-174f) geborene Künstlerin war während des Krieges mit ihrem Lied „Lili Marleen" über Nacht weltberühmt geworden. In den 1950er und 1960er Jahren tritt sie häufig in der **Langeooger Strandhalle** auf und verbringt auf der Insel ihren Lebensabend auf ihrem Anwesen, dem Sonnenhof. Die heutigen Besitzer des reetgedeckten Hauses haben dort ein Restaurant sowie eine gemütliche Weinstube eingerichtet, in der die Erinnerung an die unvergessene Chansonistin lebendig bleibt.

Die Südwestspitze Langeoogs bildet ein großer **Fluthaken,** das **Flinthörn.** Er entsteht durch die Strömung der Gezeiten, die das Seegatt zwischen Langeoog und der Nachbarinsel >Baltrum (32) passieren. Durch die große Sandfläche des Fluthakens fließt ein Priel, dessen Strömung zusammen mit Wind und Wellen bisweilen bizarre Muster in den Sand zeichnet. Naturpfade am Ostende und am Flinthörn informieren mit Schautafeln über die Tier- und Pflanzenwelt. Eine **Beobachtungsplattform** mit Fernglas ermöglicht am Ostende einen Blick auf die Seehundbänke.

Seit 1958 findet zwischen Langeoog und >Spiekeroog (189) ein jährliches **Schlagballturnier** statt. Schlagball? Im Zeitalter der Fun-Sportarten ist dieser Sport fast in Vergessenheit geraten. Dabei gilt er als die Urform des heute gespielten amerikanischen Baseballs. Hier jedoch hat sich der wechselweise auf den beiden Inseln ausgetragene Wettkampf längst zu einem Kult-Event entwickelt. Er wird nicht ausgetragen, sondern zelebriert. Vor allem junge Leute lockt dann die Party-Stimmung auf die Inseln.

Insel Langeoog (u.)

Spiekeroog

Ortsteile:
_ keine

Einwohner: 780
Fläche: 18,25 qkm
42,7 Einw. je qkm

Spiekeroog wird wegen des eher untypischen Baumbestands auch die **„grüne Insel"** genannt. Die Wäldchen sichern als Windschutz die Dünenbereiche und bieten Lebensraum für Vögel. Spiekeroog ist von > Neuharlingersiel (Esens 180) aus mit den Fähren der **Nordseebad Spiekeroog GmbH** zu erreichen. Die Verbindung ist tideabhängig, so dass die täglichen Abfahrtszeiten variieren. Wer die Herausforderung sucht, kann die Insel auch über einen neun Kilometer langen Wanderweg zu Fuß erreichen. Wattführer in > Harlesiel (Wittmund 190) bieten Wandertouren nach Spiekeroog an. Auf keinen Fall sollte man auf eigene Faust gehen. Flaniermeile der Insel ist der Norderloog mit Cafés, Restaurants, Geschenkläden und Hotels.

An einigen alten Häusern lässt sich noch das einst überlebenswichtige Schwimmdach erkennen. Bei sehr starken Sturmfluten flohen die Bewohner auf den Dachboden. Dieser löste sich mit steigendem Wasser und schwamm auf. Bei Wind aus Nordwest erreichten die Menschen mit ihrem Dach als Rettungsfloß das Festland. Unter anderem findet sich diese Konstruktion heute noch auf der alten Inselkirche aus dem Jahr 1696.

Zeugnisse der Geschichte Spiekeroogs finden sich im **Inselmuseum**. In der **Kogge**, dem 2002 neu gebauten Haus des Gastes lohnt sich ein Besuch des **Kuriosen Muschelmuseums**. „Kurios" nennt es sich, weil es auf eine wissenschaftliche Betrachtung und lateinische Bezeichnungen völlig verzichtet. Es dominieren fantasievolle Namen, die sich auf Form, Farbe oder Muster beziehen. Für die rund 3.000 Exponate

wird der volkstümliche Begriff „Muscheln" verwendet, obwohl es sich überwiegend um die teils faszinierenden Gehäuse von Meeresschnecken handelt. Statt einzelne Gehäuse aufzureihen, werden meistens mehrere Stücke einer Art nach Lust und Laune angeordnet. Es gibt auch einige höchst skurrile Strandfunde zu sehen.

Seit 1981 die Inselbahn stillgelegt worden ist, fährt auf Spiekeroog Deutschlands einzige **Museums-Pferdebahn**. Eisenbahnfan **Heinz Roll** aus Pforzheim hat mit einem alten Sommerpferdebahnwagen die Strecke vom alten Bahnhof zum früheren Herrenbadestrand im Westen zu neuem Leben erweckt. Wenn er in gänzlich inseluntypischer Mundart Wissenswertes über Bahn, Natur und Umgebung zum Besten gibt, füllen sich schnell seine Sitzplätze.

An der Endstation der Pferdebahn liegt heute das **Old Laramie**, ein Szene-Treff vor allem für junge Insulaner und Urlauber. Zweimal die Woche ist hier „Land Unter", das heißt: heiße Musik und kalte Getränke bis zum Sonnenaufgang. Und zu „Hackballen" oder einer „Laramie-Wurst" schmecken die gleich noch einmal so gut.

Blick ins Kuriose Muschelmuseum (o.)

Der kilometerlange Sandstrand gehört zu den natürlichen Schätzen Spiekeroogs (l.)

Flaniermeile Norderloog (u.)

1 PS hat die Spiekerooger Pferdebahn (o.)

Ortsteile:
- Ardorf
- Asel
- Berdum
- Blersum
- Burhafe
- Buttforde
- Carolinensiel
- Eggelingen
- Funnix
- Harlesiel
- Hovel
- Leerhafe
- Uttel
- Willen

Einwohner: 21.362
Fläche: 210,08 qkm
101,7 Einw. je qkm

Wittmund

Wittmund, am Flüsschen **Harle** gelegen, ist Kreisstadt und staatlich anerkannter Erholungsort. **Jan Schüpp**, der lachende Ostfriese auf der Schaufel, ist die Symbolfigur der Stadt. Er ziert Prospekte der Tourist Info und hat einen eigenen Brunnen in der **Fußgängerzone.** Diese erstreckt sich über fünf Straßen rund um die historische **Nicolai-Kirche.** Die Wittmunder nennen den Rundgang um die Kirche auch einfach den **Pudding** nach der norddeutschen Redensart *„um'n Pudding gehen"*. Als schönstes Gebäude Wittmunds gilt das um 1900 gebaute **Kreishaus.** Die Fülle seiner Dekoration zeugt von der Zeit, als Wittmund der größte und steuerstärkste Landkreis innerhalb der preußischen Provinz Hannover ist. In der Nähe des Kreishauses liegt der **Schlosspark.** Vom einstigen Schloss sind die Wallanlage und der Schlossgraben erhalten, die den Park zum Innenstadtidyll und zur beliebten Spazierstrecke der Wittmunder machen.

Stefan Willms aus **Carolinensiel** ist Lehrer an der Kreismusikschule des Landkreises Wittmund. Er leitet dort das Percussion-Ensemble **Surdo Mortale,** das in seiner instrumentellen Zusammensetzung alles andere als ostfriesisch ist. Brasilianische *Reco-Recos*, kubanische *Cencerros* oder afrikanische *Djembe* und *Banana-Bells* spielen mit. Bis zu 25 Musiker zwischen 11 und 50 Jahren gehören dem Ensemble an. Es tritt bei Volksfesten, Benefiz-Veranstaltungen und Konzertabenden auf und spielt Samba, Rumba, Mambo und Afrikanische Volkstänze. Willms' Spezialität sind selbst komponierte rein perkussive Straßensambas, *Samba Batucada*, die das Ensemble unter anderem auch schon beim großen **Samba Karneval** in >Bremen (II-194f) mit Erfolg präsentiert hat.

Auch wer weniger musikinteressiert ist, kann in Wittmund höhere schulische Weihen erreichen: Seit 1977 ist es in der Stadt möglich, das **Original Ostfriesen-Abitur** zu machen. In einem etwa vierstündigen Kurzstudium vermitteln die Abiturdoktores mit viel Humor die Sitten und Gebräuche Ostfrieslands. Prüfungsfächer sind u. a. Kuhmelken, Boßeln, Teetrinken und Krabbenpulen. Rund 150.000 Absolventen der ostfriesischen Lebensart zählt seither der Bildungsstandort Wittmund.

Stefan Willms (im Bild ganz rechts) mit seinem Percussion Ensemble in der Kreismusikschule Wittmund (r.)

Wer es eher sportlich mag, kann einmal im Jahr mit **„Jan Schüpp up Padd"** gehen. Gemeint ist die Teilnahme an **Inline-Läufen** und an einer **Radrund-**

In der Nähe des Marktplatzes liegt der Wittmunder Schlosspark (l.). Im 15. Jahrhundert steht Wittmund unter der Regentschaft des Häuptlings Siebet Attena, der das Schloss bauen lässt. 1764 wird es auf Anordnung von Friedrich dem Großen geschleift. Der Festungswall sowie ein Teil des früheren Schlossgrabens sind fast vollständig erhalten. Die Bürger finden hier Ruhe und Erholung, Enten und Schwäne tummeln sich im Schlossgraben

fahrt. Für Kinder gibt es bei dieser Veranstaltung einen **Puddinglauf** rund um den Kirchplatz, für erwachsene Amateure einen **Stadtlauf** und als Höhepunkt den **Harlingerlauf**, einen Inline-Halbmarathon rund um Wittmund. Und für diejenigen, die nicht skaten können, gibt es außerdem noch ein reichhaltiges, sehr kinderfreundliches Rahmenprogramm mit Vorführungen, Spielen und Musik.

Wenn allerdings die Teilnehmer nach den Wettbewerben „im Eimer" sind, muss das nicht zwangsläufig auf Müdigkeit hindeuten. Denn der **Eimer** in der **Kirchstraße** ist eine in Wittmund wohlbekannte Adresse in der Fußgängerzone, ein Szene-Treff, urig, gemütlich, mit überdachten Sitzmöglichkeiten draußen. Innen ist das Lokal von **Bettina** und **Tjard Tjardes** mit original englischen Kirchenteilen wie Kanzel und Kirchenbank, mit Geigen am Himmel, Jahrmarktspferden und allerlei antiken Instrumenten ausgeschmückt. Hier treffen sich Jung und Alt zum Klönen, Cocktailtrinken, Spielen oder um im eigens dafür eingerichteten Untergeschoss am Großbildfernseher gesellig Sportereignisse zu verfolgen. Jeden ersten Sonnabend im Monat gibt es Live-Musik mit internationalen Künstlern. Gespielt werden Blues, Folklore und Jazz. Der Eintritt ist auch dann frei.

Das touristische Zentrum der Stadt ist der 14 Kilometer entfernt an der Küste gelegene Ortsteil **Carolinensiel**. Das staatlich anerkannte Nordseebad verbindet die Annehmlichkeiten eines modernen Kurortes mit der ursprünglichen Atmosphäre eines historischen Sielhafens. Das **Deutsche Sielhafenmuseum** in Carolinensiel ist nicht bloß ein Museum. Es ist eine ganze Museumslandschaft, ein Ensemble von Ausstellungsorten und historischen Stätten, die zusammen einen umfassenden Eindruck vom Leben an der Küste in den letzten 200 Jahren vermitteln. Drei Häuser, der Museumshafen

Bettina Tjardes managt die beliebte Kneipe „Eimer" (o.)

Das herausragende Bauwerk in dem Ensemble rund um den Wittmunder Marktplatz ist das 1899–1901 errichtete Kreishaus (o.l.) des oldenburgischen Architekten Klingenberg

Der miniaturisierte Nachbau des Potsdamer Schlosses Sanssouci (o.)

Blick auf das Grothus im Museumshafen: heutiger Zustand (u.l.) und Zustand um 1900 (u.r.)

und der eigens gestaltete Museumsweg gehören dazu. Die Ausstellung im **Groot Hus** zeichnet das tägliche Leben der Menschen in einem Sielhafenort nach. Dem Leben der Seeleute und ihren Reisen ist das **Kapitänshaus** gewidmet. Die **Alte Pastorei** zeigt das Handwerk und den Schiffbau vergangener Zeiten. Lebendiges Zentrum Carolinensiels ist früher wie heute der **Alte Hafen**, der im Zusammenhang mit dem Sielhafenmuseum in seiner ursprünglichen Form mit der **Zugbrücke** an der **Friedrichschleuse** rekonstruiert wurde. Der Museumshafen ist Heimathafen für erhaltene historische Wasserfahrzeuge und typgetreue Nachbauten geworden. Das denkmalgeschützte Ensemble gibt eine Vorstellung von den Zeiten, als bis zu 1.500 Schiffsbewegungen jährlich im Carolinensieler Hafen für ständiges Kommen und Gehen sorgten. Besonders lebendig wird es im Museumshafen immer am zweiten Wochenende im August. Dann kommen historische Schiffe von der ganzen Küste und aus den benachbarten Niederlanden zum großen **Hafenfest.** Dieses Ereignis lockt jährlich viele Tausend Besucher aus Nah und Fern nach Carolinensiel.

Weiter nördlich, in **Harlesiel**, dem in den 1970er Jahren neu erbauten Ortsteil, liegen der **Yachthafen** und der **Fähranleger** für die Fähre nach > Wangerooge (213). In der Nähe des Alten Hafens ist die **Deichkirche** zu bewundern. 46 Jahre müssen die Carolinensieler einst im 18. Jahrhundert auf ihr Gotteshaus warten, aus Geldmangel, wie der Fürst in Aurich hatte verlauten lassen. Erst das gute Zureden seines Kriegsministers und eine ostfrieslandweite Sammlung ermöglichen den Carolinensielern den Bau der ersten und bis heute einzigen Kirche der Welt auf einem Deich.

In **Altfunnixsiel** an der B 461 zwischen Wittmund und Carolinensiel lockt der **Freizeitpark Lütge Land** große und kleine Besucher. 1978 als **Miniaturstadt** eröffnet, sind hier detailgetreue Modelle von Schloss Sanssouci bis zum Wittmunder Kreishaus zu sehen. Ansonsten Amusement wie gewohnt: Karussells, ein Wildwasserski-Rondell, der Nautic-Jet, ein Riesenrad, eine Parkeisenbahn und vieles mehr.

Seit seiner Verlegung von Ahlhorn hierher im Jahr 1963 ist der Luftwaffenstützpunkt Wittmundhafen Standort des **Jagdgeschwaders 71 „Richthofen"** der Bundesluftwaffe und mit ca. 1.600 militärischen und zivilen Angestellten größter Arbeitgeber der Stadt. Die Angehörigen des Geschwaders nehmen regelmäßig am öffentlichen Leben der Stadt Wittmund teil und ergänzen dies durch eigene Veranstaltungen, wie dem **Herbstball**, einem Offiziersball mit geladenen Gästen aus Wirtschaft und Öffentlichkeit. Das **Oktoberfest** des Geschwaders, das in der Kaserne durchgeführt wird, sowie die regelmäßigen Einladungen an behinderte Mitmenschen aus den regionalen Werkstätten Wittmund, Wiesmoor, Aurich und Burhafe zum jährlich stattfindenden **Behindertensportfest** in der Kaserne sind ebenfalls Bestandteile des gesellschaftlichen Lebens.

Einen großen Anziehungspunkt für Besucher stellt die umfangreiche **Militärhistorische Sammlung** des Jagdgeschwaders dar. Diese umfasst viele Exponate, darunter vielfach Originale, die an die Zeit und das Wirken des Freiherrn Manfred von Richthofen, des „Roten Barons" und Namensgebers des Geschwaders erinnern. Seit mehr als 30 Jahren ist hier das noch aktuelle Jagdflugzeug der Luftwaffe, die Mc Donnell Douglas F-4F Phantom II, beheimatet, das ab 2011 durch den Eurofighter abgelöst werden wird.

Nicht alles ist eitel Sonnenschein in der Umgebung eines Flugplatzes. Anwohner der umliegenden Gemeinden leiden beträchtlich unter der Lärmbelästigung. In Middels im angrenzenden > Aurich (24) gibt es deshalb auch die **Bürgerinitiative gegen Fluglärm.** Die Verlagerung von Übungsflügen in andere Weltgegenden haben das Problem in den letzten Jahren allerdings kleiner werden lassen.

Im **Gewerbegebiet Ost** arbeitet das Wittmunder Werk der **Rehau AG.** Das Unternehmen mit Hauptsitz im bayrischen Rehau produziert Kunststoffsysteme für die verschiedensten Anwendungen in der Industrie, im Baugewerbe, in der Medizintechnik oder der Automobilbranche. Am Standort Wittmund mit rund 600 Mitarbeitern werden Profile für Fenster und Rolläden aus PVC hergestellt. Die Kunden sind Fachbetriebe, vor allem Tischlereien. Bei der Verarbeitung entstehende PVC-Abfälle und Altfenster, die ausgebaut werden, nimmt das Unternehmen im Rahmen eines **Recyclingkonzepts** zur Wiederverwertung von Rohstoffen zurück.

Einmal jährlich lädt das Jagdgeschwader 71 „Richthofen" behinderte Menschen aus den regionalen Behindertenwerkstätten zu einem Sportfest ein (o.)

Der Jagdbomber Phantom II, aus der Luft fotografiert (o.)

Manfred von Richthofen (o.l.)

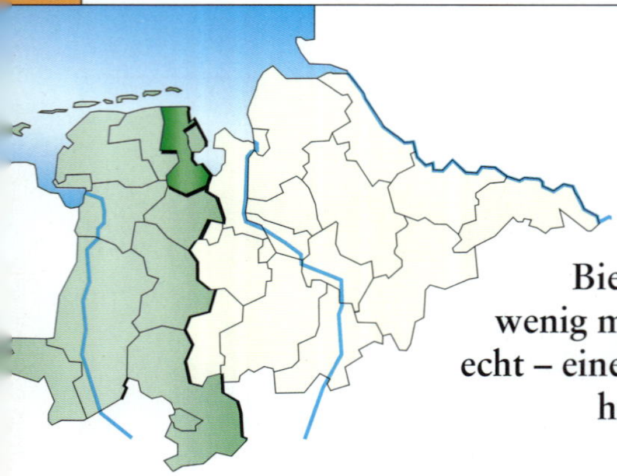

Landkreis Friesland

„Jever – friesisch herb“ steht auf dem Etikett eines der bekanntesten deutschen Biere. In der Tat: Das Land ist rau, spröde, ein wenig melancholisch, aber eben auch natürlich und echt – eine starke Landschaft mit Menschen, die noch heute mit dem Meer und den Gezeiten leben.

Die größte Stadt des Landkreises ist Varel. Als Stadt bekannter und im Mittelpunkt des Landkreis gelegen ist Jever. Und der Mittelpunkt von Jever ist das Schloss mit dem massiven Bergfried, das heutige Museum für Regionalkultur, das in 60 Räumen seine Exponate präsentiert. Im Audienzsaal mit der reich verzierten Kassettendecke aus Eichenholz und den goldgeprägten Ledertapeten hängt auch ein Gemälde von Katharina der Großen, die als Zarin von Russland für eine Zeit sogar Herrscherin über Jever war. Hier finden im Sommer die traditionsreichen Schlosskonzerte statt. Höchster Punkt der Stadt ist mit zwölf Metern der Kirchplatz mit dem Renaissance-Rathaus und dem berühmten Edo-Wiemken-Denkmal in der Stadtkirche. Ein Schaufensterbummel durch die Fußgängerzone, vorbei an den prächtigen Fassaden alter Bürgerhäuser lohnt sich. Hier steht das Haus der Getreuen, heute eine historische Gaststätte. Und an der Blank-Graft hängt noch immer ein großer Gitterkorb, in dem früher sündige Friesen ins Wasser getaucht wurden. Im Kattrepel ist mit dem Blaudrucker Stark eine der letzten Werkstätten angesiedelt, in denen noch das Handwerk des Blaudrucks auf Leinen- und Baumwollstoffen und das Färben in der Indigoküpe praktiziert wird. Läuft man weiter durch die Lohne, so gelangt man zu Jevers bekanntestem Wahrzeichen, dem Friesischen Brauhaus zu Jever. Zur Führung durch die modernen Produktionsstätten gehört auch ein Blick in das Brauereimuseum mit alten Sudhauseinrichtungen wie Malzquetsche, Sudkessel, Kühlschiff und Flaschenabfüllanlage.

Wangerland-Küste (r.)

Publikumsmagnete sind die Bäder an der Nordsee. Zentrum des Nordseeküstenbadeortes Hooksiel ist der denkmalgeschützte Hafen mit seinen Packhäusern. Er ist ein beliebter Treffpunkt und Veranstaltungsort der viel besuchten Hafenfeste. Im Außenhafen ist noch heute eine kleine Fischereiflotte zuhause, so dass es fast selbstverständlich ist, das sich die Gastronomie Hooksiels besonders auf die Zubereitung von fangfrischem Fisch und die bekannten Hooksieler Miesmuscheln spezialisiert hat. Hohenkirchen ist als zentraler Punkt des Wangerlandes der ideale Standort für Radtouren. Sternförmig lassen sich von hier aus schöne Touren in Angriff nehmen. Der bekannteste Küstenort ist jedoch Dangast. Die kleine Gemeinde ist heute ein staatlich anerkanntes Nordseebad und bietet neben den heilklimatischen Faktoren des Reizklimas der südlichen Nordsee auch

Hof in dem geschützten Wurtendorf Ziallerns nördlich von Jever (o.)

die Vorzüge einer eigenen Heilquelle. Eine Attraktion ist das Haus eines berühmten Malers: 60 Jahre lang hat Franz Radziwil in Dangast gelebt, 50 Jahre hier gearbeitet.
Ganz im Osten des Landkreises liegt Wangerooge. Sie ist als einzige in der Inselkette lange im Besitz des Herzogtums Oldenburg. Anno 1597 lässt Graf Johann VII. von Oldenburg auf seiner Insel einen markanten Bau errichten. Dieser große Signalturm dient als bedeutende Landmarke beim Einsegeln in Jade, Weser und Elbe. Den Insulanern erleuchtet der Turm damals bestenfalls eine unsichere Zukunft. Die fruchtbaren Weiden versanden. Die Einnahmen aus Fischfang und Viehwirtschaft sind gering. Um 1800 beginnen die Bewohner die Heilwirkung ihres Seebades anzupreisen. Die neue Strategie will aber nicht einschlagen. Erst als sich 1819 der oldenburgische Hof seiner einzigen Insel annimmt, erlebt das Seebad einen Aufschwung – der durch die Neujahrsflut von 1855 ein jähes Ende findet. Die Sturmfluten der nächsten Jahre spülen viele Dünen und Häuser fort, und Flugsand deckt Weiden, Gärten und Brunnen zu. Der größte Teil der Insulaner zieht auf das Festland. Bis 1871 geht ihre Zahl von ehemals 342 auf 87 zurück. Das hat sich grundlegend geändert. Wangerooge ist heute eine der beliebtesten Nordseeinseln überhaupt mit jährlich mehr als 200.000 Besuchern.

Landkreis-Profil

	Landkreis	Land Nieders.
Einwohner, Fläche		
Einwohner gesamt	101.657	7.993.415
darunter 0 bis 15 Jahre in %	16,9	15,4
darunter älter als 65 Jahre in %	18,9	18,7
darunter Ausländer in %	3,3	6,7
Fläche in qkm	607,41	47.618,24
Einwohner je qkm	167,4	167,9
Sozialstruktur (Jahresdurchschnitt, gerundet)		
Erwerbstätige gesamt	40.600	3.492.600
Empfänger von Arbeitslosengeld / -hilfe	4.490	354.300
Empfänger sonst. Hilfen zum Lebensunterhalt	3.910	311.900
Anzahl Wirtschaftsbetriebe		
Gesamt (Industrie, Handel, Gewerbe, Dienstl.)	4.657	351.151
darunter Land-, Forst-, Fischereiwirtschaft	243	15.862
Steueraufkommen		
Lohn- und Einkommensteuerzahler	33.563	2.738.281
Summe positiver Einkünfte (in Tsd. EUR)	1.022.481	88.279.875
Steuereinnahmen (EUR je Einwohner)	464,22	544,33

Wahlen

Landtagswahl 2003	
CDU	46,7
SPD	39,3
FDP	6,2
Grüne	6,4
Sonstige	1,3

Ortsteile:
- Adelheidsgroden
- Blauhand
- Bockhorn
- Bockhornerfeld
- Bredehorn
- Ellenserdammer-siel
- Goelriehenfeld
- Grabstede/ Grabstederfeld
- Jührdenerfeld
- Kranenkamp
- Kronsburg
- Moorwinkels-damm
- Osterforde
- Petersgroden
- Petershörn
- Steinhausen

Einwohner: 8.847
Fläche: 77,00 qkm
114,9 Einw. je qkm

Bockhorn

Die Ziegelindustrie hat die Gemeinde bekannt gemacht. Im Jahre 1743 erhalten erstmals Landwirte aus Bockhorn, das damals unter dänischer Herrschaft steht, von König Christian VI. eine Konzession zum nebenberuflichen Betrieb einer Ziegelbrennerei. Seither wird der **Bockhorner Klinker** aus dem besonderen Ton gebrannt, den der Boden hier hergibt und der in geringer Tiefe gewonnen wird. Im 19. Jahrhundert pflastern die Bockhorner ihre Straßen mit Klinkern, die zum Teil noch heute erhalten sind, und der Bau der neuen Stadt > Wilhelmshaven (216) bringt einen Aufschwung für die Ziegeleien. Die Fassaden der ältesten Häuser der Gemeinde, wie zum Beispiel das alte **Hemkensche Kaufmannshaus** am **Marktplatz,** das heute auch nach dem 1999 verstorbenen letzten Besitzer als „Haus Jürgens“ bekannt ist, zeugen von der Blüte der Ziegeleien. Sehenswert an diesem Gebäude ist die barocke Tür. Die alte Ladeneinrichtung, die sich früher dahinter befunden hat, ist heute im Landesmuseum in > Oldenburg (II-46f) ausgestellt.

Sieben Ziegeleien sind heute in der **Bockhorner Klinker GmbH** vereinigt. Gegründet wird der Verbund 1908 als „Vereinigte Oldenburger Klinkerwerke“ mit seinerzeit 14 Ziegeleien. Von den Gründungsmitgliedern sind vier Unternehmen erhalten, drei neue haben sich im Laufe der Zeit angeschlossen. Zwei Betriebe produzieren in der Gemeinde Bockhorn, zwei weitere im benachbarten > Varel (207). Außerdem gehören Ziegeleien in > Jemgum (75), > Hagen (III-42) und > Hambergen (II-264) zu dem Verbund. Er bündelt die Verwaltungs- und Vermarktungsaktivitäten. Im Bockhorner **Klinkerzentrum** werden die Erzeugnisse ausgestellt. Das Gebäude ist 1978 im Bauhausstil errichtet worden, da man auf diese Weise die Gesamtheit der von den Mitgliedern erzeugten Produkte werbewirksam verarbeiten konnte. Hierher kommen Architekten, private Häuslebauer und andere Bauherren zur fachlichen Beratung, zum Aussuchen sowie zu Schulungen. Für rund 60 Mitarbeiter ist die Ziegeleibranche in Bockhorn heute Arbeitgeber.

Auf den Bau von Maschinen für die Aufbereitung von Tabak, Tee und Heilkräutern hat sich die **Franz Sagemüller GmbH** spezialisiert. Maschinen öffnen das in Ballen ankommende Material und drehen, wenden, trocknen und behandeln es auf vielerlei Weise. Jede Maschine ist ein Unikat und wird auf Bestellung gebaut, zumeist für den Export in andere europäische Länder, aber auch nach Fernost. Etwa 30 Mitarbeiter beschäftigt das Unternehmen.

Margareta Hihn lebt und arbeitet in **Petersgroden** gleich hinter dem Deich. In einem alten Kuhstall befindet sich das Atelier. Ihre Holzschnitte, Installationen und Malereien sind auf zahlreichen Ausstellungen zu sehen gewesen. Symbole, Zeichen und Wasser sind ihre Themen. 1992 geht an sie der **Jahrespreis der Galerie Perspektive** für einen Plakatentwurf zum Musical „Brian“ (Macbeth) der **Dukeïs Mad Company**. Das Musical wird im Wilhelmshavener Stadttheater aufgeführt. Im gleichen Jahr wird sie auch mit dem

Stilgerecht steht die Bronzeskulptur „Die Ziegeleiarbeiter“ des Künstlers Heinz-Jürgen Gerdes (r.o.) auf dem Marktplatz auf einem Sockel aus Bockhorner Handformklinkern

Bockhorner Klinkerzentrum (u.)

„Kunstpreis des Landkreises Friesland und der Stadt Jever“ zum Internationalen Frauentag für einen Beitrag zum Thema „Frauen in Kunst und Werbung“ ausgezeichnet. 2002 fungiert sie als Gründungsmitglied der **Sezession Nordwest**.

Mit anderen schönen Dingen, und zwar in der Welt des Wohnens und der Büros, beschäftigen sich die **Müller Möbelwerkstätten.** Das Unternehmen stellt mit 20 Mitarbeitern Möbel her, die von bekannten Designern entwickelt werden. Der Renner ist die **Stapelliege** von **Rolf Heide**. Der über 40 Jahre alte Entwurf wird wieder gebaut und erhält 2002 den Design-Preis der Köln Messe für **Klassiker**. Das Modulprinzip der Liege scheint mit der heutigen Wohnsituation kompatibel zu sein. In Bockhorn gibt es einen **Fabrikverkauf** der Produkte.

Im Ortsteil **Bredehorn** arbeitet **Werner Groening** als **Holzblockmacher**. Er verkauft friesische Windmühlen in Modellgröße und stellt Bänke, Futterhäuser und Betonfiguren für Gärten her. Seine künstlerischen Skulpturen aus Holz sind auch auf dem **Salzwiesenlehrpfad** in >Varel, Ortsteil Dangast (207) zu sehen.

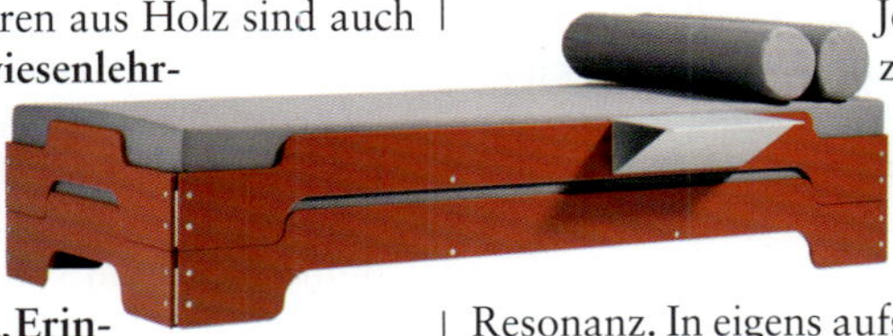

Mit dem Seefahrtsdenkmal **„Erinnerung an Steenhusens Seefohrt“** erinnert sich der Ortsteil **Steinhausen** an die Zeit, als Fischfang und Küstenschifffahrt die wirtschaftliche Grundlage liefern. Das mit Hilfe zahlreicher Spenden restaurierte Denkmal ist ein Spritzenhaus, das in seiner Form einem Schiffsaufbau mit Mast und Wimpel gleicht.

In der Urlaubszeit bietet eine Gästeführerin **Radwandertouren** zu den Klosterhöfen an, die einst zum **Kloster Bredehorn** gehören. Auf dem **Klosterhof Lindern** werden historische Dokumente gezeigt, u.a. die auf Pergament geschriebene Urkunde, mit der **Graf Anton I. von Oldenburg** im Jahre 1532 dem Renke Russelhusen das Meyerrecht für das Gut Lindern eingeräumt hat. Interessant für Familien mit Kindern: Auf dem Klosterhof können **Ferien auf dem Bauernhof** in Gesellschaft von Kaninchen, Enten, Rindern und Kälbern sowie Hühnern verbracht werden.

Die meisten Gemeinden, auch Bockhorn, haben Dorfgemeinschaftshäuser. Selten geworden sind die klassischen **Tanzsäle** für Dorfeste, Hochzeiten oder Vereinsfeiern. In Bockhorn haben gegen den Trend sieben Gastronomiebetriebe ihre großen Säle erhalten. Die Bandbreite reicht von der nostalgischen **Altdeutschen Diele**, reetgedeckt und mit Kamin, bis zum modernen Saalbetrieb des **Hotels Hornbüssel.**

Jedes Jahr am zweiten Juniwochenende ist der **Oldtimermarkt** ein Ereignis mit internationaler Resonanz. In eigens aufgebauten Hallen und unter freiem Himmel sind dann über dreitausend Oldtimer, Sportwagen, Luxuslimousinen und Motorräder zu sehen. Diese und der angeschlossene Teilemarkt mit über tausend Händlern ziehen rund dreißigtausend Besucher an. Einer der Höhepunkte ist die **Friesland-Rallye** mit 100 Fahrzeugen bis zum Baujahr 1967, eine Orientierungsfahrt in die Umgebung. **Herbert Ahlers** organisiert das Treffen.

Lohnend ist der Besuch des **Bockhorner Moores.** Seltene Pflanzen, ein bizarres Landschaftsbild, Baumfalken und Sumpfohreule sind zu beobachten. Durch die renaturierten Flächen des abgetorften Moores führt **Willi Klockgether.**

Verschnaufpause zwischen einem Tatra mit luftgekühltem 6-Zylinder Heckmotor und einem Mercedes Strich-Achter der ersten Generation beim Oldtimermarkt (o.)

Stapelliege des Designers Rolf Heide (l.)

Blick in die Fertigungsanlagen der Franz Sagemüller GmbH (o.)

Ortsteile:
- Clevens-Sandel
- Moorwarfen
- Rahrdum

Einwohner: 13.948
Fläche: 41,81 qkm
333,6 Einw. je qkm

Jever

Fräulein Maria (u.r.) ist eine der Figuren des Sagenbrunnens (r.) auf dem Alten Markt in Jever

Zu Ehren von Fräulein Maria läutet noch heute täglich die Marienglocke im Turm der evangelischen-lutherischen Kirche (o.)

Die Stadt Jever ist Sitz der Verwaltung des Landkreises Friesland. *„Wie das Land, so das Jever"*; die bekannte Werbung für das gleichnamige Bier aus der Stadt beschreibt weites, flaches Land, die wangerländische Marsch. Jever selbst jedoch liegt auf einem sieben bis acht Meter hohen Geestrücken. Er entstand während der letzten Eiszeit und gab den frühen Bewohnern in deichloser Zeit ein Gefühl der Sicherheit.

Die Geschichte der Stadt Jever wird besonders geprägt durch die Regentschaft des **Fräulein Maria** im 16. Jahrhundert. Sie erhebt 1536 Jever zur Stadt, vergrößert ihr Herrschaftsgebiet durch Neueindeichungen, erbaut Siele und fördert die Rechtspflege. Unter ihrer Herrschaft blüht der Handel. Ihrem Namen begegnet man noch heute überall in der Stadt. Verheiratet war sie nie. Nach ihrem Tod fällt Jever an die Grafschaft Oldenburg und Mitte des 17. Jahrhunderts an Anhalt-Zerbst. Es folgen Zeiten russischer, holländischer, und französischer Herrschaft, bis Jever 1818 erneut an das Großherzogtum Oldenburg fällt.

Der **Sagenbrunnen** des Bildhauers **Bonifatius Stirnberg** auf dem **Alten Markt** erzählt durch seine Figuren von den Sagen der Stadt. Eine der Figuren ist natürlich **Fräulein Maria.** Als sie 1575 stirbt, fürchtet man eine erneute Machtergreifung der Ostfriesen. Daher wird ihr Tod geheim gehalten, ihr Zimmer verschlossen und das Essen vor die Tür gestellt. Ein Diener isst heimlich den Teller leer, damit niemand Verdacht schöpft, bis der rechtmäßige Erbe, Graf Johann VII. von Oldenburg eintreffen werde. Die Täuschung gelingt so perfekt, dass seither die Sage geht, Maria sei gar nicht verstorben, sondern durch einen unterirdischen Gang verschwunden, durch den sie eines Tages auch zurückkehren werde. Um ihr den Weg zu weisen, wird darum noch heute jeden Abend die **Marienglocke** geläutet, im Sommer um 22 Uhr, im Winter um 21 Uhr. Während der Franzosenzeit wird das Läuten mehrfach verboten. Doch angeblich läuten die Glocken von allein zur üblichen Zeit. Tatsächlich hatte Maria zu

Lebzeiten das Läuten als eine Art Polizeistunde für ihre Bürger befohlen.
Lohnend ist ein Spaziergang um das **Schloss Jever** mit seinem barocken **Zwiebelturm.** Im Schloss zeigt das **Kulturhistorische Museum** der Stadt Interessantes zur Kulturgeschichte und Archäologie des Jeverlandes. Im Frühjahr sind im **Schlossgarten** blühende blaue Krokusse und Narzissen zu bewundern. Pfauen, Enten, Schwäne und Gänse bewegen sich frei auf dem Gelände. Nach dem Rundgang lädt das **Café im Eulenturm** in historischem Ambiente zu Kuchen, Kaffee oder Tee.
Das **Landwirtschaftsmuseum** in der **Schlachtmühle** zeigt mit wechselnden Ausstellungen den Wandel der traditionellen Landwirtschaft zu modernen Arbeitsformen mit deren technischen Innovationen.
Das **Rathaus** zu Jever auf dem Kirchplatz hat eine gut erhaltene Renaissance-Fassade. Teil der Fassade ist das Stadtwappen mit der Aufschrift *Donat urbi Maria Gubernacula (Maria gab der Stadt die Rechte)*. Die **Ratspütt** vor dem Rathaus ist einer der ältesten öffentlichen Brunnen der Stadt.
An solchen öffentlichen Brunnen, noch bis in die 1920er Jahre für die Trinkwasserversorgung da, treffen sich an jedem ersten Montag nach den Heiligen Drei Königen die Jeveraner zum feuchtfröhlichen **Püttbierfest.** Um Mitternacht bekommt der neue **Püttmeister** die Kette überreicht; er kümmert sich während des kommenden Jahres um die Erhaltung des Brunnens. Das Nachbarschaftsfest ist ein lebendiger Brauch. So kommt es, dass auch dort gefeiert wird, wo gar keine alte Pütt mehr vorhanden ist.
Eine friesische Spezialität ist **Snirtje-Braten.** Den bekommt man zum Beispiel im **Haus der Getreuen**, wo sich die Honoratioren der **Getreuen zu Jever** zu Ehren des Reichskanzlers Bismarck treffen. Bei der **Bäckerei Dirk Eden**, am Kirchplatz 20, gibt es die **Jeverschen Leidenschaften.** Das süße Gebäck in Brezelform ist patentiert und wird seit über hundert Jahren von der Bäckerei hergestellt. Heute hat Bäckermeister **Thomas Ulfers** den alten Familienbetrieb übernommen.

Schloss Jever mit barockem Zwiebelturm (o.)

Angesagte Kneipen in der Innenstadt sind die **Pütt** am Alten Markt (jedes Alter) und **Im Schmidz** (eher junge Leute).
In der **Galerie Lokschuppen** hat das **Künstlerforum Jever** sein Domizil. In dieser ehemaligen Anlage der Deutschen Bahn finden Ausstellungen, Kurse und Seminare statt. Der **Jazz-Rock-Pop-Chor** sowie der **Literaturkreis** mit seiner Literaturwerkstatt treffen sich hier.
Seit vielen Jahren zeigen **Walter** und **Giesela Baumfalk** eigene Töpferarbeiten. Mit ihren Gefäßen, Montagen und Reliefs haben sie an zahlreichen europäischen Keramikwettbewerben teilgenommen und Preise gewonnen.

Die „Echten Leidenschaften" aus Jever (o.l.)

Gisela und Walter Baumfalk (o.)

Das Glocken- und Figurenspiel im Schloss Jever zeigt die fünf Regenten der wechselvollen Geschichte der Stadt (l.)

Jeversches Wochenblatt

Die in Jever gelesene Zeitung ist das **Jeversche Wochenblatt**. Der Name ist irreführend: die Zeitung erscheint täglich. Das war nicht immer so. 1791 erschien sie erstmals: als Wochenblatt. Heute wird sie herausgegeben von der **Brune-Mettcker Druck- und Verlagsgesellschaft** in > Wilhelmshaven (216), hat aber eine eigene Redaktion in Jever.

Noch altehrwürdiger, nämlich von 1573, und von Fräulein Maria von Jever gegründet, ist das **Mariengymnasium**. Einst eine Lateinschule, ist es heute ein allgemeinbildendes Gymnasium. Hier ging der in > Oldenburg (II-46f) geborene Philosoph **Karl Jaspers** zur Schule und auch der Sportarzt **Dr. Müller-Wohlfahrt**, u.a. Mannschaftsarzt von Bayern München und der Fußballnationalmannschaft und zeitweise der Sportarzt der einstigen Tennisgröße Boris Becker.

Spätere Berühmtheiten wie der Philosoph Carl Jaspers oder der Sportarzt Dr. Müller-Wohlfahrt haben das Mariengymnasium (o.r.) besucht

Friesisches Brauhaus Jever (o.)

Aus der Wirtschaft

Größter gewerblicher Arbeitgeber der Stadt ist mit ca. 200 Mitarbeitern das **Friesische Brauhaus Jever**. Das Bier ist ein bekannter Markenartikel und für die Stadt ein wichtiger Werbeträger. Neben Hopfen und Malz ist das gute Wasser der Stadt Jever eine der Bedingungen für gutes Bier. Der Premium-Klassiker ist *Jever Pilsener* und wird europaweit vertrieben. Daneben gibt es das alkoholfreie *Jever Fun* und für Figurbewusste *Jever Light*. Das erste friesische Schwarzbier ist *Jever Dark* und neu im Sortiment ist das *Jever Lime*. Im Zuge einer Brauereibesichtigung kann man im Shop das **Braumeisterfrühstück** zu sich nehmen. Dabei handelt es sich um einen Brotaufstrich, der zu 63 Prozent aus Bier besteht. Natürlich kann man auch das Bier probieren.

Das **Brauereimuseum** in der Nähe der Brauerei zeigt den Brauereibetrieb vor hundert Jahren, die historischen Produktions-, Abfüll- und Energieversorgungseinrichtungen.

Die **Bio Pin GmbH** mit 25 Mitarbeitern ist Europas größter Hersteller von Naturfarben und traditionellen Farben. Dabei werden Bienenwachs, Pflanzenwachs, Naturharz, pflanzliche Öle und andere ungiftige Stoffe für Lacke und Lasuren eingesetzt. Auf ca. 650 Hektar Fläche wird in Niedersachsen speziell für Bio Pin Leinsaat, ein nachwachsender Rohstoff für die Farbenherstellung, angebaut. Das Unternehmen liefert seine Produkte weltweit an renommierte Kunden wie die Baumarktketten OBI und Max Bahr und an IKEA. Erfolgreich verlief auch die Entwicklung der **Hase Lederfabrik**, einem Hersteller von Arbeitsschutzartikeln.

Auf dem Geestrücken mit seinen alten Eichen- und Buchenbeständen, nur wenige Minuten von der Innenstadt entfernt, in dem kleinen Dorf **Sandel**, findet man den Schafzuchtbetrieb **Hof Herten.** Auf 70 Hektar Nutzfläche werden Schafmilchprodukte erzeugt. In der hofeigenen Landbäckerei gibt es Schwarzbrot, Ciabatta sowie Landbrot und Dinkelbrot. Der Hof kann besichtigt werden; es gibt Ostfriesische Milchschafe und Kanadische Suffolks zu sehen. Zu diesem Betrieb gehört seit 2004 auch eine Schlosskäserei.

Sande

Ortsteile:
- Cäciliengroden
- Dykhausen
- Mariensiel
- Neustadtgödens
- Sande

Einwohner: 9.392
Fläche: 44,86 qkm
209,4 Einw. je qkm

Sande ist eine beschauliche Gemeinde südlich von Wilhelmshaven. Die Ortsteile **Cäciliengroden** und **Mariensiel** liegen direkt am Jadebusen. Am Ortsrand, in **Altmarienhausen,** in einer alten Scheune, erzählt das **Küsteum** vom Deichbau und vom Leben an der Küste in Vergangenheit und Gegenwart.
Eines der schönsten Schlösser Nordwestdeutschlands ist das **Wasserschloss Gödens.** Das zweiflügelige Bauwerk ist im niederländischen Renaissancestil aus Backsteinen errichtet und weist viele barocke Elemente auf. Die Wände des Festsaals sind mit raumhohen Darstellungen aus der griechischen Sagenwelt bemalt. Veranstaltungen in stilvollem Ambiente wie das **Musikfest Bremen** oder die **Landpartie** ziehen alljährlich zahlreiche Besucher an. Letztere ist eine Messe für Garten, Floristik, Kunsthandwerk und Mode. Dazu finden Vorträge zur Kunst- und Gartengeschichte sowie klassische Konzerte im Festsaal statt.
Sehenswert ist auch der in der Nähe gelegene Ortsteil **Neustadtgödens.** Er ist 1544 von niederländischen Glaubensflüchtlingen gegründet und mehrmals mit dem Titel „Schönstes Dorf“ ausgezeichnet worden. Im dortigen **Heimatmuseum,** einem ehemaligen Landrichterhaus, wird über die Geschichte des früheren Sielhafenortes, insbesondere über die hier einst ansässigen fünf Religionsgemeinschaften mit eigenen Gotteshäusern und über die Küstenentwicklung informiert.
Am Rande Neustadtgödens steht die **Oberahmer Peldemühle.** Eine Besonderheit ist der Garten des zweistöckigen Galerieholländers mit Windrose und Segelflügeln, in dem mehr als 110 Heil- und Würzkräuter wachsen. Das **Ehepaar Albers,** Besitzer der Mühle, kämpft zusammen mit dem Förderverein, der 2003 gegründet worden ist, um deren Erhalt. Durch eine private Spende konnten die Sanierungsarbeiten vorgenommen werden, wodurch die Mühle wieder der Öffentlichkeit zugänglich gemacht worden ist.
Wasser schöpft die **Wedelfelder Wasserschöpfmühle** in der Nähe der Kornmühle nur noch zu Schauzwecken. Gelegentlich muss gar die Feuerwehr für Wassernachschub sorgen.
Für Sportinteressierte in der Gemeinde bietet der **Sander See** eine Reihe von Freizeitmöglichkeiten. In verschiedenen Anlagen kann man Tennis oder Squash spielen, kegeln und boßeln. Der See lädt mit Badestrand und Liegewiese zur Erholung ein.
Mit einem Programm aus deutschen und internationalen Top-Acts und DJs und aufwändigen Motto-Parties trat 1998 **Manni Krüger** an. Daraus ist **Twister Dance** in der **Weserstraße** geworden, die weit und breit größte Discothek der Region auf sieben Areas für 2.500 Personen. Zu den Areas gehören die *Mega-Dancehall*, das *Bronx* (Blackclub), der *Schlagerclub* „für uns ab 30“, das *Café* sowie die Chill-Out-Zone *Ufo*, die *Italian Snack Bar* und die *Cocktailbar*.
In **Mariensiel** beginnt der Skulpturenweg **„Die sieben Tage der Schöpfung“.** Sieben Objekte von sieben verschiedenen Künstlern stehen verteilt auf

Im Schmiedemuseum in Altmarienhausen demonstriert Benno Willmann ehrenamtlich historische Schmiedekunst (o.)

Das Wasserschloss Gödens (l.) wird bewohnt von Karl Georg Graf von Wedel. Lohnend ist ein Spaziergang durch den werktags geöffneten Schlossgarten

Drei von sieben Skulpturen auf dem Weg von Mariensiel nach Dangast (o.)

sieben Seemeilen entlang des Radwanderweges auf dem Deich nach >Dangast in Varel (207f). Die Fortsetzung thematisiert die Sintflut und führt bis nach >Eckwarderhörne in Butjadingen (II-30). Initiator des Kunstprojektes ist der Pfarrer im Ruhestand **Frank Klimmeck**.

Der **Flugplatz Mariensiel** ist der Heimatflugplatz für den Verein **Motorfluggruppe Wilhelmshaven-Friesland**. Vor allem aber ist er die Operationsbasis des Bremer Unternehmens **Wiking Helikopter Service**. Seeschiffe in der Deutschen Bucht, die sich den Häfen Emden, Wilhelmshaven oder Bremen/Bremerhaven nähern, haben Lotsenpflicht. Bei gutem Wetter fährt der Lotse mit dem Lotsenversetzboot dem Schiff entgegen und klettert über die Jacobsleiter an Bord. Bei schlechtem Wetter kommt der Lotse zuerst im Taxi zum Flugplatz Mariensiel, steigt hier in einen Helikopter, fliegt dem Schiff entgegen und wird auf das Schiffsdeck abgeseilt. Auf dem Flugplatz stationierte Helikopter übernehmen noch eine Reihe weiterer Aufgaben auf hoher See. Sie bringen Personal und Material zu Verdichtungsstationen an der Gaspipeline, die vom norwegischen Ekofisk-Feld nach >Emden (58) führt. Oder sie bringen Wissenschaftler zu einer Forschungsstation, welche dort Messdaten für künftige Offshore-Windenergieanlagen sammeln.

Das **Nordwest-Krankenhaus Sanderbusch** mit seinen 372 Betten versorgt rund 11.200 Patienten stationär in den Fachdisziplinen Innere Medizin, Neurologie, Neurochirurgie, Orthopädie, Unfallchirurgie und Allgemeinchirurgie. Das Krankenhaus hat sich insbesondere auf die Behandlung von Schlaganfallpatienten und auf die endoprothetische Versorgung spezialisiert. Daneben bietet es im Zentrum für Innere Medizin die Diagnostik und Therapie von Herz- und Kreislauferkrankungen, Lungen und Bronchialerkrankungen, Nierenerkrankungen, Erkrankungen der blutbildenden Organe sowie Erkrankungen der Verdauungsorgane und des Stoffwechsels an. In der zum Krankenhaus gehörenden Dialyseabteilung werden jährlich mehr als 5.000 teilstationäre Dialysen durchgeführt.

Ein Lotse kommt an Bord (r.)

Nordwest-Krankenhaus Sanderbusch (ganz r.)

In den Regalen von Reichelt Elektronik lagern rund 30.000 verschiedene Elektronikartikel (o.)

Im Jahre 1971 gründet **Angelika Reichelt** ihr Unternehmen **Reichelt Elektronik**. Die Produktpalette umfasst heute 30.000 Artikel: Elektronikbauteile, Hardware für PC, Relais, Trafos, Sicherungen, Kabel. Alles wird versendet: Pro Tag verlassen etwa 5.000 Sendungen das Lager in Sande. Die Hälfte der Bestellungen kommt online. Bis 14 Uhr eingehende Orders sind am nächsten Tag beim Kunden. Logistik ist dabei alles! Die soll durch das neu entstehende Hochregallager noch weiter verbessert werden.

Schortens

Ortsteile:
- Accum
- Addernhausen
- Grafschaft
- Heidmühle
- Middelsfähr
- Oestringfelde
- Ostiem
- Roffhausen
- Schoost
- Schortens
- Sillenstedte
- Upjever

Einwohner: 21.336
Fläche: 68,67 qkm
310,7 Einw. je qkm

Rock, Pop und Oldies „Umsonst & draußen" gibt es immer an vier Wochenenden in den Großen Ferien beim Schortenser Sommer (l.)

Zwischen den Städten Jever und Wilhelmshaven, eingebettet in eine reizvolle Landschaft aus Wiesen und Wäldern, liegt die Gemeinde Schortens. Mittelpunkt der Gemeinde sind die Ortsteile **Heidmühle** und **Schortens.**
Romanische Kirchen und eine Mühle vom Typ Galerieholländer sind die markantesten historischen Gebäude in der Gemeinde. Die **St.-Florian-Kirche** zu **Sillenstede** ist eine stattliche Granitquaderkirche. Im Inneren der aus Findlingen und Tuff erbauten Kirche werden wertvolle Kunstwerke und Wandmalereien bewahrt. In der **St.-Stephanus-Kirche** in Schortens, 1153 erbaut, ist der über fünfhundert Jahre alte **Passionsaltar** sehenswert. In der **Accumer Kirche** schließlich ist eine der im Nordwesten zahlreichen **Arp-Schnitger-Orgeln** erhalten, daneben eine flämische Renaissanceplastik aus schwarzem Mamor, die den Freiherrn **Tido von Kniphausen** darstellt.
In der **Accumer Mühle** von 1746 kann nach der Restaurierung heute wieder Getreide gemahlen werden. Der **Arbeitskreis Accumer Mühle** organisiert Mühlenfeste und Backtage. In der **Mühlenscheune**, die zusammen mit dem **Backhaus** zu dem historischen Ensemble gehört, werden selbst gebackenes Brot, Kuchen und Tee serviert.
Mit jährlich dreihundert Terminen randvoll ist das **Bürgerhaus** im Ortsteil Schortens, das Veranstaltungszentrum der Gemeinde. Kabarett, Theatergastspiele, Auftritte regionaler Bands oder der **Schortenser Heimatbühne**, alles findet statt. Das Bürgerhaus bietet Platz für fünfhundert Besucher.

Accumer Mühle (o.)

Arp-Schnitger-Orgel in der Accumer Kirche (l.)

Hermann Brocke (o.), Mitbegründer und Ehrenpräsident des Heidmühler FC

Simon Lopujet, der kenianische Weltrekordläufer über 10 Meilen, beim Jever-Fun-Lauf (r.)

Teilnehmer der Disziplin „Bambini“ über 400 m ohne Wertung (o.)

Weckt Freude an der Natur: das Regionale Umweltzentrum (r.)

Der **Pferdestall** ist ein Jugendfreizeitheim im Ortskern von Schortens. Hier treten Bands auf wie die Schortenser **Tinnitus.** Sie spielen eine Mischung aus Grunge, Punk-Rock und Metall. Im Pferdestall gibt es neben Konzerten **Videoabende** und **Netzwerkparties.**

An junge Menschen wendet sich auch das **Regionale Umweltzentrum** im alten **Klosterpark.** Es will bei Kindern und Jugendlichen die Bereitschaft fördern, sich für die Belange von Natur und Umwelt einzusetzen.

Wer die Natur liebt, kann auf den gut ausgeschilderten Wander-, Rad- und Reitwegen durch den 740 Hektar großen Nadelwald des **Forst Upjever** streifen. Der Forst wurde wegen der Holzknappheit im 16. Jahrhundert auf Initiative der Regentin Fräulein Maria angelegt. Ein anderes um 1800 aufgeforstetes Gebiet ist der **Barkeler Busch.** Hier findet jährlich der Volkslanglauf **Nord-West-Cross** statt.

Ein seit 1979 regelmäßig veranstalteter Lauf ist der **Schortenser Straßenlauf** in drei Disziplinen: als 10-km-Lauf, als Halbmarathon sowie als Schülerlauf. Veranstalter ist der **Heidmühler Fußballclub** (HFC). Der Verein richtet außerdem den wichtigsten Lauf in der Gemeinde, den **Jever-Fun-Lauf** aus, der durch das gleichnamige Friesische Brauhaus gefördert wird. Etwa 2.000 Läufer und zehntausende Zuschauer nehmen alljährlich teil. Die Disziplinen reichen von einer 400 m Distanz für **„Bambini“** ohne Wertung bis zum Hauptlauf. An dem Rundkurs über 10 Meilen nehmen Weltklasseläufer teil. Den Weltrekord über diese Distanz mit 45 Min. 54 Sek. hat 1994 der Kenianer **Simon Lopujet** in Schortens aufgestellt. 1950 als Fußballclub gegründet, ist der HFC heute ein Verein für Breitensport in 13 Sparten und mit über 2.500 Aktiven ungewöhnlich mitgliederstark. Mitbegründer und seitdem ununterbrochen Vorstandsmitglied ist **Hermann Brocke.** Das Urgestein ist heute **Ehrenpräsident** des HFC.

Zusätzlich ist für Freunde des Aktivsports während der Sommermonate das **Naturfreibad Heidmühle** geöffnet,

Seit 1993 haben sich auf dem Areal der alten Olympia-Werke rund 60 neue Firmen unterschiedlicher Branchen neu angesiedelt (l.) Eine Koordinatorenrolle spielt der Industrie Club Roffhausen, ein Forum von Unternehmern am Ort, das Kontakte untereinander und nach außen pflegt

wo jedermann unter Schatten spendenden Bäumen oder am weißen „Sandstrand“ seinen Lieblingsplatz finden wird. Das Naturfreibad bietet mit 1,5 Hektar Wasserfläche und circa 5 Hektar Liegefläche ausreichend Raum. Gruppen und Einzelreisende können ihr Nachtlager auf dem angrenzenden Zeltplatz aufschlagen.

Das ganze Jahr über ist das Freizeit- und Erlebnisbad **Aqua Toll** geöffnet. Das Aqua Toll besitzt eine 50 Meter lange Wasserrutsche, römische Dampfbäder und diverse Erlebnisbecken. Das Einzugsgebiet erstreckt sich über den gesamten ostfriesischen Raum.

Obwohl Schortens keineswegs in Bayern liegt, gibt es dennoch ein **Oktoberfest.** Es beginnt am letzten Freitag im September. Im Verlauf des Abends wird die **Mühlenkönigin** gewählt. Die Gewinnerin wird gegen 23 Uhr bekannt gegeben. Bands spielen auf zwei Bühnen im Ortskern. Sehenswert ist die **Oldtimershow** am Samstagnachmittag.

Als 1992 die **AEG-Olympia-Werke** die Produktion von Schreibmaschinen einstellen und ihre Tore für immer schließen, bringt alle Welt dies mit der nahen Stadt Wilhelmshaven in Verbindung. Tatsächlich steht das Werk jedoch im Ortsteil **Roffhausen.** Unternehmer am Standort, Wirtschaftsförderer und die niedersächsische Landesregierung bemühen sich in der Folge darum, für die vielen qualifizierten Mitarbeiter Arbeit zu schaffen und technologieorientierte Unternehmen anzusiedeln. Sie sind erfolgreich: Das **Technologie Centrum Nordwest** ist heute mit 2.700 Beschäftigten in 60 Betrieben ein erfolgreiches wirtschaftliches Zentrum der Region.

Naturfreibad Heidmühle (l.)

Freizeitbad Aqua Toll (l.)

Porträt

„Hungar erfüllte einen langersehnten Traum“

Wichtig für Ingeborg Grötzner bei der Hundezucht „Frya Fresena's Briards“ ist ein gesunder Briard, freundlich und ausgeglichen, instinktsicher und intelligent. Eben ein Familienhund, der sich problemlos in die heutige Gesellschaft integrieren lässt.

Die jungen Briards bekommen von Ingeborg Grötzner (r.) besonders viel Aufmerksamkeit

Als das Ehepaar **Ingeborg** und **Rudolf Grötzner** 1983 den ersten Briard bekommt, gehören bereits eine Mischlingshündin und ein Neufundländerrüde zur Familie. Mit **Hungar of the Gloaming** erfüllen sie und Sohn **Marco** sich einen lang ersehnten Traum. 1986 wird Hungar erstmals als Deckrüde eingesetzt. Nach zahlreichen Veranstaltungen und Ausstellungen wächst in ihnen der Wunsch, diese Rasse zu züchten. Sie besuchen bekannte Zuchtstätten im In- und Ausland. Das Anfängerglück vieler Züchter ist ihnen nicht vergönnt: Obwohl eine sorgfältige Auswahl stattgefunden hatte, sind die drei ersten Briardhündinnen für eine ordentliche Zucht nach den Vorstellungen der Familie nicht geeignet. 1990 werden schließlich die ersten „Frya Fresenas“ (Freie Friesen) geboren. **Dschunna du Coeur poilu** wirft sieben gesunde Welpen. Im gleichen Jahr noch fällt der B-Wurf. Als Deckrüde fungierte der Briard **Hungar.** In den ersten drei bis vier Wochen steht die Welpenkiste im Wohn-Essbereich, so dass ständiger Kontakt mit Menschen, drei weiteren Briards und einer Neufundländerhündin im Hause von Anfang an gesichert ist. Dann ziehen die Welpen ins **Kinderhaus** um. Es hat einen Zugang zum Wohnhaus und einen direkten Welpenauslauf. Der große Garten ist natürlich, artgerecht und abenteuerlich ausgestattet und sicher eingezäunt. Die Welpen werden auf frühestmögliche Sauberkeit und auf das Alltagsleben in der Familie trainiert. Sie lernen die Geräusche von Staubsauger, Küchenmaschine, Fernseher genauso kennen wie das Hupen der Autos, den Lärm der Düsenjäger, Kindergeschrei und vieles mehr.

Als Rudolf Grötzner 1995 plötzlich verstirbt, ist es für seine Frau selbstverständlich, die Briardzucht in seinem Sinne weiterzuführen. Dabei helfen Sohn Marco und eine gute Freundin der Familie, **Alke Sündern**, Züchterin und Zuchtwartin.

Varel

Varel, am Südende des Jadebusens gelegen, ist die einwohnerstärkste Stadt des Landkreises. Den besten Rundblick über die Stadt erhält man von dem 56 Meter hohen **Wasserturm**. Bei gutem Wetter kann man bis nach Butjadingen blicken. Seine beeindruckende Klinkerbauweise stammt aus dem Jahre 1913.
Ältestes Bauwerk Varels ist die **Schlosskirche** von 1669. Besonders sehenswert ist der **Eichenholzaltar.** Der zehn Meter hohe Schnitzaltar zeigt in seinem Mittelteil Apostelfiguren. Er gilt als ein bedeutendes Denkmal der Spätrenaissance, zu Anfang des 17. Jahrhunderts von dem Hamburger Künstler **Ludwig Münstermann** im Auftrag des Grafen Anton II. von Delmenhorst geschaffen.
Das ehemalige **Waisenhaus** steht auf Grund seines monumentalen Barockportals heute unter Denkmalschutz. Es wird 1669 von Graf Anton I. von Oldenburg gestiftet. Heute beherbergt es das **Heilpädagogische Kinderheim.**
Entlang der **Nebbsallee** kommt man zum **Neumarktplatz** mit dem **Heimatmuseum**. Seit vielen Jahren engagiert sich dort **Hans-Georg Buchtmann**. Das Museum zeigt u.a. die Ausstattung der **Edlen Herrschaft** und Erinnerungsstücke an den Heimatdichter **Georg Ruseler**, der 1877 im Ortsteil **Obenstrohe** geboren wird, sowie vom Schloss. Ferner gibt es hier eine Bibliothek und das Heimat- und Stadtarchiv.
Hinter einer Schleuse am Jadebusen liegt der **Vareler Hafen**. Hier treffen sich zwei Flüsschen, die **Nordender Leke** und die **Südender Leke.** Auch wenn der Vareler Hafen als Warenumschlagplatz keine Rolle mehr spielt, hat er sich Atmosphäre bewahrt. Er ist Sportboothafen, aber auch Heimathafen für **Krabbenkutter**. Daneben gibt es am Hafenrand Gewerbebetriebe.
Ein traditionsreiches Unternehmen ist die **Heinen Maschinenfabrik**. 1856 als Eisengießerei gegründet, entwickelt und baut sie Anlagen zum Gefrieren und Trocknen, die weltweit exportiert werden. Abnehmer kommen aus der chemischen, pharmazeutischen und der Lebensmittelindustrie.
Alljährlich findet das **Vareler Hafenfest** statt. Zur Eröffnung singt der Shanty-Chor **De Freesen ut Varel**. Gut essen

Ortsteile:
- Altjührden
- Borgstede
- Büppel
- Dangast
- Dangastermoor
- Grünenkamp
- Hohelucht
- Hohenberge
- Jeringhave
- Jethausen
- Langendamm
- Moorhausen
- Neudorf
- Neuenwege
- Obenstrohe
- Rallenbüschen
- Rosenberg
- Seghorn
- Streek
- Winkelsheide

Einwohner: 25.124
Fläche: 113,53 qkm
221,3 Einw. je qkm

Blick ins Innere der Schlosskirche mit dem Eichenholzaltar (o.l.)

Wasserturm (o.)

Vareler Hafen (l.)

Kurhaus Dangast (r.)

Zu den Kuriositäten im „Spijöök" gehört das russische Atomtauchboot „Schutka" (u.), das auf dem U-Boot-Flohmarkt in Wladiwostok für einen gebrauchten VW Golf und zwei Flaschen Wodka erworben worden sein soll

Auf ihre Kühe ist Christel Keller (o.) besonders stolz. Überall in Varel und Umgebung begegnet man ihren Werken

kann man im Fischrestaurant **Aal & Krabbe** nahe der Kaje und mit Blick auf den Hafen. Ein Besuch im **Spijöök** lohnt unbedingt. Das Museum für Kuriositäten und Seemannslegenden zeigt Dinge wie Knochensäge, Narkosehammer oder das Beißholz eines Bordarztes. Eine Teilnahme an den Führungen lohnt sich schon allein wegen der Geschichten, die zu den Exponaten erzählt werden – auf Wunsch auch auf Plattdeutsch. Eine ist die Geschichte von den schmiedeeisernen **Keuschheitsgürteln**, die eifersüchtige Seemannsfrauen ihren Männern mit auf Fahrt gaben, um sie am Fremdgehen zu hindern. Angeblich sollen die schweren Gürtel schiffbrüchige Matrosen unter Wasser gezogen haben. Mitten in der Fußgängerzone betreibt die Künstlerin **Christel Keller** eine Galerie mit Malschule für Kinder und Erwachsene. Dort sind ihre bevorzugten Motive: Kühe, Schafe, Möwen und Landschaften der Region zu bewundern, die sie zuvor schon in Einzel- oder Gruppenausstellungen im In- und Ausland gezeigt hat.

Nordwestlich des Hafens liegt der Ortsteil Nordseebad **Dangast**. 573 Meter tief unter der Erde lagert hier ein besonderer Schatz der Natur: **Jod-Sole-Wasser**. Es ist ein wertvolles Heilwasser und wird in der **Nordseekuranlage Deichhörn** für Kurzwecke eingesetzt. An einem zwei Kilometer langen **Sandstrand** kann man das Baden im Jadebusen und das gesunde Reizklima der südlichen Nordsee genießen. Bei Ebbe sind Wattwanderungen möglich, zum Beispiel zum **Arngaster Leuchturm** nordwestlich von Dangast. Der 37 Meter hohe Turm dient Schiffen als Ansteuerungspunkt

Arngaster Leuchtturm (r.)

für die Piers von Wilhelmshaven und ist um 1910 auf 112 Holzpfählen erbaut worden.
Mittelpunkt von Dangast und ein beliebtes Ausflugsziel für Jung und Alt ist das alte **Kurhaus**. Hier trifft man sich nicht nur zum Kaffee und dem berühmten **Rhabarberkuchen** des Hauses. Er wird am Tresen vom Blech serviert. Ein wenig Schlange stehen nehmen die Gäste für diesen Kuchen gern in Kauf. Zur Unterhaltung der Einhei-

mischen und Kurgäste führt das **Volkstheater Varel** im Kursaal Komödien wie *„Mein Mann der fährt zur See"* und *„Tratsch im Treppenhaus"* auf. Der Saal wird pro Saison von ca. 15.000 Menschen besucht. Einen hohen Besucherdurchschnitt verzeichnet auch die bereits 1928 gegründete **Niederdeutsche Bühne Varel.**
Zu Beginn des 20. Jahrhundert ist Dangast ein Ort für Künstler. Die expressionistischen Maler Erich Heckel und Karl Schmidt-Rottluff kommen und holen sich die Inspiration für zahlreiche Gemälde. Am meisten Wurzeln geschlagen hat der Surrealist **Franz Radziwill.** Er wohnt und arbeitet von 1923 bis zu seinem Tod 1983 in dem Haus mit den auffallend kleinen Fenstern in der **Sielstraße** 3. Es bewahrt heute als **Radziwill-Haus** das Andenken an den Maler.
Dangast zieht bis heute Künstler an. Der Oldenburger Bildhauer **Eckart Grenzer** gründet mit Anatol Herzfeld 1975 die **„Freie Akademie Oldenburg,** eine Idee, die die Kunstauffassung von Joseph Beuys aufgreifen will. 1977 ist er mit dem Projekt „100 Tage Steinwald" an der **documenta 6** in Kassel beteiligt. Zahlreiche Aktionen und Ausstellungen folgen, unter anderen in Dangast und am südlichen Jadebusen. Viele Skulpturen sind dort entstanden und noch heute zu sehen. Vor dem alten Kurhaus stehen zwei florale Skulpturen. Sie heißen **„Oma & Opa"**, eine Hommage an **Karl-Anton** und **Olga Tapken,** die früheren Besitzer des Kurhauses. Europaweites Aufsehen erregt Eckart Grenzer mit dem **Grenzstein,** den er 1984 an der Flutkante aufstellt. Es ist ein riesiger Phallus aus Granit, gedacht als „verbindendes Glied" zwischen dem weiblichen Meer und der männlichen Erde. Im Zusammenhang mit dem Projekt „Kunst am Deich" ist in Dangast zum Zyklus „Die sieben Tage der Schöpfung" von Grenzer der siebte Tag ent-

Werke wie „Der Grenzstein" in Dangast (o.l.) oder „Der Eismann" (o.) sind typisch für den Künstler Eckart Grenzer (u.)

Radziwill-Haus in Dangast (l.)

Das Vareler Airbus-Werk (r.)

Anton Tapken (o.), Kapitän der „Etta von Dangast“.

standen. Im Vareler Hafen, direkt am Siel, steht „Der Eismann“ aus dem Zyklus „Die Sintflut“.
Nebenan im Watt steht **Kaiser Butjathas Thron** aus Holz und Eisen. Der Kaiser aller Wikinger mit Namen „Butjatha“, was soviel bedeutet wie „außerhalb der Jade“, zimmert sich im Wattenmeer einen Thron aus Holz und Eisen.
Mit dem Bäderschiff **„Etta von Dangast“** geht es bei ablaufendem Wasser durch das **Dangaster Tief,** vorbei an Futter suchenden Kormoranen in Richtung Wilhelmshaven und zu den **Seehundbänken.** Während der Fahrt erzählt Kapitän **Anton Tapken** auf amüsante Art alte Seemannsgeschichten.
Im Gebäude der ehemaligen Grundschule ist das **Nationalpark-Haus Dangast** eingerichtet. In den einstigen Klassenzimmern kann man in Aquarien die Unterwasserwelt beobachten oder durchs Mikroskop die Kleintierwelt im Watt. Das Haus bietet naturkundliche Wanderungen und Radtouren an.
Ab 1905 werden in Varel die berühmten Hansa-Automobile gebaut. Heute sind Flugzeugteile das industrielle Flaggschiff der Stadt: Größter Arbeitgeber in Varel mit 1.200 Beschäftigten ist die **Airbus Deutschland GmbH,** die hier einen ihrer sieben Standorte hat. Die Fertigung komplexer Zerspanteile für die Flugzeugstruktur und die Herstellung von Fertigungsmitteln haben sich zu den beiden wichtigsten Kernkompetenzen des Werkes entwickelt.
Die Papier- und Kartonfabrik Varel wird von Hellmut Barthel gegründet. Bereits zu Anfang der 1950er Jahre verwendet man als eines der ersten Unternehmen der Papier- und Kartonindustrie als Rohstoff ausschließlich Altpapier. Nur zu 100 Prozent recyclingfähige Produkte verlassen daher das Werk. 2004 investiert die Firma über 120 Millionen Euro in eine neue Papiermaschine, welche ermöglicht, auch leichtgewichtigen Wellenstoff zu liefern. Hellmut Barthel und seine Frau rufen auch die **Gertrud und Hellmut Barthel-Stiftung** ins Leben, welche sich um die Pflege kulturhistorischer Bauten in Varel bemüht, Stipendien insbesondere im Bereich umweltfreundlicher Technologien und der Forschung auf diesen Gebieten oder der Förderung des Umweltschutzes vergibt. Ein wichtiger Arbeitgeber in der Stadt ist auch der Markenartikler **Bahlsen.** In der Keksfabrik in der **Hafenstraße** arbeiten ca. 420 Menschen. Am Alten Hafen neben dem Spijöök gibt es einen **Werksverkauf.**

Gebrauchsanweisung für ein Auto aus den Anfängen des Automobilbaus: „Hansa“ aus Varel ist eine der frühen deutschen Automarken (o.r.). Später übernimmt Borgward in Bremen das Unternehmen und mit dessen Pleite 1961 verschwindet auch die Marke „Hansa“

Wangerland

Das Gebiet der Gemeinde ist verhältnismäßig groß, aber dünn besiedelt. Es gibt keinen dominanten Ortsteil. Geografischer Mittelpunkt und Sitz der Gemeindeverwaltung ist der Ortsteil **Hohenkirchen**. Die Kirche, der er seinen Namen verdankt, ist **De hoge Kark**, eine Granitquaderkirche, die auf einer 6,5 Meter hohen Warf steht. In der 1143 errichteten Kirche ist die **Joachim-Kaiser-Orgel** aus dem Jahre 1694 erhalten.

Wangerland „besetzt" die gesamte Küstenlinie des Landkreises Friesland. Tourismus ist wirtschaftlich dominant. Der Ortsteil **Hooksiel** ist ein **Nordseeküstenbadeort** und hat einen unter Denkmalschutz stehenden **Sielhafen**. Er erinnert an die Zeiten, als Hooksiel ein wichtiger Umschlaghafen für die Stadt Jever war. Der **Hohe Stuhl** ist der alte Aussichtsturm des Hafenmeisters. Der hölzerne Turm wird nach dem Zweiten Weltkrieg durch einen aus Metall ersetzt. Die **Kanone** auf dem Deich erinnert an die dänischen Raubzüge des Jahres 1849.

Am Alten Hafen gibt es das **Internationale Muschelmuseum**. Zu besichtigen sind neben vielen anderen Dingen Muscheln und Schnecken aus allen Weltmeeren und Korallenriffaquarien. Die Attraktion des Museums ist die Nachbildung einer sieben Meter breiten **Riffkante**. Sie besteht aus 58 verschiedenen Skeletten tropischer Steinkorallen und Tiermodellen.

Das Binnentief vom alten Hooksieler Hafen zum neuen Außenhafen ist das **Hooksmeer**. In diesem Gebiet kann man viele Freizeitangebote nutzen, z.B. Tretboot fahren, segeln, surfen usw. Das macht Hooksiel bei Wassersportlern beliebt. Wer Hunger hat, geht ins **Fischrestaurant**. An das Gelände grenzt ein drei Kilometer langer ausgedehnter **Strand**. Damit alles verträglich zugeht, ist er in drei Sektoren eingeteilt: in FKK-Strand, Hundestrand und einen Badestrand für alle anderen.

Aber auch Künstler haben in Hooksiel einen Platz gefunden. In dem ehemaligen Rathaus mit Zwiebelturm befindet sich heute das **Künstlerhaus**. Hier können Maler, Fotografen und Bildhauer kostenlos wohnen und Werkstätten und Ateliers nutzen. Sie erhalten darüber hinaus Stipendien. Zur 450-Jahr-Feier hat der ehemalige Stipendiat **Hiroshi Teshima** Hooksiel die Skulptur **Komposition in Stahl Nr. 1/96** geschenkt. In der Nähe des Künstler-

Ortsteile:
- Altgarmssiel
- Förrien
- Friederikensiel
- Haddien
- Hohenkirchen
- Hooksiel
- Horum
- Horumersiel
- Mederns
- Midogge
- Minsen
- Neugarmssiel
- Oldorf
- Schillig
- Tengshausen
- Tettens
- Waddewarden
- Wiarden
- Wichtens
- Wiefels

Einwohner: 10.163
Fläche: 175,31 qkm
58,0 Einw. je qkm

De hoge Kark (o.l.)

Georg Hempfling (o.) führt durch das Muschelmuseum (ganz o.)

Der Hohe Stuhl und die Kanone auf dem Deich (l.)

Kapitän Karsten Ilse (o.) und sein Schiff, die „Jens Albrecht" (ganz o.)

FKK am Grünstrand in Hooksiel (ganz o.r.)

Blick auf Ziallerns (o.r.)

Die Ausstellungen im Nordseehaus Wangerland (u.) sind sehr lebendig aufgemacht

hauses sind die beiden Stahlquader, die durch einen Kegel verbunden sind, platziert.

Das weiße Fahrgastschiff **„Jens Albrecht"** liegt in den Häfen Horumersiel und Hooksiel. Es ist eines der letzten der schönen Schiffe, die innen noch mit Mahagoni und Messing ausgestattet sind. Große Segeltörns und Rundfahrten auf der Jade zu den Leuchttürmen, den ehemaligen „stillen Wächtern" der Nordsee: **Hooksiel-Plate, Arngast, Mellum-Plate** und dem legendären Leuchtturm **Roter Sand,** zählen zu den beliebten Ausflugsfahrten. Der Reeder und Kapitän **Karsten Ilse** bietet mit seiner Besatzung Seefahrten zu den ostfriesischen Inseln und den Seehundbänken an. Bei manchen Fahrten gibt es **Schaufischfang.** Dabei wird ein Netz ins offene Meer gelassen und der Fang, Seesterne, Muscheln und kleine Fische durch fachkundiges Personal erklärt. Anschließend wird der Fang zurück ins Meer gelassen.

Sehenswert ist das **Nordseehaus Wangerland** in **Minsen** mit der **Wattenmeerausstellung.** Eine besondere Attraktion sind die Nordseeaquarien. Hier können Plattfische, Knurrhähne, Strandkrabben, Katzenhaie und andere Tiere bestaunt werden. Das Nordseehaus zeigt außerdem eine Ausstellung zum Windenergiepark **Bürgerwindpark Bassens** in unmittelbarer Nähe der Informationseinrichtung mit seinen 34 Windkonvertern.

Das kleine Dorf **Ziallerns** ist denkmalgeschützt und eine der wenigen erhaltenen **Wurtensiedlungen** im norddeutschen Küstenbereich. Zum Schutz vor den Fluten der Nordsee haben die Menschen früher ihre Häuser auf künstlichen Hügeln, den Wurten, gebaut. Für den fünf Meter hohen Wurtenbau in Ziallerns mussten etwa 60.000 Kubikmeter Klei und Stallmist bewegt werden. Das **Informationszentrum** in Ziallerns beschreibt die Entstehung des Ortes sowie die Besiedlungsgeschichte des Wangerlandes.

Wangerooge

Auf die autofreie Insel kommt man von > Harlesiel (192) mit der Fähre. Die Fahrtzeiten sind tideabhängig. Das Dorf Wangerooge musste Zeit seiner Existenz mehrfach der Gewalt von Sturmfluten und Dünenabbruch weichen. Stets spielt ein Turm eine Rolle. Er ist Kirchturm, Landmarke für die Schifffahrt und Zufluchtsort vor der Flut zugleich. Es beginnt mit dem „ersten" Dorf um den Turm der Nikolaikirche. Beide werden ein Opfer der See. 1597 werden der erst später so genannte **Alte Westturm** und das „zweite" Dorf errichtet. Mitte des 19. Jahrhunderts muss das Dorf erneut weichen und entsteht in der Mitte der Insel neu. Der Turm hält etwas länger, bis er Anfang 1900 einsam am äußersten Westrand der inzwischen ostwärts gewanderten Insel steht. 1914 wird er aus militärischen Gründen gesprengt, sehr zum Unwillen der Insulaner, für die er ein Symbol ihres Widerstandswillens gegen die Naturgewalten ist. Der heutige **Westturm** wird nach mehrjähriger Planung und Bauzeit 1933 eingeweiht. Er ist als Wahrzeichen im Wappen der Insel abgebildet. In dem 56,5 Meter hohen Turm ist die **Jugendherberge** untergebracht. Für den **Westturmlauf** entlang der Deichlinie, durch die Dünen, mit Blick auf die **Salzwiesen** ist er Namensgeber, Start und Zielpunkt.

Die besondere Lage der Insel und ihre Weite unter blauem Himmel haben den evangelischen **Pastor Günther Raschen** zur Idee des **Blauen Klosters** geführt, einer Zukunftswerkstatt auf der Suche nach neuen Formen christlicher Spiritualität. Wer auf der Fähre das Festland Richtung Wangerooge verlässt, spürt sofort, dass der vor ihm liegende Sandhaufen im Meer neue Lebensgeister wecken wird. In ihrer Abgeschiedenheit wirkt die Insel wie ein Natur-Kloster: man kann hier die alltägliche Geschäftigkeit hinter sich lassen und intensiver auch den spirituellen Dimensionen des eigenen Lebens auf die Spur kommen. Neben der Begegnung mit der Natur lädt das Blaue Kloster Menschen auch ohne Bezug zur Kirche ein zur geistreichen Reanimation im „Raum der Stille". Ein kleines Haus, das Refugium, steht Einzelnen und Paaren zur Einkehr zur Verfügung. Pastor Raschen entwickelt für Gruppen neue und anregende Exerzitien und Meditationen und bietet außerdem persönliche geistliche Begleitung an.

Von der Weite der Insel ist auch das **Blauhaus Wangerooge** inspiriert. Urlauber, Festlandsgruppen und Wangerooger treffen sich hier in Kursen zu den Themen Kunst und Kreativität, Kommunikation und Persönlichkeitsentwicklung. Geleitet wird das Blauhaus von der Pädagogin und Transaktionsanalytikerin Renate Raschen, die auch psychologische Beratungsgespräche anbietet. Die Lage des Hauses in den Dünen mit Blick über die Insel und seine besondere Atmosphäre fördern bei den Besuchern Gelassenheit und Offenheit für neue Perspektiven.

Der **Inselhof** ist ein Reiterhof. Es werden Ausritte am Strand für Fortgeschrittene und in den Dünen für Anfänger angeboten. Man kann auch zu einer interessanten Kutschfahrt mit der **Linzer Wagonette** starten.

Ortsteile:
_ (keine)

Einwohner: 1.087
Fläche: 4,97 qkm
218,7 Einw. je qkm

Die Signale des neuen Leuchtturms (o.) werden von Wilhelmshaven aus ferngesteuert. Er ist die erste Station in der Radarkette an den Fahrwasserstraßen zu den deutschen Nordseehäfen

Renate und Günther Raschen (o.)

Der heutige Westturm (l.)

Zetel

Ortsteile:
- Astederfeld
- Bohlenberge
- Bohlenbergerfeld
- Driefel
- Ellens
- Idagroden
- Neuenburg
- Neuenburgerfeld
- Ruttel
- Ruttelerfeld
- Spolsen
- Zetel

Einwohner: 11.760
Fläche: 81,26 qkm
144,7 Einw. je qkm

Schloss Neuenburg (r.)

Die Findlinge in Neuenburg (r.) sind vor 200.000 Jahren von Eiszeitgletschern aus Skandinavien hierher verschoben worden

Nicht nur > Bockhorn (196) hat seine Ziegelindustrie, auch Zetel, die andere Gemeinde der **Friesischen Wehde.** Alles begann mit **August Lauw.** Sein Startkapital: 2 Kühe und 2 Pferde. 1855 errichtet er in Bockhorn die erste von acht Ziegeleien, zehn Jahre später eine weitere in Zetel. 1900 verpachtet er seinem Schwiegersohn **Bernhard Friedrich Röben** die Ziegelei. Sie ist bis heute die Zentrale des Familienunternehmens. Dessen Sohn **Wilhelm August Röben** übernimmt 20 Jahre später den mittlerweile erfolgreich eingeführten und vergrößerten Betrieb. Nach seinem Tod 1956 tritt der kaum 21-jährige **Wilhelm Röben** seine Erbe an. **Wilhelm-Renke Röben** ist heute der Vertreter der 5. Generation der **Röben Tonbaustoffe GmbH.** Das Unternehmen expandiert im Laufe der Zeit mit weiteren Werken in Deutschland, Polen und den USA. In Zetel ist es mit über 70 Beschäftigten der größte Arbeitgeber. Hier werden Klinkerplatten für die gewerbliche Nutzung, z.B. in Supermärkten oder Kfz-Betrieben hergestellt.

August Lauw, der „Ziegelkönig" (o.), ist ursprünglich passionierter Seefahrer mit eigenem Frachtsegler auf der Route Brake/Unterweser–New York

Einmal im Jahr ist **Neuenburg** das „Dorf des Kunsthandwerkes". Jedes Jahr werden fünf Künstler in den Ortsteil geladen, die sich mit dem jeweils gewählten Motto der **Neuenburger Kunstwoche** befassen. Die Künstler richten sich ein Atelier ein, in dem sie eine Woche das Thema bearbeiten. Am Ende der Woche haben Besucher die Möglichkeit, sich die Ergebnisse anzusehen und mit den Künstlern zu diskutieren. Initiiert wird die Veranstaltung vom Kunstverein **Die Bahner e.V.,** der seinen Sitz ursprünglich im schönen alten **Bahnhof Neuenburg** gehabt hat. Die Neuenburger Kunstwoche hat in der Gemeinde Spuren hinterlassen. Davon zeugen die Skulpturen und Plastiken im Schlosspark. Da ist zum Beispiel der **Tempel.** Die „Schmiede", das „Gehörn" und die „Viehtränke" bilden gemeinsam die freie künstlerische Interpretation einer Vorburg; die **Kopfgestalt,** auf einer Tontafel als Kernstück, die einstige Schlossanlage.

Das eigentliche **Schloss Neuenburg,** im Auftrag des Grafen Gerd des Mutigen 1462 erbaut, beherbergt heute einen

Kindergarten und eine **Vogelkundliche Ausstellung** von ca. 100 Vogelpräparaten und ca. 200 Vogeleiern. Im Schloss tagt auch der Zeteler Gemeinderat und es finden Trauungen statt. Die **Kapelle** auf dem Gelände wird als **Konzertsaal** genutzt. Sehenswert sind die Schnitzereien, die die sieben Taten der Barmherzigkeit aus dem Matthäus-Evangelium darstellen.

In der alten **Rauchkate**, durch ein Tor vom Schlossgarten getrennt, zeigt das **Heimatmuseum** bäuerliche Geräte der Haus- und Landwirtschaft. Hier finden Veranstaltungen wie **Teeabende** oder der alljährliche **Weihnachtsmarkt** statt.

Das **Schulmuseum** in **Bohlenbergerfeld** bewahrt eine Sammlung von Schulwandbildern, alten Unterrichtsdias, Landkarten und einen großen Bestand an physikalischen Geräten auf. Kernstück des Museums ist das **Klassenzimmer aus der Kaiserzeit**. Es zeigt die vollständige

Einrichtung einer einklassigen Dorfschule aus dem Jahre 1910. In einem zweiten Klassenraum ist eine Dauerausstellung zur Schulgeschichte eingerichtet.

Für Sportbegeisterte gibt es in Bohlenbergerfeld einen **Segelflugplatz**. Die **Luftsportgemeinschaft Waterkant-Zetel** bietet neben der Pilotenausbildung Rundflüge für Touristen an. Dafür stehen Segelflugzeuge unterschiedlichen Typs zur Verfügung.

Sehr sehenswert ist der **Neuenburger Urwald**. Es ist ein eigentümliches Waldgebiet inmitten des Neuenburger Forstes und steht unter Naturschutz. Die Bezeichnung „Urwald" ist nicht wörtlich zu nehmen. Er ist nichts anderes als der Rest eines mittelalterlichen Schweinemastgebietes. Seit dem 17. Jahrhundert wird der Wald von Menschenhand wenig bis gar nicht berührt. 1654 untersagt Graf Anton Günther die wirtschaftliche Nutzung des damaligen „Hudewaldes" (Hütewald), um das ausgebeutete Gebiet vor der völligen Zerstörung zu bewahren. Und bis heute kann sich der rund 25 Hektar große Neuenburger Urwald entwickeln, wie es ihm gefällt. Bis zu 800 Jahre alte Baumriesen, meist Eichen und Buchen, stehen kreuz und quer und stützen sich gegenseitig. Abgestorbene Stämme und Äste ragen bizarr aus dem dichten Unterholz hervor. Spaziergängern erschließt sich die wilde, sagenumwobene Schönheit des Neuenburger Urwaldes auf dem insgesamt 15 Kilometer langen **Wanderweg**.

Astederfeld ist der südlichste Ortsteil der Gemeinde Zetel. Am **Badesee** mit Sandstrand, Campingplatz und Biergarten gibt es eine **Trekkinghütte**. Sie bietet für Wanderer und Radfahrer eine rustikale Übernachtungsmöglichkeit. Die Ausstattung besteht aus groben Holztischen und -stühlen. Ins Bett im Dachgeschoss gelangt man über eine Holzleiter.

Segelflieger auf dem Segelflugplatz (o.)

Schulmuseum in Bohlenbergerfeld (l.)

Eiche im Neuenburger Urwald (u.)

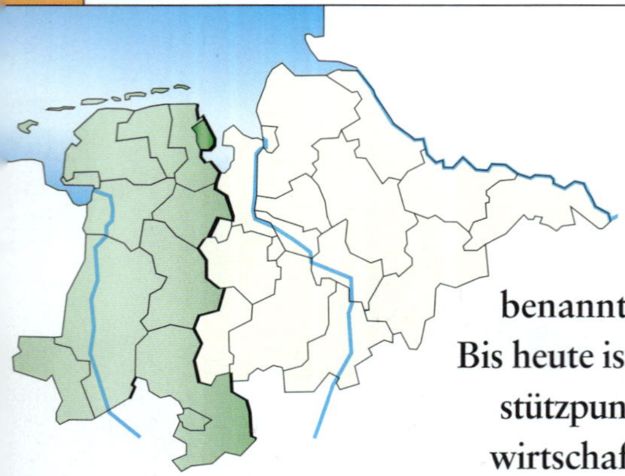

Wilhelmshaven

1869 wird das preußische Marineetablissement am Jadebusen nach König Wilhelm I. benannt. Eine Stadt wird aus dem Boden gestampft. Bis heute ist Wilhelmshaven der größte deutsche Marinestützpunkt. Ölumschlag und Energieerzeugung bringen wirtschaftliche Impulse. Wichtigstes Zukunftsprojekt ist der Tiefwasserhafen JadeWeserPort.

Kaiserliche Marinesoldaten um 1900. „Ein Sonntag ohne Geld" lautet der selbstironische Text auf dem Schild (o.)

Wilhelmshaven wird 1869 gegründet. Wie >Bremerhaven (II-174f) ist es eine junge Stadt. Keine Kathedralen, uralten Natursteinkirchen oder historischen Profanbauten zieren das Stadtbild. Das 13. Jahrhundert ist die hohe Zeit der Gründungen in Mitteleuropa; es werden mehr Städte gegründet als in den folgenden Jahrhunderten zusammen. Im 19. und 20. Jahrhundert gibt es kaum noch Gründungen, außer einigen Häfen, Zechenstädten und Planstädten wie Wolfsburg oder Eisenhüttenstadt. Auch Wilhelmshaven entsteht am Reißbrett. Die werdende Stadt ist im 19. Jahrhundert etwas, was heutzutage wie der Potsdamer Platz in Berlin die „größte Baustelle Europas" genannt werden würde. Man plant weniger eine Stadt als einen Hafen. Nach dem Ende des Zweiten Weltkrieges erlebt Wilhelmshaven, das zu 75 Prozent zerstört ist, eine zweite Geburtsstunde. Relativ schnell beginnt der Wiederaufbau. Dabei stehen Hafen- und Industrieanlagen im Vordergrund.

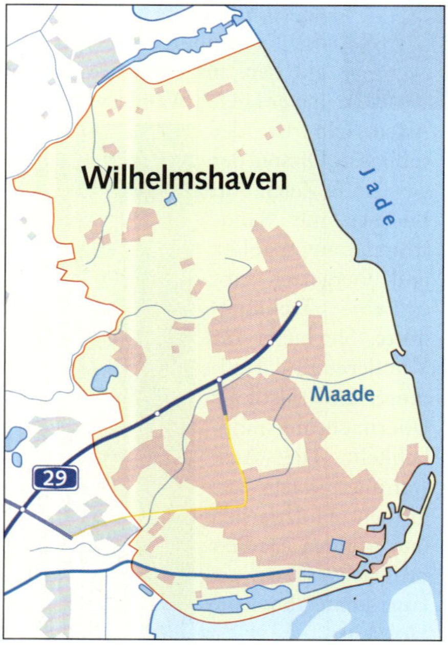

Öl, Strom und tiefes Wasser

Die Gründung Wilhelmshavens als preußischer Kriegshafen und seine Entwicklung bis heute sind auf das von der Natur her besonders günstige Jade-Fahrwasser zurückzuführen. Diese tiefe, breite und relativ kurze Zufahrt von See her führt zur Ansiedlung der **Nord-West Oelleitung GmbH** (**NWO**) in Wilhelmshaven. Von 1958 bis 1974 wird das Fahrwasser durch die Finanzierung des Bundes, der Länder Niedersachsen und Nordrhein-Westfalen sowie der NWO von 13,6 Meter im Jahr 1957 auf 22,3 Meter im Jahr 1974 ausgebaggert, damit die größer werdenden Rohöltanker den Hafen ohne Schwierigkeiten anlaufen können. Auf diese Weise avanciert Wilhelmshaven zum einzigen deutschen Tiefwasserhafen, dem Knotenpunkt für Umschlag, Lagerung und Durchleitung von Mineralöl und Kraftstoff.

Initiiert wird der Ausbau des Jadefahrwassers durch den Beschluss der NWO, in Wilhelmshaven eine **Tankerlösch-**

brücke mit **Tanklager** als Kopfstation einer Pipeline zu bauen und zu betreiben und damit die Rohstoffversorgung mehrerer Mineralölraffinerien im Emsland und im Rhein-Ruhr-Gebiet sicherzustellen. 1958 wird die erste, T-förmig fast 700 Meter weit in die Fahrrinne der Jade hinein gebaute Ölpier in Betrieb genommen. Tanker mit bis zu 250.000 Tonnen Tragfähigkeit können anlegen. Schiffseigene Pumpen drücken das Öl in die großen Tanks an Land. Die durchschnittliche Löschzeit von 24 Stunden wird auch von größeren Tankern kaum überschritten. 35 Tanks mit einem Gesamtfassungsvermögen von 1,6 Millionen Kubikmeter stehen für die Zwischenlagerung bereit. Das Lager hat eine Pufferfunktion und gleicht Schwankungen aus, die durch unregelmäßige Tanker-

Tankerlöschpier der NWO (o.)

Stadt-Profil

	Stadt Wilhelmshaven	Land Nieders.
Einwohner, Fläche		
Einwohner gesamt	84.586	7.993.415
darunter 0 bis 15 Jahre in %	13,3	15,4
darunter älter als 65 Jahre in %	21,1	18,7
darunter Ausländer in %	5,5	6,7
Fläche in qkm	103,51	47.618,24
Einwohner je qkm	817,2	167,9
Sozialstruktur (Jahresdurchschnitt, gerundet)		
Erwerbstätige gesamt	44.300	3.492.600
Empfänger von Arbeitslosengeld / -hilfe	4.900	354.300
Empfänger sonst. Hilfen zum Lebensunterhalt	5.670	311.900
Anzahl Wirtschaftsbetriebe		
Gesamt (Industrie, Handel, Gewerbe, Dienstl.)	3.194	351.151
darunter Land-, Forst-, Fischereiwirtschaft	31	15.862
Steueraufkommen		
Lohn- und Einkommensteuerzahler	28.712	2.738.281
Summe positiver Einkünfte (in Tsd. EUR)	810.684	88.279.875
Steuereinnahmen (EUR je Einwohner)	444,05	544,33

Wahlen

Landtagswahl 2003

CDU	47,4
SPD	41,7
FDP	4,4
Grüne	4,8
Sonstige	1,6

ankünfte verursacht werden. Dadurch wird ein möglichst kontinuierlicher Pipelinebetrieb ermöglicht. Die Tanks sind durch unterirdische Leitungen über zentrale ferngesteuerte Knotenpunkte im Tanklager untereinander mit der Tankerlöschbrücke und den **Pipeline-Pumpstationen** verbunden. Boosterpumpen drücken mit einem Vordruck von ca. fünf bar das Rohöl bis zu den Pipeline-Pumpstationen. Diese sind die Ausgangspunkte für die 391 Kilometer lange **28"-NWO-Pipeline** (Endpunkt: Köln) und die 144 Kilometer lange **22" Pipeline** der **Norddeutschen Oelleitung GmbH** (Endpunkt: Hamburg). Der maximal erreichbare Betriebsdruck beim Transport des Öls liegt bei 65 bar.

Außerdem sind über Verbindungsleitungen die Kavernenanlagen des **Erdölbevorratungsverbandes (EBV)** in Wilhelmshaven, der **Industrieverwaltungsgesellschaft mbH (IVG)** in > Etzel (Friedeburg 183) und der **BP AG** in Ochtrup angeschlossen. Hier lagern in **Kavernen** (unterirdische Hohlräume) rund elf Millionen Tonnen Mineralöl der gesetzlich vorgeschriebenen deutschen **Rohölreserve** und auch große Mengen europäischer Bevorratungsorganisationen. Sie sollen im Krisenfall die reibungslose Versorgung von Industrie und Haushalten für 90 Tage sicherstellen.

In den 35 Tanks der NWO lagern rund 1,6 Millionen cbm Öl. Die Umschlagseinrichtungen an der Tankerlöschbrücke (u.), das Tanklager (r.) und das Fernleitungssystem mit den Pipelines nach Köln und Hamburg werden von der Zentrale in Wilhelmshaven rund um die Uhr gesteuert

In den 1970er Jahren entstehen weitere bis ans tiefe Fahrwasser in die Jade hineingebaute Umschlagsbrücken. 1972 wird zunächst vor dem **Rüstersieler Groden** die **Niedersachsenbrücke** gebaut. Sie ist eine Mehrzweckanlage für den Umschlag trockener und flüssiger Massengüter und wird von der **Rhenus Midgard AG** genutzt. 1975 entsteht eine zweite Ölpier, die heute von der **Wilhelmshavener Raffinerie Gesellschaft** unterhalten wird. Ende der 1970er Jahre schließlich wird der Terminal für den Umschlag von Chemikalien gebaut, den die **European Vinyls Corporation (Deutschland) GmbH** nutzt.

Mit den **Grodenflächen** in unmittelbarer Nähe der Terminals besitzt die Stadt Flächen für Gewerbeansiedlung, um die sie mancher Gemeindedirektor beneiden wird. **Heppenser, Rüstersieler** und **Voslapper Groden** werden in der zweiten Hälfte des 20. Jahrhunderts durch Aufspülungen der Nordsee entrissen.

Hier arbeitet das **Kohlekraftwerk** der **e.on Kraftwerke GmbH.** Mit einer Leistung von 747 Megawatt, was etwa dem Strombedarf von 1,5 Millionen Menschen entspricht, und einem Kohleverbrauch von ca. 6.000 Tonnen pro Tag ist es eine der größten Blockeinheiten der e.on Kraftwerke. Die Kohle wird mit bis zu 120.000 Tonnen großen Schiffen an der landeseigenen **Niedersachsenbrücke** angelandet. Das Kraftwerk erhält 1976 als Erstes in Europa eine **Rauchgasentschwefelungsanlage.** Der bei der Kohleverbrennung entstehende Rauch wird dabei mit einer wässerigen Kalklösung besprüht. Die beiden Stoffe reagieren und verbinden sich zu Gips. Dieses Produkt der Rauchgaswäsche wird ebenso wie die Asche aus den Elektrofiltern in der Bauindustrie verwendet.

Strom aus erneuerbarer Energie erzeugt der **Jade-Windpark** nahe Hooksiel (Wangerland 211), die von der **Jade-Wind-**

Ortsteile:
- Aldenburg
- Altengroden
- Bant
- Coldewei/ Himmelreich
- Ebkeriege
- Fedderwarden
- Fedderwardergroden
- Heppens
- Heppenser Groden
- Innenhafen
- Langewerth
- Maadebogen
- Neuende
- Neuengroden
- Rüstersiel
- Rüstersieler Groden
- Rüstringer Stadtpark
- Schaar
- Sengwarden
- Siebethsburg
- Voslapp
- Voslapper Groden

Wilhelmshavens lang gestreckte Wasserkante; im Vordergrund der Vorhafen mit Ostmole und Seeschleuse (o.)

energie Wilhelmshaven, einer Tochter der **GEW Wilhelmshaven GmbH** (vormals: Gas- und Elektrizitätswerke Wilhelmshaven), betrieben wird. Die Anlage geht 1989 ans Netz und ist damals die größte in Deutschland. 2001 wird sie erneuert und seit 2003 dreht sich dort die weltgrößte Anlage E 112. mit über 4.500 Kilowatt Leistung.
Wilhelmshaven ist Sitz des **Deutschen Windenergie-Instituts.** Die über 60 Mitarbeiter des landeseigenen Instituts leisten Grundlagenforschung, entwickeln Messmethoden und vermitteln bei der politischen Entscheidungsfindung und bei der Realisierung von Windparks. Im Zweijahresrhythmus organisieren sie in der Wilhelmshavener Stadthalle die **Deutsche Windenergiekonferenz,** auf der aktuelle Forschungs- und Entwicklungsergebnisse präsentiert werden.

Innenhafen

In einem weiten Bogen von **Mariensiel** im Südwesten bis zum **Marinearsenal** auf dem **Heppenser Groden** erstrecken sich die Häfen und Kaianlagen des **Innenhafens.** Der Hafen ist tideunabhängig. Binnenschiffe aus dem **Ems-Jade-Kanal,** der Wilhelmshaven über > Aurich (24) mit > Emden (58) verbindet, benutzen die **Schleuse Mariensiel.** Den seewärtigen Zugang ermöglicht die **Seeschleuse,** die den **Vorhafen** mit dem Innenhafen verbindet. Zum Innenhafen gehören verschiedene Hafenteile wie Nordhafen, Verbindungshafen, Handelshafen oder Kanalhafen. Im Exportverkehr werden hauptsächlich Container umgeschlagen. Beim Import und insgesamt mengenmäßig steht Massengut im Vordergrund. Das sind Baustoffe, Düngemittelimport, Salz, Holz und Torf. Ab **Helgolandkai** und **Wangeroogkai** fahren Passagierschiffe. Mit dem Katamaran **Cat Nr. I** geht es zum zollfreien Einkauf nach Helgoland. Quer über den Jadebusen nach Eckwarderhörn in Butjadingen (II-30) fährt eine kleine Personenfähre. Fahrräder werden mitgenommen. Von April bis Oktober gibt es **Hafenrundfahrten.**

Montage der Gondel auf den Stahlturm einer Windmühle nahe Hooksiel (l.)

Tianne Ulmer (o.) gehört zur jüngsten Generation der Schokoladendynastie. Flaggschiffe unter den Produkten sind Raspelschokolade und die Ulmer Borke (u.)

Annegret und Jörg Wilke vom Weindepot (o.r.)

Ganzkörper-Kältetherapieanlage der Firma Seus & Team (u.)

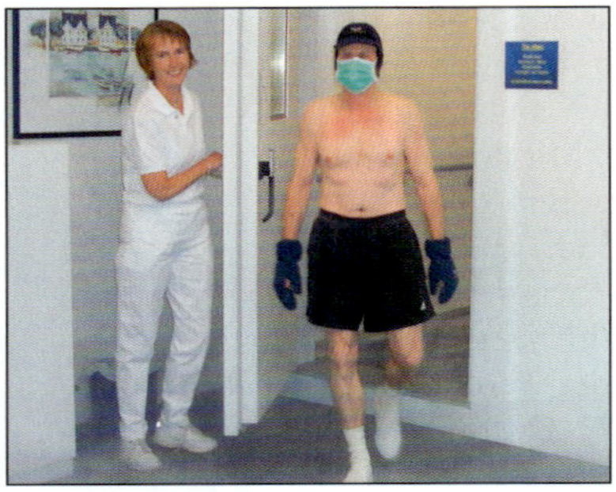

Gewerbe

Neben den Häfen und Ölumschlag prägen Betriebe der chemischen Industrie, Metallverarbeitung und Lebensmittelherstellung das Bild der gewerblichen Wirtschaft der Stadt. Nach der Zerstörung ihrer Berliner Fabrikgebäude im Zweiten Weltkrieg zieht die **Ulmer Schokoladen GmbH & Co KG** nach Wilhelmshaven. Mit den Spezialitäten **Borkenschokolade** und **Raspelschokolade** ist man Marktführer in Deutschland. Insgesamt bietet man über 3.000 unterschiedliche süße Kreationen an. Geliefert wird in Kleinverpackungen für Endverbraucher und als größere Gebinde an Großbäckereien, Hersteller von Tiefkühltorten und Eiskrem im In- und Ausland. Das Familienunternehmen geht mittlerweile in die vierte *„Schokoladengeneration"*, wie Tianne Ulmer betont, die als Assistentin der Geschäftsleitung tätig ist.

Kälte, Klima, Lüftung und Verfahrenstechnik sind die Geschäftsfelder der Firma **Seus & Team**. Sie hat internationale Kundschaft. Die Anlagen zum Kühlen von Luftfrachtgut auf den großen internationalen Flughäfen von London (Heathrow), NewYork (Kennedy Airport) und Bangkok stammen aus dem Wilhelmshavener Be-trieb. Für das Alfred-Wegener-Institut für Polar- und Meeresforschung aus >Bremerhaven (II-174) werden Forschungscontainer und eine komplette Polarstation für den Einsatz in der Antarktis gebaut. Auch die Marine vor Ort ist ein Kunde. Die Entlackungsanlage des Marinearsenals stammt ebenso von Seus wie etwa Klimaanlagen auf Marineschiffen, die am Horn von Afrika im Einsatz sind. Im medizinischen Bereich entwickelt die Firma eine Ganzkörper-Kältetherapieanlage, die weltweit vertrieben wird.

Das **Weindepot** in der **Deichstraße** ist ein Familienbetrieb, der sich vorwiegend auf den Import französischer sowie spanischer und einiger italienischer Weine spezialisiert hat. **Familie Wilke** bevorzugt den **Direktimport** und fährt zu den Winzern in die Anbaugebiete. 30.000 Flaschen sind im Durchschnitt am Lager. Mehrfach konnten sie begehrte Preise französischer Weinführer einheimsen.

Marine und Spuren Preußens

4.700 Soldaten sind in Wilhelmshaven stationiert. Noch einmal 3.700 zivile Mitarbeiter kommen hinzu. Wilhelmshaven ist der größte Marinestützpunkt Deutschlands und zweitgrößter Bundeswehrstandort. Die Marine ist größter Arbeitgeber der Stadt. Vor der Seeschleuse, von der Ostmole geschützt, liegt der **Vorhafen**. Er ist Heimathafen der sog. „Dickschiffe" der Marine. Vier Fregattengeschwader und das Trossgeschwader mit einer Vielzahl von Hilfs- und Versorgungsschiffen der Marine liegen hier,

wenn sie nicht unterwegs sind. Der Kontakt zur Bevölkerung wird gepflegt. Im Sommer findet regelmäßig an sechs aufeinander folgenden Wochen, immer mittwochs, ein **Tag der offenen Tür** statt. Neben der Besichtigung der Schiffe kann man an Fahrten mit Landungsbooten durch den Hafen teilnehmen oder Marinetaucher in Aktion beobachten.

Das meiste hat der Krieg zerstört, aber einige Spuren der preußischen Vergangenheit sind erhalten geblieben. Den Eingang zum **Marinearsenal** und zu den Werftanlagen markiert das 1876 gebaute **Werfttor I** der ehemaligen Kaiserlichen Werft. Der **Briefkasten** aus jener Zeit dort ist heute ein beliebtes Fotomotiv. Die alte Elisabethkirche an der **Adalbertstraße** ist die Garnisonkirche der Marine und wird im Krieg stark zerstört. Als **Christus- und Garnisonkirche** wird sie wieder aufgebaut und ist heute das Gotteshaus der evangelischen Zivilgemeinde. Im Kircheninneren finden sich neben dem Altarbild „Durch das Kreuz zum Licht“ zahlreiche Gedenktafeln, Wappen und Flaggen der Kaiserlichen Marine, aber auch ein Ehrenmal für die in den Weltkriegen gefallenen Angehörigen der Marine mit dem **Grab eines unbekannten Seemanns.** Als **„Preußische Achse“** oder „Kaiserachse“ bezeichnet man den Weg von der Garnisonkirche vorbei an Gebäuden aus der Gründerzeit zum **Adalbertplatz.** Die Gestaltung des Platzes und der Adalbertstraße orientiert sich erkennbar an der Berliner Straße Unter den Linden. Der Weg führt vorbei an der **Statue Wilhelms I.,** die im Zweiten Weltkrieg eingeschmolzen, aber 1994 zum 125-jährigen Stadtjubiläum nach historischer Vorlage neu gegossen und wieder auf den noch vorhandenen Sockel gestellt wird.

Auf der Hafenseite der Fußgängerzone findet man in der **Rheinstraße** weitere Gebäude aus den Gründerjahren, ehemalige Kasernengebäude, die heute als Wohnhäuser dienen. Sie geben einen Eindruck von dem ursprünglichen Bild der Stadt. Der älteste Brunnen der Stadt, der **Kaiser-Wilhelm-Brunnen,** spendet bis heute Wasser.

Die grüne Stadt am Meer

Das Denkmal des **Prinzen Adalbert** an der Kopfseite des **Adalbertplatzes,** dem das Denkmal des **Werftarbeiters** gegenübersteht, ist umsäumt von Blumenanlagen, die erahnen lassen, warum Wilhelmshaven auch als „grüne Stadt am Meer“ bezeichnet wird. Kurpark, Stadtpark, Botanischer Garten, Störtebekerpark, Rosarium und Anlagen am Banter See tragen zu diesem Ruf bei.

Nur durch den Deich vom **Marientief** getrennt, ist das Wasser des **Banter Sees** leicht salzhaltig und wird deshalb Brackwasser genannt. Um ihn und den angrenzenden Zwischenhafen haben sich Badestrände wie **Klein Wangerooge** und Freizeitgelände etabliert. Hier finden an der Südseite am **Anton-Dohrn-Weg** die Surfer der Stadt zwei geeignete Flächen für ihren Sport. Das Befahren des Sees mit Motorbooten ist verboten. Dafür ist er bei einer Durchschnittstiefe von 10 bis 13 Metern zu einem gefragten **Tauchrevier** geworden. Einige Stellen sind durch Sandausspülungen sogar über 20 Meter tief. Tauchbeschränkungen gibt es nicht und rund um den See sind mehrere Einstiegsstellen zugänglich. Das Vereinsheim des **Unterwasser Club Manta** (UWC) liegt direkt am See. Vor dem Clubheim in sieben bis zehn Meter Tiefe haben die Taucher ein Lkw-Fahrgestell, ein im Sand stehendes

Christus- und Garnisonkirche (o.)

Der bekannte gelbe Briefkasten der Kaiserlichen Post am Tor der ehemaligen Kaiserlichen Werft, dem heutigen Marinearsenal (l.)

Denkmal Wilhelms des Großen, deutscher Kaiser und Namensgeber der Stadt (u.)

Ihre Pressluftflaschen können die Taucher im Banter See (r.) bei Hans-Wilfried Schmühl vom UWC (o.) auffüllen

Café Köhler (r.u.)

Motorrollergestell sowie ein künstliches Riff aus alten Reifen angehäuft. Diese werden bei Aktionen zur Reinigung des Seebodens zusammengetragen. Der Verein bietet Tauchlehrgänge an.
Am Rand des **Friedrich-Wilhelm-Platzes** im **Park-Café Köhler** gibt es die berühmte **Ostfriesentorte.** Das cremig-sahnige Gebäck wird durch Rosinen und einen Hauch von Rum-Aroma verfeinert. Das Familienunternehmen beginnt als *Bremer Cacao-Stube* 1933 in der Roonstraße, ehe es, nach einer Zwischenstation am Bahnhofsplatz, 1970 seinen heutigen Platz in der **Virchowstraße** bezieht.

Wilhelmshaven ist eine grüne Stadt: Kurpark, Ruscherei, Rosarium, Stadtpark (von oben nach unten)

Raumhohe Grünpflanzen füllen den Caféraum, in dessen Mitte eine verglaste Innenvoliere das Pendant zur Außenvoliere abgibt, in der sich Sittiche, Papageien, Kraniche und andere Vögel befinden.
Über die Adalbertstraße gelangt man zum 17 Hektar großen **Kurpark** an der **Bismarckstraße,** der ältesten Parkanlage der Stadt. Dort steht der 42 Meter hohe, 1908 erbaute und denkmalgeschützte **Wasserturm.** Bis 1989 versorgt er die Bevölkerung mit Trinkwasser. Heute ist er ein Ort für Kultur, Ausstellungen, Konzerte, Events. Die **Musikmuschel,** im Sommer ein Aufführungsort für Kurkonzerte, und die **Rollschuhbahn,** auf der auch Skater fahren, sind weitere Anziehungspunkte. Am **Stadtpark** lohnt ein Gang durch den **Schaugarten** mit seinen Teichanlagen und dem Rosarium mit über 700 verschiedenen Rosenstöcken.
Sogar mehr als 2.500 Pflanzenarten sind im **Botanischen Garten** mit seinem beheizten Seerosenbecken zu sehen. Das Gewächshaus zieht Pflanzen des Mittelmeerraumes, der Tropen und Subtropen. Thematisch angeordnete Bereiche zeigen die Pflanzenvielfalt des nordwestdeutschen Flachlandes. Der Garten wird 1947 von **Georg Harms** angelegt und ist aus dem Schulgarten der Grundschule Rüstersiel hervorgegangen.
Ein Freizeit- und Umweltpark ist der **Störtebekerpark** im Norden der Stadt, an der **Freiligrathstraße.** Hier sollen durch spielerisches Erleben Natur und Umwelt erfahrbar werden. Mit Solaranlagen oder Regenwasserreservoirs wird dies ebenso erreicht wie mit Infoveranstaltungen oder Workshops. Das Gelände schließt Kräuter- und Bauerngarten, Feuchtbiotop, Schafstall und Pfannkuchenhaus ein.
Die **Ruscherei** südlich des Parks ist eine Begegnungsstätte mit Kneipe und Teestube. Sie wird durch den **Förderverein Ruscherei Altengroden** geführt. Auf dem Areal mit ländlichem Flair pflegt man französische Lebensart: Rotwein, Baguette und **Pétanque** sind angesagt. Nebenan hat die **Freie Spielgemeinschaft Pétanque Ruscherei (FSPR)** ihre Spielanlage. Im 18. Jahrhundert ist die Ruscherei ein Weidebauernhof, der seinen Namen den „Ruschen" (Binsen) verdankt. 1976 durch Brandstiftung zerstört, wird das Wohnhaus von Bürgern aus **Altengroden** wieder aufgebaut und zum Stadtteilhaus gemacht.

Porträt

„Ich spiele zu allen großen und kleinen Anlässen“

August Desenz ist Marinetaucher von Beruf und Drehorgelspieler aus Passion. Im Laufe der Jahre sammelt er über 500.000 Euro Spendengelder. 2001 wählen die Wilhelmshavener ihn zum „Menschen des Jahres“.

Neben den Erträgen seiner Drehorgelspielerkarriere hat August Desenz (l.) seit seinem 20. Lebensjahr auch insgesamt 65 Liter Blut gespendet und ist als Ratsherr sowie im Gemeindekirchenrat tätig

Voll und ganz ein Kind seiner Stadt ist der 1938 in **Voslapp** geborene **August Desenz.** Seine Eltern gehören zu den ersten Siedlern des Stadtteils. Schon mit zwanzig Jahren taucht ihr Sohn in eines der stadttypischen Metiers ein, geht zur Marine und lässt sich zum **Marinetaucher** ausbilden. Zehn Jahre später bildet er als Tauchermeister selbst aus. 15 Jahre lang bleibt er Soldat und auch nach dem Abschied 1973 als Sachverständiger für die technische Überwachung der Tauchanlagen der Bundeswehr mit der Truppe weiter verbunden. Ein besonderes Erlebnis ist während dieser Zeit eine Begegnung unter Wasser, die zunächst für Wirbel und dann für Lachen sorgt. Als 1970 eine jugoslawische Fähre den Stützpunkt als Nothafen anläuft, untersucht August Desenz den Schiffsboden. Dabei berührt er in der Dunkelheit ein sich bewegendes Objekt, das er für die Hand eines zweiten Tauchers hält. Bald wird aber klar, dass es ein Seehund ist! Ob es wohl daher kommt, dass August Desenz die **Patenschaft** für die **Seehunddame Elke** im Wilhelmshavener Seewasseraquarium übernommen hat?

Wenngleich er Taucher von Beruf ist, ist er doch **Drehorgelspieler** aus Berufung. Geweckt wird diese Passion, als er als Kind auf der Straße einem Drehorgelspieler lauscht. Jahre später besucht er in Hamburg eine Drehorgelausstellung, macht die Bekanntschaft eines Drehorgelherstellers und kauft sich ein solches Instrument für 11.000 Mark. Eine Investition, die sich gelohnt hat, denn er spielt noch heute darauf und hat mit seinem Spiel sage und schreibe mehr als 500.000 Euro eingenommen. Von dem Geld hat August Desenz keinen Cent für sich behalten!

Das eingespielte Geld spendet er systematisch für soziale, kulturelle und gemeinnützige Einrichtungen. Dafür spielt er zu allen denkbaren großen und kleinen Anlässen. Mal geht das Geld an die Bosnien-Hilfe, mal an ein SOS Kinderdorf. Die städtische Jugendarbeit wird ebenso unterstützt wie bedürftige Familien, Brot für die Welt, die Wilhelmshavener Tafel, Obdachlosenorganisationen oder Krankenhäuser.

17 Jahre hat August Desenz gebraucht, um Spenden-„Millionär“ zu werden, was ihm zugleich den Titel des **„erfolgreichsten Leierkastenmannes Europas“** einbringt. Es ist eine Karriere, die mit dem ersten öffentlichen Auftritt 1984 auf der Marktstraße beginnt. Sie trägt ihm viel verdiente Anerkennung seiner Mitbürger ein. 2001 wählen ihn die Wilhelmshavener zum **„Menschen des Jahres“**. Er erhält die Stadtmedaille und den Verdienstorden der Bundesrepublik Deutschland. Natürlich lässt August Desenz es sich nicht nehmen, auch bei dieser Gelegenheit einen Gutschein über 10.000 Mark zu überreichen.

Rathaus der Stadt Wilhelmshaven (r.)

City

Vom **Bontekai** gelangt man zur neuen „maritimen Mitte“ der Stadt. Mittelpunkt ist die über zwei Kilometer lange **Marktstraße,** die einschließlich einiger Nebenstraßen zur **Fußgängerzone** umgewandelt ist. Die **Bier-Akademie** lädt hier zum Studieren unterschiedlichster Marken vom Fass ein. Vom friesisch Herben bis zum Kölsch reicht die Palette. Bei gutem Wetter wird „Freiluftunterricht“ erteilt. Seit der Fertigstellung der **Nordsee-Passage** im September 1997 kommen mehr Besucher aus dem ganzen nordwestdeutschen Raum. Um die 28.000 Besucher zählt man pro Tag. Auf zwei Ebenen sind Ladengeschäfte, Gastronomie und kulturelle Angebote verteilt. Ein architektonisches Highlight ist die Glasdachkonstruktion über der Hauptpassage, die aus unzähligen Dreiecksflächen besteht, die in unterschiedlichen Winkeln gegeneinander gestellt sind. Bäume sorgen für frisches Grün.

Bahnhof, Kino und Läden sind in der NordseePassage integriert (o.)

Ungewöhnlich ist auch die Integration des **Wilhelmshavener Bahnhofs** in den Baukörper. Ein Blick in südliche Richtung zeigt, dass der Bahnhofsbereich in den Gebäudekomplex regelrecht eingeschoben ist. Markante Details sind die offenen spiralförmigen Zufahrten zu den Parkdecks. Der Verkehr im Bahnhof führt dazu, dass sich selbst zu später Stunde noch Menschen in der Passage aufhalten. Für Betrieb sorgt auch das **Kinoplex,** das bis Ende 2004 noch Kinopolis hieß, mit neun Sälen. Im Saal Nr. 7 zeigt das **Apollo im Kinoplex** – durchaus ungewöhnlich für die Multiplex-Szene – ein anspruchsvolles Filmkunstprogramm. Dabei steht den Machern moderne Kinotechnik zur Verfügung; eine gelungene Liaison. Vor dem Hauptfilm gibt es den **Vorfilm des Monats.** Die Wiederbelebung dieser guten alten Kinositte bietet manchem Kurzfilmer ein willkommenes Forum. Regelmäßig wird ein **Film des Jahres** gewählt, werden Regisseure oder Darsteller zu **Premieren** eingeladen, finden besondere **Filmreihen** statt.

Im Gegensatz zur modernen Architektur der Nordseepassage sind die Gebäude am **Börsenplatz** im Jugendstil gehalten. Neben den Wochenmärkten bringen Cafés, Biergärten und Restaurants Leben auf die Straße. In der Mitte des Platzes steht ein **Tidebrunnen,** der den Stand der Gezeiten im Jadebusen anzeigt.

Der Tidebrunnen (r.) am Börsenplatz hält Vorbeigehende über den Stand der Gezeiten auf dem Laufenden

Nördlich der Fußgängerzone befindet sich die **Stadthalle** mit 1.600 Sitz- und 3.000 Stehplätzen.

Das **Rathaus** ist das Wahrzeichen der Stadt. Es wird Ende der 1920er Jahre mit Klinker aus >Bockhorn (196) nach einem Entwurf des Hamburger Architekten **Fritz Höger** gebaut. Höger gilt als Erneuerer des norddeutschen Backsteinbaus unter expressionistischem Einfluss. Rationales Formdenken und weitgehender Verzicht auf Ornamentformen kennzeichnen den Bau, dessen Front sich über 100 Meter weit erstreckt. Das Fundament ruht auf 1.000 Pfählen. Vor dem Portal wachen zwei **Löwenplastiken.** Der markante **Rathausturm** in der Mitte ist zugleich Trinkwasserreservoir mit einem Fassungsvermögen von fast einer Million Liter. Hinauf gelangt man mit dem öffentlich zugänglichen **Fahrstuhl** und hat von dort einen hervorragenden **Rundblick** über die Stadt und den Jadebusen. Im **Ratskeller** lädt ein Restaurant zum Besuch ein.

Seit über 40 Jahren gibt es die **Gemeinschaft Lebensabend-Bewegung-Süd,** an

deren Spitze **Hildegard Drewes** als Beauftragte steht. Dreimal in der Woche – dienstags, donnerstags und sonntags – trifft man sich an der **Zedeliusstraße** 10b, die auch schon mal als „Zuhause" bezeichnet wird. Als erste und in der Gründungszeit auch einzige **Selbsthilfeorganisation** vertritt man die Belange älterer Menschen, und zwar betont über konfessionelle und Parteigrenzen hinweg. Beim Klönen mit Kaffee und Kuchen oder beim Bingospiel kommt immer so etwas Wichtiges wie Gemeinschaftsgefühl auf, eben ein zweites Zuhause.

Ein außergewöhnliches Hobby betreibt der ehemals bei der Stadt Wilhelmshaven beschäftigte **Friedrich Lindner**. Sein zweites Zuhause sind Jahrmärkte, von denen er über hundert jedes Jahr in ganz Europa besucht. Hier holt er sich neue Ideen. In Sachen Jahrmarkt gibt es kaum etwas, was der Wilhelmshavener Friedrich Lindner nicht wüsste. Sein Haus ist eine Fundgrube für die Geschichte des Jahrmarktes und ein Museum des fahrenden Volkes zugleich. Einige Hundert Bücher, tausende von historischen Lithographien, Postkarten, Fotos und ebenso viele Zeitungsberichte dokumentieren die Geschichte der Volksfestkultur. Er baut vieles nach – en miniature und beweglich. Es entstehen Karussells, Achterbahnen und Autoscooter. Prunkstück seiner Arbeit ist eine Schiffsschaukel. Lange hat der Tüftler sein außergewöhnliches Hobby ganz für sich allein behalten. Inzwischen meldet sich immer öfter Besuch an.

1949 in Wilhelmshaven geboren wird der Maler **Rainer Fetting.** Er gehört jener Künstlergeneration an, die um 1980 in Berlin und Köln auftritt und wegen ihrer ungestümen neoexpressionistischen Malerei die „Neuen Wilden" genannt wird. Bekannt ist die von ihm 1996 gefertigte **Willy-Brandt-Skulptur** in der Berliner SPD-Zentrale. Rainer Fetting, der auch in seiner Heimatstadt oder der Kunsthalle in > Emden (58) ausgestellt hat, lebt heute in Berlin und New York.

Hildegard Drewes (o.), die für ihre Arbeit mit der Verdienstmedaille am Bande in Silber geehrt wurde

Friedrich Lindner (l.) inmitten seiner Sammlung von Modellbauten und Plakaten

Südstrand & Museumsmeile

Den einzigen **Südstrand** der Nordseeküste hat Wilhelmshaven. Was man der Stadt nicht zutraut: Die **Promenade** entwickelt einen Hauch von südländischem Flair, Strand und Strandkörbe vor der langen Reihe von Hotels, Cafés und Restaurants, flanierende Menschen. Auf der Karte stehen schon mal „Seeräuber-Pfannkuchen" und „Apfelkuchen von geklauten Äpfeln". An der **Maritimen Meile** rund um den **Großen Hafen** hat die Stadt mächtig aufgerüstet.

Südpromenade, Grünstrand und Flaniermeile (u.)

Haie (u.) und Seehundfütterungen (r.) gehören zu den Highlights des Seewasseraquariums

Am **Südstrand** und am **Bontekai** ist ein Ensemble verschiedener maritimer Edutainment-Angebote entstanden. Sehr lohnend ist der Besuch des **Aquarium Wilhelmshaven** nahe dem Helgolandkai. Unter anderem sind alle heute in der Nordsee noch vorkommenden Fischarten zu sehen. Der Gang durch das Aquarium ist eine Reise durch die Unterwasserwelt. Es beginnt mit dem Wattenmeer mit seinen etwa 60 Tierarten. Die Reise führt weiter über die Deutsche Bucht in Richtung Atlantik. **Haie** schwimmen vorbei, **Fischschwärme** bestechen durch ihre synchrone Bewegung. In der **Antarktis-Abteilung** leben Eisfische, Pinguine und Pantopoden hinter vier Centimeter dicken Scheiben im eisigen Wasser. Eine Weltsensation sind zwei Fische, die zur Familie der **Antarktisdorsche** gehören. Sie wurden von dem Bremerhavener Forschungsschiff „Polarstern“ in 400 Meter Tiefe gefangen. Nie zuvor waren sie in der freien Natur beobachtet worden. Der Rückweg der Reise durch die Weltmeere führt durch die **Regenwaldhalle** und tropische Meere mit bunten **Korallenfischen.**

Eine Station der Museumsmeile am Verbindungshafen ist das **Deutsche Marinemuseum.** Auf dem Freigelände sind u.a. ein Marinejagdbomber, das **U-Boot U 10** und das **Minenjagdboot „Weilheim“** zu besichtigen. Im Frühjahr 2005 kommt als weiteres Großexponat der Zerstörer **Mölders** hinzu. Die Dauerausstellung setzt sich mit der Geschichte der Deutschen Marine seit 1848 auseinander.

Das **Wattenmeerhaus** entführt seine Besucher in einen ökologisch einzigartigen Lebensraum mit einer außergewöhnlichen Tier- und Pflanzenwelt. Die Dauerausstellung, die interaktive Erlebnisse mit ausgewählten Exponaten und Wissenswertem verbindet, macht das Wattenmeer mit allen Sinnen erlebbar. Die Abenteuer und Wunder dieser faszinierenden Welt werden erzählt und gezeigt. Im **Sturmerlebnisraum** kann man seine Kräfte mit dem unsichtbaren Riesen messen, mit dem Krabbenkutter **„Daggi“** auf große Fahrt gehen und die Welt der Watt- und Wasservögel ergründen.

Die **Kaiser-Wilhelm-Drehbrücke,** verbindet die Stationen der Museumsmeile am Südstrand mit denen am Bontekai. Mit ihrer Spannweite von 159 Meter und ihren 20 Meter hohen Pfeilern zählt sie zu den größten Brücken Europas.

Das **Oceanis** am Bontekai ist als „EXPO am Meer“ Wilhelmshavens Beitrag zur EXPO 2000 in Hannover. Erstmals zu sehen ist es schon vorher, bei der EXPO 1998 in Lissabon. Die Figur **„Willi der Fisch“** führt in Spielszenen durch eine virtuelle Unterwasserwelt. Ein **Fahrstuhl** steht am Beginn der Reise, deren Route 100 Meter unter dem Meeresspiegel verläuft. Die Fahrt in die Tiefe wird durch visuelle und körperlich spürbare Effekte realitätsnah simuliert. Projektionen erzeugen den Eindruck großer Geschwindigkeit. Die Wellen schlagen über den Köpfen der Besucher zusammen. Die Türen des Fahrstuhls öffnen sich, und die Kühle des Ozeans empfängt die Besucher. Das Archiv des Meeres, die Forschungszentrale und der Maschinenraum laden nun ein, die Geheimnisse des Meeres zu erkunden. Trockenen Fußes

Blick ins Deutsche Marinemuseum (r.)

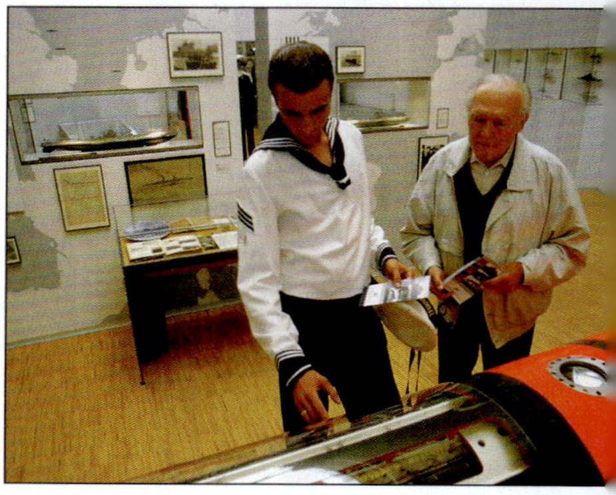

Exkursion ins Wattenmeer (u.) und Sturmerlebnisraum (ganz u.) – beides gibt es im Wattenmeerhaus

Kaiser-Wilhelm-Brücke (l.)

Willi der Fisch (o.)

wird hier auf Entdeckungsreise gegangen bis zum Oceanis-Jet, der das Auftauchen ermöglicht. In einem Unter- und Überwasserflug geht es zurück zur Wasseroberfläche. Begegnungen mit U-Booten, Riffen und einem Gewitter sind in diesem „Bewegtkino" nicht ausgeschlossen.

Im Küstenmuseum am Bontekai erfährt man alles über **„wal.welten"**, über Evolution, Biologie und den Mythos der verletzlichen sanften Riesen, die schon immer die Phantasie des Menschen ange-

regt haben. Kern der Ausstellung ist das 15 Meter lange Skelett mit dem vier Meter langen Schädel eines 1994 vor Baltrum gestrandeten **Pottwals.** Auch eine Dauerausstellung zur Siedlungsgeschichte an der Küste und zur Stadtgeschichte Wilhelmshaven ist im Gebäude zu finden.

Keineswegs ein Museum, wohl aber Teil der „Meile" ist das **Kulturzentrum Pumpwerk** an der Deichbrücke. Das ehemalige Entwässerungswerk ist das erste und eines der bekanntesten soziokulturellen Zentren in Niedersachsen. Musik, Kleinkunst, Soziokultur, Parties sind die Stichworte. 80.000 Besucher kommen pro Jahr zu ca. 200 Veranstaltungen. Chuck Berry, Luther Allison, Charlie Mingus, Hannes Wader, Chet Baker, Steve Hillage und andere große Namen waren schon da, aber auch weniger bekannte Künstler und immer wieder Künstler aus der Region. Fast alle Sparten kultureller Veranstaltungsformen werden angeboten von Profis und von Laien. Es gibt das **A-cappella-Festival** und das **Festival der Kleinkunst.** Im Pumpwerk können Kulturinitiativen eigene Produktionen unter professionellen Bedingungen präsentieren. Mehrmals wird es erweitert. Heute stehen ein Saal für bis zu 800 Personen und eine große Bühne zur Verfügung. Ein Biergarten plus Open-air-Bühne, Park und ein Kinderspielplatz sowie das Haus der MusikInitiative prägen das Umfeld.

Rund um den **Großen Hafen** findet in jedem Sommer vier Tage und Nächte lang das **Wochenende an der Jade** statt. Dieses Wochenende beginnt bereits am Donnerstag. Es zieht im Durchschnitt 350.000 Zuschauer an. Festzelte und fünf Open-Air-Bühnen, auf denen mehr als 50 Musikgruppen auftreten, gehören zum Programm. Nicht alltäglich ist das **Open-ship,** bei der Schiffe der Marine, die Museumsschiffe oder Gastsegler besichtigt werden können. Es gibt Tauchervorführungen oder Schlauchbootrennen. Am Ende steht das **Feuerwerk** über dem Großen Hafen.

Arend Roland Rath (o.) leitet das Piratenamüseum. Hier werden Geschichte und Geschichten der Freibeuterei lebendig. In dem Museum werden für Kinder und Erwachsene ihre Piratenträume wahr

Pumpwerk (l.o.)

Der gigantische Schädel des Walskeletts im Küstenmuseum (l.u.)

Reportage

JadeWeserPort – ein Jahrhundertprojekt

Der über die Luftaufnahme gelegte Plan lässt die Dimensionen des künftigen JadeWeserPorts erkennbar werden (o.)

Die großen Hafenerweiterungen für die Stationierung eines Hochseeflottengeschwaders der Kaiserlichen Marine sind 100 Jahre her. Der Bau der Anlagen im Äußeren Hafen ist 1982 mit der Umschlagsanlage Voslapper Groden abgeschlossen. Die Entscheidung für den Bau des **JadeWeserPorts** vor dem Voslapper Groden ist die derzeit wichtigste Großinvestition in Norddeutschland, eine Jahrhundertentscheidung. Für Wilhelmshaven kommt sie einer zweiten Gründung gleich.

Hafenplaner denken „strategisch". Globalisierung und Osterweiterung der EU bedeuten Zunahme des Warenverkehrs. Das bedeutet fortschreitende Containerisierung. Auf den „langen Distanzen" zwischen Europa, Fernost und USA bedeutet es den Einsatz immer größerer Containerschiffe. Wenn die Handelsnation Deutschland im Wettbewerb der Standorte mithalten will, muss es an der Deutschen Bucht einen Hafen geben, der von den Containerriesen, die jetzt oder in naher Zukunft die Meere befahren, voll beladen unabhängig von der Tide angelaufen werden kann. Das ist die Chance für Wilhelmshaven, wo es im Unterschied zu allen anderen deutschen Seehäfen bereits eine Fahrwassertiefe in der Jade von 18 Metern gibt. Beworben werden soll das Projekt auch durch den seit 2001 stattfindenden JadeWeserPort-Cup.

Natürlich regt sich Bürgerprotest gegen ein solches Großprojekt. Vor Ort, in den Ortsteilen Voslapp, Fedderwardergroden und Rüstersiel zum Beispiel, werden erhebliche Veränderungen durch das Bauvorhaben befürchtet. Lärm, Abgasbelastung und eine Zunahme des innerörtlichen Verkehrs werden erwartet. Kritiker sagen auch eine Fehlinvestition voraus und glauben nicht den Prognosen über entstehende Arbeitsplätze. Die Inselgemeinden sorgen sich um die Folgen der Entnahme großer Sandmengen vor der Insel, die für den Terminalbau benötigt werden.

Den Ablauf all dieser Diskussionen einschließlich der Anhörung der Einwände und der Prüfung der Umweltverträglichkeit regeln gesetzlich vorgeschriebene Verfahren wie das **Planfeststellungsverfahren**. Zuständig ist die Wasser- und Schifffahrtsdirektion in >Aurich (24) sowie das **Landesbergamt** in Clausthal-Zellerfeld für die Sandentnahme. Der Antrag ist gestellt, das Verfahren läuft. Die Macher in der **Jade WeserPort Realisierungsgesellschaft** rechnen mit einer Baugenehmigung bis Mitte 2005. An der Gesellschaft sind die Länder **Bremen** und **Niedersachsen** beteiligt. Man hofft, dann mit dem Bau sofort beginnen zu können und – wenn alles glatt geht – im Jahre 2009 oder 2010 fertig zu sein.

Mit dem JadeWeserPort entsteht, gemessen an den nautischen Bedingungen der nach Rotterdam zweitgrößte **Tiefwasserhafen** in Nordeuropa. Er wird am Ende etwa 900 Millionen Euro gekostet haben. Davon soll 300 Millionen Euro für die sogenannte **Suprastruktur** (Containerbrücken und andere Anlagen auf dem Terminal) ein privater Investor aufbringen, der ab

Containerschiffe (o. und l.) der Größenordnung, wie sie den künftigen Tierfwasserhafen an der Jade anlaufen werden. Das obere Bild zeigt ein Schiff der Reederei Maersk Sealand am Container Terminal Bremerhaven

Herbst 2004 in einem europaweiten Ausschreibungsverfahren gesucht wird. Bis zu vier Liegeplätze mit 17 Containerbrücken an einem 1.725 Meter langen Kai sollen entstehen. Zum Rangieren ist ein Wendebecken mit einem Durchmesser von 700 Meter vorgesehen. **Großcontainerschiffe**, die heute bereits in Planung sind, werden am Ende des Jahrzehnts in Fahrt sein und können kommen. Sie werden eine Tragfähigkeit von bis zu 10.000 TEU (1 TEU entspricht einem 20-Fuß-Container) haben, über 400 Meter lang und fast 60 Meter breit sein und bis zu 15 Meter Tiefgang haben.

Hinter dem 120 Hektar großen Container Terminal entstehen neben den Verkehrsanbindungen 170 Hektar neuer Hafengroden für hafennahe Logistik- und Gewerbebetriebe.

Die Wilhelmshavener und die ganze Region hoffen auf eine Initialzündung. Ca. 3.600 neue **Arbeitsplätze** sollen langfristig entstehen, direkt am Terminal durch die Ansiedlung von Betrieben im Hafengroden und durch mittelbare Effekte.

Der Güterverkehr ins Hinterland läuft über Straße und Schiene. Bis zur Inbetriebnahme des JadeWeserPorts wird die **Küstenautobahn** A 22 nicht fertig gestellt sein. Auch die Sanierung der Bahnstrecke Wilhelmshaven–Oldenburg–Bremen über >Sande (201), >Varel (207) und >Rastede (241) steht an.

Der Bau der Kaje des künftigen Terminals ist eine wasserbauliche Herausforderung. Sie wird 1.500 Meter vor der heutigen Küstenline entstehen. Eine Kombination aus senkrecht und schräg in den Boden gerammten stählernen Pfählen verleiht der Konstruktion im offenen Wasser der Jade die nötige Stabilität. Parallel zum Bau der Kaje und der Ufereinfassungen wird die so abgesteckte Fläche zwischen dem Anleger der Wilhelmshavener Raffineriegesellschaft und der Niedersachsenbrücke mit ca. 60 Millionen Kubikmeter Sand aufgespült. Erst danach können weitere Betonüberbauten und Kaianlagen errichtet werden.

Landkreis Ammerland

Die Natur im Ammerland wird gut behandelt: vierzehn Naturschutzgebiete, hundertsiebenundzwanzig Naturdenkmale und sechzig Landschaftsschutzgebiete zählen zum Kreisgebiet, in dessen 350 Baumschulen über 90 Prozent aller in Deutschland gezogenen Rhododendren und 75 Prozent aller Freilandazaleen Deutschlands wachsen.

Beschreibungen der naturräumlichen Beschaffenheit des Ammerlandes nutzen gern das Bild eines Pultes oder eines Zebrastreifens. Im Nordosten, zur Marsch hin, steigt das Land an und gegen Südwesten, Richtung Moor, flacht es sanft ab in einem steten Wechsel von Sandrücken und schmalen Wasserläufen. In dem sandigen Areal wachsen vor allem Rhododendren, die im Ammerland die Eichen als primäre Kultur abgelöst haben. Wenn die Rhododendren im Frühjahr zu blühen beginnen, wird das Ammerland zu einem natürlichen Gemälde voller prachtvoller Farben. Je nach Blütezeit der verschiedenen Gehölze leuchten weite Landstriche in unterschiedlichen Farbtönen. Zartrosa und Karminrot, leuchtendes Gelb und Purpurtöne färben die Landschaft. Der mit 65 Hektar größte Rhododendron-Waldpark Deutschlands liegt bei Linswege-Petersfeld. Seit vielen Jahrzehnten ist diese Anlage ein attraktives Ausflugsziel. Auch durch die 350 im Kreisgebiet angesiedelten Baumschulen und Gartenbaubetriebe sowie eine große Zahl an Parks und Gärten wirkt der gesamte Landkreis wie eine große bewohnte Parklandschaft. Das rund 500 Hektar große **Zwischenahner Meer** ist das geographische Zentrum des Ammerlandes, beliebt bei Touristen und Wassersportlern, in der geschützten Nordwestbucht ein Refugium für die Tier- und Pflanzenwelt.

Seit der Niedersächsischen Landesgartenschau 2002 stehen fünf Türme, sogenannte „Landschaftsfenster“, an charakteristischen Stellen und ermöglichen interessante Einblicke in die verschiedenen Facetten der Landschaft des Ammerlandes. Der Turm in Apen steht für das **Wasser**. Im Ortsteil Tange ragt inmitten einer Fehnlandschaft ein Schöpfwerk auf, das heute als Aussichtsturm dient und einen herrlichen Blick auf das Barßeler Tief bietet, einem wichtigen Nahrungs- und Brutbiotop für Wiesenvogelarten. Ein Landschaftsfenster in Westerstede lenkt den Blick auf die typischen **Rhododendren**. Am Gießelhorster Kirchweg steht der Turm in einem Wirtschaftswald mit vielen, bis zu zehn Meter hohen Rhododendren. Der Wiefelsteder Turm ist den **Wallhecken** gewidmet, die auch die Ammerländer Parklandschaft prägen. Der Turm in Rastede hat das Thema **Geestrand**. Er steht auf dem oldenburgisch-ostfriesischen Geestrücken der Wasserscheide zwischen Weser und Ems. Von dem Landschaftsturm geht der Blick in Richtung Wesermarsch; der Höhenunterschied dieses Übergangs von der Geest zur Marsch beträgt bis zu 20 Meter. In Edewecht endlich steht der

Typisch im Ammerland: blühende Rhododendren (l.)

Turm zwischen **Mühlen** im Spannungsfeld von Tradition und Moderne. Der aus Cortenstahl gebaute Landschaftsturm lenkt zu einer Seite den Blick auf eine Wildmühle vom Typ Galleriehollländer aus dem Jahre 1880. Auf der anderen Seite ist ein ein moderner Windpark aus dem Jahre 2000 zu sehen.
Neben dem Gartenbau ist auch die Landwirtschaft mit Viehzucht und Getreideanbau im Ammerland weiterhin relevant. Rund zehn Prozent der Erwerbstätigen sind heute nach wie vor in der Land- und Forstwirtschaft tätig und 75 Prozent der Bodenfläche des Landkreises werden landwirtschaftlich genutzt. Aushängeschilder sind das Oldenburger Sportpferd und das Ammerländische Edelschwein. Spezialitäten wie der Ammerländer Schinken oder der Smoortaal sind in ganz Deutschland bekannt und stehen ebenso weit oben auf den Speiseplänen der heimischen Gastronomie wie Ammerländer Schwarzbrot.

Landkreis-Profil

	Landkreis	Land Nieders.
Einwohner, Fläche		
Einwohner gesamt	114.524	7.993.415
darunter 0 bis 15 Jahre in %	17,6	15,4
darunter älter als 65 Jahre in %	17,2	18,7
darunter Ausländer in %	3,5	6,7
Fläche in qkm	728,23	47.618,24
Einwohner je qkm	157,3	167,9
Sozialstruktur (Jahresdurchschnitt, gerundet)		
Erwerbstätige gesamt	47.800	3.492.600
Empfänger von Arbeitslosengeld / -hilfe	4.450	354.300
Empfänger sonst. Hilfen zum Lebensunterhalt	2.670	311.900
Anzahl Wirtschaftsbetriebe		
Gesamt (Industrie, Handel, Gewerbe, Dienstl.)	5.862	351.151
darunter Land-, Forst-, Fischereiwirtschaft	442	15.862
Steueraufkommen		
Lohn- und Einkommensteuerzahler	35.765	2.738.281
Summe positiver Einkünfte (in Tsd. EUR)	1.232.844	88.279.875
Steuereinnahmen (EUR je Einwohner)	464,62	544,33

Wahlen

Landtagswahl 2003	
CDU	52,3
SPD	32,4
FDP	6,8
Grüne	6,4
Sonstige	2,1

Ortsteile:
- Apen
- Augustfehn
- Espern
- Godensholt
- Hengstforde
- Nordloh
- Tange
- Vreschen-Bokel

Einwohner: 10.927
Fläche: 76,71 qkm
142,4 Einw. je qkm

Apen

Die Kapelle in Vreschen-Bokel ist die kleinste mittelalterliche Kirche des Ammerlandes (o.r.)

Apen ist Sitz der Gemeindeverwaltung. Mit 2.700 am einwohnerstärksten aber ist **Augustfehn.** Der größte Teil des Oberflächenwassers des Landkreises fließt durch das **Aper Tief.** Im hier noch tideabhängigen Bereich des Flusses wirken sich Ebbe und Flut mit etwa einem Meter Höhenunterschied aus. Lange kommt es immer wieder zu Überschwemmungen, ehe 1954 Deichbauarbeiten und die Inbetriebnahme des **Leda Sperrwerks** bei Leer dem Einhalt gebieten. Seitdem kann sicher Landwirtschaft betrieben werden. Mit den Altarmen des Aper Tiefs hat sich ein ausgedehntes Feucht- und Grünland erhalten, das als **Naturschutzgebiet** ausgewiesen ist. Wegen der empfindlichen Brutvögel darf das Gebiet nicht betreten werden. Vom Deich aus kann man aber mit einem Fernglas die Vogelwelt beobachten.

Beliebt sind **Überlandfahrten** mit **Kutschen,** vorbei an Sehenswürdigkeiten wie **Bauern**- oder **Schinkenmuseum** sowie dem zweistöckigen Galerieholländer in **Hengstforde.**

In **Erika Oltmanns Bauerncafé** unter den Eichen in **Tange** hält man ostfriesische Teeabende auf Hoch- und Plattdeutsch ab. Obwohl die Ammerländer sich als Oldenburger und nicht als Ostfriesen verstehen, trinken sie doch deren Tee auf Stövchen, mit Kandis und Sahne. Selbst gebackener Butterkuchen, Stuten und Brot mit Spezialitäten der Region sind dann wieder ganz oldenburgisch-ammerländisch.

Samstagabend in der Discothek Tange (r.)

Traditionell findet Ende Juli das **Fest der 1.000 Laternen** in **Augustfehn** statt mit Buden, Live-Musik und Karussels. Eröffnet wird das Ereignis mit einem **Laternenumzug** und anschließendem Feuerwerk. An jedem zweiten Samstag im August veranstalten die Mitglieder des **Vereins für Heimat- und Brauchtumspflege** in **Aperberg** das traditionelle **Kornmähfest.** Wenn die Mäher das an der **Traubenstraße** gelegene Feld betreten, wollen sie zeigen, dass sie den Umgang mit Sense, Sichel und anderem bäuerlichem Gerät beherrschen.

Erika Oltmann (o.) und Gäste in ihrem Bauerncafé (r.)

Praktischer „Caddy" für Rollstuhlfahrer, die mobil sein wollen, von AMF Bruns (r.)

An Wochenenden treffen sich die Jüngeren in der **Discothek Tange.** Die Parkplätze reichen für 700 Pkw. Die meisten Besucher kommen jedoch mit dem Bus, der **Nachteule.** Samstag ist Party-Tag, an dem auf den drei Ebenen der Großraumdisco getanzt wird. Ein Ereignis ist stets der **Frühtanz** am Pfingstsonntag.

Teilnehmer des traditionellen Kornmähfestes (o.l.)

Entspannung auf der „Yogainsel“ (o.)

Dann steigt die vielleicht größte Party im Ammerland: 8.000 Leute tanzen 24 Stunden nonstop.
1993 richtet die Puppenspielerin **Anne Sudbrack** in Augustfehn ihr **Figurentheater** in der **Alten Tischlerei** ein. Im Jahr 2003 hat sie mit viel Aufwand in einer ehemaligen Gaststätte das neue **Männeken-Theater** mit 99 Sitzplätzen eingerichtet. Märchen oder Kinderbuchvorlagen, deren Aufführungsrechte Anne Sudbrack erwirbt, arbeitet sie zu eigenen Stücken um. Hierfür stellt sie Figuren und Bühne selber her. Selbst zu Gast ist Anne Sudbrack, wenn sie als **„Annes Bühne“** auf Reisen geht, um in Bibliotheken, Kindergärten oder Schulen die Puppen tanzen zu lassen. Außerdem bietet sie Workshops für Puppen- und Maskenspiel an.
Die von **Britta Wallburger** geführte **Yogainsel** bietet die Möglichkeit, Yoga in seiner ganzen Vielfalt kennen zu lernen. Entspannung, Meditation, Asanas (Körperstellungen) und vieles mehr wird in Kursen oder Tagesseminaren vermittelt.
Mit 55 Mitarbeitern eines der größeren Unternehmen der Gemeinde ist das **Stahlwerk Augustfehn.** Es wird 1872 gegründet und geht 1989 in den Besitz der **Familie Finkernagel** über. Investitionen folgen: Eine Fertigungshalle mit zwei Schmiedeöfen und einer gewaltigen ölhydraulischen Unterflurpresse entstehen. Die Presse macht den Druck von 1.000 Tonnen; ihr Fundament ist neun Meter tief in den Boden eingelassen. Stahl gekocht wird heute nicht mehr in Augustfehn. Das Werk schmiedet Verschleißteile für Maschinen, die Stahl- und Elektronikschrott recyceln, für Schaufelrad- und Eimerkettenbagger, für die Zementindustrie und Anlagen der Hartzerkleinerung in der Rohstoffgewinnung.

Weniger hartes Material bearbeiten die 170 Mitarbeiter des **Konfektionsbetriebs gardeur ag.** Es ist ein Werk des gleichnamigen weltweit produzierenden Unternehmens aus Mönchengladbach. Gefertigt werden Damen-, und Herrenhosen und Röcke. In der Schnittabteilung und der Wäscherei werden Stoffe, Oberflächen, Schnitte und Farben getestet, ehe sie an die Produktion weitergegeben werden. Damit ist das Augustfehner Werk auch ein **Know-how-Zentrum** der gardeur Gruppe.
Am Ortsausgang findet sich der Firmensitz der **AMF Bruns.** Die Firma wird 1958 von **Gustav Bruns** gegründet und beschäftigt heute im Apener Hauptwerk und einem Zweigwerk in > Friesoythe (270) rund 250 Mitarbeiter. An die Stelle von Landmaschinen sind heute Konstruktion, Herstellung, Montage und Inbetriebnahme von industriellen Förder-, Aufbereitungs-, Absack- und Verladeanlagen getreten. Dabei ist AMF Bruns einer der größten Hersteller für Trogschneckenförderer in Deutschland und europaweiter Spezialist für die Mobilität rollstuhlgebundener Menschen.

Peter Finkernagel (ganz o.) leitet die Stahlwerke Augustfehn (o.)

Die Puppenspielerin Anne Sudbrack (l.)

Ortsteile:
_ Aschhausen
_ Bloh
_ Dänikhorst
_ Ekern
_ Elmendorf
_ Helle
_ Kayhausen
_ Kayhauserfeld
_ Ofen
_ Ohrwege
_ Petersfehn
_ Rostrup
_ Specken
_ Wehnen
_ Westerholtsfelde

Einwohner: 26.815
Fläche: 129,72 qkm
206,7 Einw. je qkm

Bad Zwischenahn

Am Südufer des Zwischenahner Meeres, einbettet in die Parklandschaft des Ammerlandes, liegt das idyllische Bad Zwischenahn. Unweigerlich stößt man auf prachtvolle Rhododendren, die im Zusammenspiel mit mächtigen alten Kastanien, Reetdachhäusern, Backsteinkirchen und Windmühlen eine idyllische Atmosphäre schaffen. Besonders um Pfingsten herum stehen sie in voller Blüte.

Zwischenahn ist Kurort, seit 1964 **staatlich anerkanntes Heilbad.** Gerne genutzt werden die heilsamen Kräfte der **Moorbäder.** Die Nähe zur Nordsee und der fast ständige Wind machen die Luft nahezu staubfrei. Der Kur-Tourismus erlebt besonders nach dem Zweiten Weltkrieg einen Aufschwung. Seine Anfänge reichen allerdings bis an den Beginn des 19. Jahrhunderts zurück. Bereits damals lockt die Naturschönheit viele Reisende an den See.

Von der Spitze des beinah 40 Meter hohen **Wasserturmes** ist der Blick über die Umgebung der Lohn für das Erklimmen seiner 180 Stufen. Der Behälter oben auf dem Turm fasst 210 Kubikmeter Wasser. Er wird von Betonsäulen getragen und muss beim Aufstieg umrundet werden. Im unteren Drittel des Turmes sind die Treppen noch großzügig angelegt, später werden sie schmal und sind aus Holz. Der Grund liegt darin, dass die unteren Stockwerke früher als Büroräume genutzt wurden.

Das **Zwischenahner Meer** ist das geographische Zentrum des Ammerlandes und ein landschaftliches Kleinod. Es ist 526 Hektar groß, hat elf Kilometer Uferlinie und ist sechs bis zwölf Meter tief. Entstanden ist es vor über 10.000 Jahren, als eiszeitliches Schmelzwasser einen unterirdischen Salzstock auslaugt und zum Einsturz bringt. 20 **Radwanderwege** mit einer Gesamtlänge von 380 km und sechs **Fußwanderwege** führen um den See und durch die Landschaft. Teilbereiche an der Nordwestbucht bei **Dreibergen** stehen unter Naturschutz. Drei Fahrgastschiffe der **Weißen Flotte** laden zu gemütlichen Fahrten auf dem Zwischenahner Meer ein.

Für **Wassersportler** ist es ein hervorragendes Segel- und Surfrevier. An der **DJH-Segelschule Bad Zwischenahn** unterrichten rund 60 ehrenamtliche Teamer. Alle sind ehemalige Kursteilnehmer. Zu jedem Kurs wechselt die Teamer-Crew. Bis zu 25 Teilnehmer werden pro Kurs betreut und beherbergt. Die eigene Flotte umfasst zwölf Boote, darunter sportliche ebenso wie elegante Konstruktionen. Neben dem Erwerb des Segelgrundscheins des Verbandes deutscher Sportbootschulen kann man in weiteren Kursen auch den Sportbootführerschein- für Binnengewässer machen. Abende im Bootschuppen mit etwas Seglerlatein stärken den Teamgeist.

Blick auf das Zwischenahner Meer (r.)

Kurheilbad (o.)

Musikanten und Schaulustige während der Bad Zwischenahner Woche (u.)

Öffentliche Badestellen gibt es u.a. am **Strandbad** im **Kurpark** oder bei der **DLRG-Station Rostrup.** Wer die Halle bevorzugt oder es stürmischer mag, besucht das **Wellenhallenbad,** wo man zum Klang leiser Musik sich in auftürmende Brandungswellen stürzen kann. Auch die **Sauna am Meer** steht Kurgästen wie Einheimischen offen. Aus der Blockhaus-Sauna fällt der Blick auf das kühlere Wasser des Zwischenahner Meeres. Unterhaltung bietet immer Mitte August die **Bad Zwischenahner Woche**. Fünf Tage dauern die Feierlichkeiten.
Das **Jagdhaus Eiden am See**, eines der schönsten Fachwerkhäuser des Ammerlandes, beherbergt die **Spielbank Bad Zwischenahn**. Hier werden Roulette und Black Jack gespielt; andere Spieler gehen an einen der rund 160 Glücksspielautomaten. In Niedersachsen ist sie die einzige Spielbank, in der **gepokert** wird. Interessant ist das **Ammerländer Bauernhaus** von 1695. Ein bisschen stolz ist man noch heute auf den prominente Besuch, der 1927 in Gestalt des damaligen Reichspräsidenten von Hindenburg kommt. Das Haus ist der Mittelpunkt des

Freilichtmuseums, das zwischen **Altem Kurhaus** von 1874 und der **Kurverwaltung** liegt. Das Ensemble von insgesamt 18 Gebäuden vermittelt einen Eindruck von der bäuerlichen Lebenskultur des Ammerlandes im 17. Jahrhundert. Die reetgedeckten Häuser mit Bauerngarten, eine Mühle, Schafkoven sowie Scheune und Schmiede werden ab 1910 nach und nach aufgebaut.
Das Ammerland bringt einige kulinarischen Köstlichkeiten hervor. Man bekommt sie alle im **Spieker** (Speicher) des Freilichtmuseums. Bekannt ist das Restaurant für seine **Aalessen**. Auch **Ammerländer Schinken** steht auf der Karte. Nicht so bekannt, jedoch keineswegs weniger schmackhaft, sind **Bookweetjanhinnerk**, ein Buchweizenpfannkuchen aus dem Mehl des Moorbuchweizens, schwarzem Kaffee, Buttermilch und einer Prise Salz, die **hausgemachten Bratkartoffeln** oder das zu nahezu allen Speisen gehörende **Ammerländer Schwarzbrot**. Im Winter ist zünftiges **Grünkohlessen** zu empfehlen; um den berühmten **Klaren** dazu kommt keiner herum. Im Spieker wird mit Klarem die traditionelle Prozedur des

Löffeltrunks gepflegt. Das Reglement steht fest: Der Gastgeber füllt nach der kräftigen Mahlzeit Korn in einen Zinnlöffel, der mit der linken Hand, der Daumen auf dem Stiel, zu halten ist. Nach einem Trinkspruch oder einem Wortgeplänkel zwischen Gast und Wirt wird vom Löffel getrunken. Säuberlich abgeleckt, wird dieser mit dem Rand nach unten auf eine Serviette gelegt. Hinterlässt er Spuren oder wird sonst gegen das Zeremoniell verstoßen, ist eine zusätzliche Runde fällig oder man muss die Rechnung übernehmen. Ein anderes Traditionsgetränk ist **Heet un Sööt**. Als

Spieltisch (ganz o.) im Jagdhaus Eiden am See (o.)

Zwillingsvillen und Altes Kurhaus am Zwischenahner Meer (ganz l.)

Typisch ammerländisch ist der Löffeltrunk (l.) mit dem rituellen Wortgeplänkel: „Ick seh di / Dat freit mi / Ick sup di to / Dat do / Prost! / Ick hebb di tosopen / Hest'n Rechten droppen / So hebbt wi't immer dahn / So schall't ok wieter gahn“

Spaziergang im Park der Gärten in Rostrup (r.)

die Bauern noch ihr eigenes Bier brauen wird es im Winter in die heiße Asche des Herdfeuers gestellt, erwärmt und mit Zucker oder Honig gesüßt. Auch die Verfeinerung mit Rum ist nicht unüblich.

Das Vorbild für die aus der TV-Werbung bekannte Mühle ist die Hilter Mühle in >Lathen (119). Aus Bad Zwischenahn aber kommt die **Rügenwalder Teewurst**. Das Rezept für die geräucherte, pikant gewürzte Streichmettwurst aus Schweinefleisch und Speck stammt aus Rügenwalde in Hinterpommern. Der Ort gilt schon im

Bronzeskulptur „Zwischenahner Wels“; im Hintergrund die St. Johannes Kirche (o.)

18. Jahrhundert als eine Stadt der Wurstspezialitäten. 1834 gründet **Carl Müller** dort eine Wurstfabrik. Am Ende des Zweiten Weltkriegs flüchtet die dritte Generation der Familie nach Westerstede. Nachdem dort die Produktionsflächen nicht mehr ausreichen, wird der Betrieb in Bad Zwischenahn neu errichtet.

Seit Jahrhunderten werden im Zwischenahner Meer Aale gefangen, geräuchert und als **Zwischenahner Smoortaale** verkauft. Einer der größeren Betriebe ist die alteingesessene **Aalräucherei Friedrich Bruns**, heute mit rund 80 Mitarbeitern im Neubau im Industriepark tätig. Vor dem Essen muss der Aal enthäutet werden. Beim Aalessen ist man nicht zimper-

Smoortaal – eine der kulinarischen Spezialitäten des Ammerlandes (r.)

lich, man isst ihn aus der Hand. Man kann ihn vom Kopf- oder Schwanzende her abziehen. Als erstes werden Bauch- und Rückenflossen abgezogen. Bei einem festfleischigen Aal zieht man die Haut vom Schwanz her ab. Ist der Räucheraal sehr zart, wird der Kopf nach hinten geknickt und mit der Haut abgezogen. Jetzt wird das Fleisch von der Gräte geknabbert. Dazu gibt's Ammerländer Schwarzbrot, Klaren aus dem Löffel und ein Bier. Und nach Beendigung des Aalessens werden die Hände mit Klarem gewaschen!

Die **St. Johannes Kirche** stammt aus dem 12. Jahrhundert und ist eines der ältesten Bauwerke des Ammerlandes. Der

Altar (l.) und Freskendarstellung des Jüngsten Gerichts im Chorgewölbe (u.) der St. Johannes Kirche

frei stehende, aus rotem Backstein gebaute **Glockenturm** kommt erst im 15. Jahrhundert hinzu. Das **Fresko** im Chorgewölbe über dem Altar ist jahrhundertelang weiß übergestrichen, ehe es 1904 durch den Kirchenmaler **Wilhelm Morisse** freigelegt wird. Es zeigt eine beeindruckende Darstellung des Jüngsten Gerichts. Darunter steht der nahezu unversehrte **Passionsaltar**, der um 1520 durch einen Schüler des anonymen **Meisters von Osnabrück** angefertigt wird. Auf sechs Feldern, beidseitig der Mitteltafel, sind Stationen der Leidensgeschichte Christi dargestellt. Ein weiterer Kunstschatz ist die bemalte **Empore**.

Der große **Bronzewels** am Springbrunnen vor der Kirche erinnert an den **Zwischenahner Wels,** der 1979 aus dem Zwischenahner Meer aufsteigt und die Gemeinde in die Schlagzeilen der Weltpresse bringt. Dreieinhalb Meter lang soll er gewesen sein. Die Schlagzeile, der Wels habe einen Hund bei lebendigem Leibe verschluckt, hielt jedoch später genauerer Nachprüfung nicht stand, sondern entpuppte sich als Zeitungsente.

Der **Park der Gärten** ist auf dem Gelände der ersten niedersächsischen **Landesgartenschau** 2002 in **Rostrup** entstanden. Auf rund 14 Hektar der Parkanlage wechseln sich Wasserflächen mit Blumenbeeten, Rhododendren und vielen **Themengärten** ab. Der Zen-Garten lässt bei japanischer Teezeremonie und gelegentlichen Aufführungen chinesischer Tanzschauspiele asiatische Lebensweise lebendig werden. Es gibt viele Anregungen für den heimischen Garten und sein Ambiente.

Wirtschaftliches Markenzeichen sind die großen und kleinen Baumschulen. Branchenführer in Deutschland und eine der führenden Baumschulen in Europa ist die **Joh. Bruns Deutsche Exportbaumschule.** 1876 gründet Diedrich-Gerhard Bruns seinen Gartenbaubetrieb, der bis heute in Familienhand geblieben ist. Über 40.000 Artikel, nicht nur Bäume, sondern eine große Vielfalt von Pflanzen sind im Sortiment. Beliefert werden kleine und große Kunden wie der Bundesrat und der Platz der Republik in Berlin, der Flughafen München oder auch Euro Disney bei Paris.

Die Bad Zwischenahner Baumschule Grons unterhält auch eine Anlage in Wiefelstede/Gristede (u.)

Edewecht

Ortsteile:
- Friedrichsfehn
- Husbäke
- Jeddeloh
- Kleefeld
- Klein Scharrel
- Nord-Edewecht
- Osterscheps
- Portsloge
- Süd-Edewecht
- Süddorf
- Westerscheps
- Wildenloh
- Wittenberge

Einwohner: 20.369
Fläche: 113,50 qkm
179,5 Einw. je qkm

Edewecht ist ein ausgeprägtes Reihendorf und gehört als ehemaliges Moordorf zu den ältesten Ortschaften des Ammerlandes. Aus kleinsten Anfängen heraus hat es sich heute zu einem Wirtschaftsstandort entwickelt, an dem u.a. mehrere Unternehmen der Nahrungsmittelbranche tätig sind, deren Produkte auch international abgesetzt werden.

Der hölzerne Glockenturm der St. Nikolaikirche (r.)

Das Wahrzeichen Edewechts ist die **St. Nikolaikirche** von 1302 an der Ortsdurchgangsstraße mit dem frei stehenden **Glockenturm** aus Holz.

In **Nord-Edewecht** steht mit dem **Heinje'schen Bergfried** eines der letzten Beispiele befestigter Speicher, in denen Bauern einst Vorräte lagerten und sich zum Schutz vor Überfällen zurückzogen. An seiner Vorderfront stößt man auf die größte **Traueredeltanne** Deutschlands.

Heinje'scher Bergfried mit der großen Traueredeltanne im Vordergrund (o.)

Das Ammerländer Unternehmen **Meica**, das bis heute seine Unabhängigkeit bewahrt hat, wird im Jahre 1908 vom Landwirt und Metzgermeister **Fritz Meinen** in Edewecht gegründet. *„Meica macht das Würstchen"*, verkündet das Unternehmen selbstbewusst. Über 400 Mitarbeiter arbeiten im Betrieb an der Herstellung einer Produktpalette, deren Markennamen *Bratmaxe*, *CurryKing*, *Torfstecher*, *Trueman's* oder *MiniWini* teilweise bereits Exportfähigkeit signalisieren. Würstchen werden gegen Ende des 19. Jahrhunderts in Amerika und auch sonst auf der Welt als „German Wurst" beliebt. Das Flaggschiff heißt deshalb auch **„Deutschländer"**. Geräuchert wird natürlich noch in echtem Buchenholzrauch.

Das **Edewechter Werk** der **Nordmilch** an der Industriestraße ist eine **Käserei** und ein Hersteller von **Molkenkonzentrat.** Rund 320 Mitarbeiter erzeugen mehr als 65.000 Tonnen Edamer, Gouda, Mozarella und andere Sorten pro Jahr. Milcherzeuger aus dem ganzen Weser-Ems-Gebiet liefern täglich 1,8 Millionen kg Rohmilch ab. In Spitzenzeiten sind es 2,3 Millionen. In großen Salzlakebecken wird die Käserohmasse in Blöcken zwei bis drei Tage lang einem Salzungsprozess unterzogen. 15 bis 30 kg schwere Blöcke kommen danach erneut für mehrere Wochen bei einer Temperatur von sechs Grad in die **Reifekiste.** Am Ende der Reifezeit werden sie zu 15 kg schweren **Käseblöcken** zerteilt und verkaufsfertig verpackt. 18.000 solcher etikettierten Blöcke, ca. 300 Tonnen, verlassen pro Tag das Werk. Sie kommen auf deutsche und internationale Märkte, bis nach Russland, Amerika oder Fernost. 2004 investiert die Nordmilch 10 Millionen Euro in Europas größten **Molkenpulverturm.**

Auch eine Reihe kleinerer oder mittelständischer Betriebe der Metallindustrie arbeiten in Edewecht. Einer davon ist die **HMK Kirchner GmbH** der Familie Kirchner. Das Unternehmen baut Stahlhallen, Maschinen und Anlagen. Mittlerweile führt mit **Heiko Kirchner** die dritte Generation das Geschäft. Nicht wenige der heute 55 Mitarbeiter sind im Betrieb ausgebildet worden. Nach dem Zweiten Weltkrieg verschlägt es **Erwin Kirchner** ins Ammerland, wo er, wie zuvor schon sein Vater in Schlesien, eine Schmiede aufmacht. Die Ausdehnung auf den industriellen Bereich in den 1960er Jahren bringt rasches Wachstum. Heute werden die Maschinen des Unternehmens weltweit verkauft, der Anlagenbau konzentriert sich auf Europa.

Alle 14 Tage treffen sich Mitglieder und Aktive des **Eine Welt e.V.** in der Hauptstraße 90 in Edewecht. Im Weltladen werden nicht nur Produkte aus wirtschaftlich schwachen Ländern verkauft, sondern es wird auch über die Situationen in den jeweiligen Herkunftsländern informiert; Themen sind beispielsweise die Lebens- und Arbeitsbedingungen der Menschen in den Ländern des Südens, Kinderarbeit, Aids oder das Problem der Patentierung von Saatgut. Zum Warenangebot, das von den Erzeugern zu einem höheren Preis als im konventionellen Handel üblich angekauft wird, gehören Kaffee, Tee, Honig, Kakao, Schokolade, Wein, Orangensaft, Schmuck und Textilien. Alle Mitarbeiter sind ehrenamtlich tätig und reisen als **mobiler Weltladen** zu Aktionen in Kirchengemeinden oder Schulen. Darüber hinaus gibt es eine Leihbücherei zur Nord-Süd-Thematik, die auch unterrichtspraktische Materialien für Lehrende enthält. Der Verein, der 2005 zehn Jahre alt wird, unterstützt seit Jahren zwei Projekte der Norddeutschen Mission aus Bremen in Ghana.

In **Westerscheps** an der Moorstraße findet alljährlich am zweiten Wochenende im September die **Grode ammersche Arntefier** statt. Zum Beginn, am Freitag, wird ein plattdeutsches Theaterstück aufgeführt, an dessen Ende sich eine **Disco** anschließt. Der Samstag ist dem Trödelmarkt und dem **Kinderprogramm** gewidmet, bevor am Abend der **Festball** steigt. Der Sonntag steht im Zeichen des großen Festumzuges, der sich aus geschmückten Wagen und Musikgruppen zusammensetzt.

Käserohmasse im Salzlakebecken der Nordmilch (o.)

Anita Vollmann, Alice Ajibi aus Ghana und Hildegard Jacobs (im Bild v.l.n.r.) vom Eine-Welt-Laden (l.)

Das Freilichtmuseum Tollhus up'n Wurnbarg (o.) in Wittenberge präsentiert landwirtschaftliche Exponate. Der Name geht zurück auf ein altes Zollhaus an dieser Stelle

Das Landschaftsfenster (o.) in Edewecht lenkt den Blick auf eine Windmühle von 1880. In entgegengesetzter Richtung schaut man auf einen im Jahre 2000 errichteten Windpark

Im Ortsteil **Jeddeloh I** öffnet **Anke zu Jeddeloh** ihren 5.000 Quadratmeter großen **Bauerngarten** für interessierte Besucher. Ländliches und bäuerliches Kulturgut zu erhalten und darzustellen ist das Ziel der Familie. Die 1958 in Varel geborene „Gästeführerin mit Stern" verbringt schon ihre Kindheit auf dem elterlichen Bauernhof, bevor sie **Brun zu Jeddeloh** heiratet und mit ihm gemeinsam den Hof und die Heidebaumschule in Jeddeloh übernimmt. Einmal im Jahr wird ein **Tag der offenen Gartenpforte** veranstaltet. Neben Führungen und Erläuterungen zur Geschichte und zur Entstehung von Hof und Garten oder über die Etymologie des Namens Jeddeloh sorgt ein Rahmenprogramm für Abwechselung.

Anke zu Jeddeloh mit Besuchern bei einer Führung durch ihren Bauerngarten (r.)

Seit vielen Jahren findet in Edewecht ein Lauf zur Deutschen Meisterschaft im **Tractor Pulling** statt. Es geht darum, einen Bremswagen möglichst weit auf einer aus Lehm und Sand bestehenden Bahn zu ziehen. Nach 100 Metern ist das **Full Pull** erreicht. Wer das nicht schafft, scheidet aus. Die Anderen machen weiter; die Bremskraft wird jedesmal erhöht. Oft sind die Traktoren mit Flugzeugmotoren ausgerüstet, denn wer reelle Siegeschancen haben will, braucht schon mehrere tausend Pferdestärken. Entstanden ist dieses Spektakel aus einer Wette zweier befreundeter Landwirte um die alte Frage, wer den stärksten Trecker im Dorf habe. Erster Austragungsort ist eine Wiese am Ortsrand. Über 150 Leute finden sich auf Anhieb als Zuschauer ein. Der **Trecker-Treck-Verein Edewecht e.V.** wird gegründet, der bis heute die Verantwortung für die Abwicklung der Veranstaltung übernimmt.

Bei der Formel 1 ist bei ca. 900 PS das Ende erreicht. Beim Tractor Pulling kommen Motoren zum Einsatz, die mit über 8.000 PS über die Lehmbahn jagen und die man sonst nirgendwo zu sehen bekommt (r.). Seit 1992 finden in Edewecht Wertungsläufe zur Deutschen Meisterschaft im Tractor Pulling statt

Rastede

Ortsteile:
- Barghorn
- Bekhausen
- Delfshausen
- Hahn
- Hankhausen
- Heubült
- Hostemost
- Ipwege
- Ipwegermoor
- Kleibrok
- Lehmden
- Lehmdermoor
- Leuchtenburg
- Liethe
- Loy
- Nethen
- Neusüdende
- Rastede
- Rastederberg
- Südende
- Wahnbek
- Wapeldorf

Einwohner: 20.039
Fläche: 123,03 qkm
162,9 Einw. je qkm

Schloss Rastede (o.l.)

Rastede ist **Residenzort.** Auf den Mauern eines alten Benediktinerklosters lässt der Oldenburger **Graf Anton Günther** im 17. Jahrhundert ein Lustschloss als Sommerresidenz errichten, aus dem nach einem Umbau um 1800 das heutige **Schloss Rastede** hervorgeht. Der klassizistische Bau ist eines der bedeutendsten Profanbauwerke des Landkreises. Es wird privat durch den **Herzog Anton Günther von Oldenburg** bewohnt und kann nicht besichtigt werden.
Öffentlich zugänglich ist der schöne 100 Hektar große **Schlosspark.** Er ist im Stil englischer Landschaftsgärten gehalten. Genau in diesen Garten hält der heute die Landschaft prägende **Rhododendron** vor nicht einmal 200 Jahren erstmals Einzug in das Ammerland. Bei der Neugestaltung des ursprünglichen Klostergartens gilt die Maxime der Klassik, das Schöne mit dem Nützlichen zu verbinden. Der Hofgärtner **Carl Friedrich Bosse** legt ein „begehbares Gemälde" an, von dessen Zentrum, dem Rasteder Schloss, geplante Sichtachsen ausstrahlen, die den Blick auf die Umgebung lenken.
Im Zuge dieser Gestaltung beginnt in der Schlossgärtnerei die ammerländische Rhododendronzucht. Noch heute blüht die erste 280 Meter lange **Rhododendronhecke,** die in über zweihundert Jahren zu Baumhöhe aufgewachsen ist. In England und Dresden hatte Bosse das aus dem Himalaja stammende Gewächs kennen und schätzen gelernt. Als sein Nachfolger kultiviert Bosses Halbbruder **Christian Ludwig** das Gewächs im Ammerland weiter.
Auf dem **Turnierplatz** des Parks wird alljährlich das überregional bekannte **Oldenburger Landesreitturnier** ausgetragen. Neben den reitsportlichen Disziplinen Dressur und Springen werden dem Publikum an fünf Tagen Darbietungen wie das Viererzugfahren präsentiert. Die ländliche Reiterei mit Sportlern aus der Weser-Ems-Region zieht bis zu 30.000 Besucher an. Zusammen mit dem **Ammerländer Renntag,** an dem bei sieben Trabrennen die Traber-Elite Deutschlands

Rasteder Musiktage mit der Showband Rastede (u.)

Kulturhistorisch bedeutend ist die 1059 erbaute St.-Ulrichs-Kirche. Ihre Krypta ist die älteste des Oldenburger Landes. Der Kirchenraum ist mit bäuerlich-barockem Wolkenhimmel und Emporenmalerei im Rokokostil aufwändig gestaltet (o.)

Zuschauer-Session auf dem Zeltplatz während eines Internationalen Country Festivals (r.)

Die Blue Lions vor Jan Pastor sin Hus, dem alten Gehöft von 1666, in dem heute das Bauernmuseum untergebracht ist (u.)

um Trophäen kämpft, machen diese und andere Pferdefeste mit ihren hochkarätigen Teilnehmerfeldern Rastede zu einem Zentrum des Pferdesports.

Auch sonst ist der Turnierplatz häufig Schauplatz großer, überregionaler Veranstaltungen. Hier treffen sich zum Beispiel jedes Jahr um die 2.000 Musiker aus mehreren Nationen, Spielmannszüge, Showbands, Marching Bands aus dem In- und Ausland zu den **Internationalen Rasteder Musiktagen.** Im Wettkampf werden Märsche, Standspiel und Show bewertet. Veranstalter ist die 60 bis 80 Mitglieder starke **Showband Rastede,** die aus dem Rasteder Spielmanns- und Fanfarenzug hervorgegangen ist. Man pflegt internationale Beziehungen bis in die USA und nach Kanada. Die **Color Guards,** eine Fahnen schwingende Mädchengruppe, sorgen bei den Auftritten der Showband für die visuellen Einlagen.

Seit 1980 ständiger einheimischer Teilnehmer der Musiktage ist auch das **Drum Corps Blue Lions,** zuvor der „Fanfarenzug Rastede". Die zehn Gründungsmitglieder wollen Musik spielen und das auch in ihrem Namen dokumentieren, die über die traditionelle Spielmannszugmusik hinausgeht. Nach und nach stellen sich Erfolge und weitere Mitspieler ein. Die Showeinlagen des Vereins erweitern sich, als eine Gruppe von **Tänzerinnen** dazustößt. Erfolge bei Wettbewerben im In- und Ausland kommen hinzu. 1990 wird erstmals ein eigenes Showfestival veranstaltet, das seitdem am Wochenende vor Ostern fester Bestandteil des Rasteder Veranstaltungskalenders ist. 1995 hat man sich dann so weit von dem traditionellen Repertoire entfernt, dass man vom „Fanfarenzug" zu den „Blauen Löwen" geworden ist.

Eine andere Art Musik ist auf dem **Internationalen Country Festival** zu hören. Zu diesem ältesten Country Musik Festival Europas treffen sich zu Pfingsten die Fans von Hillbilly, Bluegrass und Country. Es herrschen Geselligkeit und familiäre Atmosphäre. Die Musik ist erstklassig, kommt aus den USA und auch aus Deutschland und England. Da Aufnahmen von Country- und mehr noch von Bluegrassmusik in Deutschland nicht immer leicht zu bekommen sind, hat sich parallel zum Festival die größte deutsche **Schallplattenbörse** für diesen Musikstil entwickelt. Der **Lindenhof** stellt die Bühne, auf der die stets umjubelten Musiker spielen. Auf dem Zeltplatz kommt es nicht selten auch zu Sessions ohne Ende, wenn die Besucher selbst zu Gitarre, Banjo, Fiddel oder Mundharmonika greifen. Während des Festivalwochenendes verwandelt sich der Hof in eine Art US-amerikanische Musikgemeinde.

Europäischer geht es im Mai zu, wenn in Rastede das **Mittelalterlich Spectaculum** Markt, Heerlager und Ritterturniere wieder aufleben lässt. An etwa

70 Ständen werden mittelalterliche Waren angeboten und Handwerk vorgeführt. Der Besucher erhascht einen Einblick in Aspekte mittelalterlicher Lebensumstände. Ritter, Söldner, Heerführer, Bogenschützen, Knappen, Fürsten, Edelfrauen, Herolde, Knechte, Hunnen, Mongolen, Kelten, Handwerker, Händler, Musikanten, Narren, Gaukler, Stelzenläufer, Feuerspucker versammeln sich. Das Mittelalterlich Spectaculum wurde von **Gisbert Hiller** zu Deutschlands größtem Mittelalter-Kultur-Event ausgebaut. Früher eine Gemeinschaftsproduktion mit den Kollegen von Fogelvrei Produktionen aus >Eystrup (II-308), hat die Firma Mittelalterliche Veranstaltungen heute die Organisation allein übernommen.

Moderne Kunst, zeitgenössische Malerei, Grafik, Skulptur, wechselnde Ausstellungen werden in der **Galerie Loy** in **Rastede-Loy** von **Manfred Lehmann** gezeigt. Ausgestellt werden international anerkannte Künstler, die die Kunst zum Hauptberuf gewählt haben. Zwischen den vier Hauptausstellungen im Jahr werden über einen Zeitraum von jeweils drei Wochen unter dem Titel „Kunstwerk" Sammelausstellungen gezeigt, bei denen auch Nachwuchstalente die Möglichkeit erhalten, ihre Werke zu präsentieren.

Während im Sommer die **Rasteder Theatertage** auf der **Freilichtbühne** vor dem Erbprinzenpalais stattfinden, bei denen die bekannte Bremer Shakespeare Company zu den häufigen Gästen gehört, stehen die Schauspieler des Theaters Orlando in den Wintermonaten im Palais auf der Bühne. Das **Erbprinzenpalais** gegenüber dem Schloss wird Ende des 18. Jahrhunderts erbaut. Heute zeigt der Kunst- und Kulturkreis Rastede (KKR) in den klassizistisch eingerichteten Innenräumen wechselnde Ausstellungen regionaler und internationaler Künstler. Mit vielfältigen kreativen Ideen zeichnet bereits seit Mitte der 1980er Jahre der ehrenamtlich geführte KKR mit dem Vorsitzenden Dr. Hellmut Strobel an der Spitze für die künstlerische Ausgestaltung verantwortlich. Im Obergeschoss lädt eine Dauerausstellung zu einem **„Blick ins Ammerland"** ein.

Partys haben in Rastede Tradition. So hat die **Aloha-Mai-Party** ihren Vorgänger in der **Killing-April-Party**, die einst zum Maibaumsetzen im April in **Metjendorf** stattgefunden hat. Die erste **Aloha-Mai-Party** steigt 1994 in

Erbprinzenpalais (o.)

Theateraufführung vor dem Palais (l.)

Cultus Ferox treten im Rahmen des Mittelalterlichen Spectaculum auf (u.)

Vom „Landschaftsfenster Geest“ in Rastede geht der Blick weit über den Geestrand (o.)

Wahnbek. Aus einer Abiturfeier der **KGS Rastede** hervorgegangen, hat die Aloha-Mai-Party seitdem ihren Platz zwischen den traditionsreichen Veranstaltungen in Rastede gefunden. Live-Musik mit überregional bekannten Top-40-Bands, DJs, Cocktailbar und Verlosung sind Teil des erfolgreichen Konzepts. Der Geist der heutigen Aloha-Mai-Party ist in jedem Fall der gleiche wie der vor zehn Jahren: Spaß und Ausgelassenheit.

Ein Hauch von Formel 1 entwickelt sich auf der **JJ-Kart-Sport Kartbahn** in **Liethe.** Die Bahnen sind drinnen wie draußen knapp 400 Meter lang und werden bei Trockenheit gekoppelt. Täglich finden neben den normalen Kurzrennen von zehn Minuten Dauer auch das **Hot 20/40** statt, ein Rennen über 20 Runden Indoor/Outdoor oder 40 Runden Indoor. Auch Sonderveranstaltungen wie z. B. Langstreckenrennen und Firmenveranstaltungen stehen im Programm. Für einen „Boxenstopp“ eignet sich das Bistro **Preßluftschuppen,** von dem aus beide Bahnen zu beobachten sind.

„Junge Mode ab Größe 42“ ist das Erfolgsgeheimnis von Ulla Popken Moden (r.)

Traditioneller geht es zu, wenn das alte Handwerk des Buchbindens in der Buchbinderei **Im Gebinde** von **Norbert Wessels** zu neuem Leben erweckt wird. Bücher werden gebunden lange, bevor Johannes Gutenberg den Buchdruck erfindet. Meistens sind es individuell gearbeitete Produkte, deren Deckel mit selbst gestalteten Papieren und jedem Wunsch entsprechend bezogen werden. Aber auch Gesetzesblätter, Fachzeitschriften, Broschüren und Kleinstserien verarbeitet Norbert Wessels. Oft kommen Besuchergruppen, darunter auch Kindergärten und Schulklassen, die Norbert Wessels künstlerisch anmutende Arbeiten mit hohem Interesse verfolgen.

Norbert Wessels vor seiner Buchbinderei (o.)

Ihr erstes Geschäft eröffnen **Friedrich** und **Ulla Popken** 1968 in Oldenburg unter dem Namen „Mami & Baby“; Babyausstattungen und Umstandsmoden werden verkauft. Bald kommt die Idee einer bundesweiten Filialkette auf. 1972 eröffnet ein erstes Spezialgeschäft für Umstandsmoden in Bremen. Man entschließt sich, einen Versandhandel einzurichten, der zunächst vom Dachboden des Popken'schen Wohnhauses in Rastede aus geführt wird. 1984 ist das Unternehmen bei Umstandsmoden Marktführer in Deutschland. Die Entdeckung einer bedeutenden Marktlücke steht aber erst noch bevor: Mode für korpulentere Größen war rar. Daher griffen Frauen nicht selten zu Umstandskleidung als Notlösung. Seitdem das erkannt wird, ist „Junge Mode in großen Größen“ das Motto der Firma **Ulla Popken Junge Mode ab Größe 42.** Sie wird 1987 ins Handelsregister eingetragen. Noch im selben Jahr werden zehn Ulla-Popken-Filialen eröffnet. Heute sind es europaweit über 250. Die Versandkataloge erreichen eine jährliche Auflage von mehr als 10 Millionen Stück, und die Zentrale in Rastede besitzt eigene Büro- und Lagerflächen von 50.000 qm.

1965 gründet **Rolf Dachs** seine Firma in Rastede, die **Datronik.** Damals geht es um Entwicklung und Herstellung von Lichteffekten für Tanzschulen und Discotheken. Bei einem Aufenthalt in den USA, Ende der 1970er Jahre, beginnt der Firmengründer **Lasertechnologie** einzusetzen. 1981 hat er das erste

Laser-Installation von Datronik in dem riesigen Stadion der chinesischen Stadt Dalian (l.)

eigene Showlasersystem entwickelt. Bereits zwei Jahre später geht der Laser-Animationscomputer **CSZ-1** in Serie und die Entwicklung geht weiter. 1989 entwickelte Datronik das erste Rechnersystem für 3-D-Animationen in Echtzeit mit einer RGB-Farbsteuerung für über 6.000 Farbtöne. Man ist mittlerweile bekannt geworden. 1991 ruft **Euro Disney** aus Paris an und bestellt ein Spezialsystem für den Bühneneinsatz. Aber es kommt noch besser: Drei Jahre später folgt die Installation des bisher größten Datronik-Showlasersystems in Ägypten, in Gizeh. Das System ist Teil der Sound & Lightshow am Plateau der **Pyramiden von Gizeh**. Die Oberflächen der Pyramiden werden dabei als Projektionsflächen genutzt. Im Laufe der Jahre werden über 150 Datronik-Showlasersysteme für Discotheken, Theater oder Themenparks verkauft und ein weltweites Händlernetz aufgebaut.

Die Brüder **Dieter** und **Reinhard Hagen** ergänzen sich. Der eine von ihnen hat sich der Malerei, der anderen dem Holzhandwerk zugewandt, und es kann es durchaus vorkommen, dass beide gemeinsam ihre Werke präsentieren. Dies geschieht dann in der **Butjadinger Straße** in **Ipwege**, wo Reinhard Hagen seit 1995 sein Geschäft **Hagen's Anti(c)k** betreibt. Die Schreibweise erklärt er lächelnd damit, dass man schon einen kleinen „Tick" haben muss, wenn man sich mit alten Dingen umgibt. Das sind bei ihm alte Möbel vom frühen Biedermeier bis zum Jugendstil, die angekauft, aufgearbeitet und wieder verkauft werden. Besonders Weichholzmöbel gehören zu den Lieblingsstücken des gelernten Tischlers. Nicht zum Beruf gemacht, aber auch nie aufgegeben hat sein Bruder Dieter seine Leidenschaft für die Malerei. Er gehört der Künstlergruppe **Rasteder Hobbymaler** an. Erste künstlerische Erfahrungen macht er in der Ölmalerei. Zunächst beschränkt er sich darauf, niederländische Meister zu kopieren oder Tiere zu porträtieren. Im Laufe der Zeit entwickelt er seinen eigenen Stil. Davon kann sich überzeugen, wer die gemeinsamen Ausstellungen von Stillleben und restaurierten Möbeln der beiden Brüder besucht.

Fast 1.500 Unternehmen haben in Rastede ihren Sitz, vom Ein-Mann-Betrieb bis hin zum internationalen Business. Eines ist die August Brötje GmbH mit rund 400 Beschäftigten. Hergestellt und europaweit vertrieben werden Heizungstechnik, Heizkessel, Thermen, Brenner, Flachheizelemente, Badheizkörper oder Solarsysteme (o.)

Handwerk und Kunst verbinden die Brüder Dieter und Reinhard Hagen (l.)

Porträt

Wertvolle Hilfe für in Not geratene Tiere

„Das Hauptziel unserer Arbeit ist es, zu pflegen", sagt Tierschützer Klaus Meyer, „und so schnell wie möglich wieder in die Freiheit zu entlassen."

Klaus Meyer mit einem seiner Schützlinge, einem von ihm aufgezogenen Uhu (r.)

Reiher (o.) und andere Dauerpflegefälle wie selten gewordene Eulenarten können in den Volieren ihre Jungen aufziehen, die anschließend in geeigneten Biotopen ausgewildert werden. In einem Stall ist ein Gnadenhof eingerichtet. Auch exotische Gäste wie zum Beispiel Leguane beherbergt die Auffangstation

Seine Tierliebe hat **Klaus Meyer** bereits als Jugendlicher entdeckt. Schnell erkennt er auch die Wichtigkeit zu helfen. Zu Anfang versorgt er im Garten seiner Eltern kranke Vögel. Bald reicht der Platz nicht mehr. Auf einem gemeindeeigenen Grundstück in **Kleibrok** richtet er seine erste **Vogelstation** ein. Als auch die 1995 aus allen Nähten platzt, zieht er erneut um: nach **Wahnbek.** Dann kommt **Hankhausen** hinzu, das heutige Hauptgelände mit Flug- und Beobachtungsvolieren. Und aus der „Vogelstation" wird die **Wildtierauffangstation Rastede.** Immer noch sind es hauptsächlich **Vögel**, die Klaus Meyer Tag für Tag pflegt, aber mehr und mehr kommen heimische **Wildtiere,** Igel, Fledermäuse, Eichhörnchen oder Rehe, hinzu, seit einiger Zeit auch illegal importierte und dann beschlagnahmte oder ausgesetzte Reptilien. Über 600 Tiere betreut Klaus Meyer im Jahresdurchschnitt. Dies tut der 1959 geborene Vater von drei Söhnen lange Zeiten neben seiner beruflichen Arbeit als Elektriker, ehe er sich ausschließlich der Station widmet.

„Das Hauptziel meiner Arbeit ist, Vögel, die sich in unserer technisierten Landschaft verletzen, aber auch kranke und schwache Tiere zu pflegen und so schnell wie möglich wieder in die Freiheit zu entlassen", erläutert Klaus Meyer. Meist wildert er die Tiere in der Nähe der Fundorte wieder aus. Oft kein leichtes Abschiednehmen, aber immer ein befriedigendes, wenn sich das gerettete Leben in die Lüfte erhebt oder in den Wald zurückkehrt.

Häufig muss Klaus Meyer weit über Land fahren, denn die Station hat einen Einzugsbereich weit über die Grenzen des Weser-Ems-Gebietes hinaus, und so manches Mal muss er die Tiere aus Stacheldraht oder ähnlich schmerzhaften Lagen befreien.

Seit zwei Jahren ist die Station anerkannte Einsatzstelle für das Freiwillige Ökologische Jahr und nach jahrelanger ehrenamtlicher Tätigkeit ist Klaus Meyer heute bei dem Verein **Wildtierauffangstation Rastede e.V** als Leiter der Station fest angestellt. Der Verein hat 180 Mitglieder, derzeitiger Vorsitzender ist **Ralf Bruns.**

Klaus Meyer ist immer für seine Schützlinge da. Wer verletzte Tiere melden möchte, kann seine Mobilnummer anrufen: 0171-3649091.

Westerstede

Die Kreisstadt des Ammerlandes ist Westerstede. Die Stadt ist staatlich anerkannter Erholungsort. Im Zentrum liegt die **„Gute Stube“** genannte **Fußgängerzone** mit angrenzenden Geschäftsstraßen. Es ist der historische Stadtkern, cher bekommen dabei eine Blütenpracht zu sehen, wie sie in der Natur nicht vorkommen würde, weil die verschiedenen Sorten eigentlich zu unterschiedlichen Zeiten von Ende April bis Mitte Juni blühen. Die „Rhodo“ ver-

an den der **Stadtpark Thalenweide** angrenzt. Im **Turm-Café** des ehemaligen Wasserturmes hat man einen Blick über ganz Westerstede und die Umgebung. Der 32 Meter hohe Turm wurde nach Plänen des Architekten Fritz Höger errichtet, von dem u.a. auch das Rathaus in > Wilhelmshaven (224) stammt. Auf dem **Alten Markt** finden Wochenmarkt und Jahrmärkte oder auch der **Handwerkermarkt** statt. Alle zwei bis drei Jahre ist der Markt Schauplatz für **Freilichttheater**. Stücke wie Shakespeares „Sommernachtstraum“ haben hier eine ideale Kulisse.

Alle vier Jahre während der Pfingst- bzw. Himmelfahrtswoche richtet Westerstede mit der **„Rhodo“** die wohl größte Rhododendronschau Europas aus. Alle Rhododendronsorten und Azaleen der Region werden ausgestellt. Durchschnittlich 100.000 Besu-

wandelt vorübergehend den Marktplatz der Stadt und das Gebiet um die **Petri-Kirche** in einen einzigen Rhododendronpark. Natürlich wird auch eine **Rhododendronkönigin** nebst Prinzessin gewählt.

Etwa 80 Baumschulen stellen vom Miniaturbusch bis zu meterhohen Bäumen alles aus, was bei ihnen wächst. Ein Highlight ist die **Leistungsschau** der oldenburgisch-ostfriesischen Baumschulen in der großen **Rhododendron-Halle**. Neueste Züchtungen und seltene Exemplare werden präsentiert und zum Wettbewerb angemeldet. Als Preis winkt das **Oldenburg-Zertifikat**.

Ortsteile:

- Burgforde
- Eggeloge
- Eggelogerfeld
- Felde
- Fikensolt
- Fikensolterfeld
- Garnholt
- Gießelhorst
- Goelriehenfeld
- Grafenfeld
- Haarfurth
- Halsbek
- Halstrup
- Hoheliet
- Hollriede
- Hollwege
- Hollwegerfeld
- Howiek
- Howiekerfeld
- Hüllstede
- Hüllstederdiele
- Hüllstederfeld
- Ihausen
- Ihorst
- Jührdenerfeld
- Karlshof
- Kielburg
- Klamperesch
- Lindern
- Lindernerfeld
- Linswege
- Linswegerfeld
- Mansie
- Moorburg
- Neuengland
- Ocholt
- Ocholterfeld
- Ollenharde
- Petersfeld
- Seggern
- Stellhorn
- Südholt
- Tarbarg
- Torsholt
- Voßbarg
- Westerloy
- Westerloyerfeld
- Westerstederfeld

Einwohner: 21.821
Fläche: 179,26 qkm
121,7 Einw. je qkm

Rhododendronpracht auf dem Marktplatz (ganz o.)

Rhododendronkönigin (o.)

Rhododendronpark der Familie Hobbie (r.)

Rhododendren gibt es in mehr als 800 reinen Spezies und hunderten Kombinationen. Im 19. Jahrhundert bringen Forscher Samen der Pflanze aus Oberburma, Südosttibet und den Felsschluchten des östlichen Himalaya mit. Sie gedeihen in dem feuchten Klima der nahen Nordsee, das den Bedingungen in den Nebelzonen der Herkunftsländer nicht unähnlich ist. Züchtungen, die z.B. kriechende mit hochwachsenden Sorten verbinden, dauern bis zur Auswertung etwa 16 bis 18 Jahre; eine erste Etappe ist erreicht, wenn der Rhododendron nach sieben bis acht Jahren erstmals blüht

Ammerländer Vogel- und Landschaftspark (r.)

Anke Düvel vom Bienenpark Hollriede (u.)

Die zahlreichen Baumschulen vor allem machen den Ruf Westerstedes als Rhododendronstadt aus. Eine davon betreibt die **Familie Hobbie.** Und sie hat in **Linswege-Petersfeld** den mit 70 Hektar größten deutschen **Rhododendron-Waldpark.** Seit 1928 Dietrich G. Hobbie die ersten Rhododendronsamen einpflanzte, ist er im Besitz der Familie. Manche Rhododendren werden hoch wie Bäume. Meist stehen sie aber vielfarbig in mittlerer Höhe unter hohen Kiefern oder exotischen Nadel- und Laubgehölzen. Das macht den Reiz eines Spaziergangs durch die Parkanlage mit ihren vielen kleinen Pfaden aus. Der Waldpark ist nicht der einzige. Weitere Rhododendronparks sind der **Natur- und Erlebnispark Südliches Westerstede** oder der **Maxwald-Park** in **Fikensolt.**

Ausnahmsweise nicht um Rhododendron geht es in einigen anderen in dieser an Parks nicht eben armen Landschaft. Am **Seghorner Weg** im privaten **Ammerländer Vogel- und Landschaftspark** sind Vogelarten aus aller Welt zu sehen, Lauf- und Greifvögel, Schwimmvögel in Teichen und Wasserläufen.

Im **Bienenpark Hollriede** verliert der Besucher rasch die verbreitete Angst vor diesen nützlichen Tieren. Solange man nicht nach ihnen schlägt, sind sie völlig ungefährlich. Eingerichtet und geführt wird der Park von der **Carl-und-Lieselotte-Düvel-Stiftung.** Man bewegt sich auf schönen Wegen inmitten blühender Wildblumen und heimischer Gehölze. In dem Café gibt es Schluckproben von **Likören aus Früchten der Parkanlage** in Geschmacksrichtungen wie Honig, Schlehen oder Heidelbeere.

Der **Mühlenhof** in **Westerloy** ist ein Ammerländer Bauernhaus mit Bewirtschaftung. Es war im April 1982, als das Fernsehen anrückt und aus dem Mühlenhof die erste **plattdeutsche Fernsehtalkshow live** im Abendprogramm des NDR sendet. Nicht Prominente kommen hier zu Wort; die *Utfrager* der ersten Stunde, Ewald Christophers, Dirk Römmer und Gerlind Rosenbusch *snackten* gemütlich am Kamin mit Leuten aus der Region. **Talk op Platt** hat sich seitdem zu einer

Kultsendung entwickelt, die es immer noch gibt. Die Jubiläumssendung nach 20 Jahren wurde erneut aus dem Mühlenhof in Westerloy übertragen.

Viele Musikgruppen und Liedermacher werden bei **Talk op platt** erstmals einer breiten Öffentlichkeit vorgestellt. Das ist auch bei den **Mühlenhof Musikanten** so, die 1982 in Westerloy bei Talk op platt ihren ersten Fernsehauftritt haben. Das Volksmusik-Ensemble setzt sich nur aus Frauen zusammen. Die große Ausnahme ist das einmalige Gastspiel des elfjährigen Jungen **Phillip** aus Westerloy, dessen Stimme auf dem Titel „Ohne Mädchen geht nix“ zu hören ist. Jenseits der

Die Mühlenhofmusikanten (l.)

Polstermöbelfabrik Bruno Steinhoff (u.)

Bühne wirken aber durchaus auch Männer mit. So steht hinter dem neuesten Album der Gruppe „Ein kleines Stück vom großen Glück" **Hans Hee** als Produzent, Komponist und Texter.

Der **Fallschirmsport-Club Westerstede (FSC)** hat seit 1987 auf dem Flugplatz **Westerstede-Felde** seine Heimstätte gefunden. Dort startet und landet die vereinseigene Cessna 182 Q. Der Verein hat rund 130 Mitglieder. Neben den klassischen Disziplinen wie Ziel- und Formationsspringen gibt es **Fun-Jumps.** Hier steht das lockere, ideenreiche Springen im Vordergrund; wegen der individuellen Entfaltungsmöglichkeit wird meist allein gesprungen. Am bekanntesten ist, wenn auch am Platz wenig angesagt, in dieser Kategorie wohl das **Skysurfen,** bei dem sich der Springer mit einem dem Snowboard ähnlichen Brett wie auf einer Welle durch die Luft bewegt. Der FSC bietet auch Kurse im Fallschirmspringen an.

1965 gründet **Bruno Steinhoff** in Westerstede eine **Möbelvertretung und -vertrieb.** Zunächst läuft das Geschäft mit Importwaren aus Osteuropa. Dann wird eine eigene Polstermöbelfabrik gebaut. Die Firma Steinhoff expandiert und verfügt bald über mehrere Möbelfabriken im In- und Ausland. Insgesamt sind über 20.000 Mitarbeiter in fünf Kontinenten beschäftigt. 1997 geht es über Europa hinaus: zwei Werke in Südafrika werden gegründet; die **Steinhoff International Holding Ltd.** wird an der Johannesburger Börse notiert. Weltweit werden Polstermöbel, Holzmöbel, Betten entwickelt, gebaut und vermarktet. Die Zentrale ist in Westerstede geblieben.

Hier, an der **Langebrügger Straße,** steht auch das **Messezentrum,** wo die Möbel ausgestellt werden. Kaufen kann man dort nicht, da nur über den Fachhandel geliefert wird.

Das **Ammerländer Tabakkontor** an der **Lange Straße** ist ein echtes Fachgeschäft mit breitem Sortiment. Hier findet man einfach alles, was das Raucherherz begehrt, egal, ob kubanische Zigarren, US-amerikanische Zigaretten oder orientalische Wasserpfeifen. Über 500 Modelle an Pfeifen aus den verschiedensten Ländern wie England, Deutschland, Dänemark, Italien, Irland und Frankreich gibt es. Bei einer gemütlichen Tasse Tee oder Kaffee

Die Museumseisenbahn Ammerland-Saterland (o.) fährt auf der Strecke Ocholt–Sedelsberg durch die Ammerländer Parklandschaft bis in die kleinste Sprachinsel Europas, das Saterland. Unterwegs wird eine der ältesten Eisenbahn-Drehbrücken Deutschlands überquert

Wer mag, kann selber ernten auf den Pflückfeldern (r.) von Gesine und Dierk Warband (u.)

Eingang zum Hössenbad (r.)

Das Friesendenkmal (u.) aus Findlingen erinnert an eine der zahlreichen Fehden der Oldenburger Grafen mit ostfriesischen Häuptlingen und dem Bischof von Münster um die Vorherrschaft in Nordoldenburg: Nachdem im Jahre 1457 Ostfriesen die Dörfer um Westerstede geplündert hatten, werden sie in der Schlacht bei Mansingen von den Ammerländern vernichtend geschlagen

kann probiert werden. Die Zigarren lagern im Klimaraum, dem Humidor, bei konstanten 18 Grad Celsius und 70 Prozent Luftfeuchtigkeit.

Für einige Vereine und für junge Leute ist der **Eggeloger Krug** eine Location. Dartverein, Gesangsverein und Kegelvereine sind Dauergäste. Die **Trust-Top-Disco** ist eine richtige Landdisco und gehört der Jugend. **Familie Beeken** betreibt das Lokal seit mehr als 30 Jahren und hat im Laufe der Zeit einiges in das Gebäude und die Ausstattung investiert. Lichtanlage und ein Soundsystem werden eingebaut; später kommen Sektbar und Clubzimmer hinzu. Zu guter Letzt erhält auch die Gaststätte ein neues Gesicht. Landjugendfeten oder der **Frühtanz** zu Himmelfahrt sind feste Punkte im Programm.

1992 übernehmen **Dierk Warband** und seine Frau **Gesine** den elterlichen Hof von dem sie 100 Hektar bewirtschaften. Sie stellen um auf **Erdbeeren** und **Spargel**. Die Schweineställe weichen einer modernen Wirtschaftshalle mit Kühlhaus. Die Erdbeeren werden zum größten Teil im eigenen Hofladen und auf den umliegenden Märkten angeboten. Wer Lust hat, kann auf den **Pflückfeldern** selbst pflücken, was für den Geldbeutel allemal von Vorteil ist.

Schon in den 1940er Jahren wird der Ruf Westerstedes als Sportgemeinde durch das **Hössensportzentrum** begründet. Seither hat die Stadtgemeinde diese Einrichtung immer wieder erneuert und erweitert, so dass eine Anlage für eine Vielzahl von Sportarten entstanden ist. Profi- wie Freizeitsportler, Gruppen oder Einzelkämpfer finden hier gleichermaßen optimale Trainings- und Wettkampfbedingungen. Eine Jugendherberge und die Bezirkssportschule stehen zudem für einen längeren Aufenthalt zur Verfügung.

Wiefelstede

Ortsteile:

- Bokel
- Borbeck
- Conneforde
- Dringenburg
- Gristede
- Heidkamp
- Heidkamperfeld
- Herrenhausen
- Hollen
- Hullenhausen
- Lehe
- Mansholt
- Metjendorf
- Mollberg
- Neuenkruge
- Nuttel
- Ofenerfeld
- Spohle
- Wehnerfeld
- Wemkendorf
- Westerholtsfelde
- Wiefelstede

Einwohner: 14.553
Fläche: 106,01 qkm
137,3 Einw. je qkm

St. Johannes Kirche (l.o.) und der abseits stehende Glockenturm (l.)

Noch am Ende des Zweiten Weltkrieges ist die Gemeinde Wiefelstede rein landwirtschaftlich ausgerichtet. Gefördert durch den Zustrom Vertriebener aus den Ostgebieten und den Strukturwandel in der Landwirtschaft entwickelt sich die gewerbliche Wirtschaft. Wer nach Wiefelstede kommt, erkennt schon von weitem die **St. Johannes Kirche** mit ihrem hoch aufragenden Turm. Eine Besonderheit ist der südlich der Kirche stehende kleine Glockenturm. 1057 weiht Erzbischof Adalbert von Bremen die Kirche ein. Heute ist sie die älteste, vermutlich von vornherein aus Steinen errichtete Kirche des Ammerlandes.

Der **Ferienpark** am **Bernsteinsee** bietet zahlreiche Freizeiteinrichtungen an, darunter Sauna, Solarium, FKK-Gelände, Boule, Beachball und einen Sportflugplatz, von dem aus Rundflüge über das Gemeindegebiet starten.

Aus dem 9. Jahrhundert stammt die Doppelringwallanlage **Bokeler Burg**. Sie ist das älteste Kulturdenkmal des Ammerlandes. Die gut erhaltenen großflächigen Reste der mächtigen Wallanlage sind eine der Sehenswürdigkeiten der Gemeinde. Zu finden ist die Anlage etwa einen Kilometer nördlich von **Bokel** am **Worther Weg**. Einst ist sie eine der Erdbefestigungen am Friesischen Heerweg. Im 9. und 10. Jahrhundert sporadisch als Fluchtburg genutzt, deren Zugang besonders gesichert war, dient der Schutz- und Versammlungsplatz im Mittelalter auch als Gerichtsplatz, zunächst für den gesamten Ammergau, später für die Vogtei Rastede-Wiefelstede. Dort wird das **Ammersche Recht** ausgehandelt und gesprochen, das noch bis ins 17. Jahrhundert für die Ammerländer gilt und von den Oldenburger Grafen bestätigt wird. Bei Grabungen stellt man 1969 fest, dass die Innenfläche mit kleinen einschiffigen Häusern bebaut war.

In die Reihe der prächtigsten Rhododendronanlagen des Ammerlandes gehört der **Rhododendronpark Gristede** der Baumschule **Joh. Bruns** aus >Bad Zwischenahn (234) im **Gristeder Busch**. In dem frei zugänglichen Park entfalten sich im Schatten eines Kiefernwaldes über 1.000 Sorten Rhododendren und Freilandazaleen. Die Blütezeit reicht von Ende April bis Anfang Juni. Chinesische Mammutbäume, japanischer Ahorn, Magnolien und botanische Raritäten geben dem Park eine besondere Atmosphäre.

Die feierlichen **Rhododendron-Taufen** im Park sind eine feste Einrichtung. Personen aus dem öffentlichen Leben fungieren als Tauf- und Namenspaten für neue Züchtungen.

Gemeinsam mit ihrem Mann **Manfred** leitet seit 1985 **Ursel Wichmann** die

Christina Rau, die Frau des ehemaligen Bundespräsidenten bei der Rhododendrontaufe (o.)

Blick in den Staudengarten (o.) von Ursel und Manfred Wichmann (ganz o.)

Molkerei Ammerland (r.o.)

Staudengärtnerei Ursel Wichmann. Auf 4,5 Hektar werden Rabatten-, Wild- und Steingartenstauden, Gräser, Farne, Arznei- und Wasserpflanzen kultiviert. Gezogen werden die Pflanzen in Folientunneln und Gewächshäusern. Von Reisen ins Ausland bringen die Wichmanns immer wieder neue Sorten mit, die zuhause auf Winterhärte und Resistenz überprüft werden. Etwa 1.500 Arten und Sorten sind vorhanden. Spezialisiert hat man sich auf die Vermehrung von eher schwierigen Gattungen, wie etwa dem Christophskraut. Das Unternehmen beschäftigt 30 Mitarbeiter. Nur fünf Prozent des Absatzes gehen an Privatkunden. Hauptabnehmer sind Baumschulen und Garten- und Landschaftsbaubetriebe.

200 Mitarbeiter beschäftigt die **Brötje-Automation GmbH.** Gebaut werden Maschinen und Anlagen zur Automatisierung der Montage beim Flugzeugbau. Darunter fallen beispielsweise Nietanlagen und ganze Montagelinien für Flugzeugrümpfe. Beliefert werden die großen Flugzeughersteller Airbus und Boeing sowie Regionalflugzeughersteller und Zulieferer in aller Welt. Aus der „August Brötje GmbH Werke für Heizungstechnik“ hervorgegangen, ist das Unternehmen heute Teil der Claas-Gruppe.

Halbring-Nietmaschine bei Brötje Automation. Sie ermöglicht präzise rechtwinklige Bohrungen, wie sie in der Fertigung von Flugzeughalbschalen gebraucht werden (o.)

Logistikzentrum der Edeka Nordwest (r.)

Die in **Dringenburg** beheimatete **Molkerei Ammerland eG** verarbeitet den heimischen Rohstoff Milch und ist ein Zusammenschluss regionaler Milchbauern. Die traditionsreiche Molkerei verarbeitet täglich frische Milch zu

Schnittkäse, Butter, Trinkmilch, Sahne und anderen Frischmilchprodukten.

Die **Edeka-Gruppe** ist eine über 100 Jahre bestehende Kooperation auf genossenschaftlicher Basis von etwa 5.000 selbständigen Lebensmitteleinzelhändlern. An der **Edekastraße** 1 in **Neuenkruge** betreibt die **Edeka Nordwest** ein großes **Logistikzentrum.** Hier werden aus allen Teilen der Welt angelieferte Lebensmittel vollautomatisch in ein computergesteuertes Hochregallager eingefahren. Aus den 25 Meter hohen Regalen werden dann die Lieferungen neu zusammengestellt, die an die etwa 400 Edeka-Geschäfte im Nordwesten ausgeliefert werden. Von Grundnahrungsmitteln wie Obst, Gemüse und Milchprodukten, bis zu internationalen Spezialitäten ist alles dabei. Rund 15.000 Artikel werden gelagert, viele davon gekühlt. Um die 600 Mitarbeiter und 50 Azubis sind in Neuenkruge beschäftigt.

Nach überlieferten Rezepten backt Bäckermeister **Ingo Zimmermann** traditionelle ammerländische Brotsorten und Kuchen, Schwarzbrot, Rosinenstuten und Butterkuchen im alten Steinbackofen des **Kleinen Backmuseums Wiefelstede** Am Esch. Besucher können mithelfen oder auch nur zuschauen.

In der **Bäckerklause** dieses privaten Backmuseums gewinnt man einen Eindruck, wie es um 1900 in einer Bäckerei ausgesehen hat und wie Brot oder Brötchen entstehen. Im Verlauf der Dia-Schau „Vom Korn zum Brot" lernt man einiges über die Geschichte des Brotbackens und die verschiedenen Arbeitsschritte. Und wer Appetit bekommt, wird bei Kaffee oder Tee vom Selbstgebackenen probieren. Da Ingo Zimmermann aus gesundheitlichen Gründen beruflich kürzer treten muss, aber vom Backen nicht lassen will, sammelt er alles rund ums Backen für sein Museum. Oft wird er auf Flohmärkten fündig oder bekommt von Besuchern etwas geschenkt. Ein Waffeleisen von 1828 beispielsweise, das man ins offene Feuer halten muss, alte Formen für Marzipanfiguren oder – zum Vergleich – die moderne teflonbeschichtete Variante. Herzstück aber ist der selbst gebaute und voll funktionstüchtige **Steinofen**. Hier erklärt der Bäckermeister seinen Gästen, wozu Teigmollen, Brötchenpressen und Sahnegebläse dienen und wie man sie handhabt.

Der **Hof an der Moorweide** hat mit Pferden, Hühnern, Enten, Puten, Gänsen, Wildenten, Kaninchen, Katzen, Fischen und einem Hund an Tieren alles, was ein Bauernhof nur haben kann. Er ist ein reiner Familienbetrieb. Versorgt werden die Tiere vom **Ehepaar Harms** und ihren vier Töchtern. Für Pferdefreunde steht ein **Pensionsstall** zur Verfügung. Bei den tierischen Gästen achtet man sehr auf artgerechte Unterbringung. Im Sommer stehen die Pferde tagsüber auf den weitläufigen Weiden, die Nacht verbringen sie im Gruppen-Paddock mit Offenstall. Im Winter stehen am Tag im Offenstall und in der Nacht geräumige Boxen mit Außenluke zur Verfügung.

Ferien auf dem Hof an der Moorweide der Familie Harms (o.)

Öffnet man die grün gestrichene Tür des Hauses 18 am **Alten Postweg** im Ortsteil **Neuenkruge**, so betritt man kein Museum, sondern einen **Gemischtwarenladen**, der noch ganz die Tradition eines dörflichen Ladens vergangener Zeiten beibehalten hat. 1912 öffnete sich die Ladentür das erste Mal für Kunden. Heute verkauft die Familie **Lueken/Ecker** hier alle Artikel, die zum täglichen Leben benötigt werden.

Ingo und Gisela Zimmermann in der Bäckerklause (l.)

Ein Stück altes Ammerland findet sich auch in **Ofenerfeld** am Sandweg mit dem **Heinrich-Kunst-Haus** wieder. Zu ihm gehören noch Nebengebäude, eine Streuobstwiese und ein alter Baumbestand. Das 1819 erbaute und 1870 umgebaute Haus hat seinen Namen durch den bekannten Volksschauspieler Heinrich Kunst erhalten, der es 1993 der Gemeinde vermacht. Diese betreibt es heute als einen Ort der Begegnung, wo plattdeutsches und ammerländisch-oldenburgisches Brauchtum gepflegt wird.

Der Tante Emma-Laden der Familie Lueken/Ecker (u.)

Landkreis Cloppenburg

Gemeinsam mit dem benachbarten Landkreis Vechta bildet der Landkreis Cloppenburg den Kulturraum Oldenburger Münsterland. Im Kreisgebiet leben etwa 150.000 Menschen. Durch die starke Zuwanderung junger Menschen und einen hohen Geburtenüberschuss zählt der Landkreis zu den jüngsten Kreisen in Deutschland: In einer Gemeinde wie Emstek ist ein Viertel der Bevölkerung unter 15 Jahre alt.

Äcker und Wälder, Wiesen und Weiden: die Landschaft des Landkreises ist typisch norddeutsch. Flussmarschen von Leda, Jümme und dem Barßeler Tief mit ihren weiten Hochmooren prägen den Norden des Kreisgebietes. Der Süden erinnert mit den feuchten Niederungen des Flusses Hase an einen großen Landschaftspark. Nordwestlich von Cloppenburg wird die Soeste inmitten einer Heidelandschaft und hoher bewaldeter Geest durch die Thülsfelder Talsperre, die einzige Talsperre Norddeutschlands, aufgestaut.

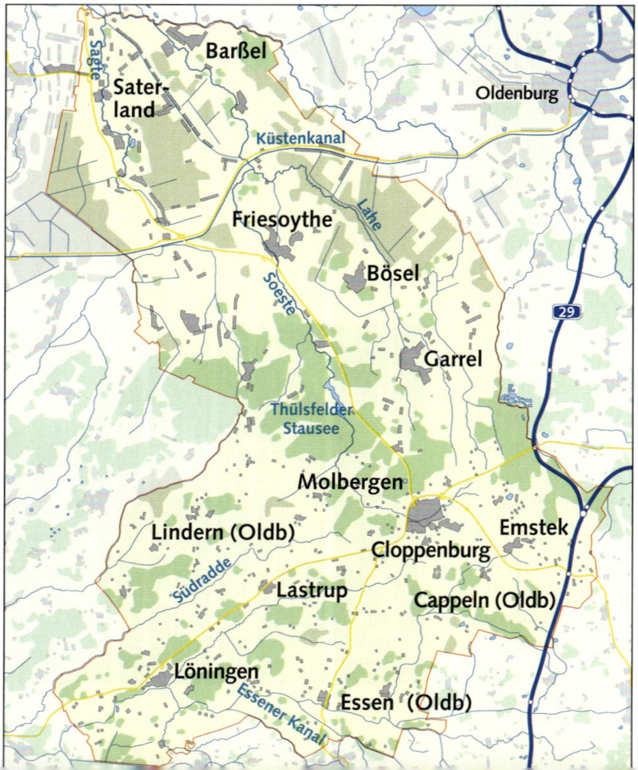

Die Städte Cloppenburg und Friesoythe sowie die Gemeinden Garrel und Molbergen gründen 1970 zusammen mit dem Landkreis den **Zweckverband Erholungsgebiet Thülsfelder Talsperre.** 1999 schließen sich die Bösel und Emstek an, jüngstes Mitglied ist Cappeln (2003). Mit einer Ausdehnung von 818 Quadratkilometern nimmt das Schutzgebiet 57,7 Prozent der Gesamtfläche des Landkreises ein. Es ist besonders geprägt durch das Erholungsgebiet rund um die Thülsfelder Talsperre, das schon seit 1938 unter Naturschutz steht. Durch diesen besonderen Schutz hat sich eine schärenartige Seenlandschaft mit hohem Erholungswert entwickelt. Touristisch ausgebaut ist das Ostufer der Talsperre, während sich schützenswerte Flora und Fauna auf der Westseite befinden. In unmittelbarer Nähe der Thülsfelder Talsperre bietet seit 1994 eine großzügige Golfanlage einen anspruchsvollen 18-Loch-Meisterschaftsplatz und einen 9-Loch-Öffentlichkeitsplatz. Ebenfalls nah zur Talsperre liegt der Tier- und Freizeitpark Thüle mit attraktiven Spielgeräten und Tieren aus aller Welt.

Der Naturschutz in der Region ist die Grundlage für den Ausbau einer touristischen Infrastruktur, die im Einklang mit den natürlichen Gegebenheiten steht. Über 3.000 Kilometer Radwegenetz, thematische Radtouren und viele Wanderwege erschließen den Landkreis. Er gewährt mit seinem Wasserreichtum auch Wassersportlern ideale Bedingungen. Vom Barßeler Bootshafen aus können Freizeitkapitäne schleusenlos bis zur Nordsee schippern.

Die Thülsfelder Talsperre (l.)

Fruchtbare Lehmböden garantieren der Landwirtschaft mit dem Schwerpunkt Viehzucht bis heute einen gewichtigen Anteil am Wirtschaftsleben. Besonders Pferdezucht hat große Bedeutung. In den Gemeinden und den drei Städte des Landkreises, Cloppenburg, Friesoythe und Löningen, arbeiten zwar auch Industrieunternehmen, insgesamt sind es aber überwiegend kleine und mittelständische Betriebe, die sich in den Gewerbegebieten ansiedeln. Konfessionell geht im Landkreis Cloppenburg der evangelische Norden südwärts in den Katholizismus über. Museale Schatzkammer des Landkreises ist das Museumsdorf Cloppenburg mit seinen 50 historischen Bauwerken aus dem nordwestdeutschen Raum. Hinzu kommen das Moor- und Fehnmuseum in Elisabethfehn, Großsteingräber, Windmühlen und zahlreiche Kirchen wie die barocke Wandpfeilerkirche St. Andreas in Cloppenburg, die Marien-Basilika in Bethen, die pfeilerlose Hallenkirche St. Vitus in Löningen oder die romanische St.-Vitus-Kirche in Altenoythe.

Landkreis-Profil

	Landkreis	Land Nieders.
Einwohner, Fläche		
Einwohner gesamt	153.283	7.993.415
darunter 0 bis 15 Jahre in %	20,9	15,4
darunter älter als 65 Jahre in %	14,6	18,7
darunter Ausländer in %	4,0	6,7
Fläche in qkm	1.418,14	47.618,24
Einwohner je qkm	108,1	167,9
Sozialstruktur (Jahresdurchschnitt, gerundet)		
Erwerbstätige gesamt	63.200	3.492.600
Empfänger von Arbeitslosengeld / -hilfe	4.940	354.300
Empfänger sonst. Hilfen zum Lebensunterhalt	3.840	311.900
Anzahl Wirtschaftsbetriebe		
Gesamt (Industrie, Handel, Gewerbe, Dienstl.)	7.651	351.151
darunter Land-, Forst-, Fischereiwirtschaft	931	15.862
Steueraufkommen		
Lohn- und Einkommensteuerzahler	46.697	2.738.281
Summe positiver Einkünfte (in Tsd. EUR)	1.555.991	88.279.875
Steuereinnahmen (EUR je Einwohner)	528,53	544,33

Wahlen

Landtagswahl 2003	
CDU	75,5
SPD	15,9
FDP	5,3
Grüne	3,3
Sonstige	0,0

Ortsteile:
- Barßelermoor
- Carolinenhof
- Elisabethfehn
- Harkebrügge
- Lohe
- Loher Ostmark
- Loher Westmark
- Neuland
- Reekenfeld

Einwohner: 12.480
Fläche: 84,34 qkm
148,0 Einw. je qkm

Barßel

Barßeler Hafenfest (r.)

Durch die Gemeinde führt der **Elisabethfehnkanal**, der längste noch schiffbare Fehnkanal mit sieben Klappbrücken und vier von Hand betriebenen Schleusen. Über seine Wasserstraßen ist Barßel schleusenlos mit der Nordsee verbunden. Aus diesem Grund herrschen in den umliegenden Gewässern im **Barßeler Tief** ähnlich wie im > Aper Tief (232) Ebbe und Flut.

Spitzmutte „Jantina“ (o.)

Sportboote auf dem Elisabethfehnkanal (ganz o.)

Mit Ausnahme von Leda und Jümme im unteren Teil sind alle Gewässer auch gegen den Strom ruderbar und bieten ideale Bedingungen für Wassersportler. **Kanutouren** starten zumeist an der **Paddel- und Pedalstation Barßel.** Im Schatten des **Leuchtturmes**, eines Nachbaus des Leuchtturms Roter Sand, liegen hier zahlreiche Boote und Yachten vor Anker. Der **Sportboothafen** bietet Gästeanleger für Boote bis elf Meter Länge an. Seen, Kanäle und Flüsse können auch mit dem Fahrgastschiff **MS „Spitzhörn“** befahren werden. An jedem vierten Wochenende im August steigt in Barßel das **Hafenfest.** Im **Barßeler Hafen** liegt auch die restaurierte Tjalk **„Angela von Barßel“**, die einst Torf aus den Mooren zu den großen Städten und den Ziegeleien gebracht hat.

Mehr über die Moor- und Fehnkultur erfährt man im nahen **Moor- und Fehnmuseum Elisabethfehn** im alten **Kanalwärterhaus** und in dem Neubau, der sich architektonisch an den Stil der typischen Fehnhäuser anlehnt. Auf der **Freifläche** sind die Pflanzenwelt der Moore, historische **Torfverarbeitungsmaschinen** und **Torfschiffe** zu sehen.

Eines, die **Spitzmutte „Johanna“**, ist ein Nachbau nach Originalplänen. Die Idee dazu stammt von dem Bootsbauer **Heinz-Dieter Elsen**, der bei der **Werkstatt für Behinderte** in Altenoythe arbeitet. Zusammen mit dem **Orts- und Verschönerungsverein Elisabethfehn** und ehrenamtlichen Helfern macht man sich an die Arbeit. Nachdem **Harm Zimmermann** aus > Friesoythe (270) die Pläne entworfen hat, kann der Bau in knapp einem dreiviertel Jahr abgeschlossen werden. Das Schiff hat in der Wieke des Museums neben der schon vorhandenen **Tjalk „Jantina“** seinen festen Platz bekommen. Damit ist man in der Lage, zwei der drei historischen Schiffstypen (Tjalk, Muttschiff, Pogge) der Moorkultivierung Besuchern zu zeigen.

Franz Westerkamp beginnt 1937 als Lehrling bei seinem Vater. Zehn Jahre zuvor geht die **Kornbrennerei** auf dem **Gut Carolinenhof** in den Besitz der Westerkamps über. Heute ist auch Sohn **Arno** im Geschäft. Man ist die letzte landwirtschaftliche Kornbrennerei im weiteren Umkreis. Die Marke des Hauses ist der Weizenkorn **Carolinenhöfer.** Bei Führungen über das Gut kann man aber

Arno Westerkamp und Vater Franz von der Kornbrennerei auf dem Gut Carolinenhof (r.)

auch von den anderen Spezialitäten probieren, zum Beispiel Fruchtliköre.
260 Beschäftigte hat die **Abraham Schinken GmbH & Co. KG** im **Harkebrügger** Werk. Insbesondere Rohschinken bestimmt hier die Fleischverarbeitung. Man exportiert in die Niederlande, nach Belgien, Frankreich, Dänemark, England und in die USA.
Bei **Spille Tiefkühlkost** sind 180 Mitarbeiter beschäftigt. Hergestellt werden tiefgekühlte Fleischprodukte und Halbfertiggerichte. Über ein bundesweites Netz von Großhändlern gehen die Waren an Großküchen, Betriebskantinen, Kinder- und Seniorenheime, Schulen, Justizvollzugsanstalten, Gaststätten, Restaurants sowie an den Lebensmittel-Einzelhandel.
Aus der 1928 gegründeten Schmiede mit zwei Mann ist **Oltmanns Metallbau** mit über 90 Mitarbeitern geworden. Stahl- und Glasfassaden, Lichtdächer, Fenster und Türen gehören zum Sortiment. Das Unternehmen ist an Projekten in ganz Deutschland beteiligt, so zum Beispiel am Meerwasserbrandungsbad in >Cuxhaven (III-32), am neuen Messegebäude in Bremen (II-194f) oder am Kreishaus in >Leer (78). Gründer der Firma ist **Johann Oltmanns.**
Der 1997 verstorbene Schmiedemeister **Gerd Oltmann** war begeisterter Pilot. Als 1968 ein Freigelände von sechs Hektar zum Verkauf steht, erwirbt er es und legt in vier Monaten Arbeit eine Start- und Landebahn an. Als Pilot kann er von nun an nahezu vor der eigenen Haustür starten und landen. Zunächst gibt es neben der Piste nur einen Wohnwagen als Notunterkunft. Das Flugzeug wird anfangs zur Sicherung gegen Sturm und Unwetter noch angeleint. Später kommen eine Halle und ein Minitower hinzu, die zusammen mit der 600 Meter langen Grasbahn den vielleicht urigsten Flugplatz Deutschlands ausmachen. Geleitet wird er heute vom **Flieger-Club-Barßel.**

Einen Ort für Konzerte, Theater, Kabarett und Ausstellungen hat **Rainer Pagel** in seiner Scheune eingerichtet, aus der die **Carolinenhofer Kulturscheune** geworden ist. Das erste Konzert gibt 1999 die Barßeler Gruppe **Now Denial.** Ein Jahr später steht dort bereits die kalifornische Folkband **Golden Bough** auf der Bühne, die Rainer Pagel nach Barßel holt, indem er ihnen mit seinem Minibus bei deren Deutschlandtournee aus der Patsche hilft.
Gisela Scheja von der **Kunstkate Moorlicht** in ihrem Atelier am Dorfplatz in Barßel organisiert Ausstellungen und Kurse. Sie malt seit 20 Jahren auch selber: Landschaften, großformatige Blumenbilder, auch Abstraktes, und hat international ausgestellt. Außerdem finden in der Kunstkate in regelmäßigen Abständen Lesungen und Musikveranstaltungen statt, zum Beispiel ein Panflötenkonzert mit Hasso Bensin.

Servierschnittlinie bei Abraham Schinken in Harkebrügge (ganz o.l.)

Belegschaft von Oltmanns Metallbau (ganz o.)

Golden Bough aus Kalifornien in der Kulturscheune (o.)

Gisela Scheja (l.)

Rainer Pagel (o.)

Ortsteile:
- Bösel
- Edewechterdamm
- Glaßdorf
- Hülsberg
- Osterloh
- Ostland
- Overlahe
- Petersdorf
- Westerloh

Einwohner: 7.447
Fläche: 100,09 qkm
74,4 Einw. je qkm

Bösel

Das Ereignis in der Gemeinde sind die Euro Musiktage (o. und o.r.)

Durch den gesamten Ort Bösel zieht sich ein 16 Hektar großer Grünstreifen, der im Westen seinen Anfang nimmt mit dem **Dorfpark Bösel** mit dem kleinen Weiher und dem angrenzenden **Festplatz.** Einmal im Jahr kommt die Jugend nach Bösel. Dann sind wieder **Euro Musiktage.** Das Repertoire dieser internationalen Veranstaltung ist offen und reicht von Klassik über Rock, Pop bis hin zu Blasmusik. Für drei Tage verwandelt sich die Gemeinde zu einem Treffpunkt Jugendlicher aller Nationen. Es reisen Gruppen aus Europa und den USA an. Beim **Musikwettstreit** und beim **Festumzug** durch den geschmückten Ort zeigen die Musiker ihr Können. Wenn der englische Trompeter, der französische Posaunist und der spanische Saxofonist gemeinsam zum Tanz für das aus Bösel und Dänemark kommende Paar aufspielen, ist der Höhepunkt der Musiktage erreicht.

Millionen von Küken werden jährlich auf dem Moorgut Kartzfehn ausgebrütet und in Kartons geliefert (o.)

An der **Overlaher Straße** steht das **Heimathaus.** Es stammt aus dem Besitz der Familie Kühter. Es wird 1993 von der Gemeinde gekauft und restauriert. Dabei konnte der ursprüngliche Charakter des 1884 erbauten Hauses bewahrt werden. Das Heimathaus liegt im **Museumspark** Am Pallert. In dem Park befindet sich auch eine wiederaufgebaute **Fachwerkscheune**, das **Landmaschinenmuseum**, das **Brotbackhaus** sowie ein **Bauerngarten.**

Internationale Tankwagentransporte führt die **Spedition Lübbe** an der Raiffeisenstraße durch. Durch **Franz Lübbe** gegründet, ist die Firma in Familienbesitz geblieben, nachdem 1985 **Franz-Josef** und **Ewald Lübbe** die Geschäftsführung übernehmen. Transportiert werden Lebensmittel wie Milch, Wein, Margarine oder Schokolade und Futtermittel, Holzöl und Rohstoffe für die Seifenindustrie.

Mit rund 150 Mitarbeitern in Bösel größter Arbeitgeber der Gemeinde ist die **fm büromöbel GmbH & Co. KG** in der Glaßdorfer Straße. Den Grundstein des Unternehmens legt Tischlermeister **Franz Meyer** im Jahre 1964. Am Hauptsitz in Bösel und an europaweiten Standorten werden Büromöbel mit System gebaut. Verkauft wird hauptsächlich über den Facheinzelhandel. Zum Kundenstamm gehören renommierte Firmen wie die Continental Airlines, der Energieversorger EWE, bremenports, Rowenta, die Jever Brauerei oder Maxdata.

Cappeln (Oldenburg)

Ortsteile:
- Bokel
- Cappeln
- Elsten
- Mintewede
- Nutteln-Tegelrieden
- Schwichteler
- Sevelten
- Tenstedt
- Warnstedt

Einwohner: 6.292
Fläche: 76,18 qkm
82,6 Einw. je qkm

Landwirtschaftlich genutzt werden 82 Prozent der Gemeindefläche von Cappeln, 11 Prozent sind Wald, der Rest Ödland, Straßen, Hofraum usw. Der **Cappelner Bruch** durchzieht nahezu die ganze Gemeinde von Westen nach Osten. In dem 145 Hektar großen Landschaftsschutzgebiet wachsen Laub- und Nadelwälder sowie eine Vielzahl seltener Pflanzen.

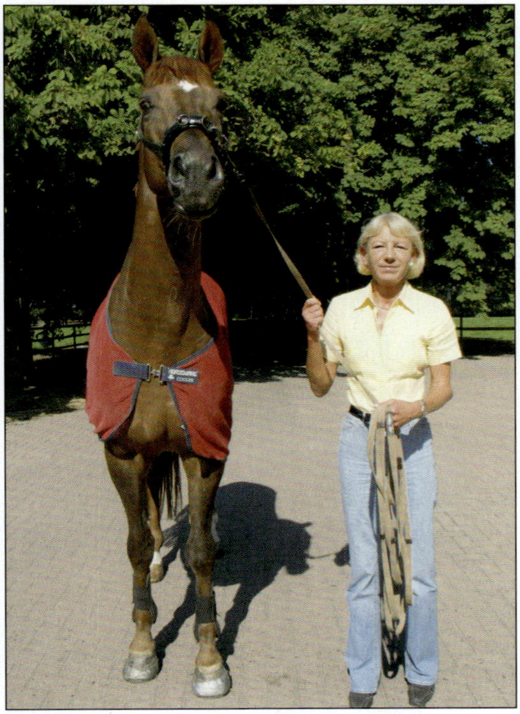

Der Name „Cappeln" bedeutet „Kapelle" und bezieht sich auf die erste kleine Holzkirche, die auf dem Meyerhof stand. Heute beherrscht die aus rotem Ziegel gebaute **St. Peter und Paul Kirche** das Dorfbild. Die Hallenkirche vom Beginn des 20. Jahrhunderts beherbergt die intakte Innenausstattung des Vorgängerbaus aus dem Jahre 1150. Er besteht aus Findlingen und wird 1900 abgerissen. Seine Glasfenster und Wandmalerei allerdings sind rekonstruiert.
Berühmt ist Cappeln für seine Pferdezuchttradition. Der **Hof Vorwerk** in Cappeln zum Beispiel ist einer der bekanntesten Zuchthöfe des Oldenburger Münsterlandes. Gemeinsam mit ihrem Mann **Jochen Happ** widmet sich die Besitzerin **Gudula Vorwerk-Happ** der Pferdezucht. Tophengste des Gestüts wie *Relevant*, *Rohdiamant*, *Don Gregory* oder *Stempelhengst* werden bei Turnieren international wie national vorgestellt. Die Zucht beginnt im 19. Jahrhundert. **Agrarier** und **Macro** heißen die ersten Hengste. Nach letzterem ist die Straße benannt, die heute zum Hof hinführt. 1968 erwirbt Georg Vorwerk in Frankreich den Anglonormannen **Furioso II**, der wie kaum ein anderes Pferd die gesamte Warmblutzucht in Deutschland beeinflusst.
In der zweiten Hälfte des 20. Jahrhunderts wird die Entwicklung der Gemeinde verstärkt durch Ansiedlung von Industriebetrieben beeinflusst. Dazu gehören die **Ems-Jade Mischwerke GmbH KG.** Pro Jahr fallen in Deutschland einige Millionen Tonnen recyclingfähiger Baureststoffe aus Straßenaufbruch und Gebäudeabbruch an. Die Vorschriften des Kreislaufwirtschaftgesetzes fordern eine geordnete Wiederverwertung. Mit der Aufbereitung der Baurestmassen für die Wiederverwendung im Asphalt sowie für die Herstellung von Mineralgemischen sind die Ems-Jade Mischwerke zum führenden Produzenten der Asphaltindustrie in Norddeutschland geworden. Der Lieferbereich erstreckt sich von Ostfriesland, Friesland und Emsland über Südoldenburg und die Grafschaft Bentheim bis in das nördliche Westfalen. Einer der spektakuläreren Aufträge des Unternehmens ist die Belieferung der Automobilteststrecke der Mercedes-Benz AG bei > Papenburg (137). Noch gewaltiger scheint der Auftrag beim Bau des Speicherbeckens in > Geeste (109) Mitte der 1980er Jahre.

St. Peter und Paul Kirche (o.)

Gudula Vorwerk-Happ vom Hof Vorwerk mit Hengst Dimaggio (l.)

Die Ems-Jade Mischwerke (o.)

Der idyllische Dorfplatz in Cappeln (r.)

Im Oldenburger Münsterland mit seiner Nähe zur Nordsee herrscht ein maritimes Klima, das ideale Voraussetzungen für den Gemüseanbau liefert. Zu den größten Gemüseanbauern Deutschlands gehört **Mählmann Gemüsebau.** Seit 1983 pflanzt das Unternehmen im Oldenburger Münsterland Gemüse an. Geerntet wird nach Bestellung. Rund 600 Erntehelfer sind in der Hauptsaison von März bis November 24 Stunden im Einsatz, um erntefrische Lieferungen möglich zu machen. Wenn Käufer in Supermärkten sich für frisches Gemüse entscheiden, ist die Chance groß, dass es aus dem Anbau in Cappeln stammt. Zu den Hauptprodukten zählen Broccoli und Eisbergsalat. Jungpflanzen werden, nachdem sie aus einem Aufzuchtbetrieb kommen, kontrolliert und bewertet. Auch nach der Ernte ist man um die Qualität der Produkte bemüht. Innerhalb einer Stunde wird das Gemüse in Vakuumkühlanlagen auf zwei Grad Kerntemperatur heruntergekühlt. Beide Kühlanlagen können bis zu 60 Paletten pro Stunde bearbeiten. Sechs Stunden nach der Ernte ist das Gemüse dann auf seinem Weg in den Handel.

1886 gründet **Heinrich Beckermann** einen Werkstattbetrieb, der im Zuge zunehmender Mechanisierung zur Möbelfabrik wächst. 1969 übernehmen die Söhne das Werk und schaffen den Sprung zu Markenartikeln. Der Familienbetrieb wird zur **Beckermann Küchen GmbH** mit deutlich gesteigertem Jahresumsatz. Das Unternehmen exportiert heute Küchen im hochwertigen Segment über Europa hinaus z.B. auch in die USA oder die GUS. Im Cappelner Werk sind etwa 155 Mitarbeiter beschäftigt.

Die **Sieverding Heizungs- und Sanitärtechnik GmbH** in der Tenstedter Straße ist ein vielseitiger Handwerksbetrieb. Das im Jahre 1954 von

Überall in der Gegend begegnet man den Fahrzeugen der Firma Mählmann (r.)

Wilhelm Sieverding sen. gegründete Unternehmen beschäftigt am Standort Cappeln etwa 180 Mitarbeiter. Die Firma plant und installiert haustechnische Anlagen in den Bereichen Heizung, Sanitär, Elektro, Regelungs- und Schaltanlagen, Klima und Lüftung einschließlich aller zugehörigen Leistungen. Weitere Arbeitsfelder des Unternehmens sind die Gasmesstechnik, Schwimmbadtechnik, Brunnenbau, Biogasanlagen, Solartechnik, Kabel- und Rohrleitungsbau sowie der Anlagenbau.

Cloppenburg

Cloppenburg, die „Kreisstadt im Grünen" und mehrfacher Sieger des Landeswettbewerbs „Grün in der Stadt", ist das Zentrum des Oldenburger Münsterlandes. Die dreihundertjährige Tradition als Marktstadt spürt man noch bei einem Gang durch die Fußgängerzone an der Mühlen- und der Lange Straße, deren Cafés und Fachgeschäfte, Boutiquen und Kaufhäuser beinahe den Eindruck einer größeren Stadt aufkommen lassen. Seit 1978 ist diese Einkaufsmeile verkehrsberuhigt. Seit dem gleichen Jahr findet in der Fußgängerzone auch Ende September das **City-Fest** statt. Das Stadtfest zieht alljährlich mehrere tausend Besucher an. Diese erwartet ein reichhaltiges Musikprogramm und sportliche Events wie das **CitynachtRadrennen** oder auch der **Cloppenburger Citylauf**, bei dem hunderte Läufer sich auf den Weg durch die Innenstadt machen.

Eines der größten Fachgeschäfte nicht nur der Stadt, sondern ganz Norddeutschlands ist die Firma **C.A. Thole**. Geführt werden Braut- und Abendmoden. Auf 600 Quadratmeter Verkaufsfläche, die sich über zwei Etagen verteilt, werden Kollektionen überwiegend aus Europa und den USA gezeigt. Etwa 800 Brautkleider und 1.200 Fest- und Cocktailkleider gibt es ständig zur Auswahl, in denen man sich sehen lassen kann.

Zu den Sehenswürdigkeiten der Stadt zählt der **Eberborg Brunnen.** 1979 wird er durch den Cloppenburger Künstler **Peter Lehmann** gestaltet. Wie ein Michael Kohlhaas mit Happy-end mutet die Geschichte an, die der Skulpturengruppe des Brunnens zugrunde liegt. 1929 wird dem Bauern Vorwerk sein alter Deckeber, ein sogenannter „Eberborg", gepfändet. Trotz allgemein herrschender wirtschaftlicher Not setzen Emsteker und Sevelter Bauern ein Zeichen der Solidarität und organisieren einen Kaufboykott des Tieres. Als ein Cloppenburger Amtsschreiber das Tier erwirbt, entwendet die Bauernschaft den Eber aus dem Stall seines neuen Besitzers. Unter Glockengeläut und im Triumphzug wird der Eber nach Westeremstek zurückgebracht. Diese Protestaktion schlägt hohe Wellen und wird sogar auf einer Sondersitzung im Landtag diskutiert. Bei der anstehenden Gerichtsverhandlung verweigern alle 31 Beteiligten die Aussage. Am Ende hebt man die über die Bauern verhängten Strafen wieder auf. Der Fall wird im ganzen Deutschen Reich bekannt und 1935 sogar unter dem Titel *„Krach um Jolante"* verfilmt.

Ortsteile:

- **Ambühren**
- **Bethen**
- **Emstekerfeld**
- **Galgenmoor**
- **Kellerhöhe**
- **Lankum**
- **Schmertheim**
- **Staatsforsten**
- **Stapelfeld**
- **Sternbusch**
- **Vahren**

Einwohner: 30.793
Fläche: 70,62 qkm
436,0 Einw. je qkm

Eine wahre Begebenheit aus der Geschichte der Stadt Cloppenburg erzählt der Eberborg Brunnen (o.l.)

Blick in den Verkaufsraum C.A. Thole (l.)

Startvorbereitung auf dem Flugplatz Varrelbusch (o.)

Workshop während der Stapelfelder Jazztage in der Kreismusikschule (r.)

Die älteste Kirche Cloppenburgs ist die St.-Andreas-Kirche (r.)

Sehenswert ist auch die **St.-Andreas-Kirche. Die** Wandpfeilerkirche ist die älteste Kirche Cloppenburgs. Seit dem 10. Jahrhundert stehen an ihrem Platz in der Kirchhofstraße eine Reihe von Vorgängerbauten, bevor in der ersten Hälfte des 18. Jahrhunderts der heutige Bau errichtet wird. Im Innern erwartet den Besucher eines Gottesdienstes oder den Kulturinteressierten eine barocke Ausstattung. Der Altar sowie zahlreiche Heiligenfiguren werden der Werkstatt König aus Münster zugeordnet.

Im Ortsteil **Bethen** ist die einst als Wallfahrtsort genutzte **Gnadenkapelle St. Marien** ein kirchenhistorischer Anziehungspunkt. Im Jahre 1669 gebaut, ist sie der nördlichste Marienwallfahrtsort Europas. Ihr Herzstück ist neben dem Barockaltar aus der Werkstatt Meiering in Rheine die berühmte **Pietà.** Das **Bether Gnadenbild** entsteht weit früher als die Kapelle selbst und ist ein Werk des Mittelalters. Man datiert es auf etwa 1380.

In klassizistischem Stil gehalten ist die Architektur des **Amtshauses** vom Beginn des 19. Jahrhunderts. Als neues Verwaltungsgebäude gedacht, entsteht es inmitten einer Parkanlage, dem heutigen **Stadtpark.** Dort finden sich auch noch Reste des Fundamentes der **Cloppenburg** von 1297, die 1716 durch einen Brand zerstört wird. Für den Bau des Amtshauses sprengt man 1805 den erhalten gebliebenen Burgturm.

Jedes Jahr zu Pfingsten finden die **Stapelfelder Jazztage** statt. Künstler aus der internationalen Jazzszene wie *Larry Coryell, Barbara Dennerlein, Peter Herbolzheimer* oder *Marc Egan* treten dann z.B. in der Cloppenburger Musikkneipe **Bebop** auf. Neben diesen Glanzpunkten bieten die Jazztage in der Hauptsache Musikern aus der Region Gelegenheit miteinander Musik zu machen oder sich in Workshops Anregungen zu holen. Ein Schwerpunkt liegt in der Arbeit mit dem KlangkörperBigband.

Thomas Stanko ist der Jazz-Experte der Kreismusikschule und Organisator der Stapelfelder Jazztage. Zum Abschluss treffen Musiker und Publikum sich meist zu einem **Jazz-Brunch** und die Musiker demonstrieren noch einmal ihre alten und neu gewonnenen musikalischen Fähigkeiten.

Der Luftsportverein Cloppenburg besteht aus den Abteilungen Motorflug und Segelflug. Am Flugplatz Varrelbusch stehen ihnen sechs Vereinsflugzeuge zur Verfügung. Außerdem sind fünf Privatflugzeuge und eine Maschine zum Absetzen von Fallschirmspringern hier stationiert. Rundflüge über Cloppenburg und die Thülsfelder Talsperre, zu denen

Der Hof Hoffmann (l.) ist eines von 56 historischen Gebäuden auf dem Gelände des Museumsdorfes Cloppenburg. Die Idee zu Freilichtmuseen stammt ursprünglich aus Skandinavien. Ein erster deutscher Versuch 1909 in Königsberg schlägt fehl. Erst mit der Gründung in Cloppenburg 1934 geht das Konzept in Deutschland auf

Treckertreffen 2004 im Museumsdorf (l.)

Inoffizielles Wahrzeichen der Stadt ist der Pfanni-Turm (u.)

bis zu drei Gäste mitfliegen können, dauern ca. 15 Minuten. Flugziele sind auch die Ostfriesischen Inseln oder jeder andere gewünschte Ort. Auch die Segelflugabteilung mit ihren rund 70 Mitgliedern bietet bei gutem Wetter Rundflüge an. Es kann immer nur ein Gast mitfliegen; der Verlauf des Fluges hängt auch vom Wind ab. Um ein Segelflugzeug überhaupt starten zu können, ist die Hilfe von vier bis fünf Personen am Boden erforderlich. Schleppseile müssen ausgezogen, Seilwinden bedient werden. Viele Einzelheiten sind zu erledigen, bevor das Flugzeug vom Boden abhebt. All das wird natürlich auch während einer Ausbildung zum Segelflugpiloten eingeübt, die der Verein auch anbietet.

Bekannt ist Cloppenburg vor allem wegen seines mitten in der Stadt gelegenen **Museumsdorfes.** Als niedersächsisches Freilichtmuseum hat es die Aufgabe, die ländlichen Baudenkmäler des Bundeslandes Niedersachsen zu erforschen und in den wichtigsten Beispielen wirklichkeitsgetreu zu dokumentieren. Es wird 1934 angelegt und ist damit das älteste Freilichtmuseum Deutschlands. Jährlich zieht es eine Viertelmillion Besucher an. Man betritt das Gelände zumeist durch den Haupteingang am Parkplatz Bether Straße oder durch den innenstadtnahen Eingang in der Hagenstraße. Auf dem 15 Hektar großen Gelände – ein Umfang, der es auch zu einem der größten Freilichtmuseen Europas macht – sind **56 Gebäude** aus dem nordwestdeutschen Raum wiedererrichtet. Sie stammen aus dem 16. bis 19. Jahrhundert. Originale Bautypen wie die des niederdeutschen **Hallenhauses** und des ostfriesischen **Gulfhauses** haben hier die Zeit überdauert.

In den Gebäuden wird das **Alltagsleben** der ländlichen Bevölkerung von der frühen Neuzeit bis heute anschaulich nachgestellt.

Alte Handwerksberufe wie Drechslerei, Zinngießerei, Huf- und Wagenschmiede, Kupferschmiede, Lederschuh- und Holzschuhmacherei, Tischlerei, Zimmermannswerkstatt, Brauhaus, Blaufärberei, Töpferei, werden den Besuchern präsentiert. Führungen, Wechselausstellungen und museumspädagogische Sonderprogramme ergänzen das Angebot.

Auch **technische Kulturdenkmäler** wie Mühlen und Kraftmaschinen haben hier ihren Platz gefunden. Die ältesten technischen Vorrichtungen, mit denen sich die Menschen eine Naturkraft zur Verrichtung mechanischer Arbeiten dienstbar gemacht haben, sind Wassermühlen. Erst Jahrhunderte später erscheint in Nordeuropa die Windmühle. Im niedersächsischen Freilichtmuseum Cloppenburg werden die Haupttypen der Windmüllerei durch die Bockwind-, die Koker- und die Kappenwindmühle dokumentiert.

Ein technisches Kulturdenkmal ist auch der **Pfanni-Turm**. 1963 wird das **Spreda-Werk** mit dem 80 Meter hohen Werksturm gebaut. Als das Unternehmen **Pfanni** das Werk übernimmt, wird der Turm im Volksmund schnell zum **„Pfanni-Turm“** und zum Wahrzeichen der Stadt. 2002 wird die Cloppenburger Pfanni- und Knorr-Produktion auf andere Standorte verlagert, der Turm allerdings bleibt der Stadt erhalten.

Werksgelände der Karl Lumberg KG (r.)

August Bruns Landmaschinen (r.)

Cloppenburger Stadthalle (u.)

Ein überregional tätiges Unternehmen ist die **August Bruns Landmaschinen GmbH**. Während der Nachkriegsjahre gründen **August Bruns** und seine Ehefrau **Hilda** die Firma. Heute sind in der Geschäftsführung **Helmut** und **Walter Bruns** seit 1983. Der Schwerpunkt der Tätigkeit ist der Handel mit Landmaschinen aller Art für die gesamte Feldarbeit bis zur Ernte und Futtervorlage. Ergänzt wird das Angebot durch die eigene Produktion am Standort Lindern. Die Firmengruppe ist an 14 Standorten ansässig und beschäftigt 255 Mitarbeiter.

Das Werk Cloppenburg des westfälischen Technologieanbieters **Lumberg Connect GmbH & Co. KG** am Alten Emsteker Weg ist einer der größten Arbeitgeber der Kreisstadt. Lumberg konzentriert sich auf die Entwicklung und Herstellung von Steckverbindern und Verbindungssystemen für unterschiedlichste Zielmärkte. Im Bereich der Kommunikationstechnik, z.B. für Mobiltelefone, liefert das Werk komplette Systemkomponenten, Steckverbinder und Antennen.

Die heutige **Pieper Fleischwarenfabrik GmbH & Co KG** wird 1929 von Friedrich Pieper als Versandschlachterei eingerichtet. Die Firma ist spezialisiert auf die Herstellung von Wurstwaren. Ca. 250 Mitarbeiter bereiten das Fleisch ladenfertig für den Handel zu. Mit der Eigenmarke **Pieper** wird jährlich etwa 60 Millionen Euro Umsatz erzielt.

Die **R & M E.M.S. GmbH Engineering Maintenance Services** ist ein multidisziplinäres Unternehmen. Planung, Fertigung, Montage, Inbetriebnahmen und die Instandhaltung von Erdgas- und petrochemischen Industrieanlagen gehören zum Leistungsspektrum. Rund 360 Mitarbeiter in sieben Stützpunkten haben seit der Gründung 1975 dieses Unternehmen zu einem der führenden Anbieter in diesem Marktsegment aufgebaut.

Seit 1919 fertigt **Derby Cycle** (früher: Kalkhoff Bikes) Fahrräder für den Freizeit- und Alltagsgebrauch. Im Laufe der Jahre werden mehr als 65 Millionen Räder gebaut, heute zeitgemäß differenziert nach Trekking-, City, Cross-, Jugend- und Kinderrädern.

Am Rand des Stadtkerns findet sich östlich ein malerischer See mit Namen **Galgenmoor**. Der durch Auswehung entstandene See wird mit der ihn umgebenden Heidelandschaft zum Naturdenkmal und 1927 zum Licht- und Luftbad erklärt. Östlich des Gewässers steht auf dem Galgenberg lange Zeit der Galgen. Gegen Ende des 18. Jahrhunderts wird hier als Letzter ein junger Mann hingerichtet, dessen Verbrechen lediglich in einem Mundraub bestanden hat. Einige Kilometer nordwestlich von Cloppenburg liegen die **Ahlhorner Fischteiche**. Die **Lethe** ist hier zu mehreren Teichen aufgestaut, die miteinander verbunden sind. Hier wird Fischzucht betrieben. Bei Rundgängen durch das Wasserschutzgebiet erhält man Informationen über den Weg des regionalen wie des globalen Wasserkreislaufes und über Förderung und Aufbereitung des nassen Gutes zum Lebensmittel Nr. 1.

Das Amtsgericht von 1909 wurde 1991 restauriert. Das Sandsteinportal des Jugendstilbaus zeigt die Germania mit Schwert und Helm. Zwei Löwen liegen ihr zu Füßen (ganz o.)

Tankreinigung bei R&M E.M.S. (o.)

Ortsteile:
- Bühren
- Drantum
- Emstek
- Garthe
- Halen
- Hoheging
- Höltinghausen
- Westeremstek

Einwohner: 11.035
Fläche: 108,13 qkm
102,1 Einw. je qkm

Emstek

Das Emsteker Gebiet profitierte schon früher vom **Reuterweg**, der alten Heerstraße, die das Gemeindegebiet von Westen nach Osten durchschneidet und eine Verbindung zwischen Elbe und Ems herstellt. Heute ist man die einzige Gemeinde im Landkreis mit zwei direkten Autobahnanbindungen und eine der industriereichsten Deutschlands. Vier Gewerbegebiete haben sich entwickelt: **Emstek-West/Cappelner Straße, Garther Straße, Schneiderkrug** und der **Eco-Park** in **Drantum.** Letzterer wird in interkommunaler Zusammenarbeit mit Cappeln und der Stadt und dem Landkreis Cloppenburg entwickelt.

Blick auf die Werksgelände von Exxon Mobil (r.) und Seva (u.)

Im Ecopark hat sich die 1982 gegründete **Seva Energie AG** niedergelassen. Seit mehr als zwei Jahrzehnten entwickelt und baut man **Blockheizkraftwerke** und **Notstromanlagen.** Kunden sind vor allem Betreiber von Klärwerken, Biogasanlagen oder Deponien, aber auch Krankenhäusern. Seit die Nutzung regenerativer Energien wirtschaftlich sinnvoll ist, befasst sich die SEVA mit der Erzeugung von elektrischer Energie und Wärme aus alternativen Brennstoffen. Biogas wird dabei favorisiert. Die steigende Nachfrage nach derartigen Energieanlagen führt 1993 zu dem Bau eines Produktions- und Bürogebäudes in Ahlhorn. Anfang 2002 erfolgt die Umsiedlung in den Ecopark.

Schon von weitem sichtbar ist der große Werkskomplex der Firma **deuka** in **Höltinghausen.** Das Unternehmen ist Marktführer in Deutschland bei Mischfutter. In neun Werken, deren Zentrale in Düsseldorf liegt, werden rund 1,8 Millionen Jahrestonnen hergestellt. Die 500 Mitarbeiter erzielen ein jährliches Umsatzvolumen von etwa 300 Millionen Euro.

Bei der **Norddeutschen Fleischzentrale** in der Wilhelm-Bunsen-Straße in Emstek-West, sind 630 Mitarbeiter beschäftigt. Hier werden jährlich 1,3 Millionen Schweine industriell geschlachtet und zerlegt. Das Unternehmen zählt zusammen mit der Erdgasindustrie zu den größten Arbeitgebern der Gemeinde.

Emstek ist in Norddeutschland eine Drehscheibe des Erdgastransits. Die **Exxon Mobil Production GmbH (EMPG)** steuert mit ihrer **Leitzentrale** die Erdgasproduktion aus ca. 100 Bohrungen im ganzen Raum Süd-Oldenburg. Je nach Bedarf regulieren die 120 Mitarbeiter die Förderungen. U.a. wird von hier aus auch die Förderung in >Dötlingen (II-68) gesteuert, wo

Emstek hat einen eigenen Urwald: Der Urwald Baumweg (l.) ist einer der letzten Krattwälder Nordeuropas. Ihren bizarren Wuchs verdanken die Bäume dem Verbiss durch Weidetiere. Die Anfang des 19. Jahrhunderts hier angelegten Seen und Tümpel machen den Baumweg auch zu einer interessanten Wasserlandschaft

einer der größten Porenspeicher Europas von der EMPG betrieben wird. Die EMPG hat mit ihrer Gründung im Auftrag der **BEB Erdgas und Erdöl GmbH** sowie der **Mobil Deutschland** die gemeinsame technische Führung sämtlicher Bohrungen, Produktionsanlagen, Aufbereitungsanlagen, der Erdgasspeicher und des Leitungsnetzes der beiden Firmen übernommen. Die neu gegründete **BEB Transport und Speicher Service GmbH** mit Sitz in Hannover bietet im Auftrag der BEB Service und Dienstleistungen in den Bereichen Erdgastransport und Erdgasspeicherung an und steuert über ihre **Lastdispatchingzentrale** in **Schneiderkrug** die Erdgasströme im BEB-eigenen 3.000 Kilometer langen Transportleitungsnetz in Norddeutschland. 20 Milliarden Kubikmeter Erdgas fließen jährlich durch dieses Fernleitungsnetz. Die BEB sorgt also dafür, dass sowohl das von der EMPG produzierte Erdgas als auch die Erdgasmengen Dritter diskriminierungsfrei durch das BEB-Leitungsnetz transportiert werden.

Eine Quelle für Erdgasförderung findet sich auch in der Gemeinde selbst: in der **Garther Heide**, wo einst Schafe und Kühe weideten, stößt man heute auf **Gasförderplätze** wie man die Bohrtürme oder aber Produktionsanlagen mit so genanntem Eruptionskreuz, Abscheidern und Gastrocknungsanlagen umgangssprachlich bezeichnet. Etwa die Hälfte der gesamten deutschen Erdgasproduktion kommt aus den Lagerstätten im Bereich Süd-Oldenburg.

Bühren ist politisch Teil des Landkreises Cloppenburg, kirchlich aber gehört es zum Dekanat Vechta. Man spürt einen Hauch des Rheinlandes. 1987 hat die **Bührener Kolpingjugend** den **Bührener Karneval** ins Leben gerufen.

Wassermühle in Gartherfeld (o.)

Auf der heute zu den Sehenswürdigkeiten der Gemeinde zählenden **Gogerichtsstätte** wird unter freiem Himmel bis ins 17. Jahrhundert Landesgerichtsbarkeit ausgeübt. Ursprünglich ist der Platz Ort des Things, der Volksversammlung mit Gerichtsbarkeit für den Lerigau. Die erhöhte Örtlichkeit wird zu ihrer Zeit **„Der Desum“** genannt und liegt am Kreuzungspunkt mehrerer wichtiger, uralter Wege, von denen einige heute nicht mehr vorhanden sind. Auf dem Desum erinnern zwei Gedenkanlagen an die Gerichtsbarkeit. Der Name „Go“ steht für Dorfschaftsverbände im ehemals sächsischen Stammesgebiet, dem Raum zwischen Rhein und Elbe. Ihre Größe ist unterschiedlich und umfasst 20 bis 40 Dörfer zu durchschnittlich etwa je vier bis sechs Höfen.

Ortsteile:
- Addrup
- Ahausen
- Barlage
- Bartmannsholte
- Beverdiek
- Bevern
- Bokel
- Brokstreek
- Calhorn
- Darrel
- Essen
- Felde
- Gut Lage
- Herbergen
- Hülsenmoor
- Nordholte
- Osteressen
- Sandloh
- Stadtsholte
- Uptloh

Einwohner: 8.184
Fläche: 98,00 qkm
83,5 Einw. je qkm

Essen (Oldb)

Rathaus in Essen (r.o.)

Historischer Dampfzug durchs Hasetal (r.)

Essen liegt im **Hase-Urstromtal** umgeben von **Laub-** und **Nadelwäldern** und den **Staatsforsten** in **Herbergen** und **Felde**. An der **Hase** hat im März 2000 eine umfangreiche **Pflanzaktion** stattgefunden. Der **Zweckverband Erholungsgebiet Hasetal** und **NDR 1 Niedersachsen** setzten 3.333 **Rosenstöcke** der Sorte „NDR 1 Niedersachsen". Seither säumt die Beetrosensorte mit ihren altrosafarbenen Blüten den Radwanderweg von der Hasequelle bis zur Mündung in die Ems bei Meppen. Insgesamt werden über 130 Beete in zwölf Städten und Gemeinden angelegt. In Essen werden sie von engagierten Einwohnern liebevoll gepflegt. Ergänzt wird dieses Panorama durch mehr als 7.000 regionstypische **Obstbäume** und einen Streifen von **Wildblumenwiesen** aus der extra komponierten Hasetal-Wildblumenmischung. Allgemein hat sich die Landschaft mit ihren **Deichen**, die die **Hase** begrenzen, weitgehend einen naturhaften Charakter bewahrt.

Essens Ortsmitte ist in seiner urtümlichen Dorfstruktur weitgehend erhalten geblieben. Im Zentrum steht die **St. Bartholomäus Kirche**. Um sie gruppiert sich ein Ring von schönen alten **Fachwerkbauten**. Als Wahrzeichen gilt das **Rathaus**, ein 1909 im Jugendstil erbautes Bürgerhaus, das zunächst den Namen „Villa Meyer" trägt. Im Inneren beeindrucken das holzvertäfelte Treppenhaus sowie die Stuckdecken in den Repräsentationsräumen.

Lebendig gebliebenes Zeugnis einer sich der Technik zuwendenden Epoche ist der **historische Dampfzug** der **Eisenbahnfreunde Hasetal.** Eine Fahrt durch Moor- und Heideflächen lassen Schönheit und Kultur des Hasetals erfahrbar werden. Von Meppen über Haselünne, Herzlake, Löningen, Essen geht es nach Quakenbrück und wieder zurück.

Viel auf Reisen sind die Mitglieder des **Blasorchesters Essen/Oldenburg (BLO)**. Gelegentlich geht es zu Musikfesten ins Ausland. Aber meist wird in der Heimatgemeinde mu-

Nach erfolgreicher Rosenpflanzaktion: Bürger aus zwölf Städten und Gemeinden und NDR-Mitarbeiter (r.)

siziert: zu kirchlichen Anlässen oder dem viertägigen Schützenfest oder Platzkonzerten. Mit seinen ca. 65 Mitgliedern ist das „Große Orchester" der Kern des Vereins. Einmal pro Jahr, in den Osterferien, fährt es nach > Wangerooge (213) und bereitet sich dort auf die kommende Konzertsaison vor. Zu den üblichen Blasinstrumenten werden auch für Blasorchester eher selten besetzte Instrumente wie Bassklarinette, Oboe oder Baritonsaxophon gespielt, was den Klangrahmen des Orchesters enorm bereichert. Eine Probe ihres Könnens legen die Mitglieder des Orchesters unter der Leitung von **Martin Hagemann** mit ihrer Debüt-

CD vor. Die ist schlicht **„BLO"** betitelt. Die **Gräberfelder** in den Ortsteilen **Herbergen, Ahausen** und in der Gegend um **Nordholte** und **Calhorn** bezeugen Ansiedlungen in vorgeschichtlicher Zeit. Zudem hat das Staatliche Museum für Naturkunde und Vorgeschichte Oldenburg in **Bartmannsholte** und **Uptloh** in einem Hügel jungsteinzeitliches Gerät gefunden, darunter Gefäße, Flachbeile und Feuersteinpfeilspitzen aus der Zeit zwischen 3000 bis 1800 v. Chr.

Das ehemalige Gebäude der Volksschule Calhorn wird 1973 von der Ordensgemeinschaft der **Salesianer Don Boscos** gekauft und zu einer Jugendbegegnungsstätte umgestaltet. Nach und nach werden neben erheblichen Renovierungsarbeiten auch Anbauten ausgeführt. Heute hat das **Haus Don Bosco** an der Bartmannsholter Straße einen Ruf über die Gemeindegrenzen hinaus. Mit dazu bei trägt das alljährlich wiederkehrende **Ministranten-Festival** an den Pfingsttagen.

1968 kann die Gemeinde ihr 1.000-jähriges Bestehen feiern. Wegen des starken Zuzugs von Russlanddeutschen ist die Bevölkerungszahl in den letzten Jahren stark angestiegen. In früherer Zeit dominiert die Landwirtschaft mit großen Höfen das Landschaftsbild, heute sind es überwiegend mittlere Massenzuchtbetriebe der Schweine – und Geflügelhaltung, die das wirtschaftliche Grundgefüge bilden. Namhafte Betriebe, die europa- und weltweit ihre Produkte vertreiben, finden sich im Bereich des Ernährungsgewerbes, der Bauwirtschaft sowie des Anlagen- und Maschinenbaues. Beispiele sind **Wernsing-Feinkost, Ihr, RUF, Greten, Hormes** oder **ProDas.** ProDas ist eine der vielen Erfolgsgeschichten aus den 1990er Jahren: Ausgerechnet an einem Freitag den 13. gründen **Andreas Albers, Rolf Müller** und **Frank Vormoor** 1995 die **ProDas Datensysteme GmbH.** Es beginnt tatsächlich in einem fensterlosen Keller und man ernährt sich von Pizza und Kaffee. Aber die Drei haben rasch Erfolg. Neue Geschäftsräume und personelle Verstärkung müssen her und werden gefunden. Heute beliefert das Unternehmen um die tausend Kunden mit EDV-Ausrüstung, kleinere und mittlere Gewerbebetriebe und kommunale Auftraggeber im norddeutschen Raum bis zur Nordseeküste und den Inseln. Einige der größten kommunalen Verwaltungen der Region richten ihre Arbeitsplätze mit PCs und Servern von ProDas ein. Seit 1997 werden EDV-Fachkräfte auch betrieblich ausbildet.

Neben dem Großen Orchester verfügt das BLO auch über ein Jugendorchester (o.) und ein Seniorenorchester

Firmengebäude ProDas (l.)

Die Diekmanns Mühle (o.) ist eine der Sehenswürdigkeiten der Gemeinde. Sie steht am nördlichen Ortsausgang. Seit 1984 nutzt die Gemeinde die über 350 Jahre alte restaurierte Mühle mit Steert und Segelflügeln auch für Kunstausstellungen

Ortsteile:
- Altenoythe
- Friesoythe
- Gehlenberg
- Markhausen
- Neuscharrel
- Neuvrees

Einwohner: 20.204
Fläche: 247,14 qkm
81,8 Einw. je qkm

Friesoythe

Die Architektin Kerstin Kramer vor dem Werkhaus (r.)

Obwohl Friesoythe eine alte Stadtgründung aus dem Mittelalter ist, findet sich im Stadtbild kaum Historisches wieder. Der Grund liegt in der neunzigprozentigen Zerstörung der alten Hansestadt am Ende des Zweiten Weltkrieges. So bilden die moderne Architektur im Stadtkern und das bäuerlich gebliebene Umland einen überraschenden Kontrast.

Sehenswert sind die **St.-Marien-Kirche**, das aus dem vorigen Jahrhundert stammende **Amtsgerichtsgebäude**, der **Stadtpark** sowie die über 1.100 Jahre alte **St.-Vitus-Kirche** im Ortsteil **Altenoythe**. Letztere wird von angelsächsischen Mönchen des Klosters Corvey im 11. Jahrhundert aus Findlingen erbaut. Sie ist als einzige frühchristliche Kirche der Region erhalten geblieben. Die Kostbarkeiten im Inneren sind ein gotischer **Schnitzaltar** und **Deckengemälde** aus dem 13. und 14. Jahrhundert. Warum ein **Medusenhaupt** im Altarraum einer christlichen Kirche aufgestellt werden konnte, gibt Besuchern der St.-Vitus-Kirche wie auch Religionswissenschaftlern heute noch Rätsel auf.

St.-Marien-Kirche (o.)

Glockenspiel am ehemaligen Rathaus Stadtmitte (r.)

Seit 2001 erklingt das **Glockenspiel** am ehemaligen **Rathaus-Stadtmitte.** Auf Initiative des **Aktionskreises Friesoythe „Wir gestalten unsere Stadt“** hat man Spenden zu seiner Finanzierung gesammelt. Die Friesoyther Architektin **Kerstin Kramer** entwirft das Glockenspiel, das in den Rathausgiebel eingefügt wird. Seine zwölf Glocken erklingen fünf Mal täglich. Die Melodien wechseln je nach Jahreszeit und Anlass.

Kerstin Kramer ist auch die Vorsitzende des Vereins **„Werkhaus Pancratz“**. Man bemüht sich um die Erhaltung des Werkhauses Pancratz in der Kirchstraße 13. Das mehr als 100 Jahre alte Wohn- und Geschäftshaus der Malerfamilie Pancratz ist eines der wenigen erhalten gebliebenen Zeugnisse der Vergangenheit der Stadt. Das denkmalgeschützte Gebäude bildet eine Einheit mit Bürgerhaus, Ladengeschäft, Wirtschaftsgebäude und Malerwerkstatt. Außer dem Gebäude selbst haben sich auch Möbel, Verkaufs- und Dekorationselemente, Wand- und Deckenmalereien erhalten. Anhand der Exponate lässt sich das Leben einer Friesoyther Handwerkerfamilie vollständig rekonstruieren. Unterstützung hat der Verein durch das Museumsdorf in > Cloppenburg (263) erhalten. Denn das Werkhaus ist zwar gut erhalten, aber doch renovierungsbedürftig. *„Ich glaube, die Stadt Friesoythe ist hier in der Pflicht und sollte dieses Kleinod im Stadtkern für sich sichern“*, erklärt Kerstin Kramer. Dies auch mit Blick auf die 700-Jahr-Feier der Stadt im Jahr 2008.

Im ehemaligen Rathaus Stadtmitte ist neben dem **Katholischen Bildungswerk** das **Postgeschichtliche Museum** untergebracht. Hier erfährt man einiges zur deutschen und regionalen Postgeschichte,

Werksgelände des Kabelherstellers Leoni Special Cables (o.)

die voller Überraschungen stecken. So ist wenig bekannt, dass die Einrichtung einer regelmäßigen Postverbindung mit Dampfschiffen zwischen > Bremerhaven (II-174f) und New York einer der Zündfunken heutiger überseeischer, ja globaler Handelsbeziehungen gewesen ist. Etwa 500 Exponate, Objekte, Schriften und Fotos befinden sich in den Ausstellungsräumen und decken den Zeitraum von 1750 bis heute ab. Einen Schwerpunkt bildet die Posthistorie des alten Amtsbezirks Friesoythe. Die Uniform eines oldenburgischen Postillions von 1820 markiert den Eingangsbereich. Eine ländliche Poststube aus den 1930er Jahren zeigt den Arbeitsplatz der Postbeamten. Im **Ausstellungsraum Technik** wird die fernmeldetechnische Seite der Post genauer in Augenschein genommen. Vom Morseapparat bis zum Telefon, von der Klingel bis zum Mess- und Prüfgerät ist alles vorhanden. In einem gesonderten Raum lässt sich die Geschichte des Erdkabels verfolgen, vom siebenadrigen Guttaperchakabel um 1900 bis zum Kabel für Datenautobahnen. Das Postgeschichtliche Museum Friesoythe ist somit Technik- und Heimatmuseum in einem.

Historische Kabeltechnik und vieles mehr zur Geschichte der Post und der Telekommunikation sind im Postgeschichtlichen Museum zu sehen (l.)

Kabel spielen auch in der heutigen Friesoyther Wirtschaft eine Rolle. Als Mitglied der Leoni-Gruppe produziert die **Leoni Special Cables GmbH** an verschiedenen Standorten in Europa und Asien Kabel und Kabelsysteme, die in den unterschiedlichsten Bereichen Anwendung finden. Darunter fallen Telekommunikationstechnik, Automatisierungstechnik, Medizintechnik u.a. Das Friesoyther Werk liegt an der Eschstraße. 432 Mitarbeiter sind dort tätig.

2004 richtet der Oldenburger **Energieversorger EWE** in Friesoythe auf dem **Grünen Hof** die 41. Erdgastankstelle im EWE-Gebiet ein. Sie ergänzt das bisherige Angebot der Esso-Tankstelle von **Claudia Benkens**. Mit dem Ausbau des Erdgastankstellennetzes kommt EWE der steigenden Nachfrage nach dem neuen Kraftstoff nach. Denn Erdgas schont nicht nur die Umwelt, sondern auch den Geldbeutel. Da Erdgas gegenüber Benzin und Diesel enorme Umweltvorteile bietet, wird es steuerlich begünstigt und kostet deshalb nur rund die Hälfte der entsprechenden Menge Benzin. Bis 2007 sollen bundesweit 1.300 Erdgastankstellen in Betrieb sein. Serienmäßige Erdgasautos gibt es mittlerweile im EWE-Gebiet in vielen Autohäusern namhafter Marken.

Erdgastankstelle in Friesoythe (l.)

Der Tier- und Freizeitpark Thüle weist vielfältige Attraktionen auf (o. und ganz o.)

Das Geschäft mit Brenn- und Kraftstoffen betreibt auch die **Raiffeisen-Warengenossenschaft eG Markhausen.** Rund 170 Landwirte sind Mitglied der Genossenschaft. Mischfutter macht nahezu 75 Prozent des Umsatzes aus. Daneben werden Mehlfutter, Pressfutter und Granulat produziert. Das **Getreidelager** hat eine Kapazität von 7.000 Tonnen. Die Gründung der RWG wird kurz vor dem Ersten Weltkrieg in der katholisch geprägten Region von der Kirche vorangetrieben. Soziales Ziel ist es, eine Linderung der unmittelbaren Not an Nahrungsmitteln in der dünn besiedelten und verarmten Heideregion zu erreichen.

Im Erholungsgebiet **Thülsfelder Talperre** in **Friesoythe-Thüle** liegt der **Tier- und Freizeitpark Thüle**. Auf einer Fläche von achteinhalb Hektar warten Spielgeräte und Fahrgeschäfte für alle Altersklassen auf Besucher. Freigehege und artgerecht gestaltete Unterkünfte beherbergen rund **120 Tierarten** aus aller Welt. Insgesamt lassen sich über 500 Bewohner des Zoos, vom Erdmännchen bis zum Löwen, ausmachen. Zu den Besonderheiten des Zoos zählt die Anlage der Berberaffen, die man auf einem Laufsteg erreicht, der direkt über den Köpfen der Tiere verläuft. Die Gibbons halten sich auf großen Inseln auf, die nur von Wasserläufen umgeben sind, welche den Besucher von den Tieren trennen. Auch Streicheltiere fehlen nicht, denen sich die kleinen Besucher auf der Streichelwiese nähern können. Ein akustisches wie optisches Highlight ist die begehbare Freiflugvoliere, in der Rote Sichler, Kuhreiher, Ibisse und Seidenreiher in ungewohnter Nähe zu sehen sind. International beteiligt sich der Tierpark Thüle am Europäischen Erhaltungsprogramm für Gibbons, Krallenaffen, Pinguine, Tiger und Zwergflusspferde. Die vielseitige Freizeitanlage mit einem großen Angebot an Spielgeräten und Fahrgeschäften bietet Abwechslung und Entspannung. Rasant geht es zu im Eiertanz, in der Drachenachterbahn, im Airboot und auf der Wasserrutsche. Die Nutzung der Geräte ist im Eintrittspreis enthalten. Für die Pause zwischendurch befinden sich im Park unter anderem ein großes Terrassen-Café und ein SB-Restaurant.

Die riesigen Silos des Getreidelagers der Raiffeisen-Warengenossenschaft Markhausen (r.)

Garrel

Beim Garreler Feld liegt der Ortsteil **Amerika.** Im 19. und beginnenden 20. Jahrhundert, als bereits große Auswanderungswellen Deutschland über >Bremerhaven (174) und Hamburg Richtung Amerika verlassen, ist das Reisen im dünn besiedelten Moorgebiet um Garrel noch dermaßen schwierig, dass eine Tour in den benachbarten Ortsteil den Zeitgenossen so beschwerlich wie

„Golden Toast", das Flaggschiff aus dem Hause Kamps (ganz l.)

Amerikastein (l.)

eine Reise nach Amerika erscheint und der Ortsteil seinen Namen weg hat. Heute kann man am **Amerikastein** Rast einlegen beim Spaziergang durch die Umgebung. Der **Heimatverein** stellt ein **Amerikadiplom** aus. Es bestätigt, in Amerika gewesen zu sein, ohne Schiff oder Flugzeug benutzt zu haben.

Ähnlich wie >Himmelpforten (III-77) hat die Ortschaft **Nikolausdorf** mit ihrem Namen richtig Furore gemacht. Schon länger hatte es gelegentlich Briefe von Kindern an den Nikolaus gegeben, die von der damaligen Posthalterin **Frida Fleming** beantwortet werden. Als aber im November 1965 die **Nordwest-Zeitung** erstmalig über den Nikolaus aus Nikolausdorf berichtet, kommen Tonnen von Post in Nikolausdorf an. Der damalige Schulleiter **Johann Kabella** und viele freiwillige Helfer eröffnen das **Nikolaus-Büro.** Die damalige Bundespost steuert einen Sonderstempel bei. Bis heute beantwortet das Nikolaus-Büro die Briefe der Kinder. Inzwischen wird es von **Hubert Weddehage** geleitet. Seit einigen Jahren ist der Nikolaus online im Internet. Aber er fährt auch leibhaftig in seiner Kutsche vor und zeigt sich den vielen Kindern, die jedes Jahr nach Nikolausdorf kommen, um ihn an seinem Heimatort zu sehen.

Brotbacken spielt in Garrel eine besondere Rolle. Von hier kommen bekannte Brotmarken wie *Golden Toast* oder *Lieken Urkorn.* Aus der beschaulichen Bäckerei ihres Vaters machen die Brüder

Hubert Weddehage (hintere Reihe Mitte) und die anderen Mitarbeiter des Nikolausbüro (o.)

Bernhard und **Paul Wendeln** seit Anfang der 1960er Jahre ein Großunternehmen, indem sie einen Bäckereibetrieb nach dem anderen übernehmen und in ganz Deutschland liefern. Marken wie *Vierländer, Rix, Paech, Dahli* und *Lieken* werden gekauft. Ein Höhepunkt der Entwicklung ist 1996 die Übernahme der Pfungstädter Weber-Bäckerei, die den Südwesten der Republik dominiert hatte. Die Story interessiert selbst das *Manager Magazin*, das den Heimatort

Ortsteile:

- **Beverbruch**
- **Bürgermoor-Kellerhöhe**
- **Falkenberg**
- **Garrel-Ort**
- **Hinterm Forde-Kammersand**
- **Kaifort**
- **Nikolausdorf**
- **Petersfeld**
- **Peterswald**
- **Tweel-Tannenkamp**
- **Varrelbusch**

Einwohner: 12.177
Fläche: 113,23 qkm
107,5 Einw. je qkm

Blick in den Dorfpark von Garrel (r.)

Für den deutschen Norden auf den ersten Blick überraschend: Entwürfe für Trachtenmode von Stebel (o.)

Der Montagekran von MKG (r.) ist eine nur äußerlich wie ein Lkw aussehende „selbstfahrende Arbeitsmaschine", die vorwiegend auf Baustellen eingesetzt wird

der Familie Wendeln ansonsten polemischerweise „*so aufregend wie eine Scheibe Graubrot*" findet. Etwas später, im Jahr 2000, wird das Unternehmen selbst aufgekauft. Die **Kamps AG** übernimmt die Firma Wendeln und avanciert damit zum führenden europäischen Backbetrieb. Und *Golden Toast* und *Lieken Urkorn* werden weiterhin in Garrel gebacken.

Ein junges, erfolgreiches Unternehmen ist die 1990 gegründete **Högemann GmbH.** Man versorgt die Kraftfutter- und Lebensmittelindustrie mit allem von der Planung bis zur Umsetzung komplizierter Automatisierungsprozesse. Beratung, Planung und Installation von Werkstechnik gehören zum Leistungsangebot. In den ersten Jahren der Firma werden Schaltschränke und Steuerungsanlagen noch in Privaträumen angefertigt. Erst 1992 lagert man die Produktion in externe Hallen aus. Ein Jahr darauf baut man das Büro- und Fertigungsgebäude an der **Amerikastraße.** 2000 wird eine zweite Produktionshalle auf dem Werksgelände in Garrel errichtet. Rund 50 Fachkräfte arbeiten inzwischen in dem Betrieb.

Ebenfalls ein junges Unternehmen, aber mit einem traditionellen Produkt ist die Firma **Stebel-Trachten**, die 1988 in Oldenburg gegründet wird und 1997 nach **Beverbruch** umsiedelt. Es werden Lederhosen und andere Kleidung vom vom Hut bis zum Schuh im Trachtenstil angefertigt. Anfangs schneidert Stebel-Trachten nur für Kinder, längst aber auch Maßanfertigungen für erwachsene Trachtenliebhaber, die ins **Trachten-Stüberl** kommen.

Die **MKG Maschinen- und Kranbau GmbH** ist einer der beiden größten deutschen Kranhersteller. Es werden jährlich an die 800 Krane für die verschiedensten Bereiche gebaut. Die Hälfte bleibt in Deutschland, die übrigen werden weltweit exportiert.

Lastrup

Ortsteile:
- Groß-Roscharden
- Hammel
- Hammesdamm
- Hamstrup
- Hemmelte
- Klein-Roscharden
- Kneheim
- Lastrup
- Matrum
- Nieholte
- Norwegen
- Oldendorf
- Schnelten
- Suhle
- Timmerlage

Einwohner: 6.676
Fläche: 85,26 qkm
78,3 Einw. je qkm

Naturbelassene Landschaft hat die Gemeinde Lastrup noch reichlich: In der Nähe von **Hammesdamm** mit seinen 30 Einwohnern liegt der **Hamstruper Forst** und im **Oldendorfer Forst,** aber auch in den unter Naturschutz stehenden Moorgebieten **Hemmelter** und **Oldendorfer Moor** lebt abseits verkehrsträchtiger Straßen eine reichhaltige Tier- und Pflanzenwelt. Aber bekannt ist Lastrup durch die Pferdezucht und den

Verstehen etwas von Pferden: Guido Klatte und Sohn (ganz l.) und Anton Böckmann (l.)

Reitsport. **Klein-Roscharden** mit höchstens 70 Einwohnern bringt man fast zwangsläufig mit dem **Zuchthof Klatte** in Verbindung. Über 100 Jahre alt ist diese heute elf Hengste umfassende Station. Ein Schwerpunkt ist neben der **Hengsthaltung** die **Aufzucht** von Hengstfohlen. Gegen 40 Junghengste werden pro Jahr angekauft und nach drei freien Jahren auf den Weiden in Klein-Roscharden zu Zucht- oder Sportpferden ausgebildet. Als alles überragender Name in den Annalen der Station steht der des Hengstes **Argentinus.** Er wird 1996 der „jüngste Millionär“ unter Deutschlands Spitzenhengsten und ist der Vater berühmter Pferde wie **Albano,** auf dem **Heike Kemmers** 2001 die Goldmedaille bei der Dressur-Europameisterschaft gewinnt, oder der von Olympiateilnehmer **Markus Ehning** gerittenen Springpferde **Anka** und **Argentina.** Der Großvater des heutigen Chefs **Heinrich Klatte** führt seine Stuten, die dem leichteren Typ des Oldenburger Karossierpferdes entsprechen, dem Vollbluthengst **Lupus XX** zu – unter damaligen Pferdezüchtern eine anrüchige Paarung. Aber die Züchtung bringt erfolgreiche Sportpferde hervor. Die vier Söhne der Familie stellen dies mit ihren Siegen im Reitsport immer wieder unter Beweis. Bereits als Fünfzehnjähriger reitet Chef Heinrich die eigenen Zuchtpferde und erringt die Bronzemedaille auf den Deutschen Junioren Meisterschaften. 1974 zählt **Ulrich Klatte** dann zum Goldteam der Junioren-Europameisterschaften, **Guido Klatte** siegt auf dem berühmten Hengst **Grannus** im S-Springen und **Johannes Klatte** sammelt Siegerehrungen im Spring- und Vielseitigkeitsreiten.

Ein weiterer berühmter Stall liegt in **Hamstrup**: Die **Hengststation** von **Antonius „Tönne“ Böckmann** mit heute zwei Dutzend Hengsten besteht seit fast 20 Jahren. Den Anfang setzen der Hufschmied **Anton Böckmann** und seine Frau **Brigitte**. Sie machen ihre vier Söhne zu stolzen Ponybesitzern und erwecken deren Interesse an Pferden. Aus dem Ponyalter herausgewachsen, wechseln alle vier zu den Großpferden und 1970 beginnt Anton Böckmann mit der Zucht. Drei Jahre

Classic B Anhänger der Firma Böckmann (u.)

Der Dorf- und Kulturpark im Zentrum der Gemeinde (o.)

später stellt er mit **Fumira** eine Siegerstute. Heute werden im Jahr etwa 1.300 Stuten auf der Station besamt. Über 250.000 Anhänger der **Firma Böckmann** rollen in aller Welt über die Straßen. Hergestellt werden sie in Lastrup. Ortsansässige Landwirte fragen Anton Böckmann in den 1950er Jahren immer wieder nach leichten Anhängern für kleine Transportaufgaben und lassen sich die Anhänger nach ihren Vorstellungen bauen. Auch die vier Söhne benötigen Anhänger für ihre Pferde. Aus diesen privaten und regionalen Anfängen heraus entsteht die global exportierende Firma.

Silos von AWILA für Schweine- oder Hühnerfutter (r.)

Das Unternehmen **AWILA** steht seit über 100 Jahren für praxisgrechte Maschinen und Anlagen für die Landwirtschaft. Aus einem kleinen handwerklichen Betrieb entwickelt sich ein international tätiges Unternehmen. Die Produkte sind weltweit überwiegend in der Futtermittel- und Ernährungsindustrie im Einsatz. Ob in Sibirien, Saudi Arabien oder Bangladesh – AWILA liefert einzelne Maschinen aber auch komplette schlüsselfertige Großanlagen für die Getreideverarbeitung.

Der **Modellflugplatz** in **Groß-Roscharden** dient dem **Cloppenburger Modellbauclub** als Start- und Landebahn der selbst gefertigten Maschinen. Am Wochenende erobern zahlreiche Hobbypiloten die Lüfte und treffen sich unregelmäßig auch schon mal, um Wettkämpfe im Kunstflug miteinander auszutragen.

Im Ortszentrum weist der Lastruper Weltwegweiserbaum in die Richtung der großen Metropolen und Länder der Welt (u.)

In luftige Höhen erstrecken sich auch die Windmühlen des Windparks **Ermke-Timmerlage.** Der Park setzt sich aus mehreren Einzelanlagen zusammen, die sich nur teilweise auf Lastruper Gemeindegebiet, in **Timmerlage,** etwa zehn Kilometer westlich von Cloppenburg, befinden. Vier Windkraftanlagen vom Typ AN Bonus erzeugen seit Ende 2000 1,3 Megawatt Strom aus Windenergie. Im Jahre 2003 kommen zusätzlich drei neue und höhere Windkraft-Einzelanlagen hinzu.

In Timmerlage ist darüber hinaus der **Niels-Stensen-Hof** beheimatet. Die Einrichtung der **St. Josef Stiftung** verbessert die Situation benachteiligter Menschen mit Arbeits- und Beschäftigungsangeboten. Unter der Devise „vielfältige Kompetenz unter einem Dach“ ist die **Niels-Stensen-Hof GmbH** aus einer gemeinnützigen Idee zu einem Firmenunternehmen gewachsen. Die Mitarbeiter sind speziell für ihre Aufgaben geschult und werden stets in aktuellen Fragen weitergebildet. Ob Dienstleistungen im Garten, Baumschnitt auf Hausgrundstücken und im Obstbau, Arbeiten in Forstwirtschaft, Gemüsebau im alternativen Anbauverfahren oder Meisterbetrieb im Malerhandwerk – der Niels-Stensen-Hof ist ein Ansprechpartner. Seit Anfang 2004 hat auch das eigene **Hofcafé** geöffnet. Selbst gebackener Kuchen, frisches Brot und die Möglichkeit, mit der ganzen Familie den Erlebnis- und Waldlehrpfad zu besuchen, sind die Angebote des Hofcafés.

2004 wird der **Dorf- und Kulturpark** fertig gestellt. Obstbaumwiesen, Wallheckenareal und insgesamt etwa 320 Einzelbäume hat man angelegt. Im Zentrum liegt eine Wasserfläche von 5.000 Quadratmetern, die zudem die Funktion eines Regenrückhaltebeckens erfüllt. Die Uferzonen hat man als Lebensraum für Tiere und Pflanzen eingerichtet. 15 **Sandsteinstelen** symbolisieren im Inneren des Parks den Ort Lastrup und die umliegenden Bauernschaften.

Lindern (Oldb)

Ortsteile:
- Auen
- Garen
- Großenging
- Hegel
- Holthaus
- Kleinenging
- Liener
- Lindern
- Marren
- Neuenkämpen
- Osterlindern
- Stühlenfeld
- Varbrügge

Einwohner: 4.608
Fläche: 65,81 qkm
70,0 Einw. je qkm

Über Jahrhunderte bilden die Flussläufe der **Marka**, der **Süd-** und **Mittelradde** verkehrstechnische Hindernisse. Was wirtschaftlich hemmte, erlaubt der Gemeinde heute, trotz gewerbebetrieblicher Aktivitäten, ihren ländlichen und natürlichen Charakter zu bewahren.
Beim **Osterblumenfest** zeigen die zwischen Lindern und > Werlte (152) liegenden Orte **Auen** und **Holthaus** in jedem Frühjahr die Pracht ihres **Osterblumenschmuckes** mit abertausenden von Blüten. Zu Tausenden pilgern die Besucher hierher. Die Straße zwischen den beiden Orten wird dann für Pkw gesperrt. Überall in den Straßen und in nahezu je-

der Hofeinfahrt blühen auf den mehrere Meter breiten Beeten Osterblumen. In Gelb und Blau gekleidete Serviererinnen reichen in Lokalen und an Ständen Kaffee und bieten selbst gebackenen Kuchen an. Unter den mehr als 100 angebotenen Torten finden sich Kreationen wie die **Hermann-Löns-Torte** mit Buchweizen und Waldfrüchten oder die **Cappuccino-Krümel-Torte**. Einheimische Männer tragen Osterblumen am Revers und die Pferde der Kutschen, die die Besucher durch die Ortschaft fahren, haben gelben Blumenschmuck am Zaumzeug. Das Fest geht zurück auf **Anni Tepe**, die Anfang der 1950er Jahre mit ihrem Pflanzeifer nahezu alle Einwohner angesteckt hat.

Zu den Sehenswürdigkeiten der Gemeinde zählt die neugotische Hallenkirche **St. Katharina von Siena**. Mehr als 5.000 blaue holländische Wandfliesen schmücken das Kircheninnere mit seinem Altar aus dem 16. Jahrhundert.
Kulturelles Highlight ist die alle vier Jahre stattfindende **Kulturwoche**, die

u.a. von dem **Energieversorger EWE** unterstützt wird. Jede Kulturwoche wird unter ein anderes Motto gestellt. Künstler aus europäischen Ländern treffen sich in Lindern, um ihre Werke auszustellen und auf Symposien zu diskutieren.
Auf langfristig kostengünstige, moderne Technik setzt die Gemeinde mit dem **Blockheizkraftwerk** im Keller der Grundschule, das die neue und die alte Mehrzweckhalle und vor allem das Schwimmbad über mehrere hundert Meter lange Fernwärmerohre mit Wärme versorgt. Ein Ansiedlungserfolg ist die Niederlassung des amerikanischen Unternehmens **Kraft Energy Systems GmbH & Co. KG**, das Betonerhärtungssysteme für die Betonindustrie liefert.
Zwei bis vier Ausstellungen pro Jahr zeigt die **Galerie Lindern** des Galeristen Volkmar Grigull. *„Wir liegen zwar in der Provinz, aber was wir zeigen ist nicht provinziell“*, sagt selbstbewusst der Galerist **Volkmar Grigull**. Junge, aber auch national und international arrivierte Künstler werden gezeigt. Die Galerie findet sich im **Heimathaus**.

Hermelings Mühle in Liener (o.). Der Schornstein an der Seite ist das Überbleibsel eines Sägewerks, das hier früher mit Dampfkraft betrieben wurde

Osterblumenallee (ganz o.l.)

Beim internationalen Bildhauersymposium während der Kulturwoche 2003 entstandene Werke (beide o.l.)

Ortsteile:
- Altenbunnen
- Angelbeck
- Augustenfeld
- Benstrup
- Böen
- Bokah
- Borkhorn
- Duderstadt
- Düenkamp
- Ehren
- Elbergen
- Evenkamp
- Farwick
- Hagel
- Helmighausen
- Holthausen
- Huckelrieden
- Lewinghausen
- Lodbergen
- Löningen
- Madlage
- Meerdorf
- Neuenbunnen
- Röpke
- Schelmkappe
- Steinrieden
- Vehrensande
- Wachtum
- Werwe
- Windhorst
- Winkum

Einwohner: 13.091
Fläche: 143,20 qkm
91,4 Einw. je qkm

Löningen

Löningen liegt an den Ufern des waldreichen Urstromtals der **Hase**. Die **Hase** entspringt südlich von >Osnabrück (286). Sieben Brücken führen in der Stadt über den Fluss. Die **Hase-Altarme** und **-bäken** gelten als Naturparadiese. Wahrzeichen Löningens ist die **Pfarrkirche St. Vitus.** Die klassizistische Kirche mit ihrem großen Saalbau für 1.200 Plätze wird Anfang des 18. Jahrhunderts errichtet. Die Orgel ist älteren Datums, der freistehende Glockenturm stammt aus dem Jahr 1960.

St. Vituskirche an der Hase (ganz o.)

Bernd und Werner Rosemeyer (o.l.)

Der Adventsbläserbrunnen (o.r.) stellt einen Löninger Volksbrauch dar: Seit Jahrhunderten ist es Sitte, dass Schulkinder auf dem Holzhorn an den Abenden im Advent blasen

Der bekannteste Löninger ist vielleicht **Kurt Schmücker**, der von 1949 bis 1972 für die CDU Mitglied des Deutschen Bundestages ist und von 1963 bis 1966 im Kabinett Ludwig Erhard das Amt des Bundesministers für Wirtschaft und 1966 für einige Monate das des Bundesminister der Finanzen bekleidet. Im Kabinett Kiesinger ist er dann von 1966 bis 1969 als Bundesschatzminister tätig.

1992 gründen die beiden Löninger Brüder **Bernd** und **Werner Rosemeyer** ein **Hilfsprojekt** mit dem Ziel, Straßenkindern in **Fortaleza** (Brasilien) zu helfen. Aus der privaten Aktion entwickeln sich zwei eingetragene Vereine: **Der Kleine Nazareno e.V.** in Deutschland und der Verein **Associação Beneficente o Pequeno Nazareno** in Fortaleza. 1986 geht Bernd Rosemeyer als Franziskaner zum ersten Mal nach Brasilien und bekommt Kontakt zu Straßenkindern in Recife. Einige Zeit später kommt es zur Gründung einer Gruppe, die sich der Straßenkinder in der Innenstadt von Fortaleza annimmt und Familien in den Elendsvierteln besucht. Werner Rosemeyer startet 1993 in Löningen eine Kampagne zur Unterstützung und reist mit dem Geld nach Brasilien. Ein Haus in Fortaleza wird gekauft und als Anlaufstelle für Straßenkinder genutzt. Bernd Rosemeyer widmet sich nun ausschließlich dem Projekt und tritt aus dem Orden aus. 1994 werden die beiden Vereine gegründet; das **Nazarenerdorf** in der Nähe von Fortaleza entsteht. 2001 erwirbt man ein weiteres, 50 Hektar großes Gelände auf der Insel **Itamaracá** bei Recife, wo ein zweites Nazarenerdorf entsteht. Nachdem 2004 schon 25 Kinder dort untergekommen sind, rechnet man damit, dass es im Jahre 2005 bereits 40 sein werden.

Almut Rosemeyer übernimmt 1986 den Betrieb, den ihr Großvater, Buchbindermeister **Anton Wilhelm Rosemeyer,** gegründet und ihre Eltern **Werner** und **Maria Rosemeyer** weitergeführt hatten. Der Maschinenpark wird erweitert, 1999 wird die Druckerei Temmen aus Oldenburg übernommen und man arbeitet zunächst an zwei Standorten. Mit beiden Druckereien zieht man 2001 in das neue Betriebsgebäude Am Roe-

venkamp. Rund 30 Mitarbeiter sind in der **Druckerei Rosemeyer GmbH** beschäftigt.
Produkte für den Bauten-, Holz- und Bodenschutz produziert die **Remmers Baustofftechnik GmbH**. Die Bauwerksabdichtung, der Fassadenschutz, der Innenausbau, die Beschichtung von Bodenflächen, die Oberflächenbeschichtung von Holz, angefangen vom Fußboden bis zum Fenster sowie der Holzschutz für Hölzer im Außenbereich bilden dabei die Schwerpunkte. Überall in Europa und der Welt werden heute diese Produkte der Firma verwendet, wenn es um den Schutz und die Erhaltung bzw. Instandsetzung von Bauwerken und Baudenkmälern geht. Bekannte Projekte sind die Restaurierung der Säulen des Brandenburger Tores und der Fassade des Roten Rathauses in Berlin sowie der berühmten Brühlschen Terrasse an der Elbe in Dresden. Aber auch zeitgenössische Bauten wie die Dortmunder Westfalenhalle werden aufgefrischt. Einige Referenzen aus dem Ausland sind z.B. die Tempelanlagen von Angkor Wat in Kambodscha, das argentinische Regierungsgebäude in Buenos Aires oder das Kaufhaus Gum in Moskau.
Das 1949 von **Bernhard Remmers** gegründete Unternehmen gilt heute als Marktführer im Bereich der Baudenkmalpflege. Die Produkte werden jedoch auch vom gesamten Bauhandwerk tagtäglich an Neu- und Altbauten verwendet. Mit ca. 1.000 Mitarbeitern ist Remmers heute durch zahlreiche Tochtergesellschaften besonders im Ausland weiterhin auf Wachstumskurs.
Ein anderes erfolgreiches Unternehmen ist die **Schne-Frost Ernst Schnetkamp GmbH & Co.** Der Name leitet sich von dem Gründer **Ernst Schnetkamp** ab, der Anfang der 1960er Jahre mit der **Frostung**, also der Herstellung tiefgekühlter Kartoffelprodukte beginnt. Traditionellen Gerichten wie Kartoffelreibekuchen folgen bald tiefgekühlte Pommes Frites, Kroketten und Klöße. 2004 werden etwa 100 Kartoffelspezialitäten in verschiedenen Variationen hergestellt. Die Firma zählt zu den größten der Branche in Deutschland. 1968 entsteht ein zweites Werk am **Vinner Weg**, 1996 das vollautomatische **Hochregallager** für Tiefkühlware mit

Ernst-Rainer Schnetkamp (o.)

Almut Rosemeyer (ganz o.)

Mitarbeiterinnen von Schne-Frost an der Kartoffelschälung (o.l.)

Druckerei Rosemeyer (l.)

Remmers Baustofftechnik (l.)

Anna Willen (im Bild rechts) bei der Übergabe des Filmprogrammpreises 1994 durch die niedersächsische Ministerin Helga Schuchardt (o.)

Die Jugend-Rockgruppe Plectrin (r.)

Schutenmühle (o.)

einer Stellkapazität von 6.750 Europaletten. Etwa 480 Mitarbeiter sind bei dem Familienunternehmen beschäftigt.

Die **Friedrich Graepel AG** mit Sitz in Löningen ist Hersteller von verformten Lochblechen und Blechformteilen. Das auch in Seehausen/Altmark produzierende Unternehmen entwickelt und fertigt für zahlreiche Branchen, darunter Fahrzeug- und Maschinenbau sowie Baugewerbe. Graepel übernimmt die gesamten Prozesskette, von der Entwicklung über den Werkzeugbau bis zur weltweiten Logistik. Graepel beschäftigt insgesamt rund 500 Mitarbeiter, die einen Jahresumsatz von über 50 Millionen Euro erzielen.

Das **Forum Hasetal** gilt als technisch bestausgestattete Veranstaltungshalle ihrer Art im Landkreis Cloppenburg. Theaterabende, Konzerte und Vorträge wie auch Seminare oder Tagungen finden hier regelmäßig statt. Knapp 450 Zuschauer finden im **Großen Saal** Platz. Es wird bewirtschaftet von der **Stadtmarketing Löningen GmbH**. Für die Gastronomie sorgt das **Bistroforum**.

Möglicherweise sind Säle wie das Forum künftig auch Auftrittsorte einer jungen Band aus Löningen: Die fünf Mitglieder von **Plectrin** sind, als sie anfangen, erst zwischen 14 und 16 Jahre alt. **Lukas Fleming** (Gitarre), **Tim Risse** (Gitarre), **Philip Reiners** (Schlagzeug), **Dirk Lübken** (Gesang) und **Dominic Tiedeken** (Bass) spielen zum größten Teil eigene Lieder, aber auch Songs aus der Heavy-Metal-Szene wie Metallica, Slayer oder Megadeth, die mit ihrer Musik Plectrin beeinflussten.

Im Zeitalter der Multiplex-Kinos gelingt es hier und dort immer wieder engagierten Cineasten, mit gutem Programm und Service am Markt zu bestehen. Das gilt auch für das **LiLo Service-Kino** von **Anna Willen**. Mehrfach wird sie für die Gestaltung hervorragender Filmsonderprogramme und Programmreihen durch das Land Niedersachsen ausgezeichnet. Wirtschaftlich ist das Überleben nicht immer einfach. Anna Willen nimmt es mit Humor und meint: „*Wenn ich schon auf den Urlaub verzichten muss, möchte ich mir wenigstens gute Filme gönnen.*“ Seit 1963 ist sie schon im Kinogeschäft. Die Familie Willen hatte schon in den 1930er Jahren die Handelshof Lichtspiele in Löningen. Das LiLo gibt es seit 1959.

Löningen ist staatlich anerkannter **Erholungsort**. Zu den Freizeiteinrichtungen zählen ein **Wellenfreibad** und die **Skaterbahn**, die natürlich hauptsächlich bei Kindern und Jugendlichen beliebt ist. Im Winter kommt die Freiwillige Feuerwehr, flutet die Bahn und es bildet sich eine prima Eislauffläche.

Molbergen

Ortsteile:
- Dwergte
- Ermke
- Grönheim
- Peheim
- Resthausen
- Stalförden

Einwohner: 7.509
Fläche: 102,52 qkm
73,2 Einw. je qkm

Das 2003 erneuerte Auslaufbauwerk der Thülsfelder Talsperre (l.)

Über 200 landwirtschaftliche Betriebe sind in der Gemeinde Molbergen heute noch tätig, Schweine- und Geflügelzucht überwiegen. Aber auch in Molbergen vollzieht sich der strukturelle Wandel wie andernorts; die Gemeinde wird immer mehr zu einem Wohn- und Fremdenverkehrsstandort, dem sich Gewerbe auf eingerichteten Gewerbegebieten anschließt. Molbergen nutzt die Wald- und Heidelandschaft der Umgebung, um den Fremdenverkehr anzuregen. Einer der Hauptanziehungspunkte ist dabei die **Thülsfelder Talsperre.** Der Stausee und das angrenzende 462 Hektar große **Naturschutzgebiet** erstrecken sich über mehrere Nachbargemeinden. Molbergen hat sich daher mit der angrenzenden Gemeinde > Garrel (273) und den Städten > Cloppenburg (261) und > Friesoythe (270) zum **Zweckverband Erholungsgebiet Thülsfelder Talsperre** zusammengeschlossen.

Die Talsperre wird in den Jahren 1924 bis 1927 gebaut. Bis dahin tritt das Wasser der **Soeste** in der Winterzeit regelmäßig über die Ufer und überflutet die Weide- und Ackerflächen im unteren Bereich des Soestetales. Die aufgestaute Wasserfläche von etwa 170 Hektar verhindert weitere Überflutungen. Obwohl als Hochwasserrückhaltebecken angelegt, sind keine Staumauern sichtbar. Mit seinen steilen Uferbereichen, vereinzelten Inseln sowie den versumpften Seitenarmen und Sandstränden ähnelt der buchtenreiche Stausee eher einer nordischen Schärenlandschaft.

Blick auf den Stausee und das Naturschutzgebiet Thülsfelder Talsperre (o.)

Aus dem aufgestauten Wasser des Flusses entwickelt sich ein wertvolles Biotop, das geeignete Lebensbedingungen für Tier- und Pflanzenwelt bietet. Sumpfpflanzen, Lurche, Wasser- und Wattvögel sind genauso zu finden wie Tag- und Nachfalter, Heuschrecken, Libellen und bodenbrütende Vogelarten in den angrenzenden Heiden. 250 verschiedene Pflanzenarten, über 30 Libellenarten, 230 Schmetterlingsarten und 200 Vogelarten hat man bisher auf dem Gebiet ausgemacht. Die ausgedehnten Heidegebiete mit Sand- und Feuchtheide, Kiefern und Wehsanddünen, kleine Moore mit Wollgras und Schilfzonen in den Lagunen erzeugen eine abwechslungsreiche Landschaft, durch die ein zehn Kilometer langer **Lehrpfad** führt.

Doch nicht nur Naturliebhabern und Wanderfreunden bietet das Gelände Anreize. Auf einem 86 Hektar großen

Höhepunkt des zweiten Tages der Peiterbult in Dwergte ist der Umzug der Erntewagen (r.)

Werner Wess (ganz o.)

Das „Teufelssteine" genannte Großsteingrab bei Peheim (o.)

Die sieben Stelen am Rathaus symbolisieren die Ortsteile und die ganze Gemeinde Molbergen (o.r.)

Areal inmitten des Erholungsgebietes findet sich auch die **Naturgolfanlage Thülsfelder Talsperre.** Ein **9-Loch-Öffentlichkeitsplatz** sowie ein **18-Loch-Meisterschaftsplatz** stehen zur Verfügung. Um letzteren zu betreten, muss man Mitglied sein, während das restliche Areal für jederman zugänglich ist. Dort bekommt man auch erste Einweisungen ins Spiel.

Bei der zweitägigen Feier der **Peiterbult** in **Dwergte** unterhält die Dorfjugend am ersten Tag mit Gesang bei einer Playback-Show. Am zweiten besteigt man nach verschiedenen Motiven gestaltete Erntewagen. Eröffnet wird alles am Morgen mit einem Gottesdienst. Der Nachmittag ist, meist nach vollzogenem Tauziehwettbewerb, dann dem Rummel auf dem Festplatz vorbehalten.

Honka Wohnblockhäuser gibt es überall auf der Welt. Die Deutschlandfiliale der finnischen **Honka Blockhaus GmbH** ist in der Hohe Feldstraße. Mit weltweit über 70.000 gebauten Blockhäusern ist Honka der größte Hersteller der Welt.

Auf Inneneinrichtungen hat sich die Molberger Firma **Holtmann & Wess** verlegt. Kunden sind Gastronomieeinrichter ebenso wie Architekten und Ladenbauer. **Manfred Holtmann** und **Werner Wess** gründen das Unternehmen 1996 und gestalten und bauen etwa 80 Einrichtungen pro Jahr – und dies nicht nur in Deutschland. Im Molberger Gewerbegebiet wird 1999 eine Fertigungshalle mit Bürotrakt eingerichtet. Auf den 5.000 Quadratmetern des Grundstückes arbeiten 20 Mitarbeiter der beiden Firmengründer.

1952 wird die Elektroinstallationsfirma **Clemens Osterhus** gegründet. Nach dem Neubau des Geschäftshauses erweitert man das Firmenangebot. Elektro-, Rundfunk- und Fernsehtechnik, Gas- und Wasserinstallationen sowie Freileitungsbau kommen hinzu. Vor allem aber der 1962 aufgenommene Leitungsbetrieb. Hauptaufgabe dabei ist die Verlegung und Instandhaltung von Rohrnetzen, z.B. zum Zwecke der Energieversorgung. Rund 150 Mitarbeiter sind beschäftigt.

Saterland | Seelterlound

Ortsteile:
- Ramsloh
- Scharrel
- Sedelsberg
- Strücklingen

- Roomelse
- Schäddel
- Seedelsbierich
- Strukelje

Einwohner: 12.787
Fläche: 123,62 qkm
103,4 Einw. je qkm

Bekannt ist die Gemeinde vor allem dadurch, dass man hier noch das **Saterfriesische** als gesprochene Sprache antrifft. Rund 2.200 Menschen beherrschen diese altfriesische Sprache. Als **„kleinste Sprachinsel Europas"** hat dies für einen Eintrag ins Guinnessbuch der Rekorde gereicht. Die Ortseingangsschilder sind selbstverständlich zweisprachig und der saterfriesische Name der Gemeinde lautet **Seelterlound.** Wagemutige Besucher können sich einem saterfriesischen Sprachtest unterziehen und das **Seelter Tjuchnis** erwerben, das vom **Heimatverein Seelter Buund** angeboten wird.

Das zweite charakteristische Merkmal des Saterlandes, allerdings ohne Anspruch auf Alleinstellung, ist das Moor. Der Erhalt der saterfriesischen Sprache hängt damit zusammen, dass bis zur Mitte des 19. Jahrhunderts die Menschen durch die umliegenden **Moore** stärker als andernorts isoliert leben und ein sprachlicher Austausch kaum stattfindet. Weit ins Land eindringen können Fremde nur in den Wintermonaten auf den zugefrorenen Wasserwegen oder auf kleinen Booten über die Sagter Ems. Noch heute prägen diese Moorflächen in weiten Teilen das Landschaftsbild.

Der Abbau von Torf, aus dem u.a. Blumenerde hergestellt wird, ist bis heute wirtschaftlich wichtig (o.)

Moore prägen die Landschaft im Saterland (ganz o.l.)

Anders als früher kann man die Moore heute durchqueren, z.B. bei einer Fahrt mit dem **Seelter Foonkieker.** Das ist eine Fahrt mit den Torfloren des Torfwerkes **Moorkultur Ramsloh.** Sie führt durch das **Westermoor,** eine der größten zusammenhängenden Hochmoorflächen Norddeutschlands. Etwa zwei Stunden dauert der Ausflug, auf dem unter sachkundiger Leitung viel über die Moorkultur zu erfahren ist. Dabei kann ein Sonnenuntergang über den Wasser- und Wollgrasflächen der Renaturierungsgebiete mit etwas Glück zu einem besonderen Erlebnis werden.

Eine Fahrt mit der **Museumseisenbahn Ammerland-Saterland** führt an den Wochenenden zwischen >Westerstede (247) und Saterland durch die Landschaft. Alle paar Minuten ertönt das Pfeifen der Lokomotive, eine Vorschrift, da sich der Lokführer vor jedem Bahnübergang ankündigen muss.

In **Strücklingen-Bokelesch** kann man auf Wanderungen Rast bei der über 600 Jahre alten denkmalgeschützten **Kapelle** des

Die weithin sichtbaren Masten der Marinefunkstation (r.)

Die Paddel- und Pedalstation in Strücklingen (r.u.)

Die Johanniterkapelle Bokelesch (o.) stammt aus dem 13. Jahrhundert. Der Chorraum wurde im 15. Jahrhundert hinzugefügt

Wie Adern ziehen sich die Rohrleitungssysteme der Firma Arens durch manches Gebäude (ganz o.)

ehemaligen Johanniter-Klosters einlegen. Ein wenig hinter Bäumen versteckt ist sie für Besichtigungen geöffnet. Der **Maiglöckchensee** in der Ortschaft **Scharrel** mit Kiosk und angrenzendem Reisemobilstellplatz lädt zur Erholung in natürlicher Umgebung ein.

Neben einem dritten Torfwerk der **Klasmann-Deilmann GmbH** hat sich vor allem der **Metall- und Maschinenbau** im Saterland etabliert. Namen wie **Hansa Ventilatoren- und Maschinenbau, Kurre Spezialmaschinenbau, Nikko Presswerk** und viele andere stehen hierfür.

Industrieöfen, Dampf- und Druckbehälter für Industriekunden bauen und montieren etwa die rund 100 Mitarbeiter der Firma **Arens Rohrleitungsbau.** Man arbeitet für Nahrungsmittelhersteller, die petrochemische und chemische Industrie sowie für den Automobilbereich. Seit 1976 ist man Rahmenvertragspartner von Mercedes-Benz in Bremen.

Zu den bedeutendsten Gardinen- und Dekostoff-Herstellern Europas gehören die **Unland-Werke.** Über 400 Mitarbeiter arbeiten an der **Gerhard-Unland-Straße.** Seit 1988 produziert der Betrieb nach Entwürfen von **Pierre Cardin.** Das **Waskönig+Walter Kabel-Werk** wird als Familienunternehmen in der fünften Generation geführt. Es beginnt 1873 in Wuppertal mit Drähten für Hüte. Längst haben Energie- und Kommunikationskabel, die die 400 Mitarbeiter auf dem Werksgelände in **Ramsloh** herstellen, die Hutdrähte abgelöst.

Die Seelter Dons- und Drachtenkoppel beim Saterlandwochenende in Ramsloh 2003. Das Fest findet immer im Mai abwechselnd in einem der vier Gemeindeteile statt (ganz r.)

Durch alle vier Gemeindeteile schlängelt sich die **Sagter Ems.** Als Schifffahrtsweg ist sie früher die einzige Verbindung zur Außenwelt. Heute ist sie fest in der Hand von Kanufahrern. In **Strücklingen,** wo der **Utender Kanal** in die Sagter Ems mündet, findet sich die **Paddel- und Pedalstation** und ein kleiner Hafen mit einem Anleger für Sportboote. Genau wie von >Barßel (256) aus kann man auch von hier aus, ohne eine Schleuse passieren zu müssen, die Nordsee erreichen. Boote, Paddel und Fahrräder können ausgeliehen werden.

Im **Westermoor** in **Ramsloh** steht mit der **Marinefunksendeanlage** eine der modernsten militärischen Funkstellen Europas. Sie versendet weltweit Fernschreiben und Funksprüche an deutsche und NATO-Unterseeboote. Ihre acht 354 Meter hohen rot-weißen Funktürme sind schon von weither in der flachen Landschaft auszumachen. Die Anlage arbeitet mit sogenannten **„Längstwellen“** mit einer Frequenz unter 30 kHz. Solche Wellen eignen sich für die Kommunikation mit getauchten U-Booten, da sie sich mit großer Zuverlässigkeit beinahe um den ganzen Erdball ausbreiten und im Gegensatz zu Funkwellen mit höherer Frequenz auch in den Ozean eindringen.

Porträt

2.250 Menschen sprechen noch Saterfriesisch

„Ich habe dieses Werk für alle Friesen geschrieben, damit wir dieser Sprache, die meine Mitstreiter und ich für künftige Generationen zu retten hoffen, wenigstens ein Denkmal setzen können."

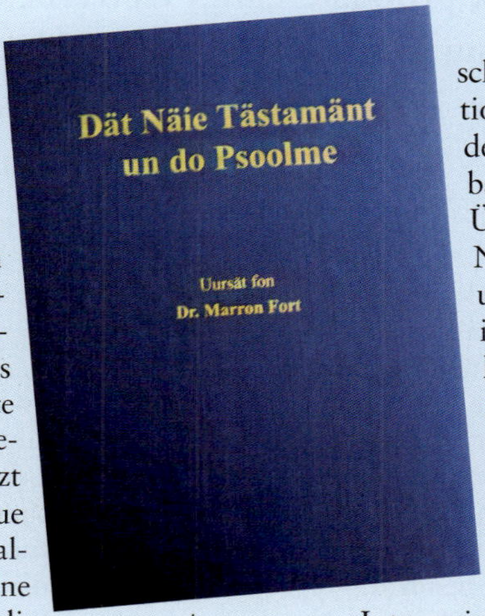

Denn wo dein Schatz ist, da ist auch dein Herz." Diesen Satz aus dem Matthäus-Evangelium (7,21) hat der Germanist **Professor Dr. Marron Fort** bei seiner Übersetzung des Neuen Testaments vielleicht besonders bedacht, denn er könnte auch auf ihn selbst angewendet werden. Übersetzt hat Marron Fort das Neue Testament sowie die Psalmen nicht etwa in seine Muttersprache, das Englische, sondern ins **Saterfriesische**. Dort lautet der Satz dann: *„Dan wier din Skät is, deer is ook dien Haat*". Es ist die erste Buchveröffentlichung in saterfriesischer Sprache überhaupt. Zuvor gab es nur das 1980 erschienene **Saterfriesische Wörterbuch**. Es stammt ebenfalls von Marron Fort, den viele als „Retter des Saterfriesischen" bezeichnen, das bis dahin nur mündlich überliefert wurde. Fort hat auf seinen Reisen über die Dörfer bislang über 35.000 Wörter ausgemacht. Am Saterfriesischen, dem **Osterlauwersfriesisch**, wie es genauer heißt, hängt das Herz des emeritierten Sprachforschers, der intensiven Kontakt hält zu Kollegen, Heimatdichtern und aktiv **Seeltersk** sprechenden Saterländern, von denen es noch etwa 2.250 gibt.

Als Leiter der **Arbeitsstelle Ostfriesisches Niederdeutsch und Saterländisches Friesisch** lehrt der in den USA geborene Ford von 1986 bis 2003 an der Universität Oldenburg. Zur Aufgabe hatte er sich die Erforschung und Dokumentation der ostfriesischen und saterfriesischen Regionalsprachen gemacht. In Wörterbüchern, wissenschaftlichen Publikationen, einem plattdeutschen Erzählband und in der Übersetzung des Neuen Testaments und der Psalmen ins Saterfriesische hielt er seine Ergebnisse fest. In unzähligen Vorträgen verbreitete er sie auch jenseits der wissenschaftlichen Welt an Interessierte weiter. Zum großen Teil geht auf ihn zurück, dass heute an Kindergärten und Schulen das Saterfriesische als Fach angeboten wird. Er beginnt 1957 mit dem Studium der Germanistik, Anglistik und Mathematik in Princeton, erhält 1961 ein Woodrow-Wilson-Stipendiat an der Universität Pennsylvania. Ein Studienaufenthalt führt ihn nach Freiburg, wo er an seiner Dissertation über das in Vechta gesprochene Niederdeutsch arbeitet. Als Professor für Germanistik lehrt er zunächst in seinem Geburtsland an der Staatsuniversität New Hampshire, bevor er nach Oldenburg geht.

„Ich spreche fließend Niederländisch, Friesisch und mehrere niederdeutsche Mundarten," meint Fort mit dem ihm eigenen Charme und ärgert sich über manche sprachliche Sünde der Gegenwart, insbesondere bei den Medien. Und der seit langem eingebürgerte Fort hält fest: *„De Heimat het man neet bloot unner de Fauten, man ook up de Tuang.*" Oder, auf Hochdeutsch: *„Wir verlieren einen Teil der Heimat, wenn wir von unserer Heimatsprache … nichts mehr wissen wollen.*"

Einst war das Osterlauwersfriesische im ganzen Unterwesergebiet verbreitet. Die Sprache der Hanse, das Niederdeutsch-Niedersächsische, verdrängte es jedoch gegen Ende des Mittelalters. Marron Fort (o.) hat die Sprache zu neuem Leben erweckt. Seine Übersetzung des Neuen Testaments ist eines der Werke, in denen er sich der Sprache seiner Wahlheimat zuwendet

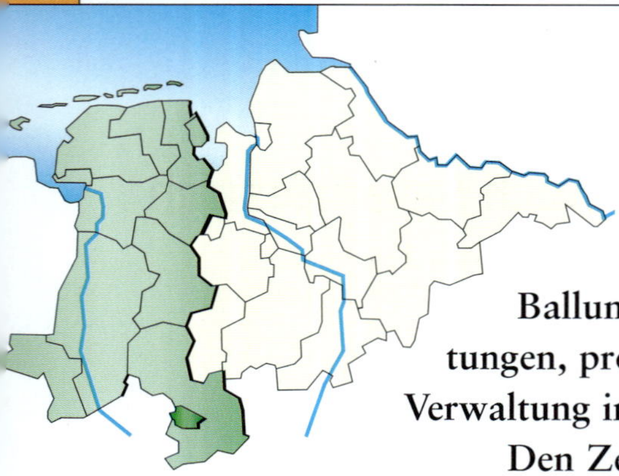

Osnabrück

Inmitten des Landkreises Osnabrück liegt die kreisfreie Stadt Osnabrück. Sie ist das Ballungszentrum, in dem sich kulturelle Einrichtungen, produzierendes Gewerbe, Dienstleistung und Verwaltung in großer Dichte und Vielfalt wiederfinden. Den Zeugnissen der reichen Geschichte der Stadt begegnet man auf Schritt und Tritt.

Die Taube auf der Klinke der Rathaustür erinnert an den Westfälischen Frieden von 1648 (o.)

In Osnabrück verknüpft sich Historisches mit Zukünftigem. 1999 wird hier die erste in der Bundesrepublik stattfindende vollgültige Wahl per Internet abgehalten. Zwar nur die des Studentenparlaments, aber dieser Eintrag ins Geschichtsbuch ist der drittgrößten Stadt Niedersachsens nicht mehr zu nehmen.

Die Stadt entsteht als Folge der Entscheidung Karls des Großen, um 780 an der **Hase** eine Missionszelle einzurichten, die später zum **Bischofssitz** wird. Zwischen Gertrudenberg und Westerberg ist die Hase leicht und sicher überquerbar – ein Vorteil, der Osnabrück zu einem Verkehrs- und Handelsknotenpunkt macht, an dem sich **Handelswege** aus allen vier Himmelsrichtungen treffen. Bis heute hat sich dieser Standortvorteil erhalten und die Wege, von Skandinavien nach Westen sowie von den Niederlanden nach Osten, in einem zusammenwachsenden Europa, führen über Osnabrück. Nicht ohne Grund sind einige der führenden europäischen Speditionsunternehmen gerade hier ansässig geworden.

Obwohl die Branchenstruktur in der Stadt vielfältig gestaltet ist, ragt die metallverarbeitende Industrie heraus. Mehr als die Hälfte der über 20.000 Industriearbeitsplätze finden sich in diesem Industriezweig, darunter insbesondere die Bereiche Fahrzeugbau und Kupferverarbeitung. Als weiterer großer Wirtschaftsfaktor entwickelt sich daneben mehr und mehr der Dienstleistungssektor.

Stark sind auch die Bemühungen der Universitätsstadt im Bereich der Kultur. Die wichtigsten Einrichtungen und Veranstaltungen sind das „Felix-Nussbaum-Haus", das „Erich-Maria Remarque Friedenszentrum", das alljährliche Europäische Medienkunst Festival, die Domschatzkammer und die Ausstellungen in der Kunsthalle Dominikanerkirche.

Als eine der beiden Städte, in denen der Westfälische Frieden geschlossen und der Dreißigjährige Krieg beendet wird, setzt man sich auch in der Gegenwart für den Friedensgedanken ein. Die Osnabrücker Friedensgespräche und der **Osnabrücker Friedenstag** wie die Verleihung des **Erich-Maria-Remarque-Friedenspreises** stehen dafür. Letzterer soll an das von Pazifismus und

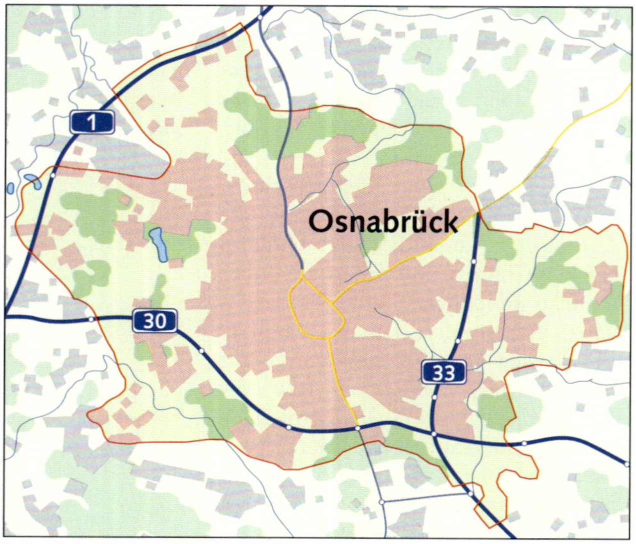

Humanismus geprägte Lebenswerk des aus Osnabrück stammenden Schriftstellers erinnern.

Selbst im Veranstaltungskalender der Stadt fehlt der Friedensbezug nicht. Das **Steckenpferdreiten**, zu dem sich jedes Jahr am 25. Oktober Hunderte von Viertklässlern treffen, um auf Steckenpferden zum Markt zu reiten, erinnert an den Westfälischen Reiter, der die Friedensbotschaft im 17. Jahrhundert verkündet. Dort werden sie vom Oberbürgermeister auf der Rathaustreppe empfangen und mit Zuckerbrezeln belohnt.

Auch das international tätige Hilfswerk **terre des hommes** hat seine deutsche Zentrale in Osnabrück eingerichtet. Weitere Institutionen sind das **Aktionszentrum Dritte Welt** für Entwicklungsprojekte im Nord-Süd-Ausgleich, die **Deutsche Bundesstiftung Umwelt** und das **Centrum für Umwelt und Technologie**.

Als dem ersten evangelischen Fürstbischof der bisherige Bischofssitz in >Iburg (315) nicht mehr repräsentativ genug erscheint, kommt es am Rande der Altstadt, am Neuen Graben, zur Errichtung des **Osnabrücker Schlosses**. Durch zahlreiche An- und Ausbauten ist der leuchtend gelb gestrichene Bau heute das größte Barockschloss Niedersachsens. Gartenarchitekten richten den zum Schloss gehörigen Garten ganz nach den Plänen Sophies von der Pfalz ein, deren Vorstellungen die Gärten in Hannover weltberühmt gemacht haben.

Seit 1974 wird das Schloss als Hauptverwaltung der **Osnabrücker Universität** genutzt. Im Sommersemester 1974 nimmt die neugegründete Universität Osnabrück ihren Studienbetrieb auf.

Häuser am Marktplatz mit den typischen steinernen Treppengiebeln. Im Hintergrund: der Dom St. Peter (o.)

Stadt-Profil

	Stadt Osnabrück	Land Nieders.
Einwohner, Fläche		
Einwohner gesamt	165.517	7.993.415
darunter 0 bis 15 Jahre in %	12,7	15,4
darunter älter als 65 Jahre in %	18,4	18,7
darunter Ausländer in %	8,8	6,7
Fläche in qkm	119,8	47.618,24
Einwohner je qkm	1.381,6	167,9
Sozialstruktur (Jahresdurchschnitt, gerundet)		
Erwerbstätige gesamt	111.500	3.492.600
Empfänger von Arbeitslosengeld / -hilfe	7.880	354.300
Empfänger sonst. Hilfen zum Lebensunterhalt	7.210	311.900
Anzahl Wirtschaftsbetriebe		
Gesamt (Industrie, Handel, Gewerbe, Dienstl.)	7.807	351.151
darunter Land-, Forst-, Fischereiwirtschaft	101	15.862
Steueraufkommen		
Lohn- und Einkommensteuerzahler	57.351	2.738.281
Summe positiver Einkünfte (in Tsd. EUR)	1.879.932	88.279.875
Steuereinnahmen (EUR je Einwohner)	690,51	544,33

Wahlen

Landtagswahl 2003	
CDU	54,5
SPD	33,0
FDP	3,5
Grüne	8,2
Sonstige	0,8

Stadtteile:
- Atter
- Darum
- Gretesch
- Lüstringen
- Dodesheide
- Eversburg
- Fledder
- Gartlage
- Hafen
- Haste
- Hellern
- Kalkhügel
- Nahne
- Pye
- Schinkel
- Schinkel-Ost
- Schölerberg
- Sonnenhügel
- Sutthausen
- Voxtrup
- Westerberg
- Weststadt
- Widukindland
- Wüste

Der volkstümliche Komponist Justus Wilhelm Lyra (o.r.)

Das Regenwaldhaus auf dem Westerberg (r.). Wer über die Treppen und Brücken im Inneren geht, hat die Baumkronen tropischer Gehölze auf Augenhöhe

Das im spätgotischen Stil errichtete Osnabrücker Rathaus von 1512 (o.r.)

2.700 Studierende schreiben sich damals an der Hochschule ein. Heute sind es über 18.000 junge Menschen, die an der Universität Osnabrück in oft disziplinübergreifend ausgerichteten Studiengängen studieren. Zwei von der Deutschen Forschungsgemeinschaft geförderte naturwissenschaftliche Sonderforschungsbereiche, vier interdisziplinäre Institute zu zentralen gesellschaftlichen Fragestellungen und zahlreiche Reformprojekte in Forschung, Lehre und Studium prägen heute die Hochschule. Die Studenten ihrerseits besetzen im Sommer die Gartenanlagen für eine Kombination von Studium, unplugged Musik und Picknickkorb. All dies in der

Nähe des Gedenksteines für **Justus Wilhelm Lyra,** dem in der Hasestraße in Osnabrück geborenen Komponisten des Volksliedes *„Der Mai ist gekommen"*. Seit 1905 treffen sich zudem jedes Jahr im Mai Osnabrücker und Gesangsvereine, um das Lied zu singen. Zum **Maisingen** gehört ein vorweg stattfindendes Konzert der Chöre, dessen Programm die Bürger mitbestimmen können. 1968 werden die romantischen Empfindungen allerdings gestört, als Studenten ihrerseits ein *„Ho, Ho, Ho Chi Minh"* anstimmen. Wechselt im 20. Jahrhundert der Aufführungsort ständig, so hat man seit 2001 den Platz vor dem Rathaus als feststehenden Treffpunkt zur Begrüßung des Wonnemonats gewählt. Als Universitätsstadt leistet man sich auch das kleinste Studentenwohnheim Deutschlands. Auf einer Grundfläche

von nur sieben Quadratmetern hat das Osnabrücker Studentenwerk auf drei Etagen ein Wohnheim eingerichtet, das sogenannte **Gartenhaus auf der Hohen Mauer**. Hundert Studenten und Studentinnen bewerben sich regelmäßig als Mieter, aber mehr als ein Bewohner kommt nicht in Betracht.

Als Einrichtung des Fachbereichs Biologie/Chemie entsteht 1984 der **Botanische Garten** der Universität. Angelegt auf dem **Westerberg,** wachsen hier 7.000 Pflanzenarten. Steilwände, Teiche und Felsblöcke kreieren zusammen ein besonderes Landschaftsrelief. Die verschiedensten Pflanzengemeinschaften

Das Osnabrücker Schloss (r.) ist heute Sitz der Verwaltung der Universität

Der Drei-Äpfel-Paar-Kronleuchter im Friedenssaal des Osnabrücker Rathauses (o.)

sind auf dem Freigelände nebeneinander angesiedelt, und auf wenigen Metern kann man einen Spaziergang durch die ganze botanische Welt unternehmen. Der Weg führt durch Vegetationsformen der Wälder Nordamerikas, Europas und Asiens, vorbei an Arznei-, Duft- und Lauchgewächsen. Im Zentrum steht die 21 Meter hohe Stahl- und Glaskonstruktion des **Regenwaldhauses**, in dem das Grün der Amazonasvegetation wuchert, zwischen dem sich vielfarbige Falter und Frösche bewegen. Bei den jährlich stattfindenden **Amazonasnächten** verwan-

Die mittlere Figur über der Rathaustreppe (l.) stellt den Stadtgründer Karl den Großen dar. Ehe Bürgermeister Stüve 1845 die steinerne Treppe bauen ließ, war sie aus Holz und wurde bei Gefahr hochgezogen

delt sich das Regenwaldhaus in eine Konzertbühne mit einzigartiger Naturkulisse.

Ein Stadtrundgang könnte als Ausgangspunkt das **Rathaus Osnabrück** nehmen. Außen sind es vor allem die große **Freitreppe** und die neun **Kaiserfiguren**, die den Blick auf sich ziehen. Neben der aktuellen Verwaltungstätigkeit, die hier geleistet wird, ist es so etwas wie ein kleines historisches Museum in sich. Hier und im Rathaus von Münster wird der Dreißigjährige Krieg (1618–1648) mit der Unterzeichnung des **Westfälischen Friedens** beendet. In Münster unterzeichnet und von der Osnabrücker Rathaustreppe ausgerufen, hält das *Instrumentum pacis osnabrugense*, das Osnabrücker Friedensinstrument, die neue Glaubens- und Gewissensfreiheit fest.

Das Gebäude selbst entsteht ein Jahrhundert früher. Nach über 25 Jahren Bauzeit wird es 1512 im spätgotischen Stil fertig gestellt. Die gotische Tür, durch die man noch heute das Rathaus betritt, ist über 500 Jahre alt. Im **Friedenssaal** sind die 42 Porträtgemälde der Pazifikatores, der europäischen Gesandten des Friedenskongresses und der Herrscher jener Zeit ausgestellt. Der Saal ist weitgehend in dem Zustand belassen worden, den er während der Friedensverhandlungen besitzt. Neben mit Schnitzkunst verzierten Sitzbänken findet sich so auch ein Leuchter mit dem **Osnabrücker Drei-Äpfel-Paar.** Abgebildet sind Eva mit zwei und Adam mit einem dritten Apfel. Bis heute gibt diese Darstellung der Kunstwissenschaft Rätsel auf.

In der kleinen **Ratskammer** hängen die Bilder der Fürstbischöfe, die in den vergangenen Jahrhunderten die Geschicke der Stadt lenken. Kostbare Stücke der Schatzkammer sind der **Kaiserpokal** und die **Schützenkette**, beide aus dem 13. Jahrhundert. Auch eine Nachbildung des Westfälischen Friedensvertrages wird hier aufbewahrt.

In den oberen Stockwerken kann man die Dauerausstellung „Zerstörung und Aufbau“ besuchen und die Entwicklung der Stadt von den Zerstörungen des Zweiten Weltkrieges bis zum Wiederaufbau nachverfolgen. Ein großes Modell zeigt zudem die Stadt im Jahre 1633. Die an Kirchen reiche **Altstadt** hebt sich darin deutlich von der

Die Stadtwaage neben dem Rathaus (o.)

Hotel Walhalla (r.)

Blick in die Heger Straße in der Osnabrücker Altstadt mit ihrer reichen Kneipenszene (ganz r.)

Der hölzerne Fassdeckel (r.) an der Außenwand der Hausbrauerei Rampendahl erinnert daran, dass hier schon im ausgehenden Mittelalter die Mitglieder der Rampendahlgesellschaft beim Bier zusammenkamen

Bürgerbrunnen (o.) Er stellt dramatische Ereignisse der Stadtgeschichte dar wie die „Schwarze Pest", die in der Stadt gewütet hat, die Hinrichtung des Schneiders Lenethum oder die Hexenverfolgungen

Neustadt ab, die zu jener Zeit überwiegend von ärmeren Teilen der Bevölkerung bewohnt wird und in der **St. Johann**, als Keimzelle der Neustadt, der einzige Kirchenbau ist.

Ein architektonisches Ensemble bildet das Rathaus zusammen mit der **Stadtwaage**, dem heutigen Standesamt, und der **Marktkirche St. Marien** am Osnabrücker Markt. Zusammen sollen sie die gefestigte Stellung des Bürgertums des 16. Jahrhunderts symbolisieren. Die markanten **Treppengiebel** der Bürgerhäuser am Markt charakterisieren Osnabrück als alte Handels- und Hansestadt. Wie in > Bremen (II-194f) ist die Schauseite des Rathauses nicht umsonst demonstrativ in Richtung Dom ausgerichtet, was hier noch durch die Marktkirche verstärkt wird.

Die drei Schalen des **Bürgerbrunnens** symbolisieren den ewigen Fluss der Zeit. Von der größten Schale mit der Vergangenheit fließt das Wasser über die mittlere der Gegenwart in die kleinste der noch unbekannten Zukunft. Viele historische Motive der Stadtgeschichte, wie Häuserfassaden, Hexenverfolgung oder die erste Osnabrückerr Postkutsche, finden sich in Bronze gegossen wieder. Ausgeführt wird das Werk 1986 durch den Osnabrücker Bildhauer **Hans Gerd Ruwe.**

Am Markt beginnt ebenfalls die Altstadt von Osnabrück mit ihrer Vielzahl von Kneipen und Lokalitäten. Das Kneipenviertel ist das Herz der Altstadt. Dort begegnet man Namen wie „Stiefel", „Peitsche" oder „Zwiebel". Am Eingang zur verkehrsberuhigten Altstadt, in der **Bierstraße,** ragt die Fachwerkfront des **Hotels Walhalla** auf, wo die Schwedenkönigin Silvia zur 350-Jahresfeier des Westfälischen Friedens übernachtet und Justus Wilhelm Lyra ein und ausgegangen sein soll. In der **Krahnstraße** liegt noch heute das **Café Läer,** wo bereits der spanische Gesandte im 17. Jahrhundert zu nächtigen pflegt. Schwarzweiße Fachgiebel und grüne Holztore laden beim **Weinkrüger** in der **Marienstraße** zum Verweilen ein. In der **Hasestraße** schließlich steht die **Hausbrauerei Rampendahl.** In einem alten Bürgerhaus vis à vis der Bischöflichen Kanzlei produziert die kleine Hausbrauerei eigene Bierspezialitäten. 1997 übernimmt **Helmut Dierker** den Betrieb mit angegliederter Gaststätte, den er heute zusammen mit seinem Sohn **André** führt. Zum Bier wird selbst gebackenes **Treberbrot** mit Griebenschmalz gereicht. Man kann das Brot auch als Ganzes kaufen; rund 140.000 Stück pro Jahr gehen über die Theke. Die Brauerei kann besichtigt werden.

An der **Dielingerstraße**, Eingang Rolandsmauer 23, liegt das **Steinwerk** am **Heger Tor.** Steinwerke sind typische Beispiele der frühen Osnabrücker Bauweise. Im waldreichen Land zwischen den beiden Gebirgszügen eingebettet, sind Holz und Stein für den Wohnbau dieser Landschaft althergebrachte Baustoffe. Ende der 1980er Jahre wird das Steinwerk im Zuge der Altstadtsanierung wieder instand gesetzt. Gegenüber liegt die urige Altstadtkneipe **Olle Use,** wo sich alle sieben Jahre die **Heger Laischaft,** die bis heute das Heger Holz unterhält, zum **Schnatgang** trifft. Nach mittelalterlichem Brauchtum werden dabei die Grenzen der einst öffentlichen Weideplätze vor der Stadt festgelegt, wenn heute auch eher symbolisch. Bei einem Umzug marschiert die Laischaft durch die Stadt. Am alten Grenzstein (Schnat = Grenze) in der **Lotter Straße** erhält ein zehn- bis zwölfjähriger Junge eine Ohr-

feige – was auf das ursprüngliche Brauchtum zurückgeht. Zum Trost spendiert man ihm daraufhin einige Biere und süße Brezel. Die Regionalpresse fotografiert ihn und macht ihn zum Mittelpunkt der feierlichen Ereignisse. Der nächste Schnatgang findet 2011 statt.

Neben der Kneipenszene hat die Altstadt rund um die **Fußgängerzone Große Straße** eine Reihe von **Antiquariaten** und **Kunsthandlungen** vorzuweisen. So eröffnet 1904 **Wilhelm Duhme** in einem gotischen Staffelgiebelhaus am Markt seine Kunst- und Buchhandlung. 1960 wird die Buchhandlung abgetreten, die **Kunsthandlung Buchbinderei W. Duhme** aber besteht weiterhin und wird heute in der dritten und vierten Generation von **Anke Reichert-Duhme,** Ehemann **Klaus** und Sohn **Oliver** sowie von **Anette Rehbaum-Duhme** geführt. In der Buchbinderei hatte Oliver Reichert u.a. schon die

Blick in den Laden des Aktionszentrums 3. Welt (u.)

Lutherbibel der Gemeinde der Marienkirche aus dem 16. Jahrhundert auf der Heftlade.

In der **Bierstraße** findet sich seit 23 Jahren ein Geschäft, in dem Handel einmal anders betrieben wird. In den Schaufenstern sieht man Taschen, Kissen und bunte Decken, im Inneren stößt man auf Kaffee, Geldbeutel, Spielzeug und vieles andere. Alle angebotenen Produkte sind bei den Herstellern zu einem fairen Preis erworben worden, der meist über dem Handelsüblichen liegt. Ein kleiner Schritt, um den negativen Folgen des globalen Handelssystems entgegenzutreten. Die eigene, im Steigen begriffene Kundschaft zu *fairführen* beansprucht man daher zu Recht. Daneben wird im Laden auch Bildungs- und Informationsarbeit geleistet. Seit 1982 gibt es das **Aktionszentrum 3. Welt** (**A3W**) als Dachorganisation für Gruppen in Zusammenhang mit Dritte-Welt-Arbeiten. Man arbeitet überwiegend ehrenamtlich, so auch das zehnköpfige Ladenteam. **Reinhard Stolle,** seit 1992 dabei, hat die einzige feste Stelle. Das A3W, mit Vorstands- und Gründungsmitglied **Franz Wirtz,** und der Verein **Fokus** wirken auch beim alle zwei Jahre stattfindenden **Afrikafest** mit, das vom Büro für Friedenskultur der Stadt Osnabrück veranstaltet wird.

Altstadtkneipe „Olle Use" in der Heger Straße (o.)

Anke Reichert-Duhme und Sohn Oliver in ihrer Kunsthandlung (l.)

Osnabrück ist eine der Hochburgen der Hexenverfolgung in Deutschland. Das Wandbild in der Mühlenstraße (o.) erinnert daran, dass auch heute immer wieder mörderische Verfolgungen von Menschen stattfinden (o.)

Der Märchenerzähler Ibrahim Ndiaye aus dem Senegal beim Afrikafest 2003 (ganz o.)

Der Bucksturm, in der Zeit des Hexenwahns das gefürchtete Gefängnis der Stadt (r.)

Spätestens am Altstadtrand wird die historische Kulturkulisse der Stadt wieder überwältigend. Der **Bucksturm** wird Anfang des 13. Jahrhunderts als Wachturm innerhalb der Stadtmauer errichtet. Ursprünglich war er mit etwa 28 Metern Höhe der höchste Befestigungsturm der Stadt. Historische Bedeutung bekommt er als städtisches Gefängnis. 1305 wird hier Graf Simon von der Lippe für sechs Jahre eingesperrt. Der Johanniskasten in der zweiten Etage erhält seinen Namen nach dem wohl bekanntesten Gefangenen: **Johann von Hoya**, der als Kriegsgefangener 1441 bis 1448 in dem Kasten eingesperrt ist. 1534 schließlich werden auch die Abgesandten der Wiedertäufer aus Münster hier festgehalten. Eine weitere unrühmliche Funktion kommt dem Turm zu, als dieser während der **Hexenverfolgung** im 16. und 17. Jahrhundert als Folterkammer dient. Die Folterwerkzeuge sind heute verschwunden, eine Ausstellung beleuchtet aber die ideologischen Hintergründe und das Verfahren der Verfolgungen.

Im historischen **Steinwerk Ledenhof** hat die im Oktober 2000 durch den Bund gegründete **Deutsche Stiftung Friedensforschung (DSF)** ihren Sitz. Die Stiftung bürgerlichen Rechts fördert wissenschaftliche Projekte in der Friedens- und Konfliktforschung und trägt zur Vermittlung von Forschungsergebnissen in die politische Praxis und Öffentlichkeit bei. Mit einem Nachwuchs- und Strukturförderungsprogramm wird zudem eine nachhaltige Stärkung der Friedens- und Konfliktforschung in Deutschland angestrebt. Der Stiftungssitz wird für wissenschaftliche und kulturelle Veranstaltungen genutzt.

Die älteste **Spindeltreppe** Norddeutschlands hat sich im Treppenturm des **Ledenhofes** erhalten. **Heinrich von Leden** lässt diesen farbig dekorierten Renaissance-Anbau 1588 errichten. Im Renaissancesaal kommt man in den Genuss kultureller Veranstaltungen wie Lesungen, Konzerte, Vorträge oder Theatervorstellungen. Auch das **Literaturbüro Westniedersachsen** hat hier seinen Sitz bezogen.

1956 in der Niederlausitz geboren, wächst der Sänger und Schriftsteller **Heinz Rudolf Kunze** nach der Flucht seiner Familie in den Westen und nach häufigem Wechsel des Wohnortes ab

1963 in Osnabrück auf. Mit Kunze assoziieren die meisten die großen Radio-Hits *„Dein ist mein ganzes Herz"* und *„Finden Sie Mabel"*. Den größten kommerziellen Erfolg feiert der Sänger 1991 mit dem Album *„Brille"*. Der Dylan-Fan ist auch literarisch tätig. Bereits 1978 mit dem **Literatur-Förderpreis** seiner Heimatstadt Osnabrück ausgezeichnet, erscheinen Bücher mit Prosatexten und Gedichten. Außerdem übersetzt Kunze erfolgreiche Musicals wie *„Les Miserables"*, *„Miss Saigon"* und *„Rent"*, eine Arbeit, für die er ebenfalls ausgezeichnet wird. Bis heute hat der Sänger mit der Brille mehr als 200 Songs aufgenommen und selbst Musicals geschrieben. Im Jahr 2003 wird Heinz Rudolf Kunze mit den Stimmen aller Bundestagsfraktionen zu einem von elf Sachverständigen der Enquetekommission *Kultur in Deutschland* ernannt. Er lebt heute am Rande von Hannover.

Engagiert arbeitet man in der Bundesgeschäftsstelle in Osnabrück des 1967 gegründeten entwicklungspolitischen Kinderhilfswerks **terre des hommes.** Man versucht mit Kampagnen sowie Lobby- und Öffentlichkeitsarbeit Einfluss auf die deutsche Politik und Wirtschaft zu nehmen, um auf die Situation von Kindern in Not aufmerksam zu machen. Etwa 60 Mitarbeiter erarbeiten Aktionen, die sich gegen den Einsatz von Kindersoldaten, gegen Kinderarbeit, Missbrauch u. ä. wenden. In 27 Projektländern ist das Hilfswerk an rund 400 Partnerprojekten beteiligt. Dazu zählen auch Soforthilfeaktionen wie das Anlegen von Brunnen und Bewässerungsanlagen in Dürregebieten.

Über Wassermangel kann sich Osnabrück selbst nicht beklagen. Mehr als ein Drittel des Stadtgebietes von Osnabrück sind Flüsse, Seen, Wälder, Wiesen und landwirtschaftlich genutzte Flächen. Beim bundesweiten Wettbewerb „Bundeshauptstadt für Natur- und Umweltschutz" findet sich die Stadt unter den ersten Zehn. Aus dem Wettbewerb „Entente Florale 2001" geht Osnabrück sogar als einer der Gewinner hervor. Daher ist es nur konsequent wenn sowohl das **Centrum für Umwelt und Technologie** als auch die **Deutsche Bundesstiftung Umwelt** ebenfalls in Osnabrück ihren Sitz haben.

MUS-E steht für **Multikulturelles soziales Schulprojekt für Europa**. Das Projekt hat zum Ziel, dem Rassismus und der Gewalt in Schulen durch Kunst und Kreativität entgegenzuwirken und Kinder in ihrer Persönlichkeit und Toleranz zu fördern. MUS-E kann durch Spenden- und Sponsorengewinnung sowie die gemeinsame Trägerschaft mit der **Yehudi Menuhin Stiftung Deutschland** ohne öffentliche Mittel realisiert werden, wobei das gesamte Pilotprojekt in Osnabrück zu 100 Prozent durch die **Bürgerstiftung** finanziert wird. Unterstützt wurde das Projekt durch eine Veranstaltung mit Namen **„Kamm together"** u. a. auch vom Kapellmeister der **Städtischen Bühnen, Till Drömann,** und der ebenfalls dort wirkenden Sängerin **Heike Hollenberg**. Gemeinsam veranstalten sie 2004 ein Konzert, dessen Erlös der Stiftung zugute kommt. Das Besondere daran ist, dass Osnabrücker mitmusizieren, und zwar auf Kämmen! Ein Kamm und ein

Schulprojekt des Kinderhilfswerks terre des hommes in Kambodscha (l.)

„Kamm together": Osnabrücker musizieren gemeinsam auf Kämmen (o.)

Heinz Rudolf Kunze (ganz o.)

1664 baut Christian Schmidt aus Dringenberg (Paderborn) ein perspektivisches Gitter (o.) mit zwei Türen in den Dom St. Peter ein. Es ist eine der frühesten perspektivischen Darstellungen in Norddeutschland

Stück Butterbrotpapier, mehr war zum Musikmachen nicht nötig. Vor dem *einfachen Reinsingen* sangen Hollenberg und Drömann Melodie und Text vor. Ausgewählt hatte man dafür „Ich brauch nur Musik, Musik", die Titelmelodie der Muppet Show, die die etwa 7.000 Bandmitglieder dann in ihre Kämme bliesen. Ob das **Kamm together** regelmäßig stattfindet, steht noch nicht fest, aber wenn, dann kann man vielleicht beim nächsten Mal auch den namengebenden Beatles-Song anstimmen.

Deren Songs kann man aus einer Vielzahl von Kehlen auf dem alljährlichen **Pop- und Jazzchor** open air auf dem Osnabrücker Marktplatz hören. Hier erklingen sie neben Jazz-, Rock- und Popstandards oder Evergreens in Sopran, Alt, Tenor und Bass. Musikinteressierte sind immer wieder fasziniert, wie sich Lieder durch das Arrangement für Chor verändern. **Klaus Terbrack** vom Veranstalter **Fokus** sieht überhaupt eine Veränderung der Chorszene, in der neben den klassischen Chören zusehends Jazz- und Popchöre auftauchen. Diesen will man mit der Veranstaltung ein Forum geben.

Kunstschätze Osnabrücks

In der Stadt des Westfälischen Friedens spielen Kirchen eine besondere Rolle. Der **Dom St. Peter**, die Kathedralkirche des Bistums Osnabrück,mit dem achteckigen Vierungsturm, gilt als Meisterwerk spätromanischer Baukunst. Wenn die imposante Westfassade mit ihrem romanischen Nord- und dem spätgotischen Südturm durch ihre Asymmetrie überrascht und ein Spiegelbild der unterschiedliche Bauphasen darstellt, so erhält der Dom doch weitgehend in der Zeit von 1218 bis 1277 seine heutige Gestalt. Auffallend ist, dass der offene **Kreuzgang** mit seinen dreiteiligen **Säulenarkaden** von der Domachse abweicht – ein Hinweis, dass die Achse des ältesten Bauteils nicht mit dem heutigen Dom übereinstimmt. Die **Perspektivgitter**, welche den Chorumgang abschließen, stammen aus dem 17. Jahrhundert. Sie sind eine der frühesten perspektivischen Darstellungen in Norddeutschland. 800 wird die zunächst kleine Missionskirche, die Karl der Große nach dem Sieg über die Sachsen 783 nahe der Hasefurt errichten lässt, zum Bischofssitz erhoben. Damit ist ein Ausbau verbunden, der einen der ältesten Kirchenbauten auch zu einem der größten Dombauten Niedersachsens werden läßt. 1997 erfolgt die bislang letzte Renovierung.

Sakrale Kunstgeschichte findet sich in der **Domschatzkammer** wie im **Diözesanmuseum**. Beide befinden sich im

Das Pop- und Jazzchor Festival (r.) auf dem Osnabrücker Marktplatz

Kreuzgang des Doms. Letzteres wird 1918 eröffnet. Skulpturen, Gemälde, aber auch kirchliche Textilien und Möbel aus dem Dom wie aus dem Bistum werden hier aufbewahrt. Den Kern der Sammlung bilden Werke des **Meisters von Osnabrück**, so der Name einer bedeutenden Werkstatt des Mittelalters. Auch ein Tafelbild des Soester Meisters von 1473 ist vorhanden. Prunkstück der Textiliensammlung ist das aus byzantinischer Seide gewebte **Kasel**, ein Priestergewand des Bischofs Benno II.

Im Dreißigjährigen Krieg geht der Großteil der liturgischen Gerätschaften des Osnabrücker Doms verloren. Die wenigen erhalten gebliebenen Stücke bewahrt der **Domschatz**. Zum Bestand gehören liturgische Geräte und Reliquien verschiedenster Art sowie Kleinodien aus Gold und anderem Material. Herausragendes Beispiel der Goldschmiedekunst des 11. Jahrhunderts ist das **Triumphkreuz**. 152 Edelsteine und Perlen sind als Verzierung auf ihm angebracht. Da es angeblich aus dem oberen Kreuzbalken des Kreuzes Christi gefertigt ist, gehört es zu den wertvollsten Reliquien des Mittelalters. Überhaupt ist eine große Anzahl Reliquien in der Stadt gesammelt worden. Bereits eine Liste aus dem Jahr 1343 erfasst 300 Stücke. Doch auch weltliche Objekte, wie ein aus dem 10. Jahrhundert stammender Kamm aus Elfenbein oder das aus Bleikristall gefertigte Schachspiel Karls des Großen gehören zur Sammlung.

Die Kirche **St. Marien**, die 1543 evangelisch wird, ist bis ins 18. Jahrhundert hinein Grabstätte führender Familien Osnabrücks. Sie gehört zum Ensemble des dreieckigen Marktplatzes. Als erste Bürgerkirche und Kirche des Rates kommt ihr eine besondere Stellung zu. Sie wirkt als protestantisches Gegengewicht zum Dom. Im Laufe der Zeit wird der Kirchenbau immer wieder erweitert. Im 13. Jahrhundert erfolgt die Ergänzung durch die Seitenschiffe, doch schon um 1300 erhält die Kirche ihre bis heute vorherrschende Gestalt einer gotischen Hallenkirche mit dreischiffigem Langhaus.

Auch hier bestimmt die mystische Zahl Vier die Architektur. Auf sie ist die symmetrische Gestaltung der Nord- und Südseite abgestimmt. Vier hohe gotische Fenster auf jeder Seite und jeweils vier Giebel mit Sandsteinfiguren, zwischen denen Wasserspeier angebracht sind, bestimmen das Bild. Dazu kommen vier Portale, je zwei zu jeder Seite, ebenfalls mit Figuren versehen. Das **Brautportal** an der Südseite ist von den törichten und den klugen Jungfrauen flankiert, welche von Synagoge und Ecclesia als Vertreter des Alten und des Neuen Bundes geführt werden.

Das Brautportal der evangelischen Kirche St. Marien (o.)

Das prunkvolle Triumphkreuz aus dem katholischen Domschatz (ganz o.)

Die evangelische St. Marien Kirche (o.r.)

Der katholische Dom St. Peter (o.l.)

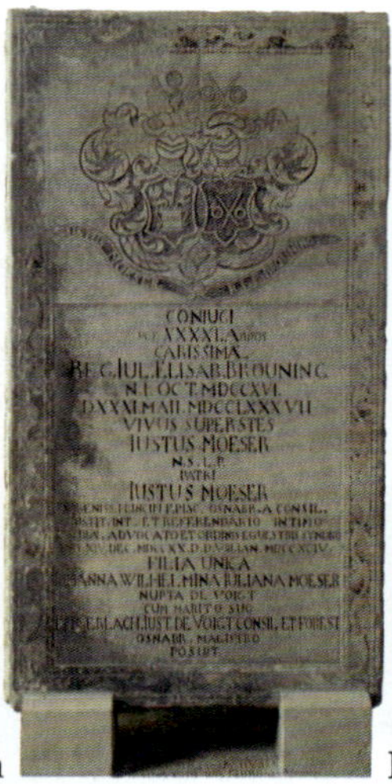

Die Grabplatte Justus Mösers (1720–1794) in der Kirche St. Marien (r.). Zu den Idealen des Historikers und Juristen gehörte der freie, in seinem Eigentum gesicherte und durch Selbstverwaltung am politischen Leben mitwirkende Bauern- und Bürgerstand. Goethe nannte ihn den „Patriarchen von Osnabrück"

Auch die Innenausstattung enthält eine Reihe von sakralen Kunstschätzen wie das am Fußende von Löwen verzierte **Taufbecken**, die **Strahlenmadonna auf der Mondsichel**, das **Triumphkreuz** im Chorgewölbe oder den **Hauptaltar**, dessen Flügelbemalungen Szenen aus dem Leben Jesu Christi und seine Leidensgeschichte zeigen. Kanzel und Kanzeldecke stammen aus dem 20. Jahrhundert und sind Arbeiten des Bildhauers **Heinz Heiber**, die 1964 und 1989 angefertigt werden.

Im Chorumgang der Kirche sind Epitaphe und Grabsteine eingelassen, unter anderen der Grabstein **Justus Mösers**, eines bedeutenden Osnabrücker Juristen, Staatsmannes und Historikers.

Kunsthalle Dominikanerkirche (r.)

1946 beginnt der Wiederaufbau der im Zweiten Weltkrieg schwer beschädigten **St. Katharinenkirche**, einem der höchsten mittelalterlichen Bauwerke Niedersachsens. Der Turm erreicht die Höhe von 103,5 Metern. Der Kirchenbau hatte sich von 1300 bis 1500 hingezogen. Nur Teile seiner kostbaren Innenausstattung haben die Bombenangriffe des Zweiten Weltkriegs überstanden. Die modernen Gewölbemalereien der Seitenschiffe stammen von **Dieter Hausmann** und entstehen 1992.

Neben den Kirchenbauten ist besonders die Museumskultur in Osnabrück stark vertreten. Dabei überschneidet sich beides in der **Kunsthalle Dominikanerkirche**. Seit 1991 präsentiert man in der Ausstellungshalle der Kirche zeitgenössische Kunst. Die Skulpturen, Installationen und Objekte sind im raumbezogenen Verhältnis zum Sakralbau aufgestellt und verstärken damit ihre Wirkung. Als jährliche Periodika-Ausstellung wird hier im Rahmen des Festivals **European Media Art** eine der umfassendsten Präsentationen internationaler Medienkunst gezeigt.

Das **Kulturgeschichtliche Museum** beschäftigt sich mit der Stadtgeschichte Osnabrücks vom Mittelalter bis zur Gegenwart. Präsentiert werden die Exponate auch in der neoklassizistischen **Villa Schlikker** und im **Dreikronenhaus**. Im Grafischen Kabinett stößt man auf eine umfangreiche **Dürer-Sammlung**.

Das bekannteste Osnabrücker Museum ist wohl das **Felix-Nussbaum-Haus**. Gegenüber dem Heger Tor bewahrt es die größte Sammlung des jüdischen, in Auschwitz zusammen mit seiner Frau **Felka Platek** ermordeten Osnabrücker Malers **Felix Nussbaum**. Das Gebäude ist nach einem Entwurf des amerikanischen Architekten **Daniel Libeskind** gebaut, der auch das Jüdische Museum in Berlin entworfen hat. Seine Idee für Osnabrück nannte er ein *„Museum ohne Ausgang"*.

Architektur und Sammlung sind aufeinander abgestimmt. Die Sammlung kommt in den 1970er Jahren zusammen, als **Auguste Moses-Nussbaum** sich dafür einsetzt, dass der mehr als 100 Bilder umfassende Nachlass ihres Cousins in dessen Geburtsstadt gebracht wird. Die Stadt erwirbt in den folgenden Jahren noch weitere Exponate hinzu, insgesamt über 180.

Bedeutung und Umfang der Sammlung veranlassen die Stadt, das Kulturgeschichtliche Museum um den Anbau des Felix-Nussbaum-Hauses zu erweitern. Die Sammlung wird in chronologischer Folge präsentiert, wodurch die Verknüpfungen von Lebens- und Schaffensphasen deutlich gemacht werden. Aufgenommen wird dies auch in der Architektur des Gebäudes.
Schon die verwendeten Materialien Holz (Nussbaum-Haus), Beton (Nussbaum-Gang) und Zink (Brücke) symbolisieren mit ihrer zunehmenden Kälte den Lebensweg des Künstlers von der Jugend über die Zeit der Vertreibung bis zum gewaltsamen Tod in Auschwitz. Einzelne Architekturelemente mit ihren Themenräumen beziehen sich jeweils auf bestimmte Lebensstationen des Malers. Leicht ansteigende oder abfallende Fußböden, nicht parallel verlaufende Wände, Fenster ohne rechten Winkel, hartes Neonlicht oder teilweise transparente Geschossdecken sorgen beim Besucher für ständige Irritation und Unruhe.
Irritation und Unruhe spiegeln sich auch in den Bildern Nussbaums wider, die von der Angst und den Gräueln des Nationalsozialismus, vom Leben als Emigrant und Verfolgter berichten. Das berühmte Gemälde mit dem Titel *„Selbstbildnis mit Judenpaß“* zeigt den Künstler als gehetzten Mann mit dunklen Augenhöhlen, gekleidet in einen mit Davidstern versehenen Mantel.

Neben Felix Nussbaum ist es vor allem der Name und die Person **Erich Maria Remarques,** die mit Osnabrück verbunden werden. Osnabrück ist die Heimatstadt Remarques, der mit seinem 1929 erschienenen Antikriegsroman *Im Westen nichts Neues* Weltruhm erlangt. Die ersten 24 Jahre seines Lebens verbringt er hier und lässt später die Örtlichkeiten seiner Heimatstadt in seinem Werk immer wieder anklingen. Ihre Zerstörung im Zweiten Weltkrieg erschüttert ihn. In einem Brief an den Osnabrücker Freund Hanns-Gerd Rabe hält er noch 1963 fest: *Als ich, nach Verbrennung meiner Bücher, Verlust meiner Staatsangehörigkeit und mehr als 15 Jahren Abwesenheit nach dem Kriege zum erstenmal in meine Heimatstadt zurückkehrte, fand ich sie nicht wieder. Die Stadt war ein Trümmerhaufen geworden, in dem ich mich verirrte, als ich die Straßen meiner Jugend suchte.*
Dennoch ist das Verhältnis kein ungetrübtes und sicherlich keines verklärter Heimatverbundenheit. Auch in Osnabrück wird Remarque nach Erscheinen seiner Antikriegsromane lange geschmäht. Wie immer in finsteren Zeiten gehört die Verwerfung des Pazifismus zum Alltagsgut der Stammtischler und Populisten. Heute kann man den Verbindungen von Osnabrück und Remarque auf einem eigenen Rundgang, für den man etwa eine Stunde braucht, folgen. Er beginnt am **Erich-Maria-Remarque-Friedenszentrum** im histori-

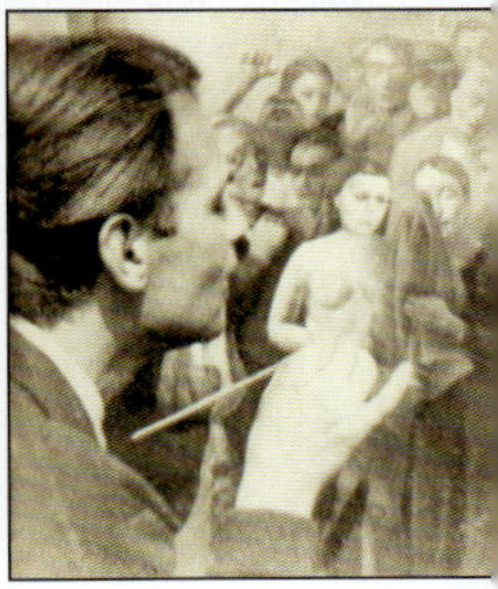

Felix Nussbaum 1941 bei der Arbeit an dem Bild „Der Sturm“ (o.)
Zwei Jahre später entsteht das „Selbstbildnis mit Judenpass“ (o.l.). Ein weiteres Jahr später wird der Maler in Auschwitz ermordet.
Die Verzweiflung, die sich in den späten Bildern des Künstlers zeigt, will der Architekt Daniel Libeskind auch mit seinem Entwurf des Felix-Nussbaum-Hauses ausdrücken (Luftperspektive o. ganz l. und Innenansicht ganz o.)

Die Stadt Osnabrück hat dem Schriftsteller und Pazifisten Erich Maria Remarque (o.) ein eigenes Haus (r.) gewidmet

Klimavitrine im Museum am Schölerberg (ganz r.)

schen Stadtkern. In einem der Bürgerhäuser (Nr. 6) der Hansezeit, gegenüber der Marktkirche, ist eine Dauerausstellung zum Leben des Schriftstellers eingerichtet. Hingewiesen wird auch auf Punkte im Stadtgebiet, die mit Remarque in Zusammenhang stehen und die abseits des Weges liegen, aber für Interessierte lohnenswert sind.

Auch beim **Museum am Schölerberg** spielt bereits die Architektur eine wichtige Rolle. Die Konstruktion ist der spiralenartigen Form eines Ammoniten nachempfunden. In dem 1988 eröffneten Museum werden mit Hilfe einer

umfangreichen naturwissenschaftlichen Sammlung Natur und Umwelt thematisiert. 1997 wird das Museum als regionales Umweltbildungszentrum anerkannt. Ökologische Zusammenhänge regionaler Lebensbereiche und die Erdgeschichte des **Osnabrücker Berglandes** der vergangenen 300 Millionen Jahre werden auf 1.300 Quadratmeter Ausstellungsfläche gleichermaßen vermittelt. Einzigartig in der deutschen Museumslandschaft ist die **Klimavitrine** mit einigen Quadratmetern lebenden Hochmoores und die Dauerausstellung **unter.Welten**, die seit 2001 in die faszinierende Welt des Bodens entführt. Im Außenbereich lassen sich an Teichen, im Garten und im Ökohaus ebenfalls geschlossene Lebensräume beobachten. Im **Planetarium** erstreckt sich unter einer acht Meter großen Kuppel ein künstlicher Sternenhimmel und per Teleskop wird ein Blick auf den natürlichen Sternenhimmel möglich.

Zeitgenössische Kunst findet sich in der **Stadtgalerie** konzentriert. Tendenzen der aktuellen Kunstszene werden mit einem spätindustriellen Ambiente verknüpft, wenn der Besucher im Laufe der Kunstbetrachtung Kaffee und Kuchen in den Räumlichkeiten des Stadtgaleriecafés, einer ehemaligen Industriewerkstatt, genießen kann.

Windräder zur Energiegewinnung krönen den **Piesberg**, den Osnabrücker Hausberg. Seit langem wird hier Energie gewonnen, allerdings nicht durch Windkraft, sondern im Kohleabbau. Dieser endet 1898, als die Steinkohlenzeche stillgelegt wird. Fast ein Jahr-

hundert später kehrt der Bergbau auf andere Art und Weise auf den Piesberg zurück. Die historischen Schachtgebäude werden zu einem Museum, das nicht Bergbau-Romantik erzeugen will, sondern bemüht ist, den Arbeitsalltag der Kumpels sichtbar zu machen. Industriekultur und dessen Mythos Dampf wird im **Museum Industriekultur** in Szene gesetzt. Im Haseschachtgebäude werden Themen wie der Steinkohlebergbau, der Mythos Dampf und die ersten Phasen der Industrialisierung als Dauerausstellungen präsentiert. Zwei Dampfmaschinen von 1849 und 1916, die in Bewegung gesetzt werden, zeigen die Funktionsweise dieser zu ihrer Zeit für die Industrialisierung bahnbrechenden Maschinen. Mit einem gläsernen Fahrstuhl kann der Besucher 30 Meter

Der Hasestollen im Museum für Industriekultur ist eine um 1900 stillgelegte Steinkohlenzeche (o.)

tief unter Tage einfahren. Dort trifft er auf einen wieder freigelegten Stollen, den er 280 Meter weit verfolgen kann. Einblicke in Aspekte der regionalen Industriegeschichte bieten wechselnde Ausstellungen, die zumeist im Magazin aufgestellt werden, einem ehemaligen Dusch- und Baderaum der Bergleute. Rund um den Piesberg ist zudem ein fünf Kilometer langer Rundwanderweg eingerichtet, der über den Zusammenhang von Mensch, Natur und Technik unterrichtet und an Ruinen, Abraumhalden und Waldstücken vorbeiführt. Der Rundwanderweg kann jederzeit von privaten Gruppen genutzt werden. Auch die Besichtigung des Steinbruchsgeländes ist möglich. Dieses Gelände darf nur am Wochenende unter der kundigen Führung eines Mitarbeiters des

Dampfschinen im Museum für Industriekultur (l.)

Museums betreten werden. Dargestellt wird in einem weiteren Teilbereich auch der Weg Osnabrücks von der Ackerbürgerstadt des 18. Jahrhunderts zum modernen Industrie- und Wirtschaftsstandort der Gegenwart. Dabei ist die Zeit des 19. Jahrhunderts Schwerpunktthema.

Die Stadtgalerie zeigt regelmäßig engagierte Kunstausstellungen. Im Bild: die Kleinplastik des Künstlers Nicolas Dings „Man in the Mud“ aus einer Ausstellung im Jahre 2004 (l.)

Eines der meistbesuchten Ausflugziele der Stadt ist mit über 600.000 Besuchern pro Jahr der **Osnabrücker Zoo**. Angelegt ist er vor dem Hintergrund der Waldkulisse des **Schölerberges.** Aus dem 1936 gegründeten Heimattiergarten hat sich über die Jahre ein Großzoo mit knapp 2.500 Tieren aus fünf Kontinenten entwickelt, der seit 1980 umfangreiche Neubau- und Sanierungsarbeiten erlebt hat. Das aktuell größte Projekt, die **Samburu-Landschaft,** ist die naturnahe Nachbildung eines afrikanischen Nationalparks. In dieser Steppenlandschaft leben u. a. Giraffen, Antilopen und Strauße zusammen. Mehrere hölzerne Plattformen, die durch verschlungene Wege und verwilderte Pfade miteinander verbunden sind, bieten dem Besucher die Möglichkeit, selbst in die Natur Afrikas einzutauchen und die Tiere aus der Nähe zu beobachten.

Mit vielfältigen Aktionen versucht der Zoo, auf sich aufmerksam zu machen. So kann man an Sonn- und Feiertagen Näheres von den Tierpflegern über ihre Zöglinge erfahren. Dazu gehören das **Frühlingsfest,** die **Dschungelnacht** oder das **Kinderfest,** aber auch die **Romantischen Nächte** und die **Samburunächte,** an denen der Zoo bis Mitternacht geöffnet bleibt. Neben den zeitlich ungewöhnlichen Einblicken in das Nachtleben seiner Bewohner werden kulinarische Leckerbissen angeboten.

Die Bewerbung um die Ernennung zur Kulturhauptstadt 2010 war nicht erfolgreich, dennoch gibt die Stadt Osnabrück pro Kopf mehr als jede andere Stadt in Niedersachsen für Kultur aus. Bereits 1976 legt die Stadt einen **Kulturentwicklungsplan** vor und ist damit die erste deutsche Stadt, die auf solch einen Plan aufbauen kann.

Stadthalle Osnabrück (o.)

Osnabrücker Zoo (r.)

Zur Zeit amtieren der katholische Bischof Dr. Franz-Josef Bode (ganz o.) im Bistum Osnabrück und Doris Janssen-Reschke (o.) als evangelische Landessuperintendentin für den Sprengel Osnabrück, der von der holländischen Grenze bis an die Weser reicht

Das Emma-Theater zeigt modernes, teils experimentelles Theater (r.o.)

Der traditionelle Veranstaltungsort für Konzerte, Messen und Tagungen ist die **Stadthalle**. An die 700 Veranstaltungen im Jahr decken nahezu jeden Aspekt ab. Das **Stadttheater** südlich des Doms ist ein Drei-Sparten-Haus mit Schauspiel, Musik- und Tanztheater. Auf der Studiobühne des Hauses, dem **emma-theater**, werden moderne und experimentelle Stücke aufgeführt.

Zusätzlich gibt es in der Altstadt das **Figurentheater**, wo Marionetten-, Handpuppen- und Schattenspiele die Bühne mit Leben erfüllen. Die **Figurentheaterinitiative Osnabrück**, die 1988 gegründet wird, hat zum Ziel, das Puppenspiel in der Region zu fördern und ein Kommunikationszentrum für Puppenspieler zu schaffen. 1989 eröffnet der Spielbetrieb mit einem Festival. Seitdem spielen die zehn Mitgliedsbühnen viermal wöchentlich für Kinder und Erwachsene. Der Spielort liegt in einem Fachwerkgebäude aus dem 17. Jahrhundert, der **Alten Fuhrhalterei**. Hier werden früher die Pferde der Postkutschen versorgt. Um die 20 Gastbühnen jährlich erscheinen zu Besuch.

Konfessionen

Osnabrück ist seit rund zwölf Jahrhunderten Bischofssitz. Der erste Bischof ist der **Heilige Wiho**. Seit 1521 werden in Osnabrück lutherische Predigten gehalten. 1543 führt die Stadt die Reformation nach lutherischem Bekenntnis ein. Nachdem der Dom und die St. Johanneskirche in Osnabrück auch nach der Reformation katholisch bleiben und Osnabrück bis 1803 Hauptstadt des **Hochstifts Osnabrück** ist, leben in der Stadt stets auch Katholiken. Das Verhältnis beider Konfessionen ist in etwa ausgeglichen. Der **Dom** bildet das Zentrum des Hochstifts Osnabrück, das bis 1803 ein geistliches Territorium innerhalb des Heiligen Römischen Reiches Deutscher Nation bleibt. Die katholischen Bewohner unterstehen dem Hochstift, für die protestantischen übt der Rat der Stadt Osnabrück die Kirchenverwaltung über ein **Konsistorium** aus. Heute gehören die Protestanten der **Evangelischen Landeskirche Hannover** an, die Katholiken dem **Bistum Osnabrück**. Nach Auflösung des Hochstiftes Osnabrück wird die Stadt 1824 Sitz des neu festgelegten Bistums Osnabrück. Dieses umfasst im Wesentlichen das damalige Königreich Hannover. 1841 erhält es die Jurisdiktion der Nordischen Mission und 1868 der Norddeutschen Mission. Formell werden diese von Protestanten bewohnten Gebiete 1930 dem Bistum Osnabrück angegliedert. Es ist damit zeitweise das flächengrößte Bistum Deutschlands. Bis 1995 gehört es zur Kirchenprovinz Köln, dann wird es dem neuen Erzbistum Hamburg zugeordnet. Die katholischen Gemeinden der Stadt Osnabrück gehören heute zum **Dekanat Osnabrück.**

Karnevalsumzug in Osnabrück am Ossensamstag vor dem Rosenmontag (o.)

Szene aus dem Puppenstück: „Komm mit, wir finden einen Schatz“ des Figurentheaters (o.l.)

Am **Ossensamstag** vor Rosenmontag kommt es in der Stadt zu einem Karnevalsumzug. Ob an dem aus katholischen Gegenden stammenden Brauch, bei dem Hexen die Bürger verspotten und die Bürger die große Politik, auch die Protestanten teilnehmen, bleibt offen.

Die **Lagerhalle** am **Heger Tor** ist ein soziokulturelles Kultur- und Kommunikationszentrum mit jährlich bis zu 170.000 Besuchern. Neben kulturellen Veranstaltungen besteht die Möglichkeit, sich an Workshops zu beteiligen, einer Selbsthilfegruppe oder Bürgerinitiative anzuschließen oder ein Tänzchen unter Senioren zu wagen.

In der Lagerhalle findet auch der **Poetry Slam** statt, bei dem selbst geschriebene Gedichte und Kurzgeschichten vorgestellt werden. Fünf Minuten haben die Vorlesenden, um ihr Werk der Jury zu präsentieren.

Maik Arensmann hat den Wettbewerb im Januar 2000 erstmals organisiert, den er zusammen mit **Uta Bierbaum** moderiert. Jedes Mal kommen etwa 200 Besucher, wobei Eintritt und Teilnahme kostenlos sind. Allerdings kann man überraschend in die Jury gewählt werden. Als Preis winkt ein ausgefüllter Lottoschein und wohin der führt, wer weiß ...

Des Weiteren ist die Lagerhalle der Veranstaltungsort für eine Reihe von Festivals. Veranstalter des **Unabhängigen FilmFestes** ist das **Osnabrücker Filmforum.** Der mit 2.000 Euro dotierte „Friedensfilmpreis“, der gleichfalls mit 2.000 Euro verbundene „Filmpreis für Kinderrechte“ und der auf einem Publikumsvotum basierende und mit 500 Euro dotierte Preis für den besten Kurzfilm werden dabei vergeben. Das Film Fest bietet ein Forum für engagiertes Kino und findet in der **Lagerhalle**, dem **Haus der Jugend** und im **Cinema Arthouse** statt. Kern des Film Festes sind die Sektionen *Vorsicht Frieden!*, *Kinder UNRecht* und *Europe Unlimited?* Ergänzt werden sie durch einen Kurzfilmwettbewerb und jährlich wechselnde Filmreihen. Ca. 4.500

Die Künstlerin Steina Vasulka bei der Präsentation ihres Projektes „Bent Scans" während des European Media Art Festivals (o.)

Menschen besuchen die 40 Vorstellungen und Veranstaltungen des Festivals, das fünf Tage andauert.

Das internationale Forum für Medienkunst, das **European Media Art Festival**, ist jährlich im April ein Treffpunkt für Künstler, Medienschaffende und Fachleute aus Kultur, Wissenschaft und Wirtschaft sowie eines interessierten Publikums, um neue künstlerische Ideen und Projekte zu entdecken, zu erleben und zu diskutieren. Das Programm umfasst etwa hundertzwanzig experimentelle Filme und Videos, die von einer Jury ausgewählt werden. Ein globaler Treffpunkt und innovatives Forum, zu dem Medienkünstler, VJs (Videojockeys), DJs, Musiker und Tänzer aus aller Herren Länder reisen. Renommierte Namen wie Peter Greenaway aus London, Michael Snow aus Toronto, Romy Achituv aus New York, oder Taka Iimura aus Tokyo sind darunter. Filme, Videoinstallationen, Web-Design und interaktive Medien werden präsentiert. Darüber hinaus gibt es eine Ausstellung in der Kunsthalle Dominikanerkirche, einen Kongress sowie verschiedene Performances und Events an den unterschiedlichsten Orten.

Aus der Wirtschaft

Als international tätiges Unternehmen mit Sitz in Osnabrück hat sich die **Wilhelm Karmann GmbH** mit über 9.500 Mitarbeitern zu einem gefragten Cabriolet- und Karosseriespezialisten entwickelt. Das Angebot reicht vom Design und der Fahrzeugentwicklung über die Planung und Erstellung von Fertigungsanlagen bis hin zur Serienproduktion kompletter Fahrzeuge, Karosserien und Dachsysteme.

Der Autor Bernd Huckenbeck liest aus eigenen Werken beim Poetry Slam (r.)

Logo des Unabhängigen FilmFestes (r.)

Die über hundertjährige erfolgreiche Geschichte des Unternehmens wird bereits Anfang des 20. Jahrhunderts durch legendäre Marken wie Dürkopp, Adler, Hanomag, Daimler, Minerva oder Hansa-Lloyd geprägt. Nicht zuletzt sind das Käfer-Cabriolet seit 1949 und der Karmann-Ghia, der erstmalig 1955 als Coupé der Öffentlichkeit präsentiert wird, wichtige Meilensteine. In Osnabrück und Rheine werden immer neue Fahrzeugtypen entwickelt und produziert: das Karmann-Ghia Cabriolet, der VW Porsche, der VW Scirocco, das BMW 6er Coupé, das VW Golf Cabriolet, das Ford Escort Cabriolet und viele mehr. Auch heute laufen noch bildschöne Fahrzeuge

Das Heger Tor (r.), errichtet zu Ehren der Osnabrücker Teilnehmer an der Schlacht bei Waterloo, die Napoleon die entscheidende Niederlage bringt

von den Bändern, wie etwa das Mercedes-Benz CLK Cabriolet, das Audi Cabriolet oder der Crossfire Roadster.
Seit 1909 verwöhnt die Familie **Leysieffer** mit edlen Pralinen und Schokoladen. Aber auch Konfitüre, Gebäck, Torten, Sekt und Tee gehören zum Sortiment. Firmenchef **Axel Leysieffer** und Sohn **Jan** setzen auf Know-how und hochwertige Rohstoffe. Die **„Himmlischen"** sind die bekanntesten Pralinen mit der schmelzigen Füllung. Nachahmer machten es notwendig, diese rechtlich zu schützen. Die Schokoladenprodukte werden an Hotels und Feinkostgeschäfte im In- und Ausland geliefert sowie an die eigenen **Confiserien** von Westerland bis Rottach-Egern, außerdem an sechs **Bistros**. Darunter seit 1988 das **Odin** in Kampen auf Sylt. Großer Beliebtheit erfreut sich nicht nur dort die **Sylter Rote Grütze.** Diese wird auch in Form von Pralinen, Konfitüre und Tee hergestellt.
Mit 1.300 Mitarbeitern sorgt man bei der **Conditorei Coppenrath & Wiese** für süßen Backwarengenuss. 1975 gründen die Vettern **Aloys Coppenrath** und **Josef Wiese** eine Konditorei, die zu den größten der Bundesrepublik anwächst. Der Kaufmann und der Konditor legen Wissen und Kapital zusammen und beginnen den Betrieb in einer umgebauten Meierei. 35 Beschäftigte sind in diesen ersten Tagen dabei. Im Sortiment macht die Wiener Platte mit sechs kleinen Törtchen den Anfang. Schon bald folgen die klassischen Sahnetorten und in den 1980er Jahren erweitert sich das Sortiment um Backkuchen und Strudel. 1997 kommen die Goldstücke hinzu, die ersten fertig gebackenen Brötchen aus der Tiefkühltruhe in Deutschland.
Am Schnittpunkt wichtiger Verkehrsverbindungen, vor allem von Holland nach Osteuropa, haben sich naturgemäß viele internationale Spediteure angesiedelt. Bereits 1871 gründet **Carl Heinrich Hellmann** eine Rollfuhr mit Pferdefuhrwerk. Nach 125 Jahren operiert **Hellmann Worldwide Logistics** von hier aus in großem Stil. Das Netzwerk von Hellmann Worldwide Logistics arbeitet mit mehr als 15.000 Beschäftigten in 341 Städten in 134 Ländern.
Egerland ist ein weiteres Logistikunternehmen, spezialisiert auf Automobillogistik. Auf sozialem Gebiet setzt sich die nach dem Gründer benannte **Werner-Egerland-Stiftung** für die Förderung von Jugendlichen in Europa ein. Mit einem Stiftungsetat von 1,5 Millionen Euro werden Projekte der Jugendarbeit sowie gemeinnützige Veranstaltungen unterstützt oder Stipendien für die Aus- und Weiterbildung von Jugendlichen gewährt.

Karmann Ghia Werbung in den 1950er Jahren (o.)

Montagearbeiten am Mercedes Benz CLK Cabriolet bei Karmann (l.)

Schwarzwälder Kirschtorte (o.) von Coppenrath & Wiese.

„Die Himmlischen" – Pralinen von Leysieffer (o.l.)

Über 1.700 geistig oder körperlich behinderte Menschen finden Arbeit in den Osnabrücker Werkstätten (r.)

Wichtig für die Wirtschaftsunternehmen der Region: der Flughafen Osnabrück/Münster (r.)

Werksgelände der Felix-Schoeller-Gruppe, die Spezialpapiere herstellt (ganz r.)

Und mit **Meyer & Meyer Internationale Spediteure** ist ein großes Logistikunternehmen in Osnabrück angesiedelt, das sich auf den Transport von Textilien in über 40 Länder Ost- und Westeuropas sowie Afrikas und des Nahen Ostens spezialisiert.

Die **Felix-Schoeller-Gruppe** mit Stammsitz Osnabrück sowie sechs weiteren Produktionsstandorten in Deutschland, den USA und Kanada produziert Papiere für fotografische und digitale Bebilderungsverfahren sowie Dekorpapiere für die Holzwerkstoffindustrie. Die Firma mit 2.500 Mitarbeitern wird heute in vierter Generation von **Hans-Michael Gallenkamp-Schoeller** geführt.

Die **KM Europa Metal AG Osnabrück** gehört zu den weltweit größten Herstellern von Kupfer und Kupferlegierungen. Zum Währungswechsel im Jahr 2001 werden hier 12 Milliarden Euro Münzen gestanzt. Die vielfältigen Anwendungsbereiche von Kupfer in der Stromversorgung, Klima- und Kältetechnik, Verkehrswesen, Telekommunikation und Elektronik erklären den gruppenweiten Verbrauch von mehr als 800.000 Tonnen Kupfer im Jahr. Anwendungsbereiche sind z.B. Fußboden- und Wandheizungen, Solartechnik, Telefone und Mobiltelefone oder Kupfer an Dächern und Fassaden.

Die **Köster AG** ist ein dienstleistungsorientiertes Unternehmen aus der Bauindustrie, das komplexe Bauleistungen im Hoch-, Tief- und Schlüsselfertigbau sowie in der Umwelttechnik erbringt. 1938 in Osnabrück gegründet, beschäftigt das traditionsreiche Unternehmen heute rund 1.000 Bauspezialisten.

1919 wird die **Osnabrücker Maschinen- und Aufzugsbau (OSMA)** gegründet. Seit 1933 bis heute befindet sich das Unternehmen im Besitz der Familie **Schenk** und wird geleitet durch den

Gesellschafter und Geschäftsführer **Albert Schenk.** OSMA verfügt mit zurzeit insgesamt 450 Mitarbeitern über eine Fertigungskapazität von 700 Aufzügen pro Jahr. Das Produktionsprogramm umfasst alle Arten von Aufzügen, wie Personen-, Betten-, und Lastenaufzüge in der Ausführung als Seilaufzüge sowie direkt- und seilhydraulische Aufzüge, mit und ohne Maschinenraum. An 16.000 Aufzugsanlagen werden Serviceleistungen durchgeführt.

Die **Osnabrücker Werkstätten** mit ihren neun Standorten in der Stadt und im Landkreis Osnabrück sind einer der größten Arbeitgeber der Region. Über 1.700 Mitarbeiter mit einer geistigen oder körperlichen Behinderung finden hier Arbeitsmöglichkeiten. Begleitet werden sie dabei von 300 Arbeits- und Sozialpädagogen, Praktikanten und Zivildienstleistenden. Über 120 Geschäftspartner aus Industrie, Mittelstand und Gewerbe arbeiten mit den Werkstätten zusammen. Von einfachen Sortierarbeiten bis hin zur CNC-gestützten Metallbearbeitung können die Werkstätten Angebote unterbreiten.

Gut 500.000 Leser greifen tagtäglich zur **Neuen Osnabrücker Zeitung** und ihren Bezirksausgaben. Etwa 150.000 davon sind Abonnenten. Das eingeführte Online-Angebot des Blattes verzeichnet derzeit mehr als 700.000 Zugriffe im Monat. Neben den beiden Hauptgeschäftsstellen in Osnabrück, im **Breiten Gang** und in der **Großen Straße,** findet sich jeweils eine Geschäftsstelle in > Dissen (336) und in > Georgsmarienhütte (341).

Aufzug der Firma Osma über fünf Etagen im Stilwerk in Düsseldorf, wo es Designer-Möbel vom Feinsten gibt (o.)

Hellmann Worldwide Logistics in der Elbestraße (l.)

NEUE OZ

In Osnabrück und der Region liest man die „Neue Osnabrücker Zeitung" (o.)

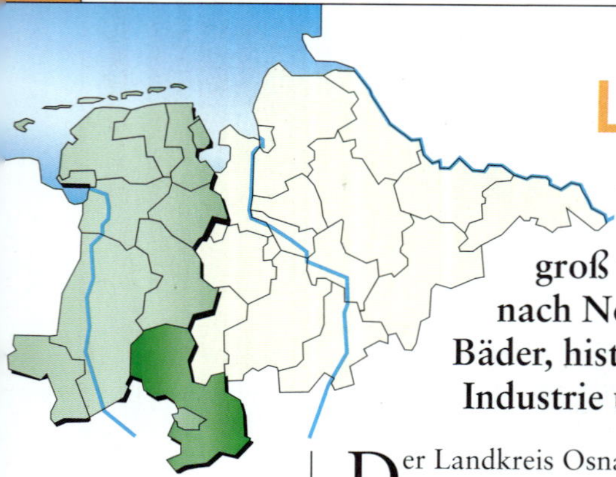

Landkreis Osnabrück

Der Landkreis Osnabrück liegt im Südwesten Niedersachsens und ist etwa so groß wie das Saarland. Sanft hügeliges Land, das nach Norden hin abflacht, Wälder, traditionsreiche Bäder, historische Stätten, Fachwerkhäuser, aber auch Industrie und Gewerbe prägen sein Erscheinungsbild.

Der Landkreis Osnabrück ist etwa so groß wie das Saarland. Er ist flächenmäßig der zweitgrößte Kreis Niedersachens und vereint 21 Gemeinden, darunter fünf Städte und vier Samtgemeinden. Der Landkreis mit Kreissitz und Verwaltung in der kreisfreien Großstadt Osnabrück entsteht 1973 aus dem Zusammenschluss der Landkreise Osnabrück, Melle, Wittlage und Bersenbrück.

Der Landkreis umfasst zusammen mit der kreisfreien Stadt Osnabrück fast genau die Grenzen des ehemaligen **Hochstiftes** gleichen Namens, das bis 1803 ein reichsunmittelbares geistliches Territorium innerhalb des Heiligen Römischen Reiches Deutscher Nation war. Die Anfänge des Fürstbistums Osnabrück reichen weit zurück. Sie datieren auf das Jahr 780, als Kaiser Karl der Große in Osnabrück eine Missionsstation errichtet.

Das Hochstift Osnabrück ist eines der wenigen Territorien des Alten Reiches ohne klare konfessionelle Orientierung. Das führt noch heute zu einem fast paritätischen Nebeneinander der evangelischen und katholischen Kirchen in den Städten, Gemeinden und der Stadt Osnabrück. Nach dem Westfälischen Frieden wird die Herrschaft wechselweise verteilt. In der **Immerwährenden Kapitulation** des Reichstages zu Nürnberg wird 1650 genau beschrieben, wie sich die Verhältnisse im Fürstbistum Osnabrück in Zukunft gestalten sollen. Die Regelungen behalten bis zur Auflösung des Fürstbistums 1802/03 ihre Gültigkeit und prägen noch heute Kultur, Politik und sogar das städtebauliche Bild der Region. Das Fürstbistum wird abwechselnd von einem gewählten katholischen Landesherrn (dem Bischof der katholischen Kirche im Bistum)

und einem evangelischen Fürstbischof aus dem Hause Braunschweig-Lüneburg (später „Haus Hannover") regiert. Der jeweilige Landesherr sichert der anderen Konfession deren freie Religionsausübung zu. Die Konfession ist meist kirchspielweise verteilt, doch gibt es auch Kirchen, die von beiden Konfessionen (katholisch und lutherisch) genutzt werden.

Verschiedene Landschaftsräume prägen den Landkreis. Im Süden liegt der **Iburger Wald**, der nordwestliche Teil des Teutoburger Waldes, ein schmales, rund 110 Kilometer langes Mittelgebirge mit Laub- und Mischwäldern. In der Mitte des Landkreises liegt das **Wiehengebirge**. Es erstreckt sich in west-östlicher Richtung von Bramsche über Bad Essen bis zur westfälischen Porta Westfalica. Am **Kalkrieser Berg** nahe dem niedersächsischen Bramsche hat die **Varusschlacht** der Geschichte Deutschlands eine andere Richtung gegeben. Hätten die römischen Legionen diesen Kampf gewonnen, Norddeutschland wäre vielleicht nicht von Friesen und anderen freiheitsliebenden Völkern besiedelt worden. Das weite Bauernland an der mittleren **Hase** im Norden des Osnabrücker Landes, durchzogen von der **Ankumer Höhe** mit ihren Wäldern, hat den Charakter einer Parklandschaft. Zu beiden Seiten der Hase erstreckt sich das **Artland**, die reiche Kornkammer mit ihrer eigenen Kultur und Tradition.

Rohstoffvorkommen machen den Landstrich früh zu einem gewerbereichen Gebiet. Bereits im Mittelalter wird Silberbergbau betrieben. Kohle- und Eisenerzvorkommen fördern im 19. Jahrhundert die Ansiedlung von Schwerindustrie. Heute arbeiten im Landkreis vor allem kleine und mittelständische Betriebe, aber auch Großunternehmen, etwa in der Tapetenherstellung, der Produktion von Waffeln, Feinkost und Margarine.

Die Varusschlacht bei Kalkriese im Jahre 9 n.Chr., die drei römische Legionen gegen die Germanen verlieren, hat bis in die Gegenwart reichende Auswirkungen. Daran erinnern noch heute die jährlichen Römertage (o.)

Landkreis-Profil

	Landkreis	Land Nieders.
Einwohner, Fläche		
Einwohner gesamt	358.041	7.993.415
darunter 0 bis 15 Jahre in %	18,2	15,4
darunter älter als 65 Jahre in %	16,8	18,7
darunter Ausländer in %	4,9	6,7
Fläche in qkm	2.121,56	47.618,24
Einwohner je qkm	168,8	167,9
Sozialstruktur (Jahresdurchschnitt, gerundet)		
Erwerbstätige gesamt	139.600	3.492.600
Empfänger von Arbeitslosengeld / -hilfe	12.290	354.300
Empfänger sonst. Hilfen zum Lebensunterhalt	8.570	311.900
Anzahl Wirtschaftsbetriebe		
Gesamt (Industrie, Handel, Gewerbe, Dienstl.)	14.612	351.151
darunter Land-, Forst-, Fischereiwirtschaft	818	15.862
Steueraufkommen		
Lohn- und Einkommensteuerzahler	117.720	2.738.281
Summe positiver Einkünfte (in Tsd. EUR)	3.803.762	88.279.875
Steuereinnahmen (EUR je Einwohner)	484,73	544,33

Wahlen

Landtagswahl 2003	
CDU	59,9
SPD	29,2
FDP	4,7
Grüne	5,6
Sonstige	0,7

SG Artland

Mitglieds-gemeinden:
- Badbergen
- Menslage
- Nortrup
- Stadt Quakenbrück

Einwohner: 22.858
Fläche: 189,32 qkm
120,7 Einw. je qkm

Das weite Bauernland im Norden von Osnabrück mit dem Charakter einer Parklandschaft hat der gleichnamigen Samtgemeinde mit der „Hauptstadt" **Quakenbrück** den Namen geliehen. Zu beiden Seiten der **Hase** erstreckt sich eine reiche Kornkammer, durchzogen von der Ankumer Höhe mit ihren Wäldern, mit ihrer eigenen Kultur und Tradition. Das **Artland** ist eine der an historischen Bauernhöfen reichsten Gegenden Deutschlands. Weit über 500 der Gebäude und in sich geschlossene Hofanlagen mit sehr repräsentativen Bauernhäusern stehen unter Denkmalschutz und sind in ihrer Gesamtheit bereits als Weltkulturerbe der UNESCO nominiert gewesen.

Familie Nietfeld (o.)

Hüpfkissen zum Fußballspielen von Kedz Engineering (r.)

Das **Hase-Binnendelta** mit seinen jährlich wiederkehrenden Überschwemmungen sorgt für eine besondere Bodenqualität, die den Boden sehr fruchtbar und die Bauern einst wohlhabend gemacht hat. Die Giebel ihrer Höfe sind mit aufwändig geschnitztem Holz verziert. Aber auch Inschriften, Giebelgefache aus Stein und Windbretter, die sich an der Spitze kreuzen, tragen zum Giebelschmuck bei.

Die **bäuerliche Bau- und Wohnkultur** hat sich besonders ausgeprägt in **Badbergen** erhalten. In der Ortsmitte der Gemeinde steht die **St. Georgskirche** aus dem 13. Jahrhundert. Ihr ältester Teil zeigt noch romanische Formen. Größter Arbeitgeber in der Gemeinde Badbergen ist die **Artland Fleischwaren GmbH**.

Am **Baumschulenweg**, südlich des Quakenbrücker Segelflugplatzes, produziert der **Artländer Pflanzenhof**, ein Spezialversand für Obst und Wildfruchtgehölze. Mit den Jahren ist **Frank Müller** vom Pflanzenhof Spezialist für alle Pflanzen, die Früchte tragen, wie Obstbäume, Beerenobst, Wildfruchtgehölze, Kiwi, Feigen geworden. Der Pflanzenhof produziert fast alle Pflanzen selbst. Seine Kenntnisse stellen Frank Müller und seine Mitarbeiter auch den Kunden zur Verfügung, die selbst Nutzpflanzen ziehen möchten.

Das **Kleintierkrematorium im Rosengarten** ist eines von nur zwei Kleintierkrematorien in Deutschland. Seit 2002 ist es auf einem ehemaligen Gehöft eingerichtet und wird durch **Familie Nietfeld** betrieben. Tierbesitzer können hier auf individuelle und ungestörte Art von ihren Tieren Abschied nehmen. Im hinteren Teil des Grundstücks liegt der von Spazierwegen durchzogene **Rosengarten**, der zur Namensgebung anregte.

Karlheinz Elsässer ist der Inhaber des **Kedz Engineering Hüpfkissen Service** Am Wasserwerk. Das Unternehmen vermietet und verkauft Hüpfkissen und zahlreiche weitere aufblasbare Attraktionen.

Meist umrahmen rechtwinklig angeordnete Gebäude den Hofraum einer typischen Hofanlage des Artlandes. In der Mitte steht das Haupthaus mit der Schauseite, auf die man durch das Einfahrtstor blickt (r.) Volkstümliche Symbole und die Initialen der Erbauer verzieren die Ziegelausmauerungen

Auch bietet Kedz Engineering Wartungs- und Ausbesserungsarbeiten an. Bei einer solchen Wartung werden vor allem die Nähte auf ihre Dichtigkeit geprüft. Mit speziellen Nähmaschinen werden defekte Planen und Hüpfkissen repariert, eine komplizierte Handarbeit, die nur wenige Spezialisten beherrschen. Am Ende jedes Checks werden alle Nähte mit einem Konservierungsstoff bestrichen.
Aus Nortrup stammt **Hermann Kemper** (1892–1977). Er entwickelt in den 1930er Jahren die Grundlagen für die Magnetschwebetechnik, wie sie heute der **Transrapid** nutzt, der in Deutschland auf der Versuchsstrecke zwischen >Lathen (119) und >Dörpen (102) fährt. Schon als Student der Elektrotechnik an der Technischen Hochschule in Hannover hat er die Idee, die Räder der Eisenbahn durch schwebende Elektromagnete zu ersetzen, um dadurch den Eisenbahnverkehr leiser, sicherer und schneller zu machen. Mit der Rückkehr nach Nortrup 1927 und Übernahme der elterlichen Fleischwarenfabrik verfügt er über die Mittel, seine Vision in die Tat umzusetzen und den ersten Elektromagneten zum Schweben zu bringen. Seine Patente zur Magnetschwebetechnik erwirbt er in den Jahren 1933, 1934 und 1935.
Menslage liegt an der **Kleinen Hase** am nördlichsten Rande des Osnabrücker Landes. Im Westen befindet sich der Ortsteil **Hahnenmoor** mit dem unter Naturschutz stehenden **Hahlener Moor**. Hier ist auch ein **Moorlehrpfad** angelegt worden. Im Ortsteil **Bottorf** bildet **Heinrich Ramsbrock** Nachwuchspferde aus. Die zukünftigen Spring- oder Dressurpferde stammen fast immer aus den Zuchtgebieten Oldenburg, Hannover oder Westfalen. Auf diesem größten Hengstaufzuchtbetrieb Deutschlands stehen ständig etwa 150 Reitpferde in der Ausbildung. Bei der täglichen Arbeit versucht man, den Neigungen und Talenten der Pferde zu entsprechen. Die Vorliebe von Heinrich Ramsbrock gehört der Dressur. Viele der von ihm ausgebildeten Pferde haben im großen Viereck für Furore gesorgt. Im Jahr 2000 wird Heinrich Ramsbrock in Berlin von der Arbeitsgemeinschaft der Selbständigen

Fachwerkhäuser im Zentrum von Quakenbrück. Im Hintergrund: die 1485 erbaute Hohe Pforte an der Lange Straße (o.)

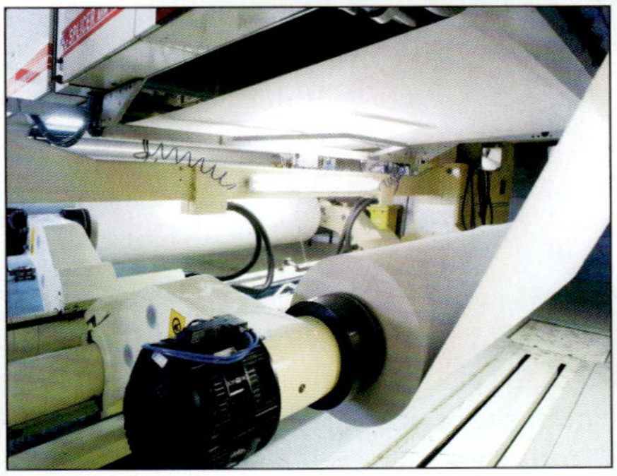

Frank Müller vom Artländer Pflanzenhof (o.)

Papiermaschine bei Delkeskamp (o.l.)

in der SPD (AGS) mit dem Preis für herausragende mittelständige Unternehmen „Selbständig 2000" durch Bundeskanzler **Gerhard Schröder** ausgezeichnet.
Auf die Produktion unterschiedlicher Verpackungsarten haben sich die **Delkeskamp Verpackungswerke** spezialisiert. 1896 wird das Unternehmen gegründet. Heute zählt der Betrieb zu den führenden Verpackungsherstellern Norddeutschlands und wird in der vierten Generation von **Stefan Delkeskamp** geleitet. Über 250 Mitarbeiter sind in Nortrup beschäftigt. Das Material der Verpackungen, die in den drei Werksanlagen an der **Hauptstraße** hergestellt werden, besteht als Papier, Wellpappe oder Schaumstoff. Basis ist die Papierherstellung, bei der auch Altpapier recycelt wird.
Das Stadtbild **Quakenbrücks** ist geprägt von vielen **Fachwerkhäusern** und zahlreichen Brücken, die die Hase und ihre Seitenarme überqueren. „Rothenburg des Nordens" nennen manche die alte Burgmannstadt, die einst die Nordgrenze des Fürstbistums Osnabrück überwacht, ein Ensemble von über 100 gut erhaltenen

Konstantinos Stavropoulos (im roten Trikot) von den Artland Dragons gegen Alba Berlin (o.)

Fachwerkhäusern mit zum Teil kunstvoll verzierten Windfahnen, goldenen Frakturschriften, kleinteiligen Fenstern, reich gegliederten Türen und Aushängeschildern. Dem Mittelalter begegnet man auch in dem erhaltenen Rest der früheren Stadtbefestigung, der im Kern gotischen **St. Silvesterkirche** mit ihrem 68 Meter hohen Turm und der **Hohen Pforte**, dem heutigen Wahrzeichen der Stadt. Diese ist der letzte erhaltene Befestigungsturm, der einst auch als Gefängnis für „zänkische Weiber" genutzt wird. Errungenschaften des 20. Jahrhunderts fügen sich harmonisch in die Stadtlandschaft ein.

Klaus von Klitzing erhält 1985 den Nobelpreis für Physik für die Beschreibung des Quanten-Hall-Effekts. Geboren in Sroda bei Posen (Polen), macht er im Februar 1962 sein Abitur am Artland Gymnasium in Quakenbrück, studiert in Braunschweig, erwirbt seinen Doktortitel in Würzburg und wirkt als Professor an der Technischen Universität München. Seit 1985 ist er Direktor am **Max-Planck-Institut für Festkörperforschung** in Stuttgart. Die für den Nobelpreis wichtigste Publikation erscheint 1980 in den „Physical Review Letters 45". Die Stadt Quakenbrück hat die **Professor-von-Klitzing-Straße** nach ihm benannt.

DIL-Mitarbeiter mit Meßgerät an der Versuchsfritteuse (o.)

Das **Deutsche Institut für Lebensmitteltechnik e.V. (DIL)** wird 1985 in Quakenbrück als privates, industrienahes Institut gegründet. Es sieht sich als Ansprechpartner für die mittelständische Lebensmittelwirtschaft und fungiert als Mittler zwischen Wissenschaft und Praxis. Hauptaufgabe ist die anwendungsorientierte Forschung zur Produktentwicklung und Herstellung von Lebensmitteln. Ungefähr 75 Mitarbeiter verschiedener Fachrichtungen und eine umfassende Ausstattung an Geräten finden sich an der **Professor-von-Klitzing-Straße.**

Seit 1992 hat der **Artländer Rennverein** zu Quakenbrück den traditionellen **Renntag** wieder aufgenommen. Immer am ersten Septembersonntag wird der **Hasepark** an der **Dinklager Straße** zum Rennplatz für über 10.000 Besucher. Galopp- und Trabrennen mit Wettmöglichkeiten für jeden Besucher sorgen für Begeisterung und Spannung. Ein nostalgischer **Kutschenkorso** zur Kaffeezeit erfreut die Fans historischer Wagen und Kostüme. Zwei Ponyrennen und ein Kinderprogramm runden die Veranstaltung ab.

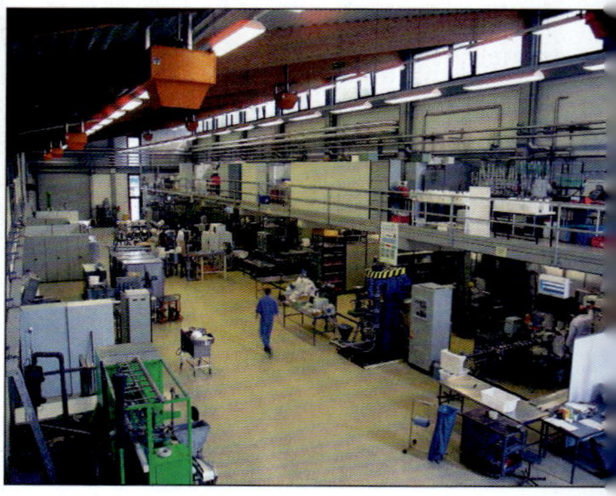

Blick in das Technikum des Deutschen Instituts für Lebensmitteltechnik (o.r.)

Aus den Initialen der Gründer **Clemens Rump** und **Hubert Flerlage** setzen sich Firmenname und Warenzeichen der **RUF Lebensmittelwerke KG** zusammen. Die Marke „RUF" wird mit den Jahren zur Nummer zwei im Gesamtmarkt für Backzutaten und Dessertprodukte und bei einigen Produkten sogar zum Marktführer. In den Betriebsstätten in Quakenbrück und >Essen (Oldb.) (268) werden mit einer Belegschaft von über 300 Mitarbeitern über eine Milliarde Einzelpackungen von RUF-Produkten wie Pudding- und Backpulver, Vanillin, Pizzateig oder Soßenbinder hergestellt.

1998 wird die **PPS Pipeline Systems GmbH** mit den Einheiten Pipeline-Bau, Anlagenplanung und dem schon länger unter diesem Namen tätigen **Winter Rohrbau** neu strukturiert. 320 Mitarbeiter erwirtschaften einen Jahresumsatz von rund 70 Millionen Euro. Anlagenplanung und Rohrbau befinden sich in der **Hindenburgstraße** bzw. in der **Pfaffenstraße** in Quakenbrück. Kunden, für die Anlagen und Rohrleitungen geplant und installiert werden, sind die Gas- und Ölexplorationsindustrie, Raffinerien, Tanklager, Transporteure und Verteiler von Erdgas oder auch Stadtwerke. Zu den Projekten gehören etwa das Erdgaslager in >Etzel (Friedeburg 183) und die Europipe-Empfangsanlage in >Dornum (35).

Im Gesundheitswesen hat sich das **Christliche Krankenhaus** durch Differenzierung und Spezialisierung überregional einen guten Ruf erworben. Insbesondere trifft dies für die Diabetesabteilung zu. Das Krankenhaus mit seinen 600 Mitarbeitern und 380 Betten ist eine ökumenische Einrichtung, die von katholischen und evangelischen Kirchengemeinden getragen wird.

Das Team der **Artland Dragons** kämpft in der Basketball-Bundesliga der Herren um Punkte. **Chris Fleming** ist mit 34 Jahren einer der jüngsten Cheftrainer, Manager **Marko Beens** – einst Weltmeister im Formationstanzen – einer der jüngsten Manager der Bundesliga. Im Team stehen in der Saison 2004/2005 Spieler aus sieben Nationen, darunter auch ein Amerikaner namens **Michael Jordan**, ein Namensvetter des bekanntesten Basketballers aller Zeiten. Hauptsponsor des Klubs ist das Quakenbrücker Textilunternehmen **medico sports fashion**, mit dessen Unterstützung das Team sich langfristig in der Eliteliga etablieren möchte. Gespielt wird in der 2003 erbauten **Artland Arena**, die mit 3.000 Zuschauern regelmäßig ausverkauft ist – manchmal innerhalb von 30 Minuten!

Alle Jahre wieder führen die **Quakenbrücker Musiktage** renommierte nationale und internationale Künstler in die Stadt. Starpianisten wie Rudolf Buchbinder, Elisabeth Leonskaja oder Justus Frantz geben ihr Debüt in Quakenbrück. Auch das Beaux-Trio aus New York, die King's Singers aus London, das Jacques-Loussier-Trio aus Paris und viele andere verzauberten das Quakenbrücker Konzertpublikum. Überregionale Beachtung finden die Oratorien-Aufführungen des **Philharmonischen Chores Quakenbrück**. Insgesamt hat Intendant **Günter Schuhriemen** wohl schon über 10.000 Spitzenmusiker aus der ganzen Welt nach Quakenbrück geholt.

2001 kommt das **Sommerfestival der Quakenbrücker Musiktage** dazu. Spielort ist der Artländer Bauernhof **Nietfeld** in Badbergen. Viele bedeutende Künstler der Opern-, der Klassik- und der Cross-over-Szene gaben sich bisher ein Stelldichein.

Hochzeitskutsche beim Artländer Renntag (o.)

Sitz der PPS Pipeline Systems (o.l.)

Szene aus der Aufführung der Albert-Lortzing-Oper „Zar und Zimmermann“ bei den Quakenbrücker Musiktagen (ganz o.)

Ortsteile:
- Bad Essen
- Barkhausen
- Brockhausen
- Büscherheide
- Dahlinghausen
- Eielstädt
- Harpenfeld
- Heithöfen
- Hördinghausen
- Hüsede
- Linne
- Lintorf
- Lockhausen
- Rabber
- Wehrendorf
- Wimmer
- Wittlage

Einwohner: 15.699
Fläche: 103,33 qkm
151,9 Einw. je qkm

Bad Essen

Bodenverwerfungen haben die Saurierfährten wieder an die Oberfläche gebracht, die auf dem Saurierpfad zu besichtigen sind (ganz o.r.)

Sommerfestival vor Schloss Ippenburg (o.r.)

Schloss Ippenburg (r.)

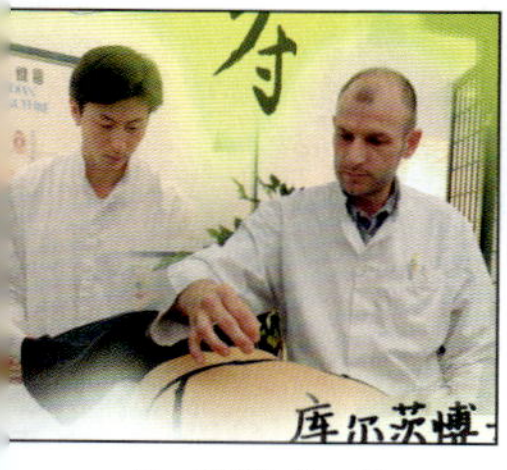

Dr. Wilhelm Kurz (o.) mit Assistent Wei Yi vom TCM

Bad Essen liegt nördlich des Wiehengebirges. Nur wenige Kilometer hinter dem Ortskern erhebt sich eine etwa zehn Meter lange und sechs Meter hohe schräge Gesteinswand mit gut erhaltenen **Fußabdrücken von Dinosauriern**, die die Riesenechsen vor über 150 Millionen Jahren hinterlassen haben und die im Jahre 1921 entdeckt werden. Ein zur EXPO 2000 angelegtes Dach schützt die Abdrücke vor Verwitterung. Schaubilder entlang des eingerichteten **Saurierpfades** erklären geologische und historische Hintergründe.

Bad Essen hat sich zu weiten Teilen der Gesundheit und dem Tourismus verschrieben. Bereits im Mittelalter entdeckt man die Heilkraft der salzhaltigen Quelle in Essen. 1902 wird der Ort offiziell zum Bad ernannt. Nach der Erbohrung einer warmen **Solequelle** mit 30 Prozent Solegehalt – das ist ein Wert, der deutlich über dem des Toten Meeres liegt! – nennt sich Bad Essen 1995 offiziell **„Thermalsole-Heilbad“**. Behandlungsschwerpunkte der ansässigen Fachkliniken sind orthopädische, rheumatologische sowie psychosomatische Erkrankungen. Spezialisten haben sich fernöstlicher Medizin zugewandt. Seit August 2000 wirkt das **TCM-Zentrum Bad Essen**, das „Zentrum für traditionelle und integrative Medizin“ unter der Leitung von **Dr. Wilhelm Kurz**. Hier werden Elemente der fernöstlichen Medizin wie Körperakupunktur, Schröpfkopfbehandlung oder die Tuina-Therapie, eine spezielle Massage- und Grifftechnik vor allem für Wirbel und Gelenkerkrankungen, angewendet. Nach ausführlicher Befragung und Untersuchungen wie Puls-, Zungen- und Ohrdiagnostik wird ein traditionell chinesisches Therapiekonzept erarbeitet.

Die **St.-Nikolai-Kirche** ist das Zentrum einer romanischen Kirchburg, die von einem Ring aus Fachwerkhäusern umgeben wird. Mit ihnen gehört Bad Essen zur Deutschen Fachwerkstraße. Dass die Gegend um Osnabrück ein Land der Schlösser und Burgen ist, zeigt sich besonders in Bad Essen. Das neugotische, hundert Zimmer umfassende **Schloss Ippenburg** in **Lockhausen** befindet sich seit über 600 Jahren im Besitz der Familie **von dem Bussche-Ippenburg.** Eine 10.000 Quadratmeter große Gartenanlage im Stile englischer Cottage-Gärten umgibt das Gebäude. Der Garten ist die Leidenschaft der Schlossherren **Philip** und **Viktoria von dem Bussche-Ippenburg.** Mindestens tausend neue Pflanzen setzen beide jedes Jahr. Pro Jahr besuchen an die 60.000

Gartenfreunde diese Blumenpracht. Seit 1998 öffnet der Schlossgarten seine Tore zum großen **Sommerfestival** Ende Mai sowie an den Sonntagen von Juni bis August für Besucher. 30 Schaugärten, ein Schlossrestaurant und der Staudenverkauf locken allein in dieser Zeit regelmäßig um die 30.000 Besucher an. Sie machen das Festival zur größten Garten- und Landmesse Deutschlands.

Hünnefeld wird erstmals im Jahre 1146 erwähnt. Im 13. Jahrhundert wird es als Wasserburg angelegt. Im 14. Jahrhundert ist eine Ober- und eine Unterburg bezeugt. Die untere

Burg wird um 1600 abgetragen, um Platz für einen Wirtschaftshof und Befestigungsanlagen zu schaffen. Das jetzige Herrenhaus aus der Zeit um 1600 zeigt bis heute die schlichte Gliederung der Spätrenaissance. Das Schloss und die hintere Parkanlage werden privat genutzt und sind nicht für Besucher zugänglich. Die heutigen Schlossherren **von dem Bussche-Hünnefeld** betreiben Land- und Forstwirtschaft und ein Café mit Bed & Breakfast.

Dieter Bickmann hat eine umfangreiche Sammlung von Computern und anderen Geräten des Informationszeitalters zusammengetragen. Morseschreiber und Radios gehören ebenso dazu wie frühe Computermodelle oder Taschenrechner. Die meisten Geräte sind noch einsatzbereit; manche sind es wieder, denn Dieter Bickmann hat sie repariert.

Über ein Vierteljahrhundert gibt es bereits die **Brass Band** des **Gymnasiums Bad Essen**. Heute spielt sie unter Leitung von **Andreas Gerdwilker.** Die Band ist die erfolgreichste AG des Gym-

Brass Band des Gymnasiums Bad Essen (o.) bei einem Konzert in Aabenraa in Dänemark

nasiums. Eine abwechslungsreiche Mischung auf hohem Niveau, Jazz, Fusion, Funk und Cha-Cha-Cha, Rock, Pop, Soul und Filmmusik gehören zum

Historischer Markt auf dem Kirch- und Marktplatz Bad Essen (l.)

Alte Wassermühle (ganz l.)
Das mehr als fünf Meter hohe Mühlrad überträgt die Kraft des Wassers mit Hilfe einer hölzernen Rädermechanik auf die Mühlsteine

Repertoire der derzeit 32 Musiker. Die Brass-Band ist zwar eine AG des Gymnasiums, sie freut sich aber über jeden anderen Mitwirkenden, der Freude an dieser Musik hat.

Die **Dr. Doolittle's Farm** in Brockhausen ist Zucht- und Schulungsstätte für Wild- und Haustiere, die von April bis Oktober besucht werden kann. Hier kann man heimische Greifvögel beim Flugtraining beobachten, die Attraktion der Farm, auf der **Klaus** und **Monika Moye** auch bekannte und unbekannte Haustiere aufziehen, darunter das Hausschwein **Rosy** und schwäbisch-hallische Ferkel. Bis zu seinem Ableben gehörte auch das Hauschwein **Sexy** dazu. Bekannt wird Dr. Doolittle's Farm durch einen Bericht des Fernsehsenders Vox über die Dächsin **Isabella**. Das Tier muss von Familie Moye mit der Flasche aufgezogen werden. Das gelingt, Isabella gedeiht und schaut noch heute gelegentlich im Wohnzimmer der Moyes vorbei.

Der **Kunst- und Museumskreis Bad Essen** wird 1982 gegründet. Sein Ziel ist

Dieter Bickmann (o.)

Monika Moye von Dr. Doolittle's Farm (o.)

Lebensmittelwerk Hamker in Lintorf (r.)

In fünf Produktionshallen werden bei Agro Federkerne für Matratzen und Polstermöbel hergestellt (ganz o.r.)

die Förderung und Erhaltung von Kunst und Kultur durch die Organisation von Kunstausstellungen und historischen Dokumentationen. Mit der Übernahme des **Schafstalles,** eines vom Verfall bedrohten historischen Gebäudes, stehen eigene angemessene Räume für Ausstellungen und Veranstaltungen zur Verfügung. In der Regel kommen 50 bis 150 Besucher zu den musikalischen und literarischen Veranstaltungen und zu denAusstellungen jeweils ca. 500 Gäste. Zudem gibt der Verein eine **Buchreihe** über Geschichte und Sehenswürdigkeiten des Altkreises Wittlage heraus.

1907 gründet **Heinrich Hamker** die „Margarinefabrik und Dampfmolkerei H. Hamker & Co". Regional bedeutende Marken wie *Sana*, *Hacona* und *Wiesenmädel* werden hergestellt. 1959 wird das Sortiment um Feinkost ergänzt. Das Werk liegt heute an der **Heinrich-Hamker-Straße.** Die Marktführerschaft in Deutschland für Saucen ist erreicht, für Europa wird sie angestrebt. Als Geschäftsführer stehen **Klaus** und **Michael Hamker** der **Heinrich Hamker Lebensmittelwerken GmbH** vor. Nach Firmenzukäufen wird 2004 ein Umsatz von 210 Millionen Euro erreicht. Die Zahl der Mitarbeiter steigt auf 850. In **Lintorf** sind etwa 600 Mitarbeiter mit der Herstellung von Margarine, Tomaten- oder Gewürzketchups, Mayonnaisen, Salatcremes, Feinkostsaucen, Feinkostsalaten oder Fischmarinaden beschäftigt.

Kulinarisch empfiehlt sich der **Bad Essener Apfelsaft.** Traditionell werden seit 1936 von der Firma **Lammersieck & Co.,** deren Inhaber die Familie **Himmelstoss** ist, Streuobstsäfte in großer Sortenauswahl sowie Produkte aus biologisch kontrolliertem Anbau gekeltert und hergestellt. Für die Entwicklung und Qualitätskontrolle ist Tochter **Claudia** zuständig. In den Wintermonaten gibt es **„Rumpelstilzchen"**, ein Glühwein aus Beerenfrüchten.

An der **Mindener Straße** in **Dahlinghausen** liegt der Hauptsitz der **Kesseböhmer KG.** Das familiengeführte Unternehmen wird 1954 gegründet und produziert heute mit ca. 1.400 Mitarbeitern an fünf Standorten in Deutschland Möbelbeschläge und Warenpräsentationssysteme. Als Ideengeber und Zulieferer der Küchenmöbelindustrie hat sich Kesseböhmer mit Schrankinnenausstattungen und bei der Beschlagtechnik einen Namen gemacht. Dazu kommen Einbau- und Beschlagssysteme für Caravan-Hersteller und Ergonomietechnik für Büromöbel.

Agro Federkerne ist in Wittlage ansässig. Der von **Wolfgang Grothaus** geführte Betrieb hat sich mit der Produktion von Federkernen für Matratzen fest auf dem europäischen Markt etablieren können. Seit einigen Jahren wird auch nach Übersee exportiert. Zusammen mit externen Partnern hat Agro ein weltweites Vertriebsnetz aufgebaut. Qualitätsfederkerne werden in über 35 Ländern der Welt als Matratzenkomponente angeboten. 2004 nimmt ein eigenes Drahtwerk die Produktion auf, in dem ca. 50 Prozent des Drahtbedarfes gefertigt werden.

Teilnehmer eines Bildhauerseminars (o.) des Vereins Kunstschule in Bad Essen. Unter der Leitung von Simone Jenner wird die ästhetische Bildung von Kindern, Jugendlichen und Erwachsenen gefördert. Für experimentelle Arbeit steht auch das Atelier Alter Bahnhof zur Verfügung, wo auf den Gleisen ein Waggon für Puppentheater steht

Bad Iburg

Ortsteile:
- Glane
- Iburg
- Ostenfelde
- Sentrup

Einwohner: 11.642
Fläche: 36,50 qkm
319,0 Einw. je qkm

Uhrenmuseum Am Gografenhof (l.)

Schlosskonzert im Rittersaal (l.)

Das **Kneipp-Heilbad** Bad Iburg liegt am Teutoburger Wald. **Benno II.** (1068–1088), Fürstbischof von Osnabrück, lässt zu Beginn des zweiten Jahrtausends die Iburg errichten. Mit dem Bau hatte bereits sein Vorgänger, Benno I., begonnen. Gleichzeitig gründet Benno II. 1080 eine **Benediktinerabtei** und errichtet die **St. Clemens Kirche.** Der achteckige Bergfried, der sich über dem Schloss erhebt und fälschlicherweise **Bennoturm** genannt wird, entsteht erst im 15. Jahrhundert. Zwei Etagen dienen als Gefängnis. In den Kerkern werden 1534/35 die revolutionären Münsteraner **Wiedertäufer** bis zu ihrer Hinrichtung gefangen gehalten. Das von dem Osnabrücker Bildhauer **Hans Gerd Ruwe** geschaffene **Benno-Denkmal** wird im Mai 1987 vor dem Rathaus aufgestellt. Die Figur ist über 2,70 Meter groß. Zu Ehren Bennos II. findet seit 1987 jeweils Ende Mai das **Bennofest** statt.
1668 kommt auf **Schloss Iburg** die spätere erste preußische Königin **Sophie Charlotte**, die Mutter des späteren Soldatenkönigs und Großmutter Friedrichs des Großen, als Tochter des Fürstbischofs **Ernst August I.** und seiner Frau **Sophie von der Pfalz** zur Welt. Ernst August I. (1629–1698) ist Herzog von Braunschweig-Lüneburg und zugleich Fürstbischof von Osnabrück. Er verlegt 1672 den Sitz des Fürstbischofs von Iburg nach Osnabrück. Der unterhalb des Schlosses in einer Parkanlage gelegene See wird zu Ehren der preußischen Königin **„Charlottensee“** genannt. Das Schloss wird heute als **Amtsgericht** und als **Schlossmuseum** genutzt. Höhepunkt einer Schlossführung ist der **Rittersaal.** Er ist im vorbarocken Stil gehalten und vom Hofmaler **Andreas Aloisi Galanini** nach italienischem Vorbild ausgemalt – ein exzellentes Beispiel perspektivisch gemalter **Scheinarchitektur**, das heute als letztes erhaltenes Exemplar seiner Art nördlich der Alpen gilt. Mit einfachen Mitteln der Malerei wird der Eindruck einer mächtigen dreigeschossigen Säulenhalle erzeugt, in deren Mitte der Göttervater Zeus thront. Die Malerei verdeutlicht, dass die Schaffung virtueller Realitäten keine alleinige Erfindung heutiger Zeiten ist. Einmal im Monat finden im Rittersaal von dem Verein **Iburger Schlosskonzerte** getragene Konzertveranstaltungen statt.
Am **Gografenhof** ist in einem Gebäude von 1820 das **Uhrenmuseum** untergebracht. Über 800 Uhren zeigen die Geschichte der Zeitmessung seit 300 Jahren. An der Außenwand ist die größte Taschenuhr der Welt angebracht. Im Inneren ticken von der Kirchturmuhr über die zeitgenössischen „Swatch“ bis zur Flugzeuguhr alle nur denkbaren Chronometer.

Denkmal Benno II. (u.). Hochberühmt wegen seiner Fähigkeiten als Baumeister, zieht Heinrich IV. den Bischof zum Burgenbau heran. 1077 begleitet Benno II. Heinrich IV. auf seinem Weg nach Canossa

Barbara Wölfkes (o.)

Das **Kurhaus** im **Kurpark** bietet einen Veranstaltungssaal, Tagungsräume, Kegelbahn und ein Restaurant. Nicht weit entfernt befinden sich Hotel, Reha-Klinik, Therapiezentrum mit Warmwasserschwimmbad sowie ein Gesundheitszentrum.

Freibad an der Sebastian-Kneipp-Allee (r.)

In keinem Kurort darf heute eine **Tagesschönheitsfarm und Kosmetikpraxis** fehlen, wie sie **Monika Böggemann** mit Kosmetik- und Körperkabinen, Wellnessbad, Ruheraum und Solarium betreibt. Ihr Angebot reicht von der klassischen Kosmetikbehandlung über verschiedene Massagen, Thalasso Körperanwendungen bis zum Anti-Aging Programm und Permanent-Make-up.

Der pensionierte Forstbeamte **Walter Ahrens** kümmert sich seit über 30 Jahren um Eulen und andere Vogelarten. Manches Jungtier hat er von Hand selbst aufgezogen. In einer Flugvoliere in **Ostenfelde** werden die Zöglinge durch **Reinhard Sommer** auf die Auswilderung vorbereitet. Die kleinste von acht geretteten Schleiereulen ist mit 12 Gramm leichter als ein Standardbrief. Handwerker finden beim Ausbau eines Daches das Gelege, warteten aber mit ihren Arbeiten bis alle Jungen geschlüpft sind, die sie dann Walter Ahrens und seiner Ehefrau **Lisa** zur Aufzucht übergeben.

Der Verein **Naturfreunde Glandorf** versucht dem fortschreitenden Rückgang der Tier- und Pflanzenwelt im Südkreis Osnabrück entgegenzutreten. Wiederherstellung und Neuanlage von Biotopen, Nistkastenaktionen, Fledermaus- und Insektenschutz sowie die Aufzucht- und Wiederauswilderung von Vögeln gehören u.a. zum Aufgabenfeld. Anerkennung erhalten der Verein und sein Vorsitzender **Alfons Heuger** mit der Verleihung des „Goldenen Rebhuhns".

In Bad Iburg lebt seit 1966 die Künstlerin und Kunstpädagogin **Barbara Wölfkes**. Sie ist Gründungsmitglied der „Initiative Künstler für Europa". Die in Ungarn geborene Künstlerin schafft in ihrem eigenen Werk abstrakte Bildkonstruktionen mit einer hohen Intensität von Licht und Farben. Ihre abstrakten Farbkombinationen, aus denen sich immer wieder konkrete Formen zu erheben scheinen, erinnern an expressionistische Traditionen oder surrealistische Detailaufnahmen. Ausgestellt hat sie in Europa, Israel und den USA.

Walter Ahrens (im Bild rechts) und Reinhard Sommer arbeiten mit den Naturfreunden Glandorf zusammen (r.)

Die **Friedrich Blanke GmbH** wird 1904 gegründet. Heute zählt die Firma zu den führenden Türen- und Zargenherstellern Deutschlands und beschäftigt 135 Mitarbeiter. 2000 geht die Firma aus Familienbesitz an eine Investorengruppe unter Leitung von **Manfred Dreyer** über.

Ebenfalls schon seit über hundert Jahren produziert die Drahtzieherei und Seilerei **Vornbäumen-Stahlseile** an der **Münsterstraße**. Neben Drähten und Drahtseilen werden Spiralen und Kunststoffröhrchen für die Fahrzeugindustrie hergestellt. In den Werken Bad Iburg und Allstedt werden pro Jahr über 8.000 Tonnen Stahl verarbeitet.

Bad Laer

Ortsteile:
- Hardensetten
- Laer
- Müschen
- Remede
- Westerwiede
- Winkelsetten

Einwohner: 9.200
Fläche: 46,81 qkm
196,5 Einw. je qkm

Schon von weitem erkennt man das Wahrzeichen des **Sole-Heilbades:** Den sogenannten **„Griese Toarn"**, den romanischen Kirchturm der katholischen Pfarrkirche **St. Marien** mit seinem markanten Treppengiebel. Der Turm hat eine Kantenlänge von 9 x 9 Metern. Die

Blick auf den Glockensee (l.)

Mauern sind zwei Meter dick. Vor rund tausend Jahren erbaut, ist er einer der ältesten frühromanischen Wehrkirchtürme Norddeutschlands. Den Baustoff, **„Piepsteine"** genannt, findet man nur in Bad Laer. Vor der ehemaligen **Vikarie**, dem **Heimatmuseum** mit **Museumsgarten**, befindet sich ein Piepstein, der vor etwa 6.000 Jahren entstand, indem durch Kalk und Salzwasser verkrustete Schilfstängel versteinert sind. Die versteinerten Schilfstängel sind wie Orgelpfeifen nebeneinander aufgereiht, daher der Name „Piepstein".
Laer ist als **Sole-Heilbad** staatlich anerkannt und führt seit 1975 die Bezeichnung „Bad". Bis 1978 versorgt die **Alte Martinsquelle** das an den Kurpark sich anschließende **Kurmittelhaus** mit der heilenden Sole. Seitdem sprudelt diese aus der 160 Meter tief gebohrten **Neuen Martinsquelle.** Von dort sind es nur wenige Schritte bis zum **Kolk**, einem kleinen Teich. Die hier austretende Sole speist das angelegte **Wassertretbecken** sowie den **Glockensee**, einen der wenigen Soleseen Deutschlands.
Auf einer Waldlichtung des blumenreichen **Blombergs** steht der **Lehrbienenstand.** In einem Schaukasten lässt sich ein Bienen-Minivolk beobachten. Doch auch Großvölker mit 50.000 bis 70.000 Bienen leben hier.
Die Natürlichkeit des Heilbades veranlasst auch Unternehmen, sich in dieses Bild möglichst bruchlos einzufügen. So hat die **TKT Trentmann GmbH** ihren Firmensitz an der **Bielefelder Straße** mit Grünzonen, Bepflanzungen und einer Teichanlage versehen. Auf dem 15.000 Quadratmeter großen Werksgelände produzieren 80 Mitarbeiter Spritzgussartikel für den deutschen und europäischen Markt. Die Werkzeuge hierfür werden größtenteils von einer Schwesterfirma in China geliefert.
An der Bielefelder Straße stellt auch das Familienunternehmen **B. Strautmann & Söhne** auf 30.000 qm mit 220 Mitarbeitern Fütterungs- und Fahrzeugtechnik her, vor allem Stalldung- und Universalstreuer für Lohnunternehmer und Großbetriebe. Gut ein Drittel der Produktion geht in den Export, überwiegend in europäische Länder, aber auch nach Übersee.
Seit 1857 stellt die **Feldhaus Klinker Vertriebs-GmbH** verschiedene Arten von Klinkern her, Backstein aus kalkarmem Ton, der bei über 1.100 Grad Hitze gebrannt wird und eine hohe Festigkeit

Der „Griese Toarn" am Kirchplatz (o.)

Fest der 1.000 Fackeln am Glockensee (l.)

Tafelrunde am Genießerwochenende (r.)

und Widerstandskraft aufweist. Zum Produktionsprogramm gehören in Bad Laer Verblendklinker, Klinker- und Winkelriemchen, Sparverblender und Formsteine. Feldhaus-Klinker ist heute Europas größtes Klinkerriemchenwerk. „Winkelriemchen" sind innovative passgerecht vorgefertigte Klinker, die aufwändiges Zuschneiden, zum Beispiel bei Fensterlaibungen, überflüssig machen. Ergänzt wird das Sortiment durch robuste Pflasterklinker, Rasenlochklinker und Kleinpflaster zur Mosaikbildung, die am Standort Werther produziert werden.

Johannes Mönter von der Sanicare-Versandapotheke (u.)

Der Thiebrunnen am Thieplatz (o.)

Die **Sanicare-Versandapotheke** von **Johannes Mönter** ist eine der in Deutschland nicht sehr zahlreichen Apotheken, die Arzneimittel und andere Produkte des medizinischen Bedarfs in großem Stil vertreibt, z. Zt. an über 40 Kliniken und gut 500 Pflegeeinrichtungen. Das Unternehmen ist zugleich ein bundesweiter Diabetes-Fachversand. Mit einer herkömmlichen Apotheke hat es kaum noch etwas gemein. Seit Anfang 2004 liefert es Arzneimittel und alle anderen Gesundheitsprodukte sicher und diskret nach Hause oder an eine Wunschadresse. Rund um die Uhr und an 365 Tagen im Jahr können sich die Kunden telefonisch beraten lassen. 450 Beschäftigte, darunter 100 pharmazeutische Fachkräfte, erwirtschaften bei Sanicare rund 100 Millionen Euro pro Jahr.

Für die Gemeinde wichtige Betriebe sind auch die beiden Fahrzeugbauunternehmen **Heinrich Wellmeyer** und **Wilhelm Wellmeyer, Kampwerth Umwelttechnik** und die **Schuko H. Schulte-Südhoff GmbH**, die Absaug- und Filteranlagen herstellt, wie sie in der Holz- und Papier- und der Kunststoffverarbeitung eingesetzt werden. Die **Nordwestdeutsche Zählerrevision** bietet ein Leistungsspektrum von der Entwicklung, Produktion und Wartung bis zur Eichung von Elektrizitäts-, Gas-, Wasser- und Wärme-Verbrauchszählern an.

Bad Laer wird durch eine Vielzahl von Veranstaltungen belebt. Seit über zehn Jahren richten örtliche Gastronomen auf dem zentralen **Thieplatz** ein **Genießerwochenende** aus. Die Speisen werden unter freiem Himmel zubereitet. Den Auftakt macht am Freitagabend die **Bad Laerer Tafelrunde.** Mehrere tausend Besucher nehmen an den Tischen Platz oder finden sich in Pagodenzelten ein. Meist sind die Gerichte mit Produkten regionaler **Biohöfe** zubereitet. Der Höhepunkt aller Feste ist alljährlich am ersten Augustwochenende das **Fest der 1.000 Fackeln**, bei dem sich der Glockensee in ein Lichtermeer verwandelt. Beim **Zug durch die Gemeinde** werden Gäste kostenlos mit einer **Pendelbahn** rund um den Ortskern direkt zu den geöffneten Lokalitäten befördert. Sehr beliebte Feste in Bad Laer sind auch der **Leinewebermarkt** sowie der **Sterntalermarkt**.

Bad Rothenfelde

Ortsteile:
- Aschendorf
- Strang

Einwohner: 7.219
Fläche: 18,18 qkm
397,1 Einw. je qkm

Zwei imposante Bauten bestimmen das Ortsbild von Bad Rothenfelde: sogenannte **Gradierwerke,** riesige Bauwerke, die einst zur Salzgewinnung gedient haben. Das erste Gradierwerk von anfänglich 178 Metern, heute von 112 Metern Länge wird im Jahre 1777 in Rothenfelde errichtet. 1824 folgt ein zweites „neues" Werk von 412 Metern Länge und 10.000 Quadratmetern Rieselfläche. Beide Werke zusammen gehören zu den größten Anlagen dieser Art in Westeuropa. Gradierwerke sind Holzständerbauten aus Fichtenholz, die an **Solequellen** errichtet werden. Innen sind sie mit Reisig aus **Schwarzdorn** ausgefüllt. Man lässt die Sole an den Verästelungen des Schwarzdorns, am Dornengeflecht herablaufen. Das Wasser verdunstet, zurück bleibt konzentrierte Sole. Zugleich setzen sich Verunreinigungen der Sole (z.B. Kalk) im Reisig ab und bilden den sogenannten **Dornstein.** Der Anblick dieser bizarren Versteinerungen und der Millionen kleinster Tröpfchen sind ein ästhetisches Erlebnis! Mehr über Ursprung, Arbeitsweise und Bedeutung der Salzgewinnung ist bei einer Führung auf dem **Neuen Gradierwerk**, zehn Meter über den Parkanlagen zu erfahren.

Beide Gradierwerke liegen in dem 20 Hektar großen **Kurpark,** wo sich auch der **Rosengarten** befindet. Seit der Schließung der **Rothenfelder Salzwerke** 1969 werden die Anlagen ausschließlich als Freiluft-Inhalatorien genutzt. Die heilsame Wirkung der Sole lässt Bad Rothenfelde früh zu einem gefragten Kurort werden, denn die Gradierwerke lassen am Mittelgebirgsrand eine gesunde salzhaltige Luft entstehen, die beinahe der Nordseeluft ähnelt. Im Neuen Gradierwerk ist 2001 ein 80 Meter langer **Demonstrationsgang** mit **Inhalationskammer** eingerichtet worden. In ihr können die Solepartikelchen pur eingeatmet werden.

In über zwei Jahrhunderten hat sich das Bad Rothenfelder Gesundheitswesen mit seinen Bade- und Fachärzten, Therapieeinrichtungen, neun Fachkliniken sowie Hotels mit Kuranwendungen herausgebildet. An die 480.000 Gästeübernachtungen werden pro Jahr gezählt. Schon zu Beginn des 19. Jahrhunderts wird das erste **Badehaus** gebaut, das 1909 durch ein neues **Kurmittelhaus** ersetzt wird, in dem heute ein **Dialysezentrum** und die **Gemeinde-**

Rosengarten vor dem Gradierwerk (l.)

Demonstrationsgang im Inneren des Neuen Gradierwerkes (ganz l.)

Seit 1906 wird an der Frankfurter Straße im Kurmittelhaus (u.) in Sole gebadet, mit Sole inhaliert, werden Muskeln massiert, in wärmende Packungen gewickelt und Gelenke mit Krankengymnastik wieder beweglicher gemacht. Insgesamt verfügt Bad Rothenfelde über neun Fachkliniken

Schüchtermann-Klinik an der Ulmenallee (o.)

verwaltung untergebracht sind. Die 128 Meter lange Dreiflügel-Anlage wird nach Plänen des Freiburger Architekten **Erwin Brütsch** gebaut. Er verbindet Formen der Gründerzeit mit denen des Jugendstils.

Der Bad Rothenfelder Salzmarkt bietet ein kurzweiliges Programm mit Ständen von Hobbykünstlern, Handwerkern und Gastronomen sowie viel Musik und Aktionen für Gäste und Einheimische (o.)

An einer Salzsiedepfanne wird im Heimatmuseum die Salzgewinnung demonstriert (o.r.)

In einem ehemaligen Schulgebäude an der Wellengartenstraße ist das **Heimatmuseum** im Erdgeschoss untergebracht. 1944 richtet es der Badearzt **Dr. Alfred Bauer** ein. Zur Sammlung gehören Gegenstände des täglichen Gebrauchs, wie Möbel, Urkunden, Karten, und Münzen. Bei Führungen wird erklärt, warum Bad Rothenfelde Quellsole hat, wie der Name entstanden ist, wie Gradierwerke funktionieren, wie sich der Dornstein bildet oder das Salz gesiedet wird. In einer **Miniatur-Siedepfanne** lässt sich der Siedeprozess genau verfolgen.

1973 lassen **Heinrich Schüchtermann** und seine Frau **Antoinette Schiller** einen Großteil ihres Vermögens in die **Schüchtermann-Schiller'sche Familienstiftung** eingehen. Darunter fällt auch die **Rothenfelder Gesellschaft**, die heute unter **Schüchtermann-Schiller'sche Kliniken Bad Rothenfelde** firmiert. Im gleichen Jahr nimmt die **Schüchtermann-Klinik** als eine internistische Rehabilitationsklinik ihre Arbeit auf. Besonders die Nachbehandlungen bei akutem Herzinfarkt und Schlaganfall lassen die Klinik zu einem gefragten Rehabilitationszentrum werden. Die Erweiterung zu einem Herzzentrum mit rund 600 Mitarbeitern erfolgt 1993 durch die Inbetriebnahme der Herzchirurgie mit drei Operationsräumen, Intensiv-, Überwachungsstation und Anästhesiologie. 2002 folgt die Einrichtung zweier weiterer Operationsräume, der Ausbau der Kardiologischen Intensiv- und Überwachungsstation sowie die Einrichtung einer radiologischen Praxis. Heute zählt die Klinik zu den anerkanntesten Herzzentren Deutschlands.

Im Terminkalender der Gemeindefeste hat in den Sommermonaten der **Bad Rothenfelder Salzmarkt** mit Kunsthandwerk und Kulinarischem, Musikprogramm und Marktleben einen festen Platz. Von Folklore bis Jazz und von Country- und Westernklängen bis zu Hitparadensongs reicht das Musikprogramm, das durch Tanz und Zaubereien, Spiele und Aktionen ergänzt wird. Seit Jahrzehnten finden **Park- und Lichterfeste** im alten **Konzertgarten** statt. Wenn in der Abenddämmerung die bunten Lampions leuchten und Musik erklingt, bekommt dieses Areal rund um die Konzertmuschel das Flair einer „Italienischen Nacht". Von der **Reblaus** wird der Konzertgarten im Juli heimgesucht. Winzer aus deutschen Weinanbaugebieten verköstigen ihre Erzeugnisse dann am Fuße der historischen **Musikmuschel**.

Belm

Ortsteile:
- **Belm**
- **Haltern**
- **Icker**
- **Powe**
- **Vehrte**

Einwohner: 14.018
Fläche: 46,67 qkm
300,4 Einw. je qkm

Mühlenteich (l.)

Im 11. Jahrhundert schließen sich Bauernschaften zu den vier selbständigen Markgenossenschaften Haltern-Wellingen, Vehrte-Powe, Icker und Darum-Gretesch-Lüstringen zusammen. Im Jahre 1853 vereinigen sich die Bauernschaften des Kirchspiels zur Samtgemeinde Belm, die sich 1966 in die Samtgemeinde Belm mit den Mitgliedsgemeinden Belm, **Haltern** und **Powe** sowie die Samtgemeinde **Icker-Vehrte** und **Darum-Gretesch-Lüstringen** aufteilt. Diese drei Kommunalverbände bestehen, bis 1972 im Zuge der Gebietsreform die Gemeinde in ihrer heutigen Zusammensetzung entsteht.
Zahlreiche **Zeugnisse der Großsteingräber-** oder **Megalithkultur** liegen im Gebiet der Gemeinde verstreut. Allein von der Menge her sehenswert ist das **Steinerne Meer** auf dem **Gattberg** in **Vehrte**. Über 1.000 Findlinge aller Größen, die ein eiszeitlicher Gletscher zurückgelassen hat, finden sich hier, darunter der **Butterstein**, in prähistorischer Zeit möglicherweise ein Opferstein.
Die bekannteste Belmer Kirche ist die gegenüber der **Christuskirche** stehende **St. Dionysius Pfarrkirche** an der **Lindenstraße**. 1980 wird sie restauriert. Der **Westturm** stammt aus dem 12. Jahrhundert. Im Inneren stehen zwei Holzfiguren, Arbeiten des Meisters von Osnabrück aus der Zeit um 1520. Berühmt ist die Kirche wegen der Verbindung, in die man sie mit Widukind, dem sächsischen Widersacher Karls des Großen gebracht hat. Der Legende nach soll der heidnische Sachsenherzog hier getauft worden sein. Nach Widukind ist auch ein **Wanderweg** benannt, der an die historischen Stätten dieser Auseinandersetzung zwischen Heiden- und Christentum führt.
Beim **Mühlenteich** findet sich die **Belmer Mühle.** Diese ehemalige Wassermühle ist heute ein Ort für Kulturveranstaltungen. Eines der ältesten Bauernhäuser der Gemeinde ist der **Hager Hof** in **Vehrte** aus dem Jahr 1731. 1981 restauriert, ist das denkmalgeschützte Gebäude Tagungs-

Die katholische Pfarrkirche St. Dionysius an der Lindenstraße am Kirchplatz (l.)

Bis in die 1960er Jahre wird in Vehrte Schwarzkreide (o.) abgebaut, durch fein verteilten Kohlenstoff tief schwarz gefärbter Ton, der in der Farbenherstellung und zum Malen und Zeichnen wie Kreide verwendbar ist und auch mit Wasser vermischt werden kann

Lagerhalle des Hüllsieck Recyclingbetriebes (o.)

AVO Werk in der Industriestraße (r.)

Maria Hüllsieck (u.)

Gisela Felter (o.)

Hager Hof in Vehrte. Im Bild rechts: das Hauptgebäude (r.)

und Seminarort geworden. In dem renovierten Speicher neben dem Haus lebt das Hausmeisterehepaar **Wilhelm** und verwaltet die Anlage. Hauptgebäude und Speicher liegen inmitten eines über 6.000 Quadratmeter großen Grundstückes. Ausgedehnte Rasenflächen, Fußballplatz, Spielstraße und ein abgesicherter Teich sind auf dem Areal angelegt.

Ebenfalls in Vehrte, Im Wellbrook, betreibt seit mehr als 30 Jahren die Firma **Hüllsieck Recycling** die Verwertung und Entsorgung von Altautos. Firmeninhaberin ist **Maria Hüllsieck**. Sie leitet einen Betrieb, der nach erfolgter Renovierung 1998 zu einem der größten privaten Recycling-Betriebe in Deutschland wird. Die Firma kooperiert mit etwa 100 Altautoannahmestellen und entsorgt gegen 5.000 Autos im Jahr.

Mit knapp 300 Mitarbeitern und zahlreichen Auslandsvertretungen zählen die **AVO-Werke August Beisse** zu den führen-

den Gewürzherstellern Europas. Kunden sind Handwerk, Industrie und der Lebensmittelhandel. Ein Sortiment von mehr als 4.000 Produkten steht zur Verfügung. 1921 wird zur Herstellung und Vertrieb von Gewürzen und Zusatzstoffen die Firma als „August Vodegel, Osnabrück“ gegründet, schon bald mit AVO abgekürzt.

Um ihren Marktanteil weiter zu erhöhen, haben die Gewürzexperten in jüngster Zeit stark investiert. Vor allem der wachsende Markt der Würzmarinaden sorgt für Umsatzzuwächse.

Das Stammhaus der Lackfabrik **Osnatol-Werk GmbH & Co. KG** liegt an der **Bahnhofsstraße** in Belm. Lackfarben für industrielle Anwendungen im Maschinen- und Anlagenbau, bei der Beschichtung für den Korrosionsschutz und Spezialprodukte werden von den 51 Mitarbeitern hergestellt.

In der **Königsberger Straße** hat **Gisela Felter** eine Agentur für **Haussitter Service** eingerichtet. Sie und ihre Mitarbeiter übernehmen neben dem Haussitting Aufgaben wie Senioren-, Haus- oder Tierbetreuung. Als Gisela Felter den Schritt in die Selbstständigkeit wagt, setzt sie damit einen lang gehegten Traum um.

Das **Auktionshaus** von **Sabina** und **Frank Abromeit** an der **Bremer Straße** nutzt seit 1999 die gute Verkehrsanbindung zur A 30 und A 33 sowie zur B 65 in Belm für seine regelmäßigen Auktionen von Immobilien, Kraftfahrzeugen, Schmuck, Baumaschinen und Wirtschaftsgütern aller Art aus Konkursen. Ein Großraumbüro in einem Truck macht das Unternehmen mobil. Bei Bedarf kann an jedem Ort ein eigenes Büro aufgestellt werden. Bei laufenden Betrieben, die sich in Auflösung befinden, kontrollieren Sabina und Frank Abromeit mit ihren Mitarbeitern Waren- und Werkzeugausgaben vor Ort.

SG Bersenbrück

Mitglieds-gemeinden:
- Alfhausen
- Ankum
- Stadt Bersenbrück
- Eggermühlen
- Gehrde
- Kettenkamp
- Rieste

Einwohner: 27.973
Fläche: 255,45 qkm
109,5 Einw. je qkm

Die Samtgemeinde Bersenbrück ist die flächenmäßig größte Kommune im Landkreis Osnabrück. In enger Verbindung mit **Rieste** steht die im Jahre 1245 gegründete **Kommende Lage der Johanniter-Kreuzritter**, die über lange Zeit hinweg geistiger Mittelpunkt des Osnabrücker Landes ist. Sie hat offiziell bis 1811 Bestand. Die im Jahre 1426 geweihte Klosterkirche verwahrt in ihrem Innern ein lebensgroßes **Kruzifix** aus dem 14. Jahrhundert. Er ist alljährlich Ziel tausender katholischer Wallfahrer. Nachdem die Kommende lange als Hotel genutzt wird, ist dort seit einiger Zeit ein Kloster der Dominikanerinnen untergebracht.

Blick auf den Marktplatz von Ankum mit St. Nikolaus im Hintergrund (o.)

Eingangstor zur Kommende Lage (l.)

In der einschiffigen **St. Christophorus Kirche** zu **Gehrde** findet sich ein um 1290 entstandenes **Gabelkruzifix**, das es in dieser Art nur dreimal in Deutschland gibt. Der barocke Turmhelm der Kirche lässt schon von weitem das Fachwerkdorf erahnen.

Der ursprünglich als Rückhaltebecken der Hase angelegte **Alfsee** ist mit etwa 220 Hektar das größte Gewässer des Osnabrücker Landes. Er liegt zwischen den Gemeinden **Alfhausen** und **Rieste.** Mit Skateranlage, Campingplatz, Ferienhäusern, Wasserskianlage, Badesee, Streichelzoo, Segelschule und weiteren Freizeitangeboten hat man ein geräumiges und viel besuchtes Freizeit- und Erholungsgebiet angelegt. Lediglich der Osnabrücker Zoo verzeichnet noch mehr Tagesbesucher. Der Nordrand des Sees wurde zum **Naturschutzgebiet** erklärt.

In Alfhausen steht die **St. Johannis Kirche** aus dem 13. Jahrhundert. Gotisch sind die Innenausstattung und der **Bentheimer Taufstein.** Die **Strahlenmadonna** der Kirche dagegen stammt aus dem Jahr 1517.

Die Silhouette des alten Marktortes **Ankum** wird von der **St. Nikolaus Pfarrkirche** bestimmt, die auch als „Artländer Dom“ bezeichnet wird. Ihr Turm ragt 79 Meter in die Höhe. Das Gebäude ist mit Arkaden und einer alten Kirchenburg versehen. Unterhalb von St. Nikolaus haben sich Fachwerkhäuser und verwinkelte Straßenzüge erhalten. Ein stetig wachsender Wirtschaftszweig in Ankum ist der Fremdenverkehr. Größere Arbeitgeber sind das Möbelunternehmen **Wetzlar** und das **Marienhospital Ankum-Bersenbrück.**

Auch als Pferdehochburg hat Ankum einen guten Ruf. Pferdeliebhaber aus aller Welt besuchen Ende November/Anfang

Die Parkanlage Ankumer See (o.)

Der 220 Hektar große Alfsee gilt als gesuchtes Ziel für Wassersportler (l.)

Die Klosterpforte am Marktplatz, die ehemalige Toreinfahrt des Zisterzienserinnenklosters von 1700 (o.)

Paul Schockemöhle, Auktionator Uwe Heckmann und Ullrich Kasselmann (im Bild v.l.n.r.) (r.)

„Hört, Ihr Leute, lasst Euch sagen, wir wollen nun den Rundgang wagen, durch uns're abendliche Stadt, auf dass ein jeder Spaß dran hat!" Mit diesem Ruf sammelt Martin Kalmlage, im Bild mit weitem Umhang, Schlapphut, Signalhorn und Laterne, in der Klosterpforte als Nachtwächter Bersenbrücks seine Gefolgschaft, die ihn auf seinem Gang durch das abendliche Bersenbrück begleitet (o.r.)

Dezember die **Performance Sales International (PSI)**, die von **Paul Schockemöhle** und **Ulrich Kasselmann** seit Jahren im **Reitzentrum** am Ankumer See veranstaltet wird. Auf der Verkaufsshow werden hochklassige Pferde sowohl für ambitionierte Amateure als auch für Weltklassereiter präsentiert und zum Abschluss vom Auktionator **Uwe Heckmann** versteigert.

Im Ankumer Ortsteil **Westerholte** verläuft der vom Landkreis Osnabrück in Zusammenarbeit mit dem **Naturpark Nördlicher Teutoburger Wald / Wiehengebirge** (**Terra Vita**) angelegte **Steingräberweg.** Als Rundwanderweg führt er an sechs Steingräbern, verschiedenen Hügelgräbern und an einem Steinkistengrab vorbei. Die Gräber sind über 4.000 Jahre alt. Im nahe gelegenen Restaurant des **Golfclub Artland,** einer 18-Loch-Meisterschaftsanlage, ist eine ständige Ausstellung über die Megalithkultur zu sehen.

In der Nähe des **Hofes Hensen** im Ankumer Ortsteil **Aslage** auf dem **Taggenbrock** befindet sich der **Kreuzweg Taggenbrock** mit einer sehenswerten Kreuzigungsgruppe.

Die **Heeker Klause** mit dem Madonnenbild im Alfhausener Ortsteil **Heeke** ist ein typisches Zeichen der Volksfrömmigkeit. Erbaut wird sie 1818. Immer noch wird sie zur Maiandacht und zum jährlichen Bittamt genutzt. Nach Renovierungsarbeiten wird die Klause 1970 erneut eingeweiht. 1912 gräbt man unter ihr nach einem Schatz, findet aber stattdessen eine Reihe von Statuen. Sie stehen heute zum Teil im **Heimatmuseum Bersenbrück.**

Das Wahrzeichen der Stadt Bersenbrück ist die im Jahre 1700 von der **Äbtissin Nyvenheim** errichtete **Klosterpforte.** Das Wappen der Äbtissin prangt über dem Rundbogenportal des Tores. Das ehemalige Zisterzienserinnenkloster findet sich im Zentrum der Stadt, hinter einem Graben, der von der Hase abzweigt und den ganzen Komplex umfliesst. In Teilen der klösterlichen Wirtschaftsgebäude ist heute das **Heimatmuseum** des Landkreises untergebracht, die übrigen Gebäude des 1787 aufgehobenen Klosters werden vom **Amtsgericht Bersenbrück** genutzt.

Im Schein einer kleinen Laterne kann man einen **Nachtwächter** mit weitem Umhang, Schlapphut, Signalhorn und Laterne bei seinem Gang durch das abendliche Bersenbrück begleiten. Auf seinem Weg liegt neben dem Kloster auch die Doppelkirche **St. Vincentius. Gabriele Sandbrink, Winfried Meyer, Gerhard König** und **Manfred Kalmlage** wechseln sich mit den nächtlichen Gängen ab. Von Bersenbrück aus lassen sich auch Ausflüge nach **Rußland** und **Ägypten** unternehmen, den zwei kleinen Orten mit den großen Namen in der Samtgemeinde > Neuenkirchen (360).

Die Gegend um Bersenbrück hat enge Beziehungen zu weit entfernt liegenden Regionen der Welt. So macht sich während der **Auswandererzeit** etwa ein Drittel der Bevölkerung von **Gehrde** auf den Weg nach Amerika. Und in New York gründet sich in der zweiten Hälfte des 19. Jahrhunderts der **Gehrder Freundschaftbund.** So ist es keine Schwierigkeit für den Gehrder Bürgermeister **G.R. Twelbeck**, 1852 die erste jemals in Deutschland eingesetzte **Mähmaschine** bei McCormick in Chicago zu kaufen und das Geld dafür nach Chicago bringen zu lassen.

Reggae Jam Feeling (o.)

Das sog. Antiphonar (l.), das liturgische Gesänge enthält, wird 2004 zusammen mit weiteren theologischen Buchschätzen aus dem 17. Jahrhundert, die aus dem Zisterzienserinnenkloster Bersenbrück stammen, wiederentdeckt. Das Deckblatt des Antiphonars ist signiert von „Maria Catharina von Nyvenheim, Abbatissa in Bersenbrugh, 1700"

Mit Nähe und zugleich Distanz hat auch die Bersenbrücker **Reggae Jam** zu tun. In über zehn Jahren ist sie zu einer Institution dieser Musik von der Karibikinsel Jamaica im norddeutschen Raum geworden. Zwei Tage lang erklingt open air die Musik deutscher und internationaler Reggae-Größen. Organisiert wird das Fest von **Bernd Lagemann.** Angefangen hat alles, als er 1994 für die kleine Reggae-Gemeinde im Altkreis Bersenbrück ein Konzert mit einer Band im Festzelt der **Talger Schützen** organisiert. Sechs Jahre später ist das Festival so gewachsen, dass man ins Gewerbegebiet West umziehen muss. Heute entfalten sich „Caribean Feelin' and Music" innerhalb der Mauern des Klosters und dem dazu gehörenden Klosterpark. Für die Besucher heißt es dann: *Get up, stand up…*

Nicht weniger Musikbegeisterung hegt und erzeugt der 1971 gegründete **Kammerchor Bersenbrück.** An musikalischer Freude stehen die etwa 45 Laien und semiprofessionellen Sängerinnen und Sänger den Reggae-Freunden keineswegs nach. Der Kammerchor hat sich barocker und klassischer Chormusik verschrieben. Derzeitiger Leiter ist **Axel Eichhorn.** Er und seine drei Vorgänger haben ein umfangreiches Repertoire erarbeitet. Dazu gehören Werke wie Purcells *Dido and Aeneas* mit dem weltberühmten Liebestod, Charpentiers *Te Deum*, Johann Sebastian Bachs *Johannespassion* oder Mozarts *Requiem* und *Die Zauberflöte.*

Im Juli findet zudem in **Eggermühlen** seit über 40 Jahren die mittlerweile größte Open-Air-Tanzveranstaltung des Landkreises statt, wenn sich tausende von Besuchern zur **Mondnacht auf Hawaii** auf dem Gelände des **Gasthofes Böhmann** treffen. Die Südseepilger reisen dazu mit Bussen selbst aus dem Oldenburger Münsterland oder dem Emsland an. Übernachtet werden kann u.a. auf **Schloss Eggermühlen**, dessen Besitzer, die Familie **von Boeselager,** die ehemaligen **Stallgebäude** in komfortable **Ferienwohnungen** umgebaut hat.

Hubert Böhmann (u.)

Axel Eichhorn leitet nicht nur den Kammerchor Bersenbrück (o.l.), sondern ist auch Regionalkantor im Bistum Osnabrück

Für rund 180 Millionen Euro geht im Jahr 2004 das Unternehmen von **GHW Grote & Hartmann** an die **Lear Corporation** über. Das auf Autoelektrik spezialisierte Wuppertaler Unternehmen beschäftigt in dem Werk an der **Ankumer Straße** etwa 400 Mitarbeiter. Zur Pro-

An den Flechtmaschinen bei Culimeta werden aus Zwirn Schläuche (ganz o.) Detailaufnahme dieses Prozesses (o.)

duktpalette gehören Steckverbindungssysteme und Komponenten.

Die Firma **Culimeta** an der **Max-Planck-Straße** ist Entwickler, Hersteller und Vertreiber von Produkten der Textilglas-Technologie. Textilglas ist ein in einem Schmelzprozess gewonnenes Glas, das unter hoher Geschwindigkeit durch Düsen gezogen und zu einem aus bis zu 1.800 Filamenten bestehenden Faden zusammengefügt wird. Die einzelnen Filamente haben einen nur noch in Mikrometer zu messenden Umfang. Textilglasprodukte zeichnen sich im Vergleich zu anderen Werkstoffen durch eine hohe Zugfestigkeit, geringe Dehnung und niedrige Dichte aus. Mit über 60 Mitarbeitern im Stammwerk Bersenbrück fertigt man neben Großserien von Standarderzeugnissen auch spezielle Nischenprodukte. Isolierschläuche, Textilglaszwirn, Nadelmatten oder mikroporöse Dämmsysteme gehören zu den aus Textilglas hergestellten Objekten.

Die **Gemüsegärtnerei Grünzeug** gründet **Stephan Puls** vor 15 Jahren im eigenen Garten. Mit einem halben Hektar Anbaufläche wird in Gehrde bald darauf über den Eigenbedarf produziert. Um den Gedanken des ökologischen Anbaus stärker nach Außen darzustellen wird man Mitglied im **Anbauverband Bioland.** Für den 12 Hektar großen Betrieb wird 1999 dann aus natürlichen Baustoffen ein komplett neuer Hof errichtet. Das Grünzeug-Team, zu dem auch **Mathias Menz** gehört, ist inzwischen auf fünf Märkten mit seinen Bio-Produkten vertreten, liefert aber auch direkt ins Haus.

Die Firma **Hansalog** gehört zu den führenden Anbietern personalwirtschaftlicher Software. Mit dem Software-Paket Hansalog®-Entgelt werden jeden Monat in Deutschland über 1.000 Unternehmen mit mehr als zwei Millionen Arbeitnehmern aus verschiedenen Branchen abgerechnet.

Die Mitarbeiter der Gärtnerei Grünzeug am Kruppwinkel 12; im Bild v.l.n.r.: Ella Vierkant, André Rozek, Heide Kolhoff, Stephan Puls mit Pudel Nele, sitzend: Benjamin Eicker (r.o.)

Belegschaft der Hauptgeschäftsstelle von Hansalog in Ankum, Am Lordsee (r.)

Bissendorf

Zwischen den Ausläufern des **Teutoburger Waldes** und des **Wiehengebirges** eingebettet liegt die Gemeinde Bissendorf. Das Wasserschloss **Schelenburg** im Ortsteil **Schledehausen** gilt als ältestes erhaltenes Renaissancebauwerk Norddeutschlands. Dorthin gelangt man über den Bissendorfer **Burgenweg**, der noch zu weiteren vier Burgen und Herrensitzen führt. Die ganze

Anlage ruht auf über 1.000 eichenen Pfählen, die in den wasserreichen Untergrund eingerammt wurden. Den ältesten Teil der Festung bildet ein rechteckiger gotischer Turm mit mehr als zwei Meter dicken Mauern. An einer Seite ist der dreifache Wassergraben mit den inzwischen eingeebneten Wällen noch vorhanden. Der ehemalige **Rittersaal** steht für standesamtliche Trauungen zur Verfügung. Eine Besichtigung der anderen Räume ist nicht möglich. Immer am zweiten Adventswochenende findet im Innenhof ein **Weihnachtsmarkt** statt.

Holte ist ein typisches Beispiel für eine historische Kirchensiedlung, ein mittelalterliches Ensemble mit dem Ortskern rund um die Kirche, dem Meyerhof, dem Pastorat, dem alten Schulhaus und einer Gastwirtschaft. Die **Kirchensiedlung Holte** steht unter Denkmalschutz. Die Holter Kirche wird erstmals urkundlich 1160 erwähnt. Gegründet wird sie als Patronatskirche von den Herren zu Holte. Der Turm ist im romanischen Baustil errichtet. Mit der alten Glocke aus dem Jahre 1413 besitzt die Holter Kirche eine der ältesten Kirchenglocken des Osnabrücker Landes. In der Kirche steht ein spätgotischer **Schnitzaltar** von 1500, über dem ein über 800 Jahre altes **Triumph-Kreuz** mit einem **Christus-Corpus** von 1600 hängt. Darüber ist im Jahre 2000 der Anfang des 23. Psalms: *Der Herr ist mein Hirte …* in Dürer-Schrift aufgebracht worden.

Ein besonderes Erlebnis wird Gästen und Einheimischen in Holte in den Wintermonaten geboten. Unter dem Motto **„Helden Sagen Minnesang"** finden Abende mit mittelalterlicher Musik und rustikalen Mahlzeiten statt.

2002 erwirbt die **voestalpine motion gmbh** 90 Prozent der Anteile der **Horst Matzner Holding AG.** Der in Linz ansässige Konzern vernetzt Un-

ternehmen der Automobilzuliefererindustrie. Im **Gewerbepark Bissendorf** steht weithin sichtbar das von moderner Glasarchitektur geprägte **Engineering Center** mit angrenzendem Fertigungskomplex der **voestalpine Matzner GmbH & Co. KG.** Hier sind rund 300 Mitarbeiter in den Bereichen Engineering, Betriebsmittelplanung und -konstruktion, Betriebsmittelbau, Prototypen- und Kleinserienfertigung tätig. 1983 beginnt die Horst Matzner Fertigungstechnik mit der Werkzeugkonstruktion, erweitert aber bald das Tätigkeitsfeld. In Bissendorf ist der Fertigungsbereich mit eigenem Presswerk und Laserzentrum ausgestattet.

Ortsteile:
- **Bissendorf**
- **Ellerbeck**
- **Himbergen**
- **Holte**
- **Jeggen**
- **Linne**
- **Natbergen**
- **Nemden**
- **Schelenburg**
- **Schledehausen**
- **Uphausen-Eistrup**
- **Waldmark**
- **Wersche**
- **Wissingen**
- **Wulften**

Einwohner: 14.350
Fläche: 96,36 qkm
148,9 Einw. je qkm

Berühmtester Eigner der Schelenburg (l.) ist Jasper von Schele, Tischgenosse und Brieffreund Martin Luthers. Er fördert den Gedanken der Reformation im Osnabrücker Land

Engineering Center (o.) und Autotürenherstellung (l.) bei der Matzner Holding

Triumphkreuz in der Holter Kirche (u.)

Joachim Prause beim Training auf der Eisbeck-Ranch (r.)

Möbelfabrikant Detlef Pante (u.)

Die 1894 gegründete **Pante Möbelfabrik Schledehausen** wird heute in der vierten Generation von **Werner** und **Detlef Pante** geleitet. Anfang der 1980er Jahre stellt man den Betrieb ganz auf die Zulieferung für die Küchenmöbelindustrie um, nachdem zuvor Küchen- und Schlafzimmermöbeln gefertigt worden waren. Produziert wird auf einer Betriebsfläche von über 30.000 Quadratmeter. Die Hobelbank ist mittlerweile durch PC und Roboter ersetzt worden. Etwa 40 Mitarbeiter sorgen dafür, dass täglich über 800 fertig verleimte Möbelstücke die Fabrik verlassen.

Sammler Henry Smits-Bode(o.)

Joachim Prause und **Christiane Karlsfeld** führen gemeinsam den Western-Trainingsstall **Eisbeck-Ranch**. Auf ihrem 15 Hektar großen Areal züchten sie **American Quarter Horses** und trainieren diese und andere Rassen in Western-Reitweisen. Trainiert werden *Trail* und *Westernriding*, aber auch *Reining*, eine Dressur im Western-Reitstil, die im Galopp geritten wird. Die Elemente einer Prüfung stammen dabei aus der Arbeitswelt zu Pferd. Grundsatz beim Training ist, dass die Pferde schonend und mit viel Geduld an ihre nicht leichten Aufgaben herangeführt werden. Dabei liegt alles, von der Grundausbildung bis zur Showreife, in der Hand von Joachim Prause. Dies erklärt, warum nicht mehr als fünf Trainingspferde gleichzeitig angenommen werden.

Kinder wirken mit beim Lektorat der Edition Federspiel (r.) von Anke Köller (o.)

Die **Edition Federspiel** von **Anke Köller** am **Oberfeldweg** in Bissendorf ist ein junger und unabhängiger Verlag für Kinderbücher. Grundanspruch an die Bücher ist: Sie müssen „besonders" sein. Besonders lustig, besonders traurig, oder sie müssen viele Fragen stellen und beantworten. Die behandelten Themen sollten etwas aus dem Rahmen fallen und dabei für Kinder relevant sein. Daher lässt man bei der Beurteilung eines Buches, das ins Sortiment aufgenommen werden soll, auch Kinder zu Wort kommen. Man hofft, eine Brücke zwischen der Kinder- und der Erwachsenenwelt schlagen zu können.

Welten verbindet auch **Henry Smits-Bode.** Seine Leidenschaft gilt dem Sammeln von **Carrera-Autos** des Systems **132 Universal.** Seine Sammlung gilt als einzigartig und er selbst als Fachmann für alles, was den Namen „Carrera" trägt. Zusammen mit seiner Frau **Elke** hat er schon so manche Rarität gerettet. Über 450 der seltenen Modellautos befinden sich in seinem Besitz und jedes ist nur einmal in der Sammlung vorhanden, trotz der „nur" rund 130 Grundmodelle, die Carrera gebaut hat. Entscheidend sind die Unterschiede im Detail. Smits-Bode kennt die Voraussetzungen, die ein echtes Sammlerstück ausmachen. Regelmäßig publiziert der Diplomökonom in der Insiderzeitung „Car-On-Line" unter der Rubrik „Welt der Universal". Bücher hat er auch bereits verfasst. Das erste erscheint im Selbstverlag, 2001 gibt er ein Sammlerhandbuch mit Preiskatalog heraus.

Bohmte

Ortsteile:
- **Bohmte**
- **Herringhausen-Stirpe-Oelingen**
- **Hunteburg**

Einwohner: 13.209
Fläche: 110,76 qkm
119,3 Einw. je qkm

Aufführungsort der Arenshorster Konzerte ist die Fachwerkkirche (l.) des Wasserschlosses Arenshorst (ganz l.)

Natur und Naturschutz haben in Bohmte eine herausragende Stellung inne. Dies zeigt sich nicht zuletzt an den bestehenden drei **Naturschutz**- und den zweiundzwanzig **Landschaftsschutzgebieten** der Gemeinde. Die **Poststraße**, über die die Kaiserlich Reitende Briefpost läuft, überschreitet für Jahrhunderte bei der **Tappenburg**, am jetzigen Bahnhof,

Auf der Anlage des Golfclubs Gut Arenshorst (u.l.) finden regelmäßig offene sowie interne Turniere statt

die **Hunte** und gabelt sich in die Poststraße nach Hannover und die Straße nach Bremen. In der Vergangenheit hat die **Heeres- und Poststraße** immer wieder Berühmtheiten nach Bohmte gebracht bzw. durch den Ort reisen lassen. Unter den Reisenden ist eines Tages auch die Mutter des Philosophen **Arthur Schopenhauer**, die 1787 eine Erinnerung an den kleinen Ort festhält. Als an ihrer Postkutsche, die sie nach Berlin bringen soll, in Bohmte die Achse bricht, sind die Reisenden zu einem Aufenthalt über Nacht gezwungen. **Johanna Schopenhauer** hält in ihren Aufzeichnungen ausdrücklich fest, dass die Liebenswürdigkeit des Postmeisters und seiner Frau in Begleitung eines *„halben Dutzend kleiner, niedlicher Postmeisterlein"* die Härten dieses Missgeschicks für sie erheblich mildern.

Baron Gisbert Freiherr von Ledebur lädt 1929 den Flieger und Erfinder **Reinhold Tiling** auf sein **Gut Arenshorst** ein und stellt ihm Arbeits- und Experimentiermöglichkeiten zur Verfügung. Tiling beschäftigt das Problem des Hochgeschwindigkeitsantriebs von Flugkörpern. Er experimentiert mit Pulverraketen in der Hoffnung, den Postverkehr von Deutschland nach Amerika mittels einer Rakete abwickeln zu können. Tiling und seine Mitarbeiter **Friedrich Kuhr** und **Angela Boddenböhmer** sterben 1933, als eine Antriebsrakete bei Pulverpressungen explodiert. Das **Tiling-Denkmal** auf dem Gut Arenshorst erinnert an den **Raketenpionier**.

Zum Gut Arenshorst führt eine über 600 Meter lange Eichenallee. Der alte Rittersitz in Privatbesitz liegt inmitten des heutigen **Golf- und Country Club Gut Arenshorst**. Die **Fachwerkkirche** des **Wasserschlosses Arenshorst** ist 1353 als Burgkapelle urkundlich erwähnt und wird 1815 zur evangelischen Pfarrkirche erhoben. Aufgrund ihrer guten Akustik ist sie Ort vieler Musikaufführungen, besonders der **Arenshorster Konzerte**.

Dass 40 Jahre später eine Drei-Stufen-Rakete mit Flüssigtreibstoff, die sechzigtausendmal so schwer ist wie die größten Arenshorster Modelle, den Mond erreichen würde, ahnen die Zeitgenossen Reinhold Tilings (o.) nicht. Das Tiling-Denkmal (l.) auf dem Gut Arenshorst erinnert an das Wirken des Raketenpioniers

Hans-Jürgen Keil Anlagenbau stellt seit Jahrzehnten Tanklager und Verarbeitungsanlagen für feste, flüssige, brennbare und wassergefährdende Stoffe, insbesondere für die chemische und kunststoffverarbeitende Industrie her.
Die **RS Brennschneidebetrieb und Stahlhandel GmbH** in der **Industriestraße** wird 1991 in >Bad Essen (312) gegründet, verlegt mit der Fertigstellung einer neuen Betriebshalle 1995 seinen Standort aber nach Bohmte. Als Zulieferer für Maschinen- und Anlagenbauer, für die Stahl, Werkzeug- oder Landmaschinenherstellung sowie die Auto-, Möbel- und Bauindustrie werden nach Kundenvorstellungen Zuschnitte von Einzel- und Serienteilen angefertigt. Klein- wie Großteile können von den 15 Mitarbeitern in Blechstärken von 5-350 Millimeter Dicke auf Anfrage bearbeitet werden.

Wilhelm Placke (o.) demonstriert traditionelle Schmiedekunst in der Alten Dorfschmiede

Kriegsgräberstätte Meyerhöfen in Hunteburg (r.)

Werksgelände von Keil Anlagenbau (ganz r.) in Hunteburg, Zum Welplager Moor

Das Baudenkmal **Alte Dorfschmiede** wird vermutlich vor 1840 erbaut und gehört seinerzeit zum Gut Ippenburg. Die Alte Dorfschmiede ist seit 1844 im Besitz der Familie **Placke**. Die Alte Dorfschmiede ist voll eingerichtet und funktionstüchtig. Sie steht für Besichtigungen und Schmiedetage offen. Auch Kunstausstellungen finden hier statt.
Auf der **Kriegsgräberstätte Meyerhöfen** in **Hunteburg** ruhen 482 überwiegend russische und polnische Tote aus dem Ersten und Zweiten Weltkrieg. Von der **Burg** in der Ortschaft Hunteburg haben sich bis heute Reste erhalten. Ein ausgedehntes Grabensystem, das von der alten Hunte gespeist wird, umgibt die Burgruine. Eine Steinbrücke, die zum Burghof führt, sowie ein Teil des halb eingeebneten Burggrabens an der Straße erinnern an diesen Rittersitz.

Paul und Dirk Nedderhoff (o.) leiten die Necumer Product GmbH an der Bruchheide

Seit über 30 Jahren ist die **Necumer-Product GmbH** mit Stammsitz in Bohmte auf dem Gebiet der Kunststoffentwicklung und -verarbeitung tätig. Die Verwendungsmöglichkeiten sind breit gestreut und reichen vom Architekturmodell bis zur Schuhsohle. Zu den Kunden gehören der Fahrzeug-, Flugzeug- und Schiffbau, der Architekturmodellbau, die Elektro- und Haushaltswarenindustrie, aber auch der Gießereibereich. Der Export geht in über 25 Länder der Erde.
Weitere wichtige Firmen in Bohmte sind die **Kesseböhmer** Draht- und Metallwarenfabrik, **Vario mobil Fahrzeugbau** und die **Michael Telecom AG** sowie in Hunteburg die Firmengruppe **Gering**.

Bramsche

Ein Ereignis der Weltgeschichte macht Bramsche und das Osnabrücker Land deutschlandweit und international interessant: Im Jahre 9 nach Christus haben römische Truppen weite Teile des Landes besetzt. Germanische Stämme locken das römische Heer in einen Hinterhalt. Drahtzieher ist der Cherusker und römische Offizier **Arminius**. Drei Legionen werden niedergemetzelt – mehr als 10.000 Menschen finden den Tod. Benannt nach dem römischen Statthalter **Publius Quinctilius Varus,** geht dieses Geschehen als **Varusschlacht** in die Geschichte ein.

Schon der Historiker und Literaturnobelpreisträger **Theodor Mommsen** hat im 19. Jahrhundert angesichts der Funde von Gold- und Silbermünzen seit dem Mittelalter dargelegt, dass **Kalkriese** der Ort der Varusschlacht gewesen sein könnte. Niemand glaubte ihm. 1987 findet der britische Offizier **Tony Clunn** in Kalkriese römische Denare und drei Wurfgeschosse aus Blei – die ersten Waffen, die ersten Spuren eines Kampfes. 1989 beginnen archäologische Ausgrabungen zwischen dem Wiehengebirge und dem Großen Moor. Wissenschaftler legen Münzen, Waffen, die eiserne Maske eines Gesichtshelms, Bruchstücke römischer Soldatenmonturen, Menschen- und Tierknochen frei. Sie weisen auch auf einer Länge von 400 Metern einen Wall nach, der Arminius und seinen Mannen als eine Art Schanzwerk gedient haben dürfte.

Die Varusschlacht im Osnabrücker Land ist heute ein international beachteter Ort der Forschung. In **Museum** und **Park Kalkriese** lassen sich Wissenschaft, Kunst, Architektur und Natur erleben. Eine außergewöhnliche Ausstellung macht mit modernen Medien die Geschichte dieses einzigartigen Ortes erfahrbar und präsentiert 3.000 der rund 6.000 kleinen und größeren Fundstücke.

Der 24 Hektar große Park lenkt den Blick zurück in die Zeit um das Jahr 9 nach Christus. Die Erforschung des antiken Schlachtfeldes dauert an. Die Besucher können sich am Ort über die Arbeit der Archäologen informieren.

Ortsteile:
- **Achmer**
- **Balkum**
- **Engter**
- **Epe/Malgarten**
- **Evinghausen**
- **Hesepe**
- **Kalkriese**
- **Lappenstuhl**
- **Pente**
- **Schleptrup**
- **Sögeln**
- **Ueffeln**

Einwohner: 30.785
Fläche: 183,33 qkm
167,9 Einw. je qkm

Die römische Gesichtsmaske (l.) ist eines der aufregenden Fundstücke, die von der Varusschlacht zeugen

Der Engpass zwischen Venner Moor und Kalkrieser Berg wird im Jahre 9 n. Chr. für die römischen Legionäre mit ihren schweren Waffen und Rüstungen zu einer unentrinnbaren Falle. Bei den Römertagen werden damalige Kampfszenen nachgespielt (l.)

Das Kloster Malgarten (r.) bleibt in den konfessionellen Wirren des Dreißigjährigen Krieges eine katholische Insel. In seinen Mauern betreibt Claus-Gero Heitmann (o.) eine Galerie

Oster-Leuchten (ganz o.)

Zahlreiche Veranstaltungen machen den Besuch in Museum und Park Kalkriese zu einem besonderen Erlebnis: Alljährlich am Ostersonntag fasziniert das **Oster-Leuchten** mit künstlerischen Licht-, Klang- und Feuerwerksinszenierungen viele tausend Menschen. Im Zweijahresrhythmus treffen sich Römer- und Germanengruppen aus Europa zu den Internationalen **Römertagen** in Kalkriese.

Das Dorf Bramsche entsteht zur Zeit Karls des Großen (768–814). Als „Stadt der Tuche und Leinen" ist Bramsche seit dem Mittelalter weithin bekannt. Über 400 Jahre lang bleibt Bramsche die Stadt der Tuchmacher; das **Bramscher Rot** ist ein begehrter Farbton. Aus der **Tuchmachergilde** von 1586 entwickelt sich in der Mitte des 19. Jahrhunderts eine genossenschaftliche **Tuchfabrik**, deren Erzeugnisse von Segeltuch bis zu Militäruniformen reichen. Sie werden bis nach England exportiert. Das Wasser der Hase, um das sich die Tuchmacher mit den Säge- und Kornmüllern streiten, dient zum Waschen der Wolle, zum Walken, zum Färben der Stoffe sowie zum Antrieb der Maschinen. Später ersetzen Turbinen, Dampf- und Elektromotoren die Wasserkraft. Erst in den 1970er Jahren schließen die letzten Tuchmacherbetriebe. An all dies erinnert das **Tuchmacher Museum Bramsche**, in dem alle Arbeitsgänge, wie sie zur Zeit des 19. und des frühen 20. Jahrhunderts erfolgen, an laufenden Maschinen vorgeführt werden. Untergebracht ist das Museum im 2.500 Quadratmeter großen Gebäude der ehemaligen Tuchmacher-Innung. Ein Rundgang umfasst die für die Tuchherstellung notwendigen 18 Fertigungsgänge, dies ist in dieser Vollständigkeit in Deutschland einmalig. Der außen gelegene **Hase-Rundweg** führt zu den Weiden der einheimischen Schafe, deren Wolle im Museum zu Decken verarbeitet und verkauft wird. Das Museum, das mehrfach ausgezeichnet wird, liegt malerisch am Mühlenteich und ein Café-Restaurant lädt zum Verweilen ein. Im Ortsteil **Epe/Malgarten** liegt nicht nur der **Darnsee**, dessen Ostseite seit den 1930er Jahren als Naturbad dient, sondern auch das **Benediktinerinnenkloster Malgarten** mit der Klosterkirche **St. Johannes.** Die mittelalterlichen Fresken im Kircheninneren sind vollständig restauriert. Im Äbtissinnenhaus haben heute Künstler ihre Ateliers eingerichtet und ein **Zentrum für Kunst und Kultur** sowie Raum für Veranstaltungen geschaffen. Der im Kloster lebende Künstler **Claus-Gero Heitmann** hat eine **Produzentengalerie** eröffnet, in der Gegenwartskunst zu sehen ist. Auch Seminare und Kurse wer-

Das Filmtheater Universum (r.) ist auch Konzert- und Theaterbühne

Blick in das Tuchmachermuseum (l.) Das Bramscher Rot ist ein Scharlachrot des Bramscher Schönfärbers M.A. Wolff, in dem Soldaten von Hannover bis England eingekleidet werden – ehe Preußischblau diese Farbe 1837 ablöst

den angeboten. Im Kloster findet man ein Restaurant mit Biergarten, eine **Kunsttischlerei** für kreative Holzgestaltung, **Garten- und Landschaftsbau** und den **Internationalen Arbeitskreis für Musik.**

Das mehrfach für sein Engagement preisgekrönte **Filmtheater Universum** ist ein Programmkino und eine Bühne für Konzerte, Kleinkunst und Lesungen. Regelmäßig finden Sonderveranstaltungen statt. Das Foyer wird auch für Ausstellungen genutzt. Betrieben wird es vom Verein **Universum e.V.**, der in Bramsche soziokulturelle Arbeit leistet. Er wird 1988 gegründet und eröffnet noch im gleichen Jahr das Filmtheater als Programmkino und Veranstaltungsort. Universum e.V hat über 100 Mitglieder und beschäftigt zehn hauptberufliche Mitarbeiter. Auch die Organisation und Durchführung von über 20 Open-Air-Kulturveranstaltungen im Jahr hat der Verein im Auftrag der **Stadtmarketing Bramsche GmbH** übernommen. Eine davon ist das **Bramscher Stadtfest.**

Dies findet regelmäßig Ende Mai statt und zählt bis zu 25.000 Besucher. An zwei Abenden spielen Bands, treten Künstlergruppen, Walk-Acts, Tänzer und Kleinkünstlern auf. Auf den zwei Stadtfestbühnen **Kirchplatz** und **Münsterplatz** und in den umliegenden Straßen wechseln sich Kleinkünstler, Akrobaten und Tänzer ab. Ein zweites großes Ereignis in Bramsche ist in den Sommermonaten Juli-August das **Sommer-Kulturprogramms** in der Innenstadt.

Den Strom für Bramsche liefern die **Stadtwerke Bramsche.** Die wirtschaftlichen Standbeine sind Strom-, Gas-, Wasser- und Wärmeversorgung. Aber auch der Betrieb des Hallenbades und der Freibäder wie das solarbeheizte Freibad in **Ueffeln** sowie das **Badezentrum Hasebad** an der Malgartener Straße mit der **Varustherme** gehören zu den übernommenen Aufgaben der Stadtwerke. Die Innenarchitektur der Therme ist an die römische Bauweise angelehnt, aber dem modernen Geschmack stehen auf rund 580 Quadratmeter Grundfläche neben dem römischen

Der Kirchplatz (o.)

Betriebsgelände der Julius Heywinkel GmbH in der Heywinkelstraße (o.)

Betriebsgelände von Hermann Dallmann Straßen- und Tiefbau am Wiesenweg (r.)

Dampfbad auch eine Finnische Sauna, eine Erdsauna im Blockhausstil im Außenbereich oder ein Sanarium (Softsauna) zur Verfügung. In der Lindenstraße an der **Freien Tankstelle Neumann** betreiben die Stadtwerke inzwischen auch eine **Erdgastankstelle.**

Die ehemalige Tuchstadt Bramsche zählt bis heute noch zu den wichtigen Druckereistandorten in Deutschland. Neben Büchern und Servietten werden Textilien und Tapeten bedruckt. Am **Raschplatz** produzieren die Unternehmen der **Rasch Gruppe.** Zu ihr gehören neben der **Tapetenfabrik Gebr. Rasch** auch die Firmen **Rasch Textil** und die **Rasch Druckerei und Verlag.** Rasch ist einer der führenden europäischen Tapetenhersteller. Seit über 100 Jahren werden Tapeten gedruckt. Das Sortiment umfasst über 4.500 Artikel verschiedener Kollektionen. U.a. entstehen hier die berühmten Bauhaus-Tapeten.

Felix Nussbaum, Leben und Werk, erschienen im Rasch Verlag (r.)

Musterbuch der ersten Bauhaus-Kollektion von 1930 (o.) für Tapeten, die in der Rasch Tapetenfabrik (r.) gedruckt werden

Nicht weit entfernt in der Lindenstraße ist seit Jahrzehnten der **Rasch Verlag** ansässig. Publikationen aus der Region und über die Region, aber auch von Werken aus dem Bereich der Kunst werden verlegt. 1961 erscheint als erstes Buch eine umfangreiche Chagall-Monographie. Ein Jahr später folgt *Das Bauhaus* von **Hans M. Wingler,** das zum Klassiker avanciert und mehrfach neu aufgelegt wird. In dem Verlag erscheint 1982 auch der Kunstband *Felix Nussbaum – Leben und Werk*. Darin wird der 1904 in > Osnabrück (286) geborene und 1944 in Auschwitz ermordete Künstler porträtiert, der auch später immer wieder in dem Verlag publiziert und so etwas wie ein Hausautor *post mortem* wird. Im Verlag erscheint ebenfalls die Reihe *Osnabrücker Kulturdenkmäler. Beiträge zur Kunst- und Kulturgeschichte der Stadt Osnabrück*.

Bei **Hermann Dallmann Straßen- und Tiefbau** am Wiesenweg sind etwa 300 Mitarbeiter überregional im Straßen- und Kanal-, Erd- und Autobahnbau sowie bei Pflaster- und Kabelverlegungsarbeiten tätig. Der Pflasterermeister **Hermann Dallmann** und seine Frau **Auguste** gründen das Unternehmen

1908 an der Brinkhausstraße in Bramsche. 1938 übernehmen **Hermann Dallmann** und dessen Frau **Irmgard** das Familiengeschäft. Nach dem Zweiten Weltkrieg wird der Betrieb von der Militärregierung für Instandsetzungsarbeiten zugelassen. Im Zuge des Wirtschaftswunders wird auch der Straßenbau forciert. Die Firma stellt von Steinsetz- und Pflasterarbeiten auf Asphaltstraßenbau um. 1955 wird ein neues Betriebsgrundstück am Wiesenweg mit 18.000 Quadratmeter erworben. 1972 erfolgt die Umwandlung in eine GmbH & Co KG.

321 Beschäftigte hat das seit dem Jahr 2000 in **Engter** ansässige neue Textil- und Kunststoffwerk der **Julius Heywinkel GmbH.** Ursprünglich sind Produktion und Verwaltung der Firma seit der Gründung 1913 als Ausrüstungsbetrieb in Osnabrück angesiedelt. Nach der Übernahme im Jahr 1957 durch die Wilhelm Karmann GmbH, gliedert sich das Unternehmen heute in drei Bereiche: Textil, Autoformteile und Kabinenbau. Im Bereich Textil werden Materialien für vielfältige Anwendungszwecke, wie z.B. Lkw-Planen, Abdeckplanen, Sportmatten, Boote, bedruckbare Werbebanner, usw. gewebt und beschichtet. Im Bereich der Autoformteile werden vornehmlich Verkleidungsteile für den Fahrzeuginnenraum wie Kofferraumauskleidungen, Türinnenverkleidung, etc. hergestellt. Fahrzeugkabinen und Motorhauben für Nutzfahrzeugaufbauten werden im Bereich Kabinenbau entwickelt, produziert und montiert. Der Industriebetrieb ist stark exportorientiert und beliefert seine Kunden weltweit.

Bei **Penter Klinker** hat man vor mehr als hundert Jahren die ersten Ziegel geformt. Was 1899 als Handstrichziegelei beginnt, ist heute in fünfter Generation als **Penter Klinker Klostermeyer KG** ein beachtlicher Hersteller von Pflasterklinkern geworden. An der Osnabrücker Straße in Bramsche ist sieben Tage die Woche ein **Mustergarten** geöffnet, in dem man Gestaltungsmöglichkeiten der Klinker begutachten kann. Pflasterklinker der Firma Penter Klinker lassen sich nicht nur in Deutschland finden, sondern sogar in Fernost. Verwendet wurden sie beispielsweise im Olympischen Dorf in Barcelona, der Innenstadt von Hilversum oder in Japan in Aizu City und Onahama.

Mustergarten der Penter Klinker Klostermeyer KG in der Osnabrücker Straße (o.)

Um 1860 lässt die Familie von Bar ein zweigeschossiges neuromanisches Schloss bauen: Neu Barenaue (l.) Von Schloss Alt-Barenaue (l.u.) ist es durch einen Kanal getrennt

Ortsteile:
- Aschen
- Dissen
- Erpen
- Nolle

Einwohner: 9.267
Fläche: 31,90 qkm
290,5 Einw. je qkm

Dissen a. Teutob. Wald

Die Homann-Werke (r.)

Napoleon III. beauftragt 1869 den Chemiker Hippolyte Mège-Mouriès (o.), für seine Soldaten einen preiswerten und schmackhaften Ersatz für Butter oder Schmalz zu erfinden. Er entwickelt ein Verfahren zur Herstellung eines Streichfettes auf der Basis von tierischem Fett: Rindertalg, Magermilch, etwas gehäckseltes Kuheuter. Wegen des perlenähnlichen Schimmers des neuen Fettes wählt Mège-Mouriès den Namen „Margarine" nach dem griechischen Wort „margaron" für „Perle". Heute wird Margarine je nach Verwendungszweck überwiegend aus pflanzlichen Rohstoffen mit unterschiedlichen Fett- und Öl-Anteilen hergestellt

Gemeinsam mit > Hilter (352f.) zählt Dissen zu den Zentren der niedersächsischen Feinkost- und Margarineindustrie. Im Jahr 1870 wird von dem französischen Chemiker **Hippolyte Mège-Mouriès** die Margarine entwickelt. **Fritz Homann** gründet 1876 eine Fleisch- und Wurstwarenfabrik in Dissen am Teutoburger Wald und nimmt 1882 als Erster in Deutschland neben der Fleisch- und Wurstwarenherstellung die Margarine-Produktion auf. Ursprünglich als Buttersatz gedacht (Kunstbutter), wird Margarine mit der Zeit ein vollwertiges Nahrungsmittel. Margarine ist bei einem Verbrauch von ca. neun Kilogramm pro Kopf und Jahr eines der meist verwendeten Nahrungsfette in deutschen Haushalten. Hergestellt wird sie u.a. bei der **Homann Feinkost GmbH & Co.** Die Lebensmittelwerke sind der größte Arbeitgeber der Stadt. Ihr **Wasserturm** ist das heimliche Wahrzeichen Dissens. Als Marktführer im Bereich Feinkostsalate und als führender Hersteller von Fischfeinkost, Dressing und Saucen erwirtschaften 1.100 Mitarbeiter im Jahre 2003 einen Umsatz von 243 Millionen Euro. 1956 wird das Sortiment um Feinkostsalate, Fischfeinkost, Remouladen, Dressings und Würzsaucen erweitert und 1961 ein erstes Feinkostwerk eingeweiht. Bis 1989 ist das Unternehmen in Familienhand, dann übernimmt es der Unilever-Konzern. Dieser löst später das Feinkostgeschäft aus den Homann Lebensmittelwerken heraus. Die Margarineproduktion wird zeitweilig noch in Dissen für Unilever fortgesetzt, dann aber auf andere Werke verlagert. Damit läuft die Tradition der Margarineherstellung im Jahre 2001 in Dissen aus.

Doch auch heute ist Dissen ein wichtiger Gewerbestandort. Schwerpunkte sind weiterhin die Lebensmittelindustrie mit Feinkost, Fleisch- und Wurstwaren sowie Gewürzen, ergänzt durch Betriebe der Möbelherstellung, Stahl- und Gummiverarbeitung, Druckereien, eine Kartonagenfabrik, Kraftfahrzeugwerke, Softwareunternehmen und andere Dienstleistungsunternehmen. Ein Zweigbetrieb des europaweit agierenden Herstellers für Tore, Türen und Zargen, **Hörmann**, ist hier ebenso zu finden wie in der Stievenstraße die Firma **Schlingmann**, eine der wenigen Firmen in Deutschland, die **Feuerwehrfahrzeuge** herstellen.

Die **Beucke & Söhne GmbH & Co. KG**, die bereits 1757 gegründet wird, zählt zu den bedeutenden mittelständischen

Verpackungsdruckereien Europas. Mit Hilfe von Druckveredelungsverfahren im Tief-, Flexo- und Offsetdruck sowie durch die Verarbeitung von Verpackungsmaterialien für die internationalen und nationalen Kunden aus der Zigaretten-, Lebensmittel-, Getränke- und Non-Food-Industrie stellen die Mitarbeiter Margarine- und Fetteinwickler, Rollenbeutel, Eiseinwickler, Becherdeckel u.a. her oder drucken Flaschenetiketten sowie Beipackzettel und Packungsumhüllungen.

Die **Fuchs-Gruppe** ist der größte Gewürzanbieter in Europa und der weltweit zweitgrößte Gewürzspezialist. In Deutschland ist das Unternehmen Marktführer. Die Produktpalette umfasst über 7.000 Produkte, vom Premium- bis zum Convenience-Artikel. In der Firmenzentrale in Dissen konzentriert man sich auf die Rohwarenverarbeitung mit Reinigung, Vermahlung und Mischerei sowie die Abfüllung von Großgebinden. Ebenso befindet sich hier die Flüssigproduktion für Marinaden, Würzöle und Feinkostsaucen. 1952 wird die Firma durch **Dieter Fuchs** ins Leben gerufen. Zunächst wird nur die Region beliefert. 1968 erfolgt die Aufteilung und der Ausbau der Firma in zwei Geschäftsbereiche: Industrie- und Endverbrauchergeschäft.

Das **Rathaus** von Dissen befindet sich in dem historischen **Meierhof**, der bereits 822 Erwähnung findet. Mehrfach umgebaut, steht das Gebäude unter Denkmalschutz. Eine gesuchte Ruhezone der Stadt ist der **Fritz-Homann-Park**. Eine dort aufgestellte **Dampfmaschine** erinnert an die industrielle Entwicklung der Stadt.
Da Dissen fast nahtlos an Bad Rothenfeld angrenzt, erstaunt es nicht, dass sich 260 Jazz-Freunde der Region im **Jazz Club Dissen-Bad Rothenfeld e.V.** vereinigt haben. Headquarter und Veranstaltungsort befinden sich in der **Bahnhofstraße** 66. 1986 passiert die spontane Club-Gründung durch sieben Jazz-Begeisterte. Erster Präsident wird **Manfred Klenke.** In seiner Amtszeit entsteht zwei Jahre später ein eigenes Clubhaus. Das alte Kino in der **Rosinenstraße** wird angemietet und ein erstes Konzert organisiert. Es folgt ein rasanter Zuwachs an Besuchern, Mitgliedern und Sponsoren. Internationale Bands und Sonderkonzerte stehen jetzt auf dem Programm des inzwischen überregional bekannten Clubs. 1992 wird **Hans Biewener** neuer Erster Vorsitzende, der einen Mietvertrag mit der Deutschen Bahn für den Bahnhof Dissen-Bad Rothenfelde schließt. Das Eröffnungskonzert mit der dänischen Band *Papa Bue Viking* ist ein derart großer Erfolg, dass nicht alle, die gekommen sind, eingelassen werden können. Ein glücklich-unglücklicher Umstand, der sich später noch oft wiederholen soll. Ab 1998 stellt man immer Anfang August auf dem Bahnhofsvorplatz das **Dissener Sparkassen Jazz Festival** auf die Beine. Die Stilrichtungen der **Clubkonzerte** reichen vom Traditional Jazz über Blues bis zum Boogie-Woogie.

Hans Biewener (o.) leitet den Jazz Club Dissen-Bad Rothenfelde. Zu seinen Gästen auf dem Dissener Jazzfestival zählen 2003 auch Paul Kuhn, Hugo Strasser und Max Gregor (ganz o.)

Das Rathaus von Dissen (l.o.)

Fritz-Homann-Park (l.)

SG Fürstenau

Mitglieds-gemeinden:
- Berge
- Bippen
- Stadt Fürstenau

Einwohner: 16.704
Fläche: 224,65 qkm
74,4 Einw. je qkm

Mehr als 40 Jahre lang ist Fürstenau **Garnison**. Noch ist das Sanitätsregiment 12 mit etwa 1.000 Soldaten sowie Zivilangestellten im Ort stationiert. 1959 zieht als Erstes das Panzergrenadierbataillon **332** in die damals neu errichtete **Pommernkaserne**. Um die Beziehung zwischen Soldaten und Bürgern zu festigen, werden eine Reihe von Patenschaften von Kompanien mit umliegenden Städten geschlossen. Vielfältige Veranstaltungen wie das **Herbstbiwak** des Sanitätsregiments 12, das **Patenschaftsfest** der Stadt Fürstenau und der **Standortball** sind Feste, die aus diesen Verbindungen hervorgegangen sind. Im Zuge der Umstrukturierung der Bundeswehr scheinen die Tage der Garnison Fürstenberg gezählt.

Das fürstbischöfliche Schloss, heute Sitz der Verwaltung der Samtgemeinde Fürstenau (r.)

Soldaten des in Fürstenau stationierten Sanitätsregiments 12 (r.)

Blick in die Verpackungshalle der Meurer GmbH; Produktionsflächen von insgesamt 25.000 qm stehen zur Verfügung (ganz r.)

Neben der **Bundeswehr** ist die **Verpackungsindustrie** eine der wirtschaftlichen Säulen der Samtgemeinde Fürstenau. Hier hat seit 35 Jahren die **Meurer-Gruppe** ihren Stammsitz. In Fürstenau arbeiten bei der **Meurer Verpackungssysteme GmbH & Co KG** und der **Metec Elektro- und Steuerungstechnik GmbH & Co KG** ca. 350 Mitarbeiter im Bereich der Entwicklung und Montage von Karton- und Folienverpackungsmaschinen. Am zweiten Standort in > Freren (107) sind etwa 150 Mitarbeiter mit der Einzelteilproduktion beschäftigt. Insgesamt stehen ca. 25.000 Quadratmeter Produktionsfläche zur Verfügung. Die Meurer-Gruppe zählt zu den weltweit führenden Herstellern der Verpackungsindustrie. Namhafte Firmen aus dem Food- und Nonfoodbereich gehören seit langem zu den Kunden.

Anziehungspunkt in **Fürstenau** ist das aus der Mitte des 14. Jahrhunderts stammende fürstbischöfliche **Schloss**, heute der Sitz der Samtgemeindeverwaltung. Das Gebäude ist gleichzeitig das bedeutendste Baudenkmal Fürstenaus. Sein ehemaliger **Burggraben** ist als **Schlossteich** in den **Bürgerpark** integriert. Am Marktplatz steht die einschiffige gewölbte Saalkirche **St. Georg** mit der ältesten **Sonnenuhr** des Osnabrücker Landes an ihrem Westgiebel.

Werksgelände der G. Stöckel GmbH an der Fürstenauer Straße (l.)

DJ Jens Bramsche (o.)

Jubiläumsturnier zum 25-jährigen Bestehen des Schachclubs Fürstenau (l.)

Michael Kross (o.)

Königlicher Sport wird seit 26 Jahren vom **Schachclub Fürstenau** betrieben. Im Anschluss an einen Volkshochschulkurs 1979 beschließen die Teilnehmer, sich kontinuierlich zu treffen. Dazu bedarf es eines Spielortes, der mit der **Gaststätte Overhoff,** wo auch heute noch an jedem Donnerstagabend ab 19.30 Uhr gespielt wird, gefunden wird. Im Laufe der Jahre ist der Verein auf 50 Mitglieder angewachsen. Neben dem sportlichen und geistigen Wettbewerb beim Schach ist auch ein Ziel des Clubs, Geselligkeit zu pflegen, so dass es an gemeinsamen Aktivitäten nicht mangelt, z.B. dem großen Gartenschach auf Floh- und Bauernmärkten.

Auf einem 1,5 Hektar großen Areal in Fürstenau-Settrup züchten **Margreth** und **Joop van der Helm** Strauße. Man begegnet dieser größten Vogelart der Welt in ungewöhnlicher Umgebung. Straußenfedern und bemalte Straußeneier kann man als Erinnerungsstücke auf der Farm erwerben.

Der Ort **Bippen** liegt inmitten des Waldgebietes **Maiburg.** Im Zentrum steht eine romanische Kirche aus dem 8. bis 9. Jahrhundert. 1977 wird Bippen staatlich anerkannter **Erholungsort.** Er ist geprägt von landwirtschaftlichen Betrieben und Tourismus.

Nach erfolgreich bestandener Meisterprüfung macht sich 1957 **Günther Stöckel** in seinem Vechteler Elternhaus als Tischlermeister selbständig. Bald schon entwickelt sich aus dem Ein-Personen-Betrieb ein florierendes kleines Unternehmen mit mehreren Gesellen. Mehr als 40 Jahre nach der Gründung zählt das Unternehmen heute mit mehr als 300 Mitarbeitern und einem Maschinenpark auf höchstem technischem Niveau zu den führenden Vollsortimentern der Fensterbaubranche Deutschlands. Nach dem Bau der ersten Fertigungshalle im Jahre 1964 können auch Großaufträge angenommen werden. Die Entwicklung des „Twinstep“-Kunststofffenstersystems mit seiner innovativen Mitteldruckdichtung im Flügel im Jahre 1974 bringt Stöckel den großen Qualitätsvorsprung beim damals explodierenden Fensterbedarf.

Seit Jahren Vergriffenes und im Buchhandel nicht mehr Erhältliches findet sich beim **Antiquariat & Second Hand Buchhandel Bücherwurm in Bippen.** Auf etwa 120 Quadratmeter bieten Bücherregale unterschiedlichste Leseabenteuer an. Neben Büchern der Unterhaltungsliteratur sowie der klassischen und modernen Weltliteratur stehen Fachliteratur ebenso zur Verfügung wie CDs und Schallplatten der Klassik, Jazz, Rock- und Popmusik. Die Betreiber **Anja** und **Michael Kross** bieten die ca. 30.000 Titel auch online an.

Das Team der **Sound-Life-Discothek** um **DJ Jens Bramsche** ist seit 1991 als **Mobildiscothek** unterwegs. Zum Auflegen und Einschieben stehen mehr als

Kreuzgang (ganz o.) und Altarraum (o.) des Stift Börsel

4.000 CDs, LPs und MDs bereit. Darauf finden sich um die 30.000 Musiktitel verschiedenster Stilrichtungen. 2000 wird die Mobildiscothek umgetauft in **„Sound Life Music & More“**, weil eine Reihe von Tätigkeiten zum reinen Discobetrieb, z.B. eine DJ- und Künstlervermittlung, Verleih und Verkauf von PA-, Musik- und Lichtanlagen und

Naturschutzgebiet Swatte Poele (o.r.) und Ölmühle (o.) in Lonnerbecke

Zubehör, ein Party-Service und anderes mehr hinzugekommen sind. Engagierte DJ-Kollegen an den Decks treten mit dem Namenszusatz „feat. DJ Jens“ auf.
Das Naturschutzgebiet **Swatte Poele** ist eine Moorlandschaft mit drei Weihern, die sich in verschiedenen Vermoorungsstadien befinden. Ein **Bohlensteg** mit Aussichtsplattform führt mitten in das Weihergebiet hinein.

Im Bippener Ortsteil **Lonnerbecke** gab es einst drei Mühlen verschiedenen Typs. Da ist zunächst die **Beutel-** bzw. **Kornmühle**. Dann die **Walkmühle,** in der lange Zeit frisch gewebten Tuche gepresst werden, ehe die Mühle zu einer Sägemühle umgebaut wird. Als dritte kommt schließlich die bis heute gut erhaltene und 1555 erstmals erwähnte **Ölmühle** hinzu. Aus ölhaltigen Früchten wie Bucheckern, Leinsamen, Raps usw. wird in der Mühle Öl geschlagen. Bis 1948 ist sie in Betrieb. Eine Besichtigung des Mahlganges im Inneren des in schwarz-weißem Fachwerk errichteten Mühlengebäudes ist möglich.
Am Fürstenauer Damm in **Berge** hat die **Segler Förderanlagen Maschinenfabrik GmbH** ihr Geschäft. Die Firma wird 1911 von **Friedrich Segler** gegründet. Seit den 1930er Jahren hat man sich neben der Herstellung von Standardschnecken – hier wird die erste deutsche biegsame Förderschnecke „Spirella“ produziert – auf Förderschneckenanlagen zum Fördern, Mischen, Dosieren, Kühlen, Erwärmen, Pressen, Eintragen, Austragen, Klassieren und Trocknen spezialisiert. Die Anlagen der Firma Segler beliefern die Chemie-, Lebensmittel-, Pharma-, Grund- und Rohstoffindustrie sowie Unternehmen in der Umwelttechnik.
Sehenswert sind das ehemalige **Zisterzienserinnenkloster**, das zur Anlage des **Stiftes Börstel gehört**, heute ein freiweltliches Damenstift. In der Stiftskirche finden regelmäßig Gottesdienste, klassische Konzerte und Dichterlesungen statt. Ein zur Stiftsanlage gehörender **Waldfriedhof** liegt in der Nähe.

Georgsmarienhütte

Ortsteile:
- **Alt-Georgsmarienhütte**
- **Harderberg**
- **Holsten-Mündrup**
- **Holzhausen**
- **Kloster Oesede**
- **Oesede**

Einwohner: 32.736
Fläche: 55,44 qkm
590,5 Einw. je qkm

Georgsmarienhütte (l.) steht für Stahl. Das E-Ofengebäude (u.l.) des Stahlwerks hat dazu beigetragen, dass die Zeiten qualmender Schornsteine weitgehend vorbei sind

König Georg V. von Hannover (o.) und seine Frau Marie sind die Namensgeber der Stadt, die 1860 aus einer Arbeiterkolonie der einstigen Eisenhütte hervorgeht

Die heutige Stadt Georgsmarienhütte entsteht 1970 durch freiwilligen Zusammenschluss von sechs bis dahin selbstständigen Gemeinden. Namensgeberin ist die jüngste Gemeinde, die 1856 durch Ansiedlung eines **Hüttenwerkes** und 1860 durch Bildung einer Arbeitersiedlung entsteht: Der hannoversche **König Georg V.** unterstützt damals mit Geld aus seinem Privatvermögen eine Aktiengesellschaft, die auf einem Gelände der Bauernschaft **Malbergen** ein groß angelegtes Eisenhüttenwerk baut. König Georg übernimmt das Protektorat und gestattet gleichzeitig die Benennung des Werkes und des Ortes nach dem königlichen Paar **Georg** und **Marie.** In der Entstehungsphase sind zeitweise mehr als 2.000 Menschen beschäftigt, die zum großen Teil aus dem Harz angeworben werden. Weitere Industriebetriebe siedeln sich in der Region an und profitieren von der Nähe des Hüttenwerkes, das aus der Region eine florierendes Industriegebiet macht. Der Name wird rasch zu einem Inbegriff für Stahl und ist es bis heute geblieben. Dennoch sind die Zeiten der Montanindustrie und rauchenden Schornsteine passé.

1994 wird das alte Stahlwerk zum neuen **Elektrostahlwerk** mit dem sogenannten „gläsernen Schornstein“. Der Betrieb wird vom Hochofen-Konverter auf das Gleichstrom-Elektrolichtbogenverfahren umgestellt. Bis dahin geschieht die Stahlerzeugung in einem Hochofenwerk, das von 1923 bis 1993 zu den Klöckner-Werken gehört. Im Stahlwerk arbeiten 1.250 Stahlwerker, die seit 1993 im Jahr rund 600.000 Tonnen Rohstahl produzieren. 70 Prozent des Jahresumsatzes von etwa 300 Millionen Euro werden im Geschäft mit der Automobilindustrie erzielt.

Auch die Lutherkirche in der Kirchstraße ist ein prägendes Element des Panoramas von Georgsmarienhütte. Der Grundstein für den Kirchenbau wird 1877 gelegt (o.)

Möbelwerk Wiemann in der Glückaufstraße (r.)

Die ehemalige Villa der Fabrikantenfamilie Stahmer ist heute ein Museum (u.)

1993 erwirbt der Hamburger Unternehmer **Dr. Jürgen Großmann** die ehemalige Klöckner Edelstahl GmbH und formt daraus ein neues Unternehmen, die **Georgsmarienhütte GmbH.** Nach 70-jähriger Zugehörigkeit zum Klöckner-Konzern wandelt sich das einst integrierte Hüttenwerk zum eigenständigen Konzern. Firmenzukäufe folgen und 1997 entsteht die **Georgsmarienhütte Holding GmbH.** Die Unternehmensgruppe besteht aus mehr als 30 Einzelunternehmen und beschäftigt 9.144 Mitarbeiter, die rund eine Milliarde Euro im Jahr erwirtschaften. Weiterhin bildet aber das Werk in Georgsmarienhütte hinsichtlich der Mitarbeiterzahl und des Umsatzes das Herzstück. 2002 erfolgt eine Großinvestition in eine Stranggießanlage und eine Modernisierung des Walzwerkes.

Der Oeseder Möbelhersteller **Mathias Wiemann GmbH & Co. KG** arbeitet als Familienbetrieb. Von Mathias Wiemann vor mehr als 100 Jahren gegründet, wird das Möbelwerk heute von **Mathias A. Wiemann** und **Helmut Kriege** geleitet. Etwas über 400 Personen sind bei der Firma beschäftigt. Spezialisiert hat diese sich auf die Produktion von Schlafzimmern und Einzelschränken. Vom 98.000 Quadratmeter großen Areal des Firmengeländes mit Produktions-, Verwaltungs- und Lagerflächen gehen täglich 400-500 Schlafzimmer europaweit auf die Reise. In

diesem Bereich zählt das Unternehmen in Deutschland zu den größten der Branche mit einem Jahresumsatz von über 100 Millionen Euro.

Der Automobil-Zulieferer **pgam** unterhält neben dem Stammsitz in Georgsmarienhütte einige Vertretungen in Übersee. pgam steht für „Planungsgesellschaft Automobil- und Maschinenbau". Von den rund 400 Mitarbeitern in Deutschland sind über 300 in Georgsmarienhütte beschäftigt. VW, BMW und Ford gehören zu den Stammkunden. Die Firma ist ein Komplettdienstleister für Fahrzeughersteller und Zulieferer in den Bereichen Karosserie, Innenausstattung und Sonderfahrzeugbau. Sie führt Aufträge aus wie zum Beispiel den Umbau von 12.000 *Ford Lincoln* für das Botschaftspersonal der USA oder die Umrüstung von 1.200 *Toyota Landcruiser* für das US-Militär.

1980 richtet man in der denkmalgeschützten Dreißig-Zimmer-Villa des Fabrikanten **Robert Stahmer** das Museum **Villa Stahmer** ein. Zuvor bauen ehrenamtliche Kräfte mit Unterstützung der Stadtverwaltung mehrere

Schulvorstellung in der Waldbühne an der Straße Im Tiefen Siek (l.)

Annelie und Alfred Sierp mit Musawer (l.)

Jahre lang die Villa um. Architektonisch ungewöhnlich, verbindet das Haus Klassizismus, Fachwerk und Jugendstil. Sammlungen und Ausstellungen spiegeln die Geschichte der Stadt und der Region wider. Im Zentrum steht selbstverständlich das Hüttenwerk. Ein Highlight der Präsentation ist die 2003 von **Dieter Görbing** aus verschiedenen Metallen gestaltete Panoramaansicht der historischen Werksanlagen. Die Nachbauten von Werkstätten rekonstruieren die Arbeitswelten einer alten Bäckerei, einer Tischlerei, einer Buchbinderei und einer Druckerei.

Auf der seit 1951 bestehenden **Waldbühne Kloster Oesede** finden Theateraufführungen des **Theatervereins Waldbühne Kloster Oesede e.V.** statt. Hier betreten nicht Profis, sondern Theaterbegeisterte die Bretter, die die Welt bedeuten. Der Verein hat etwa 200 Mitglieder. Die Waldbühne verfügt über 1.300 Plätze. Das Theater unter freiem Himmel bietet in der Regel zwei Stücke pro Saison an, zu denen um die 19.000 Besucher kommen. Zu zusätzlichen Veranstaltungen von Musical-Aufführungen wie beispielsweise „Anatevka" bis zu Konzerten mit Stars wie Fleetwood Mac, Konstantin Wecker und Hannes Wader kommen noch einmal weitere 6.000 Besucher. Ein häufiger Gast auf der Bühne ist die **Tanzschule Albrecht**, die hier eigene Tanzproduktionen aufführt. Auch etliche ortansässige Vereine und Institutionen nutzen die Spielstätte.

Der gepanzerte Land Cruiser 105 (based), Beschussklasse VR6, (u.) ist eines der schusssicheren Fahrzeuge der Firma pgam (o. ganz l.)

Die integrative Kindertagesstätte Lummerland: Hier werden deutsche und ausländische Kinder, behinderte und nichtbehinderte Kinder gefördert (r.)

Ex-Schüler Jens Gehlert vor dem Werkstattgebäude in der Werner-von-Siemens-Straße (o.)

Martin Siepelmeyer beim Stützunterricht in der Werkstatt Metall (o.r.)

Wie sehr Georgsmarienhütte zur Heimat für Menschen werden kann, beweisen auf eine besondere Art **Annelie** und **Alfred Sierp**. Sie haben 2001 den damals fünfjährigen **Musawer** aus Afghanistan als Patenkind aufgenommen. Nicht nur hat Musawer das schwere Schicksal zu tragen, aus einem mit Krieg überzogenen Land zu stammen, sondern er ist auch noch querschnittsgelähmt! In seiner Heimat hätte er nur geringe medizinische Behandlungsmöglichkeiten zu erwarten gehabt. Er wird nach Deutschland geholt, um hier operiert zu werden. Als der **Verein für Afghanistan-Förderung** (VAF) bei den Sierps anruft, um zu fragen, ob sie Musawer aufnehmen können, fällt die Entscheidung sofort. Außer den Sierps kümmerte sich täglich die **Integrativ-Kindertagesstätte Lummerland** um Musawer, der inzwischen die Anne-Frank-Grundschule besucht. Für ihre ehrenamtliche Arbeit hat Annelie Sierp, die im Beruf als Krankenschwester arbeitet, das Bundesverdienstkreuz erhalten.

Während der Vorplatz der **Werkstatt Metall** an der Werner-von-Siemens-Straße mit **Stahlobjekten** besetzt ist, herrschen in den Räumen und Gängen im Inneren lebhafte Farben vor. Hier läuft der achtstündige Ausbildungsalltag für 27 benachteiligte Jugendliche und ihr fünfköpfiges Leitungsteam ab. Die jungen Erwachsenen werden zu Teilezurichtern und Industriemechanikern, Fachrichtung Betriebstechnik, ausgebildet. 2006 feiert die Einrichtung ihr zwanzigjähriges Bestehen. Sie wird 1986 in enger Kooperation mit der damaligen **Ausbildungswerkstatt Klöckner Werke** und der **Volkshochschule Georgsmarienhütte** eingerichtet. Zusätzlich zur beruflichen Ausbildung erfahren die Jugendlichen im Alter zwischen 18 und 23 Jahren Stützunterricht und sozialpädagogische Begleitung. „*Die Persönlichkeitsentwicklung ist fester Bestandteil dieser außerbetrieblichen Ausbildung*“, stellt der Sozialpädagoge **Martin Siepelmeyer** fest. Die Azubis sind Angestellte der **VHS Georgsmarienhütte GGmbH**, die im Auftrag der Agentur für Arbeit die außerbetriebliche Ausildung durchführt.

Jens Gehlert ist in der Werkstatt zum Teilezurichter ausgebildet worden. „*Ich*

Kasinopark (l.)

Panoramabad am Carl-Stahmer-Weg (o.)

CD-Sortiermaschine beim Versandhändler jpc (l.) Die Maschine liest mit hoher Geschwindigkeit Artikelnummern und sortiert die CDs entsprechend den Bestellungen

hatte an die 50 Bewerbungen geschrieben", erinnert er sich, „*aber von allen Firmen erhielt ich nur Absagen*". Zeitweise arbeiten hier Jugendliche aus sieben Nationen mehrere Jahre lang täglich miteinander. Es liegt auf der Hand, dass neben der Arbeit auch das Miteinander, das Suchen von Gemeinsamkeiten und die Toleranz gegenüber dem Andersartigen geübt wird. „*Der Mensch ist uns wichtig, nicht Kulturkreis oder Hautfarbe*", bringt Martin Siepelmeyer das Programm auf den Punkt. Über 90 Prozent aller Teilnehmer, die die vorgeschriebenen zwei oder dreieinhalb Jahre durchhalten, erhalten am Ende der Ausbildung den Facharbeiterbrief.

Im **Kulturzentrum** an der Werner-von-Siemens-Straße ist auf dem ehemaligen Hüttengelände eine kulturelle Einrichtung entstanden. Räumlichkeiten für Aktivitäten der **Musikschule**, des **Kunstkreises** und des **Familienzentrums Marie's Hütte** stehen hier bereit.

Trotz seiner Entstehungsgeschichte und des Bekenntnisses als Industriestandort ist Georgsmarienhütte auch eine Stadt im Grünen. Dafür steht außer der die Stadt umgebenden Landschaft auch der 30 Hektar große **Kasinopark** im Stadtinneren. Exotische und einheimische Bäume wachsen hier in großer Zahl nebeneinander. Im August findet alle zwei Jahre das **Kasinoparkfest** statt. Abwechselung bietet auch das **Panoramabad** mit seiner 86 Meter langen gläsernen **Großwasserrutsche**.

Die **jpc Schallplattenversandhandelsgesellschaft mbH** in der Lübecker Str. 9 ist einer der größten Versender für Musik, Filme und Bücher in Deutschland. Über 1.600.000 Artikel wie Schallplatten (echtes Vinyl), DVDs, CDs, Bücher und Hörbücher bzw. Hörspiele können bei jpc – das steht für „jazz, pop und classic" – per Internet, Telefon, Fax oder per Post bestellt werden. Neben dem Versandhandel besitzt jpc auch Filialen im norddeutschen Raum. Das komplette jpc-Programm ist über das Internet abrufbar. Dabei kann man auf etwa 1,9 Millionen Hörproben und über 200.000 Cover-Abbildungen zugreifen. Stammkunden bekommen regelmäßig den kostenlosen kleinen Katalog, den **jpc-courier**, zugeschickt, der aktuelle Angebote und Neuerscheinungen enthält. Besonders spezialisiert ist man auf klassische Musik. jpc betreibt ein eigenes Label: **cpo**. Es wird 1986 gegründet. Nur wenige Klassiklabel haben in den letzten Jahren soviel internationale Aufmerksamkeit erregt wie cpo. Die Fachwelt rühmt einhellig die überzeugende Konzeption des Repertoires auf hohem künstlerischem Niveau. Höhepunkt dieser allgemeinen Anerkennung ist die Verleihung des „Cannes Classical Award" für das weltweit beste Label auf der MIDEM 1995. 2003 erhält cpo den niedersächsischen Musikpreis in Würdigung der schöpferischen Leistungen.

Ortsteile:
- Averfehrden
- Schierloh
- Schwege
- Sudendorf
- Westendorf

Einwohner: 6.829
Fläche: 59,88 qkm
114,0 Einw. je qkm

Glandorf

Dreschfest des VHLT zur Pflege alten Brauchtums (r.)

Die Findlinge David und Goliath, die einst zusammengehörten (u.)

Die Windmühle an der Windmühlenstraße (o.)

Biblisches findet man auch im Osnabrücker Land. Im Ortsteil **Averfehrden** trifft man auf **David und Goliath**. Diese Bezeichnung tragen zwei Findlinge. Eigentlich handelt es nur um einen einzelnen Felsstein. Beim Freilegen dieses Relikts der Eiszeit hat sich ein keilförmiges Bruchstück herausgelöst, das „David“ genannt wird, während der größere Rest den Namen „Goliath“ erhält. Goliath wiegt 63 Tonnen und hat einen Umfang von elf Metern. David dagegen bringt es nur auf vier bis fünf Tonnen, bei einem Umfang von rund sechs Metern. Nicht weit von ihrem Fundort entfernt hat man die beiden Findlinge gegenüber dem **Heimathaus Averfehrden** neu plaziert.
Eine alte, mittlerweile fast verloren gegangene Handwerkstradition ist die **Seilerei.** Lange Zeit beliefern Seilereien aus Glandorf den gesamten norddeutschen Raum. Zunächst aus Flachs, später auch aus Hanf oder Sisal gefertigt, finden Glandorfer Taue und Seile vor allem in den Hafenstädten wie Bremerhaven, Bremen und Hamburg ihren Absatz. Selbst die englische Flotte wird beliefert. Noch im letzten Drittel des 20. Jahrhunderts gibt es 15 Seilereien in Glandorf. Übrig geblieben sind heute nur noch die Betriebe von **Josef Hälker** und **Wilhelm Peters**.

In Glandorf wird die alte **Merschmühle** aus dem 13. Jahrhundert heute zur Energieerzeugung genutzt. Seit 1989 dient die Wasserkraft der Mühle der alternativen Stromerzeugung für Haushalt und Betrieb. Die Glandorfer Windmühle, ein Galerieholländer aus dem Jahr 1839, ist das Wahrzeichen der Gemeinde. Anfang der 1930er Jahre verzichtet man auf die Windenergie und treibt die Mühle mit einem kleinen Dieselmotor an. 1960 wird der Betrieb eingestellt und die Mühle verfällt. Zehn Jahre später erwirbt die Gemeinde die Mühle und führt notwendige Renovierungsarbeiten durch. Mitte der 1980er Jahre nimmt der neu gegründete **Windmühlenverein** die Mühle in seine Obhut.
1992 kaufen die vier Glandorfer **Clemens Hothnaier, Karl Papenbrock, Horst Henneke** und **Antonius Recker** eine Dreschmaschine der Marke „Buschhoff/Ahlen“. Geschätztes Baujahr der Maschine: 1925. Bald reift der Gedanke, ein traditionelles **Dreschfest** zu veranstalten und einen **Verein zur Erhaltung historischer Landtechnik und ländlichen Brauchtums** (**VHLT**) ins Leben zu rufen. Ein Dreschtag beginnt mit einem zünftigen *Soppen lärten* der Akteure. Hierbei handelt es sich um ein deftiges Gericht mit

den Zutaten Brot, Speck, Zwiebeln und Brühe, das gemeinsam aus einer Schüssel gegessen wird. Dann erst kommen Gerätschaften wie der Dreschkasten zum Einsatz. Neben dem Dreschen werden das Schneiden von Stroh, das Schroten von Getreide und andere Fertigkeiten vorgeführt.
1988 wird am **Laudieker Weg** der Grundstein für die **AGU Müllpressen GmbH** gelegt. AGU steht für „Arbeitsgemeinschaft Umwelttechnik". In diesem Sinne wird auch die Herstellung und der Vertrieb von Müllpressen betrieben. Abfalltrennsysteme, Kehrmaschinen Containerpressen und manches andere gehören zu dem auf Messen europaweit präsentierten Sortiment.
Der **Holzrolladen Birkemeyer** am **Kölner Weg** ist seit fünf Generationen in Familienbesitz. Das alteingesessene Handwerksunternehmen produziert seit den 1920er Jahren Holzrollläden. Nachdem man in den 1950er und 1960er Jahren dem Kunststoff Tribut zollen muss, bringen die 1970er Jahre eine Rückbesinnung auf Naturstoffe. Die Firma beginnt erneut, Holzrollläden herzustellen. Dabei liegt der Produktionsweg von der Holzanlieferung bis zum fertigen Produkt ganz in eigener Regie. Von der Stabherstellung bis zur Oberflächenbehandlung des Holzrollladens werden sämtliche Fertigungsschritte in Handarbeit durchgeführt.
Martin Puke führt seine Praxis als **Craniosacraltherapeut**. Die Craniosacraltherapie ist eine sanfte, manuelle und energetische Methode. Martin Puke ist ausgebildeter Physiotherapeut und bietet sogenannte „alternative" Methoden wie Fußreflexzonenmassage, Akupunkturmassage, Reiki und Kurse für autogenes Training an. Alle diese Therapieformen sollen eine Stimulation der körpereigenen Selbstheilungskräfte bewirken.
Unter der Bezeichnung **Chöre Sine Nomine** treten der **gemischte Chor** unter der Leitung von **Petra Schulke** und der **Kinder-Mini Chor** unter der Leitung von **Karina Greshake** auf. Der gemischte Chor der Erwachsenen bewältigt ein weitgestecktes Repertoire an neugeistlicher Musik, Sacro Pop, Gospel und Musicals bis hin zu Rock und Pop.
In **Sudendorf** spielt man mit Leidenschaft **Swin-Golf.** Dabei handelt es sich um eine von alten bäuerlichen Spielen abgeleitete Erfindung aus Frankreich. Im Gegensatz zum klassischen Golf kann Swin-Golf ohne jegliche Vorkenntnisse gespielt werden. Man spielt mit einem speziellen Schläger und weicheren Bällen als beim herkömmlichen Golf. Ansonsten geht es darum, mit möglichst wenig Schlägen die Bahnen hinter sich zu bringen. Der sehr junge Sport hat schnell viele Freunde gewonnen. Die benötigte Fläche für eine Swin-Golfanlage beträgt ca. fünf Hektar, während es beim klassischen Golf etwa 80 Hektar sind.

Flohmarkt in der Windmühlenstraße (o.) Im Hintergrund: die Windmühle

Das Hallen-Garten-Bad in der Schulstraße ist ganzjährig geöffnet und verfügt über eine Liegewiese, ein Beach-Volleyballfeld, Solarien, Sauna und Spielgeräte (l.)

1982 entwickelt der Franzose Laurent de Vilmorin einen speziellen Schläger und einen Ball für Swin-Golf und meldet beides zum Patent an. Rasch breitet sich diese neue Sportart auch in Deutschland unter Nicht-Golfern aus. Im Bild: Swin-Golfplatz in Sudendorf (l.)

Ortsteile:
- Altenhagen
- Gellenbeck
- Hagen
- Mentrup
- Natrup-Hagen
- Sudenfeld

Einwohner: 14.180
Fläche: 34,50 qkm
411,0 Einw. je qkm

Hagen a. Teutob. Wald

Internationales Renommee besitzt der **Hof Kasselmann**, der unterhalb des **Borgberges** liegt. Über 170 Pferde werden täglich auf der Anlage von **Ullrich** und **Bianca Kasselmann** von erfahrenen Dressur-Ausbildern geschult und trainiert. Zudem trifft sich jedes Jahr im Sommer die nationale und internationale Reitsportelite zum **Internationalen Reiterfestival Horses & Dreams.** Traditionell eröffnet und begleitet wird die Veranstaltung von hochkarätigen Schirmherren. Dazu zählen in der Vergangenheit Politiker wie Bundeskanzler **Gerhard Schröder,** Niedersachsens Ministerpräsident **Christian Wulff** oder sportliche Größen wie **Hans-Günther Winkler** und **Rodrigo Pessoa.** Seit 2001 treffen sich nach mehr als 100 Qualifikationen in über 60 Ländern die besten Reiter aus Ländern wie Thailand, Kenia, Brasilien oder Jamaika im Finale der FEI-World-Challenge und verleihen dem Festival eine exotische Atmosphäre. Aber auch in den Nationenpreisen der Junioren und Jungen Reiter und dem Finale des Berufsreiterchampionats Dressur bieten die Teilnehmer dem Publikum Reitsport vom Feinsten.

„Vielen Menschen ist heute nicht mehr bewusst, wie eng die Beziehung von Mensch und Pferd über Jahrtausende war", erklärt der Hausherr von Horses & Dreams (o.) Ullrich Kasselmann und ergänzt: „Wir möchten unseren Besuchern viele spannende Bereiche dieser Bindung wieder ins Gedächtnis rufen oder überhaupt erst einmal vorstellen."

Initiiert von Mit-Organisatorin **Silke Alberty,** lockt seit 2002 eine exklusive **Lifestyle-Ausstellung** die Besucher an den **Borgberg.** In weißen Pagodenzelten präsentieren über 100 Aussteller Kreatives für das eigene Wohn-Interieur, exquisite Gartenmöbel, Kunst, Antiquitäten und Schmuck. Schließlich haben die Veranstalter den Erlebnis- und Kulturpark **Pferdewelten** eröffnet, der für Groß und Klein Spannendes und Lehrreiches rund um das Thema „Pferd" auf unnachahmliche Weise präsentiert.

Eine Vielzahl von Wanderwegen führt zur Zeit der **Kirschblüte** an unzähligen Kirschbäumen vorbei, die der Gemeinde mit ihrer blütenweißen Pracht die Bezeichnung „Kirschhagen" eingetragen haben. Allein über tausend Bäume stehen zwischen **Holperdorp** und **Gellenbeck.**

Hagener **Töpfereien** beliefern 500 Jahre lang die gesamte Region mit Schüsseln,

Der Blüte ihrer vielen Kirschbäume verdankt die Gemeinde Hagen ihren Beinamen „Kirschhagen" (o.r.)

Töpfen und Tellern. Im **Alten Pfarrhaus** wird diese Geschichte mit einem **Töpfereimuseum** lebendig erhalten. Hier fertigt auch die **Töpferei Niehenke** in der vierten Generation Geschirr wie die „Näpkes" und „Kümkes" oder die „Hagener Nachtigallen" (Tonpfeifen).

Das **Keramik-Atelier Donhauser** von **Stefan Donhauser** liegt an der **Sudenfelder Straße.** Die Grundidee, die Form der Objekte auf das Wesentliche zu reduzieren, hat Stefan Donhauser in Ausstellungen im In- und Ausland vertreten. Dieses Konzept findet sich in unterschiedlichen Arbeiten wie kugelförmigen Wasserobjekten oder den Skulpturen „Narr" und „König" wieder, die auf dem Rathausplatz in > Dissen (336) stehen.

Das Fertigungsspektrum der **Friedrich Hippe Maschinenfabrik und Gerätebau GmbH** an der Hüttenstraße umfasst den Rohbau in Stahl und Aluminium sowie Lackierung Montage und Feinbearbeitung mit Lasertechnik. Das Unternehmen wird 1954 von **Friedrich Hippe** gegründet. Hergestellt werden Geräte und Ersatzteile für die Eisenbahnindustrie. Bald sind mehr als 100 Mitarbeiter beschäftigt. 1973 übernimmt **Hans-Gerhard Hippe** die Firma von seinem Vater. Er baut das Unternehmen aus und verstärkt die Geschäftsbeziehungen zur Deutschen Bahn AG. Gefertigte Produkte wie Weichenstelleinrichtungen,

Türsäulen aus Aluminium oder Verbindungsgestänge gehen aber auch in Länder der EU und nach Übersee. 2003 übernimmt mit Dr. **Hendrik Hippe** die dritte Generation der Familie die Geschäftsführung des Unternehmens, das inzwischen ca. 140 Mitarbeiter beschäftigt.

Aus Hagen kommen auch *„the one and only, the famous…* **Cale Copf Company**! Wenn **Ali Sieckmann, Ulli Pommer, Andreas Strotmann-Ruhe, Michael Wolf, Markus Weber** und **Jörg Hilpert** die Bühne betreten, gibt es im Saal rasch kein Halten mehr. 1993 beginnt das Vokalisten-Sextett seinen Siegeszug durch überfüllte Säle und ausverkaufte Hallen. Es ist die Spielfreude und die besondere Mixtur aus Musik, Verkleidung und Humor, die den Charme von CCC ausmacht. Percussion, E-Gitarren, Kontrabass, Keyboard und selbst Orffsche Instrumente ersetzen sie durch Stimmen. Grenzen lassen sich im Repertoire kaum finden. Zum A-cappella-Gesang gesellen sich eine gehörige Portion Witz und musikalisches Gealbere, was die Zuhörer begeistert und zur Nachahmung anregt. Regelmäßig überraschen CCC ihre Fans mit neuen Kostümierungen und Programmen. Inzwischen sind auch Radio und TV aufmerksam geworden und drei CDs konnten eingespielt werden.

Seit 1968 veranstaltet der **Musikverein Wiesental Hagen a.T.W.** das **Internationale Musik- und Folklorefest Hagen**, zu dem jeweils um die 80 Musik- und Folkloregruppen aus dem In- und Ausland anreisen. Bislang beteiligten sich Gruppen aus Dänemark, Niederlande, Belgien, Ungarn, Kroatien, Tschechien, Polen, Lettland, Litauen und der Region Perm in Russland. Die Veranstaltung zieht jeweils in den geraden Jahren am zweiten Mai-Wochenende bis zu 3.000 aktive Musiker ins Osnabrücker Land. Das Musikfestival zählt zu den größten Laienmusikveranstaltungen in Deutschland und wird überwiegend von Jugendlichen gestaltet.

Mit der Einrichtung von 40 **Kinderspiel-** und **Bolzplätzen** schafft die Gemeinde Angebote für ihre jüngeren Mitbürger. Naturverbundene Erholungsuchende besuchen den **Teutoburger Waldsee**, dem eine Campinganlage angegliedert ist. Eine Alternative für Besucher und Einwohner ist das **Freibad** am **Beckeroder Platz** oder, für kältere Zeiten, das **Hallenbad**.

CCC auf der Bühne in Greven (o.)

Seit dem Bau einer neuen Pfarrkirche wird die St. Martinuskirche (l.), das Wahrzeichen Hagens, für kulturelle Zwecke genutzt

Blick ins Töpfereimuseum (o.)

Stefan Donhauser in seinem Atelier in der Sudenfelder Straße (ganz o.)

Ortsteile:
- Althasbergen
- Gaste
- Ohrbeck

Einwohner: 10.945
Fläche: 21,73 qkm
503,7 Einw. je qkm

Hasbergen

Die Gemeinde Hasbergen grenzt im Norden und Osten an die Stadt Osnabrück. Der Ort liegt teilweise im Bereich des **Hüggels,** eines westlichen Ausläufers des Teutoburger Waldes, der sich bis 228 Meter über Normal Null erhebt. Am Hüggel sind auf einem **geologischen Lehrpfad** 300 Millionen Jahre wechselvoller Erdgeschichte ablesbar. 25 Exkursionspunkte entlang des Lehrpfades geben Hinweise auf geologischen Aufbau, Gesteine, Böden und erdgeschichtliche Entwicklungen. Die geologischen Formationen des Osnabrücker Landes führen zu einem Engagement der Region zum Thema Boden. 2001 wird der **Naturpark Nördlicher Teutoburger Wald – Wiehengebirge** in das europäische Netzwerk der **Geoparks** aufgenommen. Neben der Vulkaneifel ist der Naturpark im Osnabrücker Land einer von nur zwei deutschen Geoparks.

Im September 2003 feiert die Schachabteilung der SpVg. Gaste in der Gaststätte Zum Ehrenhain ihr 25-jähriges Jubiläum mit einer Simultanpartie gegen Großmeister Lev Gutmann (r.)

Der Geologische Lehrpfad (r.)

Am **Hüggel** lassen sich auch Spuren des früheren **Silberbergbaus** wiederfinden. Die landwirtschafliche Struktur der Gemeinde Hasbergen verändert sich schnell, als während der Gründerzeit die spätere Georgsmarienhütte den **Eisenerzbergbau** im Gebiet der Gemeinde Hasbergen aufnimmt. Durch die Gründung der Eisenerzzeche in Georgsmarienhütte werden in Hasbergen Bergarbeiter aus dem Harz angesiedelt. Das Eisenerz wird im Tagebau, aber auch in Gruben, gewonnen. Wegen der ausgezeichneten Beschaffenheit des Erzes eignet es sich zur **Stahlherstellung.** Noch bis um das Jahr 1950 wird im Hasberger Raum Erz gefördert.

Das Ersatzteillager der Firma Amazonenwerke in Gaste (o.)

Die **Familie Dreyer** ist inzwischen in der vierten Generation mit der Herstellung von Land- und Kommunalmaschinen beschäftigt. Die **Amazonen-Werke H. Dreyer GmbH & Co. KG** in **Gaste** werden 1883 von **Heinrich Dreyer** gegründet. Zunächst baut man als Handwerksbetrieb nur Einzelanfertigungen von Getreidereinigungsmaschinen und Ackerwagen. Doch bald beginnt die Serienfertigung. Dabei kommt es im Laufe der Zeit zu einer Vielzahl von Innovationen, darunter der erste **Kartoffelsortierer** auf Federn, der erste **Anbau-Zentrifugalstreuer** mit zwei Streuscheiben, die erste **Sämaschine** mit Fahrgassenschaltung, die erste **Einzelkornsämaschine,** die zur teilflächenspezifischen Pflanzenproduktion eingesetzt wird, oder das erste **Düngertestlabor.** Amazone-Technik wird heute überall in Europa verwendet. In vier Werken werden die Maschinen von ca. 1.300 Mitarbeitern hergestellt. Das Stammwerk steht bis heute in der Straße **Am Amazonenwerk** in **Gaste.**

Gabriele Hanningsmann und **Bernd Stalljohann** leiten als Geschäftsführer die 1987 gegründete Gasteraner **H.S. fashion logistics GmbH,** die mittlerweile außer in Gaste noch Standorte in Lotte und Atter mit insgesamt 5.000 Quadratmetern Betriebsfläche besitzt. Das Unternehmen mit über 100 Mitarbeitern ist weltweiter Logistikdienstleister für Tex-

tilunternehmen. Das Leistungsspektrum reicht von der Übernahme der Ware vom Hersteller über die Spedition, Zollabfertigung, Qualitätskontrolle, Lagerbewirtschaftung, das Verpacken, Etikettieren oder auch Aufbereitungsarbeiten wie Bügeln bis zur Ablieferung an den Einzelhandel.

Am Rande des Teutoburger Waldes hat das **Freizeitland Hasbergen** eine Saunawelt mit Schwimmlandschaft und zahlreichen Sportmöglichkeiten geschaffen. Darunter finden sich Angebote wie das *Osmanische Rosen Aromabad*, in dessen Mittelpunkt ein *Duftbrunnen* steht, aus dem leichter Dampf mit ätherischen Ölen dringt, die *Tuli Feuersauna,* die es in Deutschland nur fünf Mal gibt, oder der *Gesundheitsturm*, in dessen oberem Stockwerk sich die Marmorliegen des *Tepidarium* befinden. Im exotischen Palmengarten mit echten italienischen Palmen erholt man sich bei Säften und Longdrinks, Salat und Kuchenbuffets.

Die gegen Ende des Jahres stattfindende **Hasberger Mahlzeit** wird zu Ehren von Bürgern veranstaltet, die sich um die Gemeinde verdient gemacht haben. Dazu finden sich regelmäßig über 400 Gäste ein. Während einer Zeremonie werden den gewählten Bürgern **Ehrenteller** überreicht. Danach folgt ein weiteres Hasberger Ritual: Die Honoratioren der Gemeinde werden zum **Vorkosten** an den Kochtopf gebeten. Erst nach ihrem positiven Urteil wird das Essen für alle freigegeben.

Die **Burg Haslage** ist eine Ausgrabungsstätte, an der auch **Hobbyarchäologen** graben können. Immer wieder gibt der Boden Keramik aus dem Mittelalter frei. Hunderte gelber Sumpfdotterblumen zeichnen den Verlauf der Festungsgräben nach. Kein Zufall, denn im 17. Jahrhundert werden diese mit weißem Sand verfüllt und dadurch zu einem idealen Nährboden der Pflanzen.

Modenschau im Freizeitland Hasbergen (o.)

Hobbyarchäologen bei der Burg Haslage (l.)

Hasberger Mahlzeit im November 2003 (l.u.)

Mit der Friedenskette am 29. März 2003 zwischen Münster und Osnabrück, den beiden Friedensstädten, wird ein Zeichen gesetzt, das national und international Beachtung findet. Dem Aufruf „Recht vor Macht" folgte man auch in Hasbergen. (u.)

Ortsteile:
- Allendorf
- Hilter
- Borgloh
- Ebbendorf
- Eppendorf
- Hankenberge
- Uphöfen
- Wellendorf

Einwohner: 10.162
Fläche: 52,60 qkm
193,2 Einw. je qkm

Hilter a. Teutob. Wald

Hilter ist ein Standort für die Lebensmittelherstellung: Rau Lebensmittelwerke (r.o.) und apetito convenience (r.u.)

Die weitläufige waldreiche Hügellandschaft hat der Gegend um Hilter Namen wie „**Borgloher Schweiz**" oder „**Hankenberger Sauerland**" eingebracht. Trotz dieser naturbelassenen Landschaft im Norden der Bädergemeinden des Osnabrücker Landes hat sich eine große Anzahl an Industriebetrieben in Hilter angesiedelt. Dazu gehören die **Walter Rau Lebensmittelwerke.** Seit 1903 produziert und verkauft das Familienunternehmen Margarine und Fette. Zu Beginn des 20. Jahrhunderts erwirbt **Walter Rau,** nachdem er die Molkereifachschule in > Bersenbrück (323) besucht und in der Margarinefabrik Homann in > Dissen (336) gearbeitet hat, eine Molkerei in Hilter und beginnt in den Gebäuden des **Sunderhofes** mit der Produktion von Streichfetten. Die Resonanz ist stark und lässt das Unternehmen zu einem bedeutenden Wirtschaftsfaktor in der Region werden. Zur Expansion des Unternehmens gehört 1957 auch die Errichtung eines eigenen Verpackungswerkes für die Herstellung von Kunststoffmargarinebechern in Hilter und 1959 die Markteinführung der ersten Reformmargarine **Deli Reform.** Ein Jahr zuvor hatte **Ulrich Rau** die Leitung der Firma übernommen, dem 1999 der Sohn **Hubertus** folgt. Heute sind die Walter Rau Lebensmittelwerke mit Deli Reform Marktführer für Diätmargarine und beschäftigen ca. 300 Mitarbeiter.

Die **apetito convenience GmbH** – hervorgegangen aus der Hilteraner **Hansa Tiefkühlmenü GmbH** – bietet Tiefkühlmenüs für Eigenmarken des Handels sowie ein Sortiment von Produkten unter der Marke „apetito" an. Dazu gehören die Schlemmerpfannen, Aufläufe, süße Snacks, Klassiker nach Mutters Küche und internationale Pfannengerichte.

Am Standort Hilter konzentriert auch die von **Karl Düsterberg** gegründete **apetito Gruppe** das Produktgeschäft für den Lebensmitteleinzelhandel, die Heimdienste und den Fachgroßhandel. Unter der Bezeichnung „apetito Fertigmenü" wurden zum ersten Mal in Deutschland tiefkühlfrische Komplettmahlzeiten in Aluminiumschalen angeboten.

Ebenfalls mit Tiefgekühltem handelt der **Tiefkühl-Top-Service** „Auf dem Kleie". 1995 gründet **Ansgar Maßmann** die Firma. Seine Grundidee ist der Direktvertrieb von Tiefkühlspezialitäten. Heute bietet man über 350 Artikel an.

Seit 1962 konzipiert, plant und baut **Höcker Polytechnik** lufttechnische Anla-

Am Start des ADAC Bergrennens der Mercedes 190 von Markus Wüstefeld (u.)

gen für Industrie- und Handwerksbetriebe. Die Produktpalette reicht von mobilen Entstaubern bis zu Großfilteranlagen mit Kapazitäten von mehr als 300.000 Kubikmeter pro Stunde. Dazu beschäftigt man ca. 160 Mitarbeiter allein im Hauptwerk Hilter.
Die Firma **Labude Tillandsien** verarbeitet und verkauft seit 1982 **Tillandsien.** Diese exotischen

Klaus Labude (l.) hat sich auf die Aufzucht von Tillsandien spezialisiert

Filialen der Bäckerei Brinkhege (l.u.) wie hier in der Glückaufstraße gibt es im gesamten Landkreis

Pflanzenschönheiten stammen ursprünglich aus Süd- und Mittelamerika. **Klaus Labude** macht sein Hobby zum Beruf und gründet am Asbrocker Weg einen Großhandel für Tillandsien. Inzwischen beschäftigt er 31 Mitarbeiter. Beliefert werden seit 1992 vom Neubau im Gewerbegebiet Nordel aus der Fachhandel, vor allem Gartencenter und größere Blumengeschäfte in ganz Deutschland. 95 Prozent der Tillandsien bezieht die Firma aus Guatemala. Alle 14 Tage treffen von dort ca. 50.000 Tillandsien ein.
In **Borgloh** auf der Kreisstraße nach >Bissendorf (327) spielt sich jedes Jahr im August das nördlichste **Bergrennen** Deutschlands ab. Durchgeführt wird die Veranstaltung vom **ADAC** auf dem **Uphöfener Berg.** Obwohl die Rennstrecke mit 2.030 Metern kurz gehalten ist, ist sie für die Fahrer sehr anspruchsvoll. Denn nach einer 400 Meter langen Beschleunigungsstrecke folgen bei einer Steigung von 4,5 Prozent eine Reihe von Kurvenkombinationen. An den Start gehen Renn- und Tourenwagen sowie historische Automobilraritäten. Den Streckenrekord für Rennwagen hält seit 1998 mit 0:55,91 Minuten der Franzose **Christian Debias**, für Tourenwagen **Dieter Knüttel**, der 2000 1:01,74 Minuten benötigt.

Marianne und **Dirk Brinkhege** sowie **Heike Brinkhege-Jaursch** sind die Führungscrew der Familien-**Bäckerei Brinkhege.** 1929 von **Theodor Brinkhege** gegründet wurde aus der einfachen Backstube eine der größten Bäckereien der Region. Im Ortsteil **Ebbendorf** umfasst die Produktions- und Lagerfläche über 1.500 qm. Von hier aus werden viele Filialen im Landkreis täglich beliefert. Etwa 250 Mitarbeiter sind in Produktion, Verwaltung und Verkauf tätig.
Seit sechs Jahren findet die **Open-Air-Kegelparty** auf dem Hof **Johannes Meyer zum Alten Borgloh** statt. An dem Event nehmen rund hundert Kegelvereine teil. Zwei Kegelvereine treten jeweils im 12-minütigen Wechsel auf zwei Bahnen gegeneinander an. Veranstalter und Organisator ist der Kegelverein **TuS Trinken**. Seine Mitglie-

Von dem Borgloher Künstler Lothar Maier stammt die Skulptur auf dem Pastor-Revermann-Brunnen des Kirchplatzes (o.)
Auf Vorschlag des Heimatvereins trägt der Brunnen seinen Namen, um an den Seelsorger zu erinnern

Open air Kegelparty des TuS Trinken 2003 (l.)

der bauen in Eigenarbeit die Freiluftbahn auf. Wie erfolgreich man den Sport aus den Kellern ans Tageslicht geholt hat, zeigt auch die Tatsache, dass während und im Anschluss an den Wettkampf eine Party gefeiert wird, die sich fast zu einem Stadtfest gemausert hat. Ganz nach dem mehr scherzhaft als ernst gemeinten Hinweis auf dem Vereinsbanner: „*Entspannt Saufen seit 1997*".

Melle

Ortsteile:
- Bruchmühlen
- Buer
- Gesmold
- Neuenkirchen
- Oldendorf
- Riemsloh
- Wellingholz-hausen

Einwohner: 46.292
Fläche: 253,99 qkm
182,3 Einw. je qkm

Melle ist die größte Stadt des Landkreises Osnabrück und die zweitgrößte Flächenstadt Niedersachsens. Die beiden Stadtkirchen, die katholische **St. Matthäus** und die evangelische **St. Petri Kirche**, geben weithin sichtbar die Stadtkrone ab. Beide stehen in der Nähe des **Marktplatzes**. Sie sind Zeugnisse der konfessionellen Regelung des Westfälischen Friedens, der zufolge den beiden großen christlichen Bekenntnissen gleiche Rechte zugestanden werden. Der ursprünglich romanische Saalbau der St. Matthäus Kirche, der 1400 zu einer gotischen Hallenkirche umgebaut wird, geht aus der ersten Taufkirche für den Grönegau hervor. Das Äußere von St. Petri, deren Bau nach dem Dreißigjährigen Krieg durch den evangelischen Fürstbischof von Osnabrück angeordnet und die nach einem Brand von 1720 neu aufgerichtet wird, ist in ihrer äußeren Gestalt ebenfalls im gotischen Stil gehalten, im Innern aber barock.

Oldtimershow im Automuseum Melle (o.)

Anziehungspunkt für Jung und Alt: die Meller Innenstadt (o.r.)

City mit Giebeldächern und der katholischen St. Matthäus Kirche (ganz o.r.)

Das älteste Fachwerkgebäude der Stadt ist die **Alte Posthalterei** in der **Haferstraße**. Das Gebäude aus dem Jahr 1644 wird vielfach genutzt, u. a. für Ausstellungen, Vorträge, kleinere Konzerte oder szenische Aufführungen. Aber auch Empfänge, Seminare oder Tagungen werden veranstaltet. Für größere Veranstaltungen ist dagegen das **Forum Melle** Gastgeber. Hier treffen sich Vereine, Verbände, Unternehmen, Privatleute, Rock-, Pop-, Jazz- und Blues-Fans, Kleinkunst- und Klassik-Freunde. Open-Air Theater wird auf der Meller **Waldbühne** gespielt. Sie liegt in einem ehemaligen Steinbruch und hat seit über einem halben Jahrhundert Bestand. Hier werden Märchen bzw. Kindermusicals sowie Unterhaltungsstücke aufgeführt.

Auf dem Gelände, wo einst die 1574 abgebrochene **Grönenburg** stand, hat man das **Grönegau-Museum** eingerichtet, ein Ensemble von vier Fachwerkhäusern. Von den Häusern sind die Remise und das Backhaus seit 1960 aus verschiedenen Orten des Grönegaus hierher umgesiedelt worden. Dem mehrstöckigen **Kornspeicher** von 1771 benachbart ist der noch ältere **Kotten** von 1655, ein ehemaliges Heuerlingshaus. Dort werden alte Technik und Maschinen vorgestellt sowie die Präsentation „Vom Flachs zum Leinen“. An Backtagen gibt es im **Backhaus** von 1572 Brot zu kaufen, das nach alten Rezepten gebacken wird. In der **Re-**

mise schließlich wird das Thema Holz mit der Einrichtung einer Tischlerwerkstatt und Geräten der Forstwirtschaft aufgegriffen. Eine lebendige Tradition, denn bis heute haben eine große Anzahl kleinerer und mittelständischer Holz verarbeitender Betriebe ihren Sitz in Melle.

In den 3.000 Quadratmeter großen Hallen einer ehemaligen Möbelfabrik am Fuße der **Meller Berge** ist auf drei Etagen das **Automuseum Melle** untergebracht. „Geschichte auf Rädern" dokumentieren die 200 Fahrzeuge verschiedener Epochen. Viele davon sind private Leihga-

ben, die regelmäßig ausgetauscht werden, so dass sich die Ausstellung stets ändert. Seit 1997 befindet sich auf zwei Etagen vom *Highweeler* (USA, 1909), der noch eine starke Ähnlichkeit mit einer Postkutsche erkennen lässt, bis zum *Lotus Seven* (GB, 1972) so manche Rarität. All diese „antiken" Elektro- und Dampfautomobile sind in fahrbereitem Zustand. Dies wird unter Beweis gestellt, wenn einmal im Jahr, im Juli, Veteranen aus der Pionierzeit des Automobils beim **Internationalen Schnauferl-Treffen** zusammenkommen. Im Mai findet zudem eine Tour für Dampfautomobile statt.

Im Meller Landstrich mit seinen ausgedehnten **Waldgebieten** gibt es eine stattliche Anzahl von **Schlössern** und **Herrenhäusern**, die sich alle in Privatbesitz befinden und daher nicht für Besichtigungen offenstehen. Darunter sind fünf **Wasserburgen**. Eine davon ist **Schloss Gesmold**, das nach 1200 angelegt und im 16. Jahrhundert zum Renaissance-Schloss umgebaut wird. Die vier Evangelisten auf dem Turmdach, weithin sichtbar, verweisen auf einen ehemaligen geistlichen Schlossherrn. 1664 vermacht der erste evangelische Bischof das Gut dem Hof-

marschall **von Hammerstein**. Noch heute befindet es sich im Besitz der Familie. Das barocke **Torhaus** gestattet einen Blick in die Gartenanlage. Bis ins 19. Jahrhundert gilt Schloss Gesmold als der vornehmste Adelssitz des Osnabrücker Landes. Dem Schloss steht jedoch **Gut Bruche**, eine Wasserburg aus dem 16. Jahrhundert mit barockem Herrenhaus nicht nach. Auf dem 300 Meter langen und 125 Meter breiten Bergrücken der **Meller Berge**, inmitten des **Wildparks**, erhebt sich die 1860 fertig gestellte **Diedrichsburg**. Von dem 26 Meter hohen Burgturm hat man einen weiten Blick ins Osnabrücker Land. Der Blick fällt aber auch direkt auf den **Wildschweinpark** zu Füßen der Burg. Der ist einer der Wenigen seiner Art, in denen man den Tieren nahe kommen kann. Die Wildschweine sind die menschliche Nähe gewohnt, so dass sie ihr natürliches Verhalten beibehalten. Eine Besonderheit der Natur ist die **Hase-Bifurkation**, die Zweigabelung des Flusses, ca. zehn Kilometer von ihrer Quelle im Teutoburger Wald entfernt. Dort teilt sich die Hase in zwei verschiedene Stromsysteme. Der größere Teil des Wassers fließt, weiterhin Hase genannt, in die Ems, der kleinere Teil, die **Else**, später: **Werre**, fließt in die Weser. Im Jahre 2000 wird rund um die Bifurkation ein **Themenpark** mit Mitmach-Stationen eröffnet, in dem man Wissenswertes über dieses Naturphänomen, über historische Wasserstreitigkeiten usw. erfährt.

Diedrichsburg (o.)

Ein seltenes Phänomen: die Hase-Bifurkation, die Gabelung des Flusses in zwei verschiedene Stromsysteme (ganz o.)

Gut Bruche (o.l.)

Die kosmischen Größenverhältnisse sind auf dem Planetenpfad im Maßstab 1 : 1 Milliarde dargestellt. Die 1,4 m grosse Sonne steht vor der Jugendherberge im Grönenbergpark (r.)

Das Newton-Amateur-Teleskop (u.) ermöglicht auch Laien einen Blick ins All

In Melle gibt es zwei Sternwarten. Die **Expo Sternwarte** und 1,5 Kilometer entfernt im Wiehengebirge die **Sternwarte** des **Naturwissenschaftlichen Vereins Osnabrück**. Die Expo Sternwarte am **Rattinghauser Weg** in Oberholsten besitzt das lichtstärkste **Newton-Amateurteleskop** der Welt, das für öffentliche Beobachtungen zur Verfügung steht. Ein Dia- und Videovortrag gibt Einblicke in die moderne Technik der Sternenforschung. Beide Sternwarten lassen sich über den etwa zwölf Kilometer langen **Planetenweg** erreichen. Der Wanderweg beginnt im **Grönenbergpark** mit der Station „Sonne“ und endet auf dem Oldendorfer Berg an der Sternwarte des Naturwissenschaftlichen Vereins Osnabrück mit „Pluto“. Der Planetenweg gibt die Größe der Sonne und der Planeten sowie die kosmischen Abstände ihrer Bahnen im Maßstab 1 : 1 Milliarde wieder. Ein Meter des Planetenweges entspricht dabei einer Million Kilometer im Sonnenystem.

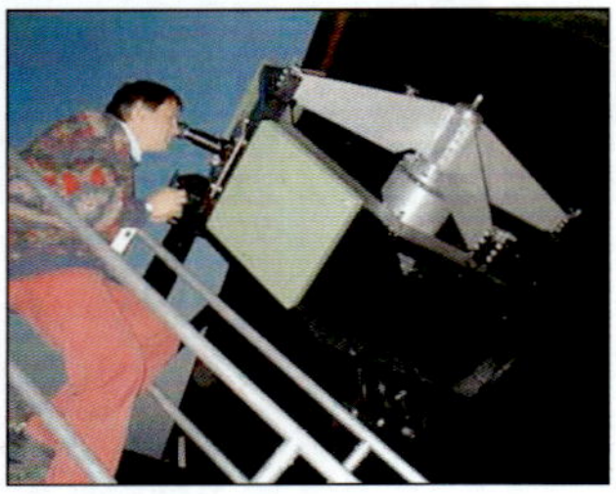

Als Produzent für Trockenfischfutter (r.) liefert die Tetra Gruppe in 90 Länder der Welt

Mit seiner mittelständischen Struktur und großen Branchenvielfalt verfügt Melle über eine stabile Wirtschaftskraft. Dominiert wird der Standort von der **Holz verarbeitenden Industrie** und bildet zusammen mit benachbarten ostwestfälischen Unternehmen Deutschlands Schwerpunktregion dieser Branche, die „Küchenmeile A 30“. Es gibt rund 50 Betriebe, die Holz be- oder verarbeiten. Zu den bekannteren Möbelherstellern zählen die Firmen: Assmann Büromöbelwerk, Domina Möbel, Habemat Küchen, Holtkamp Möbelwerk, K-H-Systemmöbel, Nolte Küchen und Rational Küchen.

Am **Maschweg** in Gerden hat sich das **Möbelhaus Bussdieker** eingerichtet. In der dritten Generation betreibt man seit über 50 Jahren Möbelhandel. Müssen anfangs, 1949, noch 130 Quadratmeter Ausstellungsfläche ausreichen, so ist diese inzwischen auf über 5.700 Quadratmeter angewachsen.

Mit der Entwicklung von Trockenfutter für tropische Zierfische legt **Dr. Ulrich Baensch** Anfang der 1950er Jahre den Grundstein für ein Unternehmen mit Weltrang. Heute beschäftigt die gesamte **Tetra Gruppe** über 700 Mitarbeiter und ist mit Vertretungen in über 90 Ländern weltweit größter Hersteller für Pro-

Produktionshalle von Field Rotopack (r.)

dukte in den Bereichen Aquaristik und Gartenteich. Sitz von Verwaltung, Produktion und Logistik ist Melle.
Das modernste **Faltschachtelwerk** Europas wird erst 2004 in Melle er-öffnet. Der international agierende Konzern **Field Rotopack** investiert 17,5 Millionen Euro und verlagert einen Großteil der Pro-duktion samt 125 Arbeitsplätze nach Melle. Die Produktion von rund 500 Millionen Verkaufsschachteln verbraucht etwa 11.000 Tonnen Kartonmaterial. Das Unternehmen liefert die Verpackung für bekannte Marken. Die Negerküsse von Dickmann gehören dazu oder merci. Weitere Kunden sind u.a. Storck, Coppenrath & Wiese, Braun AG, Wella AG oder Humana.

Mit den Westland Gummiwerken und der Melos GmbH ist die Kautschuk-Technologie in Melle vertreten. Die Firma **Melos** ist seit über 70 Jahren in Melle ansässig. Zeitweise gehört das Werk zur weltweit operierenden **Poly-One Gruppe**, erlangt aber im Juni 2004 durch ein Management Buy-out die Selbstständigkeit wieder. Gilt es zu Beginn noch als Regenerierwerk zur Wiedergewinnung von Kautschuk, so ist man heute Marktführer bei Produkten wie farbigen EPDM-Granulaten. Diese werden vor allem für Bodenbeläge in Sportanlagen verwendet, aber auch auf Kinderspielplätzen, in Schulen oder beim Schiffbau als wetterbeständiger und rutschfester Decksbelag. Bei der EXPO 2000 in Hannover entsteht die Darstellung einer Dünenlandschaft durch die Kombination von Wüstensand und dem EPDM-Granulat von Melos.
Zu den Kunden von **Westland** gehören Druckmaschinenhersteller und zahlreiche Druckereien rund um die Welt. Das 1920 gegründete Unternehmen befasst sich seit mehr als 30 Jahren mit der Entwicklung und Produktion von Gummiqualitäten für Walzen in der grafischen Industrie sowie für technische Anwendungsgebiete. Westland fertigt elastomere Formteile für die verschiedensten industriellen Anwendungen wie Regeltechnik sowie die Maschinenbau-, Haushaltsgeräte- und Armaturenindustrie, um nur einige zu nennen. Zusammen mit den Tochterunternehmen, Lizenznehmern und Vertretungen ist Westland mittlerweile in über 50 Ländern vertreten.

Am Markt steht das Verwaltungsgebäude der **Starcke GmbH & Co. KG.** Das Unternehmen blickt auf eine über zweihundertundachtzigjährige Geschichte zurück. Seit 175 Jahren wird die Firmengeschichte unter dem Namen Starcke geschrieben. Seit mehr als hundert Jahren werden Schleifgewebe und Schleifpapiere hergestellt und 1997 wird hierfür eine der weltweit modernsten Produktionsanlagen errichtet. Am Anfang steht zunächst der Handel mit Eisen, Holz- und Haushaltswaren, dem seit 1879 die Produktion von Putz- und Pflegemitteln sowie ab 1893 von Zündhölzern folgt. Zum Ende des 19. Jahrhunderts beginnt Starcke mit der Herstellung von Schmirgelpapier und Schmirgelleinen, wie es damals genannt wird. Heute werden diese Produkte, die im Zuge der Industrialisierung eine immer größere Bedeutung bekommen haben, in Fachkreisen *„Schleifmittel auf Unterlagen“* genannt. Sie sind Bestandteil hochwertiger Werkzeuge und werden von der Firma unter den Markennamen „Ersta“ und „Matador“ weltweit vertrieben. Das Unternehmen wird heute in der vierten Generation von **Carl Erdwin Starcke** geleitet.

Carl Erdwin Starcke (o.)

Starcke-Verwaltungsgebäude (o.)

Blick in die Produktion beim Kautschukverarbeiter Melos (o.)

Georg und Dagmar zur Nedden (o.) sind die geschäftsführenden Gesellschafter der Westland Gummiwerke

Das Christliche Klinikum (r.)

Verpackungen der Spies Kunststoff GmbH (o.)

Die Firma **Thomas Philipps** betreibt in ganz Deutschland fast 200 Sonderpostenmärkte. Die Märkte werden über zwei Zentrallager beliefert, wovon eines in **Riemsloh** an der Herforder Straße zu finden ist. Das Warensortiment umfasst mehr als 8.000 Artikel, von Haushaltswaren über Elektrogeräte bis zu Kosmetik, Geschenkartikel und Lebensmittel. Markenartikel gehören ebenso dazu wie Eigenmarken. Regelmäßig wird durch Anzeigen in Zeitungen und Prospekten auf das aktuelle Angebot aufmerksam gemacht.

Zentrallager der Thomas Phillips Sonderpostenmärkte (o.)

In **Buer** arbeitet für weltweite Kunden seit 1986 die **Wehrle & Weber GmbH.** Produziert werden Anlagen zur Entfettung und Reinigung von Maschinenteilen aus Aluminium, Kunststoffformteile, Medizintechnik, Autozubehörteile, Messer und Klingen, Armaturen, Elektronikteile usw. Dazu zählt z. B. eine Anlage für die Reinigung von Aluminiumrohren und Profilen. Deren Waschkammer hat eine Gesamtlänge von zehn Metern. Die Reinigung erfolgt mit Kohlenwasserstoff; zur Trocknung verwendet man Vakuumtechnik. Auch Anlagen mit wässrigen Reinigungsmedien für Untergestelle, Radsätze und andere Teile von Schienenfahrzeugen werden produziert.

Das **Christliche Klinikum Melle** betreut als konfessionell geprägtes Akutkrankenhaus mit ca. 250 Betten und rund 550 Mitarbeitern den Einzugsbereich von Melle mit etwa 48.000 Einwohnern. Mit Unterstützung des Landes Niedersachsen finden umfangreiche Neu- und Umbaumaßnahmen statt. Die Inbetriebnahme des Neubaus ist für Ende 2007 geplant. Die heute bestehenden Leistungsbereiche umfassen **Innere Medizin, Chirurgie, Orthopädie, Gynäkologie/Geburtshilfe, Hals-Nasen-Ohrenheilkunde, Intensivmedizin** und **Anästhesie.** Dem Krankenhaus angeschlossen ist eine **Radiologische Praxis** und eine ambulante **Dialyse-Abteilung.** Die **Krankenpflegeschule** verfügt über insgesamt 36 Ausbildungsplätze.

Im Ortsteil **Gesmold** ist die international operierende Spies-Gruppe zuhause. In der **Klaus Spies Formen- und Werkzeugbau GmbH** werden Spritzgießformen für die Kunststoff verarbeitende Industrie hergestellt, zu der auch der zweite Unternehmenszweig zählt, die **Spies Kunststoffe GmbH**. Auf ca. 70 Produktionsanlagen werden rund 600 Millionen Verpackungsteile jährlich im Spritzgießverfahren gefertigt. Eine Besonderheit dieser Produktion ist die Dekoration der Verpackungsteile schon während des Herstellungsprozesses. Mit dieser Technologie und der Vielfalt der damit gefertigten Packungslösungen ist das Unternehmen Marktführer in Deutschland und europaweit eine der ersten Adressen. Schwerpunktmäßig werden innovative Verpackungslösungen für die Eiskrem-, Salat-, Molkerei-, Feinkost- sowie die Tierfutterindustrie hergestellt. Zu den Kunden gehören Konzerne wie Nestlé, Dr. Oetker, Roncandin, Bofrost, Häagen-Dazs, Homann und die Tetra Werke. Die von den rund 200 Mitarbeitern in zwei Produktionswerken gefertigten Artikel werden nicht nur in Europa verkauft, sondern auch in Thailand, Russland und China vertrieben.

Einmal im Jahr findet in Melle das **Puppenfestival** statt, ein Theaterwettbewerb, an dessen Ende die **„Meller Else“** als Kulturpreis der Stadt vergeben wird. Mit dem **Figurentheater Chiquillada,** das **Christian Hornung** 1988 ins Leben gerufen hat, gibt es in Melle auch eine eigenständige professionelle Puppenbühne für Kinder und Erwachsene.

Dass Melle eine Stadt der Festivals ist, zeigt auch das alle zwei Jahre auf dem Segelflugplatz Grönegau in Gerden stattfindende **Internationale Drachenfestival.** Für ein Wochenende wird Melle dann um einen Stadtteil reicher: Rund 500 Drachenflieger reisen an und errichten mit ihren Wohnwagen, Wohnmobilen und Zelten eine eigene Wohnstadt. Und 60.000 Besucher kommen, um an dem Treffen der Flugkünstler teilzunehmen. Organisiert wird das zweitägige Fest vom Osnabrücker **Drachenclub „Bleib bloß oben“**. Den Clubmitgliedern geht es nicht nur darum, aus purer Freude ihre Drachenkonstruktionen in die Lüfte zu steigen zu lassen und dort zu halten. Man ist mit großem Ernst bei der Sache, denn es geht gleichzeitig um die **Deutschen Meisterschaften für Einleiner.** Und auch wenn es eine Reihe von Zusatzprogrammen gibt, so ist der Blick der meisten Zuschauer doch überwiegend in die Höhe gerichtet, wo die Drachenpiloten publikumswirksam ihre Drachen am Himmel präsentieren.

Das Internationale Drachenfestival (o.) des 1992 gegründeten Drachenclubs „Bleib bloß oben“, dem Stoßgebet aller Drachenflieger

Christian Hornung vom Figurentheater Chiquillada (l.)

Einer der Höhepunkte ist das **Nachtfliegen** mit abschließendem Feuerwerk. Die Drachen sowie das Flugfeld werden dabei von farbigen Scheinwerfern beleuchtet. Pyrotechnische Effekte am Boden und an verschiedenen Drachen sorgen für besondere Lichteffekte.

Einmal jährlich findet in Melle der **Kartoffelmarkt** statt. Informationen, leckere Gerichte, kleine Happen zum Mitnehmen, ein **Museum** mit skurrilen Fundstücken und selbstredend ein offenes Feuer zum Garen prägen den Kartoffelmarkt auf dem **Rathausplatz.** Auch die anderen Feste der Stadt erfreuen sich großer Beliebtheit, darunter der **Weihnachtsmarkt** und das **Herbstfest** sowie der **Geranienmarkt** und das **Blüten-** und **Trachtenfest.**

Mit 400 Kilometern Radwanderwegen und 500 Kilometer **Wanderwegen,** die zu Mühlen und Aussichtstürmen führen, lädt Melle auch zur Erkundung der Umgebung ein. Wer in der Stadt bleibt, kann z. B. im **Wellenfreibad** Badefreuden genießen.

Der Geranienmarkt (l.) in der Mühlenstraße

Mitglieds-gemeinden:
- Merzen
- Neuenkirchen
- Voltlage

Einwohner: 10.449
Fläche: 152,80 qkm
68,4 Einw. je qkm

SG Neuenkirchen

Voltlage mit den umliegenden Bauernschaften **Höckel** und **Weese** ist eine Wohngemeinde. Die Landschaft besteht aus Wald, Wiesen, Heide und Moor. Ein berühmter Sohn Voltlages ist **Bernard Heinrich Overberg,** an den eine Statue im Zentrum erinnert. An der Stelle, an der sich heute in Höckel der **Overberg-Gedenkstein** befindet, steht einst sein Elternhaus. 2004 begeht die Samtgemeinde Neuenkirchen das **Overberg-Jahr** mit zahlreichen Veranstaltungen. Der katholische Theologe und Pädagoge wird 1754 in Voltlage geboren und stirbt 1826 in Münster. Als die münstersche Regierung von den besonderen Lehrfähigkeiten Overbergs erfährt, holt sie ihn nach Münster, um ihn bei der Verbesserung des Schulwesens einzusetzen. Overberg übernimmt die Normalschule, eine Bildungsanstalt für Lehrer. Um 1816 wird er, jetzt in preußischen Diensten, Konsistorialrat, Regierungsrat und Schulrat in Westfalen und erhält 1818 in Anerkennung seiner Leistungen den preußischen Roten Adlerorden dritter Klasse. Von seinen Schriften sind besonders die 1793 zuerst erschienene *„Anweisung zum zweckmäßigen Schulunterricht für die Schullehrer im Hochstifte Münster"* wichtig. Deutlich wird aus seinen Werken eine neue Lehrmethode, die eine Abkehr vom rein vortragenden Unterricht vorsieht und damit zu den Wegbereiter heutiger moderner pädagogischer Methoden geworden ist.

Mit 29 Jahren übernimmt Bernard Overberg die Leitung der Normalschule, der ersten Lehrerbildungsanstalt in Münster, und wird für 44 Jahre zum Lehrer der Lehrer. In seiner Heimatgemeinde Voltage setzte man ihm ein Denkmal (o.)

Die sportliche Kneipenmannschaft Trinkfreunde Baileys (o.r.)

Das Firmengebäude der bema GmbH Maschinenfabrik an der Recker Straße (r.)

In der **Recker Straße** in Voltlage stellt die **bema GmbH Maschinenfabrik** selbst entwickelte und gefertigte **Kehrmaschinen** für Kunden aus der Landwirtschaft, Bauwirtschaft und Industrie zum Sauberhalten ihrer Flächen her. Dazu dienen beispielsweise Geräte wie die *bema 40 Classic*, eine staubfreies Arbeiten ermögliche selbst aufnehmende Kehrmaschine für die Innen- und Außenreinigung, oder die *bema kommunal dual*, die zugleich zum Schmutz Aufnehmen und zum Freikehren verwendet werden kann, sich also zur Reinigung von Rinnsteinen ebenso eignet wie zum Einsatz zur Winterzeit.

Paul und **Ursula Möller** legen 1985 in Merzen den Grundstein für das Unternehmen **Paul Möller Maschinenbau.** Mit mittlerweile 50 Mitarbeitern entwickelt und produziert die Firma Spezialmaschinen für Papierprodukte, insbesondere Rollenwickler und Rollenpacker, aber auch Falzmaschinen für Tissue und groß- und mittelformatige Tischdecken sowie Prägemaschinen.

Den Vergleich mit der deutschen Fußballnationalmannschaft scheut der Verein **Trinkfreunde Baileys Neuenkirchen** (**TFB**) keineswegs. Immerhin findet die Gründung der Kneipenmannschaft in dem Jahr statt, in dem die Nationalelf in Italien Fußballweltmeister wird. Man setzt stets auf Sieg und fühlt sich an der Theke ebenbürtig, obwohl – soviel wird zugegeben – der direkte Vergleich noch aussteht. Die Bank des TFB ist mit über 30 Mitgliedern auf jeden Fall gut besetzt. Eine besonders wichtige Rolle im Vereinsleben spielt der Getränkewart, eine Stelle, die in dem Nationalteam möglicherweise gar nicht besetzt ist. Diese Stelle musste **Ansgar Dohm**, der sie lange gegen alle Angriffe verteidigen konnte, am Ende an **Frank Hövelkamp** abtreten. Highlights in jedem Jahr sind die beiden **TFB-Turniere**: im Winter in der Halle, im Sommer auf dem Kleinfeld. Dann treffen die besten Thekenmannschaften des Osnabrücker Landes aufeinander.

Auf dem Weg nach Ägypten (o.)

Im Schneckenbruch brüten zahlreiche Kiebitze. Naturschützer und Landwirte wie Bernward Abing (l.) haben sich dem Schutz der Vögel verschrieben

Auch **Merzen** hat sich seit den 1960er Jahren von einer rein landwirtschaftlich geprägten Gemeinde zu einer Wohngemeinde gewandelt. Unverändert landwirtschaftliches Flair erlebt der Gast jedoch im Merzener **Heu-Hotel** auf dem **Ferienhof** von **Norbert** und **Elisabeth Frohne**.

Die **St. Lambertuskirche** in Merzen, mit dem romanischen **Taufstein** auf vier Löwenfüßen aus Bentheimer Sandstein und die **St. Laurentiuskirche** mit ihrer **Ausmalung** und dem **Sakramentshäuschen** aus dem 15. Jahrhundert in **Neuenkirchen** sind sakrale Sehenswürdigkeit der Region, in der auch **Ägypten** als ein Ortsteil Neuenkirchens nicht fern ist. Der Überlieferung nach ist dort einst ein Rastplatz räuberischer Vagabunden gewesen, die im Volksmund *„Egypter"* genannt werden.

Ein besonders Beispiel des Zusammenwirkens von Tierschutz, Naturschutz und Landwirtschaft ist in Neuenkirchen gelungen und hat sogar die Aufmerksamkeit der TV-Medien gefunden. Landwirte und Naturschützer zeigen dort, wie mit einfachen Mitteln praktischer Naturschutz betrieben werden kann. Dabei geht es insbesondere um den **Kiebitz**, der auf den Maisfeldern im **Schneckenbruch** nistet. Die Jungen dieses Bodenbrüters haben kaum eine Überlebenschance, wenn die Felder umgepflügt werden. Deshalb wachen Naturschützer wie **Johannes Melter** und **Tina Hönisch** im Rahmen eines **Kiebitz-Schutzprogramms** in Neuenkirchen über die Nistplätze. Mit Ferngläsern suchen sie die Äcker nach Nistplätzen ab, um diese mit Stöcken zu markieren. Beim Pflügen fahren die Landwirte dann um diese markierten Stelle herum. Der kleine grüne Streifen, den der Landwirt nicht umgebrochen hat, reicht bereits aus, um das Überleben der Kiebitze zu sichern. Diese Zusammenarbeit zwischen Landwirten wie **Thomas Ostendorf** oder **Bernward Abing** und den Naturschützern funktioniert im Schneckenbruch seit Jahren.

St. Laurentiuskirche (u.)

Ortsteile:
- Ostercappeln
- Venne
- Schwagstorf

Einwohner: 9.571
Fläche: 100,18 qkm
95,5 Einw. je qkm

Ostercappeln

Die Gemeinde liegt im **Naturpark Terra.vita.** Prägend sind der bewaldete Höhenzug des **Wiehengebirges** und die flache **Parklandschaft** mit ihren **Geest-** und **Moorgebieten**. Bedeutende Wasserstraße ist der **Mittellandkanal**, der die Flächengemeinde seit 1910 quert. Anfang des 20. Jahrhunderts entwickelt sich der Fremdenverkehr im **Luftkurort** Ostercappeln. 1986 erfolgt die Eröffnung des **Freizeitparks Kronensee** um den gleichnamigen 40 Hektar großen Naturbadesee. See und Kanal sind gefragte Reviere des Wassersports. In der Nähe liegt das Naturschutzgebiet **Venner Moor**. Der Venner **Moorlehrpfad** führt durch das Naturschutzgebiet. Hofcafés und Ferienhöfe offerieren typische Speisen und hausgemachte Brotzeiten. Im Hofcafé **Darpvenner Diele**, das 1999 um den **Ferienhof** mit **Streichelzoo** erweitert wurde, ist das „Wochenende im Himmelbett" ein Renner. Traditionell spielen Landwirtschaft und Handwerk eine Rolle. Zum Ende des 20. Jahrhunderts verändert sich das Erscheinungsbild der Gemeinde hin zur Wohngemeinde.

Venner Folk Frühling (r.)

Die neugotische Walburgiskirche (o.) in der Hauptstraße wird 1845 bis 1847 nach Plänen von Baurat Quaet-Faslem erbaut

Ein absolutes Highlight bietet die Gemeinde auf kulturellem Gebiet mit dem **Venner Folk Frühling** am zweiten Wochenende im Mai. Er ist eines der größten **Liederfestivals** Deutschlands. Drei Spielstätten stehen zur Verfügung: die **Walburgiskirche** im Ortskern, der gegenüberliegende über 400 Jahre alte Gasthof **Linnenschmidt** und die **Mühleninsel.** Organisiert wird das Festival vom **Verein Venner Folk Frühling.** Den 250 Mitgliedern kommen auf freiwilliger Basis um die 120 aktive Helfer zu Hilfe. Folk, insbesondere skandinavische und keltische Spielarten, Folkrock und plattdeutsches Liedgut sind die musikalischen Schwerpunkte. Rund um den Kirchplatz ist zudem ein **Kunsthandwerkermarkt** aufgebaut.

Auch außerhalb der drei Tage im Mai veranstaltet der Verein etwa 30 **Konzerte** nach Venne, darunter solche mit Musikgrößen wie Allan Taylor, Ron Williams, Anne Haigis, Werner Lämmerhirt, Sydney Youngblood, Sands Family, The

Bootfahren auf dem Kronensee (r.)

Kanalbaden: aus Sicherheitsgründen nicht erlaubt, aber an manchen heißen Tagen scheint es kein Halten zu geben (r.)

McCalmans, Liederjan, Lars-Luis, Linek & Claus „Dixi“ Diercks, oder David Mellet. Meistens finden diese Konzerte im **Linnenschmidt** statt, der auch jeden ersten Dienstag im Monat ein Treffpunkt für Musiker ist. Dann ist **Session** angesagt, bei der jeder mitmachen kann.
Seit mehr als 400 Jahren ist das **Gasthaus Linnenschmidt** Schauplatz für Außergewöhnliches. Es war schon Auswanderbüro, Kneipe, Warenlager, und natürlich immer ein Ort zum Feiern oder für Kulturgenuss. Lange Zeit war auch die

Wassermühle im Besitz der Familie **Linnenschmidt-Herder**. Das **Dorfmuseum** mit den Themenschwerpunkten „Mühlentechnik“, „bäuerliche Gebrauchsgegenstände“ und „Venner Moor“ ist derzeit in der **Venner Mühle** eingerichtet, dazu das **Mu(h)seum**. Über 200 „Ku(h)riositäten“ aus aller Welt sind hier ausgestellt. Gegenüber der Mühle, auf Inseln in den **Mühlenteichen**, steht ein Ensemble aus Backhaus, Remisen, Schmiede und Ziehbrunnen. Gelbe Hufspuren führen beim „*Kuh Round up*“-Spaziergang im Dorf an bis zu 30 Kuh-Objekten vorbei. Ein **Fließgewässer-Lehrpfad** führt von der Venner Mühle am **Bauerngarten** vorbei zu mehreren **Hünengräbern**.
In Ostercappeln befindet sich die größte Eishörnchenfabrik Europas. Die **Waffelfabrik Meyer zu Venne** an der Hauptstraße produziert in über 50 Backanlagen mehr als 100 verschiedene Waffel- und Gebäcksorten für Speiseeis und Süßigkeiten. Die Kapazität der Produktionsstätte liegt bei mehr als einer Milliarde Waffeln pro Jahr. In der Produktion und der Verpackungsabteilung sind 140 Beschäftigte tätig. Mit

Verwaltung und Lager kommen weitere Arbeitskräfte hinzu. Für die Gemeinde ist das Unternehmen wichtigster Steuerzahler und Arbeitgeber zugleich. Die enge Verbundenheit zeigt sich auch darin, dass die Fabrik zu den Hauptsponsoren des Folkfestes gehört. Der Betrieb, der von **Wilhelm Meyer zu Venne** als Geschäftsführer geleitet wird, hat auch ein **Waffelbackmuseum** eingerichtet, das die Geschichte des Waffelbackens von 1600 bis heute dokumentiert. Dort findet sich die größte Backeisen-Sammlung der Welt, die Exemplare, aus Spanien und China enthält. Der Weg zur industriellen Backproduktion wird gezeigt sowie die Anfänge der Eiskremherstellung.
Typische Bulldog- und John-Deere-Klänge lassen die Herzen der **Alttraktorenfreunde** auf dem **Venner Berg** schneller schlagen. 1991 findet das erste Gipfeltreffen für Alttraktoren statt. Daraus ist eine regelmäßige Veranstaltung mit großer Beteiligung im Zweijahresrhythmus auf dem **Hof Becker-Bußmann** nahe dem Aussichtsturm mit Baggern, Schieben und Treckern geworden. Mehr als 350 seltene Traktoren, altes landwirtschaftliches Gerät, riesige Pflüge und alte Baumaschinen bestimmen das Bild.

Auch das gibt's in Ostercappeln am Venner Berg: Bobby Car Rennen 2004 (o.)

Wilhelm Meyer zu Venne (o.) leitet Fabrik und Museum

Dacharbeiten beim Bauerngarten auf der Mühleninsel (o.l.)

Der romanische Turm der St. Lambertuskirche (l.) stammt von dem 1872 abgerissenen Vorgängerbau. Da er die dreischiffige Halle nur um Weniges überragt, erweckt das Gebäude trotz seiner Größe den Eindruck von Gedrungenheit

Porträt

Sehr persönliche Musik, handgemacht

„Die Möglichkeit, sich mit Musikern zu unterhalten oder ganz spontan zur Gitarre zu greifen und wieder Spaß zu haben an der Musik, das ist bei uns ein ganz entscheidender Punkt."

Dieter Wasilke (r.), Vorsitzender des Vereins Venner Folk Frühling, ist selbst engagierter Musiker, wie er solo und mit der Gruppe Folk for friends (u.) unter Beweis stellt

Dieter **Wasilke**, Gründer und Organisator des **Venner Folk Frühling**, ist selbst Musiker. Seit seiner Jugend fühlt er sich engagierten Songs, der Folk-Musik sowie dem plattdeutschen Liedgut verbunden. Die Idee, ein Folk-Fest wie in den 1970er Jahren zu organisieren, spukt lange in seinem Kopf. Eine Idee, die er auch in seiner Wahlheimat Venne nicht vergisst. Als ihn 1998 auf dem Weihnachtsmarkt das **Venner Forum**, die Gemeinschaft der Gewerbetreibenden, unter zuhilfenahme einer Portion Glühwein auffordert, die Idee umzusetzen, kommt es im Mai 1999 zum ersten Festival: kein Kommerzliedgut, keine Bierzeltstimmung, sondern ein humorvolles und beschauliches Liederfest. *„Ich möchte gerade das junge Publikum wieder heranführen an gut gemachte, intelligente Musik"*, wünscht sich Dieter Wasilke.

Selbstverständlich ist dazu auch die Arbeit nötig, die er als 1. Vorsitzender des **Venner Folk Frühling** e.V. leistet. Die Spielorte wollen bestückt, Musiker eingeladen und untergebracht, die Zuschauer versorgt und der Ticketverkauf in die Wege geleitet werden. Bei all dem soll das Festival aber nicht seinen familiären Charakter verlieren, denn was Wasilke an vielen anderen Festivals stört, ist die Tatsache, dass sie *„so groß und sehr unpersönlich geworden"* sind. Das Besondere in Venne ist gerade das Moment des *human touch*. Dazu zählen die Workshops, die Sessions und die ganze Atmosphäre, in der schon einmal spontan jemand mit der Gitarre auf die Bühne gehen kann, wenn ein freier Slot da ist. Und dazu zählt vor allem die Verbundenheit der Venner Bürger mit den Musikern. Die über 150 nationalen und internationalen Musiker, die auftreten, sind privat bei **Venner Gastgebern** untergebracht. Dieter Wasilke selbst zeigt seine Verbundenheit mit der Region, wenn er an der Präsentation des Landes auf der Grünen Woche in Berlin mitarbeitet oder den musikalischen Rahmen für Ausstellungseröffnungen wie beim Kuh-Museums in der Linnenschmidt'schen Mühle liefert.

Als Sänger und Gitarrist ist Wasilke auch mit seiner eigenen Gruppe, den **folk for friends**, unterwegs. Ihr gehören außerdem **Anneli Knoop, Stefan Igelmann, Rainer Mix, Solco Aurig** und, unverzichtbar am Mischpult, **Helmut Meier** an. Das Programm besteht aus eigenen Kompositionen, irischen Songs, traditionellen und modernen Liedern, aus Balladen und lockeren, witzigen Stücken.

Wallenhorst

Ortsteile:
- **Hollage**
- **Lechtingen**
- **Rulle**
- **Wallenhorst**

Einwohner: 23.953
Fläche: 47,18 qkm
507,7 Einw. je qkm

Zwei sportliche Höhepunkte verbinden sich mit dem Namen Wallenhorst. Zum einen die **Ruller Reitertage** mit ihren Spring- und Dressurprüfungen. Im Terminkalender der deutschen Reiterelite ist die Veranstaltung mittlerweile fest gebucht. Der viertägige Wettbewerb ist zum größten Hallenreitturnier im Osnabrücker Land geworden. Ausgerichtet wird das Herbstturnier vom **Reit- und Fahrverein Rulle.** Als zweites sportliches Großereignis wird in **Wallenhorst** die **Internationale Niedersachsen Juniorenrundfahrt** ausgetragen. Das Radrennen ist das Nachwuchsrennen der Niedersachsenrundfahrt und gleichzeitig der Abschluss der Rennsaison. Der Nachwuchs aller klassischen Radsportnationen tritt dabei an. Start und Ziel bei den drei Etappen mit einer Gesamtlänge von 325 Kilometern ist Wallenhorst. Die Gemeinde beteiligt sich mit einem namhaften Betrag an den Preisgeldern. Mit einem Radrennen im Mai ist Wallenhorst zusätzlich fest in der Tradition des Radsports verankert.

Die **Wassermühle** im **Nettetal** wird in den 1980er Jahren originalgetreu und unter Verwendung historischer Materialien restauriert. Ein Ziel dabei ist es, sie wieder funktionstüchtig zu machen und das Holz-Metall-Getriebe mit modernster elektrischer Regeltechnik zu verbinden. Heute wird die Mühle von **Martin Läer** mit den alten Steinmahlgängen täglich betrieben. Auch Strom wird hier erzeugt. Mit einem etwa fünf Meter hohen mittelschlächtigen Wasserrad und einer Stauhöhe von 2,50 Metern bringt die Mühle acht Kilowatt Leistung, der erzeugte Strom wird im eigenen Betrieb verbraucht.

Die Gemeinde Wallenhorst liegt rund zehn Kilometer nördlich der Stadt Osnabrück. Trotz dieser rasch überbrückbaren Nähe zur Kulturmetropole und Universitätsstadt hat Wallenhorst vor allem Kulturliebhabern einiges zu bieten. Ein Kleinod der Romanik ist die **Alte Alexanderkirche.** Karl der Große lässt sie der Sage nach nicht mit einem Wetterhahn, sondern einer goldenen Henne krönen, damit diese weitere christliche Gemeinden ausbrüte. Die heutige Gestalt des Kirchenbaus stammt aus der Zeit um 1140. Benannt ist sie nach dem Ortsheiligen, dessen Gebeine 851 nach Wallenhorst überführt werden. Um

Internationale Niedersachsen Juniorenrundfahrt (u.)

Martin Läer (o.) setzt täglich das fünf Meter hohe Mühlenrad der Wassermühle im Nettetal (l.) in Gang, um Strom zu erzeugen

Reitturniere in Wallenhorst finden fast immer vor ausverkauftem Haus statt (l.)

Blick auf die Ruller Wallfahrtskirche (o.) Neben der Kirche befindet sich der begehbare Marienbrunnen (o.r.). Ein taubstummer Schafhirte zog hier einen roten Stock aus der Erde, und sofort entsprang eine Quelle. Der Hirte fand dabei Sprache und Gehör wieder

Die Neue St. Alexanderkirche (r.) wird auf dem Bokholt, einer kleinen Anhöhe, in unmittelbarer Nähe der gotischen St. Annakapelle aus dem 15. Jahrhundert, errichtet. Ihr Architekt Xaver Peter Lütz, der sein Können in der Kölner Dombauhütte erworben hatte, entwirft die neugotische dreischiffige Hallenkirche in Wallenhorst nach mittelalterlichen westfälischen Vorbildern

1970 werden Teile des Mauerwerks und des Dachstuhls erneuert, das Kirchendach und der Turm neu eingedeckt und der Innenraum renoviert. Unter der Kirche befindet sich ein **Findlingsfundament**, das an zwei Stellen über den Grundriss der heutigen Kirche hinausreicht.

Die aus der Alten Alexanderkirche stammenden Barockfiguren, Maria und Josef, sind heute an den Chorpfeilern der **Neuen Alexanderkirche** angebracht. Der neugotische Kirchenbau mit seinem schlanken Turm beherrscht seit über hundert Jahren das Ortsbild.

Raum für Konzertveranstaltungen bietet auch die **Hofstelle Duling**. Anfang der 1990er Jahre wird das stark verfallene Gebäude saniert, so dass man die Hofstelle als Schauplatz kultureller Ereignisse wie Konzerte oder Ausstellungen, aber auch für standesamtliche Trauungen nutzen kann. Zum Hof Duling gehören ebenfalls eine Gartenanlage und der anlässlich des Jubiläums „350 Jahre Westfälischer Friede zu Münster und Osnabrück" 1998 angelegte **Friedensgarten**, eine weiträumige Parkanlage.

Beim früheren Zisterzienserinnenkloster in **Rulle** steht die **Wallfahrtskirche Rulle.** Zur Wallfahrtskirche wird sie durch das sogenannte **Blutwunder von Rulle.** Der Legende nach wird 1347 der für eine Monstranz gesammelte Gold- und Silberschmuck zusammen mit der Pyxis, dem Hostienbehälter, in der sich fünf Hostien befinden, gestohlen. Diese Pyxis wirft der Dieb in einen Dornenbusch am Wegesrand. Als sie gefunden werden, stellt man fest, dass sich die Hostien blutrot verfärbt haben und zu fünf Stücken Fleisch in klarem Blut geworden sind. An der Stelle, an der der Dornenbusch gestanden hat, errichtet das Kloster daraufhin eine Kapelle, die heutige Wallfahrtskirche. Daneben befindet sich der **Marienbrunnen**.

Von den Wallburganlagen der **Wittekindsburg** auf dem **Ruller Hügel** sind nur die Reste der Grundmauern geblieben. Hierher soll sich der heidnische Herzog Widukind 783 nach verlorener Schlacht gegen Karl den Großen, die ganz Germanien vom Limes bis zur Elbe dem christlichen Franken und späteren Kaiser Roms, untertan macht, zurückgezogen haben. Zweifelhaft bleibt, ob er sich tatsächlich in der Dionysiuskirche im nahen > Belm (321) hat taufen lassen. Die Burg ist eine der größten frühgeschichtlichen Befestigungsanlagen in Niedersachsen. Sie besteht aus mehreren, heute noch zu erkennenden Systemen von Wällen und Gräben. Zumindest räumlich steht die **Pius-** bzw. **Mariensäule** im Mittelpunkt des **Dezemberfestes zur Unbefleckten Empfängnis Mariens.** Hier treffen sich im Rahmen einer **Lichterprozession** Gläubige aus Wallenhorst und **Hollage** zur Marienfeier. Die Säule steht in dem zur Kirchengemeinde Wallenhorst gehörenden Teil des Wallenhorster Ortsteiles Hollage. Eigentümer ist aber die Kirchengemeinde Wallenhorst.

Von dem Bildhauer **Heinrich Seling** aus Osnabrück stammt die Madonnenstatue, die mit andächtig gefalteten Händen über einer Erdkugel, dem Halbmond und der Schlange unter ihren Füßen steht. Die Säule ist aus **Ibbenbürener Sandstein** und 25 Fuß hoch. Diese 25 Fuß sollen ihrerseits an die 25 Pontifikaljahre von Papst Pius IX. erinnern.

Das **Heimathaus Hollager Hof** dient der Heimatpflege und -kunde. Durch Ausstellungen, Seminare, Konzerte und plattdeutsche Abende soll der geschichtliche Hintergrund, die Lebensweise vergangener Zeit und das Wissen über regionale Eigenheiten vermittelt werden. Das Fachwerkhaus von 1656 gehörte zum **Hof Gers-Barlag.** Es ist das älteste Haus von Hollage. Das niederdeutsche Hallenhaus wird 1971 abgebaut und auf einem Bauhof zwischengelagert. Nach mehreren Anläufen bildet sich 1990 ein Förderverein, um das Haus an der **Uhlandstraße** wieder aufzubauen. Nach fünfjähriger Bauzeit wird es 1997 feierlich eröffnet.

Das Rathaus (o.) von Wallenhorst an der Rathausallee

Heimathaus Hollager Hof (l.)

Natur- und Artenschützer Ewald-Willi Stiene (o.)

An der Piussäule (l.) wurden mehrfach Renovierungen durchgeführt, so Ende der 1960er Jahre, als das im Sockel der Säule eingelassene Relief aus weißem Marmor mit dem Antlitz Papst Pius IX. herausgebrochen war

Neben der Hofstelle Duling dienen vier Mehrzweckhallen sowie der Saal des **Rathauses** als Veranstaltungsort, an dem regelmäßig Künstler von außerhalb auftreten. Stammgäste der ausverkauften Großveranstaltungen sind die Osnabrücker Musiker von *Ombre di Luci* und die A-cappella-Gruppe *Cale Copf Company* aus >Hagen (348).

Berater im Natur- und Artenschutz für die Stadt und die Naturschutzstiftung Landkreis Osnabrück ist **Ewald-Willi Stiene** aus Wallenhorst. Er kümmert sich insbesondere um die Einhaltung der Bestimmungen und Gesetze zum Schutz der Hautflügler, also Bienen, Wespen, Hummeln und Hornissen, die eine wichtige Funktion innerhalb der natürlichen Ordnung erfüllen. Unterstützt wird er dabei durch **Dr. Sybille Münch,** die für den Kreis Tecklenburg zuständig ist. Zusammen mit dem **Nabu** und der **Tierhilfe Osnabrück** arbeitet das Team im Projekt Artgerechte Tierhaltung, das sich um die artgerechte Haltung sowohl von Kleintieren als auch von Nutztieren in der Landwirtschaft kümmert.

Ehrung beim „Tag des Anstoßes“ 2003 (o.)
Bürgermeister Ulrich Belde übergibt Patrick Bäune den Stein des Anstoßes für dessen langjähriges Engagement beim DRK sowie für die Einrichtung eines Schulsanitätsdienstes an der Alexanderschule

Fahrbahnbauarbeiten der Baugesellschaft Wittfeld (r.)

Kaffee Frischbrühautomat „Multibona“ von Kaffee Partner (r.)

Der **„Tag des Anstoßes“** findet im November statt. An diesem Tag werden im Verlauf einer Abendveranstaltung ehrenamtlich engagierte Menschen ausgezeichnet. Die Idee entstand 2001, im Jahr des Ehrenamtes. Die Auszeichnung besteht aus einem **Stein des Anstoßes,** auf dem der Name des Preisträgers angebracht ist. Die Steinskulptur hat die Form einer hilfreichen Hand und wurde von dem Künstler **Jörg Kujawa** gestaltet. Jedes Jahr ändert sich das Motto, unter dem die Veranstaltung steht. Die Bürger von Wallenhorst bestimmen dabei mit, welches Thema aufgegriffen werden soll. Dabei kann es sich genauso gut um Umweltschutz wie um Fragen der Integration und vieles andere handeln.

Einer der größeren Arbeitgeber der Gemeinde ist mit über 500 Mitarbeitern die **Baugesellschaft Wittfeld.** Mit einer Reihe von Niederlassungen macht das Unternehmen etwa einen Jahresumsatz von 100 Millionen Euro. In den über 70 Jahren des Bestehens hat sich die Firma zum Spezialisten im Bau von Verkehrsinfrastruktur entwickelt.

Zum bundesweiten Marktführer in der Heißgetränkeversorgung für mittelständische Unternehmen hat sich in den letzten 30 Jahren die Firma **Kaffee Partner** entwickelt. Das Aufgabengebiet reicht „von der Wasseraufbereitung bis zur Kaffeebohne“. Verschiedenartige Kaffee-Frischbrühautomaten werden produziert und mit Füllungen unterschiedlicher Geschmacksrichtungen versehen: z. B. frisch gebrühter Filterkaffee, cremiger Espresso, Cappuccino, Schokolade oder Milchkaffee.

Neben zahlreichen weiteren Wirtschaftsunternehmen der Gemeinde gibt es noch 120 landwirtschaftliche Betriebe mit über 60.000 Tieren.

Redaktionelle Anmerkung

Mit den Büchern und Filmen dieser Medienkassette liegt eine Darstellung des Landes zwischen Ems, Weser und Elbe vor, wie es sie vergleichbar bisher nicht gegeben hat. Sie erscheint aus Anlass des 75-jährigen Geschäftsjubiläums der EWE Aktiengesellschaft, eines Unternehmens in den Händen der Städte und Landkreise im **DreiStromLand**, das damit auch seine Verbundenheit mit dieser Region unterstreicht. Die Redaktion des vorliegenden Werks war in der Wahl ihrer Themen und ihrer inhaltlichen Arbeit frei. Sie war bestrebt, aus der Fülle des vorliegenden Materials jeweils diejenigen Aspekte auszuwählen, die ihr geeignet erschienen, ein buntes, aktuelles und im Ganzen „stimmiges" Bild der Städte, Samtgemeinden und Gemeinden in dem besprochenen Gebiet, der nördlichen Hälfte des Landes Niedersachsen und des Landes Bremen, zu zeichnen. **„DreiStromLand"** ist ein modernes Heimatbuch und ein Bürgerbuch. Bewusst werden einzelne Menschen, Wirtschaftsunternehmen, Vereine, Veranstaltungen oder Projekte, einzelne Sehenswürdigkeiten oder historische Ereignisse, manchmal auch Kuriositäten herausgegriffen und beschrieben. Die Vielfalt der Themen macht **„DreiStromLand"** zu einem Nachschlagewerk für alle Bürgerinnen und Bürger. Wer sich vor Ort auskennt, wird bemerken, dass Vollständigkeit an keiner Stelle erreicht wird. Sie wurde auch nicht angestrebt. Die Redaktion bittet dennoch all diejenigen, die unerwähnt blieben, aber ebensogut hätten erwähnt werden können, um Nachsicht und Verständnis.

Die Quellen waren vielfältig. Einen ersten Überblick boten Recherchen im Internet. Systematisch über einen längeren Zeitraum ausgewertet wurden die Tageszeitungen, die zwischen Ems, Weser und Elbe erscheinen. Im Übrigen wurde aus der reichhaltigen Literatur über das besprochene Gebiet dasjenige ausgewählt, was der Redaktion brauchbar und interessant erschien. Am wichtigsten jedoch waren die Gespräche, Interviews mit Menschen vor Ort, ohne die es oft gar nicht möglich gewesen wäre, „Stimmigkeit" zu erzielen. Die Ergebnisse der Recherchen wurden aufwändig mit den in dem Handbuch erwähnten Personen, Unternehmen, Institutionen und Kommunalverwaltungen abgestimmt. Gleichwohl ist für Fehler, die sich trotzdem eingeschlichen haben könnten, die Redaktion allein verantwortlich und bittet ggf. um Verbesserung im Hinblick auf mögliche künftige Auflagen.

Die Produktionszeit betrug fünfzehn Monate. Auf diesen Zeitraum verteilten sich die Redaktionsschlüsse der verschiedenen Kapitel. Kurz vor Drucklegung konnten eine Reihe aktueller Entwicklungen noch berücksichtigt werden. Dennoch wird es unvermeidbar sein, dass einzelne Aspekte nicht allzu lange nach der Veröffentlichung nicht mehr aktuell sein werden.

Die Gliederung des Handbuchs in Kapitel folgt den Landkreisen, Städten, Samtgemeinden und Gemeinden, im Falle Bremens auch den Stadtteilen. Die Gemeinde ist eine Gebietskörperschaft mit eigener Rechtspersönlichkeit. Für die Bürger als „natürliche Personen" ergibt sich die Mitgliedschaft in der Gemeinde aus dem Wohnsitz, für „juristische Personen" aus deren Sitz. Obwohl die Kommunalverfassungen der Länder voneinander abweichen, kennen alle den Begriff der **Einheitsgemeinde.** Damit sind zunächst alle selbständigen Gemeinden vom kleinen Ort bis zur Millionenstadt gemeint. In der **Niedersächsischen Gemeindeordnung** ist es die offizielle Bezeichnung für alle kreisangehörigen Gemeinden, die *nicht* einer **Samtgemeinde,** also eines Zusammenschlusses von **Mitgliedsgemeinden,** angehören, die sich gewisse kommunale Rechte erhalten haben. Gemeinden gliedern sich in Stadtteile, Ortsteile, Gemeindeteile. Ortsteile, die durch einen gewählten Ortsvorsteher oder durch einen Ortsrat vertreten werden, heißen „Ortschaften". Nicht selten bilden mehrere Ortsteile eine Ortschaft; aus Gründen der Übersichtlichkeit wurde deshalb auf die Verwendung dieser politischen Bezeichnung zugunsten des Begriffs „Ortsteil" verzichtet.

Auf den oft spannenden Rückblick in die Geschichte der Bildung der heutigen Kreise und Gemeinden wurde in den meisten Fällen aus Platzgründen verzichtet. Der heutige Zuschnitt der Gebietskörperschaften ist das Ergebnis der **Gemeindereform** der 1970er Jahre. Der ihnen in diesem Buch eingeräumte Platz bemisst sich nach der Einwohnerzahl. Dabei wurde der relative Anteil kleiner Gemeinden „angehoben". Den Mitgliedsgemeinden der Samtgemeinden wurde kein bestimmter Seitenumfang zugewiesen; das hätte den Rahmen dieses Handbuches gesprengt.

Die Einwohnerzahlen und die übrigen statistischen Daten stützen sich auf das jeweils aktuelle Material, das bei den Statistischen Landesämtern Niedersachsen und Bremen bei Redaktionsschluss verfügbar gewesen ist.

Bildnachweis

Einleitung 4 Satellitenbild, Infoterra GmbH; 10 Große Seeschleuse, Emder Hafenförderungsgesellschaft e.V.; 11 Luftbild Weser in Bremen, Bremer Touristik Zentrale; 11 Badener Berge, Ralf Reincken; 12 Ludwig Franzius, BLG Logistics Group; 12 Eimerkettenbagger, BLG Logistics Group; 13 Englandfähre Steubenhöft, Stadt Cuxhaven; 13 Luftbild Elbe bei Bleckede, Elbschloss Bleckede; 14 Wattführung, Nationalpark-Zentrum Cuxhaven-Sahlenburg; 15 Dünenlandschaft, Stadt Borkum; 16 Marschlandschaft, Elsflether Tourismus- und Wirtschaftsförderungsges. mbH; 17 Geestrücken, Gemeinde Schwanewede; 18 Schnuckenherde, Schneverdingen Touristik; 19 Hochmoorlandschaft, Gemeinde Geeste; 20 Heidekönigin, Samtgemeinde Amelinghausen; 20 Shanty-Chor, Shanty-Chor Loxstedt; 21 Traditionspflege, Verein Heimat- und Brauchtumspflege Aperberg e.V.; 21 Besuchergruppe, Stadt Lüneburg

Landkreis Aurich 22 Vogelinsel Memmert, SKN Bildarchiv; 23 Teeservice, Gemeinde Dornum; 25 Fußgängerzone, Stadt Aurich; 25 Rudolf Eucken, Bildarchiv der Ostfriesischen Landschaft; 27 Pingelhus, Stadt Aurich; 27 Faksimile, JeJo Musikverlag Leer; 28 Werksanlage, Molkerei Rücker GmbH; 28 BMX Rad, Play Ground Skate Hall; 29 Teeprobe, Uwe Rolf GmbH Ostfriesischer Teeimport; 30 Badesee Tannenhausen, Stadt Aurich; 31 alle Bilder, Hans-Joachim Böhm; 32 Inselglocke, Sabine Hinrichs; 32 Pferdekutsche, Sabine Hinrichs; 32 Schachturnier im Watt, Sabine Hinrichs; 33 Störtebeker-Festspiele, Harm Bents; 34 Jakob Peters, Edzard Agena; 35 Museumseisenbahn, M. Folkerts; 35 Europipe, Ruhrgas AG; 36 Timmeler Meer, Tourist-Info Mühlenhof Gemeinde Großefehn; 37 Braukessel, René Krischer Brauerei Ostfriesenbräu; 38 Pferdedeckstation, Familie Wäcken; 40 Mike Kallauch, Mike Kallauch; 41 Faksimile Osterhusischer Accord, Bildarchiv der Ostfriesischen Landschaft; 43 Akkordeonorchester Wanderfreunde Ihlow, Therese Behrends; 44 Luftbild Ihlower Forst, Gemeinde Ihlow; 44 Fuchsienausstellung, Gärtnerei Kuhlmann; 45 Fähranleger, Kurverwaltung Juist; 45 Leuchtturm, Kurverwaltung Juist; 45 Luftbild Kalfamer, Hans Kolde; 45 Blick auf den Hammersee, Kurverwaltung Juist; 45 Domäne Bill, Kurverwaltung Juist; 46 Zwillingsmühle, Gemeinde Krummhörn; 47 Pilsumer Leuchtturm, Gemeinde Krummhörn; 47 Schlickschlittenrennen, Gemeinde Krummhörn; 47 Maike Arndt, Gemeinde Krummhörn; 47 LAKritze, Kunstwerkstatt LAKritze; 49 Marktplatz Norden, Stadt Norden; 50 Fütterung, Seehundaufzucht- und Forschungsstation Norden-Norddeich; 50 Auswilderung, Seehundaufzucht- und Forschungsstation Norden-Norddeich; 51 Radio Norddeich, Bildarchiv der Ostfriesischen Landschaft; 51 Grünstrand, Stadt Norden; 51 Fährterminal, Reederei Norden-Frisia; 52 Strand, Stadt Norderney; 52 Brigitte Janssen, Brigitte Janssen; 52 Wattführung, Brigitte Janssen; 54 Windsurfer, Gemeinde Südbrookmerland; 54 Tretboot Großes Meer, Gemeinde Südbrookmerland; 54 Dörpmuseum Münkeboe, Gemeinde Südbrookmerland; 55 Karl Goldenstein, Karl Goldenstein; 55 Gruppenbild Oldtimer-Treff Münkeboe, Karl Goldenstein; 56 Altes Torfkraftwerk, Dr. Frees; 56 Logistikhalle, Nordwest-Blumen Gartenbaugenossenschaft; 56 Blumenhalle, Nordwest-Blumen Gartenbaugenossenschaft; 57 Blütenfest, Gemeinde Wiesmoor

Emden 61 Lasco-Bibliothek außen, Stadt Emden; 61 Lasco-Bibliothek Veranstaltung, Stiftung Johannes-a-Lasco-Bibliothek; 62 Henri und Eske Nannen, G. A. Wrede; 63 Tanzszene, Emder Square Dance Club; 65 Erdgasterminal, Ruhrgas AG; 65 Hellingportalkran, Nordseewerke GmbH; 65 Bandmontage, Volkswagen AG; 65 Montage E-112, EWE AG; 66 alle Bilder, Emder Hafenförderungsgesellschaft e.V.; 67 alle Bilder, Emder Hafenförderungsgesellschaft e.V.

Landkreis Leer 68 Luftbild Lütje Hörn, Wilke Specht; 69 Radler, Stadt Borkum; 69 Kanufahrer, Stadt Leer; 70 Luftbild Borkum, Stadt Borkum; 70 Kleinbahn, Stadt Borkum; 70 Heimatmuseum Dykhus, Stadt Borkum; 70 Beach-Volleyball, Stadt Borkum; 72 Windenergieanlage, Enova Energiesysteme GmbH & Co. KG; 72 Elisabeth Tatenberg, Elisabeth Tatenberg; 74 Fähre Holtlander Ehetief, Samtgemeinde Hesel; 74 Ostfrieslandmarathon, TSV Hesel; 76 Fahrt mit Pünte, Samtgemeinde Jümme; 76 Angler, Samtgemeinde Jümme; 76 Klappbrücke, Samtgemeinde Jümme; 76 Fahrt mit Kanu, Samtgemeinde Jümme; 78 Stammhaus, J. Bünting Beteiligungs AG; 78 Firmenzentrale, J. Bünting Beteiligungs AG; 78 Uferpromenade, Stadt Leer; 79 Gallimarkt, Bodo Wolters; 79 Viehmarkt, Stadt Leer; 79 Gartengerät, Cramer Technik GmbH; 80 Spirituosenflasche, Weinhandlung Wolff; 81 Jürgen Ahrend, Jürgen Ahrend; 81 Meerwiefke, Böke-Museum Leer; 81 Plastik „Henriette“, Böke-Museum; 82 Plytenberg, Stadt Leer; 82 Jazz im Speicher, Wilfried Berghaus; 82 Leer-Pfad, Stadt Leer; 83 Mühle, Gemeinde Moormerland; 83 Wieke, Gemeinde Moormerland; 84 Fischerstechen, Familie Janssen Paddel- und Pedalstation Rorichum; 84 Werftgelände, Schiffswerft Julius Diedrich; 84 Dieter Baumann, Dieter Baumann; 86 Bau Emssperrwerk, Niedersächsischer Landesbetrieb für Wasserwirtschaft und Küstenschutz; 88 Gulfhaus, Gemeinde Ostrhauderfehn; 88 Evangelische Landvolkhochschule, Gemeinde Ostrhauderfehn; 88 Fehnhaus, Gemeinde Ostrhauderfehn; 90 Zoppe Voskuhl, Zoppe Voskuhl; 90 Johann Christian Reil, Gemeinde Rhauderfehn; 91 Musica Romantica, Theda und Frerich Kramer; 92 Lengener Meer, Gemeinde Uplengen; 93 MS „Ella“, Gemeinde Uplengen; 93 Kirche Hollen, Gemeinde Uplengen; 93 Universalstein, Zielinsky; 94 Marina Park Weener, EOC Immobilien GmbH & Co. KG; 94 Produktionsanlage, Weener Plastic Packaging Group; 96 Orgelprospekt, Stephan Bohlen; 99 Gudrun Saamer, Gudrun Saamer; 99 Kalligraphie, Gudrun Saamer

Landkreis Emsland 101 Transrapid, Touristikverein Haren; 102 Heeder See, Competence Center Internet; 102 Kröchen Klütkers, Competence Center Internet; 102 Mutter Gottes Heede, Samtgemeinde Dörpen; 103 Informationszentrum Transrapid, Competence Center Internet; 103 Leher Pünte, Competence Center Internet; 104 Produktionsanlage, Nordland Papier GmbH; 104 Containerverladung, GVZ Emsland; 105 Mühlencafé, Carl Enking GmbH; 105 Kräutergarten, Emsland Touristik GmbH; 106 Kartbahn, Kart Park Emsbüren GmbH & Co. KG; 106 Paul Surmann, Verein Schwere Pferde und bedrohte Tierrassen e.V.; 106 Fahrlader, Hermann Paus Maschinenfabrik GmbH; 106 Enkings Mühle, Carl Enking GmbH; 107 Kuh-Plastik,

Kulturkreis impulse e.V; 107 Saller See, Samtgemeinde Freren; 108 CNC-Maschine, Gebr. Kuiter GmbH; 108 Fridurenmarkt, Heinz Krüssel; 108 Ansgar Kuiter, Ansgar Kuiter; 109 Segeln auf dem Speicherbecken, SvSE G. Schmitz; 109 Luftbild Speicherbecken, Gemeinde Geeste; 109 Lokomobil, Emsland Moormuseum e.V?; 110 Kräuterhof, Ingrid Rosen-Wübbels; 110 Torfabfüllung, Klasmann-Deilmann GmbH; 110 Silos, Coppenrath Feingebäck GmbH; 110 Erdölförderpumpe, Gemeinde Geeste; 111 Museumsschiffe, Hermann Mecklenborg; 111 Schifffahrtsmuseums, Reinhard Wessels; 112 Angler, Stadt Haren; 112 Werftanlage, Kötter-Werft GmbH; 112 Polnische Ortsschilder, Stadt Haren; 112 Polnische Pfadfinder, Stadt Haren; 113 Schloss Dankern, Stadt Haren; 114 Haus Landegge, Familie Hiebing; 114 Emsland-Dom, Stadt Haren; 114 Mühlenmodell, Herm. Mecklenborg; 115 Kornkönigin, Kornbrennerei Jos. Rosche OHG; 116 Haseauen, Emsland Touristik GmbH; 116 Berentzenhof, Berentzen GmbH; 117 Hahnenmoor, Samtgemeinde Herzlake; 117 Kanufahrer, Samtgemeinde Herzlake; 117 Waldbühne Ahmsen, Samtgemeinde Herzlake; 118 Sparkassentunnel, Martin Reinholz; 118 EWE-Brücke, Martin Reinholz; 118 Aselager Mühle, Samtgemeinde Herzlake; 119 Transrapid, IABG Transrapid Versuchsanlage Emsland; 119 Hermann Kemper, IABG Transrapid Versuchsanlage Emsland; 120 Hilter Mühle, Helmut Buch; 120 Dr. Hermann Frerker, Samtgemeinde Lathen; 121 Dreiherrenstein, Samtgemeinde Lengerich; 121 Rathaus Lengerich, Samtgemeinde Lengerich; 121 Gymnasium Leoninum, Samtgemeinde Lengerich; 121 Maria-Anna-Hospital, Samtgemeinde Lengerich; 122 Gut Grumsmühlen, Samtgemeinde Lengerich; 122 Pfarrhaus, Samtgemeinde Lengerich; 122 Zuchthof Moormann, Samtgemeinde Lengerich; 123 Weltkindertheatertreffen, TPZ Theaterpädagogisches Zentrum; 123 Raffinerie, Deutsche BP AG; 123 Professorenhaus, Stadt Lingen; 124 Kernkraftwerk Emsland, VEW Energie AG Kraftwerke Lingen; 125 Bern Rosemeyer, Berobau Paul Stöckler GmbH + Co. KG; 125 Kunststoff-Additiv-Museum, Baerlocher Lingen; 125 Firmengebäude, Berobau Paul Stöckler GmbH + Co.KG; 126 Kivelinge, Stadt Lingen; 126 Theo Lingen, Stadt Lingen; 127 Theater an der Wilhelmshöhe; 128 Emslandmuseum, Stadt Lingen; 128 Bundesbahnausbesserungswerk, Landkreis Emsland (Pressestelle); 129 Hanekenfähr, Stadt Lingen; 130 Koppelschleuse, Schöning; 130 Marktplatz, Emsland Touristik GmbH; 131 Propsteikirche, Stadt Meppen; 131 Gedenktafel Riedemann, Stadt Meppen; 131 Ausstellungszentrum für die Archäologie des Emslandes; 131 Arenberg'sche Rentei, Stadt Meppen; 132 Gaststätte Röckers; 132 „Der Verteller", Stadt Meppen; 133 Kirche Bokeloh, Stadt Meppen; 133 Weihnachtsmarkt, Stadt Meppen; 134 Großsteingrab, Stadt Meppen; 134 Emslandstadion, Stadt Meppen; 134 Musical- und Gourmetwochenende, Freilichtbühne Meppen; 135 Moorerlebnispfad, Gemeinde Esterwegen; 135 Moorfrosch Esti, Gemeinde Esterwegen; 135 Rathaus Esterwegen, Gemeinde Esterwegen; 135 Jugendzeltplatz, Gemeinde Esterwegen; 136 Partitur „Lied der Moorsoldaten", Dokumentations- und Informationszentrum Emslandlager; 136 Carl von Ossietzky, Dokumentations- und Informationszentrum Emslandlager; 136 Sommerrodelbahn, Fremdenverkehrsamt Surwold; 137 Luxusliner, Meyer Werft; 138 Stadtpanorama, Stadt Papenburg; 138 Konzert Joe Cocker, Stadt Papenburg; 139 Dr. Rudolf Seiters, ju/DRK-Archiv; 140 Ausstellung, Dokumentations- und Informationszentrum Emslandlager; 140 Biomasse-Kraftwerk, ProCon Nord Energiesysteme GmbH; 141 Kontrolltische, ADO Gardinenwerke GmbH & Co. KG; 141 Clowns Workshop, Historisch-Ökologische Bildungsstätte Emsland in Papenburg e.V.; 142 Rathaus, Gemeinde Rhede; 142 Landwirtschaftsmuseum Rhede; 143 Gerhard und Anna Rave, Gemeinde Rhede; 143 Oldtimertreffen Neurhede, Competence Center Internet; 144 Schmierstoffraffinerie, H&R ChemPharm GmbH; 144 Messwarte, ISP Motorenprüfstände GmbH; 145 Feuerwehrmuseum, Gemeinde Salzbergen; 145 Kolping Bildungshaus Salzbergen; 146 Clemens-August, Emslandmuseum Schloss Clemenswerth; 147 Hüvener Mühle, Landkreis Emsland (Pressestelle); 147 Kammerorchester Schloss Werneck, Kulturkreis Clemenswerth; 148 Wöhle-Hof, Emsland Touristik GmbH; 148 Schäferdenkmal, Samtgemeinde Spelle; 148 St. Vitus-Kirche, Landkreis Emsland (Pressestelle); 149 Arena auf Schalke, Rekers Betonwerk GmbH & Co KG; 149 Braukessel, Emsländer Brauhaus Privatbrauerei Borchert GmbH; 149 Durstlöschzug, Emsländer Brauhaus Privatbrauerei Borchert GmbH; 150 Pättkesfahrt, Heimatverein Twist; 150 Bormeißel, Gemeinde Twist; 151 Erdarbeiten, Wavin GmbH; 151 Torfabbau, Johannes Dues GmbH; 152 Theikenmeer, Samtgemeinde Werlte; 152 Fahrzeugmontage, Samtgemeinde Werlte

Landkreis Grafschaft Bentheim 155 Schüttorfer Kirche, Samtgemeinde Schüttorf; 156 Kronenburg, Stadt Bad Bentheim; 156 Spielbank Bad Bentheim; 156 Pulverturm, Stadt Bad Bentheim; 157 Freilichtspiele Bad Bentheim; 157 Solebehandlung, Fachklinik Bad Bentheim; 157 Haus Westerhoff, Stadt Bad Bentheim; 157 Bentheimer Nachtwächter, Stadt Bad Bentheim; 158 Drilling, KCA Deutag Drilling GmbH; 158 Gerhard Schulte-Bernd, Gerhard Schulte-Bernd; 159 Werksgelände, Emsland Stärke GmbH; 159 Erdölförderpumpe, Samtgemeinde Emlichheim; 159 Glockenturm, Verein Lagerbaracke Alexisdorf-Neugnadenfel e.V.; 160 Volleyball Damen SC Union Emlichheim, Gerold Mappelink; 160 Helga und Lambertus Arends; 160 Neugnadenfeld, Verein Lagerbaracke Alexisdorf-Neugnadenfel e.V.; 161 Herrenhaus, Samtgemeinde Neuenhaus; 161 Landarbeiterhaus, Samtgemeinde Neuenhaus; 161 Altes Rathaus, Samtgemeinde Neuenhaus; 161 Kirche Veldhausen, Samtgemeinde Neuenhaus; 162 Superscreener, Neuenhauser Gruppe; 162 Stadtfest am Mühlenkolk, Samtgemeinde Neuenhaus; 162 Hafflinger Arbeitspferd, Jürgen Donker; 163 Bernhard Rawe, Stadtmuseum Nordhorn; 163 Fußgängerzone, Stadt Nordhorn; 163 Stadtbrunnen, Stadt Nordhorn; 164 Alte Kirche, Stadt Nordhorn; 164 Povelturm, Stadt Nordhorn; 164 Fußgängerbrücke über Vechte, Stadt Nordhorn; 164 Haus Maate, Stadtmuseum Nordhorn; 165 Holzschnitzer, Stadt Nordhorn; 165 Grafschafter Brauhaus, Kulturzentrum Alte Weberei; 165 Alte Weberei, Kulturzentrum Alte Weberei; 166 Drachenfest, Nordhorner Jugendzentrum; 166 Anna Lena Grönefeld, TV Sparta Nordhorn; 166 Drahtskulptur, Stadt Nordhorn; 166 Bernhard Brink, Bernhard Brink; 166 Faksimile Single „Bombenfest", Bernhard Brink; 167 Handballbundesliga-Team, HSG Nordhorn; 167 Aufführung

„Also sprach Zaratustra“, Musikschule Nordhorn; 168 Schwarzer Garten, Stadt Nordhorn; 168 Pavillon Vechtesee, Stadt Nordhorn; 169 Streichelzoo, Tierpark Nordhorn; 169 Vechtesonne, Stadt Nordhorn; 169 Verein zur Erhaltung der Bunten Bentheimer Schweine, Tierpark Nordhorn; 170 Herr Schmidt und Herr Friedrich, Filmproduktion Loeken Franke; 171 Altes Rathaus, Samtgemeinde Schüttorf; 171 Riese von Schüttorf, Samtgemeinde Schüttorf; 171 Madonnenfigur, Samtgemeinde Schüttorf; 171 Svenna Kleve, Samtgemeinde Schüttorf; 171 Elisabeth Werning, Samtgemeinde Schüttorf; 172 Webmeister, Rofa Bekleidungswerk; 172 Schlikkersche Dampfweberei, Samtgemeinde Schüttorf; 172 Villa Rost, Samtgemeinde Schüttorf; 172 Schüttorf Festival, Samtgemeinde Schüttorf; 173 Simon Cziommer, Simon Cziommer; 173 Brüder Bösch, Samtgemeinde Schüttorf; 173 Hans-Jürgen Wessels, Samtgemeinde Schüttorf; 174 Dr. Jörg Eckert, Dr. Jörg Eckert; 174 Goldener Becher von Gölenkamp, Dr. Jörg Eckert; 174 Altes Rathaus, Samtgemeinde Uelsen; 174 Pickmäijer-Denkmal, Samtgemeinde Uelsen; 175 Ortsansicht, Samtgemeinde Uelsen; 175 Aussichtsturm, Samtgemeinde Uelsen; 175 Discothek ZAK; 175 Sommerfeststand Blekkerhof, Samtgemeinde Uelsen; 176 Wallfahrtskirche, Gemeinde Wietmarschen; 176 Liebe Frau von Wietmarschen, Gemeinde Wietmarschen; 176 Wallfahrer, Katholisches Bistum Osnabrück; 177 Packhaus, Gemeinde Wietmarschen; 177 Stiftsbereich, Gemeinde Wietmarschen; 177 Marktplatz Lohne, Gemeinde Wietmarschen

Landkreis Wittmund 178 Strand; Samtgemeinde Esens; 179 Strandkörbe; Gemeinde Langeoog; 180 Bär, Samtgemeinde Esens; 181Pelles Kneipe, Andrea Berghem; 181 Atrium Kreuzfahrtschiff, Reuter Innenausbau GmbH & Co. KG; 182 Holtgast Hotpipers; 183 Albert Seba, Gemeinde Friedeburg; 183 Modell Festung Friedeburg, Gemeinde Friedeburg; 184 Burgfräulein, Friedeburger Festival; 184 Mühle in Horsten, Gemeinde Friedeburg; 185 Mühle in Nenndorf, Samtgemeinde Holtriem; 186 Rathaus, Samtgemeinde Holtriem; 186 Ewiges Meer, Samtgemeinde Holtriem; 187 Inselbahn, Gemeinde Langeoog; 187 Dünensauna, Gemeinde Langeoog; 188 Wasserturm, Gemeinde Langeoog; 188 Strand, Gemeinde Langeoog; 189 Kurioses Muschelmuseum, Gemeinde Spiekeroog; 189 Norderloog, Gemeinde Spiekeroog; 189 Strand, Gemeinde Spiekeroog; 189 Pferdebahn, Gemeinde Spiekeroog; 190 Logo, Stadt Wittmund; 190 Percussion-Ensemble, Stefan Willms; 191 Kreishaus, Stadt Wittmund; 192 Grothus um 1930 und heutiger Zustand, Deutsches Sielhafenmuseum; 193 Behindertensportfest, Jagdgeschwader 71 „Richthofen“; 193 Manfred von Richthofen, Jagdgeschwader 71 „Richthofen“; 193 Phantom II, Jagdgeschwader 71 „Richthofen“

Landkreis Friesland 194 Angler, Wangerland Touristik GmbH; 196 Marktplatz, Gemeinde Bockhorn; 196 Klinkerzentrum, Bockhorner Klinker GmbH; 197 Oldtimermarkt, Reinhold Heilmann; 197 Stapelliege, Müller Möbelwerkstätten; 197 Fertigungsanlage, Franz Sagemüller GmbH; 199 Jeversche Leidenschaften, Dirk Eden GmbH; 199 Gisela und Walter Baumfalk, Gisela und Walter Baumfalk; 200 Brauerei, Friesisches Brauhaus Jever GmbH & Co. KG; 201 Wasserschloss Gödens, Gemeinde Sande; 201 Schmiedemuseum, Gemeinde Sande; 201 Faksimile, Twister Dance Manni Krüger; 202 Drei Skulpturen aus „Die sieben Tage der Schöpfung“, Gemeinde Sande; 202 Lotse, Wiking Helikopter Service; 202 Regallager, Reichelt Elektronik e. Kfr.; 203 Festival, Gemeinde Schortens; 203 Accumer Mühle, Gemeinde Schortens; 204 Hermann Brocke, Heidmühler FC; 204 Simon Lopujet, Heidmühler FC; 204 Bambini-Lauf, Heidmühler FC; 205 Luftbild TCN, Technologie Centrum Nordwest; 205 Naturfreibad Heidmühle, Gemeinde Schortens; 205 Aqua Toll, Gemeinde Schortens; 207 Wasserturm, Studio Philip Simon; 207 Schlosskirche, Studio Philip Simon; 208 Kurhaus Dangast, Studio Philip Simon; 208 Arngaster Leuchtturm, Anton Tapken; 209 Skulptur „Der Grenzstein“, Eckart Grenzer; 209 Skulptur „Der Eismann“, Eckart Grenzer; 209 Eckart Grenzer, Eckart Grenzer; 210 Werksgelände, Airbus Deutschland GmbH; 211 De hoge Kark, Wangerland Touristik GmbH; 212 FKK am Grünstrand, Wangerland Touristik GmbH; 212 Ausstellung, Nordseehaus Wangerland; 213 Neuer Leuchtturm, Kurverwaltung Wangerooge; 213 Renate und Günther Raschen, Renate und Günther Raschen; 213 Heutiger Westturm, Kurverwaltung Wangerooge; 214 August Lauw, Röben Tonbaustoffe GmbH; 215 Segelflieger, LSG Waterkant-Zetel e.V.; 215 Nordwestdeutsches Schulmuseum; 215 Neuenburger Urwald, Heinz Smit

Wilhelmshaven 216 Marinesoldaten um 1900, WZ Bilderdienst Wilhelmshaven; 217 Tankerlöschpier, Nord-West Oelleitung GmbH; 218 Tanklager, Nord-West Oelleitung GmbH; 218 Tankerlöschbrücke, Nord-West Oelleitung GmbH; 219 Luftbild, Wilhelmshaven Touristik & Freizeit GmbH; 219 Montage einer Windmühle, GEW Wilhelmshaven GmbH; 220 Ulmer Borke, Ulmer Schokoladen GmbH & Co. KG; 220 Kältetherapieanlage, U. Seus & Team GmbH & Co. KG; 220 Vorhafen mit Fregatte, Bundesmarine; 222 Hans-Wilfried Schmühl, Hans-Wilfried Schmühl; 222 Taucher im Bantersee, Unterwasser Club Manta; 222 Kurpark, Stadtmarketing Stadt Wilhelmshaven; 223 August Desenz, August Desenz; 224 Kinopolis Wilhelmshaven; 225 Südpromenade, Stadt Wilhelmshaven; 226 Seewasseraquarium, Aquarium Wilhelmshaven „Bullermeck“ GmbH; 226 Seehundfütterung, Aquarium Wilhelmshaven „Bullermeck“ GmbH; 226 Deutsches Marinemuseum; 226 Expedition ins Wattenmeer, Wattenmeerhaus; 226 Sturmerlebnisraum, Wattenmeerhaus; 227 Willi der Fisch, Oceanis AG; 227 Pumpwerk, Wilhelmshaven Touristik & Freizeit GmbH; 227 Walskelett im Küstenmuseum, Wilhelmshaven Touristik & Freizeit GmbH; 228 Luftaufnahme, JadeWeserPort Entwicklungsgesellschaft mbH; 229 Containerschiffe, JadeWeserPort Entwicklungsgesellschaft mbH

Landkreis Ammerland 232 Samstagabend, Diskothek Tange; 232 Caddy, Apener Maschinenbau & Förderanlagen Gustav Bruns GmbH & Co.; 233 Kornmähfest, Verein Heimat- und Brauchtumspflege Aperberg e.V.; 233 Yogainsel, Britta Wallburger; 233 Puppenspiel, Anne Sudbrack; 234 Zwischenahner Meer, Bad Zwischenahner Touristik GmbH; 234 Wellenhallenbad, Bad Zwischenahner Touristik GmbH; 234 Umzug bei der Zwischenahner Woche, Bad Zwischenahner Touristik GmbH; 235 Roulette, Spielbank Bad Zwischenahn; 235 Jagdhaus Eiden, Spielbank Bad Zwischenahn; 235 Zwillingsvillen, Bad Zwischenahner Touristik GmbH; 236 Spaziergänger im Park der

Gärten; Bad Zwischenahner Touristik GmbH; 236 Aalverkäufer, Bad Zwischenahner Touristik GmbH; 237 Altar der St. Johannes Kirche, Gerold von Ohlen; 237 Fresken in der St. Johannes Kirche, Gerold von Ohlen; 237 Gartenanlage, Joh. Bruns Deutsche Exportbaumschule; 238 Deutschländer, Meica Ammerländische Fleischwarenfabrik; 239 Salzlakebecken, Nordmilch eG; 239 Eine-Welt-Laden, Eine Welt e.V.; 240 Bauerngarten, Anke zu Jeddeloh; 240 Tractor Pulling; Trecker-Treck-Verein Edewecht e.V.; 241 Rasteder Musiktage, Showband Rastede; 242 Zuschauer-Session, Klaus Grotelüschen; 242 Drum Corps Blue Lions; 243 Theaterszene, Gemeinde Rastede; 243 Cultus Ferox, Gisbert Hiller; 244 Ladengeschäft, Ulla Popken GmbH; 245 Laser-Installation, Datronik Rolf Dachs GmbH; 245 Heizungstechnik, August Brötje GmbH; 245 Dieter und Reinhard Hagen, Dieter und Reinhard Hagen; 246 Klaus Meyer, Klaus Meyer; 246 Reiher, Klaus Meyer; 247 Marktplatz, Stadt Westerstede; 247 Rhododendronkönigin, Stadt Westerstede; 248 Rhododendronpark, Familie Hobbie; 248 Ammerländer Vogel- und Landschaftspark Westerstede; 249 Mühlenhof Musikanten, 249 Polstermöbelfabrik, Steinhoff Germany GmbH; 249 Museumseisenbahn, Stadt Westerstede; 250 Hössenbad, Touristik Westerstede e.V.; 251 Rhododendrontaufe, Baumschule Joh. Bruns; 252 Halbring-Nietmaschine, Brötje Automation GmbH; 252 Luftbild Molkerei, Molkerei Ammerland eG; 252 Luftbild Logistikzentrum, Edeka Handelsgesellschaft Nordwest mbH; 253 Ponyreiten, Familie Harms; 253 Tante-Emma-Laden, Familie Lueken/Ecker

Landkreis Cloppenburg 256 Hafenfest, Gemeinde Barßel; 256 Elisabethfehnkanal, Gemeinde Barßel; 256 Spitzmutte „Jantina", Moor- und Fehnmuseum Barßel; 257 Servierschnittlinie, Abraham Schinken GmbH & Co. KG; 257 Belegschaft, Oltmanns Metallbau GmbH; 257 Golden Bough, Carolinenhofer Kulturscheune; 257 Gisela Scheja, Gisela Scheja; 257 Rainer Pagel, Rainer Pagel; 258 Euro Musiktage Bösel, Gemeinde Bösel; 258 Küken im Karton, Gemeinde Bösel; 259 Kirche, Gemeinde Cappeln; 260 Ems-Jade Mischwerke GmbH KG; 260 Dorfplatz, Gemeinde Cappeln; 260 Lkw-Anhänger, Mählmann Gemüsebau; 261 Verkaufsraum C.A. Thole, Höffmann & Höffmann; 262 Workshop, Kreismusikschule Cloppenburg; 263 Hof Hoffmann, Museumsdorf Cloppenburg Niedersächsisches Freilichtmuseum; 263 Treckertreffen, Museumsdorf Cloppenburg Niedersächsisches Freilichtmuseum; 264 Luftbild Werksgelände, Karl Lumberg GmbH & Co. KG; 264 August Bruns Landmaschinen GmbH; 265 Tankreinigung, R & M E.M.S. GmbH Engineering Maintainance Services; 266 Werksgelände, ExxonMobil Central Europe Holding GmbH; 266 Werksansicht, Seva Energie AG; 268 Rathaus, Gemeinde Essen; 268 Dampfzug, Gemeinde Essen; 268 Rosenpflanzaktion, Leo Hämmerer; 269 Jugendorchester, Blasorchester Essen/Oldenburg; 269 Firmengebäude; ProDas Datensysteme GmbH; 269 Diekmanns Mühle, Gemeinde Essen; 271 Werksgelände, Leoni Special Cables GmbH; 271 Postgeschichtliches Museum Friesoythe; 271 Erdgastankstelle, EWE AG; 272 Attraktionen, Tier- und Freizeitpark Thüle; 272 Silos, Raiffeisen-Warengenossenschaft eG Markhausen; 273 Golden Toast, Kamps AG; 273 Amerikastein, Gemeinde Garrel; 273 Nikolaus-Büro, Hubert Weddehage; 274 Dorfpark, Gemeinde Garrel; 274 Trachtenmodelle, Stebel Trachten; 274 Montagekran, MKG Maschinen- und Kranbau GmbH; 275 Reiter, Gemeinde Lastrup; 275 Guido Klatte und Sohn, Guido Klatte; 275 Classic B Anhänger, Böckmann Fahrzeugwerke GmbH; 276 Dorfpark, Gemeinde Lastrup; 276 Silos, AWILA Agrar- und Industrieanlagen GmbH,; 276 Wegweiserbaum, Gemeinde Lastrup; 277 Osterblumenallee, Gemeinde Lindern; 277 Kulturwoche, Gemeinde Lindern; 277 Hermelings Mühle, Gemeinde Lindern; 278 St. Vituskirche, Stadt Löningen; 278 Brüder Rosemeyer, Bernd Rosemeyer; 278 Adventsbläserbrunnen; Stadt Löningen; 279 Almut Rosemeyer, Almut Rosemeyer; 279 Ernst Schnetkamp, Schne-Frost Ernst Schnetkamp GmbH & Co. KG; 279 Kartoffelschälerin, Schne-Frost Ernst Schnetkamp GmbH & Co. KG; 279 Firmengebäude, Druckerei Rosemeyer GmbH; 279 Firmengebäude, Remmers Baustofftechnik GmbH; 280 Filmprogrammpreis, Anna Willen; 280 Jugend-Rockgruppe Plectrin; 280 Schutenmühle, Stadt Löningen; 281 Auslaufbauwerk Thülsfelder Talsperre, NLWK Niedersächsischer Landesbetrieb für Wasserwirtschaft und Küstenschutz; 282 Peiterbult, Gemeinde Molbergen; 282 Stelen, Gemeinde Molbergen; 283 Moorlandschaft, Gemeinde Saterland; 284 Paddel- und Pedalstation Strücklingen; 284 Johanniterkapelle, Gemeinde Saterland; 284 Seelter Dons- und Drachtenkoppel, Gemeinde Saterland; 284 Rohrleitungen, Arens Rohrleitungsbau GmbH & Co. KG

Osnabrück 286 Friedenstaube, Stadt Osnabrück; 287 Marktplatz, Stadt Osnabrück; 288 Justus Wilhelm Lyra, Medienzentrum Osnabrück; 288 Schloss, Stadt Osnabrück; 289 Kronleuchter, Stadt Osnabrück; 289 Rathaustreppe, Stadt Osnabrück; 289 Stadtwaage, Stadt Osnabrück; 291 Weltladen, Aktionszentrum 3. Welt; 292 Ibrahim Ndiaye, Margret Triphaus; 293 Heinz Rudolf Kunze, Heinz Rudolf Kunze; 293 Schulprojekt, Terre des Hommes, Foto: Skrobanek; 293 Gemeinsam musizieren, Kamm together; 294 Pop- und Jazzchor Festival, Fokus; 295 Dom St. Peter, Stadt Osnabrück; 295 Triumphkreuz, Bistum Osnabrück; 297 Luftbild Felix-Nussbaum-Haus, Stadt Osnabrück; 297 Selbstbildnis Felix Nussbaum, Stadt Osnabrück; 297 Innenansicht Felix-Nussbaum-Haus, Stadt Osnabrück; 297 Felix Nussbaum bei der Arbeit, Felix-Nussbaum-Haus; 298 Erich Maria Remarque, Erich Maria Remarque-Friedenszentrum Universität Osnabrück; 299 Hasestollen, Osnabrück Marketing und Tourismus GmbH; 299 Dampfmaschine, Museum Industriekultur Osnabrück; 300 Stadthalle, Stadt Osnabrück; 300 Dr. Franz-Josef Bode, Bistum Osnabrück; 300 Doris Janssen-Reschke, Sprengel Osnabrück; 301 Puppenspiel, Figureninitiative Osnabrück; 301 Karneval, Neue Osnabrücker Zeitung (Unnerstahl); 302 Steina Vasulka, European Media Art Festival; 302 Lesung, Cafe Spitzboden Lagerhalle; 303 Karmann-Ghia-Werbung, Wilhelm Karmann GmbH; 303 CLK-Montage, Wilhelm Karmann GmbH; 303 „Die Himmlischen", Leysieffer GmbH & Co. KG; 303 Schwarzwälder Kirschtorte, Conditorei Coppenrath & Wiese; 304 Luftbild Werksgelände, Felix-Schöller-Gruppe; 304 Mitarbeiter, Osnabrücker Werkstätten; 305 Aufzug, OSMA-Aufzüge Albert Schenk GmbH & Co KG; 304 Stammhaus, Hellmann Worldwide Logistics

Landkreis Osnabrück 307 Römertage, Museum Kalkriese; 308 Familie Nietfeld; 308 Hüpfkissen, Kedz Engineering Hüpfkissen Service; 308 Hofanlage, Samtgemeinde Artland; 309 Fachwerkhäuser, Samtgemeinde Artland; 309 Papiermaschine, Delkeskamp Verpackungswerke GmbH; 309 Frank Müller, Artländer Pflanzenhof; 310 Basketball, Artland Dragons; 310 Technikum, Deutsches Institut für Lebensmitteltechnik; 310 Versuchsfritteuse, Deutsches Institut für Lebensmitteltechnik; 311 Quakenbrücker Musiktage, Bernhard Heinze; 311 Firmensitz, Pipeline Systems GmbH; 311 Hochzeitskutsche, Artländer Reitverein; 312 Saurier, Gemeinde Bad Essen; 312 Dr. Wilhelm Kurz, TCM-Zentrum Bad Essen; 312 Schloss Ippenburg, Viktoria von dem Bussche; 312 Sommerfestival, Viktoria von dem Bussche; 313 Historischer Markt, Gemeinde Bad Essen; 313 Alte Wassermühle, Gemeinde Bad Essen; 313 Konzert, Brass Band des Gymnasiums Bad Essen; 314 Monika Moye, Gemeinde Bad Essen; 314 Bildhauerseminar, Kunstschule Bad Essen e.V.; 314 Firmengebäude, Agro Federkernproduktions GmbH; 315 Schlosskonzert, Stadt Bad Iburg; 316 Hallenbad, Stadt Bad Iburg; 317 Glockensee, Gemeinde Bad Laer; 317 Fest der 1.000 Fackeln, Gemeinde Bad Laer; 318 Thiebrunnen, Gemeinde Bad Laer; 318 Genießerwochenende, Gemeinde Bad Laer; 318 Johannes Mönter, Sanicare Versandapotheke; 319 Rosengarten, Kur und Touristik GmbH Bad Rothenfelde; 319 Gradierwerk, Kur und Touristik GmbH Bad Rothenfelde; 320 Salzmarkt, Kur und Touristik GmbH Bad Rothenfelde; 320 Salzsiedepfanne, Kur und Touristik GmbH Bad Rothenfelde; 321 Pfarrkirche St. Dionysius, Gemeinde Belm; 321 Hager Hof, Gemeinde Belm; 321 Mühlenteich, Gemeinde Belm; 321 Schwarzkreide, Gemeinde Belm; 322 Gisela Felter, Gisela Felter; 322 Werksgebäude, AVO-Werke August Beisse GmbH; 322 Hager Hof, Gemeinde Belm; 323 Kommende Lage, Samtgemeinde Bersenbrück; 323 Marktplatz Ankum, Samtgemeinde Bersenbrück; 323 Alfsee, Samtgemeinde Bersenbrück; 323 Ankumer Höhe, Samtgemeinde Bersenbrück; 324 Klosterpforte, Samtgemeinde Bersenbrück; 324 Paul Schockemöhle u.a., PSI Show Office; 324 Nachtwächter, Manfred Kalmlage; 325 Reggae Jam, Thomas Oeverhaus; 325 Psalterium, Manfred Kalmlage; 325 Auftritt Chor, Kammerchor Bersenbrück; 325 Hubert Böhmann, Andreas Böhmann; 326 Flechtmaschine, Culimeta Textilglas-Technologie GmbH & Co. KG; 326 Detailaufnahme Culimeta Textilglas-Technologie GmbH & Co. KG; 326 Gruppenbild Mitarbeiter, Hansalog GmbH & Co. KG; 327 Schelenburg, Anke Köller; 327 Produktion, voestalpine Matzner GmbH & Co. KG; 327 Firmensitz, voestalpine Matzner GmbH & Co. KG; 328 Detlef Pante, Detlef Pante; 328 Henry Smits-Bode, Henry Smits-Bode; 328 edition federspiel, Anke Köller; 328 Anke Köller, Anke Köller; 328 Joachim Prause, Eisbeck-Ranch; 329 Reinhold Tiling, Gemeinde Bohmte; 329 Tiling-Denkmal, Gemeinde Bohmte; 330 Wilhelm Placke, Wilhelm Placke; 330 Paul und Dirk Nedderhoff, Necumer Product GmbH; 330 Werksansicht, Hans-Jürgen Keil Anlagenbau GmbH & Co. KG; 331 Römertage, Museum Kalkriese; 331 Römische Gesichtsmaske, Museum Kalkriese; 332 Osterleuchten, Museum Kalkriese; 332 Claus-Gero Heitmann, Claus-Gero Heitmann; 332 Kloster Malgarten, Stadtmarketing Bramsche; 332 Filmtheater Universum, Stadtmarketing Bramsche; 333 Tuchmachermuseum Bramsche; 333 Kirchplatz, Stadtmarketing Bramsche; 334 Werksansicht, Julius Heywinkel GmbH; 334 Werksansicht, Hermann Dallmann Straßen- und Tiefbau GmbH & Co. KG; 334 Faksimile Felix Nussbaum, Rasch Druckerei & Verlag GmbH & Co.; 334 Tapetenfabrik, Tapetenfabrik Rasch GmbH & Co. KG; 334 Musterbuch Bauhaus, Tapetenfabrik Rasch GmbH & Co. KG; 335 Mustergarten, Penter Klinker Klostermeyer KG; 335 Schloss Alt-Barenaue, Stadtmarketing Bramsche; 335 Schloss Neu-Barenaue, Stadtmarketing Bramsche; 336 Hippolyte Mège-Mouriès, Deutscher Margarineverband; 337 Fritz-Homann-Park, Stadt Dissen a.T.W.; 337 Rathaus, Stadt Dissen a.T.W.; 337 Paul Kuhn u.a., Jazz-Club Dissen-Bad Rothenfelde e.V.; 338 Schloss, Samtgemeinde Fürstenau; 338 Verpackungshalle, Meurer Verpackungssysteme GmbH & Co. KG; 339 Werksgelände, G. Stöckel GmbH; 339 Schachturnier, Schachclub Fürstenau; 339 Michael Kross, Michael Kross; 340 Kreuzgang, Samtgemeinde Fürstenau; 340 Altarraum, Samtgemeinde Fürstenau; 340 NSG Swatte Poele, Samtgemeinde Fürstenau; 340 Ölmühle, Samtgemeinde Fürstenau; 341 Stahlwerk, Georgsmarienhütte Holding GmbH; 341 E-Ofengebäude, Georgsmarienhütte Holding GmbH; 341 George V., Niedersächsisches Hauptstaatsarchiv Hannover; 342 Lutherkirche, Stadt Georgsmarienhütte; 342 Möbelwerk, Mathias Wiemann GmbH & Co. KG; 342 Villa Stahmer, Stadt Georgsmarienhütte; 343 Waldbühne, Stadt Georgsmarienhütte; 343 Firmengebäude, pgam advanced technologies AG; 343 Land Cruiser, pgam advanced technologies AG; 344 Stützunterricht, Martin Siepelmeyer; 345 CD-Sortiermaschine, jpc Schallplattenversandhandelsgesellschaft mbH; 345 Panoramabad, Stadt Georgsmarienhütte; 346 Dreschfest, Gemeinde Glandorf; 346 Findlinge, Gemeinde Glandorf; 346 Merschmühle, Gemeinde Glandorf; 347 Flohmarkt, Gemeinde Glandorf; 347 Hallenbad, Gemeinde Glandorf; 348 Horses & Dreams, PSI Show Office; 348 Kirschblüte, Gemeinde Hagen a.T.W.; 349 Töpfereimuseum, Gemeinde Hagen a.T.W.; 349 Kirche St. Martinus, Gemeinde Hagen a.T.W.; 349 Konzert, Cale Copf Company; 350 Geologischer Lehrpfad, Achim Witte; 350 Ersatzteillager, Achim Witte; 350 Schachturnier, Achim Witte; 351 Modenshow, Achim Witte; 351 Hasberger Mahlzeit, Achim Witte; 351 Friedenskette, Achim Witte; 351 Hobbyarchäologen, Bildungswerkstatt Hüggel e.V.; 352 Werksgebäude, Walter Rau Lebensmittelwerke GmbH & Co. KG; 352 ADAC Bergrennen, MSC Osnabrück e.V.; 353 Pastor-Revermann-Brunnen, Gemeinde Hilter a.T.W.; 353 Open air Kegelparty, Kegelverein TuS Trinken; 354 Giebel, Michael Münch; 354 Kinder Innenstadt, Michael Münch; 354 Automuseum, Michael Münch; 355 Bifurkation, Michael Münch; 355 Diedrichsburg, Michael Münch; 355 Gut Bruche, Michael Münch; 356 Planetenpfad Sonne, Michael Münch; 356 Planetenpfad Teleskop, Expo Sternwarte Melle; 356 Fischfutter, Tetra GmbH; 356 Produktionshalle, Field Deutschland GmbH; 357 Georg und Dagmar zur Nedden, Westland Gummiwerke; 357 Carl Erdwin Starcke, Starcke GmbH & Co. KG; 357 Firmensitz, Starcke GmbH & Co. KG; 357 Kautschukverarbeiter, Melos GmbH; 358 Verpackungen, Spies Kunststoff GmbH; 359 Figurentheater Chiquillada, Christian Hornung; 359 Drachenfestival, Drachenclub „Bleib bloß oben" e.V.; 359

Geranienmarkt, Michael Münch; 360 Overberg-Denkmal, Kirchenzeitung Münster; 360 Mannschaftsbild, Trinkfreunde Baileys Neuenkirchen; 361 Radfahrer, Samtgemeinde Neuenkirchen; 362 Konzert, Venner Folk Frühling e.V.; 362 Walburgiskirche, Gemeinde Ostercappeln; 362 Kronensee, Gemeinde Ostercappeln; 363 St. Lambertuskirche, Gemeinde Ostercappeln; 363 Dacharbeiten, Erich Abke; 363 Bobby Car Rennen, Zing Events; 364 Dieter Wasilke, Venner Folk Frühling e.V.; 364 Folk for Friends, Venner Folk Frühling e.V.; 365 Reittunier, Foto Rüchel; 365 Juniorenradrennen, Gemeinde Wallenhorst; 366 Ruller Wallfahrtskirche, Gemeinde Wallenhorst; 366 Neue St. Alexanderkirche, Gemeinde Wallenhorst; 366 Marienbrunnen, Gemeinde Wallenhorst; 367 Rathaus, Gemeinde Wallenhorst; 367 Hollager Hof, Gemeinde Wallenhorst; 367 Piussäule, Gemeinde Wallenhorst; 368 Ehrung, Gemeinde Wallenhorst; 368 Fahrbahnbauarbeiten, Baugesellschaft Wittfeld; 368 Kaffeemaschine, Kaffee Partner

Danksagungen

Die Redaktion dankt herzlich allen, die ihr geholfen haben mit Informationen und mit der kritischen Durchsicht ihrer Texte. Besonderer Dank gilt auch den vorstehend genannten Leihgebern für die freundliche Überlassung von Bildmaterial in so ausserordentlich grosser Fülle und denen, die bei der Produktion der Filme geholfen haben:

Aalräucherei Oeltjen | Clemens Ahrens | Lothar Arndt | George B. | Bachmann-Museum, Ulrich Schliemann | Berentzen Hof, Jens Bookjans | Reinhard Bildhauer | Ulrich Bock Film | Ingeborg Brämer | Sabine Buddendick | Bünting Teehandelshaus, Egbert Kolthoff und Ralf Töpfer | Gisela Buss | Buxtehude-Museum, Dr. Klaus Frerichs und Bernd Utermöhlen | Café Worpswede | Fritz Dressler | EADS Transportation Service | Eine-Welt-Kirche, Schneverdingen | Emslandmuseum Schloss Clemenswerth, Eckard Wagner | European Media Art Festival, Osnabrück | EWE-Baskets Oldenburg, Jan Peters | Ferdinand Frerichs | Gaststätte Hempenfiet, Familie Brüntjen in Ekern | Gemeindeverwaltung Visbek, Alfred Kuhlmann | Johannes Göhler | Heideblütenfest Amelinghausen, Hans-Jürgen Pyritz | Heimatverein Haren, Kapt. Kaspar Held, Gerd Schepers, Kapt. Tim Schepers | Herzapfelhof, Hein Lühs | Helga Haas | Gottfried Hilgerdenaar | Elma Hoek | Franz Hölscher | Jever Brauerei, Ira Beckmann und Heiko Hoffmeister | KEDZ, Karlheinz Elsässer | Inge Klein | Werner Koormann | Uwe Kordes | Kreisverband Aurich im Klootschießen und Boßeln e.V., Hinrich Wilts | Künstlergruppe Törf, Karin Berends-Lüürßen und Rolf Lüürßen | Lloyd-Schuhe | Lohmann & Co., Renate Grothkopf | Marine, Kapitänleutnant Dörmann, Fregattenkapitän Schwarter, Oberfähnrich zur See Schmidt, Korvettenkapitän Sparwel, Pressebootsmann Beenders | Elke Martens | Meyer's Windmühle, Eckhard Meyer | Moor- und Fehnmuseum, Elisabethfehn | J. Müller, Ernst Müller | Museum für Strohverarbeitung, Rudolf Kramer | Museum Nordenham, Dr. Timothy Saunders | Museumseisenbahn Bruchhausen-Vilsen, Klaus Wessels und Eberhard Happe | NABU Umweltpyramide, Axel Roschen, Hans Jörg Helm und Uwe Baumert | Nationalpark-Haus Carolinensiel, Christiane Janssen | Natürlich Blond 3 | Niedersächsisches Hafenamt, Horst Koperschmidt | Elena Nogaeva | Nordland Papier GmbH, Mechthild Wübben | Nordseewerke, Sven Bühring | NSW, Peter Horneber und Harry Schulte | Ursel Oehlerich | Oldenburger Landesturnier, Wolfgang Teske | Orgelbaumeister Harm Kirschner | Oskar Prinz zu Bentheim und Steinfurt | Waldemar Otto | Pfarramt Berne | Ratsapotheke Sulingen | Hans E. W. Hofmann | Reederei Ingrid Helle | Friedrich Sandering | Saterländer Volkstanzgruppe | Schäferhof Neuenkirchen, Wolfgang Ehlers und Helmut Schulz | Schmiedeatelier Alfred Bullermann | Hajo Schuchmann | Seehundaufzuchtstation Norden-Norddeich, Peter Lienau und Fritz Rabenstein | Soltau Therme | SSW Fähr - und Spezialschiffbau, Thorsten Groth | St. Jacobi Lüdingworth, Manfred Witt | Stadtmuseum Oldenburg, Ewald Gäßler | Stadt Sulingen, Ingrid Jantzon und Harald Knopp | Fritz Stoiber Productions | Storchenpflegestation Wesermarsch, Udo Hilfers | Storkenkate, Preten | Michael Tegge | Thieles Garten, Georg Becker | Heino Tielking | Tierärztliche Hochschule Hannover, Prof. Dr. Thomas Blaha | Touristikzentrale York, Heike Newbold | Transrapid International, Andrea Stichler | Ulmer Schokoladen | Urgestein: Klaus Barck, Wolfgang Krause, Heinz Neumann, Lothar Rettig, Hans Tychsen | Gerold van Hoorn | Prof. Dr. Gottfried Vauk | Verband der Züchter des Oldenburger Pferdes, Dr. Tanja Becker und Dr. Wolfgang Schulze-Schleppinghoff | Vogelpark Walsrode, Martina Müller | VSS Video Studio Service | Volkswagen AG Werk Emden | Gunnar Wahlich | Wattenpost, Jan Brütt | Hubert Weddehage | Werkstatt für Bronzeguss, Lothar Rieke | Wernerclub-Neuhaus, Susanne Möller | Wiesmoor Gärtnerei, Dr. Uwe Quitmeyer | Wilhelmshavener Hafenwirtschafts Vereinigung, John H. Niemann | Hinrich Wilts | Hainer Wörmann | Worpsweder Bahnhof, Kai Holthoff | Xstrata Zink, Dr. Piet Scheeren und Ing. Frank Tiegges | Zoo in der Wingst

Der Dank der Redaktion gilt auch allen Archiven, Museen, Medienzentren, sonstigen Institutionen und Privatpersonen, die ihr mit historischem Filmmaterial geholfen haben und in dem Abspann des Films genannt sind.

Impressum

Medienkassette DreiStromLand

eingetragene Marke zur Reg.Nr. 303 42 499 des Deutschen Patent- und Markenamtes

Band 1

1. Auflage 2005 (Redaktionsschluss: Dezember 2004)

ISBN 3-203-85999-8

Projektleitung Helmut Albers

Buchredaktion Rolf Böttcher
Marc Bolkenius
Corinna Laubach
Nicole Möser
Hermann Pölking
Jens Schönig
Susanne Seedorf
Frank Wendler
Bianca Wermann

Fotografie Friedrich-Karl Boehm
Elke Martens (Bremen, Bremerhaven)
Rianne van der Ven (Bremen)
Ralf Reincken (Landkreis Verden)
Sabrina Hinck (Landkreis Rotenburg)

Art Direction Tatjana Blaar

Layout Tatjana Blaar
Corinna Hahn

Lithografie und Karten Melanie Erdmann
Pierre Hansen

Druck Druck- und Verlagshaus Fromm, Osnabrück

Filmredaktion Roland Mayer
Hermann Pölking
Linn Sackarnd
Barbara Thiel
Eva-Maria Walter

Film-Team Barbara Thiel (Leitung)
Sven Bien
Beate Drechsler
Stephanie Faase
Florian Gerding
Rafael Giese
Thomas Golüke
Midori Hirose
Julius Holtz
Ruth Johnson
Jörg Johow
Ralf Küster

Sprecher Martin Heckmann
Peter Kämpfe

Musik und Komposition André Feldhaus

Produzenten Roland Mayer
Hermann Pölking

Filmproduktion evado GmbH, Bremerhaven

Gesamtherstellung APE kommunikation GmbH, Bremen

Vertrieb edition nordwest im Europa Verlag, Hamburg

DreiStromLand
Ems·Weser·Elbe

DreiStromLand
Ems·Weser·Elbe

Das EWE-Handbuch der Städte, Samtgemeinden und Gemeinden zwischen Ems, Weser und Elbe

Herausgegeben anlässlich des 75-jährigen Jubiläums der EWE Aktiengesellschaft

Band 2

EUROPA VERLAG

EWE

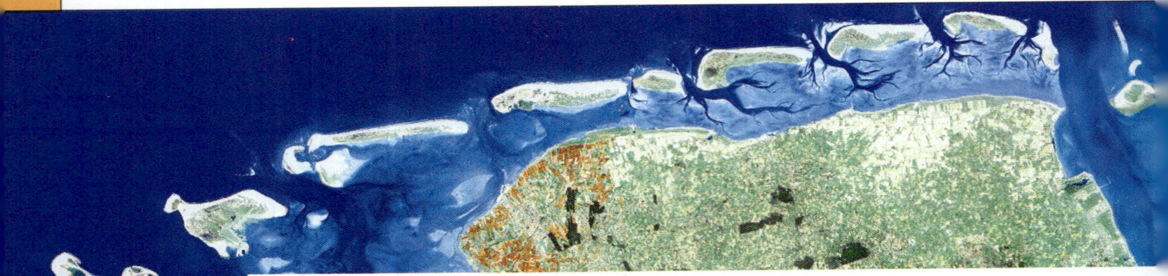

Inhalt

Wirtschaft und Verkehr

Kartoffelernte in Südoldenburg, Aufnahme um 1920 (r.)

Lange bleiben weite Teile des Landes zwischen Ems, Weser und Elbe wirtschaftlich ein unbeschriebenes Blatt. Der Geograph Gustav Kappe urteilt noch 1929 über Nordenham an der Unterweser: *„Der Lebensrhythmus der Wohnsiedlung ist wenig entwickelt."* Nicht viel besser seine Einschätzung von Brake: *„Brake ist nach dem Krieg in seiner Entwicklung steckengeblieben."* Und geradezu vernichtend sein Urteil über Elsfleth: *„Man kann an schönen Sommertagen ungefährdet von Kränen und Lastwagen in den hohen Blumen am Ufer des Tidehafens ruhen. Das wirtschaftliche Leben dieser Kleinstadt, die 1925 nur 3.320 Einwohner zählt, ist äußerst schwach."*

Das Dreistromland ist **Agrarland**, dünn besiedelt, arm an Bodenschätzen und abseits der wichtigen Handelsrouten gelegen. Der Historiker Dieter Brosius schreibt: *„In allem sank (das Land) während des 16. bis 19. Jahrhunderts tiefer in die Mittelmäßigkeit; es stand weit hinter dem modernen Westen, den Niederlanden und England zurück, bewahrte aber seinen Vorsprung vor Polen und Russland. Verglichen mit den Niederlanden oder England blieb jedoch die Gesellschaftsordnung stabil. Es dominierten die mittelbäuerlichen Betriebe und das an Zahl vergleichsweise geringe Handwerkerbürgertum der eher kleinen Städte."*

Diese damalige Rückständigkeit hatte auch Vorteile: Externe Krisen wirken gedämpft, weil die Regionen sich weitgehend selbst versorgen. Und die meisten Bewohner können sich auf eigene, wenn auch bescheidene landwirtschaftliche oder gewerbliche Existenzen stützen.

Doch es gibt auch eine andere Tendenz. Begünstigt durch die Lage am Wasser, an der Küste, an den Flüssen, entstehen im Umfeld der **Häfen** mit großer Dynamik wichtige wirtschaftliche Zentren. Einige Handelsplätze im Dreistromland waren seit dem Mittelalter Mitglieder der **Hanse** und haben gewachsene Verbindungen bis in die Neue Welt. Städte wie Bremerhaven und Wilhelmshaven werden im 19. Jahrhundert an der Küste neu ge-

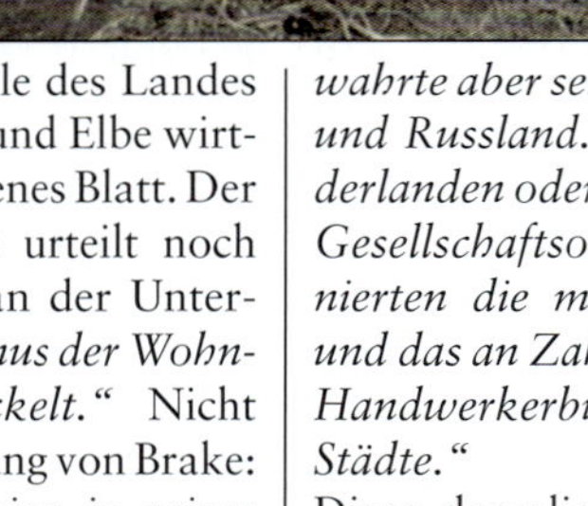

Ratifizierte Urkunde des Abtretungsvertrages vom 28. Februar 1827 zwischen dem Königreich Hannover und der Stadtrepublik Bremen über ein Gebiet an der Geestemündung (r.). Die Bremer bauen dort einen neuen Hafen, darum herum wächst eine neue Stadt: Bremerhaven. Auch Städte wie Wilhelmshaven und Cuxhaven werden im dynamischen 19. Jahrhundert neu gegründet

gründet als Vorposten des Überseehandels und militärischer Expansionslust. Mit wachsendem Handel wird der Bau von Schiffen lukrativ. Erfolgreiche Kaufmannsgeschäfte mit exotischen Waren wie Kaffee und Tee legen Investitionen in Veredelungsindustrien nahe. Manch ein Produkt wie nach dem Reinheitsgebot gebrautes Bier gelangt über die Häfen in alle Welt. Erfolgreiche **Magnaten** maritimer Industrien initiieren den Aufbau ganzer Wirtschaftszweige: Automobile, Flugzeuge, Schwerindustrie, Mineralölverarbeitung.

Die Häfen

Die Dynamik der wirtschaftlichen Entwicklung im 19. Jahrhundert zeigt sich in der Region ganz besonders deutlich an der Entwicklung Bremens. 1847 wird die erste **Eisenbahnstrecke** nach Bremen gebaut und fünfzehn Jahre später für den schnellen Transport der Auswanderer bis nach Bremerhaven verlängert. 1857 startet die erste Reederei einen Liniendienst über den Atlantik. 1872 nehmen die Bremer Baumwollbörse und die Schiffswerft A.G. „Weser" ihre Arbeit auf. 1877 wird die Bremer Lagerhaus-Gesellschaft gegründet. 1888 ist die **Weserkorrektion** abgeschlossen, tritt Bremen dem deutschen **Zollgebiet** bei und der gerade fertig gestellte Freihafen (später: Europahafen) wird eingeweiht. Auch die anderen Seehäfen im Dreistromland der Kaiserzeit wachsen in enormem Tempo. Der **Hafen Emden** erlebt nach Eröffnung des **Dortmund-Ems-Kanals** einen schnellen Aufschwung. Nach dem Zweiten Weltkrieg ist er der führende deutsche Erz- und Kohleimporthafen, verliert diesen Status später aber an die Rheinhäfen. Nach einem schwierigen Umbruch behauptet er sich heute als Universalhafen und Umschlagsplatz für Automobile.

Die Dynamik des Industrialisierungsprozesses während der wilhelminischen Ära zeigt sich auch an der Neugründung von Städten. **Cuxhaven** entsteht 1872 aus dem Zusammenschluss der beiden Dörfer Ritzebüttel und Cuxhaven, nachdem in dem kleinen Ort in schneller Folge die Alte Liebe (1864), der Alte Hafen (1865 bis 1868) und der Kugelbakedamm (1866 bis 1867) entstanden sind. Eine große Herausforderung ist der Bau des **Neuen Hafens** (1892 bis 1895) mit den Landungs- und Abfertigungsanlagen für die Hamburger Reederei Hapag. Diese Anlagen bedienen bis zum Ersten Weltkrieg im Liniendienst zwischen Cuxhaven und New York mit der „Imperator" und der „Vaterland" die beiden größten bis dato unter deutscher Flagge fahrenden Passagierschiffe.

Mit dem Abschluss des **Jade-Vertrages** im Jahre 1853 tritt das Großherzogtum Oldenburg an das expansive Königreich Preußen 313 Hektar Land zum Bau einer Marineanlage ab. 1869 weiht König Wilhelm I. den neuen Hafen ein und gibt der gleichzeitig entstandenen Siedlung den Namen **Wilhelmshaven**. Der Platz wird rasch zur Stadt und zum wichtigsten Marinestützpunkt des Reiches, wo das Wettrüsten zwischen dem viktorianischen England und dem deutschen Kaiserreich seinen unglückseligen Anfang nimmt. Im Zweiten Weltkrieg zu großen Teilen zerstört, gewinnt der einzige deutsche Tiefseehafen in den Wirtschaftswunderjahren neue Bedeutung als Deutschlands wichtigster Umschlagplatz für Öl.

1856 wird Lingen (Ems), ganz im Westen gelegen, an das Eisenbahnnetz angeschlossen. In der Stadt entsteht eines der größten Eisenbahnausbesserungswerke. Im Bild: die Kesselschmiede um 1905 (o.) Ähnlich wie in anderen erhaltenen Industriebauten des 19. Jahrhunderts ist dort heute ein „Zentrum für Wirtschaft, Medien und Kunst" untergebracht

Hermann Henrich Meier (1809–1898) (l.o.) ist der Gründer der Reederei Norddeutscher Lloyd. Dr. Heinrich Wiegand (l.u.) setzt ab 1892 sein Werk fort. Das Kapital aus der Schifffahrt fließt in die später so genannten „Wiegand-Industrien": Automobilbau, Schiffbau, Waggonbau etc. Es entstehen industrielle Kerne, die bis heute wirksam sind

Der Schnelldampfer „Bremen" I bei der Jungfernfahrt nach dem Stapellauf auf der A.G. „Weser" (o.)

Bau der „Robert Lenthall" auf der Meyer Werft in Papenburg (1939) (r.)

Nieter auf der A.G. „Weser" in Bremen (o.)

Maritime Industrie

Mit den Häfen verknüpft sind die maritimen Industrien. Zu den wichtigsten gehören die Werften, für deren Aufstieg und Fall exemplarisch die Geschichte der **A.G. „Weser"** stehen soll. Die große Zeit der Werft beginnt im Ersten Weltkrieg. Ende 1926 ordert der Lloyd bei der A.G. „Weser" einen 27 Knoten laufenden Schnelldampfer mit 50.000 BRT. Die **„Bremen"** wird das berühmteste aller jemals auf der Werft gebauten Schiffe, das zum Stolz und Aushängeschild der Stadt wird, als es nach der Ankunft in New York im Juli 1929 das **Blaue Band** für die schnellste Überquerung des Atlantik verliehen bekommt. Nach der Fertigstellung des Passagierdampfers fehlen allerdings Folgeaufträge, 5.000 der 12.000 Werftarbeiter verlieren ihre Arbeit. Vor dem Zweiten Weltkrieg wird die A.G. „Weser" ganz auf den Kriegsschiffbau umgestellt. 1939 arbeiten 16.000 Menschen auf dem weitläufigen Gelände, 1943 sind es fast 20.000 Menschen, davon 4.000 ausländische Zwangsarbeiter und Kriegsgefangene. 1944 werden zusätzlich 1.500 Häftlinge aus dem KZ Neuengamme eingesetzt. Nach dem Kriegsende kommt die Werft auf die **Demontageliste** der Alliierten, sie wird der Sowjetunion als Reparationsleistung zugesprochen. Dem Bremer Bürgermeister **Wilhelm Kaisen** gelingt das beinahe Unmögliche, als er 1948 den Erhalt der Werft durchsetzt. Der Neuanfang ist auch ökonomisch gesichert, als 1951 der griechische Reeder Aristoteles Onassis sechs Tanker mit jeweils 22.000 tdw bestellt. Danach steigen die Tonnagen der Neubauten Jahr für Jahr und mit ihnen die Gewinne des Unternehmens. Dann kommt die Ölkrise und damit die Krise des Tankerbaus. Anfang der 1980er Jahre ist das Ende in Sicht: Die A.G. „Weser" soll geschlossen, die dazu gehörende **Seebeckwerft** in Bremerhaven eigenständig fortgeführt werden und der **Bremer Vulkan** die **Lloyd Werft** in Bremerhaven übernehmen. Zwar besetzt die Belegschaft noch ihre „*Akschn*". Aber am 31. Dezember 1983 schließt die traditionsreiche Großwerft für immer die Tore.

Der Schiffbau ist bis heute wegen seiner Schlüsselrolle für die exportabhängigen Volkswirtschaften hart umkämpft, einer der Industriezweige, dem die Globalisierung Länder in Europa und Asien als scharfe Konkurrenten gegenüberstellt. Werften, die sich erfolgreich spezialisiert haben, die eine Nische am Markt gefunden haben, können sich behaupten. Die **SSW-Werft** an der Unterweser baut Kanalfähren und Containerschiffe, die **Lürssen-Werft** in Lemwerder hochwertige Yachten und Marineschiffe, die **Lloyd Werft** hat sich auf den Umbau und die Modernisierung von Kreuzfahrtschiffen spezialisiert. Die seit 1795 in Papenburg angesiedelte **Meyer Werft** baut vor allem Kreuzfahrtschiffe, die **Nordseewerke** in Emden sind einer der weltweiten Marktführer im U-Boot-Bau und erfolgreich im Geschäft mit Gastankern und Eisbrechern.

Werften leben von Reederei-Aufträgen. Die größte Reederei im Dreistromland ist der **Norddeutsche Lloyd**. Er wird 1857 von Konsul H.H. Meier gegründet und betreibt mit seinen Dampfschiffen den Linienverkehr mit Amerika so erfolgreich, dass er, vor allem durch die enormen Gewinne aus dem Auswanderergeschäft, zur zweitgrößten Reederei der Welt aufsteigt. Zeitweilig arbeiten mehr als 22.000 Menschen für den NDL, Ende des 19. Jahrhunderts leben 50 Prozent der Bremerhavener Bevölkerung direkt oder indirekt von der Reederei, die durch die Dynamik ihres Erfolges auch zum Motor weiterer Industrieansiedlungen im Dreistromland wird.

Andere Industrien

Anders als das Ruhrgebiet mit seinen Kohlevorkommen oder das sächsische Industriegebiet hat die Region weder ein industrielles Hinterland noch leicht zugängliche Energiequellen. Stattdessen gibt es nur das Meer und jede Menge Torf, der sich nicht verhütten lässt. Den Mangel an Abnehmern und Rohstoffen müssen Kontakte, Beziehungen und Industrien ersetzen, die zu Häfen und Schifffahrt passen. Denn wo **Kaffee** und **Tee** am Strauch hängen, werden sie nicht getrunken. Und wo die **Baumwolle** wächst, wird sie nicht verarbeitet. Die in der Stadt angelandeten Waren, von

Kaufleuten gekauft und verkauft, von Reedern mit Gewinn verschifft, können schließlich auch vor Ort verarbeitet werden, was zusätzlichen Gewinn verspricht.

So entstehen die Veredelungsindustrien. Bremen etwa ist eine Kaffeestadt. Hier eröffnet 1763 das erste deutsche Kaffeehaus mit von holländischen Händlern *expedierter* Ware. Hier beginnen auch einige deutsche Kaffeefirmen ihren Aufstieg. Im Januar 1895 etwa eröffnet Johann Jacobs sein *Specialgeschäft in Caffee, Thee, Cacao, Chocoladen und Bisquits*, wo dem Geist der Zeit entsprechend namenloser Kaffee aus dem Sack verkauft wird. Letzteres ändert Jacobs sehr erfolgreich, als er beginnt, seiner Importware ein Signet mit dem eigenen Namen auf die neu entworfene Packung zu drucken. Ebenfalls gut ins Geschäft kommt der Kaufmann **Ludwig Roselius**

mit seinem Verfahren zur Entcoffeinierung von Kaffee. Pharmazeuten und Chemiker untersuchen die Weltneuheit Kaffee HAG und loben in ihren jeweiligen Fachzeitschriften seine schonenden Eigenschaften für Herz und Magen. Mit dieser Unterstützung ist der Durchbruch nicht mehr aufzuhalten. Auch die Produzenten von **Bier** haben von Bremen aus Erfolg mit ihrer Marke *Beck's*. Allerdings reüssiert das Produkt nicht auf dem nationalen Markt, sondern macht sich vor allem einen Namen als ein „auf fünf Kontinenten" konsumiertes deutsches Bier.

Zur gleichen Zeit, als der Aufstieg der Brauerei beginnt, gründet der Norddeutsche Lloyd mehrere Metall verarbeitende Unternehmen. So entstehen erste Automobilfabriken, aus denen 1914 in

Unter dem Dach von Thyssen-Krupp arbeitet seit 2005 die Werft in Emden (o.) mit Werften in Kiel und Hamburg zusammen. Auch Überlegungen zur Bildung eines europäischen Werftenverbundes wie in der Luft- und Raumfahrt werden laut

Ludwig Roselius (1874–1943), Erfinder des entcoffeinierten Kaffees, Mäzen und Mitbegründer der Flugzeugwerft Focke-Wulf (l.)

Probenziehen von Tabak (ganz l. ca. 1975) und Baumwolle (u. ca. 1935)

Vielen gilt die „Isabella Coupé" (r.), die in den Jahren 1957 bis 1961 bei Borgward in Bremen produziert wird, noch heute als das schönste je in Deutschland gebaute Auto. Ganz sicher gehört es zu den Symbolen der Wirtschaftswunderzeit

Spiegel-Titel vom Dezember 1960 (o.), Borgward ist bereits ein Krisenthema. Kurz darauf, am 16. März 1961, meldet das Unternehmen Konkurs an

Bremen die erfolgreich Luxus- und Lastwagen produzierenden **Hansa-Lloyd-Werke** hervorgehen. Sie sind wiederum die Keimzelle der **Borgward-Werke,** die unter der Leitung ihres genialen Chefs **Carl F. W. Borgward** mit einer Belegschaft von 20.000 Menschen bis Anfang der 1960er Jahre Autos wie die legendären Modelle *Isabella* und *Arabella* produzieren. Mit seinen Marken *Borgward*, *Goliath* und *Lloyd* hält Borgward zeitweilig einen Marktanteil von 12 Prozent in Deutschland, bei einer Exportquote von 65 Prozent. Auf dem Gelände ist heute, nach dem ersten großen Konkurs der deutschen Nachkriegsgeschichte, den der begnadete Tüftler Borgward macht, **Daimler-Chrysler** ansässig. Der zweite Autobauer in der Region ist die **Volkswagen AG** in Emden. In Hafennähe produziert hier das Unternehmen mit 10.000 Beschäftigten den *Passat*. Automobilbau ist damit in der Region Weser-Ems einer der ganz wichtigen Wirtschaftsfaktoren. Über 300 Unternehmen, die ihre Umsätze vor allem als Zulieferer erwirtschaften, realisieren einen Umsatz von mehr als vier Milliarden Euro und stellen über 30.000 Arbeitsplätze. Ein großer Teil dieser Unternehmen ist wie **Karmann** im Raum Osnabrück konzentriert.

Auch die Flugzeugindustrie hat in Bremen ihre Wurzeln. 1924 gründen **Heinrich Focke** und sein Mitarbeiter **Georg Wulf** eine gemeinsame Firma, in der 1933 **Kurt Tank** technischer Direktor wird. Er folgt nach der nationalsozialistischen Machtübernahme den Vorgaben der Regierung zur Aufrüstung der Luftwaffe. Eine der ersten Entwicklungen von Tank ist 1937 das Langstrecken-Passagierflugzeug *FW 200 Condor*, mit dem Nonstop-Transatlantikflüge möglich werden. Focke zieht sich zurück und experimentiert erfolgreich mit dem Bau von Hubschraubern, Tank erhält den Auftrag zur Entwicklung eines neues Jagdflugzeuges. Bis zum Kriegsende werden von dieser FW 190 ca. 25.000 Exemplare gebaut. 1943 beträgt die Zahl der Beschäftigten rund 37.000. Im Fertigungsbetrieb sind ab 1940 zahlreiche Fremd- und Zwangsarbeiter eingesetzt, ab 1944 auch KZ-Häftlinge.

Aus der Flugzeugindustrie entwickelt sich die **Raumfahrtindustrie.** Nach dem Krieg macht Focke-Wulf zunächst mit der Herstellung von Segelflugzeugen, 1955 mit dem Bau von Motorflugzeugen weiter. 1961 gründen die Flugzeugwerke Focke-Wulf, Weserflug und die Hamburger Flugzeugbau den **Entwicklungsring Nord** (ERNO), um sich am europäischen Trägerraketenprogramm zu beteiligen. Seit 1963 firmiert dieser Verbund unter dem Namen ERNO-Raumfahrttechnik mit Stammsitz am Flughafen Bremen. ERNO baut später das **Spacelab.** Satelliten gehören zur ständigen Produktpalette. Heute ist das Unternehmen im europäischen

Verbund der Raumfahrtindustrie **EADS** aktiv und fertigt Teile der europäischen Trägerrakete **Ariane** und Komponenten für die **Internationale Raumstation** ISS. In derselben Tradition des Flugzeugbaus im Dreistromland steht die an der Spitze mit EADS verbundene **Airbus-Industrie.** Airbus ist eine europäische industrielle Kooperation, verteilt auf zahlreiche Standorte. In Bremen und in Niedersachsen (Varel, Nordenham, Stade und Buxtehude) bauen Airbus-Werke Komponenten für das neue europäische **Großraumflugzeug A 380.** Zusammen mit zahlreichen Zulieferbetrieben sind diese Werke Arbeitgeber für tausende Menschen in der Region.

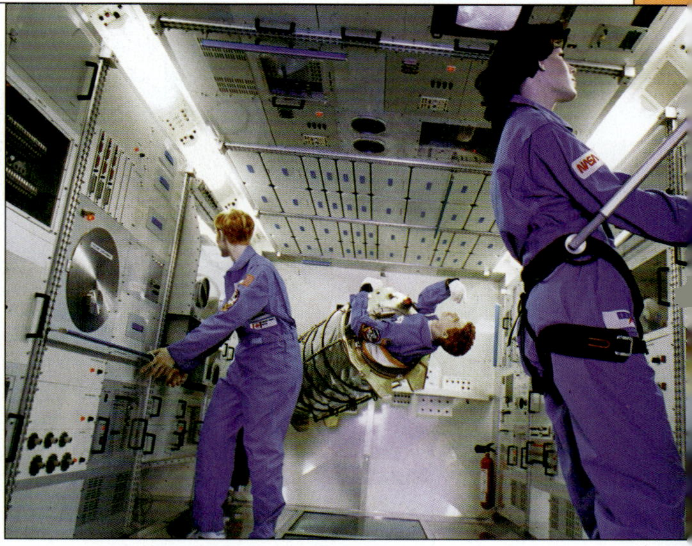

Der europäische Beitrag zur Internationalen Raumstation ISS ist das „Columbus"-Raumlabor (im Bild: ein Modell), das bei EADS in Bremen entwickelt wird

Auch aus der Verarbeitung landwirtschaftlicher Rohstoffe entwickeln sich Industrien wie die Emsland-Stärke in Emlichheim, Landkreis Grafschaft Bentheim (ganz l.) Dort wird Stärke aus Kartoffeln hergestellt

Auch **Osnabrück** ist eine wichtige Wirtschaftsregion im Südwesten des Dreistromlandes. Obwohl die Palette der produzierten Industriegüter heute viele Sparten umfasst, entfallen mehr als die Hälfte der rund 20.000 industriellen Arbeitsplätze auf den Metall verarbeitenden Sektor. Fahrzeugbau und Kupferverarbeitung sind die Säulen dieses Wirtschaftsbereiches. Die Papierindustrie ist ein weiteres Standbein. Daneben findet sich eine Fülle mittelständischer Unternehmen im Maschinenbau, in der chemischen Industrie, der Kunststoffindustrie, der Bekleidungsindustrie und im Verkehrsgewerbe.

Verkehrswege

Alle Industrien müssen ihre Waren transportieren. Voraussetzung für ihre Verbreitung ist ein immer dichteres System von Verkehrswegen, Straßen, Schienenwegen, Flüssen und Kanälen.

Uralte Straßen, die schon im Mittelalter von fahrenden Händlern benutzt wurden, durchziehen das Dreistromland: Von Stade nach Nienburg und dann ins Weserbergland führt die *Fachwerkstraße*. Die *Alte Salzstraße* verbindet Lüneburg mit Städten an der Ostsee. Von Lübeck ebenfalls über Lüneburg nach Erfurt verläuft die *Hansestraße*. Die heutige Autobahn A1 folgt über weite Strecken der mittelalterlichen *Rheinischen Straße*, die von Lübeck über Hamburg und Bremen bis nach Osnabrück führt.

Niedersachsen besitzt die größten Erdöl- und Erdgasvorkommen in Deutschland. Besonders in den Regionen um Weser, Ems und Hunte begegnet man häufig den Ölförderpumpen (l.)

Die sprunghafte Motorisierung des Straßenverkehrs nach dem Ersten Weltkrieg erzwingt die Anpassung der bestehenden Verkehrswege an die moderne Zeit. Aus einer Initiative zur Planung einer Autostraße, welche die Hansestädte über Hannover und Frankfurt mit Basel verbinden soll, wird 1933 die „Gesellschaft zur Vorbereitung der Reichsautobahn". Sie erarbeitet Pläne für ein Autobahnnetz von fast 7.000 km Länge. Im Herbst 1933 beginnen die Arbeiten. Eine der ersten deutschen Autobahnen

Der Wesertunnel, Einfahrt Ost, kurz vor der Freigabe für den Verkehr im Januar 2004 (o.)

ist die heute als A 1 bekannte **Hansa-Linie.** Auf der Teilstrecke Hamburg-Bremen beginnen die Bauarbeiten 1936. Die vierspurige Straße wird 1939 dem Verkehr übergeben. Die Teilstrecke Bremen–Osnabrück kommt über Planungen damals nicht hinaus. Erst Ende der 1950er Jahre geht es weiter mit der Verbindung der Seehäfen Lübeck, Hamburg und Bremen über Osnabrück ins Ruhrgebiet. Anschlüsse weiterer Wirtschafts- und Verkehrsräume – Bremer-

Der Dortmund-Ems-Kanal um 1910 (r.). Der 269 km lange Kanal zwischen dem Dortmunder Stadthafen und Emden wurde 1899 eröffnet und hat die Verkehrsanbindung des Ruhrgebietes verbessert

Der Bau des Küstenkanals (Aufnahme 1928, ganz r.) geht auf alte Pläne im Zusammenhang mit der Moorkolonisation zurück. Der Kanal verbindet die Unterweserregion über die Hunte mit der Emsregion

haven, Cuxhaven, Oldenburg, Wilhelmshaven und Ostfriesland folgen nach und nach. Die alten Pläne, einst ein gigantisches Projekt, werden in den Nachkriegsjahrzehnten von der Wirklichkeit eingeholt und übertroffen. Heute durchziehen allein Niedersachsen über 1.300 km Autobahnen und mehr als 28.000 km Bundes- und Landstraßen. Ganz im Westen als Nord-Süd-Verbindung ins Ruhrgebiet wird der Bau der A 31 durch das Emsland realisiert. Geplant wird auch eine **Küstenautobahn** Richtung Osten, die die Seehäfen, namentlich das Großprojekt **JadeWeserPort** in Wilhelmshaven, mit dem Ostseeraum verbinden soll. Ein wichtiges Stück dieser künftigen Verbindung ist der 2004 fertig gestellte **Wesertunnel** südlich von Bremerhaven.

Die drei großen Wasserstraßen Ems, Weser und Elbe sind durch Kanäle verbunden. Die wichtigen Kanalbauten beginnen im 19. Jahrhundert und werden im 20. Jahrhundert fortgesetzt bzw. modernisiert. Der **Mittellandkanal** ist die West-Ost-Verbindung. Er ist mit 321 km die längste künstliche Wasserstraße Deutschlands. Von der Abzweigung aus dem **Dortmund-Ems-Kanal** führt er parallel zu den Höhenzügen des Teutoburger Waldes und des Wiehengebirges in Ostrichtung über das Weser- und Leinetal bis Hannover und dann an Braunschweig vorbei bis zur Elbe. Stichkanäle verbinden u.a. Osnabrück und Salzgitter mit dem Kanal am Südrand des Dreistromlandes. Der **Elbe-Seitenkanal** zweigt bei der Ortschaft Edesbüttel vom Mittellandkanal ab, führt in Nord-Richtung über das Allertal durch die Lüneburger Heide und mündet bei der Staustufe Geesthacht in die Elbe. Der 70 km lange **Küstenkanal** verbindet die Ems mit der Unterweserregion. Sein Vorläufer ist der für die Entwässerung und Erschließung ausgedehnter Moorgebiete zum Großherzogtum Oldenburg gehörende **Hunte-Ems-Kanal.** Erst nach dem Ersten Weltkrieg wird der heutige Küstenkanal in Angriff genommen und nach 14-jähriger Bauzeit 1935 fertig gestellt. Der Dortmund-Ems-Kanal endlich verbindet auf 269 Kilometern den Dortmunder Stadthafen und dem Seehafen Emden.

Zu Anfang des 19. Jahrhunderts fordert der deutsche Eisenbahn-Vordenker **Friedrich Harkort** eine Verbindung des Rheines mit einem deutschen Nordseehafen, um die holländischen Zölle zu

Güterverkehrszentren wie das GVZ Emsland in Dörpen (o.) bilden Schnittstellen zwischen den Verkehrsträgern Schiene, Straße und Wasser

umgehen. Aber erst 1840 beginnt in Ostfriesland eine konkrete Planung, vor allem, um den Seehafen Emden mit den Industriegebieten an der Weser zu verbinden (später ändern die Verantwortlichen ihre Meinung und orientierten sich in Richtung Rhein und Ruhr). Es dauert bis 1854, bevor ein Zug den Emder Bahnhof erreicht, was ein Vertrag zwischen Hannover und Preußen (die zehn Jahre später gegeneinander in den Krieg ziehen) ermöglicht. Freundlich geht es nicht zu zwischen Welfen und Preußen. Zu lange hat der König in Hannover den Bau hinausgezögert, weil es nicht im Interesse Großbritanniens liegt, die deutschen Nordseehäfen zu stärken. 1867 eröffnet die Strecke Oldenburg-Heppens, dem späteren Wilhelmshaven. Jetzt ist das neue Verkehrsmittel nicht mehr aufzuhalten. In Deutschland entstehen bis 1880 über 33.000 Kilometer Eisenbahnstrecke. Zwanzig Jahre später ist auch das Dreistromland mit einem dichten Netz von Bahnhöfen und Eisenbahnlinien überzogen.

Aus dem preußischen – und später bundeseinheitlichen Eisenbahnnetz – ist heute ein komplexes Transportsystem mit verschiedenen Betreibern geworden. In Niedersachsen sind inzwischen mehr als 30 „nicht bundeseigene Eisenbahnen" ansässig. Die Osthannoversche Eisenbahnen AG (OHE), die Eisenbahnen und Verkehrsbetriebe Elbe-Weser GmbH (EVB) sowie die Bentheimer Eisenbahn (BE) haben überregionale Bedeutung.

Den Eisenbahnen kommt eine wichtige Funktion bei der Entlastung der Straßen zu. Im sogenannten **Kombinierten Verkehr** werden Güter auf den langen Strecken auf der Schiene transportiert; die regionale Verteilung im Nahbereich übernehmen Lkw. Das verwendete Transportgerät, Container, Wechselbrücken, Lkw-Chassis ermöglicht diesen Wechsel des Verkehrsträgers bzw. wurde eigens dafür konstruiert. Schnittstelle für den Wechsel sind geeignete Umschlagterminals. Im Idealfall siedeln sich Verkehrsbetriebe und Dienstleister für Logistik, Lagerei, Verpackung, Telekommunikation etc. an einem Ort an. Ganz im Westen etwa ist das **Güterverkehrszentrum Emsland** in Dörpen ein solches Verteilzentrum. Derartige Zentren arbeiten auch in Bremen in der Nähe der Seehäfen und in Osnabrück.

Aber auch wenn die verschiedenen Verkehrsträger besser miteinander vernetzt werden, bleibt die Straße der wichtigste Verkehrsweg im Transitland Niedersachsen, das von 11,5 Prozent der bundesdeutschen Fernstraßen durchzogen wird. Am Ausbau dieser Fernstraßen wird intensiv gearbeitet: Die großen Durchgangsautobahnen A1, A2 und A7 werden stufenweise in Teilabschnitten, insgesamt rund 350 Kilometer, nach dem Bundesverkehrswegeplan sechsspurig ausgebaut.

Die amerikanische Reederei Sealand, heute zusammen mit Maersk die weltgrößte Reederei, führt als Erste den Containerverkehr ein. 1966 wird in Bremen erstmals in Deutschland einer dieser Behälter von der MS „Fairland" gelöscht (o.)
Der Container revolutioniert in wenigen Jahren den Güterverkehr

Die Landwirtschaft

In den *alten Marschen* ist die Entwässerung der Böden schwierig und kostspielig. Der hohe Grundwasserstand erschwert das Befahren und Bearbeiten der weiten Flächen. Die Landwirte nutzen die Flächen der Marsch deswegen meist als **Grünland**. Die größten Grünland-

Herstellung von Impfstoffen und Futterzusätzen für Nutztiere bei Lohmann Animal Health in Cuxhaven (ganz o.)

Die Deutsche Frühstücksei GmbH in Neuenkirchen-Vörden, Landkreis Vechta, ist der größte Eiproduzent in Europa (o.r.)

gebiete liegen entlang der Küste und an Flüssen sowie in den ehemaligen Mooren von Leer bis Stade. In diesen nassen Grüngebieten haben sich vor allem Futteranbaubetriebe angesiedelt. Sie stellen die Hälfte aller landwirtschaftlichen Betriebe im Dreistromland, in einigen nördlichen Landkreisen sogar bis zu 90 Prozent der ländlichen Betriebe. Ihre wirtschaftliche Basis finden sie vor allem in der **Rinderhaltung**, also der Zucht, Mast und der Milchwirtschaft. Die höchsten Milchviehdichten weisen die Landkreise Leer und Wesermarsch mit ihren tonigen, nassen, entkalkten Marschböden auf.

Die küstennahe *junge Marsch* dagegen bietet mit ihren kalkreichen Kleiböden gute Voraussetzungen für **Marktfruchtbetriebe**. Ackermarschen säumen im Dreistromland einen wenige Kilometer breiten Streifen entlang der Küste vom Dollart bis zur Elbemündung. Der Boden dieser jungen Marsch ist außergewöhnlich nährstoffreich und durch ihren auflockernden Muschelkalkgehalt trotz des hohen Tonanteils pflugfähig. Raps gedeiht hier besonders gut und Weizen bringt in diesen Regionen mit mildem Seeklima und langen Sommertagen für Binnenländer unerreichbare Erträge. Weizen, Gerste und Raps und in manchen Landesteilen Obst und Gemüse werden angebaut.

Die große Geest- und Heidelandschaft vom Emsland bis zur Elbe ist traditionell ein **Kartoffel- und Getreideanbaugebiet**. Der Roggen kommt von allen Getreiden am besten mit den nährstoffarmen, oft austrocknenden Sandböden zurecht. Die Lockerheit der Böden kommt außerdem der empfindlichen Kartoffel zugute. Früher weniger angebaut, ist heute der Maisanbau weit verbreitet. Neben den Höfen haben sich die **Veredelungsbetriebe** angesiedelt, die vor allem Schweine und Hühner halten. Räumlich sind sie auf Südoldenburg, Osnabrück, auf das Emsland und die Grafschaft Bentheim konzentriert.

Bei den Dauerkulturbetrieben handelt es sich fast ausschließlich um **Obstbaubetriebe**. Ihre Zahl und ihre Flächen sind gering, aber weil sie sich vor allem an der Unterelbe im Alten Land und dem Land Kehdingen konzentrieren, prägen sie das Landschaftsbild und ziehen zur Blütezeit Tausende von Besuchern an.

Moderner, auch im Winter teilweise offener Kälberstall mit rechnergesteuerter Tränke (o.)

Hof Gade, Landkreis Lüneburg: wechselnde Fruchtfolge verbessert die Bodenfruchtbarkeit

Forschung und Bildung

Der Sockel des Bildungssystems sind die Schulen. In Niedersachsen gibt es zur Zeit fast eine Million Schülerinnen und Schüler an allgemeinbildenden Schulen und über 270.000 an berufsbildenden Schulen. An der Weiterentwicklung des Systems wird intensiv gearbeitet, umso mehr, seit Deutschland durch die Pisa-Studie aufgeschreckt wurde. So verleiht die niedersächsische Landesregierung mit Beginn des Schuljahres 2003/2004 fast allen der 1.870 Grundschulen des Landes den Status der „Verlässlichen Grundschule“ oder der „Vollen Halbtagsschule“. Auch das Land Bremen unternimmt ähnliche Anstrengungen. In den Verlässlichen Grundschulen gibt es für die Kinder im ersten und zweiten Schuljahr außerdem täglich ein einstündiges, den Unterricht ergänzendes Betreuungsangebot.

Das Dreistromland ist reich an Bildungseinrichtungen. An 15 Standorten von Osnabrück bis Wilhelmshaven, von Buxtehude bis Lüneburg sind vier Universitäten und über 20 staatliche sowie private Hoch- und Fachhochschulen angesiedelt. Die 1973 gegründete **Universität Oldenburg** ist eine der jüngsten Hochschulen in Deutschland. Mit 11.000 Studierenden sowie rund 1.800 Wissenschaftlern und Bediensteten ist sie eine überschaubare Hochschule an zwei Standorten. Die Universität bietet 40 Studiengänge mit Diplom-, Magister- und Masterabschlüssen an, wobei 25 Prozent aller Studierenden für ein Lehramtsstudium eingeschrieben sind. Die **Universität Bremen**, die zweite Neugründung in der Region während der sozialdemokratischen Reformära der frühen 1970er Jahre, ist heute ein wichtiges Wissenschaftszentrum. Sie zählt mittlerweile knapp 22.000 Studierende und hat sich nicht nur als Lehrbetrieb, sondern durch die Ansiedlung von Unternehmen nahe dem Universitätsgelände und die erfolgreiche Einwerbung von Drittmitteln auch als Forschungsstätte für fast 1.600 Wissenschaftlerinnen und Wissenschaftler und Arbeitsplatz von über 900 Beschäftigten etabliert.

Die **Universität Lüneburg** mit mehr als 7.000 Studierenden prägt heute entscheidend das Leben in der alten Salzstadt. Die **Fachhochschule Oldenburg-Ostfriesland-Wilhelmshaven** endlich ist mit rund 10.000 Studierenden die größte Fachhochschule im Land Niedersachsen. Sie wird im Januar 2000 durch Zusammenschluss der drei ehemals selbständigen Fachhochschulen gegründet.

Eine private Fachhochschule ist seit 1967 in Ottersberg ansässig. Sie beginnt als **Freie Kunst-Studienstätte** und gehört seit 1984 zu den rund 70 nichtstaatlichen, anerkannten deutschen Hochschulen. Finanziert wird sie im Wesentlichen aus Studiengebühren. Zur Zeit studieren im Studiengang Kunsttherapie/Kunst-

Campus der Uni Oldenburg (o.)

Uni Bremen, Glashalle; im Bild unten links: der Fallturm. Hier werden Experimente unter Bedingungen der Schwerelosigkeit durchgeführt (l.)

Hochschule Bremerhaven und Alfred-Wegener-Institut (im Bild oben rechts) (o.)

Das Institut unterhält das Forschungsschiff „Polarstern" (r.) und Forschungsstationen in der Arktis und der Antarktis

pädagogik mit den Studienrichtungen Bildende Kunst und Darstellende Kunst sowie dem Studiengang Freie Bildende Kunst etwa 500 junge Menschen. Die **Katholische Fachhochschule Norddeutschland** ist eine weitere nichtstaatliche Fachhochschule mit den Fachbereichen Sozialwesen und Gesundheitspflege. Sie bildet in ihren beiden Abteilungen Vechta und Osnabrück Sozialarbeiter, Sozialpädagogen sowie Pflegemanager aus.

Niedersachsen hat als erstes Bundesland ein integriertes Konzept zur Förderung des wissenschaftlichen Nachwuchses umgesetzt. In Intensivstudiengängen bieten die Hochschulen besonders leistungsfähigen Studierenden die Chance zur Verkürzung ihrer Studienzeit um bis zu 50 Prozent. 18 solcher Studiengänge verknüpfen intensive Betreuung, internationale Ausrichtung und Forschungsorientierung, stellen aber auch hohe Ansprüche an die Studenten: ein großer Teil der Lehrveranstaltungen findet in den Semesterferien statt.

Hochschule Vechta

Ein Ansatz zur Nachwuchsförderung ist die Neuordnung der Förderung von Doktoranden. Sie soll die Ausbildungszeiten wesentlich verkürzen – von bislang etwa 4,4 Jahren auf die international üblichen drei Jahre. Dazu wurden bislang neun Graduate Schools eingerichtet. In diesen interdisziplinär arbeitenden Exzellenzzentren genießen die nach einer internationalen Ausschreibung ausgewählten Doktoranten eine intensive Betreuung.

Als erstes Bundesland hat Niedersachsen außerdem die **Juniorprofessur** eingeführt. Jetzt können junge Wissenschaftlerinnen und Wissenschaftler wesentlich früher selbstständig forschen und lehren. Um die Einführung der neuen Personalkategorie zu unterstützen, hat das Land ein „Junior Start-Programm" mit sechs Millionen Euro aufgelegt.

Neben den Universitäten und Hochschulen, die sich heute als Wissens- und

Technologietransferstellen begreifen, prägen eine Vielzahl weiterer außeruniversitärer Forschungseinrichtungen die Forschungslandschaft Niedersachsen. Dazu gehören Institute der Max-Planck-Gesellschaft, der Fraunhofer-Gesellschaft, vom Bund und dem Land Niedersachsen gemeinsam geförderte Blaue-Liste-Einrichtungen, die Helmholtz-Zentren (Großforschungseinrichtungen) sowie verschiedene selbständige Forschungsinstitute des Landes.

Als Beispiel für die wissenschaftliche Arbeit im Dreistromland soll das **Alfred-Wegener-Institut** (AWI) in Bremerhaven stehen, das vom arktischen Eis bis zum Grund der Ozeane Pole, Meer und Klima erkundet. Ihre Forschungsarbeit führt die Bremerhavener Wissenschaftler oft hinaus auf das Meer und in das Eis von Nord- und Südpol. Die wichtigste mobile Forschungsplattform ist ein Eisbrecher: das Forschungs- und Versorgungsschiff **„Polarstern"**. Forschungsstationen in Arktis und Antarktis ermöglichen das ganze Jahr meteorologische und geophysikalische Messungen. Außerdem unterhält das Helmholtz-Zentrum drei Forschungsschiffe für Arbeiten in den gemäßigten Breiten und zwei Polarflugzeuge. Das AWI beschäftigt insgesamt fast 800 Mitarbeiter und hat seinen Hauptsitz in Bremerhaven.

Kulturelles Leben

Der römische Geschichtsschreiber Tacitus (l.)

Frisia non cantat. Frei übersetzt: Der Norden singt nicht. So urteilt die „gebildete“ Welt noch bis ins 20. Jahrhundert. Als Bestätigung des Vorurteils dient eine zweitausend Jahre alte Beobachtung des römischen Geschichtsschreibers Tacitus, der Germanien vermutlich niemals bereist hat. Wenn sein geflügeltes Wort dennoch bis in die heutige Zeit nachhallt, hängt das mit einer nicht zu leugnenden Tatsache zusammen: Die Region zwischen Ems, Weser und Elbe hat nicht nur weit weniger Musiker hervorgebracht als andere Regionen. Auch Maler und Dichter konnten sich nie so recht mit dem rauen Land anfreunden. Einige Ausnahmen gibt es aber schon. Von ihnen soll hier die Rede sein.

Zu großer klassischer Musik hat sich im Dreistromland niemand aufgeschwungen: kein bedeutender Komponist, der hier geboren wird, lange lebt oder arbeitet. Das ist zu erklären: Klassische Musik ist bis ins 19. Jahrhundert an die Fürstenhäuser gebunden. Die aber sind rar im Dreistromland. So arbeiten die Großen der Musik am Rand der Region. Johann Sebastian Bach kommt als 15-Jähriger für drei Jahre zur Ausbildung nach Lüneburg. Der Vater Carl Maria von Webers steht einige Jahre im Sold des Oldenburger Herzogs Friedrich August. Der aber löst 1782 seine Hofkapelle als „zu teuer“ auf. Und in der fürstenfreien Stadtrepublik Bremen ist höchstens als schlecht bezahlter Kirchenmusiker ein musikalisches Amt zu ergattern. Wirklich berühmt und aus der Gegend stammend ist der Orgelbauer **Arp Schnitger**. Er wird 1648 im heute zu Brake gehörenden Dorf Schmalenfleth geboren. Sein Vater ist Tischler, niederdeutsch: *Snitker*, der zu kleineren Orgelreparaturen herangezogen wird und seinem Sohn das Handwerk nahebringt. Nach dessen Tod führt Arp Schnitger mit 29 Jahren die Orgelwerkstatt weiter. Bald verbreitet sich der gute Ruf des tüchtigen Meisters. Nach dem Bau der Hamburger Nicolai-Orgel ist er bis in die kleinsten Kirchspiele hinein bekannt, Insgesamt baut Arp Schnitger etwa 170 Orgeln und hinterlässt damit im nordwestdeutschen Raum und in den Niederlanden eine reiche Orgellandschaft.

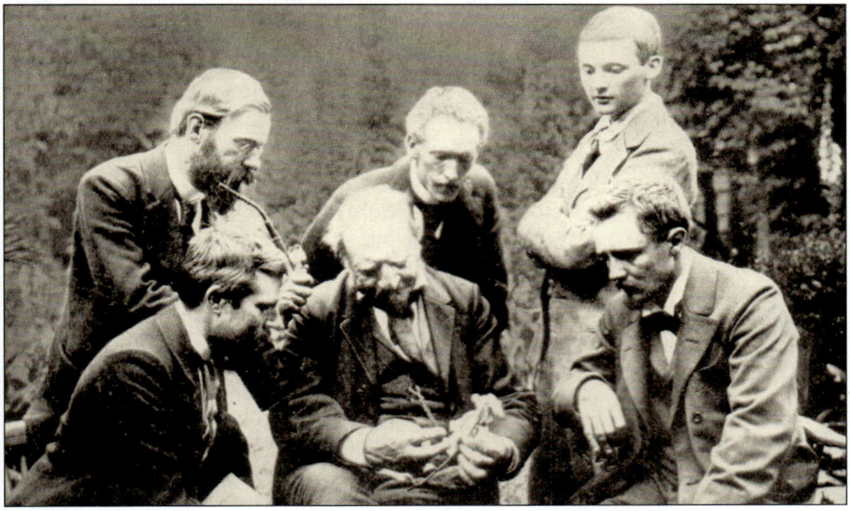

Künstlergruppe Worpswede (l.): Otto Modersohn, Fritz Mackensen, Heinrich Vogeler; sitzend: Hans Müller-Brauel, Hermann Allmers und Fritz Overbeck (v.l.n.r.)

Zwei Künstlerkolonien siedeln sich zu Beginn des 20. Jahrhunderts im Dreistromland an: Die Maler der Brücke

um Carl Schmidt-Rottluff in Dangast und die Künstlergruppe um Mackensen und Vogeler in Worpswede.
Im Frühjahr 1907 tauchen fünf junge Maler aus Berlin in **Dangast** auf, von denen namentlich nur die später berühmten Künstler **Erich Heckel** (1883–1970) und **Karl Schmidt-Rottluff** (1884–1976) bekannt sind. Beide kommen aus Dresden, wo sie gemeinsam Architektur studieren und 1905 zusammen mit Ernst Ludwig Kirchner und Fritz Bleyl die Künstlergemeinschaft **Die Brücke** gründen. In Dangast finden sie ihre malerische Sprache, denn hier *„drängt sie alles zu unverfälschtem malerischen Schaffen"*. Auch **Max Pechstein** (1881–1955) malt in Dangast. Während er und Heckel sich in der Folgezeit allerdings mehr der Ostsee zuwenden, kehrt Schmidt-Rottluff immer wieder nach Dangast zurück, wo er seine innersten Eindrücke in Farben und Formen umsetzt, die in ihrer gewagten Leuchtkraft und Einfachheit mit den damaligen Gesetzen der Kunstakademie brechen. *„Die Dangaster Landschaft mit dem stets weiten Himmel darüber, Ebbe und Flut am Wattenmeer, den damit verbundenen Menschen, den stark wechselnden Farben, das gab Gelegenheit genug, den künstlerischen Menschen zum Schaffen zu treiben"*. Mit diesen Worten charakterisiert die Oldenburger Malerin **Emma Ritter** (1878–1972) das Schaffen der Künstler in Dangast. Von ihr abgesehen hat nur ein heimischer Maler Verbindung mit den dortigen Kollegen gesucht und gefunden: **Jan Oeltjen** (1880–1968) aus Jaderberg. Seine ausdrucksstarken Bilder der frühen 1920er Jahre weisen ihn als einen bedeutenden Expressionisten in Nordwestdeutschland aus. Außer den „Brücke"-Malern nimmt auch **Franz Radziwill** (1895–1983) für Jahrzehnte seinen Wohnsitz in dem kleinen Ort. Aber er geht einen anderen Weg als die Expressionisten und wird zu einem der wichtigsten deutschen Vertreter des „Magischen Realismus". Er bleibt dem Dreistromland lebenslang verbunden, malt für das Wasserwirtschaftsamt Wilhelmshaven Bilder zum Thema Küstenschutz und Landgewinnung, stellt immer wieder in der Region aus und sichert dem Landesmuseum Oldenburg durch Schenkungen und Leihgaben die größte Sammlung seiner Werke.

Im zeittypischen Jugendstil von Heinrich Vogeler gestalteter Buchtitel (r.)

Die zweite wichtige Künstlergruppe entsteht in Worpswede bei Bremen. **Fritz Mackensen** studiert an den Kunstakademien in Düsseldorf und München Malerei. Er reist zusammen mit seinem Freund **Otto Modersohn** erstmals 1889 auf Einladung der Kaufmannstochter Mimi Stolte nach **Worpswede** und verliebt sich in das Dorf und seine Umgebung mit den weiten unbebauten Flächen, den Birken und Mooren, dem tiefhängenden Himmel. Das ist der Beginn der späteren Künstlerkolonie. Vier Jahre später, 1893, kommt **Fritz Overbeck** nach Worpswede und **Heinrich Vogeler**, ein Freund Overbecks, schließt sich ein weiteres Jahr später an. Im Frühjahr 1895 zeigen die Worpsweder ihre erste Ausstellung in der Kunsthalle Bremen. Mackensen kommt zu Wohlstand und lässt sich eine Villa auf dem Weyerberg bauen, wo er weiter an seinen naturalistischen Heide- und Bauernbildern arbeitet. Auch sein Freund Otto Modersohn malt vor allem Landschaftsbilder in den erdigen Farben des Moores. Er lebt seit 1901 mit der Malerin **Paula Modersohn-Becker** zusammen. Auch Paula Becker, die schon mit 31 Jahren stirbt, bevorzugt dunkle und blasse Farben. Ihre Porträts zeigen Menschen wie aus der Erde gewachsen, ihre Landschaften die Stille und Melancholie des Landes.
Die schillerndste Figur aber ist der Jugendstilmaler Heinrich Vogeler. Sein **Barkenhoff** ist ein wenig gepflegtes

Haus mit vier Morgen Land, das er seit 1895 mit unerschöpflicher Energie umbaut. Im Ersten Weltkrieg kämpft Vogeler als Freiwilliger an der Ostfront. Die Ereignisse verwandeln den Träumer in einen leidenschaftlichen Kriegsgegner und Sympathisanten der Kommunisten. Er geht zurück nach Worpswede und gründet auf dem Barkenhoff eine kommunistische Kommune. Vogeler selbst tritt in die KPD ein, wird aber als Rechtsabweichler ausgeschlossen. Dennoch geht er 1931 in die Sowjetunion. Zehn Jahre später wird er nach Kasachstan deportiert, wo er im Juni 1942 stirbt.

Der Verleger und gebürtige Bremer Ernst Rowohlt (l.) (1887–1960)

Anton Kippenberg (1874–1950) gibt ab 1906 die Insel-Bücherei heraus (l.)

Vielleicht liegt es an den durch das Meer bestehenden Verbindungen zu anderen Ländern und damit der Notwendigkeit, sich mit anderen Kulturen auseinander zu setzen, vielleicht liegt es an der Kargheit des Landes, die der Phantasie Raum lässt, wahrscheinlich ist es der kaufmännische Geist, der die Region durchzieht und eher das Talent des Bücherverkäufers als des Bücherschreibers fördert: Auf jeden Fall bringt das Dreistromland vier der bedeutendsten Verleger dieses Jahrhunderts hervor. **Ernst Rowohlt** wird 1887 in Bremen geboren. Seinen ersten Verlag gründet er 1908, gerade 21 Jahre alt, in Leipzig. Kurt Wolff, der Förderer und Kenner der expressionistischen Dichter, ist sein Kompagnon. 1912 trennen sich die beiden, Rowohlt gründet erst 1919 wieder einen eigenen Verlag, nach Jahren als Prokurist bei S. Fischer. Rowohlt steht nicht der Sinn nach expressionistischen Avantgardisten, er veröffentlicht lieber eine bunte Palette von Schriftstellern. Seine Begründung: *„Als Verleger habe ich nicht die Berufung, einer bestimmten Politik zum Siege zu verhelfen; meine Aufgabe ist es, wichtige Bücher dem Publikum zugänglich zu machen, Bücher, von denen der Leser einen Gewinn hat.“* In seinem Verlag erscheinen später die enorm erfolgreichen **Rotationsromane** mit der Werbung darin, Taschenbücher mit Titeln von Sartre, Hemingway und Hans Fallada, dessen *Kleiner Mann, was nun?* die Reihe eröffnet.

Auch **Anton Kippenberg** ist in Bremen geboren. Nach einer Buchhändlerlehre in Bremen arbeitet Kippenberg zunächst in Lausanne sowie kurz als Volontär bei K. F. Koehler in Leipzig. Im Jahr 1896 zieht Kippenberg in die Buchstadt Leipzig. 1905 tritt er als Gesellschafter und Geschäftsführer in den Insel-Verlag ein. Seit Juli 1912 gibt Kippenberg die **Insel-Bücherei** heraus: eine Reihe preiswerter, aber sorgfältig hergestellter Bändchen mit Werken aus dem Programm des Verlags. Rainer Maria Rilkes *Die Weise von Liebe und Tod des Cornets Christoph Rilke* ist der erste Band. Bis heute folgen über 1.200 weitere.

In seinem Nachruf auf Johann Heinrich Suhrkamp, genannt Peter (1891–1959), schreibt Theodor W. Adorno: *„Selten fehlte der Hinweis darauf, dass er ein oldenburgischer Bauer war.“* Im Januar 1933 beruft der Verleger Samuel Fischer **Peter Suhrkamp** in den S. Fischer Verlag Berlin. Seit 1936 ist Peter Suhrkamp der Leiter, benennt ihn um in **Suhrkamp Verlag vorm. S. Fischer**, bis er 1942 von der Gestapo verhaftet, zum Tode verurteilt und in ein Konzentrationslager eingeliefert wird. Er überlebt. Nach dem Krieg gehen Fischer und Suhrkamp getrennte Wege, 48 Autoren müssen sich für einen der beiden Verlage entscheiden, 33 gehen zu Suhrkamp und seinem neuen Verlag. Seit

Georg von der Vring (1889–1968), Schriftsteller und Ehrenbürger von Brake (o.)

Henri und Eske Nannen aus Emden (r.)

Der Schriftsteller Walter Kempowski aus Nartum, Landkreis Rotenburg (r.)

Erich-Maria Remarque (1898–1970), Aufnahme aus dem Jahre 1917 (r.)

1950 veröffentlicht Suhrkamp Werke von Hermann Hesse, T. S. Eliot oder Bernard Shaw. Bei ihm erscheinen auch die Werke von Bertolt Brecht, der an ihn schreibt: *„Natürlich möchte ich unter allen Umständen in dem Verlag sein, den Sie leiten.“*

Und noch ein Verleger ist der Region eng verbunden: der in Emden geborene **Henri Nannen**, der zu den herausragendsten Journalisten und Publizisten seiner Zeit zählt. Er ist Gründer der **Hannoversche Neuste Nachrichten** und der Illustrierten **Stern**, die er als Chefredakteur und Herausgeber von 1948 bis 1980 zu einem der auflagenstärksten Magazine Europas entwickelt. 1983 wird Nannens Rückzug durch den Skandal um die gefälschten Hitler-Tagebücher, die größte Panne des deutschen Nachkriegsjournalismus, überschattet. Große Popularität erreicht Nannen als Kunstsammler und, gemeinsam mit seiner Frau Eske, als Stifter der **Kunsthalle** in seiner Heimatstadt Emden. In dieser Sammlung schließt sich der Kreis zu den im Dreistromland arbeitenden Malern. Ludwig Kirchner, Ernst Heckel und Karl Schmidt-Rottluff sind ebenso mit Gemälden vertreten wie Franz Radziwill und Paula Modersohn-Becker.

Die Region ist kein Literatenland. Bis ins 19. Jahrhundert sind die erfolgreichen Schriftsteller zwischen Ems und Elbe an einer Hand abzuzählen. **Johann Peter Eckermann** wird in Winsen an der Luhe geboren, geht aber nach Weimar, um seine Gespräche mit Goethe zu führen. Ein anderer Schöngeist, berühmt geblieben allein durch seinen Ratgeber *Über den Umgang mit Menschen*, ist Adolph Franz Friedrich Ludwig **Freiherr von Knigge**. Bei Bredenbeck geboren, geht er nach Weimar und Frankfurt, lässt sich endlich in Bremen nieder. Seine Sympathie für die französische Revolution bringt ihn bei den hanseatischen Bürgern in Schwierigkeiten, worauf er 1795 mit dem anonymen *„Manifest einer nicht geheimen, sondern sehr öffentlichen Verbindung ächter Freunde der Wahrheit“* reagiert. Die Wiederkehr der Monarchie erlebt der Republikaner nicht mehr; er stirbt 1796 in Bremen.

Die meisten Literaten der Region bringen es anderswo zu Rang oder eher zu Ehren, wie Erich Paul Remark, der 1898 in Osnabrück geboren wird. Er geht in seiner Heimatstadt zur Schule, besucht das Katholische Königliche Schullehrer-Seminar, arbeitet kurzfristig in Lohne bei Lingen als Lehrer und hält sich dann mit Gelegenheitsjobs als Grabsteinverkäufer, Buchhalter, Klavierlehrer und Organist über Wasser. 1921 arbeitet er als Werbetexter für die Continental-Gummiwerke in Hannover, wo er erstmals mit seinem neuen Namen unterschreibt: **Erich Maria Remarque**. Dann verlässt er seine Heimatstadt und zieht nach Berlin, wo

er schnell als Journalist reüssiert und mit seinen Büchern Triumphe feiert, die ihn im kommenden Jahrzehnt bis nach Hollywood führen.
Literarischer Vorläufer des Osnabrückers wird der heute fast vergessene **Georg von der Vring**. Auch er besucht – allerdings in Oldenburg – ein Lehrerseminar, auch er zieht in den Krieg, auch er verarbeitet seine Erlebnisse in einem Buch, dem 1924 abgeschlossenen *Soldat Suhren*. Erst der siebzehnte Verlag akzeptierte das Manuskript, und von der Vring gewinnt sofort die Aufmerksamkeit der literarischen Öffentlichkeit. Denn *Soldat Suhren* ist der erste deutsche Roman über den Ersten Weltkrieg und erscheint ein Jahr früher als Erich Maria Remarques *Im Westen nichts Neues*. Binnen weniger Monate werden 30.000 Exemplare verkauft.
Ein zu jung gestorbener Dichter ist **Rolf Dieter Brinkmann** aus Vechta. 1958 verlässt er nach der zehnten Klasse das Gymnasium und beginnt eine Buchhändlerlehre in Essen. Seit Anfang der 1960er Jahre veröffentlicht Brinkmann Gedichte und Prosa. Er ist fasziniert von den amerikanischen Beatniks wie Kerouac und Ginsberg, der Identität von Leben und literarischer Äußerung. Er hofft, die Pop Art auf die deutschsprachige Literatur zu übertragen und so die Mauer zur ernsten Literatur einzureißen. Aber seine Erwartung erfüllt sich nicht, versandet in der Politisierung der Literaten während der Studentenrevolte. Brinkmann reagiert mit Ausbrüchen – und stirbt einen seinem Leben angemessenen Tod: Am 23. April 1975 kommt er nach seinem Auftritt während eines Lyrikertreffens in Cambridge/England bei einem Autounfall ums Leben, weil er als Fußgänger den Linksverkehr nicht beachtet.
Ein Schriftsteller aus dem Mecklenburgischen, heute mit der Region eng verbunden, ist **Walter Kempowski**. Er wird im August 1948 durch ein sowjetisches Militärtribunal wegen vermeintlicher Spionage zu 25 Jahren Arbeitslager verurteilt und im März 1956 aus dem Zuchthaus Bautzen entlassen. Er studiert, wird Lehrer an der Dorfschule in Breddorf bei Zeven, dann im nahe gelegenen Nartum, beginnt 1981 die Literaturseminare in Haus Kreienhoop und hat sich durch seine Familienromane über die Kempowskis, dann auch durch sein gigantisches Kriegstagebuch **Echolot**, das er aus Tausenden von Dokumenten zusammenstellt, hohe Reputation erworben.
Einer der jungen erfolgreichen Literaten aus der Region ist der 1975 in Bremen geborene **Benjamin von Stuckrad-Barre**. In seinen Büchern sind die Grenzen zwischen literarischer und journalistischer Produktion kaum noch auszumachen. Der Autor ist umtriebig bis zur Erschöpfung, versucht sich als Talkshowmaster, Vorleser, Dokumentarfilmer, ist nicht zuletzt Person des öffentlichen Lebens, deren Exzesse, Auftritte und Alltagsgeschichten in den Medien ständig präsent sind, der funktionalisiert und funktionalisiert wird, der seine Beziehung zu Anke Engelke zelebriert, auf Musikfestivals ins Bild stürmt und keine Gelegenheit auslässt, von sich reden zu machen. Eines seiner Bücher heißt **Remix**, was viel sagt über die neue Funktion des Autoren als Popstar, auch etwas sagt über die Texte, die Remixe sind, also eine neue Fassung des früher Formulierten, was wiederum ein philosophisches Credo ist, denn jedes Thema ist nur noch die Variation eines vorhergehenden: Literatur als eine Kombination von kreativem Prozess, Sampling, Public Relation und Geschäftssinn.

Der aus Vechta stammende Dichter Rolf Dieter Brinkmann (1940–1975)

Der Pop-Literat Benjamin von Stuckrad-Barre

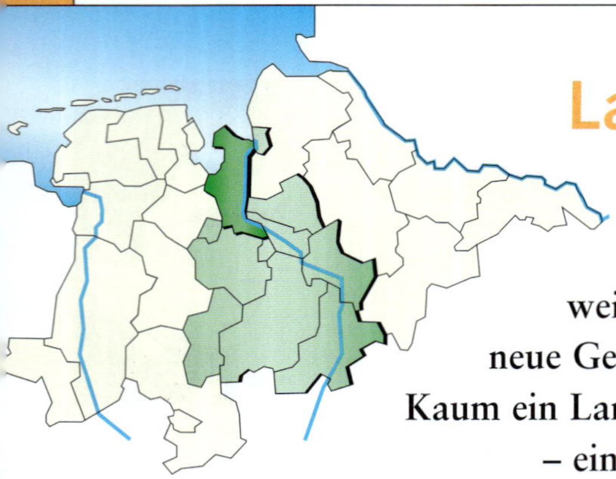

Landkreis Wesermarsch

Die Wesermarsch ist „flach wie eine Flunder“. Das offene Land bietet einen weiten Blick über fette Weiden, auf das immer neue Gesicht des Meeres und einen hohen Himmel. Kaum ein Landkreis Deutschlands ist so reich an Wasser – ein Reichtum allerdings, den die Menschen zu beherrschen lernen mussten.

Wer in der Wesermarsch mit dem Fahrrad gegen den Wind ankämpft, der ständig von vorn zu kommen scheint, der fährt an Gräben entlang oder auf den Kronen der Deiche, passiert immer wieder Siele, die den Binnenwasserstand regulieren und das Land und seine Bevölkerung vor dem „Blanken Hans“, vor Sturmfluten und Überschwemmungen schützen. Das Leben mit dem Meer, aber auch der Jahrhunderte lange Kampf gegen seine Gewalt wird für den Radfahrer aber nicht nur nachvollziehbar durch Natur, heftigen Wind und häufig „nasses Wetter“, sondern auch durch zahlreiche kunst- und kulturhistorische Tafeln entlang der Küsten-Fahrradroute des Landkreises. Sie „verklaren“ – wie es hier heißt – Aspekte des Deichbaus und Küstenschutzes und informieren über Schiffbau, Landwirtschaft, Sitten und Gebräuche der Region.

Mit Wasser ist die Wesermarsch wirklich reich gesegnet. 94 Kilometer Flussdeiche und 62 Kilometer Seedeiche schützen die niedrig gelegene Marsch mit ihren fetten und dunklen Böden vor Überflutungen. Die Deiche und die grüne Küste, die weiten Marsch- und Moormarschflächen zwischen Weser und Jadebusen mit den großen Einzelhöfen, die zum Teil noch auf Wurten liegen, prägen neben den Hafenstädten Brake, Elsfleth und Nordenham den rauen und dennoch charmanten Charakter der Wesermarsch.

Ein Naturschutzgebiet besonderer Art ist das Sehestedter Außendeichsmoor. Das heutige Areal ist das Reststück eines einst 135 Hektar großen Hochmoores, das im Zuge von Schutzmaßnahmen vor dem Meer ausgedeicht wurde. Heute ist es das einzige Außendeichsmoor der Welt. Dieser Rest des einstmaligen Hochmoores schwimmt auf, wenn Sturmfluten 3,25 Meter über NN erreichen. Dann wird unter dem schwimmenden Moor Schlick abgelagert.

Aufgereiht wie auf einer Kette sind alle wichtigen Ortschaften der Wesermarsch. Im Süden liegt Lemwerder, traditionsreicher Standort der Flugzeugindustrie, früher Zentrum der längst untergegangenen Stedinger Bauernrepublik. Im ruhigen Brake ist besonders interessant ein Besuch des Schifffahrtsmuseums. Nordenham dagegen ist eine Stadt der Gegensätze: Hier die betriebsame Atmosphäre im lebendigen Hafen, dort ein alter, beschaulicher Stadtkern. Oben in Butjadingen, an der Küste, laden kleine Hafenorte zum Bummeln und Baden ein. Man lässt den Blick übers

Die Weser bei Elsfleth (l.)

Kanufahrt auf dem Käseburger Sieltief, Gemeinde Ovelgönne (o.)

Meer schweifen, sieht den Möwen zu und die Fischkutter in See stechen.
Fünf Museen vermitteln in der Wesermarsch die Regionalgeschichte des Landstrichs mit allen seinen kulturellen und naturhistorischen Besonderheiten: das Schifffahrtsmuseum Brake, das Nationalparkhaus Fedderwardersiel, das Museum Nordenham, das Museum Moorseer Mühle und das Handwerkermuseum in Ovelgönne. In jedem dieser Museum stehen andere Themen im Vordergrund: Schifffahrtsgeschichte, regionaltypisches Handwerk, Windmühlen, Deichbau, die Geschichte des Wattenmeeres, die regionale Hafen- und Industriegeschichte. Gemeinsam stellen die fünf Häuser – auf der Grundlage einer Gesamtkonzeption für den Landkreis Wesermarsch – eine abgerundete und eigenständige Museumslandschaft dar.

Landkreis-Profil

	Landkreis	Land Nieders.
Einwohner, Fläche		
Einwohner gesamt	94.242	7.993.415
darunter 0 bis 15 Jahre in %	17,3	15,4
darunter älter als 65 Jahre in %	18,8	18,7
darunter Ausländer in %	6,2	6,7
Fläche in qkm	821,89	47.618,24
Einwohner je qkm	114,7	167,9
Sozialstruktur (Jahresdurchschnitt, gerundet)		
Erwerbstätige gesamt	36.000	3.492.600
Empfänger von Arbeitslosengeld / -hilfe	3.810	354.300
Empfänger sonst. Hilfen zum Lebensunterhalt	4.410	311.900
Anzahl Wirtschaftsbetriebe		
Gesamt (Industrie, Handel, Gewerbe, Dienstl.)	3.727	351.151
darunter Land-, Forst-, Fischereiwirtschaft	261	15.862
Steueraufkommen		
Lohn- und Einkommensteuerzahler	30.567	2.738.281
Summe positiver Einkünfte (in Tsd. EUR)	891.493	88.279.875
Steuereinnahmen (EUR je Einwohner)	539,43	544,33

Wahlen

Landtagswahl 2003	
CDU	46,0
SPD	41,1
FDP	5,0
Grüne	6,6
Sonstige	1,4

„De nich will dieken, de mutt wieken"

Deiche werden an der deutschen Nordseeküste seit fast tausend Jahren gebaut. Verantwortlich für Bau und Schutz der Deiche waren früher die Landbesitzer und Bauern der Marsch. Heute ist Küstenschutz Aufgabe des Staates und wird großteils aus Steuermitteln bezahlt.

Moderne Deichbauarbeiten mit Maschineneinsatz (r.) Heute diskutieren die Klimaforscher mit den Küstenschützern über die mögliche Höhe künftiger Sturmfluten als Folge des globalen Klimawandels

Nicht nur das flache Land, auch die großen Städte sind vom Hochwasser bedroht. Im Bild: Überflutung der Schlachte in Bremen am alten Martini-Anleger (o.)

Nur an zwei Stellen in Niedersachsen stösst die **hohe Geest** direkt an die Nordsee: bei Dangast und bei Cuxhaven-Duhnen. Überall sonst liegt das Land tief und von außen drohen **Sturmfluten.** Besonders der Landkreis Wesermarsch ist von Wasser umspült. 94 Kilometer **Flussdeiche** und 62 Kilometer **Seedeiche** schützen die niedrig gelegene Marsch. Sie sind Teil eines gestaffelten Küstenschutzsystems, das auch die vorgelagerten Inseln, die Deichvorländer und die **Sperrwerke** in den Flussmündungen umfasst. Der Küstenverlauf, der Jadebusen und die Halbinsel Butjadingen in ihrer heutigen Form sind das Ergebnis großer Sturmfluten zwischen dem 12. und dem 16. Jahrhundert. Eine der bis heute bekanntesten Fluten ist die **Marcellusflut** vom 16. Januar 1362, wegen ihrer katastrophalen Wirkung auch „große Mandränke" genannt. Sie soll an der gesamten Nordseeküste etwa 100.000 Menschen das Leben gekostet haben. In permanenter Kraftanstrengung errichten die Menschen an der Küste die Deiche immer wieder neu, nehmen sie manchmal auch zurück und entwässern gewonnenes Land: *De nich will dieken, de mutt wieken.* – Wer nicht deichen will, muss das Land verlassen. Dieser eherne Grundsatz gilt an der Küste seit Jahrhunderten und im Prinzip bis heute. Jedes Grundstück, das im Schutze des Deiches liegt, ist mit einer Abgabe an den **Deichverband** daran beteiligt, den Deich in Ordnung zu halten. Dieses Geld reicht allein jedoch nicht mehr aus. Deshalb engagieren sich der Bund und die Küstenländer im Rahmen der **Gemeinschaftsaufgabe Küstenschutz** in diesem Bereich und investieren jedes Jahr viele Millionen an öffentlichen Mitteln, die zum Teil auch von der Europäischen Gemeinschaft stammen. In Niedersachsen ist staatlicherseits der **Niedersächsische Landesbetrieb für Wasserwirtschaft, Küsten- und Naturschutz** (NLWKN) dafür zuständig.

Für etwa tausend Jahre seit der Zeitenwende leben die ersten Siedler an der Nordseeküste auf **Wurten** oder **Warfen** genannten künstlichen Hügeln. Dann beginnen die Menschen allmählich, **Deiche** zu bauen. Zunächst werden Ringdeiche um größere Wurten gelegt, dann ganze Kirchspiele eingedeicht. Ab 1200 entsteht der **Goldene Ring**, die heute geschlossene Deichlinie an der Küste. Der Prozess der Eindeichung und Gewinnung von neuem Land, auch **Groden** oder **Polder** genannt, ermöglicht eine intensive ackerbauliche Nutzung, die bald zu einer wirtschaftlichen Blüte der Marschen führt. Es entwickelt sich ein System des Küstenschutzes und des Wasserbaus, das in seiner Grundstruktur bis heute funktioniert. Es besteht aus den Deichen zum Schutz gegen die Flut und aus Anlagen zur Entwässerung des tief liegenden Landes.

Auf Grund des Meeresspiegelanstiegs, gewonnener Erfahrungen und verbesserter technischer Möglichkeiten hat sich das **Profil** der Seedeiche im Laufe der Zeit verändert: Die Deichkrone wird höher, die Außendeichsböschung wird flacher, damit die Fluten sanfter ausrollen können.

Der Deichbau beginnt als härteste Arbeit mit Muskelkraft und Spaten, später kommen Pferd und Schubkarre hinzu. Dann ersetzen Lorenzüge und dampfgetriebene Eimerbagger die Handarbeit. Heute erledigen Baufahrzeuge und Spülbagger die schwere Arbeit. **Schafe** am Deich sind keine Seltenheit. Sie finden hier Futter und halten die Grasnarbe kurz, was die Verwurzelung der Pflanzen fördert und für einen festen Halt der Kleidecke sorgt. **Entwässerungskanäle** durchziehen endlos das Land. **Siele** sind Durchlässe am Deich, durch die das Wasser abgelassen wird. Sie haben **Sieltore**, die auf den Druck des Wassers reagieren und sich zum Meer hin öffnen. Bei Ebbe drückt das abfließende Binnenwasser die Tore auf, während die Flut sie wieder schließt. Wo das nicht reicht, pumpen **Schöpfwerke** das Wasser ins Meer. Heute sind das große, elektronisch gesteuerte Anlagen, jahrhundertelang erledigen windgetriebene Schöpfmühlen diese Arbeit. **Deichscharts** sind Deichdurchfahrten, die dazu dienen, dass Landwirte mit Vieh und Maschinen auf das Außendeichgelände gelangen können. Bei Sturmfluten werden sie geschlossen. Beim heutigen Deichbau werden oft Überfahrten angelegt, so dass die Gefahr des Durchbruchs ausgeschlossen ist.

Ein scharfer Einschnitt in der Geschichte des Küstenschutzes ist die **Sturmflut von 1962.** Sie trifft Hamburg am schwersten. 330 Menschen ertrinken. Nach der Katastrophe wird das System des Küstenschutzes an der deutschen Nordseeküste und den tidebeinflussten Flüssen neu durchdacht. Die Überlegungen münden in einen **Generalplan Küstenschutz.** Überall werden die Deiche erhöht und verstärkt. Die Deichlinie insgesamt wird kürzer. Nebenflüsse bekommen **Sperrwerke**, die bei Sturmflut geschlossen werden. Später erkennt man, dass die Summe dieser Maßnahmen nicht unproblematisch ist. Vordeichland und Nebenarme der Flüsse stehen als **Überflutungsräume**, in die das Wasser ablaufen kann, nicht mehr ausreichend zur Verfügung. Außerdem verstärkt sich der **Tidenhub** in den großen Flüssen, deren Fahrrinnen kontinuierlich vertieft worden sind. Der heutige moderne Küstenschutz versucht daher, eine Balance zwischen Eindämmung und sanfter Regulierung der Naturgewalten zu finden.

Und die mit dem Küstenschutz zwangsläufig verbundenen Eingriffe in wertvolle Ökosysteme mit einer eigenen Tier- und Pflanzenwelt sind behutsamer geworden. Gesetzliche Bestimmungen regeln das Miteinander von Natur, Landwirtschaft und Technik. Heute gilt der Grundsatz: „So viel Küstenschutz wie nötig, so viel Naturschutz wie möglich.“

Schafbeweidung des verstärkten Augustgrodendeiches am Jadebusen (o.)

Das Huntesperrwerk bei Elsfleth ist eine der zentralen Küstenschutzanlagen im Unterwesergebiet (darüber)

Deichbauarbeiten an der ostfriesischen Leybucht um 1950 (ganz o.)

Ortsteile:
- Bardenfleth
- Berne
- Campe
- Ganspe
- Harmenhausen
- Hekeln
- Hiddigwarden
- Hiddigwardener-moor
- Motzen
- Neuenhuntorf
- Neuenkoop
- Ranzenbüttel
- Schlüte
- Warfleth
- Weserdeich

Einwohner: 7.256
Fläche: 85,21 qkm
85,2 Einw. je qkm

Leuchtturm auf der Weserhalbinsel Warflether Sand (o.r.)

Blick auf den prachtvollen Altar (o.) der dreischiffigen gotischen St. Aegidius Kirche in Berne (ganz o.)

Gut Neuenhuntorf (o.l.)

Drachenbootrennen (o.r.)

Berne

Die **St. Aegidius Kirche** prägt das Ortsbild von **Berne.** Eine Orgel nach Plänen **Arp Schnitgers** und ein Altar nach dem Hamburger Holzschnitzer **Ludwig Münstermann** machen die dreischiffige gotische Hallenkirche heute zu einer der schönsten Kirchen der Region. Regelmäßig finden hier Konzerte der **Berner Abendmusik** statt. Die **Schiffer-Kirche** (um 1350) in **Warfleth** wird in früheren Jahrhunderten von Walfängern besucht. Nah am Wasser gebaut, wird sie nach der Sturmflut von 1962 durch eine Spundwand geschützt. Sie zeigt wie die **St.-Marien-Kirche** in **Neuenhuntorf** (um 1500) mit ihren Kanzeln und Altären die Pracht vergangener Jahrhunderte. Von kulturhistorischem Wert ist auch die **Zinnfigurenausstellung** im Berner **Rathaus.**

In der Nähe des Rathauses bietet die denkmalgeschützte **Kulturmühle Berne** ein vielfältiges Programm. Der Kulturverein gleichen Namens hat sich zur Aufgabe gemacht, das kulturelle Programm in der Mühle zu betreuen. Es finden Theateraufführungen, Konzerte, Kabarett, Diavorträge, Kino und Lesungen, Kunst- und Handwerksmärkte statt.

In der **Ranzenbütteler Straße** hat **Renate Ackermann** ihren **Skulpturgarten.** Sie ist Bildhauerin und hat hier im Rahmen des Kultursommers 2002 ihre Gartenfigurinen zu dem Motto „Wasser Wiesen Weite" aufgestellt.

An der **Hunte** liegt der Ortsteil **Neuenhuntorf.** Das zweigeschossige Backsteinhaus **Gut Neuenhuntorf** hat um 1680 Deichgraf Anton Günther errichten lassen. Im **Paradezimmer** des Hauses befinden sich sehenswerte barocke Deckenmalereien. Die aufwändige Restaurierung ist durch die heutigen Besitzer **Gerd** und **Bärbel Logemann** vorgenommen worden.

Seit 1601 gibt es auf dem **Breithof-Marktplatz** den **Berner Markt.** Er findet heute jedes Jahr in der zweiten Septemberwoche statt. Im zweijährigen Rhythmus wird das noch nicht so alte **Ollenfest** gefeiert. Da zeigen die Berner beim **Drachenbootrennen** und **Schifferstechen,** was sie können. Zum Drachenbootrennen meldet man sich mit einem Kampfnamen an; man ist beispielsweise „*Willi der Bär*" o.ä. Natürlich benötigt man auch eine entsprechend phantasievolle Bekleidung. Jede Mannschaft besteht aus zwanzig Paddlern und einem Trommler.

An der **Juliusplate,** wo der alte Warflether Arm der Weser verläuft, liegt der **Yachthafen Juliusplate.** Da der Yachthafen regelmäßig trocken fällt – er ist immer nur drei Stunden vor und nach Hochwasser befahrbar – sind Liegeplätze für Kielboote begrenzt.

Dreihundert Meter entfernt ist der Fähranleger der **Fähre Berne-Farge.** Die Gemeinde hat eine zweite Fährverbindung auf die andere Weserseite nach Bremen: die Fähre **Motzen-Blumenthal.** Tagsüber pendeln die Fähren je nach Wetterlage und Verkehrsaufkommen auf der Weser etwa alle 15 bis 20 Minuten. Betreiber ist die **Fährgemeinschaft Bremen Stedingen GmbH.** Das Unternehmen besorgt außerdem die Fährverbindung **Lemwerder-Vegesack.**

Am Weserufer liegen zwei kleine Ortsteile mit wenigen Dutzend Häusern – aber je einer eigenen Werft. Schon von weitem sind in **Warfleth** die großen blauen Hallen der **Detlef Hegemann Rolandwerft** zu sehen. Knapp 300 Menschen arbeiten hier. Die Werft ist spezialisiert auf den Bau kleinerer Containerschiffe sowie Autotransportschiffe, Schlepper und Behördenschiffe. Der Bremerhavener Autotransporteur **E.H. Harms** beispielsweise lässt seine Schiffe hier bauen. Die Schiffsneubauten stehen auf Kielbockträgern und werden auf Schienen aus der Schiffbauhalle ans Wasser auf eine Querverschiebeanlage gebracht. Diese wird abgesenkt, bis das Schiff allein aufschwimmt.

Weniger als einen Kilometer stromaufwärts liegt das Gelände der **Fassmer-Werft** in **Motzen** mit ihren über 200 Beschäftigten. Die Werft ist ein Familienbetrieb in heute fünfter Generation. Es können bis zu 70 Meter lange Schiffe gebaut werden, Behördenfahrzeuge, Versorgungsschiffe oder Lotsenversetzboote. Rettungsboote, ob für Handelsschiffe oder größere Tenderboote für Kreuzfahrtschiffe, sind eine Spezialität der Werft. Auch der neue **Seenotrettungskreuzer „Hermann Marwede“** der Deutschen Gesellschaft zur Rettung Schiffbrüchiger in Bremen wurde hier gebaut, ebenso die Fähre **„Berne-Farge II“.** Auch der Anlagenbau sowie die Faserverbundtechnik gehören zur Produktpalette des Unternehmens. Im Anlagenbau werden fertige Komponenten der Decksausrüstung für Schiffe gefertigt, wie beispielsweise Gangways und Bootsaussetzvorrichtungen. Als eines der ersten Unternehmen beginnt Fassmer mit der Verarbeitung von Faserverbundwerkstoffen. Heute produziert sie z. B. Hochraumdächer für die Automobilindustrie, Verkleidungsteile aus Kunststoff für Wohnmobile und Windkraftanlagen.

Mit mehr als 200 Mitarbeitern stellt sich die in Berne ansässige **Aljo Aluminiumbau Jonuscheit GmbH** als hochspezialisierter Zulieferer dar. Ob es sich um Teile für den neuen Airbus 380, die europäische Rakete Ariane 5 oder das Modell des **Raumgleiters Phoenix** handelt, stets ist Aljo mit Teilen oder kompletten Produkten vertreten. Großfähren und Kreuzfahrtschiffe werden mit Kabineneinrichtungen ausgerüstet. Für die Marinen werden Hangartore gebaut und für Großyachten zum Beispiel Landgänge, Badetreppen und Fallreeps. Mit dieser Kombination unterschiedlicher Produkte ist Aljo einer der führenden Aluminiumspezialisten in Europa.

Montagearbeiten an dem Raumgleiter Phoenix bei Aljo Aluminiumbau (o.) Phoenix ist das flugfähige Modell des geplanten wiederverwendbaren Raumgleiters „Hopper“, der von dem europäischen Raumfahrtkonzern EADS entwickelt wird

Blick auf das Gelände der Fassmer-Werft an der Unterweser (ganz o.)

Ortsteile:
- Boitwarden
- Golzwarden
- Harrien
- Kirchhammelwarden
- Klippkanne

Einwohner: 16.275
Fläche: 38,18 qkm
426,3 Einw. je qkm

Admiral Brommy: Bronzeplatte auf seinem Grab in Kirchhammelwarden (r.)

Rund zwei Kilometer lang sind die Terminals an der Weser in Brake. Im Vordergrund die Silos des Agri Terminals, dahinter der Breakbulk Terminal und der Terminal der Fettraffinerie; ganz vorn die Seeschleuse, die in den Binnenhafen führt (u.)

Brake (Unterweser)

Weithin sichtbar erheben sich die riesigen Silos an der Südpier des Hafens Brake. Mit ihrer Höhe von 90 Metern überragen sie alles in der Stadt, auch die katholische **St. Marienkirche.** Auf ihrem immerhin auch über 40 Meter hohen Kirchturm trägt sie neben dem Kreuz einen Tonnen schweren Anker und eine Weltkugel, beides Symbole für die lange Tradition der Stadt als Landeshafen. Der **Braker Hafen** wird überwiegend von der Unternehmensgruppe **J. Müller** bewirtschaftet. Sie betreibt an der **Südpier** den **Agri Terminal,** wo große Mengen Getreide und Futtermittel aus aller Welt umgeschlagen und gelagert werden. Im nördlichen Bereich des Hafens, dem sogenannten **Breakbulk Terminal,** werden Forstprodukte, Stahl und Projektladung sowie Schwefel, ein Kuppelprodukt bei der Erdgasgewinnung im Südoldenburger Raum, umgeschlagen.
Die Pier der **Fettraffinerie Brake** ist in Privathand des Unternehmens. Hier werden pflanzliche und tierische Öle und Fette, Mineralöle und Melasse umgeschlagen und verarbeitet.
Der **Oldenburgisch-Ostfriesische Wasserverband** (**OOWV**) hat seinen Hauptsitz in Brake. Mitglieder des OOWV sind die Kommunen. Er versorgt das Weser-Ems-Gebiet mit Trink- und Brauchwasser. Zahlreiche Städte und Gemeinden haben dem OOWV auch die Abwasserentsorgung übertragen.

Ältestes Gebäude Brakes ist das **Fischerhaus** aus dem Jahr 1731. Als Wahrzeichen der Stadt gilt der **Telegraph.** Der markante quadratische Turm wird 1846 als Glied einer ganzen Kette von Stationen für die optische Nachrichtenübermittlung zwischen Bremerhaven und Bremen in Betrieb genommen und veraltet bald darauf durch die Erfindung der Telegraphie. Auf Initiative des Braker Zahnarztes **Dr. Fritz Carstens** wird das Gebäude 1960 zum **Schifffahrtsmuseum.**

Glanzstück des Museums ist die farbenprächtige Büste von **Admiral Brommy.** Mitte des 19. Jahrhunderts blockiert die dänische Kriegsflotte die deutsche Küste. In Frankfurt tagt zu dieser Zeit das mit der 1848er Revolution entstandene Paulskirchen-Parlament. Es stellt sechs Millionen Reichstaler zur Verfügung und beschließt die Bildung einer deutschen Kriegsflotte. Der Sachse **Karl Rudolf Bromme,** der sich „Brommy" nennt, wird der erste Admiral der ersten deutschen Marine. Neben >Bremerhaven (174) wählt er Brake als Heimathafen. Nach einem Gefecht mit den Dänen vor Helgoland im April 1849 und dem Friedensschluss mit Dänemark beschließt das Frankfurter Parlament bereits 1852 die Auflösung der Flotte. Der Admiral wird verabschiedet. Trotz ihrer kurzen Geschichte ist diese Flotte ein Symbol für die Einigung des damals zersplitterten Deutschland und für Streitkräfte, die durch ein Parlament legitimiert sind. Admiral Brommy zieht nach Bremerhaven, stirbt 1860 in >St. Magnus (Bremen 204) und wird in **Kirchhammelwarden** beigesetzt.
Der spätere königlich privilegierte Orgelbauer **Arp Schnitger** wird 1648 in

Schmalenfleth als Sohn eines Tischlers geboren. Von ihm sind 170 Orgeln geschaffen worden – von Portugal bis zum russischen Zarenhof. Schnitger ist der Vollender der Barockorgeln. Heute gibt es nach Kriegen, Bränden und Änderungen des Musikgeschmacks im 19. Jahrhundert noch 32 dieser weltberühmten Orgeln. Die von Arp Schnitger in seiner Heimat- und Taufkirche, der **St. Bartholomäuskirche** in **Golzwarden,** geschaffene Orgel ist bis auf den Orgelprospekt verändert worden. Jetzt soll durch eine Restaurierung der alte Zustand wieder hergestellt werden. Das hat sich die 1999 gegründete **Arp-Schnitger-Gesellschaft** in **Golzwarden** vorgenommen, die heute Mitglieder in zwölf Staaten hat. Zudem möchte sie die verbleibenden Arp-Schnitger-Orgeln weltweit ins Weltkulturerbe einbringen. Alle zwei Jahre bekommen begabte junge Organisten und Orgelbauer den von dem Verein ins Leben gerufenen **Arp-Schnitger-Preis.**
Seit 1960 ist **Georg von der Vring** Ehrenbürger der Stadt Brake. Der heute nur noch wenig gelesene Dichter wird 1889 in Brake geboren und stirbt 1968 in München. Bekannt wird er mit seinem ersten Roman **Soldat Suhren.** Er handelt von den Schrecken des Ersten Weltkriegs und erscheint 1927, ein Jahr vor Erich Maria Remarques berühmtem Buch „Im Westen nichts Neues".

Tanker bringen Palmöl, Kokosnussöl und andere tropische Öle direkt oder via Rotterdam an die Privatpier der Fettraffinerie in Brake. Sie werden hier zur Verwendung als Nahrungsmittel veredelt (o.)

Helmut Debus, der Songpoet des Plattdeutschen aus Brake, ist seit 30 Jahren mit seiner Liedpoesie in ganz Europa unterwegs. Seine erste LP erscheint 1976. Seitdem hat er 16 CDs herausgebracht, ein Liederbuch veröffentlicht sowie Film- und Theatermusiken geschrieben und zahlreiche Auszeichnungen, zuletzt 2004 den Kulturpreis der Oldenburgischen Landschaft, erhalten. Um den Erhalt und die Pflege der plattdeutschen Sprache bemüht sich auch der Braker Hobby-Heimatdichter, Stadt- und Museumsführer **Johannes Berkhout.** Neben drei Hörspielen sind Geschichten und Döntjes in plattdeutscher Sprache von ihm in Kalendern, Zeitungen und Büchern veröffentlicht worden. 1986 ist er Mitbegründer des **Rüstringer Schrieverkrings,** einer Vereinigung plattdeutsch schreibender Heimatfreunde im **Rüstringer Heimatbund.**
Stets neue, aktuelle Themen sucht die **Medienwerkstatt Brake.** Deren Mitglieder treffen sich im Dachgeschoss der **Eichendorff-Schule** Brake. Dort hat die Stadt die ehemalige Hausmeisterwohnung zur Verfügung gestellt. Die Werkstatt verfügt über eigene Videotechnik für Schnitt und Live-Übertragung. Gesendet wird im **Offenen Kanal.**

Johannes Berkhout (o.r.)

Helmut Debus (o.l.)

Harald Vogel, Jürgen Gansäuer, Jürgen Ahrend und Gerd Dettmers (im Bild v.l.n.r.) von der Arp-Schnitger-Gesellschaft (l.o.)

Mitglieder der Medienwerkstatt Brake (l.u.)

Ortsteile:
- Burhave
- Eckwarden
- Fedderwardersiel
- Langwarden
- Ruhwarden
- Stollhamm
- Tossens
- Waddens

Einwohner: 6.580
Fläche: 129,02 qkm
51,0 Einw. je qkm

Butjadingen

Deiche und grünes Marschland bis zum Horizont: Butjadingen ist die Halbinsel zwischen Jadebusen und Außenweser. Küstenvögel schreien, Wassergräben und Sieltiefs entwässern das tief liegende Land. Die Leute hier nennen sich **Butjenter.** Sie leben vom Tourismus und der Landwirtschaft. Der kürzeste Weg nach >Wilhelmshaven (I-216) ist der mit der **Fähre** von **Eckwarderhörne.** Sie pendelt jedoch nur in den Sommermonaten über den Jadebusen. Der Weg nach Bremerhaven über die Weser war früher weit. Jetzt gibt es den Wesertunnel. Im nahen >Abbehausen (Nordenham 38) startet im Sommer die beliebte **Butjenter Bahn Tschu-Tschu** zu den Küstenorten der Halbinsel.

Die Spielscheune in Burhave, ein Paradies für Kinder (r.)

Die Skulptur „Die Nornen" mit den germanischen Schicksalsgöttinnen Urd, Werdandi und Skuld auf dem Grundstück von Bärbel Deharde am Dükerweg (u.)

Seit 1892 ist **Tossens** ein Nordseebad und die ersten Urlauber waren Kinder aus Berlin, die in einem großen Bauernhaus, heute das **Kurhotel Strandhof,** Quartier bezogen. Die touristische Attraktion ist der **Nordsee Tropen Parc.** Das **„Rio Grande"** genannte Meerwasserhallenbad simuliert eine Flusslandschaft. Kulturinteressierte finden im Ort die **St.-Bartholomäus-Kirche.** Sie ist neben der **St.-Lamberti-Kirche** in **Eckwarden** eine der zahlreichen **Wurtkirchen** in der Wesermarsch. Sehenswert sind Altar, Kanzel und das Taufbecken aus der Werkstatt des berühmten Hamburger Holzschnitzers Ludwig Münstermann.

Burhave ist Sitz der Gemeindeverwaltung und ebenfalls Badeort. Der grüne Strand lädt zum Sonnen und Baden ein. Die **Spielscheune** in der Nähe des Strandes ist ein Platz zum Toben und Spielen für die Kinder.

Im Jahre 1902 wird in Burhave – und nicht etwa in Ostfriesland! – von **Hinrich Dunkhase** der **Friesische Klootschießerverband** gegründet, der heute die Dachorganisation von über 40.000 Sportlern ist. Am Ortseingang Burhaves erinnert ein Gedenkstein und eine Informationstafel an den Gründer. Aus Anlass des hundertsten Geburtstages des Verbandes im Jahre 2002 wird in Burhave sogar die **Weltmeisterschaft** im Klootschießen durchgeführt.

Auch **Fedderwardersiel** hat seinen **Nordsee-Ferienpark** mit guten Wohnmöglichkeiten und Angeboten für Kinder. In erster Linie wird der Ort vom **Kutterhafen** geprägt. Er ist Heimathafen für heute noch neun Krabbenkutter, deren Fänge überwiegend von der **Butjadinger Fischereigenossenschaft** auf den Markt gebracht werden. Alte, denkmalgeschützte Häuser säumen das Ostufer des Hafens. Das **Nationalparkhaus Wattenmeer/ Museum Butjadingen** liegt direkt am Fischereihafen. Es stellt umfangreiche Informationen zur Siedlungsgeschichte, Fischerei, Küstenschutz und vieles mehr aus. Zum Museum gehört ein **Lehrpfad** durch Fedderwardersiel und den **Außengroden,** das Gelände vor dem Deich.

Von Fedderwardersiel aus fährt Kapitän **Elmar Hüttenmeister** mit dem Schiff mit flachem Boden **MS „Wega II“** zu den Leuchttürmen und Sandbänken der Nordsee. Er ist der einzige, der eine Konzession besitzt zum **Trockenfallenlassen** des Schiffes bei Ebbe auf einer **Sandbank** im Nationalpark Wattenmeer. Kapitän Hüttenmeister arbeitet mit der Seehundaufzuchtstation in > Norddeich (Norden I-50) bei der **Auswilderung von Seehunden** zusammen.

Wer die Flotte der Butjadinger Fischer komplett erleben will, sollte zu der alljährlichen **Krabbenkutter-Regatta** kommen. Die Regatta findet auf dem Fedderwarder Priel statt. Vom Deich zwischen Fedderwardersiel und Burhave ist sie gut zu beobachten. Zum Rahmenprogramm gehören die Papierboot-Regatta, Schlicktauziehen und **Granatpulmeisterschaften.**

Der Künstler und Geschichtenerzähler **Butjatha** wird 1944 in Eckwarderhörne geboren. Dort steht schon heute das von ihm geschaffene Denkmal **„Mögliche Gedenkstätte von Butjatha“**. In Eckwarderhörne endet auch der zweite Abschnitt des rund um den Jadebusen führenden **Skulpturenpfades** mit dem Titel „Die Sintflut – Bewahrung der Schöpfung“, dessen erster Abschnitt „Die 7 Tage der Schöpfung“ in > Mariensiel (Sande I-201), beginnt. Butjatha fertigt Holzobjekte, Bronzeskulpturen und Radierungen, die an zahlreichen Stellen in der Region ausgestellt sind. Seit 1999 wohnt und arbeitet er in > Moordorf (Elsfleth 32).

An der Nordspitze der Halbinsel Butjadingen liegt das alte Wurtendorf **Langwarden** und dort der **Friesenhügel.** Hier sind die Friesen begraben, die 1514 in der Schlacht von Langwarden gefallen sind. Sie hatten nach dem Motto „Lever doodt als Sklav“ gekämpft. Sehenswert ist das mittelalterliche **Steinhaus,** heute ein Flügel der Pastorei. In dem alten Bauernhaus am **Burmeidsweg** haben **Walburga** und **Günter Greiß** ihr **Wein- & Teekontor** mit Café in gemütlicher Atmosphäre. Das ganze Haus duftet nach köstlichen Dingen. Ob Apfeltee, grüner Tee aus Japan oder doch lieber ostfriesisch, man hat die Wahl zwischen bestimmt 200 Sorten. Wer mag, darf probieren.

Walburga und Günter Greiß vor ihrem Wein- & Teekontor (o.)

In **Düke** bei **Ruhwarden** hat die Künstlerin **Bärbel Deharde** ihr Atelier. Ihre Werke sind in Galerien und Museen der Gegend zu sehen und längst auch über die Grenzen der Wesermarsch hinaus. Inzwischen ist sie auf Ausstellungen in Frankreich, Italien und den USA gewesen. Bärbel Deharde ist Malerin, macht Objekte (Spezialität: Stahl) und Performances. Im EXPO-Jahr 2000 beteiligt sie sich an der **KuhArtExpo,** die von der niedersächsischen Milchwirtschaft angeregt wird. Vierzig Künstler gestalten lebensgroße PVC Kuhmodelle nach ihren Vorstellungen.

Die MS „Wega II“ mit ihrem geringen Tiefgang fährt zu den Sandbänken und Leuchttürmen vor der Butjadinger Küste (o.)

Strand von Eckwarderhörne (l.)

„Mögliche Gedenkstätte von Butjatha – vor 976 Jahren durch direkte Einflussnahme der Natur erstanden“ am Geburtsort des Künstlers in Eckwarderhörne (ganz l.)

Ortsteile:
- Bardenfleth
- Birkenheide
- Burwinkel
- Butteldorf
- Dalsper
- Eckfleth
- Elsfleth
- Elsflether Sand
- Fuchsberg
- Fünfhausen
- Gellen
- Huntebrück
- Huntorf
- Kortendorf
- Lichtenberg
- Lienen
- Moordorf
- Moorhausen
- Neuenbrok
- Neuenfelde
- Nordermoor
- Oberhammelwarden
- Paradies
- Sandfeld
- Vorwerkshof
- Wehrder

Einwohner: 9.252
Fläche: 115,15 qkm
80,3 Einw. je qkm

Elsfleth

Elsfleth, die gemütliche Kleinstadt, liegt an der **Hunte**, die knapp nördlich der Stadt in die Weser mündet. Die Hunte verbindet den Hafen Oldenburg mit der Unterweser. Ein ausgedehntes Radwegenetz in der Gegend von Elsfleth führt über grüne Wiesen und stille Dörfer. Am schönen Weserstrand in **Oberhammelwarden** empfiehlt sich eine Rast.

In **Moorriem** schmücken alte Katen und Höfe mit Fachwerk und Reetdächern die Marschenlandschaft. Eines ist das **Moorriemer Landcafé**. Spezialität des Hauses ist die **Ostfriesentorte**. Sie besteht aus Mürbeteigboden und

einer Masse aus Sahnepudding und Schlagsahne. Das Wichtigste jedoch sind die Rumrosinen! **Georg Maas** und drei Damen aus dem Landcafé bieten als Gästeführer lohnende Streifzüge durch die Gegend an.

Das **Honazuni** in Elsfleth, **Neuenfelde 50**, ist eine kleine private Galerie, die Ende 1996 von **Stefan Wilcke** und **Ulrike Wieters-Wilcke** ins Leben gerufen wird. Das Atelier an der Friedenseiche hat sich schnell zu einem Geheimtipp unter den zahlreichen kunstinteressierten Besuchern entwickelt. Gezeigt werden Künstler aus dem In- und Ausland mit Malerei, Bildhauerei und Fotografie.

Das Elsflether **Rathaus** direkt an der Hunte besteht aus zwei Gebäudeteilen. Der ältere, südliche Kernbau war einst das Zollhaus zur Erhebung des oldenburgischen Weserzolls. Vor dem Rathaus stehen eine **Kanone** und ein **Anker**, die auf die dänische Herrschaft hinweisen. Geht man vom Rathaus in Richtung **Alte Straße**, erblickt man zur

Rechten die **St.-Nikolai-Kirche**. Sehenswert ist neben dem Kruzifix und dem Taufbecken der **Kirchenstuhl** der **Familie von Münnich** und der **Seemannsbrunnen**.

Wenn er nicht unterwegs ist, liegt der Dreimastgaffelschoner **„Großherzogin Elisabeth“** aus dem Jahre 1909 an der Elsflether **Stadtkaje**. Es werden Fahrten nach Bremen, Bremerhaven, Helgoland sowie Sommerreisen in die Ostsee angeboten.

Vor allem ist die **„Lissi“**, wie die Elsflether das Schiff liebevoll nennen, das Ausbildungs- und Internatsschiff der

Blick in die gemütliche Elsflether Fußgängerzone (o.r.)

Ulrike Wieters-Wilcke vor ihrer Galerie Honazuni (r.)

Fachwerkhaus in Moorriemen (ganz r.)

Seefahrtsschule Elsfleth. Die Fachhochschule bildet in den Sparten Nautik, Seeverkehrs- und Hafenwirtschaft und Internationales Transportmanagement aus. Ein Planetarium, ein Manöverbecken und ein **Schiffsführungssimulator** stehen für die Studenten zur Verfügung. Von der großen Vergangenheit Elsfleths als Seefahrerstadt zeugen noch heute die **Nautische Kameradschaft „Visurgis"** und die **Nautische Verbindung „Roter Sand"**. Letztere trifft sich im Bootshaus am Yachthafen. Ziel ist die Pflege des Berufsstandes und die Förderung der Kameradschaft. Seit 1967 ist die Nautische Verbindung im gleichnamigen Haus am Rathausplatz untergebracht. Teil der stolzen Schifffahrtsgeschichte der Stadt ist die **Elsflether Werft**. Sie wird mitten im Ersten Weltkrieg von **Franz Peuss** gegründet. Ihre bewegte Geschichte beginnt mit der Reparatur von Marineschiffen. Neubauten kommen hinzu, nach dem Zweiten Weltkrieg Handelsschiffe, Bohrinselversorger, später Sektionen von Schiffen für andere Werften. Eines der Highlights ist der Bau des Kreuzfahrtschiffes **„Lili Marleen"** für die

Reederei Deilmann aus Holstein. In den 1990er Jahren kann die Werft der Krise des Schiffbaus nicht entgehen. Der Insolvenz folgt 1996 die Neugründung und es endet, wie es begann: mit der Reparatur von Marineschiffen. Diese machen rund 60 Prozent der Aufträge aus, der Rest entfällt auf zivile Aufträge. Regelmäßig zu Instandsetzungsarbeiten zu Gast ist die **„Gorch Fock"**. Rund 80 Menschen finden Arbeit auf der Werft.

Omni-Pac ist Teil eines weltweiten Konzerns der Verpackungsindustrie. Hier wird Altpapier umweltfreundlich recycelt, um daraus Eierkartons, Erdbeerschalen, Fleischschalen usw. herzustellen. Von der Reinigung des Papiers bis zum fertig bedruckten Karton wird alles gemacht. Die Firma bietet 380 Menschen in Elsfleth einen Arbeitsplatz, hinzu kommen zahlreiche Ausbildungsplätze.

1956 gründet **Georg Roll** in München einen **Großhandel** für Briefmarkenneuheiten. Sein Nachfolger wird **Jürgen Schneider**, der das Unternehmen zunächst nach Brake und dann nach Elsfleth holt. Heute ist auch sein Sohn **Tomke Schneider** an der **Georg Roll Brief-**

marken GmbH beteiligt. Das Unternehmen kauft und verkauft neu erscheinende Briefmarken aller Länder der Welt. Für viele nationale Postverwaltungen ist es die offizielle Agentur, die die Marken in den Sammlermarkt bringt.

Das **Huntesperrwerk** schützt Elsfleth und Oldenburg bei Hochwasser in der Unterweser. Bei normalen Gezeitenwellen steht es offen und erlaubt ungehinderten Schiffsverkehr. Nachts bietet die Beleuchtung des Sperrwerks mit den fünf hohen Pfeilern und den Lichtreflexen auf dem Wasser einen imposanten Anblick.

Das Huntesperrwerk (o.)

Tomke Schneider, Juniorchef der Georg Roll Briefmarken GmbH (o.)

Der Dreimastschoner „Großherzogin Elisabeth" an der Stadtkaje (l.)

Sehenswert in der Elsflether St.-Nikolai-Kirche (ganz l.) sind Kruzifix, Taufbecken und besonders der Kirchenstuhl der Familie von Münnich

Ortsteile:
- Achtermeer
- Augusthausen
- Diekmannshausen
- Jaderaltendeich
- Jaderaußendeich
- Jaderberg
- Jaderkreuzmoor
- Jaderlangstraße
- Nordbollenhagen
- Norderschwelburg
- Nordmentzhausen
- Rönnelmoor
- Sehestedt
- Südbollenhagen
- Süderschwelburg
- Südmentzhausen
- Wapelergroden

Einwohner: 5.939
Fläche: 93,55 qkm
63,5 Einw. je qkm

Eine Gedenktafel (o.r.) erinnert an das Wirken des Admirals Sehestedt bei der Verstärkung des Moordeiches um 1722. Dabei wurden 800 Fuhrwerke, 122 Dielenschiffe und bis zu 2.000 Menschen eingesetzt

In der Kaskade in Diekmannshausen zeigt der OOWV, dass Wasser nicht immer so selbstverständlich verfügbar war wie heute (o.)

Strandfest am Jadebusen (o.r.)

Jade

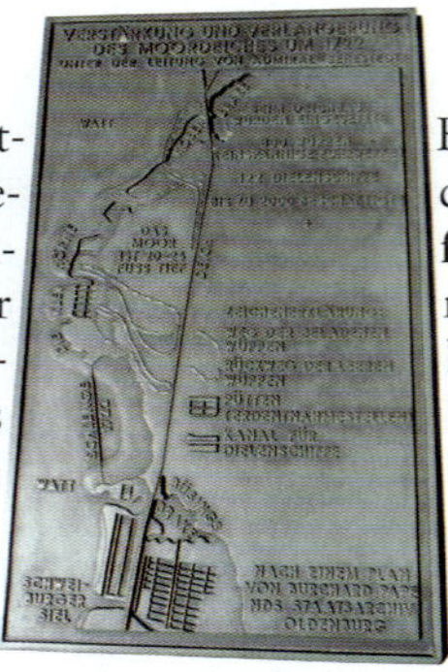

Jade ist eine landwirtschaftlich geprägte Gemeinde. Reihensiedlungen, saftige Weiden der **Jader Marsch** und Waldbestand, im Landkreis Wesermarsch sonst nicht eben häufig, wechseln sich ab. Das Rathaus steht im Ortsteil Jade. Zunehmend entwickelt sich jedoch **Jaderberg** zum Zentrum der Gemeinde. Die Einwohnerzahl ist stark gestiegen, die Nähe zur Autobahn A 29 nach > Wilhelmshaven (I-216) bzw. > Oldenburg (46) macht sich wirtschaftlich positiv bemerkbar. Das Flüsschen **Jade** schlängelt sich durch das Gemeindegebiet, entwässert das Land und vereinigt sich bei Jaderaltensiel mit der **Wapel.** Vor der Mündung in den Jadebusen steht das große **Schöpfwerk Wapelersiel.** Bei Ebbe schöpft es das Wasser der Jade in den Jadebusen. Wenn das nicht reicht, bei starkem Regen und ungünstiger Tide, helfen leistungsfähige Pumpen nach. Dieses Schauspiel ist einen Ausflug wert. Wer sich die Funktionsweise erklären lassen will, kann eine Führung durch das Schöpfwerk buchen. Durch die Wasserbaumaßnahmen ist die Jade ein stehendes Gewässer, dabei erstaunlich fischreich, weil Arten sich vermehren, die das mögen. Die Angler bleiben nicht aus.

Bei **Sehestedt**, dem nördlichsten Ortsteil der Kommune, ragt die Küste etwas vor. Die in der Ausbuchtung entstehende Strömung trägt das Watt fort – eine ideale Stelle für das **Strandbad.** Benachbart ist ein **Feriendorf,** in dem man in einer der vierzig Wohneinheiten rustikal und gemütlich eingerichtet die Ruhe genießen kann.

Ein weltweit einzigartiges Naturdenkmal ist das **Sehestedter Außendeichmoor.** Es wird „Schwimmendes Moor" genannt, weil es bei höher auflaufender Flut beginnt aufzuschwimmen. Durch Sturmfluten ist es langfristig gefährdet. Um das zehn Hektar große Gebiet hat die Agenda-21-Gruppe **Ideenschmiede Jade** einen **Salzwiesen-Erlebnispfad** eingerichtet. Es gibt Infotafeln zur Flora und Fauna und zur Entwicklung des Moores seit 1720, nach der Schließung der Deichlücke.

Die Entstehung des Außendeichmoors und letzlich auch des Strandbades ist den Deichbauten des 18. Jahrhunderts unter der Leitung des hierher strafversetzen **Admiral Sehestedt** zu verdanken, mit denen seitdem das Land vor den Fluten geschützt wird.

Um Wasser geht es auch in dem stillgelegten **Speicherpumpwerk** in **Diekmannshausen.** Hier zeigt der **Oldenburgisch-Ostfriesische Wasserverband** Wissenswertes über Geschichte und Gegenwart der Trinkwasserversorgung. In dem heute **„Kaskade"** genannten Gebäude sind Exponate wie eine Wäschemangel von 1940, eine Zinkwanne und ein Wäschestampfer, Motoren, Pumpen und Aggregate zur Wasseraufbereitung und ein Plumpsklo zu besichtigen. Vom angrenzenden **Turm** hat man eine schöne Aussicht auf den Jadebusen und bei guter Wetterlage sogar bis zur Weser.

Jochen Heumann erklärt die Herstellung der Blaudrucke in der Galerie Schönhof (o.)

Achterbahn im Tier- und Freizeitpark Jaderberg (l.)

In der Wirtschaftsstruktur der Gegend eine Ausnahme und ein „Ansiedlungserfolg“ ist die **Hydro-Control Steuerungstechnik GmbH**, mit über hundert Mitarbeitern in Jaderberg größter Arbeitgeber der Gemeinde. Gebaut werden z.B. Nietanlagen für Flugzeughersteller, allen voran die norddeutschen Werke der Airbus-Industrie, Industrieroboter oder Ruderanlagen für die Werften in >Lemwerder (36). **Christian Meiners jun.** leitet den Familienbetrieb, der sich vom Handwerk zur High-tech-Schmiede gewandelt hat, in zweiter Generation.

Ein ebenfalls großer Arbeitgeber ist der **Tier- und Freizeitpark Jaderberg**, einer der größten deutschen Privatzoos. Außer Elefanten und Nashörnern hat er alles, was man als Zoo haben muss: Affen, Giraffen, Löwen, Kängurus, einen Streichelzoo mit vornehmlich einheimischen Arten wie Ziegen und Schweine, insgesamt 500 Tiere. Dazu gehören ein **Abenteuerpark** mit Wildwasserbahn, ein elektronisches Puppentheater usw. Sehr sehenswert ist die **Linde**, im Sommer ein schattiges Plätzchen am Eingang zum Tierpark, der das **Lindencafé** seinen Namen verdankt. Ein Metallgerüst bewahrt die weit ausladenden Äste des uralten Baumes vor dem Abbrechen.

Du wirst Dein blaues Wunder erleben – das geflügelte Wort kommt vom **Blaudrucken**, von der Wandlung der Farbe im Tauchbad von Gelb über Grün zu Blau. Die Blaudrucker benutzen das teure Indigo aus Indien oder einheimische Naturfarben. Auf dem **Schönhof** zwischen Diekmannshausen und Schweiburg an der B 437 werden Stoffe mit verschiedensten Mustern bedruckt und zum Kauf angeboten. Der Hof ist zugleich auch Galerie für zeitgenössische internationale Kunst und wird von NDR 1 empfohlen: Hundertwasser, Christo & Jeanne-Claude, Emil Nolde, Wilhelm Busch, Miro, Armin Müller-Stahl, Günter Grass, Corneille, Ton Schulten, Willi Kissmer, Prof. Klaus Fußmann, Giuliano Ghelli, Ernst Hanke und viele andere werden hier aufwändig präsentiert.

Im Ortsteil **Jaderberg** ist das ehemalige kaiserliche Postgebäude heute das **Künstlerhaus Jan Oeltjen**. Es bewahrt das Erbe des 1880 hier geborenen Malers und seiner Frau **Elsa Oeltjen-Kasimir.** Die beiden leben in Varea im früheren Jugoslawien. Hier stirbt Oeltjen 1968 im Alter von 88 Jahren als jugoslawischer Staatsbürger. In dem Haus gibt es auch Ausstellungen „Junger Kunst“.

Die älteste Kirche der Gemeinde ist die **Trinitatis-Kirche** am Ufer der Jade mit ihrer historischen Orgel des Arp-Schnitger-Schülers Busch. Konzerte, Lesungen und Ausstellungen finden regelmäßig statt. Das **Altarbild** von 1926 stammt von Jan Oeltjen.

Blick in das Künstlerhaus Jan Oeltjen (o.l.)

Altarbild „Auferstehung Christi“ von Oeltjen (o.r.) in der Trinitatis-Kirche. Aus Rücksicht auf den Zeitgeschmack der Dorfbewohner unterscheidet es sich von seiner sonst expressionistischen Malweise

Ortsteile:
- Altenesch
- Bardewisch
- Bardewischermoor
- Barschlüte
- Braake
- Butzhausen
- Deichshausen
- Dunwarden
- Dunwarderfelde
- Hörspe
- Husum
- Krögerdorf
- Krögerdorfermoor
- Lemwerder
- Ochtum
- Ritzenbüttel
- Sannau
- Süderbrook
- Tecklenburg

Einwohner: 7.390
Fläche: 36,38 qkm
203,1 Einw. je qkm

Lemwerder

Wirtschaftlich ist Lemwerder geprägt durch Schiffbau und Flugzeugindustrie. Delmenhorst und Bremen sind nah. Das Ambiente ist ländlich, der Ortskern mutet kleinstädtisch an, man wohnt hinterm Weserdeich. Eine Reihe bedeutender Unternehmen sind hier zuhause.

Weltberühmte Yachten wie die „Carinthia" (o.l.) werden in den Schiffbauhallen der Lürssen-Werft (o.r.) gebaut

Wenn die wirklich Reichen dieser Welt etwa nach einer neue Mega-Yacht gelüstet, ist Lemwerder eine der allerfeinsten Adressen. Die derzeit größte private Luxusyacht der Welt heißt **„Octopus"** und ist ein Bauauftrag, den die **Lürssen-Werft** 2003 abgeliefert hat. Das Schiff ist 126 Meter lang. Auch andere berühmte Yachten wie **„Pelorus"** und **„Carinthia VII"** werden hier gebaut. Werften, die für solche Kunden arbeiten, halten auf Diskretion; sie nennen niemals Preise und nicht die Namen ihrer Auftraggeber. Kenner vermuten, dass „Octopus" z.B. je Schiffsmeter eine Million Euro gekostet haben dürfte. Jedenfalls haben noble Suiten, der Kinosaal und der Hubschrauber an Bord oder das U-Boot für Unterwasserausflüge zu Korallenriffen ihren Preis. Lürssen, ein Familienbetrieb seit 1875 und heute in der vierten Generation, beschäftigt rund 1.000 Mitarbeiter. Über 13.000 Boote und Yachten sind seitdem vom Stapel gelaufen. Legendär ist die Konstruktion des weltweit ersten Motorbootes **„Rems"** im Jahre 1886 in Zusammenarbeit mit Gottlieb Daimler und Wilhelm Maybach. Nach dem Ende des Bremer Vulkan in den 1990er Jahren übernimmt die Werft in >Bremen-Vegesack (250) auf dem dortigen Gelände ein großes **Hallendock.**

In Vegesack liegen auch die Anfänge der Werft. Erst Anfang der 1930er Jahre wechselt sie auf die hiesige Weserseite. Weitere Schiffbauplätze sind im schleswig-holsteinischen Rendsburg und in >Berne-Bardenfleth (26). Das zweite Standbein der Werft ist der Bau von **Marineschiffen**, Fregatten, Korvetten, Schnellboote, gelegentlich auch Fähren oder Zollboote.

Der andere namhafte Yachtbauer in Lemwerder ist die **Abeking & Rasmussen Schiffs- und Yachtwerft.** Seit der Gründung des Unternehmens im Jahre 1907 haben über 6.400 Boote und Schiffe die Werft verlassen. Abeking & Rasmussen ist heute eine der mittleren deutschen Schiffswerften mit ca. 500 Beschäftigten und fertigt u.a. auch Rotorblätter für Windenergieanlagen.

35 Mitarbeiter der Firma **Procedes beilken digital printing** produzieren in Lemwerder großformatige Digitaldrucke auf Stoff, Papier und allerhand Materialien, die bei Messen und Events zu aufwändigen Hinguckern installiert

An das Gemetzel mit 6.000 Toten in der Schlacht von Altenesch im Jahre 1234 erinnert bis heute die eiserne Säule des St.-Veith-Denkmals. Vergeblich wehren sich die Stedinger, die das Land urbar gemacht haben, gegen den Machtanspruch und das Heer des Bremer Bischofs (r.)

werden. Große Namen der deutschen Automobilindustrie stehen auf der Kundenliste. In den Anfängen dürfte beim Spannen großer Textilflächen **Berend Beilken** seine Erfahrung aus der Welt des Segelns zugute gekommen sein: Ehe er 1990 sein Unternehmen gründet, gewinnt der Profisegler mit seiner Crew dreimal die berühmteste internationale Hochseeregatta, den **Admiral's Cup**.
Fast jeder in Lemwerder kennt noch die beiden riesigen, langen, halbrunden, schmutzigweißen Hallen der **ASL Aircraft Services Lemwerder**, die bis vor kurzem weithin sichtbar am Weserufer gestanden haben. Die Flugzeugwerft hat eine bewegte Geschichte, die verbunden ist mit großen Namen wie **Weser Flugzeugbau**, **Focke Wulf**, später: **VFW Fokker**. Mehr als einmal

wechseln die Eigentümer, steht das Werk vor dem Aus. 2004 übernimmt der europäische Luft- und Raumfahrtkonzern **EADS** die Mehrheit. Das zuletzt von ASL betriebene Reparaturgeschäft für zivile Flugzeuge reicht nicht, um die rund 650 Arbeitsplätze zu sichern. 210 Mitarbeiter können bleiben. Für die anderen ist es nicht leicht. Sie finden neue Jobs in den zu EADS gehörenden Airbus-Werken in der Region oder in Hamburg, außerhalb des EADS-Konzerns oder wechseln in eine Transfergesesellschaft. Die Zukunft des Werkes liegt nun in der Einbindung in die Großprogramme der europäischen Luftfahrtindustrie. Bei ASL werden jetzt Teile des **Eurofighters** und des Militärtransporters **Transall** montiert. Der Flugplatz, auf dem große Verkehrsflugzeuge starten und landen konnten, wird geschlossen. Der an der Unterweser gelegene **Hof Sosath**, ein ehemaliges Rittergut, vereint adeligen Charme mit moderner Funktionalität. Hier werden nach strengen Prinzipien Pferde gezüchtet: Die Pferde müssen Leistung bringen, ob im Parcours oder im Viereck. Jährlich werden rund 20 Fohlen in Lemwerder geboren. Begehrt ist der Stamm der **Heida**, der über den Bundes-Championatssieger 1997, Landor S, in voller Blüte steht. Seit 1996 existiert die **Besamungsstation**, die bereits ein Jahr später die EU-Zulassung erhält.
Die **BEGU Lemwerder** ist das Kultur- und Freizeitzentrum der Gemeinde. Sie bietet vielfältige Möglichkeiten der Freizeitgestaltung für alle Altersgruppen, Konzerte, Theater, Tanz, Gymnastik, Musik, Töpfern, Fotografieren usw. Auch viele Vereine, Verbände und Bildungsträger nutzen das Raumangebot. Mehr als 400 Bürger nutzen wöchentlich das Angebot der verschiedenen Anbieter.
An 14- bis 18-Jährige richtet sich die **Jugendtheatergruppe „Splash"**. Die Treffen finden unter der Leitung der Tanzpädagogin **Ludmilla Eulen** statt. Es geht um Probleme, die Heranwachsende beschäftigen. Die **Zirkusschule** ist vor allem für Kinder da. Wöchentlich trainiert **Katja Fiedler** 36 Kinder in den Bereichen Artistik, Jonglage und Clownerie.
Zu den Sehenswürdigkeiten in der Gemeinde zählen der **Schwarze Leuchtturm**, 1898 beim Bremer Vulkan gebaut und bis 1983 in der Richtfeuerlinie der Unterweser in Betrieb, das **Ochtum Sperrwerk** und die **Kapelle am Deich**. Die **St.-Gallus-Kirche** in **Altenesch** steht vermutlich auf dem Massengrab der 6.000 Stedinger, die in der **Schlacht bei Altenesch** (1234) starben.

Das jährliche Festival „Drachen über Lemwerder" mit den phantasievollen Figuren wird von der BEGU organisiert (o. und ganz o.)

Der Profisegler und Unternehmer Berend Beilken (o.)

Die Heilig-Kreuz-Kirche in Bardewisch. Sehenswert sind die mittelalterlichen Fresken, der Altaraufsatz aus dem Jahre 1764 sowie die Malereien an der Empore (o.l.)

Aus der Zeit um 1300 stammt die Kapelle am Deich, das vermutlich älteste Gebäude Lemwerders (o. ganz l.)

Ortsteile:
- Abbehausen
- Blexen
- Einswarden
- Ellwürden
- Esensham
- Friedrich-August-Hütte
- Moorsee
- Phiesewarden
- Schweewarden

Einwohner: 27.830
Fläche: 87,20 qkm
319,2 Einw. je qkm

Fischereihafen um 1900 (r.)

Seit 1876 erscheint die „Kreiszeitung Wesermarsch“, die im ganzen Landkreis gelesen wird

Vor der Stadthalle Friedeburg erinnert eine Bronzestatue an Wilhelm Müller, den Gründer und Ehrenbürger der Stadt Nordenham (u.)

Nordenham

Der Kaufmann **Wilhelm Müller** veranlasst 1857 den Norddeutschen Lloyd, einen regelmäßigen Schiffsverkehr von Nordenham nach England zum Transport von Vieh aus Butjadingen einzurichten. Als Schiffsanleger wird die sogenannte **Ochsenpier** gebaut. Bald darauf dient er auch als Anleger für den Personenverkehr auf der Weser nach Bremen und Bremerhaven. Weitere Hafenanlagen und Schuppen entstehen. Schließlich, 1908, wird die Stadt Nordenham gegründet. Vor der Stadthalle Friedeburg erinnert heute eine Bronzestatue an den Gründer und Ehrenbürger der Stadt.

Aus der Wirtschaft

Heute ist Nordenham eine kleine **Industriestadt**, die sich über ca. zehn Kilometer an der Weser erstreckt. Nach Norden ziehen sich Hafenanlagen und der Industriegürtel der Stadt hin. Etliche große Unternehmen sind hier beheimatet. Am nördlichen Ende der Stadt bildet die Halbinsel Butjadingen eine Spitze mit dem 1.200 Jahre alten Ortsteil **Blexen.** Von hier pendeln die Fähren hinüber nach >Bremerhaven (174). Seit der Fertigstellung des Wesertunnels ist diese Fahrt bedeutend einfacher geworden.
Das **Airbus-Werk** an der Weser in **Einswarden** ist das Zentrum für den Bau von Rumpfschalen für alle Airbus-Flugzeuge. In einem weitgehend automatisierten Produktionsprozess werden in Nordenham 140 verschiedene Flugzeugschalen hergestellt, darunter auch die Großschalen für den neuen A 380. Sie gelangen über den **Midgard-Hafen** auf dem Seeweg zum Airbus-Werk in Hamburg. Vorläufer des heutigen Werks sind die Flugzeugwerke **Weserflug**, später VFW, der industrielle Kern, um den herum sich der Stadtteil entwickelt hat.
Einswarden ist heute nicht gerade das, was man ein bevorzugtes Wohngebiet nennen würde, eher ein sozialer Brennpunkt. Die Lebensqualität im Stadtteil Einswarden soll erhöht werden. Das ist das Ziel des Projektes **Soziale Stadt,** in dem durch den Einsatz eines **Quartiermanagers** und durch die Zusammenarbeit der Bürger und vieler Institutionen dafür ein Leitbild erarbeitet wurde. Dessen Umsetzung soll schrittweise Besserung bringen.
Nach einer wechselvollen Geschichte produzieren im Stadtteil **Friedrich-August-Hütte** heute die Unternehmen **Metaleurop Weser GmbH** und **Xstrata Zink.** Zusammen beschäftigen sie gut 600 Mitarbeiter. Abnehmer sind Verzinkereien und beim Blei vor allem Hersteller von Autobatterien und Akkus. Die Metaleurop Weser setzt als eines der bedeutendsten Bleirecycling-unternehmen Europas ca. 75 Prozent Altmaterial ein und leistet damit einen Beitrag zum schonenden Umgang mit der Natur und Umwelt. Seit 2003 operieren die beiden Unternehmen unabhängig voneinander. Beider Ursprünge liegen in der Gründung der Metallwerke Unterweser AG im Jahre 1906. In den 1950er Jahren erfolgt die Übernahme der Aktien durch die damalige Preussag AG.

Der Stadtteil Friedrich-August-Hütte hat einen eindeutig industriellen Kern, ist ursprünglich ein Hüttenkomplex mit Arbeitersiedlung. Die Straßen heißen Glückauf oder Erzstraße. Auch heute werden hier Blei und Zink verarbeitet. Im Bild: Zinkverarbeitung bei Xstrata Zink (l.)

Der **Midgard-Hafen** mit seinen stadtnahen Terminals und dem Terminal Blexen gehört nicht, wie die meisten anderen Häfen, der Kommune oder dem Land, sondern ist im Privatbesitz der **Rhenus Midgard**. Das Unter-

Neben Massengut wie Kohle, Erz und Holz werden im Midgard Hafen auch die Rumpfschalen für den A 380 aus dem Airbus-Werk in Einswarden in Spezialcontainern, groß wie ein Einfamilienhaus, verladen. Auf Pontons werden sie längs der Küste zum Airbus-Werk in Hamburg-Finkenwerder geschleppt (o.l.)

nehmen beschäftigt in Nordenham rund 170 Menschen und betreibt auch Terminals an mehreren anderen Hafenplätzen in der Region.

Die äußerst hartnäckigen Versuche des Amerikaners **Cyrus Field** zur Verlegung eines Transatlantikkabels führen 1866 erstmals zu einem sensationellen Erfolg. Seither sind Europa und Amerika telegrafisch miteinander verbunden. Noch heute stützen sich weltweite Kommunikation oder Datenverkehr auf Unterseekabel, die sich seit der Zeit Fields zu einem engmaschigen Netz ausgeweitet haben. Die **Norddeutschen Seekabelwerke** steigen 1899 in dieses Geschäft ein und sind heute das älteste Unternehmen der Stadt. Das Werk liefert Seekabel, Spezialkabel für die Offshore-Industrie und andere Anwendungen über oder unter Wasser. Als Konsortialführer verantwortet es unter anderem die Realisierung des **America Region Caribbean Optical Ring System** (ARCOS-1). Diese Seekabelanlage verbindet über 9.000 Kilometer 24 Landungspunkte in 15 Ländern der Karibik miteinander. Sie besteht fast ausschließlich aus

Kabelanlandung vor Curacao (u.)

verstärkerlosem Glasfaserkabel, eine Spezialität des Werkes in Nordenham. Heute enthalten Unterseekabel keinen Kupferkern mehr, der die Impulse leitet, sondern Bündel haarfeiner Glasfasern. Diese werden aus Amerika aufgewickelt auf Spulen geliefert und in Nordenham zu Seekabeln verarbeitet. Bis zu 400 Kilometer lang ist solch ein Kabel.

Aus Südnorwegen kommt **Ilmenit**, der Rohstoff, den **Kronos-Titan** in Blexen verarbeitet. Ilmenit ist ein Titanerz. Es ist schwarz. Schneeweiß dagegen ist das Endprodukt, **Titandioxid.** Es wird als Weißpigment verwendet bei der Herstellung von Farben, Lacken,

Weithin sichtbar auch von der gegenüberliegenden Weserseite: das Kronos-Titan-Werk in Blexen (o.)

Kunststoffen und Spezialpapier. Das Unternehmen beschäftigt in Europa ca. 1.900 Personen, davon 360 in Nordenham.

Ab dem **Bahnhof** nach Süden erstreckt sich der für Freizeit und Tourismus „zuständige“ Teil der Stadt. Ab der **Union-Pier** in der Stadt fahren die Schiffe der **Hal över Schreiber Reederei** in den Sommermonaten bis nach Bremen. Ca. einen Kilometer weit führt die neue **Weserpromenade** am Ufer entlang. Hier hat die Stadt eine Veranstaltungsfläche für Open-air-Veranstaltungen jedweder Art angelegt.

Weiter nach Süden können Radler auf dem Deich fahren, Fußgänger auch am **Weserstrand** entlang laufen. Zum „Badespaß für alle Piraten“ lädt das **Freizeitbad Störtebeker** mit Riesenrutsche, Wellnessbereich und Außenbecken ein.

Dat ole Hus von Christel und Hermann-Dieter Strenge in seltener winterlicher Pracht (o.)

Ganz im Süden der jungen Stadt liegt der Hafen **Großensiel.** Er wird von einer Kanone bewacht; an seiner Einfahrt steht ein grünes Rohr mit breitem grünem Ringaufsatz im Wasser, das **Leuchtfeuer Großensiel.** Am **Großensieler Schöpfwerk** sind das **Café Sander** und die **Gaststätte Weserstrand** für ihre gute Fischküche bekannt. Aber auch Kulturinteressierte kommen in Nordenham auf ihre Kosten. Das **Museum Nordenham** zeigt Ausstellungen zur Stadtgeschichte und zur friesischen Kultur.

Das älteste Wohnhaus in der Wesermarsch ist **Dat ole Hus,** gleich hinter dem Möbelhaus. Zu bewundern sind alte Möbel, Harlinger Fliesen und Fayencen sowie exklusive Lampen, Bilder und Spiegel. **Christel** und **Hermann-Dieter Strenge** bieten sie in dem über 300 Jahre alten Haus, das zugleich auch Museum ist, zum Verkauf an.

Ein Einkaufsparadies ganz besonderer Art ist das **Historische Kaufhaus J. H. Büsing Sohn** in der **Butjadinger Straße** in **Abbehausen,** das 1853 von Johan Hermann Büsing gegründet wird und sich als Einzelhandelsgeschäft bis heute behauptet einschließlich der im Wesentlichen unveränderten Ladeneinrichtung. Es gibt einfach alles, weit über 3.000 Artikel des täglichen Bedarfs: Einweckringe, Sturmwäscheklammern, Fahrradersatzteile, Nägel, Schrauben usw., vieles auch noch einzeln. Nach telefonischer Anmeldung führt **Elmar Freese,** der heutige Inhaber, kleine Gruppen durch den dem Laden angegliederten musealen Bereich.

Elmar Freese in seinem Historischen Kaufhaus J. H. Büsing Sohn (r.)

Die romanische Kirche **St. Hippolyt** in **Blexen** steht auf dem Märtyrergrab Benjamins, Missionsgefährte des Bischofs Willehad von Bremen. Altar und Kanzel der Kirche stammen von **Ludwig Münstermann.** An jedem ersten Sonntag im Monat finden die **Blexener Kirchenkonzerte** statt, zu denen abwechselnd die Blexer Kantorei, die Kinderkantorei, der Posaunenchor und der Blockflötenkreis einladen.

Die **Moorseer Mühle** ist der Mittelpunkt eines Fachmuseums für Müllerei und regionale Mühlengeschichte. Die Mühle ist betriebsbereit; es finden Backtage mit Mahlbetrieb statt, Dreschaktionen und Volkstanz.

Das **Kulturzentrum Jahnhalle** ist eine 1911 gebaute ehemalige Turnhalle,

benannt nach dem Turnvater Jahn. Sie bietet Platz für 400 Personen. Hier finden ganzjährig Rock- und Pop-Konzerte sowie Kabarettveranstaltungen statt. Die **Stadthalle Friedeburg** im Stadtteil **Atens** ist das große Messe- und Veranstaltungszentrum des Landkreises Wesermarsch. Neben Tagungen und Messen finden hier ganzjährig große Theaterveranstaltungen, insbesondere vom Oldenburgischen Staatstheater, statt. Ebenso wird über das ganze Jahr verteilt ein Programm der Kabarett- und Comedy-Künstler der TV-Szene angeboten.
Gut Schützfeld ist eines der adelsfreien Güter auf dem Gebiet des heutigen Nordenham. Übrig geblieben ist der **Park „Gut Schützfeld“**, wo regelmäßig **„Klassik im Park“** stattfindet. Die Ausstellung **„Garten und Ambiente“** mit Schönem und Nützlichem für Wohnung, Haus und Garten wird im Friedeburg-Park gezeigt
Eine andere regelmäßige Veranstaltung in Nordenham mit vielen Besuchern ist die **Norwo**, Jahr- und Flohmarkt in einem. Sie zieht sich vom Marktplatz über die Bahnhofstraße bis zum Großensieler Hafen, wo am Sonntag der **Fischmarkt** abgehalten wird.
Siegfried Lührs gründet 1978 die **Vereinigung der Nordenhamer Sternfreunde**, die regelmäßig öffentliche Vorträge zur Astronomie anbietet. Der Verein hat heute hundert Mitglieder. Auf seine Initiative hin richtet man im Gymnasium Nordenham das **Planetarium** mit Volkssternwarte ein. Das Dach ist die Beobachtungsplattform.

Der **Bürgerrundfunk Wesermündung** steht allen interessierten Bürgern offen, ihre eigenen Radio- und Fernsehbeiträge zu produzieren und auszustrahlen. Er sendet Radio- und TV-Programme über das Kabelnetz in 82.000 Haushalte der Region.
Pädagogische Betreuung insbesondere für 8- bis 13-Jährige bietet die **Kinder- und Jugendfarm Nordenham** an. Durch die Übernahme von Verantwortung soll das Selbstvertrauen der Kinder und Jugendlichen gestärkt werden. Das Farmleben kennt klare Regeln, auf deren Einhaltung konsequent geachtet wird.
Berühmt geworden ist **Uwe Horn** aus Blexen, der als **„Roy“** zusammen mit seinem Kollegen **„Siegfried“** in Las Vegas mit seinen weißen Tigern auftritt. Der Landwirt **Gerold Böschen** vom **Hof Volkers** in Blexen drückt acht Jahre lang mit Uwe Horn die Schulbank. Er erinnert sich an den Magier als Klassenclown und Einzelgänger. Da er ihn noch einmal wiedersehen will, reist Gerold Böschen mit seiner Frau nach Las Vegas. Nach der Show trifft er Roy hinter den Kulissen und schnackt platt mit ihm.

Das Ehepaar Böschen (Bildmitte) zu Besuch bei Siegfried (links) und Roy (rechts) in Las Vegas (o.)

Dr. Siegfried Lührs (im Bild rechts) und Reinhard Herden von der Vereinigung der Nordenhamer Sternfreunde (o.)

Kinder- und Jugendfarm am Seepark Blexersande mit Hüttenbauplatz (o.l.)

Die Norwo (u.)

Ortsteile:
- Barghorn
- Coldewey
- Colmar
- Großenmeer
- Logemannsdeich
- Loyermoor
- Moorseite
- Neustadt
- Norderfrieschenmoor
- Norderhofschlag
- Oberströmische Seite
- Oldenbrok-Altendorf
- Oldenbrok-Mittelort
- Oldenbrok-Niederort
- Ovelgönne
- Popkenhöge
- Rüdershausen
- Strückhausen-Altendorf
- Strückhausen-Kirchdorf
- Strückhausermoor
- Süderfrieschenmoor
- Wolfstraße

Einwohner: 5.757
Fläche: 123,81 qkm
46,5 Einw. je qkm

Ovelgönne

Flächenmäßig groß und dünn besiedelt, liegt Ovelgönne mitten in der Wesermarsch. Große Industrie ist weit weg; an vielen Stellen gibt es noch intakte Natur. Die Siedlungsschwerpunkte liegen in Großenmeer, Neustadt/Colmar, Oldenbrok-Mittelort und dem ehemaligen **Burgdorf Ovelgönne**. Zu Beginn des 16. Jahrhunderts wird die Burg Ovelgönne von dem Oldenburger Grafen Johann errichtet, später zum Residenzschloss ausgebaut und unter der folgenden dänischen Herrschaft abgerissen. Heute hat das ehemalige Burgdorf Ovelgönne dank des Städtebausanierungsprogrammes und des Engagements der Bürgerinnen und Bürger zu altem Glanz zurückgefunden.

Das **Handwerksmuseum Ovelgönne** besteht seit 1981. Mit der Übernahme des Museums durch den **Heimat- und Kulturverein Ovelgönne** beginnt im Jahre 2000 eine neue konzeptionelle Ära als Archiv zur Geschichte des Handwerklichen. Die bauliche Sanierung und der Aufbau einer Dauerausstellung werden vorangetrieben.

Das Museum eignet sich gut als Ausgangspunkt für Spaziergänge durch Ovelgönne. Zahlreiche interessante Gebäude prägen das Ortsbild, die **St. Martin Kirche**, die **Burg-Apotheke** und das Ensemble um **Land-** und **Amtsgericht**. Auch die historischen Straßen **Am Wall** und **Breite Straße** gehören dazu. Etwas außerhalb liegen der **Jüdische Friedhof** und das **Strückhauser Kirchdorf.** Letzteres ist ein denkmalgeschütztes Ensemble und besteht exakt aus Kirche, Pastorat, Küsterei, einem Gehöft und einer Kneipe.

Auf das Geburtshaus des Malers **Wolfgang Heimbach,** um 1610 in Ovelgönne geboren, verweist heute nur noch eine Hinweistafel. Gefördert von Graf Anton Günther, gehört er zu den wenigen bedeutenden Malerpersönlichkeiten des 17. Jahrhunderts in Norddeutschland. Wie für viele Künstler seiner Zeit ist auch für Heimbach ein Wanderleben typisch. Es führt ihn nach Bremen, in die Niederlande und über Süddeutschland nach Italien. In Rom malt er das Porträt von Papst Innozenz X. und findet einen Gönner in Ferdinand II., Großherzog der Toskana.

Wie alle ländlichen Gemeinden, hat Ovelgönne seine Feste: das **Schützenfest** in Frieschenmoor, das **Birkenfest** in Rüdershausen oder das **Norddeutsche Kaltblüterrennen** in Strückhausen. Das traditionsreichste Fest ist der **Ovelgönner Pferdemarkt.** Seit über 370 Jahren ist der Markt ein Ereignis in der Wesermarsch. Der traditionelle Handel per Handschlag findet am **Pferdemarktmontag,** am ersten Montag im September, auf dem **Markthamm** statt. Gefeiert wird bereits an

Auktion beim Ovelgönner Pferdemarkt (ganz o.r.)

Blick in die Schiffszimmererwerkstatt des Handwerksmuseums Ovelgönne (r.)

Mitarbeiter von Hans Thormählen Blitzschutz- und Elektrotechnik (o.)

Die Ponyspielmannschaft Ovelgönne, stolze Sieger der Landesmeisterschaft WeserEms in Rastede 2004 (l.) Im Bild: Wiebke Hillmer, Magdalena Uerlich, Wiebke Hänsel und Claas Müller (v.l.n.r.)

Blick auf das idyllische Strückhauser Kirchdorf (u.)

den Tagen davor. Der Pferdemarkt wird vom **Bürgerverein Ovelgönne** und der Gemeinde gemeinsam durchgeführt.

Reiten wird groß geschrieben in der Gemeinde. Es gibt zwei vereinseigene und drei private Reithallen Der **Reiterverein Ovelgönne** hat die stolze Mitgliederzahl von 400. Er wird 1908 gegründet und gehört damit zu den ältesten Reitvereinen im Oldenburger Land. Nachwuchsförderung ist ein Schwerpunkt der Vereinsarbeit. Die Ausbildung in Voltigieren, Dressur, Springen und Vielseitigkeit liegt in den Händen von vier erfahrenen und engagierten Reitlehrern. Die jungen **Ponyreiter** sind seit vielen Jahren das Aushängeschild des Reitervereins Ovelgönne. Manch ein auf Turnieren erfolgreicher Ovelgönner Reiter hat seine ersten Schleifen in der Ponyspielmannschaft verdient.

Größter Arbeitgeber ist die **Nordmilch** mit dem Werk Strückhausen. Es produziert **Speiseeis** und Trockenmilchpulver. Zur Hochsaison arbeiten hier 500 Menschen. Es ist das alte, heute oft noch so genannte **Botterbloom**-Werk. 2004 erfolgen tiefgreifende Umstrukturierungen, die zum Erhalt des Werkes beitragen. Die Marke **„Botterbloom"** gibt es immer noch.

Arbeitgeber für rund 100 Mitarbeiter ist die Firma des ehemaligen Bürgermeisters **Hans Thormählen.** Sie liefert vor allem Blitzschutzanlagen. Auf der Kundenliste stehen der **Energieversorger EWE** mit seinen Erdgaskavernen, norddeutsche **Airbus-Werke**, die **Jever-Brauerei** und auch überregional große Namen wie VW und Skoda.

Auf **Gut Harlinghausen** in Strückhausen hat sich die **Hundeschule Heßling** europaweit unter Fachleuten einen Namen gemacht.

Susanne und Anke Heßling (o.)

Ortsteile:
- Kleinensiel
- Rodenkirchen
- Schwei
- Seefeld

Einwohner: 7.963
Fläche: 113,39 qkm
70,2 Einw. je qkm

Stadland

Stadland ist das Land zwischen den Gestaden, zwischen Weser und Jadebusen, eine Flächengemeinde mit zahlreichen kleinen Dörfern und Bauerschaften. Mit über 4.000 Einwohnern ist **Rodenkirchen** Siedlungsschwerpunkt und Schulzentrum der Gemeinde. An das historische Rodenkirchen erinnern der alte **Marktplatz**, die **Hengsthalle** und eine Reihe weiterer denkmalgeschützter Gebäude. Sehenswert ist die **St. Matthäus Kirche** in **Rodenkirchen**. Die Orgel stammt von **Johann Hinrich Klapmeyer**, einem Schüler Arp Schnitgers.

Wo heute die auf hoher Wurt erbaute St. Matthäus Kirche in Rodenkirchen steht, soll bereits eine vorchristlich-chaukische Flachsiedlung bestanden haben (r.)

Abser Deichschaart (ganz r.)

Die **Markthalle**, an der Stelle wieder errichtet, an der 1981 die alte Halle abbrennt, ist Schauplatz vieler Veranstaltungen. Einmal im Jahr, im September, erlebt Rodenkirchen den traditionellen **Roonkarker Mart.** Vier Tage lang wird gefeiert. Zu Beginn gibt es immer einen langen **Festumzug**, an dem sich Vereine aus Nah und Fern beteiligen; es endet mit dem **Höhenfeuerwerk.** Alle 14 Tagen treffen sich sechs ältere Herren aus **Absen**, um *„über Gott und die Welt zu quatschen"*, wie es einer von ihnen, **Gerhard Gross,** ausdrückt. Irgendwann haben er und seine Mitstreiter begonnen, sich für das vom Verfall bedrohte **Abser Deichschaart** zu engagieren. Durch die Begradigung und Erhöhung des Deiches war es nutzlos geworden und verfiel zusehends. Mit Hilfe von Unternehmen und Privatpersonen gelingt es, das Baudenkmal vor dem Verfall zu retten. Heute steht das Schaart unter Denkmalschutz.
Rodenkirchen liegt nicht direkt an der Weser. Vorgelagert ist die **Schweiburg,** ein Nebenarm der Weser. Gleich drei **Yachthäfen** mit ca. 160 Schiffen und 40 Gastliegeplätzen an der Schweiburg haben nicht nur Freizeitkapitänen etwas zu bieten. Auch Spaziergänger machen gerne hierher einen Abstecher.
Vom Hauptstrom der Weser und der Schweiburg umschlossen, ist die **Strohauser Plate** die einzige Flussinsel. Von den ehemals sieben Höfen auf der Insel werden heute noch zwei landwirtschaftlich genutzt. Es gibt keine Brücke zum Festland; das Leben und Wirtschaften auf der Insel ist durch die Gezeiten deshalb erheblich erschwert. Seit 1984 ist sie Landschaftsschutzgebiet und gleichzeitig als Europäisches Vogelschutzgebiet geschützt.
Kleinensiel ist mit knapp 800 Einwohnern der kleinste Ort der Gemeinde. Sechs Jahre lang ist der Ort Großbaustelle, ehe Anfang 2004 der **Wesertunnel** fertig wird. Die Tunnelöffnung liegt 800 Meter südlich von Kleinensiel, die andere in >Dedesdorf (Lox-

Im Abser Siel lädt das Dielenschiff „Hanni" zu Fahrten auf der Weser ein. Es ist der Nachbau eines historischen Plattbodenschiffes (r.)

Beinahe überall in Kleinensiel ist das Kernkraftwerk Unterweser (l.) zu sehen. Es liegt am Weserufer zwischen der Einfahrt zum Wesertunnel und Beckumersiel und ist seit 1978 in Betrieb

Landfrauenmarkt bei der Seefelder Mühle (u.)

stedt III-51). Wo früher Fähren über die Weser pendeln, sind jetzt die Wirtschaftsräume der Unterweser besser miteinander verbunden.

Das **Kernkraftwerk Unterweser** (**KKU**) ist ein sog. **Druckwasserreaktor** mit 1.410 Megawatt Brutto-Nennleistung, ausreichend etwa für 3,5 Millionen Haushalte. Rund 550 Beschäftigte finden hier Arbeit. Auf Grund des zwischen der Bundesregierung und den Stromerzeugern, darunter auch dem KKU-Eigner **e.on**, beschlossenen Konsenspapier zum **Ausstieg aus der Atomenergie** wird das KKU voraussichtlich noch bis zum Jahr 2012 am Netz bleiben. Das **Kommunikationszentrum** in Kleinensiel informiert über Stromerzeugung aus Kernenergie und den Reaktortyp. Es ist nur von Mai bis September täglich geöffnet.

Im Kontrast zur „Weserseite" steht die „Jadeseite". Hier bildet **Schwei** die Charakteristik der nördlichen Wesermarsch ab: große alte Bauernhöfe, grüne Wiesen, schwarzbunte Milchkühe, Straßen mit windgebeugten Chausseebäumen. Für die Erhaltung der Kunstschätze der schönen alten **St.-Secundus-Kirche** zu Schwei, deren Turm mit Holzschindeln gedeckt ist, setzt sich der **Kirchbauverein Schwei** ein.

Die **Mühle** ist das Wahrzeichen von **Seefeld.** In den 1970er Jahren steht sie kurz vor dem Verfall, wird dann aber privat restauriert und ist inzwischen ein Kultur- und Veranstaltungszentrum mit über 50 Veranstaltungen im Jahr geworden ist. Die Mühle ist Eigentum der Gemeinde, ihr Innenleben wird organisiert vom **Kulturverein De Seefelder Möhl**. Das **Mühlencafé** lädt zu Kaffee und selbst gebackenem Kuchen oder zu einem reichhaltigen Frühstücksbuffet ein. Im **Mühlenladen** kann man Regionales aus Landwirtschaft und Kunsthandwerk kaufen.

Durch das Radverkehrssystem in Stadland kann jeder Ort ohne Probleme erreicht werden – es ist auch das Verbindungsstück von der „Deutschen Sielroute" und dem Weserradweg, zu der „Friesischen Mühlenstraße", zu weiteren Zielen in der Wesermarsch und angrenzenden Wanderrouten.

Mitglieder des Heimatvereins vor dem Mühlenladen (o.)

Oldenburg

Bis 1918 ist Oldenburg eine von vielen Residenzstädten in Deutschland und bis 1946 die Hauptstadt eines selbständigen Landes Oldenburg. Im letzten Krieg glücklicherweise unzerstört, bleibt der Stadt erhalten, was den Reiz ihres Stadtbildes ausmacht: der „Oldenburger Klassizismus“.

Herzog Peter Friedrich Ludwig von Oldenburg (r.) (1755–1829) übernimmt 1785 die Regierungsgeschäfte für mehr als 40 Jahre. Der „aufgeklärte Absolutist“ prägt das Herzogtum in der Zeit des Epochenüberganges nach der Französischen Revolution. Stilistisch öffnet er in Oldenburg dem Klassizismus die Türen

Für eine Region, die begrenzt wird durch die Unterweser und die holländische Grenze, die Nordseeküste, den Nordrand des westlichen Teutoburger Waldes und das Wiehengebirge, ist die Stadt kultureller und wirtschaftlicher Mittelpunkt, dazu ein Eisenbahnknoten und eine Autobahndrehscheibe. Der Binnenhafen komplettiert die Bedeutung der Stadt als Verkehrsknotenpunkt der ganzen Region.

Weil Oldenburg im Krieg unversehrt bleibt, verdoppelt es am Ende des Zweiten Weltkrieges nahezu seine Einwohnerschaft: Die Stadt nimmt über vierzigtausend Flüchtlinge und Vertriebene aus dem deutschen Osten auf. Aus der größeren Mittelstadt wird über Nacht eine kleine Großstadt. 1946 müssen die Neubürger zunächst einmal untergebracht werden. Aber weil Oldenburg über ein sehr großes Stadtgebiet verfügt, können großzügig **neue Wohnsiedlungen** gebaut werden. Die allgemein günstige wirtschaftliche Entwicklung der Nachkriegszeit ermöglicht eine vollständige Integration der neuen Bürger.

Die kulturelle Bedeutung der Stadt Oldenburg dokumentiert sich in der 1973 gegründeten Universität, in zehn Gymnasien und vielen anderen Schulen, dem Staatstheater mit Oper, Schauspiel, Operette und einer niederdeutschen Bühne oder der reichen Museumslandschaft. Das kulturelle Erbe des ehemaligen Landes Oldenburg pflegt und fördert gemäß einem Verfassungsauftrag die **Oldenburgische Landschaft**.

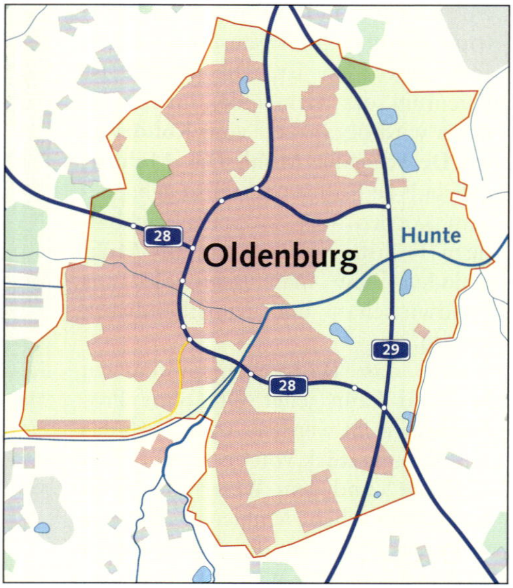

Am Ende des 18. Jahrhunderts kommt für Oldenburg im Rahmen einer Art „politischer Flurbereinigung“ eine Zeit des Aufschwungs. In Schleswig-Holstein wird das Haus Holstein-Gottorp „jüngere Linie“ durch Kaiser Joseph II. mit einem neu geschaffenen Herzogtum Holstein-Oldenburg, bestehend aus dem Fürstbistum Lübeck (Regierungssitz Eutin) und den Grafschaften Oldenburg und Delmenhorst, belehnt. Der feierliche Akt der Staatsgründung findet am 18. Juli 1777 im **Oldenburger Schloss** statt. Die fünf Regenten aus dem Hause Holstein-Gottorp sind für die Stadt und das Land Oldenburg ein Glücksfall. Sie sind allesamt tolerante Herrscher und gute Administratoren, denen selbstbewusste Bürger und Bauern gegenüber-

Das Oldenburger Schloss: Residenz der Grafen und Großherzöge von Oldenburg, heute Landesmuseum für Kunst und Kulturgeschichte Oldenburg (o.)

stehen. Man lebt miteinander, und so nimmt die herzogliche Familie noch heute an vielen öffentlichen Ereignissen teil. Die Oldenburger sehen in ihr Zeugen ihrer geschichtlichen Vergangenheit.
Unter **Peter Friedrich Ludwig** entstehen in der ersten Hälfte des 19. Jahrhunderts um das Schloss herum und an der Peripherie eine größere Zahl klassizistischer Profanbauten und Bürgerhäuser. Großherzog Paul Friedrich August setzt die Bautätigkeit fort und führt die Periode des Klassizismus zum Abschluss. Es werden aber nicht nur Repräsentationsgebäude errichtet, sondern das Stadtbild allgemein wird angenehm und freundlich gestaltet. Großherzog Peter Friedrich Ludwig lässt entlang der **Hunte** oberhalb des Schlosses einen großen öffentlichen Garten im englischen Stil anlegen. Dieser **Schlossgarten** zählt heute zu den schönsten Parks in Nordwestdeutschland.

Auch die Bürger Oldenburgs bleiben baulich nicht untätig. Handel und eine bescheidene Industrialisierung fördern den Wohlstand. Dieser schlägt sich auch in der Architektur nieder. In der Stadt entstehen die überall in Deutschland verbreiteten großzügigen Wohnhäuser der Gründerzeit. Bis heute ist das **Dobbenviertel** in Oldenburg eine bevorzugte Wohngegend.

Stadt-Profil

	Stadt Oldenburg	Land Nieders.
Einwohner, Fläche		
Einwohner gesamt	158.340	7.993.415
darunter 0 bis 15 Jahre in %	14,0	15,4
darunter älter als 65 Jahre in %	16,7	18,7
darunter Ausländer in %	7,8	6,7
Fläche in qkm	102,96	47.618,24
Einwohner je qkm	1.573,9	167,9
Sozialstruktur (Jahresdurchschnitt, gerundet)		
Erwerbstätige gesamt	98.200	3.492.600
Empfänger von Arbeitslosengeld / -hilfe	8.500	354.300
Empfänger sonst. Hilfen zum Lebensunterhalt	8.650	311.900
Anzahl Wirtschaftsbetriebe		
Gesamt (Industrie, Handel, Gewerbe, Dienstl.)	7.779	351.151
darunter Land-, Forst-, Fischereiwirtschaft	67	15.862
Steueraufkommen		
Lohn- und Einkommensteuerzahler	55.598	2.738.281
Summe positiver Einkünfte (in Tsd. EUR)	1.814.472	88.279.875
Steuereinnahmen (EUR je Einwohner)	628,56	544,33

Wahlen

Landtagswahl 2003	
CDU	42,8
SPD	37,7
FDP	4,4
Grüne	12,6
Sonstige	2,5

Stadtteile:

- Bahnhofsviertel
- Bloherfelde
- Bornhorst
- Bümmerstede
- Bürgeresch
- Bürgerfelde
- Dietrichsfeld
- Dobben
- Donnerschwee
- Drielake
- Drielakermoor
- Ehnern
- Etzhorn
- Eversten
- Flugplatz
- Gerichtsviertel
- Haarenesch
- Haarentor
- Hundsmühler Höhe
- Kloster Blankenburg
- Kreyenbrück
- Krusenbusch
- Nadorst
- Neuenwege
- Ofenerdiek
- Ohmstede
- Osternburg
- Rauhehorst
- Thomasburg
- Tweelbäke West
- Wechloy
- Zentrum
- Ziegelhof

Blick in die Haarenstraße; sie ist Teil der ausgedehnten Fußgängerzone in Oldenburgs City rund um Altes Rathaus, St. Lambertikirche und Schloss (ganz o.)

Die hauptsächliche Bautätigkeit Oldenburgs hat sich in einer Zeit, in der z.B. jenseits des Atlantiks auch die „Weißen Häuser" in Washington D.C. entstehen, abgespielt. Das neue Land Oldenburg ist nicht besonders groß. Die Repräsentation in seiner Hauptstadt ist deshalb im Vergleich zu Residenzen wie Berlin, München oder Stuttgart in den nächsten Jahren relativ bescheiden. Diese bescheideneren Verhältnisse sorgen dafür, dass viele Bauten und Stadtstrukturen erhalten bleiben, die anderswo längst durch Neubauten ersetzt sind, und die heute Oldenburg unverwechselbar machen.

Graf Anton Günther (r.)

Die Geschichte Oldenburgs beginnt mit dem Flussübergang eines Alten Fernhandelsweges. Nahe der Furt, an der Reisende von Bremen und Westfalen auf dem Weg nach Friesland die **Hunte** überqueren, siedeln sich auf dem hochwassergeschützten Gebiet des heutigen Pferdemarktes im 8. Jahrhundert erstmals Menschen an. Entscheidend für die Entwicklung der Siedlung wird, dass sich ein Adelsgeschlecht, die späteren **Grafen von Oldenburg**, im Mündungsbereich zwischen Hunte und Haaren niederlässt und im 11. Jahrhundert eine Festung baut, die **Aldenburg**. Von dort aus kontrollieren sie die Huntefurt und damit den Handelsweg. Das kleine Dorf im Schutze der Anlage erhält 1345 die Stadtrechte. Die erste große Blütezeit Oldenburgs ist die Regentschaft des Grafen **Anton Günther** von 1603 bis 1667. Seine umsichtige Neutralitätspolitik führt Oldenburg an den Grauen des Dreißigjährigen Krieges größtenteils vorbei. Die alte Wasserburg lässt er nach Vorbildern aus Prag und Oberitalien zu einem Schloss umbauen. Tatsächlich bricht direkt nach dem Tod Anton Günthers eine lange Zeit des Unglücks über die Stadt herein. 1667/68 rafft die Pest fast jeden zehnten Einwohner dahin und 1676 wird durch ein Feuer der größte Teil der Wohnhäuser zerstört. Da der Graf keine rechtmäßigen Erben hinterlässt, fällt Oldenburg an Dänemark und verliert damit als Provinzmetropole an Bedeutung.

Nach dem verlorenen Ersten Weltkrieg wird Oldenburg **Freistaat** mit einer eigenen Regierung und einem gewählten Landtag. Doch hier wie anderswo in Deutschland bleibt der erste Versuch einer Demokratie auf deutschem Boden ohne Erfolg. In der Zeit des

Nationalsozialismus avanciert Oldenburg zur Hauptstadt des damaligen „Gaues“ Weser-Ems und bleibt es bis 1945. Wie überall in Deutschland, geht auch in Oldenburg die jüdische **Synagoge** in den Flammen der Reichspogromnacht unter. Hunderte von Juden fliehen oder werden in die Vernichtungslager deportiert.
Nach den vielen Jahren der Entbehrung sorgt in den 1950er Jahren auch in Oldenburg das „Wirtschaftswunder“ für Wohlstand und soziale Sicherheit. Im Jahre 1946 wird der **Freistaat Oldenburg**, nicht gerade zur Begeisterung der Oldenburger, aufgelöst. Stadt und Land gehen im neu geschaffenen Bundesland Niedersachsen auf. Oldenburg wird Sitz des Präsidenten des Niedersächsischen Verwaltungsbezirks Oldenburg und nach der kommunalen Gebietsreform von 1978 Sitz der Bezirksregierung Weser-Ems.

Das alte Rathaus von 1887 (o.)

St. Lambertikirche (l.)

Mittelpunkt der Stadt ist auch heute noch das Schloss. In die dortige Ausstellung einbezogen sind die repräsentativen Wohnräume der adeligen Herrscher: Thronsaal, Marmorsaal, Weißer Saal, Roter und Grüner Salon.

Seit 1967 ist die Oldenburger Innenstadt eine reine **Fußgängerzone**, nach Kiel die älteste in ganz Deutschland! Die anfänglichen Widerstände vor allem der Einzelhändler sind heute vergessen, denn die Innenstadt erfreut sich einer seither stark gewachsenen Beliebtheit und ist weit über die Grenzen der Stadt hinaus als Einkaufs- und Flanierdistrikt überdurchschnittlich beliebt.
Am Marktplatz steht das **Degodehaus.** Das 1502 erbaute Gebäude gilt als das letzte mittelalterliche Patrizierhaus Oldenburgs. 1617 erhält es seine heutige Gestalt. 1637 erbt **Hermann Mylius**, ein Oldenburgischer Diplomat im Dreißigjährigen Krieg, das Haus. 1860 kauft es der aus Phiesewarden stammende Kaufmann **Dietrich Wilhelm Degode** und gründet eine Kolonial- und Manufakturwarenhandlung. Seitdem trägt das Haus den Namen „Degode“. Dort wird **Wilhelm Degode**, Oldenburgs berühmtester Landschaftsmaler, Sohn von Dietrich Wilhelm Degode, 1862 geboren. Schon im Alter von 13 Jahren zeigen sich seine künstlerischen Talente. Die verständnisvolle Mutter ermöglicht ihm Privatunterricht. Schließlich hat auch der Vater ein Ein-

Der Pulverturm (u.) wird 1529 als Teil der Stadtbefestigung erbaut. Der massive zweigeschossige Zentralbau aus Ziegeln fungiert heute als Ausstellungsraum

Degodehaus am Markt (o.)

Der Lappan, das heimliche Wahrzeichen Oldenburgs (o.r.)

Die Frauenrechtlerin Helene Lange (o.)

Der Landschaftsmaler Wilhelm Degode (o.r.)

sehen und finanziert ihm ab 1882 das Kunststudium in Düsseldorf. Wilhelm Degode wird Mitglied im Düsseldorfer Künstlerverein **Malkasten**, wo er nach eigenen Aussagen noch die „romantische Zeit" der Künstlerstadt erlebt. An den berühmten Künstlerfesten des Malkastens beteiligt er sich als Mitwirkender und Organisator. Durch das Elternhaus finanziell unabhängig, verkauft Degode zwar gern Bilder, ohne aber davon leben zu müssen. Wohl auch deshalb gerät er als einer der bekanntesten Landschaftsmaler um 1900 danach fast in Vergessenheit. Bis 1913 hatte er an vielen Ausstellungen im In- und Ausland teilgenommen. Später beteiligt er sich nur noch selten daran. Der Grund dürften die Veränderungen in der Bildenden Kunst der damaligen Zeit gewesen sein. Als konservativer Landschaftsmaler mag er sich neuen Strömungen nicht mehr anpassen. Wilhelm Degode stirbt 1931 in Kaiserswerth am Rhein.

„Kinder sind dazu da, um Lärm zu machen." Das war der einzige Erziehungsgrundsatz, den **Helene Lange** (1848–1930) jemals von ihrem Vater, einem Oldenburger Kaufmann, zu hören bekommt. Helene Lange wächst vollkommen gleichberechtigt mit den beiden Brüdern mitten in Oldenburg auf. Erst nach dem Tod des Vaters 1864 erfährt sie, dass gesellschaftliche Unterschiede zwischen Männern und Frauen gemacht werden. Diese Erfahrung ist die Geburtsstunde der **Frauenrechtlerin**. Helene Lange geht nach Berlin, wird dort Lehrerin und setzt sich zeitlebens für gleiche Bildungs- und Berufschancen für Frauen ein. Sie gilt als wichtige Wegbereiterin der deutschen Frauenbewegung. Ihre Motivation ist *„der Gedanke, dass die Gleichberechtigung nicht verlangt werden müsse um der Gleichheit, sondern um der Ungleichheit der Geschlechter willen; dass die einseitig männliche Kultur durch eine weibliche ergänzt werden müsse."* Die Stadt Oldenburg macht Helene Lange 1928 zur **Ehrenbürgerin**.

Der **Lappan** ist das eigentliche Wahrzeichen der Stadt. Der übrig gebliebene Turm der beim großen Stadtbrand von 1676 zerstörten Heiligengeistkapelle trägt seinen Namen erst seit dem 19. Jahrhundert. Zuvor steht der nur für die Anbauten, die kleinen windschiefen Häuser, die nach dem Abbruch des Kapellengewölbes entstehen und an den Turm „anlappen". Bekannt wird der massige Turm durch die Kunsthandlung **Carl G. Oncken**, die 1908 die im Sommer in >Dangast (Varel I-207) am Jadebusen weilenden Maler der Künstlergruppe **Die Brücke**, besonders Erich Heckel und Karl Schmidt-Rottluff, ausstellt und fördert.

Blick ins Café Schmizz (l.)

Wladimir Kaminer, Autor des Romans „Russendisco", gibt Autogramme im Anschluss an eine Lesung im Rahmen der Veranstaltungsreihe „Schmizz Katze" (u.)

Urbanes Leben

Zentrum des Oldenburger Nachtlebens ist die **Wallstraße**, die Kneipenmeile Oldenburgs, die direkt gegenüber dem Lappan beginnt. Zahlreiche Gastronomiebetriebe haben sich hier etabliert und bieten den Gästen größtenteils auch die Möglichkeit, das Pils, den Cocktail, den Eisbecher oder die kleine Mahlzeit unter freiem Himmel zu genießen – wenn es das Wetter zulässt. Insgesamt 400 Meter Kneipe an Kneipe, in denen man entweder frühstücken oder die Nacht durchmachen kann. Die Erlebnisgastronomie, die hier entwickelt wurde, gilt inzwischen bundesweit als trendweisend. So entsteht hier die System- und Erlebnisgastronomiekette **Alex**, heute im Besitz der britischen Bass-Brauerei.

Etwas entfernt von der Wallstraße – aber noch im Bereich der Fußgängerzone – liegt das **Tag & Nacht Café Schmizz** in der **Baumgartenstraße**. Das Schmizz ist Bistro, Cocktail-Bar und Disco in einem und zugleich Schauplatz einer nicht ganz alltäglichen Veranstaltungsreihe: Unter dem Titel **„Schmizz Katze"** lesen in der Disco einmal im Monat bekannte Autoren aus ihren Werken. Gefördert wird die Reihe unter anderem von der **Oldenburgischen Landesbank**.

Die Idee zu „Schmizz Katze" ist **Thomas Schulz** und **Oliver Harms** zu verdanken. Gemeinsam gründen die beiden Studenten im Jahr 2001 die Kulturagentur **mitunskannman.reden** und inszenieren seitdem zahlreiche Kulturereignisse in und um Oldenburg. Nach dem Ausstieg Oliver Harms im Sommer 2004 kommen mit **Lars Schwarz** und **Florian Schäfer** zwei neue Kräfte an Bord. Neben über hundert Einzelveranstaltungen im Rock- und Pop-Bereich sowie in der Literatur etablieren sie 2004 das **Rasante Dinner**. Bei diesem kulinarischen Kennenlern-Event kochen die Teams einen von drei Gängen in ihren eigenen Wohnungen. Fremde Menschen kommen zum Essen und die anderen beiden Gänge nehmen sie bei anderen Teams ein. Ein weiteres Highlight für die Region ist auch der **Statt Strand**, den sie im gleichen Jahr mit riesigem Erfolg erstmals am Oldenburger Hafen errichten. Eine Fortsetzung ist fest geplant.

NWZ

Mehr vom Tag!

Die Nordwest-Zeitung mit ihren sieben Regionalausgaben erscheint in Oldenburg und ist die führende Tageszeitung im Weser-Ems-Gebiet

Das Oldenburgische Staatstheater (r.) war schon Sprungbrett für manche Karriere an größeren Häusern oder für spätere TV-Schauspieler wie Ulrike Folkerts (Tatort)

Zu den Ideen der Agentur mitunskannman.reden gehört der StattStrand; im Bild: die Eröffnung im Jahre 2004 mit OB Dietmar Schütz (o.)

Der kulturelle Mittelpunkt Oldenburgs ist das auf eine Privatinitiative des Zimmermanns **Muck** im Jahre 1833 zurückgehende **Staatstheater**. Anfangs ist das Gebäude ganz aus Holz errichtet. Im Jahre 1881 wird es durch das **Großherzogliche Residenztheater** im italienischen Renaissance-Stil ersetzt. Das nur ein Jahrzehnt alte Gebäude fällt im November 1891 einem Brand zum Opfer. Im August 1892 beginnt der Wiederaufbau des Großherzoglichen Theaters. Am 8. Oktober 1893 wird das Theater neu eröffnet. Dieses glanzvolle Gebäude ist, wenn auch teilweise umgebaut und erweitert, in seinem Kern bis heute erhalten geblieben. Der spätklassizistische Bau verfügt über ein **Großes Haus** mit üppigem Rokokodekor im Inneren und als Anbau über ein modernes **Schauspielhaus**.

Die Museumslandschaft

Das **Oldenburger Stadtmuseum** geht aus einer Schenkung hervor. 1914 vererbt der Oldenburger Kaufmannssohn, Jurist und Kunstsammler **Theodor Francksen** seinen Kunstbesitz und seine beiden Villen der Stadt Oldenburg und verbindet dieses Erbe mit der Verpflichtung, aus der Sammlung ein städtisches Museum zu entwickeln. Die Stadt Oldenburg nimmt die Stiftung 1915 an. Seitdem hat sich das Museum, das zunächst „Heimatmuseum“ genannt wird, stetig weiterentwickelt. Der Grundbestand der Stiftung ist in den vergangenen 75 Jahren durch Schenkungen und Erwerbungen, insbesondere im Bereich der regionalen Kunst, fast verdoppelt worden. Mit der Grundrenovierung des Museums im Jahre 1975 präsentieren sich die beiden Villen Theodor Francksens als ein nach Themenräumen geordnetes Ensemble, das die geschichtliche Entwicklung Oldenburgs von der Urgeschichte bis in unsere Zeit hinein darstellt.

Ein weiteres Museum an dieser Stelle ist Oldenburgs bekanntestem Künstler gewidmet: **Horst Janssen** (1929–1995) gilt als einer der bedeutendsten Zeichner und Grafiker der Gegenwart. Er war ein begnadeter Radierer, Holzschneider und Lithograf. Der Ruf eines Exzentrikers als Trunkenbold und Frauenheld eilt ihm zeitlebens voraus und verstellt oft den Blick auf die wahre Künstlerpersönlichkeit. 1929 in Hamburg geboren, wächst er in Oldenburg auf. Nach dem Tod der Mutter und der Großeltern kommt er erneut nach Hamburg: Eine Tante nimmt ihn zu sich und fördert nach Kräften seine künstlerische Ausbildung an der dorti-

Im Hauptsaal des Horst-Janssen-Museums (l.) auf der Erdgeschoss-Ebene werden jährlich drei bis vier Wechselausstellungen zum Werk Horst Janssens und wahlverwandter Künstler präsentiert. Zu letzteren gehören beispielsweise Albrecht Dürer, Francisco de Goya, Jacques Callot, Max Klinger, Jean Dubuffet und Egon Schiele

gen Landeskunstschule. In späteren Lebensabschnitten hat sich Janssen zunehmend an glückliche Jugendjahre in Oldenburg erinnert. 1992 erhält er die **Ehrenbürgerwürde** der Stadt Oldenburg – eine große Freude für den Künstler, der sich in seiner Wahlheimat Hamburg nie ausreichend anerkannt fühlt. 1995 stirbt Horst Janssen und wird auf eigenen Wunsch in Oldenburg beigesetzt.

Mit Hilfe eines 1997 gegründeten Fördervereins und der Stadt Oldenburg entsteht das **Horst-Janssen-Museum**, das im Herbst 2000 durch Bundeskanzler Gerhard Schröder eröffnet wird. Mit dem Erwerb einer etwa 1.800 Exponate umfassenden Sammlung besitzt Oldenburg einen einzigartigen Grundstock für das Museum. Weitere Exponate sind inzwischen hinzugekommen, wie zum Beispiel die Druckerpresse aus dem Nachlass des kongenialen Druckers **Frielinghaus**, mit dem Janssen viele Jahre eng zusammengearbeitet hat. Weiterhin ist die komplette Janssen-Bibliothek angekauft worden. Oldenburg besitzt somit das einzige Horst-Janssen-Haus mit überregionaler Bedeutung.

Max Herrmann hat nicht nur als bedeutender Oldenburger Maler, sondern auch als maßgeblicher Künstler an Kirchen und öffentlichen Gebäuden gewirkt. Zahlreiche Wandbilder und Glasbetonwände in der Stadt Oldenburg, der Region und in Ostfriesland tragen seine unverwechselbare Handschrift des abstrakten Expressionismus. Seine lichtdurchfluteten Farb- und Bildräume verbinden sich immer wieder neu und auf kongeniale Weise mit der Architektur. Max Herrmann wird 1908 in Halle an der Saale geboren, studiert an der Akademie der Bildenden Künste Dresden bei Otto Dix und ist am Städelschen Kunstinstitut in Frankfurt am Main Meisterschüler von Max Beckmann. Er besucht die Kunstgewerbeschule Burg Giebichenstein und lässt sich 1934 als freier Künstler in Oldenburg nieder. Am 18. November 1999 stirbt Max Herrmann im Alter von 91 Jahren in Oldenburg.

Das **Landesmuseum für Kunst und Kulturgeschichte Oldenburg** birgt seine Kunstschätze gleich in drei Gebäuden. Auf drei Geschossen des Oldenburger Schlosses zeigt die Dauerausstellung „Kulturgeschichte einer

Horst Janssen (o.)

Theodor Francksen (l.)

Peter-Friedrich-Ludwig-Hospital (r.)

historischen Landschaft“ die Vielfalt und kulturhistorische Besonderheit des Oldenburger Landes im Verlauf der Jahrhunderte. Im **Augusteum** in der Elisabethstraße ist die „Galerie Alter Meister“ zu sehen und im **Prinzenpalais** am Damm Kunst des 19. und 20. Jahrhunderts. Das 1865 bis 1867 errichtete Augusteum gilt als das erste Kunstmuseum Oldenburgs. Es zeigt vor allem Teile der ehemaligen Großherzoglichen Gemäldesammlung, vorzugsweise italienische und niederländische Werke vom 15. bis zum 18. Jahrhundert und europäische Malerei vom Mittelalter bis zur Neuzeit. Das Prinzenpalais wiederum dient als Ausstellungshaus für die Kunst des 19. und 20. Jahrhunderts. Auf zwei Geschossen wird die Entwicklung der Bildenden Kunst in Deutschland anschaulich gemacht, beginnend mit der Romantik und der Kunst des Klassizismus.

Lebhaft geht es zu bei der Kinderbuchmesse KiBuM im Kulturzentrum PFL (o.)

Ebenfalls am Damm, nahe der **Cäcilienbrücke,** steht das **Landesmuseum für Natur und Mensch,** ehemals Staatliches Museum für Naturkunde. Begründet wird es 1835 mit dem Ankauf der bedien Sammlungen: „Insecten“ und „Ausgestopfte Vögel“. Seit seiner Erweiterung um das Nachbargebäude der ehemaligen Landesbibliothek ist es eines von heute sechs niedersächsischen Landesmuseen. Die Natur und Kultur der Region bilden nun den Forschungsschwerpunkt des Hauses. Das Konzept „Natur und Mensch“ thematisiert die Integration von Natur- und Kulturgeschichte in einen Gesamtkomplex.

Direkt gegenüber dem Museum liegt das **Staatsarchiv.** In seinen Magazinen wird das Schriftgut der zentralen Registraturen der Grafschaft, des Herzogtums, Großherzogtums und des Freistaates und Landes Oldenburg sowie aller in diesen Gebieten ansässigen Unterbehörden aufbewahrt. Heute ist das Staatsarchiv für alle Landesbehörden und Gerichte mit Sitz im ehemaligen Land Oldenburg zuständig. Die **Dienstbücherei,** die Nachschlagewerke, allgemeine historische und Spezialliteratur zur oldenburgischen Geschichte und der Nachbarterritorien sowie einige regionale Zeitungen enthält, steht den Benutzern innerhalb der Diensträume ebenso zur Verfügung wie die Bibliotheken des **Oldenburger Landesvereins** und der **Oldenburgischen Gesellschaft für Familienkunde.**

Zu den eindrucksvollsten klassizistischen Gebäuden gehört das 1838 bis 1841 erbaute **Peter-Friedrich-Ludwig-Hospital** in der **Peterstraße.** Das Haus wurde für seinen ursprünglichen Zweck schließlich zu klein: Nachdem die Städtischen Kliniken 1984 ausgezogen sind, wird der denkmalgeschützte

Komplex restauriert und für kulturelle Zwecke hergerichtet. Jetzt beherbergt er die **Stadtbibliothek** und das **Kulturzentrum PFL**. Der neu erbaute Veranstaltungstrakt sowie sieben Seminarräume stehen für Konzerte, Lesungen, Konferenzen, Tagungen und andere Veranstaltungen mit zehn bis 300 Teilnehmern zur Verfügung. Unter anderem findet hier auch die jährliche **Kinderbuchmesse** KiBuM statt.

In dem 1871 aus roten Ziegeln im Palazzostil erbauten Haus neben dem PFL befindet sich zum einen die **Jugendbibliothek**, zum anderen die **Oldenburger Artothek**. Sie besitzt neben Arbeiten namhafter Künstler aus Oldenburg wie Max Herrmann auch Werke von Künstlern mit internationaler Bedeutung wie Joseph Beuys, Elvira Bach oder Horst Janssen – und alle

sind zum Verleih für die eigenen vier Wände gedacht! Insgesamt stehen 1.360 Bilder, Fotografien, Kleinplastiken und Videoporträts der Gegenwartskunst zur Ausleihe bereit. Gegen eine Jahresgebühr von 20 Euro können jeweils drei Bilder oder eine Plastik für den Zeitraum von acht Wochen entliehen werden.

Das **Edith-Ruß-Haus für Medienkunst** geht auf eine Stiftung der Oldenburger Studienrätin **Edith Ruß** (1919–1993) zurück, die der Stadt testamentarisch ihr Vermögen mit der Auflage vermacht hat, ein Haus für die Künste zu errichten. Sie will einen Ort der Kunst im Übergang ins neue Jahrtausend schaffen. Mit dem Edith-Ruß-Haus für Medienkunst verfügt die Stadt Oldenburg in der Landschaft der zeitgenössischen Kunst über eine Rarität: ein Haus, das allein der Kunst mit Neuen Medien gewidmet ist. Im Jahr 2000 wird die Einrichtung mit dem Ausstellungsgebäude und einem Gästehaus mit drei Wohnungen gegründet. Das Edith-Ruß-Haus ist explizit kein Museum, in dem Kunst verwahrt wird, sondern ein Ort, an dem die Kunst diskutiert und präsentiert wird. Der Schwerpunkt liegt nicht auf der „Hardware", der Technologie, sondern auf den Inhalten. Das Medienkunsthaus bietet ein anspruchsvolles Programm mit international arbeitenden Künstlern in Ausstellungen, Veranstaltungsreihen, Stipendienprogrammen, Workshops, in zahlreichen gemeinsamen Aktivitäten mit den kulturellen Einrichtungen der Stadt Oldenburg sowie mit der Ausstrahlung von Videos im Lokalsender **oldenburg eins**.

Der Lokalsender, kurz: **„oeins"** genannt, wird 1996 als Offener Kanal gegründet und erhält 2001 eine neue Lizenz als nicht-kommerzieller Sender mit eigener Berichterstattung. Heute verfügt oeins über einen Stamm von neun festen Mitarbeitern, darunter drei Redakteure, ist aber weiterhin offen für die Mitarbeit interessierter Bürger. Derzeit gestalten knapp 2.400 eingetragene Nutzer das Radio- und TV-Programm in ihrer Stadt mit. Die Radioformate werden von rund 35.000 Hörern eingeschaltet, 56.000 Zuschauer wählen innerhalb von zwei Wochen mindestens einmal das Fern-

Das 1856/57 im Stil der italienischen Renaissance errichtete und aufwändig im Geist des Historismus ausgestaltete Augusteum ist das erste Kunstmuseum Oldenburgs (o.)

Blick in das Naturalienkabinett im Landesmuseum für Natur und Mensch (l.)

Das Internationale Filmfest wird traditionell mit einem deutschen Film eröffnet. 2003 war das „Pipermint" von Nicole-Nadine Deppé. Zur Eröffnung (r.) kam die Regisseurin mit den Hauptdarstellern Marek Harloff, Luisa-Soi Kaiser und Meret Becker (v.l.n.r.). Ganz rechts: Festivaldirektor Torsten Neumann

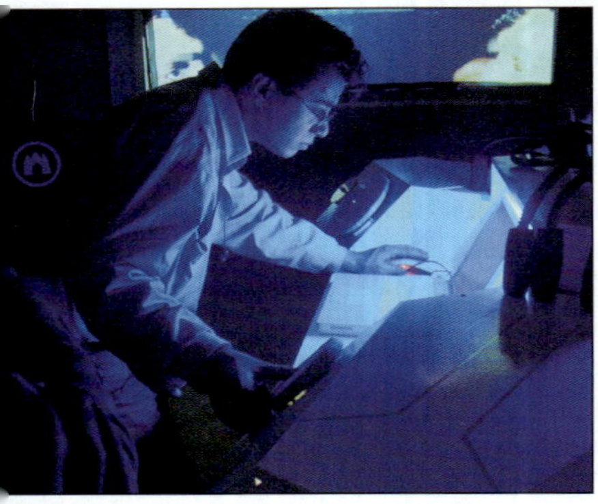

„Aufgemischt!" – Medien-Workshop für Jugendliche im Edith-Ruß-Haus (o.)

sehprogramm von oeins. Zu den Highlights des Programms gehören zweifellos die regelmäßigen Live-Übertragungen von Spielen der **EWE Baskets**. Das Studio von oeins befindet sich auf einem alten Fabrikgelände in der Bahnhofstraße.

Auf dem gleichen Gelände steht auch die **Kulturetage**. Eröffnet wird sie 1986 vom Verein **Kulturkooperative Oldenburg e.V.** in einem ehemaligen Lagerhaus. Seit der Gründung hat die **„Etage"** eine rasante Entwicklung durchlaufen. Heute belegt sie einen Gebäudekomplex von 5.000 Quadratmetern. Aus der ursprünglichen Kleinkunstbühne ist eine unabhängige Spielstätte geworden, in der internationale Künstler auftreten. Eine besondere Kreation ist das **Traumschiff Gloria**, ein buntes, moderiertes Varieté-Programm in maritimer Atmosphäre.

oldenburg eins lokalsender

In Oldenburg sind die **Kabarett-Tage**, das Stimmen-Festival **Voices**, das renommierte **Internationale Filmfest** und der seit 1978 in Norddeutschland einzigartige **Oldenburger Kultursommer** jährlich wiederkehrende große Ereignisse. Der Oldenburger Kultursommer bietet über 75 Veranstaltungen aller Sparten wie Konzerte, Theater, Lesungen und Filme, aber auch Ganztagsveranstaltungen wie das **Drachenfest**, **Theater in der City**, den **Töpfermarkt** und den **Museumstag**. Am überwiegenden Teil des Programms kann kostenlos unter freiem Himmel teilgenommen werden.

Die **Weser-Ems-Halle** mit ihrer unverwechselbaren Fassade ist das Veranstaltungs- und Messezentrum der Stadt und der Region Weser-Ems. Yehudi Menuhin und das Royal Symphonic Orchestra aus London haben hier ebenso gastiert wie Popstars aus aller Welt. 1995 kommt die neue **Kongresshalle** mit modernster Konzert- und Theatertechnik hinzu. Architekt der Halle ist der Hamburger **Siegfried Wolske**, der auch die bekannte Beethovenhalle in Bonn entworfen hat.

Vor der Weser-Ems-Halle findet jedes Jahr zwischen Ende September und Anfang Oktober Oldenburgs der **Kramermarkt** statt. Wie vieles, was den Oldenburgern Spaß macht, geht er auf den Grafen Anton Günther zurück, der den Markt per Dekret 1608 einführt. Immerhin zehn Tage nehmen sich die Oldenburger Zeit, um ihren Jahrmarkt ordentlich zu feiern.

Sport in Oldenburg

Oldenburg ist zwar rund 50 Kilometer vom Meer entfernt, aber nichtsdestotrotz die Heimatstadt von Deutschlands derzeit erfolgreichster Windsurferin **Amelie Lux**. 1977 geboren, steht sie 1993 im Surf-Kader des Deutschen Segler-Verbandes. Schon ein Jahr später ist sie Jugendweltmeisterin. Ihren bisher größten Erfolg feiert Amelie Lux im Jahr 2000 mit der Silbermedaille bei den Olympischen Spielen in Sydney.

Im Frühjahr 2005 wird neben der Weser-Ems-Halle die neue **Sportarena** mit über 3.000 Plätzen eröffnet. Rund wie ein Ufo präsentiert sich die Arena als moderner Veranstaltungsort für Kongresse, Konzerte und Sportveranstaltungen. Zu den Nutzern der neuen Arena werden die **EWE Baskets** gehören, die bis dahin ihre Heimspiele noch in der Weser-Ems-Halle austragen. Der **Oldenburger Turnerbund** (OTB) hat 1954 **Basketball** als neue Sportart in die Stadt gebracht. 1959 steigt die Herrenmannschaft in die damals höchste deutsche Spielklasse, die Oberliga-Nord auf, und avanciert in wenigen Jahren zur deutschen Spitzenklasse. Dem ersten Abstieg aus der Bundesliga 1971 folgt ein dreißig Jahre langes Auf und Ab. Erst 2000 schafft es der OTB, sich wieder in der höchsten Spielklasse festzusetzen. Seit 2001 spielt die Profimannschaft wie die meisten anderen Teams der Bundesliga unter dem Namen seines Hauptsponsors, des Energieversorgers EWE, als **„EWE Baskets Oldenburg“**. Den seither größten Erfolg verzeichnen die Korbjäger in der Saison 2003/2004 mit dem vierten Tabellenplatz und der Qualifikation für das Viertelfinale um die Deutsche Meisterschaft.

Zur Gründungsversammlung des **Oldenburger Cricket Clubs** im September 2001 kommen 35 Personen. Zwei englische Brüder, **John** und **Felix Stock**, bringen den ersten cricketbegeisterten Oldenburgern auf den Dobbenwiesen die Grundlagen des Sports bei. Cricket entsteht im 13. Jahrhundert in England

und wird heute weltweit auf höchstem Niveau gespielt. Die Truppe ist im wahrsten Sinne des Wortes multinational, sagt **Carsten Höfinghoff**: *„Bei uns spielen Dänen, Schweden, Schotten, Österreicher, Inder und Leute aus Sri Lanka. Aber wir sind der Club mit den meisten Deutschen!“* Mit dem Beitritt zum Traditionsverein VfB Oldenburg im Jahre 2004 wird dessen alte Cricket-Abteilung von 1906 wieder zum Leben erweckt. Damit hat sich der **VfB Oldenburg CC** von seiner ursprünglichen Form als sportorientierter Kul-

Töpfermarkt beim Oldenburger Kultursommer (o.)
Open-air-Konzert des Oldenburgischen Staatsorchesters (l.)

Weser-Ems-Halle (o.)

Oldenburger Kramermarkt (ganz o.)

Amelie Lux (r.)

Der Cricketspieler Carsten Höfinghoff vom VfB Oldenburg CC setzt zum Wurf an (u.)

Tyron McCoy, Starspieler der EWE Baskets, im Spiel gegen den Mitteldeutschen BC (ganz u.)

turverein verabschiedet, bei dem in den Pausen das typisch englische Lunch und die berühmte Tasse Tee genauso wichtig waren wie sportliche Erfolge, und sich entschieden, den Ansprüchen eines vollwertigen Sportvereins zu entsprechen. Der VfB Oldenburg CC nimmt an den Bundesligaspielen des Norddeutschen Cricket Verbandes teil.

Zwei Traditionsvereine können in Oldenburg nicht unerwähnt bleiben. Der ältere von beiden ist der **VfL Oldenburg** von 1894. Sein Herzstück bilden die **Handballerinnen.** Die Damen spielen seit 1980 in der Ersten Bundesliga und stellen darüber hinaus derzeit drei Spielerinnen der Nationalmannschaft. Für gute Nachwuchsarbeit stehen insgesamt zehn Deutsche Meistertitel der weiblichen A- und B-Jugendmannschaften seit 1978.

„Von Donnerschwee nach Liverpool / von Liverpool nach Rom / von Rom zurück nach Donnerschwee / da spielt der VfB“ – so feuern in den 1980er und 1990er Jahren die Fans des **VfB Oldenburg** ihre Fußballer an, als die noch im alten Stadion nahe der Weser-Ems-Halle spielen. Auch später, im 15.000 Zuschauer fassenden **Marschwegstadion,** spielt der VfB erfolgreich in der Zweiten Fußballbundesliga. 1992 steht er sogar an der Schwelle zum Fußball-Oberhaus. Star der Mannschaft ist seinerzeit der aus > Großenkneten (75) stammende Torwart **Hans-Jörg Butt,** der später in die Bundesliga zum Hamburger SV und zu Bayer 04 Leverkusen wechselt und es zu Einsätzen mit der Nationalelf schafft. Mit dem Abstieg aus der Zweiten Liga 1997 beginnt der freie Fall des Vereins, der erst 2004 in der Fünftklassigkeit der Niedersachsenliga schmerzhaft endet. Kurioserweise kommt es dort aber zum ersten Mal nach über vierzig Jahren wieder zum Ligaderby mit dem Lokalrivalen VfL Oldenburg.

Von 1990 bis 1993, zu Zweitligazeiten, ist **Klaus Baumgart** Vizepräsident des VfB Oldenburg. Mit *„Hier kommt der Eiermann“* und *„Es steht ein Pferd auf dem Flur“* hat er als eine Hälfte des Blödel-Duos **Klaus & Klaus** innerhalb von 15 Jahren über 20 Millionen Platten verkauft. Der Ohrwurm *„An der Nordseeküste“* hat mittlerweile Volksliedcharakter. Klaus Baumgart, ehemaliger Chefanimateur eines Ferienclubs auf Ibiza, produziert 1979 seine erste Platte, bevor er 1980 mit **Klaus Büchner,** vormals bei der Gruppe **Torfrock,** das Duo Klaus & Klaus gründet. Als Klaus Büchner 1997 aussteigt, erreicht die CD *„Polizei tschüß“* des Duos Kultstatus. Im gleichen Jahr findet sich Baumgart mit **Claas Vogt,** einem der besten Gitarristen Hamburgs, und dem Parodisten **Andreas Neumann** zum Trio Klaus & Klaus zusammen. 2000 widmet sich Andreas Neumann wieder seiner Solo-Karriere

Sign ist das größte nachhaltig arbeitende Sucht- und Gewalt-Präventionsprogramm in Niedersachsen. Seine Aufgabe ist es, die psychosoziale Kompetenz junger Menschen zu entwickeln und zu stärken, sie in ihrer Fähigkeit zu fördern, ihr Leben in die eigene Hand zu nehmen und Entscheidungen verantwortlich zu treffen und umzusetzen. Dieses ganzheitliche Präventionsprogramm arbeitet in 23 Städten und Schulstandorten mit 1.200 Klassen. Schulformübergreifend beteiligt sind die Jahrgänge 7 bis 10 mit 1.900 Lehrern und 35.000 Schülern mit ihren Eltern. Ein Schwerpunkt von Sign ist es, Lehrkräfte umfassend in ihrer pädagogischen Arbeit mit Jugendlichen weiter zu qualifizieren – durch Fortbildungen, Workshops und praxisorientierten Austausch sowie die Konzeptionierung von jahrgangsbezogenen Unterrichtsmaterialien. Durch die Zusammenarbeit mit Beratungseinrichtungen und

Die Fußballer des VfB (l.) und die Handballerinnen des VfL (u.)

als Komiker, aber Klaus & Klaus machen weiter und kein Ende ist in Sicht!

Dieter Bohlen wird 1954 in Oldenburg als Sohn des Hydraulik-Ingenieurs Hans Bohlen und seiner Frau Edith geboren. 1964 bekommt er seine erste Gitarre und beginnt später auch Klavier zu spielen. Er tritt gelegentlich in Schülerbands und bei Nachwuchswettbewerben als Sänger auf. Bohlen ist ein guter Schüler, hat aber Probleme mit Autoritäten. Er wechselt die Schule und macht aufgrund seiner hervorragenden Noten 1971 schon mit 17 Jahren Abitur und beginnt in Göttingen – Oldenburg hat noch keine Uni – ein Studium der Betriebswirtschaft, um später in das elterliche Bauunternehmen einzutreten. Daraus wird bekanntlich nichts, denn Bohlen startet eine Karriere als Sänger, Komponist und Produzent.

Gelernter Reedereikaufmann ist **Dieter Visser** aus >Emden (I-58). Das Leben lehrt ihn aber auch, dass es Wichtigeres gibt als Beruf und Karriere. Für ihn sind es Lyrik, Musik und vor allem Kinder. So wird aus dem Kaufmann Dieter Visser erst der Lyriker „Paule Wehdauer", dann der Sänger „Franz von Brisanz" und schließlich der Kinderunterhalter und Straßen-Entertainer **„Paule Witzig"**. *„Intellektueller Hochmut führt in die Sackgasse. Phantasie dagegen öffnet die Welt"*, sagt Visser. Mit seinen Liedern und Vorführungen regt er aber nicht nur die Phantasie der Kinder an, sondern auch die der Erwachsenen, denen er dabei bisweilen gehörig die Meinung sagt. Paule Witzig singt aber nicht nur auf den Straßen der Welt von Norwegen bis nach China. Man kann ihn auch engagieren zu Kinder- und sonstigen Festen, die alles werden können – außer langweilig.

Zuständig für Stimmung: Klaus & Klaus (o.)

Paule Witzig in der Haarenstraße (o.)

unterschiedlichsten Institutionen vor Ort bis hin zur Kooperation mit dem Kultusministerium entsteht ein Netzwerk, das zeitgemäß auf die Anforderungen im Bereich Prävention reagieren kann. Weitere Projektbausteine sind Theaterpädagogik („Lernen mit allen Sinnen“) und der Internet-Auftritt **www.sign-project.de**, welcher auf Lehrkräfte, Eltern und Jugendliche zugeschnitten ist. Verantwortlich für Konzept, inhaltliche Weiterentwicklung, Organisation und gesamte Logistik dieses umfangreichen Projektes ist die agentur **prevent gmbh**. Das Sign-Projekt wird von dem Oldenburger **Energieversorger EWE** finanziert.

Das Projekt sign ist ein Bestandteil der umfangreichen Tätigkeiten des **Präventionsrates Oldenburg (PRO)**, dessen Aufgabe es ist, die Prävention auf alle gesellschaftlichen Ebenen der Stadt zu heben. Seit 1998 existiert PRO, damals noch als *Kriminalpräventionsrat Oldenburg*. Im PRO arbeiten Vertreter der Stadt Oldenburg, der Polizei, der Justiz und der Sozialverbände sowie Schulleitungen und viele private Personen und Institutionen mit, die sich mit der Vorbeugung von Gewalt in Oldenburg beschäftigen. Schirmherr von PRO ist seit 2002 **Oberbürgermeister Dietmar Schütz.** Angestrebt wird eine weitere Einbindung auch von Wirtschaftsunternehmen, Kirchen sowie der Universität für den Ausbau der Präventionsarbeit, denn das Motto von PRO lautet: *„Eine ganze Stadt macht Prävention“*.

Forschung & Lehre

1973 gegründet, gehört die **Carl von Ossietzky Universität** zu den jungen Hochschulen Deutschlands. Den Namen des Publizisten und Friedensnobelpreisträgers trägt sie seit 1991. Die Namensgebung, ursprünglich schon 1974 gewünscht, wurde von der damaligen Landesregierung abgelehnt. Rund zehn Prozent aller Einwohner Oldenburgs sind **Studenten**. Sie prägen die Atmosphäre der Stadt in Cafés, Kneipen, beim Sport, in Kulturveranstaltungen, aber auch auf dem Arbeits- und Wohnungsmarkt wesentlich mit. Man kann Oldenburg die Attribute „traditionell“ und „nostalgisch“ oder „bürgerlich“ anheften, nie aber das Attribut „alt“.

Obwohl die Oldenburger Universität mittlerweile gut 12.000 Studenten und 1.800 Wissenschaftler und Bedienstete zählt, ist sie wegen ihrer Konzentration auf zwei Standorte überschaubar geblieben. Sämtliche Studiengänge werden auf die international gebräuchlichen Abschlüsse *Bachelor* und *Master* umgestellt. Auf dem **Campus Haarentor** sind neben den geistes- und sozialwissenschaftlichen Fächern auch Kunst und Musik beheimatet.

Die Naturwissenschaften sind zusammen mit der Mathematik am Standort **Wechloy** konzentriert. Früher als andernorts interessieren sich die Oldenburger Wissenschaftler für Umwelt- und Energieforschung. Davon zeugen das bereits 1981 gebaute **Energielabor** und das zehn Jahre später errichtete **Institut für Chemie und Biologie des Meeres** mit annähernd 120 Mitarbeitern. Im März 2004 ist außerdem das Zentrum für Windenergieforschung **ForWind** eröffnet worden. Es ist eine gemeinsame Einrichtung mit der Universität Hannover, die vom Land Niedersachsen gefördert wird. ForWind

berät die Windenergie- und Energieversorgungsbranche und betreibt Grundlagenforschung.
Zum Institut für Biologie und Umweltwissenschaften der Universität gehört der **Botanische Garten** am **Philosophenweg.** Er dient nicht nur der Forschung und Ausbildung von Studenten, sondern stellt auch Anschauungsmaterial für Schulen zur Verfügung, bietet als „Pflanzenmuseum" saisonale Ausstellungen oder lädt einfach nur zum Spaziergang ein.
Mit der Informatik wurde 1984 das Fächerspektrum entscheidend ergänzt. Dass die Entscheidungsträger die Zeichen der Zeit richtig erkannt haben, beweist das 1991 gegründete **OFFIS** (Oldenburger Forschungs- und Entwicklungsinstitut für Informatik-Werkzeuge und -Systeme), das heute mehr als 200 Mitarbeiter beschäftigt.
Neben der Universität gibt es in Oldenburg die **Fachhochschule** in der **Ofener Straße.** Ihre Schwerpunkte sind die Fachbereiche Architektur sowie Bauwesen und Geoinformation. Bislang einzigartig in Deutschland ist der zum Wintersemester 2000/2001 eingerichtete Studiengang **Hörtechnik und Audiologie.** Er führt technische, medizinische, naturwissenschaftliche und pädagogische Aspekte zusammen und erschließt so den Absolventen vielfältige Berufsbilder unter anderem in den Bereichen Hörgerätetechnik, Studiotechnik und Telekommunikation.

Campus der Universität Oldenburg im Uhlhornsweg (o.) und in Wechloy (l.)

Hörsaalzentrum der Universität am Uhlhornsweg (o.)

Zum naturwissenschaftlichen Bereich der Universität gehört auch der Botanische Garten, der für jedermann zugänglich ist (l.)

Aus der Wirtschaft

Das Unternehmen **CeWe Color** in **Kreyenbrück** ist 1961 aus dem Oldenburger Fotostudio von **Carl Wöltje** entstanden. Mit 3.800 Mitarbeitern an 24 Produktionsstandorten, davon 600 in Oldenburg, hat sich CeWe Color heute als europaweit führendes Unternehmen im Bereich **Fotofinishing** etabliert. In einem voll automatisierten Entwicklungsprozess entstehen Fotoabzüge, die von 38.000 Handelspartnern in ganz Europa vertrieben werden. Dazu gehören Fotofachhändler, Warenhäuser, Drogerie- und Elektronikfachmärkte sowie Internet-Händler. Übers Internet werden vor allem digitale Fotoaufträge abgewickelt, deren Aufkommen in den letzten Jahren stark gestiegen ist. Auf diesem Sektor hatte man anfangs Umsatzeinbrüche befürchtet, weil man glaubte, digitale Fotos würden nur auf dem PC gespeichert oder auf dem heimischen Drucker produziert werden. Doch tatsächlich ist die Produktion durch ein Großlabor eine unschlagbare Alternative zum technischen Aufwand und zu den Kosten für Fotos aus dem eigenen Drucker zu Hause. Wachstumsraten von über

Fotofinishing bei CeWe Color in Kreyenbrück (r.)

250 Prozent bestätigen den Trend zum Digitalfoto aus dem Großlabor.
Die **Landessparkasse zu Oldenburg** (LzO), 1786 als „Ersparungskasse“ gegründet, verfügt über ein leistungsfähiges Filialnetz in den Kreisen Ammerland, Cloppenburg, Friesland, Oldenburg, Vechta und Wesermarsch sowie den Städten Delmenhorst und Oldenburg und beschäftigt 1.800 Mitarbeiter. Die Bank versteht sich als ein Impulsgeber für die Region. Die Förderung von Kunst, Kultur, Wissenschaft, Sport und sozialen Projekten gehört zur Geschäftspolitik.
1869 ist das Gründungsjahr der **Oldenburgischen Landesbank AG** (OLB). Die Geschäfte entwickelten sich. Heute ist sie die führende Regionalbank in der Weser-Ems-Region. Ihr Wahlspruch lautet: „Die Bank, die hier zu Hause ist“. Fast 2.500 Menschen sind in dem mit der Allianz AG verbundenen Unternehmen angestellt. Als Universalbank bietet die OLB das gesamte Leistungsspektrum für private und gewerbliche Kunden. Die OLB-Stiftung fördert Kultur, Wissenschaft und Wirtschaft im Geschäftsgebiet der Bank.
Stau ist der Name des historischen Oldenburger Hafens. Die **Untere Hunte** ist seit dem 17. Jahrhundert schiffbar. Aus ursprünglich 39 km Flussverlauf zwischen Oldenburg und >Elsfleth (32) werden im Laufe von zwei Jahrhunderten 25 km. Der 1855 begonnene und 1893 fertig gestellte Bau des Hunte-Ems-Kanals, der heutige **Küstenkanal**, beschert **Oldenburgs Häfen** insgesamt zwischen den Industriegebieten an Rhein und Ruhr und den Häfen an der Wesermündung eine größere wirtschaftliche Bedeutung. Mit einem jährlichen Umschlagsvolumen von 1,6 Millionen Tonnen hat Oldenburg den stärks-

Werksgelände der August Herzog Maschinenfabrik (r.)

Die Steine der Außenfassade der Senfmühle im Ortsteil Osternburg (r.) sind 220 Jahre alt. In dem nach Originalplänen von 1854 gebauten Galerieholländer werden statt Getreide Senfkörner gemahlen. Aus dem Mehl entsteht vor Ort köstlicher Senf unterschiedlicher Schärfe

Blick in den historischen Oldenburger Hafen am Stau. Im Hintergrund der Wasserturm und die Eisenbahnrollbrücke (l.)

Im Vordergrund: die alte Wache, dahinter die Landessparkasse zu Oldenburg, die 2008 ein neues Gebäude erhalten soll (l.)

ten Binnenhafen Niedersachsens. Rund die Hälfte der umgeschlagenen Menge sind landwirtschaftliche Güter wie Getreide, Futter- und Düngemittel. Mit einem Anteil von 42 Prozent kaum weniger bedeutsam sind Baustoffe wie Sand, Kies, Natursteine und Splitt. Jährlich laufen über 1.500 Binnen- und 120 Seeschiffe den Oldenburger Hafen an. Bis zu zwei Meter Tiefgang können letztere tideunabhängig die Hunte befahren. Bei Flut darf der Tiefgang der Schiffe bis zu vier Meter betragen. Die **Schleuse Oldenburg** passieren jährlich rund 5.000 Schiffe.

Die Gründung der **BTC Business Technology Consulting AG**, heute eine Tochter der EWE AG, erfolgt 1995 als NET plus GmbH. Der Vorstandsvorsitzende **Bülent Uzuner** gründet 1997 in Bremen die Uzuner Management Consulting GmbH. Gemeinsame Projekte mit Partnern der Consultingbranche führen zu der Bildung des heutigen Unternehmens mit rund 450 Mitarbeitern. Die BTC AG bietet bundesweit und in der Schweiz ein auf Branchen ausgerichtetes Informationstechnologie-Beratungsangebot. Dieses Angebot reicht von der Prozessberatung über die Systemeinführung und -integration bis zum Betrieb der IT-Ressourcen im Outsourcing. Die marktführende Position im Bereich der Energieversorgungsunternehmen ist die Basis für die Erschließung weiterer Branchen wie Zulieferindustrie, Kommunalunternehmen und Telekommunikation.

Die **August Herzog Maschinenfabrik** ist heute weltweiter Technologie- und Marktführer bei Flecht- und Spulmaschinen. Flechtmaschinen haben eine lange Tradition mit vielen Anwendungsbereichen z.B. in der Schuhindustrie, bei der Herstellung von Kerzendochten, Posamenten, Litzen, Bändern und Kordeln, in der Medizintechnik und bei der Produktion von Bergseilen, Yachttauwerk und Seilen für Schifffahrt und Offshore Industrie. Schon im 19. Jahrhundert werden **Barmer Flechtmaschinen** in Barmen, heute ein Ortsteil von Wuppertal, gebaut. 1861 gründet August Herzog dort das Unternehmen. Im Zweiten Weltkrieg wird es zerstört. Nach dem Krieg wird Oldenburg, die Geburtsstadt der Frau des Inhabers, zur neuen Heimat. Heute arbeiten bei Herzog 135 Fachkräfte.

Die Energie des Nordens

Die Erfolgsgeschichte von EWE beginnt vor 75 Jahren im Weser-Ems-Raum: Hier entsteht 1930 die Oldenburgische Stromversorgungs AG, die sich noch im gleichen Jahr mit der Weser-Ems-Stromversorgungs AG zur Stromversorgungs AG Oldenburg-Ostfriesland (STROSAG) zusammenschließt, der Rechtsvorgängerin von EWE.

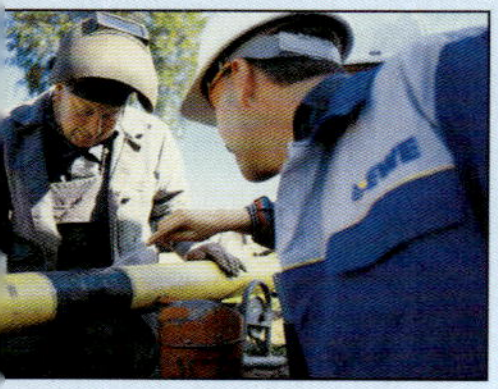

Qualitätsprüfung einer geschweißten Gasrohrverbindung (o.)

Höchste Versorgungssicherheit: Für diese Leistung wird in den Netzleitstellen rund um die Uhr gearbeitet (o.r.)

Ein Freileitungsmonteur auf dem Weg zu einer Störungssstelle (1939) (ganz o.)

STROSAG, was kann ich für Sie tun?" 13 Jahre lang melden sich die Mitarbeiterinnen und Mitarbeiter am Telefon mit dem etwas unglücklich gewählten Firmenkürzel, das mehr nach „Strohsack" klingt als nach einem inzwischen nahezu im ganzen Weser-Ems-Raum aktiven Energieversorgungsunternehmen. 1943 wird nach der Fusion von STROSAG und dem Landeselektrizitätsverband Oldenburg ein neuer Name gefunden: Energieversorgung Weser-Ems Aktiengesellschaft, kurz: EWE.

In den Folgejahren baut das Unternehmen in der Region nicht nur ein dichtes **Stromnetz**, sondern ab 1959 auch ein engmaschiges **Erdgasnetz** auf. 1990 wagt es den Sprung aus dem angestammten Versorgungsgebiet nach Brandenburg, um auch dort eine flächendeckende Erdgasversorgung aufzubauen. 1992 kommen Rügen und Gemeinden in Nord-Vorpommern als Erdgasversorgungsgebiete hinzu. Da der bisherige Firmenname nicht mehr zu diesem deutlich gewachsenen Versorgungsgebiet passt, wird 1992 daraus die heutige **EWE Aktiengesellschaft.** Sechs Jahre später fusionieren EWE und der im benachbarten Gebiet tätige Energieversorger Überlandwerk Nord-Hannover AG. Mit nunmehr einer Million Strom- und 600.000 Erdgaskunden erreicht das Unternehmen eine neue Größenordnung, die für den Wettbewerb auf den liberalisierten Energiemärkten eine starke Ausgangsposition bietet. 1999 überschreitet EWE mit der Expansion der Erdgasversorgung nach Polen auch Landesgrenzen. In den Folgejahren erwirbt das Unternehmen maßgebliche und strategisch wichtige Beteiligungen an anderen Energieversorgungsunternehmen. Heute ist EWE nicht nur der Marktführer im Norden und die Nummer 5 unter den deutschen Energieversorgern, sondern auch die Nummer 3 beim Erdgasabsatz sowie zweitgrößter Betreiber von **Erdgasspeichern** in Deutschland. Was bleibt, ist der Name EWE und die Verbundenheit mit der Region.

Ebenso zielbewusst und zukunftsorientiert werden weitere Geschäftsfelder rund um die vorhandenen Kompetenzen ausgebaut. Die Gründung der **EWE TEL GmbH** schafft 1996 die Basis für ein weiteres wachstumsstarkes Kerngeschäftsfeld: **Telekommuni-**

Telekommunikation ist neben Strom und Gas das dritte große Kerngeschäftsfeld von EWE (l.)

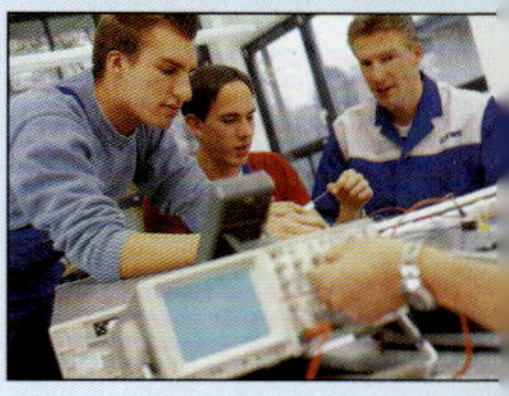

Seit Jahren bildet EWE über den eigenen Bedarf hinaus aus (o.)

Diese Fahrzeuge der EWE-Flotte (ganz o.) fahren mit Erdgas. Immer mehr Autobesitzer rüsten auf Erdgasbetrieb um. Sie können in den EWE-Regionen bereits an über 40 Zapfsäulen tanken.

kation und **Informationstechnologie.** EWE TEL nutzt das weitverzweigte, rund 25.000 Kilometer lange Kommunikationsnetz der EWE AG, das ursprünglich zur Überwachung und Steuerung der Strom- und Gasnetze errichtet worden ist. Dieses Netz wächst ständig weiter: zusammen mit Strom-, Gas- und Wasserleitungen werden auch Telekommunikationsleitungen verlegt – das macht den Netzausbau besonders effizient.

Im Geschäftsfeld Telekommunikation ergänzen **Beteiligungsunternehmen** wie osnatel (Osnabrück), BREKOM (Bremen) oder htp (Hannover) die Dienstleistungen von EWE TEL. Hinzu kommen weitere Beteiligungen wie die Business Technology Consulting AG (BTC), die sich seit 2001 zur größten IT-Beratungsgesellschaft in Nordwestdeutschland entwickelt hat.

Durch den Ausbau unternehmerischer Kernkompetenzen ist ein **Multi-Service-Angebot** entstanden, das von Privat- und Geschäftskunden ebenso genutzt wird wie von Städten und Gemeinden der Region. Genannt seien E-Commerce, Gebäudedienstleistungen, Abrechnungssysteme und Geoinformationssysteme. Auch im Bereich Umweltdienstleistungen ist EWE erfolgreich aktiv. Heute zählen hierzu neben dem Handel mit Strom aus regenerativen Energiequellen die Erschließung von Bauland, die Versorgung mit Trinkwasser, die Reinigung von Abwasser, die Vererdung von Klärschlamm sowie die Dienstleistungen des Labors für Umweltanalytik.

Über all die Jahre ist und bleibt EWE ein Unternehmen, das nicht nur „zur Region“ gehört, sondern tatsächlich der Region gehört: den Landkreisen und Städten zwischen Ems, Weser und Elbe. Bis Ende 2003 halten diese über zwei Beteiligungsgesellschaften die Anteilsmehrheit von 72,6 Prozent, seit 2004 sind sie durch die Übernahme der 27,4-prozentigen Minderheitsbeteiligung der E.ON Energie AG sogar alleinige Eigentümer des Unternehmens.

Jährlich investiert EWE mehrere Millionen Euro in seine Anlagen und Netze. Davon profitieren nicht nur regionale Auftragnehmer. Es sind zugleich Investitionen in eine der leistungsfähigsten und sichersten regionalen Versorgungsinfrastrukturen Deutschlands.

EWE beschäftigt mit seinen konsolidierten Unternehmen rund 5.100 Mitarbeiterinnen und Mitarbeiter und sichert durch Auftragsvergabe viele weitere Arbeitsplätze bei Vertragspartnern in der Region. Ausbildung hat einen hohen Stellenwert: Seit Jahren werden über den eigenen Bedarf hinaus junge Leute in gewerblich-technischen und kaufmännischen Berufen ausgebildet – derzeit rund 160. Damit sichert EWE qualifizierten Nachwuchs nicht nur für das Unternehmen, sondern auch für die Region.

Der Erfolg von EWE kommt durch vielfältige Förderaktivitäten im Sport wie im sozialen Bereich auch direkt wieder der Region zugute. Die **EWE Stiftung** unterstützt darüber hinaus Wissenschaft und Forschung, Bildung und Erziehung, Kunst und Kultur.

Landkreis Oldenburg

Der spätere Landkreis Oldenburg entsteht im Zuge einer Verwaltungsreform im Jahre 1933. Damals wird als Verwaltungssitz die Stadt Oldenburg festgelegt – die selbst nie zum Kreisgebiet gehört. Grund für diese Wahl ist die Infrastruktur, denn der öffentliche Verkehr ist damals ganz auf die Stadt Oldenburg ausgerichtet. Wie auch immer: Bis heute leiht die Stadt dem angrenzenden Landkreis den Namen.

Landschaftlich wird der Landkreis Oldenburg durch den Naturpark Wildeshauser Geest bestimmt, der zu den größten Naturparks in Deutschland gehört. Innerhalb des Landkreises sind 258 Quadratkilometer, rund ein Viertel der gesamten Fläche, als Landschafts- und Naturschutzgebiet ausgewiesen. Zu den geschützten Gebieten zählen: 24 Naturschutzgebiete, 56 Landschaftsschutzgebiete, 354 Naturdenkmale, 21 geschützte Fließgewässerabschnitte, 1.270 besonders geschützte Biotope sowie fast 900 Kilometer Wallhecken. Ein 111 Kilometer langer Wanderweg durchquert das Gebiet. Einen beträchtlichen Raum im Landkreis nehmen die landwirtschaftlichen Betriebe ein. Noch werden 65.000 Hektar Land von 1.600 Betrieben landwirtschaftlich genutzt, von denen über 1.000 nicht mehr als 50 Hektar Fläche bearbeiten.

Aber auch die kleinen Städte und Gemeinden im Landkreis Oldenburg sind liebenswert. Vier der Orte seien an dieser Stelle stellvertretend für den gesamten Landkreis erwähnt: Die Entwicklung des Erholungsortes **Hude** ist eng mit dem alten Zisterzienserkloster aus dem 13. Jahrhundert verbunden. Die Ruine vermittelt noch immer einen imposanten Eindruck einstmaliger Größe. Weite Flächen von Hude, insgesamt tausend Hektar, sind bewaldet. Ein Teil dieses Waldes ist eine Kostbarkeit: der Urwald Hasbruch. Dieses sumpfige Areal mit seinen gewaltigen Baumriesen – die 1.200 Jahre alte Friederikeneiche ist die zweitälteste Eiche Deutschlands – zieht Spaziergänger und Wanderer durch die fantastische, beinahe magische Ausstrahlung in seinen Bann.

Der Luftkurort **Wildeshausen** bietet historische Kleinode wie die siebenhundert Jahre alte Alexanderkirche, die einzige Basilika im Oldenburger Land, das gotische Rathaus und den Stadtwall. Nah beim Kurort liegt die „klassische Quadratmeile der Prähistorie“, das Pestruper Gräberfeld mit seinen 500 Grabhügeln.

Der alte Ortskern von **Harpstedt** mit Kirche, Windmühle und Amtshof ist einen Ausflug wert. Ganz in der Nähe liegen die Reckumer Steine in der Gemeinde Winkelsett und steht die

Ozeanbrücke, eine 175 Meter lange Holzbrücke. Nostalgiefreunde kommen auf ihre Kosten bei einer Fahrt mit der alten Dampflokomotive von Harpstedt nach Delmenhorst.

Dötlingen ist eine großflächige Gemeinde mit alten Bauerndörfern und großen Waldgebieten. Alte Reetdach-Bauernhäuser, die über tausend Jahre alte Dorfeiche, Hünengräber sowie eine Kirche aus dem 12. Jahrhundert gehören zu den Sehenswürdigkeiten. Beliebtes Ausflugsziel ist das Möwenschlatt in Bretttorf, ein im Binnenland einmaliges Brutgebiet von Lachmöwen.

Reich ist der Landkreis nicht nur an schönen Naturräumen, attraktiven Städten und Gemeinden, sondern auch an „unterirdischem“ Besitz: Das Oldenburger Land verfügt über große Erdgasvorkommen. Rund neun Milliarden Kubikmeter werden jährlich im südlichen Teil des Landkreises und den angrenzenden Bereichen der Kreise Cloppenburg, Vechta und Diepholz gefördert. Das entspricht rund der Hälfte der Gesamtproduktion Niedersachsens, die wiederum etwa 90 Prozent der gesamten deutschen Erdgasproduktion ausmacht.

Wildeshauser Geest (o.)

Reich ist das Land auch an kulinarischen Köstlichkeiten. Im Herbst lockt es mit Obstkuchen. Dann stehen auch Wildgerichte mit frischen Pilzen auf dem Speiseplan und im Winter wird überall „Kohl und Pinkel“ angeboten. Zu jeder Jahreszeit gibt es den Pfannkuchen aus Buchweizen, früher ein „Arme-Leute-Essen“, heute eine Delikatesse. Und Rote Grütze, die gibt es immer!

Landkreis-Profil

	Landkreis	Land Nieders.
Einwohner, Fläche		
Einwohner gesamt	124.564	7.993.415
darunter 0 bis 15 Jahre in %	17,8	15,4
darunter älter als 65 Jahre in %	16,0	18,7
darunter Ausländer in %	4,2	6,7
Fläche in qkm	1.062,95	47.618,24
Einwohner je qkm	117,2	167,9
Sozialstruktur (Jahresdurchschnitt, gerundet)		
Erwerbstätige gesamt	42.100	3.492.600
Empfänger von Arbeitslosengeld / -hilfe	4.740	354.300
Empfänger sonst. Hilfen zum Lebensunterhalt	3.230	311.900
Anzahl Wirtschaftsbetriebe		
Gesamt (Industrie, Handel, Gewerbe, Dienstl.)	5.978	351.151
darunter Land-, Forst-, Fischereiwirtschaft	409	15.862
Steueraufkommen		
Lohn- und Einkommensteuerzahler	39.117	2.738.281
Summe positiver Einkünfte (in Tsd. EUR)	1.360.724	88.279.875
Steuereinnahmen (EUR je Einwohner)	499,66	544,33

Wahlen

Landtagswahl 2003	
CDU	49,9
SPD	33,9
FDP	8,5
Grüne	7,8
Sonstige	0,0

Ortsteile:
- Altona
- Aschenstedt
- Barel
- Brettorf
- Busch
- Dötlingen
- Geveshausen
- Grad
- Haidhäuser
- Hockensberg
- Iserloy
- Klattenhof
- Neerstedt
- Nuttel
- Ohe
- Ostrittrum
- Rhade
- Uhlhorn
- Wehe

Einwohner: 6.047
Fläche: 101,83 qkm
59,4 Einw. je qkm

Dötlingen

Die Gemeinde Dötlingen hat sich ihr ländliches Ortsbild erhalten. Fachwerkhöfe wie der historische **Tabkenhof** prägen den Dorfkern. Der Hof ist seit 1830 in Familienbesitz und wird heute noch bewirtschaftet. Mit 58 Metern Länge und 17 Metern Breite gilt der **Tabkenhof** als das größte Niedersachsenhaus Norddeutschlands. Vor dem Ersten Weltkrieg entsteht in Dötlingen eine **Künstlerkolonie**. August Kaufhold, Otto Pankok, Karl Dehmann und Georg Bernhard Müller vom Siel wirken hier. **Georg Bernhard Müller vom Siel** (1865–1939) wächst nach dem frühen Tod seiner Eltern in Oldenburg auf. 1886 geht er zum Studium nach Paris und arbeitet u.a. als Kopist im Louvre. Müller vom Siel ist seit den 1880er Jahren auch für den Großherzog von Oldenburg tätig und entdeckt bei seinen Wanderungen durch die Wildeshauser Geest das pittoreske Dorf, in dem er sich 1896 niederlässt. Die Motive seiner oft großformatigen Gemälde und seiner Radierungen entnimmt er der umliegenden Landschaft. Die **Galerie Dötlingen**, die sich in einer Hälfte eines niedersächsischen Doppelheuerhauses von 1816 befindet, knüpft an die künstlerische Tradition an. Die Galerie entsteht 1991 durch private Initiative und wird seit 1995 von **Gunda Stolle** geführt. Das ganze Jahr hindurch finden dort wechselnde Ausstellungen statt. Die 1999 gegründete **Dötlingen Stiftung** zur Förderung von Kunst und Kultur hat die Sanierung des Doppelheuerhauses übernommen. Nach Abschluss der Bauarbeiten Ende 2004 entsteht in der anderen Hälfte des Hauses eine kulturelle Begegnungsstätte.

Georg Bernhard Müller vom Siel, Ölbild von Anton Kaulbach 1884 (o.)

Im Schatten mächtiger Bäume steht der Tabkenhof (o. Mitte)

Blick in die Galerie Dötlingen von Gunda Stolle im Doppelheuerhaus (o.r.)

Im Projekt **Dötlinger Gartenkultour** haben sich Gärtner, Gastronomen und Gewerbetreibende gemeinsam mit der Gemeinde zusammengeschlossen und eine Gartenroute erarbeitet, an der entlang mit Ausstellungen, Veranstaltungen und anderen Aktionen zum Sehen und Erleben eingeladen wird. Die Aktionstage heißen „Frühlingserwachen", „Sommergärten" und „Herbstfeuer" und finden jeweils im Mai, im Juni und im Oktober statt.

Erdgas wird rund um die Uhr produziert, 365 Tage im Jahr. Der Absatz verläuft jedoch aufgrund der Verbrauchsstruktur in Deutschland sowohl im Tagesverlauf als auch saisonal schwankend. Deshalb sind **Speicher** wichtig, die das produzierte Gas so lange aufnehmen, bis es vom Kunden benötigt wird. Zu diesem Zweck betreibt die **ExxonMobil Production** GmbH (EMPG) seit 1984 in Dötlingen einen unterirdischen Erdgasspeicher. 2.650 Meter unter dem Betriebsgelände von Exxon Mobil, dem einzigen Industrieunternehmen Dötlingens, liegt der poröse Sandstein einer ehemaligen Gaslagerstätte in der geologischen Formation des Buntsandsteins, in dem das Gas gespeichert wird. Der Speicher in Dötlingen und ein zweiter Porenspeicher in > Uelsen (I-174) nehmen mehr als zwei Milliarden Kubikmeter Erdgas auf, eine Menge, die dem Jahresverbrauch von etwa einer Million Haushalte entspricht.

Die 1.000-jährige Eiche in Dötlingen; im Hintergrund die ebenso alte Feldsteinkirche St. Firminius (o.)

Im Ortsteil **Neerstedt** gibt es seit 1990 die ehrenamtlich von Vereinsmitgliedern betriebene **Neerstedter Bühne.** Sie ist das einzige feste Theater im Landkreis Oldenburg. Den Schwerpunkt des von November bis März laufenden Programms bilden plattdeutsche Stücke von verschiedenen regionalen Spielgruppen. Aber auch Musik, Tanz und Kabarett stehen in Neerstedt auf dem Spielplan. Zur Weihnachtszeit gibt es jedes Jahr ein Kindertheaterstück.

Der **Turnverein Brettorf** wird 1913 gegründet und ist mittlerweile über 650 Mitglieder stark – in einem Ort mit 800 Einwohnern! Brettorf ist eine deutsche Hochburg des **Faustballs**. Die Sportart ist gegen Ende des 19. Jahrhunderts in Deutschland entstanden und hat sich im

Deutscher Faustballmeister 2004 vor eigenem Publikum: die Mannschaft des TV Brettorf (l.)

Gegensatz zum artverwandten Volleyball international nur wenig verbreitet. Anfang der 1970er Jahre wird in Brettorf der Grundstein für die späteren Erfolge gelegt. Bis heute hat der Verein 17 Deutsche Meisterschaften gewonnen, 15 davon auf Nachwuchsebene. In der Männer-Bundesliga (Halle) ist der Verein Mitte der 1980er erstmals vertreten. Dort feiert er im März 2003 den ersten Gewinn des Deutschen Meistertitels. Im Juli 2004 folgt gleich der nächste Titel – diesmal auf dem Feld und vor heimischer Kulisse. Zum ersten Mal hatte der Deutsche Turnerbund die Deutschen Faustball-Meisterschaften der Männer und Frauen vom TV Brettorf ausrichten lassen. Rund 3.000 Zuschauer aus ganz Deutschland waren dabei. Die Frauen des TV Brettorf spielen seit den 1990er Jahren mehrfach in der Bundesliga, steigen aber ebenso oft

Aufführung der Neerstedter Bühne (l.)

wieder ab. Jetzt wollen sie versuchen, sich in der Bundesliga fest zu etablieren.

Nach einer Stammtischwette macht sich der Aschenstedter **Heinrich Pageler** 1955 zu Fuß auf den Weg nach Bremen. Aschenstedter, die gut zu Fuß sind, marschieren deshalb heute noch zur Festigung des Dorfzusammenhalts und zur Erinnerung an Heinrich Pagelers Tat seit 1977 im Turnus von zehn Jahren zum Roland nach Bremen.

Ganderkesee

Ortsteile:
- Almsloh
- Bergedorf
- Bookholzberg
- Bookhorn
- Bürstel
- Elmeloh
- Ganderkesee
- Grüppenbühren
- Habbrügge
- Havekost
- Heide
- Hengsterholz
- Hohenböken
- Holzkamp
- Hoyerswege
- Hoykenkamp
- Immer
- Neuenlande
- Rethorn
- Schierbrok
- Schlutter
- Schönemoor
- Steinkimmen
- Stenum

Einwohner: 30.971
Fläche: 138,26 qkm
224,0 Einw. je qkm

Transporter mit Ladebordwand von MBB Liftsystems (o.)

„Lütje Anja" in Habbrügge (ganz o.r.)

Dass im Ganderkeseer Ortsteil **Habbrügge** eine alte Holländerwindmühle steht, mag man noch nicht für ungewöhnlich halten. Ungewöhnlich ist allerdings, dass sie dort erst seit 1990 ihren Platz hat. Noch abenteuerlicher ist, wie die **„Lütje Anja"** an ihren Platz gekommen ist. Ihr jetziger Besitzer, Mühlenfan **Uwe Westphal**, hat sie mit einem Bundeswehr-Hubschrauber einfliegen lassen! Damit sich diese eher ungewöhnlichen Transportkosten wieder amortisieren, kann die Windmühle nicht nur besichtigt, sondern auch für persönliche Anlässe gemietet werden. Bis zu 18 Personen können sich dann selbst gebackenen Kuchen oder ein rustikales Mühlenfrühstück schmecken lassen. Und nicht nur für Tagungen und Seminare ist die „Lütje Anja" sehr beliebt, sondern vor allem für stilvolle Trauungen. Oder, wie es Uwe Westphal ausdrückt: *„Wo früher gemahlen wurde, wird heute vermählt!"*
Auch sonst wird in Ganderkesee geflogen. Die **Atlas Air Service GmbH** ist in vielen Bereichen der Luftfahrt aktiv. Das rund 60 Mitarbeiter starke Unternehmen am Flugplatz von Ganderkesee gehört zu den weltweit größten Vertragshändlern für Maschinen vom Typ **Cessna** und verfügt über ein Angebot vom Viersitzer bis zum Business-Jet. Das Unternehmen handelt auch mit gebrauchten Flugzeugen und Hubschraubern und betreibt einen Charterflug-Service.
Die **MBB Liftsystems AG** in **Hoykenkamp** ist der größte deutsche Hersteller von Hubladebühnen, Ladebordwänden und hydraulischen Einstiegshilfen für Personentransporte. Das Unternehmen mit rund 230 Beschäftigten ist aus einem Zweigbetrieb der ehemaligen Vereinigten Flugtechnischen Werke (VFW, später: MBB) hervorgegangen, der in Ganderkesee bereits seit den 1950er Jahren hydraulische Arbeitsbühnen für den Eigenbedarf im Flugzeugbau fertigt. Heute vertreibt MBB Liftsystems Ladebühnen weltweit und stattet Busse z.B. in Berlin, London, Barcelona und Adelaide mit Einstiegssystemen für die Mobilität behinderter Menschen aus.

Blick in die Montagehalle von Atlas Air Service (r.)

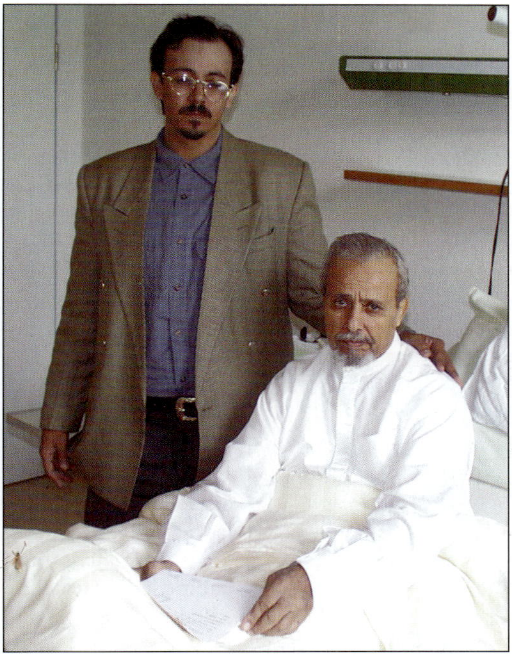

überzeugen. Seit 2003 setzen die Ärzte in Stenum Bandscheiben-Prothesen ein, mit großem Erfolg, wie die Patienten bestätigen. Dabei beschränkt sich das Stenumer Team nicht nur auf die Operation selbst, sondern bietet ausländischen Patienten eine umfassende Betreuung auch der mitreisenden Angehörigen.

Die Gemeinde **Ganderkesee** liegt im Nordosten des Landkreises Oldenburg an den Grenzen zu >Delmenhorst (118) und zum Landkreis >Wesermarsch (22f). Sie ist mit etwa einem Viertel der Einwohnerzahl die mit Abstand einwohnerstärkste und zugleich die am dichtesten besiedelte Flächengemeinde des Landkreises. Im Gegensatz zu den anderen, eher auf Bremen oder Oldenburg orientierten Gemeinden des Landkreises, zeigt sich in Ganderkesee eine stärkere Ausrichtung auf das benachbarte Delmenhorst. So ist hier das **Delmenhorster Kreisblatt** als Tageszeitung relativ weit verbreitet.

Ihr mittelalterlicher Name „Gandrikesarde" setzt sich aus dem germanischen Vornamen *Gendrik* und dem altgermanischen *Arde* (= Erde) zusammen. Die direkte Lage an der Ostfriesischen Straße, einem der wichtigsten Handelswege seiner Zeit, führt dazu, dass hier im Jahr 1052 die erste steinerne Kirche der Region **St. Cyprian und Cornelius** als Gaukirche erbaut wird. Darum sind auch die Ausmaße dieser Kirche weit größer als die der üblichen Dorfkirchen. Seit 1699 besitzt sie eine Arp-Schnitger-Orgel mit über tausend Pfeifen.

Das Projekt IMD führt Patienten aus aller Welt in die Fachklinik für Orthopädie (l.)

IMD-Projektleiter Malte Petersen (o.)

Die dreischiffige gotische Hallenkirche St. Cyprian und Cornelius (l.) aus der ersten Hälfte des 15. Jahrhunderts steht im Ortskern von Ganderkesee. Der romanische Turm stammt wahrscheinlich aus dem 12. Jahrhundert, der Granittaufstein aus dem 13. Jahrhundert

Hydraulische Systeme sind auch das Fachgebiet der **Atlas-Terex GmbH.** Das 1919 in Delmenhorst gegründete Unternehmen ist führend auf dem Sektor Baumaschinen. Seit 1956 unterhält Atlas-Terex ein Werk in Ganderkesee mit 380 Beschäftigten, in dem ausschließlich Bagger produziert werden. Die Firma, die unter anderem 1950 den ersten Hydraulikbagger auf den Markt bringt, fertigt heute in Ganderkesee mehr als tausend Bagger pro Jahr.

Die **Fachklinik für Orthopädie** in **Stenum** mit ihren 120 Mitarbeitern ist durch ihre Operationserfolge weit über Norddeutschland hinaus bekannt. In Stenum werden jährlich über 2.500 Patienten operiert. 30 Prozent der Behandelten sind Privatpatienten. Dass Menschen auf der Suche nach Heilung und Gesundheit weite Reisen auf sich nehmen, hat vermutlich eine jahrtausendealte Tradition. Dank des Internets kann heute jeder die bestmögliche Therapie für sein Leiden weltweit finden. Das macht sich auch die Klinik in Stenum zunutze. So kann **Malte Petersen**, Leiter des Projekts *International Medical Department Stenum*, zunehmend Patienten vor allem aus den USA und den arabischen Ländern vom Erfolg einer Behandlung in Stenum

Reste der Zuschauertribünen der alten Freilichtbühne in Bookholzberg (o.) Die Natur erobert die Stätte langsam zurück

Etwa acht Kilometer Luftlinie nordostwärts der ehemaligen Gaukirche steht die **Katharinen-Kirche** von **Schönemoor**, die vor allem durch ihre um 1930 freigelegten Wandmalereien beeindruckt. Im 19. Jahrhundert wird Ganderkesee von drei Feuersbrünsten heimgesucht, die jedesmal das Dorf fast völlig zerstören. Die dicht um die Kirche gedrängten Häuser sind damals noch mit Stroh gedeckt und nicht gegen Feuer versichert. So bedeuten diese Großbrände immer auch eine wirtschaftliche Katastrophe für die Bevölkerung.

Filmabend (r.) im Freizeitheim Hohenböken (u.)

Ein Relikt noch gar nicht lange vergangener Zeiten ist die **Freilichtbühne Bookholzberg**. Sie entsteht 1934 anlässlich einer 700-Jahr-Feier der Schlacht von Altenesch. Der Kampf der Stedinger Bauern gegen den Erzbischof von Bremen wird vom niederdeutschen Schriftsteller **August Hinrichs** (1879–1956) in dem Stück „De Stedinge" beschrieben und von den Nazis als Teil ihrer wirren völkischen Ideologie missbraucht.

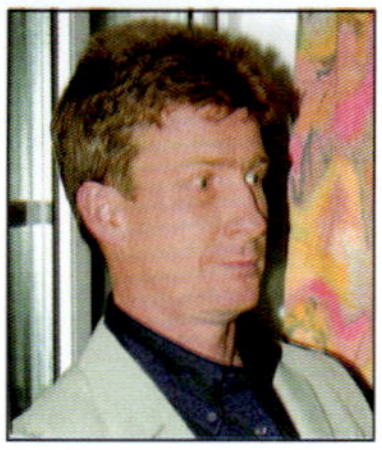

Jens Lamaack (o.)

Das Ensemble aus Zuschauertribünen und Dorfkulisse existiert bis heute. Noch bis in die ersten Kriegsjahre wird an der Anlage gebaut, der Krieg verhindert aber die Fertigstellung. Heute sind die Tribünen der Spielstätte überwuchert und kaum noch zugänglich. Die Häuser der Dorfkulisse werden vom **Berufsförderungswerk Weser-Ems** für Maßnahmen zur Integration von behinderten Menschen ins Berufsleben genutzt.

Das **Freizeitheim Hohenböken** ist ein Veranstaltungsort des **Evangelischen Gemeinschaftsverbands Nord-Süd e.V.** für Tagungen, Seminare, Seniorenfreizeiten und Kindergruppen. Im großen Tagungssaal des Freizeitheims findet einmal im Monat der **Filmabend „Light House"** statt. Wer einen guten Film gerade im Kino verpasst hat, kann ihn dann hier auf großer Leinwand in Kinoatmosphäre genießen – bei freiem Eintritt! Doch das ist noch nicht alles: Nach dem Film lädt das Light-House-Team um **Jens** und **Sabine Lamaack** zum **„Reden über Gott und die Welt"** ein.

Richtig bunt geht es in Ganderkesee immer zwischen dem 11. 11. und Aschermittwoch zu. Was den Rheinländern ihr Karneval, ist den Ganderkeseern ihr **Fasching um den Ring**, eine der größten Karnevalsveranstaltungen in Norddeutschland. Lange bevor die Faschingszeit beginnt, entwickeln in vielen Ganderkeseer Familien die Faschingsfreunde Kreativität und Betriebsamkeit, damit bei der Auftaktveranstaltung in der ersten Novemberhälfte auch alles klappt. Organisiert wird der Fasching seit 1954 von der **Gemeinschaft Ganderkeseer Vereine** (GGV). Im Gegensatz zum organisierten Frohsinn in Süddeutschland und im Rheinland bringen sich darin Begeisterte aus allen Vereinen der Gemeinde ein. Vom Imker bis zum Fallschirmspringer kann jeder mitmachen. In der „heißen Phase" des Ganderkeseer Faschings finden mehrere **Büttenabende** statt. Höhepunkt der Veranstaltungen ist der **Festumzug** am Faschingssamstag, der Zehntausende Besucher nach Ganderkesee lockt.

Die **Heimatstube** ist ein kleines Bauernhaus in **Bürstel**, in dem der **Orts- und Heimatverein Ganderkesee** eine Samm-

Ein Feeling wie im Rheinland: der Faschingsumzug in Ganderkesee (o.)

lung von Haushalts- und Gebrauchsgegenständen aus alter Zeit zusammengetragen hat, die nach Vereinbarung besichtigt werden kann. Zu sehen gibt es eine „gute Stube“, eine Schulklasse, eine Waschküche, eine Schusterwerkstatt, einen Webstuhl und ein uriges kleines Backhaus. Das öffnet der Verein zu besonderen Anlässen und serviert selbst gebackenen Kuchen.

Das ca. 630 Hektar große geschlossene Waldgebiet **Hasbruch** ist eines der größten Eichenreviere Deutschlands. Der größte Teil davon liegt in der Gemeinde Ganderkesee, ein etwas kleinerer Teil in der angrenzenden Gemeinde >Hude (81). Das Zentrum des Hasbruchs bildet ein seit über 150 Jahren nicht mehr bewirtschafteter **Urwald**, der seltenen Tieren und Pflanzen Lebensraum bietet. Seit 1997 steht der gesamte Hasbruch unter Naturschutz. Er ist durch Wanderwege gut erschlossen und verfügt über einen gesonderten Rundweg für Reiter.

Jagdhüttenkreuzung im Staatsforst Hasbruch (ganz l.u.) mit seinen uralten Eichenbäumen und dem Großsteingrab in Steinkimmen (l.)

Ortsteile:
_ Ahlhorn
_ Großenkneten
_ Huntlosen

Einwohner: 13.643
Fläche: 176,17 qkm
77,4 Einw. je qkm

Großenkneten

Im Oktober 1981 sorgen drei Musiker dafür, dass der Name ihrer Heimatgemeinde über Nacht in aller Munde ist: **Stephan Remmler**, **Gert Krawinkel** und **Peter Behrens** lassen auf dem Cover ihrer ersten LP kurzerhand ihre Adresse abdrucken. Dieses erste Album von **Trio** wird zum Millionenseller und gehört noch heute nach Meinung vieler Musikkritiker zu den wichtigsten neueren deutschsprachigen Platten.

Cover der ersten Langspielplatte von Trio aus dem Jahre 1981 (r.)

Ebenfalls aus der Gemeinde stammt der 1974 geborene Fußballtorhüter und Nationalspieler **Hans-Jörg Butt**. Bis zum 16. Lebensjahr hält Hans-Jörg Butt beim TSV den Kasten sauber. Mit dem VfB Oldenburg steigt er in die Zweite Bundesliga auf, ehe er 1997 zum Bundesligisten Hamburger SV und 2001 schließlich zu Bayer Leverkusen wechselt. Mit der Nationalmannschaft wird er 2002 auch Vize-Weltmeister.

Fußballprofi Hans-Jörg Butt (o.)

Als **Albert Heinrich Gräper** im Jahr 1904 in Ahlhorn ein Kalksandsteinwerk gründet, gehört er zu den Pionieren dieser aufstrebenden Branche. Mit einer kontinuierlichen Erschließung des Marktes, der stetigen Entwicklung neuer Produkte und Investitionen in eine umweltgerechte Produktion schrieb das Unternehmen Erfolgsgeschichte. Heute beschäftigt die **Heinrich Gräper GmbH & Co. KG** an fünf Produktionsstandorten fast 400 Mitarbeiter und zählt zu den Marktführern für Transformatoren-Stationen in Deutschland. Bis nach China werden diese Stromversorgungsanlagen geliefert. Darüber hinaus hat sich das Unternehmen auch als Anbieter elektrotechnischer Konzeptionen für Windkraftanlagen einen Namen gemacht.

Seit 1994 befindet sich der Hauptsitz der **Assmy & Böttger Electronic** GmbH & Co. in **Huntlosen**. Das 1971 in >Bremen (194f) gegründete Unternehmen mit 80 Beschäftigten produziert und vertreibt elektronische Bauelemente. Das Angebot reicht von der Leiterplatte über Kabel bis zur Montage ganzer Schaltschränke. Die **ExxonMobil Production** GmbH bereitet in ihrer Anlage Großenkneten mit 120 Beschäftigten Erdgas auf. Das im Oldenburger

Erdgasentschwefelungsanlage von ExxonMobil (o.r.)

Land geförderte **Sauergas** enthält Schwefelwasserstoff und ist in diesem Zustand nicht vermarktbar. Allerdings ist der enthaltene Schwefel ein wertvoller Rohstoff. In zwei Arbeitsschritten wird dem Erdgas der Schwefelwasserstoff entzogen und daraus Schwefel mit sehr hohem Reinheitsgrad gewonnen. Der Schwefel wird weltweit exportiert. Er findet vor allem in der Herstellung von Farben und Düngemitteln Verwendung, macht aber z.B. auch Autoreifen UV-beständig.

Die **Mastputen-Brüterei Ahlhorn** ist seit über drei Jahrzehnten erfolgreich in der Putenaufzucht tätig. Das Familienunternehmen wird 1972 von **Friedrich Grotelüschen** gegründet und arbeitet heute mit über 200 Vertragslandwirten zusammen. In der 1999 erweiterten, zweitgrößten Putenbrüterei Deutschlands schlüpfen jährlich über fünf Millionen Küken, die bundesweit verkauft werden.

Die 1906 vom damaligen Großherzogtum Oldenburg angelegten 60 Fischteiche der **Staatlichen Teichwirtschaft Ahlhorn** liegen in einem 150 Hektar großen Gelände im Westen Ahlhorns. Die kleineren Teiche dienen als Laichteiche, die großen der Überwinterung der Fische. Die Jahresernte der **Besatzfischerei** beträgt ca. 30 Tonnen Karpfen, zehn Tonnen Forellen und diverse Nebenfische wie Schleie, Zander und Hechte. Durch die Bewirtschaftung, das regelmäßige Anstauen und Ablassen des Wassers, ist im Laufe der Jahre ein Naturparadies mit seltenen Tier- und Pflanzenarten entstanden. Allein elf verschiedene Amphibienarten und über hundert Vogelarten sind beobachtet worden. 1993 wird das gesamte Gebiet um die Ahlhorner Fischteiche unter Naturschutz gestellt.

Direkt an der Landesstrasse L 870 liegt der **Soldatenfriedhof Sage**. Er wird nach dem Zweiten Weltkrieg als Grabstätte für gefallene Soldaten des britischen Commonwealth und verbündeter Nationen angelegt. In Sage ruhen 600 Engländer, 122 Kanadier, 34 Australier, 34 Neuseeländer, 22 Polen, ein Norweger, ein Ziviltoter und 157 Unbekannte. Die Soldaten sind bei Luftangriffen abgeschossen worden, in deutscher Gefangenschaft gestorben oder bei den Kämpfen im April 1945 im Emsland und im Oldenburgischen gefallen.

An der Stelle des heutigen **Fliegerhorst Ahlhorn** entstand bereits 1915 ein Luftschiffhafen der Kaiserlichen Marine, der jedoch 1918 bei einer Explosion zerstört wurde. Der 1938 ausgebaute Fliegerhorst ist nach dem Zweiten Weltkrieg auch Operationsbasis der US Airforce. Seine Landebahnen sind Teil der Notfallplanungen für das US Space Shuttle. Die Bundeswehr zieht sich Ende 2005 aus Ahlhorn zurück. Heute nutzt der **Luftfahrt-Verein Wildeshausen-Ahlhorn e.V.** den Flugplatz für Segelsport. Seit Sommer 2001 findet hier jedes Jahr auch Europas größtes **Modellflugzeugtreffen für Jets** statt. Rund 70 detailgetreu nachgebaute Jet-Modelle von der Boeing 747 bis zum Bomber F 104 locken dann über 5.000 Besucher nach Ahlhorn.

Soldatenfriedhof Sage (o.r.)

Staatliche Fischteiche Ahlhorn (o.l.)

Segelflieger im Fliegerhorst Ahlhorn (ganz o.)

SG Harpstedt

Mitgliedsgemeinden:
- Beckeln
- Colnrade
- Dünsen
- Groß Ippener
- Flecken Harpstedt
- Kirchseelte
- Prinzhöfte
- Winkelsett

Einwohner: 11.272
Fläche: 210,37 qkm
53,6 Einw. je qkm

Im Zuge der niedersächsischen Kreis- und Gebietsreform wird 1977 die Samtgemeinde Harpstedt aus dem Landkreis Grafschaft Hoya ausgegliedert und gehört seitdem zum Landkreis Oldenburg. Der Flecken Harpstedt ist der Schwerpunktort der Samtgemeinde.

Die alte Bahnstrecke von Harpstedt über >Delmenhorst (118) nach >Lemwerder (36) wird eigentlich nur noch für den Güterverkehr genutzt. Hier verkehrt seit 1979 an ausgewählten Tagen jedoch auch die **Historische Kleinbahn Jan Harpstedt.** Der Verein **Delmenhorst-Harpstedter Eisenbahnfreunde** versetzt seine Fahrgäste zurück in die Zeit der Dampflokomotiven. Durch die Übernahme von drei Plattformwagen der Teutoburger-Wald-Eisenbahn und den Ankauf und die Aufarbeitung weiterer historischer Kleinbahnfahrzeuge, vor allem der heimischen Delmenhorst-Harpstedter Eisenbahn, ist man dem Ziel, eine Kleinbahn der 1950er Jahre erlebbar zu machen, deutlich näher gekommen.

Die Museumsbahn Jan Harpstedt erfreut sich großer Beliebtheit, obwohl – oder gerade weil – sie an „jeder Milchkanne" hält (o.)

Werksgelände der Waden GmbH in Prinzhöfte (ganz o.r.)

Die **Waden GmbH** in **Prinzhöfte** ist ein Familienunternehmen, das sich in nunmehr dritter Generation mit der Veredelung von Eiern für Handel, Gastronomie, Großküchen und Feinkostindustrie beschäftigt. Zum Kerngeschäft des rund hundert Mitarbeiter zählenden Unternehmens gehören das Kochen und Schälen sowie die Produktion gekochter und gefärbter Eier. Neben dem Handel mit Frischeiern und Flüssigeiprodukten wird bei Waden Eigranulat produziert. Die gekochten Eier werden dabei gewürfelt und schockgefrostet und eignen sich zur Weiterverarbeitung für Brotaufstriche oder Salate.

Die 1972 gegründete **Strodthoff & Behrens Begrünungs GmbH** in **Groß Ippener** produziert und vertreibt mit 17 Beschäftigten Fertigrasen und Begrünungssysteme. Durch ein weltweites Netz von Vertriebspartnern finden sich vor allem die patentierten **Xeroflor**-Grünprodukte in ganz Europa sowie in Japan und Amerika. So trägt beispielsweise der Flughafen Schipol in Amsterdam ein naturgrünes Dach aus Groß Ippener.

Hans-Gerd Bloy ist Gründer und Geschäftsführer der Firma **HGB Wasserklar** in **Klein Henstedt.** Seit dem Jahr 2000 beschäftigt er sich mit Vertrieb, Montage und Wartung von Kleinkläranlagen für Ein- und Zweifamilien-

Blick auf das Gelände von Strodthoff & Behrens Dachbegrünungen (r.)

häuser, die nicht an das öffentliche Kanalnetz angeschlossen sind. Diese neuen Anlagen arbeiten mit einem zeitgesteuerten Aufstau- und Reinigungssystem, das das bisherige bald nicht mehr zulässige Drei-Kammer-System ersetzt. Neben dem kompletten Service rund um den Einbau bietet Hans-Gerd Bloy im Rahmen eines Vereins Beratung für Hausbesitzer durch unabhängige Experten an.

Kaninchen über offenem Feuer: Seminar der Wildnisschule Wildeshausen (o.)

Jens Fröhlke verkauft in seiner Buchhandlung **„bökers"** nicht nur Bücher. Er organisiert auch regelmäßige Veranstaltungsreihen wie Lesungen und Kabarettabende. Zum **Harpstedter Lesestuhl** lädt er seit 2001 Kulturinteressierte zu kontrastreichen Abendprogrammen in seine Geschäftsräume ein. Literaturstars wie Thriller-Autor Andreas Eschbach, Kult-Schriftsteller Vladimir Kaminer und Fantasy-Idol Wolfgang Holbein kamen dafür schon zu Lesungen in themengerechter Atmosphäre nach Harpstedt. 2004 ruft er den **LeseCirkus** ins Leben eine Kinderbuchmesse, deren Einnahmen der Grundschule und der Bibliothek in Harpstedt zugute kommen.

Hans-Gerd Bloy mit der von ihm entwickelten Kleinkläranlage (l.)

Die **Wildnisschule Wildeshausen** wurde 1998 von Mitgliedern des **Zentrums für ökologische Fragen Prinzhöfte** gegründet. Dieses Projekt beschäftigt sich seit Beginn der 1980er Jahre mit Fragen der ökologischen Landwirtschaft (Permakultur) und des natürlichen Lernens (Freinet-Pädagogik). In einem breiten Spektrum an Seminaren für Erwachsene, Kinder und Familien versucht die Wildnisschule, die Idee des Lebens im Einklang mit der Natur zu vermitteln. Kinder können im Wildniscamp das Leben in der Natur kennen lernen. Erwachsene werden in Seminaren zum Beispiel in der Wildnisküche, in der Zubereitung von Wildkräutersuppe und Kastanienbrot oder dem Räuchern von Forellen im Erdofen unterrichtet. Ziel der Wildnis-Seminare ist, durch das Erlernen von Fertigkeiten das Leben in der Wildnis und einen sicheren Kontakt und Umgang mit der Natur konkret zu erfahren. Darüber hinaus tragen Improvisieren, Entdecken und Entwickeln von Körper und Geist zu einer Sensibilisierung für die Natur bei.

Der Jugendbuchautor Joachim Masannek im Gespräch mit jungen Lesern beim Harpstedter Lesestuhl (l.)

Jens Fröhlke moderiert eine Modenschau zum „Italienischen Fest" in Harpstedt (u.)

Hatten

Ortsteile:
- Bümmerstede-Ost
- Dingstede
- Hatterwüsting
- Kirchhatten
- Munderloh
- Sandhatten
- Sandkrug
- Sandtange
- Schmede
- Streekermoor
- Tweelbäke-Ost

Einwohner: 13.224
Fläche: 103,54 qkm
127,7 Einw. je qkm

Barneführerholz (ganz o.r.)

Peter Suhrkamp (u.)

Martin McWilliam auf seinem Hof (o.) und eine seiner typischen Keramiken (o.r.)

Einen namensgebenden Ort „Hatten“ gibt es nicht. Zentrum der Gemeinde ist **Sandkrug.** Nur wenige Kilometer von der Stadt Oldenburg entfernt, bilden die **Osenberge** Sandkrugs heimliche Attraktion. Sie sind ursprünglich Dünen, die im 19. Jahrhundert zur Befestigung des Flugsands angelegt und – weil es sich dann für die Oldenburger Großherzöge um so vortrefflicher jagen ließ – aufgeforstet werden. Im **Barneführerholz,** einem Waldgebiet an der **Hunte,** ziehen die Osenberge jedes Wochenende zahlreiche Wanderer und Spaziergänger aus der Umgebung, vor allem aus Oldenburg, an.

Johann Heinrich Suhrkamp (1891–1959), der sich später **Peter Suhrkamp** nennt, wird 1891 in **Kirchhatten** als Sohn eines Landwirts geboren. Im Januar 1933 beruft Samuel Fischer Suhrkamp in seinen Berliner S. Fischer Verlag, wo er als Herausgeber der Zeitung *Die Neue Rundschau* arbeitet. 1936 wird Peter Suhrkamp für den ins Exil gehenden Samuel Fischer Verlagsleiter. 1942 verhaftet die Gestapo Suhrkamp und liefert ihn in ein Konzentrationslager ein. Im Februar 1945 wird er schwerkrank aus der KZ-Haft entlassen und erhält im Oktober als erster deutscher Verleger in Berlin eine Verlagslizenz für den Neuaufbau des S. Fischer Verlages. Bei seiner Trennung von Fischer und der Gründung eines eigenen Verlags folgen dem Verleger 33 Autoren, darunter Bertolt Brecht und Hermann Hesse. Peter Suhrkamp stirbt 1959 in Frankfurt am Main. Siegfried Unseld schreibt in seiner Biografie über den berühmtesten Sohn Hattens: *„Peter Suhrkamps Vorrat an Zähigkeit, an Erdnähe, an Ordnungssinn und duldender Kraft lag zeitlebens im Streit mit seinem individuellen Temperament und Charakter, die ihn gezwungen haben, das väterliche Bauernerbe auszuschlagen, die Heimat zu meiden, öfter den Beruf zu wechseln und als Lehrer, Soldat, Offizier, Dramaturg, Redakteur, Verleger und Schriftsteller sich allein und unabhängig die Welt zu erobern.“*

Orientiert man sich von Sandkrug aus entlang der Hunte nach Süden, gelangt man in das „Künstlerdorf“ **Sandhatten.** Hier ist neben einigen Galerien auch die Werkstatt von **Martin Mc William** zu finden. Der in Südafrika geborene Brite lebt seit 1983 in Sandhatten und ist für seine Trompe-l’œil-Keramik, Skulpturen und Tonarbeiten weit über die Grenzen Europas hinaus bekannt.

Auch bekannt ist Sandhatten für die **Beerenweine,** die hier angebaut werden, zum Beispiel auf dem **Hof Eickhorst.** Zu dessen Sortiment gehören unter anderem ein Brotaufstrich und ein Aperitif aus Löwenzahn. Außerdem wird auf dem Hof exklusiv Büffelfleisch von der **Büffel-Farm Hatten** verkauft.

Anne Ritter aus Sandhatten hat dank ihrer Mischlingshündin **Elia** international Karriere gemacht. Die Fotodesignerin dreht im Jahr 2002 zusammen mit ihrem Lebensgefährten **Tom Holzinger,** einem 3-D-Operator, als Bewerbungsvideo für die neuseeländische Firma Weta-Digital, die für die Spezialeffekte der Film-Trilogie „Der Herr der Ringe“ verantwortlich ist, einen Trickfilm. Die Hauptrolle im Bewerbungsvideo spielt ihr Vierbeiner. Mittels „Motion Capture“, einer Tech-

Horst Kolter, der früher in der Druckerei der Nordwest-Zeitung gearbeitet hat, im Druckereimuseum (o.)

Der Hofladen (o.l.) von Fred Eickhorst (ganz u.)

Papierbootregatta im Freizeitzentrum Hatten (l.)

nik, die menschliche und tierische Bewegungen einfängt und auf digitale Modelle überträgt, findet sich Elia als Computeranimation auf dem Mond wieder. Die Umsetzung begeistert die Effekt-Spezialisten am anderen Ende der Welt und ermöglicht dem Paar über die Arbeit an der Herr-der-Ringe-Trilogie im fernen Neuseeland den Einstieg in die Welt des Films.

Am westlichen Ortsrand von Kirchhatten liegt das **Freizeitzentrum Hatten.** Sein Kernstück bilden ein ganzjährig nutzbarer Campingplatz sowie ein Freizeitbad mit Kinderspielplatz und Sportmöglichkeiten. Außerdem verfügt der Campingplatz über einen Jugendbereich mit vier großen Tipi-Zelten für Gruppen bis zu 45 Personen. Im **Freibad** geht es jedes Jahr im Frühsommer mit einem Event, der wahrlich nicht von Pappe ist, lebhaft zu: Dann findet dort die **Deutsche Papierbootregatta** statt, ein wahnwitziges Bootsrennen über die Distanz von 1/8 Seemeile mit allerhand Schikanen. Als Baumaterial für die Boote sind nur Papier, Pappe, Stoff für die Segel, wasserfeste, ungiftige Klebstoffe und Farben sowie Papierklebeband zugelassen. Tausende schauen jährlich begeistert zu, handelt es sich nach Meinung der Experten doch um *„die längste und härteste Papierbootregatta der Welt“*.

Pappe ist häufig auch ein Werkstoff der **Hattendorf Warenpräsentation** in **Sandkrug.** Sie wird 1985 von **Fred Hattendorf** gegründet. Das rund 40 Mitarbeiter zählende Unternehmen arbeitet an der Entwicklung, Herstellung und Montage von kreativen Displays, Verkaufstresen, Vitrinen und Modulsystemen bis hin zum kompletten Innenausbau.

Sehenswert ist das **Druckereimuseum** in Sandkrug. Es geht aus zwei in den Jahren 1889 und 1913 gegründeten Oldenburger Druckereien hervor. Neben historischen Maschinen für Druck, Satz, Reproduktion und Bindung sind auch Fachzeitschriften, Tageszeitungen und viele andere Druckerzeugnisse zu sehen.

Porträt

„Häuptling" vom Stamm der Shipibo-Indianer

Wenn man den Hatter Gemeindechronisten Peter Biel aus Sandkrug zur Geschichte der Gemeinde befragt, kommt man unweigerlich auch auf seine eigene Geschichte zu sprechen. Und die hat es in sich, besonders seit den 1990er Jahren ...

Peter Biel (Bildmitte) bei seinem ersten Peru-Besuch als Vorsitzender des Vereins „Indianerhilfe und Tropenwaldschutz Dr. Binder e.V.“; ganz rechts im Bild: Dr. Theodor Binder

Wasserbüffel auf der Büffelfarm Hatten (o.)

Rita und Peter Biel (ganz o.)

Am Anfang einer außergewöhnlichen Geschichte steht oft ein Leidensweg. So auch bei **Rita** und **Peter Biel.** Tochter **Sonja** litt nach einer Vorsorgeimpfung als Säugling über zehn Jahre lang schwer an Neurodermitis und mehreren Allergien. Ärzte und Kliniken sind machtlos. „*Unheilbar*" lautet die niederschmetternde Diagnose. Doch aufgeben kommt dem ehemaligen Berufssoldaten nicht in den Sinn. Rita Biel absolviert eine Heilpraktikerausbildung. Sie lernen so den Arzt und Homöopathen **Dr. Theodor Binder** kennen. Der bestärkt sie, die Ernährung umzustellen und unterstützt natürliche Behandlungsmethoden. Innerhalb eines Jahres ist Sonja beschwerdefrei. Das spricht sich herum. Von Betroffenen um Hilfe gebeten, gründen die Biels eine Selbsthilfegruppe, aus der 1998 der Verein **PANAP e.V.** (Psoriasis-Allergien-Neurodermitis-Asthma-Pilze) hervorgeht, der über das Internet bundesweit aktiv ist.

Über Dr. Binder erfährt Peter Biel auch direkt von den Leiden in anderen Teilen der Welt. Der Mediziner, über 50 Jahre in Südamerika tätig, hat 1987 den Verein **Indianerhilfe und Tropenwaldschutz Dr. Binder e.V.** gegründet. Der Verein unterstützt Projekte, die unter dem Motto „Hilfe zur Selbsthilfe" das Leben der Regenwaldbewohner vor allem in Peru und Paraguay verbessern sollen. Neben medizinischer Hilfe gehören dazu die Ausbildung von Pflegepersonal sowie Stipendien für begabte Schüler. Peter Biel engagiert sich in dem Verein und ist seit 2000 nicht nur dessen Vorsitzender, sondern nach einem Besuch in Peru auch zum **Ehrenhäuptling** des Stammes der **Shipibo-Indianer** ernannt worden.

Über einen Sponsor erhält der Verein 1999 fünf europäische Wasserbüffel aus dem Berliner Zoo. Schnell schließt Peter Biel die gutmütigen Zeitgenossen nicht nur ins Herz, sondern spürt, dass diese genügsamen Tiere auch für die deutsche Landwirtschaft und den Naturschutz bedeutsam sein können. Er gründet den **Deutschen Büffelverband** und ist bis heute im Präsidium aktiv. Mit seiner Frau sowie Rinderzüchter **Hergen Eickhorst** kommt 2001 die **Büffelfarm Hatten** hinzu. Die Farm verfügt zwei Jahre später bereits über 80 Tiere, von denen inzwischen bundesweit über 30 Tiere zur Landschaftspflege in Naturschutzgebieten sehr erfolgreich eingesetzt werden.

Hude (Oldb)

Ortsteile:
_ Altmoorhausen
_ Grummersort
_ Hemmelsberg
_ Holle
_ Holler-Neuenwege
_ Hude
_ Hurrel
_ Kirchkimmen
_ Langenberg
_ Lintel
_ Maibusch
_ Nordenholz
_ Oberhausen
_ Reiherholz
_ Sandersfeld
_ Tweelbäke
_ Vielstedt
_ Wraggenort
_ Wüsting

Einwohner: 15.564
Fläche: 124,63 qkm
124,9 Einw. je qkm

Die Geburtsstunde Hudes schlägt im Jahr 1232, als Zisterziensermönche im Urwald an der **Berne**, einem Nebenfluss der Hunte, ein Kloster gründen. Ab 1250 wird Hude 200 Jahre lang Grablege für die Oldenburger Grafen. Das **Kloster Hude** ist in seiner Blütezeit so wohlhabend, dass es sogar der reichen Stadt Bremen Darlehen gewährt. Mit der Reformation beginnt der Niedergang der Ortschaft Hude. 1532 wird das Kloster aufgegeben und dient fortan als Steinbruch für die Häuser der Umgebung. Die **Ruine des Klosters** ist in ihrem gut erhaltenen Zustand einmalig in Norddeutschland. Eine Ausstellung neben der Kirchenruine dokumentiert die Geschichte des Klosters. Erhalten sind noch die **Torkapelle** mit freigelegter mittelalterlicher Malerei, das **Abtshaus** (heute ein Wohnhaus), das **Brauhaus** (heute Klosterschänke) und die **Wassermühle**, die heute eine Galerie beherbergt.
Kunst hat in Hude seit jeher einen hohen Stellenwert. Moderne Kunst und Kultur kann man am **Skulpturenufer** erleben. Die 1,4 Hektar große Wiese am **Huder Bach** liegt an einem offiziellen Wanderweg. Auf dem Skulpturenufer stehen zur Zeit 40 große Skulpturen, geschaffen von dem Huder Bildhauer **Wolf E. Schultz**. Schultz ist seit 1970 als Künstler tätig und betreibt ein kleines Privatmuseum, das **Skulpturenhaus**, in dem er – nach Voranmeldung – rund hundert seiner Werke interessierten Besuchern zeigt. Figuren von Schultz gibt es im Kloster Hude, am Skulpturenufer am Huder Bach und auf öffentlichen Plätzen in vielen Städten Norddeutschlands. Von ihm stammt auch der 1985 errichtete **Artesische Brunnen** in **Kirchkimmen**, der aus solch verschiedenen Bestandteilen wie Granit, Beton, Ton und Kunststoffröhren gearbeitet ist. Natürlicher Druck lässt das Wasser zwei Meter über der Erdoberfläche durch den Quellstein hervortreten. Das gute, nitratfreie Wasser läuft sogar im Winter und schmeckt eisenhaltig. Der **Planeten-Lehrpfad** zwischen **Wüsting** und **Hude**

Ruine des einst mächtigen Klosters Hude (l.)

Wolf E. Schultz (o.) und eine seiner Skulpturen mit dem Titel „Was uns zur Schnecke macht“ (l.)

Die Kuh Agrathe, das Maskottchen der Land Tage Nord (r.)

ist auf Initiative der beiden astronomisch interessierten Lehrer **Dr. Günther Alfs** und **Hartmut Langetepe** entstanden und mit Hilfe der Gemeinde, des Bremer Raumfahrtunternehmens **Erno** (heute: EADS Space Transportation) und Huder Bürgern und Geschäftsleuten verwirklicht worden. Die gigantischen Dimensionen unseres Sonnensystems werden im Maßstab 1 : 1.000.000.000 dargestellt. Die insgesamt sechs Kilometer lange Strecke beginnt, von Wüsting kommend, an der **Freiherr-von-Münnich-Straße** (dort steht die Sonne) und reicht bis in die südliche Spitze des **Reiherholz** (Planet Pluto), einem Waldgebiet im Osten von Hude.

Im **Vielstedter Bauernhaus**, westlich des Hasbruch, befindet sich ein privates Heimatmuseum. 1935 erwirbt **Ernst Strackerjan**, im Dorf auch „Onkel Ernst" oder „Der lüttje Knecht" genannt, dessen Familie seit 1858 in Vielstedt eine Gastwirtschaft und Bäckerei betreibt, ein 1801 errichtetes Bauernhaus und lässt es neben der Gastwirtschaft wieder aufbauen. 1983 brennt das Bauernhaus ab. 1985 wird es nach den Originalplänen und mit altem Material wieder hergestellt. Neben Geräten und Einrichtungsgegenständen aus alter Zeit gibt es auch zahlreiche Ausgrabungsfunde der Umgebung zu sehen. Nach dem Tod von Ernst Strackerjan 1986 führt **Christa Strackerjan** das Haus in seinem Geiste weiter. Mittlerweile leitet es Sohn **Wilfried**, der die Freude am Sammeln geerbt hat, gemeinsam mit Enkel **Christian.** Letzterer schafft gemeinsam mit seinen Kollegen **Siegfried Schmid** und **Jürgen Spannhacke** im August 2003 den Eintrag ins Guinness Buch der Rekorde für die **„größte Schwarzwälder Kirschtorte der Welt".** Das Werk der drei Weltrekordbäcker misst 38,5 Quadratmeter, wiegt 2,5 Tonnen und wird in 10.000 Einzelstücken von der Bevölkerung mit großem Appetit verspeist.

Ernst Strackerjan (o.)

Die größte Schwarzwälder Kirschtorte der Welt und das Team, das sie gebacken hat (o.r.)

Zu den schönsten Gegenden der Gemeinde Hude gehört der Landstrich **Gellenerhörne** an der Hunte. Der Weg hinter dem Deich, von Autofahrern kaum genutzt, ist besonders bei Radfahrern beliebt. Neben der **Holler Kirche** stehen hier einige sehenswerte Bauernhäuser.

Im Huder Teil des Urwalds Hasbruch steht außerdem die etwa 1.200 Jahre alte **Friederikeneiche.** Sie ist die älteste noch lebende Eiche im Hasbruch und gleichzeitig eine der ältesten in Deutschland. Das **Wittemoor** im Norden der Gemeinde ist etwa 7.000 Jahre alt und zum Teil seit dem Hochmittelalter, endgültig aber seit dem 19. Jahrhundert, kultiviert.

Die **Amazonen-Werke** GmbH & Co. KG produzieren in ihrem Huder Werk Landmaschinen zur Bodenbearbeitung

Vielstedter Bauernhaus (u.)

Wahl zur Miss Hude 2003 in der Discothek Yo! (l.)

und zur Aussaat. Das 1886 gegründete Unternehmen mit Stammsitz in >Hasbergen (I-350) befindet sich seit vier Generationen in Familienbesitz und beschäftigt insgesamt rund 1.300 Mitarbeiter, von denen ca. 400 in Hude arbeiten.

Reger Besucherandrang auf der ersten Land Tage Nord im August 2004 (l.)

Seit 2004 findet alljährlich in **Wüsting** die Landwirtschafts- und Verbrauchermesse **Land Tage Nord** statt. Auf rund 120.000 Quadratmeter Ausstellungsfläche informiert sie ihre Besucher mit Ständen und Fachvorträgen und bietet außerdem ein Unterhaltungsprogramm für die ganze Familie. Maskottchen der Messe ist die **Kuh Agrathe** mit dem roten Halstuch.

Am ersten Wochenende im September findet jedes Jahr das traditionelle **Bürgerfest** auf der **Parkstraße** statt. Präsentationen von Huder Vereinen, Fahrgeschäfte, Leckereien, Musik und Unterhaltung prägen das Bürgerfest. Höhepunkte sind der Flohmarkt und der verkaufsoffene Sonntag.

Und samstags geht's ins **Yo**. Die **Partydisco** in **Langenberg** ist der angesagteste Treff für junge Leute in Hude und Umgebung. Neben Themen-Parties wie der Black Beat Night, DJ-Contests und Revival-Parties gibt es regelmäßig auch Auftritte von Chart-Künstlern.

Ebenfalls zum Yo gehört der **Fassboden.** Die Party-Location mit uriger Pinten-Atmosphäre und Musik der 1970er bis 1990er Jahre kann man auch für eigene Feten buchen.

Die **Domo Polstermöbel** Produktions- und Vertriebsgesellschaft mbH beschäftigt sich mit der Gestaltung, Entwicklung, Produktion sowie Im- und Export von Möbeln und Polstermöbeln. Zu den Kunden gehören vorwiegend Versandhäuser im In- und Ausland, mit denen Domo eine strategische Zusammenarbeit eingegangen ist. Die Polstermöbel werden in einer Anfang der 1990er Jahre errichteten Produktionshalle gefertigt. In Hude und an weiteren Standorten fertigt Domo täglich über 3.000 Polsterteile, die noch am selben Tag zu den Versandhandelsdepots ausgeliefert werden.

Anfang 2004 hat sich die Gemeinde Hude für die Einrichtung eines sogenannten **FriedWalds** als alternative Begräbnisstätte am **Hasbruch** nördlich von Lintel entschieden. Hude ist damit nach >Bramsche (I-331) die zweite Gemeinde in Niedersachsen, die über einen FriedWald verfügt. Bei diesem aus der Schweiz stammenden Bestattungskonzept können Menschen sich bereits zu Lebzeiten einen Baum aussuchen, unter dem nach ihrem Tod eine Urne mit ihrer Asche beigesetzt wird. Eigentümerin des Waldes ist das Land Niedersachsen. Gepflegt wird er von der Staatlichen Forstverwaltung. Betrieben wird der FriedWald Hasbruch von der bundesweit tätigen privaten **FriedWald GmbH**.

Blaue Bänder markieren im FriedWald Bäume, die als Grabstätte vorgemerkt sind (u.)

Ortsteile:
- Achternholt
- Achternmeer
- Astrup
- Benthullen Ost
- Benthullen West
- Charlottendorf Ost
- Charlottendorf West
- Harbern
- Höven
- Hundsmühlen
- Klein Bümmerstede
- Littel
- Oberlethe
- Südmoslesfehn
- Tungeln
- Wardenburg
- Westerburg
- Westerholt

Einwohner: 15.929
Fläche: 118,66 qkm
134,2 Einw. je qkm

Wardenburg

Die Gemeinde Wardenburg mit ihren 18 Ortschaften liegt im Erholungsgebiet **Naturpark Wildeshauser Geest** und grenzt im Norden unmittelbar an die Großstadt Oldenburg. Die **Hunte** bildet die Ostgrenze. Durch das Gemeindegebiet fließt zudem die **Lethe** und führt im Norden der **Küstenkanal.** Westlich der Lethe erstreckt sich von Hundsmühlen und Südmoslesfehn über Achternmeer bis nach Benthullen vor allem kultiviertes Moorgebiet.

Küstenkanal an der Grenze zwischen Hundsmühlen und der Stadt Oldenburg (r.)

Wardenburg rühmt sich seiner kriminalen Taten. Es geschieht erstmals im Oktober 1997: Kurz vor dem 19. Oktober erscheinen die ersten drei Verdächtigen bei der Gemeindeverwaltung in Wardenburg. Alle drei Personen halten mehrere Blätter unter dem Arm. Eingeweihte ahnen: Es muss sich um die ersten geständigen Täter im Wettbewerb **„Tatort Wardenburg“** handeln. Die Gemeinde Wardenburg ruft seitdem alle drei Jahre Berufs- und Hobbyschriftsteller, die älter als zwölf Jahre sind, auf zu einem **Krimi-Schreibwettbewerb**, der in die drei Kategorien Kinder, Jugendliche und Erwachsene aufgeteilt ist. Die Teilnahmebedingungen machen zur Auflage, dass die Geschichte, der Krimi, einen Bezug zur Gemeinde Wardenburg herstellt und nicht länger als zwanzig maschinengeschriebene Seiten sein soll. Die ersten drei Gewinner jeder Gruppe erhalten einen Sach- und Geldpreis. Außerdem werden ihre Geschichten in einem Taschenbuch veröffentlicht, das im Buchhandel zu beziehen ist.

Logo des Krimi-Wettbewerbs „Tatort Wardenburg“ Teil IV im Jahr 2004 (ganz o.r.)

Eines der größten Feuchtgebiete der Gemeinde ist das **Benthullener Moor**, das als Schutzgebiet ausgewiesen ist. An der Grenze zur Stadt Oldenburg sind der **Tillysee** und das benachbarte **Schießstandgelände** als naturorientiertes Naherholungsgebiet nach ökologischen Gesichtspunkten angelegt. Das ca. 20 Hektar große Areal wird von der **Biologischen Schutzgemeinschaft**, der **Wardenburger Jägerschaft** und dem **Anglerverein** gepflegt. Baden ist aus Gründen des Naturschutzes verboten. Erlaubt ist das Baden dagegen am **Westholter Badesee.** Ebenfalls beliebt als Naherholungsgebiet, vor allem bei den Stadt-Oldenburgern, sind der **Tüdick** und der **Litteler Fuhrenkamp**.

Ziegeleimuseum in Westerholt (u.)

Die beiden Wälder, die den Ortsteil **Littel** umschließen, sind im Laufe der letzten beiden Jahrhunderte durch die Aufforstung von Wanderdünen entstanden.

Die Ökologie steht Pate, als 1990 der Tourismusverein **Umtref** aus der Taufe gehoben wird. „Umtref" heißt vollständig ausgesprochen „umweltfreundlicher Tourismus und interregionaler Fremdenverkehr". Das Anliegen von Umtref ist es, den Wirtschaftsfaktor Tourismus in einer Flächengemeinde wie Wardenburg mit der Natur und den Interessen der Bewohner in Einklang zu bringen. Umtref berät die lokale Gastronomie, Hotels und Privatanbieter bei Verbesserung des Bettenangebotes und Ausstattung der Fremdenzimmer, Müllvermeidung und der Organisation von zusätzlichen Unterhaltungs- und Freizeitangeboten. Alle drei Jahre veranstaltet Umtref die **Wardenburger Schlemmer-Radtour**. Dort kann man den Einzel- oder Familienausflug mit sportlicher Aktivität und gastromischen Erlebnissen verbinden. An zehn Stationen abseits der Hauptstraßen warten Überraschungen und kleine Köstlichkeiten auf die Teilnehmer. Das Konzept ist so erfolgreich, dass man zur letzten Schlemmer-Tour rund 3.000 Teilnehmer begrüßen kann.

Im Jahre 1824 beantragt der Landwirt Teebken aus **Oberlethe**, in **Westerholt** eine **Schnapsbrennerei** errichten zu dürfen. 1845 entschließt er sich, auch eine **Ziegelei** zu bauen, um die guten Tonvorkommen unter seinen Ländereien verwerten zu können. Die dazu benötigten Fachkräfte sind meist sogenannte Wanderziegler aus dem Lippischen. Einige davon werden in Westerholt und Umgebung sesshaft. Mitte der 1920er Jahre erhält die Ziegelei den größten Schornstein Wardenburgs. Sie hat zu der Zeit 16 Mitarbeiter, die 38 Pfennig pro Stunde verdienen. Während des Zweiten Weltkrieges wird die Ziegelei stillgelegt. Nach Kriegsende wird sie instand gesetzt und modernisiert. Bald jedoch werden die Marktchancen für kleine Ziegeleien ungünstig und 1966 wird die Ziegelei geschlossen. Die Maschinen werden verkauft oder verschrottet.

1990 soll die Ziegelei vollständig abgerissen werden. Doch die Bewohner von Westerholt und Umgebung sind der Meinung, dass sie als technisches Denkmal nachfolgenden Generationen erhalten bleiben sollte. Sie gründen den **Verein Alte Ziegelei Westerholt e.V.** Die Gebäude werden repariert, fehlende Maschinen und Geräte neu beschafft. Finanziell unterstützt wird das Projekt vom Landkreis Oldenburg und der Gemeinde Wardenburg sowie privaten Sponsoren, insbesondere der Kulturstiftung der Öffentlichen Versicherungen Oldenburg. Heute können im **Museum Alte Ziegelei Westerholt** nicht nur die Herstellung von Ziegelsteinen, sondern auch die alten Arbeitstechniken im Ziegeleigewerbe gezeigt werden. Ein weiterer Schwerpunkt des Museums ist die Darstellung der harten Arbeitswelt und der Lebensumstände der Ziegler.

Und einen Blick in die Vergangenheit werfen kann man auch im **Moor- und Bauernmuseum Benthullen-Harbern** sowie in **Bunjes Schmiede**. Sehenswert schließlich ist das Wahrzeichen Wardenburgs, der **Glockenturm** am östlichen Ende des Kirchhofes.

Die Wassermühle an der Lethe (o.) wird erstmals 1310 erwähnt. Im Mühlenhaus befindet sich heute ein Restaurant

Der Glockenturm ist das Wahrzeichen Wardenburgs (o.)

Blick auf den Tillysee zwischen Wardenburg und Tungeln (o.l.)

Oldenburger – Pferde für Grafen und Könige

Einst ein vor Kraft strotzendes Kutschpferd, mischen Oldenburger heute in allen Disziplinen des Pferdesports in Deutschland und international mit.

Nick Skelton auf Arko III bei den Olympischen Spielen 2004 in Athen (r.)

Der Begründer der Oldenburger Zucht: Graf Anton Günther auf seinem Pferd „Kranich" (o.)

Sandro Boy, Relevant, Arko III, Renoir-Unicef, Falcao, Couleur-Rubin... – vierbeinige Spitzensportler, die Leistungsvermögen, Schönheit und Eleganz des **Oldenburger Pferdes** eindrucksvoll belegen. Die Erfolgsgeschichte der Oldenburger Zucht beginnt im 16. Jahrhundert. Graf Anton Günther von Oldenburg (1583–1667) sorgt für eine erste Blüte. Die enge Verbindung zwischen den Grafen, der Stadt Oldenburg, dem Oldenburger Münsterland und dem Oldenburger Pferd ist legendär. Damals wie heute Grundlage: Passion und Eigeninitative der Züchter. Stets gab es nur private Hengsthaltung, nie dagegen ein Landgestüt. 1924 wurde der **Verband der Züchter des Oldenburger Pferdes** mit dem Kernzuchtgebiet Niedersachsen und Ostholstein in seiner heutigen Form gegründet. Ihm gehören aktuell 5.500 Züchter, 9.300 Stuten, jährlich 4.500 Fohlen und 320 Zuchthengste auf 54 Deckstationen an. Bis in die 1950er Jahre hinein ist der Oldenburger weltweit als kräftiger, edler Karossier ein Qualitätsbegriff. Trotz der relativ spät eingeleiteten Wende vom Wirtschafts- zum Sportpferd gehört der Oldenburger heute zu den erfolgreichsten Sportpferderassen der Welt. Neben der rein privaten Hengsthaltung liegt das Erfolgsgeheimnis in der Pflege der Stutenstämme und der liberalen Zuchtpolitik. Die Nachkommen von Vererbern wie *Donnerhall, Rubinstein* und *Sandro Hit* sowie *Landadel, Grannus, Akzent II, Argentinus* und *Landor S* sind auf Championaten im In- und Ausland tonangebend.

Das **Oldenburger Pferde Zentrum** in >Vechta (111) ist Verbands- und Vermarktungszentrale. Fünfmal im Jahr haben Interessenten aus aller Welt Gelegenheit, sich bei den großen Auktionen „ihren" Oldenburger zu sichern. Versteigert werden Reitpferde, Fohlen, Zuchtstuten und Junghengste bester Bonität. Die Auktionen, weitere Vermarktungsaktivitäten des Verbandes wie der Fohlenmarkt, die freien Verkaufstage und der Freispringtag werden zusammen mit denen des **Springpferdezuchtverbandes Oldenburg International** durchgeführt. Dieser 2001 gegründete Spartenzuchtverband widmet sich der Zucht von Spitzenspringpferden. Beide Verbände kooperieren auch bei der im November stattfindenden Körung mit Proklamation der Junghengstsieger und dem anschließenden Hengstmarkt. Die **Oldenburger Hengst-Tage** schließen mit der einzigartigen Althengstparade als Spiegel der gesamten Oldenburger Zucht ab.

Wildeshausen

Wildeshausen ist die älteste Stadt im Oldenburger Land, seit 1988 auch Verwaltungssitz des Landkreises Oldenburg. Den Mittelpunkt des historischen Wildeshausen bildet der **Marktplatz** mit dem **Marktbrunnen** von 1747, früher als Trinkwasserbrunnen für die Reisenden an der flämischen Handelsstraße genutzt. Nach westfälischer Art stehen die Spitzgiebel der Häuser mit der Giebelseite zur Straße hin. Steinfassaden haben die früheren Holzgiebel ersetzt. Der **Lickenberg-Stein** im Boden des Marktplatzes erin-

nert an die Hinrichtung des Bürgermeisters **Jacob Lickenberg** im Jahre 1529 nach der Eroberung Wildeshausens durch das Bistum Münster. Das 1990 erbaute moderne **Stadthaus** gibt dem Marktplatz seine frühere Geschlossenheit wieder zurück. Den Nordgiebel des Stadthauses ziert ein **Glockenspiel** mit umlaufenden Figuren aus der reichen Geschichte der Stadt. Das historische Rathaus aus dem 14. Jahrhundert ist ein Backsteinbau mit einem markanten gotischen Treppengiebel. Weil das Baugelände lange im Besitz des Bremer Erzbischofs Hildebold ist, zierte Jahrhunderte statt der heutigen Wetterfahne ein Bremer Schlüssel den Rathausgiebel. Noch heute dient die „gute Stube" der Stadt, der **Obere Rathaussaal**, den Ratsherren als Sitzungssaal. An die im 12. Jahrhundert erbaute Burg der Grafen von Oldenburg erinnert nur noch der **Burgberg**. Er befindet sich zwischen der historischen Altstadt und der Hunte. Auf dem Hügel der 1789 abgebrochenen Burg stehen heute Mahnmale für die Opfer der beiden Weltkriege.

Folgt man vom **Kurpark** aus – Wildeshausen ist Luftkurort – der Wittekindstraße, gelangt man zur **Evronbrücke**, benannt nach der französischen Partnerstadt Wildeshausens. Hinter der Brücke liegt der Stadtteil **Zwischenbrücken**, der früher eine eigene Gerichtsbarkeit besessen hat. Zur Fastnacht ziehen die Zwischenbrücker zum Rathaus. Dort wird der „Bürgermeister" Zwischenbrückens auf sein Amt verpflichtet, nachdem er dem Rat der Stadt Wildeshausen seine Ergebenheit versichert hat.

Das südwestlich von Wildeshausen gelegene **Pestruper Gräberfeld** mit seinen 500 Grabhügeln stammt aus der Bronze- und frühen Eisenzeit. Es gilt als das größte Gräberfeld Nordwestdeutschlands und steht als Natur- und Kulturdenkmal unter doppeltem Schutz.

Die industrielle Geschichte Wildeshausens wird in zwei Museen lebendig, die in ehemaligen Betriebsgebäuden untergebracht sind. Eines dieser sogenannten Original-Museen ist das **Druckereimuseum**. Bis 1987 wird in dessen Räumen die **Wildeshauser Zeitung** gedruckt, von den Einheimischen nach ihrem langjährigen Alleinredakteur liebevoll **„Löschen-Times"** genannt. Alle Geräte und Maschinen sind noch voll funktionstüchtig. Hier erlebt

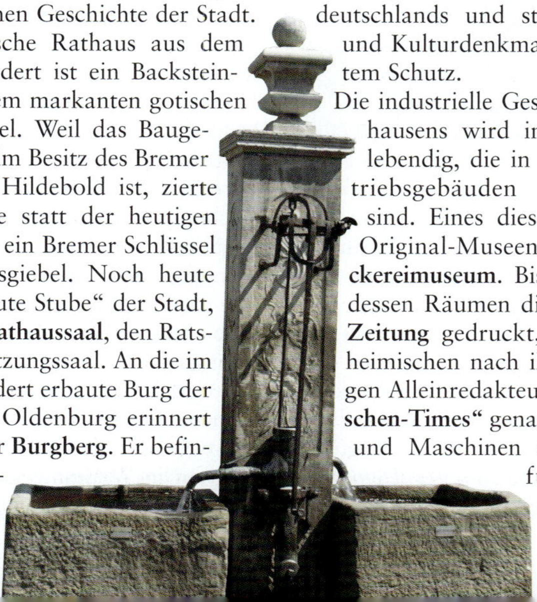

Ortsteile:

- Aldrup
- Aumühle
- Bargloy
- Bühren
- Denghausen
- Düngstrup
- Garmhausen
- Glane
- Hanstedt
- Heinefelde
- Hesterhöge
- Holzhausen
- Kleinenkneten
- Lohmühle
- Lüerte
- Pestrup
- Spasche
- Thölstedt
- Wildeshausen

Einwohner: 17.914
Fläche: 89,49 qkm
200,2 Einw. je qkm

Der Burgberg im Kurpark (l.)

Grabhügel auf dem Pestruper Gräberfeld (o.l.)

Wildeshauser Zeitung

In Wildeshausen und Dötlingen wird die „Wildeshauser Zeitung" aus der Verlagsgruppe der Kreiszeitung gelesen. Der Sitz der Redaktion ist in der Bahnhofstraße

Marktbrunnen (l.)

Wildeshauser Zeitung
(Wildeshauser Nachrichten)

Jubel in Deutschland

Einmaliger Fußballtriumph

Waffenruhegespräch in der Strohhütte

Bonn über Paris befremdet

Titelseite der „Löschen-Times“ vom 6. Juli 1954, dem Tag nach dem deutschen Sieg bei der Fußball-WM in Bern (o.)

der Besucher die Entwicklung der Buchdruckerkunst von den Anfängen bis zur Einführung des Fotosatzes.

Als wäre die Zeit stehen geblieben: Im eigentümlich verwinkelten **Dampfkornbranntweinbrennereimuseum** an der Wittekindstraße schnauft noch immer die Dampfmaschine, quietscht der Mühlengalgen und es riecht nach süßer Maische und weichem Schnaps. Besucher gehen hier auf eine Zeitreise in die zweite Hälfte des 19. Jahrhunderts, als die Dampfmaschine in den Industriebetrieben das Tempo vorgab. Damals, 1850, kauft Johann Heinrich Kolloge am Ufer der Hunte eine Gaststätte samt Brennhaus. Schon bald werden der Schnaps und die „Choleratropfen“, der Rum und die Liköre aus Wildeshausen zum Markenartikel. Sogar Spötter loben: *„Selbst die Sau am Troge lechzt nach dem Schnaps von Kolloge.“* Das Herzstück des Betriebes war eine 15-PS-Dampfmaschine. Sie trieb die Getreidemühle,

Start des Entenrennens (r.)

die Rührwerke, Quetschen und Pumpen an und sorgte mit ihrem Druck für die nötigen Temperaturen, um Alkohol herzustellen. Erst ein Orkan am 13. November 1972 stoppte die alte Technik. Doch der letzte Brenner der Familie legte schon damals die Grundlage für den Fortbestand des Kleinods als Museum. Das Niedersächsische Institut für Denkmalpflege sagt über die Brennerei: *„Die ganze Anlage ist ein technisches Denkmal. Die Brennerei ist so in die bauliche Anlage eingepasst, dass Gebäude und Betriebseinrichtungen eine unlösbare Einheit bilden. Die wesentlichen Bestandteile der Anlage, vor allem die Dampfmaschine, stammen aus der Gründungszeit und sind Zeugen einer abgeschlossenen Epoche der Technikgeschichte.“*

Ursprünglich hat **Horst Römer** 1989 nur eine Weihnachtsaufführung für seine Töchter **Maria** und **Bärbel** im

Karl Schulze Temming-Hanhoff im Dampfkornbranntweinbrennereimuseum (r.)

Sinn. Doch so wie das Papiertheater sich im 19. Jahrhundert vom Kindertheater zur Kunstform entwickelt, so ist aus dem kleinen Geschenk für die Kinder eine Passion geworden, die die ganze Familie Römer erfasst hat. Seit 1998 sind nun in **Römers Privattheater** in der Westerstraße und in der **Galerie Wildeshausen** Theaterstücke in Papier zu sehen. Führten die Römers zu Anfang noch klassische Opern und Dramen auf, so sind es heute verstärkt eigene Stücke.

Untrennbar verbunden mit der Geschichte Wildeshausens ist die **Schützengilde**. Vermutlich 1403 als Bürgerwehr gegründet, prägt diese Vereinigung das kulturelle Leben der Stadt bis heute maßgeblich mit. Die Verbundenheit der Wildeshauser mit der Gilde und der Schützen mit ihrer Heimat schlägt sich vor allem im **Gildefest** nieder, das jedes Jahr zu Pfingsten in Wildeshausen stattfindet. Seit Ostern 2003 steht in der Westerstraße dafür auch die **Gildeuhr.** Sie läuft rückwärts und zeigt die verbleibenden Tage und Stunden bis zum nächsten Gildefest an. Ein fester Bestandteil des Festes ist das **Hohe Gericht**, das jeweils am Dienstag und Mittwoch des Festes tagt. Es erinnert an die Zeiten, in der die Gilde ihre eigene Rechtssprechung besitzt. Ernsthafte Befugnisse hat das Hohe Gericht heute freilich nicht mehr. Seine Verhandlungen sind humorige Plädoyers, in denen unbescholtene Bürger für Vergehen wie überflüssiges Herumstehen oder angedachten Ehebruch angeklagt werden. Fast immer fordert der rabiate Staatsanwalt die Todesstrafe, zu vollstrecken durch Ersäufen in der Hunte am 30. Februar. Der „Delinquent“ kann sich allerdings glücklich schätzen, dass er mit einer angemessenen Geldstrafe davonkommt.

Ebenfalls um Pfingsten herum veranstaltet der **Malteser Gilde Club** seit dem Jahr 2001 auf der Hunte das **Wildeshauser Entenrennen**. Bis zu 3.500 Gummienten legen dann die knapp 900 Meter lange Strecke zwischen Pionierbrücke und Evronbrücke in etwa 50 Minuten zurück. Wer dort den Schnabel vorn hat, gewinnt.

Ganz vorne schwimmt auch der Aldruper Lebensmittelproduzent **Stöver** mit. 1967 begann Landwirt **Reinhold Stöver** mit der Produktion von frischen Pommes frites. Wenig später startete die Fleischwaren- und Feinkostproduktion. 1972 dann hieß es *Agrarfrost ante portas*: Stöver begann mit der Herstellung tiefgekühlter Pommes frites unter der Marke **Agrarfrost**. Heute werden über 30 verschiedene Tiefkühlkartoffelprodukte im Handel angeboten. 1.500 Mitarbeiter veredeln jährlich ca. 450.000 Tonnen Kartoffeln zu klassischen Pommes frites, knusprigen Röstis, pikant gefüllten Taschen und vielen weiteren Kartoffelspezialitäten.

Als kurz nach dem 13. Oktober 1995 bei der Wildeshauser Polizei besorgte Anrufer die Sichtung von UFOs melden, sind die Tatsachen schnell geklärt: Die Außenscheinwerfer der neu eröffneten **Diskothek Fun Factory** strahlen in den Abendhimmel. Die Großraumdisco im Industriegebiet zieht seither jugendliche Besucher bis aus Bremen und Osnabrück an. Künstler aus den internationalen Charts wie Sarah Connor haben sich hier ebenfalls schon die Ehre gegeben.

Einer wird immer Schützenkönig beim Gildefest. 2004 ist es Volker Pickart, der sich freut (o.)

Abfüllung von Pommes frites bei Stöver (u.)

Landkreis Vechta

Der Landkreis Vechta ist Teil des „Silicon Valley der Agrartechnologie“. Anhaltender Erfolg der Veredelungswirtschaft im Oldenburger Münsterland lässt Wirtschaftsgeografen in dieser Region von einer „vierten Agrarrevolution“ sprechen. Die enge räumliche Nachbarschaft von Produzenten, vor- und nachgelagerter Industrie sowie wissenschaftlicher Forschung führt zu Synergieeffekten, die einen Selbstverstärkungsprozess auslösen und in Gang halten.

Der Landkreis Vechta nimmt die östliche Hälfte des Oldenburger Münsterlandes ein, eines überwiegend katholischen Gebietes, das 1803 vom aufgelösten Niederstift Münster an das protestantische Herzogtum Oldenburg fiel. Die Einwohner des Landkreises Vechta fühlen sich aufgrund der jahrhundertelangen Zugehörigkeit zum Fürstbistum Münster als „Westfalen in Niedersachsen“. Doch die katholische Prägung ist auch heute noch wirksam. Im Landkreis Vechta bekennen sich 81,1 Prozent der Einwohner zur katholischen Kirche. Die Religion prägt auch das politische Bewusstsein der Bevölkerung. Als eine Hochburg der katholischen Partei „Zentrum“ kommt es in einigen Gemeinden des Landkreises 1932/33 zu den überhaupt niedrigsten Wahlergebnissen für die Nazipartei im gesamten deutschen Reich.

83 Prozent der Fläche des Landkreises sind heute noch Felder, Wiesen und Wälder. Doch der landschaftliche Eindruck täuscht. Der Landkreis Vechta ist der „wirtschaftlich erfolgreichste bundesdeutsche Landkreis nördlich des Mains“ – so jedenfalls lautet das Ergebnis einer bundesweiten Untersuchung des Magazins *Focus Money*. Das Gebiet hat sich trotz seiner wenig ertragreichen Sand- und Moorböden seit dem Ende des 19. Jahrhunderts zu einem leistungsfähigen und hochintensiven Agrarraum und in der Folge dieser Entwicklung auch zu einer Industrielandschaft entwickelt. Ausschlaggebend sind das starke Bevölkerungswachstum, die Weitsichtigkeit einzelner Unternehmer sowie die seit dem Anschluss an das deutsche Eisenbahnnetz um 1880 günstige Verkehrslage zwischen den Futtermittelimporthäfen an der Unterweser und den wachsenden Verbraucherzentren an Rhein und Ruhr.

In keinem anderen Gebiet Deutschlands werden auf gleicher Fläche so viele Tiere für die Fleisch- und Eierproduktion gehalten wie im Landkreis Vechta. Schwerpunkte sind die Geflügel- und Mastschweinehaltung sowie die Kälber- und Bullenmast. Etwa seit Mitte der 1960er Jahre haben sich agrarindustrielle Unternehmen entwickelt, die mit ihren Großstallanlagen wegen der Umweltbelastung meist außerhalb der Ortskerne liegen. Darunter befinden sich Betriebe, die über eine Million Legehennen, mehrere hunderttausend Masthähnchen, tausende Mastkälber und bis zu 10.000 Mastschweine halten.

Wenn das Kreisgebiet auch zu den leistungsfähigsten agrarischen Produktionsgebieten Europas gehört, so stellen sich doch immer deutlicher die ökologischen und wirtschaftlichen Grenzen der intensiven Tierhaltung heraus. Die industrielle Branchenstruktur des Landkreises Vechta insgesamt bietet jedoch ein breit gefächertes Bild. Betriebe des Nahrungsmittelgewerbes nehmen mit über 3.000 Beschäftigten eine bedeutende, aber keine dominierende Stellung mehr ein.

Neben den drei Gymnasien, mehreren Fach- und Berufsschulen ist es vor allem die Hochschule Vechta mit ihren Forschungsinstituten und rund 2.200 Studenten, die den Namen des Kreises überregional bekannt macht. Durch sie, aber auch durch die private Fachhochschule für Wirtschaft und Technik sowie als Sitz eines der weltweit 420 Steinbeis-Transferzentren ist der Landkreis Vechta ein Bildungs- und Forschungszentrum von überregionaler Bedeutung. Drei in den letzten Jahren angesiedelte Institute geben der Region weitere Impulse: das Forschungs- und Studienzentrum für Veredelungswirtschaft der Universität Göttingen, das Institut für Epidemiologie der Tierärztlichen Hochschule Hannover und das Institut für Strukturforschung und Planung in agrarischen Intensivgebieten.

Mehr als zwölf Millionen Hühner, rund 100 pro Einwohner, werden im Landkreis Vechta gehalten. Im Bild: das Eiproduktwerk Ovobest in Neuenkirchen-Vörden (o.)

Landkreis-Profil

	Landkreis	Land Nieders.
Einwohner, Fläche		
Einwohner gesamt	130.471	7.993.415
darunter 0 bis 15 Jahre in %	19,8	15,4
darunter älter als 65 Jahre in %	13,9	18,7
darunter Ausländer in %	7,3	6,7
Fläche in qkm	812,53	47.618,24
Einwohner je qkm	160,6	167,9
Sozialstruktur (Jahresdurchschnitt, gerundet)		
Erwerbstätige gesamt	67.300	3.492.600
Empfänger von Arbeitslosengeld / -hilfe	3.620	354.300
Empfänger sonst. Hilfen zum Lebensunterhalt	2.310	311.900
Anzahl Wirtschaftsbetriebe		
Gesamt (Industrie, Handel, Gewerbe, Dienstl.)	7.059	351.151
darunter Land-, Forst-, Fischereiwirtschaft	771	15.862
Steueraufkommen		
Lohn- und Einkommensteuerzahler	41.008	2.738.281
Summe positiver Einkünfte (in Tsd. EUR)	1.373.888	88.279.875
Steuereinnahmen (EUR je Einwohner)	570,77	544,33

Wahlen

Landtagswahl 2003	
CDU	73,1
SPD	19,9
FDP	6,3
Grüne	0,6
Sonstige	0,1

Ortsteile:
- Bakum
- Büschel
- Carum
- Daren
- Elmelage
- Harme
- Hausstette
- Lohe
- Lüsche
- Märschendorf
- Molkenstraße
- Schledehausen
- Vestrup
- Westerbakum

Einwohner: 5.635
Fläche: 78,70 qkm
71,6 Einw. je qkm

Frischfleischtransporter der Firma Gausepohl (ganz o.r.)

Das seit 1968 existierende Unternehmen Suding Beton- und Kunststoffwerk GmbH in Lüsche zählt zu den führenden Herstellern von Betonfertigteilen für die Landwirtschaft. Hergestellt werden z.B Betonböden für Viehställe oder Behälter für Gülle (r.)

Exzellenz August Freiherr von Frydag (o.)

Bakum

Dass die politische Gemeinde Bakum bedeutende und historisch gewachsene Ortsteile hat, ist an den vier katholischen Kirchengemeinden in Bakum, Vestrup, Carum und Lüsche mit je eigenen stattlichen Gotteshäusern zu sehen. Auch die evangelisch-lutherische Gemeinde in Bakum verfügt seit 1951 über ein eigenes Gotteshaus, ein Geschenk aus den USA.

Die politische Gemeinde **Bakum** besteht in ihrer jetzigen Form erst bzw. wieder seit 1945. Während die damalige Gemeinde Langförden nach dem Zweiten

Weltkrieg von der 1933 geschaffenen Großgemeinde wieder abgetrennt wird, bleibt die ehemalige Gemeinde Vestrup mit ihren Bauerschaften Hausstette und Lüsche bei Bakum.

Bis zum 13. Jahrhundert hat sich Bakum mit insgesamt neun Adelssitzen, die größtenteils von Vechtaer Burgmännern angelegt werden, zur güterreichsten Gemeinde Südoldenburgs entwickelt. Zu den adligen Landsitzen gehört auch das **Haus Bakum**. Ein Zeugnis aus der Adelsgeschichte in Bakum liefert heute noch ein **Epitaph** der **Familie Voß**, zu sehen im Turm der Bakumer Kirche.

Das **Haus Daren**, letzter Adelssitz in der Gemeinde Bakum und heute im Besitz der **Freiherrn von Frydag**, wird 1752 erbaut. Auf der Freitreppe und in der Halle

soll der „Lügenbaron" von Münchhausen sein berühmtes Reiterkunststück vorgeführt haben. Auf Gut Daren kann in der 1747 errichteten Heuscheune seit Ende 1993 ein **Ziegeleimuseum** besichtigt werden. Die Wetterfahne auf dem Giebel stellt die Wappen der Familien von Frydag und von Münchhausen dar. An den Wänden hängen die Originalpläne, die als Grundlage für den Bauantrag eines neuen Ziegeleiwerkes im Mai 1907 im benachbarten Vechta dienen. Darüber hinaus befinden sich die Originalbelege des damals gegründeten Unternehmens ab 1917 fast lückenlos in den Regalen. Eine umfangreiche Fachbibliothek, in der man Auskunft über die Herstellung, die praktische Anwendung und die daraus entstehende Architektur erhält, ergänzt die Sammlung. Ziel ist es, die Geschichte der Ziegeleien im Landkreis Vechta lückenlos zu dokumentieren.

Die **Olfry Ziegelwerke** der Familie von Frydag befinden sich in der benachbarten Stadt >Vechta (111). Dort ist ihr Schornstein mit 72 Metern das höchste Gebäude der Stadt. Das Ziegelwerk liegt in einem Seengürtel, der sich aus den Tongruben, die seit Jahrzehnten für den nötigen Rohstoff sorgen, entwickelt und heute der Naherholung dient. Die Olfry-Ziegelwerke GmbH & Co. KG, vormals Freiherrlich von Frydagsche Dampfziegeleiverwaltung, werden 1907 vom Urgroßvater des heutigen Eigentümers, Exzellenz August Freiherr von Frydag, gegründet.

Bakum ist einer der fünf Standorte der Unternehmensgruppe **Gausepohl Fleisch** aus >Dissen (I-336). Gausepohl ist ein

Gute Laune auf dem Bakumer Volksfest (l.)

in den 1950er Jahren gegründeter Familienbetrieb. An den fünf Standorten können täglich 1.200 Rinder und 6.000 Schweine geschlachtet und verarbeitet werden. Das entspricht einer Produktion von 360 Tonnen Rindfleisch und 540 Tonnen Schweinefleich täglich. Über 70 Frischfleischtransporter beliefern den deutschen und europäischen Markt.

Mit der **Außenstelle für Epidemiologie** in Bakum ist die Tierärztliche Hochschule Hannover seit 1991 im Herzen einer der Regionen mit der höchsten Viehdichte Europas vertreten. In den Gebäuden eines ehemaligen Aussiedlerhofes sind eine große Sektionshalle für die pathomorphologische Untersuchung von Tierkörpern, vier geräumige Labors für mikrobiologische, serologische, parasitologische und molekularbiologische Untersuchungen sowie Büroräume für ein Mitarbeiterteam von fünf Tierärzten und Tierärztinnen, eine Mikrobiologin, drei veterinärmedizinisch-technische Assistentinnen und drei weitere Mitarbeiter eingerichtet worden. Die Kernaufgabe der Außenstelle liegt auf dem Gebiet der präventiven Betreuung von Nutztierbeständen, wobei die Gesunderhaltung ganzer Populationen und weniger die Einzeltierbehandlung im Mittelpunkt steht. Seit ihrem Bestehen ist die Außenstelle ein anerkannter regionaler und überregionaler Anlaufpunkt für alle Probleme im Bereich des Gesundheitsmanagements in Nutztierbeständen geworden.

Zur Brennerei Meistermann gehört auch eine Gaststätte mit Veranstaltungsräumen (o.)

In **Daren** und **Harme** befinden sich in einer reizvollen Landschaft der norddeutsche Tiefebene die großen geschlossenen Waldgebiete **Darener Wald** und **Harmer Holz**, die überwiegend mit Laubgehölzen bestanden sind.

Zum **Bakumer Volksfest** drängen sich jedes Jahr über 5.000 Menschen durch die Straßen. Und nach dem Festumzug kann ein **„Korntail"** genossen werden, ein Cocktail mit Klarem. Die historische **Brennerei Meistermann** in der Ortsmitte von Bakum kreiert die leckersten Drinks in einem urigen Umfeld. **Willibald Meistermann** erklärt seinen Gästen gerne alle Schritte vom Korn zum Korn und serviert auch gleich das passende rustikale Essen mit heimischen Produkten bei den Verköstigungen.

Damme

Ortsteile:
- Bergfeine
- Bergmark
- Bexadde
- Bokern
- Borringhausen
- Clemens-August-Dorf
- Dalinghausen
- Damme-Esch
- Damme-Nord
- Damme-Süd
- Damme-Wellenweg
- Damme-West
- Dümmer-Lohausen
- Glückauf
- Greven
- Haverbeck
- Hinnenkamp
- Holte
- Hüde
- Ihlendorf
- Kemphausen
- Klünenberg
- Langenteilen
- Neuenwalde
- Nienhausen
- Nordhofe
- Oldorf
- Ossenbeck
- Osterdamme
- Osterfeine
- Reselage
- Rottinghausen
- Rüschendorf
- Sierhausen
- Südfelde
- Wempermoor
- Wienerei

Einwohner: 15.885
Fläche: 104,45 qkm
152,1 Einw. je qkm

Dammer Innenstadt (ganz o.)

Dammer Karneval (r.o.)

Die katholische Kirche St. Viktor in einem neugotischen Mischstil mit zwei Westtürmen und dem alten Feldsteinturm aus dem 13. Jahrhundert (r.)

Die Landschaft um Damme ist schon um 4000 v. Chr. am Dümmer besiedelt. Später wird der Ort Zentrum des Dersagaus, den 785 Karl der Große bzw. die Franken erobern. Seine sächsischen Bewohner werden christianisiert. Eine erste Kirchengründung erfolgt von Osnabrück aus. Aus dieser Zeit stammen die **Dersaburg**, eine Wallanlage in den Dammer Bergen zwischen Damme und >Holdorf (101), ebenso die **Römerschanzen** in **Sierhausen**, zwei kleine vorgeschobene Wallanlagen zur Überwachung der Bohlenwege übers Moor in Richtung Süden. Die älteste bekannte urkundliche Erwähnung Dammes stammt aus dem Jahr 1180. Danach beginnen jahrhundertelange Auseinandersetzungen um die Hoheitsrechte am Kirchspiel Damme zwischen den Fürstbischöfen von Münster und Osnabrück, die erst 1817 endgültig gelöst werden, als Damme zum Herzogtum Oldenburg kommt.

Den Anstoß zur industriellen Entwicklung gibt das 1939 eingerichtete und 1967 aufgegebene **Eisenerzbergwerk**. Heute dominieren in Damme die Metall-, Holz, Kunststoff- und Landmaschinenindustrie, der Bau von Sicherheitssystemen und Präzisionsmodulen für die Automobilindustrie, die Bereiche Güterfernverkehr und Industriekartonagen. Auch intensive Land- und Viehwirtschaft spielen eine bedeutende Rolle. Wegen seiner Einwohnerzahl, Siedlungsstruktur und Wirtschaftsverhältnisse wird Damme 1982 vom Niedersächsischen Innenminister die Bezeichnung „Stadt" verliehen.

Der **Dammer Carneval** wird seit dem Jahr 1614 in unterschiedlichen Formen – in regionaler Eigenart allerdings immer ein Wochenende vor Rosenmontag! – gefeiert. An dem Umzug in einer Länge von rund fünf Kilometern, dem größten in Norddeutschland, nehmen 5.000 Aktive teil. Den geistlichen Würdenträgern ist die Feierei einst ein Dorn im Auge, und sie setzen 1892 für die Fastnachtstage eine Non-Stop-Gebetsübung an: das **Vierzigstündige Gebet**. Mit ihrer damals bereits 278-jährigen

Dümmer See (l.)

Karnevalserfahrung schlagen die Dammer Narren ihrer Kirche ein Schnippchen: Sie feiern einfach eine Woche früher und können die nächsten acht Tage in Ruhe beten und büßen. So ist es bis heute geblieben, auch wenn vielleicht nicht mehr ganz so heftig gebetet und gebüßt wird.

An der Stirnseite eines ehemaligen Eiszeitgletschers ist der breite Endmoränenzug der **Dammer Berge** aufgeschoben worden, der sich mit einem Ausläufer in weitem Bogen bis in die Nähe von Vechta erstreckt und mit Erhebungen bis 145 Meter (Signalberg) die Höhenachse des Landkreises Vechta bildet. Die Dammer Berge sind mit ihren geringwertigen Böden und ihrem lebhaft zerteilten Relief fast nur für forstwirtschaftliche Nutzung geeignet. Durch ihre weitläufigen Nadelwälder und ihre großartige Fernsicht erfüllen sie aber wichtige Funktionen im Fremdenverkehr. Durch die Dammer Berge führen rund 300 Kilometer Wanderwege.

Auf dem 141,6 Meter hohen **Mordkuhlenberg** bietet ein **Aussichtsturm** einen weiten Blick über die Berglandschaft. Der Mordkuhlenberg verdankt seinen Namen einer Sage, der zufolge hier einst Räuber hausen, die Wanderer überfallen und ausrauben. Zu ihren Opfern zählt auch das Mädchen **Anne Wieferich** aus Steinfeld, die die Frau des Hauptmanns werden muss. Nach siebenjähriger Gefangenschaft erlauben die rauen Gesellen ihr den Besuch der Christmette unter der Auflage, ihr Versteck nicht zu verraten. Auf ihrem Heimweg aber legt die Gefangene eine Erbsenspur, der ihre Befreier folgen und die Räuber einer gerechten Strafe zuführen. Im Süden und Osten schließt sich den Dammer Bergen die **Dümmerniederung** an. An ihrer tiefsten Stelle liegt der **Dümmer**, mit 16 Quadratkilometern der zweitgrößte Binnensee Niedersachsens, ein ideales Revier für Segler, Surfer, Paddler, Ruderer und Tretbootfahrer.

Aussichtsturm auf dem Mordkuhlenberg (o.)

Einblicke in die Geschichte der Stadt und der Region Damme zeigt das Stadtmuseum Damme im ehemaligen Bahnhof (o.)

Im **Naturreservat Dümmer** sind eine Vielzahl von Wasser- und Watvögeln zu Hause. Der Dümmer See ist umgeben von weiten Moor- und Niederungsflächen.

Mit seiner ungewöhnlichen Architektur liegt das **Jugend- und Freizeitzentrum** des Landkreises Vechta in **Dümmer-Lohausen** wie ein riesiges Schiff „vor Anker“. Wie auf einem Schiff sind die Gäste bei Fort- und Weiterbildungsseminaren, aber auch auf Klassenfahrten ganz unter sich.

Die **Mühle Höltermann** wird urkundlich 1294 erstmals erwähnt, 1801 zum größten Teil erneuert, ab Frühjahr 1999 restauriert und 1999 der Stadt Damme verpachtet. Seitdem nutzt der **Heimat- und Verschönerungsverein Oldenburgische Schweiz** die Wassermühle Höltermann als Museum für die Mühlen-

Das Jugend- und Freizeitzentrum im Naturschutzgebiet am Dümmer See (l.)

Verkehrslandeplatz Damme (o.)

Kartoffelvollernter der Grimme Landmaschinenfabrik im Einsatz (ganz o.)

Die 1875 erbaute und 1964 stillgelegte Ziegelei Stölting ist die älteste noch funktionstüchtige Ziegelei in Niedersachsen. Sie steht unter Denkmalschutz. Im Hauptgebäude befindet sich ein Ringofen, der mit Glasflammkohle befeuert wird (r.)

geschichte. Ebenfalls unter der Leitung des Vereins steht das **Dammer Stadtmuseum** in der ehemaligen Bahnhofslagerhalle. Einen Schwerpunkt bildet hier die kurze, aber wirkungsvolle Epoche des Dammer Eisenerzbergbaus.

1861 gründet **Franz Carl Heinrich Grimme** in Damme im Alter von 26 Jahren einen Schmiedebetrieb, die Keimzelle der heutigen **Grimme Landmaschinenfabrik.** 1930 tritt **Franz Grimme sen.** in den Betrieb seines Vaters ein und befasst sich schon früh mit den Problemen einer rationelleren Kartoffelernte. 1947 bis 1957 erfolgen nacheinander die Einführung von Spezialmaschinen wie Schleuderrad-, Kartoffelvorrats- und zapfwellengetriebenen Siebglockenvorratsrodern sowie Kartoffelvollerntemaschinen. Im Laufe der Jahrzehnte entwickelt sich Grimme vom Spezialisten in der Kartoffeltechnik für Feld und Halle zum weltweit agierenden Anbieter innovativer Kartoffel- und Zuckerrübentechnik.

1980 übergibt Franz Grimme sen. die Leitung des Unternehmens an seinen Sohn, den Maschinenbauingenieur **Franz Grimme jun.** Mit über 600 Mitarbeitern gehört Grimme zu den größten Arbeitgebern in der Region. Neben der Grimme Landmaschinenfabrik sind die beiden Tochterunternehmen **Ricon** (Sieb- und Fördertechnik) sowie **Internorm** (technische Artikel aus Kunststoff) in Damme ansässig.

Der **Verkehrslandeplatz Damme** liegt ca. 3,5 Kilometer südwestlich der Stadt Damme in **Rottinghausen.** Er steht allen Nutzern der allgemeinen Luftfahrt ohne Voranmeldung an 365 Tagen im Jahr und 24 Stunden am Tag zur Verfügung. Von Damme aus fliegen Flugzeuge und Hubschrauber im Individualverkehr sowohl geschäftlich als auch privat zu Zielen in Deutschland und Europa.

Die **Zerhusen Kartonagen** GmbH produziert auf 5.000 Quadratmetern Produktionsfläche und 15.000 Quadratmetern Lagerfläche im Dreischichtbetrieb mit modernen Wellpappverarbeitungsmaschinen hochwertige Verpackungen. Mit der Produktion von 65 Millionen Quadratmetern Pappe pro Jahr, dem Zuschnitt, Falzen und Bedrucken bis hin zur Palettierung sind 175 Mitarbeiter beschäftigt.

Auch die **ZF Lemförder Fahrwerktechnik** mit Stammsitz in der Samtgemeinde > Altes Amt Lemförde (134) sind mit einem Werk in Damme vertreten. Die ZF Gruppe produziert seit über 50 Jahren Fahrwerk- und Lenksysteme für führende Automarken. Aus dem einstigen Familienunternehmen ist eine Unternehmensgruppe mit über 6.500 Mitarbeitern geworden. Die Firma ist mit mehr als 1.200 Arbeitnehmern am Standort Damme der größte Industriebetrieb im Oldenburger Münsterland.

Dinklage

Ortsteile:
- Bahlen
- Bünne
- Höne
- Langwege
- Schwege
- Wulfenau

Einwohner: 12.496
Fläche: 72,65 qkm
172,0 Einw. je qkm

Burg Dinklage (l.)

Die Familie von Galen hatte immer großen Einfluss in der Gemeinde Dinklage. Im Bild: die Kardinal-von-Galen-Schule (o.)

Dinklage liegt im sogenannten **Dinklager Becken**, einem großen Niederungsgebiet, dessen Landschaftsbild vielgestaltig ist und durch zahlreiche Baumreihen und Wallhecken aufgelockert wird. In den letzten Jahren hat Dinklage ein völlig neues Stadtbild mit einem geschlossenen Stadtkern erhalten. Die Entwicklung der Gemeinde wird 1995 durch die Verleihung der Bezeichnung „Stadt" gewürdigt. Zu Dinklage gehören sieben Bauerschaften mit rund 1.900 Einwohnern. Die Entstehung und Entwicklung des Ortes geht von der **Burg Dinklage** aus. Sie ist die älteste und eine der schönsten Wasserburgen des Oldenburger Münsterlandes. Im 17. Jahrhundert erwirbt der kriegerische Fürstbischof **Christoph Bernhard von Galen** die Dinklager Güter der verarmten Herren von Dinklage für seinen Bruder. Die Familie von Galen verlegt ihren Familiensitz nach Dinklage.

In der Burg Dinklage wird 1878 **Clemens August Graf von Galen**, der **„Löwe von Münster"**, geboren. Er wird im September 1933 zum Bischof von Münster ernannt. Die tiefe Frömmigkeit des nationalkonservativen Bischofs macht den Konflikt mit dem NS-Regime unausweichlich. In seinen Predigten wendet er sich offen gegen die terroristischen Übergriffe der Geheimen Staatspolizei. Im Sommer 1941 prangert Galen die Euthanasie kranker und behinderter Menschen an und droht, Anzeige wegen Mordes zu erstatten. Seine große Popularität bewahrt ihn vor der Verhaftung. Mit Rücksicht auf die Stimmung in der Bevölkerung lässt Hitler die Tötungsaktionen – offiziell – einstellen. Clemens August Graf von Galen stirbt 1946 in Münster. Ob in der Burg Dinklage, in den Schulen oder in der Pfarrkirche St. Catharina, sein Andenken ist in

Statue des „Löwen von Münster", Kardinal von Galen am Hauptportal der katholischen Pfarrkirche St. Catharina (l.)

Helmut Middendorf wird 1953 in Dinklage geboren und lebt heute in Berlin und Athen. Der Maler stößt im Mai 1977 zu den Künstlern der Berliner „Galerie am Moritzplatz", einer Malergruppe, die schon bald besser unter dem Namen „Neue Wilde" bekannt wird. Mit ihrer Teilnahme an den Ausstellungen *A New Spirit in Painting* (London, 1981) und *Zeitgeist* (Berlin, 1982) werden Helmut Middendorf, Rainer Fetting, Salomé (Wolfgang Cihlarz) und Bernd Zimmer einem breiten Publikum bekannt. Die großen Bildformate Middendorfs erobern innerhalb weniger Monate den Kunstmarkt und finden Eingang in namhafte Kunstsammlungen.

Ein Zentrum des kulturellen Lebens in Dinklage ist die Jugendmusikschule Romberg e.V., an der ca. 50 Lehrkräfte über 1.500 Schülerinnen und Schüler betreuen (o.)

Rathaus Dinklage (r.)

Beim Mühlentag in der rund 150 Jahre alten Schweger Mühle immer am Pfingstmontag gibt es schmackhaftes Brot (o. ganz r.)

Dinklage allgegenwärtig. Ein Denkmal vor der **Pfarrkirche St. Catharina** erinnert an ihn.
Die Familie von Galen hat großen Einfluss in Dinklage. Bis 1956 hat der Graf sogar das Vorschlagsrecht für die Besetzung der geistlichen Stellen. 40 Jahre vertreten **Ferdinand** bzw. sein Sohn **Friedrich Graf von Galen** den Süden des Landes Oldenburg für die Zentrumspartei im Reichstag. Graf Ferdinand von Galen (gestorben 1918) und sein Sohn Friedrich sind die letzten Eigentümer, die auf Burg Dinklage selbst wohnen. Seit 1928 lebt kein Mitglied der Familie mehr in der Burg. 1949 übergibt **Graf Christoph Bernhard** den aus der sowjetischen Besatzungszone kommenden **Benediktinerinnen** von Alexanderdorf (Märkische Heide) die Burg. Die zum Teil noch aus dem 17. Jahrhundert stammende alte Scheune wird von den Benediktinerinnen zur **Scheunenkirche** umgebaut und dient seit 1961 als Klosterkirche. 1975 kann das Gebäude der **Alten Rentei** von den Schwestern erworben werden. 1977 schließlich wird das **Kloster St. Scholastika** auf Burg Dinklage zur Abtei erhoben.

Der Hof Sperveslage ist eine Fundgrube historischer Utensilien und kann für Veranstaltungen genutzt werden (o.)

250 Mitarbeiterinnen und Mitarbeiter beschäftigten **Gottfried** und **Franz Nietfeld** in **Schwege** in ihrer Firma **Nietfeld Feinkost** GmbH. Die Firma stellt Lamm- und Schweinefleisch sowie Geflügelprodukte her zur schnellen Zubereitung oder bereits verzehrfertig unter eigenem oder den Markennamen „feinetti" und „Goudhaantje".
Der **Hof Sperveslage**, der wahrscheinlich im 8. oder 9. Jahrhundert angelegt wird, ist lange vergessen gewesen, ehe **Waltraud** und **Klemens Scherbring** ihn 1999 liebevoll restaurieren. Heute erwartet der ehemalige „major-domus"-Hof in der Nähe Dinklages seine Besucher mit Haupt- und Vorhaus, Tenne, Remise, Scheune und mit einem mittelalterlichen Backhaus. Besucher erleben die Geschichte des bäuerlichen Lebens in dem unter Denkmalschutz stehenden Gebäude mit vielen Museumstücken.

Goldenstedt

Ortsteile:
- Altona
- Ambergen
- Amerbusch
- Arkeburg
- Einen
- Ellenstedt
- Fredelake
- Gastrup
- Goldenstedt-Heide
- Goldenstedt-Ort
- Höven
- Lahr
- Lahr-Heide
- Lutten
- Osterende
- Timpen
- Varenesch
- Westerlutten

Einwohner: 9.036
Fläche: 88,51 qkm
102,1 Einw. je qkm

Um die Gemeinde Goldenstedt als Nebenzentrum im Nahbereich von Vechta zu stärken und aufgrund struktureller Gemeinsamkeiten zwischen den beiden Gemeinden ist auf Beschluss des Niedersächsischen Landtags 1974 **Lutten** in die Gemeinde Goldenstedt eingegliedert worden. Lutten ist heute, vom namensgebenden Goldenstedt abgesehen, der größte Ort der Gemeinde.

Moorerlebnispfad am „Haus am Moor" am Rande des Großen Moores (l.)

Goldenstedt wird 700 Jahre lang von der sogenannten **Zweiherrigkeit** geprägt. An der Grenze der beiden Herrschaftsbereiche Vechta-Münster und Diepholz-Lüneburg gelegen, ist der Ort häufig Schauplatz und Gegenstand von Auseinandersetzungen der um die Hoheit ringenden Landesfürsten. Statt einer klaren Grenzlinie gibt es bis 1817 ein territoriales Mischgebiet, auf das zwei Herrschaften Anspruch erheben. Im Jahre 1817 endet die Zweiherrigkeit. Goldenstedt wird Teil des Großherzogtums Oldenburg.
Eine Zäsur in der Goldenstedter Geschichte bedeutet das Ende des Zweiten Weltkrieges. Damals kommen etwa 2.200 Flüchtlinge und Vertriebene nach Goldenstedt und Lutten. In kürzester Zeit gelingt es, für diese Menschen Wohnraum und Arbeitsplätze zu schaffen. Ob Nikolaus Kopernikus, Immanuel Kant, Arthur Schopenhauer, Caspar David Friedrich oder Gerhart Hauptmann – all diese bedeutenden Köpfe der deutschen Geschichte stammen aus den ehemaligen deutschen Ostgebieten. An sie und auch an die weniger berühmten Menschen, die durch die Auswirkungen der Weltkriege ihre Heimat verloren haben, wird in den **Ostdeutschen Heimatstuben** in Goldenstedt erinnert. Vor dem Gebäude beeindruckt das Mahnmahl **Deutsche Heimat im Osten** die Besucher des museumsgleich eingerichteten ehemaligen Schulhauses: Sieben Findlinge tragen dort – in einem Halbkreis aufgestellt – die Namen der ehemaligen Provinzen im Osten Deutschlands.

Die evangelische Martin-Luther-Kirche in Goldenstedt (o.)

Ziel vieler Goldenstedt-Besucher ist das **Naturschutz und Informationszentrum** (NIZ) mit dem **Haus im Moor** und dem Moorerlebnis- und Skulpturenpfad sowie einem zwölf Meter hohen **Aussichtsturm**. Ein besonderes Erlebnis sind die Moor-

Sushiband für japanische Restaurants aus der Apullma Maschinenfabrik (o.)

bahnfahrten und Moorwanderungen, bei denen man in der Weite des Moores von der eigentümlichen Vegetation der Moorlandschaft beeindruckt ist. Der Erholungspark mit dem **Hartensbergsee**, Zeltplatz, Komfort-Camping- und Mobilheimplatz ist ein beliebtes Ziel für Urlauber aus nah und fern. Klares, sauberes Wasser, ein Sandstrand und ausgedehnte Spiel- und Liegewiesen zeichnen das im **Landschaftsschutzgebiet Mittlere Hunte** liegende Gewässer aus.

Zum Erholungspark Hartensbergsee gehören ein sieben Hektar großer Badesee (o.), der Camping- und Mobilheimplatz und eine Freilichtbühne

Landmaschinenfabrik L. Bergmann (r.)

Die in Goldenstedt ansässigen mittelständischen Industriebetriebe sind im Wesentlichen in den Branchen Maschinenbau, Nahrungsmittelindustrie, Holzverarbeitung, Gastronomieeinrichtungen, Torfindustrie, Fenster- und Türenherstellung und Baugewerbe tätig. Die **Landmaschinenfabrik L. Bergmann** in Goldenstedt wird 1897 von **Ludwig Bergmann sen.** gegründet, der eine eigene Fabrikationsstätte für Landmaschinen aufbaut. Im Jahr 1922 treten die Söhne **Franz** und **Hermann Bergmann** nach ihrer Ausbildung in den Betrieb ein und erweitern kontinuierlich Produktion und Absatz. Schon damals werden Landmaschinen auf dem neuesten technischen Stand hergestellt. Das Unternehmen wird heute von dem Diplomingenieur **Ludwig Bergmann jun.** in der dritten Generation geführt. Es wird ein breites Programm an Streuwagen, Kurzschnittlade-, Silage-, Futterverteil- sowie Häckseltransportwagen gefertigt.

Seit drei Generationen ist Goldenstedt auch Sitz der Betriebe der **Familie Hakemann.** Der Sohn des Firmengründers, Fritz Hakemann, beginnt in den 1960er Jahren mit dem Einsatz von Edelstahl, um damit die bisher ausschließlich aus Holz gefertigten Produkte der familieneigenen Schreinerei langlebiger zu machen. Mit fast 50 Prozent Marktanteil ist die **Hagola Gastronomie-Technik** heute der führende Anbieter von Kühl- und Trockentheken, Schankdecks und Sondererzeugnissen für Gastronomie-, Hotel- und Cateringbetriebe, Bäckereien, Konditoreien und Cafés in Deutschland. Und die **Wiha-Thekentechnik Hakemann** GmbH & Co. KG ist einer der führenden Hersteller Europas für innovative Umluftkühleinsätze. Bei Wiha werden Kühlvitrinen, Kühlunterbauten, Warmhaltesysteme, Edelstahl-Thekenstützen und diverses Thekenzubehör entwickelt und hergestellt.

Als mittelständisches Spezialunternehmen befasst sich die **Apullma Maschinenfabrik** A. Pulsfort GmbH & Co. KG in **Lutten** seit hundert Jahren mit Metallverarbeitung. Seit 1975 ist Apullma auf Fördertechnik spezialisiert. Verarbeitet werden alle Metalle, in zunehmendem Maße aber für die Lebensmittelindustrie vor allem Edelstähle und Spezialkunststoffe.

Holdorf

Ortsteile:
- Fladderlohausen
- Grandorf
- Handorf
- Holdorf
- Ihorst
- Langenberg
- Scheelenhorst

Einwohner: 6.503
Fläche: 54,90 qkm
118,5 Einw. je qkm

Holdorf liegt im Erholungsgebiet Dammer Berge im Süden des Landkreises Vechta, zum Teil auch in der reizvollen Landschaft des **Naturparks Dümmer**. Zwischen Holdorf und >Damme (94) findet man die **Dersaburg**, eine gebäudelose Fliehburg, die dem Dersagau den Namen gab und lange Zeit Mittelpunkt des Gaus war. Sie wird erstmals 785 urkundlich erwähnt. Ihre Entstehungszeit dürfte aber weit früher liegen. Das Kulturdenkmal befindet sich auf einem nach Westen gerichteten steil abfallenden Vorsprung der Dammer Berge.

Das Gut Ihorst (ganz l.) mit seiner barocken Kapelle stammt aus dem Jahr 1680 und befindet sich seit 1882 im Besitz der Familie des Grafen von Spee

Spaß und Geschwindigkeitsrausch sind auf der Outdoor-Kartbahn Hansaring in Holdorf angesagt (l.)

Ein Schmuckstück im nördlichen Gemeindegebiet ist **Gut Ihorst** mit der im Jahre 1747 von **Johann Konrad Schlaun** erbauten Kapelle. Von dem Barockmeister stammt auch Schloss Clemenswerth in >Sögel (I-146). Von weitläufigen Waldflächen umgeben, liegt das 350 Hektar große Gut unmittelbar an der B 214 von Holdorf nach Steinfeld. Das Gutshaus wird um 1560 von Heinrich von Schade zu Wesuwe errichtet. Seit 1882 befindet sich das Gut im Besitz der Familie des **Grafen von Spee**. Die Familie lässt die schöne Barockkapelle von innen und außen renovieren, nachdem 1972 ein Orkan und 1974 Hagelschlag das Dach stark beschädigt haben. Gottesdienste werden heute dort nur noch gelegentlich abgehalten. Viel besucht sind die **Maiandachten**, die an den Sonntagen im Monat Mai stattfinden. Seit Sommer 2001 betreibt **Familie Cremer**, die sich auch um die Renovierung des Gutes bemüht, hier ein gemütliches **Café** und ein Antiquitätengeschäft.

Im 19. Jahrhundert wandern viele Heuerleute und Kötter aus Holdorf nach Amerika aus. Zu Beginn der 1830er Jahre setzt die erste Auswanderungswelle ein. Im Raum Damme und Holdorf führt das Wirken des Lehrers und Buchbinders **Franz Joseph Stallo** zu dieser Massenbewegung. Stallo ist lange Zeit als Lehrer in **Grandorf** tätig und genießt bei den Bewohnern großes Vertrauen. Er ist einer der ersten Auswanderer. In seinen Briefen ermuntert er Freunde und Bekannte in der Heimat, auch diesen Schritt zu tun. Das bleibt nicht ohne Folgen: Die Einwohnerzahl sinkt von 2.334 Personen im Jahre 1828 auf 1.478 Personen im Jahre 1890. Zur Zeit der Volkszählung von 1880 leben mehr Holdorfer in Amerika als in Holdorf selbst. Erst danach ebbt die Auswanderungswelle allmählich ab.

Die Entwicklung von Gewerbe setzt in Holdorf früh ein. Im 16. Jahrhundert errichtet der damalige Drost Heinrich von Schade, Begründer des Gutes Ihorst, in der Bauerschaft Handorf eine Ziegelei, die bis 1930 die dortigen Ton- und Lehmvorkommen abbaut. 1899 erfolgt die Eröffnung der Eisenbahnstrecke von Lohne über Holdorf nach Neuenkirchen und 1900 die

Der Heidesee in Holdorf am Nordhang der Dammer Berge ist beliebt bei Einheimischen und Gästen (o.)

Regallager der SFB Fleisch- und Kühlzentrale (o.)

Kirche St. Peter und Paul (o.r.)
Drei Kirchengemeinden gibt es in Holdorf: die katholische Pfarrgemeinde, die 1827 vom Kirchspiel Damme abgepfarrt wird, seit 1976 die junge Pfarrgemeinde Handorf-Langenberg und in Fladderlohausen die evangelisch lutherische Gemeinde

Milchwerke Bermes (r.)

Eröffnung der Stichbahn von Holdorf nach Damme. Im Jahre 1927 wird das erste industrielle Unternehmen in Holdorf, die **Milchwerke Bermes**, gegründet und fünf Jahre später nimmt das **Kalksandsteinwerk** die Produktion auf.

Von 1933 bis 1945 gehört Holdorf zur Großgemeinde Neuenkirchen und wird 1945 wieder selbstständig. Insgesamt ist die Gemeinde Holdorf immer stark landwirtschaftlich orientiert gewesen. Die Zahl der landwirtschaftlichen Betriebe erreicht 1949 mit 305 Betrieben ihren Höhepunkt. Bis Mitte der 1980er Jahre reduziert sich ihre Zahl auf die Hälfte. 1968 wird die „Hansalinie“ A 1 für den Verkehr freigegeben. Die jetzt sehr gute Verkehrsanbindung lässt zahlreiche neue Gewerbegebiete entstehen.

Ein Unternemen für Tiefkühllagerung und temperaturgeführte Warenströme ist die **SFB Fleisch- und Kühlcentrale GmbH**. Zu ihren Dienstleistungen gehört das Schockfrosten von hängender, kartonierter, von in Kisten oder Beuteln verpackter Ware, das Einpacken von frischem Fleisch in Kartons oder das Zusammenpacken von tiefgekühlten Produkten zu Multipacks in einem Tiefkühl-Service-Center, das über 63.500 Kubikmeter

tiefgekühltes Volumen verfügt. Bei der SFB Fleisch- und Kühlcentrale ist ein Zolllager eingerichtet, das für die Lagerung von Importware und von steuerlicher „Erstattungsware“ zugelassen ist und das im Normalfall alle Zoll- und Veterinärabfertigungen im Kühlhaus erledigt.

Die **BestMedia CD Recordable GmbH** wird 1996 in Holdorf gegründet und gilt heute als einer der führenden europäischen Hersteller von Marken- und No-name-opticals. Mit dem eigenen Maschinenpark zur Weiterverarbeitung, 16 Verpackungsstraßen und fünf Druckmaschinen können bis zu 15 Millionen Rohlinge im Monat das Werk verlassen.

Die **Milchwerke Bermes** sind eine Tochter des Nordmilch-Konzerns. Bermes verarbeitet jährlich über hundert Millionen Liter Milch, vor allem zu ungezuckerter und gezuckerter Kondensmilch, Industriesahne und Milchpulver.

Lohne (Oldb)

Lohne nennt sich seit 1950 „Stadt der Spezialindustrien". Aus welcher Richtung auch immer der Besucher sich nähert, er wird auf Gewerbegebiete treffen. Früher als in anderen Gemeinden beginnt in Lohne die Abkehr von ausschließlich landwirtschaftlich geprägter Wirtschaft. 1801

beginnen **Gerhard Heinrich Kreymborg** und **Wilhelm Brauer** mit der Massenherstellung von **Schreibfedern** aus Gänsekielen. 1840 existieren in Lohne bereits vier Schreibfederfabriken mit 80 Arbeitern, doch als Mitte des Jahrhunderts der Siegeszug der Stahlfeder von England her einsetzt, kommt die Herstellung von Schreibfedern in Lohne zum Erliegen.

Fast zeitgleich mit der Herstellung von Schreibfedern entwickelt sich ab 1809 die **Tabakverarbeitung** zu einem wichtigen Wirtschaftszweig. In Manufakturen und nicht selten in Heimarbeit werden Zigarren hergestellt. 1842 wird die **Korkverarbeitung** und ab 1861 die Herstellung von **Pinseln** und **Bürsten** aufgenommen. Ihre Blütezeit erleben diese beiden Industriezweige in der ersten Hälfte des 20. Jahrhunderts. Ein bedeutendes Unternehmen der Korkenbranche, die Firma **Bramlage**, ist noch heute am Bahnhof ansässig. 1845 gründet **Franz Bramlage** an der Brinkstraße eine Fabrik. Mit der Einführung der Hobel- und später der Bohrmaschinen erhöht sich die Tagesproduktion eines einzelnen Beschäftigten auf 14.000 Stück. Franz Bramlage verstirbt 1875, seine Frau nimmt ihren Bruder **Johann Joseph Friedrich Taphorn** als Teilhaber in die Firma auf. Später überträgt sie ihm ihren Anteil. Die Produktion weitet sich aus und Taphorn lässt 1897 eine neue Fabrikhalle am Bahnhof bauen und schafft 1907 durch einen eigenen Gleisanschluss eine bessere Verkehrsanbindung. Nachdem ein Brand im Jahre 1979 die Fabrikationsräume vernichtet, wird die bereits 1955 begonnene Kunststoffproduktion an der Brägeler Straße erweitert, die Korkenherstellung jedoch am Bahnhof belassen. Hier werden jetzt Rohkorken aus Portugal weiterverarbeitet. Die Firma **Bramlage Kork**

und ihr Lohner Schwesterunternehmen **RPC Bramlage GmbH** (Schwerpunkt: Kunststoffherstellung) gehören heute zur **RPC Group Plc.** aus Northamptonshire in Großbritannien.

Nach dem Zweiten Weltkrieg wird die Kunststoffverarbeitung der bei weitem bedeutendste Industriezweig in Lohne. Viele Korken verarbeitende Betriebe – 1950 sind es vierundzwanzig – nehmen Kunststoff mit in ihre Fertigung auf. Etwa 50 Prozent der Beschäftigten im produzierenden Gewerbe arbeiten in Lohne in der Kunststoffindustrie.

Bauerschaften:

- **Bokern**
- **Brägel**
- **Brockdorf**
- **Ehrendorf**
- **Klein-Brockdorf**
- **Kroge**
- **Lohnerwiesen**
- **Märschendorf**
- **Nordlohne/ Krimpenfort**
- **Schellohne**
- **Südlohne**
- **Südlohne-Hamberg**
- **Zerhusen**

Einwohner: 25.061
Fläche: 90,78 qkm
276,1 Einw. je qkm

Auf dem alten Markt in Lohne steht die Brunnenskulptur „Egolohne". Donnerstags und samstags vormittags wird rund um den Brunnen Markt abgehalten (ganz l.)

Der Bahnhof in Lohne ist Haltepunkt der Nord-West-Bahn auf der Strecke Osnabrück–Delmenhorst–Bremen (l.)

1949 gegründet, ist Pöppelmann heute eines der führenden Unternehmen der kunststoffverarbeitenden Industrie (o.)

Auf 1.000 Quadratmetern Ausstellungsfläche erzählt das Industriemuseum von der Herstellung von Schreibfedern, der Tabakverarbeitung, der Bürstenfabrikation und der Korkverarbeitung (r.)

Die **Pöppelmann GmbH & Co. KG** in Lohne ist eines der größten Unternehmen der Kunststoff verarbeitenden Industrie in Deutschland und verfügt über eine Produktionskapazität von rund 400 Spritzgießmaschinen und 18 Tiefziehanlagen, die jährlich über 20.000 Tonnen Kunststoff verarbeiten. Mit Tochtergesellschaften in Frankreich, Spanien und den USA sowie Verkaufsbüros in Belgien, den Niederlanden, Großbritannien und Dänemark ist Pöppelmann international präsent.

Josef Pöppelmann gründet 1949 das Unternehmen als Korkenfabrik in einem Hühnerstall auf dem elterlichen Bauernhof in **Brockdorf**. Von der Produktion von Korken ist es nicht weit zur Herstellung von Verschlüssen aus Kunststoff. Bereits 1960 erzielt der Betrieb mit 24 Mitarbeitern einen Jahresumsatz von einer Million Mark. Die Fertigung von technischen Kunststoff-Spritzgussteilen erfolgt seit 1962 auf der Basis eines kontinuierlich erweiterten Werkzeugbaus. Gut zehn Jahre später feiern schon 175 Mitarbeiter die Inbetriebnahme der einhundertsten Spritzgießmaschine. In der ehemaligen **Pöppelmann'schen Fabrik** an der **Bakumer Straße** wird 1991 mit großer finanzieller Unterstützung von **Gertrud Pöppelmann**, die nach dem frühen Tod ihres Mannes lange Jahre die Firma führt, der **Lohner Jugendtreff** gegründet. Nach stetiger Expansion ist Pöppelmann im 50. Jubiläumsjahr 1999 auf rund 800 Mitarbeiter angewachsen. Heute beschäftigt die Pöppelmann-Gruppe am Standort Lohne über 1.000 Menschen.

Das Mittelzentrum Lohne weist heute mehr als 60 Gewerbe- und Industriebetriebe auf. Dazu gehören neben der Kunststoffindustrie die Metallverarbeitung, Maschinen- und Gerätebau, ein Rohrbogenwerk, die Herstellung von Verpackungen aus Kunststoff, Papier, Pappe, Holz und Schaumstoff, ferner die Pinsel- und Bürstenherstellung. Darüber hinaus sind Betonwarenfabriken, Torfstreuwerke und Sägereien sowie Geflügel- und Großschlachtereien in der Stadt ansässig.

200 Jahre Industriegeschichte in Lohne zeigt das **Industriemuseum** in einem Gebäude mit interessanter Architektur. Mit dem Bestand von 600 Exponaten des **Lohner Heimatvereins** wird zunächst 1988 das **Industrie Museum Lohne** als Verein gegründet. Dank einer Spende von Pöppelmann sowie der Unterstützung der Stadt, der Europäischen Union und weiterer Sponsoren kann das heutige Industrie-

Gründerzeitvilla an der Brinkstraße (l.)

museum Lohne mit über 1.000 Quadratmetern Ausstellungsfläche im März 2000 seine Pforten direkt neben dem Bahnhof eröffnen. Das Museum zeichnet die industrielle Entwicklung der Region unter Einbeziehung der dort arbeitenden Menschen und ihrer jeweiligen Lebensumstände nach.

Die heute noch bewohnte **Burg Hopen,** um 1500 errichtet, liegt inmitten eines 60 Hektar großen Eichen- und Buchenwaldes und ist umgeben von Wasser. Von 1805 bis 1948 wird das **Herrenhaus Hopen,** das seit 1805 den Grafen von Galen gehört, nicht mehr von den jeweiligen Besitzern bewohnt. Nach dem Zweiten Weltkrieg dient die Burg als Unterkunft für Flüchtlinge und 1955 bis 1963 als Jugendherberge. 1948 wird **Graf von Korff Schmising-Kerssenbrock** Eigentümer, und seit der Renovierung im Jahre 1964 bewohnt seine Familie das Anwesen.

Ein Meilenstein in der Entwicklung Lohnes ist das Jahr 1907. Der Oldenburgische Landtag beschließt, den Flecken Lohne von einer Landgemeinde zu einer „Stadt zweiter Klasse" zu erheben. Kurz darauf kommt es zur Gründung des **Verschönerungsvereins,** des Vorläufers des **Lohner Heimatvereins.** Dieser will Lohne der Stadtwürde entsprechend herausputzen und mit der Errichtung eines **Aussichtsturms** ein weit sichtbares Zeichen setzen. Der Turm ist heute das Lohner Wahrzeichen. Abends wird er angestrahlt. Beim jährlich stattfindenden, überregional bekannten **Querfeldeinrennen der Radrennfahrer** „Rund um den Aussichtsturm" herrscht Hochbetrieb.

Mit der Stadtausdehnung und der Besiedelung der **Südlohner Bergmark** steht der Turm heute nicht mehr an der Peripherie. Er ist mit dem **Sportstadion,** dem **Waldbad** und dem nahen **Schützenplatz** mit seiner modernen Schießsportanlage wie auch dem in der Nähe gelegenen **Golfplatz** Teil des innerstädtischen Erholungsraums.

Im Haus Uptmoor ist die Lohner Malerin Lucia Kathrina Bernadine (besser bekannt als „Luzie") Uptmoor, geboren worden und aufgewachsen. Die Stadtvilla wurde von der Stadt Lohne renoviert und beherbergt heute ein Restaurant (o.)

Der Lohner Aussichtsturm am Schützenplatz ist das Wahrzeichen der Stadt. Der Turm wird 1908 vom „Verschönerungsverein", dem Vorläufer des Heimatvereins Lohne, errichtet (o.)

Im Innenstadtbereich von Lohne stehen einige Gründerzeitvillen vom Anfang des 20. Jahrhunderts. Zu den bedeutenderen gehört das **Haus Uptmoor**. Im Jahre 1906 erbaut der noch nicht vierzigjährige Arzt **Dr. Franz Uptmoor** die Villa als Praxis und Wohnhaus, die in ihrem mehr als neunzigjährigen Bestehen nur wenige äußere Veränderungen erfahren hat. Das Gebäude, 1990 von der Stadt Lohne erworben und umfassend renoviert, beherbergt heute ein Restaurant sowie Seminar- und Wohnräume. Trotz der Umbauten, die für die neue Nutzung erforderlich waren, sind denkmalschutzwürdige Bestandteile wie die Holztreppe, die Bodenfliesen im Flur und dem angrenzenden Wohnraum, die Stuckdecken mit den restaurierten Tierkreiszeichen, die Holzvertäfelungen und der Kamin erhalten geblieben. Von der Malerin **Luzie Uptmoor**, die in diesem Haus ihre Jugendjahre verbringt, sind im Kaminraum ein Stillleben und im Seminarraum in der oberen Etage bedeutende Porträtarbeiten zu sehen.

Der 1988 von dem Bildhauer **Jürgen Goertz** geschaffene Brunnen **„Egolohne"** auf dem **Alten Markt** gibt interessante Hinweise auf die Geschichte der Stadt und die Mentalität ihrer Bürger.

Die Vorstellungen auf der **Lohner Freilichtbühne** finden in der am Rande des Stadtparks gelegenen Waldbühne mit einem stilvoll errichteten Eingangsportal statt. Es trägt die Inschrift aus dem Versepos „Dreizehnlinden" von Friedrich Wilhelm Weber (1813–1894): *„Erst gehörst Du Deinem Gott, ihm zunächst der Heimaterde."* Ob *Pippi Langstrumpf*, *Der kleine Vampir* oder *Ariella* und andere Inszenierungen, die Aufführungen der Freilichtbühne ziehen immer viele große und kleine Zuschauer an.

Die **Lohner Kulturtage** werden gemeinsam mit den Kultur tragenden Vereinen und dem **Kulturamt** der Stadt seit 1988 regelmäßig alle zwei Jahre veranstaltet und gehören heute zum festen Bestandteil des kulturellen Lebens. Das zehntägige Programm umfasst Varieté, Kabarett, klassische Konzerte, Popmusik, Klanginstallationen, Ausstellungen, Theater, Innenstadt-Events, Lesungen und Aktionen für Kinder und vieles mehr.

Auf ihr **Schützenfest**, das zu den größten in Niedersachsen zählt, und den imposanten Umzug der Schützen sind die Lohner besonders stolz. In Lohne soll bereits im Jahr 1608 ein „Vogelschießen" stattgefunden haben. Das Schützenwesen mit dem Königsschießen hält sich an vielen Orten noch bis weit ins 18. Jahrhundert hinein; im Laufe der Zeit tritt der militärische Charakter immer mehr in den Hintergrund. Um 1800 ist in Lohne die Tradition des Vogelschießens erloschen. Erst im 19. Jahrhundert kommen Schützenfeste wieder in Mode. In Lohne wird im Jahr 1836 erstmals wieder ein Königsschießen abgehalten. Der ordnungsgemäße Schützenanzug besteht aus Jacke, schwarzer Hose und schwarzen Schuhen, einem weißen Hemd mit grüner Schützenkrawatte und der Schützenhut mit Feder, Abzeichen und Gewehr. Am Königsschießen kann nur teilnehmen, wer diese Bedingungen erfüllt und an beiden Schützenfesttagen ausmarschiert. Zu den Festmärschen wird heute ein geschmücktes Holzgewehr auf der linken Schulter getragen.

Neuenkirchen-Vörden

Im Jahre 1159 wird für den westlich der Dammer Berge gelegenen Teil der weit ausgedehnten Pfarre Damme eine eigene Kirche erbaut. Diese Abpfarrung ist das Geburtsjahr der politischen Gemeinde Neuenkirchen. Zur Urgemeinde Neuenkirchen gehören eine Reihe von Bauerschaften. Im Jahre 1081 lässt der Osnabrücker Fürstbischof Benno II den Weg zwischen den beiden Taufkirchen Bramsche und Damme befestigen. Mit Hilfe eines Bohlenweges (Vörde) wird der Übergang über die Aue ermöglicht. Der Ortsname „Vörden" wird bereits 1341 in einem Vertrag erstmalig genannt. An dieser Vörde entsteht zum Schutze des Übergangs eine Burg, die im Jahre 1370 erstmals urkundlich erwähnt wird.

1633, während des Dreißigjährigen Krieges, erobern die Schweden das Bistum Osnabrück und schenken es Gustav Gustavson von Wasaburg, einem Sohn des Schwedenkönigs. Von 1643 bis 1650 residiert er in der **Stiftsburg Vörden**, die in dieser Zeit einen glanzvollen Höhepunkt erreicht. In den Jahren 1994 und 1995 wird der verbliebene Rest der Burganlage restauriert und seitdem als **Nils-Stensen-Haus** als Jugend- und Pfarrheim genutzt.

Die heutige Gemeinde Neuenkirchen-Vörden besteht erst seit 1974. Damals werden im Zuge der Gebietsreform die vormals selbstständigen Gemeinden Hinnenkamp und Hörsten sowie der Flecken Vörden in Neuenkirchen eingemeindet. Zum 1. Oktober 1993 wird der Name der Gemeinde in „Neuenkirchen-Vörden" geändert.

Vördens restaurierter Ortskern; im Bild (v.l.n.r.): Niels-Stensen-Haus (der ehemalige Burgstall), Pfarrhaus und die katholische St.-Paulus-Kirche (l.)

Vörden besticht durch gepflegte Fachwerkgiebel in stillen Seitengassen. Fast wie ein kleines Freilichtmuseum mutet die Anlage des **Ackerbürgerhauses Vörden** an, ein Fachwerkhaus, das als Heimathaus genutzt wird. Alte Handwerkstechniken wie die Fachwerkbauweise und die Steinsetzertätigkeit werden hier gezeigt. Ein wichtiger Erwerbszweig der Vördener Bevölkerung war früher auch das Torfstechen. Im Ackerbürgerhaus sind daher auch die Gerätschaften für diese schwere Arbeit zu sehen.

Im **Haus Chagall** in Neuenkirchen wird der Gast mit Kunst und Schönem, selbst gebackenem Kuchen, Literatur und mit klassischer und jazziger Musik verwöhnt.

Ackerbürgerhaus in Vörden (o.)

Ortsteile:
- **Bieste**
- **Campemoor**
- **Frede-Wittenfelde**
- **Grapperhausen**
- **Hinnenkamp**
- **Hörsten**
- **Nellinghof**
- **Neuenkirchen**
- **Vörden**
- **Wenstrup**

Einwohner: 8.036
Fläche: 90,85 qkm
88,5 Einw. je qkm

Anschlussstelle Neuenkirchen-Vörden: verkehrsgünstige direkte Anbindung an die Autobahn A 1 (o.)

Die waldreiche Gegend und die ruhige Lage des Ortes sind Gründe für die Ansiedlung der Fachkliniken **St. Marienstift** und **Clemens-August-Klinik.** Letztere ist eine Fachklinik für Psychotherapie und psychosomatische Medizin mit einer zusätzlichen Abteilung für Kinder und Jugendliche, das St. Marienstift Dammer Berge eine Rehabilitationseinrichtung für alkohol- oder medikamentenabhängige Männer.

Rathaus Neuenkirchen (r.)

Das **Schulungszentrum des Malteser-Hilfsdienstes** im Ortsteil **Nellinghof** wickelt im sozialen Bereich ein umfangreiches Ausbildungsprogramm ab. So erfolgt dort u.a. die Ausbildung zum Rettungssanitäter und zum Rettungs- und Pflegehelfer. Das Schulungszentrum wird aus ganz Deutschland frequentiert.

Dr. Thomas Bellut wird am 8. März 1955 in Osnabrück geboren und wächst in Neuenkirchen auf, wo seine Eltern noch heute wohnen. Er studiert in Münster Politikwissenschaften, Geschichte und Publizistik und promoviert 1982. Nach einem Volontariat bei den *Westfälischen Nachrichten* wechselt er 1984 zum ZDF. Seit 2002 ist Bellut Programmdirektor des ZDF. Zuvor war er dort Leiter der Hauptredaktion Innenpolitik und den Fernsehzuschauern vor allem durch die Moderation der Sendungen an den Wahlabenden bekannt.

Die zur Reinert-Gruppe gehörende **Sickendiek Fleischwaren GmbH & Co.** hat ihre Geschäftsstruktur in den 1980er Jahren komplett auf den SB-Markt umgestellt. Produziert werden rund 41.000 Tonnen Fleisch- und Wurstwaren im Jahr. Zehn bis 15 Prozent sind Geflügelprodukte. Sickendiek ist bei fast allen namhaften Discountern gelistet. Beschäftigt werden zur Zeit rund 500 Mitarbeiter. Der Exportanteil liegt bei 30 Prozent.

In Neuenkirchen-Vörden ist der größte Eiproduzent Europas zu finden, die **Deutsche Frühstücksei GmbH** (ein Nachfolgeunternehmen der Anton-Pohlmann-Betriebe), die insgesamt 450 Mitarbeiter beschäftigt. Die **Ovovest Eiprodukte GmbH** ist eine Tochter der Deutschen Frühstücksei GmbH und ebenfalls in Neuenkirchen-Vörden ansässig. Die Firma verarbeitet mit ihren 70 Mitarbeitern täglich rund 2,5 Millionen Eier und ist einer der führenden Produzenten und Vermarkter von Eiprodukten in Europa. In einem der modernsten und leistungsfähigsten Eiproduktewerke der Welt werden alle Arten von Flüssigei und Eipulvern (mit und ohne Zutaten) und insbesondere Spezialprodukte für die Hersteller von Backwaren, Feinkostartikeln, Pastaprodukten und Süßwaren produziert.

Die **Herta GmbH** aus dem westfälischen Herten produziert in ihrem Werk Neuenkirchen mit 150 Mitarbeitern vor allem Würstchen in Dosen („Dörffler“), Fertiggerichte und Bratwurst. Herta wird 1897 vom Metzgermeister Ludwig Schweisfurth in Herten am Rand des Ruhrgebiets gegründet. Die Produkte, besonders die kesselfrische Fleischwurst, sind so beliebt, dass zum 50. Jubiläum bereits 500 Mitarbeiter beschäftigt werden. 1947 entschließt man sich, die Produkte mit einer Marke zu kennzeichnen: „Herta“. Seit 1986 gehört Herta zum Nestlé-Konzern.

Ovobest in Neuenkirchen ist eines der leistungsfähigsten Eiproduktewerke der Welt. Ein Standbein des Unternehmens ist die Herstellung von Flüssigei und Eipulver (r.)

Steinfeld (Oldb)

Bauerschaften:
- Düpe
- Harpendorf
- Holthausen
- Lehmden
- Mühlen
- Ondrup
- Schemde
- Steinfeld

Einwohner: 9.319
Fläche: 59,82 qkm
155,8 Einw. je qkm

Wo ihn die letzte Eiszeit abgelagert hat, gibt die **Schemder Bergmark**, eine wald- und hügelreiche Gegend direkt in den Dammer Bergen, in den 1930er Jahren den **Dicken Stein** frei. Der 43 Tonnen schwere Findling ist das Wahrzeichen Steinfelds. Er wird 1934 als Kriegerdenkmal eingeweiht und markiert heute das Ortszentrum. Im Jahre 1187 wird die Pfarrgemeinde Steinfeld gegründet. Die Einwohner der Bauerschaften Schemde, Mühlen und Holthausen haben über den weiten gefahrvollen Weg zur Pfarrkirche in Damme geklagt. Daraufhin gestattet Bischof Arnold von Osnabrück im Jahre 1187 den Steinfeldern, die aus eigenen Mitteln eine Kirche gebaut haben, sich von der Mutterkirche Damme loszulösen und bewilligt für die neue Kirche einen Geistlichen.

Aus Steinfelds Ortsteil **Mühlen** stammen die Brüder **Alwin** und **Paul Schockemöhle**. Alwin Schockemöhle, 1976 mit dem braunen Wallach **Warwick Rex** Olympiasieger in Montreal, wächst in Mühlen auf. Er ist auch als Landwirt, Kaufmann und Fabrikant, als Züchter und als Ausbilder erfolgreich. Viele der erfolgreichsten Springreiter wie der früh ver-

Das Wahrzeichen von Steinfeld ist der „Dicke Stein" (ganz l.)

Rathausplatz in Steinfeld (l.)

storbene Weltmeister Gerd Wiltfang, der niederländische Europameister Johan Heins, der Weltmeister, Olympiasieger, Deutsche Meister und Derbysieger Franke Sloothaak und Doppel-Olympiasieger Ulrich Kirchhoff sind seine Schüler. Alwin Schockemöhle hat sich nach dem Ende seiner Springreiterkarriere den Trabern zugewandt. Jahrelang beherrscht er mit seinen Top-Pferden die Szene. Heute stehen in seinen Stallungen rund 150 Traber, zumeist Mutterstuten, Fohlen und Jährlinge.

Dreimal in Folge, 1981, 1983 und 1985, gewinnt sein Bruder Paul mit **Deister** die Europameisterschaft – ein Rekord. Dazu kommen Siege in allen bedeutenden Großen Preisen und anderen wertvollen Prüfungen. Doch **„P.S."**, wie er in Reiterkreisen genannt wird, ist mehr noch ein Meistermacher. Paul Schöckemöhle ist mit seinem Gestüt Lewitz in Mecklenburg-Vorpommern einer der größten

Einkaufsbummel in der Großen Straße in Steinfeld (l.)

Lagerplatz bei Berding Beton (o.)

Züchter Europas. In Mühlen betreibt er einen Turnier- und Verkaufsstall mit ca. 250 Pferden. Die Firma **PST Paul Schockemöhle Marketing,** 1989 durch Paul Schockemöhle und **Ion Tiriac** initiiert, organisiert eine Vielzahl an Top-Reitsportevents auf internationalem Spitzenniveau.

Die Geschichte der **Spedition und Logistik Paul Schockemöhle GmbH & Co. KG** beginnt 1966, als der junge Paul Schockemöhle eine Speditions- und Landhandelsgesellschaft gründet. Das Unternehmen startet mit zwei Silozügen und nur wenig später wird auf acht Silozüge aufgestockt. Was 1966 mit dem Transport von Futtermitteln beginnt, hat sich bis heute zu einem Logistikunternehmen mit über 180 ziehenden Fahrzeugeinheiten und 400 Mitarbeitern entwickelt.

Paul Schockemöhle auf Deister (r.)

Spedition und Logistik Paul Schockemöhle (o.)
Im Bild (v.l.n.r.): Paul Schockemöhle und die Speditionsleitung Gottfried Pille und Ernst Nordlohne

Seit über 30 Jahren stellt die **Berding Beton GmbH** Baustoffe aus Beton her. Anfang der 1990er Jahre wird mit dem Kauf des ersten Betonrohr- und Schachtwerks in Steinfeld das bisherige Produktsortiment von Pflastersteinen und Transportbeton auch auf den Kanalbau ausgedehnt. Heute produziert Berding Beton an über 30 Standorten Baustoffe aus Beton. In Steinfeld befinden sich neben einem Rohr- und Schachtwerk sowie einem Transportbetonwerk auch die 1995 erbaute Hauptverwaltung, die Zentralwerkstatt und ein Prüflabor.

Steinfeld hat bereits eine längere Tradition in der Truthahn-Aufzucht, als 1979 die **RWS Fleischwaren GmbH** gegründet wird. Sie hat sich ausschließlich auf die Herstellung und Verarbeitung von Truthahnfleisch, ein Geflügel mit den unterschiedlichsten Fleischsorten, spezialisiert. Mit 230 Mitarbeitern hält das Unternehmen einen Marktanteil von ca. zehn Prozent am deutschen Markt für Produkte aus Truthahn.

Der Fußballspieler **Theo Schönhöft** wird 1932 in Steinfeld geboren und stirbt 1975 an den Spätfolgen eines Unfalls. Schönhöft fällt beim SV Falke Steinfeld schon Ende der 1940er Jahre als herausragender Linksaußen auf und kommt mit Spielern des VfL Osnabrück in Verbindung. 1952 lässt er sich zu einem Wechsel an die Bremer Brücke überreden. Über Jahre ist der antrittsschnelle Linksaußen die herausragende Spieler- und Führungspersönlichkeit beim VfL. Er gilt Mitte der 1950er Jahre als einer stärksten deutschen Linksaußen. Am 13. Juni 1956 bestreitet er beim 3:1-Sieg Deutschlands in Oslo gegen Norwegen ein Länderspiel. Schönhöft bereitet einen Treffer vor und erzielt selbst einen. Schönhöft kehrt nach dem Ende seiner Karriere nach Steinfeld zurück und betreut den **SV Falke Steinfeld** lange als Spielertrainer und arbeitet bis zu seinem Tod als Realschullehrer.

1967 beginnt die Erfolgsstory des Folienherstellers **Nordenia** und des Steinfelder Unternehmers **Peter Mager**. Seinerzeit startet der gebürtige Osnabrücker mit acht Mitarbeitern die Produktion von Verpackungen für die Torfindustrie. Heute ist Nordenia ein weltweit operierender Folienhersteller. Über 3.200 Mitarbeiter arbeiten auf fünf Kontinenten für den Konzern. Zum Leistungsspektrum gehören u.a. Verpackungen für die chemische Industrie, Verpackungen für die Lebensmittel- und für die Tiernahrungsindustrie. Das einstige Stammwerk ist mittlerweile aus dem Konzern ausgegliedert und firmiert als **Nordfolien**.

Vechta

Ortsteile:
- Bergstrup
- Calveslage
- Deindrup
- Füchtel
- Hagen
- Holtrup
- Holzhausen
- Langförden
- Oythe
- Spreda
- Stoppelmarkt
- Stukenborg
- Telbrake
- Vardel

Einwohner: 29.335
Fläche: 87,80 qkm
334,1 Einw. je qkm

Im Alten Rathaus am Kapitelplatz (o.l.) haben die Tourist-Information Nordkreis Vechta e.V. und eine Bibliothek des Heimatbundes Oldenburger Münsterland ihren Sitz

Die Kreis- und Hochschulstadt Vechta, Zentrum des Oldenburger Münsterlandes, hat ein auffälliges Stadtbild, wie man es von Straßendörfern kennt. Man kann die Stadt Vechta darum aber nicht als Straßendorf bezeichnen, denn der Ort hat seit Jahrhunderten die Rechte einer Stadt, 30.000 Einwohner und einige Hochschulen. Aber noch bis kurz nach dem Zweiten Weltkrieg ist Vechta eine Ackerbürgerstadt mit „Großer Straße“. Viele Bewohner bewirtschaften neben ihrer Arbeit als Handwerker und Krämer ein Stückchen Land und treiben ihr Vieh auf die gemeinsame Weide, in Vechta „Marsch“ genannt.

Über mehr als fünf Kilometer zieht sich Vechta von Nord nach Süd hin. Im Osten verhindern die **Moorbachniederung** und das **Moor** eine Ausdehnung der Stadt. 1684 legt ein Großbrand Vechta in Asche. Der heutige Grundriss des Stadtkerns geht zum großen Teil auf die nach diesem Brand erfolgte Neuanlage zurück, die für die Zukunft ein Übergreifen des Feuers verhindern soll.

In den Jahren nach 1950 hat sich Vechta wirtschaftlich und kulturell entwickelt. Die Bevölkerungszahl hat stetig zugenommen. Neben der wachsenden Industrie und der gewerblichen Wirtschaft haben Erdöl- und Erdgasfunde in der Nähe der Stadt dazu beigetragen, dass Vechta dynamischer Mittelpunkt der Region ist. Im Zuge der Gebietsreform ist 1974 **Langförden** in die Stadt Vechta eingegliedert worden. Langförden, 890 erstmals urkundlich erwähnt, ist älter und bis 1200 die Mutterpfarrei von Vechta. Das frühere Gemeindegebiet besteht aus dem zentralen Ort Langförden und einer Reihe von Bauerschaften.

Neben der Massentierhaltung haben in Langförden Sonderkulturen, der Obst-

Der Spieker (Speicher) in Langförden von 1827 (l.) ist das letzte noch erhaltene Gebäude des ehemaligen alten Meyer-Hofes in der Ortsmitte von Langförden. Das doppelstöckige Fachwerkhaus am Rande des Laurentiusplatzes gegenüber der Kirche dient heute dem Heimatverein Langförden als Veranstaltungsort

und Gemüseanbau auf den fruchtbaren Sandlössböden eine große Bedeutung. Der Boden ist besonders geeignet für Spezialkulturen dieser Art, die in nachgeordneten Betrieben verarbeitet und vermarktet werden. Bereits vor der Jahrhundertwende werden der gewerbliche Obstanbau sowie 1930 der Gemüsebau aufgenommen und 1950 durch die Gründung der **Obstbauversuchsanstalt Langförden**, durch die Einrichtung eines Obstbauberatungsringes und Erzeugergroßmarktes zum marktorientierten Plantagenanbau erweitert.

Die Bauerschaft **Calveslage** ist ein Zentrum der Massentierhaltung und der Agrarindustrie, Sitz der Firma **Big Dutchman**. Die Anfänge des Unternehmens reichen in das Jahr 1938 zurück. Damals erfinden die aus Holland nach Nordamerika eingewan-

Oldenburgische Volkszeitung

In Vechta erscheint mit 25.000 Exemplaren täglich die traditionsreiche „Oldenburgische Volkszeitung“ für den Kreis Vechta und die südlichen Gemeinden des Kreises Cloppenburg. Zusammen mit der in publizistischer Einheit herausgegebenen „Münsterländischen Tageszeitung“ in Cloppenburg werden 44.000 Exemplare verbreitet

derten Brüder Richard und Jack DeWitt eine Apparatur für die automatische Fütterung in ihren eigenen Geflügelbetrieben. Um die schnell einsetzende Nachfrage zu befriedigen, bauen die zwei eine Abteilung auf, die sich ausschließlich mit automatischen Anlagen für die Geflügelwirtschaft befasst. Ende der 1950er Jahre gründet man eine Niederlassung in den Niederlanden. 1958 beschließt man, für Deutschland einen Handelsvertreter zu verpflichten. Die Wahl fällt auf einen 26-jährigen Geflügelfarmer aus Calveslage, **Josef Meerpohl**.

Werksgelände von Big Dutchman (r.)

Nachdem Big Dutchman in Calveslage zunächst als reine Agentur und später als Tochtergesellschaft arbeitet, wird Meerpohl in den 1980er Jahren durch ein Management-Buy-Out Eigentümer von Big Dutchman. Im November 1985 wird Calveslage zum Stammsitz des jetzt weltweit operierenden Unternehmens auf dem Gebiet der Geflügel- und Schweinehaltung. Die Big Dutchman AG übernimmt 1999 die Aktienmehrheit ihrer Schwestergesellschaft Big Dutchman Inc. (Michigan/USA).
Im Norden Vechtas liegt die **Westerheide**. Hier sind schon Weltstars wie Joe Cocker, Whitney Houston, Bryan Adams und Pur live und open air aufgetreten. Mitte August ist in Vechta sechs Tage lang **Stoppelmarkt**, mit 700.000 Besuchern eines der größten Volksfeste in Nordwestdeutschland. Der Stoppelmarkt wird 1298 erstmals urkundlich erwähnt, vermutlich ist der Markt jedoch älter. Höhepunkt ist jedes Jahr der **Stoppelmarktmontag** mit einem großen Pferde- und Viehmarkt. Auf dem Stoppelmarktgelände bauen Jahr für Jahr über 500 Schausteller ihre Geschäfte auf, darunter rund 20 Großfahrgeschäfte und etwa 20 große, wetterfeste Restaurationszelte. Mit seinen Großrestaurationen erinnert der Markt eher an das Münchener Oktoberfest als etwa an den Bremer Freimarkt und den Hamburger Dom.
Hinter dem Stoppelmarktsgelände beginnt die Stadt. Die im Mittelalter von der Ostseestadt Lübeck über die Nordseehäfen Hamburg und Bremen verlaufende und bis nach Osnabrück und Köln führende „Rheinische Straße“ überquert bei der späteren Stadt Vechta die sumpfige Moorbachniederung. Zur Sicherung dieses Überganges und der Straße erbaut um 1080 Bischof Benno II. von Osnabrück die erste Burg Vechtas. Außer den im Dienst des Bischofs stehenden Burgmännern siedeln sich auch Handwerker und Kaufleute an, so dass sich bald ein blühendes Gemeinwesen entwickelt. Die Stadt gelangt in den Besitz des Bischofs von Münster, wird im 16. und 17. Jahrhundert mehrmals geplündert, im Dreißigjährigen Krieg von den Schweden besetzt und nach ihrem Abzug 1654 vom Münsterschen Fürstbischof Christoph Bernhard von Galen zur Festung ausgebaut.

Leiten die Big Dutchman AG: Josef Meerpohl als Aufsichtsratsvorsitzender und Sohn Bernd als Vorstandsvorsitzender (r.)

Wer den breiten Verkehrsknoten **Bremer Tor** und im Schritttempo die verkehrsberuhigte **Große Straße** bis zum **Alten Markt** passiert hat, sieht mitten in der Stadt das **Kaponier**, einen Teil der Festungsanlagen, heute Ausstellungsraum des **Kunstvereins Kaponier**. In den 1990er Jahren hat die Stadt den

Seit über 700 Jahren wird in Vechta immer Mitte August Stoppelmarkt gefeiert. Mit mehr als 700.000 Besuchern und mehr als 500 Schaustellern ist er einer der größten Vergnügungsmärkte in Norddeutschland (l.)

großzügigen **Zitadellenpark** angelegt. Der Park rekonstruiert einen Teil der Vechtaer Zitadelle, die von 1666 bis 1769 besteht, in Form einer Parkanlage. Geschichte zum Anfassen und Mitmachen bietet im ersten Zentrum für experimentelles Mittelalter in Deutschland das 1997 eröffnete **Museum im Zeughaus** mit jährlich über 30.000 Besuchern.

Auf dem Weg von der Großen Straße zum Zeughaus passiert man das **Bischöflich Münstersches Offizialat**, ein 1832 für damalige Verhältnisse stattlich erstelltes Amtsgebäude im Stil des Oldenburger Klassizismus. Das Bischöfliche Offizialat, die kirchliche Oberbehörde für die Katholiken des Oldenburger Landes, wird 1831 in Vechta errichtet. Es hat seitdem für die Südoldenburger eine einzigartige Bedeutung.

In Nachbarschaft zu Zeughaus und Offizialat liegt auf dem katholischen Friedhof ein Schriftsteller begraben, der ganz aus dem katholisch-provinziellen Rahmen der Kreisstadt fällt: **Rolf Dieter Brinkmann**. Er wird 1940 in Vechta geboren. *„Hier wächst er auf, hier stecken die Wurzeln seiner Sehnsucht, Verzweiflung und Wut, hier liegt er begraben“*, beschreibt **Gunter Geduldig** von der **Rolf-Dieter-Brinkmann-Gesellschaft e.V.** die Bedeutung Vechtas für den Künstler. Brinkmann verlässt nach der zehnten Klasse das Gymnasium und beginnt 1959 eine Buchhändlerlehre in Essen. Seit Anfang der 1960er Jahre veröffentlicht er Gedichte und Prosa, letztere zunächst am *nouveau roman* orientiert. Er entwickelt sich zu einem europäischen Literaten der Beat-Literatur und Pop Art. Gunter Geduldig sagt: *„Vechta taucht bei Brinkmann immer wieder als literarische Chiffre auf.“* Am 23. April 1975 kommt Rolf Dieter Brinkmann nach einem Auftritt auf einem internationalen Lyrikertreffen in Cambridge (England) bei einem Autounfall in London ums Leben, weil er als Fußgänger den Linksverkehr nicht beachtet

Der Zitadellenpark Vechta (o.) mit dem Museum im Zeughaus

Vechta ist aufgrund des Bischöflich Münsterschen Offizialats (l.) überregional als katholische „Kirchenmetropole“ des Oldenburger Lands bekannt

Der in Vechta geborene Lyriker und Erzähler Rolf Dieter Brinkmann (r.) gilt als führender Pop- und Underground-Lyriker im Deutschland der 1960er Jahre. Im Alter von 35 Jahren kommt er 1975 bei einem Verkehrsunfall ums Leben

– ein aufsehenerregender Tod. Brinkmanns derzeit wohl bekannteste Verehrerin, die auch sein Grab in Vechta besucht hat, ist Comedy-Star **Anke Engelke**.

Die Rolf-Dieter-Brinkmann-Gesellschaft in Vechta widmet sich dem Leben und Werk des Dichters. Dank ihrer Aktivität ist die Akzeptanz des Autors in seiner Heimatstadt in den vergangenen Jahren enorm gestiegen.

Die **Große Straße** wird in ihrem Verlauf zur **Münsterstraße.** Östlich von ihr liegt der **Campus** der Universität in Vechta. Sie trägt einen Namen, der geeignet ist, Missverständnisse auszulösen: **Hochschule Vechta.** Sie ist keine Fachhochschule, sondern eine wissenschaftliche Hochschule mit Universitätsstatus, die das Promotions- und das Habilitationsrecht hat.

Die lange Tradition der Universität in Vechta, die ihren bisherigen Höhepunkt mit der Errichtung einer selbstständigen Hochschule am 1. Januar 1995 findet, beginnt im 19. Jahrhundert. Die Staatsregierung Oldenburg eröffnet in Vechta 1861 ein katholisches Volksschullehrerseminar. Das Ende des Kaiserreiches und der Neuaufbau der Weimarer Republik bringen eine Reform der Lehrerausbildung mit sich. Nach langen Diskussionen um Standorte und Inhalte wird 1928 der „Pädagogische Lehrgang“ in Vechta eröffnet. Das Ende des Krieges, die Gründung der Bundesrepublik Deutschland und des Landes Niedersachsen bringen auch für die Lehrerausbildung in Vechta grundsätzliche Veränderungen. Am 19. Mai 1946 wird zunächst die „Staatliche Pädagogische Akademie Vechta“ eröffnet, die 1947 vom Land Niedersachsen übernommen und 1948 als „Pädagogische Hochschule“ eigentlich ihre endgültige Form finden soll. Die Verhältnisse ändern sich noch mehrmals. 1969 werden die acht Pädagogischen Hochschulen in Niedersachsen zur „Pädagogischen Hochschule Niedersachsen“ zusammengefasst. Im Zuge des niedersächsischen Hochschulausbaus wird die Einrichtung in Vechta als „Universität Osnabrück, Abteilung Vechta“ 1973 in die neugegründete Universität Osnabrück eingegliedert. Als die neu gewählte Landesregierung im Herbst 1990 ihre Absicht bekundet, den Standort Vechta zu schließen, scheint mit der letzten Reform auch das Ende der akademischen Ausbildung in Vechta gekommen.

Hochschule Vechta (r.)

Die 18-Loch-Anlage des Golfclubs Vechta Welpe (l.)

Entschiedene Proteste des Universitätsstandortes, der gesamten Südoldenburger Region und nicht zuletzt das Beharren der katholischen Kirche auf ihrem garantierten Recht der Lehrerausbildung in Vechta bringen die Schließungspläne zum Scheitern. Zudem setzt ein Zustrom von Studenten nach Vechta ein. Am 1. Januar 1995 entsteht in Vechta erstmalig eine selbstständige Universität mit der Bezeichnung „Hochschule Vechta".

Wenn die Studenten der Hochschule wollen, können sie zwischen den Seminaren unter *„weitgespanntem Himmel"*, wie es in einem der Gedichte Rolf Dieter Brinkmanns heißt, einige Runden Golf spielen. Am Rande der Stadt, in Nachbarschaft der Hochschule, ist, eingebettet in ein 110 Hektar großes Waldgebiet, einer der reizvollsten Plätze Norddeutschlands entstanden, die Anlage des **Golf Clubs Vechta-Welpe.** Die Einrichtung eines Golfplatzes in Vechta geht auf das Frühjahr 1985 zurück. Auf der Suche nach einem geeigneten Gelände stellen Golfenthusiasten aus Vechta Kontakt her mit **Maximilian Graf von Merveldt,** dem das **Gut Füchtel** und der **Welper Wald** mit dem **Gut Welpe** und den umliegenden Flächen gehört. Die Familie von Merveldt ist seit 1908 Besitzerin von Füchtel, das im 1933 eingemeindetenOrtsteil **Oythe** liegt. Über 600 Jahre, über 17 Generationen, ist das Gut im Besitz der **Freiherrn von Elmendorff.** Die letzte Besitzerin ist verheiratet mit dem Freiherrn von Droste-Hülshoff. Eine Tochter, Maria, heiratet 1898 den Oberstleutnant Ferdinand Graf von Merveldt aus Münster. Sein Nachfahre Maximilian Graf von Merveldt hat nach dem verheerenden Sturm von 1972 seinen zerstörten Wald wiederaufgeforstet und überlegt, die land- und forstwirtschaftlich genutzten Flächen ökologisch aufzuwerten. Ein Golfplatz erscheint ihm dazu genau richtig. Die ersten neun Löcher sind im Mai 1991 fertig, die Renovierung des Clubhauses im Jahr 1992 und die zweiten neun Löcher schließlich ein Jahr später.

Das historische Herrenhaus dient heute als Clubhaus des Golfclubs Vechta Welpe (l.)

Ortsteile:
- Astrup
- Bonrechtern
- Endel
- Erlte
- Hagstedt
- Halter
- Hogenbögen
- Meyerhöfen
- Norddöllen
- Rechterfeld
- Siedenbögen
- Varnhorn
- Visbek
- Wöstendöllen

Einwohner: 9.165
Fläche: 84,07 qkm
109,0 Einw. je qkm

Visbek

Neumühle bei Visbek (o.)

Visbek und die dazugehörenden 13 Bauerschaften sind von weiten Wäldern, grünen Wiesen, idyllischen Mühlenteichen und verschlungenen Bachläufen umgeben. Etwa 20 Prozent des Visbeker Gemeindegebietes liegen in Landschaftsschutzgebieten, darunter das rund 500 Hektar große **Naturschutzgebiet Bäken der Endeler** und der **Holzhauser Heide.** Urkundlich gibt es Visbek seit dem 1. September 819. An diesem Tag verleiht Kaiser Ludwig der Fromme dem Abt Gerbert Castus für die Missionszelle Visbek und die ihm untergebenen Kirchen in Lerigau, Hasegau und Fenkigau die Freiheit von allen Abgaben und eine eigene Gerichtsbarkeit. Von Visbek aus leitet Abt Gerbert Castus die Christianisierung der Sachsen ein. In Visbek steht die erste Urkirche des Missionsbezirkes, an gleicher Stelle heute die in den Jahren 1872–1876 erbaute Pfarrkirche **St. Vitus.**

In der Nähe des Heidenopfertisches befindet sich das Ausflugsrestaurant Engelmannsbäke (r.)

Visbek ist durch seine **Großsteingräber** bekannt. Die Erbauer vor mehr als 5.000 Jahren waren die ersten Ackerbauern und Viehzüchter in Nordwestdeutschland.

Die architektonischen Elemente der bemerkenswerten Grabanlagen sind die Umfassungssteine (Hünenbett) zum Schutz der Hügel, die Kammer als Begräbnisplatz für die Angehörigen einer Siedlungsgemeinschaft und der Hügel, der die Gesamtanlage abdeckt. Der Volksmund nennt die Großsteingräber **„Visbeker Braut"** und **„Visbeker Bräutigam".** Einer Sage zufolge sollte einst ein junges

Die Grabanlage „Heidenopfertisch" in Visbek-Engelmannsbäke stammt aus der Zeit um 2.500 v. Chr. (r.) Von den zwei erhaltenen Decksteinen misst einer fünf mal drei Meter und wiegt mehrere hundert Zentner. Auf dem Deckstein soll eine Blutrinne für das Blut von Opfertieren zu sehen sein

Mädchen aus der Umgegend von ihren Eltern zur Heirat mit einem reichen, aber bösen Mann gezwungen werden. Sie flehte die Götter an, sie lieber in Stein zu verwandeln, als zuzulassen, dass sie dem verhassten Manne in die Arme geführt werde. Sie wurde erhört und dem Bräutigam erging es nicht besser. Seitdem stehen sie beide zum ewigen Andenken und zur ewigen Warnung da. Visbek ist außerdem bekannt für seinen **Mühlengürtel.** Wie Perlen auf einer Schnur liegen die **Stüvenmühle**, die **Neumühle** und die **Kokenmühle** an der Aue entlang der Straße von Meyerhöfen nach Engelmannsbäke. Das **Stüvenmühler Landbrot** der Stüvenmühle wird in ganz Deutschland vertrieben. Die **Hubertusmühle**, eine Wassermühle am Lauf der **Twillbäke** in der Ortschaft **Siedenbögen**, wird 1501 erstmals urkundlich erwähnt. Neben der Mühle entsteht eine Sägerei. Seit 1972 ist die noch voll funktionstüchtige Mühle außer Betrieb.

In den Bauerschaften **Erlte**, **Hagstedt** und **Hogenbögen** prägen gepflegte Dorfplätze und Gemeinschaftshäuser und

Höfe mit prächtigen Bauerngärten das Bild. In **Varnhorn** befindet sich ein **Schafstall.** Laut Inschrift wird er im Jahre 1811 erbaut und eine Sage erzählt, dass Kaiser Napoleon auf einem seiner vielen Feldzüge dort übernachtet haben soll.

Einst rein landwirtschaftlich strukturiert, hat sich die Gemeinde zu einem Standort mit durchmischter Wirtschaft entwickelt. Neben intensivem Obst-, Gemüse- und Getreideanbau arbeiten Unternehmen aus den Bereichen Elektrotechnik, Kunststoff, Nahrungsmittel, der Möbelbranche sowie mehrere große Unternehmen der Geflügelwirtschaft in Visbek.

Die **PHW-Gruppe**, ein Unternehmensverbund mit dem Hauptsitz in **Rechterfeld**, zählt zu den führenden Unternehmen der Agrar- und Ernährungswirtschaft in Deutschland. Die in der PHW-Gruppe zusammengefassten mehr als 35 mittelständischen Betriebe konzentrieren sich auf die Geschäftsfelder Geflügelprodukte, Tierernährung und Gesundheit, Lebensmitteltechnologie sowie Humanernährung und humanmedizinische Präparate. Bekannteste Marke der PHW-Gruppe ist „Wiesenhof“.

Fünfmarksiebzig hatte **Paul Wesjohann** (1905–1989) in der Tasche, als er vor rund 70 Jahren Arbeit auf einem Hof in Rechterfeld findet. Paul Wesjohann ist fleißig, sparsam und risikobereit und so

kann er 1932 einen kleinen Landhandel mit Brüterei eröffnen. 1959 und 1962 treten seine beiden Söhne, **Paul-Heinz** und **Erich Wesjohann**, als Lehrlinge in die Firma ein. 1965 übernehmen sie verantwortliche Positionen in der mit dem Pionier der Hähnchenmast, Heinz Lohmann aus >Cuxhaven (III-32) gemeinsam gegründeten **Brüterei Weser-Ems** in Rechterfeld. Die Familienunternehmen Lohmann und Wesjohann wachsen in den 1970er und 1980er Jahren durch die Ausdehnung der Geschäftsaktivitäten und Gründung neuer Gesellschaften schnell. Im April 1987 übernehmen die Brüder Paul-Heinz und Erich die Mehrheit an der Lohmann & Co. AG in Cuxhaven. Es entsteht die internationale **Firmengruppe Lohmann-Wesjohann** mit 3.400 Mitarbeitern, aus der Ende 1998 die heutige PHW-Gruppe hervorgeht. Seit 1997 ist der Lohmann-Konzern zu hundert Prozent im Besitz der Familie Wesjohann. 1998 erfolgt eine Teilung der Lohmann-Wesjohann-Gruppe auf die Familien Erich Wesjohann und Paul-Heinz Wesjohann, dessen PHW-Gruppe im Logo seine Initialen trägt. Paul-Heinz Wesjohann lenkt von Rechterfeld aus einen Konzern mit 3.800 Mitarbeitern. 700 bäuerliche Partnerbetriebe in ganz Deutschland liefern ihm zu. Wesjohann produziert zusammen mit ihnen jährlich 210 Millionen Hähnchen, die Hälfte der gesamten deutschen Produktion.

Im Varnhorner Schafstall von 1811 soll der Sage nach Napoleon auf einem seiner Feldzüge übernachtet haben (o.)

Der runde Turm des Visbeker Rathauses ist weithin sichtbar. Das Rathaus ist ein Treffpunkt in der Gemeinde für Ausstellungen, Empfänge oder Vorträge (l.)

Die PHW-Gruppe in Rechterfeld ist einer der führenden deutschen Produzenten und Verarbeiter von Geflügel (u.)

Delmenhorst

Delmenhorst ist eine alte und trotzdem junge Stadt. Mittelalterliche Fachwerkhäuser, Schlösser oder Kirchen sucht man hier vergebens. Denn erst in der zweiten Hälfte des 19. Jahrhunderts wird Delmenhorst groß. Zahlreiche großbürgerliche Villen und viele Fabriken stehen für den raschen Aufstieg der Stadt in dieser Zeit.

1903, während der Amtszeit von Bürgermeister Erich Koch (r.) wird Delmenhorst kreisfreie Stadt

Die evangelische Stadtkirche (o.) ist eines der aus der vorindustriellen Zeit erhaltenen Bauwerke in Delmenhorst. Die ältesten Mauern stammen aus dem 17. Jahrhundert, die Grafengruft im Inneren wird um 1615 angelegt. Bis heute bergen die Zinksärge die sterblichen Überreste von Mitgliedern der Delmenhorster Grafenfamilie

Es sind aber nicht die zahlreichen architekturhistorisch interessanten Details, die Delmenhorst in der jüngsten Vergangenheit ins Gespräch gebracht haben. Es ist vielmehr der Auftritt einer der erfolgreichsten deutschen Popsängerinnen: 2001 ist das Jahr der Delmenhorsterin **Sarah Connor**. Bereits ihre erste Single *Let's Get Back To Bed, Boy!* schafft es auf Platz eins der deutschen Charts. Ihre zweite Single steigt bis in die Top 30 der englischen Hitparade auf. Und mit *From Sarah With Love*, ihrer dritten Single, steht sie Ende 2001 erneut ganz oben – inklusive zahlreicher Fernsehberichte, die Sarah in ihrer Heimatstadt zeigen. Der Popstar wird einen kleinen leuchtenden Fleck in der Geschichte der Stadt hinterlassen, die ihren Aufstieg unprosaischeren Exportgütern als einer Sängerin mit irischen Vorfahren verdankt: der Wolle, dem Linoleum und Milliarden von Flaschenkorken. Der Aufschwung des verschlafenen Städtchens beginnt mit der Inbetriebnahme der neuen Eisenbahnlinie Bremen–Oldenburg–Wilhelmshaven im Jahre 1867. Delmenhorst profitiert vom Status Bremens, das bis 1888 nicht zum deutschen Zollgebiet gehört und Zollabgaben für alle Fertigwaren entrichten muss, die ins Reich gehen. In der Folge verlegen viele Kaufleute ihre industriellen Unternehmen in das nahe Umland. Als erstes wichtiges Werk nimmt die 1871 gegründete **Jute Spinnerei und Weberei** die Arbeit auf. Ihr folgt die **Delmenhorster Linoleumfabrik**. 1884 beginnt die Produktion in dem größten jemals in Delmenhorst angesiedelten Unternehmen, der **Norddeutsche Wollkämmerei und Kammgarnspinnerei**. Schnell steigt Delmenhorst zur Industriestadt auf. Zwischen 1871 und 1900 vervierfacht sich die Einwohnerzahl. Am 1. Mai 1903 erhält Delmenhorst unter Bürgermeister **Erich Koch** den Status einer kreisfreien Stadt. Danach zieht das Tempo der Urbanisierung noch einmal an. Als Koch sechs Jahre später Delmenhorst verlässt, ist die Kanalisa-

tion gebaut und die Wasserversorgung gesichert. Ein Gaswerk und ein Elektrizitätswerk sind in Betrieb. Die ersten Straßenlaternen flammen auf und über hundert Straßenzüge entstehen, neue Siedlungen und ganze Ortsteile wie Düsternort, Schafkoven, Fuhrenkamp, aber auch Wohnviertel in Hasport und am Moorweg.

Dieser Boom lockt Reformarchitekten

und Stadtplaner an, die mit Begeisterung und Sachverstand an der Gestaltung der bisher ein wenig gesichtslosen Stadt arbeiten. Denn in der Dekade nach der Jahrhundertwende ist Delmenhorst eine rasch wachsende Industriestadt mit großen sozialen Konflikten und hoher Kriminalität. Die Stadt bietet geradezu das Gegenbild einer klassischen Idealstadt: weitläufige Brachflächen und rückständige vorindustrielle Bauten im Zentrum harmonieren nicht mit den modernen, innenstadtnahen Industrieanlagen. Vor allem der Linoleumdirektor **Gustav Gericke** und Bürgermeister Ernst Koch fordern im Sinne der Reformgedanken die Umgestaltung der Stadt und finden in dem Bremer Architekten **Heinz Stoffregen** einen begeisterten Künstler, der seine Ideen unter anderem in der Rathausanlage mit dem Wasserturm, in der Feuerwache, der Markthalle und zahlreichen Privathäusern umsetzt.

Delmenhorst, eine Stadt mit „jungem Gesicht" (o.)

Prägend für das heutige Stadtbild war der Bremer Architekt Heinz Stoffregen (o.l.)

Stadt-Profil

	Stadt Delmenhorst	Land Nieders.
Einwohner, Fläche		
Einwohner gesamt	75.986	7.993.415
darunter 0 bis 15 Jahre in %	15,6	15,4
darunter älter als 65 Jahre in %	17,8	18,7
darunter Ausländer in %	9,0	6,7
Fläche in qkm	62,36	47.618,24
Einwohner je qkm	1.218,5	167,9
Sozialstruktur (Jahresdurchschnitt, gerundet)		
Erwerbstätige gesamt	31.900	3.492.600
Empfänger von Arbeitslosengeld / -hilfe	5.120	354.300
Empfänger sonst. Hilfen zum Lebensunterhalt	5.700	311.900
Anzahl Wirtschaftsbetriebe		
Gesamt (Industrie, Handel, Gewerbe, Dienstl.)	3.078	351.151
darunter Land-, Forst-, Fischereiwirtschaft	48	15.862
Steueraufkommen		
Lohn- und Einkommensteuerzahler	26.702	2.738.281
Summe positiver Einkünfte (in Tsd. EUR)	834.380	88.279.875
Steuereinnahmen (EUR je Einwohner)	455,34	544,33

Wahlen

Landtagswahl 2003

CDU	49,3
SPD	38,6
FDP	3,5
Grüne	4,5
Sonstige	4,1

Stadtteile:
- Brendel/ Adelheide
- Bungerhof
- Deichhorst
- Düsternort
- Dwoberg/ Ströhen
- Hasport/ Annenheide
- Iprump/ Stickgras
- Schafkoven/ Donneresch
- Stickgras/ Annenriede

Skatervergnügen für junge Leute (ganz o.r.)

Delfina mit Hallen- und Freibad (r.)

Alte Wassermühle (u.)

Obwohl Delmenhorst während des Zweiten Weltkrieges ein wichtiges Industriezentrum ist und in der Stadt rüstungstechnische Anlagen stehen, bleibt der Ort von schweren Bombenangriffen verschont. Die Stadt behält ihr junges Gesicht. Allerdings übersteht nicht jedes Gebäude die Modernisierungswut der 1960er und 1970er Jahre. Was bleibt (und das ist zum Glück eine Menge) wird heute sorgfältig restauriert. So kann die Stadt ihren so eng mit der Industrialisierung verbunden Charakter bewahren.

Vorindustriell in Delmenhorst ist die zentrale innerstädtische **Graftinsel.** Die einst hoch aufragende Burg aus dem 13. Jahrhundert wird schon 1711 in Schutt und Asche gelegt. Nur Rudimente erinnern an die ehemals prachtvolle Anlage: Auf der Rasenfläche lassen die bei einer archäologischen Grabung 1976 gefundenen Teile der Festungsmauern den Standort der gräflichen Anlage erahnen und einige Ziegelsteine kennzeichnen den Standort des verschwundenen **Blauen Turms**, der bis heute Teil des Delmenhorster Stadtwappens ist. Das gräfliche Gartenhaus von 1564 steht ursprünglich auf dem **Gut Weyhausen** an der **Ochtum**, wo es 1956 einstürzt. Die verbliebenen Teile lagern Jahrzehnte in Oldenburg und kommen 1979 nach Delmenhorst, wo das kleine Lusthäuschen am Eingang der **Burginsel** wieder errichtet und kulturell genutzt wird. Die Parkanlage ist von hübschen Wasserläufen durchzogen, der sogenannten **Innen-** und **Außengraft**, die in warmen Sommern einem Verleiher ein gutes Geschäft mit seinen Booten garantiert. In Nachbarschaft des Bootsverleihs liegen ein **Caravanplatz**, eine **Skateranlage,** und auch die **Minigolfanlage** im Park wird viel besucht. Sehenswert ist die nahe 120 Jahre alte **Wassermühle** mit dem beliebten **Weinlokal.** In der Straße **Am Stadtbad** bietet die Bade- und Freizeitinsel **Delfina** Hallen- und Freibad mit einer 78 Meter langen Rutsche sowie im Wellnessbereich Solarien, Saunen und Aqua-Fitness.

Nahe der Brücke über den ehemaligen Wehrgraben liegt der **Bismarckplatz.** Hier stehen einige der interessantesten Gebäude Delmenhorsts. Auffälligstes Baudenkmal ist zweifellos der **Wasserturm** mit seiner wuchtigen Linienführung. Keine Ornamente und kein

Gesims unterbrechen die Front des 44 Meter hohen Turmes, den der schon erwähnte Architekt Heinz Stoffregen 1909 als Symbol des „neuen Delmenhorst" als Gegenpart zum wenige Jahre zuvor gebauten reich ornamentierten **Amtsgericht** entwirft.
1914 wird das absichtsvoll an eine kleine Schlossanlage erinnernde **Rathaus** feriggestellt. Der Bau gibt der Stadt einen neuen Mittelpunkt; zusammen mit den Bauarbeiten an dem Sitz des Magistrats beginnt die Besiedlung des umliegenden Quartiers. Sehenswert im Rathaus ist der **Ratssaal** mit den im Eingang hängenden Gemälden von **Arthur Fitger**. In den Fluren stehen von Heinz Stoffregen entworfene Möbel. Von dem umtriebigen Architekten stammen außerdem auch die heute teilweise gastronomisch genutzte **Markthalle** von 1919, die Häuser **Freese** und **Bretthauer** in der Langen Straße sowie einige Häuser in der Bahnhofstraße.
Das zweite alte Gebäude in der Stadt ist die evangelische **Stadtkirche** mit der Grafengruft. Die ältesten Mauern stammen aus dem 17. Jahrhundert. 1789 wird das Kirchenschiff erneuert und Ziegel des Huder Klosters werden im Turm vermauert. 1908 wird der Turm aufgestockt. Sehenswert ist die 400 Jahre alte **Grafengruft**. Noch heute bergen Zinksärge die sterblichen Überreste des Delmenhorster **Grafen Anton II**, seiner Frau Sibylla Elisabeth, ihrer Tochter Sybilla Maria und ihres Sohnes Christian IX, dem letzten Delmenhorster Grafen. Vor der Kirche steht ein **Obelisk** aus dem Jahr 1874, der an die im Krieg mit Frankreich gefallenen Soldaten erinnert.
Das katholische Pendant zur Stadtkirche ist die **St.-Marien-Kirche**. Der im Stil der Neugotik errichtete backsteinerne „Rote Dom" ist allerdings wesentlich jünger als die Stadtkirche. Er stammt aus dem Jahre 1903.

Eingang zum Ratssaal mit den Gemälden (o.) von Arthur Fitger (l.)

Bootsfahrt auf der Graft (ganz l.)

Die 1906 im Stil der Neugotik umgebaute Einhorn Apotheke (o.) ist seit über 100 Jahren in Familienbesitz. Sehenswert: die Familienchronik in den Verkaufsräumen

Das schlossartige Delmenhorster Rathaus, Mittelpunkt der Stadt und Schauplatz des Ratsfestes (l.)

Die Fußgängerzone in der Langen Straße ist die Bummelmeile Delmenhorsts (r.)

Die Markthalle, architektonisch anspruchsvolles Gebäude im Herzen der Stadt (u.)

Wie die Kanonen an der Berliner Siegessäule erinnert der Obelisk (r.) vor der Evangelischen Stadtkirche an den Deutsch-Französischen Krieg von 1870/71

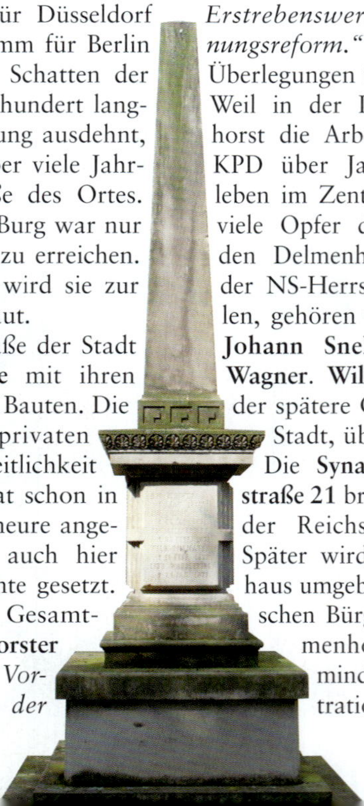

Quer durch die Innenstadt verläuft die **Lange Straße**. Sie ist für die Delmenhorster, was die Kö für Düsseldorf oder der Kurfürstendamm für Berlin bedeuten. Als sich im Schatten der Burg seit dem 13. Jahrhundert langsam eine größere Siedlung ausdehnt, ist sie die erste und über viele Jahrhunderte einzige Straße des Ortes. Selbst der Zugang zur Burg war nur über die Lange Straße zu erreichen. In den 1970er Jahren wird sie zur Fußgängerzone umgebaut.

Die wohl schönste Straße der Stadt ist die **Bismarckstraße** mit ihren zahlreichen gelungenen Bauten. Die Individualität der privaten Bauten und die Einheitlichkeit der gesamten Straße hat schon in den 1920er Jahren Flaneure angezogen. Natürlich hat auch hier Heinz Stoffregen Akzente gesetzt. Er schrieb über die Gesamtplanung im **Delmenhorster Kreisblatt:** *„Durch das Vor- und Zurücksetzen der Häuser von der Straße … ergeben sich viele Gartenplatzgestaltungen. Durch diese Anordnung hat der Bewohner nicht mehr die Hausseitenwand des Nachbarn vor Augen, sondern immer freien Ausblick. Wird nun der zu pflanzende Baumbestand gleich richtig zur Gesamtwirkung mit herangezogen, so ergibt sich alles in allem ein Bild, wie wir es nur noch in unserer Ländlichkeit kennen. Ländliches Wohnen aber, gepaart mit den Bequemlichkeiten und Einrichtungen der Stadt, dazu direkt in der Stadt und mit geringen Mitteln erreicht, ist wohl das Erstrebenswerteste unserer Wohnungsreform."* Das Ergebnis seiner Überlegungen überzeugt noch heute.

Weil in der Industriestadt Delmenhorst die Arbeiterparteien SPD und KPD über Jahrzehnte dominieren, leben im Zentrum von Delmenhorst viele Opfer des Nazi-Regimes. Zu den Delmenhorster Politikern, die der NS-Herrschaft zum Opfer fallen, gehören **Heinrich Helmerking, Johann Snelinski** und **Heinrich Wagner**. **Wilhelm von der Heyde,** der spätere Oberbürgermeister der Stadt, überlebt die Verfolgung.

Die **Synagoge** in der **Cramerstraße 21** brennen Braunhemden in der Reichspogromnacht nieder. Später wird sie zu einem Wohnhaus umgebaut. Von den 180 jüdischen Bürgern, die 1933 in Delmenhorst leben, kommen mindestens 75 in Konzentrationslagern um. Groß ist

auch die Zahl der Opfer unter den ausländischen Zwangsarbeitern. Allein auf dem **Friedhof** im Ortsteil **Bungerhof** liegen 127 Russen und Ukrainer begraben.

Aus der Kulturszene

Die ehemalige Bürgervilla **Haus Coburg** liegt direkt an der **Delme** im Zentrum der Stadt. Sie dient seit 1974 als **Städtische Galerie**, die sich vor allem mit der Kunst des 20. Jahrhunderts auseinandersetzt. Drei Sammlungsschwerpunkte bestimmen das Profil des Hauses: Zuerst einmal 160 Gemälde und Papierarbeiten des Historienmalers und Dichters **Arthur Fitger** (1840–1909). Diese Arbeiten

sind weit weniger bekannt als seine durch Moritz von Schwind, Peter von Cornelius und Peter Paul Rubens beeinflussten Kolossalgemälde, über die Fitger ein wenig kokett zu einem Freund sagte: *„Wenn die Größe eines Malers nach Kilogramm verschmierter Farbe und Quadratmeilen besudelter Leinwand zu schätzen wäre, so würde ich sicher bald zu den bedeutendsten Malern aller Zeiten gehören."* Zweiter Schwerpunkt der Städtischen Galerie ist die **Sammlung Stuckenberg.** Der lange vergessene Fritz Stuckenberg (1881–1944) war Mitglied der avantgardistischen Künstlergruppe **Sturm.** Um seine Arbeiten herum ist eine Sammlung mit grafischen Arbeiten klassischer Moderner wie Heinrich Campendonk, Lyonel Feininger, Hanna Höch, Johannes Itten, Wassily Kandinsky, Paul Klee, Franz Marc, Gerd Meyer und Johannes Molzahn entstanden. Dritter Schwerpunkt der rührigen Galerie mit ihren wechselnden Ausstellungen ist der Ausbau der Sammlung zeitgenössischer Handzeichnungen.

Nahe der Graftinsel steht das **Kleine Haus**, das Theater der Stadt Delmenhorst mit seinen zwei Sälen. Auf dem Programm stehen Orchester- und Kammerkonzerte sowie populäre Theaterstücke von *Ladykillers* bis *Arsen und Spitzenhäubchen*, die durch Sonderveranstaltungen mit Comedy-Stars wie Hape Kerkeling oder Entertainerinnen wie Romy Haag ergänzt werden. Im Kleinen Haus finden außerdem die Aufführungen des seit fast achtzig Jahren aktiven **Niederdeutschen Theaters Delmenhorst** statt, dessen Aufführungen jährlich mehr als 20.000 Besucher anziehen. Das Veranstaltungsspektrum im Kleinen Haus wird abgerundet durch Aufführungen der **Musikschule**, junger Delmenhorster Theatergruppen und den Veranstaltungen des KulturBüros.

Das **KulturBüro** am Rathausplatz ist die wichtigste institutionelle kulturelle Einrichtung in der Stadt. Es fördert mit seiner Kulturarbeit nach eigener Aussage *„was es schwer hat, was noch unbekannt ist und was innovativ erscheint"*, berät Gruppen, Initiativen und Einzelpersonen und leistet Hilfe-

Szene aus „Charly's Tante" von Brandon Thomas in der Niederdeutschen Fassung von Gerd Meier. Im Bild: Heiko Petershagen (l.) und Heino Brackhahn (r.) vom Niederdeutschen Theater (o.)

Kranzniederlegung am Ehrenmal auf dem Friedhof Bungerhof, wo gefallene Soldaten, Zwangsarbeiter und andere zivile Kriegsopfer geehrt werden (l.)

In der ehemaligen Bürgervilla Haus Coburg an der Delme zeigt die Städtische Galerie Kunst des 20. Jahrhunderts (u.)

Die Gruppe Powerpercussion während eines Jazz-Konzerts im Kleinen Haus (o.)

Delmenhorster kommen auch bei Regen: Sommerkonzert auf der Burginsel (ganz o.)

Carl Lahusen 1912 nach seiner Ernennung zum Geheimen Kommerzienrat (r.)

stellung und finanzielle Projektförderung. Das Spektrum der Eigenveranstaltungen ist groß: Lesungen und Vorträge, das überregional ausstrahlende **Jazzfestival** im Spätherbst, Ausstellungen und immer wieder Kulturveranstaltungen in Kooperation mit den fünf Partnerstädten.

Einmal jährlich findet auf der **Burginsel Delmenhorst,** dem ursprünglichen Standort des ehemaligen **Schlosses zu Delmenhorst,** ein Klassik-Konzert unter dem Motto **„Sommerkonzert auf der Burginsel"** statt. Unter freiem Himmel spielen Musiker des Bremer Salonorchesters Stücke der leichten Klassik von Mozarts *Zauberflöte* bis zur *Diebischen Elster* von Rossini u.a. Diese Veranstaltung ist fester Bestandteil der Delmenhorster Kulturszene und wird von den Delmenhorster Bürgern sehr gerne angenommen.

Die Nordwolle

Mitten in Delmenhorst liegt die **Nordwolle.** Das spektakuläre Baudenkmal ist mehr als ein Zeugnis gründerzeitlicher Fabrikarchitektur. Vielmehr gilt es heute als eines der großen Industriedenkmale Europas und außerdem als eine überzeugende Lösung für die Revitalisierung einer innerstädtischen Industriebrache. Schon architektonisch ist das weitläufige Gelände imposant: Nach der Gründung der **Norddeutschen Wollkämmerei & Kammgarnspinnerei** 1884 entwickeln Werksarchitekten und Unternehmensleitung ein einheitliches Erscheinungsbild der expandierenden Fabrik in einem sachlichen und repräsentativen Baustil. Lage, Größe und Konstruktion der einzelnen Gebäude sind durch Funktion und Bedeutung festgelegt. Die räumlichen Grenzen des Geländes bilden die **Bahnlinie** im Süden und das Flüsschen **Delme** im Westen und im Norden; Verkehrsanschluss und Wasserversorgung bestimmen die Ausrichtung der Anlage von Süden nach Norden.

Die Bedeutung des Komplexes geht weit über die einer schlichten Produktionsstätte hinaus. Nah zu den Fabrikanlagen entstehen **soziale Einrichtungen,** außerdem diverse **Arbeiter-** und **Beamtenhäuser** und sogar die **Fabrikantenvilla** mit einem weitläufigen Park. Ein wenig abseits und durch Klinkermauern abgegrenzt vom eigentlichen Stadtkern, entsteht diese geschlossene „Stadt in der Stadt" mit eigenem sozialem Gefüge. Eindrucksvoll spiegelt die historische Bebauung in ihrer funktionalen und sozialen Abstufung noch heute nicht allein die wirtschaftlichen, sondern auch die gesellschaftlichen Verhältnisse Ende des 19. Jahrhunderts wider.

Die Gründung der Nordwolle ist für die Stadt an der Delme der entscheidende Impuls für den Aufstieg des Ackerbürgerstädtchen zur Industriestadt. Der Sohn des Gründers, **Carl Lahusen**, führt im Betrieb und in der Familie ein patriarchalisches Regiment. Der riesige Park hinter der Fabrikantenvilla ist nur seiner Familie zugänglich; er sieht sich nicht als Direktor einer Aktiengesellschaft, sondern als Fabrikherr, der für das sittliche und materielle Wohl seiner Untergebenen verantwortlich ist. Viele Einrichtungen gehen auf den Einfluss seiner Ehefrau **Armine** zurück. Sie entstammt einer englischen Pastorenfamilie und kennt aus ihrer Heimat das soziale Elend der Industriearbeiter, das den Beschäftigten der NW & K erspart bleibt. Das Imperium der Lahusens hat zeitweilig 28.000 Mitarbeiter.

In den 1980er Jahren geht die Geschichte der Produktion auf der Nordwolle endgültig zu Ende. Das Areal verwaist und fällt in einen Dornröschenschlaf. Aber seitdem das Gelände neu entwickelt wird, wächst neues Leben auf der Nordwolle. Mittlerweile haben sich zahlreiche Unternehmen, öffentliche Einrichtungen, Kultur- und Bildungsstätten angesiedelt. Die zum großen Teil erhaltene historische Bausubstanz, die ruhige Lage und großflächige Grünanlagen schaffen außerdem ein Wohnumfeld besonderer Qualität. Die neuen Quartiere in der Nordwolle erhalten auch neue Namen. Der nördliche Teil heißt jetzt **Argentinisches Viertel**, der südliche Teil **Australisches Viertel**. Im östlichen Teil wird sich das **Kap-Viertel** anschließen. Die Namen dieser Viertel erinnern an die Herkunftsländer der Rohwolle.

Mittelpunkt des neu entstehenden Quartiers ist das **Fabrikmuseum**. Das Turbinenhaus mit seinen Rundbogenfenstern bietet einen eindrucksvollen Rahmen für die Dauerausstellung, Sonderausstellungen und Kulturveranstaltungen. Das Fabrikmuseum dokumentiert das wichtigste Unternehmen der Delmenhorster Industriegeschichte zwischen 1884 bis 1981.

Die Lok der alten Werksbahn der Nordwolle, die den heißen Dampf nicht selbst erzeugt hat, sondern mit Dampf aus dem Kesselhaus gefüllt wurde (l.)

Im ehemaligen Wasserturm (o.) sitzt die Verwaltung des Nordwolle-Komplexes

Das ehemalige Rohwollelager ist heute ein Veranstaltungszentrum (o.l.)

Blick auf das Nordwollegelände (u.)

Unter den typischen Sheddächern der alten Produktionshalle auf dem Nordwollegelände entstanden Reihen- und Gartenhofhäuser (o.) Die Neubauten auf dem übrigen Gelände heben sich mit ihren hellen Putzfassaden deutlich von dieser historischen Bausubstanz ab

Das im Dezember 1997 eröffnete **Stadtmuseum Delmenhorst** ist im ersten Maschinenhaus der Nordwolle von 1884, der späteren **Lichtstation** angesiedelt. Das Stadtmuseum präsentiert in fünf Abteilungen einen interessanten Rundgang durch die Geschichte der Stadt Delmenhorst und der früheren Grafschaft.

Das **Rohwollelager** ist zum Veranstaltungszentrum mit bis zu 800 Plätzen umgebaut worden. Das heutige **com.-media.delmenhorst** im ehemaligen Wollelager verbindet historische Industriearchitektur mit modernem baulichen Standard und wird für Konzerte, Festlichkeiten, Symposien und andere Veranstaltungen genutzt.

In Delmenhorst startet am in der Innenstadt gelegenen Bahnhof zu besonderen Anlässen wie dem Hafenfest in >Vegesack (Bremen 250) oder dem Kartoffelfest eine **Museumseisenbahn** zu Ausflügen nach >Harpstedt (77) und >Lemwerder (36) an der Weser. 1980 erwirbt der Verein der Eisenbahnfreunde den Gepäckwagen 92 der Eisenbahn Bremen–Thedinghausen und legt mit diesem historischen Waggon den Grundstock zu einer inzwischen 30 historische Fahrzeuge umfassenden Sammlung. Ziel des Vereins ist es, eine Kleinbahn der 1950er Jahre aufleben zu lassen. Durch die Übernahme von drei Plattformwagen der Teutoburger-Wald-Eisenbahn sowie den Ankauf und die Aufarbeitung weiterer historischer Kleinbahnfahrzeuge ist er diesem Ziel mittlerweile sehr nahe gekommen. Der historische Zug hält an zahlreichen Stationen wie Annenheide, >Stelle (III-159) und Dünsen. Gruppen ab 30 Personen können Fahrten mit dem Triebwagen **„Jan Harpstedt“** nach einem individuellen Fahrplan buchen.

Das Stadtmuseum (u.) steht in der Nachfolge des Ende der 1920er Jahre gegründeten Heimatmuseums

Streifzug durch die Stadtteile

Wie manches andere ist **Deichhorst** das Ergebnis des Baubooms um 1900. Bremer Kaufleute entdecken Delmenhorst als Alternative für einen Landsitz. An der Oldenburger Straße entstehen zahlreiche großbürgerliche Bauten, so die heute denkmalgeschützte Villa des Kaufmanns **Heinrich Leffers** aus dem Jahr 1909 und das Landhaus des Bremer Privatiers **Thyarks**, der genug hat vom hektischen Leben in der Hansestadt. Seine Villa errichten die Bremer Architekten **Eduard Gildemeister** und **Wilhelm Sunkel** 1882 als Landhaus. Im Zweiten Weltkrieg wird der Bau erst als Offizierskasino, später als Lazarett genutzt. Heute hat das Jugendamt in diesem schönen, unter Denkmalschutz stehenden Haus mit dem parkähnlichen Garten ein **Jugendzentrum** eingerichtet. Es verfügt über einen Saal für rund 120 Personen mit Bühne, der hervorragend für Veranstaltungen geeignet ist, u.a. auch für die Kleinkunstveranstaltungen des KulturBüros. Das ebenfalls denkmalgeschützte **Haus Precht** wird 1854 in dem gleichen oldenburgischen Stil als Landhaus errichtet. Das Gewächshaus und der anschließende Park sind weitgehend erhalten.

An der Oldenburger Straße stehen einige der sogenannten **Oldenburger Hundehütten**. Sie prägten um die Jahrhundertwende ganze Straßenzüge in Delmenhorst. Die Giebelhäuser kommen Mitte des 19. Jahrhunderts in Oldenburg in Mode und verbreiten sich von dort über das ganze Herzogtum. Diese für die Region damals typischen Häuser finden sich noch heute in vielen Delmenhorster Stadtteilen.

In scharfem Kontrast zu den erhaltenen Villen stehen die später entstandenen Fabrikanlagen. Die kleine **Hegeler-**

straße ist eine der sehenswertesten Fabrikstraßen der Stadt. Hinter den Fassaden mit den hohen Fenstern war früher die Wagenfabrik Carl Tönjes ansässig. Nach deren Konkurs folgen eine Munitionsfabrik und ein Karosseriewerk. Ecke **Rudolf-Königer-Straße** stehen außerdem die Gebäude der ehemaligen **Delmenhorster Presskorkwerke,** die heute zu großen Teilen von der Städtischen Feuerwehr genutzt werden.

Im südlichen Bereich von Deichhorst liegt zwischen Delme und Kleiner Delme die Wiesenlandschaft **Wiekhorn,** ein innenstadtnaher Naturraum, der in Teilen unter Landschaftsschutz steht. Hier grasen Kühe vor der Kulisse der Türme der Stadt: dem Wasserturm, den DLW-Schornsteinen, der Katholischen Kirche. Hinter der Holzbrücke biegt ein Weg nach Westen ab, schlängelt sich durch das Gelände zwischen Weiden und Holunderbüschen hindurch.

An der **Brauenkamper Straße** stehen ehemalige Kasernen, links und rechts die schmucklosen Wohnblöcke für die damals in Delmenhorst stationierten Soldaten der Wehrmacht. In der **Mozart-** und der **Haydnstraße** stehen Bauten, während der 1950er Jahre von der britischen Besatzungsmacht errichtet, die mit ihren einfachen Satteldächern, den vorgesetzten Erkern und den sorgfältig gestalteten Eingangsbereichen durchaus für sich einzunehmen wissen. Auch die Doppel- und Reihenhäuser an der **Händel-, Franz-Schubert-** und **Bachstraße** wurden für die Bediensteten der Britischen Armee gebaut.

Das **Städtische Krankenhaus** in Deichhorst ist als Klinkerbau in U-Form entworfen. Es stammt von dem bekannten Architekten **Fritz Höger,** der auch das Hamburger Chile-Haus im sogenannten „Norddeutschen Dreiecksexpressionismus" entworfen hat. Interessant ist schließlich der **Evangelische Friedhof** mit einigen imposanten Grabmälern wie dem des Kaufmanns Hackfeld.

Im **Lehmkuhlenbusch** ist das **Hanse-Wissenschaftskolleg** (HWK) angesiedelt. Es ist eine gemeinnützige Stiftung privaten Rechts der Länder Niedersachsen und Bremen sowie der Stadt Delmenhorst. Es soll das Forschungspotenzial der umliegenden Univer-

Das von Fritz Höger entworfene Städtische Krankenhaus (o.)
Von dem Architekten stammt auch das Rathaus in Wilhelmshaven

Prof. Dr. Manfred Cierpka (o.) aus Heidelberg bei einem Vortrag im Rahmen der Veranstaltung „Wissenschaft im Radio" am Hanse-Wissenschaftskolleg (o.l.)

Wassermühle in Hasbergen (r.) und Blick ins Innere der Mühle (u.)

sitäten und Forschungseinrichtungen, insbesondere derjenigen in Bremen und Oldenburg, stärken. Das Kolleg fördert im Zusammenwirken mit den Hochschulen die interdisziplinäre Zusammenarbeit besonders Qualifizierter. Darüber hinaus soll das HWK die Anziehungskraft der Region für die Neuansiedlung wissenschaftlicher Einrichtungen und für wissenschaftsorientierte Wirtschaftsunternehmen steigern.

Düsternort ist ein junger Stadtteil, eine Mustersiedlung, die Ende der 1920er Jahre entsteht und während der Zeiten der Wohnungsnot in den Nachkriegsjahren systematisch bebaut wird. Besonders interessant ist die eigentliche Siedlung, die nach den Plänen des Stadtarchitekten **Fritz Drieling** ab 1922 gebaut wird. In der Mehrzahl entstehen Ein-, Zwei-, maximal Vierfamilienhäuser mit liebevoll gestalteten Giebeln, großzügigen, durch Hecken begrenzte Vorgärten und einem großen Garten hinter dem Haus. Außerdem werden die Straßen mit Birken bepflanzt. Heute ist diese Siedlung eine der hübschesten in ganz Delmenhorst. Der Autor **Nils Aschenbeck** schreibt in seinem Delmenhorster Architekturführer: *„Alles in allem erscheinen die Bauten wie eigentümlich ländliche Bauten aus einem anderen Jahrhundert."*

DELMENHORSTER KURIER

Delmenhorster Kreisblatt *das isses!*

Für Delmenhorst und Umgebung erscheinen zwei Tagezeitungen: das „Delmenhorster Kreisblatt" und der „Delmenhorster Kurier" aus dem Verlag der Bremer Tageszeitungen AG

Dwoberg ist auf Ton gebaut. Hier haben über viele Jahrzehnte Ziegeleien Ton abgebaut. Davon zeugen noch heute einige offen gelassene Tongruben, die mit Wasser vollgelaufen sind. An das ehemalige Dorf erinnert nicht mehr viel. Höfe werden kaum noch bewirtschaftet. Am Dwoberger **Dorfschaftsweg** sind alte Bauernhäuser zu großzügigen Stadthäusern umgebaut worden. Auf dem Boden verschwundener Ziegeleien sind nach dem Krieg Neubauten entstanden. In vielen Straßen stehen kleine Arbeiterhäuser mit spitzem Giebel und großen Gärten für den Gemüseanbau.

An der **Hasberger Dorfstraße** liegt im Norden der Stadt direkt an der Delme die historische **Wassermühle Hasbergen.** Früher wurde sie von einem unterschlächtigen Wasserrad, seit 1950 bis zur Einstellung des Betriebs 1986 von einer Turbine angetrieben. 1991 wird die Mühle zum Museum. Sie ist nach wie vor betriebsbereit.

Feste, Märkte, Freizeit

Zum alljährlichen großen **Hökermarkt** lädt der **Verkehrsverein Delmenhorst** regelmäßig im April ein. Der Veranstalter zählt pro Jahr etwa 600 Stände. Interessant und lebendig ist dieser Flohmarkt auch, weil nicht nur professionelle, sondern auch private Anbieter zugelassen sind. Der **Kramermarkt** mit seiner fünfzigjährigen Tradition findet zweimal jährlich statt: Ende April und

Der Wochenmarkt, eine feste Einrichtung im Leben der Stadt Delmenhorst (l.)

Mitte September erwarten Fahrgeschäfte und Stände die Besucher auf den **Graftwiesen**. Sehr groß geworden ist das **Stadtfest**. Am zweiten Wochenende im Juni feiern Jahr für Jahr mehr als 120.000 Menschen in der Delmenhorster Innenstadt, Tendenz eindeutig steigend.

Im September findet auf dem Gelände der Nordwolle der **Schafsmarkt** statt, auf dem Erzeugnisse „rund ums Schaf" vorgestellt und das Naturprodukt Schafswolle verwebt und gesponnen wird. Im Erntedankmonat Oktober folgt das **Kartoffelfest**, das an die stille Vergangenheit von Delmenhorst als Ackerbürgerstädtchen erinnert. Die Adventszeit steht ganz im Zeichen des **Weihnachtsmarktes**. Dann trifft man sich bei Glühwein und Bratwurst, kauft Geschenke oder schnackt gemütlich mit Freunden über Weihnachtsvorbereitungen.

Alljährlich am zweiten Adventsonntag veranstaltet der Verkehrsverein im Delmenhorster Rathaus das **Lichterfest**. Festlich und liebevoll geschmückte Rathausflure verbreiten eine vorweihnachtliche Stimmung und die Besucher flanieren bei Tee, Punsch und Selbstgebackenem an den Ständen der Hobbykünstler vorbei. Eröffnet wird das Lichterfest traditionell mit einem weihnachtlichen Musikprogramm im Ratssaal.

Der City-Lauf bringt zahlreiche Sportler auf die Beine (o.)

Das Kartoffelfest erinnert an Delmenhorsts Vergangenheit als Ackerbürgerstädtchen (u. und und u.l)

Das **sportliche Angebot** der Stadt ist breit gefächert. Die Homepage der Stadt nennt rund 60 Sportvereine vom Dart- bis zum Windsurfingclub. Auf die Freizeitsportler warten enorm viele Anlagen: Es gibt in Delmenhorst neun

In der Fusion mit Armstrong World Industries setzen die DLW die große Tradition der Linoleumherstellung in Delmenhorst fort (o.)

Großsporthallen, 14 Turnhallen und sechs Gymnastikhallen, das Stadion und weitere 35 Sportplätze, eine Reithalle, 32 Tennisfreiplätze, elf Tennishallenplätze, drei Beachvolleyball- und zwei Handballanlagen, 13 Kegelsportanlagen, eine Bowlingbahn, neun Schießsportanlagen, eine Bogensportanlage und eine Skateboardbahn – genug Angebote, um die Stadt in Bewegung zu halten.

Meistermarken-Werk (r.)

Aus der Wirtschaft

Delmenhorsts Vergangenheit ist reich an großen Namen, untergegangenen Unternehmen, verlassenen Fabrikhallen. Etliche Unternehmen aber haben sich behauptet und können heute auf eine lange Tradition zurückblicken.

Als zweiter Schwerpunkt neben der Wollverarbeitung etabliert sich in den 1880er Jahren die Herstellung von Linoleum. Gleich drei Unternehmen konkurrieren miteinander: die **Hansa Linoleumwerke**, die **Anker Linoleumwerke** und die **Schlüssel-Linoleumwerke.** Delmenhorst steigt zum Zentrum der deutschen Linoleumproduktion auf. Bis in die 1930er Jahre nimmt das Geschäft einen enormen Aufschwung. Schlüssel des Erfolgs ist die Weiterentwicklung des Design der Bodenbeläge. Hatten bislang rostbraune oder gelblich-braune Böden dominiert, experimentieren die Fabriken jetzt mit Farben und Formen. Bedeutende Designer und Künstler geben dem Linoleum ein anspruchsvolles, oft an den Jugendstil angelehntes Design. Zu ihnen gehören **Henry van de Velde** und **Peter Behrens.** Linoleum als Bodenbelag wird zu einem Ausdrucksmittel zeitgenössischer Architekten wie Bruno Taut, Mies van der Rohe und Walter Gropius. Bekannte Beispiele sind die 1927 errichtete Weißenhofsiedlung in Stuttgart oder die Meisterhäuser von Walter Gropius in Dessau, die beide komplett mit Linoleum ausgestattet werden. 1926 fusionieren die drei Delmenhorster Linoleumfabriken und ein Werk in Bietigheim bei Stuttgart zu den **Deutschen Linoleum-Werken (DLW)** mit Sitz in Berlin und später in Bietigheim. Unter der NS-Herrschaft endete die Tradition des „Künstler-Linoleums“ und am Ende der Wirtschaftswunderjahre ist Linoleum als unansehnlicher Bodenbelag für Treppenhäuser und Krankenhausflure verpönt. Ende der 1960er Jahre konzentrieren sich die DLW auf ein einziges Werk in Delmenhorst. Für Linoleum schien das Ende gekommen. Doch die Ökologiebewegung mit ihrem Bewusstsein für natürliche und wohngesunde Bau- und Werkstoffe beschert dem Belag aus nachwachsenden Rohstoffen Mitte der 1980er Jahre eine Renaissance. Die Fusion der DLW

Auf bei der DKF produzierte Kronkorken ließe sich manche Sammlung gründen (rechte Seite o.)

Der grau verputze Wasserturm am Rathaus (rechte Seite u.)

mit **Armstrong World Industries**, dem drittgrößten Bodenbelagshersteller der Welt, eröffnet seit 1998 neue Möglichkeiten.

Ein weiteres weltweit tätiges Unternehmen aus Delmenhorst ist die **DKF**. Als mittelständischer Hersteller produziert die Firma mittlerweile in der dritten Generation Metall- und Kunststoffverschlüsse. Hochwertige Spezialmaschinen stellen täglich 20 Millionen dieser Verschlüsse für viele Brauereien und Abfüller alkoholfreier Getränke auf der ganzen Welt her.
Ebenfalls international operiert die Firma **J.H. Tönnjes**. Seit der Gründung im Jahre 1832 befindet sie sich in Familienbesitz. Die Anfänge liegen in der Korkschneiderei. Das heutige Geschäft besteht aus der Herstellung von Autoschildern, Werbeschildern Beschriftungen sowie Kunststoffspritzguss und Sondermaschinen. In Delmenhorst sind rund 170 Mitarbeiter beschäftigt, in den weltweiten Niederlassungen der Tönnjes-Gruppe weitere 1.000 Personen.
Auch schon nahezu hundert Jahre in der Stadt Delmenhorst ansässig sind die **Delmenhorster Margarinewerke H. Petersen & Co.** Sie gehen 1969 an die **MeisterMarken** und gehören heute als **BakeMark Deutschland GmbH** zum Unilever-Konzern. In Delmenhorst produziert das Unternehmen Margarine, Fette, Backkrems, Saucenprodukte, Glasuren und Tiefkühlprodukte für Bäckereien.

Porträt

Der Wasserturmwärter

Johann Übelacker (o.)

Heute ist **Johann Übelacker** über neunzig. Damals, mit siebzig, fühlt er sich noch viel zu jung für das Rentnerdasein. Er macht sich auf zum **Heimatverein** und fragt, ob er *„den Turm übernehmen“* könne. Der Verein ist begeistert. Endlich kümmert sich wieder jemand um das Gebäude, das alles sonst in Delmenhorst überragt. Er bekommt den Schlüssel in die Hand gedrückt und schon ist Johann Übelacker der neue Wasserturmwärter.
Mindestens zweimal die Woche klettert er fortan die zweihundert Stufen zur Aussichtsplattform hinauf und zeigt Schulklassen, Touristen und Delmenhorstern die Stadt von oben: das Rathaus, die alte Burginsel, die Nordwolle. Bei gutem Wetter, so Übelacker, könne man von dort *„den Bremern auf den Mittagstisch gucken“*. Der Dom sei immer gut zu sehen, der Roland nicht, der sei *„zu lütsch“*. Achtzehn Jahre lang geht Johann Übelacker auf den Turm. Bis über seinen 87. Geburtstag hinaus. Er sei *„immer bereit gewesen“*, sagt er, *„aufs Fahrrad gestiegen und da gewesen“*, wenn jemand angerufen habe. Später ist der Turm neu vermessen worden und es hat sich herausgestellt, dass er 44 und nicht 42 Meter hoch ist. *„Dann hab' ich die Leute wohl achtzehn Jahre lang verkohlt“*, meint Johann Übelacker heute. Aber was soll's: Er ist schließlich im Ruhestand. Was für einen Mann von über 90 Jahren ja auch durchaus angemessen ist.

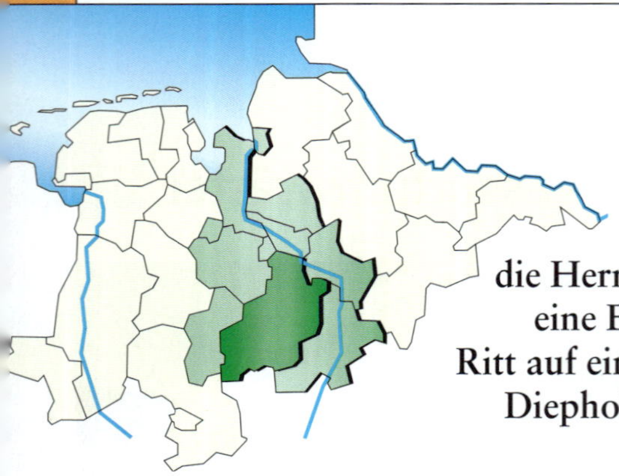

Landkreis Diepholz

Vielfältige Angebote für Wassersportler und Wanderer, steinerne Erinnerungen an die Herrschaft der Grafen von Hoya und Diepholz, eine Eisenbahnreise in die Vergangenheit und ein Ritt auf einem Elefanten – der liebenswerte Landkreis Diepholz macht sich immer mehr einen Namen als touristischer Landstrich.

Dümmerbrand am Dümmer See

Der Landkreis ist vor allem geprägt durch die abgeschiedenen Moorlandschaften und die Schönheit seiner Naturparks. Im Nordwesten liegt der Naturpark Wildeshauser Geest, im südlichen Teil der Naturpark Dümmer, beides Areale von hohem Freizeitwert. Das Herz des letztgenannten Naturparks ist der ca. 16 qkm große Dümmer, der zweitgrößte Binnensee Niedersachsens mit seinem vielfältigen Angebot für Wassersportler und Naturfreunde. Die Diepholzer Moorniederung ist ein geschütztes Feuchtgebiet, das durch Diepholzer Moorschnucken beweidet wird. Wegen geringer Wirtschaftlichkeit war die Moorschnucke vom Aussterben bedroht. Heute leben wieder über 3.000 Tiere ganzjährig im Feuchtgebiet.

Die Region hat sich durch zahlreiche touristische Angebote einen Namen gemacht. Der staatlich anerkannte Luftkurort Bruchhausen-Vilsen bietet Bäder-, Massage- und Kneipp-Kuren an. Ein Stück lebendige Vergangenheit ist die in Bruchhausen-Vilsen startende „Erste Museums-Eisenbahn Deutschlands“, die auf einer acht Kilometer langen Strecke über Heiligenberg nach Asendorf und zurück fährt. Pro Jahr werden von Mai bis Oktober sowie bei Nikolausfahrten im November und Dezember über 50.000 Fahrgäste befördert.

Radtouristen steht im gesamten Landkreis ein hervorragend ausgebautes und beschildertes Leitsystem zur Verfügung. Es gibt 1.400 Kilometer Fahrradwege durch Wald, Moor, Geest und an naturbelassenen Flüssen entlang, die in die Städte des Landkreises führen, insgesamt sieben Fernradwege und spezielle Themenradtouren, die, wie die Grafentour, die Radtouristen auf die Pfade der Grafen in den alten Grafschaften Hoya und Diepholz leiten. Eines der sichtbaren Zeichen ist bis heute der

Schlossturm in Diepholz. Abgesehen von Erneuerungsarbeiten erhalten der Schlossturm um 1660, die Nebengebäude 1837 und 1877 ihr heutiges Aussehen. Mit dem Aussterben des Grafengeschlechts verliert das Schloss seinen Residenzcharakter. Bis 1723 beherbergt es die Landdrosten, später die Amtmänner und andere herrschaftliche Beamte. Außerdem dient es den Herzögen und Kurfürsten von Celle bzw. Hannover als Jagdschloss. Der Justizfiskus, der es 1852 übernimmt, richtet ein Amtsgericht ein, das hier heute noch untergebracht ist.

Im Ortsteil Ströhen der Gemeinde Wagenfeld liegt ein Naturtierpark inmitten eines großen Park-, Wald- und Wiesengeländes. Die Geschichte der Region dokumentiert das Kreismuseum in Syke. Die umfangreiche Sammlung vereint Zeugnisse der Lebens-, Arbeits- und Wohnverhältnisse vergangener Epochen von der Altsteinzeit bis heute. Neben der Dauerausstellung bietet das Haus jährlich etwa ein Dutzend wechselnder Ausstellungen an.

Im Zentrum Niedersachsens haben sich die einstigen Grafschaften Hoya und Diepholz zu einem attraktiven Standort für Unternehmen entwickelt. Hier werden die teuersten und renommiertesten Luxusautos gehandelt, edle Pferde in die ganze Welt verschickt und teure Schuhe produziert. Wenngleich vielerorts Industrie- und Gewerbegebiete entstanden sind, wird fast zwei Drittel der Fläche des Landkreises nach wie vor landwirtschaftlich genutzt.

1996 wird die Diepholzer Moorschnucke (o.) markenrechtlich geschützt und ein Jahr später erkennt die EU die Produkte als Besonderheit der Region an

Landkreis-Profil

	Landkreis	Land Nieders.
Einwohner, Fläche		
Einwohner gesamt	214.786	7.993.415
darunter 0 bis 15 Jahre in %	16,6	15,4
darunter älter als 65 Jahre in %	17,9	18,7
darunter Ausländer in %	5,0	6,7
Fläche in qkm	1.987,62	47.618,24
Einwohner je qkm	108,1	167,9
Sozialstruktur (Jahresdurchschnitt, gerundet)		
Erwerbstätige gesamt	85.000	3.492.600
Empfänger von Arbeitslosengeld / -hilfe	6.880	354.300
Empfänger sonst. Hilfen zum Lebensunterhalt	5.870	311.900
Anzahl Wirtschaftsbetriebe		
Gesamt (Industrie, Handel, Gewerbe, Dienstl.)	10.684	351.151
darunter Land-, Forst-, Fischereiwirtschaft	684	15.862
Steueraufkommen		
Lohn- und Einkommensteuerzahler	74.232	2.738.281
Summe positiver Einkünfte (in Tsd. EUR)	2.463.039	88.279.875
Steuereinnahmen (EUR je Einwohner)	568,03	544,33

Wahlen

Landtagswahl 2003	
CDU	51,5
SPD	34,8
FDP	7,3
Grüne	6,4
Sonstige	0,1

Mitglieds-gemeinden:

- Brockum
- Flecken Lemförde
- Hüde
- Lembruch
- Marl
- Quernheim
- Stemshorn

Einwohner: 7.784
Fläche: 109,62 qkm
71,0 Einw. je qkm

SG Altes Amt Lemförde

Hauptort der Samtgemeinde ist **Lemförde.** Den sanierten Ortskern zieren hübsche Fachwerkhäuser, und das alte **Amtshaus**, einst Sommersitz des Grafen von Diepholz, ist heute mit dem **Rittersaal** Ort kultureller Veranstaltungen. **Lembruch** und **Hüde** sind die beiden staatlich anerkannten Erholungsorte und die touristischen Zentren des **Dümmerlandes** zwischen Dümmer-See und Stemweder Berg.

Betriebsgelände von Elastogran (r.)

Dümmer-Museum (ganz r.)

Alles Wissenswerte über die eiszeitliche Entstehung des Dümmer und die Dümmerregion erfährt man im **Dümmer-Museum** in **Lembruch**, das nach umfangreichen Neugestaltungen 2003 wieder eröffnet wird. Dort werden alle Dümmerfischarten und Flusskrebse, die Vogelwelt des Seegebiets, eine Fossiliensammlung und die Archäologie des Dümmers gezeigt. Abwechselnd in Hüde und in Lembruch findet alljährlich Ende August der **Dümmerbrand** statt. Das Höhenfeuerwerk lockt zahlreiche Besucher an den See, die überall vom Ufer aus das Schauspiel verfolgen können.

Dr. Jürgen Ulderup (ganz o.) und Irmgard Ulderup (o.)

Blick in die Aalräucherei der Firma Ternäben (o.r.)

Der flache **Dümmer See** ist mit seinen 16 qkm der zweitgrößte Binnensee Niedersachsens, ein beliebtes Revier für Segler und Surfer. Im Winter wird Schlittschuh gelaufen oder auf dem Eis gesegelt. Bei Spaziergängen rund um den Dümmer-See sollte man das Fernglas nicht vergessen: Der Dümmer ist ein **Vogelschutzreservat** mit großer Artenvielfalt. Spaziergänger im **Naturpark Dümmer** können sich bei der **Naturschutzstation Dümmer** im **Ochsenmoor** über die Bedeutung des Biotops informieren.

Lang gestreckt und dicht bewaldet, erhebt sich der **Stemweder Berg** 180 m hoch am Rande der Dümmerniederung. Der Berg ist der nördlichste Ausläufer der deutschen Mittelgebirge und wurde vor 70 Millionen Jahren aufgefaltet. Der aufmerksame Wanderer entdeckt bald den hellen, weichen Stein an den Wurzelscheiben umgestürzter großer Bäume und findet gelegentlich **Ammoniten** und **Belemniten**, auch „Donnerkeile“ genannt. Zusammen mit den Dammer Bergen im Landkreis Vechta begrenzt der Stemweder Berg die **Dümmerniederung.**

Seit über sechzig Jahren wird am Dümmer-See der berühmte **Ternäben-Aal** geräuchert. Aus dieser Tradition werden bei dem Fischverarbeitungs- und Räuchereibetrieb **Ternäben Service GmbH** Aal, Lachs und Forelle traditionell in **Altonaer Öfen** auf Buchenholz geräuchert und europaweit vertrieben. Aus Qualitätsgründen werden die Fische mit eigenem Fuhrpark im- und exportiert.

Irgendeine der 700 Arten blüht immer bei der **Lemförder Orchideenzucht** von

Dr. **Peter Reuter**. Die Anfänge des Gärtnereibetriebes gehen zurück auf die 1960er Jahre, als **Erika Reuter**, die Mutter des heutigen Inhabers, das Züchten von Orchideen zunächst als Hobby entdeckt. Die duftenden Gewächshäuser der Gärtnerei können besichtigt werden.

Zwei große Unternehmen sind in Lemförde vertreten, deren Mitarbeiter es genießen, einen Arbeitsplatz mitten im Naturpark Dümmer zu haben. Eines ist **ZF Lemförder Fahrwerktechnik**. Stammsitz des Zulieferers für die Automobilindustrie ist Lemförde. Verschiedene Werke produzieren in Deutschland und weltweit. In Niedersachsen sind es Werke in >Diepholz (144), >Wagenfeld (169) und >Damme (94). In Lemförde selbst sind die Informatik,

das Ausbildungszentrum und die **Dr.-Jürgen-Ulderup-Stiftung** angesiedelt. Die Ulderup-Stiftung geht zurück auf **Dr.-Ing. Jürgen Ulderup** (1910 bis 1991). Der Maschinenbauingenieur gründet nach dem Krieg eine Metallwarenhandelsgesellschaft, die er zu dem heutigen erfolgreichen Automobilzulieferer ZF Lemförder ausbaut. 1983 richtet er zusammen mit seiner Frau **Irmgard Ulderup** die Stiftung ein. Ihre Hauptanliegen sind die Förderung junger Nachwuchstalente im Maschinenbau und der Naturschutz.

Das andere größere Unternehmen ist die zur BASF-Gruppe gehörende **Elastogran GmbH**. Dort wird der Spezialkunststoff Polyurethan (PUR) hergestellt, der sich in zahllosen Gegenständen des alltäglichen Gebrauchs wiederfindet, in Armlehnen ebenso wie in Matratzen, Kopfstützen, Kühlschränken oder Schuhsohlen. Das Unternehmen fördert sportliche und kulturelle Aktivitäten der europaweit rund 1.800 **Elastograner**. Allein in Lemförde sind mehr als 250 Aktive in der Betriebssportgemeinschaft in neun Sparten organisiert.

Im Gemeindegebiet von **Brockum** liegt der Staatsforst **Die Sette** mit einer Größe von ca. 100 Hektar. Seit über 400 Jahren findet der **Brockumer Großmarkt** statt, eine Kombination aus Jahrmarkt, Landmaschinenschau und Gewerbeausstellung.

Mit weniger als 500 Einwohnern ist **Quernheim** der kleinste Ort Deutschlands mit einem eigenen Kino! Das mehrfach preisgekönte Kino Lichtburg ist ein traditionelles Dorfkino und gutes Programmkino zugleich in mit Dolby Digital-Sound und Beinfreiheit ausgestatteten Sälen. So kommt es, dass das Kino von **Karl-Heinz Meier** alle anderen in den benachbarten Kleinstädten überlebt und etwas zu bieten hat, was kein Multiplex-Kino hat. In zwei Sälen gibt es täglich Programm, im Sommer zusätzlich Open-air-Kino in dem von Tannen umgebenen Park, wo man an Biertischen sitzt.

Dienstags, am letzten Markttag, werden auf dem Brockumer Viehmarkt an die 1.000 Stück Vieh aufgetrieben, Pferde, Rinder, Hühner, Ziegen, Schafe, und per Handschlag gehandelt (o.)

Blick auf den Dümmer See (ganz o.)

Irmtraud und Karl-Heinz Meier vor ihrem Kino beim 50-jährigen Jubiläum der Lichtburg in Quernheim (o.l.)

Mitglieds-gemeinden:
- Drebber
- Drentwede
- Eydelstedt
- Flecken Barnstorf

Einwohner: 11.990
Fläche: 205,76 qkm
58,3 Einw. je qkm

SG Barnstorf

Drentwede, Barnstorf und Drebber liegen wie aufgereiht an der B 51 und der Bahnlinie Bremen-Osnabrück. Sitz der Samtgemeindeverwaltung ist der **Flecken Barnstorf** an der **Hunte**. Die B 51 zerschneidet den Ortskern und sorgt für eine nicht geringe Verkehrsbelastung. Die Bürger hoffen auf den baldigen Bau einer Ortsumgehung.

Der Eydelstedter Christian Hülsmeyer (o.) meldet 1904 eine Erfindung beim Kaiserlichen Patentamt an, die heute als Grundlage der Radartechnik gilt

Blickfang im Ortsbild von Barnstorf ist der 42 Meter hohe achteckige Turm der evangelischen **St.-Veit-Kirche**, die in Huntenähe auf einer Anhöhe steht. Die 800 Jahre alte Kirche ist die einzige im Kirchenkreis Grafschaft Diepholz, die einen ursprünglich romanischen Kirchenraum zeigt. Mittelalterliche Ausmalungen, die zum Teil erst 1963 wiederentdeckt wurden, unterstreichen die Gliederung des Raumes durch drei Joche mit Kreuzgratgewölben.

Drebber besteht aus den bis zur Gebietsreform im Jahre 1974 selbstständigen Gemeinden **Mariendrebber** und **Jacobidrebber** sowie dem Flecken Cornau. Übrig bleibt „Drebber" und die Hunte, die die beiden Dörfer trennt.

In **Mariendrebbber** kann man den frühgotischen Backsteinbau der **Marienkirche** aus der Zeit um 1140 bewundern. Das Wertvollste in der Marienkirche ist die **Huß-Orgel.** Vermutlich stammt sie aus der Zeit vor dem Dreißigjährigen Krieg. Um 1660 wird sie von **Berend Huß,** einem Onkel des Orgelbauers Arp Schnitger, umgebaut.

Aus der kleinen ländlichen Ortschaft Eydelstedt stammt **Christian Hülsmeyer** (1881–1957). Sein Geburtshaus steht gegenüber dem Sportplatz. 1904 macht Hülsmeyer eine bahnbrechende Erfindung, die heute als Urform der **Radartechnik** gilt. Er meldet Patente an; die Bedeutung seiner Erfindung wird erst sehr viel später erkannt und anerkannt. Ein Teil der von ihm **„Telemobiloskops"** genannten Apparatur, mit der Christian Hülsmeyer seine praktischen Versuche durchführte, und einige Patenturkunden sind im Deutschen Museum in München ausgestellt. Seit 1981 führt die Eydelstedter Luftwaffenkaserne den Namen **„Hülsmeyer-Kaserne"**.

Früher als andere Gemeinden bekommen die Barnstorfer bereits 1959 ein beheiztes Freibad. Inzwischen wurde es gründlich umgestaltet zum Freizeitbad Hunteholz (ganz oben r.).

Eingang zum Hotel Roshop (o.r.)

St.-Veit-Kirche (r.)

Das **Hotel Roshop** in der Ortsmitte ist das „Hotel am Platze". Es wird als Familienunternehmen geführt. Das Restaurant, die Bierstube und der Ratskeller sorgen für das leibliche Wohl im traditionellen Ambiente.

Im **Heimathaus Meyer-Köster** am **Roggenberg**, einer ehemaligen Hofanlage, die zu den ältesten am Ort zählt, finden Veranstaltungen und Feste des **Heimatvereins** Samtgemeinde Barnstorf statt.

Als im Jahre 1951 die **Wintershall AG** mit der Bohrtätigkeit nach Erdöl und Erdgas beginnt, entwickelt sich Barnstorf in schnellem Tempo. Durch die Stationierung der **Flugabwehrraketengruppe 25** im Jahre 1964 wird dieser Aufwärtstrend weiter verstärkt. Bei der FlaRak-Gruppe 25 dienen derzeit 850 Soldaten, 150 Zivilisten sind dort beschäftigt und etwa zur Hälfte auf die Standorte **Eydelstedt** und >Ahlhorn (Großenkneten 75) verteilt. Die bevorstehende Aufgabe des Standortes wird kaum ohne wirtschaftliche Einbußen für die Samtgemeinde zu bewältigen sein.

Die Erdgasförderung in >Rehden (150) und die Förderung auf dem **Erdölfeld Aldorf**, drei Kilometer nördlich von Barnstorf, sind schon oft totgesagt worden. Tatsächlich aber geht es weiter. In Barnstorf hat die **Wintershall AG** mit Geowissenschaften, Bohrtechnik, Fördertechnik, Gastransport, Gasspeicherung sowie der Speicherung von flüssigen Kohlenwasserstoffen ihre operativen Kernkompetenzen zusammengefasst. Barnstorf erbringt inklusive seiner Außenbetriebe mit insgesamt 450 Mitarbeitern auch Serviceleistungen für Wintershall-Schwesterunternehmen und Dritte.

Die Firma **Lubing** begann 1959 in Barnstorf mit der Herstellung von windgetriebenen Wasserpumpen und fertigt heute Tränkesysteme für die landwirtschaftliche Tierhaltung, von manchen auch „Hühnernippel" genannt. Lubing exportiert weltweit und beschäftigt zusammen mit der Kunststoff verarbeitenden Tochterfirma **Barku** ca. 175 Mitarbeiter.

Die ökologischen Produkte des **Imkerhofs** der **Allos Walter Lang GmbH** in **Drebber** sind ein fester Bestandteil in jedem Bioladen. Um die Vitalstoffe des Honigs zu erhalten, wird bei Transport, Abfüllung und Lagerung sehr viel Wert gelegt auf schonende Behandlung und das typische Aroma. Von Allos gibt es außerdem andere Brotaufstriche und Zerealien.

Ein Kinder- und Jugendzirkus ohne Tiere ist der **Zirkus Barbarella.** Entstanden aus der Jugendarbeit der Gemeinde St. Barbara und der Eine-Welt-Werkstatt, treffen sich 40 Kinder, Jugendliche und Erwachsene und üben Jonglieren, Einradfahren, Trapez oder Seiltanz. Der Zirkus fördert die Persönlichkeitsentwicklung der Kinder und Jugendlichen und spielt auch eine positive Rolle bei der Drogenprävention. Mit Zelt und Wagen geht es auf Tournee in der Region und einmal sogar nach Ghana in Afrika.

Den ganzheitlichen Gesundheitsbegriff fördern will der **Gesundheitsladen IGEL**. Es gibt Angebote für Kurse und Seminare zu Gesundheitsthemen. Der Laden ist ein Ort für Begegnungen und Anlaufstelle für Ratsuchende und Selbsthilfegruppen.

Blick in den Altarraum der Marienkirche in Mariendrebber (o.l.)

Finja, eine der jungen Akrobatinnen des Zirkus Barbarella am Trapez (o.r.)

Meyer-Köster-Haus (ganz o.)

Bassum

Ortsteile:
- Albringhausen
- Apelstedt
- Bramstedt
- Eschenhausen
- Groß Henstedt
- Groß Ringmar
- Hallstedt
- Hollwedel
- Neubruchhausen
- Nienstedt
- Nordwohlde
- Osterbinde
- Schorlingborstel
- Stühren
- Wedehorn

Einwohner: 16.172
Fläche: 168,55 qkm
95,9 Einw. je qkm

Bassum ist eine freundliche Kleinstadt rund 25 Kilometer südlich von Bremen in der Wildeshauser Geest. Zahlreiche kleinere Ortschaften in der ländlichen Umgebung gehören zur Gemeinde. Nahe der Stadtgrenze liegt Klövenhausen, das mit **Wedehorn** eine Ortschaft bildet. Hier ist der **Wedehorner Forst** zu finden, ein Waldgebiet, das zu ausgedehnten Spaziergängen einlädt. Ortschaften wie **Schorlingborstel** sind sehr klein; Straßennamen sind hier noch nicht eingeführt. Man findet an der Infotafel an der K 127 jedes Haus anhand seiner Hausnummer. Einige Ortschaften haben sich ihren dörflichen

Charakter bewahrt. In anderen, wie dem zu **Hollwedel** gehörende **Dimhausen** wurde gebaut; das gibt dem Dorf ein junges Aussehen. Auch in **Osterbinde** unmittelbar an der Stadtgrenze wurden neue Baugebiete erschlossen und die Bevölkerung wuchs stetig. Zum Dorfbild gehört das **Gasthaus Freye**, welches seit 1837 in Familienbesitz ist. Auch **Albringhausen** ist eines der Dörfer mit intakter Dorfgemeinschaft. Im **Lindschlag**, dem anderen größeren Waldgebiet, gibt es einen der ersten **Waldkindergärten** Deutschlands. In **Neubruchhausen** sind die **Alte Oberförsterei**, heute ein Ort für Veranstaltungen, und das **Scheunenviertel** mit acht Feldscheunen sehenswert. Die **Dionysius-Kirche** in **Nordwohlde** steht wahrscheinlich auf den Fundamenten einer uralten Holzkirche. Das spätromanische Kirchenschiff stammt aus dem frühen 13. Jahrhundert.

Das Wahrzeichen von **Bramstedt** ist der Glockenturm. Mitte der 1980er Jahre wird er vom Technischen Hilfswerk nach historischen Vorlagen wieder aufgebaut. Die Betglocke aus dem Jahr 1450 wird heute noch bei freudigen und traurigen Familienereignissen geläutet. Zum regen Vereinsleben dort trägt nicht unwesentlich der **Carneval Club**

Kreisel Bremer Straße (o.)

Stiftskirche (o.r.)

Windmühle in Wedehorn (ganz r.o.)

Bassumer Damenstift (ganz r. Mitte)

Stelter Zahnradfabrik (r.)

Bramstedt bei. Auch **Groß Henstedt** feiert seit einigen Jahren wieder ein Dorffest unter großer Anteilnahme der Dorfbewohner.
Unverkennbares Wahrzeichen der Stadt Bassum ist die im spätromanischen Stil erbaute **Stiftskirche**. In der Abtei des Bassumer **Damenstifts** begrüßt **Äbtissin Barbara von Wallenberg-Pachaly** ihre

Besucher persönlich und führt sie durch die Abtei. Das um 850 gegründete Kanonissenstift Birxinon hat eine bewegte Vergangenheit. Das Stift als solches besteht noch heute als adelig-freiweltliches Damenstift. Besichtigungen können telefonisch vereinbart werden. Den Mittelpunkt der Abtei bilden **Kapitelsaal** und **Kanonikuszimmer**. Die Decken der Räume zeigen Rankenornamente aus der Rokokozeit, in den 1980er Jahren freigelegte und restaurierte Malereien. In beiden Räumen sind die Kachelöfen in Delfter Art aus dem 18. Jahrhundert ein besonderer Blickfang. Die **Freudenburg** in unmittelbarer Nachbarschaft des Stifts ist ein Ort der Begegnung in der Stille der Natur, der besonderen Atmosphäre des Parks mit altem Baumbestand und zahlreichen Kunstwerken. Sie wird als Seminar- und Tagungshaus von der Volkshochschule des Landkreises Diepholz betrieben.

Die Freudenburg mit Hauptgebäude und Bettenhaus (o.)

Annegret und Heino Andreas vor der Palette der auf dem Andreas-Hof hergestellten Eierliköre (l.)

Wer die Sehenswürdigkeiten der Gemeinde Bassum unter fachkundiger Führung erleben möchte, schließt sich am besten den Gästeführerinnen des **Landfrauenvereins Freudenberg-Bassum e.V.** an. Auf Höfen des Umlands können Gäste ländliche Produkte wie Fleisch, Gemüse und Obst frisch und direkt vom Erzeuger einkaufen. Die Landfrauen bieten auch gerne Kaffee, selbst gebackenen Kuchen und kunsthandwerkliche Produkte an.

Kleine und mittelständische Unternehmen prägen die Gemeinde. In der **Paletten-Fabrik Sägewerk Bassum** mit über 100 Mitarbeitern werden jährlich über vier Millionen Holzpaletten auf acht Fertigungslinien produziert. Man findet sie später überall wieder, wo transportiert und gelagert wird. Zahnräder für führende Automobilbauer wie BMW, VW und Audi stellt die **Stelter Zahnradfabrik** her. Das Unternehmen ist mit 150 Mitarbeitern der größte Arbeitgeber der Gemeinde neben der **Abfallwirtschaftsgesellschaft mbH** (AWG). Das Entsorgungszentrum mit seinen hochmodernen Anlagen ist ein Beispiel dafür, wie sich aus der kommunalen Müllabfuhr die Abfallwirtschaft entwickelt hat. Die große **Deponie** wächst heute nur noch langsam. Wichtiger sind Kompostieren, biologisch oder mechanisch Trennen und Recyceln geworden.

Für einen Hofladen eher untypisch, unter Kennern aber beliebt, ist der **Eierlikör** vom **Andreas-Hof** in **Apelstedt.** Nach einem alten Familienrezept stellen ihn **Annegret** und **Heino Andreas** her. Der Likör ist ohne Konservierungsstoffe verschlossen mindestens sechs Monate haltbar, nach Überzeugung der beiden aber meistens vorher alle. Die Marken „Scharfer Hahn", „Flotte Henne", „Brauner Picker", „Zauber Ei" und „Schoko-Traum" werden auch bundesweit durch Kurierdienste geliefert.

Kultur muss es auch auf dem Lande geben, ist die Devise von **Majanne Behrens** und Partner **Jürgen Stahmann**, den beiden Gründern des **Kleinen Hoftheaters** aus **Ringmar.** Eigentlich ist die Spielstätte in Klein Ringmar eine Scheune, nur noch von außen als solche zu erkennen. Innen sind die Wände mit unterschiedlichsten künstlerischen Werken und Beschreibungen der Projekte geschmückt. Die Bühne, auf der eine Drehorgel steht, ist mit einem roten

Heino Knief (ganz o.) hat das gesunde Pferdefutter Boxgrass entwickelt, Ralf Schauwacker (o.) ein Schulungsvideo für die Pferdeausbildung

Der Löwe Samoni (ganz o.) aus der Werkstatt von Sabine Schelzke (o.)

Tierpark in Bassum (o.r.)

Vorhang abgeteilt. Der Zuckerbäckerwagen einer alten Zuckerbäckerfamilie aus Bremen dient als Theatercafé.

Die **Marionettenbühne Samoni** zeigt für Kinder ab vier Jahre Märchen aus aller Welt, musikalisch begleitet von Querflöte und Akkordeon. **Sabine Schelzke,** ausgebildete Puppenspielerin, leitet die Bühne seit 1990. Sie gestaltet die Marionetten, Großfiguren und Masken in der eigenen **Figurenwerkstatt** in **Groß Ringmar**.

Die Schönheit, der Duft und der Geschmack der Pflanzen haben es ihm angetan: **Michael Camphausen** züchtet **Thymiane** und **Küchenzwiebeln**. Mehr als 250 verschiedene Sorten Thymian und 140 Sorten Küchenzwiebeln (Allium) hat er aus der ganzen Welt zusammengetragen. In dem kleinen Garten in **Nordwohlde** wachsen die Pflanzen in Wegen, Beeten und zahllosen kleinen Töpfen und Schalen. Auf Schädlingsbekämpfungsmittel verzichtet er, da alle Kräuter auch den Weg in die eigene Küche finden. Inzwischen hat er neben seinem Beruf als Kaufmann eine kleine Gärtnerei gegründet, in der die Kräuter erhältlich sind.

Michael Camphausen in seinem Kräutergarten (o.)

Der kleine **Tierpark Petermoor** in Bassum besteht aus Wiesengehegen rund um einen See. Auf dem Rundgang begegnet der Besucher 400 Tieren in über 80 Arten aus allen Kontinenten; eine Schwerpunkt bilden Vögel. Bot der Tierpark einige Jahre lang ein ziemlich trauriges Bild, ist heute durch den rührigen **Förderverein Tierparkverein Petermoor Bassum e.V.** einiges verbessert worden: Gehege wurden saniert, viele Anlagen neu- oder umgebaut. Der Eintritt ist frei und der Tierpark ist ganztägig geöffnet.

Heino Knief ist ein erfahrener Pferdezüchter, der weiß, dass die Tiere häufig unter Stauballergien und Heuhusten leiden, was nicht nur auf schlechte Haltungsbedingungen sondern auch auf mangelhaftes und hygienisch nicht immer einwandfreies Futter zurückzuführen ist. Um dem abzuhelfen, hat er **Boxgrass** auf den Markt gebracht. Hergestellt wird das spezielle Futter von zwei landwirtschaftlichen Betrieben in Wichenhausen und in der Gegend von Würzburg.

In ganz anderer Weise auf Pferde spezialisiert hat sich **Ralf Schauwacker** aus **Groß Henstedt**. Mit Unterstützung des Pferdeausbilders **Horst Becker,** der seine Dressurerfahrung u.a. bei dem berühmten Schweizer Circus Knie sammeln konnte, hat seine Filmproduktionsfirma ein **Schulungsvideo** für die Pferdeausbildung nach der „klassisch iberischen Methode“ hergestellt. Das Video zeigt die Kommunikation zwischen Mensch und Pferd durch klare Körpersignale. Als Videofilmer bearbeitet Ralf Schauwacker auch andere Themen und gibt Kurse an der **Freien Schule Prinzhöfte** in Bassum.

SG Bruchhausen-Vilsen

Die ehemals selbständigen Flecken Bruchhausen und Vilsen werden 1929 zusammengelegt. 1977 wird der Landkreis Grafschaft Hoya aufgelöst und die Samtgemeinde gehört fortan zum Kreis Diepholz. Der Hauptort Bruchhausen-Vilsen liegt inmitten

sanfter Hügel am Rande des hohen Geestrückens. Der historische Ortskern ist Vilsen mit alten Fachwerkhäusern und der romanischen **St.-Cyriakus-Kirche.** Kurpark, Wald und das nahe Erholungsgebiet **Heiligenberg** sind die Anziehungspunkte. Nördlich und schon stärker im Einflussbereich Bremens liegen Martfeld und **Schwarme,** das sich in den letzten 25 Jahren rapide von einer bäuerlichen Gemeinde zu einem modernen Wohnort vor den Toren der Großstadt entwickelt hat. **Martfeld** besticht durch das schöne Ortsbild ohne große Bausünden und die zahlreichen stattlichen Eichen im Ortskern. Am meisten Dörfer geblieben sind die kleinen Gemeinden **Süstedt** und **Engeln.** Wer Einzelheiten aus der Geschichte Bruchhausen-Vilsens und einzelner Gemeinden wissen will, fragt am besten **Heinrich Bomhoff,** den langjährigen privaten Heimatforscher.
Die bekannteste touristische Attraktion von Bruchhausen-Vilsen ist zweifellos die **Erste Museums-Eisenbahn, Deutschlands,** die samstags und sonntags von Mai bis Oktober auf der acht Kilometer langen Schmalspurstrecke von Bruchhausen-Vilsen über Heiligenberg nach Asendorf verkehrt. Das Angebot an Sonderfahrten, wie z.B. der **Spargel-Express** im Mai oder der **Kartoffel-Express** im September, ist groß. Die Bahn bildet das **Niedersächsische Kleinbahnmuseum,** das eine einmalige Sammlung von Kleinbahn-Fahrzeugen, Dampf- und Diesellokomotiven, Triebwagen sowie Personen- und Güterwagen zeigt. Bahn und Museum stützen sich größtenteils auf ehrenamtliche Helfer. Die Fahrt mit der Museumseisenbahn lässt sich gut ver-

binden mit einem Besuch des **Automuseums,** nur wenige Minuten entfernt vom Museumsbahnhof in Asendorf in den Räumen eines ehemaligen Bauernhofes. Dort werden etwa 60 Fahrzeuge vom Hochrad aus dem Jahr 1880 bis zum Auto aus den 1960er Jahren gezeigt und viele Requisiten und Accessoires rund um das Automobil.
Aus der Szene der Eisenbahnfreunde in Bruchhausen-Vilsen kommen **Markus Fuhrmann** und **Hans-Peter Kempf.** Ihre Geschäftsidee, die Vermietung von Lokomotiven, und der dazugehörende Fuhrpark aber sind durchaus nicht museal. Die beiden Unternehmer nutzen die Öffnung des Streckennetzes der Deutschen Bahn für private Züge und

Mitgliedsgemeinden:
- Asendorf
- Bruchhausen-Vilsen
- Engeln
- Martfeld
- Schwarme
- Süstedt

Einwohner: 17.328
Fläche: 227,05 qkm
76,3 Einw. je qkm

NIEDERSÄCHSISCHES KLEINBAHN-MUSEUM BRUCHHAUSEN-VILSEN

Viermal im Jahr gibt es im Kurpark „Musik im Park". Gespielt wird aktuelle Musik, Rock, Pop und Jazz (o.l.)

Die Schmalspurstrecke der Museumseisenbahn führt vom Bahnhof Asendorf (l.) nach Bruchhausen-Vilsen

St.-Cyriakus-Kirche

Sitz der Mittelweserbahn mit zünftiger Lok vor der Haustür (o.)

gründeten die **Mittelweserbahn GmbH**, ein konzessioniertes Eisenbahnverkehrsunternehmen. Die Lokomotiven werden für Bauzugeinsätze und bei technischen Ausfällen vermietet und können innerhalb von 24 Stunden an jedem Ort in Deutschland sein.

Jedes Mal ein Besuchermagnet ist der traditionelle fünftägige **Brokser Heiratsmarkt**. Hunderte von Schaustellern und mehrere hunderttausend Besucher kommen jedes Mal zu den „fünf tollen Tagen“, die am Dienstag mit dem **Pferdemarkt** enden. Besonderes Highlight sind die **Spaßtrauungen** durch den **Heimat- und Verschönerungsverein Martfeld**. Wer auf dem Brokser Heiratsmarkt vor dem Traualtar steht, kann sich vor der Ehe nicht mehr drücken. „*Ob Kopfschütteln oder Neinsagen – alles ist gleichbedeutend mit Ja*“, heißt es bei der Spaßtrauung im Trauspruch. Lange aushalten müssen es die Frischvermählten jedoch nicht, denn die geschlossenen Ehen enden am Marktdienstag um Mitternacht mit der Marktruhe. Jährlich werden 80 bis 100 Paare „getraut“, Tendenz steigend. Die Trauung dauert etwa eine Viertelstunde. Das „Paar“ erhält eine offiziell aussehende Heiratsurkunde und kann mit einem Glas Sekt anstoßen. Auf Wunsch wird ein Foto gemacht; passende Utensilien wie Zylinder und weißer Strohhut mit Tüll werden bereitgehalten.

Traditioneller Brokser Heiratsmarkt mit Pferdemarkt (o.) und vielen Fahrgeschäften (r.)

Robberts Hus (ganz r.)

Auch für Paare, die tatsächlich heiraten möchten, bietet das Standesamt in Bruchhausen-Vilsen neben dem offiziellen Trauzimmer im Rathaus etliche originelle Trauorte an, den prunkvollen **Salonwagen** der Museumseisenbahn etwa, drei Mühlen, den alten **Spieker** (Speicher) im Ortsteil **Graue** von Asendorf und in **Robberts Huus**. Letzteres ist das unter Denkmalschutz stehende gemütliche alte Haus der ehemaligen Eigentümerin **Gesine Robbert**. Es wurde 1997 dem Heimatverein **Eule e.V.** übereignet. Seither ist Robberts Huus zu einem kulturellen Begegnungszentrum in Schwarme geworden.

Nicht nur für Heiratswillige sind die Mühlen in der Samtgemeinde attraktiv. Weithin sichtbar ist die frei stehende weiße **Behlmer Mühle** in **Engeln**.

Flaschenabfüllanlage bei Vilsa Brunnen (l.)

Sie wird vom **Heimatverein Engeln** für kulturelle Veranstaltungen genutzt. Seit der Totalsanierung in den 1980er Jahren hat die Mühle wieder einen betriebsfähigen Mahlgang. Weitere erhaltene und restaurierte Windmühlen sind die **Fehsenfeldsche Mühle** in Martfeld, die **Noltesche Mühle** in am Süstedter Bach und die **Sprakener Windmühle.**

Die **Klostermühle Heiligenberg** ist eine Wassermühle. Beruhigend rauscht das Wasser, während der Spaziergänger im Biergarten sitzt und beispielweise – eine österreichische Brotzeit aus dem Bregenzer Wald verspeist. Seit Jahren betreibt hier die gebürtige Österreicherin **Christa Hufnagl** aus Vorarlberg die **Klosterschenke** mitten im Naherholungsgebiet Heiligenberg. In der oberen Etage der Mühle hat sie Galerieräume eingerichtet, wo sie alle zwei Monate eine neue Kunstausstellung zeigt. Unten sind die Gästezimmer. Auf dem großen, leicht hügeligen Gelände leben Katzen, Hunde, Hühner, Gänse, Schafe und ein Pferd.

Fast nebenan, in dem über 200 Jahre alten **Forsthaus Heiligenberg** auf dem Gelände einer uralten Wallburg betreibt **Familie Brüning** ein feines Hotel mit Restaurant. Gekocht wird überwiegend mit frischen Zutaten aus der Region. Es wurde einiges investiert, um unter dem Dach des traditionellen Forsthauses die Kapazitäten zu schaffen, die ein modernes, auch für Tagungen und Geschäftskunden geeignetes Hotel heute braucht.

In der Martfelder Kastanie sorgt **Barbara Stadler** für das gute Essen. Eine Prise Theater

liefert der Schauspieler **Erwin Rau.** Heraus kommen die **Theater-Menüs,** diese originelle Verschmelzung von Theater- und Esskultur. Das Restaurant verwendet zum Kochen vorzugsweise Zutaten direkt aus der Region. Als Zugabe gibt es Geschichten, Lieder, Konzerte und Kabarett. Das ganze kann man auch für sich zu Hause bestellen.

1909 wird in **Vilsen** eine Quelle entdeckt, die während der letzten Eiszeit entstanden ist. Natürliches Mineralwasser ist Wasser aus tieferen Schichten der Erde, das seit Jahrtausenden von einer mächtigen Tonschicht überlagert und so vor äußeren Einflüssen geschützt ist. Ehe es sich so nennen darf, muss die natürliche Reinheit des Wassers amtlich geprüft und anerkannt sein. Seit drei Generationen ist **Vilsa Brunnen** im Besitz der **Familie Rodekohr.** Vilsa ist in dieser Zeit zu einer Marke für natürliches Mineralwasser geworden und bundesweit die Nummer zwei. Jährlich über 350 Millionen Flaschen abgefüllt. Mit rund 230 Mitarbeitern ist Vilsa Brunnen größter Arbeitgeber der Samtgemeinde.

Blick in die Galerie von Christa Hufnagl (o.)

Barbara Stadler und Erwing Rau bei einer Aufführung in der Martfelder Kastanie (ganz o.)

Im Garten des Forsthauses Heiligenberg duften über 80 Würz-, Heil- und Duftpflanzen (o.l.)

Behlmer Hochzeitsmühle (u.)

Diepholz

Ortsteile:
- **Aschen**
- **Heede**
- **Sankt Hülfe**

Einwohner: 16.662
Fläche: 104,45 qkm
159,5 Einw. je qkm

Dr. Fritz Klatte (o.)

Zwei Tierarten verdanken der Stadt ihren Namen: die Diepholzer Moorschnucke (r.o.) und die Diepholzer Gans (r.u.)

Schlossturm (u.)

Diepholz ist Kreisstadt, Sitz der Verwaltung des gleichnamigen Landkreises. Die Stadt ist klein, hat aber alles, was eine Stadt haben muss, auch ein eigenes Theater, einen eigenen Flugplatz und ein durchgängiges Schulsystem. Eine Straße der Stadt ist nach **Dr. Fritz Klatte** benannt, der als Chemiker Anfang des 20. Jahrhunderts die Polymerisation entdeckt, die Aneinanderlagerung von Molekülen zu Großmolekülen. Das ist die Basis, ohne die es die heutigen Kunststoffe nicht gäbe. Gärten und Parkanlagen machen die Stadt grün. Der > Dümmer (134) ist nah. Das Umland ist moorig: die **Diepholzer Moorniederung** erstreckt sich auch auf das Gebiet mehrerer Nachbargemeinden. Der **BUND** hat auf dem renaturierten Hochmoor einen **Moorerlebnispfad** angelegt, der sich in acht Stationen der Entstehungsgeschichte, dem Torfabbau, der Flora und Fauna des Moores widmet. Hier brüten stark bedrohte Vogelarten, die auf der Roten Liste stehen. Für den ein- bis zweistündigen Wanderweg sind festes Schuhwerk und ein Fernglas als Ausrüstung zu empfehlen. Das Moor wird durch Beweidung erhalten. Dazu wird die für die Landschaft charakteristische **Diepholzer Moorschnucke** in mehreren Schäfereien wieder gezüchtet. Wegen geringer Wirtschaftlichkeit war sie vom Aussterben bedroht.

Auch ein anderes Tier trägt den Namen „Diepholz“: die **Diepholzer Gans**, benannt nach der Grafschaft Diepholz. Gänse wurden früher komplett verwertet, Fleisch, Federn, Gänsekiele als Schreibgerät. 1925 wird die in Bau und Aussehen mit der Graugans stark

verwandte robuste Weidegans als Rasse anerkannt.

Zur Geschichte der Stadt findet man im **Museum im Schlossturm** auf sieben Stockwerken viele historische Schätze. Ein besonderes Exponat ist die **Schatztruhe** aus dem 17. Jahrhundert. Der 43 Meter hohe **Schlossturm** ist das höchste Gebäude und weithin sichtbare Wahrzeichen der Stadt. Der monumentale, aus Granitquadern erbaute, runde Sockel des Turmes ist in seinem Fundament tausend Jahre alt. Bis zum Tod des letzten Grafen im Jahre 1585 ist das Schloss Wohnsitz und Residenz der Edelherren von Diepholz. Seit 1852 ist das **Amtsgericht** dort untergebracht. Der

Die Münte (o.)

Blick ins Diepholzer Hallenbad Delfin (ganz o.)

Taubenschlag im Tuchmacherhaus (o.l.)

Aufstieg über die 133 Stufen bis zum obersten Stockwerk des Turms wird mit einem fantastischen Ausblick über die Region belohnt.
Der **Bürgerinitiative Münte** ist es in den 1970er Jahren zu verdanken, dass die **Münte** als Fachwerk-Kleinod noch heute steht und als Restaurant einen gastronomischen Mittelpunkt der Stadt bildet. Die Münte liegt einen Steinwurf vom Schloss entfernt. Über Jahrhunderte wurde hier „bare Münze geprägt". Der Münzmeister **Lambert Vleminck** hat im Jahre 1514 das Haus gekauft und für die Edelherren von Diepholz Münzen geprägt. Wie damals üblich, betrieb Vleminck auf ausdrückliche Weisung der Edelherren auch Falschmünzerei. Als das herauskommt, retten ihn die feinen Edelherren jedoch nicht, und er erleidet auf dem Marktplatz von Osnabrück den Tod in siedendem Wasser.
Nördlich der Münte liegt die **Lohnstraße**, eine einseitig bebaute Straße zwischen Vorder- und Hinterlohne. Es ist der altertümlichste Straßenzug von Diepholz und wurde wahrscheinlich zum Ende der Grafenzeit, spätestens Anfang des 16. Jahrhunderts angelegt. Die Häuser stehen fast alle unter Denkmalschutz und haben ein einheitliches Aussehen, das an die altholländische Bauweise erinnert. Besonders erwähnenswert in diesem Ensemble ist das **Tuchmacher-Haus**, einst Wohnsitz vieler Tuchmacherfamilien, das zu einem wichtigen kulturellen Zentrum von Diepholz geworden ist. Der **Taubenschlag** steht Heiratswilligen als uriges Standesamt zur Verfügung.
Die 1982 erbaute Fußgängerzone umfasst den mittleren Teil der **Langen Straße** und **Kolkstraße** und bietet viele attraktive Einkaufsmöglichkeiten. Zugleich ist sie Mittelpunkt bei zahlreichen Festen und Veranstaltungen. Um die Belebung der City bemühen sich die ansässigen Einzelhändler der Fördergemeinschaft **Lebendiges Diepholz** e.V. Organisiert werden Veranstaltungen wie der **Grafensonntag**, das **Stadt- und Weinfest** und der **Schnäppchentag**. Der jährliche Diepholzer **Großmarkt** im September ist über die Grenzen der Stadt hinaus bekannt.
Eine kleine Oase der Erholung in der City ist der **Gänsemarkt**, ein ruhiger Innenhof, in dem der Diepholzer Gans ein **Denkmal** gesetzt wurde. Das **Alte Rathaus** von 1905 mit seinen Jugendstilelementen liegt direkt an der Fußgängerzone **Lange Straße** und beher-

Diepholzer Kreisblatt

Besonders im südlichen Teil des Landkreises verbreitet ist das „Diepholzer Kreisblatt". Die Redaktion sitzt in der Bahnhofstraße bergt das urige Restaurant **Körstube** und den **Kulturring.** Blickfang des neuen **Rathauses** ist der Turm, von dem täglich um 12.00 Uhr und um 18.00 Uhr ein Glockenspiel ertönt. Mittwochs und freitags ist Wochenmarkt auf dem Rathausmarkt.

Das **Heimatmuseum** im Ortsteil **Aschen** bietet

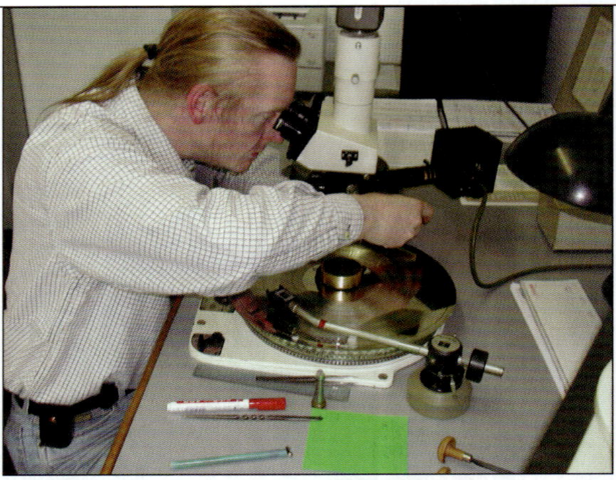

Die Pallas Group ist eines der letzten Presswerke in Europa, das noch die echten schwarzen Scheiben herstellt (r.)

Zwei Jahre lang werden Muster der Rohware zur Qualitätskontrolle bei Ulrich Walter aufbewahrt (u.l.)

Lokomotiven von Schöma versorgen weltweit Tunnelbaustellen und entsorgen das beim Vortrieb anfallende Gestein. Im Bild: eine Lok vom Typ CFL-350 DCL mit Betonmischern am Südportal des Gotthard-Tunnels im Tessin (u.r.)

2004 erhält Ulrich Walter (o.) den Umweltpreis des Bundesdeutschen Arbeitskreises für umweltbewusstes Management B.A.U.M.

Einblicke in das Leben und Arbeiten früherer Zeiten: Heimatstube, historische Werkstätten, eine Webstube, das Heuerlingshaus und ein Bienenstand sind zu sehen. Im Stall sind landwirtschaftliche Großgeräte aus dem 19. Jahrhundert ausgestellt. Im Juli findet in dem Museum das **Dorffest** mit dem Backtag statt, an dem die Diepholzer besonders den **Butterkuchen** schätzen. Im Oktober wird dort das Erntedankfest gefeiert.

Bedeutende Arbeitgeber sind in Diepholz die beiden Werke der **ZF Lemförder Gruppe**, die Fahrwerkmodule und Schaltungssysteme herstellen, die Bundeswehr mit dem **Fliegerhorst**, die hier u.a. Transporthubschrauber stationiert hat, die Kreisverwaltung, das Kreiskrankenhaus und die Kreissparkasse Grafschaft Diepholz. Bei der **Schöma Christoph Schöttler Maschinenfabrik** bauen 130 Mitarbeiter Diesellokomotiven, die im Tunnelbau eingesetzt werden. Das Unternehmen ist dabei einer der führenden Hersteller weltweit.

Zu den erfolgreichen Gewerbebetrieben zählen auch die vier Unternehmen der **Pallas Group**. Alle Gesellschaften sind in dritter Generation in Familienhand. Die Pallas Group produziert CDs, DVDs, Kassetten, baut junge Künstler auf und vermarktet eigene und fremde Labels. In audiophilen Kreisen ist Pallas dafür bekannt, eines der letzten existierenden **Schallplattenpresswerke** in Europa zu sein, das noch die schwarzen Scheiben herstellt.

Ganz dem gesunden Leben und gesunder Ernährung verschrieben hat sich die **Ulrich Walter GmbH**. Bekannter als der Firmenname ist die Marke **Lebensbaum**. Das Unternehmen wird in den Anfangszeiten der Naturkostbranche vor über 20 Jahren von **Ulrich Walter** gegründet. Über 300 Produkte umfasst das Lebensbaum-Sortiment heute: Kaffee, Tee, Kräuter und Gewürze für den Naturkosthandel. Alle Produkte stammen aus ökologischem Landbau und unterliegen internen und externen Qualitätskontrollen. Mehrere Auszeichnungen für Qualität, Innovation, ökologisches und soziales Engagement wurden gewonnen.

Kräuterfrüchteteemischung mit der beliebten Tigerente von Janosch (r.)

SG Kirchdorf

Mitglieds-gemeinden:

- Bahrenborstel
- Flecken Barenburg
- Freistatt
- Kirchdorf
- Varrel
- Wehrbleck

Einwohner: 7.760
Fläche: 179,69 qkm
43,2 Einw. je qkm

Die alljährliche Hubertusjagd mit Hundemeute geht über eine rund 40 km lange Naturstrecke durch die Kirchdorfer Heide (l.o.)

Naturfreibad in Kirchdorf (l.)

Verstreut in der **Kirchdorfer Heide** entlang der B 61 liegen die Ortschaften der Samtgemeinde Kirchdorf. In der ausgedehnten Heidelandschaft sind bis heute Wanderschäfer mit ihren **Heidschnucken** unterwegs. Moorgebiete machen die Landschaft noch reizvoller.
Die Samtgemeinde gehört mit mehreren hundert Hektar zusammen mit Nienburg zu den größten **Spargelanbaugebieten** Deutschlands. Es gibt Spargelfelder mit „Fußbodenheizung". Die Wärme wird in erdgasbetriebenen Heizwerken erzeugt und über viele Kilometer Rohrleitungen im Feld verteilt.
Der Kirchdorfer Veranstaltungskalender ist ländlich geprägt: Im Mai zur Spargelsaison gibt es den **Spargelmarkt** mit **Reitturnier** auf **Baumanns Hof.** Aus dem alten

Brunsberger Hof wurde ein romantisches Landhotel, zu dessen Charme nicht zuletzt das kleine Eichenwäldchen beiträgt. Das **Heideblütenfest** im August veranstaltet der **Posaunenchor.** Nach dem Spiel geht es ab Heideparkplatz zu einem Spaziergang in die Kirchdorfer Heide. Die meisten Besucher zieht der dreitägige **Herbstmarkt** in Kirchdorf an. Es wird nicht nur gefeiert, es gibt auch eine **Gewerbeschau.**

Eine Besonderheit ist das **Naturfreibad** in Kirchdorf, das aus einem ursprünglichen Mühlenteich entstanden ist. Das mit Quellwasser gefüllte Bad ist von einem 8.000 Quadratmeter großen Gelände umgeben, mit Kinderspielplatz, Kinderbecken, großer Rutschbahn und Sprungturm. Die Mitglieder des **Turn- und Sportvereins**, die **DLRG**, der **Heimat- und Verschönerungsverein** sowie die **Freiwillige Feuerwehr** beteiligen sich mit vielen ehrenamtlichen Einsatzstunden an den Arbeiten zur Unterhaltung des Bades.
Bahrenborstel ist eines der typischen Bauerndörfer mit Niedersachsenhäusern. Die Gemeinde **Barenburg** wird in ihrer Geschichte mehrfach von Bränden heimgesucht. Heute ist daher nur wenig historische Bausubstanz erhalten. Die Barenburger jedoch lieben ihr Dorf und haben mehrfach den Kreiswettbewerb **„Unsere Gemeinde soll schöner werden"** gewonnen. Der teilweise aus 250 Jahre alter Eiche bestehende **Stockspeicher** auf dem Dorfplatz dient als kulturelles Zentrum.

Witten Deel (o.)

Evangelisch-lutherische St. Nikolai Kirche in Kirchdorf (l.)

restauriert und heute für Kulturveranstaltungen genutzt.
Die Anfänge der Gemeinde **Freistatt** gehen nicht auf eine erste urkundliche Erwähnung in ferner Vergangenheit zurück, sondern lassen sich exakt auf das Jahr 1899 datieren. In diesem Jahr gründet **Friedrich von Bodelschwingh** im Wietingsmoor eine „Notstands-Kolonie", der er den

Ansicht der „Arbeiterkolonie Freistatt" in den 1950er Jahren (o.)

„Wir", eine Band aus Jugendlichen, die Anfang der 1970er Jahre in der Diakonie Freistatt betreut werden (r.)

Menschen in Schwierigkeiten bekommen Hilfe bei der Diakonie Freistatt (o.)

Hier organisiert der **Heimat- und Verschönerungsverein** an jedem ersten Sonntag im Monat den **Speichersonntag** mit einem vielfältigen Programm, Heimatthemen Ausstellungen, Aufführungen von Gesangvereinen oder Volkstanzgruppen. Sehenswert ist auch die **Barenburger Kirche**, in deren heutigem Bauwerk noch einige Mauerteile der alten Kapelle aus dem zwölften Jahrhundert erhalten sind. Ein kleines Team der **ExxonMobil Production Deutschland** fördert in Barenburg Erdöl. Für die Gastronomie in Barenburg sorgen **Döpkes Kneipe**, das **Gasthaus Runge** und das **Gasthaus Maschmann**, das seit 250 Jahren in heute neunter Generation in Familienbesitz ist.
Ein feiner Landgasthof ist die **Witten Deel** in **Wehrbleck**. Nach dem Tod ihrer Eltern restaurieren **Leni** und **Siegfried Witte** in den 1990er Jahren das alte niedersächsische Bauernhaus der Familie und machen aus der großen Diele die gemütliche Witten Deel. Das Fleisch auf dem Teller kommt ausschließlich aus eigener Aufzucht oder aus bekannten heimischen Betrieben. Eine Spezialität des Hauses ist der selbst gebackene Kuchen. Das nahgelegene **Stranger Moor** ist ideal für anschließende Spaziergänge.
Zusammen mit der **St. Marienkirche** bildet das alte **Schul- und Küsterhaus** ein Ensemble im Ortskern von **Varrel.** Noch bis Anfang der 1980er Jahre ist in dem Haus die Grundschule untergebracht. Danach wird es auf Initiative des Vereins **„Kultur im Küsterhaus"**

Namen „Freistatt" gibt. Neben den „Brüdern der Landstraße" werden dort Jungen in der Fürsorgeerziehung untergebracht. Das Abtorfen des Moores und die Landwirtschaft sollen Geld einbringen und zugleich die Bewohner ans Arbeiten gewöhnen, Hilfe für Menschen, die im Zuge der Industrialisierung in Not geraten sind. Mit rund 700 Mitarbeitern ist die **Diakonie Freistatt** heute größter Arbeitgeber der Gemeinde. Wohnungslose finden hier Hilfe, Jugendliche erhalten Erziehungs- und Ausbildungshilfen und für alkoholabhängige Männer wird ein therapeutisches Angebot vorgehalten. Jahrzehntelang wohnen in Freistatt außer den Männern mit sozialen Schwierigkeiten und den „Fürsorgezöglingen" in den Heimen nur Mitarbeiter der Diakonie mit ihren Familien. Im Jahr 1923 erhält Freistatt Gemeindestatus. Erst seit 1999 werden in dem Neubaugebiet **Bäckerweide** Grundstücke an Familien verkauft, die nicht zu den Mitarbeitern der Diakonie gehören. Das Wahrzeichen von Freistatt ist die 1979 erbaute Moorkirche. Das Moor, das bis in die 1990er Jahre noch abgetorft wird, steht heute unter Naturschutz und wird renaturiert.

Porträt

Der Spargelkönig von Kirchdorf

Seit Generationen betreibt die Familie Thiermann in Kirchdorf Landwirtschaft und Landhandel. Mitte der 1960er Jahre übernimmt Heinrich Thiermann den Betrieb von seinem Vater. Im Verlauf der letzten zehn Jahre hat er den Spargelanbau ausgeweitet und seinen Betrieb zum größten Spargelanbaubetrieb Deutschlands gemacht.

Es werden auch Erdbeeren, Heidelbeeren, Getreide und Kartoffeln angebaut. Die Hauptsache jedoch ist Spargel, der in sandigem Boden gut gedeiht. 1972 nimmt Heinrich Thiermann den ersten Spargel in Kultur. Heute erstrecken sich die Spargelfelder bis zu 55 Kilometer rund um das Thiermann'sche Anwesen. In der Saison von Mitte April bis Ende Juni werden etwa 4.600 Tonnen Spargel gestochen. Um das zu schaffen und die empfindliche Ware frisch auf den Markt zu bringen, sind jedes Jahr 1.500 Erntehelfer, Stecher und Sortiererinnen nötig. Sie kommen vorwiegend aus Polen. Heinrich Thiermann weiß den Einsatz seines Mitarbeiterstabes zu schätzen und sorgt für gute Unterkunft. Die Erntehelfer wohnen auf dem dafür umgebauten schönen alten **Burmester-Hof**, in ehemaligen Kasernen, die Heinrich Thiermann aufgekauft hat, oder anderen firmeneigenen Unterkünften. Mit firmeneigenen Bussen geht es um halb sechs auf die Felder. Ein guter Stecher schafft ca. zehn Kilo Spargel pro Stunde.

Volle Kisten Spargel gehen mit Kleintransportern in die Sortieranlage der Thiermann-Zentrale, wo der Spargel für die Vermarktung aufbereitet wird. Weit über 100 Frauen arbeiten in der Sortierhalle, in Spitzenzeiten im Zwei-Schicht-Betrieb. In über 25 Qualitäten wird der Spargel sortiert, nach den Wünschen des Handels verschieden verpackt und täglich bundesweit mit eigenen Kühlfahrzeugen geliefert.

Aber nicht nur der Handel wird beliefert. Verkauft wird auch im Hofladen und auf Wochenmärkten der Region von Wilhelmshaven bis nach Hildesheim. Sehr beliebt ist **Spargel zum Sattessen** auf dem Thiermann-Hof in **Scharringhausen** in der Saison.

Anmeldung ist erforderlich. Es gibt die klassischen Gerichte: Spargelcremesuppe, Spargel mit Schinken, Schnitzel, Kräuterei, Butter-Sauce, Sauce Hollandaise, Petersilienkartoffeln, und Dessert. Man kann sich vom Büfett holen, so oft und so viel man mag.

Spargelverarbeitung (o.)

Spargelstecher bei der Arbeit (ganz o.l.)

Mitglieds-gemeinden:
- Barver
- Dickel
- Hemsloh
- Rehden
- Wetschen

Einwohner: 5.801
Fläche: 128,07 qkm
45,3 Einw. je qkm

SG Rehden

Die Gemeinden der Samtgemeinde Rehden sind umgeben von idyllischer Moor- und Waldlandschaft. Allein das Rehdener **Geestmoor** ist 2.000 Hektar groß. Die **Hemsloher** und **Dickeler Berge** unterbrechen die sonst flache Landschaft und geben ihr dadurch einen besonderen Reiz. Durchs Geestmoor ziehen die **Diepholzer Moorschnucken** von Schäfermeister **Mathias Dreyer**. Er ist Pächter der Schäferei **Ulenhof** der gemeinnützigen Dr.-Jürgen-Ulderup-Stiftung aus >Lemförde (134). Das Fleisch der Diepholzer Moorschnucke trägt eine EU-„geschützte Ursprungsbezeichnung" und wird als Spezialität nur regional vermarktet. Besichtigungen und Führungen in das Moor und zu den Herden sind möglich.

Umschlagsanlagen von BTR Logistik (o.r.)

Schäfer Georg Gersberg vom Ulenhof (im Bild links) und sein Kollege Heiner Köpe aus dem Landkreis Rotenburg präsentieren Siegerböcke bei der jährlichen Bock-Auktion (o.)

Mitten im Wald, im **Gewerbepark Muna-Rehden**, parken Autos. Nicht ein paar, sondern tausende. Hier, auf dem Gelände des ehemaligen Munitionsdepots, das die Bundeswehr Anfang der 1990er Jahre verlassen hat, ist der Firmensitz von **BTR Logistik GmbH** und der anderen Unternehmen der Firmengruppe von **Bruno Boes**. Das Hauptgeschäft ist der Transport von Automobilen namhafter Hersteller, die hier zwischengelagert und dann zu ihren Bestimmungsorten gebracht werden. Das Terminal hat einen Bahnanschluss, interne Gleisanlagen, eine eigene Rangierlok und einen Portalkran für das Umsetzen von Containern, Wechselbrücken und Sattelaufliegern vom Bahnwaggon auf Lkw oder umgekehrt. Das Terminal wird mehrmals wöchentlich von Zügen angefahren. So wird z.B. die Elastogran GmbH in >Lemförde (134) von hier mit Rohstoffen bedient. Mit rund 70 Mitarbeitern ist die Firmengruppe größter Arbeitgeber der Gemeinde.

Manchmal kommen die imposantesten Dinge mit einem schlichten Namen daher: **Erdgasspeicher Rehden.** Oberirdisch ist zwar die Verdichtungsstation zu sehen, der größere Teil der Anlage am Rande des Geestmoors jedoch ist unterirdisch: Es ist der größte Erdgasspeicher Westeuropas mit einer Arbeitsgas-Kapazität von 4,2 Milliarden Kubikmetern auf einer unterirdischen Fläche von ca. 8 Quadratkilometern. Der von der Natur geschaffene Speicher stellt etwa ein Fünftel der in Deutschland verfügbaren Speicherkapazität für Erdgas. Oder anders: In den Erdschichten in und um Rehden lagert der Jahresverbrauch von rund zwei Millionen Einfamilienhäusern. Das Gas kommt aus Russland. Die Anlage betreibt die Kasseler **Wingas GmbH**, ein Joint Venture der Wintershall AG und der russischen Gazprom.

Im Gewerbegebiet **Am Gasspeicher** findet alljährlich der Frühlingsmarkt von Rehden statt, beim Herbstmarkt auf dem Schützenplatz in Rehden gibt es zusätzlich eine Gewerbeschau. Das **Weihnachtsfest** wird reihum von den Mitgliedsgemeinden ausgerichtet.

Unter den Reiterhöfen der Gegend fällt **Peppy's Tino Ranch** in **Dickel** auf. **Thomas Hoppe** züchtet Westernpferde und bei ihm werden Qualifikationsturniere zur Niedersächsischen und zur Deutschen Meisterschaft im **Westernreiten** ausgetragen.

Peppy's Tino Ranch (u.)

SG Schwaförden

Mitglieds-gemeinden:
- Affinghausen
- Ehrenburg
- Neuenkirchen
- Scholen
- Schwaförden
- Sudwalde

Einwohner: 7.248
Fläche: 149,40 qkm
48,5 Einw. je qkm

Zwei Burgen wurden einst gebaut im Gebiet der heutigen Samtgemeinde Schwaförden, die **Ehrenburg** und die **Burg Grimmenberg.** Beide existieren nicht mehr, nur der **Burggarten** erinnert noch an die Ehrenburg. Als standfester hat sich die **Sankt Georg- und Margareten-Kirche** aus dem 13. Jahrhundert in **Scholen** erwiesen.
Neuenkirchen hat es geschafft, in den letzten Jahren die Einwohnerzahl von rund 850 auf über 1.100 zu steigern, durch Zuzug und dadurch, dass junge Leute bleiben und Familien gründen. Die anderen Gemeinden haben trotz Bautätigkeit ihren ländlichen Charakter stärker bewahrt. Landwirtschaftliche Betriebe sind zahlreich und vielfältig. Auf dem ökologisch bewirtschafteten **Hof Bliefernicht** in **Wesenstedt** werden rund 100 Milchkühe gehalten. Beliebt ist der **Wesenstedter Bauernkäse** der hofeigenen Käserei. Der **Spargelhof King** in **Sudwalde** baut Spargel an, der deutschlandweit direkt vermarktet wird, und vermietet auch Ferienhäuser an Gäste. In Wehrenberg bei **Neuenkirchen** hat die **Familie Heusmann** mit 20 Hektar einen der letzten Tabakbetriebe in Niedersachsen. Der Tabak wird über eine Erzeugergemeinschaft an internationale Konzerne verkauft.
Einer, der in der Landwirtschaft zu Hause ist und die plattdeutsche Sprache liebt, ist **Heinrich Jürgens.** Er hat viele Ämter bekleidet im Laufe seines politischen Lebens und ist doch der Gemeinde und ihren Bürgern immer verbunden geblieben. Seit den 1960er Jahren ist Heinrich Jürgens zunächst langjähriger Bürgermeister, später Samtgemeindebürgermeister, Landrat, niedersächsischer Minister im Kabinett in Hannover und FDP-Abgeordneter im Europaparlament. Er lebt heute als Altenteiler auf dem Hof in Ehrenburg, den Sohn **Henning** als Schweinemastbetrieb mit Getreideanbau bewirtschaftet.
Der **Pastorendiek** in **Sudwalde** ist das älteste Naturschutzgebiet im Kreis Diepholz. Einmalig sind die dort vorkommenden seltenen **Moose.** Mit der benachbarten Samtgemeinde Barnstorf „teilt" man sich das **Wietingsmoor.** Das **Erdenwerk Wietinghausen** baut in dem Moor Torf ab und produziert Blumenerde für den gewerblichen Gartenbau. In dem Waldgebiet Hahnhorst betreiben das Land und die Landesforstverwaltung das **Jugendwaldheim Hahnhorst.** Hierher kommen Schulklassen, die auf Klassenfahrt außer Freizeit auch etwas Sinnvolles leisten wollen und lernen die vielfältigen Arbeiten im Wald kennen. Ausflugsziele sind die Hügelgräber in **Bensen** und die **Sule-Quelle** in **Blockwinkel.** Das dortige **Café am Sulestein** der **Familie Sündermann-Rieger** ist besonders bei Fahrradfahrern beliebt, die eine Pause einlegen wollen. Sogar übernachten können Radfahrer im **Heuerlingshaus**, einem restaurierten Fachwerkgebäude in **Sudwalde**, wo auch der **Heimatverein** seinen Sitz hat.

Spargelschälen auf dem Spargelhof King (l.)

Pflückmaschine im Einsatz auf dem Tabakhof Heusmann (ganz l.)

Heinrich Jürgens (o.)

Das Besondere an der St. Georg- und Margareten-Kirche in Scholen (u.) ist der wuchtige Turm in der Mitte des Schiffes

SG Siedenburg

Mitgliedsgemeinden:
- Borstel
- Flecken Siedenburg
- Maasen
- Mellinghausen
- Staffhorst

Einwohner: 4.964
Fläche: 103,01 qkm
48,2 Einw. je qkm

Beschaulich, im Norden ausgeprägte Geestlandschaft, im Süden mit dem **Siedener Moor** und dem **Borsteler Moor** faszinierende Hochmoorlandschaften voll seltener Vogelarten und Pflanzen, das ist Siedenburg.
Die Geschichte ist eng mit dem Grafen von Hoya verwoben. Er lässt als militärischen Stützpunkt 1190 hier Burg und Verwaltungssitz bauen. Seither wird Siedenburg urkundlich erwähnt.

Fotografik „Erika und der Satyr" (r.) von Hans O.E. Gronau (o.)

Die Grafik von Dele Wulf (ganz r.) enthält u.a. den Text des Gedichtes „Min Sie'enborg" des Heimatdichters Fritz Husmann

Niedergelassen hat sich nicht nur der Graf, sondern auch immer wieder Menschen mit künstlerischer Ader. Die **Theatergruppe Eschbachtal** in **Mellinghausen** hat es sogar zur Aufnahme in den renommierten *Varta-Führer* gebracht. Angefangen hat es mit der Gruppe jedoch eher ländlich bescheiden denn glamorös. Einige ehemalige Mitglieder der Jugendfeuerwehr haben 1983 die Idee zur Gründung einer plattdeutschen Theatergruppe. Sommertheater wird seither auf der **Freilichtbühne** in **Ohlendorf** gespielt. Diese Anlage auf einem alten Fachwerkgehöft ist Ergebnis der gemeinsamen Arbeit aller Mitglieder außerhalb der Bühnenproduktion. Seit 1985 spielen die Laiendarsteller hier inmitten einer idyllisch gelegenen Hofanlage eines niedersächsischen Bauernhofes erfolgreich plattdeutsche Stücke. Die Zuschauer sitzen auf einem der 450 Gartenstühle und hoffen, dass das Wetter hält. Eine Überdachung gibt es für sie nicht.

Mit dem Grafiker, Fotografen und Autor **Hans O.E. Gronau** (1925–2001), der 1980 in Syke die Vereinigung **Kunst in der Provinz** ins Leben ruft, dem Heimatdichter **Fritz Husmann** und der Grafikerin **Dele Wulf**, die zu Husmanns Versen einen passenden Kunstdruck angefertigt hat, zieren weitere Kulturschaffende die Samtgemeinde. Gronau macht sich zu Lebzeiten besonders als plattdeutscher Autor einen Namen. 1996 erhält er das *Verdienstkreuz am Bande der Bundesrepublik Deutschland* für sein Wirken als Künstler und plattdeutscher Autor. Auch Husmann pflegt die Heimatsprache. Sein plattdeutscher Erzählband über *Min Sie'enborg, du leewe lüttje Flecken* ist bei der Samtgemeinde erhältlich.
Lohnenswert ist ein Besuch der **Fachwerkkapelle** in **Siedenburg**, die aus der Mitte des 17. Jahrhunderts stammt. In dem ehemaligen Schloss Siedenburg der Grafen von Hoya befindet sich heute eine **Seniorenresidenz**. Wer gerne einmal hinter die Schlossmauern schauen möchte, der kann dies nach einer telefonischen Voranmeldung tun. Der frühere Schlossgarten mit seinem schönen Mühlenteich lädt damals wie heute zum Nachmittagsspaziergang ein.

Das ehemalige Schloss Siedenburg ist heute eine Seniorenresidenz (l.)

„De Lütje Ünnerscheed" von Norbert Tank in der Aufführung der Theatergruppe Eschbachtal (l.)

Die **Johannes-der-Täufer-Kirche** zu **Mellinghausen** liegt unweit der Bundesstraße 214, wenige Kilometer östlich von >Sulingen (159). Die Kirchengemeinde setzt sich aus den fünf ehemals selbständigen Dörfern Mellinghausen, Ohlendorf, Brake, Maasen und Siedenburg zusammen. Wenngleich das Gotteshaus über 700 Jahre alt ist, hat es sein jetziges Gesicht im Stil der Neuromantik erst 1893 erhalten.

Beim Gang durch die Samtgemeinde fallen die vielen **Fachwerkhäuser** auf. Ein Blickfang besonderer Art ist die historische **Windmühle** im Huckstedt Nr. 45 in **Maasen**, ein echtes Schmuckstück. Die 1886 gebaute Mühle ist ein Erdholländer mit Galerie und seltenen „Bilau-Ventikanten" als Flügel.

Unter dem Namen **Aktives Siedenburg** haben sich Einzelhändler, Freiberufler, Handwerker und klassische Mittelständler zusammengefunden. Vorsitzender **Gerhard Rohlfing** begrüßt die rege Unternehmerschar regelmäßig zum Stammtisch im **Hotel Deutsches Haus**.

Mitglied der Initiative ist auch die **Mohr GmbH & Co. KG.** Seit über 35 Jahren versteht sich die Polstermöbelfabrik als Spezialist für Sitzmöbel. In Siedenburg werden die verschiedenen Polster nicht nur gefertigt, über einen **Fabrikverkauf** können Interessierte vor Ort in der Bahnhofstraße nach einem neuen Sofa Ausschau halten.

Für den „Wohnraum Garten" sorgt **Astrid Fortkamp**. Sie führt das Familienunternehmen **Baumschule Husmann** in dritter Generation. Mit ihrem 17-köpfigen Team beliefert sie Gartencenter und Gemeinden mit Gehölzen, Heide und Rosen. Das Sortiment wird großteils selber kultiviert und gelangt ohne aufwändigen Zwischenhandel direkt zu den Abnehmern.

Der patentierte Markisenlift der Firma Hötker Metallbau (o.)

Von sich reden macht auch **Dirk Hötker**. Der Diplom-Ingenieur aus Mellinghausen hat mit seiner Firma **Hötker Metallbau** einen Markisenlift konstruiert, für den er Patent erhalten hat. Die Montagevorrichtung zum Anbringen einer Markise arbeitet mit einer Seilwindetechnik und ermöglicht es einem Monteur, allein und innerhalb einer Stunde eine Markise am Haus anzubringen. Bislang waren zwei Gesellen an einem Vormittag mit solch einer Aufgabe beschäftigt.

Mit rund 250 Beschäftigten größter Arbeitgeber der Gemeinde ist der international agierende Textildienstleister **Bardusch**. In Siedenburg wird in großem Stil gewaschen: Kleidung aus Industrie, Krankenhäusern oder Altenheimen etwa. Der Betrieb basiert auf der alteingesessenen Wäscherei von **Matthias Arndt**, der auch heute die Bardusch-Niederlassung leitet.

Fachwerkkapelle in Siedenburg (l.)

Ortsteile:
- **Brinkum**
- **Fahrenhorst**
- **Groß Mackenstedt**
- **Heiligenrode**
- **Moordeich**
- **Seckenhausen**
- **Stuhr**
- **Varrel**

Einwohner: 32.219
Fläche: 81,69 qkm
394,4 Einw. je qkm

Stuhr

Er hat seine Vorliebe für Pferdestärken, schnittige Modelle und blitzenden Chrom zu einem einträglichen Geschäft gemacht. Für **Heiner Tamsen** gehören Ferrari, Maserati, Aston Martin, Rolls-Royce oder Lamborghini zum ganz normalen Umfeld. Seit 1981 ist er Vertragsautohändler im Edelsegment. Tamsen ist nicht nur erste Adresse für gehobenen Fahrspaß, er gilt mittlerweile als größter Autohändler europaweit in der Luxusklasse. In **Seckenhausen** präsentiert er direkt an der B 51 die flotten Gefährte. In Hamburg betreibt er ein weiteres Geschäft und vor kurzem ist die amerikanische Handelsgruppe United Auto Group bei ihm eingestiegen. Der Markt mit den Traumautos boomt. Für besonders eilige Kunden hat Heiner Tamsen einen Hubschrauber-Landeplatz auf dem Firmengelände.

Rathaus der Gemeinde Stuhr (r.)

Das Autohaus für Nobelmarken in Seckenhausen (r.) von Heiner Tamsen (o.)

Am südlichen Rand Bremens hat sich in den vergangenen zwei Jahrzehnten ein wachstumsstarkes Wirtschaftszentrum gebildet. Eines der Unternehmen, die im Technologietransfer von der vorteilhaften Lage zwischen den Universitäten Hannover, Osnabrück, Oldenburg und Bremen profitieren, ist **Antares Datensysteme** für Umwelt- und Geotechnik. Das Unternehmen von **Friedrich W. Bauer** ist weltweit im Bereich geophysikalischer Bohrlochmessungen tätig. Anspruchsvolle Messsysteme, Peripheriegeräte und die Software für die Darstellung und Auswertung der Messergebnisse werden von dem 14-köpfigen Team entwickelt. Die von Antares entwickelten Systeme können unter extremen Bedingungen eingesetzt werden. Sie halten Hitze bis zu 250 Grad Celsius ebenso aus wie Temperaturen weit unter dem Gefrierpunkt.

Benno Tamsen Holzbau ist ein mittelständischer Meisterbetrieb, der sich auf energetische Modernisierung von Gebäuden spezialisiert hat und seine Kunden auch über bestehende Fördermöglichkeiten berät. Das Unternehmen ist der erste reine Handwerksbetrieb, der eine Kooperation mit einem Partner in einem der neuen EU-Mitgliedsländer eingeht: mit dem lettischen Hersteller von Blockhäusern **Aivis Irmeys.**

Der namensgebende Ortsteil **Stuhr** ist auch geographisch annähernd der Mittelpunkt der Gemeinde. 1986 wird hier das neue **Rathaus** errichtet. Die Gemeindehistorie reicht jedoch über 900 Jahren zurück. Am **Stuhrgraben**, damals einem reißenden Fluss, befindet sich die erste Bauernsiedlung **Stuhrreihe.** Bis heute ist deren Ursprünglichkeit erhalten geblieben. Rund 750

Jahre alt ist die gotische Backsteinkirche **St. Pankratius** mit ihrem massiven, ziegelgedeckten Turm gegenüber dem Rathaus. Sehenswert ist insbesondere der spätgotische Flügelaltar mit geschnitzten Darstellungen der Passion Christi.

Mit den Badeseen **Silbersee** und **Steller See** liegen gleich zwei beliebte Nah-

erholungsgebiete in Stuhr. Nicht nur unter Campingfreunden gelten sie als Ausflugsziel. Den Silbersee kann man problemlos zu Fuß umrunden. Bei 26 Grad Wassertemperatur tummeln sich hier die Wasserratten im Sommer. **Uwe Schweers** von der örtlichen DLRG wacht mit seinen Rettungsschwimmern über das Geschehen. Auch der Steller See in **Groß Mackenstedt** lockt mit seinem 1,5 Hektar großen Strand. **Helge de Buhr** betreibt an diesem Anfang der 1960er Jahre aufgrund des Sandaushubs für den Bau der A 1 entstandenen See den Campingplatz **Familienpark Steller See.** Ebenfalls im Erholungsgebiet Steller See liegt der Campingplatz **Family Camping Wienberg,** zu dem ein öffentliches Freibad gehört.

Größter Ortsteil der Gemeinde ist **Brinkum**, das mittlerweile fließend in den Bremer Stadtrand übergeht. **Brinkum-Nord** ist eines der beiden großen Handelszentren der Gemeinde Stuhr, wo sich zahlreiche bekannte Unternehmen niedergelassen haben. Seit 2000 steht hier u.a. eine Filiale des schwedischen Einrichtungshauses **Ikea**. Und im **Ochtum-Park** sind etliche **Factory Outlets** entstanden. Geballt locken an der **Bremer Straße** *Marc'O Polo*, *adidas*, *Nike* oder *Tommy Hilfiger* u.a. mit reduzierten Markenwaren.

Dass Brinkum ursprünglich ein bäuerlicher Ort war, zeigt sich noch heute am **Haus Lohmann,** einem bäuerlichen Haupthaus aus dem 18. Jahrhundert mit gut erhaltenen Fächerrosetten und verziertem Wirtschaftsgiebel. Es dient heute als Seniorenbegegnungsstätte. Im Mittelpunkt des **Brinkumer Marktplatzes** steht der 1997 errichtete und vom Bildhauer **Bernhard Büttner** gestaltete Brunnen.

Blick vom IKEA-Parkdeck auf das boomende Gewerbegebiet Brinkum-Nord (o.)
Baden im Steller See (ganz o.r.) oder im Pool (ganz o.l.) des Campingplatzes von Familie Wienberg

Das andere große Stuhrer Handelszentrum ist Groß Mackenstedt. Hier haben sich bekannte Handelshäuser wie **real, Bauhaus, Media Markt** oder **Roller** angesiedelt. Bedeutende Unternehmen in Stuhr sind auch der Hersteller von Fenstern Türen und Toren **Moderne Bauelemente**, die Firma **Bindan**, seit 1960 Pionier für Zeitarbeit in Deutschland und **Cordes & Gräfe** in Seckenhausen, Großhändler für Sanitäreinrichtungen.

Blockhaus des Typs, wie ihn die Firma Benno Tamsen Holzbau zusammen mit ihrem lettischen Partner Aivis Irmeys entwickelt hat (o.)

Künstlerisch geht es in der **KuSS** zu, der **Kunstschule Stuhr**, 1990 aus der Mal-

Kinder gestalten Steine in der Kunstschule Stuhr (o.)

und Kreativwerkstatt des Kunstvereins Stuhr als außerschulische Bildungseinrichtung hervorgegangen. Der Verein richtet sich mit Kursen, Werkstätten und Projekten aus den Bereichen Bildende Kunst, Spiel, Musik, Theater und Medien an Kinder, Jugendliche und Erwachsene.

Die Kleinbahn Jan Harpstedt (r.)

In **Fahrenhorst** steht indes die Natur an erster Stelle. Lässt man die Blicke über Felder, Wiesen und Wälder schweifen, kann man in die Landschaft eingebettete, verstreut liegende Bauernhöfe erkennen. Ebenso harmonisch fügt sich die in einem Waldstück neu entstandene Wohnsiedlung in die Geestlandschaft ein. Bei einem Spaziergang oder einem Ausritt durch die Waldgebiete **Bradenholz** und **Warwer Sand** können vor allem Naturliebhaber entspannen. Ein Geheimtipp ist Fahrenhorst auch für Fans alter Fachwerkhäuser. Hier gibt es noch einige gut erhaltene Gehöfte zu entdecken. Das älteste Bauernhaus steht in der **Warwer Straße 6.**

Alter Mackenstedter – ein Korn ganz wie die Landschaft zwischen Geest und Marsch, aus der er stammt (o.)

Auf ein besonderes Handwerk hat sich die **Familie Turner** im nicht weit entfernten **Groß Mackenstedt** spezialisiert: In achter Generation wird seit 1750 **Alter Mackenstedter** Korn gebrannt, anfangs von dem Hockenhändler und Landwirt Karl-Ferdinand Buschmann. Später heiratet die Familie Turner ein, die alten Rezepte bleiben in Familienhand. Klarheit und Ursprünglichkeit zeichnen den Korn aus. *„Zwar sind wir nicht die Größten im Korngeschäft, aber wir tun alles, um zu den Besten zu gehören"*, so die Firmendevise. Mackenstedter Korn wird übrigens mit sanftem Wasser aus dem hauseigenen **Carl's-Brunnen** gebrannt.

Hat man nicht zuviel von dem hochprozentigen Getränk gekostet, findet man sicherlich am Ende den Ausweg aus dem **Maislabyrinth** von **Jutta** und **Hans-Dieter Kuhlenkamp.** Von Juli bis September kann man sich in Groß Mackenstedt auf fünf Kilometer Weg in dem vier Hektar großen Feld mit mannshohem Mais verlaufen. Jedes Jahr mit neuer Route, so dass sich auch das Wiederkommen lohnt. Neben dem Labyrinth hat Landwirt Kuhlenkamp eine **Heidelbeerplantage** für Selbstpflücker angelegt.

Ebenso lohnenswert ist die Fahrt mit der historischen **Kleinbahn Jan Harpstedt**, die durch den **Naturpark Wildeshauser Geest** kreuzt und auch am **Museumsbahnhof** in **Heiligenrode** hält. Wer hier aussteigt, lernt in der reizvollen Landschaft der **Syker Vorgeest** den wohl schönsten Ortsteil Stuhrs kennen. Nicht nur der mächtige **Klosterwald**, auch lauschige Parkanlagen und kleine Waldstücke im Ortskern laden zum Verweilen ein. Überaus sehenswert sind die im späten 13. Jahrhundert von den Benediktinern errichtete **Klosterkirche** und die **Wassermühle** von 1843 am Klosterbach. Das Ensemble aus Straße, Klosterbach, Mühlenteich, Scheune, Wassermühle, Backhaus und altem und neuem Müllerwohnhaus bildet den malerischen Ortseingang. Die Klostermühle zählt heute zu den seltenen betriebsfähigen technischen Denkmälern. Hier wird noch mit dem mächtigen Wasserrad Futter- und Backschrot gemahlen. Mit **Rudolf Dahnken** kann man sie samstags nachmittags besichtigen. Auch die Mühlenscheune aus dem Jahr 1839 gegenüber wartet mit Raritäten auf: Historische Landmaschinen erinnern an den bäuerlichen Ursprung. Seit einer Renovierung dienen die Räume im Müllerwohnhaus als Versammlungs-, Arbeits-, Aufenthalts- und Ausstellungsräume für Vereine, Institutionen und für kulturelle Veranstaltungen. In den historischen Gebäuden des Mühlenensembles wurde eine vom Land Niedersachsen geförderte Künstlerstätte geschaffen mit Atelierräumen und Wohnungen für zwei einjährige Stipendien für Malerei und Bildhauerei.

Im Ortsteil **Moordeich** spürt man in den Wohnstraßen mit den gepflegten Einfamilienhäusern und den zahlreichen Reihenhäusern im besten Sinne Vorstadtatmosphäre. Die vor einigen Jahren errichtete **Sportanlage** in Moordeich bietet ausreichend Platz für sportliche Aktivitäten. Inzwischen ist sie zu einem Verbindungsstück zwischen den Ortsteilen Moordeich und Stuhr geworden. Beliebter Erholungsort ist das **Biotop**, dessen Kernstück der durch Bauarbeiten entstandene Grundwassersee ist. Das Gasthaus und Restaurant **Nobel Moordeich** empfängt seine Gäste bereits in fünfter Generation und ist vor allem für große Feiern eine feste Adresse. Seit 1869 speist und feiert man hier in rustikaler Atmosphäre. Die Bierstube **Pumpernickel**, die Teestube, das Kaminzimmer oder das eigentliche Restaurant zählen zum Ensemble. Der Saal fasst bis zu 300 Gäste.

In **Seckenhausen** vollzieht sich der Übergang von der Stadt zum Land. Mit der 600 Jahre alten **Bauerschaft Wulfhoop** gibt es hier neben einzelnen Höfen auch eine geschlossene Bauernsiedlung. In Seckenhausen wird Gemeinschaftsleben groß geschrieben. Der jährliche **Ernteumzug** ist Pflichtprogramm für alle Bewohner. Pflichtprogramm für Besucher ist indes das **Gut Varrel** in Stuhr-Varrel. Zu dem Komplex des Gutshofs mit seinen großen Außenanlagen zählen Gutsscheune, Fachwerkscheune, Backhaus, Spritzenhaus und Wassermühle mit Mühlenwehr. Vor allem dem **Förderverein Gut Varrel** ist es zu verdanken, dass die malerische Anlage am Ufer der **Varreler Bäke** restauriert und mit neuem Leben gefüllt werden konnte. Das Gutshaus ist

REGIONALE RUNDSCHAU

In Stuhr, Weyhe und Umgebung liest man die seit 1978 erscheinende „Regionale Rundschau"

Klosterkirche in Heiligenrode (l.)

Gut Varrel (o.)

Wo geht's weiter? Maislabyrinth von Jutta und Hans-Dieter Kuhlenkamp (o.l.)

Rauchhaus in Varrel (o.)
Gasthaus Meyerhof in Heiligenrode (r.)

„Ach Erde, verdecke nicht mein Blut, und sei nicht Raum meiner Wehklage“ (Hiob 16,18) – das Mahnmal Obernheide (o.) der Gemeinde Stuhr erinnert an Leiden und Sterben von 800 polnischen und ungarischen Jüdinnen kurz vor Ende des Krieges

eines der ältesten erhaltenen Gebäude in Varrel. Heute finden hier Veranstaltungen, Ausstellungen und Trauungen statt. Die Wassermühle wurde nach einem Brand 1903 in ihrer heutigen Form an der alten Stelle 1904 neu erbaut und ist heute das Vereinsheim des **TUS Varrel** und des **Fördervereins Gut Varrel**. Die Fachwerkscheune wird erst 1985 nahe der Stelle errichtet, wo bis 1972 ein alter Reet gedeckter Schweinestall und ein Maschinenschuppen standen. Die Gutsscheune wurde in ihrer heutigen Form 1903 errichtet. Sie ist mit ihrem beeindruckenden Ständerwerk ein beliebter kultureller Veranstaltungsort.

Auch nicht verpassen sollte man das **Rauchhaus** in **Varrel**. Das Heuerlingshaus liegt idyllisch inmitten von Wiesen und alten Bäumen. Die wenigen Fenster, ausgemauerte Gefache mit Ziegelbruchsteinen und wiederverwendete Hölzer in der Konstruktion zeugen von ärmlicheren Verhältnissen. Das Besondere ist die Nutzung als Rauchhaus mit unverändertem Grundriss und dem original erhaltenen Innenausbau.

Das **Gasthaus Meyerhof** in **Heiligenrode** ist von uralten Bäumen und großen Rhododendren umgeben. Dieses beliebte Ausflugslokal befindet sich seit 1815 in Familienbesitz. Saal, Wintergarten, Kamindiele, Sommergarten oder Jagdzimmer bieten alles für Betriebsausflüge, Familienfeiern, Tagungen, Kegelabende, Kohl- und Pinkelfahrten oder Kaffeekränzchen. Bekannt ist der Meyerhof für Wildspezialitäten und Spargelgerichte. Das kulinarische Credo des Hauses lautet nach Rilke: *„Es begann als Mahl und ein Fest ist es geworden.“*

Die **Wildeshauser Geest** ist ein Stück Landschaft mit gut ausgebauten Rad- und Wanderwegen. Die Mischung zwischen Natur und sportlichem Angebot ist ideal: Idyllische Flusstäler und Seen, Wälder mit majestätischen Eichen, „schauriges Moor, blühende Heideflächen und Sanddünen wechseln sich ab. Historisch Interessierte und Hobbyarchäologen finden Bau- und Bodendenkmäler, Wasser- und Windmühlen und Museen.

Entlang des Radfernweges von Osnabrück nach Bremen kommt man an dem 1988 errichteten **Mahnmal Obernheide** vorbei. Das Mahnmal steht auf dem Gelände des ehemaligen Frauenkonzentrationslagers, eines Außenlagers von Neuengamme, und erinnert an Gräueltaten der NS-Diktatur am Ende des Zweiten Weltkrieges. 800 Jüdinnen aus Ungarn und Polen, die über Auschwitz nach Bremen deportiert worden waren, werden hierher gebracht. Sie müssen beim Wohnungsbau und der Beseitigung von Trümmern in Bremen und Uphusen bei Achim arbeiten. Kurz vor Kriegsende verschleppt die SS die Frauen nach Bergen-Belsen, wo sie am 15. April befreit werden.

Sulingen

Ortsteile:
- Groß Lessen
- Klein Lessen
- Lindern
- Nordsulingen
- Rathlosen

Einwohner: 12.788
Fläche: 110,61 qkm
115,6 Einw. je qkm

Sulingen liegt 50 Kilometer südlich von Bremen im Zentrum des Landkreises Diepholz. Urkundliche Erwähnung findet die ehemalige Siedlung Sulegon erstmals im Jahre 1029, die genau 900 Jahre später die Stadtrechte erhält. Durch die Zusammenlegung mit dem damaligen Kreis Grafschaft Diepholz muss Sulingen 1932 den 1885 verliehenen Kreissitz für den Kreis Sulingen an Diepholz abgeben.
Wer nach Sulingen hineinfährt entdeckt rasch die Hinweisschilder, die zum Fabrikverkauf der Firma **Lloyd Shoes GmbH** führen, auserkorenes Mekka für Schuhfans von weit her. Classic Fashion, Sports oder doch lieber Young Fashion? Das 1888 in >Bremen (194f) als „Lloyd Schuhfabrik" gegründete Unternehmen siedelt 1942 nach Sulingen um. Neben der anfänglichen Herrenkollektion haben die heutigen Geschäftsführer **Maximillian Müller** und **Kurt G. Hermann** in ihre „Schuhfabrik der Zukunft" auch eine Damenlinie und Hemden, Krawatten, Jacken oder Taschen integriert. Lloyd ist der größte Arbeitgeber der Stadt und einer der letzten, die in Norddeutschland heute noch Schuhe produzieren. 430 Mitarbeiter fertigen in Sulingen täglich 3.200 Paar Schuhe. Das Kompetenz-Center des Werks besorgt auch das Design der Sohlen sowie die technische Ausarbeitung der Modelle. Die Kollektion wird in der eigenen Modellabteilung entwickelt, ergänzt von externen internationalen Designern. So entstehen pro Saison bis zu tausend Prototypen, von denen ca. 150 in die Produktion und den Verkauf gelangen.
Für Wanderer und Radfahrer ist der **Stadtsee** mit rund 6,5 Hektar Wasserfläche und dem nahe gelegenen **Heimatmuseum** mit Café ein attraktives Ziel. Eine herrliche Baumvielfalt wird Besuchern im **Mühlenhofpark** geboten. Das Mühlenrad an der **Kornbrennerei Lüning** zeigt den Weg ins **Suletal.** Ein beliebter Ruhepunkt ist der Mühlenteich mit Wasserrad. Hier, am **Meierdamm**, befindet sich auch das älteste Fachwerkhaus Sulingens. Mehrfach im Jahr sind dort Kunstausstellungen zu sehen. Im Fachwerkhaus werden die städtischen Leihfahrräder ausgegeben, mit denen auf dem gut ausgeschilderten Radwegewandernetz der Kreis Diepholz mit seinen vielen Sehenswürdigkeiten erkundet werden kann. Gegenüber der **St. Nicolaikirche**, deren Geschichte bis in das Jahr 1000 zurückgeht, steht ein schön restauriertes Fachwerkhaus, das **Bürgerhaus Sulingen** mit dem dahinter liegenden **Bürgerhausgarten.** Direkt daneben

Heutiges Werksgelände der Lloyd Shoes GmbH (l.) und die Schuhfabrik Anfang der 1960er Jahre in der Bogenstraße (u.)

Stadtsee (l.)

Sulinger Kreiszeitung

Mit eigener Redaktion in der Lindenstraße erscheint die „Sulinger Kreiszeitung" in der Kreiszeitung Verlagsgesellschaft aus Syke

Bullenschluck, das Kultgetränk aus Sulingen

In Sulingen und „umzu“ aber auch unter Kennern von weiter her wird er gern getrunken: der Bullenschluck, ein 43-prozentiger Halbbitter mit Elixieren aus magenfreundlichen und gesunden Kräutern aus der Rats-Apotheke Sulingen. Erhältlich ist er nur dort oder im Online-shop der Apotheke.

Sängerin Bonita aus Stuhr zu Besuch bei Rats-Apotheker Jens Dunker im April 2004 (o.)

Blick in den Verkaufsraum der Rats-Apotheke (o.r.)

Dr. E. Dunker
RATS APOTHEKE SULINGEN

Das Etikett weist ihn als *„konzentriertes Restitutions-Fluid“* aus, gut *„gegen Lahmheit der Pferde, Rinder und Zugochsen“*. Aber er soll eben auch für Menschen zur „innerlichen Einreibung“ förderlich sein. Es gibt ihn in der 0,7-Liter-Flasche oder in kleineren Einheiten und als Geschenkset mit den originalen Bullenschluckgläsern.

Die Entstehungsgeschichte des hochprozentigen **Kräuterelixiers** ist sagenumwoben und seine Zusammensetzung ein wohlgehütetes Geheimnis. Das kennt nur der heutige Rats-Apotheker **Jens Dunker**. Schon seit über 50 Jahren stellt seine Familie den Bullenschluck her. Die benötigten Kräuterextrakte werden im eigenen Haus ausgezogen und auch die übrigen Bestandteile unterliegen einer strengen Qualitätskontrolle.

Es wird erzählt, dass der Großvater des Apothekers, **Hans Dunker**, das alte Ursprungsrezept auf dem Boden des Hauses gefunden und dann verfeinert habe. Eine andere Version will wissen, dass das Rezept während der Nazi-Zeit erfunden wurde, um die hohe Alkoholsteuer mit dem Verkauf eines vermeintlichen Einreibemittels „Linimentum restitutorium“ geschickt umgehen zu können. Vielleicht hatte der Großvater aber auch einfach nur die Idee, einen guten Kräuterschnaps herzustellen, schritt zur Tat, ließ einige Flaschen mit der scherzhaften Aufschrift „gegen Lahmheit bei Tieren“ in einer benachbarten Gaststätte testen – und hatte Erfolg damit: der Halbbitter schmeckte den Leuten.

Die **Rats-Apotheke** ist eines der Schmuckstücke der Sulinger Innenstadt. In ihrer langen Geschichte haben sieben Apothekergenerationen einen umfassenden Schatz an Rezepturen zusammengetragen, die in einem Manual hinterlegt sind und speziell für jeden einzelnen Kunden angefertigt werden können. 1737 erbaute der in hannoverschen Diensten stehende Rittmeister Schröder das Haus wohl als Pensionssitz. Er selbst scheint nicht mehr dort gewohnt zu haben, denn die Balkeninschrift über dem ehemaligen Eingangstor nennt nur seine Frau als Bauherrin. 1788 kauft es der Apotheker Jordan. Seitdem ist es Apotheke geblieben, wenn auch die Namen der Inhaber wechseln. 1932 kauft die Familie Dunker das Haus und führt die Apotheke seitdem in der dritten Generation. Der jetzige Inhaber, Jens Dunker, hat mit viel Idealismus das Haus von Grund renovieren lassen und dabei den historischen Charakter des Gebäudes bewahrt.

befindet sich die Alte Bürgermeisterei, wo der Kulturverein, das Touristikbüro und die Stadtentwicklungsgesellschaft STEG untergebracht sind.

In der Nähe der Kirche liegt die umfassend renovierte **Rats-Apotheke**. 1737 lässt Rittmeister Schröder das Fachwerkhaus in der **Langen Straße** als Pensionssitz im Stil eines niederdeutschen Hallenhauses bauen. Über die Landesgrenzen hinaus ist die Apotheke für ihren **Bullenschluck** bekannt.

„Kunst im Straßenraum“ weist auf Sulingens kulturelle Ambitionen hin. Überall trifft man auf Plastiken. Vor dem Stadttheater steht die Bronzeplastik *Europa und die neun Musen*, in der Schmiedestraße der *Sensen-*

schmied, im Mühlenhofpark die *„Mahnenden Hände“*, in der Langen Straße der *Froschbrunnen und* vor dem Haus der **Sulinger Kreiszeitung** in der Lindenstraße der *Lesebrunnen*. All diese Objekte hat der Sulinger **Robert Enders** geschaffen. Die Skulptur *Mensch* vom Bremer **Werner Sünkenberg** steht im **Sportpark** und ruft zum friedlichen Zusammenleben aller Menschen auf.

Neben der Kunst wird **umweltfreundliche Energie** in Sulingen groß geschrieben. *„Stadt voller Energie“* lautet der Slogan, seitdem sich Sulingen einen Namen als **Solarstadt** macht. Elf Windkraftanlagen, über 200 Solaranlagen auf den Dächern Sulinger Bürger und eine große Zahl zukunftsweisender Projekte tragen dazu bei, dass die größte europäische Sonnenenergievereinigung **Eurosolar** Sulingen 1997 mit dem **Deutschen Solarpreis** auszeichnet wird. Seither ist Sulingen bundesweit bekannt als „Solarstadt des Nordens“.

Blick in die Lange Straße mit der Kirche und der Rats-Apotheke (o.)

Fachwerkhaus am Meierdamm (l.)

Bei seinem Besuch in Sulingen sollte man unbedingt der **Bäckerei Voss-Döring** einen Besuch abstatten. Seit mehr als 75 Jahren versorgt das Familienunternehmen die Bewohner mit Brot und anderen Backwaren. **Bäckermeister Hermann Voss** führt sein Unternehmen über 30 Jahre, bis nach seinem Tod Tochter **Inge Döring**, geborene Voss den Betrieb mit Ehemann **Wilhelm**, dem einstigen Lehrling von Hermann Voss übernimmt. Seit 1980 führen **Hermann** und **Cornelia Döring** die Bäckerei in dritter Generation.

Kalorien abtrainieren kann man als Mitglied in der **Motor-Sportgemeinschaft Sulinger Land**. 1960 wird der Verein als „Fiat Club Sulingen“ gegründet. Erst stehen nur Such- und Kaffeefahrten auf dem Programm, ab 1967 folgen auch Rallyes. *Rund um die Sulinger Bärenklaue* ist sogar bei internationalen Motorsportlern ein Begriff. **Roland Schulz**, 1. Vorsitzender des Clubs, bietet den Mitgliedern heute nicht nur Orientierungsfahrten durch das Sulinger Land, auch Motor Cross, Jugend Kart und Fahrtrainings gehören zum Club-Programm. Und Rallyes werden natürlich auch weiterhin gefahren.

Die Bäckerei Voss-Döring, herausgeputzt zum 75-jährigen Jubiläum (l.)

Der „Sensenschmied“, eines von zahlreichen Kunstobjekten im Straßenraum von Sulingen (u.)

Ortsteile:
- Barrien
- Gessel
- Gödestorf
- Heiligenfelde
- Henstedt
- Jardinghausen
- Okel
- Osterholz
- Ristedt
- Schnepke
- Steimke
- Syke
- Wachendorf

Einwohner: 24.027
Fläche: 127,89 qkm
187,9 Einw. je qkm

Syke

Der Golfplatz in Syke-Okel mit Sicht auf Bremen (ganz o.), dem Restaurant Panorama (r.) und Golfer Rudi Carrell (o.)

Dürfte man Komiker **Mike Krüger** Glauben schenken, dann würde Sykes berühmtester Einwohner heute nicht auf einem alten Gutshof mit Wassermühle und kleinem See leben, sondern in einem Wohnmobil. Showmaster **Rudi Carrell** und seine Frau **Simone** ziehen hingegen aus gutem Grund ihren Wohnsitz mit insgesamt sieben Gebäudeteilen aus dem 17. und 18. Jahrhundert vor. In den 1970er Jahren, als er noch bei Radio Bremen die Show *„Am laufenden Band"* moderiert, kauft er bereits das Anwesen. Kollege Mike Krüger darf trotz lästerlicher Zunge vorbeischauen und nicht selten sieht man die beiden Fernsehgrößen auf dem **Golfplatz** in **Syke-Okel.**

Prominenz zieht bekanntlich weitere Prominenz an und so kann man auf dem Platz des **Golf-Club Syke e.V.** unter Umständen schon einmal Legenden wie Max Lorenz oder Franz Beckenbauer bei einem Turnier begegnen. *„Golfen in gesunder Umwelt"*, unter diesem bescheidenen Motto leitet Geschäftsführer **Reinhard Koss** den rund 800 Mitglieder zählenden Club. Eingerahmt von Wald und Geestlandschaft, haben die Golfer bei gutem Wetter Sicht auf die Silhouette der benachbarten Großstadt Bremen. Bedingt durch die erhöhte Lage und den sandigen Geestboden ist der Spielbetrieb auch in den Wintermonaten uneingeschränkt möglich. Diesen einmaligen Vorteil im Raum Bremen/Niedersachsen wissen die zahlreichen Greenfee-Gäste aus benachbarten Clubs zu schätzen. Funktionsgerecht liegen das Putting-Grün und die Driving Range mit Übungsbunkern und Pitching-Grün direkt am Clubhaus. Auf rund 72 Hektar verteilen sich die 18 Spielbahnen (Par 73). Wer hier an der letzten Bahn einlocht, hat gut und gerne zehn Kilometer zurückgelegt, bevor er zum ersehnten „19. Loch" gelangt. Im **Restaurant Panora-**

KREISZEITUNG

Die in der gleichnamigen Syker Verlagsgruppe erscheinende „Kreiszeitung" ist die fünftgrößte Tageszeitung in Niedersachsen. Neben einem Mantel werden täglich zahlreiche Regionalausgaben produziert

Hoyaer Grafen über Land und Leute. Sie erheben die kleine Siedlung im Hachetal zum Flecken. Erst 1929 erhält der Ort die Stadtrechte. Eines der frühen Baudenkmäler in Syke ist der **Amtshof** aus dem 18. Jahrhundert. Er steht im Stadtzentrum am Anfang der Fußgängerzone. Jahrhundertelang ist dort der Ort der Gerichtsbarkeit

Backsonntag im Kreismuseum Syke (l.)

Blick ins idyllische Hachetal (u.)

ma, einem der schönsten Clubhäuser Norddeutschlands, erwartet die Sportler auf zwei Etagen dann hervorragende Gastronomie.
Abwechslung bietet Syke auch landschaftlich. Die einstige Kreisstadt liegt in einer sanft geschwungenen Moränenlandschaft mit ausgedehnten Wäldern. Das **Hachetal** zieht sich mit Auen, Teichen und Erlenbruchwäldern durch ganz Syke. Hier kann man im **Camping Ferienpark Zum Hachetal** auf einer parkähnlichen Anlage entspannte Urlaubstage verbringen. **Dagmar** und **Manfred Schreiber** bieten ihren Gästen nicht nur täglich frische Brötchen und Milch vom Bauernhof, sie vergeben auch ganzjährig Stellplätze für Campingfans und bieten kleine Blockhäuser zum Kauf, dauerhafte Ferien im Landschaftsschutzgebiet sozusagen. Ein kleiner Ruheraum mit Bibliothek und eine finnische Fasssauna sollen für Erholung und Entspannung sorgen. Nach Erholung kann der Besucher auch auf dem **Hohen Berg**, der immerhin 58 Meter misst, suchen. Von dort oben bietet sich ein schöner Panoramablick. Weiter östlich am Übergang der Hohen Geest zum Bremer Becken ist bei klarem Wetter das Flusstal der Weser und gar die Silhouette Bremens zu erkennen.
Die alte Bezeichnung *Siek, Synonym* für eine Senke, eine sumpfige Niederung oder auch ein Tal mit Wasserlauf erklärt, warum der Name der Stadt nicht wie *„Süke"*, sondern wie *„Sieke"* gesprochen wird. Frühe Zeugnisse sind rar. Vom späten 14. Jahrhundert bis zu ihrem Aussterben 1582 regieren die

und der Verwaltung. Mit der Verlegung des Kreisamtes nach Diepholz im Jahr 2004 findet diese Tradition ein Ende. Im Amtshof steht das älteste Gebäude in Syke: Das **Kornzinshaus** aus dem 16. Jahrhundert. Zudem können Reste einer alten **Ringwallanlage** besichtigt werden. Wie man Heimatgeschichte lebendig hält, zeigt **Ralf Vogeding** mit dem **Kreismuseum Syke**. Direkt an der B 6 am nördlichen Rand Sykes gelegen, ist es von einem großen Waldgebiet umgeben. Idyllisch mutet das 1,4 Hektar große Außengelände an. Das Museumsareal besteht aus mehreren historischen bäuerlichen Haupt- und Nebengebäuden sowie einem großen Ausstellungsbau. Imposant ist das **Bauernhaus**, ein niederdeutsches Hallenhaus in Zweiständerbauweise aus dem Jahr 1747. Der Kornspeicher aus dem frühen 17. Jahrhundert steht zunächst in Wührden in der Wesermarsch, wird dort abgebaut und 1981 auf dem Museums-

Kreismuseum Syke

Wiederentdeckt: die Wolfsschlucht als Ort für Open-air-Veranstaltungen (r.)

Werbemotiv für das Fahrradmusikfest „jazz, folk & bike" (o.). 2004 gehört die originelle Veranstaltung zu den Preisträgern im Landeswettbewerb zur Förderung des Kulturtourismus

gelände in Syke wieder errichtet. Des Weiteren können eine Wagenremise, eine Scheune, ein Bienenstand, ein frei stehender Backofen, ein Backhaus und das **Syker Ackerbürgerhaus** besichtigt werden. Neben Volkskunde, Archäologie und Technikgeschichte werden wechselnde Ausstellungen gezeigt. Vor allem für Kinder bietet das Museum eine Erlebnisreise zurück in das einfache Landleben. Sie können hier Brot backen, das Buttern erlernen oder Schulunterricht in einem Klassenzimmer aus Omas Zeiten erleben. Sehr beliebt sind auch die **Sonntagnachmittage** mit Kaffee und Butterkuchen **auf der Bauerndiele**, ein Spaß für die ganze Familie. Zudem wird hier gefeiert: Im Mai das Museumsfest, im Juni der Kunsthandwerkermarkt, im September der Bauernmarkt und dann der Weihnachtsmarkt. Nicht nur die Vergangenheit wird beleuchtet, auch an neuen Projekten arbeitet das Museum. So gibt es einen **Schulgarten**, der sich speziell der museumspädagogischen Arbeit mit Kindern widmet. Für eine Besichtigungspause hat am Sonntagnachmittag von Mai bis September der lauschige **Sommergarten** mit Bewirtung geöffnet. Die **Holzkegelbahn** gleich daneben eignet sich für große und kleine Besucher, die „Alle Neune" werfen möchten.

In unmittelbarer Nähe zum Museum ist im Waldgebiet **Friedeholz** die **Wolfsschlucht** als Veranstaltungsort wiederentdeckt worden. 1922 ist sie zu einem Freilichttheater ausgebaut worden. Als im Juni desselben Jahres das erste Stück aufgeführt wird, spricht man in Syke von einer fantastischen Entdeckung. Nach einer langen Ruhephase ist der Betrieb wieder aufgenommen worden.

Um sich im Kulturbetrieb ein wenig abzuheben, hat man in Syke die Veranstaltungsreihe **jazz, folk & bike** gestartet. Immer am ersten Wochenende im September treten bekannte Jazz- und Folk-Formationen an interessanten Orten auf. Die Termine sind so gelegt, dass das Publikum von Ort zu Ort gelangen kann – und zwar mit dem Fahrrad!

Wassermühle Barrien (r.)

Kulturelle Spuren lassen sich in einigen Galerien und Kulturcafés entdecken.

Blick in das Bioland-Hof-Restaurant im historischen Rippe-Haus mit Eichenfachwerk. Es wurde 1714 erbaut von dem Zimmermeister Wilken Rippe (l.)

Anlaufpunkt ist unter anderem die liebevoll restaurierte **Wassermühle Barrien**. Sie wird um 1735 erbaut und ist als Wassermühle nicht mehr funktionsfähig. Heute fungiert sie als beliebtes Gasthaus, in dem regelmäßig Lesungen, Musikabende und Kunstaustellungen stattfinden. Im Sommer lädt die Außenterrasse mit Blick auf das Hachetal ein. Bei einer Führung durch das Mühlenmuseum erfährt man Wissenswertes über die Mühle, darüber, wie leise sie heute als sauberes Kraftwerk Strom erzeugt oder warum das Werk des Heimatautors Heinrich Schmidt-Barrien von besonderer Bedeutung für die Region ist. Die **Kulturinitiative Rüttelschuh** realisiert seit 1990 Kultur-Programme in der Wassermühle.

Heinrich Schmidt-Barrien, Träger zahlreicher literarischer Auszeichnungen nach einem Porträt von Christian Modersohn (l.)

Der bedeutende Schriftsteller **Heinrich Schmidt-Barrien** (1902–1996) hat ein umfangreiches Werk von Romanen, Hörspielen, Theaterstücken und Novellen geschaffen, das vor allem Leben, Schicksale und Denkweise der norddeutschen Menschen und die norddeutschen Landschaft beinhaltet. Er gilt insbesondere als Meister der Novelle. Sein Werk umfasst gleichgewichtig hoch- wie niederdeutsche Arbeiten. Sein Vater war Pastor in Barrien. Schmidt-Barrien verbringt dort die wichtigsten Jahre seiner Jugend und schreibt hier seine erste Novelle *De Windmöller*. Viele Literaturpreise und Auszeichnungen, Ehrungen und Orden werden ihm gewidmet. 1954 erhält Schmidt-Barrien den mittlerweile renommierten **Bremer Literaturpreis** als erster Preisträger. Im selben Jahr 1954 und 1991 bekommt er zudem den **Kulturpreis des Landkreis Diepholz**.

Jochen Voigt vom Biolandhof mit seinen drei Kindern (o.)

Nur wenige hundert Meter entfernt von Barrien in Richtung **Gessel**, liegt das **Biolandhof-Restaurant** von **Jochen Voigt**. 2001 eröffnet, ist es das erste Hofrestaurant in der Region. 2003 wird es mit dem **Bio-Star** ausgezeichnet. In der Jury saß auch der bekannte Kochkritiker **Wolfram Siebeck**. Immer freitags oder nach Vereinbarung verwöhnt das Küchenteam um Familie Voigt die Gäste mit schmackhaften Menüs ausschließlich aus biologischen Zutaten. Das Restaurant liegt direkt neben dem **Biolandhof** der Familie mit einem **Hofladen** und dem Lieferservice **„Frische Kiste"**. Dort kann man sich auch über biologischen Landbau informieren.

Eine jahrhundertealte Tradition wird im ländlichen **Gödestorf** bewahrt: Für jeden verstorbenen Einwohner ertönt dort ein zehnminütiges Geläut der **Betglocke** aus dem Jahre 1707.

Twistringen

Ortsteile:
- Abbenhausen
- Altenmarhorst
- Heiligenloh
- Mörsen
- Natenstedt
- Scharrendorf
- Stelle
- Twistringen

Einwohner: 12.581
Fläche: 114,22 qkm
110,1 Einw. je qkm

Der Talkshow- und Sportmoderator **Reinhold Beckmann** ist in der katholischen Enklave Twistringen aufgewachsen. Der Wahl-Hamburger wird hier 1956 geboren und lange scheiden sich die Geister, ob seine Laufbahn eine sportliche oder religiöse sein würde. Im Fußballclub des **SC Twistringen** kickt er bis zur A-Jugend und auch in der Kirche ist Beckmann aktiv. Reinhold Beckmann nimmt rege am Gemeindeleben teil. Seine Mutter soll lange gehofft haben, ihr Sohn würde Priester werden. Beckmann wählt indes eine andere Kanzel und ist den Fernsehzuschauern heute ein vertrautes Gesicht. Vergessen hat der Moderator seine Heimatstadt nicht, sie nimmt gar mit einem Rekordversuch an seiner Guiness-Show teil. Zum 750-jährigen Jubiläum der Stadt erschaffen die Twistringer den **größten Strohhut der Welt**. Und sichern sich damit den Eintrag ins berühmte Guinness-Buch der Rekorde. Für den Strohhut werden 67 qm Strohmatten, 500 Meter Band und 56 qm Drahtgeflecht benötigt. Der Hut hat einen Durchmesser von rund 6,5 Metern und stellt eine 20-fache Vergrößerung einer Original-„Kreissäge" aus den 1920er Jahren dar. Nicht von ungefähr haben die Twistringer für diese Aktion auf Stroh gesetzt. Die Region ist auch heute noch ländlich geprägt, wenngleich sich im Kern eine Mischung aus Wohnen, Handel, Gewerbe, Industrie und Dienstleistung gebildet hat. Kleine Fachgeschäfte gibt es, große Märkte auf der grünen Wiese sucht man vergeblich. Die dörflichen Strukturen sollen erhalten bleiben.

Stillleben mit Brennofen, Fahrrad, Milchkanne und allerlei Utensilien in der alten Ziegelei (r.)

Reinhold Beckmann (o.)

Roggen war wegen des guten Bodens in Twistringen lange Hauptanbaufrucht. Um 1700 beginnen die Bürger auch aus dem anfallenden Stroh nützliche Dinge herzustellen und Twistringen wird im Laufe der Zeit zu einem Zentrum der Strohverarbeitung. Um 1930 waren von den damals rund 6.500 Einwohnern fast ein Drittel mit der Strohverarbeitung beschäftigt. Daran erinnert heute das in Deutschland einmalige **Museum der Strohverarbeitung**. Es dokumentiert die Geschichte der Strohverarbeitung. Neben Maschinen und Geräten wird gezeigt, wie aus dem nachwachsenden Rohstoff Stroh nützliche Endprodukte werden.

Die Stadt Twistringen liegt ca. 35 Kilometer südlich von Bremen. In der Umgebung laden Bachniederungen, das Waldgebiet **Dehmse** oder das **Wietingsmoor** zum Verweilen ein. Am **Centralplatz** lädt die mächtige katholische **St.-Anna-Kirche** zur Besichtigung ein. Der Hochaltar, das Chorfenster und Chorgestühl stammen aus der Zeit von 1871 bis 1900. Ein frühes Relikt ist das romanische Taufbecken mit seinen Löwenfüßen. Eine goldene Monstranz und

Der „größte Strohhut der Welt" im Museum der Strohverarbeitung (r.)

ein Relief mit biblischen Szenen stammen aus dem Barock. In der prächtigen Kirche finden nicht nur Gottesdienste statt. Auf dem Nachbau einer Silbermann-Orgel werden regelmäßig Kirchenkonzerte gespielt.
In unmittelbarer Nähe des Museums der Strohverarbeitung befindet sich die Delmequelle. Nach 44 Kilometern durch die **Wildeshauser Geest** erreicht der kleine Fluss das Wesertal bei > Delmenhorst (118) und mündet in die

Rathaus Twistringen (o.)

St.-Anna-Kirche (l.)

Jüdischer Friedhof (ganz l.)

Josef Grohe (o.)

Ochtum. Noch vor der Überquerung der Delme kommt man zum **Jüdischen Friedhof,** der in einem kleinen schattigen Wäldchen liegt. Moderne Siedlungshäuser und alte Bauerngehöfte wechseln sich ab. Im Nordwesten Twistringens zwischen Abbenhausen und Marhorst liegt die stillgelegte **Ziegelei** von **Josef Grohe** mit ihrem stolzen Herrenhaus. Kunstinteressierte finden Anregungen, Hobbyarchäologen Versteinerungen in den alten Tonabbaugruben. Und vor allem findet hier einmal im Jahr das Open Air Festival **Rock & More Twistringen** statt, das **Ewald „Sammy" Simm** organisiert.
Im östlichen Teil Twistringens zwischen Binghausen und Scharrendorf kann man sich dann im Freibad mit seiner 50 Meter langen Wasserrutsche und Beachvolleyball-Anlage entspannen. Umliegende

Wald- und Moorgebiete im **Steller Moor** laden zu Spaziergängen ein. Am östlichen Rande von Stöttinghausen befindet sich die so genannte **Hünenburg,** ein Ringwall mit einem Durchmesser von 80 Metern. Die Reste einer frühgeschichtlichen Burganlage aus dem 5. bis 9. Jahrhundert könnten einst zum Schutz des hier vorbeiführenden Handelsweges zwischen Weser und Hunte gedient haben, wohl aber auch eine der Schutzburgen sein, die Heinrich I. an mehreren Orten in gleicher Art und Größe zum Schutz der Bevölkerung vor den Ungarn errichten ließ. Besucher können neben der massiven Eingangszuwegung einen riesigen **Findling** mit gemeißelter Inschrift begutachten. 2004 wird das Eingangstor zur Hünenburg rekonstru-

Twistringer Blasorchester (o.)

Findling bei der Hünenburg (r.)

iert, so dass die Ringwallanlage ihren burgähnlichen Charakter wiedererlangt. Der Twistringer Sage nach hat hier einst ein Riese sein Unwesen getrieben, heute laden Rastplätze zum Verweilen ein.

Das **Dorfmuseum** in **Ridderade** zeigt Geräte zur Haushaltsführung, zur Feldbearbeitung und aus dem Handwerk sowie Bilder und Schriften aus den Dörfern Ridderade und Stophel. Die Ausstellung wurde von Bewohnern dieser Ortschaften in liebevoller Sammelleidenschaft zusammengestellt.

Eier, die bei Wiesengold vermarktet werden, stammen von familienbetriebenen Bauernhöfen (o.)

Das **Twistringer Blasorchester** ist seit seiner Gründung 1975 eine wichtige kulturelle Größe und ist musikalischer Repräsentant der Stadt. Das Repertoire wird stets erweitert, so dass das Orchester heute nicht nur traditionelle, sondern auch moderne Blasmusik mit Querschnitten aus Musicals, Filmmusiken und Popsongs spielt. Das **Sommernachtskonzert** Mitte August in der schönen Kulisse des Innenhofs der St.-Anna-Kirche und das **Weihnachtskonzert** um den 4. Advent als Jahresabschluss zählen zu den konzertanten Höhepunkten.

„Good Eten nich vergeten!“ Seit 1998 kann man sich in der **Borweder Klönstuuv** nach diesem Grundsatz von **Annegret Bittner** verwöhnen lassen. In dem stilvollen Fachwerk-Café werden selbst gebackene Torten und Kuchen, Kaffee- und Teespezialitäten sowie erlesene Weine angeboten. Im Winter macht man es sich am brennenden Kaminofen gemütlich, im Sommer auf der Gartenterrasse.

Gesunde Luft und gesundes Futter genießen auch die Hühner, die die so genannten Bio-Eier legen. Hinter der Firma **Eiervermarktung Wiesengold Landei** steht eine Erzeugergemeinschaft aus familienbetriebenen Bauernhöfen, die ihre Eier an Wiesengold in Twistringen liefern. Die Bauern haben ihren Sitz in der Huntetal-Region rund um Twistringen sowie in der Müritz-Region. Bei Wiesengold werden die Eier gesammelt, sortiert, verpackt und ausgeliefert. Geschäftsführer **Heinrich Tiemann** wacht darüber, dass die Qualitätssicherungssysteme bei diesem empfindlichen Lebensmittel permanent optimiert werden. Die **Isotopenuntersuchung** ist bei Wiesengold Standard. Mit Hilfe dieses „genetischen Fingerabdrucks“ kann bis auf wenige Kilometer genau festgestellt werden, woher ein Ei stammt. Damit wird es unmöglich, ausländische Ware als deutsches Erzeugnis zu deklarieren. Zudem wird das Bio-Getreide vor der Anlieferung untersucht. Jeder Öko-Bauer muss eine Ährenprobe an die Bio-Futtermühle liefern.

Wagenfeld

Ortsteile:
_ **Wagenfeld**
_ **Ströhen**

Einwohner: 7.217
Fläche: 117,36 qkm
61,5 Einw. je qkm

Charakteristisch für die Gemeinde Wagenfeld ist ihre Großflächigkeit. Wald, Wiesen, Aue und Streusiedlungen prägen das Bild. Aus den ehemals selbständigen Gemeinden Wagenfeld und Ströhen wurde im Rahmen der Gebietsreform 1974 die Einheitsgemeinde Wagenfeld gebildet. Zwischen Wagenfeld und Ströhen liegt das Neustädter Moor. Der Name Wagenfeld taucht erstmals um 1280 in einem Verzeichnis der gräflichen ravensbergischen Lehnsgüter auf. Durch Wagenfeld fließt die **Wagenfelder Aue,** ein kleiner Nebenfluss der Hunte. Ende des 15. Jahrhunderts lässt der Graf von Diepholz hier eine Wasserburg errichten: die **Auburg.** 1999 lässt die Gemeinde das alte Fachwerkgebäude restaurieren. Der **Heimatverein Wagenfeld** nutzt es seither für kulturelle Veranstaltungen. Heiratswillige können sich zudem hier trauen lassen.

Seit über 40 Jahren macht die **Wagenfelder Freilichtbühne** an der **Röthekuhle** kulturell von sich reden. Aufgeführt werden plattdeutsche Theaterstücke von Laienspielern immer in den Sommermonaten Juli und August, dann aber drei Mal in der Woche: mittwochs, samstags und sonntags.

Bei Familie Ismer gehört Elefanten-Reiten zum täglichen Programm. Auch Zwergflusspferde, Gibbons, Strauße, Lamas, Hirsche, Großkatzen und Kängurus sowie Alpakas, Leoparden, Geparde oder Pumas, Tiger, Flamingos und Affen fühlen sich im Tierpark wohl. 1959 gründet **Rolf Ismer** den Tierpark auf dem altniedersächsischen Bauerhof **Wege,** den er seit 1945 zusammen mit seiner Frau **Annemarie** bewirtschaftet. Es gibt rund 600 Tiere aus allen Kontinenten. Über 100.000 Besucher kommen jährlich. Tägliche Höhepunkte zwischen März und Oktober sind die Shows der **Tierschule.** Tiertrainer **Tim Delbosq** erarbeitet mit Elefanten, Lamas und Pferden kleine Programme.

Parallel zum Naturtierpark betreiben die Ismers das größte private **Vollblutarabergestüt** in Europa. Die Pferdezucht

Elefantenreiten (l.) in dem von Rolf Ismer (o.) gegründeten Naturtierpark Ströhen

Wagenfelder Freilichtbühne (ganz o.l.)

Auburg (ganz o.r.)

Brunnenhaus der Auburg Quelle (o.)

Golfhotel Wagenfeld (r.)

reicht in der Familie bis ins 17. Jahrhundert zurück; seit 40 Jahren widmet sie sich ausschließlich den Vollblutarabern. Über 200 edle Pferde kann man beim Besuch im Tierpark sehen. Jährlich werden rund 70 Fohlen geboren. Exportiert werden die Pferde innerhalb Europas, in die USA, nach Saudi-Arabien oder Australien.

Der **Schäferhof Teerling** am Rande des **Neustädter Moores** ist eine der Schäfereien, die die **Diepholzer Moorschnucke** züchten. Ihr geringes Gewicht und ihre Anspruchslosigkeit machen sie zu einem idealen Weidetier für Hochmoorgebiete. Die Schnucke frisst beim Renaturierungsprozess solcher Flächen unerwünschte Pflanzen wie Birke und Pfeifengras. Moorschnucken liefern wohlschmeckendes Fleisch mit Wildbret-Charakter.

Trotz vorherrschend ländlicher Struktur gibt es in der Gemeinde auch relevante gewerbliche Betriebe mit insgesamt rund 600 Arbeitsplätzen. Rund 250 davon entfallen auf den Wagenfelder Standort des Automobilzulieferers **ZF Lemförder Fahrwerktechnik** mit Hauptsitz in >Lemförde (134). Hier werden Pkw-Radgelenke hergestellt.

Fast ebenso viele Mitarbeiter zählt das **Wagenfelder Wollwerk**. Am **Maschweg** werden Garne für die Weiterverarbeitung in der Textilindustrie sowie im Garnhandel hergestellt. Mehr als drei Millionen Kilogramm (das sind über sieben Millionen Kilometer!) Garn produziert das Werk im Jahr und exportiert die Ware europaweit. Unter dem Namen **Gruppe Wagenfeld** haben die Geschäftsführer **Friedrich** und **Gerhard Körner** die Thüringer Wollgarnspinnerei, das Hattdorfer Textilwerk und die Nordwalder Baumwollspinnerei zu Schwesterfirmen zusammengeführt. Hinzu kommen zwei weitere Wollverarbeiter in Tschechien.

Zu den größeren Betrieben zählt mit rund 100 Mitarbeitern die **Friedrich Lütvogt GmbH & Co. KG.** Unter der Leitung von **Dirk** und **Monika Lütvogt** werden hier am Dümmer See Erfrischungsgetränke und Mineralwasser wie die **Auburg Quelle** oder **Sinalco** hergestellt und in ganz Norddeutschland vertrieben.

Ein anderes elementares Lebensmittel steht bei der **Molkerei Wagenfeld** im Mittelpunkt. 1889 von Karl Niemann gegründet, führt heute **Thorsten Niemann** in vierter Generation die Molkereigeschäfte. Unter der Marke **Gut Auburg** werden nach traditionellem Verfahren Butterspezialitäten aus echtem Sauerrahm hergestellt, teilweise sogar noch in Handarbeit. Im Gegensatz zur nachträglichen Säuerung der *„mildgesäuerten“* Butter, reift der Rahm bei der Wagenfeld Molkerei über Nacht, so dass sich ein eigenständiges Aroma entfalten kann. Die Sauerrahmprodukte der Privatmolkerei schmecken nicht nur den Kunden. Die Deutsche Lebensmittel Gesellschaft (DLG) hat das Haus bereits mehrfach mit Qualitätspreisen ausgezeichnet.

Weyhe

Die Gemeinde Weyhe ist auf den ersten Blick kein ausgesprochener Wohnort für Berühmtheiten. Und doch, schaut man ein zweites Mal hin, dann stolpert man über bekannte Namen. Die Ehefrau des früheren Reichspräsidenten Ebert stammt von hier. Der international bekannteste dürfte wohl ein gewisser **Donald Rumsfeld** sein. Er ist zwar in Chicago geboren, doch seine Vorfahren stammen aus Weyhe-Sudweyhe. 1866 ist die Familie in die Staaten ausgewandert. 1972 steht Rumsfeld in karierter Hose und Hemd plötzlich vor der Tür von **Margarete Rumsfeld**, die im Heimatort der Familie als nächste deutsche Angehörige auf dem **Hof Rumsfeld** lebt. Vier Jahre später kommt er wieder, diesmal mit ausreichend Body Guards und vielen Offiziellen: Inzwischen ist er Verteidigungsminister der Vereinigten Staaten von Amerika unter Präsident Ford.

Weniger streitbar sind die künstlerischen Ziehkinder der Gemeinde. Schauspielerin **Katja Riemann** ist hier aufgewachsen und kommt mit ihrem **Katja Riemann Oktett** gelegentlich auf Konzertstippvisite in die Gegend. Auch Maler **Peter Barthold Schnibbe** hat sich mit seinen expressiv-fotorealistischen Acrylbildern über die Grenzen Weyhes hinaus einen Namen gemacht. Am verbreitetsten dürfte aber wohl der von **Dirk Busch** sein, nicht zuletzt durch Lieder wie *Du bist keine Mona Lisa* oder *Liebst du auch den rauhen Wind?* Der singende Professor hat im Laufe seiner Karriere mehrere hundert Titel in sechs Sprachen herausgebracht. Seit seinem 14. Lebensjahr steht er als Musiker auf der Bühne, mit 25 macht er seinen Doktor in Soziologie und Psychologie, drei Jahre später wird er Professor an der Universität Bremen. Ebenso rasant verläuft die musikalische Karriere, die er nicht aus den Augen lässt. Busch komponiert, textet, arrangiert und singt in seinem Weyher Studio. Wenngleich er viel in Florida arbeitet, ist Weyhe auch Sitz seines eigenen Labels **SophistiCatMusic.** Er produziert hier u.a. für Größen wie Milva oder Truckstop.

Die Gemeinde südlich von Bremen gilt als die mit der höchsten Bevölkerungsdichte im Landkreis Diepholz. Tendenz steigend. Vor allem Familien schätzen den grünen „Speckgürtel" um die Metropole Bremen.

Als „*Wege*" wird Weyhe um 860 erstmals urkundlich erwähnt in einem Bericht über Wunderheilungen, die sich in Bremen am Grab des Heiligen Willehad zugetragen haben sollen. Die Legende erzählt von einem Mädchen aus Wege, welches seit langem *„in seinem ganzen Körper keinerlei Kraft"* mehr hatte. Am Grab des Bischofs habe sie diese dann auf wundersame Weise zurückerhalten.

Ortsteile:
- Ahausen
- Dreye
- Erichshof
- Jeebel
- Kirchweyhe
- Lahausen
- Leeste
- Melchiorshausen
- Sudweyhe

Einwohner: 30.245
Fläche: 60,25 qkm
502,0 Einw. je qkm

Dirk Busch (o.)

Katja Riemann und ihre Freundin Karin Göcking als K & K 1983 beim Kulturfest vor dem Weyher Rathaus (o.l)

Peter Barthold Schnibbe in seinem Atelier (l.)

Felicianus-Kirche in Kirchweyhe (o.)

Die Hache im Ellernbruch, Blickrichtung Sudweyhe (r.)

Frachtfahrer Drücker aus Leeste in der Originaltracht dieser Männer um 1855 (o.)

Der Ortsteil **Kirchweyhe** erhält durch den 1997 gestalteten **Marktplatz** und das sich dort entwickelnde Geschäftszentrum ein neues Gesicht und damit eine neue Ortsmitte. Wer aus Richtung Bremen nach Kirchweyhe hineinfährt, sieht schon am Ortseingang die **Feliciianus-Kirche** stehen. Der Backsteinturm aus dem 13. Jahrhundert ist das älteste Bauwerk in der Gemeinde. Das neugotische Kirchenschiff wird 1862 gebaut. Weithin bekannt sind die **Chorkonzerte** in der Kirche. Ab 2006 soll eine neue Orgel erklingen. Für die Finanzierung des kostspieligen Projekts wird der **Orgelbauverein Felicianus Weyhe** gegründet.

An glorreiche wirtschaftliche Zeiten erinnert die alte **Dampflok 50 3562-1**. Die Eisenbahnstrecke Bremen-Osnabrück führt über Kirchweyhe. Sie ist Teil der stark frequentierten Verkehrsachse zwischen Hamburg, Bremen und dem Ruhrgebiet und verändert das Gesicht der einstmaligen Bauerngemeinde bereits im 19. Jahundert. Um 1900 ist Kirchweyhe einer der größten **Verschiebebahnhöfe** Norddeutschlands. Fachkräfte ziehen mit ihren Familien hierher und sorgen für einen rapiden Bevölkerungsanstieg. Um 1920 gibt es in Kirchweyhe über 1.200 Arbeitsplätze an der Bahn. Noch um 1925, als der Zenith bereits überschritten ist, ernährt die Eisenbahn rund zwei Drittel aller Einwohner Kirchweyhes und viele Familien aus den Nachbargemeinden **Leeste** und **Sudweyhe.** Heute hält der erst 1998 gegründete **Förderverein Dampflok Weyhe** die Eisenbahnerzeit lebendig. Einige der 60 Mitglieder sind ehemalige Lokführer, die selbst noch Dampfloks gefahren sind bzw. als Heizer die Kohlen schaufeln mussten. Mit der Dampflok 50 3562-1, in Staßfurt gekauft, kurz nach der Vereinsgründung nach Weyhe geschleppt und restauriert, kann der Verein die Technik einer Dampflok anschaulich zeigen.

Die Dampflok 50 3562-1 ist ein begehbares Denkmal. Sie steht auf dem Gelände des ehemaligen Bahnbetriebswerkes (r.)

Der westliche Bereich der Gemeinde Weyhe, vor allem **Leeste**, war schon vor dem Durchbruch des Eisenbahnzeitalters ein Zentrum für Verkehr, die Heimat der **Frachtfahrer**. Mitte des 19. Jahrhunderts fuhren Bauern mit ihren Gespannen meistens für Bremer Kaufleute deren Waren in alle Teile Deutschlands. Teilweise wurden sogar Fuhren von der Frachtfahrerzentrale in Nürnberg bis nach Italien übernommen. Diese Fuhrleute erhielten den Beinamen „*Leister*", vom plattdeutschen Wort für „*Leeste*" stammend. Die aufkommenden Eisenbahnstrecken beenden um 1880 diese Epoche.

Ein Hauch von Broadway weht Dank des **Weyher Theaters** durch die Gemeinde. Das nicht subventionierte 200-Plätze-Haus hat sich dem Boulevard verschrieben. Direkt am schön gestalteten Weyher Marktplatz begeistert das Ensemble mit spritzigen Inszenierungen von Komödien, Revuen und Kinderstücken. Den Regisseuren **Kay Kruppa** und **Frank Pinkus**, die auch selber auf der Bühne stehen, ist mit ihrem Ensemble bereits manches Kultstück gelungen. Das Theater ist oft ausverkauft; rechtzeitige Kartenreservierung daher zu empfehlen. Nach den Vorstellungen geht es für Darsteller und Zuschauer gleichermaßen ins **Theaterlokal Die Maske**. Das

Theater bietet auch für den Nachwuchs Kindertheaterkurse an.
Durch den grünen Gürtel der **Hache** und des **Ellernbruch** ist Sudweyhe von Kirchweyhe getrennt. Sehenswert ist die Sudweyher **Wassermühle**, in deren Untergeschoss ein **Mühlenmuseum** und im Obergeschoss ein Ausstellungsraum sowie das **Gemeindearchiv** eingerichtet sind. Hier dokumentiert der ehrenamtliche Archivar **Wilfried Meyer** das Gemeindeleben.
Hervorragende Freizeit- und Wassersportmöglichkeiten bietet die **Weser**, die am Ortsteil Dreye vorbeifließt. Einige durch einen Durchbruch zur Weser entstandene Baggerseen sind für Segler und Motorbootsportler, als auch die Faltbootwanderer beliebter Freizeittreffpunkt.
Vor allem die Genussmittelindustrie ist mit bekannten Marken in Dreye und Leeste vertreten. Seit 1921 bringt die Teehandelsfirma **Paul Schrader** aus allen wichtigen Anbaugebieten wie Assam, Ceylon oder Darjeeling ein breites Teeangebot in deutsche Tassen. Dreye ist nicht nur Betriebsstätte, von hier aus läuft auch der Versand von erlesenen Tees und passendem Zubehör wie Becher, Tassen, Teebüchern, Süßwaren und einem breiten Angebot von Genußmitteln.
Mit des Deutschen liebstem Getränk befasst sich die **Markus Kaffee** GmbH & Co. KG. Rund 100 Beschäftigte arbeiten in der Kafferösterei in der **Industriestraße**, um hier den ausschließlich bei **Aldi Nord** vertriebenen Hochlandkaffee der Marke „Markus Kaffee“ herzustellen.
Auch Vitamine kommen in Weyhe nicht zu kurz. In der **Fruchtsaftkelterei Hans Döhle GmbH** werden Fruchtsäfte produziert, die unter dem Namen **Döhles** in den Handel gehen. 1948 gründet der Ingenieur und Süßmoster **Hans Döhle** mit seiner Frau **Anni** das Unternehmen. Zunächst werden die Säfte auf dem Wochenmarkt auf dem Bremer Domshof direkt verkauft. Die Nachfrage steigt; erste Kontakte zu Lebensmittelgroßhändlern werden geschlossen. Heute werden mehrere Millionen Liter Frucht- und Gemüsesäfte, Eistees, Schorlen und Mineralwasser pro Jahr verkauft. Trotzdem ist das Familienunternehmen auch in der mittlerweile dritten Generation den Anfängen treu geblieben. Wie vor über 50 Jahren werden zur Saison Äpfel aus der Umgebung zu Apfelsaft verarbeitet. Den – und natürlich auch alles andere – kann man dann in **Döhles Saftladen** vor Ort kaufen. Immer freitags.

Sudweyher Wassermühle (o.)

Apfelsilo der Saftkelterei Hans Döhle GmbH (l.)

Frank Pinkus und Kay Kruppa (o.) vom Weyher Theater (l.)

Anni Döhle 1954 auf dem Bremer Domshof (ganz o.)

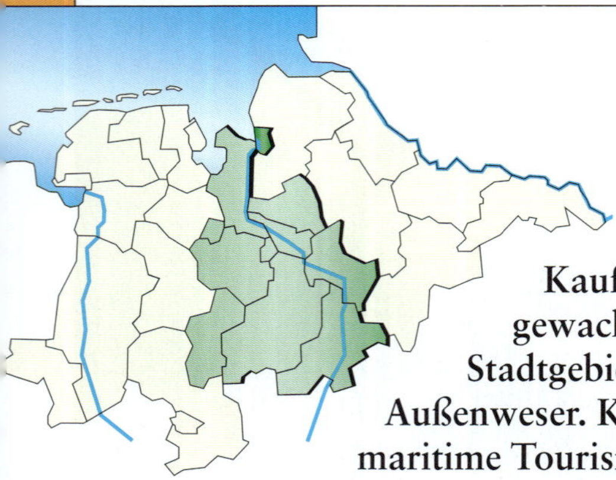

Bremerhaven

Wenige Städte in Deutschland sind so jung wie Bremerhaven. Gegründet von Bremer Kaufleuten, ist die Stadt mit dem Überseehandel gewachsen. Über 15 Kilometer erstrecken sich das Stadtgebiet, Hafenanlagen und Schleusen entlang der Außenweser. Kein Wunder bei so viel Küste, dass auch der maritime Tourismus eine wichtige Rolle spielt und der Stadt bei der Lösung wirtschaftlicher Probleme helfen soll.

Ein häufiger Anblick in Bremerhaven: das plötzliche Auftauchen der Aufbauten von Schiffen zwischen den Häusern (r.)

Der spätere Gründer und erste Bürgermeister Johann Smidt (1773–1857) als junger Bremer Senator, Stich aus dem Jahre 1814 (o.)

Nicht Vororte und Trabantenstädte zeigen das Wachstum der Stadt, sondern ihre Häfen, vom **Alten Hafen** bis zum **Container Terminal IV**. Der **Hafenumschlag** steht im Zentrum, aber die Häfen sind auch Standort für den **Schiffbau**, die **Fischverarbeitung** und die **Passagierschifffahrt**. Innovationen in diesen Branchen und der Hafenlogistik verdankt die Stadt ihr Wachstum, wie auch die schmerzhaften Anpassungsprozesse, die immer wieder Arbeitsplätze kosten und einst blühende Industrie- und Gewerbegebiete in Brachen verwandelt haben. Nur vereinzelt haben sich urbane Traditionen herausbilden können. Fast immer sind es Zeugnisse der Technik und der Industrie, die an die Geschich-

te erinnern. Gemessen an europäischer Stadtgeschichte hat Bremerhaven eher das Gesicht einstiger Pionierstädte des amerikanischen Westens. Ihnen voraus hat es die Lage am Fluss und die Nähe zum Meer.

Bremerhaven ist ursprünglich das Ergebnis einer Kosten-Nutzen-Rechnung im 60 Kilometer entfernten Bremen. Die alte Hansestadt braucht einen neuen Hafen, weil die Weser versandet, und weil der Senat den Ärger mit den Oldenburger Nachbarn über neue Zölle und andere Einschränkungen leid ist. So kauft Bürgermeister **Johann Smidt** den Hannoveranern 1827 für genau 73.658 Taler, 17 Groschen und 1 Pfennig ein Stück Land zwischen **Geeste** und **Wesermündung** ab und gründet mit 19 Männern den neuen „Bremer Haven". Sofort beginnen die Baumaßnahmen. Zuerst kommt die Funktion, dann die Stadt. Sie wächst schnell durch den europäischen Handel, den Überseehandel mit dem jungen Amerika, vor allem aber durch das Geschäft mit den **Auswanderern**.

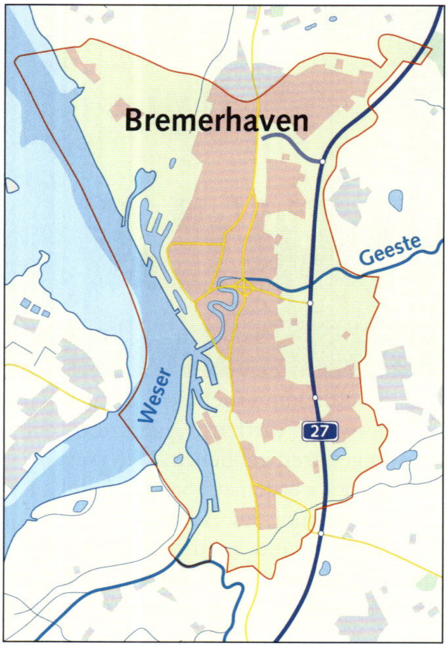

Am Weserdeich

Noch heute ist es während eines Weserspaziergangs auf der lang gestreckten Deichpromenade trotz des frappie-

Bremerhaven hat sich entlang der Wasserkante entwickelt.
Rechtes Bild: Blick nach Norden über den Alten Hafen in Richtung Container Terminal.
Linkes Bild: Blick nach Süden über die Fischereihäfen

rend schnellen Abrisses historischer Bauten unmöglich, nicht auf Spuren der Generationen von Auswanderern zu treffen, die von hier aus Europa verließen und die in Bremerhaven, oft zum ersten Mal in ihrem Leben, das Meer sahen. In der Ausstellung **Aufbruch in die Fremde** an der **Geestemündung**, wo der Deichweg beginnt, reisen die Besucher in die Neue Welt. In nachgestellten Szenen, inszenierten Räumen mit Koffern, Erinnerungsstücken, spärlichem Besitz, Photos, Figuren und über Audiotechnik eingespielten Monologen gewinnen Hoffnungen und Ängste der Auswanderer Gestalt. Stellvertretend für Millionen stehen in der Ausstellung *Johann Möller* und *Jadwiga Bachleda*, die 1854 bzw. 1907 die Reise ins Ungewisse antreten. Die Besucher begleiten sie auf ihrem Weg von der Heimat nach Bremen und Bremerhaven, auf ihrer Überfahrt im Zwischendeck nach New York, erleben mit ihnen die Ankunft auf einem neuen Kontinent, in den sie alle Hoffnung setzen. Dass so viele Menschen den Weg über die neue Stadt am Meer nehmen, ist kein Zufall. Die holländischen und französischen Häfen hatten einen schlechten Ruf, und auf der langen Reise lauerten immer wieder Gefahren. Bremen dagegen erlässt schon Mitte des 19. Jahrhunderts vorbildliche Gesetze, garantiert den Emigranten gute Behandlung,

Stadt-Profil

	Stadt Bremerhaven	Land Bremen
Einwohner, Fläche		
Einwohner gesamt	118.276	663.129
darunter 0 bis 15 Jahre in %	14,3	13,5
darunter älter als 65 Jahre in %	20,0	19,4
darunter Ausländer in %	10,7	12,7
Fläche in qkm	77,68	404,23
Einwohner je qkm	1.522,6	1.640,5
Sozialstruktur (Jahresdurchschnitt, gerundet)		
Erwerbstätige gesamt	52.000	313.000
Empfänger von Arbeitslosengeld / -hilfe	9.771	41.103
Empfänger sonst. Hilfen zum Lebensunterhalt	14.015	60.981
Anzahl Wirtschaftsbetriebe		
Gesamt (Industrie, Handel, Gewerbe, Dienstl.)	4.891	38.113
darunter Land-, Forst-, Fischereiwirtschaft	15	238
Steueraufkommen		
Lohn- und Einkommensteuerzahler	33.320	193.998
Summe positiver Einkünfte (in Tsd. EUR)	985.775	6.757.033
Steuereinnahmen (EUR je Einwohner)	–	–

Wahlen

Bürgerschaftswahl 2003

CDU	31,8
SPD	36,9
FDP	5,7
Grüne	8,9
DVU	7,1
Sonstige	9,6

menschenwürdige Unterkunft und ausreichende Verpflegung an Land und an Bord. So kann Bremerhaven zwischen 1870 und 1920 die Position als größter Auswandererhafen Europas erobern, festigen und halten. An der Wesermündung nehmen insgesamt über sieben Millionen Menschen Abschied vom europäischen Kontinent, mehr als 90 Prozent in Richtung Amerika, vor allem nach New York.

Abschied in den 1950er Jahren: immer noch verlassen Auswanderer aus Europa den Kontinent über Bremerhaven (o.)

Die Auswanderer fördern die ohnehin engen Handelsbeziehungen zu den USA. Bremer Unternehmer importieren vor allem **Baumwolle** und **Tabak** aus den Südstaaten Virginia und Carolina. Die Hinreise jedoch treten sie ohne Ladung an, da es an Exportgütern fehlt. Da kommen die Auswanderer den Geschäftsleuten gerade recht. Sie füllen die Frachträume und verschaffen den Kaufleuten so einen wichtigen Wettbewerbsvorteil. Im Zuge des Aufschwungs entstehen auch zahlreiche Werften: die **Rickmers-Werft**, von der heute nur noch das Haupttor steht, legendäre Großunternehmen wie die **Schichau-Seebeck-Werft** und die **Tecklenborg-Werft** sowie die noch heute bestehende **Lloyd-Werft**.

Die Bremerhavener Werften erleben als Folge der Werftenkrise dramatische Veränderungen. Im Bild: die Seebeckwerft in den 1990er Jahren (r.). Heute werden hier unter dem Namen SSW u.a. Fähren gebaut

Nahe der Auswandererausstellung liegt das Nationalmuseum **Deutsches Schiffahrtsmuseum** (DSM). Mit seinen maritimen Exponaten an Land, der **Museumsflotte** im Alten Hafen und

Die „Seute Deern“ im Alten Hafen (r.)

den Sammlungen im Gebäude an der Deichpromenade ist es ein einzigartiges Ensemble.

Der **Museumshafen** ist der älteste Hafen der Stadt. Auch wenn seine bewegte Geschichte wenig historische Substanz übrig ließ, ist er ein Schmuckstück. Hier liegen u. a. der Windjammer **„Seute Deern“**, die Admirals-Cup Gewinnerin **„Diva“** und ein Polarexpeditionsschiff, die **„Grönland“**. Auf den zur Besichtigung offenen Schiffen sowie im Haupthaus des DSM wird die Geschichte der deutschen Seeschifffahrt erzählt: vom Boots- und Schiffbau über den Walfang bis zur Passagierschifffahrt. Ein Prunkstück der Sammlung ist die **Hanse-Kogge**. Ihr Fund war eine Sensation. Schon kurz nachdem 1962 die Kogge bei Baggerarbeiten in der Weser gefunden wird, steht auf Grund der Altersbestimmung des Holzes fest, dass sie aus der Zeit um 1380 stammt. In sieben Jahren werden rund zweitausend Teile zusammengesetzt. Die jahrhundertelang im Schlamm konservierten Hölzer drohen beim Trocknen an der Luft zu zerfallen.

Werftarbeiter um 1955 (ganz r.)

Die Konservierung ist eine Herausforderung für die Experten, die ein Verfahren zum Erhalt der unterschiedlichen Hölzer entwickeln. Für knapp 20 Jahre verschwindet die Kogge in einem **Tauchbad** aus flüssigem Kunstwachs. Heute erstrahlt das Schiff in beinahe unvergänglichem Glanz.

Das **Weser-Strandbad** hinter dem alten **Wasserstandsanzeiger** liegt südlich vom Schiffahrtsmuseum direkt am Deich. Im Zuge einer Modernisierung wurde der Strand durch Sandaufschüttungen verbreitert. Auf der vergrößerten Terrasse des **Strand-Cafés Seelust** gibt es zu Speisen und Getränken kostenlos eine der schönsten Aussichten Bremerhavens auf Wasser, Schiffe und Landschaft bis zum Horizont. Links die Weser und rechts die Becken des Alten und **Neuen Hafens** sowie des **Kaiserhafens I**, dazwischen der nach Norden laufende **Deichweg.** Er ist die Flaniermeile und das heimliche Herz Bremerhavens. Kein Bremerhavener, dem nicht der Deich einfallen würde, wenn er nach einem typischen Merkmal seiner Stadt gefragt würde. An einer Treppe sind die Wasserstände vergangener **Sturmfluten** vermerkt.

Etwas weiter den Deich herauf liegt der bekannte **Zoo am Meer,** die ehemaligen **Tiergrotten.** Nach dem 2004 abgeschlossenen Umbau leben die Tiere dort in neu gestalteten geräumigen Anlagen. Der Besucher gewinnt einen Eindruck vom Lebensraum der Eisbären, Polarfüchse, Seebären und Pinguine. Auch unter Wasser eröffnen sich neue Ansichten: Seehunde tauchen vorbei und bestechen durch ihre Anmut. Der Aufwand für die freie Unterwassersicht ist enorm: Drei Millionen Liter Wasser – das Fassungsvermögen sämtlicher Aquarien und Becken des Zoos – frischt die installierte Technik stündlich auf. Die neue Aufbereitungsanlage garantiert auf zehn Meter Distanz einen klaren Blick, der Einblick in die faszinierende Welt wird nicht länger durch Schwebstoffe im Wasser getrübt.

Einen Kontrast zu den Tieren des Nordens bilden die Schimpansen. Sie haben hier ihren Platz, weil Seefahrer von ihren Fernreisen häufig Affen in die Stadt mitbrachten. Liebenswert ist der Zoo zudem wegen seiner Kinderfreundlichkeit. Kinder können auf **Abenteuerpfaden** die Fähigkeiten von Tieren nachempfinden oder sich im **Streichelzoo** mit Meerschweinchen und Kaninchen anfreunden.

Beim Zoo liegt die traditionsreiche **Strandhalle** aus dem Jahre 1912. Damals entschließen sich die Planer, in den Keller des Restaurants ein Aquarium einzubauen. Hier leben vor allem Fische der Nordsee, Schollen, Heringe und Kabeljau, dazu Korallenfische und Seepferdchen. Das **Nordsee-Aquarium** ist inzwischen dem Umbau des Zoo am Meer gewichen, die exklusive Gastronomie und die Jugendstil-Atmosphäre der Strandhalle sind aber damals wie heute einen Besuch wert.

An der **Seebäderkaje** sticht im Sommer jeden Morgen um 9.45 Uhr die **MS „Helgoland"** in See und nimmt Kurs auf die rote Nordseeinsel. Schon die

Die im Schlick der Weser gefundene, jahrzehntelang restaurierte Hansekogge von 1380 (o.) wird im Deutschen Schiffahrtsmuseum aufbewahrt. Das Museum ist eines von nur sechs geförderten nationalen Forschungsmuseen Deutschlands

Strandcafé Seelust mit Blick auf die Mündung der Weser und ein- und auslaufende Schiffe (l.)

Beste Unterwassersicht auf die Tierwelt hat man im Zoo am Meer (u.)

Blick über den Weserdeich auf die Strandhalle (o.) Hier erinnert ein Gedenkstein an die Ankunft des Postdampfers „Washington“; im Hintergrund das rot-weiße „Minarett“

Fahrt ist ein Erlebnis. Das Schiff gleitet zunächst an zwei Leuchttürmen vorbei. Der Erste ist das **Minarett** am Zoo. Es stand früher in der Flutmauer der Tiergrotten und wurde beim Neubau der Seebäderkaje um einige Meter Richtung Weser auf ein neues erhöhtes Fundament gesetzt. Damit ist es um einige Meter gewachsen. Seine ungewöhnliche Form aus konischen Stahlkörpern macht es zu einem Unikum unter den Leuchttürmen nahe der Nordseeküste. Nur wenige Meter weiter steht der **Alte Leuchtturm**, das älteste noch betriebene Signal im Nordseeküstenraum. Die Fahrt geht weiter in Richtung **Wurster Küste**. Wie schmal die immer wieder ausgebaggerte Fahrrinne der Weser ist, kann man bei Ebbe gut erkennen. Es folgen die **Vogelschutzinsel Mellum** und der vielleicht berühmteste und sicher meistfotografierte Leuchtturm überhaupt, der **Rote Sand**, bis nach etwa zweistündiger Fahrt **Helgoland** in Sicht kommt.

Das gesamte Areal des Alten und Neuen Hafens ist derzeit das größte und ehrgeizigste **Stadtentwicklungsprojekt** der Seestadt. Rund um die beiden nicht mehr genutzten Becken soll ein urbanes Quartier die Attraktivität der Innenstadt steigern. In naher Zukunft soll die Erlebniswelt **Klimahaus** durch eine simulierte Weltreise entlang des 8. Längengrades Besucher anziehen. Weitere Projekte sind das Einkaufszentrum **Mediterraneum** und das **Atlantic Hotel Sail City** mit **Kongresszentrum**, ein neues **Hochschulgebäude** usw. Die Stadt, in der regelmäßig auch die Großseglerveranstaltung **Sail** abgehalten wird, wird dann zu weiten Teilen wieder ein neues Gesicht aufweisen.

Der Leuchtturm Roter Sand, der durch die Initiative eines Vereins unter Leitung von Ulfert Kaltenstein gerettet werden konnte (u.)

Ein Stück weiter in Richtung Norden, am Rand des lang gestreckten **Kaiserhafen I**, steht seit 1986 das **Auswandererdenkmal** von **Frank Varga**. In Steinwurfweite ragt auf der Landzunge zur **Kaiserschleuse** der 1900 gebaute **Pingelturm** auf. Dieses Molenfeuer ist ein runder Backsteinturm mit weißen Blindfenstern und einer grünen Laterne. Er verdankt seinen Namen der zur Weser hin frei hängenden Glocke, die noch heute bei Nebel sechsmal die Minute „pingelt“ – der plattdeutsche Begriff für „klingeln“.

Auswandererdenkmal (r.); im Hintergrund der Schwimmkran Enak

Für das Jahr 2005 steht der Bau eines **Auswanderermuseums** an. Der **Förderverein Deutsches Auswanderermuseum (FDAM)** wird bereits 1985 gegründet, um die Errichtung eines Museums voranzutreiben, das die große Bedeutung der Auswanderung für die Entwicklung Bremens und Bremerhavens ebenso berücksichtigt wie den europäischen und internationalen Charakter der Migration. Er hat lange sein Domizil in der Inselstraße neben dem **Alten Kraftwerk**.

Über die schmale Brücke der 1897 gebauten **Großen Kaiserschleuse** gelangt man zur 1927 gebauten **Columbuskaje** mit dem berühmten **Bahnhof am Meer**. Teile der Terminalanlage haben bis heute den Charme der 1960er Jahre, als hier die letzten regelmäßigen Passagier- und Auswandererdampfer über den Atlantik verkehren. Mit erheblichen Mitteln wurden große Bereiche der Fahrgastanlage modernisiert. Heute legen hier Kreuzfahrtschiffe an. Betreiber des Terminals ist das **Colum-**

Die Kaiserschleuse (l.) führt zum Wendebecken, zur Lloyd Werft und in die Kaiserhäfen II & III

Der Columbusbahnhof (l.), auch „Kaje der Tränen" genannt. Von hier starten Auswanderer in die Neue Welt, legen Passagierschiffe mit Prominenten wie Richard Tauber oder Marlene Dietrich ab, verlassen, solange dies noch möglich ist, jüdische Emigranten ihre Heimat. Hier ist der Nachschubhafen der US-Army und 1958 geht Elvis von Bord (ganz u.l.) Peter F. Bringmann verwendet das Ereignis später für seinen Film „Der Tag, an dem Elvis nach Bremerhaven kam", natürlich mit Statisten aus Bremerhaven. Und Elvis singt auf Deutsch: „Muß i' denn zum Städtele hinaus..."

bus Cruise Center Bremerhaven. Öffentlich zugänglich ist die **Besuchergalerie.** Der Blick auf Kaje, Schiffe und die Außenweser lohnt sich. Auch wenn die Anlage noch nicht ausgelastet ist, gehört Bremerhaven mit mehr als 60 Ankünften und Abfahrten und 60.000 Passagieren pro Jahr zu den Großen im nordeuropäischen Kreuzreisegeschäft. Die Anlage ist übrigens nicht direkt nach dem berühmten italienischen Kapitän in spanischen Diensten, sondern nach dem Schnelldampfer **„Columbus"** des **Norddeutschen Lloyd** (NDL) benannt.

Der NDL ist das Pendant aus Bremen/Bremerhaven zur **Hapag** in Hamburg. Als Konkurrenten kämpften beide um Passagiere, Auswandererquoten und das **Blaue Band.** Schiffe wie die „Columbus", die „Bremen" oder die „Europa" sind unvergessen. Auch an die Schiffsführer erinnert man sich. Bis heute ist der Name des **Kommodore Ziegenbein** präsent. Der Magistrat nennt den Kapitän der „Bremen" die *„Brücke zwischen Deutschland und Amerika"*. Schon auf der Jungfernfahrt 1929 holt Ziegenbein mit dem neuen Flaggschiff des NDL das **Blaue Band** für die schnellste Atlantiküberquerung. Auf der „Bremen" sammelt Ziegenbein am Dinner-Table Prominenz um sich, von **Roosevelt** bis **Rockefeller** von **Max Schmeling** bis **Marlene Dietrich**. Auch bei der Schiffsbesatzung genießt er hohes Ansehen. **Wilhelm Bohling**, der mit 18 auf der „Bremen" als Stewart anheuert, beeindruckt die Begegnung so sehr, dass er sich noch lange nach dem Tod Ziegenbeins für den Erhalt von dessen Grabstelle auf dem Friedhof in >Langen (III-48) einsetzt. In Bremerhaven erreicht der inzwischen verstorbene Bohling, dass 1992 der **Weserdeich** zwischen **Simon-Loschen-Turm** und Kaiserschleuse den Namen **„Kommodore-Ziegenbein-Promenade"** erhält und zeigt eine eigene Ausstellung im **Columbusbahnhof** mit Exponaten des NDL, seiner Schiffe und seines Kapitäns.

Nach dem Zweiten Weltkrieg ist die Columbuskaje zentraler Anlaufpunkt für die amerikanischen Truppen, die mit der **„United States"** oder der **„America"** ankommen. Auch der Soldat **Elvis Presley** betritt genau hier erstmals deutschen Boden, um seinen Dienst bei der Army abzuleisten.

Weiter geht es vorbei an den Reparaturdocks der **Lloyd-Werft.** Die Werft ist bekannt für spektakuläre Umbauten. In den 1980er Jahren baut sie für die englische **Cunard Line** das damals größte Kreuzfahrtschiff der Welt, die **„Queen Elizabeth II"** um. Der Zeitplan ist eng,

Bordmusiker auf MS „Columbus" (u.)

Die „Pride of America“ nach einer stürmischen Januarnacht des Jahres 2004 mit Schlagseite an der Pier der Lloyd-Werft (o.)

Die „Queen Elizabeth II“ im Dock der Lloyd-Werft (o.r.)

Blick auf den Container Terminal Bremerhaven. An der Kaje wird einer der großen Container Carrier der Reederei Maersk-Sealand abgefertigt (u.)

die Konventionalstrafe hoch. Ganz Deutschland zittert mit der Werft um den Termin. Er wird gehalten. Im Januar 2004 kentert in einem Sturm der Kreuzliner **„Pride of America“**, der an der Kaje der Werft liegt. Der Zusammenbruch der Traditionswerft als Folge dieses Unglücks kann abgewendet werden. Die Arbeit geht weiter.

12,5 Meter hoch ist der **Aussichtsturm**, der aus von Reedereien gestifteten Containern zusammengesetzt ist und einen Blick auf das Südende des **Container Terminals Bremerhaven** freigibt. Hier beginnt die über drei Kilometer lange **Stromkaje**, an deren Landseite Tausende von Containern wie riesige Bauklötze aufeinander gestapelt sind. Dieses Herzstück der Bremerhavener Wirtschaft ist aus Sicherheitsgründen nicht für Besucher zugänglich. Es gibt aber angemeldete Führungen, die sich lohnen!

Mit einem Umschlag von über 50 Millionen Tonnen Waren aller Art zählt Bremerhaven zu den großen Häfen der Welt. Ein Großteil der Produkte kommt in Containern an, von denen pro Jahr mehr als 3,5 Millionen Einheiten (TEU) bewegt werden. Die Tendenz ist weiter steigend. An der 3.300 Meter langen Stromkaje – so genannt, weil sie am offenen Strom der Außenweser liegt – des Terminal können ein Dutzend Schiffe gleichzeitig abgefertigt werden. Die Tiefe des Fahrwassers reicht gerade für heutige Großcontainerschiffe. Die weitere Vertiefung des Fahrwassers der Außenweser, um mit der Entwicklung der Schiffsgrößen Schritt halten zu können, ist eine dauernde Aufgabe und Gegenstand öffentlicher Diskussionen. Die Erfolgsgeschichte des Terminals spiegelt sich in seinen Bauabschnitten seit den 1960er Jahren. Im November 2003 wird mit dem Abschnitt **CT IIIa** ein 340 Meter langes Teilstück eingeweiht. Mit dem Bauabschnitt **CT IV** kommen in naher Zukunft auf einer Länge von 1.700 Metern weitere vier Liegeplätze hinzu. Dann allerdings wird Bremerhaven die Landesgrenze erreicht und seine Ausbaufähigkeit erschöpft haben.

Der Bau von Hafenanlagen ist immer auch ein massiver Eingriff in empfindliche Ökosysteme. Er verbraucht und versiegelt Flächen. Im Baugebiet liegen Lebensräume: Watten, Salzwiesen, Sandflächen, Brackwasserzonen, in denen seltene Tier- und Pflanzenarten gedeihen. Mit dem Bauabschnitt CT IV werden wegen der ökologischen Bedeutung der betroffenen Watt- und Außendeichsflächen umfassende **Kompensationsmaßnahmen** entwickelt. Geplant sind 170 Hektar teils tidebeeinflusster Biotopfläche auf der **Großen Luneplate** in >Loxstedt (III-51). Zudem werden an der Wurster Küste durch eine Teilöffnung von Sommerdeichen und die

Die Größe der Autotransporter (o.l.), die Bremerhaven anlaufen, wird im Vergleich mit dem Gebäude am rechten Bildrand erkennbar

Gerhard Wahlers (o.) ist Geschäftsführer der 1998 gegründeten North Sea Terminal Bremerhaven GmbH & Co (NTB). Etwa 60 Schiffe fertigen die 400 Mitarbeiter des NTB in der Woche ab. Das Unternehmen verfügt über drei Liegeplätze am Container Terminal Bremerhaven

Anlage von Prielsystemen naturnahe Lebensräume geschaffen.

Das zweite Standbein der Häfen ist der **Automobilumschlag**. 1976 feiert Bremerhaven, zwölf Jahre nach Einrichtung des **Auto-Terminals** im **Nordhafen**, die Verladung des millionsten Autos. Niemand konnte ahnen, dass 25 Jahre später mehr als eine Million Fahrzeuge in einem einzigen Jahr umschlagen werden. Empfänger europäischer Exportwagen, die ihre Reise nach Übersee in Bremerhaven antreten, sind vor allem die USA und Länder im Nahen Osten sowie in Ostasien. Hersteller wie Daimler Chrysler, BMW, Ford, VW, Audi, Porsche und Opel verschiffen ihre Produkte via Bremerhaven. Importfahrzeuge kommen vorrangig aus Japan, Korea und den USA.

Klaus-Peter Rinke und Birgit Hensel (l.)

Bedeutung hat neben Autos und Containern auch der **Fruchtumschlag**. Jährlich werden am **Stückgutterminal** an der **Nordschleuse** rund 300.000 Tonnen Bananen umgeschlagen. Weitere Häfen sind die **Kaiserhäfen II** und **III** und der **Osthafen**.

Der Beruf des **Schiffsmaklers** ist in den Küstenstädten unabdingbar. **Klaus-Peter Rinke** übt ihn aus. Das Aufgabengebiet reicht vom Bestellen des Anlegeplatzes über die Order von Lebensmitteln, die Betreuung der Mannschaft bis zum Bestellen des Lotsen. Die Arbeitszeiten sind recht unregelmäßig. Da ist es gut, wenn die Freundin, wie im Falle von Klaus-Peter Rinke, den gleichen Beruf hat. **Birgit Hensel** klariert ihre Schiffe allerdings in >Wilhelmshaven (I-216).

Bremerhaven Mitte

Eine Ansicht der städtebaulichen Struktur der Stadt gewinnt, wer mit dem Fahrstuhl zur **Aussichtsplattform** des 106 Meter hohen **Radarturms** fährt. Deutlich ist zu erkennen, wie sich Bremerhaven vom Alten Hafen aus entlang der Wasserkante nordwärts entwickelt hat.

Der Blick fällt auf das markante weiße Gebäude des **Alfred-Wegener-Instituts für Polar- und Meeresforschung** (AWI) an der **Columbusstraße**. Dessen Entwurf stammt von dem Architekten **O. M. Unger** und ist der Form eines Schiffes nachempfunden. Benannt ist es nach dem Meteorologen und Klimaforscher **Alfred Wegener**. Das AWI ist eine Großforschungseinrichtung mit über 700 Mitarbeitern, eigenen Forschungsschiffen und Stationen in der Antarktis und auf Spitzbergen. Die wissenschaftliche Arbeit des Instituts zielt auf ein tieferes Verständnis der Beziehungen zwischen Ozean, Eis, Atmosphäre,

Der Radarturm des Wasser- und Schifffahrtsamtes (u.) in der Van-Ronzelen-Straße (u.)

AWI-Probebohrungen im ewigen Eis (ganz o.)

Dr. Sepp Kipfstuhl (o.) ist einer der Forscher, die die gewonnenen Eisbohrkerne im Labor analysieren

Meeresboden sowie Fauna und Flora im Wasser. Besondere Aufmerksamkeit richten die Wissenschaftler auf die globalen **Klimaveränderungen**, die in den Polargebieten beginnen. Ein zweites AWI-Gebäude steht an der **Doppelschleuse** des Fischereihafens.

Nahe dem AWI liegt die **Hochschule Bremerhaven** auf dem Gelände des ehemaligen **Auswandererhauses**. Teile von diesem sind in die moderne Fassade integriert worden. Auf dem Vorplatz steht ein weiteres Auswandererdenkmal: **The Last Step** von **Ilja Kabakov**. Es hat die Form eines Kubus' und ist durch zwei einander gegenüberliegende schmale Türen zugänglich. Wände und Decke sind mit feinen, rotgoldenen Zeichnungen bedeckt. Sie zeigen den Blick vom Deck eines Schiffes in alle Himmelsrichtungen. Vor dem Bug erkennt man die Umrisse Amerikas, am Heck die Silhouette Europas und einige Gebäude Bremerhavens.

Der Innenstadtbereich wird dominiert durch die Wohntürme des in den 1970er Jahren als neue Stadtmitte konzipierten **Columbus-Centers.** Über einem Parkdeck sind zwei Dienstleistungsebenen angesiedelt: etwa 70 Einzelhändler in der Fußgängerzone **Obere Bürger**, darüber Einrichtungen wie Kindergärten und Polizei.

Das **Stadttheater** am **Theodor-Heuss-Platz** wird 1911 nach einem Entwurf des Berliner Architekten **Oskar Kaufmann** errichtet. Die Baukosten belaufen sich auf eine Million Mark, wovon die theaterbegeisterten Bremerhavener, die zuvor Theaterkultur im **Volksgarten** gepflegt hatten, 130.000 Mark spenden. Ein **Bombenangriff** zerstört 1944 das Theater, aber schon im Winter 1945 wird im **Leher Bürgerhaus** wieder gespielt. Neben dem Eintrittsgeld müssen die Zuschauer ein Brikett für die Heizung mitbringen. Ein Höhepunkt während der 1960er Jahre ist die deutsche Erstaufführung der Oper „Attila" von Giuseppe Verdi. Weltpremiere hat hier auch 2002 das Musical **Atlantic Affairs**, in dem **Udo Lindenberg** Auswandererlieder präsentiert.

Schräg gegenüber hat die **Kunsthalle** ihren Sitz. Der **Kunstverein Bremerhaven**, eine Institution, die immer vom Engagement umtriebiger Stadtbewohner gelebt hat, ist eine der ältesten kulturellen Einrichtungen im Unterweserraum. Seit fast 120 Jahren organisiert der Verein Ausstellungen und Veranstaltungen, hat im Laufe seiner Geschichte 1.400 Werke angekauft und in den letzten 40 Jahren über 300 Ausstellungen bestellt. Dabei zeigt der Kunstverein vor allem Werke junger Künstler. Neben zeitgenössischen Arbeiten organisiert er auch Ausstellungen zur Architektur- und Literaturgeschichte oder zu kunsthistorischen Themen, deren Spektrum von der Malerei des 19. Jahrhunderts bis zur Kunst der Gegenwart reicht. Nebenan, im **Kabinett für aktuelle Kunst**, gibt sich seit Jahrzehnten nahezu die gesamte Kunstavantgarde der Welt ein Stelldichein.

Wie das Theater haben die nicht dem Wasser zugewandten Stadtteile Bremerhavens im Zweiten Weltkrieg schweren

Zu den Sommerhighlights in Bremerhaven gehören die Nachtaufführungen vor dem Stadttheater (r.) Brigitte Mira, die später eng mit Rainer W. Fassbinder zusammenarbeitet, hat hier in der Spielzeit 1930/31 ihr erstes Engagement

Schaden genommen. 97 Prozent des Kerngebietes und 75 Prozent Geestemündes werden in Schutt und Asche gelegt. Damit hört das alte Bremerhaven auf zu existieren. Eine Katastrophe, die wieder einmal zum Neuaufbau zwingt, die Stadt bekommt ein neues Gesicht. **Herta Böttcher** erlebt den Bombenangriff vom 18. September 1944 als junges Mädchen. Der Entschluss, beim Bombenalarm nicht in der Bürger zu bleiben, sondern bis zu ihrem Wohnhaus in der Kaiserstraße zu laufen, rettet ihr vermutlich das Leben. Nach dem Krieg gehören

sie und ihr Mann **Albert Böttcher** mit zu denen, die die Stadt wieder aufbauen. Ihr Mann arbeitet später bei Seebeck, sie bei Nordmende. In Bremerhaven geblieben zu sein, hat sie nie bereut.

Geestemünde

Heute ist Geestemünde der zweitgrößte Stadtteil. Der **Geestekai** war der erste Fischereihafen des ehemals selbständigen Ortes. Hier landeten die Boote aus Helgoland, Holland und Finkenwerder an und verkauften ihren Fang an örtliche Fischhändler. Am Ende des Kais legt heute in regelmäßigem Verkehr die **Weserfähre** ab und befördert Pendler von Bremerhaven zum anderen Weserufer nach >Blexen (Nordenham 38).

1991 zieht das **Historische Museum (Morgenstern-Museum)** am einstigen Standort der Fischhallen ein. Es zieht viele Besucher durch ein Konzept an, das die Geschichte der Region sinnlich erlebbar macht. Immer wieder erlaubt die lichtdurchflutete Halle Blicke nach draußen, lenkt die Aufmerksamkeit auf alte Dockanlagen und moderne Architektur. Auf 3.300 qm Ausstellungsfläche zeigen Dias, Filme, Videos und Computeranimationen die Exponate und geben dem Besucher Möglichkeiten an die Hand, aktiv in den Prozess der Wissensvermittlung einzugreifen. Eine historische Werft mit typischen Arbeitsplätzen und ein Werftarbeiterwohnhaus, Szenen vom Hafenumschlag, eine Hafenkneipe, ein Fischladen, eine betriebsbereite Dampf- und Kältemaschine sind nur einige der zahlreichen im Museum rekonstruierten Arbeits- und Lebenswelten. Zu finden ist auch eine genealogische Auskunftsstelle mit bis heute vier Millionen Datensätzen über die Auswanderer. An einfach zu bedienenden Terminals ist dort die eigene Recherche nach Personen möglich.

Am Fuße des 1891 erbauten und bis vor wenigen Jahren genutzten **Wasserturms**, liegt der **Neumarkt**, der heute **Konrad-Adenauer-Platz** heißt. Hier wird der größte **Wochenmarkt** Nord-

Zwölf Minuten benötigt die Fähre (o.) um Personen und Autos über die Weser nach Blexen zu bringen

Die kriegszerstörte „Bürger“ (Mitte l.) und Trümmerfrauen beim Wiederaufbau (l.)

Herta Böttcher kennt die Stadt noch unter ihrem Namen „Wesermünde“ und gehört zu denen, die sie nach 1945, jetzt: „Bremerhaven“, wieder aufbauen (ganz l.)

Meister Thurau in der historischen Küferwerkstatt des Morgenstern-museums (u.)

Der 38 Meter hohe Wasserturm am Neumarkt (r.)

Jeanette Schocken (o.) Der Jeanette-Schocken-Preis wird mit 7.500 Euro durch Spenden Bremerhavener Bürger aufgebracht

deutschlands abgehalten. Im Turm ist 2004 ein Restaurant eingezogen. Rohe Wände, weiß gedeckte Tische, eiserne Treppen und feines Geschirr: Aus solchen Kontrasten bezieht die Gastronomie im Turm ihren Reiz. Spektakulär ist der Schankraum mit einer lichten Höhe von über 30 Metern.

Neben dem weitläufigen **Bürgerpark** hinter dem **Hauptbahnhof** ist der **Holzhafen** ein wunderbarer Ruheplatz. Um das ehemalige Becken, in dessen Mitte heute eine **Wasserfontäne** in die Höhe schießt, hat man einen Park angelegt. Hier tummeln sich viele Vogelarten, vom Schwan bis zur Taube und natürlich der Möwe und lassen sich füttern.

Nobelpreisträger Adolf Butenandt (r.)

Persönlichkeiten und Kultur

Auch wenn Bremerhaven vornehmlich eine Stadt der Seefahrt, des Handels und der Industrie ist, hat sie auf kulturellem und sportlichem Gebiet viele Persönlichkeiten hervorgebracht. Eine davon ist **Adolf Butenandt**, der 1903 in Lehe geboren und später Ehrenbürger der Stadt wird. Mit der Isolierung des Schwangerschaftshormons **Progesteron** bestimmt der Chemiker 1935 die Konstitution der Geschlechtshormone. 1939 erhält er dafür den **Nobelpreis.** Die NS-Regierung untersagt ihm aber die Annahme, so dass die Überreichung erst 1949 vollzogen wird. Seine Stellung als Direktor des **Kaiser-Wilhelm-Instituts für Biochemie** in den 1940er Jahren löst später heftige Kontroversen um seine Person aus. Dennoch wird er im Nachkriegsdeutschland Direktor des **Max-Planck-Instituts für Biochemie** und als Nachfolger von **Otto Hahn** Präsident der **Max-Planck-Gesellschaft.**

Publikationen aus dem NW-Verlag (u.)

Der **Wirtschaftsverlag NW - Verlag für neue Wissenschaft** wird 1974 in Wilhelmshaven gegründet, zieht aber zwei Jahre später nach Bremerhaven. 24 Mitarbeiter sind dort beschäftigt. Als wissenschaftlicher Fachverlag gibt er Publikationen und Medien in den Bereichen wie Arbeits- und Gesundheitsschutz, Physik und Technik, heraus. Daneben dokumentieren Veröffentlichungen mit maritimen Themen die Nähe zur Nordseeküste. Vier Mal im Jahr erscheint im Verlag auch die von **Johann P. Tammen** geleitete Literaturzeitschrift **Die Horen.** Sie ist eines der wichtigsten Publikationsorgane der deutschen Literaturszene. Ein Heft widmet sich jeweils einem Thema der deutschsprachigen oder europäischen Literatur. Beiträge von Literaturwissenschaftlern wie Originalbeiträge von Schriftstellern der Gegenwartsliteratur werden gedruckt. 1980 und 1988, wird die Zeitschrift mit dem **Alfred-Kerr-Preis** ausgezeichnet.

Seit 1991 wird in Bremerhaven im zweijährigen Turnus der **Jeanette-Schocken-Preis** verliehen. Benannt ist der Literaturpreis nach der Witwe eines jüdischen Kaufhausbesitzers der Seestadt. Die Bremerhavener **Familie Schocken** bietet im Dritten Reich Verfolgten des Nazi-Regimes Zuflucht. Jeanette Schocken selbst verzichtet auf die Flucht, weil sie ihre schwerkranke Tochter nicht verlassen will. Beide werden am 17. November 1941 deportiert und später ermordet. Der Preis will ein Zeichen setzen *„gegen Unrecht und Gewalt, gegen Hass und Intoleranz"*. Der Name von **Joseph Schocken** und seiner Ehefrau ist außerdem

untrennbar mit der wunderschönen **Villa Schocken** an der Wurster Straße verbunden, die heute ein Seniorenheim der **AWO** beherbergt. In der Ludwigstraße, kurz vor der **Geestebrücke**, mahnt ein mitten auf den Gehweg gestellter **Gedenkstein** an die Zerstörung der Bremerhavener Synagoge.

In ihrer Geburtsstadt Bremerhaven erinnert eine **Laterne** zwischen Stadttheater und Bürger an eine der berühmtesten Sängerinnen des 20. Jahrhunderts. Sie wird am 23. März 1905 unter dem Namen **Lise-Lotte Helene Bunnenberg** geboren. Schon als 19-Jährige heiratet sie den bekannten Bremerhavener Maler **Paul Ernst Wilke**. Anfang der 1930er Jahre geht sie nach Berlin. Den Durchbruch unter dem Künstlernamen **Lale Andersen** schafft sie am berühmten **Kabarett der Komiker**. 1939 nimmt sie **„Lili Marleen"** von **Hans Leip** und **Norbert Schultze** auf. Die eingängige Melodie wird über Nacht zum Lieblingslied der Landser. Nach dem Krieg tingelt Lale Andersen durch die Provinz, wird zum Stammgast im **Hafenkonzert** von Radio Bremen. 1959 feiert sie ein Comeback mit einem Hit von **Melina Mercouri**: *Ein Schiff wird kommen*, der Titelmelodie aus dem Film „Sonntags nie". Doch es wird immer *Lili Marleen* sein, die für ihren Ruhm sorgt. Das zeigt sich 1969 in einer Umfrage der Londoner *Times*, die sie noch zu ihren Lebzeiten in die Liste der bekanntesten Persönlichkeiten des 20. Jahrhunderts einreiht. 1972 stirbt sie und wird ihrem letzten Wunsch entsprechend auf >Langeoog (I-187) beigesetzt.

Aus dem Bereich der bildenden Kunst hat Bremerhaven nicht nur Paul Wilke vorzuweisen. Auch der Künstler **Martin Figura** verlebt hier seine Jugend. Hier werden die Weichen für seine spätere Laufbahn gestellt. Nach dem Kunstunterricht bei **Heide Duwe** an der **Geschwister-Scholl-Schule** entschließt er sich in Berlin Kunst zu studieren. Noch in Bremerhaven gibt er die Literaturzeitschrift **Namenlos** mit heraus, zu der er zahlreiche Zeichnungen beisteuert. In Berlin gründet er mit **Knut Bayer** und **Ulrich Kühn** die **Shin Shin Galerie**, die in den 1980er Jahren für Aufsehen sorgt. Figura selbst wendet sich verstärkt der **Freskomalerei** zu. Nach Aussstellungen in Berlin folgen Präsentationen in Österreich, Frankreich, Japan, der Türkei, den USA und Italien. Letzteres ist inzwischen zur Wahlheimat geworden, aus der ihn aber immer wieder Reisen nach Bremerhaven führen. In verschiedenen Publikationen, u.a. im Eigenverlag, unternimmt Figura mit Literaten und Philosophen auch Versuche, Kunst jeweils mit Literatur und Philosophie zu verbinden. Einen Einblick ins Werk Martin Figuras kann man im Internet unter **martinfigura.com** bekommen.

Ähnlich wie der Weg Martin Figuras verläuft der des Architekten **Hans Scharoun**. Auch er verbringt seine Jugend in Bremerhaven und geht zum Studium nach Berlin. Aus der Seestadt nimmt er die Hafenatmosphäre mit, die zeitlebens in seinen Bauten durchscheint. Nach dem Ersten Weltkrieg gehört Scharoun zur Avantgarde des *Neuen Bauens*, die eine Alternative zur üblichen Bauweise wie auch zu der des *Rationalismus* eines **Le Corbusiers** sucht. 1926 eröffnet er das Büro der Berliner Architektenvereinigung **Der Ring**, der auch **Walter Gropius** ange-

„Lili Marleen" – dieses Lied der in Bremerhaven geborenen Sängerin Lale Andersen (l.) wird im Zweiten Weltkrieg von Soldaten auf beiden Seiten der Front geliebt

Martin Figura (l.) vor einer seiner Freskoarbeiten aus der Werkreihe „Stendhal-Syndrom", bei der es um die Beziehung zwischen Kunstwerk und Betrachter geht

Hans Scharoun (o.)

Der Landschaftsmaler Paul Ernst Wilke (o.)

Schauspieler Heino Ferch (o.)

hört, und wird 1954 zum ersten Präsidenten der neu gegründeten **Akademie der Künste Berlin** gewählt. Zu seinen bekanntesten Gebäuden gehören in der Hauptstadt die **Philharmonie** und die **Staatsbibliothek**. In Bremerhaven ist vor allem das DSM, das als eines der schönsten Museen Deutschlands gilt, Zeugnis seines Schaffens.

1978 werden in Bremerhaven vier Kunstturner gesucht, die mit akrobatischen Kunststücken die Aufführung des Stückes *Can Can* in Bremen unterlegen sollen. Einer davon ist der damals 15-jährige **Heino Ferch**, der heute zur ersten Liga der deutschen Schauspieler gehört. Sein Repertoire erstreckt sich vom irren Mörder über den dümmlichen Yuppie, den Widerstandskämpfer und erotischen Macho bis hin zum Opernsänger. Für die Rolle in *Comedian Harmonists* bekommt er 1997 den **Bundesfilmpreis** als bester Schauspieler und für *Der Tunnel* 2002 die **Goldene Kamera**.

Beim Improvisationstheater Instant Impro (r.) ist Mitmachen angesagt

Die Müllfischer (ganz r.) nehmen die Politik und manches andere auf die Schippe

Im Filmgeschäft erfolgreich ist auch der in Bremerhaven geborene Visual Effects-Supervisor und Filmproduzent **Volker Engel**. Von seinem Konfirmationsgeld kauft er sich eine Super-8-Kamera. Sein erster Film ist ein Animationsfilm mit dem Titel *Das Wüstenrennen*, der auf dem **Ersten bundesweiten Schülerfilmfestival** (dem späteren **Up-And-Coming Festival**) gezeigt wird. 1990 macht er mit den für damalige Verhältnisse spektakulären Visual Effects für **Roland Emmerichs** erstes großes Leinwandwerk *Moon 44* von sich reden. Bekannt wird Engel vor allem durch den Film *Independence Day*. Für die Special Effects erhält er 1997 den **Oscar**. Ende der 1990er gründet er mit **Marc Weigert** in Los Angeles die Filmproduktionsfirma **Uncharted Territory**. 1998 erhält er das **Bundesverdienstkreuz**.

Oscar-Preisträger Volker Engel (o.) während der Sail in Bremerhaven

Beim Bremerhavener Improvisationstheater **Instant Impro** ist Mitmachen angesagt. Denn die Theatertruppe, die seit 1996 jeden Monat rund 300 Gäste ins Theater im Fischereihafen lockt, setzt Vorschläge und Zurufe des Publikums direkt in ihrem Spiel um. Heraus kommt ein spontanes, witziges und originelles Kuddelmuddel, das keiner vorhersehen kann. Sind die Zuschauer zufrieden, regnet es rote Rosen, missfällt das Spiel fliegen schon einmal nasse Schwämme auf die Bühne. Die jungen Künstler **Alexandra** und **Jörg Göddert, Yana Kühtze, Norman Böttger** und Musiker **Giudo Solarek**, die auch auf Tagungen, Messen u. ä. auftreten, sind aus Bremerhaven und Umgebung nicht mehr wegzudenken.

Die 1981 von **Helene Daiminger** gegründete Kabarett-Truppe **Müllfischer** beschäftigt sich vor allem mit Themen rund um Bremerhaven und Bremen. Von Januar bis März spielt das Ensemble vor ausverkauften Häusern. Karten sind schwer zu bekommen. Zu den Müllfischern gehören **Hannes Daiminger, Uwe Requart, Jan Hoheisel, Gerd Blancke, Reinhard Rehwinkel, Manfred Richter** (1995 bis 1999 Oberbürgermeister der Stadt Bremerhaven), **Wolfgang W. Weiß** (amtierender Kulturdezernent) **Birgit Spohn, Inge Petersen** und **Marianne Klitzka.** Chefin, Regisseurin und Texterin ist von Beginn an Helene Daiminger. Die ehemalige Schulleiterin der **Karl-Marx-**

Schule gründete auch das **Piratenspektakel**, ein Event mit kabarettistischen Zügen.
Bemerkenswert ist im Stadtstaat auch die Politik selbst. *„Zwei Städte – ein Land"*, so lautet der Slogan des kleinsten Bundeslandes. Das klingt nach Gleichberechtigung, ist aber doch eher ein Verhältnis von Mutter und Tochter. Bremerhaven stellt 16 von 83 Abgeordneten in der **Bremischen Bürgerschaft.** Gewählt werden die Abgeordneten in beiden Städten getrennt. Um ins Landesparlament einzuziehen, reicht die Überwindung der Fünf-Prozent-Hürde in einer der beiden Städte – eine Besonderheit des bremischen Wahlrechts, von der kleinere Parteien profitieren können. Für kommunale Ange-

Blick in die Alte Bürger (l.)

legenheiten wählen die Bremerhavener zusätzlich eine eigene **Stadtverordnetenversammlung**, die den **Magistrat** als Stadtregierung ernennt.

Kneipen und Musikszene

Bremerhaven hält einen beeindruckenden deutschen Rekord: im Verhältnis zur Einwohnerzahl hat die Seestadt die meisten **Kneipen** zu bieten. Und als Hafenstadt ist hier seit jeher die Sperrstunde unbekannt. Ein Großteil der Lokale konzentriert sich auf der **Alten Bürger**, dem Teil der **Bürgermeister-Smidt-Straße** zwischen dem **Martin-Donandt-Platz** und dem **Waldemar-Becké-Platz.** Auf diesen 350 Metern finden sich Kneipen, Imbisse und Restaurants, wobei die ebenfalls reichlich bestückten Querstraßen nicht mitgezählt sind. Eine der ältesten Kneipen ist das **Ströhlinsky**, eine der jüngsten die Rock- und Blues-Kneipe **Muckefuck.** Die Alte Bürger ist seit Jahrzehnten die **Szenemeile** der Seestadt, die sich wie die Stadt selbst allerdings im ständigen Wandel befindet und dabei den Zeitgeist wiedergibt. Doch bei allem Wandel wird hier auch künftig das Kneipenleben pulsieren.

Die Bühne bei Seebeck am Markt war immer hochkarätig besetzt und das Tanzparkett voll (o.)

Bis zum Zweiten Weltkrieg heißt die **Prager Straße** noch „Lange Straße" und ist das Vergnügungsviertel Bremerhavens. Zahlreiche kleine Gastwirtschaften säumen beide Straßenseiten. Das **Alt-Bremerhaven,** 1839 erbaut, ist die älteste Kneipe der Stadt. Heute lockt sie mit urigem Ambiente. Die erste Etage hat früher als Herberge und Winterquartier für die Schausteller, die ihre Stände und Buden auf dem Marktplatz rund um die **Große Kirche** aufgebaut hatten, gedient. Seit 1978 steht das Gebäude unter Denkmalschutz.
Kneipen haben in Bremerhaven auch Geschichte gemacht. Schon 1950 beginnt in Bremerhaven eine Legende. **Seebeck am Markt** wird Treffpunkt Nr. 1 für Rock'n' Roll-Fans. Viele deutsche Stars treten im **Hein Wuppdi**, wie der damals größte Saalbau Bremerhavens auch genannt wird, auf, wenn **Harry Nestler** seine Ansage macht: *„Hallo Freunde, guten Abend und herzlich willkommen..."*. **Wanda Jackson** lässt den Saal erzittern, wenn sie *Let's have a party* anstimmt. Das Publikum steht Kopf, wenn **Emil Harder** oder die **Black Stars** mit **Uli John** und **Heiner König** ihren Rock'n'Roll durch die 30-Watt-Gibson-Verstärker schicken. Und wenn der spätere Weltenbummler **Manni Müller** sein *Granada* singt, wird es romantisch. Nachdem die Stadt 1965 das Gebäude kauft und kurz danach abreißen lässt, erinnert heute nur noch eine Schallplatte, ein Film und vielleicht die persönliche Erinnerung an den Inbegriff für die Zeit der 1950er Jahre.
1958 kommt der Nigerianer **Asuquo Eyo** nach Bremerhaven und eröffnet in der Rickmersstraße, Ecke Körnerstraße, die einzige deutsche Kneipe, die

Asuquo Eyo (o.)

Manni Müller vor seiner Ente, mit der er um die Welt gereist ist (ganz o.)

Stephan Remmler (o.)

Wolfsmondkonzert (ganz o.) aus dem Film „Keiner kann was dafür“ Darunter: die Hagen Allstars in Nordenham mit George B. (u.) an den Drums

auch in New York und Soho bekannt geworden ist: **Chico's Place** – Deutschlands populärste Jazz-Kneipe, Treffpunkt farbiger GIs und exzellenter Musiker aus aller Welt. In den 1950er und 1960er Jahren kommen sie oft mit den großen Passagierdampfern nach Bremerhaven – wie die Bordkapelle der „United States“, unter ihnen herausragende Jazzer, die mitsamt Instrumenten schon vor Chicos Tür stehen, bevor die geöffnet ist. Talente aus Bremen, Hamburg und Hannover, Musiker aus der 61st Army Band, Jazz-Größen wie **Dizzy Gillespie** treten oft bis acht Uhr morgens vor überwiegend farbigem Publikum auf. „*Wir waren besessen vom Glauben an die Musik*“, resümiert Chico kurz vor seinem Tod 1992 sein Lebenswerk, das mehr als einmal Sprungbrett internationaler Karrieren war: so tritt **Harry Habla**, Jazzer und Swing-Pianist später in New York und Las Vegas auf und spielt zusammen mit **Duke Ellington**. Ins Chico's pilgern Jazzgrößen wie **Ed Kröger** und **Siggi Busch**. **Jörg Seidel** erlernt als 17-Jähriger hier den Jazz und von Bremerhavens **Sinti-Musikern** den Swing. 1998 treffen sich die Veteranen der nicht nur lokalen Jazzgeschichte, dabei auch **Helle Peters, Frank Delle, Hanns-Carl Engels, Arno Gräger** u.a. zu einem Konzert im Stadttheater, das auch auf CD festgehalten ist.

In den 1970er Jahren eröffnet nicht weit vom Chico's Place **Helle Peters** mit seiner Frau **Helga** in der **Stormstraße** mit dem **Riverboat** eine zweite Kneipe, die in der Jazz- und Folkszene zum Mekka wird. Musiker wie **John Pearse**, der über seine Gitarrenschule im Fernsehen bekannt wird, sind hier anzutreffen. Besonders hoch geht es an Skiffleabenden her, wenn Gruppen wie **Leinemann** oder die **Bourbon Skiffle Company** spielen. Dann brechen schon mal die Tische unter tanzenden Leuten zusammen. Nach seiner Verlegung in die Obere Bürger aber geht das Riverboat unter.

Als 1989 das **Wally** schließt, protestieren dagegen tausend Jugendliche, ein Rekord für diesen Anlass – eine Kneipenschließung – und sicher angemessen bei der Schließung eines Ortes, wo sich Auszubildende und Abiturienten gleichermaßen treffen, öffentliches Leben eingeübt wird und sich soziale Unterschiede ausgleichen. Zwei Jahrzehnte prägt das Wally die Szene in Bremerhaven und gilt als Mittelpunkt der Alten Bürger. In den 1960ern werden dort Äpfel verteilt und angeblich **Keith Richards** gesehen, der in einem Interview tatsächlich Bremerhaven erwähnt.

Ab Mitte der 1970er Jahre führt **Rolf „Mick“ Kaiser** das Lokal. Er ist zugleich einer der erfolgreichen Musiker der Seestadt. Gemeinsam mit Gitarrist **Klaus „George“ Meier** und **George B. Miller** bestimmt er jahrzehntelang die Bremerhavener Musikszene. Unabhängig voneinander mischen sie in zahlreichen Bands mit und kommen teilweise bundesweit zu Erfolgen. So gründet Meier zusammen mit **Jochen Peters** alias **Lude Lafayette** 1975 die Gruppe **Wolfsmond**, eine der ersten deutschsprachigen Rockbands. Heute schließt sich der Kreis mit den **Hagen Allstars**, die in der englischen Clubszene ebenso zuhause sind wie an der Wesermündung. Bereits 1967 arbeiten Miller und Kaiser in der Band *Just Us* mit dem Bremerhavener **Stephan Remmler** zusammen. Dieser gründet 1981 gemeinsam mit dem Bremer Gitarristen **Gert „Kralle“ Krawinkel** und dem Schlagzeuger **Peter Behrens** das **Trio**, das mit minimalistischen Kompositionen von >Großenkneten aus (74) die deutsche Musikszene revolutio-

Das Wally (r.) Das Straßenstück davor gehörte praktisch zum Lokal

niert und mit *Da Da Da, ich lieb Dich nicht Du liebst mich nicht* einen Welthit landet. Nach dem Ende von Trio startet Remmler eine Solokarriere und ist mit Stimmungsliedern wie *Keine Sterne in Athen* und *Alles hat ein Ende nur die Wurst hat zwei* erfolgreich. 1997 zieht er sich vom Musikgeschäft zurück.

Als Kind kommt **Juan Dominguez** in den 1960er Jahren mit seinen Eltern nach Bremerhaven. Hier lernt er seine spätere Frau kennen. Als die Familie nach Spanien zurückgeht, bleibt er, inzwischen selbst Vater zweier Kinder, **Simon** und **Sarah**, in Deutschland. Die musikalischen Wurzeln zu seinem Geburtsland hat er aber nicht gelöst. Zwar macht er eine Tischlerlehre, seiner Leidenschaft aber bleibt er treu. Sie gilt der Gitarre und dem **Flamenco**. Mit beiden begeistert er, manchmal allein, manchmal mit stimmlicher Begleitung, seine Zuhörer.

Sport in Bremerhaven

Durch die langjährige Anwesenheit der amerikanischen Streitkräfte – der **AFN** sendete von hier aus – haben sich in Bremerhaven vor allem **Basketball** und

Eishockey als Traditionssportarten herausgebildet. Erfolgreichste Basketballer der Stadt sind die **Eisbären Bremerhaven**. Seit 1999 spielt die Mannschaft in der Zweiten Bundesliga und gehört zu den wichtigsten Kandidaten für den Aufstieg ins Oberhaus.

Ebenfalls in der Zweiten Liga spielen die **Fischtown Pinguins**, das Eishockey-Team des **REV Bremerhaven**. Wie schon dessen Vorgängerclub, den legendären **Eulen** des **RSCB**, folgen Bremerhavens Eishockey-Fans ihren Helden auf eine Achterbahnfahrt der Gefühle. Dem Aufstieg in die Zweite Liga im Jahr 2000 folgt 2002 überraschend die Meisterschaft. Doch in der darauf folgenden Saison steigen die Pinguins unvermittelt wieder ab. Trainiert vom ehemaligen Nationalspieler **Peter Draisaitl**, haben sie sich den direkten Weg zurück erkämpft.

Vom REV spaltet sich 1993 der **ERC Bremerhaven** ab, der heute ein weiteres sportliches Highlight der Seestadt repräsentiert: den **Rollkunstlauf**. Seine Erfolgsstory beginnt bereits in den 1960er Jahren. **Volker Thies** bringt mit dem RSCB fünfmal hintereinander von den Deutschen Meisterschaften und den Weltmeisterschaften den Titel des „Vize" nach Hause. Gleichzeitig wird **Astrid Bader** mit vier Weltmeisterschaften in Folge eine der erfolgreichsten Rollkunstläuferinnen aller Zeiten und ist überdies die erste Sportlerin, die eine Weltmeisterschaft nach Bremerhaven holt. Der aktuelle Höhepunkt für Bremerhavens Rollkunstläufer ist der Gewinn der Silbermedaille durch ihre Tochter **Constance Hoßfeld** bei den Weltmeisterschaften 2004.

Sie gehört zur Stadt wie der Fisch: Die **TSG Bremerhaven** ist mit 19 Deutschen Meisterschaften, 10 Europameister- und 13 Weltmeistertiteln das erfolgreichste deutsche Team im **Latein-Formationstanz** und zugleich der erfolgreichste Sportverein der Stadt. Ihr Trainer **Horst Beer** war gemeinsam mit seiner Frau **Andrea** selbst neunmal Deutscher Meister und jeweils dreimal Welt- und Europameister bei den Einzelpaaren. Heute leiten Andrea und Horst Beer in zweiter Generation die

Juan Dominguez an der Gitarre bei einem Auftritt mit dem Flamencosänger Paco Reyer (l.)

Constance Hoßfeld beim Training (u.)

Schon in den 1970er Jahren spielen im Basketball durch den Einfluss der Amerikaner die Jugendauswahlmannschaften der Stadt (o.) eine wichtige Rolle. Heute ist das Profiteam der Eisbären (l.) auf Bundesligakurs

Andrea und Horst Beer (o.)

Die Lateinformation der TSG in Aktion (o.r.)

Tanzschule Beer, die mit einem breit gefächerten Angebot an Kursen viele Bremerhavener zum Tanzsport führt und damit immer wieder den Grundstein für den sportlichen Erfolg der TSG legt. Dass es beim Tanzen jedoch nicht nur um Titel, sondern auch um den Spaß an und mit der Musik geht, beweist das Breitensportangebot der TSG. Mit Kursen für Aerobic und Bauchtanz sowie **Opas Tanzcafé** für Senioren bietet sie ihren Mitgliedern viele Möglichkeiten sich einfach zur Musik zu bewegen.

Fischereihafen

Trotz des Niedergangs der deutschen **Hochseefischerei** in den 1970er und 1980er Jahren arbeiten heute mehr Menschen im **Fischereihafen** als je zuvor. Aus dem Hafen ist ein Gewerbegebiet geworden: „Im Fisch" arbeitet nur noch knapp die Hälfte der Beschäftigten – etwa 8.500 Menschen – und der Fisch wird nicht mehr von deutschen Trawlern angelandet, sondern von russischen Kühlschiffen.

Fast alle in Europa verkauften **Fischstäbchen** reisen jedoch via Bremerhaven nach England, Italien oder Spanien. In der **Packhalle XXIII** haben sich Fisch verarbeitende Betriebe angesiedelt. Wagen kurven zwischen den Hallen herum und transportieren Eis. Gabelstapler fahren Paletten mit Bratheringen und Seelachsschnitzeln zu den wartenden Kühlwagen. Vorwiegend nachts wird der Frischfisch gelöscht und im Akkord nach Größe und Qualität sortiert. Die **Fischauktion**, auf der sich noch vor wenigen Jahren frühmorgens in der über 550 m langen **Halle X** die Händler lautstark überboten, wird heute im Auktionsraum digital abgewickelt.

Mit dem **Seefischgroßhandel Wilhelm Petersen** hat sich einer der letzten Familienbetriebe im Fischereihafen behauptet. Das seit 1903 bestehende Unternehmen wird seit 1974 von **Klaus Brinkmann** und Ehefrau **Eike**, Enkelin des Firmengründers, geführt. Rund sechs Tonnen Seefisch, davon allein fünf Tonnen Rotbarsch werden hier täglich von Hand filetiert und verpackt und dabei packen die beiden immer noch selbst mit an. Ihre flinken Hände konnten die Brinkmanns sogar 1995 bei den **Europameisterschaften im Fischfiletieren** in Rejkjavik präsentieren.

Von der Geschäftsführung persönlich handfiletiert: Rotbarsch im Seefischgroßhandel Wilhelm Petersen. Eike Brinkmann und Ehemann Klaus lassen sich das bis heute nicht nehmen (r.)

Ganz in der Nähe, im Gebäude des **Fischereiamts**, betreibt Tochter **Silke Brinkmann** ihr **Büro für Gestaltung**. Neben Flyern, Plakaten und Buchlayouts sind vor allem Präsentationskonzepte für Messen und Ausstellungen ihre Spezialität. Davon konnten sich mittlerweile nicht nur namhafte Unternehmen und der **Bundesverband**

Silke Brinkmann in ihrem Büro für Gestaltung (o.)

der deutschen Fischindustrie und des Fischgroßhandels überzeugen, sondern unter anderem auch der Ex-Bundespräsident **Johannes Rau**. So wurden drei von vier Vitrinen einer Ausstellung des Landes Bremen im Schloss Bellevue im Frühjahr 2004 von Silke Brinkmann konzipiert.

In den Betrieben zwischen **Geeste** und **Lune** werden außerdem britische Kultautos vom Typ Mini umgeschlagen, tiefgekühlte Paellas abgepackt, Rennyachten konstruiert und Fliesen gebrannt. Auf das Areal strömen aber auch immer mehr Menschen, die nichts mit der Arbeit im Hafen zu schaffen haben, denn auf dem weitläufigen Gelände mit den zahlreichen Hallen hat sich eine Vergnügungsmeile besonderer Art etabliert: das **Schaufenster Fischereihafen**. Gehobene Restaurants und gemütliche Hafenkneipen liegen in der ehemaligen **Packhalle IV** Tür an Tür. Abends bietet das **Theater im Fischereihafen** (TiF) ein abwechslungsreiches Kulturprogramm. Das TiF startet 1996 in einer restaurierten Versandhalle und erobert sich schnell einen festen Platz im Bremerhavener Kulturleben. Bereits nach zwei Jahren liegt die Platzausnutzung bei 90 Prozent. **Otto Sander, Klaus Lage** und **Götz Alsmann** sind einige der bekannteren Künstler, die im TiF gastieren. Aber das Theater setzt nicht nur auf große Namen, sondern ist auch für den regionalen Nachwuchs eine wichtige Adresse. Inhaltlich ist das Haus breit aufgestellt. Zum Angebot zählen klassische Konzerte, experimentelles Schauspiel, Tanz, Zauberei, Marionetten- und Improvisationstheater.

Das Schaufenster Fischereihafen (l.) hat sich seit seiner Eröffnung zum Publikumsmagneten für Einheimische und Gäste entwickelt. Zahlreiche Lokale und Veranstaltungsorte haben sich in den alten Hallengebäuden eingerichtet

Das **Atlanticum** ist eine Wasserwelt, in der den Besucher vor allem ein riesiges 150.000-Liter-Aquarium mit Kaltwasserfischen erwartet, die sich um ein gesunkenes Wrack tummeln. Zu sehen sind Plattfische, kleine Rochen, Katzenhaie und Hummer, Knurrhahn und Kabeljau. Außerdem bietet das Atlanticum multimediale Informationen über das Meer und seine Lebewesen.

Im angrenzenden Hafenbecken liegt die **„Gera"**. Das schwimmende Hochseefischereimuseum vermittelt ein Bild vom Leben und Arbeiten auf einem Fangschiff: vom Schleppnetz auf dem Fangdeck über die Kochtöpfe in der Kombüse bis hin zur Uniform des „Alten" in der Kapitänskammer. Ausstellungen und Filme dokumentieren die harte Arbeit an Bord dieses letzten deutschen Seitentrawlers.

Von den zahlreichen Fischbratküchen und Fischrestaurants ist das **Fischereihafenrestaurant Natusch** mit seiner maritimen Dekoration eines der bekanntesten. Auf der Westseite des Fischereihafens steht der Leuchtturm **Brinkamahof**, in dem heute Bremerhavens kleinste Kneipe untergebracht ist. Der Leuchtturm aus dem Jahr 1911 stand früher als Leuchtfeuer sechs Kilometer nördlich von Bremerhaven auf dem **Wurster Watt**. Er stand der Erweiterung des Container Terminals im Weg. Im August 1980 versetzt der Schwimmkran „Thor" den kompletten Turm in einer spektakulären Aktion zur Marina der **Nordsee-Yachting** am **Seedeich**. Ein zweiter Yachthafen des **Weser-Yacht-Clubs** findet sich in Geestemünde.

Jedes Jahr zu Pfingsten wird der Fischereihafen zum Monte Carlo des Nordens, denn mit dem **Fischereihafenrennen** steigt in Bremerhaven eines der größten Motorsportereignisse Norddeutschlands. Seit 1952 findet das Straßenrennen in den unterschiedlichsten Klassen statt. Moderne Superbikes, aber auch klassische Rennmaschinen und sogar Roller donnern zwischen den Fischhallen hindurch und sorgen optisch wie akustisch für Gänsehaut. Das Highlight für jeden Fan ist das **Fahrerlager**, das frei zugänglich ist.

Der Leuchtturm Brinkamahof (o.) beherbergt das kleinste Lokal der Stadt, das immer erst ab 20.00 Uhr öffnet

Szenenphoto aus dem Stück „Op un daal mit de Moraal" der Theaterbühne Waterkant (r.)

Das Fischereihafenrennen, Aufnahme 1952 (ganz o.) und heute (o., Aufnahme 2004) mit Erwin Sadtkowski und Walter Zeller an der Spitze

Hier kann man Motorsport hautnah erleben. Ein Rahmenprogramm darf ebenso wenig fehlen wie attraktive **Grid Girls** am Start. Veranstalter ist die **MSG Weserland** und ihr Vorsitzender **Hinrich Hinck**.

Lehe, Leherheide und weitere Stadtteile

Der größte Stadtteil Bremerhavens ist Lehe. Hier befinden sich die **Magistratsgebäude** und die **Stadthalle**, hier findet auch der **Freimarkt** statt. **Hafen-** und **Rickmersstraße** sind seine Verkehrsadern, welche ein für Bremerhavener Verhältnisse architektonisch weitgehend erhaltenes Viertel abstecken. Darunter kleine charmante Wohnstraßen wie **An der Allee**. Nicht weit liegt die **Lessingstraße**, wo das älteste Gewerbe der Welt betrieben wird. Anders als in anderen Städten gibt es hier allerdings keine Absperrungen. Das Gewerbe ist ins Alltagsleben eingebunden.

In **Leherheide** ist **Thieles Garten** an der Mecklenburger Straße sehenswert. Die Brüder **Gustav** und **Georg Thiele** erwerben das Grundstück 1923, als Leherheide noch ein kaum besiedeltes Moor- und Heidegebiet ist. Gustav, gelernter Geiger, bildet sich zum Bildhauer weiter. Auch sein Bruder Georg betreibt das erlernte Fotohandwerk nur als Broterwerb. Seine Leidenschaft gilt der Malerei, der er sich als Autodidakt widmet. 1929 heiratet er **Grete Itzen**, die ebenfalls gern malt. Sie hat beiden Brüdern unzählige Male Modell gestanden, so dass die Besucher ihr überall im Park begegnen. Die Brüder verwandeln das damals 6.000 Quadratmeter große Terrain in eine Phantasielandschaft voller Skulpturen. Sie pflanzen Bäume, Büsche und Stauden, darunter viele seltene Exoten. Ihr Haus bauen sie im maurischen Stil und setzen eine Moorkate als Gästehaus und Atelier daneben. Die Thieles gestalten diese paradiesische Landschaft als Refugium, wo sie ganz ihre Kunst leben. Nach dem Tod der Brüder verfällt der Park zunächst. Die Vegetation wuchert, Figuren und Felsen verwittern, viele Arbeiten werden zerstört oder gestohlen. 1985 erwirbt die Stadt das Anwesen und das Gartenbauamt renoviert Anlagen und Skulpturen. Der **Förderverein Thieles Garten e.V.** füllt dieses seltene Kleinod seit seiner Wiedereröffnung im Frühjahr 1990 mit Leben.

In **Speckenbüttel** ist seit vielen Jahrzehnten vor allem der **Park** ein beliebtes Ausflugsziel. 1897 entsteht das im Schweizer Stil angelegte **Parkhaus** und acht Jahre später das **Kaffeehaus**. Jüngeren Datums ist das aus Pflanzen bestehende **Weidenschloss**. Teile des Parks gehören heute zum **Freilichtmuseum Speckenbüttel** des **Bauernhausvereins Lehe**. Im Speckenbütteler Park hat der Verein seit 1908 an drei Standorten zahlreiche Häuser der Region aufgebaut: im **Geesthofareal** an der Parkstraße zum Beispiel ein Fachhallenhaus von 1629, ein Altenteilerhaus von 1645, daneben eine Moorkate, ein Backhaus, einen Bienenschauer und eine Durchfahrtscheune, liebevoll umgesetzte niedersächsische Bauernhäuser erlauben einen Blick in das einstige bäuerliche Leben.

Von Juli bis September gastiert im **Geesthaus** die niederdeutsche Bühne **Waterkant**. In der Zeit ihres 80-jährigen Bestehens hat sie 270 Inszenierungen mit rund 4.200 Vorstellungen für weit mehr als 500.000 Besucher auf die Bühne gebracht. Pro Spielzeit inszeniert die Gruppe außerdem drei Stücke für das **Kleine Haus** des Stadttheaters. Auch das **Tierheim** leistet in Speckenbüttel seine unersetzliche Arbeit. Etwas außerhalb gelegen, haben sich die Stadtteile **Surheide** und **Schiffdorferdamm** zu gefragten Wohngebieten entwickelt.

In der Zauberwelt von Thieles Garten (l.) werden in den Sommermonaten auch Konzerte veranstaltet

Kommt man über die **Fischereihafenbrücke** nach **Wulsdorf**, fällt auf der linken Seite der Weserstraße als Erstes die **Villa Schlotterhose** ins Auge, die bedeutendste Unternehmervilla der Gründerzeit in Bremerhaven. Errichtet wurde sie 1894/95 für den Begründer der deutschen Dampfhochseefischerei **Friedrich Busse**. 1920 kauft der westfälische Maschinenbauer **Conrad Schlotterhose** die Villa und lässt gleich nebenan eine neue Fabrik errichten. Die Fabrik bietet bis zu ihrem Abriss 1999 eine der besonders bekannten Bremerhavener Stadtansichten. **Margrit Jürdens** rettet die Villa vor dem Abriss und poliert mit großer Energie das Schmuckstück auf. Hier ist heute das **Puppencafé** untergebracht, ein Restaurant mit anliegendem Fachgeschäft, wo prachtvolle Sammlerpuppen und Teddys sowie Zubehör bestaunt und vor allem gekauft werden können.

In **Wulsdorf** erhebt sich auch der **Jedutenberg** mit der **St.-Dionysius-Wehrkirche**, die es Ausgrabungen zufolge seit dem 9. Jahrhundert gegeben haben dürfte. Wahrzeichen des Viertels ist der imposante **Wohnwasserturm**. In **Grünhöfe** hat der **Kulturladen** seinen Sitz, der u. a. auch das **Open-air-Kino** im Fischereihafen organisiert.

Weddewarden, der nördlichste Stadtteil, ähnelt mehr einem Dorf als einem Stadtteil. Tatsächlich erinnern heute noch Gebäude wie der **Hof** von 1838 in der **Morgensternstraße** an die bäuerliche Vergangenheit. Vom Weddewardener Deich aus wird deutlich, wie nah der Container Terminal dem Ort schon gerückt ist und man sieht die gesprengte **Festung Brinkamahof** wie die Holzreste der einst bei den Bremerhavenern beliebten **Strandbadeanstalt**. Oberhalb Weddewardens liegt links und rechts der **Fahrrinne** in die offene Nordsee der **Nationalpark Wattenmeer** und das Meer.

NORDSEE-ZEITUNG

Täglich erscheint die „Nordsee-Zeitung" in Bremerhaven und ist für die Region die führende Tageszeitung

Blick auf die Mündung der Weser, die manchem bereits wie die offene Nordsee erscheint (l.)

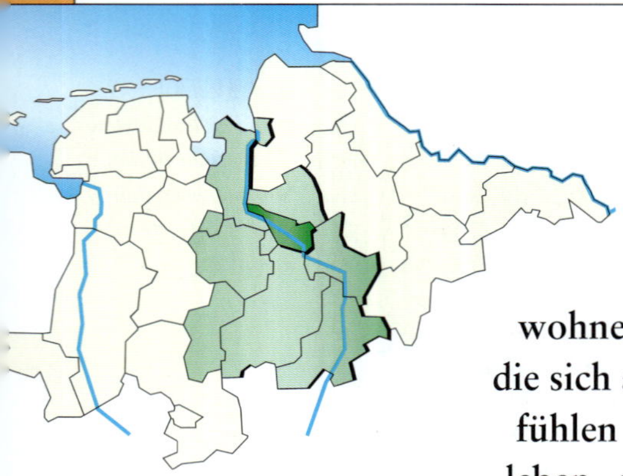

Freie Hansestadt Bremen

Bremen ist ein Dorf mit 550.000 Einwohnern. Genauer: Bremen, das sind viele Dörfer, die sich allerdings Stadtteile nennen. Ihre Bewohner fühlen sich aufgehoben in guten Nachbarschaften, leben „wie auf dem Dorf" und sagen, wenn es zum Einkaufen geht, sie fahren „in die Stadt".

Dieses dörfliche Gefühl ist nicht verwunderlich im Blockland, in Huchting oder Seehausen, wo tatsächlich nur jeweils wenige hundert Menschen wohnen. Aber diese Kiez-Mentalität ist auch in den Stadt- und Ortsteilen mit vielen Tausend Bewohnern ausgeprägt. Wer im Ostertor wohnt, empfindet den Weg nach Walle ins Kino 46 fast als Zumutung. Wer in Grolland zuhause ist, fährt zum Einkaufen ins Huchtinger Einkaufscenter und nicht in die zentrale Obernstraße.

Die wohl wichtigste Urkunde Bremens, das „Linzer Diplom" (o.) von 1646, mit dem Kaiser Ferdinand III. in Linz die Reichsfreiheit der Stadt bestätigt

Verblüffend ist der starke Charakter vieler Quartiere. Jedes ist eine kleine Welt für sich mit eigenem Stil. In Vegesack ist immer noch die Vergangenheit als Walfängerort lebendig, das Steintor ist und bleibt urban und ein wenig anrüchig, Gröpelingen wird immer Arbeiterviertel sein, Walle vermutlich und zu Unrecht unterschätzt bleiben.

Aber diese Dörflichkeit ist nur eine Seite der Medaille. Denn Bremen ist kein Dorf, sondern im Gegenteil eine der ältesten Stadtrepubliken Europas. Hier haben die Bürger schon im 13. Jahrhundert die Geschicke in die eigenen Hände genommen, haben sich gegen den Erzbischof durchgesetzt und dem Kaiser ihre Rechte abgetrotzt, wichen trotz Besetzung durch Schweden und Franzosen und auch nach dem Beitritt zum Kaiserreich nie von der Idee ab, sich selbst zu regieren.

Die Autonomie als Bundesland in einem föderalen System ist ungebrochen – mit Persönlichkeiten an der Spitze, auf die Bremen stolz ist, auch, weil in ihnen zum Teil der Charakter der Stadt personifiziert ist. Das gilt am meisten für den **Bürgermeister Kaisen**, der die Bremer SPD nach dem Krieg zu vier aufeinander folgenden Wahlsiegen führte. Der gelernte Stuckateur war bodenständig, weltoffen und den kleinen Leuten zugetan, verbrachte die Tage im Rathaus und die Wochenenden auf seinem Bauernhof in Borgfeld.

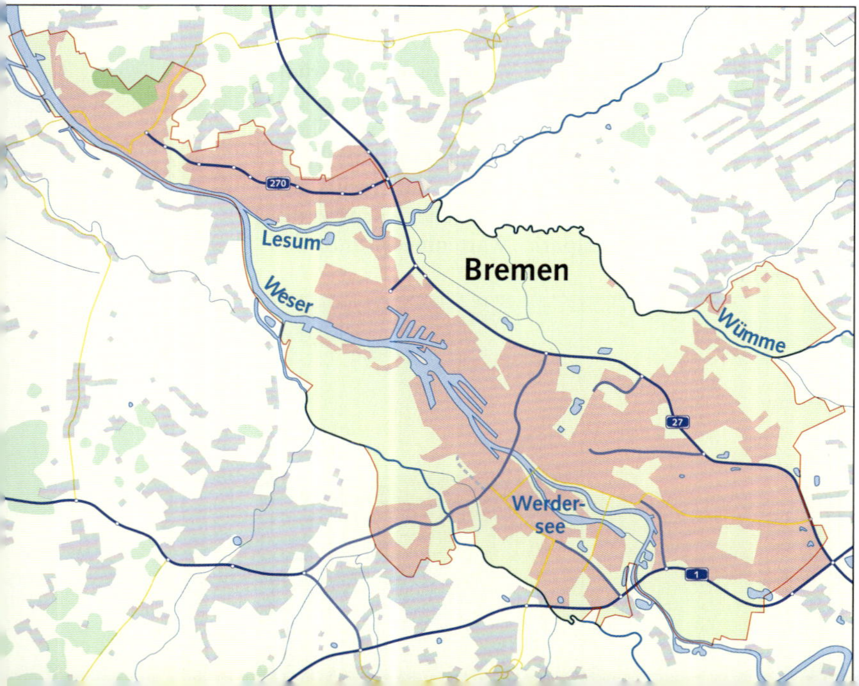

Noch heute, vierzig Jahre nach seinem Ausscheiden aus der Politik, gilt er mit seiner Integrität und Bescheidenheit als wohl nie wieder zu erreichendes Ideal eines Politikers, wie er in Bremen geliebt werden würde.
Die Bereitschaft zur Eigenverantwortlichkeit findet als bürgerliches Engagement an hundert Orten ihren Ausdruck: so geht der Bau der Kunsthalle allein auf die Initiative Bremer Bürger zurück, und die Verantwortung für den Bürgerpark liegt noch heute in den Händen eines Vereines.
60 Kilometer landeinwärts entfernt von der Nordsee, ist Bremen als Handelsplatz am Fluss entstanden. Bremen war eine der drei größten Städte der Hanse, pflegte über Jahrhunderte enge Kontakte zu den Anrainerstaaten der Nordsee, baute mit >Bremerhaven (174) eine Hafenstadt direkt am Meer, stieg zum größten Auswandererhafen Europas auf, stützte sich auf eine große Zahl maritimer Industrien von den Veredelungsindustrien bis zu den Werften – war und ist eine Stadt mit internationalen Beziehungen, weltoffen, tolerant, dem Kaufmannsgeist verpflichtet.
Für das Geschäftsgebaren in der Stadt steht der erfolgreiche Fußballverein. Hier kann ein guter Trainer auch in schlechteren Zeiten ohne Druck arbeiten, hier ist das Präsidium Jahrzehnte mit den gleichen Leuten besetzt, hier standen in zwanzig Jahren nur zwei Manager in der Verantwortung, hier kostet die gesamte Mannschaft weniger Ablöse als der eine große Star von Bayern München, will sagen: hier zählen Kontinuität, Gelassenheit, Sachverstand und finanzielle Seriosität – eine Mischung, die nicht nur einem Fußballverein gut ansteht.
Dennoch: die wirtschaftliche Situation zerrt an der Stadt. Zu viel hat sich geändert: Die Werften sind dezimiert, die alten stadtbremischen Hafenreviere verwaist, Traditionsunternehmen wurden verkauft. Aber es gibt neue Antworten: auf den Werftgeländen in Walle, Gröpelingen und Vegesack arbeiten eine Vielzahl kleiner Firmen, in den alten Hafenbecken haben sich der Großmarkt und die Hochschule für Künste angesiedelt, als Wissenschaftsstandort wird die Stadt hoch gelobt. Bremen definiert sich neu. Es wird etwas dabei herauskommen.

Das beliebteste Fotomotiv aller Bremen-Besucher ist die Bronzeskulptur der Bremer Stadtmusikanten von Gerhard Marcks (o.)

Stadt-Profil

	Stadt Bremen	Land Bremen
Einwohner, Fläche		
Einwohner gesamt	544.853	663.129
darunter 0 bis 15 Jahre in %	13,3	13,5
darunter älter als 65 Jahre in %	19,3	19,5
darunter Ausländer in %	12,8	12,7
Fläche in qkm	326,55	404,23
Einwohner je qkm	1.668,5	1.640,5
Sozialstruktur (Jahresdurchschnitt, gerundet)		
Erwerbstätige gesamt	281.000	313.000
Empfänger von Arbeitslosengeld / -hilfe	31.332	41.103
Empfänger sonst. Hilfen zum Lebensunterhalt	46.966	60.981
Anzahl Wirtschaftsbetriebe		
Gesamt (Industrie, Handel, Gewerbe, Dienstl.)	33.322	38.113
darunter Land-, Forst-, Fischereiwirtschaft	223	238
Steueraufkommen		
Lohn- und Einkommensteuerzahler	160.678	193.998
Summe positiver Einkünfte (in Tsd. EUR)	5.771.259	6.757.033
Steuereinnahmen (EUR je Einwohner)	–	–

Wahlen

Bürgerschaftswahl 2003	
CDU	29,4
SPD	43,3
FDP	3,9
Grüne	13,5
Sonstige	9,8

Ortsteile:
_ keine

Einwohner: 392

Blockland

Einen ganz eigenen Reiz hat das Blockland im Winter (r.) Wenn es friert – nicht eben oft in dem gemäßigten norddeutschen Klima – zieht es die Schlittschuhläufer hierher

Die Wümme schlängelt sich in weiten Schleifen durch das tief liegende Land zwischen Bremen und Lilienthal. Immer wieder kommt es zu Hochwasser (Aufnahme o. um 1930). Die heutigen Deiche verhindern, dass das Wasser bis nach Bremen hineinlaufen kann

Es gibt nicht wenige Menschen, die das Blockland für Bremens schönsten Stadtteil halten. Das mag stimmen, wenn man eine Vorliebe für Wiesen, Äcker und Deiche hat. Denn urban ist das Blockland nicht. Vielmehr ist es ein stilles Eckchen Land hinterm Deich mit gerade einmal 95 Gebäuden, knapp 400 Bewohnern und etwa vier Mal soviel Kühen.

Einige wenige Male im Jahr ist großer Auflauf im Blockland: am „Vatertag" etwa, wenn Tausende Männer mehr oder weniger angeheitert die **Wümme** entlang ziehen. Oder an lauen Abenden, wenn Inlineskater den Asphaltweg auf der Deichkrone in eine Rennpiste verwandeln. Aber einen guten Teil des Jahres – vor allem natürlich die dunklen Wintermonate – verbringen die 400 Blockländer in ihrem sich fünfzehn Kilometer entlang der Wümme erstreckenden Dorf unter sich.

Das Blockland ist Bauernland. Mehr als 30 Vollerwerbsbetriebe mit 50 bis 60 Hektar Weideland und Äckern verdienen vor allem mit Milchwirtschaft ihr Geld. Rund 1.700 Kühe geben pro Jahr zehn Millionen Liter Milch. Charakteristisch für das Dorf sind die exakt in Ost-West-Richtung gebauten Bauernhäuser. Die Ausrichtung hat ihren guten Grund: Von Osten kommt im Winter der eiskalte Wind, im Osten ist auch das Vieh als Puffer zum westlich gelegenen Wohntrakt untergebracht.

Ein besonders schöner Platz im Blockland liegt am Zusammenfluss von **Hamme** und **Wümme.** Hier steht das alte **Kirchdorf Wasserhorst.** Es verdankt seinen Namen dem sechs Meter hohen Hügel, der Schutz gegen das steigende Wasser bietet. Das kleine Gotteshaus des großen Blocklander Kirchspiels, früher von manchen Höfen nur mit dem Kahn oder im Winter auf Schlittschuhen zu erreichen, ist mehr als achthundert Jahre alt. Noch immer erfüllt die Kirche ihren Zweck: zweimal im Monat ruft die Pfarrerin zum Gottesdienst.

Das Blockland ist eines der beliebtesten Ausflugsziele Bremens. Besonders zwei Restaurants und Gartencafés ziehen die Ausflügler an: Vom **Kuhgrabenweg** an der Universität in Richtung Wümme führt der Weg direkt zu dem dreihundert Jahre alten reetgedeckten Fachwerkhaus **Restaurant Kuhsiel** an der **Schleuse.** 120 Sitzplätze bietet das Haus in der kühlen Jahreszeit, 100 Plätze direkt am Fluss gibt es im Frühling und Sommer als Zugaben zum rustikalen Menü. Als Spezialität wird **Knipp mit Bratkartoffeln** angeboten. Das zweite

Gasthaus Dammsiel (l.) an der Grenze zwischen Niederblockland und Wummensiede. Man sitzt im Garten unter Obstbäumen mit Blick auf die Wümme. Gerne machen die Radfahrer und Inlineskater auf ihren Touren über den Wümmedeich (l.u.) hier Station

Restaurant ist das **Gasthaus Dammsiel** im **Niederblockland** mit seinem Sommergarten und dem wunderbaren Blick auf die Wümme. Oder wie der in Bremen sehr bekannte Gastronomie-Kritiker **Heinz Holtgrefe** schreibt: *„Für so etwas Schönes muss man anderen Orts Eintritt bezahlen“*. Die Speisekarte ist auch hier bodenständig: Brot mit Schinken, Mettwurst, Sülze oder Krabben, Currywurst mit Kartoffelsalat, Labskaus mit Ei und Gurke, Hühnerfrikassee oder Bratkartoffeln mit Sülze und Remoulade.

Viele Bremer beneiden die Blockländer um ihre Idylle und einige kennen sicher die Geschichte von **Heide Gagel**, die früher hier lebte. Sie hatte sich entschieden, nicht in den Himmel zu wollen, wenn es dort kein Blockland gäbe. Also lebte sie bis ins 93. Jahr hinterm Deich und nahm im Sommer wie im Winter jeden Morgen ein Bad in der Wümme.

Wasserhorster Kirche (o.)

Ländliche Idylle am Rande der Großstadt (l.)

Ortsteile:
- Blumenthal
- Farge
- Lüssum-Bockhorn
- Rekum
- Rönnebeck

Einwohner: 32.975

Blumenthal

Die Randlage im bremischen Gebiet, die schmale Verbindung zum Rest der Stadt, die Nähe zur Weser: Die grüne Siedlung Blumenthal ist ein wenig Dorf, ein wenig Vorstadt und ein Stadtteil mit eigenem Charakter. Die Bewohner jedenfalls sind fest mit ihrem Quartier verwurzelt. Wer einmal herzieht, geht selten wieder fort.

Das in einem kleinen Park gelegene Haus Blomendahl (r.)

Der Wasserturm in der Mühlenstraße (u.) spielt als Hochbehälter noch bis in die 1990er Jahre eine Rolle in der Wasserversorgung des Stadtteils. Am Fuß des Turms ist heute die Kindertagesstätte Wasserturm untergebracht. Koch Hannes Kuder (o.r.) sorgt dort für die tägliche Verpflegung

Im nordwestlichsten Stadtteil Bremens ist der lokale Eigensinn höchst lebendig. Blumenthaler sagen nicht: „*Wir fahren in die Innenstadt*“ sondern: „*Wir fahren nach Bremen*“. Verständlich ist das schon. Es sind mehr als 30 Kilometer vom Stadtrand im Ortsteil **Rekum** bis zum Marktplatz. Zur Abgrenzung der Blumenthaler trägt auch bei, dass ihr Stadtteil nur durch ein Nadelöhr mit der Hansestadt verbunden ist. Durch diese Wespentaille führen alle Verkehrsverbindungen: die Autobahn 270, die Landrat-Christians-Straße und die Eisenbahn. Nicht zuletzt begründet eine geschichtliche Tatsache die Distanz zur nahen Großstadt: Blumenthal ging 1741 von Bremen an Hannover über, geriet 1866 an Preußen und zählt erst seit der großen Gebietsreform von 1939 wieder zu Bremen. Der Blumenpracht am **Burgberg** im Tal der **Aue** verdankt Blumenthal seinen Namen.

Das Herz des Stadtteils ist das alte Wasserschloss **Haus Blomendal** an dem kleinen Fluss Aue. In dem 1354 errichteten Gebäude mit seinen prachtvollen Deckengemälden finden über das Jahr regelmäßig Lesungen, Veranstaltungen, Vorträge und Ausstellungen statt, und alle zwei Jahre feiern heutige „Raubritter“ auf der Burg an einem langen Wochenende ihr **Burgfest,** mittlerweile seit über zwanzig Jahren. Das Blumenthal dominierende Bauwerk ist der 50 Meter hohe **Wasserturm** an der **Mühlenstraße**. Er ist das Wahrzeichen des Stadtteils.
Die Blumenthaler haben immer abseits der Großstadt nahe der Weser und dem Moor in enger Verbindung mit der Natur gelebt. Gleichzeitig hat die Industrialisierung dem Stadtteil ihren Stempel aufgedrückt.
Entscheidend geprägt wurde die Entwicklung Blumenthals durch die **Bremer Woll-Kämmerei** (BWK), die bis zum heutigen Tag auf das Waschen, Kämmen und Binden geschorener Rohwolle spezialisiert ist. Die Wollkämmerei ist die erste industrielle Produktionsstufe in der Wollverarbeitung. Hier wird die geschorene Schafwolle in einer hochautomatisierten Prozessfolge gewaschen, gekämmt und in Bandform gebracht. Das aufbereitete Halbfabrikat

Blick in den Kammsaal der Bremer Woll-Kämmerei (l.) Beim Waschen werden der Rohwolle zunächst Schmutz und Fett entzogen, nach dem Waschen wird sie gekämmt. Es entsteht der sogenannte Kammzug, aus dem Spinnereien hochwertiges Garn herstellen

heißt Kammzug. Spinnereien erzeugen daraus Kammgarn, aus dem wiederum hochwertige Bekleidungstextilien aus reiner Schurwolle oder wollhaltigen Mischungen entstehen. Das Blumenthaler Unternehmen ist der größte Kammzughersteller Europas. Die große Zeit des Unternehmens liegt allerdings weit zurück. Als die 1883 gegründete Aktiengesellschaft ihre Arbeit aufnahm, reisten Anwerber bis nach Berlin und sogar weiter nach Breslau und lockten Handwerksburschen in den kleinen Ort an der Weser. 1897 wohnten neben den nur schwer an den Takt der Industriearbeit zu gewöhnenden Blumenthalern – sie arbeiteten vor allem als Fischer und Seefahrer – über 1.600 Polen in der preußischen Gemeinde, die binnen weniger Jahre von einem verträumten Dorf zum urbanen industriellen Zentrum aufstieg. 1912 sprach ein Drittel der Bevölkerung als Muttersprache Polnisch. Schnell wird die Baumwollkämmerei zur weltweit größten ihrer Art. Noch 1957 verdienen fast 5.000 Menschen in der Kämmerei ihr Geld. Mittlerweile sind es kaum noch 600 Menschen, die mit der schweren Arbeit in den backsteinernen Gemäuern, die heute wie Relikte aus einer vergangenen Zeit wirken, ihr Geld verdienen. Von der naturnahen Seite des Lebens in Blumenthal vermittelt der Schriftsteller **Manfred Hausmann**, der durch seinen Roman „*Abel mit der Mundharmonika*" bekannt wurde, einen lebhaften Eindruck. Er schreibt: „*Als ich mich im Jahre 1950 entschloss, dem Künstlerdorf Worpswede den Rücken zu kehren und im Blumenthaler Ortsteil Rönnebeck für meine Familie und mich auf dem Steilufer der Unterweser ein Haus zu bauen, da fragten die Freunde – soweit sie die Gegend noch nicht kannten – warum ich denn gerade diese Stätte gewählt hätte. Ich schrieb ihnen: ‚Kommt und seht!' Und sie kamen. – Und wenn sie dann auf den Strom hinuntersahen, dessen Wassermassen sich im Rhythmus der Tide langsam der Nordsee entgegenwälzten, wenn sie die mächtigen Frachter und Tanker mit den Flaggen aller Länder und die schwebenden Jachten bestaunten, wenn sie schließlich die Augen über den jenseitigen Deich, über die Warflether Schifferkirche hinweg in die windüberwehte Weite des Oldenburger Landes schweifen ließen, dann fragten sie nicht mehr.*"

Der Autor Manfred Hausmann wird in der in Bremen bekannten Edition Temmen verlegt (l.)

weitere 30 Prozent der Mieter sind Aussiedler. Das **Haus der Zukunft** an der **Lüssumer Heide** ist Treffpunkt für die Bürger der Siedlung. Hier werden Deutschkurse für Migranten und Volkshochschulkurse angeboten; montags bis freitags gibt es einen Mittagstisch, mittwochs regelmäßig ein Frühstücksbüfett und an zwei Tagen in der Woche öffnet das **Kulturcafé**, Treffpunkt vor allem für die Aussiedler.

Das wichtigste Unternehmen im Stadtteil ist die seit 1989 in den Thyssen-Krupp-Konzern integrierte **Maschinenfabrik Johann A. Krause** in **Farge**. Sie beschäftigt im Stammwerk in der

Es begann 1950 mit einer ersten Werkhalle, der sogenannten „Garage“, und viel Improvisation. Heute bildet das Werksgelände der Maschinenfabrik Krause einen Komplex von 150.000 Quadratmetern (o.)

Das „Haus der Zukunft“ an der Lüssumer Heide ist ein Ort der Integration in Blumenthal. Im Bild: Sprachunterricht im Seminarraum (r.)

Direkt am Fluss liegen die Gärten des Stadtteils: die **Bahrsplate** und **Wätjens Garten und Park**. Die Bahrsplate ist eine schmale Anlage und Gedenkstätte am **Rönnebecker Hafen**, in der ein kleines Mahnmal an die Leiden der Zwangsarbeiter erinnert, die hier als Bunkerbauer in einem **Außenlager** des **KZ Neuengamme** lebten. Der Name der größeren Anlage geht auf den Bremer Kaufmann **Christian H. Wätjen** zurück, dessen Segelschiffreederei in der ersten Hälfte des 19. Jahrhunderts zu einer der größten Reedereien der Welt aufstieg. Der erfolgreiche Unternehmer konnte es sich leisten, die Sommerfrische auf seinem außerhalb Bremens gelegenen Besitz in Blumenthal zu verbringen; ein Indiz dafür, wie anziehend der abgelegene Flecken damals für wohlhabende Bremer gewesen ist.

Rönnebeck ist der Ortsteil von Blumenthal, in dem seit 1990 alljährlich die Gewerbetreibenden aus Bremen Nord und dem niedersächsischen Umland zu ihrer **Leistungsschau** zusammenkommen. Inzwischen sind es über 150 Veranstalter – Dienstleister, Handwerker und Gewerbebetriebe –, die an der **Ermlandstraße** ihre Angebote präsentieren.

Oberhalb von Rönnebeck, der Weser abgewandt, liegt mit **Lüssum-Bockhorn** eine Vielvölkersiedlung. In dem vom **Neuenkirchener Weg** durchschnittenen Areal leben Menschen aus mehr als fünfzig Nationen. Der Ausländeranteil liegt bei etwa 30 Prozent,

Richard-Taylor-Straße bei einem Umsatz von mehr als 200 Millionen Euro etwa 1.250 Mitarbeiter. Tochterfirmen sitzen in Hannover und Chemnitz, Ensisheim (Frankreich), Redhill (England) und Barcelona (Spanien), in Detroit, Huntsville und Janesville (USA), Querètaro (Mexiko) und Sào Paulo (Brasilien). Diese Erfolgsgeschichte ist umso beeindruckender, wenn man weiß, dass der Firmengründer 1950 mit einem einzigen fest angestellten Mitarbeiter in einer Garage angefangen hat. Einen der ersten größeren Aufträge bringt der Automobil-Tüftler **Borgward**. Später folgen Aufträge des Raumfahrtunternehmens Erno (heute: EADS) für das mittlerweile legendäre **Spacelab**. Heute liefert der Betrieb weltweit Montagelinien für Motoren, Getriebe und Achsen an fast alle namhaften Autohersteller.

Eine Brücke hat der Stadtteil nicht; sie würde die Schifffahrt behindern. Die

Der martialische Bau des ehemaligen U-Boot-Bunkers Valentin (l.) liegt grau und abweisend an der Weser in Rekum. Sein Bau am Ende des Zweiten Weltkrieges kostet tausende Zwangsarbeiter das Leben

letzte Brücke überquert weseraufwärts in Bremen-Mitte den Fluss. Im weiteren Verlauf bringen Fähren die Menschen ans andere Ufer, eine pendelt vom Anleger Farge zum niedersächsischen >Berne (26). Seit 1993 betreibt die **Fährgemeinschaft Bremen-Stedingen** auch die zweite Verbindung im Stadtteil zwischen Blumenthal und >Motzen (Berne 26). Die dritte Fähre in Bremen-Nord, zwar nicht zu Blumenthal, aber zur Fährgemeinschaft gehörend, verbindet >Vegesack (250) und >Lemwerder (36).

Ganz am westlichen Ende Bremens liegt **Rekum.** Dominierendes Bauwerk des Ortsteiles ist der riesige **U-Bootbunker Valentin.** Der Zugang zu dem Ungetüm ist verboten, aber wer um den gewaltigen Betonblock herumgeht, kann durch Absperrungen in die Ausfahrten schauen, in denen brackiges Wasser steht, eiserne Armierungen aus den bis zu sieben Meter dicken Betonwänden ragen und das Kreischen der Möwen hin und hergeworfen wird. 1999 feiert in einer der düsteren Hallen Karl Kraus' epochales Theaterstück **Die letzten Tage der Menschheit** in der Inszenierung von **Johann Kresnik** Premiere und wird seitdem viele Male aufgeführt. Errichtet wird der 426 Meter lange und 98 Meter breite Bunker ab 1943 für den U-Boot-Bau, der am Ende des Zweiten Weltkrieges auf den großen Bremer Werften wegen der ständigen Luftangriffe der Alliierten immer schwieriger geworden war. Nahe der Baustelle müssen 13.000 **Zwangsarbeiter** aus den besetzten Gebieten ihre eigenen Arbeitslager aus dem Boden stampfen. Anfang 1945 sollte der Bunker in Betrieb gehen, aber da stehen die alliierten Truppen schon kurz vor Bremen. So verlässt nie ein U-Boot den Bunker. Sein Bau aber kostet 6.000 Menschen das Leben.

Nach dem Bunker folgen nur noch wenige Straßen, die Mühle und der winzige **Rekumer Friedhof.** Dann ist die Landesgrenze erreicht. Mit Bus und Straßenbahn sind es genau eine Stunde und 30 Minuten zurück zur Domsheide am Marktplatz. So wird verständlich, warum die Blumenthaler sagen, sie fahren in die Stadt nach Bremen. Denn genauso ist es ja.

Blick in den Rönnebecker Hafen mit der Wohnbebauung direkt am Wasser (o.)

Um die Schifffahrt auf der Seeverkehrsstraße Weser nicht zu behindern, gibt es ab Bremen-Mitte keine Brücken mehr. Stattdessen pendeln Fähren wie in Blumenthal (o.)

Wätjens Schloss (l.)

Ortsteile:
_ keine

Einwohner: 6.677

Borgfeld

Die ländliche Atmosphäre, der immer noch dörfliche Charakter, die Lage nahe Bremens größtem Naturschutzgebiet, das Miteinander der Nachbarn, ein reges Vereinsleben: den Borgfeldern geht es gut in ihrem intakten Stadtteil, selbst wenn es schwieriger geworden ist, die Balance zwischen ländlicher Idylle und Verstädterung zu halten. Denn das Leben wird unruhiger in dem ehemals stillen Stadtteil. Borgfeld wächst: Im **Baugebiet Ost** sind knapp 400 Wohneinheiten entstanden, im **Baugebiet West** sind weitere 850 Wohneinheiten geplant. Die Nachfrage ist groß. Nach 18 Monaten Planungszeit waren zwei Drittel der Reihenhäuser im Westen verkauft. Mittlerweile ist das einstige Dorf sogar durch die neu gebaute **Linie 4** an das Bremer Straßenbahnnetz angeschlossen – was manche der alteingesessenen Borgfelder mit gemischten Gefühlen betrachten.

Die Borgfelder Wümmewiesen (r.) stehen unter Naturschutz. Seltene Tierarten wie der Otter (u.) finden hier einen Lebensraum

Stolz sind die Borgfelder noch immer auf den bekanntesten Bewohner des Stadtteils, den überaus populären Bürgermeister **Wilhelm Kaisen**, der nach dem Zweiten Weltkrieg mit der SPD gleich vier Wahlen hintereinander gewann. Schon früh engagierte sich der gelernte Stuckateur für die SPD, schaffte 1921 den Einzug in die Bremer Bürgerschaft und war 1926 bis 1933 Senator für Wohlfahrt. Unter den Nationalsozialisten wegen Hochverrats angeklagt und für mehrere Monate im Gefängnis, zog er sich nach der Entlassung auf seine „Siedlerstelle“ in Borgfeld zurück. Diese Häuser waren entstanden vor allem für die Neu-Bürger, die während der letzten Kriegsmonate ihre Heimat in den alten deutschen Ostgebieten verlassen mussten. Sie fanden in Borgfeld eine neue und bleibende Heimat und es war typisch für Kaisen, in einem dieser einfachen Häuser zu leben.

Der aus Hamburg stammende Wilhelm Kaisen mit seiner in Bremen geborenen Ehefrau Helene Schweide (r.) ist bis heute der wohl populärste Politiker Bremens

Seine Verdienste für die Stadt sind groß. Er stemmt sich gegen die **Schiffbaubeschränkungen** der Alliierten und verhindert die **Demontage** von Industrieanlagen. Die Rettung der Werft A.G. „Weser“ geht auf seine Initiative zurück. Vor allem aber gewinnt Kaisen die Zuneigung der Bremer durch seine bodenständige Art. An jedem Wochen-

ende fährt er mit seiner Frau **Helene** auf den Hof in Borgfeld hinaus, arbeitet als Bauer und bestellt bis zu seinem Tode im Jahre 1979 seine 20 Morgen Land. Die Scheune seines Hauses am **Rethfeldsfleet** ist heute die **Dokumentationsstätte Wilhelm Kaisen.**
Ein anderer prominenter Bewohner von Borgfeld war **Prinz Louis Ferdinand von Preußen,** der 1907 als zweiter Sohn des Kronprinzen Wilhelm im Potsdamer Marmorpalais geboren wird.

Hohenzollernprinz Dr. Louis Ferdinand von Preußen (o.)

Die Linie 4 der Bremer Straßenbahn verbindet heute nach langen Diskussionen und Planungen Borgfeld mit der City (l.)

Er arbeitet in den Ford-Werken in Detroit, als Referent der verkehrspolitischen Abteilung der Lufthansa und dient in der Luftwaffe. Nach Kriegsende und dem Verlust der Besitzungen im Osten und in Berlin zieht Prinz Louis Ferdinand 1947 nach Bremen. Im Dezember 1950 bezieht er mit seiner Familie den kleinen Landsitz

Wümmehof bei Borgfeld (l.)

Wümmehof bei Borgfeld. Im Juli 1951 wird er Chef des Hauses Hohenzollern und widmet sich bis zu seinem Tode 1994 der Verwaltung des verbliebenen Familienbesitzes.
In der weiten Niederung am nordöstlichen Stadtrand liegt Bremens größtes Naturschutzgebiet, die **Borgfelder Wümmewiesen.** Diese Auenlandschaft ist eines der letzten ausgedehnten Feuchtgrünlandgebiete Deutschlands. Sie wird zu 85 Prozent landwirtschaftlich extensiv als Grünland genutzt. Das im Winter regelmäßig überschwemmte Areal ist Teil des europäischen Schutzgebietssystems NATURA 2000 und trägt als natürliches Überschwemmungsgebiet zum Hochwasserschutz bei. Die baumarme Auenlandschaft mit ihren Wiesen, Tümpeln und Gräben hat einen großen, wenn auch ein wenig melancholischen Reiz. 1988 übernimmt der **WWF** als Projektträger die Verantwortung für die Renaturierungsmaßnahmen an der Wümme. Ein naturnaher Flussarm wird angelegt und ein Deich zurückversetzt, 1997 ein Gebiet von 40 Hektar Land ausgedeicht. Zwei Seitenarme werden angelegt, das Land entlang der Gewässerläufe nicht mehr bewirtschaftet. Heute zeigt die Wümme bis in die nahen Wiesen hinein wieder ihr schon verloren geglaubtes Gesicht. Erlen, Weiden und Röhrichte erobern ihren alten Lebensraum zurück. Nach Aussage des WWF ist der **Eisvogel** ebenso zurückgekehrt wie die **Keiljungfer** und der **Fischotter.**
Heute nimmt Borgfeld unter allen 79 in der Bremer Sozialstatistik aufgeführten Stadtteilen den ersten Rang ein. Schöner ist es nirgends in Bremen – die Sonnenuntergänge über der Wümme inbegriffen.

Ortsteile:
- Burgdamm
- Burg-Grambke
- Lesum
- St. Magnus
- Werderland

Einwohner: 33.851

Burglesum

Auch Burglesum ist einer der Bremer Stadtteile, die die Annehmlichkeiten des Großstadtlebens mit der unmittelbaren Nähe zur Natur verknüpfen.
Vor allem in den Sommermonaten sind Heerscharen von Spaziergängern und Radfahrern an der **Lesum** unterwegs, und viele kommen aus den Innenstadtbezirken, um die Ruhe und Schönheit des Stadtteils zu genießen. Besonders populär ist der Weg am Wasser entlang: Vom **Lesumhafen** führt der idyllisch-kurvenreiche **Admiral-Brommy-Weg** vorbei an Prachtvillen und Herrenhäusern durch **Knoops Park** in **St. Magnus** bis zum Hafen in >Vegesack (250). Ein Stadtteil mit hoher Lebensqualität also, was sich in beeindruckenden Preisen für Häuser, Grundstücke und Wohnungen in bevorzugter Lage niederschlägt.
Das Zentrum von Lesum liegt rund um den Markplatz und die achthundert Jahre alte **St.-Martini-Kirche**. Hier, unter der weit ausladenden **Friedenseiche**, gepflanzt zum Gedenken an den Deutsch-Französischen Krieg im Jahre 1871, decken sich die Lesumer freitags auf dem **Grünmarkt** mit Gemüse, Fleisch und Früchten ein. Über den engen Straßen um die Kirche liegt eine wenig städtische Stille, die gepflasterten Wege laufen hinunter bis zur nahen Lesum, wo in dem kleinen Hafen Yachten und Jollen ankern und Kühe auf den Weiden vor dem Fluss grasen.

Kinderbauchtanzgruppe der Kulturinitiative Lesum (r.)

Die Lesumer sind mit ihrem Stadtteil zufrieden. Sie leben in weitgehend intakter Umgebung. Nur das große Kulturangebot fehlt. Aber immerhin bietet die **Kulturinitiative Lesum** in der **Hindenburgstraße** trotz sinkender Mittel Kurse in Tai Chi, Bauchtanz und Kung Fu an und die **Stadtbibliothek** gleich nebenan lädt regelmäßig zu Vorträgen und Veranstaltungen ein. In der St.-Martini-Kirche sind Konzerte mit Orgel- und Chormusik zu hören.
Wo es an Institutionen, Kinos und Theatern mangelt, müssen sich die Bewohner in Gruppen und Vereinen selbst organisieren. Die Mitglieder der **Lesumer Speeldeel** führen jedes Jahr einen neuen plattdeutschen Schwank auf, der **TSV Lesum-Burgdamm** ist einer der größten Bremer Sportvereine und der **Lesumer Heimatverein** mit seinen rund 800 Mitgliedern einer der stärksten Zusammenschlüsse von Amateurhistorikern in Norddeutschland.

Die St.-Martini-Kirche im Ortskern Lesum (r.)

In den Vereinigten Anstalten der Inneren Mission in Friedehorst finden alte Menschen ein überschaubares und familiäres Wohnumfeld (r.)

Wichtigster Arbeitgeber in Lesum sind die **Vereinigten Anstalten der Inneren Mission Friedehorst** mit etwa 1.300 Be-

Knoops Park in St. Magnus (o.)

Der Park ist Schauplatz des jährlichen Open-air-Festivals „Sommer in Lesmona“ der Deutschen Kammerphilharmonie (l.)

Denkmal des Barons Ludwig Knoop (u.)

schäftigten. Auf dem weitläufigen Gelände an der **Rotdornallee** vereint die diakonische Einrichtung eine in Bremen einzigartige Nachbarschaft unterschiedlicher Arbeitsfelder von der Altenpflege bis zur Neurologischen Rehabilitation von Kindern und Jugendlichen.

Von Lesum aus sind es über den **Schnellweg** oder die **Lesmonastraße** nur wenige Minuten nach **St. Magnus**. Selbst ein Spaziergang am Uferweg entlang dauert kaum eine halbe Stunde. Einen großen Teil der Fläche des Ortsteils nimmt ein Park ein, ein bemerkenswerter Park, gegründet von dem Kaufmann **Ludwig Knoop** und auch nach ihm benannt. Seine Geschichte liest sich auch heute noch faszinierend: Ludwig Knoop stammt aus einer alten Bremer Familie, geht nach einer kaufmännischen Lehre nach Manchester und dann als Vertreter eines Handelshauses nach Moskau, wo er 1852 eine eigene Firma gründet. Er steigt zum führenden Mann der russischen Textilindustrie auf und wird vom Zaren in Anbetracht seiner Leistungen mit dem erblichen Adelstitel eines Barons ausgezeichnet. Schon 1859 kauft er am Ufer der Lesum ein Landgut und lässt dort vom Architekten **Gustav Runge** ein Schloss im englischen Tudorstil bauen. Um 1870 formt der Gartenarchitekt **Wilhelm Benque** den umliegenden Besitz zum großzügigen, in das Steilufer eingefügten Landschaftspark um. Schon damals stehen in dem Areal zahlreiche schöne alte Bäume, die Benque mit Neupflanzungen in Gruppen gegeneinander führt. Den steilen Abfall zum Tal der Lesum hin schmückt er mit einer aufwändigen Treppe und einer Plattform nach Art italienischer Renaissancegärten. Auch wenn nach der Revolution in Russland Knoops Vermögen dahinschwindet und seine Erben aus Geldmangel die **Villa** zum Abriss freigeben – die schönen Aussichtspunkte erlauben bis heute den Blick in das Werder- und Oldenburgische Land auf der gegenüberliegenden Flussseite, ein malerischer Platz in einer wunderbaren Anlage. **Knoops Park** ist über die Region hinaus bekannt geworden durch **Marga Bercks** autobiografischen Briefroman **„Sommer in Lesmona“**, den **Radio Bremen** mit **Katja Riemann** in der Hauptrolle erfolgreich verfilmt hat. Der Fernsehfilm um die verlorene Liebe der für eine Vernunftehe mit einem Kunsthistoriker bestimmten jungen Frau wird traditionell während des gleichnamigen **Open-air-Festivals** gezeigt, das die

Blick über das Werderland; im Hintergrund: die Stahlwerke Bremen (r.)

Die Stahlwerke Bremen, vom Woltmershauser Weserufer aus gesehen (r.)

Deutsche Kammerphilharmonie Bremen jährlich im Frühsommer präsentiert. Dann trifft sich „halb Bremen" bei klassischer Musik in Knoops Park.

Dem Park gegenüber auf der anderen Lesumseite liegt der Ortsteil **Werderland.** Statistisch betrachtet stehen jedem Werderländer drei Hektar Land zur Verfügung und objektiv betrachtet wohnt er in einem Biotop. Zu verdanken haben die Werderländer ihre beneidenswerte Lage einer Fehlplanung. Denn eigentlich sollte hier der neue Friedhof an der Lesum entstehen. Aber die Planer rechneten mit einem Wachstum der Bremer Bevölkerung auf 700.000 Menschen im Jahr 2000 und damit natürlich auch langfristig mit sehr viel mehr Beerdigungen. Der Zuwachs blieb aus; so ist bis heute nichts aus dem Friedhof geworden. Stattdessen fliegen auf dem Areal, erfreulicherweise von jedermann ohne Mitgliedschaft nutzbar, auf 18 Bahnen kleine Bälle über das gepflegte Grün des **Golfparks an der Lesum**. Hervorragend geeignet ist das Werderland als Startpunkt für Ausflüge. Besonders empfehlenswert: ein Ausflug zur **Moorlosen Kirche**, mit der eine eigenartige Geschichte verknüpft ist. Früher stand sie im Zentrum des seit 1541 zu Bremen gehörigen Dorfes **Mittelsbüren**. Das wurde Mitte der 1950er Jahre vollständig abgerissen, um Platz zu schaffen für die neu entstehenden **Klöckner Stahlwerke**. Nur die einsame Kirche, die Grundschule und zwei weitere Häuser vor dem neuen stählernen Koloss sind von dem Dorf übrig geblieben.

Rund 800.000 Kubikmeter Sand waren für den neuen Friedhof aufgespült worden und herausgekommen ist ein neues Gewässer im Werderland, der **Dunger See**. Bald tummelten sich Enten, Zwergtaucher, Haubentaucher und Schwäne am Wasser. Außerdem sind Teichmolche, Grasfrösche und Erdkröten an dem Baggersee heimisch geworden, und begeisterte Fachleute zählen zwei Dutzend Libellenarten. In unmittelbarer Nachbarschaft entsteht außerdem eine 200 Hektar große Erholungslandschaft rund um den **Sportparksee**, auf dem eines Tages sogar Regatten stattfinden sollen.

Die Brammen, rotglühende Stahlblöcke, kommen aus der Stranggießanlage des Stahlwerks und gelangen anschließend in das Warmwalzwerk (r.)

Walkiefer vor dem Haus, eine alte Sitte der Grönlandfahrer und einst ein häufiges Bild in Burglesum. Im Bild: das Westermeyerhaus in der Lesumbroker Landstraße, Aufnahme um 1960 (l.)

Vom Golfplatz sind es nur wenige Minuten in südlicher Richtung hinüber nach **Burg-Grambke**, einem Ortsteil mit zwei völlig verschiedenen Gesichtern. Einerseits genießen die Bewohner ihre ruhigen Straßen und die Lage fast im Grünen nahe der Lesum und in Nachbarschaft zum Naturschutzgebiet Werderland. Andererseits wohnen sie in Sichtweite der **Stahlwerke Bremen**. Das Unternehmen hat viele Krisen durchgemacht, seitdem hier 1957 die Stahlproduktion begonnen hat. Heute gehört das Unternehmen zum weltgrößten Stahlkonzern **Arcelor**, ist einer der größten Arbeitgeber der Region und verfügt über Anlagen, mit denen bis zu vier Millionen Tonnen Stahl pro Jahr produziert werden können. Die Verantwortlichen haben ein kostensenkendes sog. „FIT-Programm" gestartet, mit dem die Stahlwerke Bremen langfristig auf Erfolgskurs gehalten werden sollen. Gegenwärtig läuft das Geschäft, doch niemand weiß, was nach dem China-Boom passiert.

Das Stahlwerk gehört für viele Bewohner Grambkes zur persönlichen Geschichte und ist lebendiger Teil ihres Alltags. Denn am Tage stehen ihnen die Hochöfen gewaltig und massig vor Augen, und am Abend rötet sich der Himmel über Grambke wie in einem grandiosen Sonnenuntergang, wenn die Stahlkocher in regelmäßigen Intervallen ihre Abstiche machen.

Wieder zurück auf der anderen Seite der Flusses, östlich des Ortsteils Lesum, liegt **Burgdamm** mit seinem gewachsenen westlichen Teil rund um den **Gummibahnhof**. Dort, am **Goldbergplatz**, liegt die kleine Einkaufszone des Ortsteils. Hier bauen am Wochenende Händler für einen kleinen Grünmarkt ihre Stände auf. Große Einkäufe allerdings erledigen die Burgdammer in Vegesack. Das **Marßeler Feld** hat lange keinen guten Ruf. Im Frühjahr 1962 beginnt auf der Großbaustelle im Marßeler Feld die Arbeit. Die Wohnungsbaugesellschaften **Gewoba** und **Brebau** stampfen einen neuen Stadtteil mit mehr als 2.300 Wohnungen und 300 Einfamilienhäusern aus dem Boden. 25 Jahre später droht das Marßeler Feld

Der „Gummibahnhof" (um 1960, l.) in Burg verdankt seinen Spitznamen den wuchtigen Reifen der Trolleybusse, die früher an diesem Verkehrsknotenpunkt gehalten haben. Das Bild des Platzes hat sich stark gewandelt. Heute erinnert sein Name Goldbergplatz an das von den Nazis ermordete jüdischen Arztehepaar Goldberg

zu kippen. Wie in > Tenever (Osterholz 237) und anderen Bremer Problemstadtteilen hat aber die Nachbesserung begonnen. Im Zentrum steht heute ein neues **Nachbarschaftshaus** am **Helsingborger Platz**, in dem verschiedenste Dienstleistungen angeboten werden: Familienberatung in türkischer Sprache, Deutschunterricht für Aussiedler, Senioren und Schuldnerberatung. In das Haus integriert ist das Projekt **Wohnen in Nachbarschaften**, das mit Zuschüssen einzelne Vorhaben für die Bewohner des Stadtteils fördert. Nur noch winzige Spuren deuten auf die maritime Geschichte des Stadtteils hin. Die ehemalige Werft des Schiffzimmermeisters **Henrich Raschen**, auf der bis 1870 etwa hundert Schiffe gebaut wurden, stand am heutigen **Admiral-Brommy-Weg**. Der Schiffbauplatz in St. Magnus ist nicht mehr zu erkennen. Auch die **Tranbrennerei** in Lesum ist lange vergangen. Aber aufmerksame Beobachter, die durch den Stadtteil gehen, finden noch heute vereinzelt Reste der von Kapitänen mitgebrachten Walkiefer, die verwittert in manchen Vorgärten stehen. Das Gerippe des einst in Lesum gestrandeten Wals allerdings hat den Weg weseraufwärts genommen, ins Bremer Übersee-Museum.

Admiral-Brommy-Büste an der Lesum zum Gedenken an den Befehlshaber der ersten deutschen Marine aus der Mitte des 19. Jahrhunderts (o.)

Ortsteile:
- Findorff-Bürgerweide
- In den Hufen
- Regensburger Straße
- Weidedamm

Einwohner: 25.665

Findorff

Findorff ist ein höchst lebendiger Stadtteil. Hier findet dreimal wöchentlich Bremens beliebtester Grünmarkt statt, hier zieht der Flohmarkt jede Woche Tausende von Besuchern an, hier präsentiert Bremens wichtigstes Kulturzentrum beinahe täglich Veranstaltungen, hier drehen während des Sechs-Tage-Rennens die Fahrer in der Stadthalle ihre Runden, hier stehen im Oktober die Fahrgeschäfte des ältesten deutschen Volksfestes. Und einiges mehr.

Viele Bremer denken, der Name des Stadtteils gehe auf ein ehemaliges Dorf

Das über Bremen hinaus bekannte Sechs-Tage-Rennen (r.) ist fast mehr ein gesellschaftliches denn ein sportliches Ereignis. Gefeiert wird ausgiebig und in Gruppen

Der Torfkanal am Rande des Bürgerparks (r.)

gleich hinter dem heutigen Hauptbahnhof zurück – auch wenn das zweite „f" ein wenig irritiert. Tatsächlich ehrt der Name den Moorkommissars und Tischler **Christian Findorff,** der im 18. Jahrhundert auszog, die norddeutschen Moore trockenzulegen und zu besiedeln. Noch heute erinnert der auf der Findorffer Seite des Bürgerparks vorbeifließende **Torfkanal** an die Urbarmachung des nassen Landes, und es gibt eine Zeit, da segeln oder treideln die **Torfkähne** mit ihrer Fracht von > Worpswede (280) durchs Blockland nach Findorff und legen am Torfhafen an der **Eickedorfer Straße** an.

Damals begrenzt der Kanal den Bürgerpark gegen Weideland und die älteste Kleingartenkolonie Bremens, die **Flora von 1884.** Nach dem Zweiten Weltkrieg siedeln auf diesen Parzellen auch viele der ausgebombten Bremer, die mit Erlaubnis von Bürgermeister Kaisen in ihren Gartenhäusern wohnen dürfen in diesem „Paradies der kleinen Leute", schlicht, idyllisch und still und selbst mit dem Fahrrad nur fünfzehn Minuten vom Marktplatz entfernt. In den 1980er Jahren und danach ist es in der Kolonie mit der Ruhe allerdings vorbei. Das stadtnahe Ufer des Kanals war schon lange mit kleinen Klinkerhäusern bebaut, und 1983 beschließt die Bürgerschaft, auch das Land zwischen Kanal und Eisenbahn mit Einfamilienhäusern und Eigentumswohnungen zu bebauen. Es kommt zu eigenartigen Allianzen. Kleingärtner finden Verbündete in Aussteigern einer Bauwagenkolonie, die ein damaliger CDU-Fraktionschef „Gesocks vom Weidedamm" nennt. Den schlechten Argumenten fliegen Steine hinterher, die Polizei ist gezwungen, die Baustelle abzuschirmen. Dieser Streit ist längst ad acta gelegt.

Im Rahmen des Programms „Kunst im öffentlichen Raum" sind in Bremen zahlreiche Wandbemalungen entstanden. Im Bild: das Motiv „Den Gegnern und Opfern des Faschismus" an der Wand des Bunkers in der Admiralstraße (r.)

Die alte Idylle aber ist für immer Vergangenheit. Jeder Spaziergänger kann sich dennoch überzeugen: Das Viertel am **Weidedamm** entlang des Kanals ist weiterhin eine liebenswerte Gegend, die durch ihre Lage direkt am **Bürgerpark** besticht.

Dreimal pro Woche ist in Findorff Wochenmarkt (o.)

Hinter dem Weidedammviertel liegt der Ortsteil **In den Hufen**, dessen Name auf eine bäuerliche Vergangenheit verweist; die *Hufe* war einst ein landwirtschaftliches Flächenmaß. Noch heute erinnert hier wenig an eine städtische Siedlung. Parzellen dominieren das Bild des grünen Quartiers zwischen Autobahnzubringer, Blockland-Autobahn, Stadtwald und der Eisenbahnlinie nach Hamburg. Im Grunde gibt es nur eine Straße, an der „richtige" Häuser gebaut werden dürfen. Den Rest bilden vor allem Verbindungen zu den Parzellen mit Namen wie Hyazinthen-, Rosen- oder Bohnenweg. Gerade einmal 400 Einwohner zählt der Ortsteil, einige von ihnen sind noch immer die **Kaisen-Auswohner**, die in ihren kleinen Häuschen seit einem halben Jahrhundert inmitten von Blumenbeeten und Gartenzwergen wohnen.

Aber Findorff ist nicht einfach ein beschauliches Viertel. Ganz im Gegenteil: Ganz in der Nähe des Torfkanals, auf dem Platz an der **Eickedorfer Straße**, kommen dreimal in der Woche – dienstags, donnerstags und sonnabends – die Menschen auf Bremens schönstem **Wochenmarkt** zusammen. Die Stände sehen nicht anders aus als anderswo und Cilena ist auch hier eine fest kochende Kartoffel – aber die originelle Mischung der Stände, die gelassene Stimmung und wahrscheinlich auch der gute Umsatz machen den Findorffer Markt zu einem Einkaufserlebnis im wahrsten Sinne dieses oft gebrauchten Wortes.

Auch am Sonntagvormittag ist regelmäßig Auflauf in Findorff. Dann bieten auf dem größten **Flohmarkt** der Stadt auf der **Bürgerweide** bis zu 600 Kleinhändler und Privatleute aus den nahe gelegenen Straßen und aus Osteuropa, aus dem Bremer Umland und vom Balkan, Trödel, Kuriositäten oder Kunsthandwerk an und tausende Besucher kommen, schauen, feilschen und kaufen an Buden, Ständen und von Tapeziertischen.

Einmal im Jahr ist Findorff der wahre Mittelpunkt der Stadt, wenn die Schausteller die Bürgerweide vor der Stadthalle in den **Freimarkt** verwandeln. Wenn die Zelte und Buden, Fahrgeschäfte und das Riesenrad aufleuchten, beginnt in Bremen die „fünfte

„Ischa Freimaak..." heißt es in Bremen augenzwinkernd, wenn während dieser fünften Jahreszeit manches anders ist als sonst (l.)

Die Bremer Stadthalle (o.), nach ihrem Sponsor heute „AWD Dome“ genannt

Das markante Bauwerk des Kulturzentrums Schlachthof am Rande der Bürgerweide (r.) Im Vordergrund: die Skateranlage für Jugendliche

Studios des Offenen Kanals in der Findorffstraße (o.r.)

Jahreszeit“. Das älteste Volksfest Deutschlands – seit dem Jahre 1035 wird die Marktgerechtigkeit mit einem Volksfest gefeiert – zieht etwa vier Millionen Besucher an. Über dreihundert Schausteller und drei Dutzend Fahrgeschäfte erwirtschaften einen Umsatz von 70 Millionen Euro. Von dem Rummel profitieren auch die Gaststätten und Kneipen in Bremens Mitte. Nach alter Tradition ist während der siebzehn Tage im Oktober und November die ohnehin nicht sehr rigide Sperrstunde aufgehoben.

Auf der weitläufigen **Bürgerweide** ist mit der **Stadthalle** – nach dem Totalumbau 2004: **„AWD Dome“** – und mit den **Messehallen** ein wichtiger Standort für überregional ausstrahlende Veranstaltungen und Messen entstanden. In der während des Baus in den 1960er Jahren finanziell höchst umstrittenen Stadthalle findet seit fast 40 Jahren immer im Januar auch das schon legendäre und bundesweit wichtigste **Sechs-Tage-Rennen** statt.

In Findorff am Rand der Bürgerweide stehen die Reste des alten, 1977 stillgelegten **Schlachthofes**, in dessen **Kesselhalle** seit vielen Jahren das **Kulturzentrum** eine Heimat gefunden hat. Die Nutzung der alten Anlage begann mit einer denkwürdigen Inszenierung des Bremer Theaters, das in der Fleischmarkthalle Hans Henny Jahns *Die Krönung Richard III.* inszeniert. Das Publikum ist hingerissen, als Pferde durch die Halle galoppieren und Schergen die Besucher von Schauplatz zu Schauplatz drängen. Dennoch fällt ein großer Teil des backsteinernen Areals dem Schaufelbagger zum Opfer. Nur der Turm mit dem Kesselhaus bleibt stehen und zieht bis heute als lebendiges Veranstaltungszentrum beinahe täglich Hunderte von Besuchern nach Findorff.

In Findorff angesiedelt ist auch der **Offene Kanal.** Dieses lokale Radio und Fernsehen in der **Findorffstraße** ist allen Bürgerinnen und Bürgern zugänglich. Den Interessenten stehen technische Produktionsmittel sowie eine Einweisung kostenlos zur Verfügung. Die Qualität der Beiträge ist natürlich schwankend. Sie reicht von informativ bis kurios. So ist der Offene Kanal alles in allem sicher ein Programm für Minoritäten. Aber auch die haben in einer weltoffenen und liberalen Stadt wie Bremen das Recht, sich zu entfalten.

Gröpelingen

Ortsteile:
- **Gröpelingen**
- **In den Wischen**
- **Lindenhof**
- **Ohlenhof**
- **Oslebshausen**

Einwohner: 34.757

Blick auf die A.G. „Weser", davor die Getreideanlage, in den 1970er Jahren, als hier noch Hochbetrieb herrscht (l.) Auf dem Gelände wird später der Space Park Bremen errichtet

Das Lichthaus, das ehemalige Arbeiteramt der A.G. „Weser" besticht durch seine klassisch schlichte Architektur (o.)

Mehr als hundert Jahre lang war Gröpelingen der zur Werft A.G. „Weser" gehörige Stadtteil. Deren Schließung 1983 war eine Katastrophe für alle Bewohner. Aber die Zeit, die finanzielle Unterstützung der Stadt, des Bundes und der EU, die Tatkraft einzelner Unternehmer und die langsam gewachsene Vision eines anderen Gröpelingens hat viele Wunden geheilt. Heute erzählen Eingesessene augenzwinkernd, dass endlich kein Schiff mehr den Blick auf die spannende Zukunft Gröpelingens verstellt.

Wie verkraftet es ein Stadtteil, wenn ihm sein Herz amputiert wird – selbst wenn dieses Herz aus Stahl ist? Denn das hämmernde Zentrum, die riesige Werft mit zeitweilig über 20.000 Beschäftigten, hat den Stadtteil mehr als hundert Jahre lang ernährt, den Einzelhändler an der Heerstraße ebenso wie den Lokalbesitzer im Ohlenhof. Zwanzig Jahre später: Auf dem ehemaligen Werftgelände wird der **Space Park Bremen** eröffnet, der größte überdachte Erlebnispark Europas. Der Themenpark bietet Attraktionen rund um Raumfahrt und Science-Fiction: ein „magisches Tor" zum Sprung in die vierte Dimension, eine Weltraumstation aus der erfolgreichen Star-Trek-Serie, ein riesiges **Imax-Kino**. Fast eine Milliarde Euro öffentlicher und privater Gelder werden investiert. Es ist *das* Projekt in Bremen, auf das man setzt. – und nach kurzer Zeit ist alles vorbei. Es kommen nicht genügend Besucher. Der Einzelhandel, auf den man gehofft hat, zieht nicht mit. Die Bremer haben ein neues Wort gelernt: „Ankermieter" – man findet keinen. Möglicherweise werden in der Zukunft neue Investoren gefunden oder Projekte entwickelt die geeignet sind, aus dem Space Park doch noch etwas machen.

Hoffnungsträger oder Investitionsruine? An dem in Schwierigheiten geratenen Komplex des Space Park Bremen auf dem ehemaligen Gelände der Werft A.G. „Weser" scheiden sich in Bremen die Geister (l.)

Besuchern des Veranstaltungszentrums **Pier 2** einen faszinierenden Ausblick auf die Weser. Natürlich ist auch das Pier 2 selbst Teil der alten Werft. In der ehemaligen Montagehalle treten heute Größen des Pop und R & B, deutschen Comedy-Stars und andere Künstler auf und ziehen nicht allein Publikum aus Bremen, sondern aus dem gesamten nordwestdeutschen Umland an.
In einem der beiden neu gebauten **Torhäuser** gegenüber dem Space-Park, am Eingang zur Lindenhofstraße, ist der Sitz der **Initiative Kultur Vor Ort.** Sie ist eine Initiative Gröpelinger Bürger, die für die Menschen im Stadtteil Konzerte und Lesungen organisiert. Auch Führungen durch Viertel oder spannende Rundgänge durch die gigantische ehemalige **Getreideanlage** der BLG werden angeboten.

Blick ins Innere der Fatih-Moschee mit ihren tausenden kunstvoll verzierten Kacheln (o.)

In exponierter Lage am Weserufer das Lokal „Use Akschen" (r.)

Nicht minder exponiert: das erfolgreiche Veranstaltungszentrum Pier 2 (o.r.)

Blick auf die Getreideanlage (r.)

Mit oder ohne Space Park, Gröpelingen hat sich seinen Weg aus der Katastrophe ins Dienstleistungszeitalter gesucht. Kein leichter Weg für ein traditionelles Arbeiterviertel. Ein Symbol für die Umnutzung der Hinterlassenschaften der „alten Industrien" ist das **Lichthaus**, das ehemalige **Arbeiteramt** der A.G. „Weser", in dem die Arbeiter der Werft früher um ihre Lohntüten Schlange standen. Dort sind nach dem von der EU geförderten Umbau heute auf 2.700 Quadratmeter Unternehmen des Kommunikations- und Kreativsektors und die Zeitung **„Bremer Westen"** angesiedelt.
Nur wenige Schritte entfernt am Wasser liegt das Lokal mit dem nostalgischen Namen **„Use Akschen"** (*Unsere Aktien*; gemeint ist die A.G. „Weser"). Auch dieser ehemalige Werftkiosk steht für einen Neuanfang. Denn er ist von einem Schwimmkran auf eine Kaje versetzt worden und bietet heute den

Bremen hat, mit Unterstützung durch die EU, kräftig in den Umbau des Stadtteils investiert. Bis zum Jahr 2005 sind 70 Millionen Euro in die Sanierung geflossen. Profitiert von diesem Kraftakt hat vor allem der Ortsteil **Lindenhof.** Das Zentrum, die auf die Werft zuführende **Lindenhofstraße** mit ihren Geschäften und Kneipen, konnte den Zusammenbruch der Werft nicht ohne Hilfe verkraften und verödete anfangs. Heute geben verbreiterte Gehwege und junge Linden der Straße den Charakter einer Allee. Neue Geschäfte beleben den Lindenhof, Einrichtungen wie die Fraueninitiative **Quirl** können den Kundenkreis ausweiten. Belebt hat sich das Karree auch durch die **Stadtbibliothek West,** ein Neubau, in dessen Café sonntags Besucher bei Kaffee und Kuchen sitzen.

Ein großer Anziehungspunkt für die islamischen Einwohner nicht nur des Stadtteils ist die große **Fatih-Moschee** an der **Stapelfeldstraße.** Die Arbeiten an dem Bau beginnen 1995 und ziehen sich bis Ende 1999 hin. Die Länge der Bauphase liegt an der rein privaten Finanzierung: Erst wenn genügend

Spendengelder eingegangen sind, wird ein neuer Bauabschnitt in Angriff genommen. Das imposante Gebäude mit seinem fast 30 Meter hohen Minarett bietet in dem Gebetsraum unter der Kuppel Platz für bis zu 1.300 Gläubige. Mit seinen 5.000 kunstvollen Motivkacheln aus der anatolischen Stadt **Kütahya** und den zahllosen geknüpften Teppichen findet es nicht nur bei der moslemischen Gemeinde großen Zuspruch: Jährlich nehmen allein 5.000 Personen an Moscheeführungen teil.

Gröpelinger Straßenszene (o.)

Die Standortwahl für die Moschee kommt nicht von ungefähr. Jeder fünfte Bewohner Gröpelingens ist Ausländer. Von ihnen stammen über die Hälfte aus der Türkei oder haben türkische Wurzeln. Deren Bedürfnisse und ein nach außen orientierter Lebensstil prägt in vielen Straßen das Bild: **Dönerbuden** haben sich neben **Teestuben** etabliert. Vor den Kneipen sitzen im Sommer alte türkische Männer und spielen Tavla, Gruppen von Jugendlichen beanspruchen eine Straßenecke für sich, treten dennoch zur Seite, wenn die junge Mutter mit ihrem Kinderwagen vorbeifährt.

Der **KSV Vatan Sport** wird 1978 gegründet. Seitdem ist der Verein im sportlichen und im kulturell-sozialen sowie im Bildungsbereich tätig. Viele ausländische Mitbürger, die bei der A.G. „Weser“ gearbeitet haben, treffen sich hier wieder. Bis 1991 ist man nur sportlich engagiert, dann kommen andere Betätigunsfelder hinzu, die sich auch gezielt an Jugendliche richten und soziale Konflikte entschärfen helfen. Man beteiligt sich an Stadt- und Schulfesten, häufig mit folkloristischen Musikdarbietungen.

Gröpelingen ist ein junger Stadtteil, die Mieten und die Immobilienpreise liegen niedriger als anderswo in Bremen. Mit den kleinen Preisen kamen afrikanische und asiatische Familien und leben heute Tür an Tür mit den ehemaligen Arbeitern der A.G. „Weser“, mit Handwerkern, Ladenbesitzern und Rentnerinnen. Es ist kein multikultureller Mikrokosmos gewachsen, aber das Viertel ist eben auch nicht von Misstrauen und Vorwürfen geprägt. Vielmehr ist Gröpelingen ein bescheidener

Tatjana Murken (rechts im Bild) und ihre große Schwester Angela fühlen sich wohl in Gröpelingen (o.)

Anspruchsvolle Architektur in Gröpelingen: die Stadtbibliothek West in der Lindenhofstraße (l.o.) und die Torhäuser am Eingang zur Lindenhofstraße (l.u.)

JVA Oslebshausen (o.) in der Sonnemannstraße

Wohnidylle im Parzellengebiet In den Wischen (o.)

Stadtteil, in dem Menschen verschiedener Kulturen, geschäftig in ihren Alltag eingesponnen, nebeneinander her leben; ein tolerantes Leben und Lebenlassen, das nicht dem Ideal der Assimilation entspricht, aber ein pragmatisches, funktionierendes Modell ist.

Das **Nachbarschaftshaus Helene Kaisen** beim **Ohlenhof** ist eine besondere Einrichtung, gewissermaßen die Wiege aller Bremer **Bürgerhäuser**. 2002 feierte es 50. Geburtstag und ist damit rund doppelt so alt wie die übrigen Bürgerhäuser der Stadt. Wer das Haus betritt, wird sofort mit seiner Lebendigkeit konfrontiert. Ab 6.30 Uhr öffnen sich für rund hundert Kinder unterschiedlichster Nationen die Türen im **Kindertagesheim**. Auch das Kursangebot für Jugendliche, Erwachsene und Senioren findet regen Zulauf: Kinderchor und Ballett, Graffiti-Kurs und Modern Dance, Handarbeits- und Kochkurse. Dass hier alle Generationen zusammentreffen können, haben die Gröpelinger engagierten Mitbürgerinnen zu verdanken. Neun Frauen hatten 1951 die Idee, Menschen unterschiedlicher Konfession, Nationalität und Bildung zusammenzubringen, unter ihnen die Bürgermeistergattin **Helene Kaisen** und Vertreterinnen des **Unitarian Service Communitee**, eines amerikanischen Sozialwerks, das in Deutschland ein Nachbarschaftshaus in Anlehnung an amerikanische Modelle aufbauen wollte. Die Idee der Damen trägt bis heute Früchte. Mit über 100.000 Besuchern jährlich ist das Haus eine Anlaufstelle für alle Gröpelinger, unabhängig von Religion, Geschlecht und Staatsangehörigkeit.

Das bekannteste Gebäude **Oslebshausens** hat einen zweifelhaften Ruf. Es ist die neugotische **Justizvollzugsanstalt** mit über 500 Männern in ihren acht Quadratmeter großen Zellen. Der Bremer Senat hatte das Gefängnis 1874 bewusst hinaus aufs Land, weit weg von den Wohngebieten, verlegt. Der Anstieg der Oslebshauser Bevölkerung jedoch nach Gründung der A.G. „Weser“ von ursprünglich 272 Einwohnern im Jahr 1871 auf fast 3.000 im Jahre 1921 rückt den Ortsteil an das backsteinerne Gefängnis heran. Natürlich liebt niemand dessen Nähe und dementsprechend unheimlich und unnahbar steht der Komplex mitten im Ortsteil.

Am **Nonnenberg** steht Oslebshausens **Bürgerhaus**. Als Ende der 1970er Jahre Mittel für die Errichtung eines Schwimmbades bereitstehen, schlagen die Oslebshauser das Angebot aus. Wichtiger scheint ihnen der Bau eines Bürgerhauses für die Bewohner des Quartiers. Nach und nach entsteht ein quirliges, kulturelles und soziales Zentrum am Rande der Stadt, wo kein Tag vergeht, an dem nicht unterschiedlichste Leute aufeinander treffen.

Ein besonderes Areal Gröpelingens ist der Ortsteil **In den Wischen**, den die Autobahn von und nach Bremerhaven vom restlichen Stadtteil abschneidet. Es ist ein großes **Parzellengebiet**, in dem schon die Namen auf die beinahe ländliche, jedoch durch den Lärmpegel der nahen Schnellstraße getrübte Idylle verweisen: Cox-Orangen-Weg, Stiefmütterchen- oder Edelweißweg. Etwa 2.000 Gärtner gehen hier ihrem Hobby nach.

Am Ende dieses kleinen Streifzuges steht fest: Gröpelingen hat sich erholt von dem Aderlass der Werftschließung. Vieles ist anders geworden, vieles wird nicht mehr so sein, wie es war. Aber sicher hat Gröpelingen eine Zukunft!

Hemelingen

Ortsteile:
- Arbergen
- Hastedt
- Hemelingen
- Mahndorf
- Sebaldsbrück

Einwohner: 41.833

Hemelingen ist nach Einwohnern der zweitgrößte Bremer Stadtteil. Unter städtebaulichen Aspekten ist Hemelingen mit seinen kleinen gepflegten Arbeiterhäuschen sicher unspektakulär. Aber für die Stadtgemeinde ist es von eminenter Bedeutung. Denn in den ehemaligen Dörfern im Osten Bremens erwirtschaften Unternehmen zwanzig Prozent des hansestädtischen Bruttosozialproduktes.

Der Autoproduzent DaimlerChrysler ist der größte Arbeitgeber Bremens (l.)

Aus der geballten Wirtschaftskraft ragt ein Name heraus: **DaimlerChrysler.** Das Werk im Ortsteil **Sebaldsbrück** ist mit über 15.000 Beschäftigten größter Arbeitgeber der Stadt. Früher, bis in die 1960er Jahre, hatten hier die **Borgward-Werke** ihren Sitz. Der geniale Tüftler **Carl F. W. Borgward**, der mit den **Isabellas** und **Arabellas** wahre Design-Wunder schuf, legte 1961 den ersten großen Konkurs der westdeutschen Nachkriegsgeschichte hin. Später stellten sich Chronisten auf den Standpunkt, das Werk hätte gerettet werden können. Wie auch immer, über 20.000 Arbeitsplätze waren dahin.

Es zeugt von der enormen Dynamik des damaligen Arbeitsmarkts, dass fast alle Beschäftigten bald wieder in Lohn und Brot stehen, viele von ihnen bei Rheinstahl Hanomag, die auf dem Gelände Lastwagen produzieren oder später bei der Daimler Benz AG.

Die Erfolge des Unternehmens sind beeindruckend. Seit 1978 haben insgesamt fast 3,9 Millionen Personenwagen das Werk verlassen. Von der ersten E-Klasse, der Baureihe 123, wurden rund 200.000 Fahrzeuge in Hemelingen gebaut, vom Nachfolgemodell, der Baureihe 124, beinahe 350.000. Von 1993 bis 2001 liefen etwa eine Millionen C-Klasse Limousinen und T-Modelle der Baureihe 202 vom Band und die aktuelle Mercedes-Benz C-Klasse schlägt, Limousine und T-Modell zusammengenommen, mit 390.000 Fahrzeugen zu Buche.

Der Gewerbepark Hansalinie in der Mahndorfer Marsch zwischen Autobahn und Weser in der Entwicklungsphase (o.)

Presskuchen für Kakaopulver bei Kraft Foods (o.)

Das Großunternehmen hat viele weitere Unternehmen nachgezogen, die heute u.a. im neuen **Gewerbepark Hansalinie** ansässig sind. Seit 1998 sind hier nah dem Autobahnkreuz in Werken, die Autoseitenverkleidungen und Autohimmel herstellen, fast tausend neue Arbeitsplätze bei Herstellern und Zulieferern entstanden.

Die ansässigen Firmen profitieren von der Nähe zu den Autobauern, die sich immer weiter im Stadtteil ausdehnen. Dem Expansionsdrang von DaimlerChrysler musste sogar die **Schule im Holter Feld** weichen. Schüler der Sekundarstufe 2 müssen auf einen anderen Stadtteil ausweichen. Im Gegenzug hat sich das Unternehmen allerdings

Vitakraft an der Mahndorfer Heerstraße (r.)

verpflichtet, das ehemalige **Verwaltungsgebäude des Bahnausbesserungswerkes** zu restaurieren, einen wirklichen architektonischen Schatz, den Daimler in ein modernes Bürogebäude umgebaut hat, das dennoch seine Geschichte bewahren konnte.

Auch viele andere Firmen beleben den Industriestandort Hemelingen. Der Wurstfabrikant **Karl Könecke** ist nach bescheidenen Anfängen im Jahre 1929 zu einem Großunternehmen der Fleisch- und Wurstbranche und zum Marktführer SB-verpackter Produkte aufgestiegen. Mit 1.580 Mitarbeitern an drei Standorten, eines davon das Stammhaus an der **Sebaldsbrücker Heerstraße**, produziert die Gruppe pro Jahr etwa 78.000 Tonnen Wurstwaren. Die Firma **Kraft Foods Deutschland** betreibt in Bremen-Hemelingen ein

Konzessionär für Coca-Cola im nordwestdeutschen Raum ist die Bremer Erfrischungsgetränke GmbH in der Bahnhofstraße (r.)

Werk zur Herstellung von Löskaffee. Die Unternehmensgruppe **Vitakraft** mit Stammsitz im Hemelinger Ortsteil **Mahndorf** ist einer der größten Produzenten von Futtermitteln und Bedarfsartikeln für Hunde, Katzen und andere Heimtiere. Weltweit beschäftigt die Gruppe in einem Dutzend Ländern rund 2.500 Mitarbeiter und verkauft in fast 50 Ländern insgesamt 3.500 verschiedene Artikel zur artgerechten Ernährung, Pflege und Haltung von Heimtieren.

In der Hemelinger Bahnhofstraße füllt die **Bremer Erfrischungsgetränke GmbH** seit über 50 Jahren als selbständiger Konzessionär im nordwestdeutschen Raum **Coca-Cola** ab. Das Unternehmen hat sich in Hemelingen sehr beliebt gemacht durch sein langjähriges finanzielles Engagement für das **Schlossparkbad**. Im Gegenzug hat die **Bremer Bäder GmbH** zugesagt, das Bad mindestens bis zum Jahr 2006 geöffnet zu halten.

An der Heerstraße hat auch High Tech einen Sitz, wichtiger Arbeitgeber und zuletzt bekannt unter dem Namen

STN Atlas Elektronik. Die beiden britischen und deutschen Eigentümer haben das Unternehmen mit dem in der Bremer Wirtschaftsgeschichte klangvollen Namen aufgeteilt. Heute gibt es, weiterhin unter einem Dach, die **Atlas Elektronik GmbH** für Marinesysteme und Fertigung und die **Rheinmetall Defence Electronics GmbH.** Die Unternehmen sind nicht unumstritten, denn über 90 Prozent der Produktion sind Rüstungsgüter. Sie sind weltweit anerkannte Entwickler und Hersteller von Präzisionswaffen für Heer, Marine und Luftwaffe, rüsten U-Boote mit Torpedos und Feuerleitsystemen aus, entwickeln Sonargeräte für die in Deutschland gebauten Fregatten.

Als Ortsteil ist Sebaldsbrück unspektakulär. Kaum interessante Bauten, keine wichtige Einrichtung, einfach ein überschaubares Quartier, das in seinen Straßen gelegentlich einen beinahe dörflichen Charakter ausstrahlt und für seinen **Schlosspark** gerühmt wird. In Hemelingen steht auch das **Aladin**, seit einem Vierteljahrhundert eine Bremer Institution. Vor allem dem Hardrock verpflichtet, hat das Aladin diversen Moden getrotzt. Und auch wenn es sich heute auf Harry-Potter-Spektakel, auf Techno und Hip Hop einlässt, ist es immer noch ein eigenwilliger, auf unaufgeregte Art entspannter Ort, in dem Kutten- und Anzugträger miteinander an der Theke stehen.

Auch der benachbarte Ortsteil **Hastedt** ist ein gewachsenes Industriequartier. Hier ziehen Anfang des 20. Jahrhunderts viele Unternehmen ihre Werkhallen hoch: 1928 ziehen die **Goliath-Werke Borgward & Tecklenborg** in die Föhrenstraße. Viele kleinere Betriebe siedeln sich in Hastedt an, so **Ketels-Tubenfabrik**, die Hanseatische Silberwarenfabrik, heute **M. H. Wilkens & Söhne**, die Kaffeerösterei **Oetjen & Goedecke** und die **Karosseriefabrik C. Pollmann.**

Die Durchdringung von Arbeit und Wohnen ist charakteristisch für den Stadtteil und die enorme wirtschaftliche Kraft hat für die Bewohner des Stadtteils bis heute durchaus auch Nachteile. Der Schwerlast- und immer mehr auch der Pendlerverkehr beeinträchtigen den Lebensstandard erheblich. Mit der im Mai 2003 nach vierjähriger Bauzeit gefeierten Eröffnung des **Hemelinger Tunnels** ist ein Riesenprojekt endlich zum Abschluss gekommen, das eine wichtige Voraussetzung zur langfristigen Sicherung und Verbesserung der Wohn- und Lebensqualität in Hemelingen ist.

Eine Besonderheit ist der **Jüdische Friedhof** für die wenigen in Bremen lebenden Juden im Ortsteil Hastedt.

Der jüdische Friedhof in der Deichbruchstraße (o.)

Aladin Music Hall in der Hannoverschen Straße (l.)

Klassisches 50-teiliges Silberbesteck mit stilisiertem Blattdekor (o.) des Designers Friedrich Adler (um 1903) aus der Wilkens-Silbermanufaktur

An dem um 1990 neu gebauten Weserwehr in Hemelingen stoppen die Gezeiten der Nordsee (r.) Über das Wehr führt eine Brücke für Fußgänger und Radfahrer

Die Verschlüsse des Wehrs bestehen aus fünf gewaltigen beweglichen Stauklappen (o.)

Gegen Ende des 18.Jahrhunderts, nach der Erteilung lebenslangen Schutzes für die damals noch im hannoverschen Hastedt lebenden drei jüdischen Familien (Hesekiel Abraham, Levy Abraham, Hesekiel Alexander) kaufte die Gemeinde ein Stück Land zur Nutzung als Beerdigungsstätte in der heutigen Deichbruchstraße. Es lag außerhalb des damaligen Schutzdeiches am Fuße der großen Sanddüne. Ältester Beleg der Gründung ist der Grabstein des aus London stammenden **Lewis Simeon** aus dem Jahre 1796. Viele andere Gräber wurden regelrecht fortgeschwemmt, denn die Außendeichlage setzte dem Friedhof oft zu. Alte Hastedter sagten: *„De Joden starwt twemal, eenmal starwt se und eenmal versupt se!"* Erst nach 1850 verhinderten Drainagemaßnahmen und der Bau des Osterdeiches weitere Wassereinbrüche. Am 10. November 1938 legten SA-Männer Feuer in der Kapelle und verwüsteten die Grabanlagen. Im April 1945 richtete der letzte Luftangriff auf Bremen schwere Schäden an. Aber noch im gleichen Jahr begannen die Aufräumarbeiten und sieben Jahre später wurde die neue Kapelle eingeweiht, außerdem das **Ehrenmal** für die ermordeten Bremer Juden enthüllt. Im Sockel eingegossen ist eine Pergamentrolle mit den Namen von 915 Opfern nationalsozialistischer Gewalt.

Die Bewohner **Mahndorfs** und **Arbergens** leben lange ein weit beschaulicheres Leben als die Nachbarn in den Industriearealen. Aber in den 1960er Jahren beginnt die Stadtgemeinde Bremen mit der Erschließung einer große landwirtschaftlichen Fläche zwischen Mahndorf, Osterholz und dem niedersächsischen Uphusen als Industrie- und Gewerbegebiet. Auch der Autobahnbau verändert das Gesicht der Hemelinger, Arberger und Mahndorfer Marsch. Und seitdem will der „Verbrauch" dieser landwirtschaftlichen Flächen kein Ende nehmen. Auf einem hundert Hektar großen Areal der Hemelinger Marsch entstehen bis 1972 die neuen **Werra-** und **Fuldahäfen.** 1991 kauft der Bremer Senat in der Hemelinger Marsch weitere 75 Hektar für den Bau des **Gewerbeparkes Hansalinie.** Und seit 1998 bemüht sich der Bremer Senat um die restlichen Flächen der Hemelinger, Arberger und Mahndorfer Marsch, um sie als Gewerbeflächen vorzuhalten. Gegen diese Pläne formiert sich Widerstand, denn mit der industriellen Nutzung dieses vier Kilometer langen Gebietes wäre die Naherholung auf den schmalen Rand zwischen dem Gewerbegebiet und der Weser beschränkt.

Das Ehrenmal (r.) für die ermordeten Bremer Juden auf dem Friedhof in der Deichbruchstraße in Hastedt

Horn-Lehe

Ortsteile:
- Horn
- Lehe
- Lehesterdeich

Einwohner: 23.860

Blick in eines der Gewächshäuser der botanika (l.)

Kaum ein Bremer Stadtteil ist so vielfältig wie Horn-Lehe. Hier können Besucher die größte Rhododendronsammlung Europas bewundern. Hier können sie aber auch im Universum zu den digital animierten Wurzeln der Menschheit zurückkehren. Hier steht als Wahrzeichen eine 150 Jahre alte Mühle. Hier ragt aber auch der weit höhere Fallturm auf, in dem die Schwerelosigkeit im Weltraum simuliert wird.

Die Bewohner von **Horn** können eine wirkliche Bremer Attraktion für sich beanspruchen. In ihrem **Rhododendron-Park** ist die größte Sammlung von Rhododendren und Azaleen in ganz Europa beheimatet. 600 der weltweit tausend Rhododendronarten sind hier gepflanzt, über 270 verschiedene Azaleenarten in dem Park zu bewundern, unter ihnen die bis zu 1,5 Meter hohe Japanische Azalee. Zahlreiche nicht winterbeständige Pflanzen sind im Gewächshaus angepflanzt, besonders stattliche Pflanzen im **Wilhelm-Kaisen-Haus** zu besichtigen. Im Juni 2003 eröffnet mitten im Rhododendron-Park die **botanika**: neue Gewächshäuser mit drei ostasiatischen Pflanzenlandschaften und einem modern gestalteten Edutainment-Bereich.

Wahrzeichen des Ortteils **Lehe** ist die **Mühle**. Sie wird 1849 als Galerieholländer erbaut und bis 1933 im Windkraftbetrieb genutzt. Seit 1966 steht sie unter Denkmalschutz. 1995 richtet ein Sturm verheerende Schäden an. Auf Betreiben des **Bürgervereins** wird eigens für die Sanierung ein Förderverein gegründet. Es spricht für die hohe Identifikation der Bürgerinnen und Bürger, dass die Bitte um Spenden eine unerwartet hohe Resonanz in allen Teilen der Bevölkerung hat und die Mühle bis 1999 komplett renoviert werden kann.

Überragt wird die Mühle vom **Fallturm** an der nahegelegenen Universität. Dieser 146 Meter hohe, schlanke, weiße Turm mit seiner charakteristischen Spitze ist eine weithin sichtbare Landmarke und ein aufwändiges Großlabor für Experimente in der Schwerelosigkeit. Für genau 4,74 Sekunden herrscht im Turm der freie Fall in der Schwerelosigkeit des Weltraums. Der Fallturm ist eine Art zweites Wahrzeichen von Horn und Symbol des erfolgreichen Wissenschaftsstandortes Bremen.

Seit September 2000 lockt das **Universum Science Center** jährlich Hunderttausende von Besuchern nach Horn. Die Betreiber hatten sich eine Planzahl von 300.000 Besucher pro Jahr gesteckt. Erreicht wurde dieses hoch gesteckte

Horner Mühle (u.)

Der Fallturm (l.), ein in Europa einzigartiges Großlabor, das Wissenschaftlern aus aller Welt die Möglichkeit zu Experimenten unter den Bedingungen kurzzeitiger Schwerelosigkeit bietet. Die zylindrische Fallkapsel (o.) kann, bei einem Durchmesser von 800 mm, je nach Raumbedarf für das Experiment 1,6 m oder 2,4 m lang sein

Universum Science Center mit dem neuen Atlantic Hotel Universum in der Wiener Straße (r.)

Blick in Ausstellung im Universum (u.)

Die neue Glashalle im Zentralbereich A des Campus der Universität Bremen (r.)

Ziel schon nach siebeneinhalb Monaten. Nach einem Jahr hatten bereits 510.000 Besucher die 250 größtenteils interaktiven Exponate bestaunt, kurz vor dem zweiten Geburtstag konnte der millionste Gast begrüßt werden. Für die wissenschaftliche Seriosität der spielerisch vermittelten Informationen über Mensch, Erde und Kosmos steht die enge Zusammenarbeit des Universums mit der nahen Universität Bremen. Auch das Gebäude selbst ist eindrucksvoll. 40.000 Edelstahlschindeln auf einer freitragenden Holzkonstruktion beschützen als Außenhaut die Ausstellungsflächen. Und dem Grundsatz folgend, dass sich das reale Universum nicht rechtwinklig ausdehnt, hat das Gebäude eine dynamische Form, die an eine gigantische Muschel, ein intergalaktisches Raumschiff oder einen Wal erinnert.

Die enge Verbindung von wissenschaftlicher Forschung und Kooperation mit Unternehmen ist ein Erfolgsrezept, das der **Universität Bremen** nicht in die Wiege gelegt war. 1971 als sozialdemokratisches Reformprojekt mit 340 Studentinnen und Studenten angetreten, wird der Betonbau auf der Wiese schnell als „rote Kaderschmiede“ verschrien. Das hat sich längst erledigt. Im Lauf der Jahre gelingt es verschiedenen, besonders naturwissenschaftlichen Fachbereichen, sich zu profilieren und enge Kooperationen mit innovativen Unternehmen aufzubauen oder solche auszugründen. Ein **Technologiepark** rund um die Uni wächst heran mit Aushängeschildern wie dem **Fraunhofer-Institut für Materialforschung** oder dem **Institut für Werkstofftechnik**. Ein Beispiel für den Weg der Universität ist der Studiengang Informatik, der 2003 sein 25-jähriges Bestehen begeht. Parallel zu den eher dezenten Feierlichkeiten nehmen 400 Erstsemesterstudenten ihr Studium auf. Vor einem Vierteljahrhundert sah das ganz anders aus. Drei Professoren und ihre Studenten basteln an computergesteuerten Produktionsmaschinen – das Internet existiert noch nicht. Heute wird in Zusammenarbeit mit der Europäischen Raumfahrtagentur (ESA) ein Roboter entwickelt der einmal Spaziergänge auf dem Mars unternehmen soll.

Die Horner leben weiterhin in ihren bürgerlichen Wohnstraßen und nehmen gelassen hin, dass ihre Nachbarn an der Universität den Blick konzentriert auf den Weltraum richten.

Huchting

Ortsteile:
- Grolland
- Kirchhuchting
- Mittelshuchting
- Sodenmatt

Einwohner: 29.357

Huchting wird unterschätzt. Vielleicht, weil es am Rand der Stadt liegt. Vielleicht auch, weil es in Teilen den Charakter einer Trabantenstadt hat. Vielleicht, weil ihm ein echtes Zentrum fehlt. Die meisten Bewohner aber fühlen sich wohl in ihrem etwas abgelegenen Stadtteil zwischen zwei Naturschutzgebieten.

Sodenmattsee (l.)

Ihr **Dorfplatz** ist den Huchtingern ans Herz gewachsen. Hier, zwischen **Kirchhuchtinger Landstraße** und **Roland-Center**, trifft sich die Huchtinger Bevölkerung zum **Wochen- und Bauernmarkt**, im Mai zum Aufstellen des **Pfingstbaums**; hier findet in der kalten Jahreszeit der **Nikolausmarkt** statt. Dabei ist der Platz nur wenige Jahre alt, sehr zur Freude des Ortsamtes geplant im Zuge der Erweiterung des Roland-Centers und eingeweiht im Oktober 1999.

Den Zeitgeist der 1960er Jahre atmet die gewagte Architektur der 1971 eingeweihten Dietrich-Bonhoeffer-Kirche an der Heinrich-Plett-Allee (l.)

Huchting ist eben immer noch im Werden, auf die Initiative der Bewohner angewiesen, eine Trabantenstadt mit uniformen Siedlungen – und dennoch besser als ihr Ruf, denn an Straßen wie dem Roggenkamp sind alte gewachsene Siedlungen mit fast dörflichem Charakter keine Seltenheit.

Auch in **Mittelshuchting** grenzen Höfe an Hochbauten, Einfamilienhäuser an winzige Siedlungshäuschen. Einige architektonische Extravaganzen fallen auf. Zu ihnen zählt die Kirche der **Dietrich-Bonhoeffer-Gemeinde.** Kein Glockenturm. Nackter grauer Beton. Ein frei hängendes Dach, das mehr an eine Muschel als an ein Gotteshaus erinnert. Exotisch auch das Blassblau und -gelb, die Orange- und knalligen Rottöne der Reihenhäuser am **Roggenkampsfleet** nahe den Brokhuchtinger Wiesen, die eine sehr moderne Lesart des traditionellen Bremer Hauses sind.

Bestechend ist die Lage Huchtings zwischen dem jungen Park links der Weser und dem vom BUND betreuten 375 Hektar großen **Naturschutzgebiet** im nördlichen Teil. Beide sind Ausgleichsmaßnahmen: das eine für den Bau des Güterverkehrszentrums, das andere für die Erweiterung des Flughafens. Der BUND hat ein Konzept ausgearbeitet, das einen Teil des Naturschutzgebiets für Fußgänger erschließt.

Roland-Center am Alten Dorfweg mit seinen zahlreichen Fachgeschäften unter einem Dach (o.)

Stadtteilfarm Huchting (ganz o. und o.r.)

Ein heimliches Zentrum des Stadtteils ist der **Sodenmattsee.** Bis vor ein paar Jahren schauten die Bewohner des Ortsteils Sodenmatt an heißen Tagen eher verdrießlich auf ihren Baggersee, da er für den Badebetrieb gesperrt war. Der Entendreck hatte die Wasserwerte ruiniert. Gegen Ende der 1990er Jahre wurde der Sodenmattsee wieder hergerichtet und hat seitdem eine gute Wasserqualität.

Am See liegt, umgeben von Plattenbauten und Sozialwohnungen, die **Stadtteilfarm Huchting.** Zwei hauptamtliche Pädagogen und mehrere Helfer kümmern sich um die Besucher. An fünf Tagen in der Woche steht die Farm nachmittags Jungen und Mädchen offen. Auch nachts ist immer ein Erwachsener, oft ein Zivildienstleistender, vor Ort, so dass die Farm rund um die Uhr besetzt ist.

Ein Sonderfall ist der Ortsteil **Grolland.** Er liegt näher zur Innenstadt hin und hat einen ganz eigenen, anderen Charakter als die Nachbarn Kirchhuchting, Mittelshuchting und Sodenmatt. Grolland streckt sich zwischen Ochtumarmen hin, eine Arbeitersiedlung mit kleinen Klinkerbauten und zweistöckigen Mietshäusern, ein wenig abgelegen, umgeben von Deichen, Wiesen und Wasser, zertrennt allerdings von der zur Hochstraße ausgebauten B 75, an der zu wohnen kein Spaß ist.

Es dauerte übrigens, bis Bremen und der Stadtteil Huchting zusammenkamen. Erst seit 1945, im Zuge der Vereinigung von Landkreis und Stadt Bremen, ist Huchting Teil der Stadtgemeinde. Es dauerte zwei weitere Jahre, bis überhaupt ein öffentlicher Bus Huchting anfährt und noch Jahrzehnte später endet die Straßenbahn an der Wendeschleife nahe der Ochtum in Grolland. Als im November 1972 das **Roland-Center** eröffnet, wird die Notwendigkeit der Verlängerung der Linie 6 bis zum Kaufhauskomplex zwingend – womit wir beim tatsächlichen Zentrum Huchtings sind: dem Roland-Center, in dem auf einer Verkaufsfläche von 30.000 Quadratmetern mehr als hundert Fachgeschäfte Waren anbieten. Täglich strömen 20.000 Menschen durch die weitläufigen Gänge.

Es sieht nicht zwingend so aus, als ob sich Huchting rasant entwickeln wird. Und Sehenswürdigkeiten werden hier in absehbarer Zeit auch nicht zu bewundern sein. Ein neuer Reiseführer widmet dem Stadtteil jedenfalls gerade acht Zeilen. Das heißt aber noch lange nicht, dass sich die Bewohner nicht wohl fühlen in ihren Quartieren. Eine gute Nachbarschaft ist schließlich auch etwas wert!

Mitte

Ortsteil:
- **Altstadt**
- **Bahnhofsvorstadt**
- **Hohentorshafen**
- **Industriehäfen**
- **Neustädter Hafen**
- **Ostertor**
- **Stadtbremisches Überseehafengebiet Bremerhaven**
- **Überseestadt**

Einwohner: 16.337

Das alte Bremer Rathaus mit seiner reichverzierten Fassade im Stil der Weserrenaissance (l.)

Blick in die prächtige Obere Halle des Bremer Rathauses (o.)

Auf der Düne an der Weser ist die Stadt gewachsen. Hier drängt sich auf engem Raum ihre steingewordene Geschichte: der Glaube im seit tausend Jahren aufragenden Dom, die Macht der Bürger und Kaufleute in ihren repräsentativen Bauten am Marktplatz und in der Böttcherstraße, ihr bürgerliches Engagement im Kunsthallenbau, die Tradition der weltoffenen Handelsstadt im Übersee-Museum …

Die Sage erzählt von **Roland** als einem bretonischen Paladin und Neffen Karls des Großen, der mit wenigen hundert Gefolgsleuten einen Pass in den Pyrenäen gegen eine Übermacht der Sarazenen verteidigte. Seine Loyalität und Tapferkeit besangen im französischen Raum zahlreiche Heldenlieder; im 12. Jahrhundert folgte das mittelhochdeutsche Rolandlied. Der Bremer Roland – 1366 aus Holz, 1404 aus Stein gebaut – stand und steht seitdem als sichtbares Zeichen für die Freiheit und für die Rechte der Stadt auf dem Marktplatz.

Um den Roland herum gruppiert sich ein Ensemble, das wie auf wenigen anderen Marktplätzen in Deutschland die wichtigen gesellschaftlichen Kräfte in architektonisch meisterlicher Form vereint. Der Roland steht seit beinahe exakt sechshundert Jahren vor den Arkaden des **Rathauses**, das im prachtvollen Stil der Weser-Renaissance als Repräsentanz der bürgerlichen Macht gebaut wurde. Im Keller des Rathauses bietet der **Ratskeller**, ein Weinkeller und Restaurant, in wuchtigen Hallen neben gutbürgerlicher Küche 650 verschiedene Weine aus deutschen Anbaugebieten an. Der Residenz des Bürgermeisters gegenüber steht der **Schütting**, Sitz der bremischen Kaufmannschaft, gebaut 1537 von dem holländischen Baumeister **Jan de Buscheneer**. Über dem Portal ist der für Bremen und seine maritime Geschichte programmatische Wahlspruch eingemeißelt: *buten un binnen / wagen un winnen*. Im Rücken des Rolands ist ein Ensemble prachtvoller Bürgerhäuser aufgereiht: die Sparkasse mit der Fassade von 1755, daneben die **Rathsapotheke** und die **Akzise** von 1595 (ersetzt durch einen Neubau 1830) sowie das jüngere **Deutsche Haus**.

Der Roland zu Bremen, den seine Erbauer einst mit voller Absicht frech auf den Dom blicken ließen, um damit das Selbstbewusstsein der Stadtbürger gegenüber Kirche und Bischof zu demonstrieren (l.)

Das Innere des im frühgotischen Stil erbauten St. Petri Doms (r.)

Schauriges im Bleikeller des Doms: die mumifizierten Leichen (u.)

Blick von der Uferpromenade Schlachte über die Weser auf die im Stil der historischen, im Krieg zerstörten Packhäuser neu bebauten Halbinsel Teerhof (ganz r.o.)

Der Schütting (ganz r.)

Das Haus der Bürgerschaft (r.)

Mit einer Regionalausgabe erscheint die nach eigener Einschätzung „linke, laute und kritische" Tageszeitung taz auch in Bremen. Die Redaktion sitzt an der Schlachte

taz bremen

Die gegenüberliegende Seite des Marktplatzes wird begrenzt vom **Haus der Bürgerschaft**, dem Landesparlament des Stadtstaates Bremen. Nach Plänen des Architekten **Wassili Luckhardt** 1966 gebaut, wurde es in der Vergangenheit von vielen als ästhetisch unpassend angefeindet, gilt heute aber als eigenständige städtebauliche Leistung, die in das Ensemble des altehrwürdigen Bremer Marktplatzes integriert ist. Ein wenig zurückversetzt steht auf der leichten Erhebung einer früheren Düne der 1200 Jahre alte **Dom,** Sitz von Bischöfen, zu Beginn des 14. Jahrhunderts mit mächtigen Türmen versehen, die sein frühgotisches Gesicht prägen. In den Katakomben des **Bleikellers,** zum **Dommuseum** gehörend, liegen seit dem 17. Jahrhundert acht mumifizierte Leichen, darunter ein im Duell erstochener Student.

An der westlichen Schmalseite des Rathauses steht, eher unversteckt und unscheinbar, das neben dem Roland zweite berühmte Bremer Denkmal: Die Bronzeplastik der **Bremer Stadtmusikanten** des Bildhauers **Gerhard Marcks** von 1951. Die Bedeutung des beliebten Märchens ist symbolisch, zielt darauf ab, dass sich die Schwachen (Tiere und Alte) durch solidarisches Handeln erfolgreich gegen die Starken (Adlige) durchsetzen können.

Die **Böttcherstraße,** die links neben dem Schütting beginnt, ist Bremens heimliche Hauptstraße. In der schmalen Gasse, die hinunter zur Weser führt, fertigten früher die Böttcher ihre Fässer an. Ihr besonderer Reiz ist die beeindruckende Verbindung von Backsteinbauweise und expressionistischer Baukunst, denn die ganze Straße ist ein 110 Meter langes, zwischen 1923 und 1931 auf Initiative des Bremer Kaffeekaufmanns **Ludwig Roselius** geformtes Gesamtkunstwerk. Hier sind Restaurants, Läden, Werkstätten, ein Kino und das **Spielcasino Bremen** untergebracht, außerdem das **Paula Modersohn-Becker** gewidmete Museum, das **Roselius-Haus** sowie das bei Touristen sehr beliebte **Glockenspiel.**

Von der Böttcherstraße sind es nur wenige Schitte zur Weser und damit zur **Weserpromenade Schlachte**. In ihrem

historischen Kern ist die Schlachte ein ehemaliger Schiffsanleger mit holländisch anmutenden Giebelbauten auf der Landseite. Bremen hat erhebliche Mittel in die Neugestaltung der Schlachte investiert. Zahlreiche Restaurants und Kneipen haben sich angesiedelt, historische Schiffe liegen vertäut an neu gebauten Anlegern, vom ebenfalls erneuerten **Martinianleger** fahren die weißen Schiffe von **Hal Över** und der **Schreiber Reederei**, die sich zusammengetan haben. Das Projekt Schlachte ist von den Bremern und Besuchern der Stadt begeis-

tert angenommen worden. Schon am Tage und erst recht abends ist oft derart viel los, dass es schwierig werden kann, einen freien Tisch zu ergattern.

Hinter dem Dom, auf dem **Domshof**, findet täglich einer der schönsten Bremer Märkte statt. Auch die Wochenmärkte mit Gemüse und Blumen auf dem **Liebfrauenkirchhof** und **Hanseatenhof** sind beliebt. Wie eh und je kaufen die Stadtbewohner mitten in der City auf den Märkten ein.

Auf dem Domshof, im Schatten des aufragenden Gotteshauses, gingen früher Postkutschen nach Oldenburg und Hamburg ab. Und hier erlebten 1831 die Bürgerinnen und Bürger die Enthauptung der Giftmörderin **Gesche Gottfried.** Noch heute belegt ein kleines weißes Kreuz im Pflasterstein, der sogenannte **Spuckstein,** den Abscheu, den die Mörderin bei ihren Mitbürgern auslöste.

Nur eine Minute entfernt beginnt das Einkaufsviertel der Innenstadt, die von einem bronzenen Schweinehirten bewachte Fußgängerzone der **Sögestraße** mit den angrenzenden **Passagen,** der Lloyd-, Domshof-, Wall- und Katharinenpassage und die nur von der Straßenbahn durchfahrene, sonst autofreie **Obernstraße.**

Eine echte Bremer Kuriosität ist das **Domtreppenfegen.** Junggesellen fegen nach einem etwa hundert Jahre alten Brauch am 30. Geburtstag die Domtreppen oder den Domshof, Jungfrauen dagegen putzen die Domtürklinken. Anzeigen im „Weser Kurier“ kündigen das Ereignis an. Immer sind Freunde und Schaulustige anwesend; meist werden Drehorgelspieler eingeladen. Der be-

strafte Junggeselle oder die unverheiratete Frau werden durch den Kuss eines Mädchens oder Jünglings „erlöst“ – vergleichbar dem Kuss der Prinzessin oder des Prinzen im Märchen.

Seit 1545 feiert Bremen die **Schaffermahlzeit.** Ursprünglich ist es das jährliche Abschiedsmahl der Kaufleute und Reeder für ihre Kapitäne, die zu großer Fahrt aufbrechen. Heute nehmen Kapitäne, Reeder, Kaufleute und Ehrengäste

Der Große Glockensaal (o.) im Art-déco-Stil ist berühmt für seine gute Akustik

Blick in die Böttcherstraße (l.) Ludwig Roselius, Erfinder des entcoffeinierten Kaffees, lässt das expressionistische Gesamtkunstwerk in den 1920er Jahren von Worpsweder Künstlern, insbesondere von Bernhard Hoetger, entwerfen

Der Schnoor, Bremens ältester Stadtteil (l.)

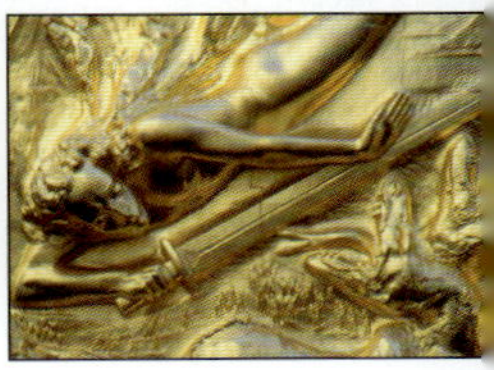

Der vergoldete „Lichtbringer“ von Hoetger über dem Eingang zur Böttcherstraße symbolisiert den Kampf des Erzengels Michael gegen den Höllendrachen, also Gut gegen Böse (o.)

Travestie-Theater Madame Lothár in der Kolpingstraße (r.)

Ruhe bieten die nur zwei Minuten entfernt gelegenen **Wallanlagen**, der grüne Gürtel der Innenstadt. Ehemals standen hier die alten Festungsanlagen der Stadt; nach der Franzosenzeit begann ihr Umbau zu einer gärtnerischen Anlage. Auf den gewundenen Kanälen schwimmen Enten und Schwäne, am Ufer liegen Liebespaare, in der historischen **Mühle** serviert der Betreiber Café und Kuchen.

Nahe den Wallanlagen liegen am Rand der Östlichen Vorstadt auch die größeren Kulturinstitutionen der Stadt. Die

Im kühlen Norden kaum zu vermuten: In Bremen sind zahlreiche Samba-Gruppen aktiv (r.) Einmal im Jahr treffen sie sich mit auswärtigen Formationen zu einem Karnevalsaufmarsch mit fast rheinischen Dimensionen

Beliebt bei Kindern sind die Aufführungen des Märchens von den Bremer Stadtmusikanten auf dem Bühnenwagen mit historischer Kulisse des „Theater Interaktiwo" (o.)

aus Politik und Wirtschaft an dem Gastmahl teil, aus dem schlichten Stockfischessen wurde im Lauf der Jahrhunderte ein feierliches fünfstündiges Mahl mit festgelegter traditioneller – und gewaltiger – Speisenfolge: Bremer Hühnersuppe, Stockfisch, Kohl und Pinkel mit Maronen, Kalbsbraten mit gedämpften Äpfeln, Katharinenpflaumen und Selleriesalat, Rigaer Butt, Zunge, Wurst, Käse und Sardellen, Fruchtkorb, Kaffee.

An der Domsheide, am Rand des historischen Marktplatzes, liegt Bremens Konzertsaal. Herbert von Karajan zählte die **Glocke** zu den drei besten Konzertsälen Europas. Und Dame Margaret Price schwärmte: *„Die Glocke ist für Sänger der beste Saal der Welt!"* Ihre hervorragende Akustik verschaffte der Glocke über Jahrzehnte hinweg den Ruf eines erstklassigen Konzerthauses, das frisch renovierte Art-déco-Ambiente der Säle und des Foyers geben der Glocke ihren besonderen Charakter.

Wie Perlen auf einer Schnur sind die kleinen Häuser aus dem 15. und 16. Jahrhundert in Bremens ältestem Viertel, dem **Schnoor,** dicht aneinander gereiht. In teils extrem schmalen Gassen und an winzigen Plätzen arbeiten Künstler, Goldschmiede und Galeristen, haben sich kleine Cafés und nicht ganz billige Restaurants angesiedelt. Im Schnoor spielen das **Packhaus-Theater** und das Travestie-Theater **Madame Lothár**; das **Hochzeitshaus** – das wahrscheinlich kleinste Hotel der Welt – bietet seine einzige Suite an. Ein ganzjähriger Weihnachtsladen ist eine weitere viel besuchte Attraktion.

Kunsthalle geht zurück auf eine Initiative des Senators **Hieronymus Klugkist,** der im November 1823 drei Dutzend Kunstfreunde einlud, um mit ihnen einen **Kunstverein** zu gründen, der in Bremen bis dato nicht vorhanden war. (Das Fehlen fürstlichen Mäzenatentums machte sich in der Kaufmannsstadt damals bemerkbar). Diese private Initiative couragierter Bürger hat bis heute Bestand. Unter Leitung des Kunstvereins entstand eine Sammlung, die zu den wichtigsten in ganz Deutschland zählt. Allein die Liste der französischen Maler des 19. Jahrhunderts vermittelt einen imponierenden Eindruck von der Qualität der Sammlung: Vertreten sind u.a. Delacroix, Corot, Courbet, Monet, Toulouse-Lautrec, Pissaro, Rodin und Manet. Diese Aufzählung soll nicht über das breite Spektrum der Sammlung hinwegtäuschen, die vom 15. Jahrhundert bis zur Moderne reicht: im Dachgeschoss zum Beispiel sind Installationen von John Cage oder Peter Campus zu bewundern.

An der Contrescarpe sitzt der **Naturschutzbund Deutschland** (**NABU**). Dass hier auch unerwartete Arbeiten von den

Mitarbeitern geleistet werden, beweist **Gottfried Teckemeier**, der für einen guten Zweck Bastelbögen des **Uhus** als „Vogel des Jahres 2005" herstellt.
In unmittelbarer Nähe zur Kunsthalle bietet das **Gerhard Marcks-Haus** eine bemerkenswerte Sammlung von Plastiken; ihm gegenüber zeigt das **Wilhelm Wagenfeld-Haus** zeitgenössische Design-Arbeiten. Nur einen weiteren Steinwurf entfernt liegt das **Theater am Goetheplatz.** Es ist mit über 900 Sitzplätzen die größte Spielstätte des Bremer Theaters. Auf dem Programm des Drei-Sparten-Hauses mit seiner großen Bedeutung in der westdeutschen Theatergeschichte – hier inszenierten schon **Zadek** und **Stein, Fassbinder** und **Grüber** – stehen Opern, Operetten, Musicals, Schauspiele und Tanztheater.
Vom Theater sind es wiederum nur wenige Schritte zum **Ostertorsteinweg**, der Hauptstraße des Viertels. Schon der bestimmte Artikel demonstriert Selbstbewusstsein: Es ist nicht *ein* Viertel, sondern *das* Viertel, für viele Bremer der

einzig urbane Bezirk der ganzen Stadt. In der Tat: hier bieten Tür an Tür Weinhändler und Fleischer, Szenekneipe und türkischer Gemüseladen, Boutiquen und Fahrradhändler ihre Produkte an. Nur im Ostertor wird – neben dem angrenzenden Steintor – regelmäßig die Nacht zum Tag, hier wohnt in repräsentativen Bürgerhäusern der Professor neben dem Lehrerehepaar, der in Ehren ergraute Alternative neben dem Post-Punker. Im Ostertor ergänzt sich frühere Rebellion mit späteren Karrieren. Das Angebot in den hübschen Straßen links und rechts vom Ostertorsteinweg ist groß: Es reicht von der seit den frühen 1970er Jahren existierenden Diskothek **Lila Eule** über das vielfach prämierte Programmkino **Cinema** bis zu der Amüsiermeile **Auf den Höfen**, ein lebendiger, toleranter Kiez, für alle jungen Leute in Bremen ein Magnet.
Mit der Straßenbahnlinie 10 sind es nur wenige Stationen zum Ortsteil **Bahnhofsvorstadt**, das Viertel rund um den Bahnhof. Hier steht das große **Cinemaxx-Kino**, vor allem aber das zugleich ehrwürdige und aktuelle **Übersee-Museum.** Früher ein staubiges Kolonialmuseum mit in den ehemaligen Kolonien gesammelten Exponaten, ist es heute ein quicklebendiges Haus, das den Dialog der Kulturen fördert und mit immer neuen Ausstellungen seine Besucher in den Bann zieht. Seit November 2003 zeigt die neue Dauerausstellung *Ozeanien – Lebenswelten in der Südsee* eine Reise durch die Inselwelt des Pazifiks: Im durchfluteten Lichthof des Hauses erkundet der Besucher auf 13 inszenierten Inseln die Vielfalt von Kultur, Handel und Natur in der Region.
Vieles bliebe noch zu erwähnen in der facettenreichen Mitte Bremens …

Die Dauerausstellung „Ozeanien" im Übersee-Museum (o.)

Blick in die Amüsiermeile „Auf den Höfen". Jährlich gibt es dort das Höfenfest (l.o.)

Typisch für die „Breminale" auf den Osterdeichwiesen: das originelle Kinderprogramm (l.u.)

WESER KURIER

In Bremen erscheinen im Verlag der Bremer Tageszeitungen AG u.a. der „Weser Kurier" und die „Bremer Nachrichten" mit täglich rund 190.000 Exemplaren, die 460.000 Leser erreichen. Die Redaktion sitzt im Pressehaus in der Martinistraße (o.)

Die alten Hafenreviere

Bremens stadtnahe Häfen, der Europahafen und der Überseehafen, zählen am Ende des 19. Jahrhunderts zu den modernsten der Welt. Jahrzehntelang sind sie eine der wichtigsten Drehscheiben für den seewärtigen Außenhandel. Dann beginnt eine neue Entwicklung.

Der 400 Meter lange gründerzeitliche Backsteinbau des Speicher XI; im Vordergrund: das Frischezentrum des Großmarkts Bremen (r.)

Keineswegs Flaute herrscht in den anderen stadtbremischen Hafenrevieren: im Neustädter Hafen (o.) und in den Industriehäfen hinter der erneuerten Oslebshauser Schleuse, an den Kajen von „Weserport“ (ganz o.)

Im Jahre 1966 bringt zum ersten Mal ein Schiff einen Container nach Bremen – in den Neustädter Hafen. Der Hafen auf der linken Weserseite ist damals völlig neu und gebaut worden, um die Handelshäfen rechts der Weser zu entlasten. Aber die bald einsetzende Revolutionierung der Schifffahrt durch den Containerverkehr mit seinen immer größer werdenden Schiffen führt zu einer Verlagerung des Verkehrs an die Außenweser. In dem Maße, wie der Container Terminal Bremerhaven wächst, sinkt die Bedeutung der alten Hafenreviere, insbesondere des Übersee- und des Europahafens. An den über 52,3 Millionen Tonnen Umschlag, den die Bremischen Seehäfen im Jahr 2004 erreichen, davon über 35 Millionen Tonnen in Containern, haben die stadtbremischen Häfen nur noch eine Anteil von rund 26 Prozent. Seit 1998 ist der Überseehafen endgültig Geschichte. Das Hafenbecken wird mit 3,4 Millionen Kubikmeter Sand, der von Baggerarbeiten in der Außenweser stammt, verfüllt und verschwindet. Auf dem neuen Gelände und in der Nachbarschaft entsteht die „Hafen-City“. Erste Erfolge der Umgestaltung sind mittlerweile offenkundig: auf dem zugeschütteten Areal hat sich als erstes großes Unternehmen der **Großmarkt Bremen** angesiedelt. Die Großmarkt Bremen GmbH ist im Besitz der Stadtgemeinde Bremen und hat in die Verlagerung und Erweiterung ihrer Gebäude und Einrichtungen über 50 Millionen Euro investiert. Der ehemalige Überseehafen geht einer spannenden Zukunft entgegen, selbst wenn viele Bauten noch digitale Visionen sind. Einen neuen Namen hat das Areal schon: **Überseestadt**. Und natürlich sehen die Planer ein urbanes Zentrum in industriellem Ambiente entstehen, postmodern, mit jungem Gewerbe, Gastronomie und hochwertigem Wohnen in besten Lagen am Wasser. Momentanes Prunkstück der Überseestadt ist der historische **Speicher XI**. Das 400 Meter lange gründerzeitliche Backsteingebäude aus dem Jahre 1912 mit seinen 500 Fenstern schlief jahrzehntelang einen Dornröschenschlaf und findet jetzt einen neuen Nutzer in der **Hochschule für Künste**, die 2003 große Teile des schonend umgebauten Speichers bezogen hat. Neue Nutzer des alten Speichers sind u.a. auch das private **Hafenmuseum** des Investors **Klaus Hübotter** und die **Kulturwerkstatt WestEnd**. Die Betreiber sind zuversichtlich, weitere Mieter für das altmodisch-futuristische Gebäude zu finden. Noch ist das Areal im Umbruch, aber es ist faszinierend zu sehen, wie eine Vision Gestalt gewinnt, wie eine Stadt auf den Brachen einer großen Vergangenheit Zukunftsorte entwirft.

Neustadt

Ortsteile:
- Alte Neustadt
- Buntentor
- Gartenstadt Süd
- Hohentor
- Huckelriede
- Neuenland
- Neustadt
- Südervorstadt

Einwohner: 42.383

Die Neustadt ist mit ihren acht Ortsteilen der bevölkerungsreichste Bremer Stadtteil – und ein Stadtteil mit vielen Gesichtern, denn jeder dieser Ortsteile hat seinen eigenen Charakter. Die Alte Neustadt ist stark durch Industrie geprägt. Hier ist das international bekannteste Bremer Unternehmen angesiedelt, das mittlerweile nicht mehr in Bremer Besitz, sondern an den weltgrößten Braukonzern InBev verkauft worden ist: die **Brauerei Beck & Co.** Die Marke „Beck's" ist dort eines der Flaggschiffe. Ihren Namen hat die Brauerei von dem Braumeister **Heinrich Beck**, der sie 1873 zusammen mit dem Architekten **Lüder Rutenberg** gegründet hat. Der Brauerei gegenüber steht ein Büroturm, in dem ein zweites berühmtes Bremer Produkt vermarktet wird: **Jacobs Kaffee.** Unternehmensgründer **Johann Jacobs** verkauft seine gerösteten Bohnen anfangs noch aus dem Sack, ehe er Kaffee zu einer Marke aufbaut, die seit den 1920er Jahren sehr gewinnbringend in der **Langemarckstraße** produziert wird. Kleiner, aber sehr fein, ist das dritte nahe gelegene Unternehmen: Die **Bremer Chocolade-Fabrik Hachez** mit ihren 400 festen Mitarbeitern. Vor allem die beiden erstgenannten Unternehmen gaben der Neustadt in der Zeit vor den perfekten Filteranlagen ihren ganz charakteristischen Geruch nach Malz und gerösteten Bohnen, der, je nach Windrichtung, über den Fluss in die Stadtmitte zog oder wie eine schwere Wolke über der **Alten Neustadt** hing.

In der Alten Neustadt sind seit 1982 die vier bis dahin eigenständigen Hochschulen für Technik, Wirtschaft, Sozialwesen und Nautik in der **Hochschule Bremen** zusammengefasst. Über 7.000 Studentinnen und Studenten werden in neun Fachbereichen und 36 Studiengängen ausgebildet. In 25 dieser Studiengänge sind Auslandsaufenthalte mit Praxis- und Studiensemestern obligatorisch. Seit 1952 ist das **Olbers-Planetarium** in der Werderstraße Teil der **Seefahrtsschule Bremen** (heute: Hochschule Bremen, Fachbereich Nautik). Im Sommer 1999 wurde das Planetarium grundlegend renoviert. Mittlerweile besuchen in fast tausend Veranstaltungen rund 20.000 Personen pro Jahr das Planetarium. Das Olbers-Planetarium ist immer noch ein Kleinplanetarium, aber seine Anziehungskraft ist groß: Es ist das meistbesuchte Sechs-Meter-Planetarium in Deutschland.

Auch als Kulturstandort setzt die Alte Neustadt Akzente. 1983 beginnt die **bremer shakespeare company** als selbst verwaltetes Theaterensemble mit der Arbeit und inszenierte seitdem

Rohkaffee bei Kraft Foods wird heute in Großröstanlagen außerhalb Bremens geröstet (l.)

Schokoladenherstellung bei Hachez (l.)

Sudhaus der Brauerei Beck & Co. (ganz o.l.)
Die jeweils langjährig verantwortlichen Braumeister nach Heinrich Beck haben in über 125 Jahren das Braugeheimnis bewahrt und in Bier verwandelt

Beck's, Jacobs und Hachez gehören zu den bekanntesten und traditionsreichsten Marken aus Bremen

Szene aus „Romeo und Julia" der bremer shakespeare company am Leibnizplatz (r.)

Blick ins Neue Museum Weserburg auf dem Teerhof (o.)

Sommers wie winters ein beliebter Treffpunkt: das am Weserufer gelegene, gut mit der Fähre Hal Över erreichbare Café Sand (r.)

Uferweg an der sogenannten Piepe, eines Restes des Wallgrabens in der Alten Neustadt (u.)

fast 40 Stücke des elisabethanischen Zeitalters. 1988 zog das Ensemble in ein eigenes Haus am Neustädter **Leibnizplatz,** wo es seitdem Furore macht: immerhin spielte die Company 1993 bei der Eröffnung des Nachbaus des „Globe Theatre" in London. Heute ist das gut besuchte Haus eine erste Adresse für zupackende, volksnahe Shakespeare-Adaptionen.

1991 entstand auf der **Weserhalbinsel Teerhof** eines der ungewöhnlichsten Museen Deutschlands: das in einer ehemaligen Kaffeerösterei untergebrachte **Neue Museum Weserburg.** Das Haus präsentiert ausschließlich zeitgenössische Kunst und verblüfft durch seine Konzeption als Sammlermuseum, in dem Kunstsammler als langfristige Verleiher, aber auch Mittler zeitgenössischer Kunst ihre Werke präsentieren. Die individuelle Kunstleidenschaft des Privatsammlers und der kunsthistorische Blick des Museums verbinden sich in der lebendigen Atmosphäre des Hauses. So gelang mit bescheidenen Mitteln der Aufbau einer sich immer wieder erneuernden Sammlung. Zu sehen sind unter anderem Werke von Sol LeWitt, Frank Stella, Ellsworth Kelly, Richard Serra und Richard Long, Werke deutscher Künstler wie Gerhard Richter und Rebecca Horn, als Vertreter der italienischen Arte Povera Mario Merz, aus der Fluxusbewegung Daniel Spoerri und Dieter Roth sowie die größte Sammlung von Künstlerpublikationen in Europa.

Eine sehr beliebte Attraktion in der Alten Neustadt ist das **Café Sand** am Strand der Weser. Hier treffen sich, sobald das Wetter es zulässt – und in dieser Hinsicht sind die Bremer nicht verwöhnt – Hunderte von Menschen, sitzen redend auf Bänken, schauen auf den Fluss, treffen garantiert anwesende Freunde, spielen mit ihren Kindern im Sand und lassen es sich gut gehen. Nicht weit liegt seit über hundert Jahren das **Licht-Luft-Bad,** ein in der Zeit erstarrtes FKK-Idyll fast in der Mitte der Stadt.

Eine städtebaulich und auch historisch wertvolle Grünanlage ist der Ring der **Wallanlagen** um die Alte Neustadt herum. Mit öffentlichen Gebäuden wie der Hochschule Bremen, einem **Kindertagesheim** und dem **Ortsamt** locker besetzt, führt der Grünzug von der **Kleinen Weser** bis zum **Neustadtbahnhof.** Alter Baumbestand, weiträumige Rasenflächen und ein Erlebnisbad bieten Erholungsmöglichkeiten. Der frühere Stadtgraben wurde mit dem Erdreich der abgetragenen Wälle Mitte der 1890er Jahre zugeschüttet. Zwei Reststücke dieses Grabens sind noch erhalten: Die **Piepe** in der Nähe des **Rote-Kreuz-Krankenhauses,** so genannt nach ihrer Form, die einer Tabakpfeife ähnelt, und der **Hohentorshafen** hinter dem Neustadtbahnhof, im Stadtteil Woltmershausen.

Das Urteil über den kleinen Ortsteil **Hohentor** fällt bescheidener aus. Es liegt etwas abseits und von Lärmproblemen geplagt eingezwängt zwischen der breiten Langemarckstraße, der Schnellstraße und der Eisenbahnstrecke nach Oldenburg. Auch die verlassenen Bahnhofsanlagen der Neustadt steigern nicht gerade die Attraktivität des Areals mit seinen kleinen Mietshäusern.

Die quirlige **Pappelstraße** mit dem winzigen **Delmemarkt** ist Mittelpunkt des Ortsteiles **Neustadt**. In den Wohnstraßen, etwa im **Flüsseviertel** mit Rhein-, Donau-, Mosel- und Isarstraße, stehen viele um die Jahrhundertwende gebaute, stilvoll renovierte Bremer Häuser. Überquert der Besucher die Friedrich-Ebert-Straße, glaubt er sich in einer Kleinstadt. Die Rede ist von der **Südervorstadt.** Die Häuserstruktur in den nach Philosophen benannten stillen Straßen – Nietzsche-, Kant- und Schopenhauerstraße – ist kleinteilig. In den Einfami-

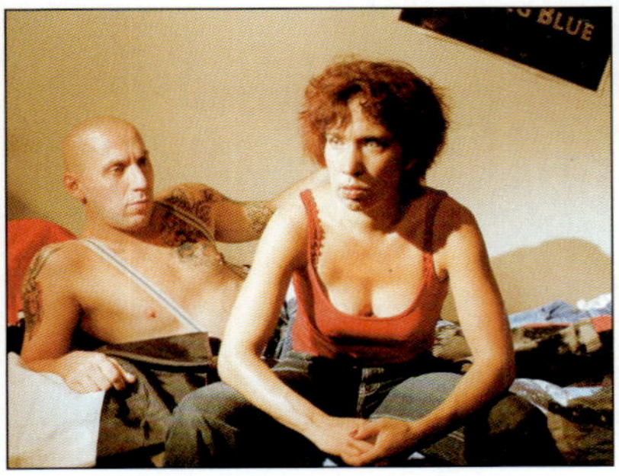

lienhäusern mit ihren schmucken Vorgärten wird die Nachbarschaft hochgehalten. Geschäftiges Zentrum des kleinen Ortsteils ist die **Kornstraße**, deren unterer Lauf von multikulturellem Leben geprägt ist.

Im Ortsteil **Buntentor**, einem alten **Arbeiterquartier**, in dem früher Zigarrenmacher zuhause waren, existiert in zahlreichen großen Hinter- und Innenhöfen noch heute ein verträgliches Miteinander von Wohnen und Gewerbe. Auf dem ehemaligen Gelände der alten **Remmer-Brauerei** am **Buntentorsteinweg** hat sich in dem ehemaligen Gär- und Lagerkeller die **Städtische Galerie Bun-tentor** etabliert, die mit ihren Ausstellungsräumen der zeitgenössischen Kunst verpflichtet ist. Viele erhaltene Details, gusseiserne Säulen, altes Gebälk, roter Backstein lassen die Herkunft des Gebäudes erkennen. Auf dem Gelände arbeitet auch die **Musikerinitiative Bremen e.V.** (MIB), ein Zusammenschluss von Musiker aus den Bereichen Jazz, Pop und avantgardistischer Musik. Der großzügig gestaltete Standort hat sich als sehr anregend für die Bremer Jazz-Szene erwiesen. Es finden regelmäßig Sessions statt, und in kleineren Veranstaltungen stellen sich Musiker und Performer vor.

Das **Schnürschuh Theater** mit seinen erfolgreichen Produktionen für Kinder ist seit über einem Jahrzehnt am Buntentorsteinweg angesiedelt. Als Straßentheater gegründet, sucht es seine Themen in der rauen sozialen Realität und bereitet sie mit Ernst, Witz und Alltagskomik für die Bühne auf.

Auch das **Junge Theater** hat hier in der **Schwankhalle** eine neue Heimat gefunden. Es existiert seit 1992, ist zum wichtigsten Spiel- und Produktionsort der Freien Szene geworden. Das Ensemble erarbeitet pro Spielzeit fünf Eigenproduktionen, Schwerpunkte sind das zeitgenössische Schauspiel und Uraufführungen junger Autoren.

In der Neustadt ist die Zentrale der Deutschen Gesellschaft zur Rettung Schiffbrüchiger beheimatet (o.) Hier wird Alarm ausgelöst und werden die Rettungsmaßnahmen koordiniert, wenn irgendwo in Nord- oder Ostsee Menschen in Seenot geraten

Die Gebäude der alten Remmer Brauerei nutzt heute die Städtische Galerie im Buntentor; daneben die in den 1990er Jahren entstandene Altenwohnanlage (o.)

Szene aus „...und morgen die ganze Welt“ – einem Stück gegen rechte Gewalt des Schnürschuh Theaters (o.l.)

Mit dem Bau der Internationalen Raumstation ISS beginnt potenziell die Erweiterung des Lebensraums der Menschen ins All. Der Beitrag von EADS in Bremen besteht in dem Bau des Labormoduls „Columbus". Im Bild: ein begehbares Modell des Moduls (o.)

Huckelriede ist vor allem durch das attraktive Naherholungszone **Werdersee** und das weiträumige **Kleingartengebiet** bei den Bremern beliebt. Gerade der innerstädtische See mit der **Vogelinsel,** dem Badestrand, Liegewiesen und kleinen Hügel, die im Winter zu Rodelbahnen werden, ist ein beliebtes Naherholungsgebiet, von der anderen Weserseite aus mit der Fähre Hal Över binnen weniger Minuten erreichbar.

In der Neustadt liegt im Neuenland der **Flughafen Bremen**. Im Umfeld des Regionalflughafens haben sich in jüngster Zeit erfolgreich High-tech-Betriebe angesiedelt. In der **Hünefeldstraße** arbeiten **EADS Space Transportation** (ehemals Astrium) und **Airbus,** die beide zum europäischen Luft- und Raumfahrtkonzern EADS gehören. Sie stehen in der langen Tradition der Luftfahrtindustrie in Bremen. Direkt gegenüber dem Flughafen ist ein Hotel und Dienstleistungscenter mit hohen architektonischen Ansprüchen entstanden. Dieses neue Areal nennt sich selbstbewusst **Airport-Stadt** und gilt als Jobmaschine. Etwa zwei Millionen Menschen heben jährlich vom Flugfeld ab. Fast Vergangenheit sind die langjährigen Auseinandersetzungen mit den Anliegern des Flugfeldes um die Frage des Fluglärms.

Die Umsetzung einer prägnanten Bremer Idee kann im Ortsteil Buntentor bewundert werden: die **Kunst im öffentlichen Raum.** Seit Anfang der 1970er Jahre lädt der Bremer Senat Künstlerinnen und Künstler ein, sich mit den historischen, architektonischen und sozialen Wurzeln der Stadt auseinander zu setzen. In drei Jahrzehnten entstanden über 200 Werke, darunter 85 großformatige **Wandbilder** vor allem an riesigen Bunkerwänden. Im Buntentor sind zwei dieser Bilder in der Hardenbergstraße bzw. der Kornstraße zu bewundern.

Die Weser und der Werdersee sind beliebte Rudergewässer. Etliche Vereine wie der Bremer Ruderclub Hansa (r.) haben hier ihre Bootshäuser und eigene Anleger

In der angrenzenden **Gartenstadt Süd** sieht es völlig anders aus als im **Buntentor.** Hier ist in den 1950er Jahren ein Wohnprojekt mit achtgeschossigen Hochhäusern und einem überproportional hohen Grünanteil entstanden. Der Wohnungsbaugesellschaft gelang ein großer Wurf, denn noch heute sind etwa ein Drittel der Mieter sogenannte Erstbezieher. Die Anlage kann zwar ihren Charakter als Trabantensiedlung nicht verleugnen, dennoch hat das Areal mit seinen vielen Freiflächen und der gewachsenen Nachbarschaft unbestreitbaren Charme. „Ortsmittelpunkt" und beliebter Treff ist der **Wochenmarkt** an der **Gottfried-Menken-Straße.**

Flughafen Bremen auf dem Neuenlander Feld. (r.)

Oberneuland

Ortsteile:
_ keine

Einwohner: 12.387

Ichons Park (l.) ist das ehemalige Landgut der Familie Ichon. Zusammen mit den gegenüberliegenden Parks Höpkens Ruh und Muhle's Park ist er typisch für die Landschaftsparks, die alte Bremer Kaufmannsfamilien auf ihren Landsitzen in Oberneuland angelegt haben

Der Lür-Kropp-Hof in der Rockwinkeler Landstraße ist ein über 200 Jahre altes reetgedecktes Zweiständerfachwerkhaus (o.)

Oberneuland – das ist feines Bremen. Hier hat jeder Dritte einen Hochschulabschluss, liegt die Wohnfläche pro Person um mehr als 30 Prozent höher als im Durchschnitt der Stadt, gibt es so viele wunderbare Parks mit schönem altem Baumbestand wie nirgends sonst in Bremen. Um es kurz zu machen: Im Sozialindikator der 79 erfassten Bremer Ortsteile liegt das grüne Oberneuland mit den vielen hochherrschaftlichen Villen und seinem Dutzend Parks an zweiter Stelle.

Bis 1945 zählte der Stadtteil nicht einmal zum Stadtgebiet. Aber seit der Eingemeindung haben viele gut situierte Bremerinnen und Bremer den Reiz des Stadtteils erkannt. Trotz des Zuzugs hat Bremens Vorzeigequartier seinen dörflichen Charakter bewahrt. Es gibt noch immer einige Vollerwerbs-Landwirte, eine **Freiwillige Feuerwehr**, ein **Schützenfest**, ein intensives **Vereinsleben**, einen rührigen **Heimatverein** auf **Klattes Hof** an der Rockwinkler Heerstraße aus dem Jahre 1710.

Über Oberneuland hinaus bekannt ist der **Lür-Kropp-Hof.** Das Anwesen aus dem 16. Jahrhundert vererbte die letzte Eigentümerin des Familienanwesens, **Meta Rödiger**, 1978 der Stadtgemeinde Bremen „für die Allgemeinheit und gemeinnützige Interessen und Bedürfnisse des Ortsamtsbezirks Oberneuland". 2001 öffnet, nachdem der Hof schon lange als Museumshaus eine neue Bestimmung gefunden hatte, das **Meta-Rödiger-Hochtiedshuus**, wo in Absprache mit dem Förderverein mit großem Erfolg neben standesamtlichen Trauungen auch Silberne oder Goldene Hochzeiten mit bis zu 50 Personen gefeiert werden können.

Vor allem die Oberneuländer Parks finden regen Zulauf. Ein beliebtes Ausflugsziel der Stadtbremer ist das **Gut Höpkens Ruh.** Ein großes Namensschild hängt über dem Parkeingang. Diese Visitenkarte aus Holz hat der Bremer Tabak-Kaufmann und Kapitän **Johann Höpken** in seinem Testament zur Bedingung für seine Schenkung an die Stadt Bremen gemacht. Hinter der Eingangspforte öffnet sich der **Lustgarten**: Alte Eichen, Wiesen, Teiche, prächtige Exoten, alles im englischen Stil. Das Gelände hat auch nach 200 Jahren nichts von seiner Schönheit eingebüßt. Ein gerader, schmaler Weg führt unter einem halb geschlossenen Blätterdach in den „emp-

Heinekens Park (o.) gehört bis heute der Familie Dr. Heineken. Interessant und öffentlich zugänglich ist das um 1770 entstandene „Heckentheater“

Der im romantischen Stil gestaltete Park Höpkens Ruh (r.) ist benannt nach Kapitän Höpken, durch dessen Testament er 1893 öffentlich zugänglich wird. Sehenswert ist der große nordamerikanische Maiglöckchenbaum an einem kleinen Teich. Spazierwege führen auch zu Muhle's Park und zu den Wümmewiesen

In der Oberneulander Windmühle (o.r.) am Mühlenweg wird die Dauerausstellung „Vom Korn zum Brot“ gezeigt

findsamen Garten“, wo ein Teich um einen Obelisken angelegt ist. Die Ausflügler danken es bis heute und nehmen am Ende einen Kaffee in der nahen Ausflugsgaststätte.

In unmittelbarer Nähe liegt **Muhle's Park** mit dem ansehnlichen Landsitz von 1824 und gleich gegenüber schufen Liebhaber der Gartenbaukunst das **Landgut Ichon**. Nach dem Tode des letzten Bewohners zog in den vorderen Parkteil ein Seniorenheim ein.

Eine der schönsten Parkanlagen in Oberneuland ist **Heinekens Park**. Die Krönung des Parks mit den seltenen Bäumen ist das zweihundert Jahre alte **Heckentheater** von **Christian Abraham Heineken**, dem späteren Bürgermeister von Bremen, 1783 erworben. Der schrieb in seiner Geschichte der Freien Hansestadt über die Besiedlung des ländlichen Fleckens: „*Andere Freunde des ländlichen Aufenthaltes ... mieteten sich nach englischer Sitte in einer schon von der Natur ausgeschmückten Gegend ein Stück Land von einem Bauern ... und erbauten auf diesem einige niedliche Villen, die jetzt wieder die Landpartien zieren, deren Schönheit sie ihr Dasein verdanken.*“

Das **Gut Hodenberg**, eines der ältesten Landgüter Oberneulands, ging 1936 von seinem letzten Besitzer **Robert Rickmers** an die Stiftung **Der Hodenberg** „*zur Pflege der niedersächsischen Heimatliebe*“ über und wird seit dem Tode Rickmers' im Jahre 1948 gemäß dem Stiftungszweck verwaltet.

Das Wahrzeichen Oberneulands ist die Mühle. Auf ihrem Platz stand 1614 die erste Getreidewindmühle Bremens, 1848 wurde sie durch die heutige Kappenwindmühle ersetzt. Seit 1970 ist die **Oberneulander Windmühle** eine Außenstelle des Focke-Museums. Dort wird die ständige Ausstellung „Vom Korn zum Brot“ gezeigt.

Selbst das Paradies hat seine Schattenseiten. Die Anlieger der Bahnstrecke nach Hamburg können das Lied vom Lärm singen. Und auch die Anbindung an die City ist mäßig. Wer in Oberneuland kein Auto hat, kann die Straßenbahnlinie 4 nehmen oder die Busse 33 und 34. Mit ihrer Einkaufssituation können die Oberneulander zufrieden sein. Rund um die **Oberneulander Heerstraße** und die **Mühlenfeldstraße** gibt es so ziemlich jeden notwendigen Artikel für das tägliche Leben am Rande der Stadt.

Obervieland

Ortsteile:
- Arsten
- Habenhausen
- Kattenesch
- Kattenturm

Einwohner: 35.147

Das Obervieland ist der jüngste Bremer Stadtteil, der 1962 durch die Fusion der Ortsamtsbereiche Habenhausen und Arsten mit den neu geschaffenen Ortsteilen Kattenturm und Kattenesch entstanden ist.
Der „Gesamtplan linkes Weserufer" stellte 1961 die Weichen zur Gründung des neuen Stadtteils. Das Konzept analysierte die Potenziale der bremischen Gebiete links der Weser und forderte, in dem neu zu schaffenden Stadtteil Wohnungen für die Beschäftigten der damals geplanten Häfen und Industriegebiete zu bauen. Insgesamt sollten 16.650 neue Wohnungen entstehen: in Arsten 4.500, in Habenhausen 6.900, in Kattenesch 1.350 und in Kattenturm 3.900, außerdem schloss die Planung eine Oberschule, acht Kindertagesstätten, zwei Jugendheime, ein Schwimmbad und ein Krankenhaus ein.
Wer heute in den links des Flusses gelegenen Stadtteil Obervieland fährt, überquert vom **Hastedter Osterdeich** kommend die **Karl-Carstens-Brücke**, die nach dem in Bremen geborenen späteren Bundespräsidenten benannt ist. Bei allem Respekt vor dem christdemokratischen Politiker – kaum ein Bremer kennt die Brücke unter ihrem richtigen Namen. Vielmehr heißt sie wie eh und je „**Erdbeerbrücke**", denn im Ortsteil Habenhausen verkauften die Bauern früher im großen Stil ihre Früchte.
Die ehemals dörfliche Struktur ist einer dichten Bebauung gewichen. Entlang der Brückenstraße zieht ein großes Gewerbegebiet mit Einkaufscentern, Baumärkten und anderen Anbietern verschiedenster Branchen täglich Tausende von Kunden an. Und lange **Reihenhauszeilen** dominieren in vielen neuen Straßen das Bild. Ihre Bewohner sind von den günstigen Baupreisen und der exponierten Lage nahe der Weser, der Marsch und des **Werdersees** angezogen worden. Einige in den 30er Jahren hochgezogene Siedlungen sind allerdings geblieben. Sie waren vor allem als sog. **Reichsheimstätten** für sozial Schwache, Arbeitslose und Kinderreiche gedacht und stehen noch heute im Arster Felde, im Krummen Schinkel, im Bierdener und Bollener Weg. Einzelne dieser Straßen konnten ihre ländliche Qualität und ihr kleinteiliges Siedlungsbild mit **Hecken** und großen **Obstgärten** bewahren und wirken heute, nach siebzig Jahren, alles andere als ärmlich, sondern absolut lebenswert.
Der Ortsteil **Arsten** hat im Gegensatz zu Habenhausen ein wenig seines dörflichen Charakters bewahrt – auch wenn nur noch wenige der alten Bauernhöfe betrieben werden. Spaziergänger aber erliegen schnell dem Charme der kleinen krummen Straßen und kopfsteingepflasterten Wege.
Mitte der 1950er Jahre begannen erste Neubauplanungen für Wohngebiete in **Kattenesch**. Am Kirchweyher Weg, Emtinghauser Weg und Schwarmer Weg waren mit Steinen aus gemahlenen Trümmern einige frei stehende Einfamilienhäuser entstanden. Und zwischen 1956

Prägen bis heute das Bild mancher Straßen im Obervieland: die so genannten „Reichsheimstätten"

Starker Verkehr führt über die Karl-Carstens-Brücke (l.) Die Brücke wird 1970 fertig gestellt. Fast jeder nennt sie „Erdbeerbrücke", da sie Teile der Kleingärten des Stadtwerders überspannt

Einkaufszentrum Werder Karree in der Steinsetzerstraße (o.)

und 1960 zog die **Bau- und Siedlungsgenossenschaft Selbsthilfe** rund um die Münsterstraße Mietwohnungen und Reihenhäuser vor allem für Heimatvertriebene hoch. Zehn Jahre später begannen „auf der grünen Wiese" Fundamentierungsarbeiten für eine echte Trabantenstadt: **Kattenturm**. Aber schon bald be-

Blick auf den Werdersee, der sich bis nach Obervieland lang hinstreckt (r.)

gannen die Probleme: eine Schlafstadt entspricht nicht den Bedürfnissen eines Großstadtbewohners. Die Ödnis der breiten Straßen, die uniformen Hochhäuser, die unausgewogene soziale Zusammensetzung der Bewohner: in Kattenturm gärte es. Heute hat das Viertel nachgezogen: soziale Einrichtungen bieten ihre Dienste an, es gibt ein – wenn auch bescheidenes – Kulturleben, die Einkaufsmöglichkeiten sind deutlich verbessert. Lange wurde um den Standort für das neue **Zentralkrankenhaus Links der Weser** gerungen. Bedenken betrafen die Nähe zum Flughafen und zur Einflugschneise. Erst, als während einer Ortsbesichtigung der Ortsamtsvorsteher die Teilnehmer ausdrücklich auf ein Flugzeug in der Einflugschneise aufmerksam machen musste, fielen die Würfel zugunsten des Standortes südlich der Theodor-Billroth-Straße. Am 1. Januar 1968 nahm das Krankenhaus mit insgesamt 650 (heute: 430) Betten in einer Medizinischen, Chirurgischen, Radiologischen, Frauen- und Kinderklinik die Arbeit auf. Das Krankenhaus mit seinem achtgeschossigen Bettenhaus auf einem zweigeschossigen Sockel für Operations-, Behandlungs-, Labor-, Funktions- und Verwaltungsräume ist seither eine städtebauliche Dominante. In den vergangenen Jahrzehnten hat das Krankenhaus seine Aufgabenstellung deutlich erweitert. Die Anästhesie gewann mit immer anspruchsvolleren Operationstechniken und Intensivpflege sowie der Unfallchirurgie an Bedeutung. Kardiologie, Kinderkardiologie und Thorax-, Herz- und Gefäßchirurgie sind neue Arbeitsgebiete. Das **Bürgerhaus Obervieland** in der **Alfred-Faust-Straße** hat sich seit 1977 zum Zentrum des sozialen und kulturellen Lebens im Stadtteil, vor allem für Kattenesch und Kattenturm, entwickelt. Es wird von einem gemeinnützigen Verein getragen, dessen Vorstand eigenverantwortlich über die Programmschwerpunkte entscheidet. Das Haus bietet Gruppen- und Kursangebote für Kinder, Jugendliche und Erwachsene in den Bereichen Sport, Gesundheit, Unterhaltung, Nachbarschaftstreff und Kultur an. Darüber hinaus werden Live-Musik-Veranstaltungen, Theater- und Filmaufführungen sowie Dia-Vorträge organisiert. Die Eigeninitiative ist groß. Neben den Mitarbeitern engagieren sich rund 170 Menschen ehrenamtlich im Haus.

Wer Anfang der 1960er Jahre das Obervieland besuchte, fand in Arsten und Habenhausen noch mehr als zwanzig landwirtschaftliche Betriebe und außerhalb

Das Klinikum Links der Weser (r.) ist ein kommunales Krankenhaus. Seit Januar 2004 gehört es zur Gesundheit Nord gGmbH, einem Klinikverbund im Eigentum der Freien Hansestadt Bremen

der Wohnsiedlungen fast ausschließlich Wiesen und Äcker. Die **Habenhauser Landstraße** war die einzige erhaltene Allee. Viele dieser Flächen fielen der Bodenversiegelung zum Opfer. Aber durch den Weserdurchbruch von 1981 ist auf dem **Habenhauser Bullenwerder** ein **Naturschutzgebiet** entstanden. In Habenhausen bieten außerdem der **Krimpelsee** und naturnah gestaltete **Fleete** im Seefelde, im Dellfeld und am Bunnsackerweg den Bewohnern wohnungsnahe Grünflächen. Obervieland ist kein Stadtteil im Grünen mehr. Aber Ausgleichsmaßnahmen und die behutsame Entwicklung vorhandener Areale machen es zu einem lebenswerten Stadtteil mit vielem Grün.

Osterholz

Ortsteile:
- **Blockdiek**
- **Ellener Feld**
- **Ellenerbrok-Schevemoor**
- **Osterholz**
- **Tenever**

Einwohner: 38.733

Skyline von „Klein Manhattan" in Tenever (l.)

Blick ins Foyer des CineStar Kristall-Palastes im Weserpark (ganz l.)

Osterholz, das sind fünf Ortsteile: das alte Osterholz mit dem Weserpark und den Fernsehstudios von Radio Bremen. Tenever mit dem städtebaulich umstrittenen „Klein-Manhattan". Ellenerbrok-Schevermoor als Standort des Zentralkrankenhauses. Das Ellener Feld mit dem Friedhof, der zugleich Bremens zweitgrößter Park ist und zuletzt Blockdiek mit seinen gepflegten Einfamilienhäusern und aufgelockert gebauten Siedlungen.

Der **Weserpark** hat Arbeit nach Osterholz gebracht. Mehr als 2.000 Menschen arbeiten auf dem riesigen Areal mit seiner überbauten Flaniermeile. Von der Modemarke bis zum Medienmarkt, von der Einzelhandelskette bis zum Buchhändler, vom Fischrestaurant bis zum Schnellimbiss, vom Großkino bis zur angeschlossenen Saunalandschaft reicht die Palette der Unternehmen und Angebote. Kein Ort in Bremen hat täglich mehr Besucher. Im Schatten des Einkaufscenters hat sich die **Siedlung am Kuhkamp** ihr ländliches Flair bewahrt. Die ersten Siedlungshäuser entstanden hier bereits 1932; der Quadratmeter Land kostete damals 50 Pfennig. Heute liegt der Preis bei 150 Euro.

Zweiter großer Arbeitgeber im Stadtteil ist das **Zentralkrankenhaus Bremen-Ost** mit seinen 1.800 Beschäftigten und über tausend Betten. Aus den Fenstern des Krankenhauses schaut der Besucher auf die hundertjährigen Buchen und Linden, die noch aus der Zeit stammen, als hier die Bremer Nervenklinik mit ihren eigenartigen Patienten für Unruhe in der

Im Zuge der Sanierung von Tenever wird 2004 zuerst der Kessler-Block in der Neuwieder Straße abgerissen. Der 1971 errichtete Wohnturm hat seinen Namen von der Architektin Nina Kessler, die mit dem Entwurf ein engagiertes Wohnkonzept verfolgen wollte, das jedoch nicht funktioniert hat. Das Gebäude war zum Schluss völlig verwahrlost

Nachbarschaft sorgte. Im Park des Komplexes ist an der **Züricher Straße** eine bemerkenswerte Einrichtung etabliert: das Kulturzentrum **Haus im Park**. Im November 2001 scheint seine Erfolgsgeschichte unglücklicherweise beendet, denn die Villa geht in Flammen auf. Ein Nomadendasein mit einem provisorischen **Zelt im Park** beginnt. Ende 2004 eröffnet das Haus neue luftige Veranstaltungsräume. Der große Saal fasst jetzt 430 statt bisher 250 Besucher. Das Herzstück der Kultureinrichtung ist frei bespielbar, es gibt weder eine installierte Bestuhlung noch eine feste Bühne – ideal für das weite Kulturkonzept.

Die große Osterholzer Friedhofskapelle (r.) ist vor einigen Jahren renoviert und für heutige kleiner gewordene Trauergesellschaften hergerichtet worden

Der **Osterholzer Friedhof** im Ellener Feld ist mehr als die letzte Ruhestätte von beinah 100.000 Menschen. Er ist die grüne Lunge im Osten Bremens und mit seinen 80 Hektar nach dem Bürgerpark die zweitgrößte Grünanlage in ganz Bremen. Der große Baumbestand und die Pflanzen ziehen immer mehr Tiere an, Reiher, Eichhörnchen und Kaninchen zuhauf, im Frühjahr blühen mehr als 60.000 Narzissen. Anders als auf anderen Friedhöfen dominieren hier noch die Erdbestattungen, da im Einzugsgebiet viele Menschen muslimischen Glaubens und aus Osteuropa wohnen, für die eine Feuerbestattung nicht akzeptabel ist. Bekannte Bremer liegen nur wenige hier. Berühmt aber sind **Carl F. W. Borgward** und der Flugpionier **Georg Wulf**, die beide ihre letzte Ruhestätte in Osterholz gefunden haben.

Bremens legendärer Auto-Tycoon Carl F. W. Borgward (o., Aufnahme um 1960) liegt auf dem Osterholzer Friedhof begraben

Bremer kennen den nördlichen Teil Osterholz-Tenevers unter dem Spitznamen **„Klein-Manhattan"**. Im Jahr 1972 zogen die ersten Mieter ein; kaum zehn Jahre später hatte sich die Moderne in ein Ghetto verwandelt und **Richard Boljahn** – damals einer der führenden Politiker der Stadt – sagte: *„Wenn sie meine Wenigkeit fragen würden, ich würde Klein-Manhattan abreißen."* Das geht teilweise in Erfüllung: 2004 wird im Zuge von Sanierungsmaßnahmen der **Kessler-Block** abgerissen. Menschen sind eben doch keine Bienen. Wer heute von Bremens Vereinten Nationen spricht, liegt in Klein-Manhattan richtig. In dem Quartier sind Menschen aus mehreren Dutzend Ländern zu Hause. Osterholz hat sich bemüht, die vielen ausländischen Mitbürger zu integrieren. Das gelingt nirgends konfliktfrei; ein friedliches, von gegenseitigem Respekt getragenes Nebeneinander bleibt jedoch ein realistisches Ziel. Die Sanierung des Areals jedenfalls schreitet weiter voran. Osterholz-Tenever wird schrittweise abgebaut. Nur einige Hochhäuser werden stehen bleiben.

Blockdiek ist ein in den 1960er Jahren entstandenes Quartier, das ein wenig eingezwängt zwischen Autobahn und Ludwig-Roselius-Allee liegt. Das tut der Wohnqualität keinen Abbruch. Viele Blockdieker wohnen seit Jahrzehnten in dem Neubaugebiet mit seinen Hochhäusern und stillen Straßen mit den gepflegten Reihenhäusern. Die Infrastruktur mit Einkaufszentrum und Wochenmarkt trägt dazu bei, dass viele Anwohner höchst selten auf Stippvisite in die Innenstadt fahren.

Ein bisschen ist Osterholz auch Bremens Nabel zur Welt. Denn hier hat seit 1967 **Radio Bremen Fernsehen** seinen Sitz. Hier entstanden so erfolgreiche Sendungen wie die **Rudi-Carrell-Show**, der legendäre **Beat-Club**, die für das Genre richtungweisende Talkshow **Drei nach Neun** und **Loriots Geschichten**. 1980 startete hier auch eine der bis heute erfolgreichsten deutschen Nachrichtensendungen: **buten un binnen**. Der Umzug des Senders in das Faulenquartier ist beschlossene Sache.

Blick ins Studio der Radio-Bremen-Sendung „buten un' binnen" mit Moderator Andreas Hoetzel (r.)

Östliche Vorstadt

Ortsteile:
- **Fesenfeld**
- **Hulsberg**
- **Peterswerder**
- **Steintor**

Einwohner: 29.151

Die einen schwören auf die Östliche Vorstadt, für die anderen ist sie das Bremer Sündenbabel. Hier treffen sich die Drogensüchtigen und hier liegt das Bordell der Stadt. Aber hier kann man auch neidisch an wunderbaren Fassaden hochschauen, warten die nettesten **Cafés** der Stadt auf Flaneure und die Eisdielendichte ist unübertroffen.

Die Hauptstraße der Östlichen Vorstadt heißt **Vor dem Steintor**. Sie beginnt an der **Sielwallkreuzung**, wo seit einem Vierteljahrhundert Fixer und die letzten Punker ihren Tag verbringen und sie endet an der **St.-Jürgen-Straße**, an der auch das gleichnamige große Krankenhaus liegt. Auf diesen vielleicht 700 Metern ist Bremen eine Großstadt, ein bisschen grell und schillernd, ein wenig verrucht und kein bisschen mondän.

Auffällig ist die Kulturdichte und ebenso auffällig ist, dass im Steintor die kleine Kunst zuhause ist. Das **Scenario** zieht Freunde des Varietés in die **Friesenstraße.** In anderen Häusern wie dem benachbarten **Jugendzentrum** jonglieren Vereine mit schmalen Budgets.

Die **Schauburg** direkt an der Hauptstraße des Quartiers hat 1982 als Verein begonnen. Das Kino zeigt Filme in zwei Sälen, dank der geschickten Mischung aus Hollywood- und Nischenkino oft vor vollem Haus. Im **Café** treffen sich täglich die wenigen Bohemiens der Stadt und Schauspieler schauen ihnen von an den Wänden hängenden, liebevoll gestalteten Außenreklamen über die Schulter.

Keinen Zutritt haben Frauen in der nur einen Steinwurf entfernten **Helenenstraße.** Seit Jahrzehnten kommen Männer auf der Suche nach käuflichem Sex in die durch eine Sichtwand gegen neugierige Blicke abgeschirmte Rotlichtgasse, einer verkleinerten Variante der Herbertstraße in Hamburg.

„Heidi" in der Humboldtstraße (l.), eine der vielen typischen Szenekneipen, der Wochenmarkt am Ziegenmarkt (ganz l.o.) und die vielen türkischen Gemüsehändler (ganz l.u.) bestimmen das Bild im Steintor

Der für Frauen gesperrte Eingang zu den Bordellen in der Helenenstraße (o.)

Gegenüber dem Bordell findet auf dem **Ziegenmarkt** samstags ein quicklebendiger Markt statt, wo nicht nur Blumen und Gemüse angeboten werden, sondern die Bewohner des Karrees auch zu einem „Klönschnack" zusammenkommen, der nicht selten in einem der vielen Cafés und Kneipen weitergeführt wird. Für einen Steintor-Bewohner dauert der Samstagseinkauf häufig einige Stunden.

An (fast) jeder Ecke eine **Kneipe:** Der Traum aller Nachtschwärmer ist im **Fesenfeld** Wirklichkeit geworden. **Pagentorner Eck, Viva,** der Redakteurstreff **Filz** – alles beliebte Eckkneipen. Eine der bekanntesten Kneipen ist das **Gerken** in der Feldstraße, Jazzlokal und Mini-Galerie. Oder **Heidi,** Treffpunkt vieler Bre-

Das unmittelbar an der Weser gelegene und deshalb so benannte Weser-Stadion des SV Werder Bremen

Lüder Rutenberg (1816–1890), der Architekt und Brauereigründer (r.), hat in Bremen manche Spuren hinterlassen. Die Kunsthalle basiert auf seinen Plänen. In den 1860er Jahren lässt er die nach seiner Frau benannte Mathildenstraße bebauen. Viele der dort entstandenen Bremer Häuser sind bis heute erhalten und die Mathildenstraße steht unter Denkmalschutz

mer Werderfans. Hier diskutiert man im Zigarettendunst, die Frikadellen sind frisch, das Mobiliar ist eher rustikal. Kein Pop unterlegt die Gespräche, häufig da- gegen Bebop und Cool.

Charakteristisch für Bremen, besonders auch für die Östliche Vorstadt, sind Wohnquartiere, in denen viele der vor mehr als hundert Jahren gebauten Bürgerhäuser in damals standardisierter Bauweise, die **Bremer Häuser**, erhalten sind. Eine der bekanntesten Straßen mit nahezu komplettem Bestand ist die **Mathildenstraße**. Sie wurde einst entworfen und gebaut von dem Unternehmer und Architeken **Lüder Rutenberg**, dem späteren Gründer der Brauerei Beck & Co. Er musste damals viel Schelte einstekken für die heute so begehrten Häuser: „*Wenn das Charakteristische die Grundbedingung für das Schöne in der Kunst sein soll, und diese Behauptung müssen wir allerdings aufstellen, so sieht es mit der heutigen Baukunst allerdings etwas sonderbar aus*“, so der vernichtende Rundumschlag des „Courier an der Weser“ gegen die Bremer Häuser. Der Kritiker ignorierte durchaus das Bedürfnis von Käufern nach solidem Wohnen zu angemessenen Preisen. Gerade unter diesem Aspekt war das Bremer Haus ein Fortschritt, denn das aufkommende Zementgussverfahren ermöglichte die Herstellung jeder Form, was die Preise senkte und das Bremer Haus zu einem für den Markt und nicht für ein bestimmtes Individuum gebautes Produkt machte. Man muss es deutlich sagen: Rutenbergs Häuser waren Schnellschüsse, Anlageobjekte – umso erstaunlicher, dass sie heute begehrt und geradezu ein Synonym sind für ästhetische Proportionen, Detailarbeit und für großzügiges Wohnambiente. Charakteristisch sind kleine Vorgärten, der Eingang im Hochparterre – im Sommer sitzen die Bewohner auf den Veranden oder Treppen und halten Klönschnack mit den Nachbarn – ein Souterrain, in dem die Küche untergebracht ist, außerdem Holzfußböden, Flügeltüren und Stuckdecken.

In **Peterswerder** zu wohnen ist ein Privileg: hübsche Straßen, schöne alte Bremer Häuser, die Weser nur einige Meter entfernt, die **Pauliner Marsch** vor der Haustür – und nur wenige Minuten bis zum Weserstadion. Hier spielt **Werder Bremen**, abgesehen von einem kleinen Ausrutscher seit 1963 in der Bundesliga. Seit **Thomas Schaaf** die Arbeit als Trainer übernommen hat, ist das Tief nach dem Abgang von **Otto Rehhagel** überwunden: 1999 wird Werder DFB-Pokalsieger, 2004 sogar Meister und Pokalsieger und – was kann es für einen

Nicht ganz so großartig wie in der Mathildenstraße, aber kein bisschen weniger beliebt sind die Bremer Häuser in Peterswerder (o.r.)

fußballbegeisterten Bremer schöneres geben? – holt den Titel mit einem grandiosen Sieg gegen die Bayern.

Vom Peterswerder sind es nur wenige Schritte an die Weser. Hier ist das **Bürgerhaus Weserterrassen** am **Osterdeich** ein beliebter Treffpunkt vieler Stadtteilbewohner. Prinzipiell offen sind die Theatergruppe und der Männerchor **Singsation**. Jeder vierte Sonntag im Monat ist Familientag mit Kindertheater; dienstags und freitags sind Go-Spieler im Haus. Im Sommer sitzen die Gäste im **Biergarten** mit Blick auf die Weser, bei schlechtem Wetter oben im **Café**. Der

Bürgerhaus Weserterrassen (im Bild links) und Café Ambiente am Osterdeich (l.)

Die kleine Sielwallfähre Hal Över am Osterdeich; auf der gegenüberliegenden Weserseite: das Café Sand (ganz o.l.)

Der Osterdeich (o.) hat für viele Bremer einen hohen Freizeitwert. Im Hintergrund: die „umgedrehte Kommode", das alte Wasserwerk auf dem Stadtwerder

Saal wird für Beiratssitzungen, Kabarett, Gymnastik und Konzerte (Welttanznächte mit afrikanischer Musik, Klezmer und Reggae-Nights), Flohmärkte und Theater genutzt.

Gleich links vom Bürgerhaus zieht das **Café Ambiente**, in einem sehr schönen Rundbau untergebracht, bis spät in den Abend Gäste an. Früher war es eine alkoholfreie Gaststätte, von der Abstinenzlerin **Ottilie Hoffmann** 1929 gegründet. Aber die trockenen Zeiten sind definitiv vorbei, wie ein Blick auf die Cocktailkarte zeigt.

Etwas weserabwärts, Richtung **Wilhelm-Kaisen-Brücke**, setzt nahe der Einmündung der Straße **Sielwall** auf den **Osterdeich** die kleine bunte **Weserfähre Hal över** ihre Gäste zum Café Sand über. Von dort ist es nur ein Katzensprung in das weitläufige Parzellen- und Naherholungsgebiet auf dem **Stadtwerder** mit dem lang gestreckten **Werdersee**. Es gibt wohl nur wenige Regionen in der Stadt, wo es so einfach ist, binnen weniger Minuten aus einem Großstadtviertel heraus und in ein Gebiet zu gelangen, wo tatsächlich Kühe weiden.

Eine Bremer Kuriosität ist die **Eiswette** am Osterdeich. Seit über 170 Jahren wettet die Gemeinschaft **Eiswette von 1829**, ob die Weser zu bestimmter Zeit im Stadtgebiet *steiht* oder *geiht*, was einst für Schifffahrt und Handel von schicksalhafter Bedeutung war. Am 6. Januar jeden Jahres, dem Dreikönigstag, muss ein 99-pfündiger Eiswettschneider mit heißem Bügeleisen die Weser überqueren, ein Ritual, das jedes Jahr Hunderte von Schaulustigen anzieht. Bleiben seine Füße trocken, kann

Eiswett-Gesellschaft am Weserufer (l.) Die Spenden des Eiswett-Essens der Honoratioren kommen traditionell der Deutschen Gesellschaft zur Rettung Schiffbrüchiger zugute

daraus geschlossen werden, dass die Weser wohl zugefroren sein wird – und umgekehrt. Den Rest des Jahres ist dieser Spazierweg am Osterdeich entlang der Weser mit den Rasenflächen einer der beliebtesten Plätze in Bremen. Mit Blick auf das alte Wasserwerk, die **„umgedrehte Kommode"** auf der anderen Weserseite und vorbeifahrende Binnenschiffe lässt es sich prächtig ausruhen. Hunde toben herum, Skater nutzen den Weg, immer ist Bewegung am Weserufer – wie überhaupt immer etwas los ist in der Östlichen Vorstadt.

Ortsteile:
- Barkhof
- Bürgerpark
- Gete
- Neu-Schwachhausen
- Radio Bremen
- Riensberg
- Schwachhausen

Einwohner: 37.044

Schwachhausen

Typisch bremische Stadthäuser: Hermann-Böse-Straße (r.)

Die Perspektiven ändern sich: Pat Bonney aus Ghana beim nachdenklichen Betrachten des umstrittenen Kolonialdenkmals in Schwachhausen (o.)

Ganz billig ist der Stadtteil natürlich nicht, aber die Nähe zur Innenstadt, die Lage direkt am größten Park, die vielen schönen Häuser und die Stille in den gepflegten Straßen sind vielen Bewohnern die Mehrkosten allemal wert.

Der **Barkhof** war trotz der Lage hinter dem Bahnhof schon immer vornehm. Die Immobilienpreise sind wegen der Innenstadtnähe jedenfalls so hoch, dass junge Leute kaum eine Wohnung finden. Außerdem dominiert in immer mehr Häusern die gewerbliche Nutzung. In frei gewordene kleine Villen ziehen Praxen und Büros ein. Ärzte, Agenturen, Computerfirmen und Anwälte nutzen gern den wohlklingenden Namen **Parkstraße**, um ihre Reputation zu erhöhen. Ein Wahrzeichen des Barkhof-Viertels ist der sieben Meter hohe, aus Klinkern gemauerte **Elefant** an der **Blumenthalstraße**. Er entstand 1932 nach einem Entwurf des Bildhauers **Friedrich Behn** zu Ehren der im Ersten Weltkrieg in den Kolonien gefallenen Soldaten. Inschriften zählen die deutschen Kolonien auf dem schwarzen Kontinent auf: Kamerun, Deutsch-Ostafrika (das heutige Tansania), Togo und Deutsch-Südwestafrika (das heutige Namibia), und sie erinnern an **Adolf Lüderitz**, den Käufer und Usurpatoren der ersten Kolonie Deutsch-Südwest, an **General von Lettow-Vorbeck**, den Verteidiger der letzten Kolonie Deutsch-Ostafrika, außerdem an die Besitzungen in der Südsee: Deutsch-Neuguinea, die Marianen, die Karolinen, Palau und die Marschallinseln. Natürlich ist der Elefant ein höchst unkritisches Denkmal, weiß nichts von den Morden an den Herero in der namibischen Wüste und den Auseinandersetzungen am Fuße des Kilimandscharo. Dem helfen heute die **Gedenktafeln** nach, die am Fuße des roten Kolosses stehen. Das zweite, nicht so bekannte Denkmal des Barkhofs ist der zu früh gestorbene 100-Tage-Kaiser **Friedrich III.**, der an seinem Platz an der **Slevogtstraße** seit 1905 auf seinem Pferd sitzt.

Ein besonders schöner Ortsteil ist das **Bürgerpark-Viertel**, eine der privilegiertesten Wohngegenden in Bremen überhaupt: ästhetisch extrem ansprechend, innenstadtnah gelegen, nur wenige Schritte vom größten Park der Stadt entfernt. Kaum ein Karree ist städtebaulich so interessant wie dieses Viertel.

Am Rand des Bürgerparks, an der **Hollerallee**, steht die schöne alte Villa mit dem **Standesamt Bremen-Mitte**. An jedem Morgen warten Paare vor dem ehrwürdigen Gebäude, um sich – oft durchaus nicht für ewig – die Treue in guten wie in schlechten Zeiten zu geloben. Viele Stile vermischen sich im Bürgerpark-Viertel in den zwischen 1880 und 1912 gebauten Häusern: Neorenaissance, Neobarock und Neogotik. Heute steht die **Bulthauptstraße** als Ensemble unter Denkmalschutz, genau wie die

Hermann-Allmers-Straße. Für alle Straßen zwischen Parkallee und Hartwigstraße bis hin zum Schwachhauser Ring gilt eine Erhaltungssatzung, die als Vorstufe zum Denkmalschutz den Abriss von Häusern verhindert.
Vom Viertel sind es nur wenige Schritte in den Park, den sich die Bewohner Schwachhausens geografisch mit den Neu-Schwachhausern teilen. Der Park ist zusammen mit dem **Stadtwald**, letzterer im hinteren Bereich, nah zur Universität, gelegen, in den das gestaltete Parkensemble unmerklich übergeht, über 200 Hektar groß. Das ganze Areal wird seit 140 Jahren vom **Bürgerparkverein** unterhalten und verwaltet – eines von zahlreichen beeindruckenden Beispielen dafür, wie in Bremen Bürgersinn und die Bereitschaft, sich zu engagieren, verbreitet sind. Die nicht unerheblichen Kosten für die Pflege des großen Parks einschließlich der Löhne und Gehälter werden aus Beiträgen, Spenden, Legaten, Pachteinnahmen sowie durch den Erlös der jährlichen **Bürgerparktombola** bezahlt, an der sich die Bremerinnen und Bremer zu Zehntausenden beteiligen. Der Verein hat aktuell etwa 2.600 Mitglieder. Der Jahresbeitrag beginnt bei 15 Euro. Mitglieder bekommen kostenlos das Jahrbuch und den Veranstaltungskalender zugesandt. Der Park steht als Gartenbaukunstwerk seit langem unter Denkmalschutz. Dennoch ist er ein höchst lebendiges Areal, überhaupt nicht museal geprägt, sondern genutzt und angenommen von den Bewohnern selbst weit entfernt liegender Stadtteile. Mitten im Park liegt ein kleines **Tiergehege** mit einheimischen Tieren, aber auch Exoten wie Alpakas. Frei leben im Park viele Rehe und andere Waldtiere. Der Park erlaubt zahlreiche Freizeitaktivitäten: Beliebt sind die Ruderboote auf den vielen **Kanälen**, der **Minigolfplatz**, das **Café am Emmasee** und das feine

Im Sommer zum sonntäglichen Frühschoppen mit Musik durchaus voll besetzt: die Waldbühne (o.)

Bootfahren, ein beliebtes Sonntagsvergnügen im Bremer Bürgerpark (ganz o.)

Bürgerpark-Tombola auf dem Liebfrauenkirchhof (ganz o.l.)

Blick in die Ausstellung im Focke-Museum (o.)

Das Krankenhaus St.-Joseph-Stift (r.)

Der Grabstein Wilhelm Kaisens und seiner Frau Helene auf dem Riensberger Friedhof (r.)

Restaurant in der **Meierei.** Reiter und Radfahrer dürfen den Park nutzen, auf den Spielwiesen und fünf Spielplätzen ist über das ganze Jahr Betrieb. Jogger drehen zu jeder Tageszeit und bei jedem Wetter ihre Runden auf der **Finnbahn** im Stadtwald. Und im Sommer bietet der Bürgerpark ein Veranstaltungsprogramm mit Musik und Theater, Malkursen, Wanderungen, Führungen und einem jährlichen Kinderfest. Beliebt ist die **Waldbühne.** Gebaut zur Gewerbeschau 1890, fiel der einstige **Zigarren-Pavillon** für Jahrzehnte in einen Dornröschenschlaf. Erst 1975 beschloss der Bürgerparkverein die komplette Sanierung des **Waldschlösschens.** Ein Jahr später übernahm ein Gastronom den Wirtschaftsbetrieb und benannte die traditionsreiche Gaststätte wegen der neuen kleinen Orchesterbühne im Außenbereich in „Waldbühne" um. Sie ist heute ein viel besuchter Treffpunkt nach dem Sonntags-Spaziergang im Bürgerpark, auch erfolgreich durch regelmäßige Swing- und Dixielandkonzerte.

Der Ortsteil Schwachhausen ist neben dem Park und den hübschen Wohnstraßen vor allem durch den größten Arbeitgeber des gesamten Stadtteils geprägt: das backsteinerne **St.-Joseph-Stift.** Hinter dem roten Bau an der Schwachhauser Heerstraße ist das Krankenhausareal ständig gewachsen. Aus ehemals 60 Betten sind 500 geworden, aus einigen Dutzend Schwestern fast tausend Beschäftigte.

Neu-Schwachhausen ist ein reines Wohnviertel, nach dem Zweiten Weltkrieg auf dem Land eines alten Parzellengebietes gewachsen. Hier haben Wohnungsbaugesellschaften Wohnblöcke hochgezogen und an der **H.-H.-Meier-Allee** steht sogar ein einsames Hochhaus. In Neu-Schwachhausen ist auch der größte Sportverein Bremens, der **ATSV Bremen 1860** mit seinen mehr als 6.000 Mitgliedern, angesiedelt.

Zum Schwachhausener Ortsteil **Riensberg** gehört das **Focke-Museum.** Der Entwurf des Darmstädter Architekturprofessors **Heinrich Bartmann** besticht noch heute durch seine transparente, dem „Museum Louisiana" bei Kopenhagen verpflichtete Bauweise. Das lichte Haus im Stil der klassischen Moderne gilt als eines der interessantesten Gebäude Bremens aus dem 20. Jahrhundert und präsentiert seit 1998 eine neu gestaltete Dauerausstellung zur Geschichte der Stadt.

Weniger bekannt und dennoch äußerst sehenswert ist der **Riensberger Friedhof.** Viele halten ihn für den schönsten in Bremen. **Wilhelm Kaisen** ist hier be-

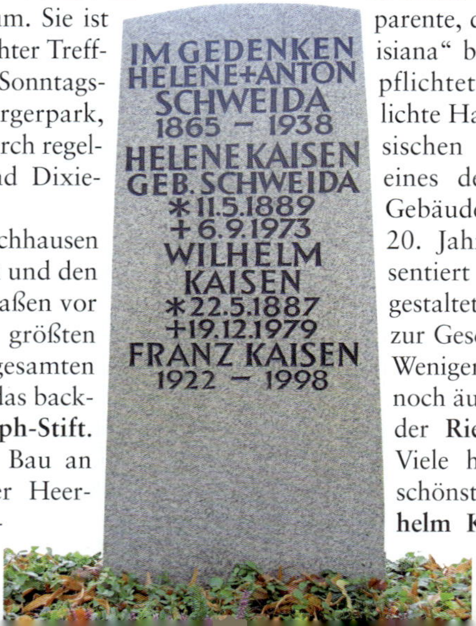

graben, **Karl Carstens**, **Johann Smidt** und **Sara Agnes Heineken**. Auch der Schokoladenhersteller **Arnold Hachez** und **Magdalena Pauli**, die Frau des bekannten Kunsthallendirektors, liegen in Riensberg begraben. Das beeindruckendste Monument ist vielleicht das schwarzmarmorne Mausoleum der **Familie Schmiedell** für ihren 1925 in Rom gestorbenen 19-jährigen Sohn. Aber auch andere Gräber erzählen Geschichten: So hat der sehr bescheidene Wilhelm Kaisen auf ein großes Grabmal in exponierter Lage verzichtet, Bürgermeister **Spitta** dagegen liegt in einem Grab im klassizistischen Stil, mit Stierköpfen als Zeichen der Stärke und einem Buch als Symbol der Bildung. Ein Spaziergang über die Anlage mit dem kleinen See ist wirklich lohnenswert. Über 70 der Grabmale auf dem Friedhof Riensberg sind vom Amt für Denkmalpflege als schützenswürdig eingestuft.

Im Westen Schwachhausens ist ein Sender beheimatet und der umliegende Ortsteil ist nach ihm benannt: schlicht **Radio Bremen** heißt das Viertel. Am 23. Dezember 1945 ging er erstmals auf Sendung und ist seit 1950 in dem weitläufigen Areal an der **Heinrich-Hertz-Straße** untergebracht, umgeben von zahlreichen hübschen Häusern, die den Krieg unbeschadet überstanden haben. Wie die Fernseh-Abteilung in Osterholz, wird der Sender auch von hier wegziehen in das Faulenquartier.

Auch im **Gete-Viertel**, dem siebten Ortsteil, stehen viele nette, wohnliche Häuser, die zusammen ein schönes Straßenbild abgeben. Aber der Ortsteil wird zum Leidwesen vieler Bewohner durchschnitten von der lauten **Kurfürstenallee**, über die der Verkehr zur Autobahn rollt. An der Gete hat die **Jüdische Gemeinde** ihren Sitz. Im Beisein des Präsidenten des Zentralrats der Juden in Deutschland, **Paul Spiegel**, und rund hundert Mitgliedern der Jüdischen Gemeinde tauschten Bürgermeister **Henning Scherf** und die Gemeindevorsitzende **Elvira Noa** im August 2002 im Rathaus die unterzeichneten Exemplare des Staatsvertrages zwischen der Hansestadt und der Religionsgemeinschaft aus. Durch den Vertrag ist die Jüdische Gemeinde in Bremen finanziell abgesichert und kann jüdische Kultur und Tradition wieder stärker in das Stadtleben integrieren. Unabhängig von der Bremer Haushaltslage stehen der in den letzten zehn Jahren von 120 auf 1.200 Mitglieder angewachsenen Gemeinde nun jährlich etwa 235.000 Euro zur Verfügung.

Der 1952 eingeweihte Sendesaal von Radio Bremen an der Bürgermeister-Spitta-Allee (o.) Musiker und Toningenieure lieben ihn wegen seiner ausgezeichneten Akustik. Renommierte Künstler setzen sich für seinen Erhalt ein. Es geht um Abriss oder Erhalt im Zusammenhang mit dem Umzug des Senders in das Faulenquartier

Die Synagoge der Jüdischen Gemeinde an der Schwachhauser Heerstraße (l.)

Ortsteile:
_ keine

Einwohner: 1.086

Seehausen

Seehausen, links der Weser gelegen, wäre in den 1960er Jahren beinahe den Hafenbauplänen um den Neustädter Hafen zum Opfer gefallen. Der Stadtteil, ursprünglich ein Marschhufendorf, steht heute im Spannungsfeld zwischen ländlicher Idylle an der **Ochtum**, die Ausflügler und Wassersportler anzieht, und Industrie und Verkehr, die überall nah sind. Nicht zu übersehen und zu überhören ist der Betrieb des nahen Güterverkehrszentrums.

Im Hauptklärwerk in Seehausen werden die Abwässer Bremens und weiter Teile des Umlandes geklärt (r.)

Die evangelische Kirche St. Jacobi in Seehausen wurde im 13. Jahrhundert im Auftrag der Grafen von Hoya erbaut. Das sehenswerte Altarbild (r.) stammt von einem durchreisenden niederländischen Künstler des 17. Jahrhunderts

Blick auf die bizarre Kulisse der Stahlwerke Bremen am anderen Weserufer, aus dem – bei Dunkelheit gut sichtbar – Flammen aufsteigen, wenn die Stahlwerker einen Abstich machen (o.)

Viele Familien mögen die Atmosphäre in Seehausen, die Nähe zu Weser sowie das Miteinander der gut tausend Bewohner. Die Geselligkeit und Gemeinsinn fördernde relative Abgelegenheit vom Rest des Bremer Stadtgebietes macht Seehausen für die Bewohner lebenswert. Darüber hinaus aber „is' nich' viel los hier“, wie man in Bremen sagt. Es gibt ein **Gemeindehaus**, ein paar Gaststätten, einen **Wochenmarkt** und gratis dazu den weiten Blick über die Marsch des **Niedervielandes**. Wer allerdings im winzigen Zentrum des Stadtteils steht, kann sehen, dass Seehausen nicht nur ein Dörfchen am Rande der Großstadt ist. Bremens **Hauptklärwerk** liegt nur wenige hundert Meter entfernt – und damit zeitweilig in Riechweite. In Seehausen wird auch das **Baggergut** auf einer großen Deponie entsorgt, das ständig anfällt beim Ausbaggern der Seeschifffahrtsstraße Weser. Die Bewohner treffen sich auf der Landstraße, kennen sich zum Teil seit Jahrzehnten, reden **Platt** miteinander. Aber auch hier wird die Gemeinschaft weitmaschiger, denn immer mehr „Zugezogene“ finden Gefallen an dem Ort. Das macht sich bemerkbar: Vor Jahren fanden sich gerade einmal zwei Erstklässler; heute leidet die kleine Schule unter Raumnot: zur Zeit werden 50 Schüler unterrichtet.

Schon 2002 hat der Bremer Senat die Absicht geäußert, die Weser bei Seehausen durch einen **Tunnel** zu queren. Bis der in Betrieb geht, wird noch viel Zeit vergehen, denn bislang ist nicht einmal ein Investor gefunden. So zielt die Planung heute auf das Jahr 2010. Man wird sehen.

Sehenswert in Seehausen ist die kleine Kirche **St. Jacobi**, von einem Hoyaer Grafen im 13. Jahrhundert gebaut und im 17. Jahrhundert von einem Wandermaler mit schönen **Altartafeln** versehen. Darüber hinaus bietet Seehausen schöne Spazierwege entlang der Weser und natürliche **Eislaufbahnen** auf den vielen **Gräben** im Winter.

Strom

Ortsteile:
_ keine

Einwohner: 454

Nicht weniger abgelegen liegt der Stadtteil Strom – und ist auch bedrängt von Industrie und Verkehr. Denn zum einen ist hier das Güterverkehrszentrum Bremen angesiedelt, zum anderen wohnen fast alle Bewohnern entlang der **Stromer Landstraße**. So ist Strom schmal wie ein Handtuch und dabei fast sechs Kilometer lang.
Strom ist noch ruhiger als Seehausen. Kein Geschäft, kein Wochenmarkt, nichts. Nur einmal die Woche kommt der **rollende Laden** aus Hasbruch und bringt Wurst, Käse und andere Lebensmittel. Rindfleisch, Eier, Milch und Kartoffeln liefern die Bauern in der Nachbarschaft. Der Rest ist das zurückgezogene Leben entlang der Landstraße. Früher haben sich die Bewohner Stroms von der Gänsezucht und dem Korbflechten ernährt. Das ist vorbei. Heute dominiert das zu Strom gehörende **Güterverkehrszentrum** (GVZ), bei der Gründung das erste seiner Art in Deutschland, das Leben im Stadtteil. Der Erfolg der Idee, einen integrierten Güterumschlagsplatz für den Wechsel zwischen Schiene, Straße, Wasser, wo sich verschiedene Verkehrsdienstleister konzentrieren, zu schaffen, hat das Leben der Stromer für immer verändert. Immerhin haben sich hier 110 Firmen angesiedelt, in denen über 4.000 Menschen einen Arbeitsplatz gefunden haben. Dennoch bietet Strom auch heute noch auf der Ochtum-Seite unberührte Natur und Landwirtschaft. Immerhin sechs Voll- und fünf Nebenerwerbslandwirte bewirtschaften Äcker und Wiesen, halten Milchkühe und Mastbullen. Rindfleisch gibt es ab Hof und an der Landstraße werben Schilder für den Verkauf von Kartoffeln oder Eiern. Im nahen **Naturschutzgebiet** können Spaziergänger Vögel wie Kiebitze, Uferschnepfen und viele Entenarten beobachten. Der **Weißstorch**, der sich dort angesiedelt hat, ist fast schon der Wappenvogel des Gebiets.

Dicht beieinander: Landwirtschaft (l.) und das Güterverkehrszentrum Bremen (u.) Das GVZ ist die Schnittstelle für den kombinierten Verkehr, den Wechsel von der Schiene auf die Straße mit Hilfe standardisierter Wechselbrücken, die vom Lkw auf die Bahn gesetzt werden können – oder umgekehrt

Die Attraktion des Ortsteils für Außenstehende sind die beiden Lokale. Zum einen das älteste Aalrestaurant Bremens **„Zur Ochtumbrücke“** wo seit über hundert Jahren Brataal und Bohnensalat nach Großmutters Art serviert werden. Achtzig schattige Gartenplätze unter den Lindenbäumen auf der Terrasse mit Blick auf die Ochtum machen das Haus zum attraktiven Ausflugsziel. Die zweite Gaststätte ist **Piepers Mühlenhaus** von 1806, wunderschön reetgedeckt, wo Brataal, Gabeldorsch, Goldbarschfilet oder Schollenfilet und mittlerweile sogar wieder **Weserstinte** auf der Speisekarte stehen.

Das Güterverkehrszentrum, der Neustädter Hafen und die Distributionszentren der BLG Logistics Group bilden einen wichtigen Knotenpunkt für den Güterverkehr im auf Außenhandel orientierten Bremen. Über hundert Unternehmen haben sich hier angesiedelt (Luftbild l.)

Ortsteile:
- Gartenstadt Vahr
- Neue Vahr Nord
- Neue Vahr Südost
- Neue Vahr Süd-west

Einwohner: 27.225

Vahr

Die neue Berliner Freiheit (r.)

Die Vahr war einmal das größte Neubaugebiet Europas. 30.000 Wohnungen fehlten im zerbombten Bremen, 10.000 Wohnungen stampfte die **Gemeinnützige Wohnungsbaugesellschaft** im Auftrag des Bremer Senates allein links und rechts der **Richard-Boljahn-Allee** aus dem Boden. Die Bauherren hatten eine Vision und haben an vieles gedacht, was einen Stadtteil wohnlich macht: nahe Ladenzentren mit Einzel-

Skulptur „Paare" des Bremer Bildhauers Hans Müller im Kreisverkehr August-Bebel-Allee (r.)

handel, Post und Sparkasse, Schulen, Kindergärten und – damals sehr modern – Waschhäuser. Auch das Verkehrskonzept trägt noch heute: Stichstraßen halten den Durchgangsverkehr von den meisten Wohnhäusern fern und lenken ihn auf wenige breite Straßen. Rad- und Fußwege ziehen sich durch das Grün zwischen den Häusern.

Das markanteste Gebäude ist 22 Stockwerke hoch. Das ist für Bremen einzigartig. Das **Hochhaus** des finnischen Architekten **Alvar Aalto** in der **Neuen Vahr Südost** gilt als eines seiner bedeutendsten Bauten und ist das Wahrzeichen des gesamten Stadtteils. Die Westseite ist wie ein Fächer zur Nachmittags- und Abendsonne aufgespreizt, die Wohnungen für 180 Menschen liegen wie Tortenstücke nebeneinander. Viel Licht zum Feierabend, sehr individuell geschnittene Räume: Die Mieter haben den Standard von Anfang an honoriert, die Fluktuation ist gering, nur wenige ziehen aus. In dem Haus des Finnen ist jedenfalls nicht wahr geworden, was Kritiker der Neuen Vahr befürchtet hatten, dass auf 250 Hektar Ackerfläche seelenlose Wohnmaschinen entstehen würden.

Das Aalto-Hochhaus in der neuen Vahr Südost (u.)

Auch die **Neue Vahr Nord** mit ihren 3.834 Wohnungen nördlich der Richard-Boljahn-Allee war ein höchst begehrtes Wohngebiet: Gekacheltes Bad, Einbauküche, Balkon – die Wohnungen in den meist drei- bis fünfstöckigen Blocks waren für damalige Verhältnisse höchst komfortabel ausgestattet. Außerdem war die Großwohnanlage mit ihrer guten Anbindung an die Innenstadt schön im Grünen gelegen. Viele Bewohner sind diesem Viertel treu geblieben. Inzwischen ist jede fünfte Wohnung in private Hände übergegangen.

Jetzt ist die Vahr schon etwas in die Jahre gekommen und mit ihr die Bewohner. Aber die „Vahraonen" sind ihrem Stadtteil treu geblieben. Mit gutem Grund: Was einmal aus dem Boden gestampft wurde, ist heute beinahe eine grüne Oase. Jeder zweite Bewohner der Vahr ist älter als sechzig Jahre und rund die Hälfte der Bewohner sind Mieter der ersten Stunde, haben das Quartier zwischen 1957 und 1963 bezogen.

Nach und nach hat sich in der Vahr sogar so etwas wie ein multikulturelles Klima entwickelt. Laut Statistik leben heute Menschen aus 93 Nationen in der Vahr, der Anteil der Zuwanderer ist mit etwa 20 Prozent sehr hoch.

Die Neue Vahr Südost ist in vielerlei Hinsicht Mittelpunkt des Stadtteils. Zum Einkaufen gehen die Bewohner in das Einkaufszentrum **Berliner Freiheit**, einst so genannt als Ausdruck der

Verbundenheit mit der geteilten Stadt. Der Platz wahrte lange den eigentümlichen Charme der 1950er Jahre. Aber um die Jahrtausendwende konnte selbst eine behutsame Sanierung nichts mehr retten. Also entstand die 2003 eröffnete moderne Einkaufspassage mit zwei Etagen, in der 65 Läden angesiedelt sind und außerdem die **Stadtbibliothek** untergebracht ist.
In der Nähe stehen das **Bürgerzentrum** mit dem **Jugendtreff** offen. Hier können junge Leute Musik hören, kicken oder im **Computerraum** spielen. Für Kinder bieten die pädagogischen Mitarbeiterinnen Bastel- und Spielangebote an. Am nahen **See** liegt die grüne Lunge des Stadtteils.

In der **Gartenstadt Vahr** bezogen 1956 die ersten Mieter ihre Wohnungen. Anfangs gab es nicht einmal Bürgersteige, und rund um die ersten Wohnhäuser lagen Parzellen. Diese Kleingärten prägen noch immer das Bild der Gartenstadt. Still ist es hier, Verkehrslärm ist weg weit, Vögel zwitschern, und immer werkeln fleißige Parzellenbesitzer. Heute sind es noch knapp 250 dieser kleinen Anlagen mit den Holzhäusern im Ortsteil. Die Kinder- und Laternenfeste in der Siedlung gehören der Vergangenheit an. Jetzt sind es vor allem ältere Menschen, die jede Minute nutzen, um in ihren grünen Gärten zu sitzen oder fleißig an ihren Beeten zu arbeiten. Aber es ziehen immer mehr junge Familien in die Gartenstadt. Vielleicht finden dann sogar wieder Kinderfeste statt.

Jüngster Teil der Gartenstadt ist das **Kurfürstenviertel.** Dieses Areal mit seinen 1250 Wohnungseinheiten wird dominiert durch den lang gestreckten, achtzehngeschossigen Gebäudekomplex des **Großen Kurfürsten**, der dem Quartier auch seinen Namen gegeben hat.
Die Vahr ist vor allem eine Wohngegend. Mehr Besucher als gewöhnlich kommen jedoch, wenn auf der **Galopprennbahn** Bremen etwas los ist. *„Groß war das Werk, hoch waren die Ziele und schwer war die Arbeit.“* Das waren die Worte, die Konsul **Vietsch** im Jahre 1907 anlässlich der Vorbesichtung der neuen Rennbahn an die ehrenwerten Mitglieder des **Bremer Reit-Klubs** richtete. Mit der für damalige Verhältnisse unglaublichen Summe von 500.000 Mark hatte sich der Klub zum 50. Geburtstag in der Vahr eine moderne Galopprennbahn geschenkt. Geradezu revolutionär waren vor allem die Hindernisse. Statt der sonst üblichen Bretterzäune, Steinmauern und Gräben waren hauptsächlich Hecken auf dem Rennplatz gesetzt worden. Seit über neunzig Jahren steht jetzt die weiße **Tribüne**, auf der tausend Besucher Platz finden und wie damals macht auch heute noch die Wette den eigentlichen Reiz beim Pferderennen aus. Wenn an Rennsonntagen tausende Bremer den Rennplatz bevölkern, liegen auf dem Boden vor dem Totalisator zahllose zerrissene Wettscheine, die dem Veranstalter ein sicheres Geschäft garantieren: Renn-, Wett- und Lotteriegesetz verpflichtet ihn, 75 Prozent der Einsätze wieder auszuspielen, mit dem stattlichen Rest finanziert er die Rennpreise.

Die Galopprennbahn (o.) in der Vahr hing einst vom Mäzenatentum des Kaffee-Magnaten und Pferdeliebhabers Walther J. Jacobs ab. In jüngster Zeit hat Bremen bedeutende Mittel investiert, um die Tribüne, das Geläuf und das ganze Umfeld zu erneuern. Auch ein Hotel wurde gebaut

„Hanse-LAN“ im Bürgerzentrum Vahr: Jugendliche treffen sich zu vernetzten Computerspielen miteinander und gegeneinander (l.)

Ortsteile:
- Aumund-Hammersbeck
- Fähr-Lobbendorf
- Grohn
- Schönebeck
- Vegesack

Einwohner: 34.505

Vegesack

Die Weserfähre von Vegesack nach Lemwerder nimmt Fußgänger, Radfahrer und Autos mit (r.)

Blick von der Strandlust auf die Werft von A&R in Lemwerder (u.)

Das Schulschiff „Deutschland" an der alten Lürssen-Pier (r.) Das Schiff wird 1927 von der Werft Joh. C. Tecklenborg im heute zu Bremerhaven gehörenden Geestemünde gebaut. Die Werft ist damals der Schrittmacher beim Bau von Rahseglern

In Vegesack ist der Pulsschlag einer fast 400jährigen Schifffahrts- und Schiffbaugeschichte noch immer zu spüren. Vegesack war der erste **künstliche Hafen** Nordeuropas. Von hier aus nahmen Walfänger Kurs auf Grönland. Hier hatte einst die größte Heringsflotte Europas ihren Heimathafen. Hier schlug die Geburtsstunde der **Deutschen Gesellschaft zur Rettung Schiffbrüchiger**. Und hier hatte der **Bremer Vulkan** seinen Hauptsitz.

Die große Zeit des Hafens Vegesack ist ebenso Geschichte wie die glorreiche Vergangenheit des ehemals sogar selbstständigen Ortes. Aber selbstbewusst wie eh und je begreifen die Menschen ihren Stadtteil noch immer als eine fast eigenständige Stadt. Das zeigt sich besonders rund um den Vegesacker Hafen und auf der **Maritimen Meile** zwischen Lesummündung und der ehemaligen Vulkan-Werft, die sich immer mehr zu einem touristischen Anziehungspunkt im Bremer Norden gemausert hat.

Sie liegen in >Lemwerder (36), aber irgendwie gehören sie auch zu Vegesack: die Werften **Abeking & Rasmussen** und **Lürssen** und bestimmen ganz wesentlich das Bild mit, das sich dem Spaziergänger auf der Promenade entlang der Weser bietet, vor allem dann, wenn wieder einmal eine der spektakulären Luxusyachten, die dort gebaut werden, an der Pier liegt. Lürssens Anfänge sind ohnehin auf der Vegesacker Seite der Weser zu finden und die Werft ist mit der Übernahme einer Schiffbauhalle nach dem Ende des Bremer Vulkan auf diese Seite des Flusses zurückgekehrt.

Noch heute erahnt man am Vegesacker Hafen, was der schwedische Kapitän **A.J. Stromberg** gesehen hat, als er im 18. Jahrhundert mit seinem Schiff eingelaufen ist: „*Vegesack ist ein großes und volkreiches Dorf mit einer Schiffswerft, wo sowohl größere als auch kleinere Fahrzeuge von allerlei Art gebaut, repariert, verhäutet und kalfatert werden. Allda ist auch ein guter Anker- und Löschplatz für kleine Fahrzeuge wie flachgehende Galioten,*

Hucker, Smacken, Koffen und Kähne. In Bremen ist wegen des seichten Wassers keine Möglichkeit, eine Schiffswerft einzurichten, weshalb so nahe bei der Stadt wie möglich diese Werft angelegt wurde.“

An der alten Lürssen-Pier an der Lesummündung ist das restaurierte **Schulschiff Deutschland** vertäut, das früher in Bremen-Mitte gegenüber der Schlachte gelegen hat und dessen Bau zurückgeht auf den Bedarf der kaiserlichen Marine an jährlich 2.000 gut ausgebildeten Matrosen. Es ist das einzig reine Segelschulschiff der Handelsschifffahrt, das ausschließlich für Ausbildungszwecke gebaut wurde. Und es ist der letzte Rahsegler, der auf dem Helgen der damals berühmten Werft von **Joh. C. Tecklenborg** in > Geestemünde (Bremerhaven 174) gebaut worden ist. Der

Großsegler startete allein zwischen 1927 bis 1939 zu zwölf Überseereisen. 17 Ausbildungsfahrten führten das Schiff bis zum Kriegsende durch Nord- und Ostsee. Seit Mai 1996 liegt es in der Lesummündung, wo es täglich außer montags besichtigt werden kann. Direkt vor dem **Havenhaus**, am sogenannten **Utkiek**, reckt sich das Vegesacker Wahrzeichen in den Himmel: zwei **Walkieferknochen**. Heute sind sie aus Bronze gegossen. Ihre Vorgänger waren Originale, die jedoch von Wind und Wetter zernarbt worden sind. „Utkiek“ (Ausblick) heißt der Platz noch heute, weil hier früher die Frauen der Seefahrer auf die Rückkehr ihrer Männer gewartet haben. Hier saßen auch die alten Seeleute, spielten Karten und fachsimpelten über die vorbeifahrenden Schiffe.

Auf der anderen Hafenseite, auf dem ehemaligen Gelände der Lürssen-Werft, wartet das **Haven Höövt**, das neue Einkaufs- und Dienstleistungszentrum in der Mitte Vegesacks, auf Kunden. Auch der Umbau des nahen Vegesacker Hafens ist abgeschlossen. Von dem treppenartig angelegten Hafenkopf haben Besucher einen schönen Blick auf die Traditionsschiffe im Hafen. Eine neue Fußgängerbrücke, eine gewagte Konstruktion, verbindet das alte und das neue Vegesack.

Das **KITO** ist ein Kultur- und Veranstaltungszentrum mit überregionaler Ausstrahlung im Hafenquartier von Vegesack. Der Name geht zurück auf eine Verpackungsfirma namens **Kistentod AG**. Im Gegensatz zu anderen Firmen, die zu verschiffende Waren in Holzkisten seetüchtig verpackt haben, verwendete Kistentod Kartons aus Wellpappe. Sehr erfolgreich war die Firma nicht: sie meldete nach zwei Jahren Konkurs an. Der Name aber blieb. Der Veranstaltungsraum mit 180 Sitzplätzen liegt im Dachgeschoss eines liebevoll restaurierten 350 Jahre alten Packhauses. Das Programm bietet Konzerte – Jazz, Blues, Folk, Chanson und Klassik – außerdem Kabarett und kabarettistisches Theater. Ein Marken-

Das neue Einkaufs- und Dienstleistungszentrum Haven Höövt am Vegesacker Hafen (o.)

Bronzene Walkiefer am Vegesacker Utkiek ersetzen heute die früheren, von Wind und Wetter zernagten Originale (l.)

Dixieland, Swing, Blues und Jazz sind im KITO oft zu hören (o.)

DIE NORDDEUTSCHE

„Die Norddeutsche“ wird rechts und links der Weser im Großraum Bremen-Nord bis nach Schwanewede, Elsfleth und Berne gelesen

Karibisches Feeling während des „Festivals Maritim“ in der La Paloma Bar an der Signalstation an der Weserpromenade (o.)

Die Fußgängerbrücke über den Vegesacker Hafen wurde im design Labor Bremerhaven entworfen. Im Hintergrund: die „Grohner Düne“, ein sozialer Brennpunkt in Bremen-Nord (r.)

Die bronzene Walfluke des Worpsweder Bildhauers Uwe Häßler an der Weserpromenade in Vegesack (u.)

zeichen des Hauses ist das mehrtägige **Moskito-Kabarettfestival** im Herbst jeden Jahres.

Außerdem im KITO untergebracht ist die **Stiftung Overbeck**, die in ihren Ausstellungsräumen auf über 300 Quadratmetern den Nachlass des Worpsweder Malerehepaares **Fritz** und **Hermine Overbeck** in wechselnden Ausstellungen zeigt. Zusätzlich finden Sonderausstellungen statt, die im inhaltlichen und zeitgeschichtlichen Zusammenhang zur Kunst der Overbecks stehen.

Mit allerbestem Blick auf die Weser, vorbeifahrende Schiffe und die nach Lemwerder hinüber pendelnde Fähre sitzt man in der **Strandlust**; im Winter drinnen, im Sommer im Garten. Die Strandlust ist seit mehr als hundert Jahren Treffpunkt für Ausflügler. Bälle und Betriebsfeste, Kongresse und gesellige Zusammenkünfte, Konzerte und Karnevalsfeiern, Veranstaltungen aller Art finden hier einen festlichen Rahmen. Auch das beliebte **Hafenkonzert** wird gelegentlich von Radio Bremen aus der Strandlust übertragen.

Die Vegesacker verstehen ihre Feste zu feiern. Im Mai findet traditionell der **Vegesacker Frühjahrsmarkt**, im Juni das **Hafenfest** statt. Im August hat sich das **Festival Maritim** etabliert: drei Dutzend Bands, Chöre und Solisten aus Europa, den USA und sogar Australien spielen auf mehreren Open-air-Bühnen. Im Oktober folgt das **Vegefest**, auf dem sich durch alle Einkaufsstraßen Vegesacks und das neue Einkaufszentrum Haven Höövt Buden ziehen. Im Dezember endlich bietet der **Weihnachtsmarkt** traditionell Punsch und Lebkuchen.

In der **Weserstraße** in Vegesack, nur einen Steinwurf vom Utkiek entfernt, stehen die meisten erhaltenen Kapitänshäuser. Die Autorin **Else Arens** schreibt in ihrem Buch über diese prachtvolle Straße: „*Die Weserstraße in Vegesack gehört zu den schönsten Straßen in Deutschland. Kleine klassizistische Kapitänshäuser stehen neben gewaltigen Villen der Gründerzeit. An der Weserstraße wohnten Werftdirektoren und Kapitäne, Handwerker und Krämer, Lehrer und Kaufleute in enger Nachbarschaft. Die Gärten der Villen fallen teilweise steil zur Weser hin ab. Hier, wo einst der Botaniker Roth seltene Bäume pflanzte, liegt der Stadtgarten von Vegesack. Vom hohen Ufer, von den Veranden der Villen, genießt man den schönsten Ausblick von ganz Bremen – über die Weser weit in das Oldenburger Land. Kapitänshäuser und die Villen, die Gärten und der Park bilden ein Gesamtkunstwerk des 19. und 20. Jahrhunderts, das einmalig ist.*“

Studenten aus aller Welt auf dem Campus der privaten International University Bremen in Grohn (o.)

An der Vegesacker **Weserpromenade** ist westlich vom **Bootsanleger** der **Schreiber-Reederei** eine Marke angebracht, die den Pegel der Sturmflut von 1962 anzeigt. Die auf Kopfhöhe angebrachte Inschrift gibt die Höhe des Hochwassers mit NN +5,22 an und man versteht besser, warum überall in Vegesack in der Nähe des Hafens große Fluttore gebaut worden sind. Am Ende der Promenade in **Fähr-Lobbendorf** beginnt das Gelände der ehemaligen Vulkan-Werft. Hier haben sich nach dem Zusammenbruch der Werft in wenigen Jahren zahlreiche kleinere und größere Unternehmen mit mehr als tausend Arbeitsplätzen neu angesiedelt – ein deutliches Zeichen, dass sich Vegesack erstaunlich rasch erholen konnte nach dem Ende des Schiffbaugiganten, der noch im letzten Jahr seines Bestehens 2.000 Menschen Arbeit gab. In dem Ortsteil ist auch der mit mehr als tausend Beschäftigten größte Arbeitgeber Vegesacks angesiedelt: das **Zentralkrankenhaus Bremen-Nord** mit der angeschlossenen Kinderklinik und der psychiatrischen Anstalt. Noch jung ist die **International University Bremen** (IUB) auf dem Gelände der ehemaligen **Roland-Kaserne** in Grohn. Seit 1999 wächst hier langsam und stetig eine private Eliteuniversität heran, die mit Mitteln des Landes Bremen und privater Förderer unterhalten wird. Mittlerweile ist daraus eine kleine Welt mit ungefähr 700 Menschen auf dem Campus geworden: 600 Studierende, rund 90 Professoren, dazu Volunteers, Staff und viele Freunde außerhalb des Campus, darunter mehr als 300 Gastfamilien.

Schönebeck ist sicher nicht der aufregendste, aber ganz bestimmt ein landschaftlich attraktiver Ortsteil Vegesacks. Der Weser abgewandt, gehört er zur „Bremer Schweiz", wo auf überraschend hügeligen Feldern noch Kühe grasen. Schönebeck ist der Sitz der Herren von **Oumünde** und später **von der Borch** gewesen, die hier das **Schönebecker Schloss** errichteten. In diesem Schloss befindet sich jetzt ein **Heimatmuseum**, das Einblick bietet in die Geschichte der vom Walfang und vom Schiffbau geprägten Region. Ein Raum erinnert außerdem an den in Vegesack geborenen Afrikaforscher **Gerhard Rohlfs**.

Die älteste ehemals eigenständige Ortschaft Vegesacks ist **Aumund**, zusammen mit **Hammersbeck** am äußersten Rand der Landesgrenze gelegen. Danach beginnt das Gemeindegebiet von > Schwanewede (277). Früher war Aumund Bauernland, später boten die Ziegelei, Holzhandel und eine Zigarrenfabrik der rasch wachsenden Bevölkerung Arbeitsmöglichkeiten. Heute hat Aumund-Hammersbeck ein doppeltes Gesicht. Da ist das Gewerbegebiet auf der einen Seite, mit Autohäusern, produzierendem Gewerbe und Technologiepark. Auf der anderen Seite liegen die beschaulichen Wohnquartiere mit Einfamilienhäusern. Die Versorgung der Menschen in Aumund-Hammersbeck ist gut. Es gibt noch kleine Lebensmittelgeschäfte, den Schlachter und den Blumenladen an der Ecke.

Das Schönebecker Schloss derer von der Borch ist heute ein Heimatmuseum (o.)

Vegesacker Bahnhofsvorplatz (l.)

Ortsteile:
- Hohweg
- Osterfeuerberg
- Steffensweg
- Utbremen
- Walle
- Westend

Einwohner: 27.299

Walle

Mit Bahn und Bus gut erreichbar: das Walle-Center an der Waller Heerstraße (o.)

Das einstige Dorf Walle, vor hundert Jahren eingemeindet, früher internationales Hafenviertel voller etwas anrüchiger Spelunken und Kneipen ohne Sperrstunde, präsentiert sich heute als quicklebendiger, gewachsener, citynaher Wohnbezirk – fast eine kleine Stadt in der Großstadt.

Der Ortsteil Walle zählt rund 7.500 der insgesamt 27.000 Einwohner des Stadtteils und wird zunehmend von jungen Familien und jungen Akademikern entdeckt. Kein Wunder: In dem alten Arbeiterviertel mit den hübschen zweistöckigen Häusern sind Immobilien gerade noch erschwinglich und die Infrastruktur ist in Ordnung. Walle bietet jede Menge Einkaufsmöglichkeiten an der verkehrsreichen **Waller Heerstraße**, vor allem im **Walle-Center** mit seinen fast 50 Fachgeschäften, hat außerdem ein alteingesessenes Theater, ein Schwimmbad, eine Eislaufhalle, als Naherholungsgebiet den **Waller Park** und – für gemächliche Spaziergänge – den **Waller Friedhof** mit dem mächtigen Familienmausoleum des Barons **Ludwig Knoop**, den Gräbern der Kaufmannsfamilie **Melchers** und dem **Denkmal für die Gefallenen der Räterepublik.**

Damit nicht genug: Walle bietet außerdem wie kaum ein anderer Bremer Stadtteil „von unten“ gewachsene Kunst in mehreren, zum Teil faszinierenden Einrichtungen und Projekten. Für seinen Ansatz hoch gelobt wird das **Blaumeier-Atelier**, das durch spektakuläre Theaterproduktionen und die **Blaue Karawane** bekannt wurde. Die Geschichte dieser Einrichtung ist abenteuerlich. Im Sommer 1985 setzte sich von der psychiatrischen Klinik Kloster Blankenburg ein Zusammenschluss von Patienten, Klinikmitarbeitern und Künstlern in Bewegung. Ziel ihrer „Blauen Karawane“ war der Protest mit Mitteln der Kunst gegen Missstände in deutschen Psychiatrieeinrichtungen. Die Blaumeier hatten „Die Bremer Stadtmusikanten“ thematisiert, ein Theaterstück voller Masken, Bilder und Großfiguren. Bei ihnen stand das Märchen symbolhaft für die Wiedereinbürgerung Ausgegrenzter ins öffentliche Leben ihrer Stadt. Der Erfolg war überwältigend und führte zur Anmietung eines alten Süßwarenlagers in Walle zur Weiterführung des Projektes. Dieses Lager in der **Travemünder Straße** verwandelten die Künstler zusammen mit ehemaligen Patienten und engagierten Freunden in ein liebevoll renoviertes Atelier für Theaterimprovisationen, Bilderausstellungen, Maskenperformances und Theaterspektakeln mit mehr als 400 Zuschauern pro Aufführung.

Das Waldau Theater

Eine Waller Institution ist das **Waldau Theater**, das 1928 aus einem Theaterverein hervorging. 1947 bekam es als **Niederdeutsches Theater** an der Waller Heerstraße ein eigenes Haus. Ein Brand löst 1998 eine Krise aus, von der sich das Theater nicht mehr erholt. Managementprobleme kommen hinzu. Jedes Jahr neu ist fraglich, ob der Spielbetrieb aufrechterhalten werden kann. 2004 kommt das Ende – und kommt doch nicht. **Susanne** und **Klaus Marth** übernehmen auf eigenes Risiko das Theater und machen auf der Waller Bühne weiter.

Das **Medienzentrum Bremen** vereint zahlreiche Medien- und medienpädagogische Aktivitäten. Dort, in der **Waller Heerstraße 46**, zeigt auch das **Kino 46** Filme. Es ist das Kino mit dem anspruchsvollsten und vielseitigsten Programm in Bremen – und eines der schönsten dazu: 168 Plätze mit hohem Sitzkomfort und modernster technischer

Ausstattung im Saal. Es wird vom **Kommunalkino Bremen** betrieben, einem Verein, der schon seit 1974 in wechselnden Bremer Kinos und an anderen Orten Filmvorführungen organisiert hat und 1993 eine eigene Spielstätte beziehen konnte. Filme zu Länderschwerpunkten bieten Einblick in das Kulturschaffen anderer Völker (häufig in originalsprachigen Fassungen), internationale Festivalentdeckungen werden gezeigt oder Nachwuchsproduktionen zur Diskussion gestellt. Die Cineasten kümmern sich um Klassiker der Filmgeschichte oder um ästhetische Experimente. Kino wird hier zum Ereignis, vom Gespräch mit dem Regisseur bis zur Live-Musikbegleitung zum Stummfilm.

Im Medienzentrum ist neben einem Café und weiteren Institutionen auch das **Filmbüro Bremen** untergebracht. Das Filmbüro mit seinem schmalen Budget kann auf beachtliche Erfolge zurückblicken. So unterstützte es u.a. die sehr erfolgreichen Produktionen „Lieber Fidel“ und den Spielfilm „Verrückt nach Paris“ des Bremer Redakteurs und Filmemachers **Eike Besuden**.

In eine ehemalige Straßenbahn-Werkstatt an der Waller Heerstraße ist 1992 die **Kulturwerkstatt Westend** eingezogen, wo in Video-, Fotografie-, Theater-, Chor- und Orchesterwerkstätten unter Anleitung von Profis Kunst produziert wird – mit großer Resonanz.

Gespannt ist man in Walle auch auf die Neuentwicklung der angrenzenden alten Hafenreviere, denn neben dem Bestandsschutz des bestehenden Gewerbes, neben neuem Gewerbe, Dienstleistungen und urbanem Wohnen wird es auch kulturelle Mosaiksteine geben. Einen ganz besonderen Akzent mit Wahrzeichen-Charakter setzt der historische **Speicher XI.** In diesem grundrenovierten und restaurierten Gebäude sind große Teile der **Hochschule für Künste** sowie das **Hafenmuseum** eingezogen, die den kulturellen Anker der neuen **Überseestadt** bilden, außerdem haben hier die oben erwähnten Blaumeier ein neues Quartier gefunden.

Das Medienzentrum an der Waller Heerstraße mit dem Kino 46 (o.)

Filmemacher Eike Besuden (o.)

Szene aus der Theaterproduktion „SchrankArt“ des Blaumeier Ateliers; behinderte und nicht behinderte Schauspieler mit selbst gefertigten Masken treten während des ganzen Stückes in einem Schrank auf, der von hinten begehbar ist (l.)

Bücherflohmarkt der Initiative Brodelpott (o.)

Kulturwerkstatt Westend (r.)

Eingeklemmt zwischen zwei Bahnlinien liegt auf dem Stadtplan als kleines, klar gezeichnetes Dreieck das **Osterfeuerbergviertel.** Es ist ein Teil von Walle und mit seinen 5.000 Einwohnern dennoch eine abgeschlossene Welt. Die Straßenfronten sind niedriger, hier stehen die ganz kleinen Bremer Häuser der alten Arbeitersiedlungen, auch sie reichlich mit Stuck verziert, aber mit weniger Wohnraum. Heute sind es oft Senioren, junge Paare und kleine Familien, für die der Zuschnitt der winzigen Häuser und ihr günstigerer Preis attraktiv sind.

In der **Schleswiger Straße** arbeitet die **Initiative Brodelpott**, die 1981 entstand, weil Kultur im Bremer Westen bis dato ausschließlich im Waldau Theater stattfand. In einem winzigen Laden trafen sich die Mitglieder der Initiative um Tee- oder Kaffeekanne und heckten Pläne aus. Die damals literweise aufgesetzten Getränke und die ewig heißen Köpfe führten zu der Namensgebung „Brodelpott“. Inzwischen hat der Verein in der umgebauten Turnhalle der früheren Reformschule Schleswiger Straße reichliche 300 Quadratmeter für die Kreativwerkstatt, die Theatergruppe und das **Bildarchiv Alltagsgeschichte** zur Verfügung. Der seit 1998 bestehende **Förderverein Bibliothek Walle** mit seinem Bestand von über 8.000 Büchern fügt sich in die Angebote des Brodelpott ein. Und das kleine **Café** im offenen Foyer bietet Möglichkeiten zum Gespräch.

Die ebenfalls in dem weitläufigen Gebäude untergebrachte **Musikschule** zieht pro Woche rund tausend Kinder und Jugendliche an. Besonders erfreulich ist, dass die zahlreichen Konzerte zum Nutzen von Musizierenden und Publikum von den Osterfeuerbergern rege angenommen werden.

Das **Hohwegviertel** zwischen Eisenbahn und Autobahn hat wieder einen gänzlich anderen Charakter. Es ist ein ausgedehntes Kleingartenviertel, worauf schon die Namen der kleinen Wege hinweisen: Maiglöckchen-, Tulpen-, und Lupinenweg; Amsel-, Rebhuhn- und Kanarienweg. Hier liegt hinter der Autobahn auch der **Waller Feldmark-See.** In diesem Karree hatte nach dem Krieg das Leben im zerbombten Walle wieder angefangen. Der Westen war abgebrannt, vielen Menschen blieb nur ihre Parzelle. Der Bremer Senat unter dem damaligen Bürgermeister **Wilhelm Kaisen** erlaubte den Menschen, sich in ihren Gärten ein vorläufiges festes Zuhause zu schaffen. So entstanden hier, und auch in anderen Bremer Stadtteilen, die Häuser, die – als Ausnahme

Die hölzerne Fleetkirche in Walle-Hohweg von 1958, ursprünglich für Kaisen-Auswohner gebaut, wird heute von orthodoxen Christen genutzt (r.)

von der Regel – zum Teil bis heute von den **Kaisen-Auswohnern** bewohnt werden dürfen.

Die hölzerne **Fleetkirche** erinnert an den schleichenden Aderlass in dem Viertel. Nach dem Bau Ende der 1950er Jahre war sie ein Zentrum der 5.000 Gemeindemitglieder. Aber deren Zahl schrumpfte immer mehr, bis die evangelische Kirche den Bau schließlich aufgab. Heute hält hier die **serbisch-orthodoxe Kirche** ihre Gottesdienste ab, bei denen die Gläubigen stehen.

Das Westend ist von nach dem Krieg entstandenen Neubauten geprägt, denn dieses Arbeiter- und Hafenviertel wurde während des Zweiten Weltkrieges wie kein zweites von den Bombenangriffen der Alliierten zerstört. Hier hat die **Berufsschule** ihren Sitz und in der Reuterstraße die **GaDeWe**, die **Galerie des Westens.** 1989 bezog die GaDeWe die Räume und das Gelände einer ehemaligen Druckerei und Handwerker-Kooperative. Die Galerie geht auf eine Initiative von 1985 in einem winzigen Raum in der Osterfeuerbergstraße zurück. Die Akteure wählten bewusst den damals kulturell unterversorgten Ortsteil Walle, um ihre Vision von einem Ausstellungsforum für Künstlerinnen und Künstler zu verwirkli-

chen. Nach zwei erfolgreichen Jahren mit zahlreichen Veranstaltungen, Gruppen- und Einzelausstellungen wurde im Herbst 1987 ein Verein gegründet. So konnten die Arbeit der Produzentengalerie effizienter gestaltet und die steigenden Kosten besser bewältigt werden. Weitere Künstler schlossen sich an und trugen jeweils über viele Jahre, z.T. bis heute, zum künstlerischen Profil und zur Programmgestaltung bei.

In einem von fast 30.000 Menschen bewohnten Stadtteil hat der Sport einen hohen Stellenwert. Für vereinsgebundene Sportaktivitäten sind der **TuS Walle**, der **BSV**, der **TV Bremen 1875**, der **SV Weser 08** und der **Schwimmverein Weser** erste Adressen. Auch der Tanzsport hat im Medienzentrum mit dem **TTC Gold + Silber** einen hochkarätigen Anlaufpunkt. Eishockey findet in der **Eislaufhalle**, dem **Paradice** statt. Diese mit dem ausgebauten **Waller Seebad** kombinierte Einrichtung ist auch der wichtigste Ort für Freizeitvergnügen außerhalb der vereinsgebundenen Aktivitäten.

Wahrzeichen des Stadtteils, höher als der Dom, ist der **Bremer Fernsehturm.** Er ist für die Öffentlichkeit leider nicht zugänglich – einer der wenigen abgeschotteten Orte in Walle, das Besucher sonst mit offenen Armen empfängt, ein Stadtteil, ein wenig ruppig, bodenständig, auf den ersten Blick unscheinbar und auf den zweiten springlebendig und und höchst charmant.

Das Wahrzeichen Walles ist der 239 Meter hohe Fernsehturm (o.)
Die Antennen an der Spitze strahlen Fernsehprogramme in den Großraum Bremen aus, darunter auch das neue digitale DVB-T-Signal. Auf den Plattformen in luftiger Höhe sind weitere Antennen für Mobilfunk verschiedener Netzbetreiber und Richtfunkantennen installiert, die die großen Distanzen in der Festnetztelefonie überwinden

Lateinformation A-Team des TTC Gold + Silber (o.l.)

Das Waller Schwimmbad (l.)

Ortsteile:
- Rablinghausen
- Woltmershausen

Einwohner: 13.736

Woltmershausen

Blick in die Woltmershauser Straße; links im Bild: die Christuskirche (r.)

Der aus dem letzten Krieg stammende Bunker an der Woltmershauser Straße ist, wie viele andere in Bremen, bunt bemalt. Neben dem Bunker befindet sich das Druckhaus der Bremer Tageszeitungen AG. Hier wird täglich der „Weser Kurier" mit seinen acht Regional- und sechs Stadtteilausgaben gedruckt, dazu die „Bremer Nachrichten" und die „Verdener Nachrichten"

Woltmershausen mit dem zweiten Ortsteil Rablinghausen ist groß geworden durch die Industrie. Es ist ein typisches Arbeiterviertel, ein bodenständiges Areal, immer eng den Häfen verbunden, urban durch viele Betriebe und gleichzeitig dörflich geblieben.

Der **Eisenbahntunnel** an der Woltmershauser Straße ist das Nadelöhr, um nach Woltmershausen zu gelangen. Diese **Woltmershauser Straße** ist die Hauptschlagader des Stadtteils. Hier hat der Verlag **Bremer Tageszeitungen AG**, in dem u.a. der „Weser-Kurier" und die „Bremer Nachrichten" erscheinen, sein Druckhaus. Hier steht die evangelische **Christuskirche**. Hier hat sich Ecke Dötlinger Straße ein kleiner **Marktplatz** etabliert, auf dem die Kundschaft freitags zum Einkaufen zusammenkommt. Hier steht seit 90 Jahren das **Polizeirevier**. Und hier ist auch das **Kulturhaus Pusdorf** angesiedelt, das mit seinem Angebot, das von der Geschichtsgruppe bis hin zu der Mal- und Krabbelgruppe reicht, aus Woltmershausen nicht wegzudenken ist.

In dem Namen des Kulturhauses steckt der inoffizielle Name des Stadtteils. Historisch belegt ist, dass hier einmal eine Bauernfamilie namens „Poos" oder „Puus" gelebt hat. Wahrscheinlicher aber geht der Name **„Pusdorf"** auf den Südwestwind zurück, der von der Weser her über den Stadtteil „pustet". Die Bewohner hängen an dem Spitznamen. 90 Prozent von ihnen – nach einer inoffiziellen Schätzung des Ortsamtsleiters – würden ihn gerne als amtlichen Namen übernehmen.

Woltmershausen war immer ein Arbeiterbezirk, in dem die Menschen gearbeitet und auch gelebt haben. Bis 1984 war die **Martin Brinkmann AG** das größte Unternehmen vor Ort. Noch heute loben ehemalige Beschäftigte die vorbildlichen Sozialleistungen, die sogar ein eigenes Schwimmbad einschlossen. Aber der große Zigarettenhersteller ist nach Berlin abgewandert, wo damals Subventionen lockten. Wer nicht bei dem Zigarettenfabrikanten arbeitete, pendelte mit der Fähre **Pusdorf** hinüber zum Vulkan und zur A.G. „Weser". Größte Arbeitgeber heute sind das nahe **Güter-**

Hier geht alles durch, was Tchibo auf den Markt bringt, außer Kaffee: das weithin sichtbare Hochregallager der BLG Logistics Group an der Senator-Borttscheller-Straße (l.)

verkehrszentrum und der ebenfalls nahe **Neustädter Hafen**. Hier ist Bremen noch Hafenstadt mit Stückgutumschlag und Containerschiffen, mit Pollern an den Kajen und geschäftig Waren transportierenden Gabelstaplern. Aber auch hier, wie überall in der Hafenwirtschaft, regiert heute die ausgefeilte Technik über die Seefahrerromantik vergangener Zeiten. Ein Beispiel ist das im Sommer 2003 eröffnete **Hochregallager** von **BLG Logistics**. Die beiden jeweils 144 Meter langen, 71 Meter breiten und 42 Meter hohen Blöcke sind eine weithin sichtbare Landmarke. Innen sind auf 16 Ebenen in Hochregalen 130.000 Palettenstellplätze, die nach einem ausgeklügelten System computergesteuert einzeln angefahren werden können. Es ist die derzeit größte automatische Anlage dieser Art in Europa. Hier lagert fast alles, was das Filialnetz und die Kataloge des Kaffeeunternehmens **Tchibo** bieten. „Jede Woche eine neue Welt" verspricht Tchibo seinen Kunden und meint damit alles, was im Angebot ist – außer Kaffee. Und man kann sicher sein, dass es das Hochregallager durchlaufen hat, ehe es ins Regal irgendeiner Tchibo-Filiale in Deutschland gelangt.

Im Laufe der Jahrzehnte sind die ehemaligen Dörfer Woltmershausen und Rablinghausen zu einem Stadtteil zusammengewachsen. In den von der Woltmershauser Straße aus in Richtung Süden erschlossenen Gebieten stehen die für Bremen typischen Einfamilienhäuser mit ihren über zwei bis drei Geschosse verteilten Wohnflächen. In **Rablinghausen** stehen entlang der Landstraße überwiegend Einzelhäuser. Aber die zum Teil urbane Bebauung und auch die Tatsache, dass Woltmershausen ein Arbeiterviertel ist, ändert nichts daran, dass sich die Bewohner – wie so oft in Bremen – wie auf dem Dorf fühlen.

Dazu tragen sicher auch die ausgedehnten Grünanlagen und die Kleingärten bei. Viele dieser Parzellen stehen im offenen Winkel von **Senator-Apelt-Straße** und Warturmer Heerstraße, liegen an Wegen, die Rosen-, Dahlien- und Erikaweg heißen. Auch zwischen Rablinghauser Deich und Neuem Schutzdeich liegt ein grüner Gürtel von Kleingärten. Eine viel besuchte öffentliche Grün- und Erholungsfläche ist der **Weseruferpark** nördlich von Rablinghausen, der sich mit einem langen Ausläufer bis zum **Lankenauer Höft** erstreckt. Neben dem Kontrollturm der Hafenbehörde bietet eine Gaststätte mit reizvollem Blick auf den Hafen und die Weser Getränke und kleine Gerichte an.

Weseruferpark in Rablinghausen; im Hintergrund: der Neustädter Hafen (u.)

In dem Kontrollturm am Lankenauer Höft in Rablinghausen, an der Einfahrt zum Neustädter Hafen, warteten früher die Festmacher, um einlaufende Schiffe zu vertäuen. Die Antenne auf dem Dach ist Teil der Radarkette zur sicheren Überwachung der Schifffahrt in der Deutschen Bucht und auf der Weser

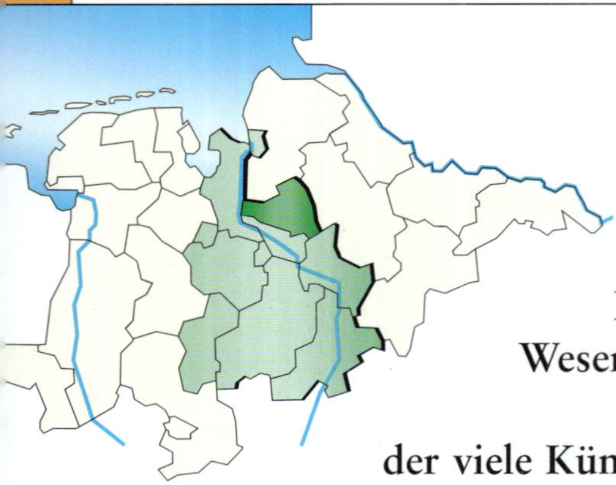

Landkreis Osterholz

Das Teufelsmoor, ein breiter Heide- und Geestrücken mit der Garlstedter Heide im Zentrum und die Osterstader Wesermarsch prägen das Landschaftsbild im Kreis Osterholz. Es ist ein Landkreis, der viele Künstler inspiriert hat und noch immer ein Refugium für seltene Tier- und Pflanzenarten ist, die hier, vor allem in der Niederung der Hamme, eine Nische zum Überleben finden.

Worpswede, die Künstlerkolonie, ist zweifellos der bekannteste Ort im Landkreis Osterholz. Die Künstler, die die Kolonie gegründet haben wie Paula Modersohn-Becker oder Fritz Overbeck, waren fasziniert von der Landschaft des Teufelsmoors, vom Licht und von den erdigen Farben. Noch immer hat ihr Dorf eine beachtliche Ausstrahlung und zieht neben Touristen nach wie vor Kunstschaffende an. Natürlich sind viele ihrer Werke heute im Besitz von Museen, aber das Erbe von Heinrich Vogeler, Bernhard Hoetger, Paula Modersohn-Becker und der anderen „Worpsweder" ist in dem kleinen Ort höchst präsent: durch Ausstellungen, aber auch durch liebevoll ausgestattete Wohnhäuser.

Der Moorexpress von Osterholz-Scharmbeck nach Stade (o.)

Überall in der Gegend stößt man auf den Namen Jürgen Christian Findorff. Nach den Plänen dieses hannoverschen Moorkommissars wird das Teufelsmoor urbar gemacht. Die ersten Kolonisten ziehen in Gemeinschaftsarbeit Wassergräben und Kanäle, um das Moor zu entwässern. Diese Wasserwege werden zu Verkehrswegen, die die entstehenden Hofstellen und Ortschaften untereinander und mit Bremen verbinden. Den Kolonisten wird Land, Bauholz und Getreide als Starthilfe gewährt. Sie bauen Torf ab und verkaufen ihn in Bremen. Das Leben im Moor ist mehr als hart. Der Satz *„den Ersten sien Dot, den Tweeten sien Not, den Dritten sien Brot"* bringt es auf den Punkt. Aber die Kolonisierung ist erfolgreich: Hundert Jahre nach dem Beginn der Urbanisierung sind 70 Moordörfer entstanden. Die systematische Besiedlung lässt bis heute die typisch Findorff'sche Siedlungsstruktur erkennen: lang hingestreckte Ortschaften an Straßen entlang von Kanälen, die das Land entwässern und als Transportwege dienen.

Die für die Landwirtschaft dem Moor abgewonnenen Böden eignen sich wegen der nach wie vor hohen Wasserstände allerdings meist nicht für den Ackerbau. Vielmehr entstand, vor allem in der Hammeniederung, eine weitläufige, offene Wiesen- und Weidelandschaft, die immer noch das Futter für das wichtigste Nutztier, die Milchkuh, liefert. Auf den häufig überfluteten

Grünländereien und in den zahllosen Gräben wachsen Pflanzenarten, die andernorts nur noch selten zu finden sind. Winterliche Überschwemmungen machen die Niederung zu einem attraktiven Rastplatz für große Zugvögelschwärme. Im Frühjahr zieht die offene Landschaft zahlreiche Wiesenvögel an, die zum Schutz ihrer Brut weite Sicht benötigen und mit ihren Schnäbeln im weichen Boden nach Nahrung stochern. Es ist nicht lange her, da boten Vogelarten wie Saatgans, Kiebitz und Uferschnepfe ein großartiges Naturschauspiel. Der rasante Wandel der Agrarstruktur in den letzten 50 Jahren hat diese Artenvielfalt stark beeinträchtigt. Der europäische Agrarmarkt zwingt die hiesigen Landwirte, immer mehr Milch mit immer mehr Kühen zu produzieren, die dementsprechend mehr Futter brauchen. Die Wiesen müssen seither öfter und damit früher im Jahr gemäht und intensiver beweidet werden, was wiederum eine effizientere Entwässerung der Flächen voraussetzt. Folgen sind der Rückgang der Überschwemmungen, Beeinträchtigungen des Brutgeschäfts der Vögel und ein Rückgang der auf nasse Verhältnisse angewiesenen Pflanzen. Trotzdem beherbergt die Hammeniederung noch zahlreiche seltene Tier- und Pflanzenarten. Selbst ohne die Rastvögel leben hier noch immer über 220 verschiedene, anderswo bedrohte oder längst verschwundene Tierarten.

Torfkähne auf der Hamme (o.)

Landkreis-Profil

	Landkreis	Land Nieders.
Einwohner, Fläche		
Einwohner gesamt	112.502	7.993.415
darunter 0 bis 15 Jahre in %	16,6	15,4
darunter älter als 65 Jahre in %	17,0	18,7
darunter Ausländer in %	4,3	6,7
Fläche in qkm	650,74	47.618,24
Einwohner je qkm	172,9	167,9
Sozialstruktur (Jahresdurchschnitt, gerundet)		
Erwerbstätige gesamt	35.400	3.492.600
Empfänger von Arbeitslosengeld / -hilfe	4.010	354.300
Empfänger sonst. Hilfen zum Lebensunterhalt	2.980	311.900
Anzahl Wirtschaftsbetriebe		
Gesamt (Industrie, Handel, Gewerbe, Dienstl.)	4.792	351.151
darunter Land-, Forst-, Fischereiwirtschaft	182	15.862
Steueraufkommen		
Lohn- und Einkommensteuerzahler	39.098	2.738.281
Summe positiver Einkünfte (in Tsd. EUR)	1.351.500	88.279.875
Steuereinnahmen (EUR je Einwohner)	488,28	544,33

Wahlen

Landtagswahl 2003	
CDU	46,3
SPD	38,3
FDP	4,3
Grüne	7,6
Sonstige	3,6

Grasberg

Ortsteile:
- Adolphsdorf
- Dannenberg
- Eickedorf
- Grasdorf
- Huxfeld
- Meinershausen
- Mittelsmoor
- Otterstein
- Rautendorf
- Schmalenbeck
- Seehausen
- Tarmstedter Moor
- Tüschendorf
- Weinkaufsmoor
- Wilstedter Moor
- Wörpedorf

Einwohner: 7.702
Fläche: 55,54 qkm
138,7 Einw. je qkm

Beide benannt nach dem hannoverschen Moorkommissar: der Findorff-Hof (r.) und die leicht erhöht zwischen den ältesten Dörfern Eickedorf und Wörpedorf gelegene Findorff-Kirche (o.)

Blasorchester Grasberg (ganz o.)

Am Rande des **Teufelsmoors** gelegen, zeigen die lang gestreckten Dörfer der Gemeinde Grasberg besonders deutlich die **Findorff'sche Siedlungsstruktur.** Für den Ortskern von Grasberg selbst gilt dies nicht. Durch die Ortsmitte fließt die **Wörpe** in Richtung **Wümme.** In der **Findorff-Kirche** ist eine der wenigen **Schnitger-Orgeln** erhalten, die das von ihm geschaffene einzigartige Klangbild der Barockorgel authentisch wiedergeben. Die Kirche ist ein Ort facettenreichen Musiklebens, bei Veranstaltungen oft bis auf den letzten Platz gefüllt. Aktiv sind der **Kirchenchor**, der neben klassischer Musik auch moderne Stücke von Gospel bis Pop aufführt, die **Arp-Schnitger-Gesellschaft** oder Musiker aus Grasberg und der Region mit gemeinsamen Projekten von Barock bis Crossover.

Das Musikleben der Gemeinde wird auch bereichert durch das **Blasorchester Grasberg**, das 1978 gegründet worden ist. Musikalischer Leiter ist der Berufsmusiker **Dietmar Quarz**, Flötist bei den Bremer Philhamonikern. Das Orchester besteht aus rund 30 Musikern, die zwischen 14 und 70 Jahren alt sind. Das Repertoire reicht von klassischen Werken bis zu bekannten Märschen. Einen besonderen Höhepunkt stellt das Weihnachtskonzert am vierten Advent dar. Weitere aktive Musikgruppen sind der **Spielmannszug** und die **Harmonika-Freunde Grasberg.**

Heinrich Blanke (o.)

Die großräumige Anlage **Findorff-Hof** entsteht in den 1970er Jahren. Das Haupthaus fällt 1994 einer Brandstiftung zum Opfer. Mit Hilfe von Spenden und Versicherungsleistungen kann es im alten Stil wieder aufgebaut werden. Der **Findorff Heimatverein** nutzt für seine Vereinsaktivitäten diese Anlage und unterhält die Gebäude und das Grundstück.

Zwei Gastronomiebetriebe in der Gemeinde stechen hervor: der **Schützenhof Wörpedorf** der **Familie Israel** und der **Grasberger Hof** der **Familie Lütjen.** Beide Betriebe sind nicht nur Restaurant und Hotel, sondern haben heute noch die schönen großen alten Säle, wie man sie braucht für richtig große Bälle. Hier finden Veranstaltungen statt wie der **Reiterball** und der **Schützenball.**

Die Love-Parade gab's in Berlin. Einmal im Jahr, am Freitag vor dem **Schützenfest** in **Huxfeld** jedoch gibt es die **Dorf-Parade.** Dann steigen die jungen Leute

nicht nur der Gemeinde sondern auch von weiter her auf technogeeignete Wagen und legen los. Die Parade geht querfeldein über die Dörfer.
Torf ist bis Anfang des letzten Jahrhunderts die Haupteinnahmequelle der Moorbauern. Aber der Torf musste auch dort hin, wo er gebraucht wurde: nach Bremen. Der Transport erfolgt auf den typischen Lastkähnen dieser Gegend über die Semkenfahrt, die Hamme oder Wümme und die Bremer Fleete. Heute können Interessierte und Ausflügler die **Adolphsdorfer Torfschiffer** chartern und während einer geruhsamen oder auch sangesfrohen Schiffsfahrt die Gegend von der Wasserseite her kennen lernen. Die Fahrt auf den originalgetreu nachgebauten Kähnen geht los in >Neu-Helgoland (Worpswede 279) an der **Hamme**. Gefahren wird flussaufwärts bis zur Teufelsmoorer Schleuse oder bis Melchers Hütte oder flussabwärts bis Tietjens Hütte, Ritterhuder Schleuse oder bis zum Hafen Osterholz. Wenn es der Wind zulässt, wird gesegelt. Bis zu 16 Personen können mitfahren.
Insgesamt ist die Gemeinde Grasberg ein eher ruhiger Ort. Hier wohnt man, man arbeitet meist woanders. Für junge Familien scheint die hohe Wohnqualität Grasbergs attraktiv zu sein. Kinder werden geboren, andere ziehen hierher. Das Angebot an Kindergärten und Grundschulen musste in den letzten Jahren erhöht werden, um dem Bedarf gerecht zu werden.
Einer, der die Entwicklung Grasbergs seit Jahrzehnten begleitet und mitgeprägt hat, ist **Heinrich Blanke**. Über viele Jahre ist er Bürgermeister, Kreisbrandmeister, zehn Jahre lang Landrat und – Bäckermeister. **Die Bäckerei Blanke** führt heute Sohn **Norbert**. 60 Mitarbeiter und elf Auszubildende hat das Unternehmen in Grasberg und insgesamt 15 Filialen in der Region.
Der Name **Zeisner** steht seit mehr als hundert Jahren für Ketchup und Saucen in erstklassiger Qualität. Über Generationen bewährte Gewürzmischungen bestimmen den Geschmack der in Grasberg hergestellten Zeisner-Produkte. Das Unternehmen, in vierter Generation fest in Familienhand, liefert nicht nur an den norddeutschen Groß- und Einzelhandel: Auch in westeuropäischen Ländern, sogar in San Francisco oder Sydney lässt man sich von der angenehmen Schärfe des Curry-Ketchup verwöhnen.

Die naturnah gestaltete Wörpe (o.)

Hallen aus Stahlkonstruktionen baut das Grasberger Unternehmen **defacto Hallenbau GmbH**. Das sind zum Beispiel Fabrik-, Sport- oder Reithallen. Für die Hamburger Werft Blohm & Voss hat defacto die Boots- und die Reparaturhalle gebaut.
Natur- und Landschaftsschutzgebiete besitzt die Gemeinde nicht. Aber es gibt eine aktive Landwirtschaft. Der Betrieb der **Familie Böschen** an der **Wörpedorfer Straße** ist ein Milchviehbetrieb, dessen Größe auch für das Land Niedersachsen eine Ausnahme darstellt: 350 Milchkühe werden in dem Betrieb gehalten! In der **Seehauser Straße** führt **Familie Gerken** einen traditionsreichen landwirtschaftlichen Betrieb in der vierten Generation. Im Herbst 1955 wird auf dem Hof Gerken der offizielle Marktbetrieb eröffnet. Der Hof setzt auf Erzeugnisse aus der Region und auf Direktvermarktung. Beliefert werden Großabnehmer der Region wie Restaurants oder Partyservices und der Wochenmarkt in Bremen-Findorff.

Hof der Familie Gerken (o.)

defacto Hallenbau in Huxfeld (ganz o.)

SG Hambergen

Mitglieds-gemeinden:

- **Axstedt**
- **Hambergen**
- **Holste**
- **Lübberstedt**
- **Vollersode**

Einwohner: 11.945
Fläche: 135,02 qkm
88,5 Einw. je qkm

Der Künstler Jürgen Sievers mit Teilnehmern der creArtour (o.)

Erntefeste mit bunten Figuren haben in Hambergen Tradition (ganz r.)

Das mit 120 Erntewagen stolzeste ist das Bornreiher Erntefest (r.), das gemeinsam von den drei zu Vollersode gehörenden Dörfern Bornreihe, Verlüßmoor und Friedensheim gefeiert wird

Im Norden des Landkreises, am Rand des Teufelsmoors liegt die Samtgemeinde Hambergen. Der Sitz der Samtgemeindeverwaltung befindet sich in zentraler Lage an der B 74 in Hambergen. Zehn Prozent der Gemeindefläche stehen unter Naturschutz und werden betreut vom **NABU** (Ortsgruppe Hambergen) und der **Biologischen Station Osterholz.** Das Gebiet ist landwirtschaftlich geprägt. Große alte Höfe mit wunderschönem Baumbestand bestimmen das Bild der kleinen Dörfer. Waldgebiete, Moor, Geest und Heideflächen wechseln sich ab. Wer Hambergen kennen lernen möchte, für den empfiehlt sich die Teilnahme an einer der Radtouren, die die **Touristik Samtgemeinde Hambergen** regelmäßig zu wechselnden Themen anbietet. Beliebt ist auch die **creARTour** immer am dritten Wochenende im Mai. Ebenfalls mit dem Fahrrad geht es dann durch Ateliers oder private Ausstellungsräume von Künstlern und Kunsthandwerkern, die überall in den kleinen Orten sitzen und gerne ihre Arbeiten zeigen.

Erntefeste haben in den Hamberger Gemeinden Tradition. Das älteste wird vom **Erntefestkomitee Hambergen e.V.** organisiert und geht vermutlich auf das Jahr 1865 zurück. Rund 50 Wagen kommen zusammen; es gibt einen Laternenumzug, eine Kinderdisco mit Mini-Playback-Show und die Ernteparty mit Live-Musik. **Spreddig** und **Ströhe** werden oft in einem Atemzug genannt. Auch das Erntefest feiert man zusammen, genannt wird es zumeist **Ströher-Spreddiger Erntefest.** Es ist terminlich das erste in der Reihe. Gefeiert wird immer am ersten Wochenende im August. Lange war der **Männergesangsverein Ströhe-Spreddig** Ausrichter des Festes. Heute ist diese Aufgabe in jüngere Hände, in die des **Erntefestkomitees Ströhe-Spreddig,** gelegt.

Bornreihe ist eines der Dörfer, in denen die Welt noch „in Ordnung" ist. Man kennt sich und hält zusammen. Rund 140 Menschen wohnen hier. Und über hundert von ihnen sind jeweils Mitglied bei der Feuerwehr, im Schützenverein und – im **SV Blau-Weiß Bornreihe!** Hinzu kommen über 200 weitere Vereinsmitglieder aus der nahen Umgebung. Sein Vereinsheim hat der Fußballverein weitestgehend in Eigenregie gebaut. Seit über 40 Jahren spielt man kontinuierlich auf hohem Niveau in der Landesliga. Der SV Werder als Deutscher Meister war im Sommer 2004 auch da. Das Spielergebnis tut hier nichts zur Sache.

In Ströhe-Spreddig ist seit den 1980er Jahren die Museumsanlage **Moorkate** mit Backofen und Scheune entstanden. Die größte Attraktion auf dem Gelände sind die jährlich im September stattfindenden **Handwerkertage.** Das **Heimathaus** wird seit den 1990er Jahren durch den **Heimatverein** mit seinen 200 Mitgliedern gepflegt. Im Rahmen der angebotenen **Moorwanderungen** erzählen **Werner Prigge** und seine Mitstreiter u.a. vom Torfstechen im Moor.

Der musikalische Stolz der Gemeinde ist der **PopChor'n Hambergen,** der 1993 unter der Leitung von **Stefan Süß**

Hellingst59 (l.)

PopChor'n Hambergen (l.)

als Pop- und Jazzchor gegründet wird und zum **Gesangverein Hambergen von 1891** gehört. Seit 2002 wird der Chor von **Annekatrin Schepker** geleitet. Der Chor tritt bei zahlreichen Veranstaltungen auf, war schon beim „Bremer Jazz- und Popchor Festival" und bei „Hallo Niedersachsen" des NDR.

In Hambergen wird **Lauenburger Ton** gewonnen. Das veranlasst 1897 den Bremer **Johann Freese** zur Gründung einer Ziegelei, die bis heute als **Ziegel- & Klinkerwerk Hambergen** arbeitet. 1971 schließt sich die Ziegelei den Klinkerwerken in > Bockhorn (I-196) an.

Nach langjähriger „Trockenzeit" in Ströhe betreibt die **Familie Thaten** dort heute das Hofcafé **Hermann's lütke Schüre**. Es ist nur am Wochenende geöffnet, aber die Ströher sind's zufrieden.

Seit der Eröffnung hat der **Formel-1-Club** im Hofcafé sein Domizil. Der Club hat rund 40 Mitglieder. Man trifft sich bei jedem Rennen, zu Grillabenden bei den Abendrennen und zum Frühstück bei den Morgenrennen. Vorsitzender des Clubs ist **Herbert Mehrtens**. Zum Erntefest schickt der Club seinen eigenen Wagen.

Ein Gastrobetrieb ganz eigener Art ist **Hellingst 59**. Wenn **Kalle Dietrich** in Form ist, setzt er sich ans Klavier und dann wird aus dem Hellingst-Gastwirt der Vollblutmusiker, der sein Dasein im Ruhrpott gegen das angenehme Landleben eingetauscht hat. Aber es gibt auch immer Auftritte mit interessanten Gastmusikern und Alleinunterhaltern.

Von **Vollersode** aus frönt **Richard Weize** seiner größten Leidenschaft: der Wiederveröffentlichung von Musik, wenn es um Country Music und Rock 'n' Roll der fünfziger Jahre, Schla-

Hofcafé Hermann's lütke Schüre der Familie Thaten (l.)

ger, Beat, Chansons oder Jazz geht. Als „verrückter Deutscher" gräbt Richard Weize seit dreißig Jahren in amerikanischen und anderen Schallplattenarchiven und sucht solange, bis er die echten Mastertapes der ersten Generation aufgetrieben hat. Er und sein Kompagnon **Hermann Knülle** lassen nicht locker, ehe alle Aufnahmen beisammen sind, die zu einer Edition gehören. Es entstehen Boxen, **Künstlereditionen**, mit oftmals zahlreichen CDs, besten Quellen und aufwändigem Begleitmaterial. Sie sind das Markenzeichen des Labels **Bear Family Records**, deren Produkte weltweit verkauft werden und für jeden Sammler ein Muss sind.

Richard Weitze (o.)

Die Bärenfamilie (u.) ist das Markenzeichen des Labels Bear Family Records

Ortsteile:
- Butendiek
- Falkenberg
- Feldhausen
- Heidberg
- Klostermoor
- Seebergen
- St. Jürgen
- Trupe
- Truperdeich
- Trupermoor
- Worphausen

Einwohner: 18.117
Fläche: 72,08 qkm
251,3 Einw. je qkm

Lilienthal

Eingebettet in die weite Wiesenlandschaft der Wümmeniederung ist die Gemeinde Lilienthal die „Brücke" zwischen der Großstadt Bremen und der ländlichen Atmosphäre des Teufelsmoors. Das gefiel den Bremern schon immer. Früher kam man mit der Jan-Reiners-Bahn, der Schmalspurbahn, die von Bremen nach >Tarmstedt (III-120) fuhr. Heute führen an Wochenenden stark frequentierte Rad- und Wanderwege von Bremen aus über den **Jan-Reiners-Weg** durch die Landschaft und entlang den Deichen von Wümme und Wörpe. Kaum merklich ist aus Bremer Sicht der Übergang von Borgfeld, der Landesgrenze zu Niedersachsen, und der Beginn der lang gestreckten Gemeinde Lilienthal.

Blick in die kilometerlang sich hinziehende Straße durch Lilienthal (r.)

Klaus-Dieter Uhden (o.)

Szene aus „Pippi Langstrumpf" auf der Freilichtbühne in Lilienthal (o.r.)

In Lilienthal wohnt man gerne, die Lebensqualität ist hoch, das kulturelle Angebot reichlich. Kleine Dienstleister prägen das Wirtschaftsleben. Industrie fehlt weitgehend. Ausnahmen sind Unternehmen wie **Nabertherm**. Etwa 300 Mitarbeiter beschäftigt Nabertherm weltweit in Produktion, Verwaltung und Vertrieb von elektrischen Industrieöfen. Diese finden Einsatz in Laboren, Gießereien, im Werkzeuge- und Formenbau sowie beim Brennen und Kühlen von Keramik, Porzellan und Glas. Die Prozesstemperaturen, die diese Öfen erreichen, können bis zu 3.000 Grad betragen.

Die Firma **Leoni Bordnetze** ist Teil eines weltweit agierenden Kabelsatz- und Drahtherstellers. In Lilienthal werden mit rund 200 Mitarbeitern Kabelbäume und ganze Bordnetze für das Mercedes-Werk in Bremen hergestellt und „just in time" an die dortigen Fließbänder geliefert. Größter Arbeitgeber der Gemeinde ist der **Verbund Evangelisches Hospital** mit dem Martins-Krankenhaus, der Diakonischen Altenhilfe und der Diakonischen Behindertenhilfe, die zusammen rund 900 Menschen beschäftigen. Zu den kulturellen Highlights in Lilienthal gehören die sommerlichen Theateraufführungen unter freiem Himmel. Es beginnt 1982 mit dem 750. Geburtstag der Gemeinde. In der Nähe des Vorwerks Höge wird ein Freilichtbühnenstück aufgeführt. Einer der begeisterten Zuschauer ist **Klaus-Dieter Uhden**. Für ihn steht fortan fest, dass das Theater unter freiem Himmel eine dauerhafte Einrichtung werden muss. Bald findet er Mitstreiter für seine Idee, und so kann im Oktober 1984 der Verein **Freilichtbühne Lilienthal e.V.** gegründet und bald darauf mit den Vorbereitungen für den Bau eines Theaters in freier Natur begonnen werden. Im Frühsommer 1985 steht „Leevsquartett" des norddeutschen Schriftstellers **Heinrich Schmidt-Barrien** auf dem Programm. Nach Jahren des Improvisierens kann Anfang der 1990er Jahre endlich ein Bühnenbetriebsgebäude gebaut werden. Dessen Innenhof ist an lauen Sommerabenden ein beliebter Ort für Premierenfeiern für Mitglieder und Freunde der Freilichtbühne. Mehr und

Der erste Vorsitzende des Heimatvereins, Harald Kühn, überreicht dem fast 100-jährigen Wilhelm Dehlwes (im Bild sitzend) eine Urkunde für seine jahrzehntelangen Leistungen auf dem Gebiet der Heimat- und Familienforschung (l.)

mehr professionalisiert sich der Spielbetrieb. Die Bühne jedoch bleibt eine Mit-Mach-Bühne, die vom Engagement der Bürgerinnen und Bürger lebt und heute aus dem Kulturbetrieb der Gemeinde nicht mehr wegzudenken ist. Die Freilichtbühne inszeniert pro Jahr zwei Theaterstücke. Zusätzlich bereichern Musikveranstaltungen das Programm.

Literatur, Kunst und Musik werden in **Murkens Hof** angeboten. Das Kulturzentrum wird im Jahre 1993 neu eingerichtet in einem Gebäude mit teilweise erhaltener Bausubstanz eines alten niedersächsischen Fachwerkhauses. Volkshochschule, Bibliothek und die private Galerie **Kunststiftung Monika und Hans-Adolf Cordes** sind hier untergebracht. Im **Schroetersaal** finden Lesungen und Konzerte statt und das **Kommunale Kino** unter der Leitung von **Wilfried Dally** zeigt Filme.

Wo heute Murkens Hof steht, stand früher das Äbtissinenhaus des **Klosters Lilienthal.** Die auf eine Gründung durch Zisterzienser zurückgehende Klosteranlage verfällt in den Wirren des Dreißigjährigen Krieges und danach. Erhalten ist die **Klosterkirche St. Marien**, heute das älteste Gebäude der Gemeinde. Beeindruckend ist nicht nur die Architektur, sondern auch das sie umgebende Ambiente mit **Amtsgarten**, Brunnen, Skulpturen und Tulpenlabyrinth.

Auf dem ehemaligen Klostergelände im historischen Ortskern Lilienthals, in der **Klosterstraße**, befinden sich auch das **Rathaus**, die Klosterkirche, der Amtsgarten dahinter und das Heimatmuseum. Dem Museum angegliedert sind das Archiv für Heimatforschung, das Lilienthaler Archiv, das Archiv der **Wümme-Zeitung** ab 1879 sowie das astronomische **Schroeter-Archiv.** Sehenswert sind historische **Bohrproben** aus fast 7.000 Metern Tiefe, die hier aufbewahrt werden. Das angegliederte **Schulmuseum** in der **Alten Schule Falkenberg** atmet die Bildungsatmosphäre der 1920er Jahre: enge Schulbänke, Griffel, Schiefertafel, Sütterlin-Schrift. Interessant ist auch das **Niedersächsische Kutschenmuseum** in **Trupe.**

Blick ins Foyer vom Kulturzentrum Murkens Hof (l.) mit einer Ausstellung des Kulturamtes
Auch Hans-Adolf Cordes (u.) hat dort seine Galerie

Klosterkirche St. Marien auf dem Klostergelände (l.)

Wer sich die Sehenswürdigkeiten der Lilienthaler Ortsmitte systematisch erschließen möchte, nimmt den **Historischen Lilienweg.** An sechs markanten Stellen sind Liliensteine aus Obernkirchener Sandstein in den Boden eingelassen, die der Bildhauer **Rainer Jacob** aus >Fischerhude (Ottersberg 295) gefer-

WÜMME-ZEITUNG

Die 1879 gegründete „Wümme-Zeitung" mit der Redaktion in Lilienthal ist auch bis nach Worpswede und Tarmstedt verbreitet

Das Team des Jugendcafés AMSE (o.r.) vor dem Alten Amtsgericht (o.)

Johann Hieronymus Schroeter (1745–1816) (r.)

Schroeters Telescopium (u.)

tigt hat. Das Kloster in Lilienthal war der Jungfrau Maria gewidmet, und die **Lilienthaler Lilie** ist eine der Jungfrau geweihte Blume, das Sinnbild ihrer Reinheit. Der Name des Klosters *Vallis Liliorum* ist für die Namensgebung des Ortes Lilienthal verantwortlich.

Wer die nähere Umgebung Lilienthals erkunden möchte, sollte aufs Fahrrad steigen und etwa der **Eene-meene-muh-Tour** folgen. Es geht durch die Wümmewiesen zwischen Bremen, Worpswede und Fischerhude mit zahlreichen Rinder-, Pferde- und auch Schafrassen, zotteligen Highland-Rindern, genügsamen Galloways oder den vertrauten schwarz-weißen Milchkühen.

Einsam auf einer hohen Wurt gelegen und mit einer starken Kirchenmauer umgeben findet man unweit **St Jürgen-Vierhausen** die weithin bekannte Kirche **St. Georg im Lande der Gräser**. Als Wallfahrtskirche und Schutzburg wurde bereits im 9. Jahrhundert ein Vorläufer des heutigen Gotteshauses errichtet. 1180 und 1450 erfolgten Neu- und Umbauten, die mit dem Pfarr- und Küsterschulhaus das einzigartige heutige Ensemble bilden.

Um 1800 ist Lilienthal durch das Wirken von **Johann Hieronymus Schroeter** ein international bedeutsames Zentrum der Astronomie. Der königliche Oberamtmann kann als Begründer der modernen Selenotopographie, der Wissenschaft zur Erforschung der Mondoberfläche, angesehen werden. Mit seinen Planetenbeobachtungen initiiert er eine neue astronomische Disziplin – die teleskopische Planetenerkundung. Sie ist letztlich die Basis für heutige Raumfahrtunternehmungen wie die bemannten Mondmissionen, für Weltraumexperimente und Sondenmissionen zu den Planeten. Im Jahre 1800 gründet Schroeter in Lilienthal zusammen mit damals führenden Astronomen Europas die **Lilienthaler Societät** zur Entdeckung des vermuteten Planeten zwischen den Bahnen von Mars und Jupiter. Den Astronomen steht in Lilienthal die damals größte **Sternwarte** des europäischen Festlandes zur Verfügung. Das Mitglied **Wilhelm Olbers** entdeckt in Bremen die Planetoiden **Pallas** und **Vesta, Karl-Ludwig Harding** bei Schroeter in Lilienthal den Planetoiden **Juno**. 1813 brennen französische Truppen Lilienthal nieder. Wertvolle Aufzeichnungen und Manuskripte Schroeters werden ein Raub der Flammen. 1816 stirbt Schroeter im Alter von 71 Jahren. Sein Grab an der Westseite der Klosterkirche ist erhalten. Die Sternwarte wird unter Verlagerung der wertvollen Instrumente nach Göttingen aufgelöst. Im Jahre 2000 hat sich die **Astronomische Vereinigung Lilienthal e.V.** gegründet und betreibt den Wiederaufbau der Lilienthaler Sternwarte von 1801.

Seit 1980 steht das denkmalgeschützte ehemalige **Amtsgericht** der Gemeinde Lilienthal in der Klosterstraße für Jugendarbeit zur Verfügung. Im **Jugendcafé AMSE** gibt es Filmabende, Konzerte, Theateraufführungen und auch Partys. In den **Werkstätten** und dem **Atelier** werden junge Menschen kreativ tätig. Das **Café Creme** ist ein Treffpunkt für Mädchen und Frauen in besonderen Lebenslagen.

Osterholz-Scharmbeck

Lange vor der Gebietsreform der 1970er Jahre, die der Kreisstadt Osterholz-Scharmbeck zwölf weitere Ortsteile beschert, ist 1929 die heutige Gemeinde durch Zusammenlegung von **Osterholz** und **Scharmbeck** entstanden. Die Osterholzer sind damals mehrheitlich dagegen, die Scharmbecker dafür. Ältere Einwohner sprechen noch heute nur von dem einen oder von dem anderen Ortsteil, für die Jüngeren hat die Stadt schlicht einen Doppelnamen. Das Zentrum ist nicht eindeutig. Das Rathaus liegt nicht mitten in der Stadt. Die Bahnlinie von Bremen nach Bremerhaven trennt Osterholz und Scharmbeck. Die City ist in Scharmbeck.

Der touristisch interessantere Teil ist Osterholz. Von hier starten die Torfkahnfahrten ins **Teufelsmoor.** Attraktiv für Besucher ist die **Museumsanlage** im **Stadtpark** an der **Bördestraße.** Zu dem Freilichtmuseum gehören ein typisch niedersächsisches Fachwerkgebäude und eine Flechtwerkscheune. Sehenswert ist das **Norddeutsche Vogelmuseum.** Die unter Ornithologen weithin anerkannte Sammlung hat der verstorbene **Dr. Walter Baumeister** der Stadt vermacht. Sie gibt es einen umfassenden Überblick über die gesamte mitteleuropäische Vogelwelt. Bei den in der Region lebenden Vögeln ist sie vollständig.

Unweit des **Stadtparks** gelangt man zu dem hoch aufragenden Erkennungszeichen der Stadt, dem ehemaligen **Wasserturm**, der heute als Aussichtsturm dient. Gebaut wurde er im Jahre 1935 innerhalb von nur vier Monaten.
Der Turm ist von Mitte Mai bis Oktober bei gutem Wetter an Sonn- und Feiertagen geöffnet. Bei guter Sicht hat man einen schönen Ausblick auf die Hammeniederung, nach Worpswede und sogar bis nach Bremen.
Markante Blickpunkte des **Marktplatzes** sind die 1897 gepflanzte **Kaiser-Wilhelm-Eiche** und die **St. Willehadi-Kirche.** Der Kirchturm ist ein tausend Jahre altes Relikt, während das restliche Bauwerk aus dem 18. Jahrhundert stammt.
Folgt man der **Lindenstraße** in Richtung Süden, so kommt man zum **Rathaus.** Lange dient das Gebäude als Armenhaus und später als Pflegeheim, ehe dort die Stadtverwaltung einzieht. Von dem einstigen Bauzustand ist heute nur die Fassade erhalten; der Rest ist Neubau. Das Denkmal davor erinnert an die Gefallenen des deutsch-französischen Krieges. In der Nähe des Rathauses ist ein **Hünengrab** aus der Jungsteinzeit erhalten.

Ortsteile:
- Bargten
- Buschhausen
- Freißenbüttel
- Garlstedt
- Heilshorn
- Hülseberg
- Ohlenstedt
- Osterholz
- Pennigbüttel
- Sandhausen
- Scharmbeck
- Scharmbeckstotel
- Teufelsmoor
- Westerbeck

Einwohner: 31.339
Fläche: 146,90 qkm
213,3 Einw. je qkm

Dr. Walter Baumeister (o.)

Scharmbecker Marktplatz mit Stagge's Hotel (ganz o.l.)

Wattenmeer-Diorama im Norddeutschen Vogelmuseum (l.)

Willehadi-Kirche (o.)

Garib und Maslum, zwei Jungs, die heute mit ihren Familien in der ehemaligen amerikanischen Siedlung in der Drossel- und Mozartstraße leben (r.)

Das Klosterholz ist ein an Buchen reiches Waldgebiet (u.)

In der **Bahnhofstraße** haben **Detlef Gödicke** und **Udo Schloen** ihr **Musicland OHZ.** Hier gibt es alles an Instrumenten zu kaufen, was das Musikerherz begehrt. Aber der Laden ist mehr als Instrumentenhandel, er ist eine Art Musikerzentrum in Osterholz-Scharmbeck. Wer kennt nicht **Enno Schweckendieck**, den Gitarrenspezialisten, der für Generationen von jungen und alten Gitarristen der „Klampfe" wieder zu neuem Glanz verholfen hat? Und schon mancher kam in den Laden, der später seinen Weg ins Musikbusiness fand. Vielleicht liegt es daran, dass die Inhaber selber Musiker sind. Sie spielen Schlagzeug (Schloen) und Keyboard (Gödicke) in der **New Fashion Band.** Das ist die offizielle Live-Begleitband der Sängerin und Komponistin **Hanne Haller**.

Die Bahnhofstraße in Richtung der Straße **Am Barkhof** verlassend, gelangt man zum **Allwetterbad Osterholz-Scharmbeck.** Die Leute nennen es auch Cabrio-Bad, weil wie bei einem Cabrio das Dach bei gutem Wetter zur Seite gefahren werden kann. Das dauert 25 Minuten, dann ist das Bad ein Freibad. Neben dem Stadtpark das zweite Naherholungsgebiet ist das **Klosterholz**, ein buchenreicher Laubwald mit einem 3.000 Meter langen Waldpfad.

Udo Schloen (ganz o.) und Enno Schweckendieck (o.)

Die Jahre 1975 bis 1978 bringen der Stadt gravierende Veränderungen: Eine Brigade der US-Armee wird in Osterholz-Scharmbeck stationiert, in der Garlstedter Heide wird die **Lucius-D.-Clay-Kaserne** gebaut. In kurzer Zeit kommen über 4.000 Soldaten der **2nd Armored Division** und noch einmal soviele Familienangehörige in die Stadt. In großer Zahl werden Dienstwohnungen für die Soldatenfamilien gebaut. Wohnblocks und „amerikanische" Reihenhaussiedlungen im Bereich der **Drossel-** und **Mozartstraße**, in **Buschhausen** und **Westerbeck** entstehen. Osterholz-Scharmbeck ist jetzt Garnisonsstadt. Das tut der Stadt gut. Auf allen Ebenen, auch privat, pflegen die Bürger ein gutes Verhältnis zu den US-Soldaten. Dann, im Sommer 1992, ist alles vorbei. Infolge des jetzt entspannten Ost-West-Verhältnisses wird die US-Brigade abgezogen. Massenhaft stehen Wohnungen leer, den Geschäften gehen Kunden verloren, die Immobilienpreise sinken. Aber die Stadt hat es geschafft, die Probleme in den Griff zu bekommen. Die frei gewordenen Wohnungen werden innerhalb kurzer Zeit durch den Zuzug von Neubürgern belegt. Der Anteil ausländischer Mitbürger ist hoch. Mit Mitteln des Projektes „Soziale Stadt" des Bundes und der EU, die u.a. den Einsatz von **Quartiersmanagern** möglich machen, kann verhindert werden, dass soziale Brennpunkte entstehen. Im Gebäude der ehemaligen amerikanischen Schule besuchen heute deutsche Schüler die **Integrierte Gesamtschule Buschhausen**.

Blick auf den technischen Bereich des Geländes der Lucius-D.-Clay-Kaserne (l.)

Die Kaserne in Garlstedt ist geblieben und wird sogar verstärkt, ein Glücksfall für die Stadt. Dort ist seit 1995 die **Nachschubschule des Heeres** untergebracht, die zuvor in Bremen-Grohn beheimatet war. Durchschnittlich rund 2.000 Soldaten erhalten in 140 Lehrgängen von wenigen Tagen bis zu etlichen Monaten Dauer unterschiedlichste Ausbildungen im Bereich des militärischen Nachschub- und Logistikwesens sowie in der Fahrlehrerausbildung für die gesamte Bundeswehr. Besondere Bedeutung wird auf die logistische Vorbereitung von Auslandseinsätzen gelegt. Darüber hinaus wird die Nachschubschule des Heeres für zahlreiche Tagungen genutzt. Als Arbeitgeber für militärische sowie zivile Arbeitnehmer und als Auftraggeber für die gesamte Region ist die Nachschubschule des Heeres ein wichtiger wirtschaftlicher Faktor.

Die relevanten gewerblichen Betriebe konzentrieren sich im Übrigen im **Gewerbepark A 27** in **Heilshorn.** Seit 2002 hat hier die **Faun Umwelttechnik** ihre neuen Produktionshallen. Auf dem alten Faun-Gelände am Bahnhof wird 2005 die neue **Stadthalle** gebaut. Faun ist der führende Hersteller in Europa für Entsorgungstechnik mit weiteren Standorten und Beteiligungen. In Heilshorn bauen die rund 350 Mitarbeiter Müllentsorgungsfahrzeuge. Dazu werden auf Lkw-Chassis, die von anderen Herstellern geliefert werden, Aufbauten verschiedener Typen aufgesetzt. Abnehmer sind die Kommunen und private Entsorgungsunternehmen, darunter zum Beispiel auch die Firma Nehlsen aus Bremen.

Fahrzeuge ganz anderer Art werden bei **Armor Mobile Security-Germany** gebaut: gepanzerte Limousinen und Geländewagen, die ihre Insassen schützen vor Beschuss und Sprengstoffanschlägen. Die marktgängigen Sonderschutzfahrzeuge basieren zur Zeit auf der S-Klasse von Mercedes-Benz, Nissan Patrol und Toyota Landcruiser. Die Kundenkreis ist international und besteht aus Staatsoberhäuptern, Regierungen, aber auch aus multinationalen Organisationen, internationalen Hilfstruppen sowie Militär und Polizei, die ihr Personal auch bei Einsätzen in gefährlichen Gebieten schützen wollen. Das Unternehmen hieß früher **Trasco** und stammt aus Bremen. Im September 2002 ist das Unternehmen von der Armor Holdings, Inc. übernommen worden.

Gepanzerte Trasco-Limousine auf Basis eines Mercedes Benz S 600 (u.); innen ist sie u.a. mit Bar und Multimedia ausgestattet (o.)

OSTERHOLZER KREISBLATT

In der Region um Osterholz-Scharmbeck und bis hinein in den Landkreis Cuxhaven wird das „Osterholzer Kreisblatt" gelesen. Die 1875 gegründete Tageszeitung gehört heute zum Verlag der Bremer Tageszeitungen AG

Die Mühle von Rönn ist Sitz der Biologischen Station Osterholz (u.)

Aus **Pennigbüttel** kommen die Grillgeräte, die dem Hersteller **Landmann-Peiga** die Marktführerschaft in Europa auf diesem Sektor bescheren. Das weltweit tätige Unternehmen beschäftigt rund 150 Mitarbeiter in der Stadt und handelt mit Gasgrillgeräten jeder Art sowie mit Gartenmöbeln. Die Muttergesellschaft ist die alteingesessene **Gebr. Thiele** aus > Bremen (194f).

Das **Teufelsmoor** umfasst die gesamte Moorniederung zwischen Bremen im Süden und Bremervörde im Norden. Es ist der größte besiedelte Moorkomplex Norddeutschlands. Das Moor wuchs in Jahrtausenden. Die meterhohen Torfschichten sind Zeugen der Erdgeschichte. Die Besiedlung und Urbarmachung des Teufelsmoores in der Vergangenheit war härteste Plackerei. Die ersten Moorbauern lebten unter ärmlichsten Bedingungen. Viele gruselige Geschichten von Kobolden und Riesen stammen aus dieser Zeit. Heute gibt es indessen hier viel zu entdecken. Das empfindliche Ökosystem ist Heimat seltener Tiere und Pflanzen. In staatlichem Auftrag betreut die **Biologische Station Osterholz** zahlreiche Moorflächen im Teufelsmoor. Die Station wird getragen von Naturschutzverbänden, Heimatvereinen und Bildungseinrichtungen sowie engagierten Einzelpersonen aus der Region. Die Mitarbeiter entwickeln Programme zur Förderung bestimmter Lebensräume oder ausgewählter Einzelflächen wie Orchideenwiesen und führen Maßnahmen zum Schutz gefährdeter Arten durch. **Umweltbildung** ist der Biologischen Station wichtig. Für Kinder werden Entdeckungsreisen durch die Natur, für Lehrer Fortbildungen und für alle Interessierten Exkursionen durch Marsch, Moor und Geest angeboten. Sitz der Biologischen Station ist die **Mühle von Rönn**. Der doppelstöckige Viergänge-Holländer aus dem Jahre 1882 ist das Wahrzeichen Osterholz-Scharmbecks.

Mitten im Moor liegt der kleine gleichnamige Ortsteil **Teufelsmoor**. Dort findet man sehr idyllisch an der Hamme das Gasthaus **Schamaika**. Es gehört zu dem Netzwerk von KLICK aus > Worpswede (280). Die „Schamaikaner-Innen“ wollen die Integration Behinderter fördern und führen das Ausflugslokal für behinderte und nicht behinderte Menschen. Hier kann man auch Urlaub machen: Neben dem Gastättenbetrieb gibt es behindertengerechte Chalets. Es werden Moorwanderungen angeboten, Fahrräder und Kanus können ausgeliehen werden.

Meister Wehmann ist der Erste, der die **Wassermühle Ruschkamp** um 1660 bewirtschaftet. Ein Besuch der Mühle in **Scharmbeckstotel** auf dem Weg durch die Hammeniederung lohnt sich. 1972 zerstört ein Brand die Mühle, doch sie wird neu aufgebaut und ist wieder voll funktionsfähig. Das Wasser kommt von oben über das sogenannte Gerinne. Man spricht von einer *oberschlächtigen* Mühle im Gegensatz zur *unterschlächtigen* Mühle, deren Rad sich praktisch in dem Fließgewässer dreht.

Zum Baden gehen die Osterholz-Scharmbecker im Sommer an den **Ohlenstedter Quellsee**. Eigentlich sind es drei Seen mit Strand. Der Badebetrieb ist privat und kostet einen kleinen

Das 2002 neu errichtete Verwaltungsgebäude von Landmann-Peiga in Pennigbüttel (o.)

Herbstfest auf dem Marktplatz (o.r.)

Die Kunstobjekte im Skulpturenpark rund um das Gut Sandbeck sind Dauerleihgaben von Künstlern aus der Region. So auch die Keramikstele des koreanischen Künstlers Kab Joo Lee aus dem Jahre 1994 (l.)

Eintritt. Der Komplex **Ludwigslust** in Buschhausen ist ein beliebtes Ausflugslokal und ein Tiergarten mit rund 200 Tieren heimischer und exotischer Arten, Papageien, Flamingos, Affen, Bären, kurz: all das, was Jung und Alt gerne mögen. Restaurant mit Sommerterrasse, Kinderspielplatz und Tiergarten werden von der **Familie Seedorf** geführt.

Gut Sandbeck, die „gute Stube der Stadt", mit dem angrenzenden Skulpturengarten ist ein städtisches Kulturzentrum. Die Wirtin **Ulrike Arfmann-Murken** serviert in dem **Café** in idyllischer Atmosphäre an Sonn- und Feiertagen selbst gebackenen Kuchen sowie Torten und Eisbecher. In der **Großen Scheune** tritt das plattdeutsche Theaterensemble **Scharmbecker Speeldeel** auf. Das Konzertangebot gestaltet der **Kulturkreis Gut Sandbeck**. Die **Kleine Scheune** beherbergt u.a. eine **Galerie** mit monatlich wechselnden Ausstellungen, die der **Kunstverein Osterholz** organisiert, und die **Artothek**.

Im ehemaligen Osterholzer Bahnhof hat sich das **Kulturzentrum Kleinbahnhof** etabliert. Das Gebäude ist sehenswert; es ist 1910 von dem Worpsweder Künstler **Heinrich Vogeler** entworfen worden. Im KUZ gibt es Kleinkunst, Kabarett, Pantomime, Lesungen, Liederabende und auch Rock-Konzerte.

Seit 1988 findet jährlich der **Osterholz-Scharmbecker City-Lauf** statt, der an der **Kaiser-Wilhelm-Eiche** startet. Den **Heidelauf** in **Garlstedt** organisiert der **SV Garlstedt**. Start und Ziel der 10.000-Meter-Strecke und der Halbmarathon-Distanz sind an der Kaserne, ansonsten geht es über die Garlstedter Heide.

Traditionsreiche mehrtägige Volksfeste in Osterholz-Scharmbeck sind das seit 1867 bestehende **Osterholzer Erntefest** und der **Herbstmarkt**. Das Erntefest beginnt mit dem Kranzbinden für die einzigartige Dekoration des Festzeltes. Weitere Höhepunkte sind der Umzug am Sonntag und das große Festkonzert am Montag. Zum Herbstmarkt gehören der **Viehmarkt**, auf dem heute noch Pferde und andere Tiere per Handschlag gehandelt werden und das **Bullenwiegen**, um festzustellen, wer das Gewicht des Bullen am besten geschätzt hat.

Kulturzentrum Kleinbahnhof (o.)

Gasthaus Schamaika im Teufelsmoor (l.)

Ortsteile:
- Alt-Ritterhude
- Ihlpohl
- Lesumstotel
- Platjenwerbe
- Stendorf
- Werschenrege

Einwohner: 14.094
Fläche: 32,86 qkm
428,9 Einw. je qkm

Ritterhude

Blick in die Riesstraße mit dem Ritterhuder Rathaus (r.)

Torfkahn „Ritterhude" an der Anlegestelle in der Niederender Straße (o.)

Ritterhuder Schleuse (ganz o.)

Johann Friedrich und Hermann Hinrich Ries, Ehrenbürger der Stadt Ritterhude (o.r.)

Ritterhude liegt im Norden der Stadt Bremen mit einer zehn Kilometer langen gemeinsamen Landes- und Stadtgrenze am Rand der Hammeniederung. Der Naturraum wird durch die Marsch-, Moor- und Schwemmlandschaften der Hamme- und Wümmeniederung und die eiszeitlich geprägte Landschaft der Scharmbecker Geest und Ausläufer der Bremer Schweiz mit ihren Sand- und Lehmböden bestimmt. Hamme, Wümme und Lesum fließen hier zusammen. Ritterhude sieht sich selbst gern als „Tor zum Teufelsmoor". Das darf man wörtlich nehmen: Mit dem gemeindeeigenen **Torfkahn „Ritterhude"** werden Fahrten ins Teufelsmoor angeboten. Sie gleichen ein wenig einer Reise in die Vergangenheit der Moorkolonisation. Ab **Niederender Straße** schippert der Kahn beschaulich auf der Hamme entlang und man kann die Natur beobachten. Die Fahrt geht nach **Osterholz-Hafen** oder zu **Melchers Hütte** direkt am Hammeufer, einem einfachen Lokal mit Bootsanleger. Gruppen, die auf eigene Faust die Flusslandschaft genießen wollen, können über die lokalen Anbieter Kanus und Kanadier entleihen und zu einer Tour auf der Hamme aufbrechen. Bedeutende Teile der Flusslandschaft im Gemeindegebiet stehen unter Naturschutz, etwa das **Heerweger Moor** oder das **Naturschutzgebiet Untere Wümme.**

Die **Ritterhuder Schleuse** wird Mitte der 1870er Jahre gebaut, um die Hammeniederung vor eindringenden Überflutungen zu schützen. Über Weser und Lesum dringen bis dahin von See die Sturmfluten in das tiefliegende Land, wodurch die Landschaft im Laufe der Jahrtausende geformt wird. Die Weserkorrektion in den 1880er Jahren vergrößert noch den Tidenhub und mehrere Generationen von Wasserbauern bemühen sich, die Schleuse den stärkeren Beanspruchungen anzupassen. Erst durch den Bau des Lesumsperrwerks 1979 wird die Ritterhuder Schleuse entlastet. Seit 1985 steht sie unter Denkmalschutz.

Im Zentrum der Gemeinde prägen die **St. Johanneskirche** aus dem späten 18. Jahrhundert und die denkmalgeschützten **Stiftsgebäude** der **Gebrüder Ries** aus den Jahren 1912 bis 1931 das Ortsbild. Am Ende des 19. Jahrhunderts wandern die Ritterhuder Brüder **Johann Friedrich** und **Hermann Hinrich Ries** nach Amerika aus. Es endet wie in einem modernen Märchen: Sie arbeiten hart, leben sparsam, machen schließlich ein Vermögen an der New Yorker Börse und werden Teilhaber des Savoy-Hotels. Ihre alte Heimat vergessen sie nicht und stiften zwischen

1912 und 1931 nacheinander eine Turnhalle, eine Apotheke, ein Pfarrhaus, eine Schule, eine Post und das heutige Rathaus. Die heutige **Ries-Stiftung** wird vom Rat der Gemeinde Ritterhude verwaltet. Natürlich heißt die Hauptstraße mitten in der Gemeinde **Riesstraße.** Rund um die Riesstraße findet alljährlich Anfang September mit dem **Hammefest** das größte Fest der Gemeinde statt.

Die **St. Johanneskirche** geht zurück auf die Zeit um 1700. Im Laufe der Jahre mehrfach baufällig geworden und erneuert, erhält sie mit der Klinkerummantelung 1936 ihr heutiges Aussehen. Die Gebrüder Ries stiften für das Kircheninnere eine Holzvertäfelung, Gestühl und die Orgel.

Das **Rathaus** von Ritterhude ist ein Bau aus den 1920er Jahren mit einem Vorgarten, dessen Elemente Vorbilder traditioneller französischer und italienischer Gartenbauweise zitieren. In den 1990er Jahren wird der Garten mit dem bundesweit ausgelobten **„Preis für vorbildliche Platzgestaltung"** ausgezeichnet. 2000 wird das denkmalgeschützte Rathaus modernisiert.

Zwischen Riesstraße, Dammstraße und der Hamme liegt das **Dammgut.** Der ehemalige Adelssitz wird heute privat bewohnt von der **Familie von Rex-von Gröning** und ist deshalb öffentlich nicht zugänglich. Jedoch finden in der besonderen Atmosphäre des **Blauen Saals** gelegentlich kulturelle Veranstaltungen statt. Der wichtigste Veranstaltungsort ist im Übrigen das **Ritterhuder Veranstaltungszentrum** der RTV GmbH für alle Arten von Veranstaltungen, mit Tagungsräumen und Gastronomiebereich.

Dienstleistungen und kleine Gewerbebetriebe dominieren die Wirtschaft der Gemeinde. Ein mittelständisches Unternehmen mit rund 130 Beschäftigten ist **Bergolin,** 1909 gegründet durch den Bremer Kaufmann **Walter van den Bergh.** Das Unternehmen stellt **Lackfarben** für verschiedenste Anwendungen her. Irgendwann streiten sich die Erben des Gründers. Das Unternehmen geht Anfang der 1970er Jahre vorübergehend an einen amerikanischen Konzern. 1989 übernimmt der heutige Inhaber **Wolfgang Schlicht** alle Anteile.

Ritterhuder Veranstaltungszentrum (o.)

Dammgut (l.)

Karl Heinz Geils (o.), in den 1980er Jahren ein bekannter Bundesligaspieler beim SV Werder Bremen, Arminia Bielefeld, 1. FC Köln und Hannover 96, ist gebürtiger Ritterhuder, wohnt auch heute dort und betreibt eine Fahrschule

Rathaus (l.)

Ortsteile:
- Aschwarden
- Beckedorf
- Brundorf
- Eggestedt
- Harriersand
- Hinnebeck
- Leuchtenburg
- Löhnhorst
- Meyenburg
- Neuenkirchen
- Rade
- Schwanewede

Einwohner: 19.842
Fläche: 132,21 qkm
150,1 Einw. je qkm

Schwanewede

Schwanewede grenzt mit fünf Ortsteilen an Bremen-Nord. Landschaftlich bestimmen die **Bremer Schweiz,** die liebliche, hügelige Geestlandschaft mit Wiesen, Wäldern, Heideflächen und kleinen Bächen, und die **Osterstader Marsch** das Bild.
Die kleinen Ortschaften rund um den Hauptort Schwanewede haben weitgehend dörflichen Charakter behalten. Typisch ist etwa **Leuchtenburg.** Der Ortsteil an der Landesgrenze zu Bremen mit etwas über tausend Einwohnern hat sich mit der Zeit von einer landwirtschaftlich geprägten zu einer Wohngemeinde gewandelt. Derzeit sind gerade noch vier Vollbauern tätig, der Rest der Einwohner arbeitet fast ausschließlich außerhalb. Der Ort eignet sich eben gut zum Wohnen. Viele, die in Bremen arbeiten, tun das.
Einen Besuch wert ist der **Albrechtsche Park** in Leuchtenburg mit seinem Herrenhaus im englischen Tudor-Stil, den alten Bäumen und großen Rhododendren. Der spätere niedersächsische Ministerpräsident **Ernst Albrecht** verbringt hier seine Kindheit. Nur noch eine Erinnerung an das alte Leuchtenburg sind **Brands Mühle,** ein ursprünglich zweistöckiger Galerieholländer, und einige ehemalige **Kapitänshäuser** mit ihren Torbögen aus Walknochen, die an die Grönland-Walfahrten des 19. Jahrhunderts erinnern.
Schwanewede ist der namensgebende Hauptort. Rathaus, Marktplatz und die Kirche bestimmen das Ortsbild.

Marktplatz von Schwanewede (r.)

Geestlandschaft der Bremer Schweiz (ganz r.)

In der Baracke Wilhelmine waren Zwangsarbeiter untergebracht, die am Ende des Zweiten Weltkrieges den U-Bootbunker Valentin in Bremen-Farge bauen mussten (o.)

Schwanewede ist Heeresgarnison. Lange waren über 5.000 Soldaten hier stationiert. 2004 jedoch schließt die Bundeswehr die **Weser-Geest-Kaserne.** Erhalten bleibt die **Lützow-Kaserne** mit rund 1.300 Soldaten. Das verlassene Kasernengelände erwirbt teilweise die Gemeinde, insbesondere den Sportbereich und die geschichtsträchtige **Baracke Wilhelmine,** die zu einer Gedenkstätte werden soll.
Die gewerbliche Wirtschaft in der Gemeinde ist vielseitig. Neben den Gewerbegebieten in Neuenkirchen und Beckedorf konzentriert sie sich im Gewerbegebiet Brundorf, das zusammen mit der Stadt > Osterholz-Scharmbeck (269) als **Gewerbepark A 27** vermarktet wird. Gleich neben der alten **Eisfabrik** haben dort die Firmen **Prätec** und **Präturbo** ihre Hallen. Diese beiden Tochtergesellschaften der **Präwest** aus > Bremen-Vegesack (250) stellen mit rund 40 Mitarbeitern Turbinenschaufeln für die Energiewirtschaft, Zylinderköpfe und Turbolader für die Autoindustrie oder Bauteile für die Luft- und Raumfahrtindustrie her.
Besonders nah an Bremen liegt **Beckedorf.** Es wird quasi zu zwei Dritteln von bremischem Gebiet umschlossen. Trotz der Stadtnähe hat aber auch Beckedorf seinen ländlichen Charakter bewahrt. Die Umgebung der **Beckedorfer Schweiz** ist für Bremen-Nord ein Naherholungsgebiet. In Beckedorf sollte man das **Schmiedemuseum** besuchen. Diese alte Waldschmiede existiert

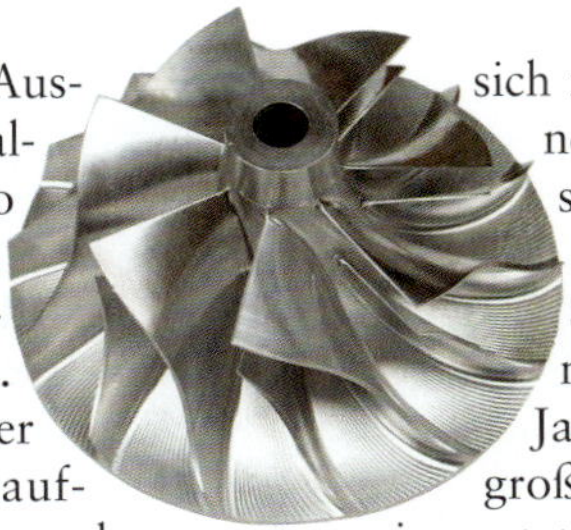

seit 1812 und hat früher Ausrüstungsgegenstände für Walfangschiffe geschmiedet, so wie sie heute im Schifffahrtsmuseum in > Bremerhaven (174f) zu sehen sind. Im Jahre 1869 lässt sich der deutsch-amerikanische Kaufmann Ficken, der auf der anderen Seite des Atlantiks zu Reichtum gekommen ist, in **Löhnhorst** die **Villa Waldheim** bauen. Sie wird heute als **Evangelisches Gemeindehaus** genutzt. Der weitläufige Park bildet den Rahmen für eindrucksvolle Pfingstgottesdienste im Freien oder Gemeindefeste.

Auch andere verdienen zu Beginn des 20. Jahrhunderts viel Geld: etwa die Dynastie der **Lahusens**, Wollkaufleute aus Bremen. In den 1920er Jahren lassen sie das herrschaftliche **Gut Hohehorst** im englischen Stil mit großem Park errichten. Es bleibt bis 1929, bis zum spektakulären Konkurs des Unternehmens im Familienbesitz. In den 107 Zimmern mit 12 Bädern ist heute das **Therapiezentrum Hohehorst** zur Behandlung Drogenkranker untergebracht. In und um **Brundorf** fallen

mehrere gut arrondierte Hofstellen auf, zu denen malerische Birkenalleen führen. Es sind ehemalige landwirtschaftliche **Vorwerke** des Guts Hohehorst, die **Carl-Gustav Lahusen** in den 1920er Jahren anlegen lässt.

Eggestedt liegt in einem geologisch sehr interessanten Gebiet, einem sogenannten eiszeitlichen Os. Dabei handelt es sich um Schwemmsände, die sich in den Schmelzwasserrinnen unterhalb eines Gletschers angesammelt haben. Diese umfangreichen Sand- und Kiesvorkommen werden seit den 1940er Jahren abgebaut und in großem Stil beim Straßenbau eingesetzt.

Neuenkirchen ist eine moderne Wohngemeinde mit Anschluss an das Bremer Nahverkehrsnetz. Für die beiden nordwestlich gelegenen Marschorte **Rade** und **Aschwarden** ist Neuenkirchen das Bindeglied zum Hauptort. Für ein paar Jahre vor der Bildung der heutigen Gemeinde Schwanewede 1974 sind die drei zusammen sogar eine Samtgemeinde mit eigenem Rathaus in Neuenkirchen. Sehenswert ist die **St.-Michaels-Kirche** mit ihrem quadratischen Feldsteinturm und den beiden Rundbogenfenstern.

Etwas abseits in der Osterstader Marsch liegt der Ortsteil **Aschwarden**. Früher ein großes Kohlanbaugebiet, ist die Landwirtschaft auch dort auf dem Rückzug. Das Wahrzeichen des Ortsteils und eine der Landmarken für die Schifffahrt der Unterweser ist die **Windmühle** am **Aschwardener Winterdeich**. Sie steht unter Denkmalschutz und ist bis in die 1970er Jahre noch gelegentlich in Betrieb.

Ein malerisches Dorf am Rande der Geest, am Übergang der Bremer Schweiz in die Osterstader Marsch, ist **Meyenburg**. Die Anfänge des Dorfes gehen zurück auf das Rittergeschlecht derer **von Wersebe**, die an dieser Stelle die **Wasserburg Meyenborch** errichten. Noch heute hat **Lüder von Wersebe** in Meyenburg einen landwirtschaftlichen Betrieb. Dem Besucher bietet sich, von ein paar Bausünden einmal abgesehen, der Eindruck einer nur noch selten anzutreffenden dörflichen Geschlossenheit. Ein Blickfang ist die **Wassermühle** am Mühlenteich.

Wegen ungünstiger wirtschaftlicher Prognosen haben **Bodo** und **Sylke Roehr** aus Meyenburg nicht über Milchquoten gejammert sondern ihre Milchkühe verkauft und **Milchschafe** angeschafft. Ihre Erzeugnisse vermark-

Turbolader von Präturbo (l.)

Wassermühle in Meyenburg (o.)

St.-Michaels-Kirche in Neuenkirchen (ganz o.)

Bodo Roehr bei seinen Schafen (l.)

ben **Landwirtschaft**. Im Winter kommen Gänse, Schwäne und andere Zugvögel. Nach dem Krieg entstehen zahlreiche **Holzhäuser** „Marke Eigenbau". Im Laufe der Zeit haben sich daraus rund 150 interessante Holzbauten entwickelt, schön bunte und sehr individuelle Wochenendhäuser. Meist stehen sie auf Stelzen: Die nächste Sturmflut kommt bestimmt! Beliebt als Fotomotive sind auch die **Leuchttürme** auf Harriersand. Auf Harriersand leben auch **Birgit** und **Claus Hartmann**. Die

Weserinsel Harriersand (o.)

Isgard Moje-Wohlgemuth (r.o.) und Birgit und Claus Hartmann (r.u.) in ihren Ateliers

Die Meyenborch in Meyenburg (o.)

ten sie direkt. Im Hofladen und auf Wochenmärkten werden Käse, Fleisch, Salami und Joghurt vom Schaf verkauft. Auf dem Hof lebt die Familie in vier Generationen.

Auch **Volker Ehlers** und **Sabine Stoewenau** setzen auf Direktvermarktung der Produkte ihres **Bioland-Hofes**. Nach ökologischen Prinzipien werden tausend frei laufende Hühner und eine kleine Mutterkuhherde gehalten sowie Gemüse unter Glas und Speisekartoffeln angebaut.

In Meyenburg, etwas abgelegen vom Dorfkern, in der **Siedscheljer Heide**, hat der Metallgestalter und Gürtlermeister **Michael Harjes** einen alten Resthof mit sechs Gebäuden wieder aufgebaut. Hier betreibt er zusammen mit seinem Sohn **Tobias** eine Metallwerkstatt. Seine Frau, die international ausgezeichnete Glasmalerin **Isgard Moje-Wohlgemuth**, hat in einem alten Stallgebäude ihr Atelier. Sie gestaltet Vasen, Schalen und Becher, befasst sich mit Kunst am Bau und auch der Kunstschmuck lässt ihren ganz eigenen Stil erkennen. Jedes ist ein Unikat.

Die **Insel Harriersand** ist mit elf Kilometern die längste Flussinsel Europas. Früher gab es sieben Inseln, die durch die Folgen der Weserkorrektion zu einer großen Insel vereinigt wurden. Von >Brake (28) aus kann man die kleine Fähre **Guntsiet** über die Weser nehmen und in der **Strandhalle** den Blick auf die Weser genießen. Seit 1965 ist die Insel auch über eine Betonbrücke erreichbar; vorher mussten alle Geschäfte mit Booten erledigt werden. Etwa 75 Einwohner leben auf Harriersand, ein Dutzend Höfe betrei-

beiden Bildhauer haben die selten gewordene Kunst der **Schiffsbildhauerei** neu belebt. Was als Finanzierung des Studiums begann, entwickelte sich in wenigen Jahren zu einem kleinen, aber weltweit agierenden Unternehmen mit Agenturen in den USA und anderen Staaten. Die beiden stellen Galionsfiguren für traditionelle Segelschiffe und Yachten her. Bekannt geworden sind Arbeiten wie der Nachbau des verlorenen Albatros, der Galionsfigur des Segelschulschiffs der Bundesmarine **„Gorch Fock"**, Schiffswappen und Galionsfiguren für bekannte Schiffe wie die **„Royal Clipper"** oder **„Sea Cloud II"**. Auch ein Dreimaster der Kölner **Kelly Family** wurde von den beiden Künstlern ausgestattet.

Worpswede

Ortsteile:
- Hüttenbusch
- Mevenstedt
- Neu Sankt Jürgen
- Ostersode
- Schlußdorf
- Überhamm
- Waakhausen
- Worpswede

Einwohner: 9.463
Fläche: 76,13 qkm
124,3 Einw. je qkm

Worpsweder Kunsthalle (l.)

Es beginnt mit der Einladung **Fritz Mackensens** in das **Haus Stolte** durch **Sophie Emilie Stolte** im Jahre 1884. *„Ich habe nie ähnliches gesehen, eine ganz neue Zauberwelt bot sich meinen Augen. Zum erstenmal sah ich das dunkle Moor mit den geschichteten Torfhaufen, die blanken Wassergräben, deren Spiegelungen abgrundtief schienen“*, beschreibt der Maler seinen ersten Eindruck von Worpswede. Er und seine Kollegen **Heinrich Vogeler** und **Fritz Overbeck** sind fasziniert von dem kleinen Dorf am Rande des Teufelsmoors und lassen sich dort nieder, um sich der Freilichtmalerei zu widmen. 1895 gelingt ihnen bei der großen internationalen Kunstausstellung im Münchener Glaspalast der Durchbruch. Der Weg des alten Moordorfs zum „Weltdorf der Kunst“ ist nicht mehr aufzuhalten. Die Künstlerkolonie wächst um heute berühmte Namen: Otto Modersohn, Hans am Ende, Carl Vinnen, Paula Modersohn-Becker. Später kommt die Bildhauerin Clara Westhoff hinzu, der Architekt Bernhard Hoetger, der in Bremen die Böttcherstraße geschaffen hat. In Worpswede schuf er den **Niedersachsenstein** auf dem **Weyerberg**, der mit seiner Höhe von über 50 Metern aus der umliegenden Moorlandschaft herausragt, und weitere berühmte expressionistische Backsteinbauten.

Ein im expressionistischen Stil errichteter Gebäudekomplex besteht aus dem **Kaffee Worpswede,** „Kaffee Verrückt“ genannt, der **Großen Kunstschau** sowie dem **Logierhaus**, die heute als Artothek und Graphothek genutzt werden.

Zu den Malern gesellen sich andere wie der Dichter **Rainer-Maria Rilke. Heinrich Vogeler** kauft 1895 den ehemaligen Bahnhof und macht daraus innerhalb weniger Jahre ein beeindruckendes Jugendstilgebäude. Der **Barkenhoff** wird zum Mittelpunkt der Worpsweder Künstlerkolonie. Nach dem Ersten Weltkrieg dient der Barkenhoff als Kommune und Arbeitsschule, danach als Kinderheim der „Roten Hilfe“. In den Folgejahren verfällt er und wird an die öffentliche Hand übergeben. Neu restauriert, ist der

„Kaffee Verrückt“ (o.) und Café Central (ganz o.) in der Bergstraße

Niedersachsenstein auf dem Weyerberg (o.l.)

Konzert von Canned Heat in der Music Hall (r.)

Hans-Dieter Ludwig (im Bild rechts) mit Leo Lyons von Ten Years After (r.)

Barkenhoff heute Museum und Ausstellungsort sowie Werkstatt und Atelier für junge Künstler.
Letztere kommen wieder gerne und aus aller Welt, Maler, Musiker, Literaten, und arbeiten in Worpswede für einige Monate, wohnen im Barkenhoff und anderen **Künstlerhäusern** und werden unterstützt von der **Barkenhoff-Stiftung** und dem **Atelierhaus e.V.**, die seit 1997 unter gemeinsamer Leitung stehen.
Es ist diese Mischung aus Dorfidylle, Teufelsmoorlandschaft und einem reichen, auch zeitgenössischen Kunst- und Kulturangebot, das Worpswede heute interessant macht.
Zahlreiche private Galerien locken Besucher. In der **Galerie Altes Rathaus** werden die Arbeiten der Stipendiaten gezeigt. Im **Modersohn-Haus** und in dem angrenzenden **Museum** sind die Sammlung der „Ersten Worpsweder Malergeneration" und zahlreiche Werke von Paula Modersohn-Becker zu sehen. Die **Worpsweder Kunsthalle** und die **Große Kunstschau Worpswede** zeigen Sonderausstellungen und ebenfalls Werke der frühen Worpsweder. Sehenswert sind auch das **Haus im Schluh**, das Kunstzentrum **Alte Molkerei** mit Galerien für zeitgenössische Kunst oder das **Ludwig-Roselius-Museum** für Frühgeschichte.
Außer ihren Bildern haben die Worpsweder Künstler viele Bauten, Skulpturen und andere Spuren hinterlassen. Die **Käseglocke** ist ein Wohnhaus des Schriftstellers **Edwin Koenemann**, das nach den Entwürfen des Architekten **Bruno Taut** erbaut worden ist und sich durch eine farbige Außengestaltung und expressionistische Details auszeichnet. Heute beherbergt es ein Museum für regionale angewandte Kunst. Der unsymmetrische **Hoetger-Hof**, Wohnhaus des Künstlers, steht an der Westseite des **Weyerberges**. Von Hoetger stammt auch der **„Bonze des Humors"** aus einem Zyklus, der die verschiedenen menschlichen Wesenszüge darstellt. Auf der Ostseite des Friedhofs kann man die **Grabstätte** von **Paula Modersohn-Becker** besuchen, die 1907 im Alter von 31 Jahren früh verstirbt. Auch der Grabstein „Werden und Vergehen" ist von **Bernhard Hoetger**.
Mit einem Konzert der *New Moscow Jazz Band* fängt Pfingsten 1993 alles an: **Hans-Dieter Ludwig** und einige Freunde einigen sich mit dem damaligen Wirt

des **Hotel Stadt Bremen**, Manfred Dietzel, darauf, in dem alten, heruntergekommenen Tanzsaal, in dem schon vor etwa hundert Jahren die Künstler feiern, wieder Live-Musik anzubieten. Von Anfang an mit dabei sind auch **Eva Nagel**, **Manfred Meyer** und **Christoph Bayer**. Bald darauf, im März 1994, wird der **Verein Music Hall**, rasch als gemeinnützig anerkannt, aus der Taufe gehoben. In kurzer Zeit entwickelt sich die Music Hall zu einem Geheimtipp für Freunde des guten Jazz und Swing, aber auch Rock'n Roll, Soul, Blues oder Folk. Auch Kabarett, Theater und Klassik werden dargeboten. Zu Top-

Events treten immer wieder legendäre Rockgrößen auf wie John Mayall, Leo Kottke, The Temptations oder Canned Heat. Auch The Spencer Davis Group, Mick Taylor, Dr. Feelgood, und Wishbone Ash, Otto Sander, Dieter Hildebrandt oder Götz Alsmann waren da. Im Logo der Music Hall fungiert ein roter Stern als i-Punkt, der aus dem Logo des legendären Hamburger Star Clubs entliehen worden ist.

Die blau-weiß gestreiften Tüten aus den bundesweit 40 Läden des **Tee-Handels-Kontor Bremen** kennt man. Dass aber das Mutterunternehmen, die **J.T. Ronnefeldt KG**, in Worpswede sitzt, wissen außerhalb der Gemeinde nur wenige. Mit rund 60 Mitarbeitern wird der importierte Tee hier gemischt, aromatisiert, verkostet und verpackt. In >Pennigbüttel (Osterholz-Scharmbeck 269), werden zwei Lager unterhalten.

Für die Integration behinderter Menschen in die Gesellschaft setzt sich der Verein **Klick e.V.** ein. Klick ist ein **Netzwerk**, das Wohnungen baut, Gastronomiebetriebe führt oder Ferienaufenthalte ermöglicht. Immer geht es darum, dass behinderte und nicht behinderte Menschen zusammenkommen. Die Aktivitäten werden finanziert aus eigenen Erträgen und Spenden an die gemeinnützige **Stiftung Maribondo da Floresta** in Worpswede.

Das **SOS-Kinderdorf Worpswede** bietet seit 40 Jahren ein Zuhause für Kinder, die nicht bei ihren Eltern leben können. Damals wie heute bilden die Lebensgemeinschaften der neun **SOS-Kinderdorffamilien**, in denen jeweils fünf bis sechs Kinder mit einer mütterlichen Bezugsperson zusammenleben, den Kernbereich des Zusammenlebens und -arbeitens. Darüber hinaus gehören heute zwei Wohngruppen, zwei Tagesgruppen, ein Kindergarten, ambulante Angebote und eine Beratungsstelle zum SOS-Kinderdorf Worpswede. Rund 75 Kinder finden hier eine liebevolle Aufnahme, verlässliche Betreuung und individuelle, qualifizierte Förderung.

Teeprobe bei J.T. Ronnefeldt: der in den blau-weiß gestreiften Tüten (o.)

Fritz Overbeck und Otto Modersohn, Aufnahme um 1905 (o.)

Der Barkenhoff (l.o.)

Reinhold Bauer, Geschäftsführer des SOS Kinderdorfes, im Kreise seiner Schützlinge (l.)

Landkreis Verden

Weltweit bekannt ist der Landkreis Verden als Eldorado für Pferdeliebhaber. Über die Region hinaus beliebt ist die alte Bischofsstadt Verden, die dem Landkreis ihren Namen leiht. Sie hat den Charme vergangener Jahrhunderte wie kaum eine andere Stadt der Region bewahrt.

Einen besonderen Reiz übt die Wümmeniederung aus, die durch ihre Stille und Artenvielfalt viele Menschen in ihren Bann zieht. Die leicht hügelige Verdener und Lintelner Geest verleihen dem Südosten des Landkreises seinen Charakter. Die waldreiche Landschaft mit ihren Hochmooren und Heideflächen bildet den Übergang zur nahen Lüneburger Heide. Eine für den Kreis sehr spezifische Landschaftsform ist auch die Heckenlandschaft bei Riede. Das rund 850 Hektar umfassende Areal liegt in den Gemarkungen Riede und Dibbersen-Donnerstedt in der Samtgemeinde Thedinghausen. Ihren Ursprung haben die Dornenhecken der Weseraue in der früher weit verbreiteten Beweidung von landwirtschaftlichen Flächen, wobei die Dornen des Weißdorns einen natürlichen Zaun krönten, der das Vieh auf diesen Weiden hielt.

Weiß-blauer Renntag in Verden (Aller) (r.)

Auffällig im Landkreis ist die höchst lebendige Kulturarbeit der Kommunen, örtlichen Vereine, Verbände und Organisationen. Jährlich finden rund 150 größere Veranstaltungen statt. Herausragende Ereignisse sind die weit über Verden hinaus bekannten Domfestspiele. Außerordentlich beliebt sind Märkte wie die Verdener Domweih, einer der ältesten deutschen Jahrmärkte und der Thänhuser Markt, ein historischer Markt in Thedinghausen. Auch die regelmäßigen Konzerte im Verdener Dom, die Sommerkonzerte in Schloss Etelsen sowie die herbstlichen Jazz & Blues Tage in der Verdener Innenstadt finden viel Anklang. Nicht zuletzt zieht das idyllische Fischerhude in der Gemeinde Ottersberg zahlreiche Besucher an, wo nahe bei Worpswede eine zweite Künstlerkolonie entstanden ist und heute das Otto-Modersohn-Museum Werke aus der Region präsentiert.

Geradezu ein Eldorado für Pferdeliebhaber ist Verden, wo auf mehreren Gestüten in erster Linie Hannoveraner gezüchtet werden. Mit rund 19.000 eingetragenen Zuchtstuten und 420 Hengsten sind sie eine der beliebtesten Pferde-

Blick in den Verdener Dom (l.)

rassen weltweit. Die beste Möglichkeit, einen Hannoveraner zu kaufen, sind die stets hochkarätig besuchten Verdener Auktionen. Zu einem Streifzug durch die Geschichte des Pferdezucht lädt das Deutsche Pferdemuseum in Verden ein. In der ehemaligen Kavalleriekaserne erfährt man vieles über die alte Verbindung zwischen Mensch und Pferd.
Der Landkreis Verden ist einer der wirtschaftsstärksten Kreise im norddeutschen Raum. Zugute kommt ihm die zentrale Lage in Niedersachsen und die unmittelbare Nachbarschaft zur Großstadt Bremen. Darüber hinaus bietet das Kreisgebiet eine schnelle Anbindung an die Autobahnen A 1 und A 27 und an das Eisenbahnnetz Richtung Hamburg, Hannover sowie das Ruhrgebiet. Diese ausgezeichnete Verkehrsinfrastruktur sowie die Nähe zu Forschungs- und Hochschuleinrichtungen des Oberzentrums Bremen führen seit den 1970er Jahren zu einer kontinuierlichen Ansiedlung von großen und mittelständischen Unternehmen.

Landkreis-Profil

	Landkreis	Land Nieders.
Einwohner, Fläche		
Einwohner gesamt	134.027	7.993.415
darunter 0 bis 15 Jahre in %	17,0	15,4
darunter älter als 65 Jahre in %	16,5	18,7
darunter Ausländer in %	6,1	6,7
Fläche in qkm	787,70	47.618,24
Einwohner je qkm	170,1	167,9
Sozialstruktur (Jahresdurchschnitt, gerundet)		
Erwerbstätige gesamt	56.700	3.492.600
Empfänger von Arbeitslosengeld / -hilfe	4.270	354.300
Empfänger sonst. Hilfen zum Lebensunterhalt	4.370	311.900
Anzahl Wirtschaftsbetriebe		
Gesamt (Industrie, Handel, Gewerbe, Dienstl.)	6.247	351.151
darunter Land-, Forst-, Fischereiwirtschaft	297	15.862
Steueraufkommen		
Lohn- und Einkommensteuerzahler	46.139	2.738.281
Summe positiver Einkünfte (in Tsd. EUR)	1.744.922	88.279.875
Steuereinnahmen (EUR je Einwohner)	589,06	544,33

Wahlen

Landtagswahl 2003

CDU	52,0
SPD	36,0
FDP	4,2
Grüne	7,9
Sonstige	0,0

Ortsteile:
- Baden
- Badenermoor
- Bierden
- Bollen
- Borstel
- Embsen
- Uesen
- Uphusen

Einwohner: 29.918
Fläche: 68,00 qkm
440,0 Einw. je qkm

Achim

Kirche St. Laurentius, Aufnahme um 1900 (o.r.)

Villen in Hanglage in den Badener Bergen (r.)

Blick auf den Achimer Marktplatz (o.)

Wie Phoenix aus der Asche: Verheerende Brände zerstören 1573 und 1626 Achim nahezu vollständig. Den Mut hat man indes nie aufgegeben und die Stadt stets wieder aufgebaut. So ist Achim im Laufe der über 900-jährigen wechselvollen Geschichte unter schwedischer, dänischer und französischer Besatzung zu einer attraktiven Kleinstadt im so genannten „Bremer Speckgürtel“ erblüht. Mit seiner malerischen Lage direkt an der Weser und dem intakten Gemeinwesen ist Achim vor allem für Familien zu einem attraktiven Wohngebiet geworden. Alte Fachwerk- und Patrizierhäuser und moderne Wohnanlagen wechseln sich im Stadtbild ab. In Hanglage in **Baden** stehen zudem reihenweise schmucke Villen. Wer sich hier mit idyllischem freien Blick über Weser und Marsch niedergelassen hat, der kann es sich leisten. Doch auch weniger Betuchte genießen bei Spaziergängen in dieser Gegend entlang der Weser den weitläufigen Blick. Von ihrem Heimathafen Verden aus verkehrt die Flotte **Weser GmbH** regelmäßig von Juni bis Oktober auf dem Fluss und macht bei Kilometer 339,6 auch in Achim-Badener Berg Halt. Die **Badener Berge** erlangen durch die Terrassierung des Weserhangs im frühen 19. Jahrhundert und durch die von dort beeindruckende Sicht über das Wesertal schnell hohe Bekanntheit. Die Badener Berge sind bis in die 1960er Jahre vor allem bei Bremer Bürgern ein beliebter Ausflugsort. Seit 2001 existiert hier durch eine schwimmende Landebrücke wieder eine feste Anlegestelle. Die Tasse Kaffee zum schönen Ausblick gibt es im **Gasthaus am Badener Berg**. Vom Café und Restaurant aus haben die Gäste einen unverbauten Blick auf den Fluss und die umliegenden Marschwiesen. Direkt daneben liegt die „Wasserburg“. Aufgrund der landschaftlichen Schönheit bieten sich Wanderungen entlang der ausgeschilderten Wege an: Ein Wanderweg beginnt beispielsweise an der Kirche **St. Laurentius** in der **Pfarrstraße** und führt immer an der Weser entlang bis ins entlegene **Bollen**. Die Ursprünge der evangelischen Kirche gehen auf eine vor über tausend Jahren errichtete frühromanische hölzerne Kirche zurück. Die ältesten Teile der heutigen Feldsteinkirche stammen aus der Zeit um 1150. Das Bauwerk hat alle Stadtbrände überstanden. Damit ist die Kirche nicht nur das älteste Gebäude in Achim, sie zählt auch zu den ältesten im Gebiet des ehemaligen Erzbistums Bremen. In der Mandelsloh- und der Clüverkapelle befinden sich Grabdenkmäler sowie zwei marmorne Sarkophage des Ehepaars Reventloh, einer alten Badener Adelsfamilie. Die bereits 1574 urkundlich erwähnte Uhr im Kirchturm läuft noch heute, wird inzwischen aber elektronisch gesteuert. An der **Bierdener Marsch** hat die Marschlandschaft weitgehend ihren ursprünglichen Charakter als Weidemarsch mit Weißdornhecken und dazwischen stehenden Stieleichen, Eschen und Feldahorn bewahrt. Hier verläuft der Weg auf dem Deich entlang. Verlässt man in Achim-Bierden den Deich und biegt nach dem **Gasthof Zur Linde** links in die Straße Bierdener Marsch und zweigt vor dem Deichschaart rechts ab, führt der Weg direkt in das **Landschaftsschutzgebiet Clüverswerder,** das sich bis kurz vor Achim-Bollen ausdehnt. Auf der Insel im **Clüversee** haben sich Kolonien von Graureihern und Saatkrähen mit ungefähr 50 Paaren niedergelassen. Das **Gut Clüverswerder** ist früher eine mit Wällen und Gräben wohlbefestigte Wasserburg gewesen. Es gehört lange Jahrhunderte dem Geschlecht der Clüver, das schon seit dem Mittelalter in Achim ansässig ist.

Die **Achimer Marsch**, die man auf einem Rundweg erkunden kann, ist ursprünglich eine Acker-Weide-Marsch. Seit 1974 steht sie unter Landschaftsschutz. Hält man sich auf dem Rückweg rechter Hand, lädt die **Gaststätte Hirtenhaus** zur Rast. Wandert man in linker Richtung, kommt man direkt an der **Achimer Mühle** vorbei. Die Mühle steht auf einer Sanddüne, die vom **Mühlenberg** zur Marsch abfällt. Sie wird 1651 als Bockwindmühle gebaut und hundert Jahre später in einen Galerieholländer umgewandelt. Durch das 29 Meter hohe Gebäude werden Führungen angeboten, auf denen man Wissenswertes über die Architektur, Zimmerarbeiten sowie die Arbeitsweise der Mühle und Geschichte und Tradition des Mühlenhandwerks erfährt. Seit 1969 fungiert sie als Wahrzeichen der Stadt.

Der Mühlenstraße gen Norden folgend, am **Rathausgarten** vorbei, kommt man zum **Haus Clüver**. 1823 zerstört ein Feuer den Vorgänger des heutigen Hauses aus dem Jahr 1824. 1970 kauft die Stadt Achim das mittlerweile verfallende Zweiständerfachwerkhaus und lässt es als Baudenkmal restaurieren. Heute ist das Haus Clüver als **Haus der Bürger** eine wichtige Kulturstätte in Achim. Seit 2004 können Kaminzimmer oder der **Clüver-Saal** auch für Feiern gemietet werden. Seit 1990 arbeitet die **Geschichtswerkstatt Achim** im ersten Stock. Sie baut eine regionalhistorische Fachbibliothek auf und gibt die **Achimer Geschichts-Hefte** heraus. Auch der **Heimatverein Achim**, der sich vor allem mit Höfe- und Familienforschung beschäftigt, trifft sich regelmäßig im Haus Clüver.

Geht man von der Obernstraße in die Embser Landstraße, kommt man zum **Lindemannschen Schloss**, in dem heute die **Kreismusikschule** untergebracht ist. Auf einem großen parkähnlichen Grundstück steht das im neugotischen Stil

Schleppzug auf der Weser, Höhe Badener Berge, Aufnahme um 1925 (ganz o.) und heutiger Blick auf die Weser (o.)

„Achimer Geschichts-Hefte" der Geschichtswerkstatt (l.)

Achimer Kreisblatt

Im Landkreis Verden und in Rethem (Aller) wird das „Achimer Kreisblatt" gelesen. Die Redaktion sitzt in der Obernstraße

Haus Clüver (o.)

Blick in die Fußgängerzone Obernstraße (o.r.)

Sportboothafen in Uesen (r.) Hier findet das alljährliche Uesener Hafenfest statt

Skulptur „Der erste Streit“ des Achimer Künstlers Harry Volz (o.) vor dem Lindemannschen Schloss

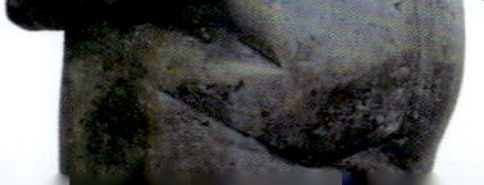

An die Zeit der Tabakverarbeitung in Achim erinnert die Skulptur „Der Zigarrenmacher“ vor dem Rathaus (r.)

errichtete Gebäude, das zu seiner Entstehungszeit 1873 durchaus ungewöhnlich für die damals dörflichen Verhältnisse in Achim war. Im Park der Kreismusikschule zieht **„Der erste Streit“** die Aufmerksamkeit auf sich. Die Figuren der Skulptur eines streitenden Paares des Achimer Künstlers **Harry Volz** sind ganz aus Holz gearbeitet. Nur wenige Schritte entfernt steht in einem Rund auf dem alten **Marktplatz** seit 1989 die Skulptur **„Animus Anima“**. Der Huder Künstler **Wolf Schulz** hat die Bronzeplastik entworfen. Auf dem Weg durch die Innenstadt passiert man auch den Brunnen **„Optimist Pessimist“**. Schön anzusehen ist das modellierte Gesicht am Wasserrad des Wasserspielbrunnens von **Andreas Rimkus**. Das **„Achimer Carillon“** in der Fußgängerzone erfreut mit seinen 24 Glocken seit 1997 Besucher und Einheimische beim Einkaufsbummel.

Vor dem Rathaus steht zum Gedenken an die einstige Zigarrenproduktion in Achim das Denkmal **„Der Zigarrenmacher“**. Mit dem Anschluss an das Eisenbahnnetz 1847 wird Achim für die Wirtschaft interessant. Mitte des 19. Jahrhunderts siedeln sich zahlreiche **Zigarrenfabriken** an. Aus steuerlichen Gründen können hier die Tabakwaren günstiger produziert werden als im benachbarten Bremen, der traditionellen Zigarrenhochburg. Im Gebäude der ersten Achimer Zigarrenfabrik befindet sich nach Umbauten heute die **Grundschule Am Paulsberg**. Neben dem Denkmal erinnert eine Ausstellung im Rathaus an die Zigarrenmacher.

Auf der gegenüberliegenden Seite der Fußgängerzone kann man die gut erhaltene Fassade eines der ältesten Achimer Fabrikationsbetriebe besichtigen. Lauter Lebkuchen fallen ins Auge. Ende des 19. Jahrhunderts gründen die Bäckermeister Marschhausen und Rieke hier eine **Honigkuchenfabrik**. Bis 1928 sind im Keller die Teigmacherei, im Parterre die Öfen und darüber der Kandiersaal sowie die Packerei auf kleinstem Raum untergebracht. Das Unternehmen zieht an den Achimer Bahnhof um und ist bis zur Schließung 1978 über die Stadtgrenzen bekannt.

Durchquert man die Fußgängerzone weiter, kommt man zum **Alten Schützenhof**, indem sich seit 1990 das **Kulturhaus Kasch** mit einem Bistro befindet. **Susanne Groll**, **Andreas Hein-Köcher** und **Silke Thomas** vom Trägerverein planen regelmäßig Musik-, Kabarett- und Kinderprogramme. Zudem gibt es einen Kinosaal und das Kasch ist Treffpunkt für über 60 Gruppen und Vereine. Errichtet wird der Schützenhof 1873 als Festhalle. Das Kuriose: Bevor

Golfplatz Achim (l.)

Thomas und Suse Brockmann-Hornik (o.) betreiben das Golf-Club-Restaurant

Party im Kulturhaus Kasch (o.l.)

hier zum ersten Mal Musik erklingt, fällt der Bau in sich zusammen. Das Haus wird jedoch wieder aufgebaut und bis Ende der 1880er Jahre als Festsaal genutzt. Für den damaligen Betreiber rechnet es sich jedoch nicht mehr und die Stadt kauft das Gebäude. Heute ist es an den **Trägerverein** des Kulturhauses Kasch verpachtet.
Südöstlich der Innenstadt steht an der Weser das **Haus Hünenburg**, eine herrschaftliche Villa, die als regionaler Tagungsort dient. Es treffen sich Wirtschaft, Wissenschaft, Kultur und Politik. Seit 2004 werden auch standesamtliche Trauungen durchgeführt. Bis zu 60 Personen finden Platz. Die **Eremitage** im Dachgeschoss eignet sich zudem besonders für Gespräche im intimen Kreis. Umschlossen von historischen Wallanlagen wahrscheinlich aus dem 9. Jahrhundert steht das Haus Hünenburg in einem 25.000 Quadratmeter großen Park.
Idyllisch gelegen auf einer Fläche von 125 Hektar mit altem Baumbestand, Wasserläufen und großem Teich ist der **Golf Club Achim**. Die zahlreichen Bremer Autokennzeichen lassen erkennen, dass auch die benachbarten Großstädter gern auf der großzügigen 18-Loch-Anlage einlochen. Ein altes Bauernhaus ist zum Club-Restaurant umgebaut worden, in dem das **Ehepaar Brockmann-Hornik** regionale Küche bietet. Noch Unerfahrene im Golfsport können in der **Golfschule** von **Boris Bollmann** das Putten und Abschlagen lernen. Eigens für Anfänger hat der diplomierte Golflehrer die Kernschwungtechnik entwickelt, die eine solide Basis für den späteren Erfolg als Golfer liefern soll. Ein besonderes Anliegen ist ihm, den Golfsport an die Schulen zu bringen. Seit 1998 hat er rund 40 Projekte initiiert, seit 2003 laufen wöchentlich sechs Grundschulkurse.
Seit Beginn des 20. Jahrhunderts gibt es in Achim den **Wochenmarkt**, mit seinen 50 Ständen der größte weit und breit. Manche Händler kommen aus Hamburg, Bremerhaven und Nienburg angereist, um ihre Waren anzubieten. Neben den üblichen Obst-, Gemüse- und Bratwurstständen kann der Kunde auch Gartenfiguren, Kleidung und vieles mehr erwerben.
Flaniert man über den Achimer Wochenmarkt, liegt nicht selten ein Brotduft in der Luft. Für die Bewohner ein sicheres Zeichen, dass bei **Lieken Urkorn** wieder einmal für Nachschub in den Supermärkten der Republik gesorgt wird. Als Markenname noch gängig und auch noch als Schriftzug an der Brotfabrik zu finden, gehört Lieken inzwischen zum italienischen Konzern Barilla. Backwaren stehen auch bei der **Achimer Stadtbäckerei** im Mittelpunkt des Geschäftsinteresses. 1876 gründet

ACHIMER KURIER

In der Region um Achim erscheint seit 1972 der zum Verlag Bremer Tageszeitungen AG gehörende „Achimer Kurier“

Sitz der Unternehmensgruppe Wiebe (r.)

August Harries das Unternehmen. Verwaltungssitz ist auch heute noch Achim. Im Laufe von mehr als einem Jahrhundert weitet sich das Unternehmen mit zahlreichen Filialen im Gebiet um Achim aus. Seit 2000 gehört es zur **Siebrecht-Gruppe** und spielt weit oben in den Top-Listen des Bäckerhandwerks mit. Mittlerweile gibt es 71 Filialen der Achimer Stadtbäckerei, die unter dem Namen **„Garde“** bekannt sind – nicht nur in den ländlichen Regionen um die Kleinstadt, sondern auch in den Städten Bremen und Hamburg.

Einen klangvollen Namen hat in Achim **Gieschen's Hotel**. Hier speiste den Annalen zufolge einst gar ein König. 1737

Die Brotfabrik Lieken Urkorn (r.)

gründet **Harm Gieschen** an der Hauptstraße zunächst eine Gaststätte, später wird das Haus zum gehobenen Restaurant und Hotel. Bis 1909 ist „Gieschen's Haus“ im Besitz der Familie Gieschen. Nachdem Hermann Gieschen an Tuberkulose stirbt, verkauft seine Frau das erste Hotel am Platz. Seit 1988 wird das Haus von der **Familie Keller** geführt.

Die attraktive Anbindung an die Autobahnen A 1 und A 27 sowie in **Uphusen** die unmittelbare Angrenzung an Bremen machen Achim für Unternehmen interessant. Über 1.200 Firmen haben sich mittlerweile für den Standort entschieden. Zu ihnen zählen große Firmen wie Hydro Aluminum, Klöckner Desma Schuhmaschinen GmbH oder Getränke Ahlers. Aber auch kleinere Mittelständler sind vertreten, wie zum Beispiel die Druckerei **Berlin Druck** mit ihren rund 50 Mitarbeitern. Auf seinem Firmengrundstück hat **Reinhard Berlin** ein gelbes Ortsschild mit dem Schriftzug „Berlin“ stehen. Hier werden Prospekte, Kataloge, Bücher, Kalender oder Geschäftsberichte für Kunden wie CTS eventim, Hapag Lloyd oder Frosta gedruckt. Überregionale Aufmerksamkeit bekommt das Unternehmen Ende der 1990er Jahre indes nicht wegen seiner Druckerzeugnisse: Damals heiratet Tochter **Annik** den bekannten Liedermacher **Konstantin Wecker**.

Die Unternehmensgruppe **Wiebe** zählt mit mehr als 1.000 Mitarbeitern zu den größeren Arbeitgebern. Das Unternehmen, mittlerweile in sechster Generation in Familienhand, wird 1848 als Zimmerei in Dörverden gründet. Heute agiert der Gleisbauspezialist, der Marktführer in diesem Segment ist, europaweit auch in den Bereichen Ingenieurbau, Hochbau, Baustellensicherung sowie Logistik. 1977 wird die erste Tochtergesellschaft gegründet. Mittlerweile gehören neun weitere Gesellschaften, darunter welche in Ungarn und Rumänien, zur Unternehmensgruppe Wiebe.

Prüfender Blick am Leuchttisch bei Berlin Druck (r.)

Dörverden

Ortsteile:
- **Ahnebergen**
- **Barme**
- **Barnstedt**
- **Diensthop**
- **Dörverden**
- **Hülsen**
- **Stedebergen**
- **Stedorf**
- **Wahnebergen**
- **Westen**

Einwohner: 9.715
Fläche: 83,32 qkm
116,6 Einw. je qkm

Im **Amtshaus Westen** setzt man in Dörverden auf die Verbindung von Jung und Alt. Der über 200 Jahre alte Bau ist zu einer Begegnungsstätte ausgebaut worden, in dem nicht nur örtliche Vereine ein Zuhause haben – er steht auch anderen Initiativen und Gruppen zur Verfügung. Das Haus, das einst dem Amtmann als Wohnhaus und Verwaltungssitz gedient hat, wird seit 1995 vom **Heimatverein Westen** als Kulturdenkmal erhalten. Der Verein greift den Gedanken der Agenda 21 auf und stellt die Förderung des sanften Tourismus neben die Pflege des Heimatgedankens und Kulturgutes. In der **Heimatstube** sind in einer Ausstellung handwerkliche, bäuerliche und häusliche Kulturgüter zu sehen. Seit 2004 ist das Amtshaus eine zentrale Anlaufstelle am **Allerfernradweg,** der seit April 2005 den Elbe- und Weserradweg miteinander verbindet.

Direkt am Amtshaus befinden sich der **Gutspark** sowie die Anlegestelle der **Solarfähre „Marie Hofmann"**, die **Westen** mit > Otersen (Kirchlinteln 291) verbindet. Am Wochenende bringen ehrenamtliche Fährleute des **Heimat- und Fährvereins Otersen** die Gäste über den Fluss. In Dörverden selber lädt der alte Dorfkern mit stattlichen Höfen zum Spaziergang ein. Auch die sorgfältig restaurierten **Windmühlen** in Dörverden und Westen sowie die **Schafställe** in **Hülsen** lohnen einen Abstecher.

Eine ungewöhnliche Gemeinschaftsinitiative führt im Jahre 2000 zur Wiedereröffnung des 1979 stillgelegten **Dörverdener Bahnhofs.** 1995 haben 130 Bürger in sechs Arbeitsgruppen Ideen und Ziele für eine zukunftsweisende Gemeindeentwicklung zusammengetragen und die Wiedereröffnung des Bahnhofs als wichtigen Impulsgeber verlangt. Vom Bahnhof führen die Rad- und Wanderwege durch die vielfältige Kultur- und Naturlandschaft im Aller-Weserdreieck.

Gut ausgeschilderte Wander- und Radwege wie der **Allerradweg** oder der **Weserradweg Verden-Hoya** führen durch die Gemeinde. In der Sommersaison hält einmal monatlich der historische **Raddampfer „Wappen von Minden"** in Dörverden, meist an einem Freitag.

Dörverdener Weserufer (l.)

Bahnhof Dörverden (l.); seit 2000 hält hier wieder der zwischen Hannover und Bremen verkehrende Regionalexpress

Das Amtshaus Westen am Allerufer; im Hintergrund: der alte Wehrturm der St.-Annen-Kirche (ganz l.)

Raddampfer „Wappen von Minden“ auf der Weser (o.)

Der Dampfer kommt aus seinem Heimathafen Minden und erreicht in Dörverden seine Endstation. Zwei Stunden Aufenthalt haben die Gäste bei ihrem Tagesausflug in Dörverden. Zeit genug, um rund 1,5 Kilometer zu Fuß von der Anlegestelle am Kanal entlang zum **Wasserkraftwerk** zu laufen. Von der Staustufe aus hat man einen einladenden Blick über die Flusslandschaft bei Dörverden.

Wem der Sinn eher nach Verweilen steht, der fühlt sich sicherlich im **Restaurant Pfeffermühle** von **Familie Sebastian** gut aufgehoben. Das renovierte Haus, in dem die Familie seit den 1970-er Jahren ein Hotel und Restaurant betreibt, war die alte Schule von Dörverden. Bis 1955 ist hier unterrichtet worden, anschließend nutzt die Gemeinde das Haus zeitweise als Polizeistation. 1976 kauft Heinz Sebastian das mittlerweile marode Gebäude. Innerhalb von fünf Jahren baut er die Schule in unmittelbarer Nähe zur Weser zum Hotel und Restaurant um.

Auf allgemeines Einverständnis stößt der im zweijährigen Turnus stattfindende **Dörverdener Herbstmarkt**. Auf der Gewerbeschau am Rathaus versammeln sich nicht nur die Firmen und Vereine vor Ort. Der dreitägige Herbstmarkt mit seinem bunten Kulturrahmenprogramm und traditionellen **Frühschoppen** am Sonntagmorgen lockt die gesamte Gemeinde in das Ausstellungszelt.

Drachenbegeisterte versammeln sich seit 2001 auf Einladung des **Heimatvereins Westen** zum **Dörverder Drachenfliegertreffen** auf den **Allerwiesen** am Amtshaus. Neben Drachenbauern aus dem gesamten norddeutschen Raum können auch alle Einheimischen hier jeweils im September ihre Drachen und Windspiele in die Lüfte steigen lassen. Für Kinder gibt es ein abgetrenntes Flugfeld. Gäste schauen sich das bunte Treiben vom Deich an.

Mit drei Mitarbeitern und einfachen Stahlbauteilen beginnt 1974 die Unternehmensgeschichte der **Heckmann Maschinenbau und Verfahrenstechnik GmbH** in **Hülsen**. 1983 wird die erste Fertigungshalle gebaut. Heute beschäftigt die Firma rund 80 Mitarbeiter mit Behälter-, Maschinen-, Anlagen- und Stahlbau. Als erster Handwerksbetrieb in Niedersachsen wird das Unternehmen 1996 nach dem Qualitätssicherungssystem ISO 9001 zertifiziert. Mittlerweile hat die Firma kontinuierlich expandiert. Am Stammsitz in Hülsen ist Ende der 1980er Jahre eine Beizerei ins Leben gerufen worden. Mit weiteren Niederlassungen in Verden, Bremen, Eisenhüttenstadt und Polen beschäftigt das Unternehmen insgesamt rund 300 Mitarbeiter.

Wasserkraftwerk an der Weser (r.)

Dörverdener Drachenfliegertreffen (r.)

Kirchlinteln

Seit dem 16. Jahrhundert kann man mit dem Boot von **Otersen** nach Westen in >Dörverden (289) übersetzen. Bis 1967 haben **Marie** und **Heinrich Hoffmann** Menschen wie Vieh gleichermaßen über die **Aller** gebracht. Dann ist Schluss. Genau 30 Jahre später lässt der inzwischen gegründete **Heimat- und Fährverein Otersen** die Tradition wieder aufleben. Das sechs Meter lange Fährboot aus Eichenholz, getauft auf den Namen **„Marie Hoffmann"**, setzt seither wieder von einem Ufer zum anderen über. Die heutige Fähre ist solarbetrieben und die zweitkleinste ihrer Art in Deutschland.

Schöne Spaziergangsmöglichkeiten bieten die Wälder in der Gemeinde. Der **Waldspielplatz** in Kirchlinteln ist besonders für Kinder ein Erlebnis. In unmittelbarer Nähe zum Lindhoop-Denkmal können sie auf Waldboden spielen, mit Wasser spritzen und sich an Geräten austoben. Die Eltern lockt hingegen eher der **Erlebnispfad** durch die **Armsener Gärten**. Auf einem Rundkurs erfahren Pflanzenfreunde Wissenswertes über Gemüse, Eichen und Birken, Rosen oder Wachholder. Kleine Hinweistafeln aus Eichenholz helfen, das neu Gelernte zu vertiefen. Lohnenswert ist auch ein Ausflug zum **Heilpflanzengarten** von **Margitta Paprotka-Kühne** in **Schafwinkel**, der an die **Heilpflanzenschule Verden** angeschlossen ist. Auf tausend Quadratmetern gibt es seit 2002 rund 170 verschiedene Heilpflanzen, die nach ihren Wirkstoffen sortiert sind. So sehen die Besucher, welche Pflanzen etwa bei Husten und welche bei Magenschmerzen angewendet werden können. Die Biologin bietet ein interessantes Jahresprogramm mit vielen Einzelveranstaltungen an wie Vorträge, Exkursionen oder Führungen durch den Heilpflanzengarten. Einmalig in Norddeutschland ist auch die Möglichkeit, bei ihr eine intensive Ausbildung in Heilpflanzenkunde und Phytotherapie zu machen. Der neue Seminarraum befindet sich auf der urgroßelterlichen Hofstelle gegenüber vom Heilpflanzengarten.

Im mittelalterlichen Ortskern Kirchlintelns stehen noch heute gut ein Dutzend Fachwerkhäuser, von denen das älteste um 1730 erbaut worden ist. Bereits Anfang des 12. Jahrhundert wird Kirchlinteln als „Gut im Lintlo" erwähnt. Im alten Ortskern befindet sich auch auf einem Hügel die Kirche **St. Petri**. Das heutige Gotteshaus stammt aus dem Jahr 1798, der Kirchturm ist bereits im 13. Jahrhundert erbaut worden.

Ein Kunstwerk der Steinsetzerarbeit ist das **Lindhoop-Denkmal**, benannt nach dem heutigen Platz, auf dem der zehn Meter hohe Obelisk steht. Der Steinsetzer **Heinrich Bohlmann** erbaut das Denkmal komplett aus Findlingen, die auf den Feldern östlich von Kirchlinteln zusammengetragen werden. Im Geist der Zeit wird es 1932 als Denkmal für

Ortsteile:
- Armsen
- Bendingbostel
- Brunsbrock
- Heins
- Hohenaverbergen
- Holtum (Geest)
- Kirchlinteln
- Kreepen
- Kükenmoor
- Luttum
- Nedden-averbergen
- Otersen
- Schafwinkel
- Sehlingen
- Stemmen
- Weitzmühlen
- Wittlohe

Einwohner: 10.466
Fläche: 174,13 qkm
60,1 Einw. je qkm

Solarfähre „Marie Hoffmann" beim Übersetzen über die Aller von Otersen nach Westen (l.)

Seminar in der Heilpflanzenschule (o.l.) von Margitta Paprotka-Kühne (o.)

Mit Landwirtschaft hat auch der größte Arbeitgeber vor Ort zu tun. Die **Heibo GmbH** stellt als Spezialist für Mahlprodukte mit rund 280 Mitarbeitern Futtermittelmischungen her. Ein weiterer Schwerpunkt der Heibo GmbH ist der Bereich Logistik. Die Spedition verfügt über Lagerflächen von 35.000 Quadratmetern. 1914 kauft **Dietrich Bohlmann** die Mühle, 1946 übernimmt sein Sohn Heinrich die Führung. Heute führt **Uwe Heinrich** die Geschäfte. Heibo liefert Feinstmahlungen und Vormischungen für Tiernahrungshersteller, ist aber auch Zulieferer für Pharmabetriebe und die Nahrungsmittelindustrie.

Heibo-Werksgelände (o.)

Mühle in Brunsbrock (r.) Zu dem Ensemble gehört auch das Müllerhaus

das Artillerie-Regiment in Hamburg-Altona gebaut. Dass es hier und nicht in der Hansestadt steht, ist dem Umstand zu verdanken, dass so das jährliche Regimentstreffen mit einem Ausflug in die Heide verbunden werden kann. An seiner Vorderfront zeigt es ein aufragendes Steinschwert. Erbaut worden ist es nach einem Modell aus Holz. Der Kunstmaler **Adolf Hinzpeter** liefert den Entwurf für die mächtige Säule.

Lindhoop-Denkmal (o.)

Ein beliebtes Ziel ist der 1845 gebaute Galerieholländer in der **Schlohmühlener Straße.** Nach einer Restaurierung ist die Mühle seit Mitte der 1990er Jahre wieder funktionstüchtig. Das Ensemble steht unter Denkmalschutz. Für Ausstellungen, Versammlungen und Tagungen dient das **Müllerhaus.** Hier und auf **Hinners Hoff** gibt es Theaterabende.

Das Landleben erfährt man bei **Helmut Heitmann** auf besondere Weise. In seinem **Heuhotel** in **Armsen** bietet er 35 Gästen ein Bett auf Stroh und Heu. Statt Plumpsklo und Gartenschlauch wartet auf die Übernachtungsgäste eine moderne Duschanlage. Schlafsäcke und eine Taschenlampe werden für den Besuch im Heu empfohlen. Für Allergiker gibt es gar eine **Strohsuite**. In der Diele und dem Kuhstall ist ein Museum mit Küchen- und Handwerksgeräten eingerichtet.

Jeder in Schafwinkel kennt die stattliche, einzeln stehende Eiche in der typischen Geestlandschaft (r.)

Flecken Langwedel

Ortsteile:
- Daverden
- Etelsen
- Hagen-Grinden
- Holtebüttel
- Flecken-Langwedel
- Völkersen

Einwohner: 14.735
Fläche: 76,12 qkm
193,6 Einw. je qkm

Gräfliche Kutsche vor Schloss Etelsen um 1900 (l.)

Schloss und Schlosspark Etelsen heute (l.u.)

Das 1886 erbaute Schloss mit seinem öffentlichen Schlosspark ist das Wahrzeichen des Ortes **Etelsen.** Gebaut wird es im Auftrag der Gebrüder von Heimbruch. Der Schlosserbe **Graf Christian zu Reventlow** beautragt seinerzeit den Gartenkünstler **Friedrich Kreiß,** einen der bedeutendsten seines Fachs in Niedersachsen, mit der Anlage des Gartens. Auf dem zehn Hektar umfassenden Areal sind noch heute Rosenbeete, Springbrunnen und der alte Baumbestand zu bewundern. Der **Schlossparkverein Etelsen** macht es sich seit 1978 zur Aufgabe, das Renaissanceschloss samt Park und dem 1873 von **Conrad Wilhelm Hase** im neugotischen Stil errichteten **Mausoleum** zu erhalten. Seit 1983 nutzt das **Bildungswerk der niedersächsischen Wirtschaft** das Schloss als schicken Ort für Seminare mit Sauna und Schlossbar.

Auf einem Geestrücken erbaut, bietet die Kirche **St. Sigismund** in **Daverden** allen Besuchern eine fantastische Aussicht über Aller- und Wesertal. Ihre ältesten Teile sind vermutlich Ende des 12. Jahrhunderts errichtet worden. Trotz fehlender schriftlicher Belege geht man davon aus, dass die Daverdener Kirche eine der ältesten in der Region Verden ist. Aufgrund ihrer dicken Mauern gleicht sie indes eher einer Burg denn einer Kirche. An die einstige Burg Langwedel erinnert heute nur noch ein künstlich aufgeworfener Hügel. Der Bremer Erzbischof lässt einst um 1220 das Schloss zur Kontrolle der Handelsverkehre auf der Straße von Bremen nach Verden bauen. Sehenswert ist in Etelsen nach wie vor der 1871 erbaute **Galerieholländer Jan Wind.** In dem Anfang der 1990er Jahre restaurierten Gebäude finden heute nicht nur Führungen, sondern auch Trauungen statt. Ein kleines, privat betriebenes Museum zeigt mit Milchkannen, alten Fahrrädern und einer bäuerlichen Stube einen Einblick in das Müllerleben der Vergangenheit.

Gräfin Sofie und Graf Christian zu Reventlow (o.)

Der Galerieholländer Jan Wind (u.)

Uwe und Anke Demel und Hinrich Prüser (v.l.n.r.) vor dem Gasthaus Alter Krug (o.l.)

Lars und Dixi singen „Blues op platt" bei einer Veranstaltung des Kulturforums Grüne Gilde (o.r.)

Konzertveranstalter Lothar Behnke (o.)

Bereits 2004, noch vor der Wiederaufnahme des Fährbetriebs über die Weser, lässt der Fährverein mit Hilfe einer geliehenen Fähre die historische Fährverbindung kurzzeitig wieder aufleben (r.)

Im **Daverdener Wald** am Steilufer der Aller liegt die **Freilichtbühne Daverden.** Der 1920 gegründete Turnverein ruft 1950 eine Theatergruppe ins Leben und bringt Shakespeares „Sommernachtstraum" auf die Bühne. Heute sind vor Fachwerkkulisse Volksstücke in Plattdeutsch zu sehen. Bis zu 500 Zuschauer finden in den elf im Halbrund aufgebauten Sitzreihen Platz. Eine weitere Freilichtbühne gibt es seit 40 Jahren in **Holtebüttel**, die von den **Holtebütteler Plattsnackers** betrieben wird. Jährlich werden neun plattdeutsche Komödien gezeigt. Das Theater hat Platz für 450 Personen; jährlich kommen mehr als 3.000 Besucher.

Das **Erdgasfeld Völkersen** zählt zu den größten Vorkommen in Westeuropa. In ca. 5.000 Metern Tiefe fördert die RWE-Dea Erdgas, das in Trocknungs- und Reinigungsanlagen für den Endverbrauch aufbereitet wird.

Ab Sommer 2005 stärkt die Wiederaufnahme einer alten Fährverbindung nach knapp 60 Jahren Stillstand die Attraktivität Hagen-Grindens. Der **Fährverein Hagen-Grinden/ Ahsen-Oetzen** setzt in einem Boot wieder Menschen samt Fahrrädern über.

Traditionsreich ist auch das **Gasthaus Alter Krug** in **Völkersen.** 1891 eröffnet **Hermann Heinrich Prüser** mit seiner Frau **Gretchen** noch unter dem Namen „Dirk sin" die Gaststätte. Seither ist das Haus in Familienhand. 1959 übernimmt Sohn **Jürgen**, ein Jahr darauf baut er das heutige Gasthaus. 1975 wird aus der Bauerndiele ein Saal, in dem gerne gefeiert wird. Mittlerweile führen Tochter **Anke** und Schwiegersohn **Uwe Demel** das gutbürgerliche Lokal.

Fest in Familienhand ist auch die **Etelser & Alperi Käsewerk GmbH** in der Bahnhofstraße. Das Kochkäsesortiment der **Familie Brüns** blickt mittlerweile auf eine 80-jährige Tradition zurück. 1924 entsteht die Firma aus einer Molkerei heraus. 1972 wird die Milchproduktion an die Molkerei Achim verkauft und seither spezialisieren sich **Jan-Gerd Brüns** und Juniorchef **Jan-Wilhelm Brüns** auf Schmelz-, Frisch- und Kochkäse. In den 1980er Jahren übernimmt das Unternehmen die Allgäuer Schmelzkäserei Alperi. Rund 50 Mitarbeiter sind heute mit der Käseproduktion beschäftigt. Nicht nur im Kühlregal findet der Kunde den in Langwedel hergestellten Käse, auch Firmen wie Frosta oder Burger King verwenden den Käse des zugelassenen Bioherstellers.

Die Meisterbäckerei **Steinecke** mit Hauptsitz in Mariental ist eine der größten Filialbäckereien Deutschlands mit ca. 900 Filialen. Das Unternehmen ist ein reiner Familienbetrieb. Von Langwedel aus wird der Nordwestdeutsche Raum mit Backwaren versorgt.

Auf ganz andere Weise bringt **Lothar Behnke** den Menschen Langwedel ins Gedächtnis. Seit rund 15 Jahren arbeitet er mit seinem kleinen Unternehmen **Programm Concept GmbH** als Konzertveranstalter. Gemeinsam mit seiner Frau **Marita** sorgt er dafür, dass Größen wie Tom Jones, Elton John, Helmut Lotti oder Peter Maffay auf die Bühnen der nahen Großstadt Bremen kommen.

Flecken Ottersberg

Ortsteile:
- Flecken Fischerhude
- Narthauen
- Flecken Ottersberg
- Otterstedt
- Posthausen

Einwohner: 12.157
Fläche: 99,03 qkm
122,8 Einw. je qkm

Die malerische Wümmeniederung und das Künstlerdorf **Fischerhude** ließen Ottersberg auch überregional bekannt werden. Seit Otto Modersohn 1896 Fischerhude entdeckte und sich zu Beginn des 20. Jahrhunderts hier niederließ wird der Ort zum Anziehungspunkt für Malerinnen und Maler und ist es bis heute geblieben. Mehr als fünfzig Künstler gäbe es aufzuzählen, die Fischerhude zum Künstlerort machen. **Heinrich Breling**, „königlicher Malprofessor“ unter Ludwig II., sucht seinen Geburtsort zum Malen ab 1895 regelmäßig auf. **Wilhelm Heinrich Rohmeyer** (1882–1936) ist indes der Erste, der sich 1904 mit festem Wohnsitz in Fischerhude niederlässt. 1911 bildet sich um ihn herum ein Freundeskreis der noch jungen Maler **Rudolf Franz Hartogh** (1889–1960), **August Haake** (1889–1915) und **Helmuth Westhoff** (1891–1977). Sie malen die ersten expressionistischen Bilder.
Auch **Bertha Schilling** (1870–1956), **Hermann Angermeyer** (1876–1955) und **Bernhard Hoetger** (1874–1949) kommen in den Wümmeort. Der Bildhauer modelliert hier nach der 15-jährigen Breling-Tochter Olga den „liegenden Akt“, der Grundlage für das Grabmal Paula Modersohn-Beckers in > Worpswede (279) wird.
Der Name Modersohn ist nach wie vor in Fischerhude präsent. Das **Otto-Modersohn-Museum** wird vor 30 Jahren von Anna und Christian Modersohn gegründet, um Bilder und Zeichnungen aus dem Eigentum der Familie der Allgemeinheit zugänglich zu machen. Zwei Museumserweiterungen ermöglichen heute die Ausstellung einer repräsentativen Auswahl aus dem künstlerischen Gesamtwerk Otto Modersohns, das zudem um Gemälde Paula Modersohn-Beckers ergänzt wird. Sonderausstellungen, teilweise von Katalogen begleitet, erforschen Aspekte des Werkes und seines künstlerischen Umfelds. Etwa 20.000 Besucher kommen jährlich. Seit 1997 existiert die **Otto-Modersohn-Stiftung**. Bestandteil sind die im Museum gezeigten Gemälde, Zeichnungen und Skizzenbücher. Die **Gesellschaft Otto-Modersohn-Museum e.V.** (2004 hat sie 315 Mitglieder) unterstützt das Otto-Modersohn-Museum in seinen Zielen.
Am alten Arm der Wümme in der Bredenau kann man im einstigen Bildhaueratelier von **Clara Rilke-Westhoff** (1878–1954), die 1919 nach Fischerhude zieht, Kaffee trinken und künstlerischen Geist erspüren.
Das **Heimathaus Irmintraut** ist der Initiative des aus Fischerhude stammenden Ehepaars Gertrud und Hinrich Schloen zu verdanken. 1933 erwirbt das Ehepaar das Gebäude direkt neben der Kirche. Ein Jahr später eröffnen sie das Haus und benennen es nach ihrer verstorbenen Tochter **Irmintraut**. Als Tiet-

Dr. Hinrich Schloen mit Tochter Irmintraut (o.)
Nach dem frühen Tod der Tochter benennen die Eltern in den 1930er Jahren den ehemaligen Tietjen-Hof in Fischerhude (o.l.) nach ihr

Heinrich Breling, Aufnahme um 1880 (o.)

Blick in die Ausstellung des Otto-Modersohn-Museums in Fischerhude (o.l.)

Dodenhof in Posthausen (o.

Amtshof in Ottersberg (o.)

Das neue Gebäude der Fachhochschule Ottersberg in der Großen Straße (r.)

jen-Hof wird das Gebäude 1764 gebaut und zählt heute zu den ältesten Häusern in Fischerhude. In einer Ausstellung werden Relikte der bäuerlichen Arbeit und Kultur gezeigt.

Einst Burganlage, heute ein Ort für Waldorfpädagogik: Der alte **Amtshof** in Ottersberg ist der Nachfolger einer altsächsischen Wallburganlage. Das restaurierte und unter Denkmalschutz stehende Hauptgebäude dient seit 1946 der **Freien Rudolf-Steiner-Schule.** Reste des Wall- und Burggrabens sind noch erhalten. Bereits um 1180 gibt es in Ottersberg die erste Burganlage, eine Wasserburg, die zum Erzbistum Bremen gehört. Das heute zu sehende Gebäude wird 1584 erbaut. In den folgenden Jahrhunderten wird die Burg mehrfach erweitert und umgebaut.

Nicht nur an der Waldorfschule werden Kunst und Kultur groß geschrieben. Die Fachhochschule in Ottersberg ist Jahr für Jahr Anlaufstelle für künstlerischen Nachwuchs. 1967 wird die private Hochschule als **Freie Kunst-Studienstätte** gegründet. Seit 1984 ist sie staatlich anerkannt. Durchschnittlich 500 Studenten können sich hier in bildender, darstellender oder freier Kunst ausbilden lassen.

Weniger künstlerisch denn handfest geht es zu bei den zwei größeren Arbeitgebern vor Ort. In der **Konservenfabrik Buss** verlassen täglich rund eine Million Mahlzeiten das Ottersberger Werk für den weltweiten Export. 500 Mitarbeiter stellen hier rund 500 verschiedene Fertiggerichte, Suppen und Eintöpfe her. 1938 ist die Firma als Schlachterei von Dietrich Buss in Bremen gegründet worden, 1975 hat die **Stockmeyer-Gruppe** das Unternehmen übernommen.

Größter Arbeitgeber ist **Dodenhof** in **Posthausen.** Mittlerweile arbeiten rund 2.500 Mitarbeiter in der „Einkaufsstadt, die alles hat". 1910 eröffnet **Hermann Dodenhof** senior einen kleinen Kaufmannsladen. Heute ist daraus das größte Einkaufszentrum in Norddeutschland geworden. Seit 1995 führt **Ralph Dodenhof** in vierter Generation zusammen mit seinen Eltern **Hermann** und **Gloria Dodenhof** die Geschäfte. Auf 32.000 Quadratmetern gibt es Möbel, ein Modehaus mit vier Etagen, einen Heimwerker- und Supermarkt, eine Tankstelle sowie einen Abenteuerspielplatz mit Streichelzoo für die Kinder. 1999 wird der Firma der „Goldene Zuckerhut" für besondere unternehmerische Leistungen verliehen, 2001 bekommt Hermann Dodenhof das Bundesverdienstkreuz am Bande.

Oyten

Ortsteile:
- Bassen
- Bockhorst
- Backsberg
- Meyerdamm
- Oyten-Nord
- Oyten-Süd
- Oyterdamm
- Sagehorn
- Schaphusen

Einwohner: 15.322
Fläche: 63,47 qkm
241,4 Einw. je qkm

In einem Kuhstall am Ortseingang beginnt die Erfolgsgeschichte von **Bodo Renne.** Das heutige Posten-Handels-Zentrum im Bremer „Speckgürtel" gründet Renne 1975 als Einzelfirma. Mit 20.000 Mark Startkapital wird er im Laufe von 30 Geschäftsjahren zum

erfolgreichen **Sonderpostenhändler.** Aus dem Kuhstall sind moderne Hallen geworden. Auf 30.000 Quadratmetern bietet Renne im **Gewerbepark-Süd** nahezu alles, was Schnäppchenjäger glücklich macht: Gartenmöbel, Pflanzen, Spirituosen, Textilien, Süßwaren oder Designerklamotten. Dienstags und mittwochs ist der Sonderpostenmarkt geschlossen.

Im Kern hat sich Oyten den Charme eines alten Dorfes bewahrt. Viele Pendler fahren täglich aus Oyten zur Arbeit nach Bremen oder in die nähere Umgebung. Die Gastronomie hat einen hohen Stellenwert: Immerhin 45 Bistros, Restaurants und Lokale kommen auf 15.000 Einwohner. Beliebt ist zum Beispiel das **Gasthaus Zur Deepen Wisch** mit deutscher Küche und einem schönen Biergarten in der Straße **Zur tiefen Wiese.** Am **Meyerdamm** lockt es viele Gäste zum Italiener **San Marco,** der interessanterweise von Persern geführt wird. Um die italienische Atmosphäre zu wahren, begrüßen sie ihre Gäste mit italienischem Akzent.

Essvergnügen auf amerikanische Art bietet seit 1997 das **Daisy's Diner** an der Autobahn. Als Erstes seiner Art eröffnen die Amerikafans **Eise de Boer** und seine Frau **Anke Hestermann-de Boer** ein Original Diner in Deutschland. Unterm Sternenbanner gibt es hier für

die Gäste Steaks, American Pizza, Hamburger und Kaffee satt. Werbeschilder aus Emaille, Neons und Straßenschilder aus den Staaten sorgen für die originalgetreue Dekoration. „Daisy" als Symbolfigur ist einem amerikanischen Serviermädchen nachempfunden. 1998 eröffnen die de Boers in > Soltau (III-194) ihr zweites Diner.

Silke Selenkowitch mit einem Gast an der Bar von Höpers Motel (o.l.)

Regen Zulauf hat das Jugendzentrum Oyten (ganz l.)

Daisy's Diner (u.)

Zeitweiliger Wohnsitz in Oyten ist für viele Stars aus dem TV-Business **Höpers Motel** gewesen. Wann immer in den nahen Fernsehstudios von Radio Bremen Iris Berben, Beatrix Richter oder Magarethe Schreinemakers für einen Dreh oder eine Talkshow zu Gast waren, nächtigen sie in dem Motel von **Friedhelm Höper** in der **Hauptstraße.** Mittlerweile hat er sein Motel verpachtet, doch die Fernsehwelt ist zumindest noch in Form von Autogrammkarten und Fotos präsent.

Bodo Renne (o.)

Theke im Airport Bowling Center (o.)

Oyter See (o.r.)

Regen Zulauf hat das **Jugendzentrum Oyten.** Neben Skaterkursen, Theater- und Musicalaufführungen werden von hier aus auch Ferienfreizeiten und Ausflüge organisiert. Die beiden Pädagogen **Dieter Birnbaum** und **Hendrik Hemmerich** veranstalten beispielsweise „Hajk" mit den Kindern. Der Begriff kommt aus dem Schwedischen und bezeichnet eine abenteuerliche Form des Wanderns: Die Hajker ziehen mit Rucksack, Fresspaket, Zeltplane und Schlafsack los, übernachten in freier Natur und finden ihr Ziel mit Kompass und Karten. Auf diese Art sollen die Kinder den Umgang mit der Natur sowie das Austesten eigener Grenzen lernen.

Die weibliche B-Jugend des TV Oyten beim Handballspiel (r.)

Durchhaltevermögen kann man auch im **Capitol** testen. Seit 1993 zieht es die Jugend und Junggebliebenen in die Großraumdiscothek im Oytener Gewerbegebiet in der **Rudolf-Diesel-Straße.** Lange gilt das Haus im Stil eines griechischen Palastes auf weißen Säulen als größte Discothek in Norddeutschland. Innen beherrscht Marmor und ein griechisch geprägtes Ambiente die Szenerie. Das Herzstück des Tanzpalastes ist die sogenannte *Mainhall* mit großer Tanzfläche und zahlreichen Bars. In der *Black Music-Area* und dem *Schlagerclub* können diejenigen tanzen, die sich von den aktuellen Charthits nicht angesprochen fühlen. Als Gesprächskulisse für den Single-Treff dient das integrierte Restaurant mit einem kleinen Pool. Nicht nur am Wochenende, sondern bereits ab dienstags lockt das Capitol alle Tanz- und Flirtfreudigen.

Lebhaft geht es auch bei **Markus Grundmann** und **Jürgen Spitzer** im **Airport Bowling** zu. An der Autobahn gegenüber von Daisy's Diner bieten sie auf 14 Bahnen Bowlingspaß für jeden Anlass. Wer mehr über das Spiel erfahren will, der ist in der **Bowlingschule** von **Michael Grabovac** gut aufgehoben. Der ehemalige Deutsche Meister und Spieler der holländischen Nationalliga zeigt im Airport Bowling, wie man die Kegel perfekt aus dem Feld räumt.

Das Naherholungsgebiet der Gemeinde ist der **Oyter See** mit Campingplatz für Dauer- sowie reine Urlaubscamper. Wer nicht nur faul in der Sonne liegen und schwimmen möchte, für den eignet sich das Gebiet zum Joggen oder für kleine Radtouren. Auch am privat geführten **Behlingsee** kann man die Seele baumeln lassen. In der **Datscha am Behlingsee** steht vor allem das Wohlfühlen im Mittelpunkt. Eine Blockhaussauna und andere Saunatypen laden zum Schwitzen ein. Anschließend kann man sich in dem See abkühlen. Das angegliederte Restaurant, das für seine Fischgerichte bekannt ist, kann auch ohne Saunaaufenthalt besucht werden.

Warenlager von Unimet (l.)

Der **TV Oyten** wird 1911 von 91 Sportbegeisterten gegründet. Neben Turnen gehören Schlagball und Leichtathletik zu den ersten Sportarten. Später kommen Faust-, Fuß- und Handball sowie Tischtennis hinzu. 1977 wird die **Großraumturnhalle** an der **Pestalozzistraße** fertig. Mit über 2.000 Mitgliedern ist der TV Oyten der größte Verein in der Gemeinde und zudem der drittgrößte im Landkreis Verden.

Die Grundschule in Sagehorn besticht durch ihre ungewöhnliche Architektur und komplettiert das Schulangebot der Gemeinde (l.)

Zu den bekannteren Unternehmen in Oyten zählt die Firma **Doyma Rohrdurchführungstechnik.** 1960 gründet **Hans-Ulrich Ihlenfeldt** die Firma in Bremen. Zwanzig Jahre später siedelt er in die Oytener **Industriestraße** um. Neue Produktions-, Verkaufs- und Lagerräume werden in den 1980er und 1990er Jahren gebaut. Mittlerweile arbeiten rund 125 Beschäftigte im Bereich der Wand- und Deckendurchführungen. Neben Kabeldurchführungen und Brandschutzsystemen, erschließt sich die Firma seit Ende der 1990er Jahre mit einer Produktinnovation, der sogenannten „Mehrsparten-Hauseinführung“ Quadro-Secura (R) den Markt der Ein- und Zweifamilienhäuser.

Gegenüber Doyma hat sich der Lebensmittelimporteur **Kreyenhop & Kluge** mit rund 120 Mitarbeitern angesiedelt. 22 eigene Lkw und fremde Spediteure verteilen die asiatischen Spezialitäten unter dem Slogan „Erlesen aus fernen Ländern“ bundesweit an den Großhandel, C+C-Betriebe, verstärkt aber auch an führende Handelsketten und Cateringbetriebe, wie zum Beispiel die Lufthansa-Service-Gesellschaft. Auch im europäischen Ausland bedient man sich mehr und mehr des breiten Spezialitätensortiments aus Oyten, das auf 13.000 Hochregal-Paletten lagert.

Seit mehr als 80 Jahren stellt **Schleuter** Maschinenteile oder Maschinen her. Waren es früher Reparaturarbeiten an Maschinen für die Zigarettenindustrie, so sind heute Verpackungs- und Etikettiermaschinen das Geschäft. **Gerd Bertram** und **Klaus Baden** leiten das Unternehmen mit rund 100 Mitarbeitern. Exportiert wird weltweit; zu den Kunden zählen Namen wie Beiersdorf oder Danone.

Unimet ist ein Fachgroßhändler der Hausrat- und Eisenwarenbranche. Über 32.000 Artikel handelt die Firma, die 1972 aus der Gebrüder Thiele und Fried. Krupp GmbH ausgegliedert wird. 1990 siedelt das Stammhaus von Bremen nach Oyten um. Hier sind rund 190 Mitarbeiter beschäftigt.

Testmessung im Labor der Firma Doyma (o.)

Mitgliedsgemeinden:
- Blender
- Emtinghausen
- Morsum
- Riede
- Thedinghausen

Einwohner: 14.919
Fläche: 152,05 qkm
98,1 Einw. je qkm

SG Thedinghausen

Der 1. Oktober 1910 ist für Thedinghausen ein historisches Datum: Zum ersten Mal erreicht ein Zug die Gemeinde an Weser und Eyter. Die Freude währt indes nur wenige Jahrzehnte. 1955 wird der Personenverkehr wieder eingestellt. Doch der **„Pingelheini"**, wie die Leute in der Gemeinde liebevoll den Zug taufen, kann erhalten werden. Zu besonderen Anlässen ist der „Pingelheini" noch in Aktion. Der **Verein Kleinbahn Leeste** kümmert sich ehrenamtlich um den Zug. Betreiber der Strecke ist die im März 2000 gegründete **Thedinghauser Eisenbahn GmbH**, an der neben Thedinghausen auch die Gemeinden > Stuhr (154) und > Weyhe (171) beteiligt sind.

Zum Frühlingsfest oder für Kohlfahrten fährt der „Pingelheini" auf der Strecke zwischen Bremen und Thedinghausen (o.)

Erbhoffestival (r.)

Der Glockenturm mit dem türkischen Halbmond (o.)

Am Nebengebäude des **Rathauses**, dem **Packhaus**, sticht der **Glockenturm** mit Uhr und einem türkischen Halbmond ins Auge. Um 1855 lässt **Dr. Wilhelm Grimm** den Turm bauen. Zu Ehren seiner türkischen Großmutter Anna Charlotte Rhebisch ziert ein Mond den Turm. Er hat sie nie zu Gesicht bekommen, ist aber von deren Schicksal ergriffen: Als Kriegsbeute im russisch-türkischen Krieg Anfang des 18. Jahrhunderts wird sie von Prinz Anton Ulrich zunächst nach St. Petersburg verschleppt, dann nach Blankenburg gebracht. Sie heiratet Pastor Christian Moritz Grimm und gebärt ihm neun Kinder. Im Alter von 44 Jahren stirbt sie 1766.

Im Ortszentrum lohnt nicht nur der Blick auf das Packhaus und das Rathausensemble, auch das **Alte Amtsgericht** und der **Erbhof** sind sehenswert. Der 1620 erbaute Erbhof zählt zu den beeindruckendsten Gebäuden in Thedinghausen. Der alte Herrensitz im Stil der Weserrenaissance aus roten Ziegeln und weißen Mörtelfugen wird oft auch als „Schloss" bezeichnet. Bauen lässt das herrschaftliche Gebäude Erzbischof Johann Friedrich von Bremen für seine Geliebte Gertrud von Hermeling-Heimbruch. Nur zwei Jahre nach dem Bau stirbt sie und der Erbhof geht durch etliche Hände. Seit 1999 ist er im Besitz der Samtgemeinde. Hier findet das **Erbhoffestival** statt, ein Kunst- und Kulturfest mit Gauklern, Feuerspuckern und Ritterspielen. Auch Konzerte werden im Erbhof gegeben.

Weit über Thedinghausen bekannt ist der **Thänhuser Markt**. Das Volksfest im September lockt nicht nur die Gemeindemitglieder, sondern auch zahlreiche Gäste in den Ort. Mit der regionalen Kultur beschäftigt sich der **Kulturverein Thedinghausen**. Seit 1993 sorgen die Mitglieder für Kabarett, Lesungen sowie klassische und moderne Musik.

Der Kultur auf privater Ebene hat sich **Wolfgang Becker-Portele** verschrieben. Er gründet die **Kunstinitiative Thedinghausen** und bietet in seiner **Weinmühle** regelmäßig Ausstellungen, Schauspiel, Lesungen und Konzerte.
Bei der Erkundung der Gemeinde stoßen die Besucher kurz vor der **Eyterbrücke** auf das **Herzog-Wilhelm-Denkmal**. Der steinerne Obelisk wird im Oktober 1900 in einer feierlichen Zeremonie eingeweiht und erinnert an den 16 Jahre zuvor verstorbenen Herzog Wilhelm von Braunschweig. Er regiert Thedinghausen von 1831 bis 1884, hat aber den Ort niemals gesehen.
Sehenswert ist die **Kirche in Blender**. Sie wird 1123 als Tochterkirche der Lunser Synodalkirche gegründet. Das heutige Gebäude in Form einer Hallenkirche im klassischen Stil mit ihrem quadratischen Turm und dem barocken Aufsatz stammt aus den Jahren 1825 bis 1827. Die **Kirche in Riede** besticht durch ihre Fresken, Wandmalereien in italienischer Technik aus dem 15. Jahrhundert. Zum Einkehren sind zum Beispiel **Das kleine Café** von **Renate Richter** in der **Syker Straße** ganz in der Nähe des Bahnhofs und **Schröder's Gasthaus** in der **Bremer Straße** zu empfehlen. Hier kann man in freundlich gestalteten Räumen sehr gut essen.
Seit fast 50 Jahren ist das **Polar Fenster- und Türenwerk** in **Morsum** dem Werkstoff Holz verbunden. Rund 80 Beschäftigte sind hier mit der Herstellung und Montage von Fenstern wie Türen beschäftigt. Insbesondere auf Holz-Aluminium- und Pfosten-Riegel-Konstruktion wird in dem Unternehmen gesetzt. Das natürliche Rahmenmaterial Holz stellt seine Vorteile in Sachen Statik, Gestaltbarkeit und zeitloser Wertbeständigkeit unter Beweis. Seit 2002 exportiert Polar seine Produkte. Bekannte Referenzprojekte sind die Verwaltung des Deutschen Bundestages in Berlin, die Davidswache in Hamburg und der Hundertwasser-Kindergarten in Frankfurt.
Mit einem anderen Schwerpunkt beschäftigt sich die **PS Laser GmbH & Co. KG** bereits seit 1988. Das Unternehmen mit zwei Werksteilen gilt als einer der größten Laser-Lohnfertiger für Kunden aus der Automobil- und Chemieindustrie sowie dem Maschinen- und Anlagenbau. In den Kernkompetenzen Laserschneiden und -schweißen sowie Blechbearbeitung sind 75 Mitarbeiter im Dreischichtbetrieb tätig.

Spezialanfertigung im Fenster- und Türenwerk (o.)

Das Bremer Ensemble Helikon zu Gast beim Kulturverein Thedinghausen (o.l.)

Laseranwendungstechnik (l.)

Herzog-Wilhelm-Denkmal (o.)

Die Kirche in Riede (l.)

Ortsteile:
- Borstel
- Dauelsen
- Döhlbergen
- Eissel
- Eitze
- Groß Hutbergen
- Hönisch
- Klein Hutbergen
- Rieda
- Scharnhorst
- Walle

Einwohner: 26.795
Fläche: 71,58 qkm
374,3 Einw. je qkm

Verden (Aller)

Verdens mittelalterlich anmutende Stadtsilhouette, von der Aller aus gesehen (r.)

Immer im Juni werden in der historischen **Reiterstadt** Straßen abgesperrt, Ampeln und Schilder abgebaut. Verden macht Platz in seiner Innenstadt für die **Verdener Domweih.** Sechs Tage lang befindet sich die Stadt an der Aller im Ausnahmezustand und die Menschen feiern einen der ältesten deutschen Jahrmärkte. Er ist gar älter als der Bremer Freimarkt, der immerhin auf eine fast tausendjährige Geschichte zurückblickt.

Verdener Rathaus (o.)

Domfestspiele (o.r.)

Domweih (ganz r.)

Rund um den Rathausplatz und in den umliegenden Straßen feiern die Verdener und viele tausend Besucher das Volksfest, das ursprünglich anlässlich der Domweih abgehalten wird.
Der **Verdener Dom**, eine dreischiffige gotische Hallenkirche, ist das Wahrzeichen der Stadt. Das zwischen 1290 und 1490 in zwei Bauabschnitten entstandene Gotteshaus zählt zu den gelungensten gotischen Kirchen bundesweit. Am selben Ort stehen zuvor seit 850 zwei Holz- und Steinkirchen, die durch Feuer zerstört werden. Der Dom dient zudem als Kulisse für die **Verdener Domfestspiele.** Für dieses Open-air-Spektakel wird eine Freilichtbühne mit überdachter Zuschauertribüne und Gastronomiezelt im historischen Ambiente errichtet. Gespielt werden ausschließlich historische Stücke. Zur Verschnaufpause am Dom lädt die **Domschänke.** Das Gasthaus ist sowohl bei den Verdenern als auch bei Touristen beliebt.
In der Nähe des Doms kann man in der Kirche **St. Andreas** die Messinggrabplatte des Verdener Bischofs Yso besichtigen. Erbaut ist die Kirche im frühen 13. Jahrhundert. Eine der ältesten Backsteinkirchen Norddeutschlands ist die **St. Johannes Kirche** in der **Ritterstraße,** gebaut um 1200. Ursprünglich im romanischen Stil errichtet, ist sie später gotisch umgebaut worden. Sehenswert sind die Wand- und Deckenmalereien sowie das Stuckrelief des Jüngsten Gerichtes.
Nur zwei Minuten vom Dom entfernt liegt in der **Unteren Straße** die Hofan-

Verdener Nachrichten

Für die Region Verden erscheinen die „Verdener Nachrichten" als eine von drei Hauptausgaben der Bremer Tageszeitungen AG

lage **Domherrenhaus**. Auf der herrschaftlichen Hofanlage aus dem Jahr 1708 stellt das **Historische Museum** diverse Sammlungen zur Verdener Stadtgeschichte und der Geschichte der Region aus. Neben einem Stadtmodell aus dem Jahr 1663, der Darstellung der Wohn- und Alltagskultur des 18. und 19. Jahrhunderts sowie Werkstätten des Handwerks mit einem **Zinnfigurenkabinett** sind hier auch die **Lehringer Funde**, eingebettet in die Inszenierung einer steinzeitlichen Elefantenjagd, zu sehen. Im **Beckmann-Zimmer** des Hauses finden darüber hinaus auch standesamtliche Trauungen statt.
Eine Erinnerung an historische Begebenheiten ist auch die jährliche **Lätarespende**. Der Legende nach soll der Seeräuber **Klaus Störtebeker** der Stadt Verden sieben Fenster für den Verdener Dom gespendet haben. Im Zuge dieser Spende verteilte er Heringe und Brot an die Armen der Stadt. Regelmäßig drei Wochen vor Ostern taucht der berühmte Seeräuber seither in der Stadt auf, um Brot und Heringe an die Bevölkerung zu verteilen. Heutzutage kommen alle Anwesenden in den Genuss der Gabe. Aus diesem Anlass finden bekannte Politiker den Weg nach Verden, um bei der Heringsverteilung dabei zu sein. Insgesamt 1.600 Heringe und 530 Brote werden bei der Lätarespende verteilt.
Abgesehen vom alles überragenden Dom wird die Verdener Innenstadt von schönen Fachwerkhäusern und der lebendigen **Fußgängerzone** geprägt. Vom unbebauten gegenüberliegenden **Allerufer** aus bietet sich ein schöner Blick auf die Altstadt. Als außergewöhnlich gilt der **Sachsenhain** in **Dauelsen** am Rande der Stadt. Zu beiden Seiten des Weges, der von großen Eichen gesäumt wird, stehen insgesamt 4.500 **Findlinge**. Im Jahr 782 sollen auf Befehl Karls des Großen nach einem **„Blutgericht“** 4.500 aufständische Sachsen in Verden grausam hingerichtet worden sein. Historisch bleibt indes ungeklärt, ob tatsächlich ein Gemetzel in solch großer Zahl stattgefunden hat und dies nicht auf einem Schreibfehler von Chronisten beruht. Die Nationalsozialisten glaubten an die Ermordung etlicher tausend Sachsen und legten den **Sachsenhain** als Kultstätte an. Nach Kriegsende wird der Hain mit seinen Fachwerkhäusern zum **Evangelischen Jugendhof** umgewandelt.
Untrennbar ist die Stadt mit der **Pferdezucht** verbunden. Bereits in der Innenstadt werden die Besucher zum Thema Pferd hingeleitet – wenn sie denn den Blick zu Boden richten: Insgesamt 500 **Messinghufeisen** sind auf dem Weg von der **Großen Straße** zum **Holzmarkt**, wo das Deutsche Pferdemuseum steht, in den Gehweg eingelassen. Berühmte Reiter wie Isabell Werth, Alwin Schockemöhle, Hans-Günter Winkler oder Rainer Klimke erhalten die Glück bringenden Hufeisen als Geschenk.

Wochenmarkt (o.)

Hallenreitturnier 2004 in der Niedersachsenhalle (l.)

Seeräuber Klaus Störtebeker und Bundesverteidigungsminister Peter Struck beim Verteilen von Brot und Heringen an das Volk (ganz l.u.)

Verden ist mit dem Thema Tierzucht eines der Außenprojekte der EXPO 2000 in Hannover (o.)

Verdener Aller-Zeitung

Die andere Tageszeitung für die Stadt Verden, den Landkreis und Rethem an der Aller ist die „Verdener Aller-Zeitung“

Masterfood-Werk an der Aller (o.)

Viehauktion: Pferde, und Rinder werden in Verden gezüchtet und verkauft (r.)

„Pferdepapst" Hans-Joachim Köhler (1917–1997) (ganz o.) Heute leitet Gisela Fürle das Deutsche Pferdemuseum (o., rechts im Bild)

Seit 1648 ist Verden Garnisonsstadt. Vor allem stolze Reiterregimenter sind hier stationiert, so dass Pferde von jeher eine herausragende Rolle spielen. Bereits vor 1700 kann die Zucht von Hannoveranern in der Stadt nachgewiesen werden. Verden wird von Experten auch als „Wiege der hannoverschen Pferdezucht" bezeichnet.
Um 1930 bemüht sich der **Verdener Heimatbund** um den Aufbau einer **Pferdekundlichen Sammlung**. Schlossermeister **Wilhelm Ahrens**, damaliger Vorsitzender, und der Hippologe **Erich Clausen** bauen die Sammlung auf. Bis zu seinem Tod 1967 leitet Clausen sie ehrenamtlich. Mittlerweile ist die Sammlung seit 1965 offiziell in **Deutsches Pferdemuseum** umgetauft. Es ist das einzige seiner Art in Deutschland. Der unter Kennern als „Pferdepapst" bekannte, 1997 verstorbene **Hans Joachim Köhler** tritt die Nachfolge Clausens an und baut eine umfangreiche Bibliothek auf. Er sorgt auch dafür, dass das Haus sein Wahrzeichen einer orginalgetreuen Replik des Trakehner Tempelhüterdenkmals erhält. Bis 1999 ist das Museum in einem Fachwerkhaus in der Altstadt untergebracht. Nach einer Erweiterung und Neugestaltung wird das Haus 2000 in den Pferdeställen und Mannschaftsräumen der ehemaligen Kavalleriekaserne am **Holzmarkt** wieder eröffnet. Es ist eine der wichtigsten Attraktionen der Reiterstadt Verden.

Ein hoher Imagefaktor für die Stadt ist darüber hinaus der **Verband Hannoverscher Warmblutzüchter**. Hier befinden sich Ausbildungs- und Absatzzentrale der Tierzucht und nicht selten machen die weltberühmten **Hannoveraner** von Verden aus ihre ersten Schritte in die ganze Welt. Die Hannoveranerzucht gilt heute als die größte und bedeutendste Warmblutzucht der Welt. Im Herbst 1949 findet die erste **Reitpferdeauktion** statt. Ein bis dahin vollkommen neuer Weg für den Absatz von Reitpferden wird beschritten. Die Auktionen sind heute internationaler Schrittmacher des Reitpferdemarktes. Zuschauen kann jeder bei den Auktionen in der **Niedersachsenhalle**. Zweimal im Jahr wird hier im April und Oktober die Elite, rund hundert junge Pferde, versteigert. Die Aller- und Weserniederung bei Verden ist einer der letzten Lebensräume des vom Aussterben bedrohten **Weißstorches** in Niedersachsen. Hier können noch wild lebende Störche bei der Nahrungssuche auf den Wiesen oder beim Nestbau beobachtet werden. Aus diesem Grunde errichtet der Landkreis Verden 2003 eine neue **Storchenstation** auf den unmittelbar an den Sachsenhain angrenzenden und regelmäßig überschwemmten Wiesen und Weiden. Hier werden vom **Ehepaar Petra und Klaus Müller** verletzte Störche bis zu ihrer Genesung gepflegt und anschließend, wenn möglich, wieder ausgewildert. Die ehemalige, in einem Zeitraum von über 40 Jahren auf dem Privatgelände von **Helmut und Gerda Storch** betriebene Storchenstation ist aus Altersgründen aufgegeben worden. Helmut Storch ist über 90 Jahre alt und im wohlverdienten Ruhestand.

Tieren in besonderer Weise verbunden fühlt sich auch das bekannte Unternehmen **Masterfoods**. Der Marktführer für Heimtierfutter und -bedarf ist unter dem Namen **Effem** seit 1960 in Verden bekannt. Durch eine Fusion mit der **Mars GmbH** kommt es 2001 zur Umfirmierung. 1.900 Beschäftigte produzieren in der **Eitzer Straße** bekannte Markenprodukte wie *Whiskas*, *Chappi* oder *Kitekat* und *Trill* für Hund, Katze und Vogel. Kleine Gruppen können bei Werksführungen hinter die Kulissen der Produktion schauen.

Schmackhaftes für den menschlichen Gaumen wird in der Verdener **Keks- und Waffelfabrik Hans Freitag** hergestellt. Rund hundert Keks- und Waffelsorten werden in dem Familienbetrieb im Zweischichtbetrieb produziert. Die 330 Mitarbeiter kommen auf bis zu 130 Tonnen Kekse am Tag. Die Firmengeschichte beginnt 1946 mit der Eröffnung einer Bäckerei und Konditorei in der Grünen Straße. 1949 schafft sich Hans Freitag einen Stahlbandofen an und fortan werden nur noch Kekse und Waffeln gebacken. Seit 1991 ist auch die dritte Generation durch **Anita Freitag-Meyer** im Unternehmen vertreten. Donnerstags und freitags gibt es am Werk in der **Siemensstraße** einen **Direktverkauf**, von Oktober bis Weihnachten sogar täglich.

Hengstauktion in der Verdener Niedersachsenhalle (o.) Für die Elite der Sportpferde werden hier Höchstpreise erzielt. Für einen Hengst wie „Don Federico" etwa werden 2004 rund 440.000 Euro bezahlt

Weiß-blauer Renntag (Sponsor: BMW) auf der Verdener Galopprennbahn (l.o.)

Zweimal jährlich findet in Verden auch die Hubertusjagd statt (darunter); im Herbst geht es über die Allerwiesen, im Frühjahr durch den Stadtwald

Kinder können von Paddy, der Zauberlehrling bei Magier David Copperfield war, kleine Zaubertricks lernen oder eines der vielen Fahrgeschäfte und den großen Spielplatz nutzen (l.)

Ein wahres Gaumenerlebnis ist der Besuch in **Pades Restaurant** in der **Grünen Straße**. Spitzenkoch **Wolfgang Pade** verwöhnt seine Gäste mit einer anspruchsvollen Küche. Das Haus zählt zu den wenigen Sterne-Restaurants in der Region und zu einem der besten bundesweit.

Ein Tagesausflug lohnt sich auch zum **Magic Park Verden**. Auf 36 Hektar dreht sich hier alles um Magie, Zauberei und Illusion, jede Menge Hokuspokus für die ganze Familie. Im Magiezirkus oder in der Zauberschule werden die Zuschauer in fremde Welten entführt. Neben der Zauberei gehört ein großer **Märchenwald** zum Park. Hier gibt es die fliegenden Hähnchen des Schlaraffenlandes, das schlafende Dornröschen sowie das Knusperhäuschen von Hänsel und Gretel in Lebensgröße zu sehen.

Erholung und Spaß garantiert auch das Verdener **Erlebnisbad Verwell**. Ruhezonen mit tropischen Pflanzen, eine Sauna und Solarium sollen bei den Badegästen für zusätzlichen Wohlfühlcharakter sorgen. Im Freibad lockt für Mutige eine 10-Meter-Sprunganlage.

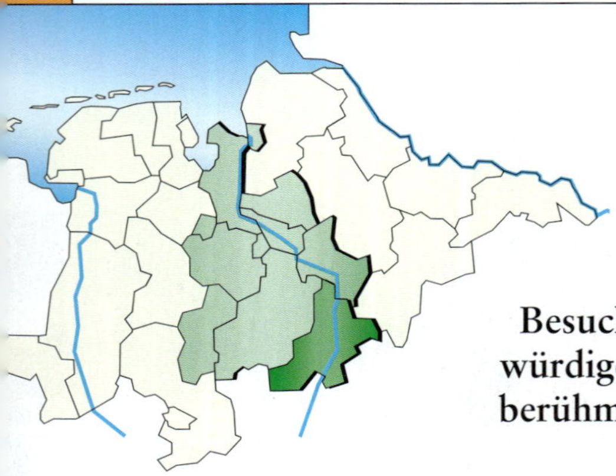

Landkreis Nienburg

Nienburg: das ist zuerst einmal der in ganz Deutschland wohlbekannte Spargel. Aber der Landkreis bietet Bewohnern und Besuchern auch herrschaftliche Höfe und altehrwürdige Rittergüter, eine Märchenstraße und eine berühmte Museumseisenbahn sowie mehr als 120 Dinosaurier und kaiserliche Kuranlagen…

Bekannt ist der Landkreis Nienburg vor allem wegen eines königlichen Gemüses: des Spargels. Immer von Ende April bis Ende Juni wird er frisch gestochen. Er gedeiht in dem sandigen Geestboden besonders gut; der grundwasserferne und warme Boden verleiht dem Nienburger Spargel, der unter diesem Qualitätssignum bundesweit bekannt ist, sein unverwechselbares Aroma. Der Anfang vor über hundert Jahren ist eher mühsam. Nur langsam werden die deutschen Konsumenten auf das weiße Gemüse aufmerksam, umso mehr, nachdem die Konservierung von Gemüse in Blechdosen erfunden worden ist. Nach der Inflation in den 1920er Jahren werden die Spargelanbauflächen größer. In den 1930er Jahren ist Deutschland mit seiner vom Hannoveraner bis in den Berliner Raum reichenden Anbauregion wichtigster Spargelproduzent Europas. In der Not nach dem Zweiten Weltkrieg ordnet die Britische Militärregierung an, die Spargelanbauflächen umzubrechen und mit ertragreicheren Früchten zu bebauen. Heute werden wieder rund 20 Prozent der deutschen Spargelernte im Landkreis Nienburg erwirtschaftet und von dem Anbau leben viele Betriebe, darunter auch Großplantagen. Zur Saison 1999 ist die „Niedersächsische Spargelstraße“ eingerichtet worden, die über 750 Kilometer weit durch die Regionen Hannover, Braunschweig, Lüneburg und Weser-Ems führt. Viele Hofläden bieten Spargel und oft auch Schinken und frische Eier an. In der Stadt Nienburg steht zu Ehren des Gemüses ein Brunnen, und hier wird im Mai das Spargelfest gefeiert, auf dem natürlich auch eine Spargelkönigin gekrönt wird.

Der Kreis zählt mit 90 Einwohnern je Quadratkilometer zu den eher dünn besiedelten Regionen in Niedersachsen. Sein Zentrum ist die Kreisstadt Nienburg (Weser) mit etwa 32.000 Einwohnern.

Spargelfeld im Landkreis Nienburg (o.)

Insbesondere die 1872 und 1891 entstandenen Glasfabriken machten die Stadt Nienburg zum industriellen Zentrum eines sonst eher landwirtschaftlich geprägten Gebietes. Der Nachfolger der 1891 gegründete Wilhelmshütte ist bis heute der größte Arbeitgeber im Landkreis. Hier wurde Anfang der 1990er Jahre auch ein hochmodernes Werk für den Bau von Automobil-Katalysatoren errichtet. Die Industrie ist aber nicht allein auf Nienburg konzentriert. Ein großer Wellpappenhersteller produziert in Hoya, in Eystrup stellt ein namhafter Hersteller Marmelade her, ein großes Chemiewerk arbeitet in Steyerberg. In der Landwirtschaft spielen neben der Spezialisierung auf Spargel auch Milchwirtschaft, Viehzucht und Ackerbau als Erwerbsquelle der bäuerlichen Betriebe eine Rolle.
Die flache und weite Landschaft des Mittelweserraumes lässt sich besonders gut mit dem Fahrrad entdecken. Deutschlands beliebtester Radweg, der Weser-Radweg, sowie ein Radwegenetz von 2.000 Kilometern durchziehen das Land. Zudem führen bekannte touristische Straßen – die Deutsche Märchenstraße und die Niedersächsische Spargelstraße – in die Region. Möglichkeiten, den Tag zu gestalten, gibt es viele: In Bruchhausen-Vilsen fährt die Erste Museumseisenbahn Deutschlands mit historischen Dampfloks durch Dörfer, Wälder und Wiesen. Und über 120 Dinosaurier in Originalgröße machen den Besuch in Deutschlands größtem Dinosaurierfreilichtmuseum in Münchehagen zu einem spannenden Erlebnis.

Landkreis-Profil

	Landkreis	Land Nieders.
Einwohner, Fläche		
Einwohner gesamt	126.032	7.993.415
darunter 0 bis 15 Jahre in %	17,0	15,4
darunter älter als 65 Jahre in %	18,8	18,7
darunter Ausländer in %	5,4	6,7
Fläche in qkm	1.398,88	47.618,24
Einwohner je qkm	90,1	167,9
Sozialstruktur (Jahresdurchschnitt, gerundet)		
Erwerbstätige gesamt	48.800	3.492.600
Empfänger von Arbeitslosengeld / -hilfe	4.880	354.300
Empfänger sonst. Hilfen zum Lebensunterhalt	5.580	311.900
Anzahl Wirtschaftsbetriebe		
Gesamt (Industrie, Handel, Gewerbe, Dienstl.)	5.444	351.151
darunter Land-, Forst-, Fischereiwirtschaft	382	15.862
Steueraufkommen		
Lohn- und Einkommensteuerzahler	43.547	2.738.281
Summe positiver Einkünfte (in Tsd. EUR)	1.264.551	88.279.875
Steuereinnahmen (EUR je Einwohner)	515,59	544,33

Wahlen

Landtagswahl 2003	
CDU	57,7
SPD	34,0
FDP	3,4
Grüne	4,8
Sonstige	0,1

SG Eystrup

Mitgliedsgemeinden:
- Eystrup
- Gandesbergen
- Hämelhausen
- Hassel (Weser)

Einwohner: 6.347
Fläche: 57,72 qkm
110,0 Einw. je qkm

Lerchensporn blüht im April blauviolett und kommt ausschließlich in dem kleinen geschützten Auwaldgebiet der Alhuser Ahe vor (r.)

Der Bahnhof mit dem wiederbelebten Güterumschlag, die Verbindung der Pendler nach Bremen oder Hannover, ist eine der Hauptlebensadern der Samtgemeinde Eystrup. Im April ist sie selber für Naturfreunde ein besonders reizvolles Ziel. Regelmäßig versinkt das unter Naturschutz stehende Auwaldgebiet **Alhuser Ahe** in einem violetten Farbenmeer: Fast kniehoch steht dann die **Lerchenspornblüte.** In **Hassel (Weser)** stoßen Besucher auf die über 1.000 Jahre alte **Wehrkirche.** Feuersteingeräte der Rentierjäger aus der Zeit vor rund 10.000 Jahren, die südlich von **Hohenholz** (ein Ortsteil von Hämelhausen) entdeckt worden sind, belegen, dass Eystrup bereits zu früher Zeit besiedelt gewesen sein muss. Die ältesten Funde stammen aus der Zeit um 750 v. Chr. Am bekanntesten ist der **Hortfund** vom Blankenmoor bei Eystrup. Dieser Schmuckfund – ein bronzener Halsring, ein Bronzering und 22 durchbohrte Bernsteinstücke, die zu einer Kette gehören – sind heute im Niedersächsischen Landesmuseum in Hannover zu sehen.

Turmwindmühle „Margarethe" in Eystrup (o.)

Wehrkirche in Hassel (ganz o.)

In Eystrup selber lohnt sich ein Blick in die **Eystruper Kirche,** deren Turmgewölbe und Fundamentsteine aus dem 12. Jahrhundert stammen. Ein beliebtes Ausflugsziel ist zudem die Eystruper **Windmühle.** Der 1861 gebaute Galerieholländer steht leicht erhaben auf einer sieben Meter hohen eiszeitlichen Sanddüne. In einem Novembersturm 1972 verliert die Mühle, die auf den Namen **„Margarethe"** getauft ist, ihre Flügel. Fortan wird mit Motorkraft gemahlen. Die Mühlenfreunde machen sich für eine Restaurierung des Galerieholländers stark. Seit 1981 trägt die Windmühle wieder Flügel. Kappe, Steert und Galerie werden im Zuge der Restaurierungen ebenfalls erneuert. Mühlenbetreuer **Wilfried Bremer** bietet Führungen durch das Gebäude, in dem sich heute ein liebevoll restaurierter Raum als Trauzimmer befindet. Erste gemeinsame Handlung nach der Hochzeit ist hier, ein Bund Stroh mit alten Dreschflegeln zu bearbeiten. Unweit der Mühle stoßen Besucher auf ein Naturdenkmal, die 200-jährige Linde. Die mittlerweile zerbrechlich wirkende **Zwillingslinde** hält seit nunmehr gut 210 Jahren Wind und Wetter stand.
Auf authentische Zeitreisen ins Mittelalter hat sich **Johannes F. Faget** aus Hassel-Heidhüsen mit seiner **Fogelvrei**

Produktionen spezialisiert. Seit rund 15 Jahren sorgt er mit seinem Team dafür, dass es auf historischen Märkten, Ritterturnieren und Tafelfreuden wahrlich *„eyn fürtrefflich spectaculum"* für die Besucher wird. Damit bereist der Eventspezialist Fogelvrei nicht nur die gesamte Republik, auch international, ob in Japan oder Schweden, hat man ab und an gern das *„Gesindel"* für ein Gastspiel zu Besuch.

Johannes F. Faget als Herold in einer Fogelvrei Produktion (o.)

Die alte Dampfmaschine von 1911 steht noch heute bei dem Senfhersteller Ph. Leman (l.o.)

Konfitüre in Eimern von Göbber wird für Großverbraucher aus der laufenden Produktion automatisch auf Paletten abgesetzt und zum Versand gebracht (l.u.)

Neben der Zwillingslinde befindet sich ein Hoftor mit der Aufschrift **Ph. Leman Senffabrik**. Auf diesem Grundstück hatte das 1809 gegründete älteste Industrieunternehmen Eystrups bis 1914 seinen Stammsitz. Dann ist die Senffabrik in den **Alexanderweg** neben dem Bahnhof gezogen, wo die Firma bis heute **Echten Eystruper** – Senf, Essig und Öl – herstellt. Dabei werden aromatische Essige auf Buchenspänen in jeweils 50.000 Liter fassenden Holzfässern langsam vergoren. Rund 30 verschiedene Senfsorten werden nur mit diesen eigenen Essigen und mit Senfmehlen aus eigener Herstellung produziert. Ein zweites Standbein des Unternehmens ist die Herstellung technischer Öle auf Basis nachwachsender Rohstoffe wie Raps. Die Firma bietet Spezialitätennachmittage an, bei denen Besucher u.a. industriegeschichtlich interessante Kessel- und Ölmühlenanlagen besichtigen können und auch Einblick bekommen in die heutige Herstellung von Senf.

Mit einer anderen Spezialität ist die Firma **Göbber** europaweit buchstäblich in aller Munde. Die in Eystrup hergestellten Marmeladen, Konfitüren, Fruchtsirupe usw. versüßen nicht nur vor Ort das Frühstück. In dem 1888 von **Friedrich Göbber** gegründeten Familienunternehmen werden heute in vierter Generation viele tausend Tonnen reife Früchte jährlich in modernen Vakuumkesseln verarbeitet. Durch diese Technik werden Erdbeeren, Kirschen, Himbeeren oder die vielen anderen Früchte bereits bei einer Temperatur von 80 Grad schonend gekocht. Dadurch wird das volle Aroma der Früchte erhalten. Mit rund 300 Mitarbeitern ist die Firma heute der größte Arbeitgeber in Eystrup.

Eine weitere Delikatesse sichert im Frühjahr nicht nur Hochgenuss auf dem Teller, sondern auch etliche Arbeitsplätze im gesamten Landkreis. Unter dem Prädikat **Nienburger Spargel** wird das „königliche Gemüse" entlang der **Niedersächsischen Spargelstraße** in den einzelnen Gemeinden angebaut und von dort aus auf den Markt gebracht. Eines der zahlreichen Unternehmen, die sich dem Spargelanbau gewidmet haben, sind die **Alhusen Spargelplantagen** in Eystrup-Mahlen. Das prächtige Fachwerk-Haupthaus auf dem Hof von **Dr. Magnus Alhusen** ist über 300 Jahre alt. Hier kann man direkt ab Hof zur Erntezeit weißen und grünen Spargel frisch vom Feld kaufen – auf Wunsch bereits geschält. Die notwendigen Delikatessen, die ein gelungenes Spargelessen abrunden, bekommt man auch in den Hofläden des **Biolandhofes Kramer** oder beim **Ostermeierhof**, beide in Hassel (Weser). Etliche weitere Höfe sind ganzjährig ein beliebtes Ziel für Einkäufe von Blaubeeren, Geflügel, Kartoffeln oder Schafen aus der Gegend.

Zwillingslinde (o.)

Echter Eystruper Senf im traditionellen Gefäß (l.)

Mitglieds-gemeinden:
- Flecken Bücken
- Hilgermissen
- Stadt Hoya (Weser)
- Hoyerhagen
- Schweringen
- Warpe

Einwohner: 11.102
Fläche: 157,56 qkm
70,5 Einw. je qkm

SG Grafschaft Hoya

Die „Grafenfamilie" beim traditionellen Katharinenmarkt (o.)

Grafenschloss in Hoya (ganz o.r.); im Bild links: die Brücke über die Weser

Bronzeplastik „Esel und Mönch" (r.)

Die Stiftskirche St. Materniani et St. Nicolai (u.)

Genau zwei Wochen vor Erntedank kommen Graf Otto, Gräfin Mechthild und ihre Tochter Katharina samt Gefolge in die Innenstadt von Hoya, um mit dem Volk ein großes Fest zu feiern. Die **Grafenzeit** in Hoya ist zwar seit Jahrhunderten vorbei, doch einmal im Jahr wird sie mit dem traditionellen **Katharinenmarkt** wieder äußerst lebendig. Begleitet von zahlreichen Gauklern, Musikanten, Jongleuren, Spielleuten und Hofnarren gibt das Gefolge Besuchern einen Eindruck vom Leben und Treiben zu Zeiten der Grafen von Hoya.

Hoya wuchs auf beiden Weserufern vermutlich schon vor dem 12. Jahrhundert heran, wie Ausgrabungen gezeigt haben. Mit der Gründung der **Grafschaft Hoya** um 1200 verknüpft sich die Geschichte der Stadt mit der der Grafen von Hoya und ihrer Burg auf das Engste. Die Flussbiegung der Weser bot einen gewissen Schutz und einen natürlichen Hafen. Heute befindet sich an der Stelle der ehemaligen Burg das **Amtsgericht**. An die Gründung der Grafenstadt erinnern die **Zwergensage** von Hoya, der ein **Brunnen** an der Grundschule gewidmet ist, und die 900 Jahre alte **Pfarrkirche St. Martini**, die seit 1995 als Kulturzentrum genutzt wird. Auch standesamtliche Trauungen finden hier statt.

Die reizvolle Flusslandschaft rund um Hoya bestimmt lange die Geschicke des Ortes: Handel, Gewerbe, Krieg und Frieden. Heute ist die Weser ein Erho-

lungsgebiet für Radfahrer, Wanderer und Wassersportler. In Hoya treffen die Radfernwege Weser und Leine und im Flecken **Bücken** die Radfernwege Weser und Hunte zusammen. Auf gut ausgeschilderten Rundradwanderwegen kommt man durch die Marschlandschaft der Weser, u.a. vorbei am **Mittelpunkt Niedersachsens**. Dieser erste amtlich ermittelte geografische Mittelpunkt eines

Bundeslandes in der Feldmark nördlich von **Hoyerhagen** ist kenntlich gemacht durch einen Stein und eine Informationstafel. Ein weiteres Ausflugsziel in der Samtgemeinde ist der idyllisch gelegene **Alveser See**, ein Altarm der Weser. Er liegt in einem Landschaftsschutzgebiet und erstreckt sich über mehrere Kilometer.
In **Eitzendorf** findet man den **Biolandhof Cordes**, lange bekannt unter dem Namen „Smüllershof". Der Hof existiert seit 1645. 1984 wird er auf organisch-biologischen Landbau umgestellt. Die **Familie Cordes** bietet mit einem Bed & Breakfast-Angebot vor allem Fahrradwanderern eine beliebte Übernachtungsmöglichkeit in Wesernähe.
Eine Besonderheit ist die doppeltürmige **Stiftskirche** in **Bücken**. Einer Legende nach erbitten einige Mönche, die im

Jahre 1050 den Auftrag für den Bau einer neuen Kirche erhalten, ein Zeichen Gottes, das ihnen einen neuen Standort für die Kirche zeigen möge. Dort, wo der mitgeführte Esel sich zum ersten Mal bücken würde, da wollten sie die Kirche bauen. Der Esel aber bückte sich in der Wüsteney und so zogen sie ihn weiter bis zu der Stelle, an der heute die Stiftskirche **St. Materniani et St. Nicolai** zu Bücken steht und es scheint klar, woher der Ort den Namen hat. Die Bronzeplastik **„Esel und Mönch"** auf dem Bücker Marktplatz erinnert an diese Gründungslegende des Stiftes. Der Dom mit seiner beeindruckenden Doppelturmfassade ist mit außergewöhnlichen Kunstschätzen ausgestattet. Dazu zählen ein **Triumphkreuz** aus dem Jahre 1230 und die ebenfalls aus dem 13. Jahrhundert stammenden, reich bebilderten **Glasfenster** und vieles mehr.

In dem reizvollen, rondellartig angelegten Ensemble hinter der **Martinskirche** beherbergt das ehemalige **Staffhorstsche Gutshaus** heute das **Heimatmuseum Grafschaft Hoya**. Es liegt am Rande des **Bürgerparks** mit altem Baumbestand, der nach dem Muster des Georgengartens in Hannover gestaltet ist. Das Museum zeigt regionalgeschichtliche Dauerausstellungen. Dem in Hoya geborenen späteren Professor für Ökonomie und Technologie an der Universität Göttingen, **Johann Beckmann** (1739–1811), ist ein eigener Raum gewidmet. Dessen Geburtshaus aus dem 17. Jahrhundert in der **Lange Straße 5** zählt zu den ältesten erhaltenen Fachwerkhäusern der Stadt. In der Nähe des Heimatmuseums, im ehemaligen Pfarrhaus, werden im **Druckereimuseum** rund 30 Druckmaschinen aus 150 Jahren gezeigt.

Erntehelfer auf dem Biolandhof Cordes beim Unkrautjäten mit der motorgetriebenen Liegeraupe. Ergonomisch ist die Arbeit damit viel entspannter als im Stehen (o.)

Immer im September findet in Hoya auf der Weser eine der größten deutschen Ruderregatten statt, an der bis zu 1.500 Aktive teilnehmen (ganz o.)

Blick auf den Alveser See (o.l.)

In den Sommermonaten setzt die Weserfähre von Schweringen nach Gandesbergen (Eystrup) über. Landwirte mit ihren Treckern, Fußgänger und Radfahrer sind die Passagiere (o.)

Sehenswert sind die Mühlen in der Samtgemeinde. **Buschens Mühle** in **Nordholz** ist eine sorgfältig sanierte Schrotkornmühle aus dem Jahr 1910. Die Technik kommt ohne Wasser aus, ein Elektromotor treibt das Mahlwerk an. Die Mühle ist saniert und komplett funktionsfähig. In der Mühle befindet sich ein stilvoll eingerichteter Gastronomiebereich. Hier kann man sich auch standesamtlich trauen lassen. Der **Galerieholländer Hoyerhagen** ist schon aus der Ferne weithin sichtbar. Die dreigeschossige Windmühle von 1866 ist 1983 restauriert worden. In **Hohnhorst** steht eine eingeschossige, unterschlächtige **Wassermühle** von 1780. Im Innern des Fachwerkgebäudes ist ein Schrotmahlgang erhalten. 1999 wird die Mühle vollständig restauriert.

Die Papiermaschine bei Smurfit produziert täglich 800 Tonnen Papier für die Verpackungsindustrie (r.)

Die **Weserfähre Schweringen** ist als einzige im gesamten Mittelweserabschnitt erhalten geblieben. Im Jahr 2000 wird die Anlage erneuert. Die neue Fähre bringt auch heute noch die Schweringer Bauern auf ihre jenseits der Weser gelegenen Ländereien. Aber auch Besucher der Gegend nutzen die Fähre gern zum Überqueren der Weser. Ort und Bewohner sind eng mit dem Fluss und der Fähre verbunden. Eine Einstellung des Fährbetriebs erscheint undenkbar.

Mit dem **Niedersächsischen Institut für Sportgeschichte Hoya** (NISH) hat sich eine Einrichtung etabliert, die für die regionale Sportforschung in Deutschland Pionierarbeit geleistet hat. Die Geschäftsstelle befindet sich in einem fast hundert Jahre alten Gebäude, das ursprünglich von der Wasser- und Schifffahrtsverwaltung genutzt wird. Zu den bedeutenden Beständen des Instituts zählen der **Schaefer-Nachlass**, eine der größten Sammlungen zum Kraftsport in

Fotodokument aus dem Institut für Sportgeschichte: Mädchenriege in den 1920er Jahren (r.)

Deutschland, sowie eine umfangreiche **Schach-Sammlung**, die beide bis in die frühen Jahre des 20. Jahrhunderts zurückreichen. Mehr als 15.000 katalogisierte Titel, darunter tausende Vereins- und Verbandszeitschriften, stehen zur Einsicht zur Verfügung. Eine Ehrengalerie als Dauerausstellung würdigt herausragende Leistungen und Verdienste um den niedersächsischen Sport.

Seit 2003 gehört die **Europa Carton Papierfabrik** zur Dubliner **Jefferson Smurfit Group**. Die Hauptverwaltung für die „German Paper Division" der Gruppe befindet sich in Hoya. Die großen Papier- und Kartonmaschinen stellen aus Altpapier, Papier und Faltschachtelrohpapier für die Verpackungsindustrie her. In Hoya gibt es zudem ein Dienstleistungszentrum und eine angeschlossene Speditionsgesellschaft. Insgesamt hat der Marktführer für Wellpappenverpackungen 20 Betriebsstätten bundesweit und beschäftigt 2.200 Mitarbeiter, davon rund 400 in Hoya.

Porträt

„...die Kenntniß der Handwerke und Manufacturen"

Johann Beckmann wird am 4. Juni 1739 in Hoya geboren. Er studiert Naturwissenschaften und Ökonomie. 1763 wird er Professor der Physik und Naturgeschichte am deutschen Gymnasium in St. Petersburg, geht 1765 nach Schweden, um den Bergbau kennen zu lernen, wird 1766 Professor der Philosophie, 1770 auch der Ökonomie und lehrt in Göttingen.

Johann Beckmann (o.) und eines seiner Modelle: ein oberharzischer Treib- und Schmelzofen (l.) Die Längsansicht zeigt das Wasserrad, die Blasebälge und den Schwenkkran

High-Tech ist heute in aller Munde. Jeder verbindet mit dem Wort irgend etwas zwischen Chipherstellung in staubfreien Räumen, Satellitenkommunikation und bakteriell hergestelltem Insulin. Dass aber der Begriff **„Technologie"** überhaupt erst einmal zu definieren war, ist den wenigsten bewusst. Der Hoyaer **Johann Beckmann** ist der Vater des wissenschaftlich definierten Begriffs. Er unternahm als erster den Versuch, eine Anzahl von Gewerben zu beschreiben und zu einem **Lehrbuch** zu vereinigen. Unter *Technik* versteht man Objekte und Verfahren zur Herstellung von Dingen, Werkzeuge, Geräte oder Apparaturen. Der umfassendere Begriff *Technologie* schließt die jeweiligen Techniken sowie die Prozesse zu ihren Entstehung, Anwendung und Verbesserung ein. Im **Heimatmuseum** der Gemeinde Grafschaft Hoya ist Johann Beckmann eine Dauerausstellung gewidmet.

Auf seiner Studienreise nach Schweden trifft er mit **Carl von Linné** zusammen. Zu seinen berühmtesten Schülern gehören **Alexander von Humboldt** und der Ökonom **Heinrich von Thünen**. Er verfasst wissenschaftliche Arbeiten über Landwirtschaft, Warenkunde und Technikgeschichte. Berühmt sind seine Göttinger ökonomischen Vorlesungen über Theorie und Praxis des Landbaus. Seine *Grundsätze der teutschen Landwirthschaft* (1769) sind lange Zeit ein Standardlehrbuch an deutschen Hochschulen und gelten bis heute als erster systematischer Aufriss der Agrarwissenschaften.

Ab 1771 hält Beckmann auch Vorlesungen über die *Kenntniß der Handwerke, Fabriken und Manufacturen*. Dies nennt er ab 1772 dann „Technologie". Bei seinen Vorlesungen führt er technische Modelle vor und macht mit den Studenten auch Betriebsbesichtigungen. 1806 entwirft Beckmann eine allgemeine oder vergleichende Technologie. Sie ordnet und systematisiert erstmals die Handwerke nach technischen Prinzipien: Glätten, Rauen, Zerkleinern, Härten, usw. Seine Idee ist: Was an der einen Stelle gut funktioniert, lässt sich vielleicht woanders wiederholen. Beckmann will *„erfinderische Köpfe zu neuen nützlichen Verbesserungen hinleiten"*. Heute nennt man das Innovation. Johann Beckmann stirbt 1811 in Göttingen.

Im letzten Jahr ihres Bestehens gibt die DDR eine Briefmarke anlässlich des 250. Geburtstags von Beckmann heraus (o.)

SG Heemsen

Mitgliedsgemeinden:
- Flecken Drakenburg
- Haßbergen
- Heemsen
- Rohrsen

Einwohner: 6.102
Fläche: 73,29 qkm
83,3 Einw. je qkm

Die Samtgemeinde Heemsen liegt nördlich von Nienburg am Ufer der Weser und in einem der großen Spargelanbaugebiete Niedersachsens. Erhaben steht der wunderschöne **Torbogen** im Stil der Weserrenaissance in **Drakenburg.** Vom Torbogen aus öffnet sich der Blick auf die großzügige Anlage des **Gutshofs Benecke**, dem ältesten Burgmannshof des Fleckens. Wo heute nur noch Überreste an die ritterliche Vergangenheit erinnern, stand bis zu einer Brandkatastrophe im Dreißigjährigen Krieg besagtes Rittergut.
Eine Sehenswürdigkeit der Gemeinde Heemsen ist die Kirche **St. Michael.** Als erste Kirche der Gemeinde wird sie ursprünglich im romanischen Stil erbaut, 1863 aber abgebrochen und im neugotischen Baustil mit 660 Sitzplätzen wieder aufgebaut. Auch die **Kirche Johannes-der-Täufer** kann auf eine lange Geschichte zurückblicken, wenngleich bis heute das Gründungsdatum oder frühe Urkunden fehlen.

1288 wird erstmals ein Priester erwähnt, doch man vermutet, dass die Kirche wesentlich älter ist. Besonders sehenswert im Inneren sind Altar, Rokoko-Kanzel und Taufstein. Die Kirche zählt zu den ältesten der Mittelweserregion.
Das rote Fachwerkbauernhaus **Ole Schüne** dient heute als **Heimatmuseum.** Der alte **Kornboden** ist Schauplatz von

Bauhistorische Kleinode sind der Renaissance-Torbogen zum Gutshof Benecke (u.) und die Johannes-der-Täufer-Kirche (r.) in Drakenburg

Ausstellungen: Bildergalerien wie Oster- und Weihnachtsschauen. Zur Besichtigung an Sonntagen und nach Vereinbarung bei Kaffee und selbst gebackenem Kuchen laden eine **Stube** und eine **Kammer**, das typische norddeutsche Wohn- und Schlafzimmer, ein. In der Olen Schüne wird die **Schlacht vor Drakenburg** mit Zinnfiguren nachgestellt. Auf Wunsch kann man sich in der Olen Schüne auch trauen lassen.
Das Kulturzentrum **Alte Kapelle Haßbergen** befindet sich im historischen Ortskern. Die Marienkapelle stammt vermutlich aus dem 14. Jahrhundert und ist bis 1962 die Dorfkirche. Mitte der 1980er Jahre droht der Abriss, und engagierte Dorfbewohner gründen 1988 den **Heimatverein Haßbergen,** um dies zu verhindern. Mit rund 2.500 Arbeitsstunden und kräftigen Finanzhilfen seitens einiger Institutionen und der Gemeinde gelingt die Umnutzung zum kleinen Kulturzentrum. Seit 1991 hat sich ein vielseitiges Kulturprogramm etabliert: Ausstellungen, Workshops, Kinderveranstaltungen, Kabarett, Theater und Musikveranstaltungen. Über das Kulturelle hinaus können sich Paare in der Alten Kapelle auch standesamtlich trauen lassen.

Die **Kapelle** in **Anderten** ist im Jahre 1854 im für die Zeit typischen Eichenfachwerkbaustil erreichtet worden. Sie ist eines der das Ortsbild prägenden Gebäude dieses Teils der Gemeinde Heemsen. Bei ihrer Sanierung ist es gelungen, das ursprüngliche Erscheinungsbild der Kapelle zu erhalten.

Am **Drakenburger Wasserfließkraftwerk** wird die Wasserkraft der Weser zur Stromgewinnung genutzt. Neben dem Wehr führt eine Brücke über den Fluss, über die die Drakenburger Landwirte zu ihren Ländereien in der jenseitigen Marsch gelangen. Auf der westlichen Weserseite könnte man heute die Stoltenburg, das Gut Stever und die Wohnsiedlung Staveron sehen, wären sie nicht in einem gewaltigen Hochwasser fortgeschwemmt worden und untergegangen. Verheerende Hochwasser haben in der Vergangenheit dazu beigetragen, dass die Weser mehrfach ihr Flussbett gewechselt und viele Gebäude und Ländereien mitgerissen hat.

Der **Hämelsee** in **Anderten** lockt Besucher und Einwohner zum Baden und Spazierengehen. Der 45.000 Quadratmeter große Naturbadesee wird von zahlreichen hohen Laubbäumen gesäumt. Hier finden Urlauber auch das **Rittergut Hämelsee**, wo sich in historischer Gutshofatmosphäre heute ein großer **Campingplatz** befindet.

Idyllische Ferien verspricht **Gudrun Lammers** ihren Gästen. Auf dem **Reiterhof** in **Anderten** kommen Pferdefreunde auf ihre Kosten. Der ehemalige Bauernhof ist zu großzügigen Wohngebäuden mit Stallungen und Reitplätzen umgebaut worden. Es gibt mehr als ein Dutzend Schulungspferde, Planwagenfahrten, Reitunterricht und Lehrgänge.

Drakenburger Wasserfließkraftwerk (o.)

Die Marienkapelle ist heute Domizil des Heimatvereins (l.o.)

Ole Schüne (l.u.)

Besonders bei motorsportbegeisterten Jugendlichen schlägt das Herz im **Drakenburger Groß-Kartodrom** höher. In der 4.500 Quadratmeter großen Halle und auf dem 25.000 Quadratmeter großen Freigelände werden verschiedene Arten von Rennen angeboten. Für kleine Gäste stehen Kinderkarts mit vier PS bereit. Wer dem Treiben lieber aus sicherer Entfernung zuschauen möchte, genießt den Panoramablick vom **Bistro Formel 1** aus. Da das Bistro etwas höher gebaut ist, kann man von hier aus das komplette Renngeschehen auf der Piste überblicken.

Geschwindigkeitsrausch im Drakenburger Groß-Kartodrom (o.)

Mitglieds-gemeinden:
- _ Estorf
- _ Husum
- _ Landesbergen
- _ Leese

Einwohner: 8.698
Fläche: 131,19 qkm
66,3 Einw. je qkm

SG Landesbergen

Mit dem **Rittergut Brokeloh** haben die legendären **von Münchhausens** unweit des Steinhuder Meeres ihre Spuren hinterlassen. Bereits 1335 wird die „villa Monikhusen“ als bewohnte Siedlung erwähnt. Clamor von Münchhausen baut nach einer Hochwasser-

Rittergut Brokeloh (o.)

katastrophe an schwer zugänglicher Stelle eine Wasserburg im Moor. Hier fühlt er sich vor kriegerischen Raubzügen sicherer als auf einer Anhöhe. Sein Sohn Hans-Erich vollendet das Gebäude als Vier-Flügel-Anlage um 1600. Der letzte von Münchhausen'sche Besitzer gerät zwei Jahre darauf in finanzielle Schwierigkeiten und verkauft die Burg. Das Anwesen geht zunächst durch mehrere Hände, bevor es in der **Familie Niemeyer** einen neuen Besitzer findet. 1734 kauft Amtmann Christian Eberhard Niemeyer das Rittergut Brokeloh und leitet damit eine bis heute anhaltende Ära ein. 1858 geht es an den Geheimen Kriegsrat Friedrich August Wilhelm Niemeyer über. Von ihm wird die mittlerweile baufällige Burganlage zwischen 1871 und 1875 gründlich restauriert. Die Niemeyers sind eine hannoversche Familie, die im 18. und 19. Jahrhundert mehrere bedeutende Offiziere und Beamte stellt. Der heutige Besitzer **Carsten Niemeyer** ist der erste in der über 270-jährigen Familiengeschichte, der als Landwirt das Gut selber bewirtschaftet. Auf dem heute 223 Hektar großen Gut Brokeloh bieten Carsten Niemeyer und die Tierärztin **Dr. Andrea Berkenhoff** angespannten Städtern Ferien in historischem Ambiente. Ein Teil des Verwalterhauses ist zu Ferienwohnungen umgestaltet, ein Teil des Pferdestalls wird in den Sommermonaten zum urigen Heuhotel. Da die Niemeyers Spargel, Kartoffeln, Getreide und Raps anbauen, Rinder züchten und zudem Pferde halten, gewähren sie auch Einblick in die heutige Landwirtschaft. Hof und Gebäude stehen als Ensemble unter Denkmalschutz. Im September 2004 gewinnt **Brokeloh** in dem Wettbewerb **„Unser Dorf soll schöner werden“** die **Goldmedaille**. Die fabelhafte Dorfgemeinschaft, das Engagement der Bürger und nicht zuletzt das Rittergut haben dazu beigetragen.

Radler im Scheunenviertel (o.)

Triptychon „Das Jüngste Gericht“ in der Estorfer Fachwerkkirche (o.r.)

Zahlreiche Brautpaare haben sich schon das Jawort gegeben in der **Landesberger Hochzeitsmühle**. Der Galerieholländer hat eine bewegte Geschichte hinter sich. 1872 erbaut, brennt er Pfingstmontag 1915 ab, wird wieder in Betrieb gesetzt, aber nicht als Windmühle sondern von Maschinen getrieben. Die Eigentümer wechseln, ehe die Gemeinde Landesbergen sie erwirbt, gründlich restauriert und 1987 neu eröffnet – als Hochzeitsmühle.
Ein baugeschichtlich einmaliges Kleinod zwischen schmucken Ortschaften können Besucher in **Estorf** entdecken: das nach dem Dreißigjährigen Krieg entstan-

dene **Scheunenviertel Estorf** in einem alten Eichenhain. Von den ursprünglich mehr als vierzig Vorratsscheunen, die zum Schutz vor plündernden Horden und Feuer außerhalb des Dorfes errichtet wurden, sind heute sieben aufwändig restauriert und beherbergen das **Heimatmuseum.** Mitten in diesem historischen Ambiente steht die sogenannte **Radler-Scheune**, in der Gruppen (nach Voranmeldung) ihr Nachtlager aufschlagen können.

Ein weiteres Schmuckstück ist die **Estorfer Fachwerkkirche.** Ende des 17. Jahrhunderts erbaut, wartet sie mit einer für eine evangelische Kirche ungewöhnlich opulenten **Deckenmalerei** des **Jüngsten Gerichts** auf. Neueren Forschungen nach soll das Triptychon des Jüngsten Gerichts in der Danziger Marienkirche diese farbenprächtige Darstellung angeregt haben.
Vor allem ein sattes Violett steht bei der Familie Herse in der Farbgebung ganz oben. Auf dem **Bickbeernhof** von **Sylke Herse** werden Heidelbeeren, Himbeeren und Holunder kontrolliert biologisch angebaut. Zehn Hektar gepachtete Ödfläche bilden 1969 den Grundstock zum Beerenanbau. 1977 entsteht der jetzige Hof. Im Sommer können Gäste in einem **Saisoncafé** unter freiem Himmel die leckeren Heidelbeer- und Himbeerspezialitäten wie Bickbeerwaffeln oder Hefeklöße probieren. Wer von den Früchten nicht genug bekommt, der kann im **Hofladen** stöbern. Hier gibt es nicht nur Marmelade, Saft oder Likör. Erhältlich sind auch hübsche Wohnaccessoires mit Blau- und Him-

beermotiven überwiegend im schwedischen Landhausstil.
Die **Brokeloher Klöppeltage** locken Anfang Mai Freunde des Klöppelhandwerks an. Aus dem In- und Ausland treffen sich bis zu fünfzig Klöpplerinnen, um ihre Arbeiten in diesem alten Kunsthandwerk zu präsentieren. **Marie-Luise Prinzhorn** und **Adina Sternemann** helfen der vergessenen Kunst auf die Sprünge. Zu den Klöppeltagen veranstalten die beiden Lehrgänge, sie geben VHS-Kurse und bieten vierzehntägig eine Kindergruppe an.
Am Wochenende herrscht Hochbetrieb auf dem **Modellflugplatz Landesbergen**, wenn die Modellbauer ihre Flitzer in die Lüfte steigen lassen. Ruhiger geht es zu in Heidhausen Nr. 42, dem ehemaligen Hotel Jägerhof, heute **Country Cottage.** Dort hat **Eduard Willke** seine **Schiffsmodellbauwerkstatt.** Er baut Großmodelle im Maßstab 1:20 bis 1:10. Seine Arbeiten stehen im Deutschen Schifffahrtsmuseum in > Bremerhaven (174f), in > Brake (28) und im Schifffahrtsmuseum Rostock. Modelle der berühmten vier bewaffneten Konvoischiffe der Hamburg Kauffahrer aus dem 17. und 18. Jahrhundert stehen in der Handelskammer Hamburg. Ehefrau **Jutta Willke** zeigt im Saal des ehemaligen Restaurants ihre Stoffarbeiten und gibt Kurse in Patchworken und Quilting.

Brokeloher Klöppeltage (ganz o.)

„Café Panorama" auf dem Bickbeernhof (o.) von Sylke Herse (o. Mitte)

Einer der letzten Aalschokker der Familie Brauer auf der Mittelweser in der Nähe der Schleuse von Landesbergen. Das Boot liegt fest vertäut und wartet, bis die Aale ins Netz gehen (ganz o.l.)

Die „Wapen von Hamburg" III ist eines der Modelle der Hamburger Konvoischiffe, die Eduard Willke gebaut hat (o.l.)

Mitgliedsgemeinden:
_ Binnen
_ Flecken Liebenau
_ Pennigsehl

Einwohner: 6.447
Fläche: 71,96 qkm
89,6 Einw. je qkm

SG Liebenau

Naturbad Pennigsehl (r.)

Im Witten Hus sind traditionelles Gerät und alte landwirtschaftliche Maschinen zu sehen. Die rustikale Atmosphäre nutzen Liebenauer Hochzeitspaare auch für standesamtliche Trauungen (o.)

Blick in die Binner Schlucht (o.r.)

Schnitzaltar und Tabernakel der Kirche St. Laurentius (r.)

Gewaltige Gletscher schieben sich von den skandinavischen Gebirgen südwärts. Die Landschaft versinkt unter einer 300 bis 400 Meter dicken Eisschicht. Das Eis zieht gigantische Stein-, Sand- und Geröllmassen mit sich. Sie sinken nach der Eisschmelze zu Boden und die **Nienburg-Meppener Geest** bildet sich. Auf eiszeitliche Spurensuche können Besucher in Liebenau noch heute gehen. Die **Binner Schlucht** ist nicht nur ein beliebtes Ausflugsziel, sondern zudem auch ein Produkt der Eiszeit. Das Schmelzwasser, das damals zum Wesertal abläuft, hat Rinnen in den Geestrand gespült, die tiefen Schluchten ähneln. Umgeben von Buchen, Eschen und Eiben kann man hier durch diese Schluchttäler wandern.

Insgesamt liegt Liebenau reizvoll und eher ruhig am Westhang der Geestplatte. In der Ortsstraße stoßen Besucher auf ein für die Region typisches Ackerbürgerhaus: das heutige Heimathaus **Witten Hus**. Bis 1997 wohnt darin die Familie Witte. Der **Heimatverein Liebenau** wandelt das Haus, das Ende des 19. Jahrhundert nach dem großen Brand von 1869 gebaut wird, in ein Museum um. Weiterer Blickfang im Ort ist die **Kirche St. Laurentius.** Bereits um 900 steht hier eine Holzkirche. Die heutige dreischiffige Hallenkirche mit Kreuzgewölbe ist im spätgotischen Stil errichtet. Die Außenmauern bestehen aus Bruchsteinen und Findlingen. Sehenswert sind der aus Sandstein gearbeitete 6,5 Meter hohe spätgotische Tabernakel und der Schnitz-Altar aus dem Jahre 1517.

Rund um die gotische Kirche in **Binnen** stehen die vier vermutlich ältesten Bäume des Landkreises. Das Alter der mächtigen **Linde** vor der Kirche wird auf rund 450 Jahre, das der **drei Eiben** im Pfarrgarten gar auf 600 bis 800 Jahre geschätzt.

Nicht nur beim Anblick der Bäume kommen Naturfreunde auf ihre Kosten, sondern auch im **Naturbad Pennigsehl.** Das einst konventionelle Freibad ist heute eine Schwimmteichanlage mit natürlich gestalteten Badeseen und einem eigenen

geschlossenen Wasserkreislauf. Das Badewasser wird nicht mit chemischen Mitteln, sondern allein auf biologische Art gereinigt. Neben ausgiebigen Ruhezonen sorgen Sprungfelsen und eine **Matratzen-Rafting-Strecke** für eine abwechslungsreiche Wassererlebniswelt.

SG Marklohe

Mitgliedsgemeinden:
- Balge
- Marklohe
- Wietzen

Einwohner: 8.535
Fläche: 106,42 qkm
80,2 Einw. je qkm

L*ebe lieber ungewöhnlich*", so könnte der Leitspruch für das Leben von **Ehler Hugo** lauten. Nicht nur, dass der außergewöhnliche Vorname verblüfft, seit 1995 betreibt der Softwareentwickler die **Straußenfarm Oyle** in **Marklohe**. Als Ausgleich zu seinem Job bewirtschaftet er einen kleinen Hof, auf dem sein Großvater in den 1960er Jahren Rinder züchtete. Sein Vater absolvierte Ende der 1960er Jahre eine Umschulung vom Landwirt zum Programmierer; die Landwirtschaft wurde zum Nebenerwerb. Der Wirtschaftsinformatiker Hugo pachtet 1991 den Hof von seinem Vater und baut den 20 Hektar großen Betrieb auf über 400 Schweinemastplätze aus. Da das langfristig nicht das Überleben des Hofes sichert, sucht Ehler Hugo nach neuen Ideen und landet bei den schnellen afrikanischen Straußen. Statt es ihnen gleich zu tun und in schwierigen Situationen den Kopf in den Sand zu stecken, kauft er sechs Stück der für Norddeutschland eher ungewöhnlichen Tiere. Die ersten Eier werden ein Jahr darauf gelegt und die Herde beginnt zu wachsen. Mittlerweile stehen in den Kohlgärten eine Vielzahl der Laufvögel. Bei Führungen können Interessierte allerlei Wissenswertes über die Tiere erfahren und sich im Hofladen mit Straußeneiern, -fleisch oder -wurst eindecken. Die durchschnittlich 1,5 Kilo schweren Eier isst man wie Hühnereier.

Nicht nur die Straußenfarm in Marklohe ist ungewöhnlich, auch das privat betriebene **Bad Blenhorst** fällt in diese Kategorie. Über hundert mit dickbreiigem Moor gefüllte fahrbare Badewannen warten hier auf Gäste, die Linderung ihrer Beschwerden und Vitalität suchen. Das hinter dem Badehaus abgebaute Moor enthält rund 300 Substanzen, die, mit eigenem Quellwasser angerührt, als Badebrei bei rheumatischen Erkrankungen helfen. Eine Spezialität des Kurhaus-Restaurants sind auch die Entengerichte. Bad-Blenhorst-Chef **Dietrich Lehmann** zieht das Geflügel selbst auf den umliegenden Moorwiesen und seinem Blenhorster Bauernhof auf. Im kleinen **Entenpark** können Besucher Zierenten aus der ganzen Welt besichtigen.

Nur wenige hundert Meter entfernt staht die vollständig restaurierte **Mahl- und Sägemühle Blenhorst**. Mit den zwei großen Wasserrädern können Mahlgang und Gattersäge getrennt angetrieben werden.

Mittelalterliche Atmosphäre vermittelt die um 1150 aus mächtigen Quadern errichtete **Kirche St. Gangolf** in **Wietzen**. Die Mauern im niedrigen, aber wuchtigen Turm der Wehrkirche sind zwei Meter dick, die kleinen Fenster

Moorbad Bad Blenhorst in Balge (l.)

Marina Mehlbergen an der Weser (u.l.)

Ehler Hugo, Tanja Hugo-Becker und John-Hendrik (o.) betreiben die Straußenfarm Oyle (ganz o.)

Heidi und Jasper von Arenstorff vor ihrem Haus auf dem Rittergut Oyle (o.)

Aufführung „Twee harde Nööte" auf der Panoramabühne (r.)

Drei Generationen: Heinrich Dieckhoff (sen.), Heiner Dieckhoff und dessen Tochter Tanja (o.)

Heinfried Backhaus bei seinen Mini-Shetlandpferden (o.r.)

ideal, um Angreifer abzuwehren. Im Inneren der Kirche finden sich Fundamentreste, die von einem kleineren, aber schon steinernen Vorgängerbau um die Jahrtausendwende stammen.

In Marklohe lohnt ein Blick in die **Kirche St. Clemens-Romanus**. Vor einigen Jahren sind dort aufwändige Deckenmalereien freigelegt worden. Auch der Chorraum und der Schnitzaltar aus dem 15. Jahrhundert sind sehenswert.

Seit 1937 gibt es in den Sommermonaten von Juli bis August plattdeutsche Inszenierungen auf der **Freilichtbühne Marklohe**. Die Waldbühne liegt am Rande des Urstromtals der Weser. Einmal, 1962, steht sogar Lale Andersen als Stargast auf dieser Bühne! Und **Heinrich Dieckhoff**, das Urgestein der Freilichtbühne, spielt hier seit mehr als 55 Jahren. Im Winter werden plattdeutsche Komödien im **Gasthaus Frank** aufgeführt.

Was zunächst nur ein Spielkamerad für Tochter **Lucy** sein sollte, ist heute für **Heinfried Backhaus** zu einer veritablen Zucht geworden. 1987 sieht er zusammen mit der damals kleinen Tochter ein Mini-Shetlandpferd. Er kauft das nicht mal 87 cm große Tier. Da die winzigen, aber höchst robusten Pferde nicht gern allein gehalten werden, kauft er weitere hinzu. Der Anfang zu einer Zucht ist gemacht. Ein gutes Dutzend steht inzwischen auf der Weide. Bis Anfang des 19. Jahrhunderts werden diese Pferdchen in Schottland und England wegen ihrer Größe als Zugpferde in Bergwerken unter Tage eingesetzt. Heute hingegen sind die äußerst anhänglichen und verspielten Tiere Fahrpferde für lange Distanzen oder Kinderreitpferde.

In dem liebenswerten Dorf **Mehlbergen** mit seinen alten Bauernhäusern finden Wassersportler einen Anlaufpunkt. Die **Marina Mehlbergen** ist etwa 6,5 Kilometer stromabwärts von der Altstadt >Nienburgs (321) entfernt und bietet einen malerischen Platz für Zwischenstopps.

Seit dem 18. Jahrhundert lebt die ursprünglich aus der Uckermark stammende **Familie von Arenstorff** wechselweise auf dem **Rittergut Oyle** oder dem **Gut Lohe**. Heute werden in siebter Generation beide Güter zusammen bewirtschaftet als Ackerbaubetrieb mit Sonderkulturen wie Spargel und Hanf. Ein weiterer Betriebszweig sind die Ferienangebote für Kinder und Familien mit Pferden, Reiterei und Ferienwohnungen, wozu sich das Gutshaus und das große Park- und Gebäudeensemble anbieten.

Nienburg (Weser)

Ortsteile:
- Erichshagen
- Holtorf
- Langendamm
- Schäferhof/ Kattriede

Einwohner: 32.543
Fläche: 64,45 qkm
504,9 Einw. je qkm

Bärentatzen, wohin man schaut. Macht man sich auf den Spaziergang durch das schmucke Weserstädtchen Nienburg, folgt man schlicht einer aufgemalten **Bärenspur**. Diese Bärentatzen führen auf einem kurzweiligen Weg zu 28 Sehenswürdigkeiten der Stadt

mit ihrer großen Fußgängerzone, kleinen Geschäften, sorgfältig restaurierten Fassaden, gastlichen Cafés und Restaurants. Dass man hier sozusagen „auf den Bären" gekommen ist, hat mit der Vertreibung der Hugenotten aus Frankreich zu tun.

Dieser Umstand hat Nienburg um eine süße Spezialität reicher gemacht. Die **Familie Facompré** bringt 1791 ein streng gehütetes Biskuitrezept aus ihrer Heimat mit an die Weser. Ein Kupferschmied fertigt nach dem Siegel der damals herrschenden Hoyaer Grafen die Bärentatzenform an. Auch heute noch sind die inzwischen als Marke geschützten **„Echten Nienburger Bärentatzen"** in originalgetreuer Verpackung im **Café Lüesmann** in der **Langen Straße** erhältlich. Dem heutigen Besitzer, **Horst Kammann**, ist das Rezept von seiner Tante **Annemarie Facompré** überliefert worden. Der Rundgang durch den größten Ort im Mittelwesergebiet beginnt und endet an der **Tourist-Information** in der Fußgängerzone in der **Langen Straße** vor dem Haus Nr. 18. Hier muss man ein wenig auf die Hausnummern achten, die aufgemalten Bärenspuren sind teilweise verblasst und nur noch schlecht zu erkennen. Das **Rathaus** ist eines der eindrucksvollsten Gebäude der Stadt. Die ältesten noch erhaltenen Bauteile reichen in das 14. Jahrhundert zurück. Der mehrgeschossige Steinbau hat als besondere Zierde einen Stufengiebel mit Muschelkrönungen. Sowohl der Stufengiebel als auch der zweigeschossige Erker lassen sich mit ihrer Entstehung um 1585 der Weserrenaissance zuordnen. Als Besonderheit gilt die Uhr: Sie kann von jeder Stelle der Langen Straße aus gesehen werden. Lohnend ist auch ein Besuch des historischen **Ratskellers** mit seinen Gewölben. An der Langen Straße/Ecke Weserstraße fällt der Blick auf eines der schönsten Fachwerkhäuser der Stadt. Das Patrizierhaus des **Gödecke Schünemann** in Nienburg wurde als altes Bauerngehöft mit weitläufigen Scheunen und Stallungen 1541 erbaut. Mächtige Kellergewölbe und Bodenräume dienen zur Warenlagerung. Die insgesamt fünf Geschosse sind deutlich an den überragenden Geschossdecken zu erkennen. Die Jahreszahl 1674 im Mauerwerk an der Weserstraße zeugt von einem Umbau in der Barockzeit.
In der südlichen Langen Straße stoßen Besucher auf den **Spargelbrunnen**. Der von **Helge Braig** entworfene Brunnen mit den fünf Bronzefiguren erinnert an einen der wichtigsten Landwirtschaftszweige der Region und setzt dem königlichen Gemüse ein Denkmal. Die besondere Verbindung zum Spargel bezeugt nicht nur die Qualitätsmarke **Nienburger Spargel**; immer im Mai findet in der Altstadt auch der große **Spargelmarkt** zu Ehren des Stangengemüses statt. Im Rahmen des Festes wird die jeweils für ein Jahr amtierende **Spargelkönigin** gekrönt. 2004 ist erstmals

Nienburger Rathaus (o.)

Manch älteren Nienburgern ist er noch im Gedächtnis: der 1954 verstorbene Bäckermeister Friedrich Facompré (o.)

Die traditionsreichen „Echten Nienburger Bärentatzen" kommen aus der Bäckerei des Café Lüesmann (ganz o.l.)

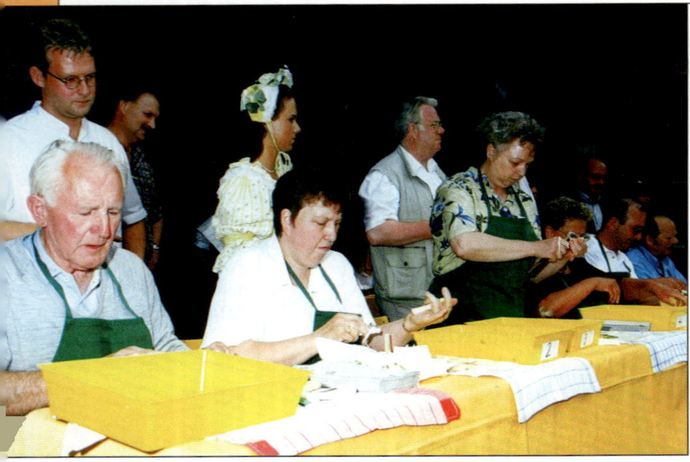

Wettschälen beim jährlichen Spargelmarkt (o.)

MS „Nienburg“ auf der Weser (r.)

Rokoko-Kanzel im Quaet-Faslem-Haus (ganz r.)

zudem ein sportlicher **Spargellauf** veranstaltet worden.

Der **Fresenhof** an der **Leinstraße** zählt zu dem Komplex **Museum Nienburg.** In dem sagenumwobenen Burgmannshof, auf dem vornehmlich die zum gräflichen Gefolge gehörenden Ritter ihren Sitz hatten, werden heute in einer Dauerausstellung Hohlglasgefäße aus Nienburgs Glashütten, ein großes Stadtmodell um 1700, blaue Fliesen, eine Herrenhut-Presse und der Seidenbau im 19. Jahrhundert gezeigt. Der heutige zweigeschossige Fachwerkbau mit seinem mittelalterlichen Baukern entsteht nach einem Umbau 1610. Erstmals erwähnt wird der Hof bereits 1263, 1485 übernimmt der heutige Namensgeber Arnold Frese den Hof. Die Stadt Nienburg, seit 1939 Besitzerin des Gebäudes, lässt es 1985 gründlich sanieren und stellt es dem von **Dr. Eilert Ommen** geleiteten **Museumsverein** zur Verfügung. Im Erdgeschoss befindet sich ein Saal für Sonderausstellungen und Veranstaltungen. Die **Nienburger Musikschule** unterhält den linken Teil der einst vierflügeligen Hofanlage. Im rechten Flügel befindet sich das Keller-Lokal des **Jazz Club Nienburg,** wo regelmäßig Live-Konzerte zu hören sind. Einmal im Jahr lockt ein **Jazzgottesdienst** mit anschließendem Frühschoppen auf dem Kirchplatz in die **St. Martinskirche.**

Tilly Fahne (o.)

Im **Quaet-Faslem-Haus,** das ebenso wie das Rauchhaus zum Museum Nienburg zählt, sind überregional bedeutsame Sammlungsstücke ausgestellt. Das **Diepenauer Tapetenzimmer** aus der Rokoko-Zeit im Grisaille-Stil zeigt alttestamentliche Motive. Die **Rokoko-Kanzel** stammt aus der abgerissenen Kirche zu >Wittlohe, (Kirchlinteln 291). Außerdem ist die **Tilly-Fahne** ausgestellt, die beim Ausmarsch der Bürgerwehr bis Mitte des 19. Jahrhunderts getragen wurde und heute noch von großer Bedeutung für das Nienburger Scheibenschießen ist. Außerdem sehenswert in dem 1821 vom königlichen Baurat Emanuel Bruno Quaet-Faslem erbauten Haus sind die im Obergeschoss eingerichteten Biedermeierzimmer.

Das **Rauchhaus** von 1750 steht im **Nienburger Museumsgarten** an der Leinstraße unmittelbar am ehemaligen Stadtwall. Dieses kleine Bauernhaus stammt aus >Dolldorf (Samtgemeinde Marklohe 319). 1964 versetzen freiwillige Helfer das in Mitleidenschaft gezogene Rauchhaus wieder in seinen baulichen Urzustand aus der Mitte des 18. Jahrhunderts. Einen Schornstein sucht man vergebens: Das Rauchhaus hat keinen. An der südlichen Seite zum Wall hin befindet sich eine Öffnung zur Belüftung des Daches. Das Rauchhaus gehört wie alle älteren Bauernhäuser in der Region Mittelweser zum Typ eines niederdeutschen Hallenhauses. Ursprünglich ist das Innere dieser Häuser nicht durch Mauern unterteilt und wirkt deshalb wie eine große Halle. Das Rauchhaus gibt noch heute einen Eindruck von der ländlichen Lebensweise des 18. und 19. Jahrhunderts. Der **Museumsgarten** ist mit runden und ovalen Wegen im Biedermeierstil neu

angelegt worden. Im **Lapidarium**, einem offenen Bau, stehen ein Renaissance-Erker, Wappensteine und Sonnenuhren sowie Grabsteine, Taufbecken und ein Kamin aus barocker Zeit.

Nur ein paar Bärentatzen vom Quaet-Faslem-Haus entfernt, steht nahe dem Kirchplatz die Skulptur **„Kleine Nienburgerin“**. Das Lied *„Ich bin eine kleine Nienburgerin“* war früher ein beliebtes Volkslied und ertönt noch heute mehrmals am Tag als **Glockenspiel** vom **Posthof** in der **Georgstraße**. Die Bronzeskulptur ist zugleich Symbol und Werbefigur der Stadt. Erschaffen hat die zierliche Arbeit die Herforder Künstlerin **Marianne Bleeke-Ehret**.

Der **Posthof Nienburg** ist ein ehemaliger Burgmannshof, der über viele Jahrzehnte die kurfürstliche und später die königlich-hannoversche Posthalterei mit Poststation und Pferdewechsel beherbergt. Zur Zeit der Personalunion mit England soll der Posthof zudem als zentrale Überwachungsstelle des Secret Service gedient haben. Seit 1864 wird er als Wohnhaus genutzt. Die Restau-

rierung des halbverfallenen Gebäudes bildet 1977 den Auftakt zur umfassenden Altstadtsanierung. Heute ist das Haus Sitz der Bibliothek und ein kultureller Treffpunkt in der Stadt.

Eine ungewöhnliche Studentenbude ist der **Stockturm** am **Weserwall**. Die Reste der einstigen Wasserburg der Hoyaer Grafen sind lange Wahrzeichen der Stadt. Innerhalb der Schutzwälle der Stadt bildet diese Anlage eine weitere Befestigung und dient ab 1324 als ständige Residenz der Hoyaer Grafen. Nach dem Dreißigjährigen Krieg werden Schloss und Nebengebäude abgerissen, nur der Schlossturm bleibt erhalten. In der Folgezeit wird er militärisch und auch als Gefängnis genutzt. Hier liegen die Gefangenen *im Stock*, woher auch der heutige Name des Turms rührt. 1975 wird er anlässlich der 950-Jahr-Feier vom **Corps Hannoverania** restauriert. Heute ist der Turm Domizil des Corps und des **Rühmkorffbundes**. Zudem können Studenten hier ein Zimmer mieten.

Das privat und ehrenamtlich geführte **Ostdeutsche Heimatmuseum** ist im historischen **Traufenhaus** von 1648 in der Nienburger Altstadt zu finden. Die Ausstellung ist der 800-jährigen Geschichte und Kultur der ehemaligen deutschen Ostprovinzen und Siedlungsgebiete weltweit gewidmet. Auch die Zeit des

Stockturm (o.)

Trachtenfiguren im Ostdeutschen Heimatmuseum (o.l.)

Diepenauer Tapetenzimmer im Quaet-Faslem-Haus (l.)

Die „Kleine Nienburgerin“

Die größte und älteste Traditionsveranstaltung in Nienburg ist das Scheibenschießen (u.r.)

Das Fest endet mit dem Pellkartoffelessen (u.l.)

Imperialismus wird anhand einer Ausstellung über die ehemaligen Kolonien in Afrika und der Südsee gezeigt. Vielfältige Exponate vermitteln Einblicke in Historie und Kulturlandschaft der ehemals deutschen Gebiete. Verteilt über drei Etagen, werden unter anderem Porzellane aus schlesischen Manufakturen und der Königlichen Porzellan Manufaktur (KPM) Berlin sowie Bunzlauer Keramik, Glaskunst aus Böhmen, Gablonzer Schmuck, Bernstein von der Samlandküste, preußische Orden oder Hauben aus Schlesien gezeigt. Trachten, Bilder, Kartenwerke, Wappen, historische Schriften und bäuerliche Gerätschaften runden das Angebot ab.

Die **St. Martinskirche** mit dem umliegenden Gebäudeensemble, das sich aus alten sowie neuen Fachwerkhäusern und passend integrierter moderner Architektur zusammensetzt, bildet einen schmucken Mittelpunkt in der Altstadt. Der 72 Meter hohe neugotische Turm von 1896 prägt das Erscheinungsbild. Reste der romanischen Ursprungskirche aus dem späten 12. Jahrhundert sind an einer freigelegten Sockelpassage auf der Südseite zu erkennen. Im **Gewölbe** des Turms stehen die beiden Sarkophage der Hoyaer Grafen Jobst II. und Otto VIII., die dort jeweils mit ihren Gattinnen bestattet wurden. Vom **Weinhaus** aus, das schräg gegenüber dem Eingangsportal der Kirche liegt, kann man bei einem guten Schoppen den schönen Blick auf die Kirche und den umliegenden Kirchplatz genießen.

Epitaph in der St. Martinskirche (u.)

Ein Abstecher für Heimatkundler lohnt auch zu **Vogelers Haus** in **Holtorf**. Die alte Scheune im Ortsteil Holtorf scheint fast schon dem Verfall preisgegeben, als sich die Stadt in letzter Minute entschließt, das Gebäude zu retten und zu sanieren. Heute ist Vogelers Haus kultureller Mittelpunkt des dörflich geprägten Holtorf. Unter der Regie des **Heimatvereins** treffen sich in der rustikal eingerichteten Scheune regelmäßig Arbeitskreise und Gruppen, die das dörfliche Brauchtum und vor allem die plattdeutsche Sprache pflegen.

Bereits seit dem 13. Jahrhundert findet das **Nienburger Scheibenschießen** statt. Es ist die größte Traditionsveranstaltung in Nienburg. Einst ein Messen von Bürgerwehren und Schützengilden in den Städten Deutschlands – damals mit Übungsschießen auf Papageien und später auf Scheiben – ist es heute ein Volksfest. Es findet immer am Montag nach dem Johannistag statt. Noch heute hängt an der **Königskette** des Nienburger Scheibenkönigs ein silberner Papagei als wertvollstes Relikt aus dem Jahre 1581. Während des Festes gibt es beispielsweise einen Übungsmarsch des Offizier- und Unteroffiziercorps der **Bürgerkompanien** zum Scheibenplatz, Probeschießen auf dem Schießstand sowie **Platzkonzerte** mehrerer Musik-, Spielmanns- und Fanfarenzüge in der Innenstadt. Selbstverständlich wird auch ein Scheibenkönig ermittelt, an dessen Haus dann sichtbar die Königsscheibe angenagelt wird. Das große **Pellkartoffelessen** in der Altstadt bildet den Festabschluss. Hier wird einmal im Jahr so richtig aufgetischt. In der Altstadt wird eine 500 Meter lange Tafel aufgebaut und es kommen 3.333 Pfund Pellkartoffeln und 13.333 Matjes mit Speckstippe und Sahnesauce auf den Tisch. Für jeden der hier vorbeikommt, ob gezielt oder zufällig, heißt es schlicht: *„Bitte Platz zu nehmen!“*

Das **Weserschlösschen** am Rand der Altstadt ist Hotel, Restaurant, Café mit Weserterrasse und Biergarten in einem. Es liegt direkt an der Weser und bietet einen schönen Ausblick auf den Fluss mit seiner Auenlandschaft. Direkt daneben steht das **Theater auf dem Hornwerk**, das durch das Brückenrestaurant mit dem Hotel verbunden ist. Das 1989 auf historischem Festungsgelände erbaute Gastspieltheater hat 626 Plätze.

Mr. Q und das **Cup & Cino** mit seinen Sitzgruppen und der roten Bar zählen zu den angesagten Lokalen der Stadt. Beliebt sind auch das **Maximilian** und **Dino's Eiscafé**, das auf eine lange von Dinos Großvater begründete Tradition des italienischen Eismachens in Nienburg zurückblickt.

Der **Hasbergsche Hof**, ein 1560 von der Familie von Hasberg erbauter Burgmannshof, lädt seine Gäste in den urigen Biergarten am **Weserwall** mit Blick auf den Fluss. In dem Lokal hat man geschickt erreicht, das Ambiente eines modernen Restaurants mit separater Lounge-Ecke und die traditionelle Atmosphäre des originalgetreu restaurierten Kreuzgewölbekellers zu verbinden. In der ersten Etage befindet sich der **Rittersaal** für festliche Gelage mit Ausblick auf die Weser.

Die dänische Firma **Chr. Hansen** ist ein internationales Unternehmen mit 2.500 Mitarbeitern und 51 Niederlassungen in 30 Ländern. Eine davon ist Nienburg mit rund 90 Mitarbeitern. Das Unternehmen beliefert die Nahrungsmittelindustrie mit Kulturen und Enzymen. Für die Herstellung von Süßwaren oder Getränken zum Beispiel werden natürliche Farbstoffe gewonnen, für die Käseproduktion Milchgerinnungsenzyme. Milch und Fleisch verarbeitende Betriebe werden mit Bakterienkulturen beliefert, darunter auch die sog. probiotischen Bakterienstämme.

Größter Arbeitgeber der Region ist **Rexam Glass** auf dem Gelände der ehemaligen **Wilhelmshütte.** Die große Tradition des **Nienburger Glases** beginnt im 19. Jahrhunderts. 1909 übernimmt die Bremer Brauerei Beck & Co. Anteile an der Glasfabrik und bezieht von dort die berühmten **grünen Flaschen.** 2002 verkauft die mittlerweile zu dem internationalen Braukonzern InBev gehörende Brauerei die Glasfabrik an den ebenfalls weltweit agierenden Verpackungskonzern **Rexam Plc.** In den Nienburger Glaswerken wird heute ein breites Sortiment an Flaschen und Weithalsgläsern für die Getränke-, Nahrungs- und Genussmittelindustrie in den Farben grün und weiß hergestellt. Eine Weltneuheit ist die **Weißglasflasche mit UV-Schutz** für die Marken *Beck's Light* und *Beck's Gold.*

Der Hasbergsche Hof (o.)

Das Weserschlösschen ist Hotel, Café mit Weserterrasse und Biergarten in einem (l.)

Am sog. Heißend wird flüssiges Glas in eine Form geblasen und kommt danach in den Kühlkanal (o.)

Bis zu 85 Prozent des Rohstoffes bei Rexam bestehen aus recyceltem Glas

Ortsteile:
- Bad Rehburg
- Loccum
- Münchehagen
- Rehburg
- Winzlar

Einwohner: 10.973
Fläche: 99,92 qkm
109,8 Einw. je qkm

Rehburg-Loccum

Die ehemals Königlichen Kuranlagen (r.) aus der Zeit der Romantik sind ein einzigartiges Bau- und Kulturdenkmal

Veranda in der historischen Wandelhalle (ganz o.) und heutiger Zustand (o.)

Blick ins Themenkabinett der Ausstellung „Kurleben der Romantik“ (r.)

Neudeutsch würde man die **Evangelische Akademie Loccum** vielleicht einen *„thinktank“* nennen. Jedenfalls verfolgt diese Einrichtung der evangelisch-lutherischen Landeskirche das Ziel, zu Grundfragen unserer Zeit in den Bereichen Politik, Bildung, Kultur, Wirtschaft, Soziales, Umwelt, Recht, und Theologie Antworten zu geben und den Menschen bei der Suche nach Orientierung zu helfen. Was dort bei etwa 80 Veranstaltungen pro Jahr gesagt und gedacht wird, findet Beachtung und hat Rehburg-Loccum bekannt gemacht.

Als „Hannoversches Madeira“ lockt Bad Rehburg im 18. und frühen 19. Jahrhundert die hannoversche Aristokratie in die **Rehburger Berge.** Noch heute sind die ehemals Königlichen Kuranlagen unweit des Steinhuder Meeres ein Kleinod. Die überwiegend zwischen 1752 und etwa 1787 erbauten Kuranlagen erstrahlen seit 2003 in neuem Glanz. Zu sehen sind ein frühklassizistisches **Neues Badehaus** und eine imposante **Wandelhalle.** Im **Neuen Badehaus** wird die Ausstellung „Kurleben der Romantik“ gezeigt mit Episoden wie „Die Heilkraft des Wassers“ oder „Baden und Libertinage“. Eine Allee führt in den ehemaligen Kurpark. Benachbart am Waldrand steht die idyllisch gelegene **Friederikenkapelle,** die Königin Friederike von Hannover gewidmet ist. Der Kuraufenthalt der Königin von 1840 ist Anlass und Idee zum Bau der Kapelle, deren Einweihung die Majestät aber nicht mehr erlebt hat. Das ehemalige Brunnenhaus, der **Friedrichspavillon,** steht unweit auf einer Lichtung im Wald und ist über ausgewiesene Promenaden zu erreichen.

Für eine Erfrischung nach dem Besuch der Kuranlagen, deren Quelle leider versiegt ist, sorgt das **Restaurant Carpe Diem** in der historischen Wandelhalle. Das Restaurant besticht durch mediterranes Flair und verfügt über eine prächtige, überdachte Veranda. Hier finden auch kulturelle Veranstaltungen statt.

Wo vor 140 Millionen Jahren Dinosaurier lebten und Spuren im Schlamm zurückließen, kann man heute im **Freilichtmuseum** in **Münchehagen** den **Saurierfährten** nachspüren. Ein 2,5 Kilometer langer urwüchsig angelegter **Rundweg** mit fast 200 lebensgroßen,

bis zu 45 Meter langen **Sauriermodellen** führt durch die Erdzeitalter und zeigt die Entwicklung und den Untergang der Urtiere. Die Anlage ist die größte bundesweit und bietet Spaß und Erlebnis für die ganze Familie, beispielsweise beim Freilegen von Fossilien.

Das **Naturdenkmal Saurierfährten Münchehagen** ist in das Dinosaurier-Freilichtmuseum eingebunden. In einem Steinbruch der Firma **Wesling** am östlichen Ortsrand von Münchehagen werden in den Jahren 1980 und 2004 Fährten entdeckt. Anlässlich einer Übung der örtlichen Feuerwehr hat man die Steinbruchsohle freigespült und dabei erstmals rund 250 **Saurier-Trittsiegel** entdeckt. Zu Beginn der Kreidezeit ist das nördliche Niedersachsen von einem Binnensee bedeckt, in den Flüsse münden und Deltas bilden. Solch eine Deltalandschaft ist auch die Gegend um Münchehagen. Saurier ziehen einzeln und in Herden hier durch und hinterlassen ihre Abdrücke am Grunde flacher Tümpel oder im noch feuchten Sand. Die im Steinbruch freigelegten Fährten stammen von zwei Dinosaurier-Arten: Zum einen von elefantenfüßigen Sauriern, die sich auf vier Beinen fortbewegen. Zu ihnen zählt beispielsweise der bekannte Brontosaurus. Der zweite Fährtentyp geht auf einen dreizehigen, aufrecht auf seinen Hinterbeinen laufenden Raubsaurier zurück. Die Saurier-Trittsiegel in Münchehagen sind aufgrund ihrer Größe und Anzahl in Europa einzigartig.

1980 gefundene Trittsiegel sind im Freilichtmuseum Münchehagen ebenso zu sehen wie anschauliche Nachbauten der urzeitlichen Saurier (ganz u.l.)

Kloster Loccum (l.)

Der Kreuzgang des Klosters (l.) ist um den quadratischen Innenhof herum angelegt worden. Unter den Bodenplatten liegen Mönche begraben

Porta patet, cor magis (Die Tür steht offen, das Herz noch mehr) lautet die klangvolle Losung der Mönche des **Klosters Loccum.** Bei einem Besuch des im Jahre 1163 erbauten Ordenshauses spürt der Gast noch heute die Atmosphäre eines mittelalterlichen Zisterzienserklosters. Die Loccumer Mönche haben zwar das evangelische Bekenntnis angenommen, bleiben aber dennoch als Konvent zusammen. In dem Kloster mit seiner spätromanischen Kirche werden noch heute Vikare zu Pastoren ausgebildet. Gegründet wird das Kloster von zwölf jungen Mönchen aus Thüringen und ihrem Abt. In der Abgeschiedenheit leben die Glaubensbrüder puritanisch als Protest gegen den Prunk der Kirche. Die **Stiftskirche Maria und Georg** von 1240 soll aus die-

Blick auf die Naturparklandschaft am Steinhuder Meer (o.)

sem Grund keine Kathedrale, sondern ein einfaches Gebetshaus mit karger Ausstattung sein. An der sparsamen und geometrischen Form des Bauwerks ist Strenge und Schlichtheit des Ordens noch heute abzulesen. Die Kirche ist in den Sommermonaten auch außerhalb der regelmäßigen Führungen für Gäste geöffnet. Die Frauenkapelle im Tor des Klosters beherbergt seit 25 Jahren die **Klosterstube Loccum**, ein Eine-Welt-Laden mit Kaffeestube.

Sein malerisches Umfeld mit Teichen und Wald verdankt das Kloster der ge-

Qualitätskontrolle bei den frischli Milchwerken (o.r.)

Der „Rehburger Sahneexpress“ dieses traditionsreichen Unternehmens in den 1920er Jahren (o.)

lungenen Landschaftsgestaltung der Zisterzienser im beginnenden 19. Jahrhundert. Für ausgedehnte Spaziergänge empfiehlt sich der **Zisterzienserpfad** vom Klostertor aus durch die Klosteranlage in den Klosterforst hinein.

Insgesamt 150 Kilometer ausgeschilderte Wanderwege und ein gut ausgebautes Radwegenetz führen durch die abwechslungsreiche Landschaft mit Kiefernwäldern, Heidelandschaften, und Moorgebieten.

Ein Naturschauspiel besonderer Art sind die **Schwimmenden Wiesen** bei **Winzlar** am Westufer des Steinhuder Meeres. Diese Feuchtwiesen gelten als gelungener Beweis dafür, wie sich Tier- und Pflanzenwelt entwickeln, wenn sie sich ungestört entfalten können. Der **Naturpark Steinhuder Meer** dehnt sich auf einer Fläche von 310 Quadratkilometern aus. Das zur Region Hannover gehörende Meer ist streng genommen ein See, doch die niederdeutsche Bezeichnung für stehende und geschlossene Gewässer lautet „Meer“. Naturkundliche Führungen durch die Landschaft bietet die **Ökologische Schutzstation Steinhuder Meer** in Winzlar an.

Sehenswert ist die um 1740 erbaute **Kapelle** in **Winzlar** mit dem Wetterhahn auf dem Dach. Bei der Kapelle handelt sich um einen schlichten, 1983 renovierten Fachwerkbau. Trotz unsicherer Quellenlage geht man davon aus, dass bereits vor Mitte des 18. Jahrhunderts an dieser Stelle eine Kapelle gestanden hat. Vor der heutigen Kapelle befindet sich ein kleiner Friedhof und das Kriegerdenkmal der im Ersten und Zweiten Weltkrieg gefallenen oder vermissten Soldaten.

Wer sich jenseits der zahlreichen Wanderwege bewegen möchte, kann auf dem **Golfplatz Rehburg-Loccum** abschlagen. Eingebettet in die schöne Landschaft, unter Beibehaltung der ursprünglichen Geländeform und des alten Baumbestands, bietet der 18-Loch-Platz die passende Atmosphäre für das gepflegte Einlochen. Im Clubhaus bietet das **Fairways** nach dem Parcours in anspruchsvollem Ambiente Speisen vom zünftigen Schmaus bis zur Gourmet-Leckerei.

Milch steht bei **frischli**, einem der größten Arbeitgeber der Stadt, im Mittelpunkt. Bereits in der vierten Generation engagiert sich das 500 Mitarbeiter starke Unternehmen im Milchgeschäft. Schon um die Jahrhundertwende standen die traditionsreichen Privatmolkereien Holtorf, Schäkel und Winkelmann für Milchprodukte höchster Güte. Durch die Zusammenführung der Molkereien in den 1960er Jahren ist das inhabergeführte Unternehmen über die Grenzen Niedersachsens hinausgewachsen. Neben dem Stammwerk in Rehburg-Loccum verfügen die frischli-Milchwerke über Produktionsstätten in Sachsen-Anhalt und in Bayern.

SG Steimbke

Mitglieds-gemeinden:
- Linsburg
- Rodewald
- Steimbke
- Stöckse

Einwohner: 7.676
Fläche: 185,47 qkm
41,4 Einw. je qkm

Der gewaltige Granitbrocken in **Stöckse** wiegt 330 Tonnen. Einst soll unter dem mächtigen Stein ein Zwergenkönig namens Giebich gehaust und regiert haben. So will es jedenfalls die Stöckser Sage. Sicher ist hingegen, dass Gletscher der Eiszeit den Steinkoloss aus Schweden mitgebracht haben. Heute zählt der **Giebichenstein** zu einem der größten Findlinge in Norddeutschland. Am Fuße des Steins sind noch Reste eines steinzeitlichen Jägerlagers zu erkennen. In direkter Nachbarschaft finden sich die Reste eines Großsteingrabes. Infotafeln und ein **archäologischer Wanderpfad** informieren über den Giebichenstein und die steinzeitlichen Funde. Erholung bietet nach der Erkundungstour der **Stöckser See** in unmittelbarer Nähe.

In der Samtgemeinde Steimbke gibt es noch weitgehend unverfälschte dörfliche Strukturen: Kleinteilige Landwirtschaft, Wälder, Heideflächen und Moore bestimmen das Bild. Ein großer **Mischwald** lädt zum Wandern im ehemaligen Jagdrevier der hannoverschen Könige ein. Besonders imposant ist die **Stöckser Freilichtbühne** in einem Waldstück inmitten des Ortes. Eine romantische Allee aus mächtigen Buchen und Eichen führt die Gäste durch einen historischen Torbogen aus dem Jahre 1777 zur Freilichtbühne. Seit 1951 werden hier Komödien und plattdeutsche Schwänke aufgeführt. Zur ebenerdigen Kulisse gehören fünf hübsche **Fachwerkhäuser**. Sehenswert sind zudem das **Heimatmuseum Rodewald** und die **Alte Kapelle Sonnenborstel**. In dem Fachwerkbau des Heimatmuseums in der **Dorfstraße** werden bäuerliche Kultur, Hauswirtschaft und Handwerk gezeigt. Sonntagnachmittags steht es für Besichtigungen offen und in den Sommermonaten gibt es Aktionen wie „Torfstechen" oder „Getreideernte wie vor hundert Jahren". Die Alte Kapelle Sonnenborstel dient heute als Dorfgemeinschaftshaus. 1741 wird das Fachwerkhaus vermutlich von wohlhabenden Bauern als Schule im Ortskern errichtet. Später wird das Gebäude als Friedhofskapelle genutzt.

Klassische Ferien auf dem Land ermöglicht **Familie Lachmann** ihren Gästen mit ihrem wunderschönen Fachwerkferienhaus. Angeboten werden Reiten und Erholung für die ganze Familie.

Giebichenstein bei Stöckse (l.)

Ahrbecker Windmühle in Stöckse (u.)

Bis zu 700 Zuschauer finden vor der ebenerdigen Kulisse der Stöckser Freilichtbühne Platz (o.)

Reiterspiele auf dem Ponyhof Hagedorn (o.)

Doppelstöckiger englischer Pferdeomnibus der Fuhrhalterei Linsburg (o.r.) von Dr. Hans Wilhelm Meier (o.)

Besonders kinderfreundlich geht es auf dem **Ponyhof Hagedorn** zu. Es gibt Ausritte ins Gelände; ein großer Abenteuerspielplatz und ein Swimmingpool gehören auch dazu. Rund 40 Ponys und Pferde warten auf Gäste zwischen sechs und 15 Jahren.

Sozusagen „auf das Pferd gekommen" ist man auch bei **Dr. Hans Wilhelm Meier** in **Linsburg.** Ob die bekannte Kutsche oder der eher ungewöhnliche Pferdebus – die kleine Fuhrhalterei bietet für Firmenjubiläen, Betriebsausflüge, Stadtfeste, Hochzeitsgesellschaften und Festumzüge den passenden fahrbaren Untersatz mit echten Pferdestärken. Highlight ist der doppelstöckige **Pferdeomnibus**, ein Nachbau eines englischen Originals von 1887. Auf zwei Etagen finden hier 28 Fahrgäste Platz. Für die rustikalere Fahrt durch Feld und Wald gibt es einen Planwagen.

Wer den schnellen Motorsport vorzieht, kann an den **Stock Car Rennen** des **Motorsportclub Linsburg** teilnehmen. Gemäß der Clubdevise *„Stock Car ist ein bezahlbarer Motorsport für jedermann"* braucht man als Teilnehmer lediglich ein passendes Altauto und reichlich Geschick. Zimperlich dürfen die Fahrer mit ihrem Untersatz nicht sein. Beulen und Schrammen gehören zum guten Ton. Ineinander verkeilte Autos werden von einem Trecker auseinandergezogen. Den Abschluss einer Rennveranstaltung bildet das sogenannte **Rodeo**, an dem alle dann noch fahrbereiten Autos teilnehmen. Gewonnen hat der Fahrer, der es schafft, als Letzter einsam seine Runden zu drehen.

Entspannter geht es bei **Uta** und **Thomas Vogeler** zu. Und noch dazu aromatisch. Aufgebaut von den Eltern Thomas Vogelers, bestehen die **Heidelbeer- und Erdbeerplantagen** seit mehr als 35 Jahren. Am Rande des **Lichtenmoores** haben **Helmut** und **Renate Vogeler** in den 1960er Jahren begonnen, im Nebenerwerb Erdbeeren anzubauen. In den 1970er Jahren kommen Heidelbeeren hinzu und aus der Nebensache wird ein Vollerwerbsbetrieb. Mittlerweile gehören drei Heidelbeerplantagen und eine Erdbeerplantage in den Randlagen von Lichtenhorst, Heemsen und Sonnenborstel dazu. Die Früchte werden auch in einem kleinen Hofladen in **Sonnenborstel** verkauft. In **Wendenborstel** gibt es einen weiteren **Hofladen**, in dem die Erzeugnisse von vier Landwirtschaftsfamilien verkauft werden.

Familie Vogeler (r.)

Erdgas und Erdöl suchen, erschließen und fördern, das ist das Geschäft von **ExxonMobil Production Deutschland.** Die Unternehmenszentrale ist in Hannover, die deutschen Fördergebiete liegen überwiegend in Niedersachsen, eines davon auch in Steimbke.

Flecken Steyerberg

Liebe kann blutig enden. Das wird in Steyerberg öffentlich zur Schau gestellt: Unterwegs im Waldgebiet **Pfarrbusch** stoßen Spaziergänger auf den **Mörderstein**. Ein gewisser **Heinrich Bornkamp** erschlägt 1830 seine Frau mit dem Beil. Für den grausamen Mord wird der gewalttätige Ehemann damals an Ort und Stelle des Verbrechens hingerichtet. Der aufgestellte Stein dort ist Erinnerung an diese Tat und Mahnung an Nachahmer zugleich. Mag diese wahre Geschichte wohl zu schaurig sein, wird der **Märchenwald** im **Pfarrbusch** vor allem Kinder eher begeistern. Dort sind bekannte deutsche Märchen nachgestellt. Durch das weitläufige Waldgebiet, in dem man sich auch auf einen Trimm-Dich-Pfad oder den Waldlehrpfad begeben kann, schlängelt sich der **Langhorst-Kuhlengraben**.

Nicht nur dort sind alte Bäume zu bestaunen. Auch das Naturdenkmal **Eichenkratt** am **Liebenauer Weg** zeichnet sich durch seinen einmaligen Baumbestand aus. Seit 1939 steht das Gebiet unter Naturschutz. Hier kann man ein Faszinosum der Natur bewundern: Statt hochgewachsener Eichen mit prächtiger Krone scheint ihnen im Eichenkratt der Stamm zu fehlen; man sieht lauter flache Eichen mit buschigen Kronen. Aus diesem Anblick leitet sich auch der Name ab. Im Norddeutschen steht *Kratt* für *Gestrüpp*. Der Sage nach haben Elfen zum Bau ihres unterirdischen Palastes die Stämme ins Erdreich gezogen, um so das Gewölbe abzustützen.

Der Flecken Steyerberg liegt inmitten schöner Naturschutzgebiete. Entlang den Urstromtälern der Flüsse Weser und Große Aue lässt sich die Umgebung mit dem Fahrrad oder zu Fuß auf gut ausgeschilderten Routen erkunden. Neben dem **Großen Borsteler Moor** mit seinen erhaltenen Torfkuhlen ist der **Wellier Kolk** ein beliebtes Ausflugsziel. Dieser Altarm der Weser ist ein Anglerparadies und liegt im Landschaftsschutzgebiet westlich der **Staustufe Landesbergen**. Seit 1969 steht das 410 Hektar fassende Gebiet aus Weseraltarm und verschiedenen Kolken unter Naturschutz. Vor allem Wat- und Wasservögel haben hier einen Lebensraum gefunden. Diese Wasserlandschaft hat neben ihrem Wert für Brutvögel insbesondere Bedeutung als Rastgebiet für durchziehende Vogelarten.

Vom 98 Meter hohen **Januarsberg** aus, dem höchsten Punkt des Fleckens, eröffnet sich ein eindrucksvoller Blick auf die umliegenden Ortschaften und das Land mit seinen weiten Heide-, Wald- und Ackerflächen. Bei gutem Wetter kann man von dort gar das Kaiser-Wilhelm-Denkmal an der Porta Westfalica sehen. Ein anderer Aussichtspunkt ist der **Knappsberg**. Zu diesem einstigen Burgberg, auf dem im Mittelalter noch eine Burg stand, führt eine schmale, gewundene Schlucht, die **Hexentreppe**. Sowohl das Entstehungsjahr als auch das

Ortsteile:
- Bruchhagen
- Deblinghausen
- Düdinghausen
- Sarninghausen
- Sehnsen
- Flecken Steyerberg
- Voigtei
- Wellie

Einwohner: 5.378
Fläche: 101,90 qkm
52,8 Einw. je qkm

Märchenwald im Pfarrbusch (o.)

Beliebte Bademöglichkeiten in der Gemeinde sind der Badesee Wellier Kolk (o.l.) und das Waldbad in Steyerberg (o. ganz l.)

Mörderstein im Pfarrbusch (u.)

Die Produktionsanlage von Oxxynova (r.)

Jahr der Zerstörung der Burg sind unbekannt. Die Burg wird 1259 urkundlich erwähnt, man geht jedoch davon aus, dass sie wesentlich früher gebaut worden ist.

Aus den Resten der einstigen Knappenburg errichten die Grafen von Hoya um 1550 den **Amtshof**, den heutigen Sitz der Verwaltung. Dieser idyllisch auf der **Jacobiinsel** gelegene einstige Adelssitz, auf dem auch die von Münchhausens hausten, wird von zwei

Auf dem Amtshof Steyerberg hausten einst auch die von Münchhausens (o.)

Die Meyersiek'sche Mühle mit der Aue-Brücke (r.)

Armen der Aue umflossen. Im Mittelalter ist die Jacobiinsel nur über eine Zugbrücke zu erreichen, heute geht man über die **Aue-Brücke**. Diese Drei-Bogen-Brücke gehört zu den ältesten Steinbrücken ihrer Art in Deutschland. Sie wird 1726 im Auftrag des Kurfürsten Georg I. von Hannover gebaut. Ebenfalls auf der Jacobiinsel steht die **Alte Mühle Steyerberg**, eine Wassermühle, die bereits 1245 als „Vogedie Molen" (Voigtei-Mühle) erwähnt wird. Der Begriff beschreibt einen Amtsbezirk und lässt darauf schließen, dass alle Einwohner der Voigtei Steyerberg ihr Korn in dieser Mühle mahlen lassen mussten.

Die Kirche **St. Katharinen zu Rießen** steht vor dem östlichen Ortseingang des Fleckens. Sie wird 1234 erstmals erwähnt. Der Kirchturm der Kirche St. Katharinen zu Rießen ist etwa 23 Meter hoch und trägt auf einem massiven Unterbau eine hölzerne Turmspitze mit zwei Glocken und einer Schlaguhr. In der Turmhalle steht ein romanischer Taufstein. Das reich verzierte hölzerne Taufbecken mit abnehmbarem Deckel wird der Kirche 1656 gestiftet. Besonders sehenswert ist die Orgel. Es handelt sich um eine aus der ersten Hälfte des 18. Jahrhunderts stammende **Christian-Vater-Orgel** mit hochrechteckigem Orgelprospekt mit barockem Brustwerk.

Das zur Degussa AG zählende Unternehmen **Oxxynova** ist seit 1977 in Steyerberg ansässig. Mit ca. 150 Mitarbeitern ist das Unternehmen einer der größten Arbeitgeber im Ort und weltweit einer der größten Produzenten von Dimethylterephthalat, einem Vorprodukt für Polyester, das für die Herstellung von Textilien, Folien, PET-Flaschen und technischen Kunststoffen verwendet wird.

Stolzenau

Ortsteile:
- Anemolter
- Diethe
- Frestorf
- Hibben
- Holzhausen
- Müsleringen
- Nendorf
- Schinna
- Stolzenau

Einwohner: 7.530
Fläche: 64,88 qkm
116,1 Einw. je qkm

Man muss schon zweimal hinschauen, um zu wissen, dass man sich nicht geirrt hat. Der Turm der **St. Jacobi Kirche** in der **Langen Straße** ist tatsächlich gedreht. Der 1679 gebaute, 45 Meter hohe und spitz zulaufende Turm ist heute das Wahrzeichen der Gemeinde. Ungewöhnliche Bauwerke ziehen ungewöhnliche Geschichten nach sich und so besagt die Legende, dass der Teufel persönlich den Kirchturm verdreht haben soll, als er rasend vor Wut das Gotteshaus aus dem Boden reißen wollte. Einer anderen Legende nach sitzt ein Wetterhahn auf der Turmspitze fest und dreht sich nicht mehr. Ein Riese soll ihm neuen Schwung verleihen, verdreht dabei jedoch den ganzen Turmhelm. In Wirklichkeit ist der besondere Turm schlicht auf die hohe Kunst der Bauhandwerker des 17. Jahrhunderts zurückzuführen. Die jetzige Kirche wird 1830 wegen Baufälligkeit der Vorgängerin neu erbaut. Die steinerne Sonnenuhr neben dem Glockenfenster stammt von 1737. Das mächtige Hauptportal erinnert an griechische Tempelfassaden. Ältestes Kirchendetail ist ein romanischer Taufstein, der etwa auf 1200 datiert ist. Ein Bild Martin Luthers von 1817, der Wappenstein und die 32 Register zählende Orgel sind neben den klassizistischen Deckengemälden Blickfänge im Inneren.

Durch die Gemeinde Stolzenau führen mehrere große touristische Straßen wie die *Deutsche Märchenstraße*, die *Straße der Weserrenaissance* und die *Niedersächsische Spargelstraße*. Hinzu kommen die großen Fernradwege *Weser* und *Hannover-Steinhuder Meer-Dümmer*. Ein ausgiebiger Stopp und Rundgang in der ehemaligen Residenz- und Kreisstadt lohnt. Den besten Ausgangspunkt für einen Spaziergang bietet der **Löschplatz**. Hier ist auch die Liegestelle für die Binnen- und Fahrgastschiffe, die Stolzenau anlaufen. Der Uchter Mühlenbach verbreitert sich dort zum **Mühlenteich**. Bis vor einigen Jahrzehnten steht an dieser Stelle eine Wassermühle. Geht man die Weserstraße hinauf, erscheint linker Hand das denkmalgeschützte Ensemble des **Amtsgerichtes**. Einst gehört dieses mächtige Fachwerkhaus zur Burg des Grafen von Hoya. Seit 1852 wird der ehemalige Burgmannshof als Amtsgericht genutzt. Erst 1953 wird

Jugendarbeit wird in Stolzenau groß geschrieben. Neben anderen bietet der Verein für Kinder- und Jugendarbeit Stolzenau e.V. sinnvolle Freizeitangebote. Im Bild: Jugendliche beim gemeinsamen Kochen (o.)

Die St.-Jacobi-Kirche mit dem auffällig „verdrehten“ Kirchturm (l.)

Blick in die Krumme Straße (r.)

Konditorei und Café Grobe (u.)

das Gebäudeinnere an die Standards eines Gerichtes im 20. Jahrhundert angepasst.
Weiter geht es zum Mittelpunkt des Ortes mit seinem mittelalterlichen **Straßenmarkt** und der schmucken **Lindenallee.** Auf dem Marktplatz findet zwischen Mai und Oktober immer dienstags der Wochenmarkt statt. Gegenüber steht das **Rathaus.** Das rote Backsteingebäude wird 1884 im gotischen Stil erbaut. Das alte **Postgebäude** direkt daneben dient heute als Erweiterung des Rathauses. Etwas weiter befindet sich auf der linken Seite die Straße **Hinterm Dahle**, die noch einen ursprünglichen Charme ausstrahlt. Rechts liegt der **Freihof** des **Baron von Münchhausen.** Er ist seit 600 Jahren in Besitz eines Verwandten des berühmten Fabulierers. Gegenüber dem Garten derer von Münchhausen steht bis zu der furchtbaren Pogromnacht während der Nazi-Diktatur eine 1835 erbaute **Synagoge** nebst Schule. Das Feuer zerstört über 260 Jahre jüdischen Lebens in Stolzenau. Heute erinnert der **Jüdische Friedhof** im Norden Stolzenaus an diese Zeit.

Uchter Gersterbrot (o.)

Die **Hohe Straße** und die **Lange Straße** sind die Hauptgeschäftsstraßen. In der Hohen Straße finden sich Bauten aus verschiedenen Epochen, darunter jahrhundertealte Bürgerhäuser. Viele der alten Gebäude erstrahlen seit der **Ortskernsanierung** in neuem Glanz. Dazu zählt auch der opulente Fachwerkbau der einstigen **Apotheke Stolzenau** in der Lange Straße. Der goldene Schriftzug weist noch heute auf das frühere Gewerk im Inneren hin. Weiter geht es zum **Feuerwehrgerätehaus** mit seinem Erweiterungsbau, auf dessen Dach sich ein Storchennest befindet. Vorbei an der **St. Jacobi Kirche**, gelangt man ein Stückchen weiter rechts in die **Krumme Straße.** Sie führt vorbei an dem stolzen wie sehenswerten Anwesen des **Grafen von Hardenberg.** Biegt man anschließend rechts in die Bahnhofsstraße, überquert man zunächst über die **Sedanbrücke** den **Mühlenteich** und gelangt in die Schlüsselburger Straße. Sie verläuft entlang des **Freibades**, in das sich im Sommer ein Abstecher lohnt. Hinter dem Schießsportzentrum führt links ein Rundwanderweg, der sich durch eine Hecken- und Seenlandschaft schlängelt, unter die Weserbrücke hindurch zurück zum Ausgangspunkt an den **Löschplatz.**
Nach einer anstrengenden Fahrradtour oder der Ortsbesichtigung ist auch das **Café Grobe** Am Markt mit seiner viel gelobten Konditorei die richtige Adresse in Stolzenau. Im Sommer kann man auf der Terrasse im Freien sitzen. Neben Torten, Eis und Trüffeln ist das **Uchter Gersterbrot** eine herzhafte Spezialität des Hauses.

SG Uchte

Mitglieds-gemeinden:
- Flecken Diepenau
- Raddestorf
- Flecken Uchte
- Warmsen

Einwohner: 14.701
Fläche: 284,12 qkm
51,7 Einw. je qkm

Ortsmitte von Uchte (l.)

Statt im meist nüchternen Ambiente eines Standesamtes zu heiraten, suchen immer mehr Paare einen ebenso ungewöhnlichen wie romantischen Ort für den großen Tag. In der Samtgemeinde Uchte können sich Brautpaare im **Hochzeitsbahnhof** in **Lavelsloh-Diepenau** in ganz besonderer Atmosphäre das Jawort geben. Als besonderes Bonbon kann die Hochzeitsgesellschaft im historischen Triebwagenzug der Museumseisenbahn von Uchte oder Rahden in Nordrhein-Westfalen zum schmucken weißen Fachwerkbahnhofshäuschen gebracht werden. Die Standesbeamtin erwartet dann das Brautpaar nach dieser entspannten Anreise im renovierten Güterschuppen zur Trauung. Nach dem Ringetausch kann die Hochzeitsgesellschaft Interessantes über die Eisenbahn und die Geschichte der Strecke Uchte–Rahden erfahren.

Die Lok VT 798 unterwegs nach Uchte (o.)

Trauzimmer im Bahnhof Lavelsloh-Diepenau (l.)

Die **Museumseisenbahn** erfreut sich eines ungebrochen großen Zuspruchs. Einst führt die Eisenbahnstrecke Uchte–Rahden bis nach Nienburg. Rührige Eisenbahner kümmern sich heute darum, dass zumindest ein Museumsbahnbetrieb auf dieser Strecke erhalten bleibt. Bis zur Einstellung des Personenverkehrs fahren auf dieser Strecke die Triebwagen der Baureihe 798. Eine solche Triebwagengarnitur mit Beiwagen und Tanzwagen wird auch heute noch an Planfahrtagen eingesetzt. Zudem gibt es einen alten Schienenbus und eine alte Dampflok. Fahrräder werden auf der Strecke kostenlos transportiert, so dass Radfahrer jederzeit ihre Tour auf zwei Rädern fortsetzen können. Auch für private Fahrten oder Betriebsausflüge kann man die Bahn mieten. Darüber hinaus werden Eisenbahnerkleidung, Lokutensilien und Fotos aus der Zeit, als von Rahden nach Uchte noch die Dampfrösser fuhren, von den ehemaligen Eisenbahnern gesammelt.

Das Gesicht der Samtgemeinde Uchte wird bis heute durch die Landwirtschaft geprägt. Das **Uchter Moor** mit dem **Großen Moor** und dem **Brinkmoor** erstreckt sich über weite Teile der Gemeinde. Hier können Naturliebhaber den seltenen Goldregenpfeifer, Wild oder Birkhühner beobachten. Ohne Höhenunterschiede führen übersichtlich beschilderte Radwanderwege durch Wälder und Dörfer vorbei an malerischen Bauerngärten. Beliebter Anlaufpunkt ist der **Uchter**

Windmühle in Hoyersvörde (o.)

Windmühle in Mösloh (o.r.)

Wassermühle in Harrienstedt (r.)

Landschaftssee, der vor rund zehn Jahren künstlich angelegt worden ist. Hier darf man zwar nicht baden, aber man kann angeln oder ausgiebige Spaziergänge unternehmen.

Die Gemeinde **Raddestorf** wird 1029 erstmals urkundlich erwähnt und ist damit einer der ältesten Orte im Landkreis Nienburg. In der **Lutherkirche zu Raddestorf** befindet sich zudem die älteste Holzkanzel Niedersachsens. Besonderes Schmuckstück der Gemeinde Raddestorf ist die restaurierte und noch funktionstüchtige **Wassermühle** in **Harrienstedt**. Sie wird von den Mitgliedern des **Heimatvereins Woatermöhln** gepflegt und – an der „Westfälischen Mühlenstraße" gelegen – der Öffentlichkeit an Mahl- und Backtagen für Besichtigungen zugänglich gemacht. Auch die beiden **Windmühlen** in **Hoyersvörde** und in **Mösloh** locken regelmäßig Mühlenfans an.

Die Uchter pflegen Traditionen und Brauchtümer dörflichen Lebens. In gemeinschaftlichen Aktionen und Festen wird dies untermauert. So wird beispielsweise noch heute das Getreide geerntet und gedroschen, in einer der hiesigen Mühlen gemahlen und in einem der restaurierten Backhäuser zu Brot gebacken. Traditionelle Feste wie Erntedank feiert man in Uchte auf **Gehannfors Hof**, einer alten Hofstätte, die die letzte Bewohnerin der Gemeinde vermacht hat. Auf dem Hof werden landwirtschaftliche Maschinen und Geräte aufbewahrt und der Nachwelt erhalten, die auch besichtigt werden können.

„Die Torffrau": Ingrid Reinkemeyer (o.)

Torfabbau spielt in der Samtgemeinde noch eine Rolle. In großem Stil und mit europaweiten Exporten handelt das **Torf- und Humuswerk Uchte** mit Blumenerde. **Ingrid Reinkemeyer** macht es in kleinerem Rahmen. Ihre Firma **„Die Torffrau"** stellt mit 12 Mitarbeitern in **Diepenau-Essern** seit 1974 eine Reihe von Torf- und Rindenprodukten her. Dabei hat sich das Geschäft mehr auf Rindenprodukte verlagert, die eine umweltschonende Ergänzung zum Torf darstellen. Unter der Dachmarke **„Ingrina"** werden Blumenerden, Eichenrindenkompost, Produkte aus Kiefernrinde und Spezialsubstrate an Gartenbaubetriebe, Baumschulen, Gartencenter oder auch an Golfplätze verkauft.

Ötting Kunststoffverformung (r.)

Mit sehr anderem Material befasst sich die Firma **Ötting Kunststoffverformung**. Sie produziert für deutsche und internationale Kundschaft Kunststoffteile, die u.a. in der Automobilindustrie verwendet werden. Das Verfahren, mit dem Kunststoffe aller Art in die gewünschte Form gebracht werden, ist das sogenannten Vakuumtiefzieh-Verfahren. 40 Mitarbeiter finden in dem Betrieb Arbeit.

Gehannfors Hof (u.)

Bildnachweis

Einleitung 6 Faksimile Urkunde, Staatsarchiv Bremen; 7 H.H. Meier, Staatsarchiv Bremen; 7 Heinrich Wiegand, Archiv Norddeutscher Lloyd; 8 Bau der Robert Lenthall, Meyer Werft Papenburg; 9 Tabak Probenziehen, BLG Logistics Group; 9 Baumwolle Probenziehen, BLG Logistics Group; 9 Luftbild Werftanlage, Thyssen Nordseewerke GmbH; 11 Columbus Raumlabor, EADS Space Transportation; 11 Werksanlage, Emsland-Stärke GmbH; 11 Ölförderpumpe, Samtgemeinde Emlichheim; 12 Bau des Küstenkanals, Wasser- und Schiffahrtsamt Bremen; 13 Container, Jürgen Sieker; 13 MS Fairland, BLG Logistics Group; 13 GVZ Emsland, GVZ Emsland; 14 Herstellung von Impfstoffen, Lohmann Animal Health GmbH & Co. KG; 14 Eiproduktion, Deutsche Frühstücksei GmbH; 14 Kälberstall, Uwe Fenner Hof Rosengarten (Land Wursten); 14 Hof Gade, Oliver Gade Gemüsebaubetrieb (Samtgemeinde Bardowick); 15 Campus, Universität Oldenburg; 15 Glashalle, Universität Bremen; 16 Hochschule Bremerhaven und AWI, Hochschule Bremerhaven; 16 Polarstern, Alfred-Wegener-Institut; 16 Campus, Katholische Fachhochschule Norddeutschland; 20 Walter Kempowski, Albrecht Knaus Verlag; 20 Erich Maria Remarque, Erich Maria Remarque-Friedenszentrum Universität Osnabrück; 20 Henri und Eske Nannen, G.-A. Wrede; 21 Benjamin von Stuckrad-Barre, Verlag Kiepenheuer & Witsch:; 21 Rolf Dieter Brinkmann, Rolf-Dieter-Brinkmann-Gesellschaft e.V.;

Landkreis Wesermarsch 23 Kanufahrt, Günter G.A. Marklein; 24 Deichbauarbeiten, NLWK Niedersachsen; 24 Überflutung in Bremen, Wasser- und Schifffahrtsamt Bremen; 25 Deichbauarbeiten an der Leybucht, NLWK Niedersachsen; 25 Huntesperrwerk bei Elsfleth, NLWK Niedersachsen; 25 Schafe auf dem Augustgrodendeich, NLWK Niedersachsen; 26 Leuchtturm, Warflether Sand, Gemeinde Berne; 26 Drachenbootrennen, Gemeinde Berne; 26 Gut Neuenhuntorf, Bärbel Logemann; 27 Luftbild Fassmer Werft, Fassmer Werft GmbH & Co. KG; 27 Raumgleiter Phoenix, Aljo Aluminium-Bau Jonuscheit GmbH; 28 Terminals Brake, J. Müller Agri Terminal GmbH & Co. KG; 29 Tanker, Fettraffinerie Brake GmbH; 29 Helmut Debus, Helmut Debus; 29 Johannes Berkhout, Johannes Berkhout; 29 Mitglieder der Arp-Schnitger-Gesellschaft, Arp-Schnitger-Gesellschaft; 29 Mitglieder der Medienwerkstatt, Medienwerkstatt Brake; 30 Spielscheune in Burhave, Gemeinde Butjadingen; 30 Skulptur Die Nornen, Bärbel Deharde; 31 MS Wega II, Elmar Hüttenmeister; 31 Strand von Eckwarderhörne, Gemeinde Butjadingen; 33 Tomke Schneider, Georg Roll Briefmarken GmbH; 34 Kaskade Diekmannshausen, Oldenburgisch-Ostfriesischer Wasserverband; 34 Strandfest, Gemeinde Jade; 35 Achterbahn, Tier- und Freizeitpark Jaderberg; 35 Innenansicht Künstlerhaus, Künstlerhaus Jan Oeltjen; 36 Yacht Carinthia, Lürssen-Werft GmbH & Co. KG; 36 Werftanlagen, Lürssen-Werft GmbH & Co. KG; 36 St.-Veith-Denkmal, Gemeinde Lemwerder; 37 Drachenfest, Gemeinde Lemwerder; 37 Drachenfigur, Gemeinde Lemwerder; 37 Kapelle am Deich, Gemeinde Lemwerder; 37 Heilig-Kreuz-Kirche, Gemeinde Lemwerder; 38 Fischereihafen um 1900, Stadt Nordenham; 38 Skulptur Wilhelm Müller, Stadt Nordenham; 39 Zinkverarbeitung, Xstrata Zink GmbH; ; 39 Verladung Spezialcontainer, Rhenus Midgard GmbH & Co. KG; 39 Kabelanlandung, Norddeutsche Seekabelwerke GmbH & Co KG; 40 Werksansicht, Kronos Titan GmbH & Co. OHG; 40 Dat Ole Hus, Hermann Strenge; 40 Kaufhaus Büsing, J.H. Büsing; 41 Ehepaar Böschen mit Siegfried & Roy, Gerold Böschen; 41 Kinder- und Jugendfarm Nordenham, Kinder- und Jugendfarm Nordenham e.V.; 41 Norwo, Stadt Nordenham; 42 Pferdemarkt, Günter G.A. Marklein; 42 Handwerksmuseum, Günter G.A. Marklein; 42 Mitarbeiter, Hans Thormählen GmbH & Co. KG; 43 Ponyspielmannschaft Ovelgönne, Klaus-Dieter Hänsel; 44 Deichschaart, Verkehrsverein Stadland e.V.; 44 Dielenschiff Hanni, Verkehrsverein Stadtland e.V.; 45 KKW Unterweser, E.ON GmbH; 45 Landfrauenmarkt, Verkehrsverein Stadland e.V.;

Oldenburg 46 Schlossgarten, Oldenburg Tourismus und Marketing GmbH; 47 Oldenburger Schloss, Oldenburg Tourismus und Marketing GmbH; 48 Haarenstraße, Oldenburg Tourismus und Marketing GmbH; 49 St. Lambertikirche, Oldenburg Tourismus und Marketing GmbH; 49 Altes Rathaus, Oldenburg Tourismus und Marketing GmbH; 49 Pulverturm, Oldenburg Tourismus und Marketing GmbH; 50 Degodehaus, Oldenburg Tourismus und Marketing GmbH; 50 Lappan, Oldenburg Tourismus und Marketing GmbH; 50 Helene Lange, Stadtmuseum Oldenburg; 50 Wilhelm Degode, Stadtmuseum Oldenburg; 51 Disco, Cafe Schmizz; 51 Wladimir Kaminer, mitunskannman.reden GbR; 52 Staatstheater, Oldenburg Tourismus und Marketing GmbH; 52 StattStrand, mitunskannman.reden GbR; 53 Horst-Janssen-Museum, Oldenburg Tourismus und Marketing GmbH; 53 Horst Janssen, Astrid Ott; 53 Theodor Francksen, Stadtmuseum Oldenburg; 54 Peter Friedrich Ludwig Hospital, Oldenburg Tourismus und Marketing GmbH; 54 KiBuM, Stadtbibliothek Oldenburg; 55 Augusteum, Landesmuseum für Kunst- und Kulturgeschichte; 55 Naturalienkabinett, Landesmuseum für Natur und Mensch; 56 Eröffnung Pipermint, Internationales Filmfest Oldenburg; 56 Medien-Workshop, Edith-Ruß-Haus; 57 Open-air-Konzert, Kulturkooperative Oldenburg e.V.; 57 Töpfermarkt, Kultukooperative Oldenburg e.V.; 57 Kramermarkt, Kulturbüro Oldenburg; 57 Weser-Ems-Halle, Weser-Ems-Halle Oldenburg GmbH; 58 Amelie Lux, EWE Aktiengesellschaft; 58 Carsten Höfinghoff, VfB Oldenburg CC; 58 Tyron McCoy, EWE Aktiengesellschaft; 59 Mannschaftsbild Fußball, VfB Oldenburg; 59 Mannschaftsbild Handball, VfL Oldenburg; 59 Klaus & Klaus, Klaus Baumgart; 60 Paule Witzig, Dieter Visser; 61 Campus Uhlhornsweg, Universität Oldenburg; 61 Botanischer Garten, Universität Oldenburg; 61 Campus Wechloy, Universität Oldenburg; 61 Hörsaalzentrum Uhlhornsweg, Universität Oldenburg; 62 Fotofinishing, CeWe Color AG & Co. OHG; 62 Senfmühle, Senfmühle Oldenburg

Grunwald & Ernst GmbH; 62 Luftbild Werksgelände, August Herzog Maschinenfabrik GmbH & Co. KG; 63 Oldenburger Hafen, Oldenburg Tourismus und Marketing GmbH; 63 Alte Wache und Sparkassengebäude, Landessparkasse zu Oldenburg; 64 Versorgungssicherheit, EWE Aktiengesellschaft; 64 Freileitungsmonteur 1939, EWE Aktiengesellschaft; 64 Qualitätsprüfung, EWE Aktiengesellschaft; 65 Telekommunikation, EWE Aktiengesellschaft; 65 EWE-Flotte, EWE Aktiengesellschaft; 65 Ausbildung, EWE Aktiengesellschaft; Landkreis Oldenburg; 67 Radler, Naturpark Wildeshauser Geest; 68 Georg Bernhard Müller vom Siel, Landesmuseum für Kunst und Kulturgeschichte Oldenburg; 68 Tabkenhof, Gemeinde Dötlingen; 68 Galerie Dötlingen, Gunda Stolle; 69 1.000-jährige Eiche, Gemeinde Dötlingen; 69 Faustballmeister TV Brettorf, Günther Kotzbauer; 69 Szenenbild, Neerstedter Bühne; 70 Mühle Lütje Anna, Hardy Merchel; 70 Transporter, MBB Liftsystems AG; 70 Montagehalle, Atlas Air Service GmbH; 71 Patient des IMD Projekts, Klinik Stenum; 71 Malte Petersen, Klinik Stenum; 72 Freizeitheim Hohenböken, Gemeinschaftsverband Nord-Süd; 72 Jens Lamaack, Stefan Sagwitz; 72 Kinoabend im Light House, Stefan Sagwitz; 73 Faschingsumzug, Kai de Barse; 73 Jagdhüttenkreuzung, Hardy Merchel; 73 Großsteingrab, Hardy Merchel; 74 Plattencover, Trio; 74 Hans-Jörg Butt, Bayer 04 Leverkusen Fußball GmbH; 74 Erdgasentschwefelungsanlage, Gemeinde Großenkneten; 75 Fliegerhorst Ahlhorn, Luftfahrtverein Wildeshausen-Ahlhorn e.V.; 75 Staatliche Fischteiche Ahlhorn, Gemeinde Großenkneten; 75 Soldatenfriedhof Sage, Gemeinde Großenkneten; 76 Luftbild Werksgelände, Waden GmbH; 76 Museumsbahn Jan Harpstedt, Delmenhorst-Harpstedter Eisenbahn-Freunde e.V.; 76 Firmengebäude, Strodthoff & Behrens GmbH; 77 Kaninchen über offenem Feuer, Wildnisschule Wildeshausen; 77 Harpstedter Lesestuhl, bökers Jens Fröhlke; 77 Jens Fröhlke, Haus der Werbung; 78 Peter Suhrkamp, Peter Biel; 78 Keramikschale, Martin McWilliam; 79 Papierbootregatta, Peter Biel; 80 Gruppenbild Peru-Besuch, Peter Biel; 80 Rita und Peter Biel, Peter Biel; 80 Wasserbüffel, Peter Biel; 81 Wolf E.Schulz, Wolf E. Schulz; 81 Skulptur Was uns zur Schnecke macht, Wolf E. Schulz; 82 Schwarzwälder Kirschtorte, Vielstedter Bauernhaus; 82 Ernst Strackerjan, Vielstedter Bauernhaus; 83 Miss Wahl, Discothek Yo!; 83 Besucherandrang, Land Tage GmbH; 84 Logo Krimiwettbewerb, Gemeinde Wardenburg; 84 Küstenkanal, Jens Schönig; 85 Tillysee, Jens Schönig; 85 Wardenburger Glockenturm, Jens Schönig; 86 Graf Anton Günther, Verband der Züchter des Oldenburger Pferdes; 86 Nick Skelton auf Arko III, Verband der Züchter des Oldenburger Pferdes; 87 Burgberg, Stadt Wildeshausen; 88 Faksimile Löschen-Times, Wildeshauser Zeitung; 88 Entenrennen, Malteser Gilde Club; 89 Schützenkönig, Wildeshauser Schützengilde; 89 Pommes frites Abfüllung, RS Markenvertrieb GmbH & Co. KG;

Landkreis Vechta 91 Eierproduktwerk, Ovobest Eiprodukte GmbH; 92 Fleischtransporter, Gemeinde Bakum; 92 Beton- und Kunststoffwerk, Gemeinde Bakum; 92 August Freiherr von Frydag, Gemeinde Bakum; 93 Bakumer Volksfest, Gemeinde Bakum; 93 Brennerei Meistermann, Gemeinde Bakum; 94 Marktplatz, Stadt Damme; 94 Dammer Karneval, Stadt Damme; 94 Kirche St. Viktor, Stadt Damme; 95 Dümmer See, Tourist-Information Dammer-Berge e.V.; 95 Aussichtsturm Mordkuhlenberg, Stadt Damme; 95 Stadtmuseum Damme, Stadt Damme; 95 Jugend- und Freizeitzentrum des Landkreises Vechta, Stadt Damme; 96 Kartoffelvollernter, Grimme Landmaschinenfabrik GmbH & Co. KG; 96 Verkehrslandeplatz Damme, Stadt Damme; 96 Ziegelei Stölting, Stadt Damme; 97 Burg Dinklage, Gemeinde Dinklage; 97 Kardinal-von-Galen-Schule, Gemeinde Dinklage; 97 Statue Kardinal von Galen, Gemeinde Dinklage; 98 Musikschüler, Jugendmusikschule Romberg e.V.; 98 Rathaus Dinklage, Gemeinde Dinklage; ; 98 Schweger Mühle, Gemeinde Dinklage; 98 Hof Sperveslage, Gemeinde Dinklage; 99 Moorerlebnispfad, Zweckverband Naturpark Wildeshauser Geest; 99 St.-Gorgonius-Kirche, Gemeinde Goldenstedt; 100 Sushiband, Apullma Maschinenfabrik A. Pulsfort GmbH & Co. KG; 100 Badesee im Erholungspark Hardenbergsee, Gemeinde Goldenstedt; 100 Landmaschinen, Ludwig Bergmann GmbH & Co. KG ; 101 Gut Ihorst, Gemeinde Holdorf; 101 Outdoor-Kartbahn Hansaring, Gemeinde Holdorf; 102 Heidesee in Holdorf, Gemeinde Holdorf; 102 Kirche St. Peter und Paul, Gemeinde Holdorf; 102 Regallager, SFB Fleisch- und Kühlzentrale GmbH & Co. KG; 102 Werksgelände, Milchwerke Gebr. Bermes GmbH; 103 Brunnenskulptur Egolohne, Stadt Lohne; 103 Bahnhof, Stadt Lohne; 104 Kunststoffverarbeitung, Pöppelmann GmbH & Co. KG; 104 Industriemuseum, Stadt Lohne; 105 Wasserburg Hopen, Stadt Lohne; 105 Haus Uptmoor, Stadt Lohne; 106 Aussichtsturm am Schützenplatz, Stadt Lohne; 107 Restaurierter Ortskern, Gemeinde Neuenkirchen-Vörden; 107 Ackerbürgerhaus, Gemeinde Neuenkirchen-Vörden; 108 Autobahn A 1, Gemeinde Neuenkirchen-Vörden; 108 Rathaus, Gemeinde Neuenkirchen-Vörden; 108 Eierproduktwerk, Ovobest Eiprodukte GmbH; 109 Dicker Stein, Gemeinde Steinfeld; 109 Rathausplatz, Gemeinde Steinfeld; 109 Einkaufsbummel, Gemeinde Steinfeld; 110 Lagerplatz, Berding Beton GmbH; 110 Paul Schockemöhle auf Deister, Paul Schockemöhle Pferdehaltung GmbH; 110 Paul Schockemöhle u.a., Paul Schockemöhle Pferdehaltung GmbH; 111 Altes Rathaus, Stadt Vechta; 111 Spieker in Langförden, Stadt Vechta; 112 Luftbild Werksgelände, Big Dutchman International GmbH; 112 Josef und Bernd Meerpohl, Big Dutchman International GmbH; 113 Stoppelmarkt, Stadt Vechta; 113 Zitadellenpark, Stadt Vechta; 113 Bischöflich Münstersches Offizialat, Stadt Vechta; 114 Rolf Dieter Brinkmann, Rolf-Dieter-Brinkmann-Gesellschaft e.V.; 114 Hochschulgebäude, Hochschule Vechta; 115 Golfplatz, Golf Club Vechta-Welpe e.V.; 115 Historisches Herrenhaus, Golf Club Vechta-Welpe e.V.; 116 Neumühle, Gemeinde Visbek; 116 Grabanlage Heidenopfertisch, Gemeinde Visbek; 116 Ausflugsrestaurant Engelmannnsbäke, Gemeinde Visbek; 117 Varnhorner Schafstall, Gemeinde Visbek; 117 Rathaus, Gemeinde Visbek; 117 Werksansicht, PHW-Gruppe Lohmann & Co. AG;

Delmenhorst 118 Erich Koch, Stadtarchiv Delmenhorst; 119 Heinz Stoffregen, Stadt Delmenhorst; 120 Delfina, Stadt Delmenhorst; 121 Arthur Fitger, Stadt Delmenhorst; 121 Bootsfahrt, Stadt Delmenhorst; 121 Einhorn Apotheke, Stadt Delmenhorst; 121 Rathaus und Ratsfest, Stadt Delmenhorst; 123 Szene aus

Charly's Tante, Niederdeutsches Theater Delmenhorst; 123 Kranzniederlegung, Stadt Delmenhorst; 124 Sommerkonzert im Regen, Stadt Delmenhorst; 124 Powerpercussion, Stadt Delmenhorst; 124 Carl Lahusen, Fabrikmuseum Nordwolle Delmenhorst; 127 Städtisches Krankenhaus, Stadt Delmenhorst; 127 Manfred Cierpka, Hanse-Wissenschaftskolleg; 128 Wassermühle Hasbergen, Naturpark Wildeshauser Geest; 128 Innenansicht Wassermühle, Naturpark Wildeshauser Geest; 129 Wochemarkt, Stadt Delmenhorst; 129 City-Lauf, Stadt Delmenhorst; 129 Kartoffelfest, Stadt Delmenhorst; 129 Kartoffelsäcke, Stadt Delmenhorst; 131 Kronkorken, Delmenhorster Kork-Fabrik Arthur Linck GmbH; 131 Wasserturm, Stadt Delmenhorst;

Landkreis Diepholz 132 Dümmerbrand, DümmerWeserLand Touristik; 133 Diepholzer Moorschnucken, DümmerWeserLand Touristik; 134 Museumsgebäude, Dümmer Museum; 134 Werksgelände, Elastogran GmbH; 134 Jürgen Ulderup, Dr.-Jürgen-Ulderup-Stiftung; 134 Irmgard Ulderup, Dr.-Jürgen-Ulderup-Stiftung; 134 Aalräucherei, Ternäben Service GmbH; 135 Dümmer See, Samtgemeinde Altes Amt Lemförde; 135 Irmtraud und Karl-Heinz Meier, Irmtraud und Karl-Heinz Meier; 135 Markttag, Samtgemeinde Altes Amt Lemförde; 136 Christian Hülsmeyer, Samtgemeinde Barnstorf; 136 Freizeitbad Hunteholz, Samtgemeinde Barnstorf; 136 Hoteleingang, Hotel Roshop; 136 St.-Veith-Kirche, Annegret Johanning (Heimatverein Barnstorf); 137 Meyer-Köster-Haus, Annegret Johanning (Heimatverein Barnstorf); 137 Altarraum Marienkirche, Werner Ekau (Kirchengemeinde Mariendrebber); 137 Finja, Zirkus Barbarella; 137 Wildblütenhonig, Allos Walter Lang GmbH; 138 Kreisel, Stadt Bassum; 138 Stiftskirche, Evangelisch-lutherische Kirchengemeinde Bassum; 138 Windmühle Wedehorn, Naturpark Wildeshauser Geest; 138 Bassumer Damenstift, Stadt Bassum; 139 Freudenburg, Stadt Bassum; 139 Ralf Schauwacker, Ralf Schauwacker; 140 Der Löwe Samoni, Sabine Schelzke; 140 Sabine Schelzke, Sabine Schelzke; 140 Michael Camphausen, Michael Camphausen; 140 Tierpark, Stadt Bassum; 141 Kurpark, Samtgemeinde Bruchhausen-Vilsen; 141 Museumseisenbahn, Mittelweser-Touristik GmbH; 141 St.-Cyriakus-Kirche, Mittelweser-Touristik GmbH; 142 Lebkuchenherzen, Mittelweser-Touristik GmbH; 142 Robberts Hus, Mittelweser-Touristik GmbH; 142 Pferdemarkt, Mittelweser-Touristik GmbH; 142 Heiratsmarkt, Mittelweser-Touristik GmbH; 143 Flaschenabfüllanlage, Vilsa-Brunnen O. Rodekohr GmbH & Co. KG; 143 Barbara Stadler und Erwin Rau, Barabara Stadler, Erwing Rau; ; 143 Forsthaus Heiligenberg, AVA Atelier für Werbung; 143 Galerie, Christa Hufnagl; 143 Mineralwasserflasche, Vilsa-Brunnen O. Rodekohr GmbH & Co. KG; 143 Behlmer Hochzeitsmühle, Mittelweser-Touristik GmbH; 144 Fritz Klatte, Stadt Diepholz; 144 Schlossturm, Stadt Diepholz; 144 Moorschnucken, DümmerWeserLand Touristik; 144 Skulptur Diepholzer Gänse, Stadt Diepholz; 145 Hallenbad Delfin, Stadt Diepholz; 145 Taubenschlag, Stadt Diepholz; 145 Die Münte, DümmerWeserLand Touristik; 146 Mitarbeiter Presswerk, Pallas Schallplattenfabrik GmbH; 146 Mitarbeiterin Rohwarenmuster, Ulrich Walter GmbH; 146 Lok CFL-350 DCL, Chr. Schöttler Maschinenfabrik; 146 Kräuterfrüchtetee, Ulrich Walter GmbH; 147 Hubertusjagd, DümmerWeserLand Touristik; 147 Naturfreibad, Samtgemeinde Kirchdorf; 147 Witten Deel, Leni und Siegfried Witte; 147 St. Nikolai Kirche, Samtgemeinde Kirchdorf; 148 Arbeiterkolonie Freistatt 1950er Jahre, Samtgemeinde Kirchdorf; 148 Jugendband Wir, Samtgemeinde Kirchdorf; 148 Gespräch am Tisch, Bethel Diakonie Freistatt; 149 Spargelstecher, Thiermann Spargel; 149 Spargel, Thiermann Spargel; 149 Spargelverarbeitung, Thiermann Spargel; 150 Kranbrücke, BTR Logistik GmbH; 150 Schäfer, Mathias Dreyer Ulenhof; 150 Peppy's Tino Ranch, DümmerWeserLand Touristik; 151 Pflückmaschine, Tabakhof Heusmann; 151 Heinrich Jürgens, Heinrich Jürgens; 151 Spargelschälerin, Spargelhof King; 151 St. Georg- und Margareten-Kirche, Samtgemeinde Schwaförden; 152 Hans O.E. Gronau, Samtgemeinde Siedenburg; 152 Erika und der Satyr, Samtgemeinde Siedenburg; 152 Grafik von Dele Wulf, Samtgemeinde Siedenburg; 153 Schloss Siedenburg, Samtgemeinde Siedenburg; 153 Fachwerkkapelle, DümmerWeserLand Touristik; 153 Markisenlift, Dirk Hötker Metallbau; 153 Spielszene De Lütje Ünnerscheed, Theatergruppe Eschbachtal; 154 Heiner Tamsen, Autohaus Tamsen GmbH; 154 Autohaus Tamsen, Autohaus Tamsen GmbH; 154 Rathaus, Gemeinde Stuhr; 155 Blockhaus, Benno Tamsen Holzbau GmbH; 155 Steller See, Uwe Gallmeier; 155 Pool, Family Camping Wienberg; 156 Kinder, KUSS Kunstschule Stuhr; 156 Kleinbahn Jan Harpstedt, Naturpark Wildeshausen Geest; 156 Flasche Alter Mackenstedter, Alte Mackenstedter Kornbrennerei H. Turner GmbH; 157 Klosterkirche Heiligenrode, Uwe Gallmeier; 157 Maislabyrinth, Familie Kuhlenkamp; 157 Gut Varrel, Peter Köhler; 158 Rauchhaus, Uwe Gallmeier; 158 Gasthaus Meierhof, Gasthaus Meierhof-Heiligenrode; 159 Werksgelände, Lloyd Shoes GmbH & Co KG; 159 Schuhfabrik 1960er Jahre, Lloyd Shoes GmbH & Co KG; 159 Stadtsee, DümmerWeserLand Touristik; 160 Verkaufsraum Rats-Apotheke, Ratsapotheke Sulingen; 160 Bullenschluck, Rats-Apotheke Sulingen; 160 Bonita und Jens Dunker, Rats-Apotheke Sulingen; 161 Lange Straße, Stadt Sulingen; 161 Fachwerkhaus am Meierdamm, Stadt Sulingen; 161 Bäckerei Ladengeschäft, Bäckerei Voss-Döring; 161 Skulptur Sensenschmied, Stadt Sulingen; 162 Golfplatz, Stadt Syke; 162 Rudi Carrell, Anja Kappler; 162 Restaurant, Restaurant Panorama; 163 Backsonntag, Kreismuseum Syke; 163 Hachetal, Stadt Syke; 163 Kreismuseum Syke, Naturpark Wildeshauser Geest; 164 Konzert in der Wolfsschlucht, Stadt Syke; 164 Faksimile Plakat jazz folk & bike, Stadt Syke; 164 Wassermühle Barrien, Sigi Schritt; 165 Hofrestaurant, Bioland-Hofrestaurant Voigt; 165 Jochen Voigt mit Kindern, Bioland-Hofrestaurant Voigt; 165 Heinrich Schmidt-Barrien, Sigi Schritt; 166 Reinhold Beckmann, NDR Presse und Information; 166 Der größte Strohhut der Welt, Stadt Twistringen; 167 Rathaus, Stadt Twistringen; 167 St.-Anna-Kirche, Stadt Twistringen; 167 Faksimile Plakat Rock & More, Josef Grohe; 168 Blasorchester, Twistringer Blasorchester; 168 Eierverpackung, Eiervermarktung Wiesengold Landei GmbH & Co. KG ; 169 Freilichtbühne, DümmerWeserLand Touristik; 169 Auburg, DümmerWeserLand Touristik; 169 Elefantenreiten, Gemeinde Wagenfeld; 169 Rolf Ismer, Gestüt + Tierpark Service GbR; 170 Brunnenhaus, Friedrich Lütvoigt GmbH & Co. KG; 170 Golfhotel Wagenfeld,

DümmerWeserLand Touristik; 170 Kräuterbutter, Molkerei Wagenfeld Karl Niemann GmbH & Co KG; 171 Felicianus-Kirche, Wilfried Meyer; 171 Katja Riemann und Karin Göcking, Wilfried Meyer; 171 Dirk Busch, Dirk Busch; 171 Atelier, Peter Barthold Schnibbe; 172 Ellernbruch, Wilfried Meyer; 172 Frachtfahrer Drücker, Wilfried Meyer; 172 Dampflok 503562-1, Steffen Dollinger (Förderverein Dampflok); 173 Südweyher Wassermühle, Wilfried Meyer; 173 Weyher Theater, Weyher Theater; 173 Frank Pinkus und Kay Kruppa, Weyher Theater; 173 Apfelsilo, Hans Döhle GmbH; 173 Anni Döhle 1954, Hans Döhle GmbH;

Bremerhaven 174 Schiffsaufbauten zwischen Häusern, Elke Martens; 175 Blick über Fischereihafen, Elke Martens; 175 Blick über Museumshafen, Elke Martens; 176 Auswandererfamilie, Albert Böttcher; 176 SSW Werft, Gottfried Hilgerdenaar; 176 Werftarbeiter 1955, Rolf Böttcher; 177 Hanse Kogge, Deutsches Schiffahrtsmuseum; 177 Zoo am Meer, BIS Bremerhavener Gesellschaft für Investitionsförderung und Stadtentwicklung mbH; 178 Auswandererdenkmal, Elke Martens; 178 Leuchtturm Rotersand, BIS Bremerhavener Gesellschaft für Investitionsförderung und Stadtentwicklung mbH; 179 Kaiserschleuse, Nicki Böttcher; 179 Columbusbahnhof, BIS Bremerhavener Gesellschaft für Investitionsförderung und Stadtentwicklung mbH; 179 Elvis Presley, Renate Gabcke; 179 NDL-Bordmusiker, Rolf Böttcher; 180 Queen Elisabeth II im Dock, Gottfried Hilgerdenaar; 180 Container Terminal Bremerhaven, Wolfhard Scheer; 181 Gerhard Wahlers, North Sea Terminal Bremerhaven GmbH & Co KG; 181 Birgit Hensel und Klaus-Peter Rinke, Klaus-Peter Rinke; 182 Probebohrung, Alfred-Wegener-Institut; 182 Dr. Sepp Kipfstuhl, Alfred-Wegener-Institut; 182 Nachtaufführung, BIS Bremerhavener Gesellschaft für Investitionsförderung und Stadtentwicklung mbH; 183 Herta Böttcher, Herta Böttcher; 183 Kriegszerstörte Bürger, Stadtarchiv Bremerhaven; 183 Trümmerfrauen, Renate Gabcke; 183 Meister Thurau, Historisches Museum Bremerhaven; 184 Wasserturm, Gottfried Hilgerdenaar; 184 Jeanette Schocken, Renate Gabcke; 184 Adolf Butenandt, Stadtarchiv Bremerhaven; 184 Faksimiles Publikationen, Wirtschaftsverlag NW Verlag für neue Wissenschaft GmbH; 184 Ankunft des Raddampfers Washington, Wirtschaftsverlag NW Verlag für neue Wissenschaft GmbH; 185 Lale Andersen, Stadtarchiv Bremerhaven; 185 Martin Figura, Martin Figura; 185 Hans Scharoun, Dietrich Scholl; 185 Paul Ernst Wilke, Stadtarchiv Bremerhaven; 186 Heino Ferch, Wolfgang Strahl; 186 Instant Impro, Instant Impro; 186 Müllfischer, Helene Daininger; 186 Volker Engel, Uwe Parpart; 187 Alte Bürger, Elke Martens; 187 Bühne Seebeck am Markt, Manni Müller; 187 Manni Müller, Manni Müller; 187 Asuquo Eyo, Patricia Eyo; 188 Stephan Remmler, Stephan Remmler; 188 Wolfsmondkonzert, George B. Miller; 188 George B. Miller, George B. Miller; 188 Hagen All Stars, George B. Miller; 188 Wally, Renate Gabcke; 189 Juan Dominguez, Paco Reyer, Juan Domiguez; 189 Rollkunstlauf-Training, Constance Hoßfeld; 189 Spielszene Eisbären Bremerhaven, Boris Butschkadoff; 189 Spielszene Basketball Stadtauswahl, Rolf Böttcher; 190 Ehepaar Beer, Tanzsportgemeinschaft Bremerhaven e.V.; 190 Lateinformation, Karsten Kaune; 190 Filetieren von Hand, Familie Brinkmann; 191 Silke Brinkmann, Jens Schönig; 192 Spielszene Op un daal..., Norddeutsche Bühne Waterkant; 192 Fischereihafenrennen 1952, Elke Martens; 192 Fischereihafenrennen 2004, Hinrich Hinck; 193 Wesermündung, Elke Martens;

Bremen 195 Bremer Stadtmusikanten, Rianne van der Veen; 196 Winterlandschaft Blockland, Henning Garbade; 196 Hochwasser an der Wümme, Henning Garbade; 197 Gasthaus Dammsiel, Bremer Touristik Zentrale; 197 Fahrradfahrer Blockland, Toma Babovic; 197 Wasserhorster Kirche, Henning Garbade; 197 Mann mit Pferden, Rianne van der Veen; 199 Kammsaal, Bremer Woll-Kämmerei AG; 199 Faksimile Buchtitel Manfred Hausmann, Edition Temmen; 200 Werksgelände, Johann A. Krause Maschinenfabrik GmbH; 200 Haus der Zukunft, Heike Grochau; 201 Wätjens Schloss, Klaus Peters (Heimatverein Blumenthal e.V.); 201 Weserfähre, Klaus Peters (Heimatverein Blumenthal e.V.); 202 Otter, WWF World Wildlife Fund Deutschland; 202 Wilhelm Kaisen und Helene Schweide, Arbeiterwohlfahrt Kreisverband Bremen e.V.; 203 Dr. Louis Ferdinand von Preußen, Generalverwaltung des vormals regierenden Preußischen Königshauses; 203 Straßenbahn Linie 4, Toma Babovic; 203 Wümmehof, Wolfgang Marschall; 204 Kinderbauchtanzgruppe, Kulturinitiative Lesum e.V.; 204 Seniorengruppe, Friedehorst gGmbH; 205 Festival Sommer in Lesmona, Rianne van der Ven; 206 Werderland, Stefan Boltz; 206 Stahlwerke Bremen, Toma Babovic; 206 Brammen, Stahlwerke Bremen GmbH; 207 Haus mit Walkiefer, Wilfried Hoins; 207 Gummibahnhof, Wilfried Hoins; 208 Sechs-Tage-Rennen, Bremer Sportmarketing GmbH & Co; 208 Torfkanal, Rianne van der Veen; 208 Bunker Admiralstraße, Rianne van der Veen; 209 Wochenmarkt Findorff, Rianne van der Veen; 209 Freimarkt, Bremer Touristik Zentrale; 210 Bremer Stadthalle, Jan Radtke; 210 Kulturzentrum Schlachthof, Rianne van der Veen; 210 Studio Offener Kanal, Rianne van der Veen; 211 Luftbild A.G. Weser 1970er Jahre, Weserbund e.V.; 211 Lichthaus, Heiner Hellmann; 211 Space Park, Space Center Betriebs GmbH & Co. KG; 214 Justizvollzugsanstalt Oslebshausen, Rianne van der Veen; 214 In den Wischen, Rianne van der Veen; 215 Produktion DaimlerChrysler, Bremer Touristik Zentrale; 215 Gewerbepark Hansalinie, Studio B; 216 Presskuchen, Kraft Foods Deutschland GmbH; 216 Unternehmenssitz, Bremer Erfrischungsgetränke GmbH; 216 Unternehmenssitz, Vitakraft-Werke Wührmann & Sohn GmbH & Co. KG; 217 Jüdischer Friedhof, Jüdische Gemeinde im Lande Bremen; 217 Aladin Music Hall, Rianne van der Veen; 217 Silberbesteck, Auktionshaus W.G.Herr; 218 Weserwehr, Rianne van der Veen; 218 Stauklappe Weserwehr, Wasser- und Schiffahrtsamt Bremen; 218 Ehrenmal, Rianne van der Veen; 219 Rhododendronpark, Toma Babovic; 219 Fallturm, ZARM Zentrum für angewandte Raumfahrttechnologie und Mikrogravitation; 219 Fallkapsel, ZARM Zentrum für angewandte Raumfahrttechnologie und Mikrogravitation; 220 Universum Science Center, Toma Babovic; 220 Blick in die Ausstellung, Universum Science Center Bremen; 220 Glashalle Universität Bremen, Toma Babovic; 221 Sodenmattsee, Toma Babovic; 222 Pferd, Stadtteilfarm Huchting,; 222 Pferd und Reiter, Stadtteilfarm Huchting,; 223 Bremer Rathaus, Toma Babovic; 223 Obere Halle Bremer Rathaus, Toma Babovic; 224 Innenansicht St.-Petri-Dom, Toma Babovic; 224 Bleikeller, Bremer Touristik Zentrale; 224 Schütting, Toma Babovic; 224 Haus der Bürgerschaft, Peter Schröder; 225 Großer Glockensaal, Jens Frommann; 225 Böttcherstraße, Rianne van der Veen; 225 Schnoor, Rianne van der Veen; 225 Lichtbringer, Toma Babovic; 226 Travestie-Theater, Dietmar Banck (Bremer Touristik Zentrale); 226 Sambagruppe, Großmarkt Bremen GmbH; 226 Theater Interaktiwo, Bremer Touristik Zentrale; 227 Dauerausstellung Ozeanien, Toma Babovic; 227 Auf den Höfen, Bremer Touristik Zentrale; 227 Kinderprogramm Breminale, Toma Babovic; 228 Speicher XI, Toma Babovic; 228 Schiff an der Kaje, Weserport GmbH; 228 Neustädter Hafen, BLG Logistics Group; 229 Sudhaus, Bremer Touristik Zentrale; 229 Kaffeeröstung, Kraft Foods Deutschland GmbH; 229 Schokoladenherstellung Hachez, Toma Babovic; 230 Spielszene Romeo und Julia, Marianne Menke; 230 Café Sand, Hal över Schreiber Reederei; 230 Neues Museum Weserburg, Bremer Touristik Zentrale; 231 Spielszene ...und morgen die ganze Welt, Schnürschuh Theater; 232 Labormodul Columbus, Bremer Touristik Zentrale; 232 Anleger Bremer Ruderclub Hansa, Rianne van der Veen; 232 Flughafen bei Nacht, Airport Bremen GmbH; 233 Lür-Kropp-Hof, Förderverein Lür-Kropp-Hof e.V.; 237 Klein Manhattan, Toma Babovic; 237 Foyer CineStar Kristall-Palast, Bremer Touristik Zentrale; 237 Kessler-Block, Toma Babovic; 238 Osterholzer Friedhofskapelle, Rianne van der Veen; 238 Carl F. Borgward, Peter Kurze Media; 238 Studio buten un binnen, Radio Bremen; 239 Ziegenmarkt, Rianne van der Veen; 239 Türkischer Gemüseladen, Rianne van der Veen; 239 Eingang Helenenstraße, Rianne van der Veen; 240 Weser-Stadion, Bremer Touristik Zentrale; 240 Lüder Rutenberg, Brauerei Beck & Co.; 240 Bremer Häuser Peterswerder, Toma Babovic; 241 Café Ambiente und Bürgerhaus Weserterrassen, Rianne van der Veen; 241 Sielwallfähre Hal Över,; 241 Eiswette, Rianne van der Veen; 243 Bürgerpark-Tombola, Bürgerpark-Verein; 243 Waldbühne, Rianne van der Veen; 244 Ausstellung Focke-Museum, Bremer Touristik Zentrale; 244 Krankenhaus St.-Joseph-Stift, Peter Schröder; 245 Sendesaal Radio Bremen, Charly Plinke; 245 Synagoge, Jüdische Gemeinde im Lande Bremen; 246 Stahlwerke Bremen, Toma Babovic; 247 Güterverkehrszentrum Bremen, Toma Babovic; 247 Luftbild GVZ Bremen und Neustädter Hafen, BLG Logistics Group; 248 Berliner Freiheit, Grimm und Arnold Werbeagentur GmbH; 248 Skulptur Paare, Toma Babovic; 248 Aalto-Hochhaus, Toma Babocic; 249 Galopprennbahn, Frank Sorge; 249 HanseLAN, Bürgerzentrum Neue Vahr e.V.; ; 251 Haven Höövt, Rianne van der Veen; 251 Bronzene Walkiefer, Rianne van der Veen; 251 Musiker im KITO, Bremer Touristik Zentrale; 252 Fußgängerbrücke Vegesacker Hafen, Designlabor Bremerhaven; 252 La Paloma Bar, Rianne van der Veen; 252 Bronzene Walfluke, City-Marketing Vegesack e.V.; 253 Campus International University Bremen, City-Marketing Vegesack e.V.; 253 Vegesacker Bahnhofsvorplatz, Toma Babovic; 253 Schönebecker Schloss, City-Marketing Vegesack e.V.; 254 Walle-Center, Rianne van der Veen; 254 Waldau-Theater, Rianne van der Veen; 255 Medienzentrum Waller Heerstraße, Toma Babovic; 255 Eike Besuden, Geisberg Studios; 255 Spielszene SchrankArt, Hervé Maillet; 256 Bücherflohmarkt, Stadtteilkulturzentrum Brodelpott e.V.; 257 Lateinformation A-Team, Turnier-Tanz-Club Gold und Silber e.V. Bremen; 257 Eislaufhalle Paradice, Rianne van der Veen; 258 Woltmershauser Straße, Toma Babovic; 259 Hochregallager BLG Logistics Group, Toma Babovic; 259 Weseruferpark, Toma Babovic; 259 Kontrollturm am Lankenauer Höft, Toma Babovic;

Landkreis Osterholz 260 Moorexpress, Gemeinde Gnarrenburg; 261 Torfkähne auf der Hamme, Gemeinde Osterholz-Scharmbeck; 262 Blasorchester Grasberg, Gemeinde Grasberg; 262 Findorff-Kirche, Gemeinde Grasberg; 262 Findorff-Hof, Gemeinde Grasberg; 263 Wörpe, Gemeinde Grasberg; 264 Jürgen Sievers und Teilnehmer der creArtour, Samtgemeinde Hambergen; 264 Erntefest Bornreihe, Erntefestkomitee Hambergen e.V.; 264 Erntefest Figuren, Touristik SG Hambergen eV; 265 Thekenraum, Gasthaus Hellingst 59; 265 Chor, popCHORn MGV Klein-Winternheim e.V.; 265 Hofcafé, Hofcafé Hermann's lütke Schüre; 265 Richard Weitze, Bear Family Records GmbH; 265 Bärenfamilie, Bear Family Records GmbH; 266 Spielszene Pippi Langstrumpf, Freilichtbühne Lilienthal e.V.; 267 Überreichung der Urkunde, Heimatmuseum Lilienthal; 268 Team vom Jugendcafé AMSE, Kommunale Jugendarbeit Lilienthal; 268 Johann Hieronymus Schroeter, Astronomische Vereinigung Lilienthal e.V.; 268 Telescopium, Astronomische Vereinigung Lilienthal e.V.; 269 Scharmbecker Marktplatz und Stagge's Hotel, Stadt Osterholz-Scharmbeck; 269 Dr. Walter Baumeister, Eva Baumeister; 269 Wattenmeer-Diorama, Norddeutsches Vogelmuseum; 270 Klosterholz, Niedersächsisches Forstamt Bederkesa; 270 Enno Schweckendieck, Musicland OHZ; 271 Luftbild Lucius-D.-Clay-Kaserne, Bundeswehr, Nachschubschule des Heeres; 271 Innenansicht Limousine, Armor Mobile Security-Germany; 271 Panzerlimousine, Armor Mobile Security-Germany; 272 Mühle von Rönn, Stadt Osterholz-Scharmbeck; 272 Verwaltungsgebäude, Landmann-Peiga GmbH & Co. KG; 272 Herbstfest,Paul Mahrt; 273 Gut Sandbeck, Stadt Osterholz-Scharmbeck; 275 Ritterhuder Veranstaltungszentrum, Gemeinde Ritterhude; 275 Karl Heinz Geils, Karl Heinz Geils; 276 Marktplatz, Gemeinde Schwanewede; 276 Geestlandschaft, Gemeinde Schwanewede; 277 Turbolader, Prätec Präzisionstechnik GmbH; 277 St.-Michaels-Kirche, Gemeinde Schwanewede; 277 Wassermühle, Gemeinde Schwanewede; 277 Bodo Roehr, Bodo Roehr; 278 Isgard Moje-Wohlgemuth, Wilke Jäger; 278 Birgit und Claus Hartmann, Steffen Gerdes; 280 Canned Heat, Music Hall Worpswede e. V.; 280 Hans-Dieter Ludwig und Leo Lyons, Music Hall Worpswede e. V.; 281 Teeprobe, J.T. Ronnefeldt KG; 281 Reinhold Bauer mit Kindern, SOS-Kinderdorf Worpswede;

Landkreis Verden 282 Weiß-blauer Renntag, Ralf Reincken; 283 Innenansicht Verdener Dom, Ralf Reincken; 284 Kirche St. Laurentius um 1900, Geschichtswerkstatt Achim Verein für Regionalgeschichte e.V.; 284 Villen in Hanglage, Ralf Reincken; ; 284 Achimer Marktplatz, Ralf Reincken; 285 Badener Berge um 1925, Geschichtswerkstatt Achim Verein für Regionalgeschichte e.V.; 285 Badener Berge, Ralf Reincken; 285 Faksimile Titel Achimer Geschichts-

Hefte, Geschichtswerkstatt Achim Verein für Regionalgeschichte e.V.; 286 Haus Clüver, Ralf Reincken; 286 Fußgängerzone Obernstraße, Ralf Reincken; 286 Sportboothafen Uesen, Ralf Reincken; 286 Skulptur Der erste Streit, Ralf Reincken; 286 Skulptur Der Zigarrenmacher, Ralf Reincken; 287 Golfplatz, Golf Club Achim; 287 Thomas und Suse Brockmann-Hornik, Golf Club Achim; 287 Kulturhaus Kasch, Kulturhaus Alter Schützenhof; 288 Unternehmenssitz, H.F. Wiebe GmbH & Co. KG; 288 Brotfabrik Lieken Urkorn, Ralf Reincken; 288 Leuchttisch, Berlin Druck GmbH + Co. KG; 289 Dörverdener Weserufer, Ralf Reincken; 289 Amtshaus Westen, Ralf Reincken; 289 Bahnhof Dörverden, Ralf Reincken; 290 Raddampfer, Gemeinde Dörverden; 290 Wasserkraftwerk, Ralf Reincken; 290 Dörverdener Drachenfliegertreffen, Gemeinde Dörverden; 291 Solarfähre Marie Hoffmann, Gemeinde Kirchlinteln; 291 Seminar Heilpflanzenschule, Heilpflanzenschule Verden; 291 Margitta Paprotka-Kühne, Heilpflanzenschule Verden; 292 Heibo Werksgelände, Heibo GmbH; 292 Mühle in Brunsbrock, Ralf Reincken; 292 Lindhoop-Denkmal, Ralf Reincken; 292 Eiche in Schafwinkel, Ralf Reincken; 293 Gräfliche Kutsche um 1900, Schlossparkverein Etelsen e.V.; 293 Luftbild Schloss Etelsen, Schlossparkverein Etelsen e.V.; 293 Gräfin Sofie zu Reventlow, Schlossparkverein Etelsen e.V.; 293 Graf Christian zu Reventlow, Schlossparkverein Etelsen e.V.; 293 Galerieholländer Jan Wind, Ralf Reincken; 294 Uwe und Anke Demel und Hinrich Prüser, Gasthaus Alter Krug; 294 Veranstaltung Kulturforum Grüne Gilde, Kulturforum Grüne Gilde; 294 Lothar Behnke, Ralf Reincken; 294 Fährbetrieb, Fährverein Hagen-Grinden/Ahsen-Oetzen e.V.; 295 Tietjen-Hof, Gemeinde Flecken Ottersberg; 295 Dr. Hinrich Schloen und Irmintraut Schloen, Heimathaus Irmintraut; 295 Buthmannshof, Gemeinde Flecken Ottersberg; 295 Heinrich Breling, Gemeinde Flecken Ottersberg; 296 Dodenhof, Ralf Reincken; 296 Alter Amtshof, Gemeinde Flecken Ottersberg; 296 Fachhochschule Ottersberg, Ralf Reincken; 296 Otto-Modersohn-Museum, Ralf Reincken; 297 An der Bar, Höpers Motel; 297 Jugendzentrum Oyten, Ralf Reincken; 297 Daisy's Diner, Ralf Reincken; 297 Bodo Renne, Bodo Renne; 298 Airport Bowling Center, Airport-Bowling GmbH & Co. KG; 298 Oyter See, Ralf Reincken; 298 Handballspiel, TV Oyten; 299 Warenlager Unimet, Ralf Reincken; 299 Grundschule Sagehorn, M. Below; 299 Testmessung, Doyma GmbH & Co; 300 Pingelheini, Kleinbahn Leeste e.V.; 300 Erbhoffestival, Gemeinde Thedinghausen; 300 Glockenturm, Ralf Reincken; 301 Ensemble Helikon, Kulturverein Thedinghausen e.V.; 301 Fenster- und Türenfertigung, Polar Fenster und Türenwerk GmbH & Co. KG; 301 Laseranwendungstechnik, PS Laser GmbH & Co. KG.; 301 Herzog-Wilhelm-Denkmal, Ralf Reincken; 301 Kirche in Riede, Ralf Reincken; 302 Stadtsilhouette, Stadt Verden; 302 Verdener Rathaus, Stadt Verden; 302 Domfestspiele, Ralf Reincken; 302 Domweih, Ralf Reincken; 303 Wochenmarkt, Ralf Reincken; 303 Hallenreitturnier, Ralf Reincken; 303 Klaus Störtebeker und Peter Struck, Ralf Reincken; 304 Masterfood-Werk, Ralf Reincken; 304 Viehauktion, Ralf Reincken; 304 Hans-Joachim Köhler, Deutsches Pferdemuseum; 304 Gisela Fürle, Ralf Reincken; 305 Hengstauktion, Ralf Reincken; 305 Weiß-blauer Renntag, Ralf Reincken; 305 Hubertusjagd, Ralf Reincken; 305 Zauberer Paddy, Magic Park Verden;

Landkreis Nienburg 307 Spargelstechen, Samtgemeinde Uchte; 308 Lerchensporn, Mittelweser-Touristik GmbH; 308 Wehrkirche, Mittelweser-Touristik GmbH; 308 Turmwindmühle, Mittelweser-Touristik GmbH; 309 Zwillingslinde, Mittelweser-Touristik GmbH; 309 Johannes F. Faget, Fogelvrei Produktionen; 309 Dampfmaschine, Ph. Leman GmbH; 309 Produktion Konfitüre, Friedrich Göbber KG; 309 Senftopf, Ph. Leman GmbH; 310 Grafenschloss, Samtgemeinde Grafschaft Hoya; 310 Grafenfamilie, Mittelweser-Touristik GmbH; 310 Bücker Dom, Mittelweser-Touristik GmbH; 310 Skulptur Esel und Mönch, Mittelweser-Touristik GmbH; 311 Regatta, Mittelweser-Touristik GmbH; 311 Alvesersee, Samtgemeinde Grafschaft Hoya; 311 Erntehelfer, Biolandhof Cordes; 312 Weserfähre, Mittelweser-Touristik GmbH; 312 Mädchenriege, Niedersächsisches Institut für Sportgeschichte Hoya e.V.; 312 Papiermaschine, Smurfit Europa Carton GmbH; 313 Treib- und Schmelzofen Modell, Johann-Beckmann-Gesellschaft e.V.; 313 Johann Beckmann, Johann-Beckmann-Gesellschaft e.V.; 313 Briefmarke, Johann-Beckmann-Gesellschaft e.V.; 314 Torbogen, Mittelweser-Touristik GmbH; 314 Johannes-der-Täufer-Kirche, Heimatverein Drakenburg e.V.; 315 Drakenburger Kraftwerk, Mittelweser-Touristik GmbH; 315 Marienkapelle, Heimatverein Drakenburg e.V.; 315 Ole Schüne, Heimatverein Drakenburg e.V.; 315 Kartbahn, Gross-Kartodrom GmbH & Co. KG; 316 Rittergut Brokeloh, Carsten Niemeyer; 316 Radler im Scheunenviertel, Mittelweser-Touristik GmbH; 316 Triptychon, Evangelisch-lutherische Kirchengemeinde Estorf; 317 Klöppeltage, hm-Brokeloher Klöppeltage; 317 Café Panorama, Bickbeerenhof Sylke Herse; 317 Aalschokker, Mittelweser-Touristik GmbH; 317 Sylke Herse, Sylke Herse; 317 Wapen von Hamburg, Eduard Willke; 318 Naturbad Pennigsehl, Samtgemeinde Liebenau; 318 Witten Hus, Heimatverein Liebenau e.V.; 318 Binner Schlucht, Samtgemeinde Liebenau; 318 Schnitzaltar, St.-Laurentius-Gemeinde Liebenau; 319 Moorbad Bad Blenhorst, Samtgemeinde Marklohe; 319 Marina Mehlbergen, Samtgemeinde Marklohe; 319 Strauß, Straußenfarm Oyle Ehler Hugo; 319 Familie Hugo/Hugo-Becker, Straußenfarm Oyle Ehler Hugo; 320 Rittergut Oyle, Jasper von Arenstorff; 320 Familie Diekhoff, Freilichtbühne Marklohe; 320 Spielszene Twee harde Nööte, Freilichtbühne Marklohe; 320 Heinfried Backhaus mit Mini-Shetlandpferden, Heinfried Backhaus; 321 Mitarbeiterin mit Backblech, Klaus Wagener (Stadtarchiv Nienburg); 321 Rathaus Nienburg, Mittelweser-Touristik GmbH; 321 Bärentatze, Museum Nienburg; 321 Friedrich Facompré, Museum Nienburg; 322 Wettschälen beim Spargelfest, Mittelweser-Touristik GmbH; 322 MS Nienburg, Mittelweser-Touristik GmbH; 322 Rokoko-Kanzel, Museum Nienburg; 322 Tilly Fahne, Museum Nienburg; 323 Stockturm, Mittelweser-Touristik GmbH; 323 Trachtenfiguren, Ostdeutsches Heimatmuseum Nienburg-Traufenhaus-e.V; 323 Diepenauer Tapetenzimmer, Museum Nienburg; 323 Skulptur Kleine Nienburgerin, Mittelweser-Touristik GmbH; 324 Nienburger Scheibenschießen, Klaus Wagener (Stadtarchiv Nienburg); 324 Epitaph, Klaus Wagener (Stadtarchiv Nienburg); 324 Pellkartoffelessen, Mittelweser-Touristik GmbH; 325

Weserterrasse, Hotel Weserschlößchen; 325 Hasbergscher Hof, Hasbergscher Hof; 325 Heißend, Rexam Glass Germany GmbH; 326 Historische Veranda, Romantik Bad Rehburg und Historisches Museum; 326 Heutige Veranda, Romantik Bad Rehburg und Historisches Museum; 326 Kuranlagen, Mittelweser-Touristik GmbH; 326 Ausstellung Kurleben, Romantik Bad Rehburg und Historisches Museum; 327 Trittsiegel, Mittelweser-Touristik GmbH; 327 Kloster Loccum, Mittelweser-Touristik GmbH; 327 Kreuzgang, Mittelweser-Touristik GmbH; 327 Kind am Saurierfuß, Mittelweser-Touristik GmbH; 328 Steinhuder Meer, Ökologische Schutzstation Steinhuder Meer e.V; 328 Golfer, Golfclub Rehburg-Loccum e.V.; 328 Rehburger Sahneexpress, frischli Milchwerke GmbH; 328 Qualitätskontrolle, frischli Milchwerke GmbH; 329 Giebichenstein, Mittelweser-Touristik GmbH; 329 Ahrbecker Mühle, Freilichtspiele Stöckse; 329 Zuschauer, Freilichtspiele Stöckse; 330 Reiterspiele, Ponyhof Hagedorn; 330 Dr. Hans Wilhelm Meier, Fuhrhalterei Linsburg Dr. Hans Wilhelm Meier; 330 Pferdeomnibus, Fuhrhalterei Linsburg Dr. Hans Wilhelm Meier; 330 Familie Vogeler, Familie Vogeler; 331 Märchenwald, Gemeinde Flecken Steyerberg; 331 Freibad, DümmerWeserLand Touristik; 331 Wellier Kolk, Gemeinde Flecken Steyerberg; 331 Mörderstein, Helga Gierholz; 332 Amtshof Steyerberg, Gemeinde Flecken Steyerberg; 332 Meyersieksche Mühle, Mittelweser-Touristik GmbH; 332 Produktionsanlage, Oxxynova GmbH & Co KG; 333 St.-Jacobi-Kirche, Gemeinde Stolzenau; 333 Jugendhaus Wip In, Verein für Kinder- und Jugendarbeit Stolzenau e.V.; 334 Lange Straße, Mittelweser-Touristik GmbH; 334 Café Grobe, Klaus Grobe; 334 Uchter Gersterbrot, Klaus Grobe; 335 Ortsmitte Uchte, Mittelweser-Touristik GmbH; 335 Lok VT 798, Museums-Eisenbahn Rahden-Uchte e.V.; 335 Trauzimmer, Samtgemeinde Uchte; 336 Mühle Mösloh, Mittelweser-Touristik GmbH; 336 Mühle Hoyersvörde, Mittelweser-Touristik GmbH; 336 Wassermühle Harrienstedt, Mittelweser-Touristik GmbH; 336 Ingrid Reinkemeyer, Ingrid Reinkemeyer; 336 Gehannfors Hof, Mittelweser-Touristik GmbH; 336 Betriebshof, Ötting Kunststoffverformung GmbH & Co KG;

Danksagung

Die Redaktion dankt herzlich allen, die ihr geholfen haben mit Informationen und mit der kritischen Durchsicht ihrer Texte. Besonderer Dank gilt auch den vorstehend genannten Leihgebern für die freundliche Überlassung von Bildmaterial in so ausserordentlich grosser Fülle.

Impressum

Medienkassette DreiStromLand

eingetragene Marke zur Reg.Nr. 303 42 499 des Deutschen Patent- und Markenamtes

Band 2

1. Auflage 2005 (Redaktionsschluss: Dezember 2004)

ISBN 3-203-85999-8

Projektleitung Helmut Albers

Buchredaktion Rolf Böttcher
Marc Bolkenius
Corinna Laubach
Nicole Möser
Hermann Pölking
Jens Schönig
Susanne Seedorf
Frank Wendler
Bianca Wermann

Fotografie Friedrich-Karl Boehm
Elke Martens (Bremen, Bremerhaven)
Rianne van der Ven (Bremen)
Ralf Reincken (Landkreis Verden)
Sabrina Hinck (Landkreis Rotenburg)

Art Direction Tatjana Blaar

Layout Tatjana Blaar
Corinna Hahn

Lithografie und Karten Melanie Erdmann
Pierre Hansen

Druck Druck- und Verlagshaus Fromm, Osnabrück

Filmredaktion Roland Mayer
Hermann Pölking
Linn Sackarnd
Barbara Thiel
Eva-Maria Walter

Film-Team Barbara Thiel (Leitung)
Sven Bien
Beate Drechsler
Stephanie Faase
Florian Gerding
Rafael Giese
Thomas Golüke
Midori Hirose
Julius Holtz
Ruth Johnson
Jörg Johow
Ralf Küster

Sprecher Martin Heckmann
Peter Kämpfe

Musik und Komposition André Feldhaus

Produzenten Roland Mayer
Hermann Pölking

Filmproduktion evado GmbH, Bremerhaven

Gesamtherstellung APE kommunikation GmbH, Bremen

Vertrieb edition nordwest im Europa Verlag, Hamburg

DreiStromLand
Ems·Weser·Elbe

DreiStromLand
Ems·Weser·Elbe

Das EWE-Handbuch der Städte, Samtgemeinden und Gemeinden zwischen Ems, Weser und Elbe

Herausgegeben anlässlich des 75-jährigen Jubiläums der EWE Aktiengesellschaft

Band 3

EUROPA VERLAG

EWE

Inhalt

Historische Entwicklung

Ehe die alliierten Besatzungsmächte im Jahr 1946, am Ende des Zweiten Weltkrieges, Regionen zum Land Niedersachsen zusammenschließen, ist das Land zwischen Ems, Weser und Elbe in seiner langen Geschichte niemals eine politische Einheit gewesen. Selbst für Experten ist die der Einigung vorhergehende, viele Jahrhunderte währende Kleinteiligkeit verwirrend. Im Raum zwischen Weserbergland und Nordsee, Emsland und Elbe existieren zu manchen Zeiten 40 eigenständige Staatengebilde, darunter Fürstentümer, Grafschaften, Bistümer und freie Reichsstädte.

Die ältesten Nachrichten über den norddeutschen Raum hängen mit dem Versuch Roms zusammen, seinen Machtbereich über den Rhein hinaus bis an die Unterelbe und an die Nordsee auszudehnen. Die Berichte ihrer Historiker über die Eroberungsfeldzüge erzählen von mehreren zwischen Ems und Elbe ansässigen germanischen Stämmen: den **Chauken** an der Nordseeküste, den **Langobarden** an der Elbe um Lüneburg und den **Cheruskern** am Lauf der Weser. Vor allem die Cherusker leisten dem römischen Heerführer **Varus** heftigen Widerstand. Mit seiner Niederlage am Nordrand des Wiehengebirges im Osnabrücker Land scheitert der Versuch einer römischen Eroberung des nördlichen Germaniens. Die Stämme nutzen diese Freiheit jedoch nicht für einen Zusammenschluss. Es bleibt beim Nebeneinander einzelner Gemeinschaften in dem dünn besiedelten Land.

Sachsen und Friesen

Während der großen Völkerwanderung drängt seit Ende des dritten Jahrhunderts der Stamm der **Sachsen** von Holstein aus über die Elbe nach Süden vor und dehnt bis zum 7. Jahrhundert sein Gebiet über das heutige Nordwestdeutschland aus. Die Sachsen kennen, anders als die übrigen germanischen Stämme, keine monarchische Verfassung und leben in autonomen Siedlungen zusammen. Auf der Stammesversammlung in Marklo – vielleicht Marklohe bei Nienburg – beraten die Führer gemeinsame Angelegenheiten. Nur in Kriegszeiten wählen sie einen Herzog zum Führer des gesamten Aufgebots. Im Frieden dagegen setzt jede Stammeslandschaft ihre regionalen Eigeninteressen durch.

Nicht zum sächsischen Stammesraum zählt das nasse Land an der Nordseeküste, das nach Abwanderung der Chauken die **Friesen** besiedeln. Ihre Stammsitze liegen westlich der Ems in den nördlichen Provinzen der heutigen Niederlande. Im 6. Jahrhundert dehnen sie sich nach Osten bis zur Wesermündung aus. Sie sind wie die Sachsen in kleinräumigen Gemeinschaften organisiert und widersetzen sich übergreifender Herrschaft. Mit ihrem starken Stammesbewusstsein behaupten sie über Jahrhunderte hinweg ihr Eigenleben in der nordwestlichsten Region des heutigen Niedersachsen.

Das friesische Land mit seinen rauen Bewohnern zieht die Sachsen nicht an. Aber seit dem 6. Jahrhundert häufen sich ihre kriegerischen Konflikte mit den **Franken**, die sich wiederholt einer sächsischen Ausdehnung in Richtung auf den Rhein entgegenstemmen müssen. Unter den **Karolingern** gehen die Franken ihrerseits zur Offensive über. Seit 775 kämpft **Karl der Große** um die Eingliederung der Sachsen in sein Reich. Er muss heftigen Widerstand brechen, der nur erfolglos bleibt, weil die sächsischen Gaue und Herrschaften auch jetzt nicht zu gemeinsamem Handeln finden. Das be-

Das Hermannsdenkmal bei Detmold erinnert an die Varusschlacht, in der die Cherusker die Römer am Vordringen nach Norddeutschland hinderten (r.)

rüchtigte **Strafgericht von Verden** im Jahre 782 mit 4.500 Gefallenen markiert den Höhepunkt dieses Konflikts. Mit der Unterwerfung und Taufe ihres Anführers Widukind flachen die Aufstände der Sachsen ab. Als Karl Weihnachten 800 die Kaiserkrone nimmt, ist das Land am Meer befriedet.

Karl der Große mit den Päpsten Gelasius und Gregor I. aus dem Sakramentar von Karl dem Kahlen (l.)

Eigenartigerweise beginnt jetzt ein beinahe unaufhaltsamer Aufstieg der Besiegten. Von einem unterworfenen und zwangsmissionierten Volk steigen die Sachsen innerhalb eines Jahrhunderts zum führenden Volk im Reich auf: ihr Adelsgeschlecht der Liudolfinger stellt mit Heinrich I. und dem nach seinem Sohn Otto benannten Geschlecht der **Ottonen** ab 919 für über 100 Jahre die ersten deutschen Könige und Kaiser.
Als weitere Macht etabliert sich die Kirche: Die **Christianisierung** Nordwestdeutschlands durch angelsächsische Missionare beginnt bereits im 7. Jahrhundert. Karl und seine Nachfolger setzen das Werk fort und überziehen das sächsische Gebiet mit einem Netz von Bistümern: Bremen und Verden, Minden und Osnabrück, Münster und Paderborn, Halberstadt und Hildesheim. Das Kloster Corvey an der Weser wird ein wichtiges Missionszentrum.

Städte, Kirchen, Kleinstaaten

Eine beträchtliche Zahl geistlicher und weltlicher Fürsten nutzt die langsam wachsende Macht zum Aufbau eigener,

Otto I., erster Kaiser der Deutschen (o.)

weitgehend unabhängiger Herrschaftsräume. Viele dieser Besitztümer erobern die volle Landeshoheit. Ihre Form und Zahl sind verwirrend. Auf die längste Geschichte blicken die geistlichen Territorien zurück. Alle Bischöfe erlangen über einen mehr oder weniger großen Teil ihrer Diözesen weltliche Hoheit. Die mittelalterliche Frömmigkeit findet Ausdruck in der Errichtung zahlreicher **Klöster**. Neben frühen Gründungen der Benediktiner treten im 12. Jahrhundert Niederlassungen der Zisterzienser und Augustiner, später auch der Bettelorden der Franziskaner und Dominikaner. Die Zahl der Klöster steigt bis zum Ende des Mittelalters auf rund 250. Sie tragen erheblich zur wirtschaftlichen und geistigen Erschließung des Landes bei.
Auch eine Reihe kleinerer **Grafen und Edelherren** steigen auf. Zunächst beinahe unbeachtet sind die Grafen von Oldenburg, die im Grenzbereich zwischen kriegerischen Sachsen und Friesen an der Hunte ein bescheidenes Herrschaftsgebiet aufbauen. Andere Geschlechter etablieren sich mit zum Teil winzigen, oft bitterarmen Besitztümern, etwa in den von Mooren durchzogenen Gebieten zwischen mittlerer Weser und Hunte. Der südwestlichste Kreis des Dreistromlandes trägt noch heute den alten Namen: Grafschaft Bentheim. Namensgebend ist die Burganlage auf den Ausläufern des Teutoburger Waldes. Die Grafschaft wird seit dem 12. Jahrhunderts durch die Grafen von Holland regiert, später von einem niederrheinischen Geschlecht.

Das Oldenburger Schloss; im Hintergrund der Anton-Günther-Bau, vorne der Bibliotheks- und Küchenflügel (o.)

Die Geschichte der **Freien Reichsstädte** reicht zurück bis in die karolingische Zeit. Mit der fränkischen Expansion tritt **Bremen** in das Licht der Geschichte. Karls Truppen marschieren bis an die Weser und unterwerfen in blutigen Kriegszügen die ansässigen Stämme. Zur Sicherung der eroberten Gebiete und um ihre Bewohner zu christianisieren, werden Bischöfe eingesetzt. Einer der Bischofssitze ist Bremen, das erstmals erwähnt wird in der 860 n. Chr. verfassten Lebensgeschichte des **Bischofs Willehad**. Die Lage der Stadt am Fluss ist attraktiv. Fernhändler geben ihre bäuerlichen Existenzen auf und arbeiten ganzjährig als Kaufleute. Ihre Verkaufsstände am Ufer bauen sie zu soliden Häusern aus. So wächst in Bremen außerhalb des Dombezirks eine dauerhafte friesisch-sächsische Händlersiedlung. Kaiser Otto I. verleiht Bremen 960 das Marktrecht mit Marktzoll, Münzrecht und Marktgericht. Die Kirche beansprucht diese Marktorte weiter als Teil ihrer Grundherrschaft. Aber Handel und Gewerbe fördern die Bildung eines **freien Bürgertums**. Als handelnde Körperschaft tritt die Bürgergemeinde in Bremen erstmals 1159 auf, als sie erfolgreich vom Erzbischof die Grenzfestlegung der Bürgerweide verlangt.

Reste des Klosters der Zisterzienser bei Hude (r.) 1530 bis 1536, in den Wirren der Reformation, lässt Franz von Waldeck, Bischof von Münster, das zuvor mächtige Kloster besetzen, plündern und zerstören. Die letzten Mönche werden mit Renten abgefunden

Dem bäuerlichen Stand bleibt, abgesehen von den Marschgebieten an den Küsten, die Mitwirkung am politischen Leben versagt. Die Bauern im flachen Land, also der überwiegende Teil der Bevölkerung, werden allein von den adligen Grundbesitzern vertreten. Freie bäuerliche Stellen sind in den meisten Regionen die Ausnahme. Die Höfe stehen unter der Gutsherrschaft eines Grundherrn: eines Adligen, eines Klosters oder auch des Landesherrn. An ihn sind die Abgaben zu entrichten. Die Bauern selbst sitzen zu **Meierrecht**, einem erblichen Pachtrecht, auf ihren Höfen. Sie sind persönlich frei; nur vereinzelt hält sich eine nominelle Leibeigenschaft bis in die frühe Neuzeit.

Dass dem niedersächsischen Raum innerhalb des Deutschen Reichs kein seiner Größe entsprechendes Gewicht zukommt, ist angesichts der territorialen Aufsplitterung nicht erstaunlich. Das Land bleibt in seiner Entwicklung bis in die Neuzeit hinein fast unberührt von dem Geschehen im deutschen oder gar europäischen Rahmen und nimmt seinerseits kaum Einfluss darauf.

Spätgotischer Schnitzaltar in der Dorfkirche von Schortens in Friesland (r.)

Die Neuzeit

Die Reformation **Martin Luthers** setzt sich in den meisten niedersächsischen Territorien rasch durch. Die bäuerliche Bevölkerung nimmt den neuen Glauben willig an, ebenso das Bürgertum in den Städten. Auch in den geistlichen Territorien können die Bischöfe den Abfall von der alten Lehre nicht verhindern. Verständlicherweise widersetzten sich manche der um ihren Fortbestand fürchtenden Klöster dem Luthertum. Die meisten werden in der Tat aufgehoben, ihr ansehnlicher Besitz fällt den Landesherren zu. Um 1580 ist ganz Nordwestdeutschland bis auf wenige altgläubige Exklaven protestantisch. Das lutherische Bekenntnis überwiegt; nur in der Stadt Bremen und ihrem Landgebiet um Bederkesa sowie in Ostfriesland hat, von den Niederlanden ausgehend, der **Calvinismus** Fuß gefasst.

Graf Anton Günther ist die herausragende Gestalt in Oldenburg. Er bewahrt seine Heimatstadt vor den Zerstörungen des Dreißigjährigen Krieges (l.)

In den Ländereien kommen und gehen die Herrschaften. Unmöglich, Aufstieg und Fall aller Gebiete nachzuzeichnen. Aber im Gewirr der kleinen und kleinsten politischen Einheiten stabilisieren sich einige Gebiete und weiten ihre Bedeutung aus, während andere für immer untergehen.

Der **Dreißigjährige Krieg** ist auch für Niedersachsen eine Schreckenszeit. Die Städte sind weniger betroffen als das offene Land. Vor allem die Durchgangsgebiete wie das Wesertal, aber auch Ostfriesland erleiden schwere Schäden. In **Oldenburg** gelingt es **Graf Anton Günther** (1583–1667), sein Land in einer langen und glücklichen Regierungszeit vollständig aus den Kriegswirren herauszuhalten.

Bremen schaukelt sich durch den Krieg, besteht auf Neutralität. Gegen Zahlung von 100.000 Gulden ringt die Stadt dem Kaiser 1646 in Linz jenes Diplom ab, das nun die Reichsunmittelbarkeit Bremens – die Bürger unterwerfen sich keinem Landesherren, sondern nur direkt dem Kaiser – endgültig garantieren soll.

Kurios ist die Geschichte der **Herrschaft Jever.** Durch das Aussterben ihrer Dynastie fällt Jever 1575 zunächst an die Grafschaft Oldenburg. Von dort wird sie 1667 an Anhalt-Zerbst weitervererbt. Weil Kaiserin Katharina von Russland eine gebürtige Zerbster Prinzessin ist, gerät Jever 1793 bis 1806 unter die Oberhoheit der Kaiserin bzw. des Kaisers von Russland. 1807 fällt das Jeverland durch Besetzung an Holland, danach an Frankreich und ab 1813 erneut an Russland, bis es schließlich 1818 erneut an das Großherzogtum Oldenburg zurückgeht.

Auch die **Hannoveraner** gewinnen an Stärke. Durch das welfische Erbrecht, das jedem Sohn einen Teil des väterlichen Besitzes garantiert, zersplittert der welfische Besitz in unbedeutende Kleinststaaten. Erst am Ende des 17. Jahrhunderts setzt Herzog Ernst August von

Katharina II, geb. Prinzessin von Anhalt-Zerbst, Kaiserin von Russland und Herrscherin über Jever (l.)

Calenberg (die Region um Hannover und Göttingen) ein Erstgeborenenerbrecht durch. Die Tochter seines Bruders, der ohne männlichen Nachwuchs bleibt, wird gezwungen, ihren Cousin zu heiraten. Damit ist das Herzogtum **Braunschweig-Lüneburg** beinahe wieder hergestellt und um die Bedeutung des neuen Herzogtums **Calenberg-Celle** zu unterstreichen, verleiht der deutsche Kaiser Ernst August noch zu Lebzeiten die Kurfürstenwürde. Das Herzogtum bekommt nach der Residenz den neuen Namen „Kurfürstentum Hannover“. Weil im englischen Haus der Stuarts keine männlichen Thronerben geboren werden, andere Angehörige wegen ihres katholischen Glaubens nicht als englischer König in Betracht kommen, eine Tante des letzten Stuarts mit dem böhmischen Winterkönig verheiratet ist, auch aus dieser Ehe nur Töchter verblieben sind

Der Wiener Kongress von 1815 bringt vor allem für die Königreiche Hannover und Preußen sowie das Fürstentum Oldenburg territoriale Zugewinne (o.)

und die zwölfte von ihnen mit einem Hannoveraner verheiratet ist – beginnt auf diesem abenteuerlich verschlungenen Weg die Personalunion zwischen Hannover und England. 123 Jahre sitzen fortan Hannoveraner auf dem englischen Thron.

Das Zeitalter Napoleons

Von den durch die **Französische Revolution** ausgelösten Unruhen wird das Land kaum erfasst. Wichtig wird der **Reichsdeputationshauptschluss** von 1803, der die Landkarte in Niedersachsen zugunsten einer großräumigeren Staatsbildung erheblich verändert. Die Neuordnung hat jedoch nur teilweise Bestand. Nach Wiederausbruch des Krieges mit England besetzen die Franzosen noch 1803 das Kurfürstentum Hannover. **Napoleon** tritt es als erobertes Gebiet 1805 an Preußen ab. Noch ehe sich die Hohenzollern recht einrichten können, ergreift 1806 wieder Frankreich, nunmehr im Kriegszustand mit Preußen, Besitz von Hannover. 1810 verleibt sich das Kaiserreich Frankreich den gesamten norddeutschen Küstenbereich einschließlich Oldenburgs ein, um die über England verhängte Handelssperre besser überwachen zu können.

Der Sturz Napoleons sorgt nochmals für Gebietsveränderungen. Schon 1814 nimmt der Welfe Georg III., König von Großbritannien und Kurfürst von Hannover, den neuen Titel als König von Hannover an. Im folgenden Jahr erweitert der **Wiener Kongress** das neue Königreich erheblich. Zu den altwelfischen Landesteilen kommen Osnabrück, das Emsland und – als Abtretung von Preußen – Ostfriesland hinzu. Auch für Oldenburg verläuft die Neugliederung erfolgreich. Es gewinnt das weit entfernte Birkenfeld in der Pfalz, drei Jahre später auch das bisher russische Jever. Für das Dreistromland verengt sich damit die verwirrende Erzählung auf die Königreiche **Preußen** und **Hannover**, das Fürstentum **Oldenburg** und den Stadtstaat **Bremen**.

Die nach 1815 einsetzende Restauration sucht möglichst viel der politischen und gesellschaftlichen Verhältnisse der vornapoleonischen Zeit in die neue Zeit hinüberzuretten. Das geht nicht ohne Konflikte mit dem selbstbewusst und politisch wach gewordenen Bürgertum ab. Die verbliebenen niedersächsischen Staaten werden Mitglieder des **Deutschen Bundes**, der an die Stelle des 1806 aufgelösten Reiches getreten ist. Hannover, der viertgrößte Bundesstaat, ist mehr als zuvor die beherrschende Macht zwischen Harz und Nordsee.

Bremen kauft mit Staatsvertrag vom Januar 1827 für 73.658 Taler vom Königreich Hannover ein Stück Land an der Geestemündung. 19 Personen siedeln auf dem Areal und beginnen im selben Jahr mit dem Bau eines Hafens am offenen Meer, weil die Weser inzwischen so sehr verschlickt ist, dass die Hansestadt für Schiffe kaum noch zu erreichen ist. 1830 sind die Arbeiten am „Alten Hafen“ abgeschlossen. Es dauert eine Weile, bis die neue Stadt an der Wesermündung, **Bremerhaven**, von Kaufleuten, Schiffern und Besatzungen angenommen wird. 1851 erhält Bremerhaven Stadtrechte. Bremen, obwohl 65 Kilometer vom offenen Meer entfernt landeinwärts gelegen, wird zum „südlichsten Seehafen Deutschlands“.

Auswandererschiff in Bremerhaven (1866). Das Geschäft mit den Migranten ist für die neue Stadt am Meer profitabel (r.)

Der Aufstieg Preußens ist nicht mehr zu bremsen. Die mittleren und kleineren Staaten müssen sich, wenn sie überleben wollen, wohl oder übel mit dem **Hohenzollernstaat** arrangieren. Vor allem Oldenburg lässt ernsthafte Spannungen nicht aufkommen; es tritt 1854 das zur Anlage des Kriegshafens **Wilhelmshaven** benötigte Land am Jadebusen an Preußen ab. Der stolze Georg V. in Hannover dagegen sträubt sich gegen die freiwillige Aufgabe souveräner Rechte und gegen die Unterordnung unter den mächtigeren Nachbarn, der zunehmend mehr Druck auf Hannover ausübt.
Bei der Verschärfung der Bundeskrise 1866 klammert sich Hannover an eine formale Neutralität, die einer Parteinahme für Habsburg gleichkommt. Preußen reagiert mit der Besetzung und der Annexion des Königreichs. Hannover wird zu einer Provinz erklärt, an deren Spitze ein Oberpräsident tritt. Die drei kleineren niedersächsischen Staaten werden 1868 Mitglieder des **Norddeutschen Bundes** und 1871 des **Deutschen Reichs**. Ihre Souveränität wird immer mehr eingeschränkt; die Militärhoheit geht an Preußen über. Und Gesetzgebung und Verwaltung werden zunehmend durch reichsrechtliche Regelungen und durch das preußische Vorbild beeinflusst.

Deutsches Reich

Die überragende Figur in Deutschland ist jetzt der neue Reichskanzler **Otto von Bismarck**. Aber mit seinem größten Triumph beginnt sein Abstieg, wie ihn der Historiker Golo Mann beschreibt: *„Das verwegene Spiel Bismarcks bestimmte die Grenzen und die Formen der Herrschaft, in denen die Nation in Zukunft leben würde. Nach 1870 wurde das anders. Die Zeiten der dramatischen Entscheidungen, der lang ersehnten, endlich erreichten Ziele waren vorüber, und erfüllte Ziele sind in der Geschichte der Völker dasselbe, wie sie im Leben des einzelnen sind, nämlich, sie sind nicht so schön, wie sie, unerfüllt, sich ausnahmen.“* Der Reichskanzler erlebt die Verwandlung des agrarischen Deutschland zur Industrienation. Er bekämpft erfolglos den Aufstieg der SPD. Er erkennt, dass Dampfkraft und Eisen die Triebkräfte des Neuen Zeitalters sind. Sie geben dem Reich durch Verstädterung und Mobilität ein neues Gesicht.
Das agrarisch geprägte Land zwischen Ems, Weser und Elbe, jetzt vornehmlich Teil der preußischen **Provinz Hannover** mit ihren drei Millionen Einwohnern, tut sich wie die anderen Bauernländer Pommern und Ostpreußen schwer mit der neuen Zeit. Während im Dreistromland die Bevölkerungszahlen beinahe stagnieren, verdoppelt sich die Zahl der Bewohner des Rheinlandes und Westfalens zwischen 1875 und 1910. Die Agrargebiete bleiben hinter den Industrieregionen zurück.
Von der 1895 einsetzenden und bis 1913 andauernden Hochkonjunktur profitieren allerdings nahezu alle Kreise der Bevölkerung, wenngleich in unterschiedlichem Maß. Trotz der Lebensmittelverteuerung kommt es nicht mehr zu den aus vorindustrieller Zeit bekannten Ernährungs- und Hungerkrisen. 1890 erzielen 30 Prozent der Bevölkerung das steuerpflichtige Mindesteinkommen. Bis 1913 verdoppelt sich diese Quote. Die Sterbekurve sinkt wegen der besseren medizinischen Versorgung und zahlreicher sozialhygienischer Neuerungen deutlich ab. Der Anschluss an die Versorgung mit Wasser, Gas und Strom, der

Schacht- und Bauarbeiten am Meer (1861) in der neu gegründeten Stadt Wilhelmshaven, die nach dem preußischen König benannt ist (o.)

Reichskanzler Bismarck (ganz l.) war über ein Vierteljahrhundert die beherrschende Persönlichkeit der deutschen Politik (Gemälde von Franz von Lenbach)

Wilhelm II., der deutsche Kaiser, sah sich gern in martialischer Pose wie hier auf dem Gemälde von Max Koner (l.)

Meuterei der Flotte in Wilhelmshaven, Anfang November 1919 (o.)

Die sogenannte 21er Kommission als ausführendes Organ des Arbeiter- und Soldatenrates gibt die Abdankung des Großherzogs von Oldenburg bekannt (r.)

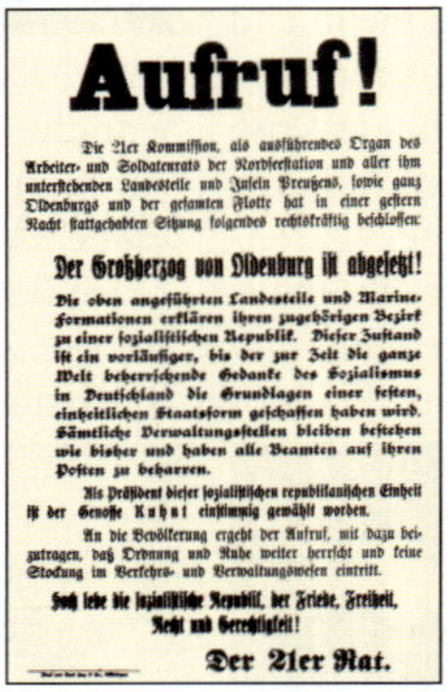

Aufruf!

Die 21er Kommission, als ausführendes Organ des Arbeiter- und Soldatenrats der Nordseestation und aller ihm unterstehenden Landesteile und Inseln Preußens, sowie ganz Oldenburgs und der gesamten Flotte hat in einer gestern Nacht stattgehabten Sitzung folgendes rechtskräftig beschlossen:

Der Großherzog von Oldenburg ist abgesetzt!

Die oben angeführten Landesteile und Marineformationen erklären ihren zugehörigen Bezirk zu einer sozialistischen Republik. Dieser Zustand ist ein vorläufiger, bis der zur Zeit die ganze Welt beherrschende Gedanke des Sozialismus in Deutschland die Grundlagen einer festen, einheitlichen Staatsform geschaffen haben wird. Sämtliche Verwaltungsstellen bleiben bestehen wie bisher und haben alle Beamten auf ihren Posten zu beharren.

Als Präsident dieser sozialistischen republikanischen Einheit ist der Genosse Kuhnt einstimmig gewählt worden.

An die Bevölkerung ergeht der Aufruf, mit dazu beizutragen, daß Ordnung und Ruhe weiter herrscht und keine Stockung im Verkehrs- und Verwaltungswesen eintritt.

Hoch lebe die sozialistische Republik, der Friede, Freiheit, Recht und Gerechtigkeit!

Der 21er Rat.

Ausbau der Kanalisation, veränderte Ernährungsgewohnheiten sowie die Auswirkungen der Sozialgesetzgebung lassen die durchschnittliche Lebenserwartung von 37 Jahren (1871) auf 47 Jahre (1910) steigen. Die Säuglingssterblichkeit geht zurück, der Seuchentod ist nahezu gebannt.
Aber trotz der starken **Arbeiterbewegung** bleibt der preußische Untertanengeist sprichwörtlich. Auch in sozialdemokratischen Haushalten steht das Bild des Kaisers neben den Familienfotos. Als die nationale Klammer in den Schützengräben des **Ersten Weltkriegs** zerbricht, treten gesellschaftliche Konflikte umso deutlicher hervor. In Preußen, und damit auch im Dreistromland, wächst die Einsicht, auch bisher vom politischen Leben ausgeschlossene Schichten in die Verantwortung einzubinden. Aber Änderungen des Wahlrechts kommen zu spät, als dass sie die Entladung des aufgestauten Unmuts über die bestehende Gesellschaftsordnung stoppen können. Der Übergang von der Monarchie zur **Republik** verläuft 1918 nicht immer ruhig; die nach Berliner Vorbild entstehenden Arbeiter- und Soldatenräte verstehen sich als provisorische Garanten der Ordnung bis zur Bildung demokratisch legitimierter Regierungen.

Weimarer Republik und Faschismus

Beinahe von einem Tag auf den anderen sind die Fürsten fort. Großherzog Friedrich August tritt in Oldenburg zurück, in Wilhelmshaven regieren die Räte, der Kaiser geht und mit ihm alle deutschen Monarchen. Golo Mann schreibt: „*Hohenzollern und Wittelsbacher, Wettiner und Welfen und Zähringer, die ein Jahrtausend das deutsche Schicksal begleiten ... in zwei Tagen sind sie verschwunden. Was für ein unerhörter Vorgang wäre das in weniger unerhörten Zeiten!*“
In Bremen beginnt die neue Zeit mit dem Aufstand der Arbeiter und Soldaten. Am Morgen des 6. November fordert eine angereiste Abordnung von meuternden Matrosen aus Kiel Unterstützung von den Arbeitern der A.G. „Weser“ bei der Befreiung von zweihundertdreißig inhaftierten Marinesoldaten. Auf dem Hauptbahnhof meutern zur selben Zeit Matrosen aus Wilhelmshaven, die in ein Lager in der Lüneburger Heide transportiert werden sollen. In einer Bremer Kaserne weigern sich etwa einhundert Soldaten, in die Etappe auszurücken. Nachmittags konzentriert sich eine Demonstration von Arbeitern und Soldaten auf dem Marktplatz, während die Bürgerschaft in der Börse tagt. Später am Abend verkündet ein Linkssozialist vom Balkon des Rathauses aus die geplante Bildung eines Arbeiter- und Soldatenrates. Dieser Rat hält bis ins nächste Jahr. Am 12. Januar teilt der Direktor der Generalkasse dem Volkskommissariat mit, dass nur noch für 14 Tage Gelder zur Verfügung stünden. Die Banken lehnen mangels Vertrauen in die neuen Machthaber weitere Kredite ab, so lange keine gewählte bremische Volksvertretung besteht. Gegen den Widerspruch der Kommunisten ringen sich die übrigen Mitglieder der Volksbeauftragten am nächsten Tag zu Wahlen durch. Am 19. Januar 1919 erhalten die Radikalen eine schwere Abfuhr. Gemäßigte Parteien erringen 75 Prozent der Stimmen. Die friedliche Liquidierung der Räterepublik ist nah. Die Reichsregierung beschließt trotzdem, der Bremer Räterepublik ein militärisches Ende zu bereiten. Am 27. Januar wird Oberst Wilhelm Gerstenberg mit der Durchführung einer militärischen Operation beauf-

Soldaten der Division Gerstenberg vor dem Bremer Rathaus. Die Freikorps-Soldaten waren berüchtigt für ihr hartes Vorgehen gegen die Räterepublikaner (l.)

tragt. Der Angriff beginnt am Morgen des 4. Februar. Arbeitertrupps leisten unkoordinierten Widerstand. Um 21 Uhr schweigen die Waffen.

In Hannover wird 1920 der im **Kapp-Putsch** gestürzte sozialdemokratische Reichswehrminister **Gustav Noske** zum Oberpräsidenten der preußischen Provinz ernannt. Ihre Fläche ist weitgehend identisch mit der des ehemaligen Königreichs. Aber eine Rückwendung ist unmöglich: Die welfische Bewegung scheitert 1924 mit einem Versuch, Hannover durch Volksabstimmung wieder von Preußen zu lösen, und verliert an Bedeutung. Die Ablehnung der Monarchie bedeutet aber nicht die Hinwendung zur Republik. Zu stark sind die Einbrüche, die der Norden gemeinsam mit dem ganzen Land durchleidet: Nachkriegswirren und Inflation, Weltwirtschaftskrise und politische Unstetigkeit in fast allen deutschen Gliedstaaten. Gegen Ende der 1920er Jahre führen das Missbehagen an der politischen Instabilität und die Folgen der **Wirtschaftskrise** dem **Nationalsozialismus** Anhänger in Scharen zu, vor allem in der bäuerlichen Bevölkerung und im mittelständischen Bürgertum. Die Wahlergebnisse der NSDAP liegen in der Provinz Hannover über dem Durchschnitt des Reiches. Im März 1933 stimmten 50,6 Prozent der Wähler im Wahlkreis Osthannover für die braune Partei.

Im Zuge des revolutionären Umbruchs 1918/19 wird aus dem Großherzogtum Oldenburg der **Freistaat Oldenburg**. Der Fürst macht, *„um einen Bürgerkrieg und Blutvergießen zu vermeiden“*, den Weg frei für eine bürgerliche Koalition. Während der gesamten 1920er Jahre kommt das kleine Land politisch nicht zur Ruhe. Zwischen 1923 und 1932 folgen Regierungen ohne feste Mehrheiten in schneller Folge aufeinander. Bei den Landtagswahlen 1931 wird die NSDAP mit 37,2 Prozent der Stimmen stärkste Partei vor der SPD mit 20,9 Prozent. Die Nationalsozialisten stellen damit erstmals in einem Landesparlament die stärkste Fraktion. Mit der Landtagswahl vom 29. Mai 1932 kommt seine NSDAP-Landesregierung an die Macht. Das Gesetz über den Neuaufbau des Reichs beendet 1934 die wenn auch begrenzte Autonomie der beiden niedersächsischen Länder bzw. Provinzen endgültig. Als Verwaltungseinheiten bleiben Hannover und Oldenburg bestehen, die politische Gewalt aber verlagert sich immer mehr auf die Gauleiter der in Niedersachsen neu eingerichteten Parteigaue.

Gefangene in einem der gefürchteten 15 Emslandlager, die von den Nazis als Konzentrations-, Strafgefangenen- und Kriegsgefangenenlager genutzt wurden (l.)

Auch im Dreistromland beginnen die Verfolgungen. Zahlreiche Lager entstehen. Von 1933 bis 1945 ist Esterwegen einer der fünfzehn Standorte des KZ Papenburg. Die Gefangenen, die sich selbst **„Moorsoldaten“** nennen, werden zur Kultivierung der emsländischen Moore gezwungen. Auf dem Gelände des ehemaligen Lagerfriedhofs an der heutigen B 401 steht eine Gedenkhalle. An einen der berühmtesten Strafgefangenen, den deutschen Schriftsteller, Friedensnobelpreisträger und Publizisten **Carl von Ossietzky**, der 1934 in dem Lager inhaftiert ist, erinnert ein Gedenkstein. Insgesamt werden 80.000

Die zerstörte Synagoge in Lingen (o.)

Scheinwerfer suchen den nächtlichen Himmel über Wilhelmshaven nach angreifenden Flugzeugen ab (r.)

Zerstörte Lohstraße in Osnabrück (r.) Fast 30 Prozent aller Gebäude der Stadt fallen den alliierten Bombenangriffen zum Opfer. In anderen Städten des Dreistromlandes ist diese Zahl noch höher

KZ-Häftlinge und Strafgefangene und zwischen 100.000 und 180.000 Kriegsgefangene in den Lagern inhaftiert. Bis zu 30.000 Menschen, überwiegend sowjetische Kriegsgefangene, kommen in den Moorlagern um.

Stellvertretend für das Schicksal der über 200 **jüdischen Gemeinden** im Dreistromland soll die Oldenburger Gemeinde stehen. Im Juni 1933 wohnen 279 „Glaubensjuden" in Oldenburg. Zusätzlich stufen die Behörden etwa 30 Personen, die nicht dem jüdischen Glauben angehören, als „Volljuden" ein. Bereits am 22. März 1933 untersagt der Stadtmagistrat den städtischen Dienststellen alle Geschäftsverbindungen zu jüdischen Firmen. Die Boykottmaßnahmen der Nazis entziehen den jüdischen Geschäftsleuten Oldenburgs die Existenzgrundlage; einer nach dem anderen verpachtet oder liquidiert sein Geschäft. Ende 1935 betreut die Jüdische Winterhilfe in Oldenburg bereits 100 bedürftige Personen. Die Auswanderung von jüdischen Einwohnern, die 1933 mit elf und 1934 mit sechs Personen zögernd beginnt, steigt 1935 auf 23 an, geht 1936 auf 15 zurück und erreichte 1937 25. Hauptziele sind die USA und die Niederlande. Während des **Novemberpogroms 1938** brennt die Synagoge an der Peterstraße zusammen mit dem Schulgebäude vollkommen aus. Im Verlauf der Nacht verhaften SA-Trupps in der Stadt Oldenburg, in Wardenburg und Rastede die jüdischen Männer und transportieren 32 Juden in das **Konzentrationslager** Sachsenhausen. Sie alle werden wieder aus der KZ-Haft entlassen mit der Auflage, so schnell wie möglich mit ihren Angehörigen auszureisen. So wandern bis Ende 1938 fast 70 Personen aus, 1939 folgen weitere 55 und in den ersten Monaten des Jahres 1940 noch sechs. Von den etwa 300 Juden, die 1933 in Oldenburg leben, können bis 1940 zwei Drittel auswandern. Im Mai 1939 wohnen noch 96 Juden in Oldenburg. Im Rahmen der „Evakuierung" aus dem oldenburgisch-ostfriesischen Raum müssen alle jüdischen Einwohner, die nicht in Mischehe leben, bis Mai 1940 die Stadt verlassen. Die meisten ziehen nach Bremen, Hamburg und Berlin um, wo man sie in „Judenhäusern" oder jüdischen Altersheimen unterbringt. Von diesen Zwischenstationen aus werden

sie schließlich ab Herbst 1941 in die Ghettos und Vernichtungslager des Ostens deportiert. Fast alle kommen in den Konzentrations- und Vernichtungslagern um.
Die schweren **Bombenangriffe** des Zweiten Weltkriegs fordern vor allem in den größeren Städten viele Menschenleben, zerstören Wohnraum und unersetzliche Baudenkmäler. Die Verheerungen des Bombenkrieges sind der

Preis, den die Bevölkerung für ein verbrecherisches System, das sie unterstützt, geduldet oder erlitten hat, zahlen muss. In der Nacht zum 19. August 1944 tobt in Bremen der 132. und schwerste Angriff des Kriegs. In 34 Minuten fallen 69 Minen-, 10.800 Phosphor- und 108.000 Stabbrandbomben. Auch Emden erleidet schwerste Zerstörungen: In der ersten Augustwoche 1944 *„versenkten 181 Lancaster und Halifaxe Emden in einem Flammenmeer, aus dem sechundsechzig Prozent nicht mehr auftauchen sollten, darunter das prächtige Rathaus am Delft, das 1576 der Antwerpener Stadtbaumeister Laurenz Steenwinkel auf den Alten Markt gestellt hat, das Herz Emdens. Es verbrannte.“* Im März und April 1945 rollt unter dem Angriff der britischen und amerikanischen Verbände die Front über Niedersachsen hinweg. Am 4. Mai kapituliert die deutsche Wehrmacht in der Nähe von Lüneburg vor Feldmarschall Montgomery. Nordwestdeutschland wird mit Ausnahme von Bremen und Bremerhaven, die der amerikanischen Besatzungszone zugeschlagen werden, der britischen Militärverwaltung unterstellt.

Das Land Niedersachsen

Mit Ende der Kampfhandlungen zählt man in Niedersachsen 175.000 unbewohnbar gewordene Wohnungen – in Wilhelmshaven 58,4 Prozent, in Emden 50 Prozent, in Hannover 47,5 Prozent und in Osnabrück 28,7 Prozent des Bestandes. 2,5 Millionen **Flüchtlinge** und **Vertriebene** kommen ins Land, die meisten von Südosten über das Flüchtlingslager Friedland. Der Zustrom verschärft die ohnehin schwierige Lage. Wo vor dem Krieg jede Wohnung mit vier Personen belegt ist, drängen sich 1948 – im Jahr der Währungsreform – sechs Personen. Die Einwohnerzahl steigt von 4,5 Millionen vor dem Krieg bis 1950 auf fast 7 Millionen. Gleichzeitig wächst die Arbeitslosenquote bis zur Währungsreform auf 22 Prozent. Unter den Menschen ohne Beschäftigung sind 40 Prozent der Flüchtlinge.
Die britische Militärverwaltung, die nach der Kapitulation am 8. Mai 1945 für das nordwestdeutsche Besatzungsgebiet zuständig ist, stellt vorübergehend die früheren Länder Oldenburg, Braunschweig und Schaumburg-Lippe wieder her. Aus der ehemaligen preußischen Provinz Hannover bildet sie das Land Hannover mit **Hinrich Wilhelm Kopf** als Oberpräsidenten an der Spitze. Im März 1946 sprechen sich die zonalen Länderchefs für die Zusammenlegung der wirtschaftlich-geografisch-stammesgeschichtlich einheitlichen Gebiete zu leistungsfähigen Ländern aus. Aber sie finden zu keinem gemeinsamen Konzept. Deshalb tritt auf Anordnung der britischen Militärregierung im Juli 1946 ein Sonderausschuss zur Neugliederung der britischen Zone zusammen. Während die Ministerpräsidenten von

Notunterkunft für aus dem Osten vertriebene Familien im Lager bei Elmendorf im Landkreis Ammerland, 1949 (o.)

Zahlreiche russische Zwangsarbeiterinnen arbeiten während des Krieges in Norddeutschland (l.) Ihr Schicksal ist bis heute weitgehend unerforscht

Eine wichtige Zielgruppe des Wahlkampfs der Parteien im demokratischen Nachkriegsdeutschland in den 1950er Jahren sind die Vertriebenen aus dem Osten (r.)

Braunschweig und Oldenburg ihre Länder erhalten wissen wollen, tritt der hannoversche Ministerpräsident Kopf für die Schaffung eines Landes Niedersachsen ein. Sein „niedersächsisches Konzept" fasst er wie folgt zusammen: *„Das Land ist kein künstliches Gebilde, sondern durch die Stammesart seiner Bewohner, durch seine gleichartige Struktur, Tradition und wirtschaftliche Geschlossenheit ein organisch gewachsenes zusammenhängendes Ganzes. Ein Teil der Bevölkerung bedauert zwar den Verlust alter Selbständigkeiten. Es wird aber, davon sind wir überzeugt, bald die Richtigkeit der getroffenen Entscheidungen erkennen. Das Zusammenwachsen aller Teile unseres Landes wird schnell und reibungslos vonstatten gehen."* Aus fünf Vorschlägen des Sonderausschusses wird am 20. September 1946 vom Zonenbeirat mit zwei Drittel seiner Stimmen der Vorschlag Kopfs angenommen. Der Anschluss Lippe-Detmolds und der westfälischen Gebiete um Minden, Bielefeld und Tecklenburg soll eine spätere Volksabstimmung klären. Aber die Bildung Nordrhein-Westfalens schafft vollendete Tatsachen. Die *Verordnung Nr. 55 der Militärregierung Deutschland (Britisches Kontrollgebiet)* vom 8. November 1946 vereinigte die nunmehr ihrer Selbstständigkeit entkleideten Länder Braunschweig, Hannover, Oldenburg und Schaumburg-Lippe zu dem neuen **Land Niedersachsen**.

Vier Monate später wird am 20. April 1947 der erste niedersächsische **Landtag** gewählt. Die SPD, Partei des „Landesvaters" Hinrich Wilhelm Kopf, gewinnt 43,4 Prozent der Wählerstimmen. Am 1. Mai 1951 verabschiedete der Landtag die vorläufige Niedersächsische **Verfassung.** Als Landeswappen wird 1952 das im roten Feld platzierte weiße Sachsenross bestimmt, das schon die Länder der Welfen seit Mitte des 14. Jahrhunderts in ihrem Wappen führen und nach altem Glauben auf das Stammesherzogtum der Sachsen zurückgeht.

Große Bedeutung gewinnt die Nachfolgerin der Welfenpartei, die 1947 neu gegründete Deutsche Partei. In ihrem Stammland Niedersachsen stellt die DP, nachdem die SPD seit der Gründung das Land regiert hat, von 1955 bis 1959 mit **Heinrich Hellwege** sogar den Ministerpräsidenten. 1959 bis 1976 besetzt erneut die SPD das Amt, das danach auf die CDU unter **Dr. Ernst Albrecht** übergeht. Auf die Regierungszeit **Gerhard Schröders** folgt, nach einem erdrutschartigen Sieg im Jahr 2003, wieder die CDU unter Ministerpräsident **Christian Wulff.**

Das zweite Bundesland im Dreistromland muss sich mit anderen Besatzern auseinander setzen. Zwar befreien am am 25. und 26. April 1945 britische und kanadische Truppen Bremen. Aber schon am nächsten Tag wird die Stadt zur Enklave der amerikanischen Besatzungszone erklärt und dient fortan als Basis für die Versorgung der amerikanischen Armee. Im Juni 1945 bildet Bürgermeister Vogt einen provisorischen Senat, im August wird **Wilhelm Kaisen** zum Präsidenten des Senats und Bürgermeister ernannt. Dieser in Bremen enorm beliebte Politiker arbeitet in den kommenden Jahren beharrlich an einer Umsetzung der Leitlinien seiner Politik: Unbedingtes Festhalten an der Einheit Deutschlands und der Reichsunmittelbarkeit Bremens; Stärkung Bremens als Handels- und Hafenstadt; Wiederaufbau der Wirtschaft; Lösung der sozialen Frage; Demokratisierung des öffentlichen Lebens von unten. Von Anfang an stützen die Bürger seine Politik. Bei den ersten Wahlen gewinnt die SPD 51 Mandate, die KPD 3 Mandate, die CDU 12 Mandate. Diese sozialdemokratische Dominanz wird fast ein halbes Jahrhundert anhalten. Erst Anfang der 1990er Jahre muss die SPD die Macht mit den Grünen, später mit der CDU teilen.

Tradition und neue Einflüsse

Die Einflüsse von Natur, Wirtschaft, Geschichte und Kultur formen einen Menschenschlag. Und das heißt in dem Land zwischen Ems, Weser und Elbe vor allem: viele Menschen sprechen oder verstehen eine regional verbreitete Sprache, das **Plattdeutsche**. Die meisten von ihnen sind Protestanten, sie leben mit dem Einfluss des Meeres, bewohnen jahrhundertelang eine arme und rückständige Region, die wenig fürstliche Pracht entfaltet und selten im Zentrum der europäischen Geschichte steht.

Trachtenpflege

Die Eigenheiten der einzelnen Regionen finden in früheren Zeiten lebhaften Ausdruck in einer Vielzahl von Trachten. Sie sind Ausdruck einer vor allem dörflichen Gemeinschaft und eines gemeinsamen Lebens in dieser Ordnung, dienen dem Zeigen von Besitz und Wohlstand. Je mehr Stoff in einer Tracht Verwendung findet, je mehr Knöpfe auf den Westen sitzen, desto reicher sind der Träger oder die Trägerin. In manchen Regionen werden daher die Westenknöpfe so eng gesetzt, dass sie kaum Platz finden; die Röcke so tief in Falten gelegt, dass die Trägerinnen unter dem Gewicht zu leiden haben. Die Kleidung liefert dem interessierten Betrachter eine Vielzahl von Informationen. Sie zeigt an, aus welcher Region der Träger stammt, sogar in welchem Dorf er wohnt. Sie drückt die soziale Stellung innerhalb der Dorfgemeinschaft aus, erklärt den Personenstand als ledig, verheiratet, verwitwet, sogar als verwitwet und heiratswillig, definiert die Trauerstufe, wobei es Voll-, Halb- oder sogar Vierteltrauer, aber auch die Freudenzeit gibt. Natürlich ist sie dem Anlass entsprechend durchwirkt, wird zum Abendmahl, zum sonntäglicher Kirchgang, zur Hochzeit, Kommunion oder Konfirmation getragen.

Im Dreistromland gibt es eine sehr lebendige Trachtenpflege. Die wesentlichen Trachtenregionen sind das Emsland, Ostfriesland, Ammerland, die Stader Geest, weiter im Nordosten das Alte Land und Winsen, darüber hinaus wird im ein wenig weiter südwestlich gelegenen Schaumburger Land die Trachtentradition intensiv gepflegt. Die genannten Gebiete sind keine einheitlichen Trachtengebiete; die liebevoll hergestellten Westen, Kleider oder Hüte unterscheiden sich oft noch von Kirchspiel zu Kirchspiel.

Brautpaar der Original Scheeßeler Trachtengruppe, Landkreis Rotenburg (o.)

Im Zentrum steht die Tracht vor allem am jährlich in einer anderen Stadt gefeierten **Tag der Niedersachsen**. Er wird seit 1981 von regelmäßig über 5.000 Teilnehmern aus mehr als 40 landesweiten Verbänden, Organisationen und Institutionen gestaltet und ist nach Aussage der Veranstalter *„Ausdruck der Gemeinsamkeit der verschiedenen Landesteile und des Miteinanders in der niedersächsischen Kultur- und Vereinsszene"*. Der große Feiertag wird von der ausrichtenden Stadt in Zusammenarbeit mit dem Innenministerium und dem Landestrachtenverband organisiert, der traditionell einen Großteil der Mitwirkenden stellt. Jedes Jahr nehmen mehr als 60 Volkstanz- und Trachtengruppen an dem Fest teil, das auf mehreren Bühnen ein Programm aus Musik, Gesang, Tanz bietet. Eine zweistündige „Trachtenshow" mit fachkundiger

Das traditionelle Schaffermahl in Bremen; Aufnahme aus dem Jahre 1912 (r.). Seit mehr als 460 Jahren kommen die Honoratioren der Stadt und ihre Gäste zu diesem Mahl zusammen

Ein alter Brauch, den junge Leute auch heute pflegen, ist das Domtreppenfegen in Bremen (r.) In der Regel spielt ein Leierkastenmann auf. Weder Bier noch Korn fehlen. Erlöst wird der arme unverheiratete Feger erst durch den Kuss einer jungen Frau. Heute, im Zeichen der Emanzipation, geht es auch umgekehrt: der Kuss eines jungen Mannes erlöst eine Fegerin

Erläuterung, ein weiterer zweistündiger Block mit Beteiligung von Kinder- und Jugendgruppen sowie ein „offener Tanz" für Jedermann sind obligatorische Programmteile. Ein Höhepunkt und meist auch Abschluss des Niedersachsentages ist der Trachtenumzug, der am späten Sonntagnachmittag über das Veranstaltungsgelände oder durch die Stadt führt, bei dem mehr als 2.000 Mitwirkende einen bunten Querschnitt durch das Volkstanz- und Trachtenwesen Niedersachsens zeigen. Der Umzug wird traditionell auch vom Fernsehen auf N3 live übertragen.

Überall werden noch heute Märkte abgehalten und Feste gefeiert, deren Wurzeln Jahrhunderte zurückreichen, manchmal bis zu tausend Jahre alt sind. So erinnert auch das größte Fest unter ihnen, der alljährlich im Oktober stattfindende **Bremer Freimarkt**, an die lange Geschichte als Marktflecken und Handelsstadt. Er ist der älteste deutsche Jahrmarkt, wird seit fast tausend Jahren gefeiert und geht auf die Vergabe des Marktrechtes an Bremen zurück. Wie andernorts, wird auch in Bremen die Zeit des Freimarkts gern die „fünfte Jahreszeit" genannt.

Im Übrigen ist die Traditionspflege in Bremen deutlich maritim ausgeprägt. Eine der alten Sitten ist das **Schaffermahl**, im 16. Jahrhundert ein spartanisches Essen zu Ehren der Kapitäne auslaufender Schiffe, heute ein opulentes Menü für Honoratioren der Stadt

und geladene Gäste. Eine andere alte Sitte ist die **Eiswette**, bei der am 6. Januar ein Schneiderlein prüft, ob die Weser *„steiht oder geiht"*, also eisfrei oder zugefroren ist. Ein überaus beliebter und aktiver Brauch ist auch das **Fegen der Domtreppen**. Dazu werden zuvor jede Menge Kronkorken auf die Treppen des Bremer Doms geworfen. Die Aufgabe des Domtreppenfegens stellt sich nach dem 30. Geburtstag jedem unverheirateten Bremer, seit einigen Jahren auch jedem weiblichen Single. Freunde inserieren den Termin sogar in der örtlichen Zeitung.

Alle Bremer sind stolz auf ihr „Hanseatentum", wobei der Begriff höchst unscharf und schillernd ist. Er knüpft, so der Hamburger Autor Matthias Wegner in seinem Buch über die norddeutschen Hansestädte, an die Hanse-Vergangenheit und Bürgerkultur der verbündeten, lange Zeit reichsfreien Städte Hamburg, Bremen und Lübeck an. Eigentlich, so Wegener, sei „Hanseat" ein Ehren- und Adelstitel für das Patriziat der drei Städte, für den „königlichen Kaufmannsstand" wie für an der Regierung der Stadtstaaten beteiligte Rechtsgelehrte. In jedem Fall waren es vermögende Protestanten, die das volle Bürgerrecht besaßen, was in Bremen um 1800 auf etwa ein Siebentel der Bevölkerung zutrifft. Wer also die Geschichte der Hanseaten erzählen will, erzählt auch eine Kulturgeschichte des tonangebenden Bremer Bürgertums, der berühmten Familien, der Knoops, Kulenkampffs, Smidts und wie sie sonst noch heißen mögen. Was diese Familien einst – und zum Teil noch heute – repräsentieren, ist mittlerweile eine Art regionaler Charakter geworden, der mehr oder minder stark viele Bremer prägt oder den sie sich zumindest zusprechen. Eine Facette dieses Charakters ist eine gewisse Bodenständigkeit und Heimatverbundenheit, die mit einer Neigung zum Handel, zum Kaufmännischen korrespondiert. Und die andere Seite dieser sehr gediegenen Medaille ist eine gewisse Weltoffenheit. Sie rührt natürlich her von den vielen Kontakten nach draußen, vom Umgang mit Seeleuten in der Stadt, den Geschäftspartnern in zahlreichen Ländern der Welt, dem vertrauten Anblick der Auswanderer, dem Blick über die engen Grenzen der Stadt hinaus, weil nur jenseits des Wassers und jenseits der Stadtgrenzen großer Gewinn zu erwarten war.

Die Weltoffenheit, die sich auch in dem Bremer Wahlspruch *„Buten un binnen – wagen un winnen"* niederschlägt, geht einher mit dem Stolz auf die jahrhundertelange Unabhängigkeit des kleinen Stadtstaates, dem es gelungen ist, als Republik der Bürger bis heute zu überleben.

Diese Weltoffenheit steht allerdings ein wenig im Widerspruch zur Behaglichkeit in der Stadt, die trotz ihrer realen und vermeintlichen Verbindungen in vielen Stadtteilen und Quartieren immer noch ein quasi dörfliches Flair ausstrahlt. So lebt Bremen in aller Gelassenheit mit dem Widerspruch, einerseits den „Schlüssel zur Welt" zu besitzen und andererseits ein „Dorf mit Straßenbahn" zu sein.

Ausgeprägte Traditionen und Eigenarten hat der Sport im Dreistromland. Eine der originären Sportarten ist **Boßeln**. Trotz vieler Ähnlichkeiten mit dem Kegeln und dem Bowling ist Boßeln irgendwie anders, ein traditioneller friesischer Volkssport. Boßeln bietet den Vorteil, dass man es auf vielen Nebenstraßen zu allen Jahreszeiten spielen kann. Wichtig ist, dass der Werfer die Beschaffenheit der Straße kennt. Weiß er, welches Gefälle sie hat, kann er sich darauf einstellen und dementsprechend werfen. Boßeln ist ein Wettkampf auf Strecke. Zwei Mannschaften spielen gegeneinander. Die Regeln sind schlicht. Jeder Werfer hat zehn Würfe. Der Werfer, der am Ende „die meisten Meter gemacht" hat, hat gewonnen.

Der Bremer Kaufmann Ludwig Knoop (o.) bringt es in Russland zu großem Reichtum. Familien wie seine bilden in der Stadt ohne Adelsfamilien die Oberschicht

Die Eiswette findet jedes Jahr im Januar statt. Dann prüft ein Schneider, ob die Weser „steiht oder geiht", d.h. fließt oder zugefroren ist. Im Bild: ein Stich von 1829 (o.)

Traditionelle Gerichte

Während das Tragen von Trachten auf die bewusste Pflege der Tradition bei besonderen Gelegenheiten beschränkt ist, prägen regionale Besonderheiten beim Essen unvermindert den Alltag der Menschen. An der Küste gibt es natürlich vor allem **Nordseefisch**, Schollen, Hering, Krabben direkt vom Kutter. Nienburg ist für seinen leckeren Spargel bekannt. In Deutschland erstmals 1565 urkundlich erwähnt, kommt der **Spargel** erst um die Jahrhundertwende in den Landkreis und selbst dann verzögert die fehlende Technik die Verbreitung bis nach dem Zweiten Weltkrieg. 1949 werden in

Kloatscheeten in Schüttorf, Landkreis Grafschaft Bentheim (r.)

der Region gerade einmal 54 Hektar Spargel angebaut. Erst nachdem in den 1960er Jahren in Eystrup eine große Sortieranlage entsteht, läuft das Geschäft wirklich an. Der Begriff **Nienburger Spargel** ist mittlerweile sogar markenrechtlich beim Deutschen Patentamt in München geschützt. Nach Eintragung der Marke verkaufen nur noch Landwirte und Vermarkter aus dem Landkreis Nienburg das weiße Gemüse, das nicht allein durch seine natürliche Güte, sondern auch durch die Qualitätssteigerung im Rahmen der intensiven kontrollierten Anbau- und Pflegemaßnahmen so begehrt geworden ist. Oldenburg und Bremen sind bekannt für ihre **Pinkel**, eine Grützwurst, die zusammen mit Kartoffeln und einem Kasseler Braten zum **Grünkohl** bzw. in Bremen: **Braunkohl** serviert und mit Korn heruntergespült wird. Aus dem Emsland kommen die beliebten **Buchweizenpfannkuchen**, die mit Milch und schwarzem Tee angerührt werden. Eher ein Unikum ist die **Ostfriesische Bohnensuppe**, hergestellt aus Genever, Kandis und Rosinen. Das Rezept lautet wie folgt: Die Rosinen werden in warmem Wasser gewaschen und gemeinsam mit dem Branntwein in eine Terrine gegeben. Den Kandis löst man mit wenig heißem Wasser auf und gibt ihn erkaltet ebenfalls in die Terrine. Dann die Masse gut umrühren. Das Ganze muss anschließend mindestens drei Tage – besser sind allerdings drei Wochen – gut durchziehen. Ein harmloseres Gericht ist der **Buskooleintopf** mit Schweinerippchen oder Bauchspeck und Kartoffeln. Für dieses beliebte Gericht wird das Fleisch in kochendem Wasser langsam 30 Minuten gegart. Der klein geschnittene Weißkohl und die Kartoffeln kommen zum Fleisch und werden ca. eine Stunde lang gegart. Dann wird das Fleisch aus dem Topf genommen und in Stücke geschnitten, der Kohl und die Kartoffeln werden gestampft und mit reichlich Pfeffer abgeschmeckt. Am Ende kommt das Fleisch wieder in den Topf und die Suppe kann serviert werden. Am berühmtesten in Ostfriesland ist allerdings der **Tee**, der in Emden, Leer und Aurich sogar größten Feindschaften trotzt. Drei Tassen mit Kandis und Sahnewolke sind „Friesenrecht“ – erst danach dürfte man einen ungebetenen Gast hinauskomplimentieren.

Spargel aus Nienburg ist ein beliebtes Qualitätsprodukt. Im Bild: Spargelanstich 2004 (r.)

Neue Einflüsse: Vertriebene…

Die relativ geschlossene Gesellschaft der Niedersachsen wird auf dramatische Weise aufgebrochen durch den Zweiten Weltkrieg. Etwa 14 Millionen Menschen flüchten in der Endphase des Krieges in Richtung Westen oder werden nach der Kapitulation von Nazi-Deutschland vertrieben oder deportiert. Zehntausende überleben Flucht und Vertreibung nicht. Nahezu alle Flüchtlinge durchleiden in ihrer alten Heimat oder auf ihrem Weg elende Not. Die Vertriebenen treffen in ihren Zuwanderungsorten auf schwierige Bedingungen. Wohnungsnot und Ernährungsprobleme belasten die ersten Jahre. Hinzu kommen schreckliche Nachkriegswinter mit langen Kälteperioden von minus 20 Grad Celsius. Und es muss auch gesagt werden, dass das Zusammenleben mit den Einheimischen nicht ohne Spannungen verläuft. Viele Alteingesessene hegen Misstrauen gegen die Habenichtse, die vor allem aus Schlesien kommen und eine neue Heimat suchen. Die Belastung für das Land war groß: 1946 leben 1,5 Millionen Vertriebene in Niedersachsen. 1949 sind es 1,8 Millionen. Das entspricht damals etwa einem Viertel der Gesamtbevölkerung.

Spätaussiedler...

Eine weitere große Gruppe von Menschen, die die Zusammensetzung der Bevölkerung in Niedersachsen entscheidend verändert hat, sind die Aussiedler und Spätaussiedler. Zwischen 1950 und 1992 kommen 2,8 Millionen Aussiedler nach Deutschland, davon 1,4 Millionen aus Polen. Niedersachsen mit dem Grenzdurchgangslager Friedland als Ankunftsstation für Aussiedler und Spätaussiedler ist von Beginn an eines der Hauptaufnahmeländer von Angehörigen dieser Zuwanderergruppe.

Nach der Öffnung Osteuropas seit 1989 steigt die Zahl der Aussiedler noch einmal dramatisch an. Zwischen 1993 und 2001 kommen knapp 1,4 Millionen Spätaussiedler nach Deutschland, davon mehr als 1,3 Millionen aus der ehemaligen Sowjetunion. Niedersachsen hat seit Ende der 1980er Jahre etwa 30.000 Menschen pro Jahr aufgenommen.

Mittlerweile kommen deutlich weniger Spätaussiedler mit ihren Familienangehörigen – etwa 70.000 im Jahr, von denen 8.000 in Niedersachsen eine neue Heimat finden. Der Rückgang der Einwandererströme hat verschiedene Gründe: Deutsche aus anderen Staaten als denen der ehemaligen Sowjetunion müssen seit 1993 Benachteiligungen auf Grund ihrer deutschen Volkszugehörigkeit glaubhaft machen. Darüber hinaus wurde eine jährliche Begrenzung der Aufnahmebescheide festgelegt. Auch der seit 1996 bereits im Herkunftsland zu bestehende Sprachtest ist für viele eine unüberwindbare Hürde und begrenzt die Zuwanderung von Spätaussiedlern.

Millionen Menschen ziehen am Ende des Zweiten Weltkriegs mit ihren letzten Habseligkeiten gen Westen. Niedersachsen ist eines der Hauptaufnahmeländer (o.)

... und Zuwanderer

Ende 2003 leben über eine halbe Million Ausländerinnen und Ausländer in Niedersachsen. Die meisten Neuankömmlinge kommen aus Russland und der Türkei. Die seit mehr als 20 Jahren in Niedersachsen lebenden Zuwanderer stammen vor allem aus der Türkei und aus Italien. Die stärkste Gruppe bilden die Türken mit über 120.000 Menschen. Die Zahlen verdeutlichen die gewaltige Integrationsleistung des Landes seit Gründung der Bundesrepublik, zeigen aber auch, dass den gewachsenen Traditionen immer mehr andere Sitten und Gebräuche gegenüber stehen. Das Dreistromland lebt heute mit Hochzeitsriten aus Anatolien, Prozessionen aus der Ukraine oder Aserbeidschan, mit von den Schlesischen Landsmannschaften lebendig gehaltenen Sitten ihrer alten Heimat.

Eine neue „Völkerwanderung“ ist die Realität Europas und sie wird weiter fortschreiten, auch wenn heute noch niemand genau weiß, wie die Ströme kanalisiert werden sollen und wie es gelingen kann, die Balance zwischen dem Eigenen und dem Neuen zu wahren. Sicher ist: Auch in Zukunft werden Sitten und Gebräuche ins Dreistromland getragen werden, die heute hier ansässigen Aussiedler und Migranten werden ihre Kulturen leben wollen, langfristig werden neue Riten entstehen und irgendwann kann aus diesem Prozess der Assimilation und Abgrenzung eine neue, regionale und doch europäische Kultur, entstehen.

Landkreis Cuxhaven

Der Landkreis Cuxhaven bietet kilometerlange Strände, ausgedehnte Wattflächen, Seehundbänke vor dem Land Wursten und viele kleine Kutterhäfen. Touristen aus dem Binnenland kommen in Scharen in die Region. 104 Kilometer Ufer- und Küstenlinie, Nordsee, Weser und Elbe umschließen den viertgrößten Landkreis Niedersachsens. Überall ist das Wasser nah.

Oste an der Mündung in die Elbe (o.)

In exponierter Lage an der nördlichsten Spitze Niedersachsens, an der Elbmündung, liegt die Stadt Cuxhaven, die dem Landkreis den Namen gibt. „Letzte Ecke vor Amerika“ nannten einst die Auswanderer auf ihrem Weg in die Neue Welt diesen Landzipfel. Früher fuhren hier Segelschiffe, später Dampfschiffe vorbei. Heute sind es die großen Container Carrier, die die Elbe befahren. Cuxhaven ist ein attraktiver Standort für den Seegüterumschlag und Passagierverkehr. Der Hafen liegt an einer der meistbefahrenen Schifffahrtsstraßen der Welt, unmittelbar am seeschifftiefen Fahrwasser der Elbe, direkt gegenüber dem Nord-Ostsee-Kanal. Von Cuxhaven laufen zahlreiche Fischereifahrzeuge zum Fang aus; die Flotte ist durch das Kennzeichen »NC« (Niedersachsen-Cuxhaven) leicht zu erkennen. Auch viele ausländische Fischtrawler landen in Cuxhaven ihren Fang an. Hauptsächlich Rotbarsch, Kabeljau, Seelachs und Schellfisch, aber auch Seezungen und Schollen werden hier gelöscht.

Wahrzeichen der Stadt ist die „Alte Liebe“. Man sagt, 1733 habe der Wasserbaumeister Kapitän Spanninger drei alte Schiffe, von denen eines „Die Liebe“ hieß, vor Cuxhaven versenkt. Die Schiffe wurden umpfählt und die Zwischenräume mit Steinen aufgefüllt, woraus am Ende der Anleger Alte Liebe entstanden ist. Das Bollwerk dient heute ausschließlich als Aussichtsplattform und bietet einen einmaligen Blick auf das Wasser und vorbeifahrende Schiffe.

Landeinwärts prägen Flussläufe und Seen die Landschaft. Die Samtgemeinde Am Dobrock wird von der Oste durchzogen. In Hemmoor führt eine seltene Schwebefähre über das schilf-

umrandete Gewässer. Über den Hadelner Kanal schippern jedes Jahr begeisterte Skipper zum Seefest nach Bederkesa. Ehe die Menschen begannen, Deiche zu bauen, wurde auch dieses Land regelmäßig überflutet. Die Behausungen standen auf natürlichen oder aufgeschütteten Anhöhen, den Wurten. Die Endsilbe *-worth* in vielen Ortsnamen des Kreises erinnert an diese Zeit.
Die Museen im Landkreis widmen sich vornehmlich maritimen Themen: Dorum informiert über Deiche, die Wattenfischerei wird in Wremen aufbereitet, Nordholz hat ein Muschelmuseum zu bieten und Cuxhaven eine in Europa einmalige Sammlung, die einen Blick auf den gewaltigen Schiffsfriedhof auf dem Meeresboden erlaubt: das Wrackmuseum.
Der Boden der Region ist geschichtsträchtig. Gut erhaltene Dorfkirchen, Befestigungsanlagen und Steingräber weisen auf eine frühe Besiedlung hin. Der Kreis Cuxhaven ist archäologisch gut erforscht. Schon in den 1950er und 1960er Jahren werden Siedlungsplätze in der Marsch (u.a. Feddersen Wierde in Misselwarden) und auf der Geest (Schwerpunkt: Flögeln) untersucht. Viele Exponate sind im Museum Burg Bederkesa ausgestellt; andere auf Freigelände zu besichtigen, wie zum Beispiel der Vorgeschichtspfad in Sievern.

Sielhafen in Wremen (o.)

Alte Liebe (ganz o.)

Landkreis-Profil

	Landkreis	Land Nieders.
Einwohner, Fläche		
Einwohner gesamt	206.545	7.993.415
darunter 0 bis 15 Jahre in %	16,1	15,4
darunter älter als 65 Jahre in %	19,7	18,7
darunter Ausländer in %	5,8	6,7
Fläche in qkm	2.072,53	47.618,24
Einwohner je qkm	99,7	167,9
Sozialstruktur (Jahresdurchschnitt, gerundet)		
Erwerbstätige gesamt	65.500	3.492.600
Empfänger von Arbeitslosengeld / -hilfe	8.450	354.300
Empfänger sonst. Hilfen zum Lebensunterhalt	6.590	311.900
Anzahl Wirtschaftsbetriebe		
Gesamt (Industrie, Handel, Gewerbe, Dienstl.)	8.683	351.151
darunter Land-, Forst-, Fischereiwirtschaft	723	15.862
Steueraufkommen		
Lohn- und Einkommensteuerzahler	68.351	2.738.281
Summe positiver Einkünfte (in Tsd. EUR)	2.105.390	88.279.875
Steuereinnahmen (EUR je Einwohner)	465,88	544,33

Wahlen

Landtagswahl 2003	
CDU	55,9
SPD	35,0
FDP	3,7
Grüne	5,4
Sonstige	0,0

Mitglieds-gemeinden:
- Belum
- Bülkau
- Cadenberge
- Flecken Neuhaus (Oste)
- Geversdorf
- Oberndorf
- Wingst

Einwohner: 12.415
Fläche: 178,11 qkm
69,7 Einw. je qkm

Peter Fischer (o.)

Olaf Schlichting (ganz o.)

Ostesperrwerk bei Neuhaus (o.r.) Die Klappbrücke wird auf Anforderung über UKW-Seefunk (Kanal 69) oder mit Signalhorn (zwei lange Töne) geöffnet

Blick auf die Boots- und Schiffswerft Neuhaus/Oste (ganz o.r.). Zusammen mit den Profis legen hier die Bootseigner gelegentlich auch selber Hand an

SG Am Dobrock

Neuhaus, Geversdorf und **Oberndorf** mit ihren kleinen Häfen liegen aufgereiht an der **Oste**, die das Gebiet der Samtgemeinde Am Dobrock durchfließt. In kleinen Häfen liegen Sportboote und auch einige verbliebene Fischkutter. Die Oste entspringt bei >Tostedt (161) am Rande der Lüneburger Heide und mündet zwischen **Belum** und >Balje (Nordkehdingen 85) im benachbarten Landkreis Stade in die Elbe. Das Watt im Mündungsbereich ist Teil eines großen **Schutzgebietes,** wo sich im Herbst und Frühjahr riesige Vogelschwärme versammeln. Gelegentlich sonnt sich ein Seehund auf einer der Sandbänke, die bei Ebbe trocken fallen. Bis zum Sperrwerk in >Bremervörde (100) ist die Oste eine **Seeschifffahrtsstraße** mit stetigem Wechsel von Ebbe und Flut.

Nach der katastrophalen Flut von 1962 wird mit dem Bau eines Sturmflutsperrwerks begonnen. Seit 1968 schützt das **Ostesperrwerk** bei **Neuhaus** die Flussniederung vor dem Hochwasser. Geschlossen werden die Sperrwerkstore, wenn Wasserstände von mehr als einem Meter über dem mittleren Hochwasser zu erwarten sind. Das war seit dem Bau mehr als 1.200mal der Fall.

Im Hafen von Neuhaus arbeitet die **Boots- und Schiffswerft Neuhaus/Oste** von Bootsbaumeister **Martin Skadow.** Sie blickt auf über 250 Jahre Geschichte zurück. Von der kleinsten Jolle bis zum Kutter wird alles gebaut. Traditioneller Holzbootsbau und moderne Materialien halten sich die Waage.

Mit 200 Jahren ein fast ebenso altes Unternehmen in Neuhaus ist **G.F. Ulex Nachf.** Hauptprodukt ist der berühmte **Absinth.** Das Elixier, das die sexuelle Leistungsfähig steigern und auch sonst betörend wirken soll, wird zum Modegetränk des 19. Jahrhunderts. Berühmte Absinthtrinker sind Maupassant, Gau-

guin oder Baudelaire. Bis heute bekannt sind die negativen Folgen des exzessiven Genusses durch die tragische Geschichte des Malers van Gogh. 1914 wird das Getränk in Frankreich, 1923 auch in Deutschland verboten. Erst 1998 hebt die EU das Verbot wieder auf und regelt den Gehalt an Thujon, dem problematischen, psychotropen Wirkstoff. Ulex-Inhaber **Olaf Schlichting** produziert nach der Freigabe als einer der Ersten das Kultgetränk wieder und beliefert seitdem urbane Kunden, vor allem In-Kneipen in den großen Städten.

Cadenberge ist Verwaltungssitz und Mittelpunkt der Samtgemeinde. Neben dem Euro gilt hier eine zweite Währung: der **Graf-Bremer-Taler.** Er ist Grundlage eines Bonussystems, das vom ortsansässigen **Gewerbeverein** kreiert wurde. Der Name der Zweitwährung erinnert an das alte Grafengeschlecht der **Bremer.** Jahrhundertelang hat die Familie beherrschenden Einfluss auf das öffentliche Leben und den Alltag ihrer Untertanen. 1640 lässt sie die ersten Straßen in Cadenberge bauen und stiftet ein Waisenhaus sowie ein Altersheim. Man bekleidet hochrangige Posten am hannoverschen Hof. 1931 stirbt **Charlotte Bremer** als letztes Mitglied der Familie. **Gutspark** und Schloss (letzteres nur von außen) in Cadenberge können besichtigt

werden. Touristischer Mittelpunkt ist die **Wingst**, Luftkurort mit ursprünglicher Landschaft und idyllischen Orten. Einer davon ist **Dobrock**, Namensgeber für die Samtgemeinde. Mit 74 Metern höchste Erhebung in der Wingst ist der **Silberberg**. Mit einem Fernglas kann man vom Aussichtsturm **Deutscher Olymp** die Ozeanriesen auf der Elbe und sogar die Insel Neuwerk sehen. Einen Besuch lohnt der **Zoo in der Wingst**, der seit seiner Gründung 1972 nur für die Aufnahme von Jungtieren gedacht ist. Mittlerweile leben hier aber auch ausgewachsene Bären, Affen, Kängurus, Schlangen und zwei Königstiger. Heute gibt es im Wingster Zoo ganze Tierfamilien in großzügigen, natürlich gestalteten Gehegen zu sehen.

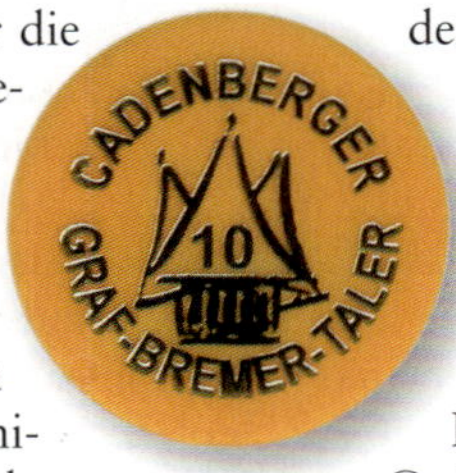

Im März und Anfang April ist die **Kamelienblüte** *die* Attraktion. Zehntausende Blumenfans kommen dann in die Wingst und bewundern die Blumenbeete, so groß wie drei Fußballfelder, die **Peter Fischer** unterhält.

Der Dobrock ist eines der Hauptzuchtgebiete der weltberühmten **Hannoveraner Pferde**. Hier veranstaltet jedes Jahr der **Unterelbesche Renn-, Reit- und Fahrverein** das **Dobrock Reitturnier**. Es verbindet hochkarätigen Sport, den Charme ländlicher Reiterei und Gesellschaftsereignisse am Rande. Mit dabei zum Beispiel Spiegel-Chefredakteur, Pferdezüchter und Springreiter **Stefan Aust**, der das Dobrock-Turnier medienwirksam unterstützt. Oder **Christian Poppe**, passionierter Dressurreiter mit Wohnsitz in München und der Wingst, der als Kommunikationsdirektor von EADS/Airbus den **Überflieger-Preis** kreierte. Aber auch zahlreiche ehrenamtliche Helfer, die nicht selten den Urlaub für ihren Einsatz einplanen, sind dabei.

Hans-Jürgen Hartmann aus Cadenberge ist Unternehmer und Selfmademan, wie er im Buche steht. Eigentlich wollte der gelernte Einzelhandelskaufmann in Amerika Karriere machen, doch ohne technische Ausbildung kann er dort nicht Fuß fassen. Hartmann bleibt in Deutschland, absolviert auf dem zweiten Bildungsweg sein BWL-Studium in Bremen. Danach gründet er die Firma **Mibau**, einen Baustoffhandel für die Handelsschwerpunkte Sand, Kies und Splitt für Straßen, Beton und Asphalt sowie Wasserbausteine für den Küstenschutz. 350 Menschen sind bei ihm beschäftigt. Das Unternehmen setzt in der Ostsee eigene Schiffe ein, die mit einem speziellen Saugsystem Kies vom Meeresgrund der Ostsee fördern und zu eigenen Kieswerken nach Rostock und Greifswald transportieren. Das Unternehmen besitzt zudem Steinbrüche in Norwegen.

30 Jahre lang prägt „Mr. Dobrock", Altbürgermeister Klaus Föge, das Turnier. Heute ist sein Nachfolger, Dr. Martin Lübbeke, (o.l.) Turnierchef. 2007 wird die Veranstaltung auf eine 100-jährige Geschichte zurückblicken können

Ulrich Kirchhoff (o.r.) auf Carino beim 96. Dobrock-Reitturnier. Zu seinen größten Erfolgen gehören olympisches Einzel- und Mannschaftsgold 1996 in Atlanta

Hans-Jürgen Hartmann (o.)

Die beiden Königstiger Radja und Rani im Zoo in der Wingst (l.)

Mitgliedsgemeinden:
- Flecken Bad Bederkesa
- Drangstedt
- Elmlohe
- Flögeln
- Köhlen
- Kührstedt
- Lintig
- Ringstedt

Einwohner: 12.567
Fläche: 234,60 qkm
53,6 Einw. je qkm

SG Bederkesa

Moortherme „Aqua Vitales" (r.)

Auch im Angelzentrum Forellenhof von Michael Fischer (o.) in Lintig finden Hobbyangler Entspannung. Sehen lassen kann sich die Abteilung für Fliegenfischerartikel

Im Hof der Burg Bederkesa (ganz o.r.) steht die Rolandstatue von 1602 (r.) Sie weist auf die fast 300-jährige Zugehörigkeit des „Amtes Bederkesa" zu Bremen hin

Bad **Bederkesa** ist der Mittelpunkt der Samtgemeinde. Der Ort ist als Moorheilbad und Luftkurort staatlich anerkannt. 1996 wird ihm der Zusatz „Bad" verliehen. Einheimische nennen Bederkesa häufig auch plattdeutsch **„Beers"**. Der Freizeitwert ist hoch. Der **Bederkesaer See** und die das Land durchziehenden Kanäle sind ein Eldorado für Segler und Bootsfahrer.
18 Bahnen hat der **Golfclub „Gut Hainmühlen"** auf seinem 71 Hektar großen Gelände in **Ringstedt**. Um die Sache spannend zu machen, wird der Spieler auf der über fünf Kilometer langen Strecke mit Gräben, Teichen, Wellenbergen, Tälern und Sandkuhlen konfrontiert. Direkt bei **Kurpark**, **Burg** und **See** erwarten den Besucher in der **Moor-Therme Aqua Vitales** alle Wellness-Angebote wie Wildwasser, Natursole, Champagner-Sprudel, Sportbecken, Saunalandschaft und Moorbäder. Die bekannteste Sehenswürdigkeit ist natürlich die **Burg Bederkesa** mit archäologischem und kulturhistorischem Museum.
An jedem dritten Wochenende im August treffen sich bis zu 150 Segler zum großen **Seefest** auf dem Bederkesaer See. Den Auftakt am Donnerstag bildet stets das **Skippertreffen**, bei dem alle Besatzungsmitglieder der Schiffe im Festzelt zusammenkommen. Freitags werden die neuen Rekruten der **Marineortungsschule Bremerhaven** auf der Festwiese vereidigt. An den Samstagen gibt es das traditionelle **Fischerstechen** auf dem **Hadelner Kanal**, der durch Bederkesa fließt. Dabei versuchen die Bootsinsassen, sich gegenseitig mit einer Lanze ins Wasser zu stoßen. Abends lassen beleuchtete Kanus und **Fackelschwimmer** den Kanal zu einem Lichtermeer werden. Danach erhellt ein Feuerwerk auf dem See den Himmel über Bederkesa.
Nicht nur zahlreiche Skipper pilgern im Sommer nach Bederkesa. Der Turnierplatz, auf dem alljährlich Ende Juli, Anfang August während der **Elmloher Reitertage** Dressur- und Springwettkämpfe stattfinden, ist ein beliebter Treffpunkt für Reitsportfans. Die Veranstaltung zieht regelmäßig bekannte Pferdesportler und tausende von Besuchern an.
Aber das Glück der Erde kann auch auf dem Rücken heißer Öfen liegen. Alle zwei Jahre, am dritten Maiwochenende, erlebt **Drangstedt** auf der Jugendfreizeitanlage mitten im Wald das **Klassikertreffen für Motorräder**. Die heißen Stühle müssen mindestens 20 Jahre alt sein. Es gibt Lagerfeuerromantik, Livemusik, den Wettbewerb der schönsten Motorräder und andere Attraktionen.
Auf dem Marktplatz vor dem Rathaus in Bad Bederkesa steht eine Brunnenfigur des Bremerhavener Künstlers **Gerhard Olbrich,** die den Titel **„Einkaufende Hausfrau"** trägt. Im Volksmund heißt die Skulptur auch **„Mathilde"**.

Regelmäßig lässt sie der örtliche Verschönerungsverein im Ortsmagazin **Beerster Rundschau** zu Wort kommen: In dem monatlich erscheinenden Mitteilungsblatt ist für „Mathilde" eine eigene Kolumne reserviert.
U-Musik für die jüngere Generation wird bei **Roes** in **Lintig** aufgelegt. In der *Main Disco* heizen DJs den Gästen mit Pop, Dance und Black Musik ein. Ein Tänzchen zu zweit kann im *Oldie Pub* zu Schlager und Neuer Deutscher Welle gewagt werden. Handgemachte Musik wie Rock und Metal ertönt aus dem *Roses*.

Nicht selten dürften hier auch Schülerinnen und Schüler des **Niedersächsischen Internatsgymnasiums** (NIG) zu Gast sein. Ca. 650 Schüler besuchen dieses überwiegend vom Land Niedersachsen unterhaltene Gymnasium. Schule und Internat bilden eine personelle und organisatorische Einheit, wodurch die ganztägige Betreuung gewährleistet wird. Jedes Jahr vor den Sommerferien findet auf dem Schulgelände das **NIG-Rock-Festival** – ein zweitägiges Open-air-Spektakel – statt.
Zwischen **Flögeln** und **Drangstedt** gibt es weit über 100 **Großsteingräber.** Ausgangspunkt für den knapp drei Kilometer langen Rundweg zu den prähistorischen Gräbern, darunter auch ein begehbares Großsteingrab, ist der Parkplatz an der Straße zwischen Fickmühlen und Flögeln.
Ein anderer Weg führt von Flögeln aus als **Moorerlebnispfad** über das **Ahlenmoor,** das sich auch auf das Gebiet der Samtgemeinde > Sietland (58) erstreckt. Der Holzbohlen- bzw. Schredderpfad schlängelt sich vorbei an Tannen- und Birkenwald, über offene Wiesen und urwüchsige, naturbelassene Abschnitte. Gelegentlich zeigt der **Heimatverein Kranichkring** an einer Moorkuhle traditionelles **Torfstechen.** Man kann die Moorwanderung verlängern und den 18 km langen Rundweg um den **Halemer See** und den **Dahlemer See** nehmen oder eine Fahrt mit der Moorbahn durch das Ahlenmoor unternehmen.
Nach soviel Wandern stärkt man sich am besten mit Milch, Käse, Joghurt oder Quark aus der **Neuen Molkerei** in **Ringstedt.** Die von Hand verarbeiteten Produkte des Biohofs von **Peter Hildebrandt** werden im Selbstbedienungs-Hofladen zu jeder Tageszeit angeboten.

Die bekannte Springreiterin Meredith Michaels-Beerbaum mit einem erfolgversprechenden Nachwuchspferd bei den Elmloher Reitertagen (o.)

Stimmung in der Discothek Roes in Lintig (ganz o.)

Traditionelles Torfstechen (ganz o.l.)

„Mathilde" oder die „Einkaufende Hausfrau" (l.)

Mitglieds-gemeinden:
- Appeln
- Flecken Beverstedt
- Bokel
- Frelsdorf
- Heerstedt
- Hollen
- Kirchwistedt
- Lunestedt
- Stubben

Einwohner: 14.296
Fläche: 197,58 qkm
72,4 Einw. je qkm

SG Beverstedt

Wer nach Beverstedt kommt, dem namensgebenden Hauptort der Samtgemeinde am Schnittpunkt mehrerer Landstraßen und der B 71, dem fällt die imposante zweitürmige **Kirche** in der Ortsmitte am meisten auf. Diese spätklassizistische Kirche aus den 1850er Jahren erinnert an die einstige Bedeutung des Kirchspieles und der Börde Beverstedt. Die Gemeinde nahe Bremerhaven ist verkehrsmäßig gut erschlossen; die Einwohnerzahl wächst seit Jahren kontinuierlich. Trotz Bautätigkeit und gewerblicher Entwicklung bestimmen eine abwechslungsreiche Landschaft und eine teilweise durchaus intakte Natur das Bild in der Samtgemeinde.

Züchten schottische Hochlandrinder: Gerd und Petra Bedürftig (r.)

Besonders stolz ist man im **Flecken Beverstedt** auf den alljährlich stattfindenden **Pferdemarkt**. Bestimmt 25.000 Gäste begrüßt der **Beverstedter Markt- und Kulturverein** an jedem vorletzten Sonntag im August auf dem Gelände am Schulzentrum. Frühmorgens wird gehandelt, per Handschlag und gegen Barzahlung. Am Nachmittag sind die **Kaltblut-** und **Ponyrennen**, vor allem die oft über 1,80 Meter großen **Shire Horses,** der absolute Publikumsmagnet. Wer einen eigenen Esel hat, kann beim **Eseltreffen** im Rahmen des Pferdemarktes mitmachen und einen Preis für den schönsten Esel gewinnnen.

Einmal in der Woche, in der Nacht von Freitag auf Samstag ab 22.00 Uhr, geht in dem lila gestrichenen Haus in **Heerstedt** an der B 71 die Post ab. Dann hat die Kultdisco **Kasba music-hall** geöffnet. Seichter Pop-Mainstream wird hier nicht gespielt und es ist nicht ganz so „schick" wie andernorts, aber es ist rappelvoll! Den jugendlichen Gästen gefällt der alternative, rockige Musikstil. Das Haus hat eine bewegte Geschichte. Die beginnt im 19. Jahrhundert mit dem **Waldschlößchen.** Um 1900 wird das Lokal Stein für Stein abgetragen und 500 Meter weiter an der heutigen Stelle neu aufgebaut. In den 1960er Jahren und danach folgen Teilabriss, Brand, Besitzerwechsel. Für kurze Zeit pachtet **Bernhard Linnenbaum,** der in >Bremen (II-194f) auch das „Aladin" betreibt, das Lokal und macht daraus das „Kasba". Seit 1988 führt **Familie Breden** die Disco und pflegt den Stil des Aladin weiter.

Kasba music-hall, die lila Disco an der B 71 (r.)

Die Heiser Mühle mit dem ursprünglich aus dem benachbarten Bramstedt stammenden Niedersachsenhaus (u.)

Prämierung des schönsten Esels beim jährlichen Beverstedter Pferdemarkt (o.)

Eine mächtige Tierart ist die Rinderrasse **Highland Cattle**, schottische Hochlandrinder. **Gerd** und **Petra Bedürftig** züchten diese urwüchsigen Tiere in **Heise** (Gemeinde Hollen). Die Highland Cattle gehören zu den ältesten, genetisch unveränderten Rinderrassen der Welt und sind Nachkommen des europäischen Auerochsen. Zottelig und extrem widerstandsfähig, grasen sie seit Jahrhunderten auf dem stürmischen schottischen Hochland. Auf der **Heise Fold** wird die 100-köpfige Herde deshalb ausschließlich im Freien auf 90 Hektar Grünland gehalten.

Eine Beverstedter Institution ist seit über 30 Jahren die **Künstlervereinigung Die Arche**. Die Bandbreite der Arbeiten reicht von Skulpturen und Webarbeiten über Keramik und Malerei bis zu Fotokunst und Grafik. Die Mitglieder verstehen sich als „Künstler zum Anfassen", mit denen man diskutieren und fachsimpeln kann. Jährlich findet in der ersten Woche der Herbstferien eine **Ausstellung** der Arbeiten **im Schulzentrum** in Beverstedt statt.

Blick in das Atrium des Kreuzfahrtschiffes „Norwegian Sky". Die Innenausstattung vom Fußbodenbelag über Intarsienarbeiten bis zur Decke stammt von Gehr-Möbel aus Lunestedt (l.)

Jahresausstellung der Künstlervereinigung Arche (ganz l.)

Die Künstler des **Malerwinkel Hollen** dagegen stellen ihre Werke seit über 30 Jahren in einem alten **Niedersachsenhaus** aus, das zu dem Ensemble um die **Heiser Mühle** in Hollen gehört. Dem Baudenkmal ist das Galerie-Café angeschlossen, in dem man Kaffee und Kuchen genießen kann. Zu dem Mühlenkomplex gehört auch das **Freilichtmuseum „Jan vom Moor"**, das die Heiser Vergangenheit als Moorkolonie thematisiert.

Weithin berühmt ist der **Frelsdorfer Butterkuchen.** Den gibt es im **Frelsdorfer Freilichtmuseum** auf dem Brink mit Schafstall, Scheunen, Backofen, Brunnen und Bienenstand. Das Museum, von Mai bis Oktober geöffnet, ist ein lohnendes Ausflugsziel, besonders an den Tagen, an denen **Backfeste** veranstaltet werden. Backtage werden auch im **Heimathaus Wachholz** veranstaltet. Zum Programm in dem ehemaligen Forsthaus gehören Herd- und Heimatabende, Vorträge und Theaterstücke. Es wird vom **Heimatverein Beverstedt** mit seinen über 1.000 Mitgliedern geführt. Der kümmert sich ebenfalls um die zwischen Beverstedt und **Stubben** gelegene **Deelbrügger Wassermühle** von 1850.

In der Schulstraße 7 in **Lunestedt** steht ein prächtiges **Niedersachsenhaus**. Hier beginnt ein **Naturlehrpfad** über die Wiesen der Umgebung. Das Haus ist Domizil des **Forum Natur.**

Um den Innenausbau von Fähren, Yachten, Kreuzfahrtschiffen und Hotels kümmert sich in **Lunestedt** die **Gehr GmbH & Co KG.** Stilvolle Lounges, Bars, Restaurants, einzelne Möbelstücke, die über 100 Mitarbeiter des in vierter Generation geführten Familienbetriebs liefern schlüsselfertige Maßanfertigungen. Zu den Kunden gehören die Meyer Werft in > Papenburg (I-137) und die Lloyd-Werft in > Bremerhaven (II-174ff).

SG Börde Lamstedt

Mitgliedsgemeinden:
- Armstorf
- Hollnseth
- Lamstedt
- Mittelstenahe
- Stinstedt

Einwohner: 6.151
Fläche: 176,99 qkm
34,8 Einw. je qkm

Geest, Heide- und Moorflächen, großflächige Naturschutz- und Landschaftsschutzgebiete wechseln mit saftig grünen Wiesen. Dazwischen die großen Mischwaldgebiete **Westerberg** und **Zuschlag.** Börde Lamstedt, das ist eher dünn besiedelte Landschaft; Milchwirtschaft spielt eine Rolle und natürlich Tourismus.
An jedem vierten Wochenende im August lockt in **Lamstedt** am Fuße der **St. Bartholomäuskirche** der traditionelle **Bartholomäusmarkt** mit Budenzauber und Volksfestromantik.

Die Bördehalle in Lamstedt (o.) ist der kulturelle Treffpunkt der Samtgemeinde, Ort für Schützenfeste, Hochzeiten oder Musikveranstaltungen

Das **Bördehuus Loomst** ist ein wieder aufgebautes niederdeutsches Zweiständerhaus. Die Diele dient kulturellen und heimatkundlichen Veranstaltungen. Im Dachgeschoss ist das **Norddeutsche Radiomuseum** untergebracht, das durch zahlreiche Radio- und Fernsehgeräte sowie Dokumente und Originalaufnahmen einen Einblick in die deutsche Rundfunkgeschichte gewährt.
Das **Börde-Museum** in Lamstedt ist bekannt für seine Sammlung altbäuerlichen Kulturgutes. In dem alten Fachwerkhaus gibt es bäuerliches Mobiliar, Acker- und Küchengerät und traditionelle Werkstätten verschiedener Zünfte zu sehen. Das Museum hat außerdem eine umfangreiche Sammlung der Geestbauerntracht der Börde Lamstedt. Diese sogenannte **Kirchspieltracht** wird heute von den Mitgliedern der **Volkstanz- und Trachtengruppe Börde Lamstedt** bei ihren Auftritten getragen.
Die Gemeinde **Hollnseth** entsteht bei der Gebietsreform in den 1970er Jahren durch Zusammenlegung der Dörfer Hollen und Abbenseth. Dabei wird kurioserweise das „e“ von Hollen weggelassen, damit die Anzahl der Buchstaben nicht die des alten Namens Abbenseth übertreffe. Hollen feiert 2004 sein 1.000-jähriges Bestehen. Damit die lange agrarische Tradition der Gegend nicht in Vergessenheit gerät, hat der Dorfchronist **Michael Schwieger** in einem ehemaligen Torfschuppen in Hollnseth eine private **Ausstellung zur Agrargeschichte** arrangiert. Gezeigt werden Karten, Urkunden und Bilder, die Veränderungen des Dorfes und der Landwirtschaft im Laufe der Jahrhunderte. Auf Wunsch werden vom Betreiber Vorträge zu einzelnen Themen gehalten.

Dorfchronist Michael Schwieger (r.)

Mit ca. 70 Mitarbeitern größter gewerblicher Arbeitgeber der Samtgemeinde ist das **Möbelhaus Steffens** in Lamstedt. 1933 gründet **Klaus Steffens** eine kleine Sattler- und Polsterwerkstatt, ab 1964 werden Möbel verkauft. Heute können sich Kunden auf 10.000 Quadratmetern Betriebsfläche die Ausstellung ansehen und Möbel aussuchen. Es gibt ein Naturholzstudio, Antiquitäten und ein kleines Bistro.

Einbringung von Geoton der Firma Fibo ExClay (r.) Das Material wird beim Straßenbau mit dem Plattenrüttler verfestigt und bildet die Unterschicht für den Straßenbelag

Etwa 40 Personen sind bei **Fibo ExClay** beschäftigt. Die Fabrik in Lamstedt stellt

Catherine André, umringt von ihren Ziegen (o.)

Blähton her. Als kleine braune Kügelchen mit zahllosen Luftporen durchsetzt kennt man sie in Blumentöpfen. Sie werden aber auch beim Straßenbau, als Zuschlagstoff für Beton und – in kleinerer Körnung – als Winterstreu eingesetzt. In einer kargen Moorniederung in dem kleinen Dorf Neubachenbruch der Gemeinde **Stinstedt** betreiben **Catherine André** und **Daniel Derieau** den biologischen **Ziegenkäsehof Bachenbruch**. Mitte der 1980er Jahre übernehmen sie ein altes Niedersachsenhaus mit Stall und Wohnräumen unter einem eingefallenen Dach und bauen den Hof in Eigenarbeit wieder auf. Catherine André und Daniel Derieau stammen aus Frankreich. Was liegt da näher, als die Ziegenmilch auch auf französische Art zu verarbeiten? Der Hof hat heute eine Herde aus rund 60 Milchziegen und im Frühjahr fast doppelt so viele Zicklein. Die Saison reicht von Anfang März bis Mitte November. Besucher sind willkommen. Gekäst wird in Handarbeit. Kelle für Kelle werden die Gallerte per Hand in die Formen geschöpft. Es gibt Frischkäse und reifen Ziegenkäse. Der Geschmack ist gourmetverdächtig.

In **Armstorf** hat der Journalist **Stefan Aust** für sich und seine Familie einen Landsitz mit Pferdegestüt geschaffen. Familie Aust setzt auf Sportpferde aus eigener Zucht, mittlerweile stehen rund 30 Pferde im Stall. Der Chefredakteur des Hamburger *Spiegel* und Moderator von *spiegel tv* züchtet nicht nur Pferde, er ist auch selbst leidenschaftlicher Reiter und Turnierteilnehmer. Gelegentlich kommt prominenter Besuch nach Armstorf. Kanzler Schröder und Gattin Doris waren schon da, Tagesthemen-Moderator Ulrich Wickert, Ex-Minister Volker Rühe und andere.

Findlinge sind Zeugen der Eiszeit, dieses letzten großen erdgeschichtlichen Vorganges, der die gesamte nordeuropäische Landschaft prägt. Wer die „dicken Brocken" in ihren verschiedenen Formen, Farben oder Schraffuren aus nächster Nähe betrachten will, hat dazu Gelegenheit im **Steingarten** an der Kreisstraße 29 zwischen Lamstedt und Bröckelbeck inmitten des **Waldgebietes Westerberg**. Eine stattliche Kollektion von 106 Exponaten, vom gut straußeneigroßen Rhombenporphyr über Amphipolit, Hälleflinta bis hin zum 45 Tonnen schweren Granit ist hier öffentlich ausgestellt. Es ist die größte Sammlung dieser Art in Niedersachsen.

Bördehuus Loomst mit dem Trauzimmer der Samtgemeinde (u.)

Stadtteile:
- Altenbruch
- Altenwalde
- Berensch-Arensch
- Cuxhaven
- Döse
- Duhnen
- Groden
- Holte-Spangen
- Lüdingworth
- Sahlenburg
- Stickenbüttel
- Süder-Westerwisch

Einwohner: 52.876
Fläche: 161,91 qkm
326,6 Einw. je qkm

Cuxhaven

Im Jahr 1340 lässt das Grundherrengeschlecht der **Lappes** das Fundament für das **Schloss Ritzebüttel** legen, gewissermaßen die Urzelle der Stadt Cuxhaven. Die Lappes werden von den Hamburgern der Seeräuberei verdächtigt und 53 Jahre später verdrängt. Für Jahrhunderte übernimmt die Hansestadt die Regentschaft über Cuxhaven. Es dauert bis 1937, ehe sie ihre Beute aus der Hand gibt: Cuxhaven fällt an Preußen und wird nach 1945 niedersächsisch. Die Stadt liegt an exponierter Stelle an der Mündung der Elbe in die Deutsche Bucht. Schifffahrt, Häfen und Küstenfischerei bestimmen traditionell das Leben, heute zunehmend auch Wassersport, Segelsport, Tourismus schlechthin. Mit den Badezentren **Döse, Duhnen** und **Sahlenburg** ist Cuxhaven mit über drei Millionen Übernachtungen und ca. 367.000 Tagesgästen pro Jahr das **Nordseeheilbad** Nr. 1.

Blick auf das Schleusenbecken am Ende des Ritzebütteler Schleusenpriels (o.) In der Bildmitte: der Gaffelschoner „Hermine"

Cuxport (r.)

Die Elbe und der Nord-Ostsee-Kanal, dessen Einfahrt am anderen Elbufer liegt, gehören zu den meistbefahrenen Schifffahrtsstraßen der Welt. In ihrem Schnittpunkt liegen die Häfen der Stadt am seeschifftiefen Fahrwasser. Mittelpunkt der Häfen ist der **Amerikahafen**. Hier wird unter anderem Tiefkühlkost, meist Fisch aus Norwegen, gelöscht. Auch Stahl aus England wird mit Kränen vom Schiff auf die Bahn verladen und geht dann weiter nach Italien. Im Schwimmdock der **Mützelfeldtwerft** werden die Fangfabrikschiffe der in Cuxhaven ansässigen **Deutschen Fischfangunion** regelmäßig überholt. Im östlichen Teil des Hafens betreibt **Cuxport** einen Mehrzweckterminal mit über 800 Meter Kailänge und vier Liegeplätzen für Seeschiffe.

Mit dem **Neuen Fischereihafen** ist Cuxhaven neben > Bremerhaven (II-174f) einer der bedeutenden Plätze der Fischwirtschaft in Deutschland. Zahlreiche Trawler landen hier ihre Fänge an. Die Teilnahme an einer Führung über den **Seefischmarkt** (nach Vereinbarung) lohnt sich. Weitere Hafenteile sind der **Alte Hafen** und das **Ritzebütteler Schleusenpriel** als Mehrzweckhäfen für Werften und den Bäder- bzw. Inselverkehr. Im **Alten Fischereihafen** bietet sich die Gelegenheit, fangfrische Krabben, an der Küste „Granat" genannt, zu kaufen. Wer gerne Fisch isst, kann dies in typischer Atmosphäre in den zahlreichen **Fischrestaurants** und Imbisshallen tun, die sich überall im Hafengebiet befinden. Sie heissen „Meeresfrüchte", „Fischkiste" oder ähnlich und verkaufen Frischfisch, Räucherfisch und Marinaden vom Feinsten.

Strand bei Duhnen (l.)

Passagiere auf See

Mit rund 600.000 Fahrgästen pro Jahr ist Cuxhaven als Hafen für Passagierverkehr relevant. Großen Anteil an dieser Zahl hat das Seebäderschiff **„Wappen von Hamburg“**, das ab **Fährhafen** von Mai bis September täglich nach Helgoland fährt. Das Schiff kann wegen seines Tiefgangs nicht in den Hafen der Felseninsel einlaufen; die Reisenden werden deshalb auf See **ausgebootet**. Schneller und ohne Ausbooten geht es mit dem **Katamaran „Halunder Jet“**, der ebenfalls täglich, aber von April bis Oktober, vom Anleger **Alte Liebe** fährt. Beide Schiffe gehören der Flensburger **Förde Reederei Seetouristik** (**FRS**). Ab

Alte Liebe (l.)

Alte Liebe fahren auch die Schiffe der **Reederei Cassen Eils** zu den Seehundsbänken, zur Insel Neuwerk, zu Hafenrundfahrten oder gelegentlich elbaufwärts nach Hamburg.

Für romantische Naturen bedeutet die **Alte Liebe**, wie die Seebrücke beim Radarturm genannt wird, Fernweh oder Heimat, Abschied oder Wiederkehr. Sie ist neben der **Kugelbake** das bekannteste Wahrzeichen Cuxhavens. Die heutige Aussichtsplattform ist ursprünglich ein Bollwerk, dass dem ständigen Landraub durch die See Einhalt gebieten soll. Zu Beginn des 18. Jahrhunderts gelingt es an dieser Stelle erstmals, den Abbruch des Cuxhavener Ufers am Elbestrom wirksam zu unterbinden, indem drei alte Schiffe dreieckig zueinander liegend versenkt werden. Die Spitze des Dreiecks bildet das Schiff „Die Liebe“, woraus der Name „Alte Liebe“ wird. Mit Pfählen umgeben, mit Steinen und Buschwerk aufgefüllt, entsteht an dem Bollwerk bald darauf die erste provisorische Anlegestelle für Raddampfer im Verkehr zwischen Hamburg und Cuxhaven. Von der Aussichtsplattform hat man einen herrlichen Blick auf die Außenelbe und die vorbeiziehenden Ozeanriesen.

Steubenhöft (u.)

„Wappen von Hamburg“ (o.)

Zwanzig- bis dreißig Mal im Jahr machen am **Steubenhöft** die weißen Traumschiffe fest. Zahlreiche Menschen kommen dann immer wieder zur Abfahrt der Kreuzliner zum Nordkap, ins Mittelmeer oder in die Karibik an die Kaje und winken. Die Szenen erinnern an die goldenen und tränenreichen Zeiten, als Cuxhaven Auswandererhafen nach Amerika war. Abertausende setzen damals mit den Schnelldampfern der **Hapag-Reederei** zum Sprung über den Ozean an. Sie werden zuvor abgefertigt in den **Hapag-Hallen**. Zusammen mit dem Schiffsanlegeplatz **Steubenhöft** steht dieses Ensemble heute unter Denkmalschutz, ist aber zugleich als Abfertigungsanlage weiter in Betrieb. Seit 2002 startet die **Englandfähre „Duchess of Scandinavia“** der dänischen **DFDS Seaways** nicht mehr

Fort Kugelbake (o.)

Kugelbake (ganz o.)

Villa Gehben (r.)

1978 zeigt Peter Baltes (o.) in Cuxhaven seine Ausstellung „Aus gesunkenen Schiffen". Die Resonanz ist groß; die Stadtväter beauftragen den Wrackexperten mit dem Aufbau eines Museums. Im Juni 1980 wird das Museum in Stickenbüttel (r.) unter seiner Leitung eröffnet

in Hamburg sondern am Terminal Steubenhöft. Alle zwei Tage fährt das Schiff von Cuxhaven nach **Harwich.**

Für die Auswanderer, die von Cuxhaven aufbrachen, war die **Kugelbake** das letzte Bauwerk der alten Heimat, das sie erblickten. Die bizarre Landmarke am Strand von **Döse** markiert die Mündung der Elbe und zugleich die nördlichste Spitze Niedersachsens und Cuxhavens. Die ca. 30 Meter hohe Kugelbake existiert seit 1703 und bedeutet für Seeleute jahrhundertelang „Land in Sicht". Ihren Namen verdankt sie zwei Kugeln an der Spitze, die man heute vergeblich sucht. Sie wurden ersetzt durch zwei runde, rechtwinklig zusammengesetzte Scheiben. Neben der Kugelbake wird um 1870 auf Betreiben Preußens zur Verteidigung des Schifffahrtsweges Elbe die Marinebastion **Fort Kugelbake** errichtet und mit Geschützen schweren Kalibers bestückt. Im Ersten Weltkrieg ist sie die stärkste Festung an den Grenzen des Deutschen Reiches. Ganzjährig werden geführte Besichtigungen durch das Fort angeboten.

In **Altenbruch** ist das private **U-Boot-Archiv** des ehemaligen U-Boot-Wachoffiziers **Horst Bredow** eine international anerkannte Sammlung. Sie umfasst Fotos und Unterlagen über alle U-Boote sämtlicher Nationen von Anbeginn bis heute. In Deutschland beginnt die U-Boot-Geschichte 1906. Aber auch ältere Stücke, sogar Konstruktionspläne von Leonardo da Vinci, sind zu sehen, daneben historische Literatur, eine Sammlung von Uniformen, Schiffswappen und Modellen und vieles mehr.

Ein Cuxhavener Auswanderer, der zurückgekommen ist, ist **Ernst Gehben** aus **Altenbruch**. In der Neuen Welt macht er eine klassische Karriere vom Hilfsarbeiter zum Millionär. 1907 vergibt er den Auftrag zum Bau einer Villa im damals angesagten Jugendstil als Altersruhesitz für sich und seine Ehefrau, die ebenfalls aus Altenbruch stammt. Beim Umrechnen der amerikanischen Maßeinheiten des Bauplans vertut man sich, so dass die Villa größer ausfällt, als zunächst beabsichtigt. Die **Villa Gehben** geht nach dem Tode des Eigentümers in den Besitz der Stadt Cuxhaven über und ist heute mit dem **Blauen Salon** Mittelpunkt des kulturellen Lebens im Ortsteil Altenbruch. Neben reichen **Wanddekorationen** sind besonders **Originalfenster von Tiffany** erhalten.

An der Innenkante der Alten Liebe hat das knallrote **Feuerschiff „Elbe 1"** seinen endgültigen Liegeplatz gefunden und dient dort als Museum. Hochzeitspaare können sich auf dem Schiff das Ja-Wort geben. Eigentlich heißt es „Bürgermeister O'Swald", faktisch aber werden die Feuerschiffe schlicht nach ihrer Position durchnummeriert. Seit 1948 hat „Elbe 1" vor Cuxhaven den Schiffen einen sicheren Weg durch das tückische Revier gewiesen. Am 22. April 1988 wird es als letztes bemanntes Feuerschiff außer

Blick in den Seglerhafen Cuxhaven (l.)

Dienst gestellt. Damit endet eine 150 Jahre alte Tradition bemannter Feuerschiffe in der Elbmündung. Heute übernimmt Satellitennavigation diese Aufgabe.
Seefahrt ist oft gefährlich. Der Meeresboden im Seegebiet zwischen Cuxhaven, Helgoland und > Borkum (I-70) ist ein gewaltiges Schiffsgrab. Davon zeugt das **Wrackmuseum** in **Stickenbüttel.** Auf Basis einer privaten Sammlung des Wrackexperten **Peter Baltes** zeigt das Museum Erinnerungsstücke an die vielen tragischen Unglücke: technisches Gerät, Gepäckstücke und persönliche Habe der Besatzung und der Reisenden. Rund 1.500 Exponate aus den vergangenen zwei Jahrhunderten sind zu sehen von Schiffen, die in der Deutschen Bucht, der Ems, der Weser und der Elbe untergegangen sind.
Unter Insidern gilt Cuxhaven als Stadt des **Hochseesegelns**. Das Seegebiet vor Cuxhaven ist ein sportlich anspruchsvolles und windsicheres Segelrevier. Während der Saison gehören bunte Segel fest zum Hafenbild und zahlreiche Regatten prägen das sportliche Geschehen. Vom Cuxhavener **Seglerhafen** aus werden immer wieder spektakuläre Weltumseglungen gestartet und beendet, z.B. vonSeglern wie **Wilfried Erdmann** oder **Rollo Gebhard**. Auch Regatten wie die jährliche **Nordsee-Woche** zu Pfingsten mit Beteiligung der norddeutschen Hafenstädte starten und enden in Cuxhaven. 2004 endet die zweite Etappe der Windjammerregatta **Tall Ships' Race** im Zielhafen Cuxhaven. Nicht von ungefähr hat der Segelsportverein **Trans Ocean e.V.**, dem weltweit über 6.000 Hochseesegler angehören, in Cuxhaven seinen Sitz. Der Verein und sein Vorsitzender **Commodore Helmut Bellmer** haben sich der Förderung des Hochseesegelns verschrieben.

Sport und Spaß am Deich

Auf schönes Wetter hoffen die Cuxhavener und ihre Gäste immer am **Sommerabend am Meer**. Wer einen Strandkorb ergattert hat, lädt Freunde ein und feiert dort. Andere bringen Decken mit und sitzen am Deich. Es gibt Musik, zu essen und zu trinken. Höhepunkt ist das abendliche Feuerwerk über der **Grimmershörnbucht**. In der Bucht dümpeln unterdessen zahlreiche Schiffe, haben Lichterketten an den Masten und Gäste an Bord.
Ebenfalls an der Grimmershörnbucht finden die jährlichen **EWE Athletics „Weltklasse hinterm Deich"** statt. Das Prädikat ist mehr als nur ein Anspruch. Es treten Athleten von Weltrang an; die internationale Beachtung ist hoch. Dabei bietet die Veranstaltung zugleich Leichtathletik zum Anfassen: Die At-

Commodore Helmut Bellmer (o.)

Mit der „Freydis" (ganz o.) sind die Eheleute Dr. Heide Wilts und Erich Wilts aus Cuxhaven, beide Mitglied von Trans-Ocean, dreimal um die Welt gesegelt und haben mehrfach Kap Horn umrundet

Duhner Wattrennen (o.)

Heike Drechsler bei den EWE-Athletics „Weltklasse hinterm Deich“ (r.)

Deutsche Meisterschaften im Beach-Handball im Stadion am Meer (ganz r.)

Die Sohl'nborger Büttpedder (o.) halten die Erinnerung an die alten Trachten der Orte um Cuxhaven wach. Sie singen hoch- und plattdeutsch und tragen die Trachten der Krabbenverkäuferinnen aus Ritzebüttel oder die Sonntagstrachten aus Duhnen oder Döse

mosphäre ist familiär, die Wettkämpfe mit ihren sportlichen Höchstleistungen können live und hautnah erlebt werden. Unterstützt von dem **Stromversorger EWE** als Titelsponsor ist der **Verein Rot Weiss Cuxhaven von 1990 e.V.** Ausrichter der Wettkämpfe. Zahlreiche ehrenamtliche Helfer und weitere Sponsoren leisten Unterstützung.

Sport und Spass finden in Cuxhaven nicht nur „hinterm“ Deich, sondern auch vor dem Deich – oder jedenfalls in dessen Nähe – statt: zum Beispiel die **Deutschen Beachhandball-Meisterschaften.** Seit 1997 ist das **Stadion am Meer** in Steinmarne mit seinen über 1.000 Tribünenplätzen der Austragungsort. Anfang Juni bis Ende August werden hier an jedem Wochenende die **Niedersächsischen Landesmeisterschaften** im **Beachhandball,** das größte Beachvolleyballturnier der Nordseeküste, sowie verschiedene Beachbasketball und Beachsoccerturniere abgehalten. Am **Altenbrucher Elbdeich** gibt es immer im August das **Drachenfestival.** Mehrere Hundert Drachensportler lassen dann vor tausenden Zuschauern ihre neuesten Kreationen am Himmel fliegen.

Um die Wasserkante in voller Länge kennen zu lernen, empfiehlt sich eine Fahrt mit einer der **Strandbahnen,** kleine Karren mit angehängten Wägelchen im Eisenbahn-Design. Mit der **Dünenbahn** geht es von Sahlenburg nach Duhnen. Der **Jan-Cux-Express** bringt die Fahrgäste gemächlich von Duhnen nach Döse. Die weitere Strecke über Fährhafen, Seglerhafen bis zur Alten Liebe übernimmt die **Cuxi-Bahn.** Wer mag, kann die Fahrt fortsetzen durch die Häfen und in die Stadt, vorbei an Sehenswürdigkeiten, wie Schloß Ritzebüttel und dem alten **Wasserturm.**

Das über 600 Jahre alte **Schloß Ritzebüttel** in der Südersteinstraße mit idyllischem **Schloßgarten** und **Burggraben** ist in den 1990er Jahren restauriert worden. In mühsamer Kleinarbeit wurden die jeweils schönsten und wertvollsten Elemente aus unterschiedlichen Bauphasen wiederhergestellt. Ein großer **Festsaal** bildet im ersten Obergeschoss des mittelalterlichen Baukerns das Zentrum des Gebäudes. In den Räumen finden standesamtliche Trauungen, Vorträge, Konzerte und Ausstellungen statt. Die Öffnungszeiten sind saisonbedingt; Führungen gibt es nach telefonischer Vereinbarung. Im **Schlosskeller,** unter Kreuzgewölben und meterdicken Wänden, lohnt ein Besuch des **Schlossrestaurants.** In den Ortsteilen **Berensch-Arensch** und **Holte-Spangen** prägen Bauernhöfe das Bild. Häufig sind es Reithöfe mit zahlrei-

Vortrag für Kinder im Nationalpark-Zentrum Sahlenburg (l.)

Raum gehen an den Start. Mit Unterbrechungen während der Weltkriege findet das Rennen seit über 100 Jahren statt, heutzutage immer im Juli. Bei der Terminplanung müssen die Organisatoren zuallererst den Gezeitenkalender zur Hand haben. Die Zuschauer am Deich erleben spannende Rennen und ein Rahmenprogramm mit Fallschirmspringen, Flugschauen usw.

Das Wattenmeer vor Cuxhaven ist Teil des Nationalparks Niedersächsisches Wattenmeer. Darüber informiert das **Nationalpark-Zentrum Sahlenburg**. Junge Leute aus ganz Deutschland bewerben sich alljährlich um einen der begehrten Plätze für ein Freiwilliges Ökologisches Jahr. Hinzu kommen die Zivildienstleistenden, die sich für die Beschäftigung mit der Natur interessieren. Das Team des Zentrums kümmert sich um die Ausstellung, führt Gruppen durch das Watt, beobachtet Tiere an der Küste und beantwortet die Fragen der Besucher. Als besondere Attraktion kann die Kleinlebewelt des Wattenmeeres im **Videomikroskop** bestaunt werden. Für Kinder gibt es den **Erlebnisraum** für die spielerische Auseinandersetzung mit dem Thema Wattenmeer.

Wattbeobachtung (o.)

chen Freizeitangeboten. Man kann auf ausgeschilderten Reitwegen durch Wald und Heide reiten. Für Kinder gibt es **Ponyhöfe.** Besonders attraktiv sind Ausritte hinunter ins Watt. Wer anderen die Zügel überlassen will, kann sich bei den täglichen **Kutschfahrten** von Holte-Spangen übers Watt zur **Insel Neuwerk** fahren lassen.

Ein Muss für Pferdefreunde ist das **Duhner Wattrennen**. Traber und Galopper aus dem ganzen nordwestdeutschen

Schloss Ritzebüttel (l.)

Am Wochenende abends angesagt ist **Janssens Tanzpalast** in **Lüdingworth**. In der *Maindisco* geben die neuesten House-, Techno- und Partycharts den Ton an. Fans härterer Musik kommen im *Rockkeller* auf ihre Kosten. Der *Airos Black Music Club* ist wie eine alte Fabrikhalle gestaltet. Hier erwartet die Gäste Black music, R'n'B und Soul. Die ältere Generation kann im *Swing-Tanzpalast*

Windenergieanlagen der Plambeck Neue Energien AG (r.)

Cuxhavener Nachrichten

In Cuxhaven erscheinen die „Cuxhavener Nachrichten" mit einer täglichen Auflage von 15.000 Exemplaren. Die Redaktion sitzt am Kämmerplatz. Der Verlag gibt auch den wöchentlichen „Cuxhavener Kurier" heraus

zu den Hits der letzten drei Jahrzehnte abfeiern. Direkt neben dem Swing gelangt man ins Wintergarten-Restaurant *Twin Palms*. In mediterranem Ambiente werden hier kleine Snacks direkt vor den Augen der Disco-Besucher zubereitet. Eine *Cocktailbar* und ein *English Pub* ergänzen das Angebot.

Einer, der Spuren in der Stadt hinterlassen hat, die spät erst sichtbar werden, ist **Joachim Ringelnatz**. Mit bürgerlichem Namen heißt er Hans Bötticher, kommt 1883 im sächsischen Wurzen zur Welt und ist im Ersten Weltkrieg als Soldat in Cuxhaven stationiert, wo er vermutlich seinen Künstlernamen annimmt. Seit 2002 nun erinnern die Stadt und die **Joachim-Ringelnatz-Stiftung** mit dem **Ringelnatz-Museum** an den Dichter und Maler. Der Bestand umfasst zahlreiche Originalwerke des Künstlers.

Ringelnatz-Museum (r.)

Aus der Wirtschaft

Die gewerbliche Wirtschaft der Stadt konzentriert sich in den Häfen und in **Groden**. Lebensmittelherstellung und -technologie sind wichtige Branchen. Biotechnologie und alternative Energietechnik werden gefördert.

Die **Plambeck Neue Energien AG** im Gewerbegebiet Groden-West setzt auf den auch politisch gewollten Einsatz erneuerbarer Energien. Fossile Energieträger wie Kohle und Öl sollen geschont, der Klimaschutz verbessert werden. Kurz: es geht um den Bau von solarthermischen Anlagen und den Aufbau von Windparks an Land und auf See. Stark engagiert ist das Unternehmen bei Offshore-Windparks in der Nordsee. Zusammen mit dänischen Partnern baut es etwa nördlich der Insel > Borkum (I-70) auf einer rund 35 qkm großen Fläche den Windpark **Borkum Riffgrund** mit anfangs 77 Windmühlen. Weitere sollen

folgen. Die Stromproduktion der ersten Bauphase reicht aus, um damit rund 300.000 Haushalte zu versorgen.

Die **PHW-Gruppe** aus > Rechterfeld (Visbek II-116) beschäftigt in Cuxhaven in drei ihrer insgesamt 35 Unternehmen 560 Mitarbeiter, darunter immerhin 20 Auszubildende und über 80 Akademiker. Die **TAD Pharma** ist auf Arzneimittel für die Humanmedizin spezialisiert. In den Marktsegmenten Urologie und Herz/Kreislauf nimmt sie eine Spitzenstellung ein. **Nutrilo** ist ein Zulieferer für die Nahrungsmittelindustrie. Aus dem Werk in Cuxhaven gehen vitaminhaltige Lutsch- und Brausetabletten und Gelantinekapseln an Markenartikler in allen Teilen Europas. **Lohmann Animal Health (LAH)** hingegen produziert vornehmlich Impfstoffe und Futterzusätze für Nutztiere. 2003 konzentriert die

Mitarbeiter im Schutzanzug im Reinraum von Lohmann Animal Health. In dem keim- und staubfreien Raum werden Impfstoffe gefriergetrocknet (l.)

LAH die eigene Impfstoff-Forschung sowie die für die zwei amerikanischen Impfstoffwerke in Cuxhaven bei der BioProtectResearch. Dieses Unternehmen ist im neu geschaffenen **Bio-Center-Cuxhaven** untergebracht.

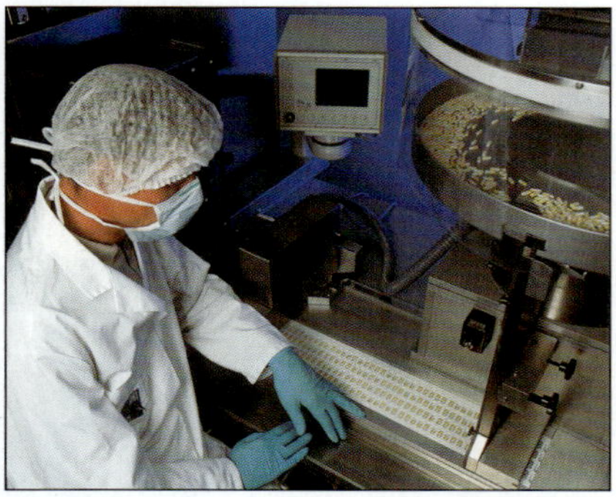

Tablettenproduktion bei TAD-Pharma (l.)

Zahlreiche Unternehmen verarbeiten Fisch zu leckeren Sachen. In der **Neufelder Schanze** produziert der traditionsreiche Markenartikler **Appel**. Schon vor dem Ersten Weltkrieg bekommt das Unternehmen ein Markenzeichen, den bis heute beibehaltenen Hummer, und Heinz Appel ersetzt den bis dahin üblichen Begriff *Delicatessen* durch die eigene Wortschöpfung *Feinkost*. Nach der Übernahme einer modernen Produktionsanlage wird der überwiegende Teil der Sortimentsartikel in Cuxhaven produziert. Seit 2004 ist die Stadt auch Verwaltungssitz des Unternehmens. Rund 500 Mitarbeiter stehen in Lohn und Brot. Verarbeitet werden Hering, Thunfisch oder Sardinen zu **Marinaden**. Bei Sardinen ist Appel Deutschlands größter Importeur und Verarbeiter.

Besonders auf **Fischsalat** setzt die Firma **Dahlhoff**. Rund 60 verschiedene Sorten werden in handwerklicher Arbeit hergestellt und mit eigener Logistik auf den Markt gebracht. In der **Neufelder Straße**, Nähe Fischereihafen, gibt es einen Fabrikverkauf.

Mit vier eigenen Kuttern geht die **Kutterfisch-Zentrale** auf Fangfahrt, vor den Färöern, Norwegen oder Island. Schnelligkeit ist bei Frischfisch gefragt. Der Fang wird schon verkauft, wenn die Schiffe noch auf See sind. Im Hafen kommen fertige Filets vom Förderband und gelangen in einer geschlossenen Kühlkette auf die Märkte im Binnenland. Hochsaison ist die Karwoche, wenn in den katholisch geprägten Gegenden Fisch gegessen wird. Dann verlassen 30 Tonnen Frischfischfilet täglich die Kutterfisch-Zentrale.

Einer der größeren Hersteller von Dentalmaterialien für Zahnarztpraxen und Labors ist die **Voco GmbH**. Mit Präparaten zur Kariesprophylaxe, mit ästhetischen Zahnfüllungsmaterialien oder Produkten zum Erstellen und Reparieren von Kronen und Brücken ist Voco in Zahnarztpraxen weltweit vertreten.

Betriebsgelände von Voco, Hersteller von Dentalmaterialien in Groden (l.)

Mitglieds-gemeinden:
- Neuenkirchen
- Nordleda
- Osterbruch
- Stadt Otterndorf

Einwohner: 10.292
Fläche: 84,69 qkm
121,5 Einw. je qkm

SG Hadeln

Das Hadelner Land an der Elbmündung wird von dem beschaulichen Flüsschen **Medem** durchzogen. Es kommt aus dem Hadelner Tiefland, dem Gebiet der Samtgemeinde > Sietland (58) und ist für die Entwässerung des Tieflandes wichtig. Bei Ebbe befördert das große **Hauptschöpfwerk** an der Mündung der Medem das Wasser in die Elbe.

Die Nordsee ist nah. Der **Hadelner Kanal** ist bei Freizeitkapitänen gefragt, die eine Verbindung zwischen Weser und Elbe ohne den stürmischen Seeweg über Cuxhaven suchen.

Hauptschöpfwerk (o.)

Die modernisierte Sole Therme in Otterndorf (r.)

Barkasse „Jens" auf dem Hadelner Kanal (ganz r.)

Kranichhaus (u.)

Die Gegend ist ein Paradies für Wasserfreunde. Die **Barkasse „Jens"** bietet romantische Medem-Fahrten von Otterndorf nach **Pedingworth** in **Neuenkirchen** an, während man mit der Barkasse „Onkel Heinz" weiter bis nach > Ihlienworth (Sietland 58) fahren kann. Mittelpunkt der Samtgemeinde ist das Nordseebad **Otterndorf**. Fischotter gibt es hier nur im Wappen am alten Rathaus. Namensstifter für die gemütliche Kleinstadt sind sie sehr wahrscheinlich nicht. Der Name geht zurück auf *Aterndorf*, d.h. *Aussendorf*, die letzte Siedlung vor der Nordsee.
Die Seen hinterm Deich nennen die Leute **Südsee**, **Neuseeland** und **See Achtern Diek**. Es gibt Grün- und Sandstrand, eine Wassermatschanlage, Fußballplatz und Basketballkörben sowie Abenteuerspielplätze für Kinder. Gebadet wird im See Achtern Diek; Südsee und Neuseeland sind den Anglern und Bootfahrern vorbehalten. Die Landeshauptstadt Hannover unterhält das **Hinrich-Wilhelm-Kopf-Sommercamp** mit eigenem Badesee. In dem Zeltlager verbringen in den Sommermonaten Kinder unbeschwerte Ferien.
Kutter und Segeljachten verleihen dem **Otterndorfer Hafen** eine typisch norddeutsche Atmosphäre. Vom Ausflugslokal **Elbterrassen** außendeichs oberhalb des Hafens oder beim Spaziergang am Elbdeich kann man den großen Pötten auf der Elbe nachschauen.
Eine Augenweide ist die Otterndorfer **Altstadt** mit ihren stilecht restaurierten Fachwerkgiebeln. Das über 400 Jahre alte **Kranichhaus**, ein ehemaliges Kaufmannshaus mit prächtiger Barockfassade, heute ein Museum, ist unschwer an dem Kranich zu erkennen, der oberhalb der Eingangstür auf dem Giebel ruht. Gegenüber der **Severinskirche** steht das **Johann-Heinrich-Voß-Haus**. Der arme Lateinlehrer machte Otterndorf in der Literaturgeschichte unsterblich. Homers *Odyssee* und *Ilias* übersetzte er derart packend, dass sein Zeitgenosse Goethe ins Schwärmen geriet. Das **Voß-Museum** in seinen ehemaligen Wohnräumen erinnert an den Dichter und Übersetzer, der von 1778 bis 1782 Rektor der Otterndorfer Lateinschule war. Heute ist der **Johann-Heinrich-Voß-Preis** die höchste Auszeichnung der Stadt und wird an

Persönlichkeiten verliehen, die sich um die Ideale des Humanismus, der Freiheit, Aufklärung und Menschenwürde verdient gemacht haben. Einer der Preisträger ist Alt-Bundespräsident Richard von Weizsäcker.

Mitten in der Stadt liegt auch die **Puppenstube**, eine Ausstellung von über tausend Puppen. Die Sammlung beruht auf einer Schenkung von **Margarethe Rörig.** Im Jahre 2000 fasst die alte Dame den Entschluss, sich von ihren Puppen zu trennen und sie der Öffentlichkeit zugänglich zu machen. Gehegt und gepflegt wird die Ausstellung vom **Förderverein der Puppenstube Otterndorf**.

Stets am Wochenende um den 1. August findet das **Altstadtfest** statt, zu dem Jahr für Jahr über 40.000 Besucher in die Stadt kommen. Zu den Höhepunkten zählen das Kirschkernweitspucken und das Krabbenwettpulen.

Kurz vorher, Ende Juli, treffen sich mit Fellen, Helm und Hörnern bekleidete Leute am **Thingplatz** vor dem Rathaus. Stämme formieren sich und ziehen zum Otterndorfer **Grünstrand**. Eingeweihte wissen: Es ist wieder **Germanischer Fünfkampf.** Abends steigt eine große Germanensause mit Live-Band, Met und Germanenbrot.

Niederelbe-Zeitung
Cuxhavener Allgemeine

Die **Niederelbe-Zeitung** ist die unabhängige Tageszeitung, die im Land Hadeln gelesen wird. Sie hat ihren Verlagsstandort in Otterndorf und erreicht eine Auflage von über 10.000 Exemplaren.

Das Land Hadeln ist eines der ältesten und bekanntesten Zuchtgebiete für **Hannoveraner Pferde** und hat schon manches Spitzenpferd hervorgebracht. Aus **Osterbruch** stammt das legendäre Springpferd **Deister.** Der Hannoveraner wird 1971 auf dem Hof des Pferdezüchters **Günther Hahl** geboren und kommt 1977 in den Stall Schockemöhle. Zu den großen Erfolgen unter Paul Schockemöhle gehören drei Europameistertitel, Silber bei der Weltmeisterschaft 1982 in Dublin und die Bronzemedaille bei der Olympiade 1984 in Los Angeles. Heute erinnert in der Ortsmitte von Osterbruch das **Deister Denkmal** an das herausragende Springpferd.

Etliche landwirtschaftliche Betriebe in der Samtgemeinde bauen Wintergemüse, besonders Weißkohl, an. Abnehmer ist die Sauerkonservenfabrik **Alfred Paulsen.** Seit 1909 ist der Familienbetrieb auf saures, eingelegtes Gemüse, Sauerkraut, Gurken, Rotkohl, Rote Bete etc. spezialisiert. Zum heimischen Anbau kommen Zukäufe aus Dithmarschen, der Lüneburger Heide und anderen Gegenden hinzu. Was bei den Großen der Branche nicht geht, geht hier: Kleinere Bestellmengen werden nach eigenem Rezept gefertigt. **„Paulsen“, „Frieda Frenzel“** und **„Marschland“** sind die Marken, letztere aus kontrolliert biologischem Anbau, unter denen das Gemüse auf den Markt kommt. Vor Ort gibt es einen Fabrikverkauf.

Sauerkonservenfabrik Alfred Paulsen (im Vordergrund) in Otterndorf (o.)

Gründer Alfred Paulsen am Kohlhobel (ganz o.)

Puppen aus der Schenkung von Margarethe Rörig (l.)

Johann-Heinrich-Voß-Haus (u.)

Mitgliedsgemeinden:
- Bramstedt
- Driftsethe
- Hagen im Bremischen
- Sandstedt
- Uthlede
- Wulsbüttel

Einwohner: 11.111
Fläche: 197,31 qkm
56,3 Einw. je qkm

Der Betrieb der Weserfähre zwischen Sandstedt und Brake (ganz o.r.) endet 2005

Hermann-Allmers-Haus (o.)

Anja und Ralf Stelljes heiraten im Garten ihres Restaurants La Fattoria in Wulsbüttel, arrangiert von der Agentur Trau Dich (ganz o.)

Weserhof in Sandstedt (o.r.)

SG Hagen

Hagen im Bremischen ist der wirtschaftliche und kulturelle Mittelpunkt der Samtgemeinde. Hier liegt die Burg, die vor rund 800 Jahren als Residenz der Bremer Bischöfe erbaut worden ist. Nach engagiertem Einsatz des **Heimatvereins Burg zu Hagen** konnte sie als Museum und Veranstaltungsort der Öffentlichkeit zugänglich gemacht werden. Brautpaare kommen auf die Burg zu Hagen, um dort den Bund der Ehe zu schließen. Nach der Trauung kann im **Burgkeller** noch ein Empfang gegeben werden.

Wer sich lieber am Weserdeich, im heimischen Garten oder sonst an ungewöhnlichem Ort das Ja-Wort geben möchte, kann sich an die Agentur **Trau Dich** in **Uthlede** wenden. Die darauf spezialisierten Inhaber **Claudia** und **Henning Dageförde** organisieren Hochzeiten in ungewöhnlicher Umgebung.

Die Gemeinden in der Samtgemeinde Hagen haben sich ihren dörflichen Charakter bewahrt, liegen in Wesernähe zwischen Marsch, Heide und Moor, Wiesen und Ackerland. Am weißen Weserstrand in **Sandstedt** und an den grünen Deichen kann man stundenlang spazieren gehen. Für eine Kaffeepause bietet sich die **Kunsthalle Sandstedt** mit Galerie und Livemusik am Strand an. Gemütlich ist auch der **Weserhof** in **Sandstedt**. Das direkt am Deich stehende Haus mit dem Charme der 1970er Jahre verspricht nicht zuviel: der Blick auf die Weser ist toll; ab und an fährt sogar ein „dicker Pott" vorbei. In Südrichtung ist die Weserinsel Harriersand in der Gemeinde >Schwanewede (II-277) zu sehen. Davor liegt der Sandstedter **Sportboothafen**. Hinter dem Weserdeich der Samtgemeinde erstreckt sich eines der größten **Kohlanbaugebiete** Deutschlands. Insbesondere im Sandstedter Ortsteil Wurthfleth sprießen Weißkohl, Rotkohl und Wirsing aus der satten Marschenerde zwischen Weser und Deich. Der Boden im Außendeichsgebiet lässt den Kohl besonders gut wachsen, denn das Land wird regelmäßig von der Weser überflutet. Dadurch gelangen Nährstoffe in den Boden. Sechs alteingesessene Familienbetriebe bauen das Gemüse an und beliefern Großmärkte in Bremen, Leer und Hamburg.

Um italienisches Eis dreht sich alles bei der **Durigon Gelato GmbH.** Es beginnt im Jahre 1968. **Sergio Durigon** aus der oberitalienischen Region um Cortina d'Ampezzo eröffnet in Bremen zunächst ein Eiscafé. Danach geht es Schritt für Schritt voran. Heute produziert die als Familienbetrieb geführte Eisfabrik in **Uthlede** italienische Eisspezialitäten und beliefert Handelsketten in ganz Europa.

Generationen von Studenten sangen sein Lied *„Dort Saaleck, hier die Rudelsburg"*. **Hermann Allmers**, der

Off-Road-Fahrer im Hoope Park (o.)

Weserstrand bei Sandstedt (ganz o.) Im Bild ganz hinten rechts: die Hafenanlagen in Brake

Verfasser, ist ein Kind der Osterstader Marsch. Er wird 1821 in **Rechtenfleth**, Gemeinde Sandstedt, geboren, dort lebt und arbeitet er, dort stirbt er 1902. Und dort steht noch heute, unmittelbar hinter dem Weserdeich, sein Haus, wie er es hinterließ. Zum Bauern taugt er nicht. Sein freisinniger Vater ermöglicht dem Sohn Reisen durch Deutschland, die Alpen und Oberitalien. Den elterlichen Bauernhof verwandelt er in eine *„Heimstätte edler Kunst"* mit einem **Antikensaal** und einem **Marschensaal.** 1858 erscheint sein bahnbrechendes **Marschenbuch** mit dem Untertitel *Land- und Volksbilder aus den Marschen der Weser und Elbe*. Es ist die erste geschlossene Darstellung einer deutschen Landschaft. Allmers' berühmtestes Gedicht **Feldeinsamkeit** ist bis heute vor allem in der von Johannes Brahms vertonten Liedfassung bekannt. Zu seinem 80. Geburtstag verleiht die Universität Heidelberg Hermann Allmers die Würde eines Ehrendoktors der Philosophie. Franz von Lenbach malt ihn. In der Bremer Kunsthalle steht seine von Harro Magnussen geschaffene Büste. Das Allmers'sche Anwesen gehört seit 1988 dem Landkreis Cuxhaven. Träger des in ihm untergebrachten Museums ist die **Hermann-Allmers-Gesellschaft e.V.** Es steht für Besichtigungen offen, in den Wintermonaten nur nach Vereinbarung.

Viele Jugendliche aus der Samtgemeinde und auch Partyvolk von Bremen bis Cuxhaven schwören auf das **Pam**

Pam. Die Großraumdisco mit drei Areas hat ein großes Einzugsgebiet. In der *Mainhall* wechseln sich Charthits mit House, Trance und Techno ab. Die *Galeria* bietet Black Music wie Soul und Hip Hop. Im *Kuhstall* wird mit Holz gearbeitet. In rustikaler Atmosphäre kann man hier zu Schlagern, Fetenhits und Chartmusik tanzen. Damit nachts alles

PAM PAM

Großraumdisco Pam Pam (l.)

gut geht, bringt der **Nachtschwärmer** des **VBN** die jungen Leute nach Hause.

Wulsbüttel hat seinen dörflichen Charakter mit kleiner Feldsteinkirche, einer alten Wassermühle, Gasthöfen und einigen verbliebenen landwirtschaftlichen Betrieben bewahrt. Wald und farbenprächtige Heideflächen wechseln sich ab. Unter Freunden des Motorsports ist Wulsbüttel aber auch ein Begriff durch den **Hoope Park.** Von März bis November kommen Off-Road-Fahrer mit Motorrädern und Geländewagen hierher, um sich und ihre Fahrzeuge zu testen. Es werden Wettbewerbe, Fahrsicherheitstrainings und familienfreundliche Freizeitprogramme angeboten. Auch Mietfahrzeuge sind vorhanden.

In der Indoor-Spielhalle „Piratenburg" in Hagen können sich Kinder richtig austoben (o.)

Mitglieds-gemeinden:
- Stadt Hemmoor
- Hechthausen
- Osten

Einwohner: 14.429
Fläche: 123,79 qkm
116,6 Einw. je qkm

SG Hemmoor

Kreidesee (r.)

Die **Stadt Hemmoor**, der Hauptort der Samtgemeinde, ist aus sechs kleinen Gemeinden hervorgegangen. Deswegen hat sie nicht das klassische Zentrum mit Marktplatz, Brunnen und Kirche. Die bekannten Schriftsteller **Peter Rühmkorf** und **Peter Schütt** sind gebürtige Hemmoorer. **Hechthausen** ist eine Wohngemeinde mit wenig gewerblicher Aktivität. **Osten**, mit langem „o“ gesprochen, ist durch Landwirtschaft geprägt. Neben Mastbetrieben dominiert die Milchwirtschaft. Was wenige wissen: In der Gegend wird mehr Obst angebaut als im Alten Land, allerdings nicht so sehr Kirschen, mehr Äpfel und Birnen. Einige Betriebe, darunter solche mit über 500 Hektar Fläche, bauen Getreide an.

Ein technisches Baudenkmal ist die Schwebefähre über die Oste (o.) Jahrelang steht sie still, ehe sie, frisch überholt, wieder täglich zwischen Karfreitag und Ende Oktober verkehrt

Eine Attraktion ist die **Schwebefähre**, die zwischen Hemmoor-Basbeck und Osten die Oste überquert. 1905 wurde diese architektonische Meisterleistung aus Stahl von dem Eiffel-Schüler **Louis Pinette** erbaut. Aus der Ferne wirkt die 80 Meter breite und mehr als 30 Meter hohe Stahlkonstruktion wie ein Baugerüst, aus der Nähe wie ein „flachgelegter“ Eiffelturm. Die Gondel hängt als starrer Fahrkörper an einem auf Schienen laufenden Wagen und zieht sich mit Hilfe von vier Kranzrädern auf die andere Flussseite. Drei Minuten und 40 Sekunden dauert eine Überfahrt. 1974 wird eine moderne Brücke über die Oste gebaut und viele sehen das Ende der Schwebefähre gekommen. Doch der **Förderverein** bewahrt sie vor dem Abriss. Baupläne der Schwebefähre und andere Dokumente zur Geschichte des Ostener Fährwesens werden im nahen Ostener **Buddel- und Heimatmuseum** ausgestellt. Natürlich gibt es eine Buddel mit der Ostener Schwebefähre – und rund 4.500 weitere originelle Buddeln in allen denkbaren Formen. Das Buddelmuseum geht zurück auf die **Familie Doornkaat** aus > Norden (I-48), die hier nach dem Zweiten Weltkrieg zeitweise eine Kornbrennerei betrieben hat.

Buddel- und Heimatmuseum (r.)

Portland-Zement aus Hemmoor war einst weltweit gefragt. In Spitzenzeiten verlassen über den Ostehafen **Schwarzenhütten** täglich 3.000 Tonnen das Werk. Geliefert wird in alle Welt; sogar der Sockel der New Yorker Freiheitsstatue ist mit Zement aus Hemmoor gebaut. Als Folge gestiegener Energiekosten und Rationalisierung kommt 1983 das Aus für das berühmte Zementwerk. Geblieben ist das **Zement-Museum** auf dem Freigelände gegenüber dem alten Werk.

Unter Tauchern eines der bekanntesten Binnengewässer Deutschlands ist der stellenweise über 60 Meter tiefe **Kreidesee**, den die Zementherstellung hinterlassen hat. Er ist entstanden beim Abbau der Kreidevorkommen und nach der Einstellung der Produktion voll

Wasser gelaufen. In der Tiefe des Sees stehen Reste alter Fabrikanlagen wie der **Rüttler**, mit dem die großen Kreideblöcke zerbrochen worden sind. Vom Ufer aus führt in gerader Linie eine Straße unter Wasser zum Rüttler. Seitlich der Straße sind ertrunkene Wälder und 45 Meter abfallende Steilwände mit kleinen Höhlen, Löchern, Überhängen und Versteinerungen zu

beobachten. Zu der Unterwasserwelt gehören Büsche, meterhohe Wasserpflanzen, zwei Pkw und ein Wohnwagen. In den ersten Jahren des Tauchbetriebes hat es einige tödliche Unfälle gegeben. Deshalb werden heute beim Einchecken die Tauchausrüstungen kontrolliert. An jedem Wochenende ist außerdem eine **Seewache** vor Ort. Für die ca. 30.000 jährlichen Tauchgäste steht die Tauchbasis von **Holger Schmoldt** bereit.

Dass der **Saibling** in dem Wasser des Kreidesees gut gedeiht, hat der Fischer **Horst Pöpke** herausgefunden. Der Saibling findet hier das kalte, tiefe Quellwasser, das er benötigt. Die kleine Familienfischerei Pöpke beliefert heute Gourmet-Restaurants wie das *Louis C. Jacob* in Hamburg oder das *Adlon* in Berlin ebenso wie lokale Gastronomen, zum Beispiel den gleich gegenüber gelegenen **Kaiserhof** direkt am Kreidesee.

Nicht zuletzt dem Einsatz einer Bürgerinitiative ist es zu verdanken, dass Jugendliche in Hemmoor mit der **Skater-Halle** einen Ort haben, wo sie sich austoben und messen können. Etwas ältere, aber immer noch junge Leute gehen abends in den **Güterschuppen**, die Szenekneipe am Hemmoorer Bahnhof. Sie gehört dem Gastronomen **Jan Nachtigall**.

In Hechthausen betreibt **Gerd Bertholdt** eine **Lichtdruckerei.** Lichtdruck ist ein für besonders originalgetreue Reproduktion geeignetes künstlerisches Druckverfahren. Zusammen mit seiner Frau **Gisela** zeigt Gerd Bertholdt seine Arbeiten als Naturfotograf. In ihrem alten reetgedeckten Niedersachsenhaus in Deichnähe betreiben sie auch eine **Apfelwein-Mosterei**, bieten selbst gemachte Marmeladen an und vermieten Ferienzimmer.

Seit über 800 Jahren ist **Gut Hutloh** am Rande der Hechthausener Geest ein Begriff. Die Fahrt dorthin ist eine Reise in die Vergangenheit. Zwei Felsen weisen den unbefestigten Weg zum Gutshaus, entlang altehrwürdiger Bäume durch einen weitläufigen Park mit viel Rhododendron. Heute bewohnt **Hubertus Freiherr Marschalck von Bachtenbrock** mit seiner Familie den Gutshof. Mit 27 Jahren tritt er sein Erbe an und modernisiert den ehemaligen Veredelungsbetrieb für Schweine, Rinder und Arbeitspferde zu einem wettbewerbsfähigen Land- und Forstwirtschaftsbetrieb. Seit dem Mittelalter gehört zum Gut Hutloh auch der **Geesthof**, der heute als **Ferienpark** mit Reitanlage und Ferienhäusern betrieben wird. In dem alten Pächterhaus befindet sich heute das **Restaurant Raubritter**. Am **Anleger Ferienpark Geesthof** werden Wohnboote und Kajaks vermietet.

Im Bauch der alten Zement-Schute „Hemmoor 3" wird die Geschichte des Zementwerks gezeigt (o.). Der ehemalige Werkshafen Schwarzenhütten an der Oste hat sich in eine Marina verwandelt

Gut Hutloh (l.o.)

Gerd Berthold in seiner Lichtdruckerei (ganz l.o.)

Hubertus Freiherr Marschalck von Bachtenbrock (o.)

Saibling-Fischer Horst Pöpke (ganz o.)

Mitglieds-gemeinden:
- Cappel
- Dorum
- Midlum
- Misselwarden
- Mulsum
- Padingbüttel
- Wremen

Einwohner: 9.706
Fläche: 116,94 qkm
83,0 Einw. je qkm

Der Krabbenfischer Manfred Friedhoff (u.), den ein schwerer Unfall in den Rollstuhl gezwungen hat, ist auch Initiator des Strandhotels Deichgraf, dessen Fertigstellung zeitweise ungewiss ist (r.)

In Dorum-Neufeld erinnert das Denkmal des Deichbauers an frühere entbehrungsreiche Handarbeit (u.)

SG Land Wursten

Gott bewahre Damm un Dieken, Siel un Bullwark un derglieken! Dorto unse Hab un Good un een eerlich Wurster Blood! – So heißt es im Land Wursten. Es ist das **Land der Wurten**, benannt nach den Erdanhäufungen, auf denen die Menschen ihre Höfe bauen, als es noch keine Deiche gab. Eine dieser Wurten, die **Feddersen Wierde** in **Misselwarden**, wurde in den 1950er Jahren von Küstenarchäologen nahezu vollständig ausgegraben. Die Ergebnisse des Forschungsprojektes werden im Museum Burg Bederkesa gezeigt. **Dorum** und **Wremen** sind Nordseebäder und Sielhäfen und die Hauptorte der Samtgemeinde. Wremen ist der älteste Badeort an der Wurster Küste. Der Ort hat viel vom Charme eines Fischer- und Bauerndorfes bewahrt. Häuser und Höfe scharen sich um die 800 Jahre alte, hoch aufragende Wurtenkirche. Dorum liegt ca. sieben Kilometer landeinwärts. Der Hafen ist in **Dorum-Neufeld.** Hier konzentrieren sich die touristischen Angebote um **Strand** und **Kurverwaltung.**

Der 1886 auf der Bremer Werft A.G. „Weser“ erbaute **Leuchtturm Obereversand** tut bis 1923 Dienst am Wurster Arm der Außenweser. Nach der Verlegung des Hauptfahrwassers der Weser in den Fedderwarder Arm erlischt er. 80 Jahre später jedoch wird er nach Dorum-Neufeld versetzt und generalüberholt. Dort ist er seitdem eine Touristenattraktion und ein besonderer Ort zum Heiraten.

In den Sielhäfen von Dorum und Wremen sind **Kutterflotten** beheimatet, die regelmäßig zur Hochwasserzeit auf **Krabbenfang** ins Wattenmeer fahren. Sie kehren etwa zehn Stunden später mit der erneut auflaufenden Flut und frischem Fang zurück. Lohnend ist ein Besuch der **Hafenterrassen** in den beiden Häfen. Man genießt die Aussicht auf das Watt, die Kutterhäfen und vorbeiziehende Schiffe in der Wesermündung. Es gibt **fangfrische Krabben** und leckere Krabbenbrötchen. Im Sommer stehen Strandkörbe am **Grünstrand.** Wer fragt, hat Chance, zu einer Fangfahrt mitgenommen zu werden.

Seit drei Generationen fängt, verarbeitet und vermarktet die **Krabben Bremer GmbH** aus **Dorum** Meeresfrüchte. Waren es anfangs kleine Kutter mit einem Netz, die Krabben aus der Nordsee fischten, ist die Firma heute international tätig und beliefert den Großhandel und die Gastronomie.

Mit den eigenen Kuttern „Land Wursten WRE 5“ und „Neptun WRE 9“ geht das Unternehmen von **Manfred Friedhoff** fast täglich aus dem Heimathafen Wremen auf Krabbenfang vor der Wurster Küste. Die Verarbeitung erfolgt im Dorumer Betrieb **Wurster Fischhalle.** Vollautomatische Schälmaschinen saugen mit Unterdruck die Krabben aus ihren Panzern.

Das **Krabbenpulen** und Krabbenkochen kann an Aktionstagen im **Museum für Wattenfischerei** in **Wremen** erlernt werden. Hier wird die Geschichte der Wattenfischerei an der Nordseeküste in einem alten Fischerhaus dargestellt. Geschichte und Gegenwart des Küstenschutzes an der Nordsee dagegen sind Thema des **Niedersächsischen Deichmuseums.** Im Dorumer Hafen liegt die **„Nordstern“.** Statt auf Fangfahrt geht der ehemalige Kutter heute auf **Informationsfahrt** in den Nationalpark Niedersächsisches Wattenmeer. Mitarbeiter des **Nationalpark-Hauses** erklären während der 90-minütigen Fahrt die Besonderheiten des Lebensraumes Watt. Einer, der noch heute zu seinen Reusen ins Watt hinausfährt – und zwar mit dem **Hunde-**

schlitten – ist **Erhard Djuren**. Er ist der letzte deutsche Reusenfischer. Wer ans eigene Wohl denkt, kann in Dorum-Neufeld ins **Schwefelsole-Wellenbad** gehen. Das Freibad am Grünstrand wird mit Wasser aus der nahen Schwefelsolequelle gefüllt.

In der Kirche **St. Peter und Paul** in **Cappel** steht eine unter Kennern berühmte **Arp-Schnitger-Orgel**. Sie wird 1816 in den Wirren nach den napoleonischen Kriegen von der kleinen Gemeinde, die sich eine neue Orgel nicht leisten kann, für 600 Taler von dem Hamburger St. Johannis-Kloster gebraucht gekauft. Auch danach ist in der Kirchenkasse stets zu wenig Geld; Reparaturen sind selten. Die Folge ist, dass die Orgel zu Cappel heute eine der am besten erhaltenen Exemplare aus der Zeit der höchsten Schaffenskraft Arp Schnitgers ist.

Und in **Cappel** betreibt **Vera Knippenberg** eine **Wollmanufaktur**. Sie verarbeitet hauptsächlich die Wolle ihrer eigenen **Pommerschen Landschafe**. Nach der Schafschur wird die silbergraue bis schwarze Wolle der vom Aussterben bedrohten Rasse von Hand gewaschen. Mit Hilfe einer Kardiermaschine wird sie danach gekämmt und zu Vliesen verarbeitet. Diese können als Bettdecken, zur Filzherstellung oder zum Handspinnen genutzt werden.

Der **Midlumer Markt** im September ist ein Geheimtipp. Bei dem Dorffest rund um die **Midlumer Windmühle** wird gefeiert. Vereine präsentieren sich, im Festzelt treten einheimische „Stars“ auf. Der Landwirt **Werner Weis** organisiert das **Midlumer Schweineschätzen**. Wer das tatsächliche Gewicht am besten schätzt, der bekommt das Schwein. Zu den Hauptattraktionen gehört die **Pferdeshow** des Haflinger-Züchters **Manfred Hinners**. In Midlum betreiben die Brüder **Uwe** und **Arsten Fenner** den **Hof Rosengarten**. Der Hof ist modern. Die Kälbertränke etwa ist rechnergesteuert und registriert, wenn die Kälber trinken. Sie tun es, wenn sie Durst verspüren und nicht, wenn der Bauer Zeit hat, einen Eimer hinzustellen. Eine Neuerung ist der nur an drei Seiten geschlossene **Kälberstall**. Bewusst sind die Kälber mit dieser neuen offenen und hellen Stallform artgerecht dem Außenklima ausgesetzt. Das erhält die Gesundheit der Tiere.

Südlich des **Dorumer Tiefs** können Deichspaziergänger im Winterhalbjahr ein seltenes Naturschauspiel beobachten: Wenn auflaufendes Wasser die Wattflächen überspült, erheben sich **Austernfischer** in riesigen Schwärmen. Tatsächlich ernähren sich die schwarzweiß gefiederten Vögel nicht von Austern, sondern von Muscheln. Mit ihrem kräftigen roten Schnabel können sie sogar bei Eisgang im Watt nach Nahrung graben. Jedes Jahr kommen sie aus ihren Brutgebieten rings um die Nordsee und Südskandinavien an die Wurster Küste.

Leuchtturm Obereversand (o.) Krabben Bremer (l.o.) und Dorumer Sielhafen (l.u.)

Uwe Fenner vom Hof Rosengarten (o.), Manfred Hinners mit Haflingerhengst (ganz o.l.), Vera Knippenberg (ganz o.r.)

Ortsteile:
- Debstedt
- Holßel
- Hymendorf
- Imsum
- Krempel
- Langen
- Neuenwalde
- Sievern

Einwohner: 18.684
Fläche: 121,63 qkm
153,6 Einw. je qkm

Langen

Langen ist eine junge Stadt, die erst in den 1990er Jahren das Stadtrecht erhält. Ihre acht Ortschaften liegen in landschaftlich reizvoller Umgebung aus Heide, Wald und Moor. Bremerhaven und die Außenweser sind nah. Die Lage ist verkehrsgünstig an der A 27 nach Cuxhaven. 1985 neu erbaut, ist der **Lindenhof** Einkaufsmeile und Zentrum der Stadt. Hier feiern die Langener im August ihr Stadtfest. Sie nennen es **„Ortsgemeinschaftsfest"**, kurz: OGF, um das zu fördern, was ein zartes Pflänzchen ist: das Gefühl der Zusammengehörigkeit. Neben der Ortschaft Langen konzentriert sich das Gewerbe in **Debstedt.**

Zeki Kursun (o.) führt die Geschäfte von East-West Textilrecycling in Debstedt (r.)

Die übrigen Ortschaften haben dörflichen Charakter. **Imsum** liegt nahe dem zu >Bremerhaven (II-174f) gehörenden Weddewarden direkt am Weserdeich. Das vier Kilometer lange **Hymendorf** sticht hervor als charakteristische Moorsiedlung, gegründet 1829 nach dem Muster der Findorffschen Moorkolonien.

In **Debstedt** hat die **East-West Textilrecycling** ihre Zentrale. Der Betrieb der **Familie Kursun** stellt allein in Norddeutschland in Zusammenarbeit mit den Ländern, Kommunen und privaten Institutionen mehr als 3.000 Container für Alttextilien bereit. Im Gewerbepark Debstedt beschäftigt das Familienunternehmen ca. 85 Mitarbeiter. Pro Monat werden hier rund 1.000 Tonnen Textilien sortiert, gereinigt und verarbeitet. Mit 500 Arbeitnehmern weltweit ist East-West in dieser Branche international einer der Größten.

Die **Astro Motorengesellschaft** ist ein seit über 20 Jahren in Langen ansässiger Betrieb, der kleine, hochpräzise Elektromotoren baut, die weltweit vertrieben werden. Die zehn Mitarbeiter fertigen pro Jahr rund 20.000 Motoren. Im Jahr 2003 macht das Unternehmen einen großen Schritt und zieht in eigene, neugebaute Betriebsräume in das **Gewerbegebiet Langen-Debstedt** um.

Hauptgebäude der Bäcker- und Konditorengenossenschaft (ganz r.)

1907 gründet **Wilhelm Seekamp** mit 23 weiteren Bäckermeistern die **Bäcker- und Konditorengenossenschaft Bäko-Bremerhaven.** Das Startkapital besteht aus einem Sack Mandeln, etwas Marzipan und einigen Flaschen Gewürzen. Heute ist die **Bäko-Bremerhaven** ein Großhandelsunternehmen für Bäckereibedarf mit 38 Beschäftigten. Der Betrieb beschafft Backzutaten aus aller Welt und bietet Schulungen für Produktion, Verkauf und Betriebsführung an.

Mit 600 Mitarbeitern größter Arbeitgeber ist das 1961 erbaute **Seepark-Krankenhaus** in **Debstedt**. Gut 360 Betten stehen zur Verfügung. Das Hospital ist eine Fachklinik für Orthopädie, Psychiatrie und Urologie und kein Unfallkrankenhaus. Aus ganz Deutschland kommen Sportler und andere Patienten nach Debstedt, weil es insbesondere in der **Orthopädie** einen exzellenten Ruf genießt.

Blick vom Ochsenturm (l.) auf den Container Terminal Bremerhaven. Auf der Fläche davor wird der Abschnitt CT 4 des Terminals gebaut. Die Bremer Planer rechnen damit, dass in einigen Jahren die Kapazität erneut nicht reichen wird und beteiligen sich deshalb an dem großen Tiefwasserhafenprojekt Jade Weser Port in Wilhelmshaven

Die **Holßeler Juxmokers** haben sich darauf spezialisiert, plattdeutsche Theaterstücke und *Döntjes*, kleine Sketche, aufzuführen. Der niederdeutschen Sprache verschrieben haben sich auch **De Lüüd von Ossentorm.** Der 1978 in **Imsum** gegründete Verein besteht aus vier Untergruppen. Am Anfang bestand der **Theaterverein.** Im selben Jahr wird die gemischte Gesangsgruppe **Deichlerchen** ins Leben gerufen. **De Botterblömchen,** die 1980 dazukommen, sind hauptsächlich junge Frauen, die bereits eine CD mit eigenen Liedern aufgenommen haben. Das kabarettistische Duo **Jan und Mine** steht seit 1988 auf der Bühne. Das Konzept der beiden Originale: Die Zwei *snackt* hochdeutsch, plattdeutsch und – über andere Leute. Seit 2002 gehört auch der **Kinderchor Prielwürmer** dazu.

Namensgeber für De Lüüd von Ossentorm ist das Wahrzeichen von Imsum: der **Ochsenturm** am Fuße des Weserdeichs. Der Turm ist das Überbleibsel der 1216 hier erbauten Bartholomäuskirche. Die Aussichtsplattform ermöglicht einen schönen Blick über das Land und das Watt und die Küstenlinie; im Süden Weddewarden, der Container Terminal Bremerhaven und > Wremen (Land Wursten 46) im Norden.

Die Stadt Langen hat zwei Musikschulen. Die kommunale **Musikschule Langen** unterrichtet seit 30 Jahren, mittlerweile nicht selten die zweite Generation einer Familie in dem ehemaligen Mannschaftsgebäude der **Alten Ziegelei** in der **Ziegeleistraße.** Die private **Musikschule Beck** gibt es seit 1993. Sie wird geleitet von **Ingo Beck.** Der vielseitige Musiker ist u.a. Chorleiter, Keyboarder und Sänger der Rockband **Bexx** und der Oldieband **Savanna,** komponiert Kinderlieder und hat eine weitere Musikschule in Bremerhaven.

Zu den Anlagen des **Klosters Neuenwalde** gehören die kleine Heilig-Kreuz-Kirche und das Pfarramt auf der gegenüberliegenden Seite. Das aus dem 14. Jahrhundert stammende Benediktinerinnenkloster gehört zum Bistum Stade und dient zur Unterbringung und Erziehung lediger Töchter. Noch heute leben einige Nonnen in dem Kloster. Sie führen jede ihren eigenen Haushalt und arbeiten im Haus oder auf dem Hof. Im Dreißigjährigen Krieg wird die Kirche völlig vernichtet und danach wieder aufgebaut. Werktags kann sie nach Anmeldung im Pfarramt oder bei der Priorin besichtigt werden.

Sehr viel weiter zurück in die Vergangenheit geht es auf dem **Vorgeschichtspfad Sievern.** Über 6.000 Jahre Kultur-

Beim Langener Jugendchor „Hey Now" (l.) machen engagierte junge Leute aus der Musikschule von Ingo Beck (o.) mit Ochsenturm (u.)

Hünengrab auf dem Vorgeschichtspfad Sievern (o.)

Großraumdisco Planet dance (ganz o.)

Hofläden in Sievern (r.)

Familie Feldmann (u.)

landschaft und damit menschliches Wirken an der Küste sind hier ablesbar. Der ausgeschilderte vier Kilometer lange Rundweg verläuft östlich von Sievern. Die **Pipinsburg** ist eine etwa 1.000 Jahre alte Wallburg- und Hafenanlage; sie markiert den Eingangsbereich. Der bis bis zu sechs Meter hohe **Ringwall umschließt** das Areal bis heute. Vom **Bülzenbett**, einem 6.000 Jahre alten Großsteingrab, über Hügelgräber der Bronzezeit bis zur **Heidenschanze** und **Heidenstadt** (jeweils ca. 2.000 Jahre alt) findet sich in einer kleinteiligen bäuerlich geprägten Landschaft ein sehenswertes Ensemble von Denkmalen menschlicher Kulturleistung.

In **Sievern** hat sich der einstige Dorfkrug zu moderner Erlebnisgastronomie weiterentwickelt. Gasthof und Hotel werden geführt von der **Familie Cordes.** Die Atmosphäre ist gemütlich geblieben, die Küche maritim. Was aber wirklich Gäste anlockt, sind die als Event inszenierten mehrgängigen Menüs. Es gibt Klassik zum Essen, Lesungen, Varietés und Medleys aus Musicals.

Der **Oldtimer- und Landmaschinenclub** aus **Debstedt** hat sich ganz der Nostalgie verschrieben. Gemeinsam werden alte Trecker, Pflüge, Anhänger, Rübenpflanzmaschinen usw. restauriert und Erfahrungen ausgetauscht. Bei öffentlichen Umzügen kommt der Festwagen des Clubs zum Einsatz.

Wer lieber tanzen möchte und jung genug ist, geht in die Großraumdisco **Planet Dance** in **Debstedt.** Auf drei Tanzflächen wird für jeden Geschmack etwas geboten: Chart-Hits, Hip Hop, Soul und Musik der 1980er Jahre. Abkühlen kann man sich an der Cocktailbar und für das leibliche Wohl wird im Bistro gesorgt.

Zunehmend legen Verbraucher Wert darauf, Herkunft und Qualität der Nahrungsmittel beurteilen zu können. Sie kaufen deshalb gerne beim Erzeuger, in einem überschaubaren Umfeld. In Sievern geht das bei **Schlepis Milchhof** (Milch, Joghurt, Quark) und in **Feldmanns Hoflädchen.** Dort gibt es außer Fleisch, Eiern, Kartoffeln, Obst und Gemüse auch gute Weine aus der Pfalz. Es gibt nicht immer alles: Obst und Gemüse sind saisonabhängig; Schlachttermine müssen beachtet werden.

Loxstedt

Die Gemeinde Loxstedt grenzt südlich an das Stadtgebiet von Bremerhaven und westlich ans Ufer der Unterweser. Die Ortschaft **Loxstedt** mit Sitz der Gemeindeverwaltung sowie Bahnanschluss dominiert; **Bexhövede, Stotel** und **Nesse** sind die nächstgrößeren Orte. Jahrelang erkennt man **Stotel** bei der Vorbeifahrt auf der A 27 an der Bauruine des Hochhauses, ein unfreiwilliges Wahrzeichen, das 2001 abgerissen wird. Insgesamt kommt die Gemeinde auf die stattliche Zahl von 21 Ortschaften.

2004 „kaufen" die Bremer der Gemeinde Land ab, 1.300 Hektar der **Luneplate.** Sie benötigen es zum Teil als ökologische **Ausgleichsfläche** für den Bau des Container Terminals IV in >Bremerhaven (II-174) und die Gemeinde kann eine willkommene Einnahme in ihrer Kasse verbuchen. Die seit vielen Jahren dramatischste Veränderung für die Bürger aber ist die Eröffnung des **Wesertunnels** zwischen **Dedesdorf** und >Kleinensiel (Stadland II-44) im Januar 2004. Für die Dedesdorfer hat sich seitdem viel verändert. Die Fähre über die Weser fährt nicht mehr. Die legendäre Wurst auf der Fähre gibt es auch nicht mehr. Der Deichschart ist geschlossen, das Restaurant **Weserblick** abgerissen. Verkehrsberuhigende Maßnahmen, die verhindern sollen, dass Stotel, Nesse, Loxstedt und Bexhövede vom Tunnelverkehr „überrollt" werden, sind ausgeführt worden. Andere freuen sich, dass die Dauerstaus zu den Hauptverkehrszeiten vor der Fähre nun ein Ende haben.

Die Region insgesamt hofft, vom Wesertunnel zu profitieren. Er verbindet den Elbe-Weser-Raum „rechts" der Weser mit dem Weser-Ems-Gebiet „links" der Weser. Seine richtige Wirkung kann der Tunnel entfalten, wenn eines Tages eine neue **Küstenautobahn** durch diese Region führt. Dann soll der Wesertunnel die entscheidende Verbindung auf der Achse Osteuropa–Hamburg–Amsterdam werden.

Wer von Bremerhaven in den **Loxstedter** Bahnhof einfährt, blickt zunächst auf die Produktionsstätten der Chemieunternehmen **Cognis** und **Reagens Deutschland** mit rund 130 Mitarbeitern. Hergestellt werden Hilfsmittel für die Kunststoffindustrie. Hauptprodukte sind **Stabilisatoren** und **Gleitmittel.** Sie bestehen aus umweltverträglichen Stoffen und erfüllen zugleich die strengen DIN-Anforderungen der Industrie. Die Substanzen finden sich in Kunststoffrohren und Fensterrahmen ebenso wieder wie in Gartenschläuchen und Schuhsohlen.

Ursprünglich aus Elbing (Westpreußen) stammt die **Gewürzmühle Nesse.** Die kriegsbedingt wechselvolle geografische Vergangenheit des Unternehmens endet mit dem heutigen Stammwerk in Loxstedt-Nesse. Hier arbeiten rund 70

Ortsteile:

- **Bexhövede**
- **Büttel**
- **Dedesdorf**
- **Donnern**
- **Düring**
- **Eidewarden**
- **Fleeste**
- **Hahnenknoop**
- **Hetthorn**
- **Holte**
- **Lanhausen**
- **Loxstedt**
- **Maihausen**
- **Nesse**
- **Neuenlande**
- **Overwarfe**
- **Schwegen**
- **Stinstedt**
- **Stotel**
- **Ueterlande**
- **Wiemsdorf**

Einwohner: 16.527
Fläche: 156,53 qkm
105,6 Einw. je qkm

Staesz Pfefferkuchengewürz: Damit fängt alles an für die Gewürzmühle Nesse (o.)

Auf der Luneplate im Mündungsbereich der Weser werden zum Ausgleich für die Erweiterung des Container Terminals Bremerhaven Ackerflächen renaturiert zu einem wieder tidebeeinflussten Biotop (o.l.)

Die Kalkmalerei (ganz o.) aus dem frühen 15. Jahrhundert ist ein kunsthistorisch bemerkenswertes Deckengemälde in der St. Marienkirche (o.)

Mitarbeiter. Niederlassungen gibt es in >Sittensen (116), in Zielona Gora (Polen) und St. Petersburg. Aus tropischen Gegenden rund um den Äquator werden Pfeffer, Muskat, Coriander, Cardamom, Piment und viele andere exotische Gewürze importiert. Das Unternehmen beliefert damit die Fleisch und Fisch verarbeitende Wirtschaft. Unter der alten Handelsmarke **Staesz,** ursprünglich ein Pfefferkuchengewürz, kommen Bio-Gewürze in den Einzelhandel.

Ausgeschilderte Sagenrouten erzählen in Loxstedt von den Mythen und Legenden der Gemeinde. Vor der Grundschule in **Bexhövede** erinnert eine Plastik daran, dass hier der Ursprung des weltbekannten Märchens vom **Wettlauf zwischen Hase und Igel** ist. 150 Jahre lang hat >Buxtehude (64) diesen Anspruch erhoben. Nun wollen Heimatforscher Beweise dafür haben, dass es sich bei der Ortsangabe um einen Fall von Geschichtsfälschung handelt. **Wilhelm Schröder,** der die Geschichte vom Hasen und dem Igel 1840 als Erster niedergeschrieben hat, habe das Märchen zwar in Buxtehude angesiedelt. Aber erzählt worden sei ihm die Geschichte in einer Bexhöveder Dorfkneipe!

Eine andere Loxstedter Legende handelt von heimtückischem Mord: Auf dem Kirchhof in **Büttel** liegt **Hacke-Betken** begraben. Nach der Überlieferung aus dem 17. Jahrhundert wird der reiche Viehhändler ermordet, als er nach Geschäften aus Braunschweig mit Geld in den Taschen zurückkommt. Als seine letzte Stunde schlägt, sieht Hacke-Betken voraus, dass seine Mörder Jahre später auf einem Markt in **Dedesdorf** gefasst werden. So kommt es: unvorsichtigerweise reden sie über den Mord, werden gefangen und hingerichtet. Das Motiv dieser Sage von Schuld und Sühne findet sich noch heute im Wappen der Ortschaft.

Auf dem **Markthamm** in Dedesdorf findet seit über 850 Jahren alljährlich im August der **Dedesdorfer Schweinemarkt** statt. Es ist ein großes Ereignis mit Festumzug, Musik im Festzelt, großem Feuerwerk und der Wahl einer Marktkönigin. Gehandelt wird mit Schweinen heute nicht mehr. Der Höhepunkt des dreitägigen Festes ist aber jedes Mal am Montag die traditionelle Versteigerung eines Schweines. Der Erlös hilft dem **Bürgerverein Dedesdorf / Eidewarden** bei der Bestreitung der Kosten.

Am zweiten Samstag im Mai geht es in **Hetthorn** zur Sache. Dann veranstaltet **Karl Becken** auf seinem Hof zusammen mit seinem Freund **Jürgen Pecksen** das **Frühlingsfest,** den meisten besser als **„Charly's Fete"** bekannt. Mittlerweile kommen einige tausend Leute. Es gibt eine Top-40-Bühne und eine Oldie-Bühne. Gefeiert wird in der Scheune und open air auf dem Hof in der Nachbarschaft von 400 Stück Milchvieh.

Stoteler See (r.)

Wer Erholung auf dem Lande sucht, ist auf dem **Bauern- und Pferdehof Knabbe** mit Ferienwohnung in **Maihausen** gut aufgehoben. Der Milchviehbetrieb hat sich der Zeit angepasst und vor einigen Jahren eine Reitanlage gebaut. Eine helle Reithalle, 28 große Pferdeboxen, ein gemütliches Reiterstübchen sind genau so vorhanden wie ein großer Dressur- und Springplatz. Der landwirtschaftliche Betrieb mit Hannoveranerzucht besteht seit 1735.

Seit 1979 gibt es den **Shanty-Chor Loxstedt.** Neben den traditionellen

Zünftig im Stehen und freihändig geschossen wird auf dem Schießstand der Westernfans in Düring (o.)

Seemannsliedern gehören auch andere Stücke zu seinem Programm – Hauptsache stimmungsvoll und fröhlich! Ein beachtlicher Chor mit über 80 jungen Leuten sind die **Prayers & Preachers** aus Loxstedt. Der ökumenische Pop- und Gospelchor wird geleitet von **Vivian Glade.** Zum Repertoire gehören Lieder von Elton John, den Beatles, Diana Ross ebenso wie traditionelle Gospels und Eigenkompositionen. Sämtliche Stücke arrangiert Vivian Glade eigens für die Prayers & Preachers. Bei den Auftritten wird auch jongliert, mit dem Einrad gefahren und HipHop getanzt.

Dreimal jährlich (im Januar, April und Juni) kommen Cowboys, Indianer, Trapper und deren Fans nach **Düring** zum **Treffpunkt für Westernfans**. Es ist *der* Treff für diese Szene im norddeutschen Raum. Zelte werden aufgeschlagen; es wird gesungen, gefeiert, getrommelt und gekocht. Zwei Tage lang knallen die Waffen auf dem **Schwarzpulverschießstand.** Auf der Bühne des Festplatzes spielt Country Musik und im Saloon kann jeder seinen Durst

Shanty-Chor Loxstedt (l.)

löschen. Organisiert wird das Ganze von der Schwarzpulver- und Westernabteilung des **Schützenvereins Düring e.V. von 1951**.

Aus dem 17. Jahrhundert stammt die in der **St. Laurentius Kirche** zu Dedesdorf erhaltene **Arp-Schnitger-Orgel**. Von seinem Gehilfen und Schüler **Matthias Schreiber** aus Glückstadt stammt die zweite wertvolle Orgel der Gemeinde in der **St. Marienkirche** in Loxstedt. Zum Baden lädt der **Stoteler See** ein. Der **Gasthof Bathmann** in **Hahnenknoop** ist für seine feinen Fisch-, Fleisch- und Wildgerichte bekannt. Ausgeschilderte Wanderwege führen vom Lokal aus in den **Hahnenknooper Forst**.

Prayers & Preachers (l.)

Ortsteile:
- Cappel-Neufeld
- Deichsende
- Nordholz
- Spieka
- Spieka-Neufeld
- Wanhöden
- Wursterheide

Einwohner: 7.634
Fläche: 65,11 qkm
117,2 Einw. je qkm

Nordholz

Die Ortsteile **Cappel-Neufeld** und **Spieka-Neufeld** liegen an der Wurster Küste. Wie **Spieka** und **Wanhöden** auch, haben sie dörflichen Charakter bewahrt.

Deutlich mehr als die Hälfte der Einwohner der Gemeinde wohnen in **Nordholz** und **Deichsende.** Fremdenverkehr, Landwirtschaft und Krabbenfischerei sind wichtige Wirtschaftszweige. Überragend ist die Bedeutung des **Flugplatzes Nordholz.** Er wird hauptsächlich militärisch, aber auch zivil als Frachtflughafen genutzt. Ginge es nach der Länge der Start- und Landebahn, wäre Nordholz hinter Hamburg und Hannover der drittgrößte Flughafen in Norddeutschland.

Aeronauticum: Museumshalle (r.) und Außengelände (u.)

Kurioses Muschel-Museum (ganz u.)

In Nordholz ist das **Marinefliegergeschwader 3 „Graf Zeppelin“** stationiert. Mit seinen rund 1.900 Soldaten und zivilen Mitarbeitern ist es der größte Arbeitgeber in der Region. Aufgrund seiner diversen fliegenden Waffensystemen ist es der vielseitigste fliegende Verband der Bundeswehr. Hier sind Flugzeuge vom Typ **Breguet Atlantic BR 1150** und die Bordhubschrauber vom Typ **Sea Lynx MK 88A** beheimatet. Außerdem starten die Marineflieger von hier zu **Ölüberwachungsflügen** über Nord- und Ostsee. Sie sollen verhindern, dass verantwortungslose Kapitäne illegal Öl ablassen. Das Geschwader, das 2004 seinen 40. Geburtstag feiert, beteiligt sich mit Seefernaufklärern und Bordhubschraubern an der internationalen Operation „Enduring Freedom“ im Seegebiet am Horn von Afrika.

Schon während des Ersten Weltkrieges ist Nordholz der damals größte Luftschiffplatz der kaiserlichen Marine. Spannend ist ein Besuch des **Aeronauticums.** In der von **Prof. Hans Scharoun** entworfenen **Museumshalle** sind Geschichte und Technik der zivilen und militärischen Luftschifffahrt zu sehen. Auf dem Außengelände stehen zahlreiche Flugzeuge und Hubschrauber, die nach 1945 bei beiden deutschen Marinen im Einsatz gewesen sind. Zu sehen ist u.a. die berühmte **VFW 614,** das erste in Deutschland entwickelte und in Serie gebaute Düsenverkehrsflugzeug. Der Erstflug war 1971. Es war am Markt nicht erfolgreich. Seine Entwicklung in >Bremen-Hemelingen (II-215) und die kurze Serienfertigung in >Lemwerder (II-36) bei den **Vereinigten Flugtechnischen Werken (VFW)** haben aber den Grundstein gelegt für die heutige Beteiligung Deutschlands am Airbus-Programm.

Die Startbahn des Fliegerhorstes wird auch zivil von dem **See-Flughafen Cuxhaven/Nordholz** genutzt. Das ist anfangs wegen der befürchteten Lärmbelastung und wegen ökonomischer Zweifel an der Investition in Nordholz nicht unumstritten. In regelmäßigen Abständen landet eine Antonow 26 und nimmt lebende Küken aus der Brüterei der Cuxhaver **Lohmann Tierzucht GmbH** an Bord, die nach Russland exportiert werden. Die Cuxhavener **TAD Pharma** importiert Generika, Medikamente, deren Patentschutz abgelaufen ist, über den Flughafen Nordholz. Das Geschäft ist schnell; am Tag nach dem Ende der Patentfrist sollen die Medikamente auf dem Markt sein. Da ist die räumliche Nähe zu Cuxhaven ein Vorteil.

Die rund 350 Mitglieder der **Sportfluggruppe Nordholz/Cuxhaven** haben ihren eigenen Flugplatz direkt neben dem militärischen Gelände. Sie organisieren Rundflüge über die Elbmündung und Cuxhaven. Auskünfte erhält man direkt am Sportflugplatz und auch beim Aeronautikum.

Einer, der in den Medien eine Karriere gemacht hat, ist **Norbert König,** der in **Deichsende** geboren wird und in > Cappel (Samtgemeinde Land Wursten 46) aufwächst. 1987 wird er von Dieter Kürten engagiert, seitdem steht das „Nordlicht" im Dienste des ZDF. Er steigt in die Sportredaktion ein, moderiert schon nach kurzer Zeit **Sport extra** und die **Sportreportage**. Zwischen 1992 und 1994 ist er eines der Gesichter beim **Sportstudio.** Heute ist er als Reporter (Fechten) und Moderator Stammgast bei Olympischen Spielen, berichtet gemeinsam mit Jens Weißflog vom Skispringen und präsentiert in den heute-Sendungen und dem ZDF-Mittagsmagazin den Sport.

Spieka-Neufeld ist einer der kleinen malerischen Häfen an der Wurster Küste. Sportboote und Krabbenfischer mit ihren Kuttern nutzen den Hafen. Den Fang kauft die **Familie Kocken**, die hier ihren Verarbeitungsbetrieb hat. **Alwin Kocken** ist der erste, der eine Maschine für den komplizierten Vorgang des Krabbenpulens in mehrjähriger Tüftelarbeit konstruiert hat. Seine **Krabbenschälmaschine** bewährt sich seit den 1980er Jahren im täglichen Einsatz und hat bisher über 1.000 Tonnen Krabben entschält. Der aufwändige Hin- und Rücktransport in Niedriglohnländer entfällt, dem frischen Krabbengeschmack tut es gut. Inzwischen stehen in Spieka zwei Maschinen, zwei weitere in Dorum und Bremerhaven. Bei Alwin Kocken gibt es frische Krabbenbrötchen direkt im Laden zu kaufen.

Das **Kuriose Muschel-Museum** in Nordholz informiert über die Tierwelt im Watt: Muscheln, Krebse, Schnecken. Auf wissenschaftliche Systematik und komplizierte lateinische Namen wird völlig verzichtet: nur bedingt lehrreich, aber garantiert amüsant.

In **Wanhöden** wird jedes Jahr am dritten Wochenende im August drei Tage lang das **Heideblütenfest** gefeiert. Los geht es am Freitag mit einer großen Party im Festzelt. Am Samstag wird die **Heideblütenkönigin** gewählt und am Sonntag fahren viele bunt geschmückte Wagen beim Festumzug durch den Ort.

Beim Marinefliegergeschwader 3 im Einsatz: Seefernaufklärer Breguet Atlantic BR 1150 (u.l.), Ölaufklärer DO 228 LM (u. Mitte) und der Bordhubschrauber Sea Lynx MK 88A (u.r.)

Krabbenschälmaschine von Alwin Kocken (ganz u.) und Detail (u.)

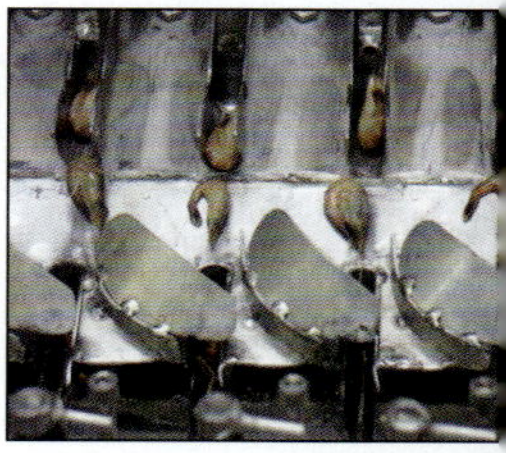

Ortsteile:
- Altluneberg
- Bramel
- Geestenseth
- Laven
- Schiffdorf
- Sellstedt
- Spaden
- Wehdel
- Wehden

Einwohner: 14.090
Fläche: 113,55 qkm
124,1 Einw. je qkm

Schiffdorf

Durch die Nähe zu Bremerhaven vereinigt Schiffdorf vorstädtische und ländliche Strukturen. Wohngebiete, Landwirtschaft, erneuerte Dorfkerne wechseln sich ab. Sechs **Seen** liegen auf dem Gebiet der Gemeinde, das von der **Geeste** durchzogen wird. In der Geesteniederung sind Moorwälder, verlandende Seen mit breiten Schilf- und Röhrichtgürteln sowie Feuchtwiesen und strukturreiche Gewässer als Lebensräume erhalten. Und es wird daran gearbeitet, einen Teil der ursprünglichen norddeutschen Moorlandschaft wieder herzustellen. Stark engagiert ist der **BUND.** 1995 entsteht im ehemals landwirtschaftlich genutzten **Polder Bramel** ein Flachsee, der sich zu einem Zufluchtsort für zahlreiche Wasservögel entwickelt hat. Sogar einige Storchenpaare nisten in **Bramel**, **Laven**, **Geestenseth** und **Altluneberg.** Im Sommer zieht das 150 Hektar große Feuchtgebiet vogelkundlich Interessierte in großer Zahl an. Zwischen Bramel und **Sellstedt** liegt das über 500 Hektar große Naturschutzgebiet **Ochsentriftmoor** und **Sellstedter See.** Am **Spadener See** erwartet den Besucher kein Naturschutzgebiet; dafür bestehen Sport- und Freizeitmöglichkeiten, wie Camping, Wandern, Baden und Surfen.

Spadener See (o.)

Polder Bramel (ganz o.)

Uta Bensel in ihrer Quilt-Werkstatt (ganz o.r.)

An der 1864 erbauten **Schiffdorfer Mühle** befindet sich die **Quilt-Werkstatt,** in der sich Patchwork-Begeisterte aus dem gesamten Landkreis treffen. **Uta Bensel** betreibt den Laden, in dem Hobby-Näher die nötigen Stoffe, Quilt-Zubehör und Bücher finden. Zweimal jährlich kommt ein Programmheft heraus, in dem die Kursangebote und Wochenendseminare der Werkstatt aufgelistet sind.

Was die Menschen aus Schiffdorf bewegt, kann außer in der Zeitung auf der Website **www.muehlenacker-news** nachgelesen werden. Dort schreiben Hobby-Journalisten von 13 bis 40 Jahren über Themen aus ihrer Gemeinde. Jeder kann mitmachen. Gegründet wurde MühlenackerNews im Jahr 2000 von dem Schüler **Lars Ippich.**

Beim Schiffdorfer **Oldtimerclub RetroCarsNord** kann jeder Mitglied werden, der ein mindestens 20 Jahre altes Auto in fahrbereitem und gutem Zustand besitzt. Seit 2001 unternimmt der Club gemeinsame Ausfahrten und besucht Veranstaltungen rund um das Hobby. Beim regelmäßigen Stammtisch werden Erfahrungen ausgetauscht und Probleme besprochen.

In liebevoller Kleinarbeit hat der gelernte Ingenieur **Ralph Bürgerhoff** aus **Wehden** seinen *Ford A Tudor Sedan*, Baujahr 1929, wieder zu einem fahrbereiten Auto hergerichtet. Bürgerhoff hat den „Kasten auf Rädern" in Dänemark erworben, wo er einen jahrzehntelangen Dornröschenschlaf hinter sich

hatte. Heute sieht der Wagen wieder aus, als käme er gerade vom Band.

Der **Wehdeler Karneval** scheut den Vergleich mit dem großen Bruder im Rheinland nicht. Die Jecken im hohen Norden sind im Karnevalsverein **Hol Fast** organisiert. Präsident ist **Walter Bünte.** Es gibt Wagen, Fußgruppen, Tanzmariechen und befreundete Spielmannszüge aus anderen Gemeinden. Natürlich prasseln auch Kamellen und andere leckere Wurfgeschosse auf die jubelnden Zuschauer am Straßenrand nieder.

Ein Teil der kooperativen Jugendarbeit zwischen Schule und Kommune ist die **Zickengruppe**, die sich nachmittags in der Schiffdorfer Haupt- und Realschule trifft. **Gudrun Gieseke** leitet die Gruppe. Sie weiß, was Mädchen mögen. Mit Einladungen in Form von Wundertüten lag die Erzieherin genau richtig, als sie im Oktober 2003 die Mädchengruppe gründet. Danach bestimmen die Mädchen weitgehend selbst die Aktivitäten. Auch den Namen „Zicken" für ihre Gruppe wählen sie aus.

Als Stätten der Begegnung dienen in **Bramel** ein historisches Backhaus, in **Sellstedt** das 1774 errichtete **Hokemeyer Hus** und in **Altluneberg** das **Oldenburger Haus** von 1671. Es gibt Backtage, plattdeutsches Theater, Konzerte und Ausstellungen. Heimat- und Fördervereine kümmern sich um die Häuser.

Alle zwei Jahre (Jahre mit gerader Zahl) lockt am dritten Sonntag im September der **Geestensether Bahnhofsmarkt** rund 4.000 Besucher an. Organisator ist der **Gewerbe- und Verschönerungsverein Geestenseth e.V.** Über 30 Gewerbetreibende aus Geestenseth und Umgebung präsentieren ihre Angebote. Zum Festprogramm gehören Tanzgruppen, Chöre, ein Flohmarkt und Musik im Festzelt.

Mit rund 50 aktiven Musikern ist das **Sinfonische Blasorchester Wehdel** das größte Laienorchester im Landkreis Cuxhaven. Die Mitglieder stammen größtenteils aus **Wehdel.** Seit einigen Jahren bietet das Blasorchester auch musikalische Früherziehung an.

Die **Theatergruppe „Das letzte Kleinod"** aus **Geestenseth** ist über die Gemeindegrenzen hinaus erfolgreich. 2003 gewinnt sie für ihre halbdokumentarische, deutsch-spanische Produktion *Morrina* den Preis Freier Theater der niedersächsischen Lotto-Stiftung. Ihr Thema: Das Leben galizischer Gastarbeiterinnen an der Nordseeküste. Das Stück wird ursprünglich im stillgelegten Cuxhavener Fischversandbahnhof in Szene gesetzt. Auch im spanischen Galicien wird es aufgeführt und mit großem Interesse aufgenommen. *„Dass wir unsere Stücke an den ehemaligen Orten des Geschehens inszenieren, wurde von der Jury ausdrücklich gelobt"*, sagt **Jens-Erwin Siemssen**, der zusammen mit **Juliane Lenssen** die künstlerische Leitung der Truppe hat. Eine aktuelle Produktion ist das Stück „Sorr" – eine Landschaftsinszenierung im Watt.

Sinfonisches Blasorchester Wehdel (o.)
Ralph Bürgerhoff mit seinem Ford A Tudor Sedan (ganz o.l.)
Geestensether Bahnhofsmarkt (ganz o.r.)

Die Bühne für das mehrsprachige Stück „Sorr" der Theatergruppe „Das letzte Kleinod" ist das Wattenmeer (o.)

Mitglieds-gemeinden:
- Ihlienworth
- Odisheim
- Steinau
- Wanna

Einwohner: 5.767
Fläche: 143,79 qkm
40,1 Einw. je qkm

SG Sietland

Das auf einer großen Wurt liegende **Ihlienworth** ist der Hauptort des Sietlandes. Durch das Hadelner Tiefland fließt die **Medem**, die bei > Otterndorf (Hadeln 40) in die Elbe mündet. Gebildet hat sich die Medem aus einem Priel, der in der Vorzeit das Gebiet des heutigen Hadeln und Sietland durchfloss. Das Gemeindegebiet ist dünn besiedelt und liegt weitgehend unterhalb des Meeresspiegels. Zwei gewaltige Schöpfwerke an der Medem sorgen für die Entwässerung. Eines ist das **Stufenschöpfwerk** in Ihlienworth. Es befördert das Wasser „eine Stufe" höher auf das Niveau der Marsch im Land Hadeln. Dort, in Otterndorf, befördert das **Hauptschöpfwerk** das Wasser in die Elbe.

Tiefland ist feucht. Nirgendwo in Niedersachsen gibt es noch so viele Weißstörche wie in Ihlienworth, Steinau, Wanna und Odisheim. Das sagt der 75-jährige Langener **Ewald Meybohm**, der sich seit vielen Jahren um die letzten Störche kümmert, die bei uns nisten, wo sie noch feuchte Wiesen mit Nahrung für ihren Nachwuchs finden. 2003 haben 22 Storchenpaare in den vier Ortschaften gebrütet, in den meisten Fällen auf ausgedienten Strommasten.

Kommen, Klönen, Kaffeetrinken – mit diesem Slogan wirbt der **Landfrauenmarkt** in **Ihlienworth**. Von März bis Dezember werden in der alten Molkerei an jedem zweiten und vierten Wochenende im Monat heimische Produkte aus eigener Herstellung angeboten: Gemüse, Brot, Wurst, Honig, Eier, Forellen, Tee, Seife, Blumen, Trockengestecke, Töpferwaren und Handarbeiten. An der **Milchtheke** gibt es Milch, Käse und Joghurt in Mehrwegbehältern aus umliegenden **Hofmolkereien**. An den Markttagen und auch sonntags hält das **Landfrauenmarkt-Café** selbstgebackene Kuchen und Torten in großer Auswahl für gemütliche Kaffeestunden bereit. Für Gruppen öffnet das Café auch nach Vereinbarung. Der Landfrauenmarkt wird 1994 von einer Gruppe Frauen ins Leben gerufen, die sich das Ziel gesetzt haben, den ländlichen Raum zu beleben und durch **Direktvermarktung** eine zusätzliche Einnahmequelle zu erschließen. Inzwischen hat sich der Landfrauenmarkt zu einem Ort der Begegnung mit überregionaler Ausstrahlung gemausert.

Das Wappen mit der Urne und die Wannaer Farben bilden die Grundlage für die Tanzkleidung der **Wannaer Deelpedder**. Die Gruppe wird von **Karin Schade** geleitet, die darin die Initiatorin **Brigitte Golkowski** abgelöst hat. Der **Volkstanznachmittag** alle

Kahnfahrt auf der Medem (o.)

Storchennest in Osterwanna auf einem ausgedienten Gittermast (ganz o.)

Gute Laune bei den Wannaer Deelpedders (o.r.)

Stufenschöpfwerk Ihlienworth (r.)

zwei Jahre, zu dem viele befreundete Gruppen eingeladen werden, ist inzwischen ein fester Bestandteil der Veranstaltungen in Wanna. Geboten werden Lieder zum Mitsingen und Schunkeln, schwungvolle Volkstänze in bunten Trachten und plattdeutsche Vorträge. Auftritte gibt es u.a. in Wanna und Umgebung und jährlich beim „Tag der Niedersachsen".

De Godshemer aus Odisheim tragen nicht nur originelle Trachten sondern auch Holzschuhe beim Tanzen. Der plattdeutsche Name steht für „Die Odisheimer". Sie treten regelmäßig auf bei Landestrachtenschauen, beim „Tag der Niedersachsen" und im Ausland bei befreundeten Volkstanzgruppen.

Sehenswert ist die Ihlienworther **St.-Wilhadi-Kirche** an der Medem mit ihrem hölzernen Glockenturm. Am Friedhof bilden steinerne Treppenstufen einen Anleger. Dort trafen die alten Hadler mit Booten zum Gottesdienst oder zur Beerdigung ein. Die Ursprünge der Kirche weisen ins 8. Jahrhundert, in die Zeit des angelsächsischen Missionars **Willehad.** Der gotische Flügelaltar stammt aus der Mitte des 15. Jahrhunderts.

Ab Ostern schippert das Motorschiff **„Onkel Heinz"** auf der romantischen Medem. Gemächlich geht es ab Otterndorf nach Ihlienworth. Hier angelangt, heißt es umsteigen auf den **Fliegenden Sietländer**, eine bunt bemalte Straßenbahn, die auf Gummirädern fährt und von einem Traktor gezogen wird. Die Fahrt endet bei der Gastwirtschaft **Rüsch's Sommergarten** mit einem schönen, parkähnlichen Gelände zum Draußensitzen. Von der **Alten Hauptschule** in Ihlienworth aus sind Fahrten mit historischen **Sietlandkähnen** möglich. Mit der **Moorbahn** kann man übers **Ahlenmoor** fahren. Die Fahrt ist Teil eines Rundweges, der sich auch auf das Gebiet der Samtgemeinde > Bederkesa (26) und der Stadt > Langen (48) erstreckt. Das **Heimatmuseum Wanna,** die **Dörpstuuv Ihlienworth** und die **Heimatstube** in Odisheim (Voranmeldung erforderlich) geben einen Einblick in das traditionelle bäuerliche Leben und Handwerk.

Der **Beenthoof** in **Steinau** wird von **Henrike Speckter** und **Stephan Bornemann** nach ökologischen Kriterien bewirtschaftet. Auf 25 Hektar Grün- und Ackerland mit Hecken und Biotopen werden Rinder, Ziegen, Schweine, Pferde und Hühner artgerecht gehalten. In der **Hofkäserei** wird die Milch von rund 20 Ziegen zu Käse verarbeitet. Die Rinderherde besteht aus der bedrohten Rasse der **Hinterwälder Kühe**, die wegen ihres kleinen Wuchses und geringen Gewichts besonders für die Haltung auf empfindlichen Moorböden geeignet sind. Unter dem Motto „Landwirtschaft zum Anfassen" kann der Hof von Kindergarten- und Schülergruppen besucht werden.

Henrike Speckter mit Sohn (o.)

Medem-Fahrt mit dem Motorschiff „Onkel Heinz" (o.) Endstation ist Rüsch's Sommergarten (ganz o.) Dazwischen liegt die Fahrt mit dem „Fliegenden Sietländer" (u.)

Trachtengruppe „De Godshemer" (l.)

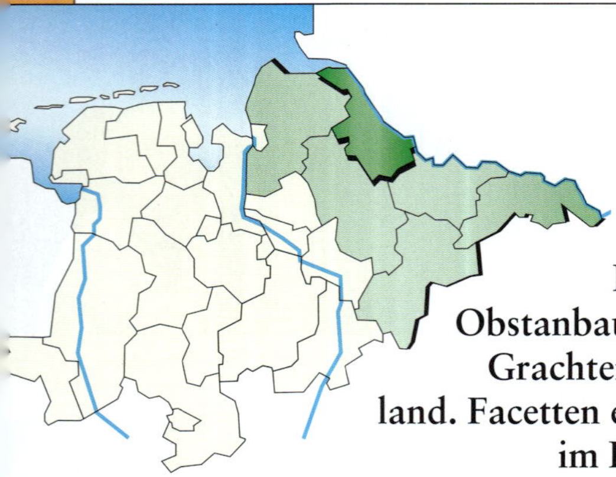

Landkreis Stade

Stade mit der schmucken Altstadt und der nicht weniger hübsche Fabelort Buxtehude. Das Alte Land mit dem größten Obstanbaugebiet Deutschlands. Die Elbe, Kanäle und Grachten. Trockene Geest und fruchtbares Marschland. Facetten einer Region, die sich über die Jahrhunderte im Kampf gegen das Wasser behaupten musste.

Apfelernte auf dem Herzapfelhof Lühs in Jork (u.)

Die Menschen haben dem Land über Jahrhunderte ihren Lebensraum abgetrotzt: Moore entwässert, den Fluss besänftigt, mühsam Wege geschaffen und Deiche angelegt, die endlich schützen vor den gefürchteten Sturmfluten. Geholfen haben den Bewohnern von Marsch, Geest und Moor schon vor vielen Jahrhunderten die Nachbarn aus Holland: Deichbau- und Entwässerungsexperten, deren Einfluss noch heute abzulesen ist an schnurgeraden Kanälen und Grachten in den Städten des Landkreises.

Die Elbmündung ist die größte, in Teilen noch naturnahe Flussmündung Mitteleuropas. Sie beherbergt eine Vielzahl von Gästen. Hier brüten und rasten mehr als 130 Vogelarten. Im Sommer bevölkern Wiesenbrüter, Watt- und Wasservögel die Marschen.

Es ist eine fruchtbare Region. Von Mitte April bis Mitte Mai verwandeln blühende Kirschbäume und wenig später die Apfelbäume das **Alte Land** in eine rosaweiße Märchenlandschaft. Die Blüte zieht Hunderttausende von Besuchern in das Alte Land, dieses größte zusammenhängende Obstanbaugebiet Nordeuropas. Nicht weniger schön ist der Herbst, wenn Äpfel, Birnen, Pflaumen und Zwetschgen schwer an den Bäumen hängen. Der Anbau ist ein gutes Geschäft: Rund 1.000 Obstbaubetriebe setzen jährlich mehr als 250 Millionen Euro um.

Zwei schöne alte Städte liegen im Land. Die über tausendjährige Stadt Stade gehört zu den ersten Mitgliedern der Hanse und ist im hohen Mittelalter sogar Hamburg überlegen. Sie zieht heute mit ihrer vom Krieg verschonten Altstadt viele Menschen an. Und auch Buxtehude, wo einst Hase und Igel um die Wette gelaufen sind und die Hunde mit dem Schwanz bellen, hat rund um den Hafen sein mittelalterliches Flair bewahrt.

Eine Attraktion ist der Fahrradweg an der Elbe, der von Jork über Steinkirchen, Mittelnkirchen und Grünendeich zunächst durch das Alte Land, dann weiter nach Stade, über Bützfleth zur Elbhalbinsel Krautsand und weiter nach Wisch-

hafen und Freiberg an der Küste oben im Kehdinger Land durch den gesamten Landkreis führt.

Natürlich werden hier die Feste gefeiert wie sie fallen. Die Blütenfeste wie in Jork im Zentrum des Alten Landes sind legendär. Andere sind kurios wie die jährliche Weltmeisterschaft im Rasenmähertreckerfahren auf Krautsand. Ebenfalls auf der Elbhalbinsel findet das Elbstrandrennen für Trabrennpferde statt.

Im Landkreis treffen sich Vergangenheit und lebendige Gegenwart. So wird in Oldendorf bis heute eine Prahmfähre am Stahlseil über die Oste gezogen. In mehreren Orten fahren alte Mooreisenbahnen zurück an den Anfang des 20. Jahrhunderts. Und viele Heimatmuseen erinnern an das beschwerliche Leben der Moorkolonisten.

Vor allem aber – und vor allem das garantiert einen sorgenlosen Blick in die Zukunft! – ist der Landkreis wirtschaftlich höchst erfolgreich. In Apensen produziert die Eisbär Eis GmbH täglich eine Million Portionen Eis; in Drochtersen die Ernst Hetecke GmbH unsinkbare Freifallrettungsboote. In Buxtehude und Stade bauen Airbus-Töchter an den Flugzeugen der neuen Generation. Und den soliden Unterbau bilden eine große Zahl kleiner und mittelständischer Betriebe: Allein in Stade sind 3.100 Betriebe in Handwerk, Dienstleistung und Gewerbe gemeldet.

Die Obstbaumblüte im Alten Land zieht Jahr für Jahr Tausende Besucher an (o.)

Altstadt in Stade (l.)

Landkreis-Profil

	Landkreis	Land Nieders.
Einwohner, Fläche		
Einwohner gesamt	195.098	7.993.415
darunter 0 bis 15 Jahre in %	17,4	15,4
darunter älter als 65 Jahre in %	16,3	18,7
darunter Ausländer in %	5,0	6,7
Fläche in qkm	1.265,97	47.618,24
Einwohner je qkm	154,1	167,9
Sozialstruktur (Jahresdurchschnitt, gerundet)		
Erwerbstätige gesamt	73.600	3.492.600
Empfänger von Arbeitslosengeld / -hilfe	7.060	354.300
Empfänger sonst. Hilfen zum Lebensunterhalt	9.130	311.900
Anzahl Wirtschaftsbetriebe		
Gesamt (Industrie, Handel, Gewerbe, Dienstl.)	8.855	351.151
darunter Land-, Forst-, Fischereiwirtschaft	707	15.862
Steueraufkommen		
Lohn- und Einkommensteuerzahler	68.609	2.738.281
Summe positiver Einkünfte (in Tsd. EUR)	2.428.086	88.279.875
Steuereinnahmen (EUR je Einwohner)	535,28	544,33

Wahlen

Landtagswahl 2003

CDU	56,2
SPD	34,6
FDP	3,4
Grüne	4,9
Sonstige	1,0

Mitglieds-gemeinden:
- Apensen
- Beckdorf
- Sauensiek

Einwohner: 7.608
Fläche: 74,01 qkm
102,8 Einw. je qkm

SG Apensen

Jeder erwachsene Deutsche ist in seinem Leben schon einmal mit der Samtgemeinde Apensen in Berührung gekommen: auf den alten Zehn-Mark-Scheinen ist nämlich der **Litberg** abgebildet, eine Anhöhe in **Sauensiek**, mit 65 Metern

über NN die höchste Erhebung im Landkreis Stade. Doch wie kommt dieser unscheinbare Hügel auf den blauen Schein? Ganz einfach: weil am 27. September 1824 der berühmte Astronom und Physiker **Carl Friedrich Gauß** auf dem Litberg seine Landvermessung im Elbe-Weser-Dreieck abschloss. Sein Abbild steht neben einem Kartenausschnitt mit eben dieser Anhöhe über fünfzig Jahre lang symbolisch für die Leistungen deutscher Wissenschaftler.

Geschäftlicher Mittelpunkt der Samtgemeinde ist **Apensen**. Das Rathaus ist im ehemaligen **Junkernhof**, einem denkmalgeschützten Gebäude, untergebracht. Auf dem Vorplatz steht seit 1995 die Skulptur eines Schäfers, entworfen vom Künstler **Friedrich Müller-Belecke** aus >Hemmoor (44). Das Motiv reicht weit in die Geschichte zurück. Schäfer hatten hohes Ansehen, weil ihnen ihre Arbeit in der Natur Wettervorhersagen erlaubte und sie sich außerdem Wissen über Heilkräuter aneignen konnten.

Wie in vielen Gemeinden spielt in Apensen das Vereinsleben eine große Rolle: vor allem natürlich die beiden **Schützenvereine**, der **Spielmannszug** und die **Sportvereine.** Ein Beispiel für die aktive Vereinsarbeit im Ort ist das **Naturbad Sauensiek**, dessen Böden gekiest und nicht gekachelt sind, das statt durch Chlor von 2.000 Wasserpflanzen im Klärteich gereinigt wird. Betreiber ist nicht die Gemeinde, sondern der Förderverein **Die Kornscheune e.V.** mit über 400 Mitgliedern. Das Bad ist ein musterhaftes Beispiel für ein Projekt in Eigeninitiative, denn als sich die Samtgemeinde ihr Freibad nicht mehr leisten kann, entschließen sich Männer und Frauen aus Sauensiek, Wiegersen und anderen Ortschaften Apensens, ihr

Schwimmbad zu retten. Ab August 2001 investieren sie über 3.000 Arbeitsstunden, um einen künstlichen See anzulegen. Landwirte stellen ihre Trecker zur Verfügung, ortsansässige Handwerker leisten technische Unterstützung, Freiwillige breiten 2.400 qm Rollrasen rund um den künstlichen See aus, der im Sommer von der **Feuerwehr Sauensiek** bewässert wird. Im einzigen Naturbad des Landkreises übernehmen die Vereinsmitglieder auch die Tagesarbeit, kassieren Eintritt, säubern das Filtersystem und mähen den Rasen.

Die Kranzbinder Beckdorf e.V., ein Verein zur Förderung von Brauchtum und Kultur haben am Ortsrand von **Beckdorf** mit viel ehrenamtlichem Einsatz eine historische Hofstelle, den **Beekhoff**, mit Haupthaus, Schafstall, Scheune, Remise, Backofen und Brunnen aufgebaut und damit eine Stätte der Begegnung in der Gemeinde geschaffen.

Der ehemalige Junkernhof ist heute das Rathaus der Samtgemeinde Apensen (o.)

Blick vom 65 m hohen Litberg in Sauensiek, der höchsten Erhebung im Landkreis Stade (ganz o.)

Das Naturbad Sauensiek verdankt seine Existenz der Eigeninitiative zahlreicher Bürger (o.r.)

Das „Tropf'-Nix"-Eis der **Eisbär Eis GmbH** schmilzt nicht. Die kalte Leckerei wird zwar weich, bleibt aber gewissermaßen standhaft. Die weit über 150 Mitarbeiter produzieren in drei Schichten 200 verschiedene Artikel und bis zu einer Million Eisportionen täglich, ob *Tropf'-Nix, Sandwich, Eisküsse, Törtchen* oder *Minitüten*. U.a. stellt die Eisbär GmbH auch Eis für die Rewe-Gruppe und für Aldi her.

Kartoffelernte auf dem Neuhof in Beckdorf (o.)

Thomas Rathjen aus Apensen in seinem Studio (l.)

Spaghetti Eis auf dem Fließband bei Eisbär Eis (ganz l.o.)

Weihnachtskrippe aus Chriwos Bastelscheune (ganz l.u.)

Er hat die Titelmelodie der Kinderserie **Leoni Löwenherz**, Titel für **Hallo Spencer** und die **Sesamstraße** gesungen: **Thomas Rathjen**. In **Beckdorf** hat der Sänger, Produzent, Tontechniker, Songwriter und Texter das private Musikstudio **Geminy Music** aufgebaut. Hier produziert er u.a. Titel für TV- und Kinospots, Radio-Jingles und Melodien für Telefonwarteschleifen.

Vor allem Weihnachtskrippen kann man bei **Chriwos Bastelscheune** in **Beckdorf-Nindorf** erstehen. Diese werden von **Wolfgang Metzner** auch im Internet angeboten. Verkauft werden die Unikate aus Fichte und Kiefer von **Christa Makoschey** in **Chriwos Bastelscheune**.

Auf Kartoffeln und Eier hat sich der **Neuhof** in **Beckdorf** spezialisiert. Gülledüngung der Kartoffeln kommt nicht in Frage und Stickstoff wird nur wenig verwendet. Die Hennen scharren im Sand und Stroh, ruhen auf Sitzstangen und legen ihre Eier in richtige Nester – Eier, die neben anderen Produkten im **Hofladen** verkauft werden.

Im **Sauensieker Moor** baut die **Hawita Gruppe** Torf ab. 1989 erwirbt das Unternehmen das ehemalige **Torfwerk Ahrens** direkt in der Ortschaft Sauensiek und baut eine Erdenproduktion auf, aus der hauptsächlich lose Substrate für den Gemüseanbau, für Grünpflanzen und Blumen gewonnen werden. Die Erzeugnisse gehen in sämtliche Länder der Europäischen Union und nach Übersee.

Rolf (im Bild links) und Thorsten Lühnen vor ihrem Pflanzenmarkt (o.)

Neben vielen anderen Pflanzen bieten **Rolf** und **Torsten Lühnen** in ihrem Apenser Betrieb **Gartenbau Lühnen GbR** Beet- und Balkonpflanzen, Baumschulware und Weihnachtsbäume an. Auf vier Hektar Fläche wachsen 200.000 Stiefmütterchen und noch mehr Sommerblumen, auf weiteren 14 Hektar Weihnachtsbäume. Von Februar bis April topft eine Maschine Stunde um Stunde 2.500 Pflanzen ein.

Buxtehude

Ortsteile:
- **Daensen**
- **Dammhausen**
- **Eilendorf**
- **Hedendorf**
- **Immenbeck**
- **Neukloster**
- **Ottensen**
- **Ovelgönne/ Ketzendorf**

Einwohner: 37.827
Fläche: 76,49 qkm
494,5 Einw. je qkm

Blick auf Buxtehude (r.)

Das Denkmal vor dem Stadthaus thematisiert die Geschichte vom Wettlauf zwischen Hase und Igel (r.)

„Der Flethenkieker" von Carsten Eggers erinnert an die einstigen Bewacher des Flethes. Oder soll die Skulptur auch zum Relaxen einladen? (o.)

Blick auf das grachtenartige Fleth (o.r.)

Wenn ein Engländer oder Amerikaner jemanden aus Buxtehude kennen lernt, wird er mit ziemlicher Sicherheit zu lächeln beginnen. Schließlich findet der Ausspruch *„Geh dahin, wo der Pfeffer wächst"* im englischsprachigen Raum seine Entsprechung in *„Go to Buxtehude"*. Die Stadt, in der Hase und Igel um die Wette laufen und die Hunde mit dem Schwanz bellen, ist für sie vermutlich ein Fabelort wie Atlantis – was ganz falsch ist, denn Buxtehude ist alt, trotzdem hübsch anzuschauen und allemal höchst lebendig. Kein Märchen sind die mit dem Schwanz bellenden Hunde. Sie sind ein Synonym für Kirchenglocken, die mit Tauen geläutet werden. Die Buxtehuder schlugen nämlich früher mit einem großen Hammer auf ihre Kirchenglocke ein. Die holländischen Siedler gingen eleganter vor: sie benutzten ein langes Seil, um die Glocke, englisch: *bell*, anzuschlagen. Der damalige Sinn des Begriffs ging verloren und machte Platz für eine neue, auch nicht besonders positive Bedeutung: Heute bellen die Hunde in besonders rückständigen Orten mit dem Schwanz. Buxtehude wird um 1285 vom Bremer Erzbischof Giselbert als Festung gegen die Welfen angelegt. In der ehemaligen Hansestadt, durch die **Este** mit der Elbe verbunden, florieren die Geschäfte. Die Holländer, Meister des Kanalbaus, werden damals als „Gastarbeiter" angeheuert. Sie verbinden den Fluss durch ein System von Wasserläufen mit der Stadt. Die Baumeister schachten einen über 1.000 Meter langen Wassergraben aus und führen ihn um die Altstadt herum: den heute noch erhaltenen **Viver**. Die Este fließt in diesem Viver um den Stadtkern und führt im grachtenähnlichen **Fleth**, dem innerstädtischen Hafen, mitten durch die Stadt. Bis ins 20. Jahrhundert fungiert die Anlage als Hafen. Jahrhundertelang herrscht reger Schiffsverkehr, 1912 werden 557 ankommende Schiffe und 404 Dampfschiffe gezählt. Heute legen nur noch Ausflugsschiffe und Sportboote im Hafenbecken an. Gesäumt von malerischen Fachwerkhäusern, prägt das Fleth immer noch das Gesicht des historischen Stadtkerns. Den Blick auf das Fleth genießt der **Flethenkieker**, eine

Der Turm der St.-Petri-Kirche ist das weithin sichtbare Wahrzeichen von Buxtehude (o.)

Zur alten Stadtmauer gehörten fünf Rundtürme; einer ist der Marschturmzwinger (l.)

Plastik von **Carsten Eggers**. Am Fleth entlang stehen zahlreiche schöne Fachwerkhäuser; ein großer Teil der alten Bebauung ist jedoch 1911 einem Stadtbrand zum Opfer. Daran erinnert die Inschrift am Haus Westfleth 35: *Den großen Brand konnt ich hier sehn / Doch blieb in Gottes Hut ich stehn / Und zeige wieder das Gewand / das früher zierte Stadt und Land.*

Seit 1991 liegt im Fleth der durch den **Förderverein Altstadt Buxtehude** restaurierte **Ewer „Margareta“**, ein typisches Frachtschiff an der Niederelbe und in den Wattengebieten, an der alten Flethmühle vor Anker.

Die **Altstadt** mit ihren kopfsteingepflasterten Gassen und restaurierten Kaufmannshäusern wird vom 75 Meter hohen Turm der evangelisch-lutherischen **St.-Petri-Kirche**, dem Wahrzeichen der Stadt, überragt. Der Kirchturm der seit 1296 erbauten dreischiffigen gotischen Backsteinbasilika ist für Besichtigungen geöffnet. 94 Wendeltreppenstufen führen hoch zur Plattform des Turms. Bei guter Sicht reicht der Blick bis in das Alte Land, zur Elbe, hinein nach Blankenese und bis in die Harburger Berge.

Blick in die Einkaufsmeile Lange Straße (l.)

Das Abthaus, einst das städtische Domizil der Erzäbte von Harsefeld (ganz l.)

In der Altstadt rund um die St.-Petri-Kirche begegnet der Besucher auf Schritt und Tritt städtebaulichen Zeugen längst vergangener Zeiten. Eindrucksvoll ist das durch private Initiatoren instand gesetzte **Fuhrmannshaus** in der **Fischerstraße**. Auch das **Abthaus** in der **Abtstraße** ist sehenswert. Es wurde vom **Heimatverein Buxtehude Haus Fischerstr. 3** vollständig renoviert und wird heute als Café, Teehaus und Kunstgalerie bewirtschaftet.

Neben St.-Petri-Kirche und Fleth ist der **Marschtorzwinger,** ein Überrest der einstigen Stadtmauer, die wichtigste erhaltene bauliche Anlage des alten Buxtehude. Der trutzige, zweigeschossige Wehrturm aus dem 16. Jahrhundert ist der letzte von ehemals fünf Ecktürmen der Stadtmauer. Er dient heute als Kulturzentrum .

Carlo von Tiedemann im Gespräch mit Braumeister Dirk Domagala bei Aufnahmen zur Aktuellen Schaubude im Jahre 2004 (ganz r.)

Durch die **Lange Straße**, die Fußgängerzone Buxtehudes, führt der Weg zum **Bürgerhaus**, das der angesehene Bürgermeister und Humanist **Dr. Martin Moller** 1548 am damaligen Marktplatz errichten ließ. Das im Lüneburger Stil gehaltene Gebäude mit dem gotischen Eingang ist einer der wenigen unterkellerten Altbauten – im moorigen Buxtehude eine Besonderheit. Heute hat sich

Buxtehude·Museum (o.l.) und Buxtehuder Rathaus (o.r.)

Restaurant Amadeus im Bürgerhaus (r.)

hier das Restaurant **Amadeus** etabliert. Schräg gegenüber dem Restaurant steht das **Rathaus,** das nach dem großen Stadtbrand 1911 vom hannoverschen Architekten Alfred Sasse neu entworfen und mit Jugendstilelementen verschönert wird. Im prächtigen Ratssaal hängen große Wandbilder des alten Buxtehude.

Wie ein Pfefferkuchenhaus mit Zuckergussfassade wirkt das **Heimatmuseum** am **Stavenort 2.** Das Gebäude von 1913 mit der **Lebkuchen-Fassade** zeigt Exponate aus sieben Jahrhunderten, Typisches wie Wohnkultur, Handel und Handwerk aus dem reichen Leben einer Hansestadt. Seit 1992 ist dem Museum ein Neubau angegliedert: das **Buxtehude · Museum für Regionalgeschichte und Kunst.** Neben sakraler Kunst präsentiert das Museum auch die künstlerische Moderne in der Region.

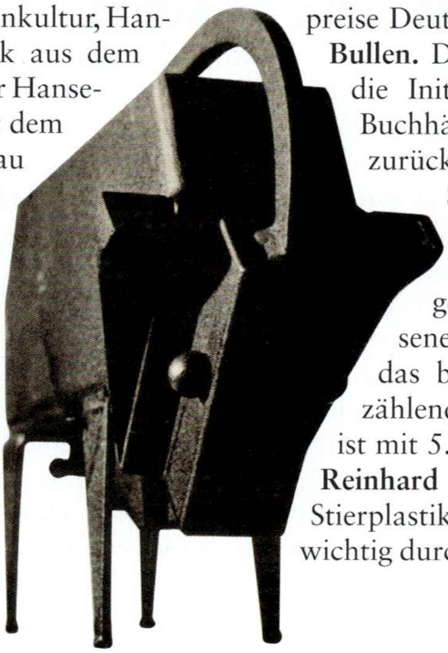

Auf Initiative des Buxtehuder Buchhändlers Winfried Ziemann (o.) wird die Stahlplastik „Buxtehuder Bulle" (r.) jedes Jahr als Literaturpreis für das beste deutsche Jugendbuch vergeben

Nach einem Stadtrundgang bietet sich der Besuch des 1990 eröffneten **Buxtehuder Brauhauses** an, einer kleinen Privatbrauerei am Fuße der Petri-Kirche. Hier, in der **Alten Markthalle,** einer früheren Viehauktionshalle, sind **Matthias** und **Monika Laser** mit ihrem Team um das Wohl ihrer Gäste bemüht. Sieben verschiedene Biersorten stellt **Braumeister Domagala** her. Wer möchte, kann die Brauanlage besichtigen, ein Brauhausdiplom erwerben oder, wie die meisten Besucher, einfach ein Bier trinken. Das rustikale Wirtshaus mit Biergarten bietet Platz für Gruppen bis 300 Personen. Regelmäßige Musikveranstaltungen gehören zum Profil des Hauses. Geboten werden Rock, Blues, Oldies und Dixieland.

Die Stadt Buxtehude vergibt jedes Jahr einen der bedeutendsten Jugendbuchpreise Deutschlands, den **Buxtehuder Bullen.** Der Literaturpreis geht auf die Initiative des ortsansässigen Buchhändlers **Winfried Ziemann** zurück. 1981 übernimmt die Stadt Buxtehude die Trägerschaft. Seitdem ermittelt eine Jury aus elf jugendlichen und elf erwachsenen Lesern in jedem Herbst das beste deutschsprachige erzählende Jugendbuch. Der Preis ist mit 5.000 Euro sowie einer von **Reinhard Güthling** geschaffenen Stierplastik dotiert, ist aber vor allem wichtig durch den nicht zu unterschät-

zenden Public-Relations-Effekt für den Autor und sein Werk.
Unentbehrlich geworden für die Buxtehuder Geschichte ist die archäologische Denkmalpflege. Es beginnt 1985 *„mit einem Bleistift und einem herbeigeschafften Schreibtisch“*. Dank des Einsatzes der damaligen Stadtarchäologin **Gisela Heese-Greve** und ihres Nachfolgers **Dr. Bernd Habermann** entwickelte sich die ursprünglich als vorübergehende Einrichtung gedachte **Stadtarchäologie** zu einer agilen und selbstständigen Institution. Sie hat seit ihrer Gründung bislang 84 archäologische Maßnahmen durchgeführt, begleitet in den ersten Jahren die **Altstadtsanierung**, untersucht dann das Wohngebiet **Kloster Dohren** und das Gewerbegebiet **Lüneburger Schanze.** Beide Gebiete lassen wegen ihrer topografischen Lage prähistorische Ansiedlungen vermuten. Durch die Arbeit der Denkmalpfleger können im Stadtgebiet Buxtehude bislang 670 Bodendenkmale erfasst werden. Diese Arbeit hilft, eines Tages ein lückenloses Geschichtsbild für das Gebiet der Stadt Buxtehude nachzuzeichnen.
Die Altstadtsanierung von 1980 hat das Aussehen, aber auch die Selbstdarstellung der Stadt verändert. Im weiträumigen Einzugsgebiet der Metropole Hamburg galt Buxtehude früher vor allem als alte Hanse- und Märchenstadt. Heute dagegen präsentiert sich die Stadt als dynamisches Handels-, Dienstleistungs- und Kulturzentrum im historischen Ambiente.
Immer zu Pfingsten findet im Ortsteil **Neukloster** seit fast 130 Jahren der **Pfingstmarkt** statt. Mehr als 150.000 Besucher aus ganz Norddeutschland kommen zu diesem Volksfest beiderseits der Bundesstraße 73. Von Samstagnachmittag bis Montagnacht geht zwischen Buxtehude und Hedendorf nichts mehr. Die B 73 wird gesperrt, der Verkehr in beiden Richtungen über Apensen umgeleitet. Eröffnet wird der vom **Heimatverein Neukloster** organisierte Pfingstmarkt durch den Rundgang der Honoratioren und den **Freibieranstich.** 130 Schausteller reihen mehr als 1.300 Meter Budenfront aneinander. Bratwürste, Schmalzgebäck, Cocktails, gebrannte Mandeln, Fahrgeschäfte wie Riesenrad, Autoscooter und Wildwasserbahn verbreiten Jahrmarktsatmosphäre. Eine Attraktion des Pfingstmarktes ist der **Frühtanz** am Sonntagmorgen um sechs Uhr, der tatsächlich besucht wird! Zu gemäßigterer Zeit folgen der Umzug mit Spielmannszügen und ein Frühschoppen.
Im Herzen der Stadt organisiert der Förderverein **Altstadt Buxtehude** Feste und Märkte. Im Juni zieht alljährlich drei Tage lang das **Altstadtfest** Zehntausende von Menschen an: Die Lust an Buden, Bühnen und Geselligkeit ist scheinbar endlos. Im August bieten Winzer aus ganz Deutschland und Weinhändler aus Buxtehude teure Jahrgänge, Liebhaber- und Alltagsweine beim **Weinfest** auf dem **St.-Petri-Platz** an. Zweimal im Jahr, im Frühjahr und im

Feste in Buxtehude: Altstadtfest (o.), Weinfest (ganz l.) und Pfingstmarkt in Neukloster (l.) Letzterer geht auf das Jahr 1877 zurück. Den Anfang macht die geschäftstüchtige Margarete Lühmann, die damals Waren aus ihrer Bäckerei verkauft und andere Budenbesitzer anlockt. Um 1900 kommen 10.000 Besucher, heute sind es rund 150.000

BUXTEHUDER TAGEBLATT
ALTLÄNDER TAGEBLATT · STADER TAGEBLATT

Das über 150 Jahre alte „Buxtehuder Tageblatt“ erscheint im Zeitungsverlag Krause, der auch das Stader und das Altländer Tageblatt herausbringt. Täglich werden rund 10.000 Exemplare verbreitet

Rallycross auf dem Estering (o.)

Hans Stahl, Geschäftsführer von KID-Systeme, und Mitarbeiterin bei der optischen Kontrolle von Platinen (r.)

Auf den Bühnen des Kleinkunst-Igels häufig zu Gast: Sissi Perlinger (o.), Tim Fischer (ganz o.) und Dieter Nuhr (r.)

Herbst, feiert Buxtehude die **Pistennacht,** an der sich eine große Zahl von Kneipen, Bars und Clubs beteiligen. Für zwei Nächte ist das eher stille Buxtehude wie verwandelt und die Altstadt ist bis in den frühen Morgen voller Leben. Auf dem **Bauernmarkt** Ende September präsentieren die Landwirte der Region ihre Produkte. Der Markt ist nicht zuletzt auch so beliebt, weil an diesem Sonntag die meisten Geschäfte in der Buxtehuder Altstadt geöffnet haben.

Ein eigenes Theater hat Buxtehude nicht – eine eigene Bühne schon: sogar mit Abonnements für Theater und Konzerte. Auf der vom städtischen Kulturbüro organisierten **Halepaghen-Bühne** des gleichnamigen Gymnasiums treten regelmäßig die wichtigen **Tournee-Theater** der Republik auf, spielen Komödien von Curth Flatow und Neil Simon, Dramen von Henry Miller und Michael Frayn, Schwergewichtiges von Dylan Thomas, Gotthold Ephraim Lessing und Thomas Mann. In der Stadt macht sich außerdem der Verein **Buxtehuder Kleinkunst-Igel** um die Kultur verdient. Auch er nutzt die Bühne, organisiert Chanson-Veranstaltungen und politisches Kabarett. Zu Gast sind Künstler wie Chanson-Star **Tim Fischer,** aber auch Comedy-Stars wie **Dieter Nuhr, queen bee und Sissi Perlinger**.

Gerhard Halepaghe, nach dem die Bühne und die Buxtehuder Schule benannt sind, stammte aus einer der angesehensten Familien der Stadt. Der Wert seines Vermögens beträgt im Jahre 1484, ein Jahr vor seinem Tode, umgerechnet etwa zehn Millionen Euro. Bestand hat bis heute die von ihm gegründete **Stiftung,** die zu den ältesten in Deutschland zählt. Noch heute fördert die Stiftung kirchliche und soziale Einrichtungen und vergibt Stipendien an Studenten der Theologie und anderer geisteswissenschaftlicher Fächer.

Großen Zuspruch finden die Rennen des **Automobilclub Niederelbe (ACN)** auf dem **Estering,** der sich vor allem mit **Rallycross-Rennen** profiliert. Rallycross ist ein Sprintrennen auf einer permanenten Rennstrecke, die zu je 50 Prozent aus Asphalt und aus Schotter besteht. Sie ist mehrfach zu durchfahren. Gestartet wird mit mehreren Fahrzeugen gleichzeitig in verschiedenen Klassen („Divisionen"). Der ACN führte diesen neuen Motorsport mit großem Erfolg in Deutschland ein: Im Mai 1972 findet das erste Rallycross des europäischen Festlandes auf dem neuen 945 Meter langen Rundkurs in Buxtehude statt. Die Begeisterung ist ungebrochen: Mittlerweile haben mehr als hundert Rennen stattgefunden.

KID-Systeme, eine Airbus-Tochtergesellschaft mit 300 Mitarbeitern, entwickelt und produziert in Buxtehude technologisch hochwertige Kabinenkommunikationssysteme für den Airbus.

Die Unilever-Tochter **Lever Fabergé** hat eines ihrer Werke in Buxtehude. Die ca. 450 an diesem Standort Beschäftigten produzieren Duschgele sowie Cremes und Lotionen z.B für die Marken *Dove*, *Axe* und *Lux*. Buxtehude beliefert nahezu alle Länder Europas mit diesen Produkten.

Die **National Rejectors Incorporation**, seit den 1950er Jahren in Buxtehude ansässig, installiert zur Olympiade in München 1972 die ersten elektronischen Münzprüfer in Fahrkartenautomaten. Heute ist das Unternehmen ein weltweit operierender Schrittmacher im Segment Münzprüfer, Geldwechsler, und bargeldlose Zahlungssysteme.

Synthopol Chemie ist auf die Entwicklung und Fertigung von Kunstharzen für die Lack-, Farben-, Kunststoff- und Klebstoffindustrie spezialisiert und gehört mit einem Umsatz von über 60 Millionen Euro zu den führenden europäischen Produzenten von Kunstharzen. Die Harze kommen z.B. als Auto-, Möbel- und Maschinenlacke aber auch in Straßenmarkierungsfarben zum Einsatz.

Was haben die Zentrale der Commerzbank in Frankfurt (höchstes Bürogebäude Europas), die Sibelius-Halle in Lahti (eines der schönsten Konzerthäuser Skandinaviens) und das VW Werk in Dresden (Autos im 40 Meter hohen Glasturm) gemeinsam? Ihre gläsernen Fassaden kommen von **Interpane,** einem der bedeutendsten Flachglasveredler Europas. Zu der Unternehmensgruppe mit 13 Produktionsstätten in Deutschland, Österreich und Frankreich gehört auch das Werk Buxtehude. Hier werden 2.500 Stück Isolierglas pro Tag produziert.

Die **Implantcast GmbH** entwickelt, produziert, verpackt und vertreibt Prothesen. 85 Mitarbeiter fertigen jährlich ca. 60.000 Implantate aus Titan- und Gusslegierungen, die auch nach Österreich, Italien, Polen, Israel, Finnland und Norwegen verkauft werden. Das Herz des Unternehmens ist die eigene Feingießerei, die eine wirtschaftliche Produktion auch von Kleinserien ermöglicht.

In Buxtehude wird auch Rum abgefüllt: Aus Don Facundo Bacardis kleiner kubanischen Firma ist die Weltfirma **Bacardi** geworden, das in dem Buxtehuder Werk Rum und *Martini*, alkoholische Mixgetränke wie *Rigo* und *Breezer* abfüllt und als Logistikzentrum Produkte von Bacardi in 68 Länder liefert.

Anwendungstechnische Ausprüfung im Labor von Synthopol Chemie (o.) Dabei werden u.a. Härte, Elastizität, Biege- und Zugfestigkeit von Harzen getestet

Auch die Dove-Serie gehört zu den Produkten von Lever Fabergé, die in Buxtehude hergestellt werden (ganz o.)

Glaslager von Interpane (o.l.)

Im Zeichen der Fledermaus: Bacardi-Werk in Buxtehude (l.) Hier werden Spirituosen für Deutschland und internationale Märkte abgefüllt

Orte:
- Assel
- Dornbusch
- Drochtersen
- Hüll
- Krautsand

Einwohner: 12.286
Fläche: 126,74 qkm
96,9 Einw. je qkm

Drochtersen

Drochtersen: das ist die Elbinsel und die nahe Mündung des Flusses, das sind Schleusen und Hochwasser, das ist der Torfabbau und die Produktion unsinkbarer Rettungsboote. Drochtersen, das war und ist ein Leben mit dem Wasser.

In Drochtersen ist die Schiffahrt zu Hause. Insbesondere der Ortsteil **Dornbusch**, an der Süderelbe gelegen, ist „Heimathafen" vieler Schiffer. Heute sind in der Gemeinde über 60 Reedereien und andere Schifffahrtsbetriebe gemeldet.

Boote *„made in Krautsand"* haben schon oft Menschenleben gerettet. Auf einem 25.000 Quadratmeter großen Werksgelände fertigen die 100 Mitarbeiter der **Ernst Hatecke GmbH** jährlich 150 **Freifall-Rettungsboote.** Fast ein Drittel der weltweit genutzten „fliegenden Rettungsboote" kommen aus Krautsand. Damit ist die Familienwerft Weltmarktführer. Die Kunststoffkabinen, die ihre maximal 50 Insassen im Notfall von einer Rampe im freien Fall ins Wasser schiessen, sind extrem leicht und gelten als unsinkbar.

Blick von der Halbinsel Krautsand auf die „Queen Mary 2" (r.)
Tausende Menschen beobachten 2004 an den Ufern der Elbe die Vorbeifahrt des Kreuzliners

Der weltweit größte Hersteller von Apfelsaftkonzentrat, die Firma **Jahncke Fruchtsäfte – Konzentrate GmbH**, hat ihren Sitz ebenfalls in Drochtersen, im Ortsteil **Assel.** Das seit fünf Generationen familiengeführte Unternehmen beschäftigt allein an diesem Standort 150 Mitarbeiter. Neben Äpfeln werden alle heimischen Früchte zu Konzentraten, Säften, Pürees und Fruchtzubereitungen verarbeitet.

Krautsander Elbstrandrennen für Traber (r.)

Der „Deichgraf von Krautsand" (o.)
Die Skulptur stammt von dem Nottensdorfer Künstler Carsten Eggers

Freifall-Rettungsboot der Firma Ernst Hatecke (r.)

Ein großer Transporteur für den Lebensmittelhandel ist die in Drochtersen ansässige **Frucht Service GmbH** mit ihrem Sortiment, das von Äpfeln über Früchte aus Süddeutschland bis zu exotischen Früchten wie Kiwis oder Ananas reicht.

Von den 120 Ziegeleien im Kehdinger Land, die nach dem Zweiten Weltkrieg Material für den Wiederaufbau des zerstörten Hamburg liefern, ist neben der **Ziegelei Horwege** nur noch die heute denkmalgeschützte **Ziegelei Rusch** mit ihrem alten Ringofen, die auch für Besucher zugänglich ist, in Betrieb. 18 Mitarbeiter fertigen von April bis Oktober Rotklinker an.

Die 16 Kilometer lange und drei Kilometer breite Elbhalbinsel **Krautsand** liegt im 17. Jahrhundert noch mitten im Elbstrom und gerät im Laufe der Zeit durch Verände-

rungen im Verlauf des Flusses näher an das westliche Ufer. Ein richtiges Dorf hat sich auf der langgezogenen Insel nie entwickelt. Die Höfe stehen weit voneinander entfernt auf Wurten mitten in ihren Ländereien. Fast 80.000 Schiffsbewegungen, vom Freizeitsegler bis zum Ozeanriesen, werden jährlich entlang der Halbinsel verzeichnet, auf der heute rund 600 Menschen leben.

Feste werden hier regelmäßig gefeiert. Der **Fisch-, Floh- und Bauernmarkt** ist von Mai bis September an jedem ersten Sonntag im Monat obligatorisch, das **Sommerfest** lockt Ende Juli die Besucher nach Krautsand. Alljährlich zu Himmelfahrt findet das **Rasenmähertreckerrennen** statt, immerhin die Weltmeisterschaft in dieser Disziplin und natürlich ein Volksfest. Bis zu 8.000 Zuschauer verfolgen den vom **Krautsander Race-Club** (**KRC**) organisierten Spaß. Ebenso viele Zuschauer zieht Mitte August das vom **Verein für Pferderennen am Krautsander Elbstrand** organisierte Rennen an. Die Fahrer tragen dann bis zu neun von Sponsoren unterstützte Trabrennen am Elbstrand aus – so lange, bis die Flut kommt.

Das **Kehdinger Moor** erstreckt sich auf 22 Kilometern zwischen Elbe und Oste und umfasst rund 40 qkm nasses Land. Mit dem **Moorkieker**, einem umgebauten Lorenzug der **Euflor Humuswerke** aus **Drochtersen,** ist es von April bis Oktober auf einem vier Kilometer langen Schienenrundweg zu besichtigen. Während der bis zu dreistündigen Fahrt, die vom Stader **Verein zur Förderung von Naturerlebnissen** organisiert wird, erfahren die Teilnehmer Wissenswertes über die Moorrenaturierung, den Torfabbau und die dort lebenden Pflanzen, Insekten und Vögel.

Eingebettet in die Moorlandschaft von **Hüll** liegt der **Heimathof Hüll** mit seinem Bauernmuseum. Seit 1992 ist die denkmalgeschützte Hofstelle im Besitz des **Heimatvereins Hüll und Umgebung**, der an Aktionstagen das Leben der Moorbevölkerung nachzeichnet.

Rasenmähertrecker-Rennen auf Krautsand (o.)
Führung im Kehdinger Moor (u.l.)
Ziegelei Rusch (ganz u.l.)

In **Hüll** verläuft auf etwa 2,5 Kilometer der **Rönndeich**, auch **„Deutsche Krimistraße“** genannt. Hier hat der Autor **Volker Vogeler** seine Drehbücher geschrieben. Aus seiner Feder stammen allein 95 Folgen von **„Der Alte“**. Der *Stern*-Autor **Jürgen Petschull** hat am **Rönndeich** den Polit-Thriller **„Der Herbst der Amateure“** verfasst. Und **Elke Loewe**, die das Zeichentrickschwein **Piggeldy** erfand, hat hier den Ort der Handlung für den einzigen **plattdeutschen Tatort**, *„Watt Recht is, mutt Recht blieven“*, angesiedelt.

Medien-Leute lieben das Land westlich der Elbe. Autor Jürgen Petschull (o.) schreibt in Drochtersen. Auch Elke Loewe, Erfinderin von Piggeldy und Frederick (ganz l.) ist hier tätig. Drei ihrer Romane („Die Rosenbowle“, „Herbstprinz“ und „Engelstrompete“) sind im fiktiven Dorf Augustfleth vor ihrer Haustür in Hüll angesiedelt. Dazu kommen drei historische Romane mit regionalem Bezug: „Teufelsmoor“ (Landkreis Osterholz), „Simon, der Ziegler (Krautsand) und „Der Salzhändler“ (Lüneburg)

SG Fredenbeck

Mitglieds-gemeinden:
- Deinste
- Fredenbeck
- Kutenholz

Einwohner: 13.007
Fläche: 143,99 qkm
90,3 Einw. je qkm

Handballer Birger Tetzlaff vom VfL Fredenbeck (r.)

Fredenbeck ist beliebt. Zwischen 1990 und 2000 ist die Einwohnerzahl um fast 27 Prozent gestiegen. Vor allem Familien genießen die ländliche Ruhe und nutzen die Nähe zur Großstadt, moderate Baupreise und die gut entwickelte Infrastruktur der Samtgemeinde.

Im 19. Jahrhundert ist die Ziegelbrennerei im Raum Stade ein ergiebiger Wirtschaftszweig. Die klebrige Tonerde für die zahlreichen Ziegeleien wird auf dem fruchtbaren Schwemmland der Elbe abgebaut. Feldbahnen besorgen den Transport. Um dieses alte Transportmittel für die Nachwelt zu erhalten, sammelt das **Deutsche Feld- und Kleinbahnmuseum** seit 1967 Feldbahnfahrzeuge. Über 20 Jahre steht die Museumsanlage mittlerweile in **Deinste**. Auf einer 1,2 Kilometer langen Vorführstrecke ist der Fahrbetrieb einer Kleinbahn um 1930 nachgestellt.

In **Wedel** bei **Fredenbeck** betreibt **Familie Resinger** auf ihrem Besitz privat die **Wedeler Feldbahn**, eine 600 mm Schmalspurbahn auf einem 1.000-Meter-Rundkurs. 1994 beginnt Familie Resinger, alte Loren, Loks und Gleise von stillgelegten Säge- und Torfwerken sowie auf Schrottplätzen zu sammeln. Für die wachsende Anzahl der Liebhaberstücke, heute sind es 20 Lokomotiven und 30 Loren, werden Lokschuppen und Abstellgleise gebaut. Nach Absprache kann man an Führungen und Fahrten teilnehmen. Eine dritte Bahn ist der **Moorexpress**, der im Sommer Stade und Osterholz-Scharmbeck verbindet, eine historische Strecke und ein altes Bindeglied zwischen Weser und Elbe.

Der Moorexpress, der von Mai bis Oktober an Wochenenden und Feiertagen zwischen Osterholz-Scharmbeck und Stade pendelt, hält auch in Fredenbeck, Deinste und dem Bahnhof Mulsum-Essel in Kutenholz (ganz r.)

Gut Deinster Mühle (r.)

Hydraulisches Bohrgerät von Dankers auf einer geländegängigen selbstfahrenden Lafette (r.) Ein ferngesteuerter Bohrkopf arbeitet sich unter Straßen, Gewässern oder Biotopen hindurch und ermöglicht so die unterirdische Verlegung verschiedener Leitungen

Das **Gut Deinster Mühle** lädt zum Schlemmen, Golfen und Ausruhen ein. Seit 1634 ist es im Besitz der **Familie Steffens**. 1964 stellt die Mühle ihren Betrieb ein. Zum landwirtschaftlichen Standbein kommt 1974 das Restaurant **Alte Lohmühle** hinzu, das über den Landkreis Stade hinaus für seine Forellengerichte mit Forellen aus eigener Zucht bekannt ist. Seit 1994 werden die landwirtschaftlichen Flächen zum großen Teil als Golfanlage genutzt, zu der auch eine öffentliche **Golfschule** gehört. Die **Dankers Bohrtechnik GmbH** ist mit dem Verfahren der gesteuerten Horizontalbohrtechnik gewissermaßen senkrecht gestartet. Binnen weniger Jahre hat sich das Personal auf über 70 Beschäftigte verdoppelt, die u.a. in Spanien, Österreich und Rumänien mit ihren Spülbohrungen die Verlegung von Leitungen für Wasser und Kommunikation, Gas und Öl vorbereiten.

Viele Kunststoffverpackungen in Geschäftsregalen stammen aus **Kutenholz.** Hier produziert die **RPC Verpackungen Kutenholz GmbH** mit ihren derzeit rund 200 Mitarbeitern seit über 50 Jahren Kunststoffflaschen für Nahrungsmittel, Kosmetika, Haushaltsreiniger, Pharmazie oder Schmierstoffe. 46 Maschinen verarbeiten im Jahr 7.500 Tonnen Rohstoff zu 260 Millionen Kunststoffbehältern. Bekannte Produkte sind die Ketchupflaschen von **Hela** und verschiedene Kosmetikartikel für Schwarzkopf und Henkel sowie Beiersdorf. Die Kunden von RCP kommen aus ganz Europa; der Exportanteil liegt bei ca. 50 Prozent.

Weniger Theorie aber viele Erlebnisse bietet der 2001 eingeweihte **Wald-Wild-Erlebnispfad Deinste** auf dem Gelände um das Gut Deinster Mühle. Für Schulklassen oder Gruppen bietet der Stader **Verein zur Förderung von Naturerlebnissen** Führungen mit unterschiedlichen Themenschwerpunkten an. Kinder und Erwachsene sollen mit offenen Augen und Ohren durch den Wald gehen und mit allen Sinnen die Natur erfahren.

Der 1986 gegründete **Heimat- und Kulturkreis Kutenholz** gliedert sich in verschiedene Interessenssparten, wie z.B. die Trachten- und Handarbeitsgruppe, den gemischten Chor und eine Volkstanzgruppe.1992 erwirbt der Verein ein niedersächsisches Zweiständerhaus aus > Frelsdorf (Beverstedt 28) und baut es in Kutenholz auf der Heidloh hauptsächlich in Eigenarbeit wieder auf. Die Diele dient heute als Veranstaltungsort.

Überregional bekannt ist die Samtgemeinde durch ihren Handballverein. 1980 spielte der **VfL Fredenbeck** noch in der Regionalliga. Heimspiele müssen im 13 Kilometer entfernten Stade ausgetragen werden. Kurz nach dem Bau der **Geestlandhalle** in Fredenbeck gelingt 1981 der Aufstieg in die neue 2. Bundesliga/Nord. In jener Mannschaft spielten fast ausschließlich „echte“ Fredenbecker. Sieben Jahre später gelingt in den Qualifikationsspielen gegen den TuS Schutterwald der Aufstieg in die 1. Bundesliga. Nach etlichen erfolgreichen Spielzeiten geht es zurück in die zweite Liga, wo die Mannschaft seitdem fast immer im oberen Drittel mitspielt – Wiederaufstieg sehnlichst erwünscht!

Ehrenamtliche Helfer des Heimat- und Kulturkreises Kutenholz beim Bau der Remise und des Backhauses (o.)

Naturerlebnis mit allen Sinnen auf dem Wald-Wild-Erlebnispfad in Deinste (l.)

Auswahl von Verpackungen bekannter Marken, die RPC Verpackungen Kutenholz herstellt (o.)

Mitglieds-gemeinden:
- Ahlerstedt
- Bargstedt
- Brest
- Flecken Harsefeld

Einwohner: 20.271
Fläche: 165,28 qkm
122,6 Einw. je qkm

SG Harsefeld

Die heutige Samtgemeinde Harsefeld blickt auf eine 1.000-jährige Geschichte zurück: Sie war Besitz von Grafen und beherbergte ein Kloster der Benediktiner, war bäuerliche Gemeinde und ist immer noch geprägt durch die Lage in der hügeligen Geestlandschaft, durch große Waldflächen und Wiesentäler der Aue, durch weiträumige Ackerflächen und moorige Niederungen.

Rathaus in Harsefeld (r.o)

Ulrike Riepe, Leiterin des Museums Harsefeld bei einer Gästeführung vor dem Amtshof (r.u.)

Die Friedrich-Huth-Bücherei in Harsefeld (ganz r.) ist eine typische Familienbücherei

Begehbarer Klosterpark rund um das Museum Harsefeld (o.)

Schon im 11. Jahrhundert verlassen die Grafen ihr Anwesen. In die verlassene Burg ziehen Anfang des 12. Jahrhunderts **Benediktinermönche** ein und bauen das Anwesen zu einem **Kloster** um. Nach jahrelangen Ausgrabungen und umfangreichen Renovierungsarbeiten ist es heute endlich möglich, die Grundmauern der ehemaligen Klosteranlage zu besichtigen. Auch der **Klosterpark** ist wieder hergerichtet. Hier finden im Sommer regelmäßig Veranstaltungen wie Open-air-Konzerte statt.

Erhalten ist auch die ehemalige Klosterkirche **St. Marien und Bartholomäi** mit ihrer mehr als 500 Jahre alten Bronzetaufe des berühmten Glockengießers **Gert Klinghe**. Weitere Informationen zum Kloster hat das **Museum Harsefeld** aufbereitet, das auf dem Klostergelände in einem ehemaligen Gerichtsgebäude **Am Amtshof 3** die Ausstellung „Burg, Stift und Kloster" sowie wechselnde Sonderausstellungen präsentiert. GästeführerInnen in Geest-Tracht stellen den Gästen sowohl das Klostergelände als auch den Ort Harsefeld und die umliegenden Mitgliedsgemeinden vor.

Gleich neben dem Kloster liegt der **Amtshof**, der 1742 auf den Grundmauern der Abtei errichtet wird. Seit 1980 ist hier die **Friedrich-Huth-Bücherei** zu Hause. Der **Klosterkeller** im Amtshof ist außerdem fast täglich eine gastronomische und manchmal eine kulturelle Begegnungsstätte.

Wer sich für alte Eisenbahnen interessiert, dem sei eine Fahrt mit dem **Museumszug** aus den 1920er Jahren empfohlen, der nach > Buxtehude (64) schnauft und vom 1979 gegründeten Verein der **Buxtehuder-Harsefelder Eisenbahnfreunde** betrieben wird.

Das landwirtschaftliche Leben im 19. Jahrhundert und bis etwa in die Zeit um 1960 spiegelt die Museumsscheune in **Brest/Reith** wider. Über 220 Gegenstände, von der Schubkarre bis zum Bienenkorb, stellt der **Museumsverein Samtgemeinde Harsefeld** aus. Besichtigungstermine können individuell vereinbart werden.

Eine aus der Zeit um 1700 stammende **Walkmühle** am **Tiefenbach** in **Bargstedt/Ohrensen** dient heute zur Übernachtung für Jugendgruppen. Hier werden einst in Bottichen Stoffe, Leinen sowie Ziegen- und Wildfelle gewalkt.

Lagerfeuerromantik bei den Harsefelder Pfadfindern (l.)

Entwicklung, gesteinsbildende Prozesse und die Verwendung von Findlingen im Laufe von Jahrtausenden.
Uralt ist auch der gut ausgeschilderte Wanderweg zum **Napoleonstein.** Der Weg ist seit Jahrtausenden Teil eines in Nord-Süd-Richtung verlaufenden Wegenetzes. Er verband Höfe und Dörfer, aber auch ferne Städte und Länder. Bereits die Menschen der jüngeren Steinzeit und später der Bronzezeit errichteten entlang dieses Weges ihre Gräber – Hügelgräber, von denen leider nur noch eines erhalten ist. Später nutzen Pilger aus ganz Nordeuropa diesen Weg für ihre beschwerliche Reise nach Rom. Ein isländischer Reiseführer aus dem 12. Jahrhundert empfiehlt diesen Weg ebenso wie die Reisebeschreibung des Stader Abtes Albert im 13. Jahrhundert. Auch Napoleon zieht mit seinen Truppen auf dieser Route vorbei, eine Tatsache, der

Hans Prigge (o.) führt durch die Museumsscheune in Brest

Stille Zeugen der Eiszeit im Garten der Steine (o.l.)

Eissporthalle in Harsefeld (l.)
In der Mitte haben Anfänger ein abgeteiltes Areal für sich

Heute kümmern sich die **Harsefelder Pfadfinder** um das Haus. Maximal 18 Teilnehmer können in dem Gebäude auf einem einfachen Matratzenlager übernachten und Kurse und Fortbildungen zum Thema Umweltbildung oder Pfadfinderarbeit abhalten.
Wichtig in einer kleinen Gemeinde sind die Vereine und Einrichtungen, in denen das soziale Leben seinen Ort hat. In dieser Hinsicht ist die Samtgemeinde Harsefeld gut aufgestellt. Zu den Sport-, Freizeit- und Erholungseinrichtungen gehören das **Waldstadion** mit zwei Fußballplätzen, das beheizte Freibad, die **Eissporthalle**, ein **Sport- und Freizeitpark** mit Squash-Courts, Fitnesseinrichtungen, Sauna und einer Spielhalle für Kinder, eine **Reithalle**, ein Waldlehr- und ein Trimm-Dich-Pfad. Auch in den Sportvereinen, den Schützenvereinen, den Feuerwehren, den Gesangvereinen etc. werden vielfältige Aktivitäten angeboten. Die Schießsportanlage des **Schützenvereins von 1903** gilt als beispielhaft im norddeutschen Raum.
Eine Attraktion ist der 2003 eingeweihte **Garten der Steine** auf dem **Ehrenberg.** Etwa 170 Findlinge unterschiedlicher Größen liegen hier, sortiert nach Herkunft und Gesteinsart. Tafeln erklären den Besuchern die erdgeschichtliche

der Stein seinen heutigen Namen verdankt. In den Stein eingraviert sind die Entfernungen in die Heilige Stadt und nach Reykjavik.

In nur drei Monaten zum eigenen Haus: diesen Traum erfüllt seit 1954 die **Viebrockhaus AG** aus Harsefeld. Seit der Gründung hat das Unternehmen über 17.000 Häuser gebaut. Rund 250 Mitarbeiter beschäftigt der Betrieb, der seit 1985 von **Andreas Viebrock** geleitet wird. Zur Auswahl stehen mehr als 70 schlüsselfertige Haus-Varianten. Im Jahr 2000 öffnet an der A 7 in >Bad Fallingbostel (174) mit 23 massiv gebauten Musterhäusern der Massivhauspark Fallingbostel, der größte Massivhauspark Deutschlands.

Hier ist auch ein Teil der Hausserie **Viebrockhaus Jette Joop Europe** zu finden, das die Viebrockhaus AG gemeinsam mit der Designerin **Jette Joop**, der Tochter des Modeschöpfers Wolfgang Joop, entwickelt hat. Eine weitere Spezialität der Viebrockhaus AG sind Reithallen. Besitzerin einer Viebrock- Reithalle ist zum Beispiel auch **Isabell Werth**, die mit viermal Gold und zweimal Silber bei Olympischen Spielen und mehreren Welt- und Europameisterschaftssiegen die erfolgreichste Dressurreiterin aller Zeiten ist.

Jette Joop vor Modellen des Haustyps, den sie für die Viebrockhaus AG entworfen hat (o.) Das Jette-Joop-Haus ist in zwei Größen zu haben: „limited“ oder „unlimited“. Beide Größen gibt es in den Varianten „modern“, „mediterran“ oder „klassisch“

Moderne Skateranlage für Jugendliche in Harsefeld (r.) Daneben gibt es Felder für Beachvolleyball und eine Streetball-Anlage

Marita Krüger bei der Anfertigung eines Binsenstuhls (ganz o.r.)

In **Ahlerstedt** pflegt **Familie Krüger** eine alte Familientradition. Schon seit 1880 werden hier Stühle aus Binsengeflecht angefertigt, mittlerweile in der vierten Generation. Was der Drechsler und Binsenflechter **Peter Krüger** und seine Ehefrau begonnen haben, führt seit 1995 die angeheiratete Urenkelin **Marita Krüger** mit **Krüger's Binsen-Stuhlflechterei** fort.

Eine recht junge Geschäftsidee verfolgt die **Blato GmbH.** Das Unternehmen vermietet **Haushüter** für Privathaushalte und Geschäftshäuser. Von normaler Hütetätigkeit bis zum Büroservice ist alles dabei. Der deutsche Concierge holt beispielsweise die Post und Zeitung herein, stellt Mülltonnen zur Abfuhr bereit, gießt die Pflanzen in Haus und Garten, kehrt Laub zusammen und fegt im Winter Schnee. Blato ist zudem eine Preisagentur für Häuser, die seit 1988 am Markt ist und z.B. Einfamilienhäuser, insbesondere Holzmassivbauten, vermittelt.

500 Meter unter dem **Aue- und Tiefenbachtal** in Harsefeld liegt ein fünf Kilometer hoher **Salzstock**. Er ist 240 Millionen Jahre alt. Das Salz wird heute noch abgebaut und ist ein wichtiger Grundstoff für den Industriebetrieb von **Dow Chemical** in **Stade-Bützfleth**. Das Salz wird über eine 27 Kilometer lange unterirdische Pipeline zum Werksgelände des Chemieunternehmens nahe der Elbe transportiert.

SG Himmelpforten

Mitglieds-gemeinden:
- Düdenbüttel
- Engelschoff
- Großenwörden
- Hammah
- Himmelpforten

Einwohner: 9.704
Fläche: 89,80 qkm
108,1 Einw. je qkm

Zwischen Hamburg und Cuxhaven, am Rande des idyllischen **Ostetals,** liegt die Samtgemeinde Himmelpforten, die ihren Namen dem ehemaligen Nonnenkloster **Porta Coeli** (Pforte des Himmels) verdankt. Ähnlich wie in der Ortschaft >Nikolausdorf (Garrel I-273) beschert der himmlische Ortsname der Gemeinde viel Ruhm. Seit fast 45 Jahren öffnet in dem 5.000-Seelen-Ort jedes Jahr im November die Poststelle des Weihnachtsmannes. Rund 30.000 Wunschzettel und Briefe erreichen dann das berühmteste **Christkind-Dorf** in Deutschland. Eine Gastwirtstochter aus Himmelpforten schreibt 1961 den ersten Brief, den der Postbeamte **Johann Knüppel** nur zum Spaß beantwortet. Die Presse publiziert die hübsche kleine Geschichte, eine wachsende Briefflut ist die Folge. 1967 übernimmt **Hermann Bardenhagen** die Postfiliale in Himmelpforten und beantwortet 35 Jahre lang die Wunschzettel an Christkind und Weihnachtsmann. Sein Nachfolger ist Posthauptsekretär **Wolfgang Dipper,** dem heute zehn ehrenamtliche Helfer zur Seite stehen. Die Adresse lautet übrigens: **An den Weihnachtsmann, 21709 Himmelpforten.** Jedes Kind, das seinen Absender vermerkt hat, bekommt garantiert eine Antwort. Und der Stempel **Christkind-Postamt** ziert auf jeden Fall das Rückschreiben.

Stehen bei Witts Gasthof auf dem Programm: Fahrten mit der Kutsche (l.) Im Bild: der ehemalige Kutscher Fritz Müller

Der Ex-Postbeamte Hermann Bardenhagen mit Helferinnen im Weihnachtsmannbüro Anfang der 1990er Jahre (l.)

Nicht nur Kinder zieht der Ort in den Bann. **Witts Gasthof** veranstaltet ganzjährig eine bis zu dreitägige **Himmelstour.** Teil des Programms ist das **Himmelsdiplom.** Die Studenten müssen Mönchskutten tragen, Aufgaben rund ums ehemalige Kloster bewältigen und Fragen zur Ortsgeschichte beantworten. Am dritten Tag steht nach einem deftigen Katerfrühstück ein Besuch im **Heimatmuseum Himmelpforten** an. Sonntags zwischen 10 und 12 Uhr oder nach Vereinbarung kann hier die geschichtliche Entwicklung der Region nachvollzogen werden. Zu ausgestellten Stücken zählen die Einrichtungen alter Werksstätten sowie ein 80 Jahre altes Schulzimmer.

Auf den Resten des alten Gotteshauses der Nonnen in **Himmelpforten** entsteht 1738 die **St. Marienkirche** mit einer der ältesten Kirchenorgeln des Landkreises, 1587 von **Hans Scherer** gebaut.

Das **Gut Kuhla** zwischen **Himmelpforten** und **Oldendorf** ist von 1280 bis 1709 Stammsitz der **Ritter von Kuhla.** Seit 1985 wird das Gut von **Otto von Gruben** und seiner Frau **Viktoria von Gruben** bewirtschaftet. Das Ehepaar baut Zuckerrüben, Spargel und Weihnachtsbäume an. Im **Hofladen,** der von Mitte April bis Ende Juni und ab Mitte November bis Heiligabend geöffnet hat, stehen die Hofprodukte sowie Dekorations- und Geschenkartikel zum Verkauf.

Spargelstecher auf Gut Kuhla (o.)

Das Team der Hökerwerkstatt (r.) Im Bild hintere Reihe: Elsbeth Wassermann, Brigitte Sawatzki, Birgit von Ahn (v.l.n.r.); vordere Reihe: Nilda Wenzlaff (l.) und Ute Rezgui (r.)

Kinderbuchlesung in der Villa von Issendorf mit „Käpt'n Blaubär" (r.)

Wette im Gasthof Stechmann (r.) Wenige Tage vor seinem 50. Geburtstag gelingt es Wirt Heinz Wassermann, 30 Flaschen Holsten binnen 60 Sekunden mit einem Minibic-Feuerzeug zu öffnen

Die 1853/54 erbaute **Windmühle Grefenmoor** gibt nicht nur Einblicke in das Müllerhandwerk; nach Bewältigung kniffeliger Aufgaben und Beantwortung einiger Fragen kann man in der einstöckigen Galerieholländer-Windmühle sogar ein **Mühlendiplom** erwerben.

Kulturzentrum und Standort der Gemeindebücherei ist die **Villa von Issendorff** in Himmelpforten. Hier bietet der örtliche **Kulturkreis** seine Veranstaltungen an; im restaurierten Esszimmer finden Trauungen statt.

Einen Treffpunkt ganz neuer Art, dennoch vergleichbar mit den wenigen noch existierenden Tante-Emma-Läden, haben fünf Frauen aus **Großenwörden** mit der **Hökerwerkstatt** in der **Deichstraße** geschaffen. Die Initiatorin **Brigitte Sawatzki** und ihre Mitstreiterinnen **Elsbeth Wassermann, Ute Rezgui, Nilda Wenzlaff** und **Birgit von Ahn** haben eine frühere Tischlerwerkstatt zu 85 qm gemütlicher Verkaufs- und Klönfläche umgestaltet. Hier können Kunden alles für den täglichen Bedarf finden, Brötchen und andere Backwaren, Obst und Gemüse, Blumen, Geschenkartikel – und etwas ganz Spezielles: asiatische Lebensmittel. Auch existiert eine Reinigungs- und Wäschereiannahmestelle. Mittwochs vormittags verkauft dort ein Landschlachter seine Waren aus einem Verkaufswagen heraus und sogar Fischbestellungen werden angenommen. Wenn man Zeit und Lust hat, kann man ganz gemütlich Kaffee oder Tee trinken und ein wenig klönen.

Eine Institution in **Großwörden** ist der denkmalgeschützte **Gasthof Stechmann**. Hier treffen sich die Männer der Feuerwehr und die Sportfischer stellen ihren Fang zur Schau. Die große Leidenschaft des Wirtes **Heinz Wassermann** ist das Zocken. Es werden Wetten jeder Art abgeschlossen: Wer holt binnen 24 Stunden 20 Kilogramm Fisch aus der Oste? Gelingt es dem Wirt, 30 Bierflaschen binnen 60 Sekunden mit einem Mini-Feuerzeug zu öffnen? Das Publikum freut sich anschließend über die Lokalrunde auf Kosten des Verlierers.

Ein weiterer beliebter Treffpunkt in der Samtgemeinde ist das **Kötnerhaus** in **Düdenbüttel**, ein Zweiständerhaus, das als Dorfgemeinschaftshaus genutzt wird und über einen urigen Bauerngarten und eine kleine Freilichtbühne verfügt. Bekannt ist auch das **Landhaus Hammah** mit Restaurant, Kegelbahn und Veranstaltungsräumen.

SG Horneburg

Mitglieds-gemeinden:
- Agathenburg
- Bliedersdorf
- Dollern
- Flecken Horneburg
- Nottensdorf

Einwohner: 11.462
Fläche: 59,98 qkm
191,1 Einw. je qkm

Schloss Agathenburg im Winter (l.)

Horneburg, benannt nach der 1645 durch die Schweden zerstörten Burg am „Horn" (Bogen) der **Lühe**, liegt mit seinen fünf Mitgliedsgemeinden als Tor zum Alten Land am Rande der **Stader Geest.** Früher eine wichtige Post- und Umspannstation, bietet die Samtgemeinde heute mit dem **Schloss Agathenburg** eine attraktive kulturelle Einrichtungen. Ein verwunschener Park mit modernen Skulpturen, ein alter Baumgarten mit zwei romantischen Teichen – vor dieser Kulisse erhebt sich das 1655 erbaute Schloss Agathenburg. Seit 1991 ist das Anwesen kulturelles Zentrum des Landkreises Stade. Hier veranstaltet die **Kulturstiftung Schloss Agathenburg** Ausstellungen, Konzerte, Lesungen und Vorträge. Eine Dauerausstellung informiert über die Geschichte der Ortschaft, des Schlosses und seiner Bewohner. Der ehemalige Pferdestall steht für öffentliche und private Feiern zur Verfügung und bietet Platz für Konzerte mit Chören, kleineren Orchestern, Jazz-, Blues- und Rockgruppen.

Der **Burgmannshof** von 1509 wird 1984 von der Samtgemeinde Horneburg gekauft und zur Begegnungsstätte umgebaut. Hier sind die Bücherei, die Begegnungsstätte, die Heimatstube und die Archivräume des **Heimatverein Horneburg und Umgebung** untergebracht.

Der **Düring'sche Pferdestall** beherbergt seit 1996 das vom Horneburger Heimatverein betriebene **Handwerks- und Regionalmuseum** mit dem Untertitel: *„Ausspann, Fuhrwesen und zugehöriges Handwerk des 17. bis 19. Jahrhunderts"* mit über 7.000 Exponaten. Neben der örtlichen Postgeschichte und einer Wagen- und Kutschensammlung ist in der Dauerausstellung ein „Ausspann", eine ländliche Schenke um 1830 mit Pferdestall, Sattelkammer und Kutschenausstellung, Schmiede, Stellmacherei, Böttcherei und Sattlerei aufgebaut.

Lange hingen die rote Kuben des Künstlers HD Schrader in den Bäumen des Schlossparks (l.)

Im Handwerksmuseum Horneburg zeigen Mitglieder des Heimatvereins Schülern u.a. die alte Kunst des Drechselns (l.)

Ein großes Ereignis ist in der Samtgemeinde seit 1734 der **Horneburger Herbstmarkt** mit **Pferdemarkt** an jedem zweiten Freitag im Oktober. Von der 1396 erstmals erwähnten **Liebfrauenkirche** bis zur **Stader Straße** verwandelt sich der Flecken Horne-

Mitarbeiter von Atlantic Mineralölwerk (o.)

Carsten Eggers in seiner Nottensdorfer Werkstatt mit der Plastik „Skuld“, der nordischen Schicksalsgöttin der Zukunft. Werke des Künstlers sind in der ganzen Region zu finden (r.)

Mode, Möbel, Sport und Schuhe gibt beim Kaufhaus Mohr in Dollern auf vier Etagen (r.)

burg in eine Flaniermeile mit Buden, Karussells, Kaffeestuben und Musik.
Alljährlich, am letzten Samstag im Januar ist **Nottensdorf** Schauplatz eines ungewöhnlichen Festes: dem **Eierschnorren.** Die Männer des Dorfes ziehen mit Musik von Haus zu Haus und sammeln Eier ein. Der Zug geht dann weiter zu **Dammann's Gasthaus,** wo beim Eierwettessen der Eierkönig ermittelt wird. Der Rekord eines offensichtlich sehr hungrigen Mitstreiters liegt bei 40 (!) verzehrten gekochten Eiern.
Im **Nottensdorfer Wald** liegt die **Gedenk- und Grabstätte** des Hamburger Mediziners **Hans Much** (1880–1932) des Entdeckers der *Much'schen Granula*, einer Variante der Tuberkelbazillen. Außerdem hat er – was wohl besser in Erinnerung bleiben wird – die **Spalt-Tablette** entwickelt.
Die **Feldsteinkirche** in **Bliedersdorf** steht seit dem 12. Jahrhundert. In noch früherer Zeit war der Kirchhügel vermutlich ein germanischer Kultplatz. Im Kircheninneren sind die Feldsteinwände nur dünn verputzt. Der mittelalterliche Blockaltar mit Aufsatz stammt aus dem Jahre 1587, die Kanzel aus dem Jahre 1622 und das Taufbecken ist von 1696.
Viele Unternehmen in der Samtgemeinde sind auf Produkte und Dienstleistungen rund um den Obstanbau spezialisiert. In **Dollern** hält die **Frugro Obstverpackung Einkaufszentrale Niederelbe eG** Verpackungsmaterial und Bedarfsartikel für Obst und Gemüse vor. Hier kaufen 700 Landwirte Kartons, Körbe und Schalen für ihr Erzeugnisse.
Aber nicht alle Unternehmen „machen in Obst“. 2003 wird eine Creme namens „*Poposan*“, die die Sitzpartien von Fahrradsportlern gegen Wundscheuern schützt, Testsieger bei der Zeitschrift **Men's Health**. Das Produkt ist eines der Pflegemittel aus dem Sortiment „Rund um das Fahrrad“ der **Atlantic Mineralölwerk GmbH.** Der Betrieb mit Sitz in **Dollern** ist mit der Herstellung und Abfüllung von flüssigen und pastösen Produkten für die chemisch-technische Industrie (Mineralöle) tätig.
Größtes Unternehmen ist die Firma **Mohr.** Auf insgesamt 18.000 qm Verkaufsfläche bietet das Familienunternehmen in ihrem Dollerner Kaufhaus Mode und Möbel an und ist außerdem das größte Sporthaus des gesamten Landkreises.

Jork

Mitten im größten Obstanbaugebiet Deutschlands, ja Nordeuropas, dem **Alten Land**, gelegen, ist Jork vor allem im Frühjahr ein wunderbarer Ort. Neun Millionen Obstbäume tauchen die Landschaft in ein weißes und zartrosafarbenes Blütenmeer. Kleine Brücken und Windmühlen, wie die **Aurora** im Ortsteil **Borstel**, erinnern an holländische Siedler, die einst halfen, die sumpfige Marschen für die Landwirtschaft und den Obstanbau, das wirtschaftliche Standbein der Gemeinde, nutzbar zu machen.
Stattliche Herrensitze und große Bauernhäuser mit strahlend weißen Fachwerkbalken und prachtvollen Prunkpforten, den **Altländer Toren,** zeugen vom lang anhaltenden Wohlstand der Obstbauern. Der alte Jorker Ortskern hat viel vom Charme der vergangenen Jahrhunderte bewahrt. Eindrucksvoll ist das 1658 erbaute **Portau'sche Haus.** Hier hat früher das höchste Altländer Gericht getagt, heute ist in dem Gebäude die **Gemeindebücherei** untergebracht.
Das Schmuckstück Jorks aber ist das **Rathaus**, der so genannte **Gräfenhof,** Sitz der Gemeindeverwaltung von Jork. Beliebt ist das Trauzimmer im ersten Obergeschoss mit seinen Altländer Möbeln. Hier heiraten jedes Jahr nahezu 300 Paare.
Über die Geschichte des Alten Landes, den Obstbau, die Schifffahrt und das Handwerk informiert seit 1990 das **Museum Altes Land** in einem typischen Altländer Fachwerkhaus in **Jork.** Auf 320 qm Fläche erzählen Modelle, Dokumente, Fotos und Originalexponate, wie das einst sumpfige Land an der Elbe eingedeicht, entwässert und bearbeitet worden ist. Das Museum zeigt landwirtschaftliches Gerät sowie Ausstellungsstücke zur Wirtschafts- und Sozialgeschichte, darunter eine alte Apfelsortiermaschine. Die in Tracht gekleideten **Altländer Gästeführer** unterhalten im Haus ein Büro und bieten Führungen durchs Alte Land an.
Klein und edel ist das **Museum Estebrügge** mit seinen Möbeln, Trachten, Leinen und Schmuck aus dem Alten Land (Steinweg 7). Nach Absprache

Ortsteile:
- Borstel
- Estebrügge
- Hove
- Jork
- Königreich
- Ladekop
- Moorende

Einwohner: 11.859
Fläche: 62,27 qkm
190,4 Einw. je qkm

Obstblüte im Alten Land (l.)

Das prächtige Rathaus von Jork aus dem 17. Jahrhundert (ganz l.)

Gerd Matthes (o.) leitet das Museum Estebrügge (o.l.)

Vorernteführung des Obstbauversuchsrings (o.)
Hier erfahren Mitglieder u.a. Neues über Pflanzenschutz und Technik im Obstbau

Apfelbaumpaten pflücken die Früchte „ihres“ Baumes auf dem Obsthof Axel Schuback (r.)

führt Inhaber **Gerd Matthes** durch die Ausstellung in dem Privathaus. Er erzählt Begebenheiten aus der Altländer Geschichte und kennt eine Menge origineller Kochrezepte.

Beim **Obstbauversuchsring des Alten Landes e.V.** erhalten die Obstbauern des Alten Landes Informationen zum Obstanbau. Seit 1947 erscheint die Vereinszeitschrift monatlich mit Fachartikeln zum Thema Obstbau. Der Beratungsring besteht seit 1929 und ist die älteste Institution ihrer Art in Deutschland und die zweitgrößte in Europa.

Interessenten können den knapp zwei Kilometer langen **Obstlehrpfad** von **Borstel** bis zur **Yachthafenstraße** entlang schlendern. Danach sollte das **Altländer Apfeldiplom** auf dem **Hof** von **Heinrich Schuback** in Jork kein Problem mehr sein. Nach Begrüßungstrunk, Spielen und Prüfung in gemütlicher Runde erhält jeder Teilnehmer das Dokument.

Das Markenzeichen des **Herzapfelhofs Lühs** in Jork ist eben der Herzapfel. Vor mehr als 20 Jahren fängt **Hein Lühs** an, mit Schablonen Herzen auf die Schalen zu platzieren. Längst hat sich die Geschäftsidee durchgesetzt und Kunden wie die **Lufthansa** und die **Sparkasse** angelockt. Jährlich werden Webadressen oder Firmenembleme mit einem 150.000 Euro teuren Laser in die Fruchtschale von 40.000 Jonagold-Äpfeln geschossen. Verkauft wird im **Hofladen** oder über das Internet.

Eine originelle Idee hat auch **Axel Schuback** in Jork zum Geschäft gemacht. Für 40 Euro im Jahr kann man auf seinem **Obsthof** eine Baumpatenschaft kaufen. Der Pate erhält eine Urkunde, ein Foto seines Baumes, wird über Blüte- und Erntetermine informiert und erhält vor allem alle Früchte, die der Baum im Jahr trägt. 20 Kilo werden von **Axel Schuback**, der den Hof in der fünften Generation bewirtschaftet, garantiert.

Die herausragende Veranstaltung des an großen Veranstaltungen sicher nicht armen Alten Landes findet seit über 20 Jahren am ersten Wochenende im Mai statt: das **Altländer Blütenfest**. Zwei Tage lockt das Programm der **Werbegemeinschaft Jork** bis zu 30.000 Besucher an, die den Ort in einen riesigen Rummelplatz verwandeln, zwei anstrengende Tage, ein großes Vergnügen und ein lohnendes Geschäft. Vor dem großen Blütenumzug wird eine **Blütenkönigin** gekrönt, die ein Jahr lang das Alte Land auf Festen, Messen und Kongressen präsentieren wird.

Auch zum **Altländer Kirschmarkt** am zweiten Sonntag im Juli kommen etwa 10.000 Besucher nach Jork. Kirschkernweitspucken ist eine der Attraktionen.

Rund zwei Stunden dauert es, ehe man das Apfeldiplom auf dem Hof Heinrich Schuback erlangt hat (r.)

Herzapfelhofbauer Hein Lühs kontrolliert das Wachstum seiner Äpfel (o.)

SG Lühe

Mitglieds-gemeinden:
- Grünendeich
- Guderhandviertel
- Hollern-Twielen-fleth
- Mittelnkirchen
- Neuenkirchen
- Steinkirchen

Einwohner: 10.061
Fläche: 57,93 qkm
173,7 Einw. je qkm

Entlang der Elbe und der Lühe gehen die Orte der Samtgemeinde fast ohne Unterbrechung ineinander über. Vor allem am historischen **Obstmarschenweg** reihen sich die Fachwerkhäuser zu einem einzigen Freilichtmuseum. Die Bewohner sind schon privilegiert. Was für sie Alltag ist, zieht übers Jahr Tausende von Funktion. Jetzt beherbergt der Twielenflether Turm eine Ausstellung von Schiffsmodellen, Seekarten und Fotos. Von der Außengalerie hat der Besucher einen schönen Blick über die Elbe.
Sehenswert ist die grün gedeckte und noch funktionsfähige Windmühle **Venti Amica** *(lat.: Freundin des Windes)*, die über den Höfen zwischen Hollern und Twielenfleth hervorragt und noch im Mahlbetrieb ist. Die Mühle von 1818 ist die wahrscheinlich älteste Mühle im Alten Land und seit 1851 in Besitz der Müllerfamilie **Noodt**. Sie kann nach Voranmeldung besichtigt werden.

Ab Lühe-Anleger (l.) fährt der Elbe-City-Jet (u. Mitte) nach Hamburg und Stade und die Fähre „Dat ole Land" (u.l.) setzt über die Elbe nach Wedel/ Schulau

Twielenflether Leuchtturm (o.); im Hintergrund: die Windmühle Venti Amica

Touristen an: die malerische Lage im Alten Land, direkt an der Elbe. Es dauert lange, bis das ehemals sumpfige Land bewirtschaftet werden kann. Im 12. Jahrhundert sorgen die Bremer Erzbischöfe dafür, dass Holländer in die Region kommen und mit anpacken. Noch heute erinnern kleine Brücken und Windmühlen an die holländischen Kolonisten.
Der **Twielenflether Leuchtturm** ist einen Spaziergang wert. Von 1893 bis 1984 weist der Turm den Schiffen auf der Elbe den Weg. Dann wird er auf die Binnendeichseite versetzt und ein neuer Leuchtturm übernimmt seine

Ein sehr belebter Flecken ist der **Anleger** in **Grünendeich**, wo die Fähre zwischen **Lühe** und **Schulau** über die Elbe pendelt. 1918 von Kaufleuten, Lotsen und Obstbauern der Orte Grünendeich, Wedel und Hamburg gegründet, um Obst zu den Märkten nach Wedel und Hamburg zu bringen, befördert **MS „Dat Ole Land"** täglich Touristen und Pendler nach **Schulau-Wedel** in Schleswig-Holstein. Auch der **Elbe-City-Jet** legt hier mehrmals täglich zur Fahrt in Richtung der St. Pauli Landungsbrücken in Hamburg und nach >Stade (89) ab.
Die Orte **Grünendeich** und **Twielenfleth** sind lange als „Lotsen-Dörfer"

*Spaß und Unterhaltung im Feriendorf Altes Land (o.)
Die ehemalige Seefahrtschule Grünendeich (r.)
Die schwimmende Gaststätte „Ole Fähr" im Steinkirchener Hafen (ganz r.)*

*Die Hogendiekbrücke über die Lühe (o.)
Trauzimmer des Rathauses in Lühe (ganz o.)*

bezeichnet worden. Kapitäne, die nicht mehr über die Weltmeere geschippert sind, hatten sich hier niedergelassen und ihr Brot als Elblotsen verdient, sie leiteten die großen Pötte von der Elbmündung bis in den Hamburger Hafen. Auch die **Lodcoper Bimmelbohn** macht am Lühe-Anleger Halt. Jeden Dienstag und Donnerstag startet das Gefährt um 13 Uhr am **Feriendorf Altes Land** in **Hollern-Twielenfleth** eine Rundtour durch das Alte Land. Um 13.30 Uhr können Fahrgäste am Lühe-Anleger dazustoßen. Während der anderthalbstündigen Fahrt erfahren die Passagiere Interessantes über Land und Leute sowie den Obstbau und die Traditionen im Alten Land. Auf Wunsch wird alles auch in plattdeutscher Sprache erzählt.

Das **Feriendorf Altes Land** liegt auf einem Obsthof direkt am Elbdeich. Urlaubsgäste können einzelne zwischen Obstbäumen stehende Ferienhäuser mit eigenem Grundstück anmieten. Der malerische Ort **Steinkirchen** besticht durch seine Fachwerkhäuserzeile aus dem 18. Jahrhundert rund um den alten **Markt** und ist Verwaltungssitz der Samtgemeinde. Im **Steinkirchener Hafen** liegt das ausgediente Fährschiff **„Lühe"**. Unter dem Namen **„Ole Fähr"** ist das Boot, das einst zwischen Lühe und Schulau gependelt hat, heute als maritime Gaststätte in Betrieb.

In der Mitte Steinkirchens steht die erstmals 1332 urkundlich erwähnte Feldsteinkirche **St. Martini et Nicolai.** Im Innern ist eine der wertvollsten Orgeln des Alten Landes, eine Arbeit des Hamburger Meisters **Arp Schnitger** aus dem Jahr 1687, erhalten.

Die alte malerische Holzbrücke **Hogendiek** führt von **Steinkirchen** nach **Mittelnkirchen**. Im Gebäude der früheren Seefahrtsschule am Kirchenstieg 30 in **Grünendeich** ist das **Haus der maritimen Landschaft Unterelbe**, eine Arbeitsgemeinschaft niedersächsischer und schleswig-holsteinischer Elbanrainerkreise, -städte und -gemeinden untergebracht. Die Organisation will das maritime Erbe an der Unterelbe, z.B. Häfen, historische Schiffe, Leuchttürme etc., erhalten. Einheimische und Touristen erfahren in dem Gebäude Wissenswertes über die Attraktionen an der Unterelbe. Beliebt sind auch die Vorführungen im hauseigenen kleinen **Planetarium.**

In **Hollern-Twielenfleth** ist die Zentrale der **Elbe-Obst-Erzeugerorganisation** ansässig. 1968 schließen sich Obstbauern zu dieser Vereinigung zusammen, heute gehören ihr 600 der etwa 1.000 Obstbauern im Alten Land an. Etwa 65 Prozent des Obstes von der Niederelbe vermarktet die Organisation mittlerweile. Der Umsatz liegt oberhalb der 50-Millionen-Euro-Marke.

SG Nordkehdingen

Mitglieds-gemeinden:
- Balje
- Flecken Freiburg (Elbe)
- Krummendeich
- Oederquart
- Wischhafen

Einwohner: 7.896
Fläche: 193,01 qkm
40,9 Einw. je qkm

Im äußersten nördlichen Zipfel des Landkreises Stade liegt die **Samtgemeinde Nordkehdingen,** die im Nordwesten von der **Oste,** die hier in die Elbe mündet, begrenzt wird. Direkte Landverbindung gibt es nur nach Süden, denn auch im Osten wird die Samtgemeinde durch die **Wischhafener Süderelbe** begrenzt. Kaum eine andere Gemeinde im Landkreis, höchstens Drochtersen, liegt so nah am Wasser; kaum eine ist den Elementen so direkt ausgesetzt.

Hinter den Schutzdeichen an der Elbe erstrecken sich die ehemaligen Aussendeichsflächen, auf denen zahlreiche Vogelarten je nach Jahreszeit rasten oder brüten. Auf den Weiden grasen Rinder und die bekannten Hannoverschen Warmblutpferde, die hier gezüchtet werden. Neben dem vorherrschenden Ackerbau pflanzen zahlreiche Einheimische Obstplantagen auf den ertragreichen Marschböden. Im Hinterland ist das **Kehdinger Moor** zu sehen.

Zu den Flussläufen hin steigt das flache Gelände ein wenig an. So liegt Nordkehdingen in einer Mulde und in Teilen sogar noch unter dem Meeresspiegel. Diese Lage machte das Marschenland früher wenig einladend. Regelmäßige Überflutungen verheeren die Kehdinger Höfe. Erst Eindeichungen gewähren Schutz vor dem „Blanken Hans“, wie im Norden die See mit ihren wütenden Sturmfluten heißt.

Riesige Vogelschwärme besiedeln das flache Land vor und hinter dem Deich in Nordkehdingen (l.)

An der Oste liegt das ganzjährig geöffnete Freilichtmuseum **Natureum Niederelbe.** Dauer- und Sonderausstellungen des 1990 eingerichteten Museums geben einen Einblick in die Natur und Landschaft der Niederelbe und des Elbe-Weser-Dreiecks. Vom **Aussichtsturm** aus hat man einen großartigen Blick über die Oste. Rund 60.000 Quadratmeter **Freilichtausstellung** mit einem fünf Kilometer langen Lehrpfad warten auf die Besucher. Am **Sturmflut-Modell** lernen die Gäste die Entstehung einer Flut kennen.

Eine Fahrt mit dem **Vogelkieker** zur Erkundung der Naturschutzgebiete an der Unterelbe ist ein weiteres touristisches Angebot in der Gemeinde. Die Elbmarschen sind idealer Brut- und

Blick auf den Freilandbereich des Natureums Niederelbe in Balje (l.)

Mit dem Vogelkieker geht es auf Vogelsafari entlang des Elbufers (u.)

Schüler der Orientierungsstufe Freiburg bei einer Prozessionsübung im mittelalterlichen Dorf Op de Hörn (o.)

MS „Seeland", eines der Küstenmotorschiffe der Karl Meyer Reederei (r.)

Kehdinger Küstenschifffahrtsmuseum in Wischhafen (o.)

Rastplatz für verschiedene Vogelarten. Hier rasten im Frühjahr und Herbst riesige Schwärme von Zugvögeln – mehr als 100.000 Tiere werden an manchen Tagen gezählt. Der Stader **Verein zur Förderung von Naturerlebnissen** bietet zwei- bis dreistündige Erlebnisfahrten mit dem **Vogelkieker**, einem bunt bemalten Doppeldeckerbus an.
Ganz in der Nähe, im Baljer Ortsteil **Hörne**, liegt auf dem Gelände des **Gutes Hörne** das mittelalterliche Modelldorf **Op de Hörn**. Das Dorf mit acht Gebäuden entstand als ein Schulprojekt der **Orientierungsstufe Freiburg** unter der Trägerschaft der Samtgemeinde Nordkehdingen. An öffentlichen Besuchstagen und nach Voranmeldung kann die Siedlung besichtigt werden. Schulklassen können für einen Tag Mittelalter spielen. Sie tragen mittelalterliche Kostüme und üben sich in Handwerken, wie denen des Tischlers, Schmieds, Färbers oder Töpfers.
Die Samtgemeinde zu erkunden bieten sich viele Möglichkeiten: 160 Kilometer **Fahrradwanderweg** durchkreuzen die gesamte Marsch. Der **Freiburger Hafen** liegt am Ende des **Hafenpriels** und ist vor Sturmfluten durch das von 1963 bis 1966 erbaute **Hochwasser-Sperrwerk** geschützt. Parallel zum Hafenpriel verläuft ein **Treidelweg**, auf dem früher von Menschenhand oder mit dem Pferd Frachtsegler zur Elbe hinaus- oder hereingezogen wurden. Der Hafen ist heute beliebtes Ziel für Sportbootfahrer, die **Seglervereinigung Freiburg e.V.** unterhält 50 Liegeplätze und zwei Vereinshäuser. Auch die **Bootswerft Hatecke** ist hier beheimatet. 1995 wird sie von **Rainer Hatecke** in fünfter Generation übernommen. Hauptsächlich werden traditionelle, eichenbeplankte **Tuckerboote** gebaut. Aber auch Restaurierungen und Umbauten von Schiffen sind Teil des Geschäftes.
Der Elbeabschnitt zwischen Cuxhaven und Hamburg ist einer der am meisten befahrenen Seewege der Welt, doch keine einzige Brücke führt auf dieser Strecke über den Fluss. Eine Fährverbindung von überregionaler Bedeutung verbindet Glückstadt und **Wischhafen**. Großfähren der **Elbfähre Glückstadt Wischhafen GmbH & Co KG** verkehren ganzjährig zwischen Niedersachsen und Schleswig-Holstein.
Die Küstenschifffahrt war einst blühender Wirtschaftszweig der Region. In unmittelbarer Nähe zum denkmalgeschützten **Wischhafener Hafen** zeigt das **Kehdinger Küstenschifffahrts-Museum** in einem alten Mühlengebäude Fotos, Dokumente und Originalgegenstände aus dieser Zeit. Geöffnet ist von Ostern bis Mitte November an den Wochenenden.
In der Entsorgung aktiv ist die **Karl Meyer AG** im **Wischhafener Hafen**. *„Am Anfang"*, heißt es in der Unternehmensgeschichte des Betriebes, *„fuhren drei Lastwagen von A nach B"*. Heute gehören zur Karl-Meyer-Gruppe 13 Tochterfirmen und die **Karl Meyer Reederei**. Diese setzt fünf Küstenmotorschiffe mit einer Tragfähigkeit von bis zu 1.500 Tonnen ein. Mit dem MS „Björn" werden die Abfälle der Nordseeinseln Helgoland und Neuwerk entsorgt.

SG Oldendorf

Mitgliedsgemeinden:
- Burweg
- Estorf
- Heinbockel
- Kranenburg
- Oldendorf

Einwohner: 7.687
Fläche: 106,44 qkm
72,2 Einw. je qkm

Besucher müssen die großen Straßen verlassen, um diesen idyllischen Winkel der Stader Geest kennen zu lernen. Auf drei Seiten von Wasser begrenzt, hat die Samtgemeinde Oldendorf ein wenig vom Flair der „guten alten Zeit" bewahrt. Kleine, beschauliche Dörfer und eine intakte Natur, geprägt durch den Wechsel von Wald und Wiesen, Hochmooren und stillen Flusslandschaften üben vor allem auf Städter einen großen Reiz aus.
Auf der Oste fahren bis heute die alten flachen **Prahmfähren**. Zwischen **Kranenburg-Brobergen** und >Nindorf (Börde Lamstedt 30) setzt seit 1286, also seit über 700 Jahren, eine Fähre über die Oste. Der **Realverband Gutsinteressenten** des vormaligen Gutes „Die Holländer Höfe", ein Zusammenschluss von Broberger Landwirten, setzt sich aus vitalem eigenem Interesse für die alte Fährtradition ein, denn die 20 Mitglieder des Realverbandes besitzen Ländereien auf beiden Seiten des Flusses und sind deshalb auf die Fähre angewiesen. Nach dem Tod des letzten Fährmanns wird lange ein Nachfolger gesucht. Seit August 2002 betreiben **Ursula** und **Willi Obenhaus** die Prahmfähre. Ab Mitte März verkehrt die Prahmfähre. Sie wird an einem langen Stahlseil geführt und von einem Motor gezogen. Drei Minuten brauchen Radfahrer, Autofahrer oder Landwirte zur Überquerung der 60 Meter breiten Oste. Wenn die Landwirte auf den Feldern viel zu tun haben, pendelt das kleine Gefährt von 8.00 Uhr bis in die Dunkelheit bis zu sechzig Mal von einem Ufer zum anderen. Am Wochenende setzen vor allem Fahrradtouristen über. Nach alter Tradition betreibt das Ehepaar Obenhaus auch die am Nindorfer Ufer gelegene Gaststätte **Zum Fährkrug**.

Im Gegensatz zur Broberger Fähre wird die **Prahmfähre** in **Estorf-Gräpel** sogar noch von Hand betrieben. Wenn am Westufer die Glocke läutet, wird Fährmann **Helmuth Plate** aktiv und zieht Personen, Autos und Radfahrer an das andere Ufer. Hier steht sein Gasthaus und Hotel **Zum Osteblick**, wo nicht nur gut gegessen, sondern auch ein kleines **Privatmuseum** besichtigt werden kann.
Auch das Restaurant und Café **Bauernscheune** in **Heinbockel** ist auf Erlebnis-Gastronomie spezialisiert. Neben Betriebs- und Familienfeiern können Boßeltouren, (Nacht-) Wanderungen durch das 600 Hektar große wiedervernässte **Hohe Moor** und Radwanderungen entlang des **Oldendorfer Sees** und um die **Sunder Seen** gebucht werden.

Oldendorfer St.-Martins-Kirche (o.)

Gemeinde Oldendorf, vom Turm der St.-Martins-Kirche aus gesehen (ganz o.)

Motorisierte Prahmfähre zwischen Nindorf und Brobergen (o.l.)
Der Fährmann wird per Klingel gerufen

ein gefragter Mann. Sein Tauch- und Bergungsbetrieb **Taucher Kirchgäßner** steht 365 Tage im Jahr für Anfragen von Behörden und privaten Firmen bereit. Das Spektrum der Aufträge reicht von der Suche nach einem verlorenen Schmuckstück bis zur Hebung eines Wracks, vom Einsatz in einem Tümpel bis zur Arbeit auf offener See. Heinbockel ist als Firmen-Domizil ideal, denn im Elbe-Weser-Dreieck gibt es jede Menge potenzieller Einsatzorte: Sperrwerke, Schleusen, Wehre, Häfen und Wracks.

In **Oldendorf** hat die **Navalis Shipping GmbH** ihren Sitz. Die Reedereigruppe

Milchtankstelle auf dem Hof Schlichtmann (o.)

Partystimmung im Musikladen (ganz o.)

Siegerehrung: Angela und Hermann Schlichtmann freuen sich über die „Goldene Olga". In der Mitte: Sohn Söhnke (ganz o.r.)

Jonne Kirchgäßner mit AH3-Helm zum Tauchen in kontaminiertem Wasser (o.r.)

Das jüngere Publikum zieht es eher in die Heinbockeler Gaststätte **To'n Utspann**, wo **Thorsten Hinrichs** und Vater **Hans-Heinrich Hinrichs** freitags den **Musikladen** öffnen. Hunderte Jugendliche aus der Umgebung tanzen dann zu den Hits aus den Charts, zu Schlagern und Evergreens.

Im Oldendorfer Ortsteil **Sunde** verläuft ein 2,5 Kilometer langer mit Informationstafeln und Hochsitz ausgestatteter Rundweg. Der **Naturlehrpfad Sunde** führt durch die Uferbereiche der vier hier liegenden Seen und durch die Nadelforste, Eichen- und Buchenwälder und Mischwälder, des ehemaligen **Waldgutes Sunde**. Ausruhen können sich die Wanderer auf den überdachten Rastplätzen. Der Naturlehrpfad ist ganzjährig geöffnet.

Wenn es um Unterwasserarbeiten geht, ist **Jonne Kirchgäßner** aus **Heinbockel** verfügt über eine Flotte von Frachtschiffen in der Ostsee, in der Nordsee und im Mittelmeer sowie Containerschiffe auf allen Weltmeeren. Die leitende Gesellschaft, die Navalis Shipping GmbH, wird 1972 gegründet und betreut heute 40 Schiffe.

Auf dem **Hof Schlichtmann** in **Oldendorf** gibt es eine Milchtankstelle. Rund um die Uhr können sich Besucher am Milchautomaten selbst bedienen. 2002 wird der Betrieb mit den 200 Kühen und den rund 130 Hektar Land von der **Landesvereinigung der Milchwirtschaft Niedersachsen** zum besten Milcherzeuger des Jahres in Niedersachsen gekürt.

Stade

Ortsteile:
- **Bützfleth**
- **Haddorf**
- **Hagen**
- **Wiepenkathen**

Einwohner: 45.430
Fläche: 110,03 qkm
412,9 Einw. je qkm

Fischmarkt in Stade (l.)

Bootshaus am Burggraben (l.)

Stade war schon im Mittelalter eine bedeutende Stadt. Am Ende des Dreißigjährigen Krieges besetzen die Schweden die Stadt. Ein schlimmer Brand vernichtet 1659 einen großen Teil der Gebäude und 1712 fallen viele Häuser einem dänischen Bombardement zum Opfer. Aber von weiteren Verheerungen bleibt Stade seither verschont, kommt unbeschadet durch den Zweiten Weltkrieg, gewinnt seit den 1960er Jahren neue wirtschaftliche Kraft und präsentiert sich heute als intakte, in rund 300 Jahren architektonisch gewachsene Stadt.
1994 feiert sie ihr 1.000-jähriges Bestehen und blickt zurück. Die **Schwinge,** ein kleiner Fluss, der Stade mit der **Elbe** verbindet, ist in früheren Zeiten die Lebensader der Hansestadt. Im Hoch-Mittelalter liegen hier ein wichtiger Elbübergang und der wichtigste Elbhafen der Region, wo sich die Landhandelswege von Süden, Westen und Osten treffen und die Elbe in Richtung Jütland und den skandinavischen Raum überqueren. Im 12. Jahrhundert ist Stade noch größer und bedeutender als das nahe Hamburg. Doch der landeinwärts gelegene **Stader Hafen** gewährt zwar Schutz, aber die Schwinge ist seit dem 15. Jahrhundert zu flach für die neuen Kaufmannsschiffe mit ihrem größer werdenden Tiefgang. Die Stadt erleidet das Schicksal vieler an Flüssen gelegener Seestädte: Ihr Einfluss versandet im wahrsten Sinne des Wortes.
Die lange schwedische Herrschaft nach dem Dreißigjährigen Krieg zwischen 1645 und 1712 und die wachsende Bedeutung des großen Bruders Hamburg werfen Stade wirtschaftlich noch weiter zurück. Bis in die 1960er Jahre liegt Stade im Schatten der großen Nachbarstadt, kann sich vor allem wirtschaftlich nicht recht profilieren. Der Aufschwung kommt mit der seit 1967 betriebenen Industrialisierung am Elbufer auf dem **Bützflether Sand.** Neben der Lage am Fluss ist entscheidend, dass durch das 1972 ans Netz gehende Kernkraftwerk billige Energie zur Verfügung steht.

Blick in den Stader Stadthafen (o.l.) und den Stader Yachthafen (o.r.) Beide liegen an der Schwinge

Das Heimatmuseum Stade zeigt bäuerliche Kultur, u.a. Altländer Trachten (ganz o.)

Im November 2003 geht das Stader KKW (o.) nach dem Atomkonsens zwischen rot-grüner Regierung und Energiewirtschaft als erste Anlage vom Netz. Der Betreiber E.ON nennt allerdings wirtschaftliche Gründe für die Stilllegung des 1972 errichteten, zweitältesten deutschen Kernkraftwerks

Stader Rathaus (o.r.)

Nachdem die Saline schon 1964 ihren Betrieb an die Schwingemündung verlagert hat, siedeln sich zwei Großunternehmen an. Die **Dow Chemical** errichtet ein modernes Werk zur Produktion von Grund- und Spezialitätenchemikalien. Grundstoff ist hochwertiges Steinsalz, das im Elektrolyseverfahren weiterverarbeitet wird. Die **Vereinigte Aluminiumwerke** AG baut eine Aluminiumhütte und errichtet gemeinsam mit dem US-Unternehmen **Reynolds** ein Werk zur Herstellung von Aluminiumoxid.

Der Standort ist nicht unumstritten. Lange müssen die Stader mit der Kritik am Atomkraftwerk leben. Auch ständige Investitionen in das Sicherheitssystem lassen die Zweifler nicht verstummen. 2003 geht das Kernkraftwerk vom Netz. Der Rückbau beginnt 2005 und wird zehn Jahre brauchen. Die Investition in die teure und umstrittene Technik hat sich dennoch gelohnt. Die Steuereinnahmen aus Kraftwerk und neuer Industrie sowie die wachsende Kaufkraft ermöglichen die gründliche Sanierung der Altstadt, die ein wichtiger Anziehungspunkt für Touristen geworden ist. Bis heute prägen ehrwürdige Bauten der lange vergangenen Schwedenzeit das Panorama der Stadt: das Rathaus, das Johanniskloster, das Zeughaus und der Schwedenspeicher. Dass sie allesamt in der zweiten Hälfte des 17. Jahrhunderts entstehen, hängt mit dem in die Schwedenzeit fallenden großen **Brand von 1659** zusammen. Er vernichtet zwei Drittel der Stadt. Noch heute hält die Feuerwehr am Tage des Infernos, am 26. Mai, eine Übung in der Altstadt ab.

Zu den bedeutendsten Profanbauten zählen das reich geschmückte **Renaissancehaus** Bäckerstraße 1–3, das **Hökerhaus** in der Hökerstr. 29 und das **Wirtshaus** der Brauerknechte in der Bungenstraße 20–22. Das ursprüngliche **Gildehaus** der Brauerknechte ist die älteste Gaststätte der Stadt.

Die Privathäuser werden nach dem Feuer schnell wieder aufgebaut, aber lange fehlt das Geld für ein neues repräsentatives **Rathaus**. 1667 entsteht auf den erhaltenen Gewölben ein neues Rathaus. Fundamente und Steine des alten Baus werden weitgehend wiederverwendet. Der von der niederländischen Renaissance und vom Frühbarock geprägte Backsteinbau zeigt mit der Hauptfassade zur Hökerstraße, mit dem Flügel zum Cosmae-

Kirchhof. Auf dem Sandsteingesimse stehen die allegorischen Figuren der „Klugheit“ und der „Gerechtigkeit“. Über ihnen läuft der Götterbote Merkur über den roten Stein. Der Aufsatz zwischen den Figuren zeigt das große schwedische Königswappen. Von der Hökerstraße gelangt man in die Sattelmacherstraße, die auf den **Pferdemarkt**, den zentralen historischen Marktplatz der Stadt, mündet, wo seit Jahrhunderten bis heute mittwochs und samstags Markt gehalten wird.

An der Nordseite steht das **Zeughaus**, erbaut 1697–1699, das ehemalige Waffenarsenal der schwedischen Garnison. Nicht weit entfernt ist das **Heimatmuseum** mit seiner kostbaren Trachtensammlung zu finden.

Fußnah entfernt liegt die Museumsinsel mit dem **Freilichtmuseum**. Eine Bockwindmühle (1632) und die **Altländer Prunkpforte** vor dem Marschbauernhaus aus Huttfleth von 1733 sind die Hauptattraktionen.

Direkt am Hafenzugang wird von 1692 bis 1705 ein Proviantspeicher für die schwedischen Truppen errichtet: der **Schwedenspeicher**. Es ist der einzige voll erhaltene Repräsentativbau seiner Art aus der schwedischen Großmachtzeit. Seit Ende 1977 ist das Gebäude ein **Museum**, das die Geschichte des Elbe-Weser-Gebietes präsentiert. Das Erdgeschoss ist für Sonderausstellungen reserviert. Im ersten Stock werden die verschiedenen Epochen der Stader Stadtgeschichte dargestellt. Im zweiten Stockwerk führt ein Rundgang mit dem Thema „Wege, Waren, Wanderungen“ vorbei an steinzeitlichen Funden hin zu Rudimenten wikingerzeitlicher Burganlagen und den berühmten **Stader Bronzerädern**. Eine Sammlung historischer Zinnfiguren des Stader Sammlers **Fritz Danner** ist im dritten Obergeschoss untergebracht.

Die öffentlichen Stadtführungen der **Stade Tourismus GmbH** starten am Infozentrum neben dem Schwedenspeicher. Ein Erlebnis für Kinder ist der Besuch in dem dem Schwedenspeicher-Museum angegliederten **Mittelalterdorf „Op de Hörn“** in Balje (Nordkehdingen 85). Diese Spielkulisse ist einer mittelalterlichen Siedlung nachempfunden.

Die Altstadt, die seit 1973 weitgehend zur Fußgängerzone ausgebaut worden und fast frei von Autos ist, wird von Wasser umflossen. Die Schwinge wird als Festungsgraben um den alten Stadtkern geführt, bevor sie nordöstlich in die Elbe mündet. Der **Alte Hafen**, auch „Hansehafen“ genannt, liegt mitten in der Altstadt, beidseitig von Kaimauern eingefasst und umgeben von restaurierten

Altländer Prunkpforte, zu sehen im Freilichtmuseum Stade (o.)

Zeughaus am Pferdemarkt (o.l.)

Das historische Stader Stadtsiegel (l.) wird aufbewahrt im Schwedenspeicher (u.)

Hafensänger auf der Greundiek (o.)

Mutter Flint mit dem Stint am Fischmarkt (r.)

Dieter-Theodor Bohlmann (u.)

Baumhaus (o.)

Altbauten. Die Häuserzeilen links und rechts des Hafenbeckens heißen „Wasser Ost" und „Wasser West". Prunkvoll sind die Gebäude auf der Westseite, wo früher Kaufleute und Getreidehändler lebten. Auf der Ostseite liegen die ehemaligen Wohnungen von Kapitänen und Fährschiffern.

Verdient um das Areal macht sich der **Verein Alter Hafen.** Ziel des Zusammenschlusses um den Vorsitzenden **Dieter-Theodor Bohlmann** ist die Wiedereröffnung des **Hansehafens** in der Stader Altstadt, der vor 1250 Jahren in Betrieb ging und damit einer der ältesten Häfen Europas ist. Voraussetzung für die Belebung des alten Beckens ist der Bau einer Klappbrücke. Die Brücke ist bisher noch nicht über das Planungsstadium hinaus gekommen, weil die Stadt das Geld für den Bau allein nicht aufbringen kann. Wie auch immer die Geschichte weitergeht: der Verein ist unermüdlich, betreut den durch Bürgerspenden finanzierten **Glekewer „Willi"** und das Infozentrum zur Hafengeschichte im historischen Holzkran, um dem Hafen einen Hauch maritimen Flairs zurückzugeben, hat außerdem das historische **Küstenmotorschiff „Greundiek"** gekauft und aufpoliert, auf dem Gäste während Fahrten und Veranstaltungen eine Ahnung von der großen Tradition der Küstenschifffahrt in Stade mitnehmen. Das Schiff steht für Besichtigungen, Veranstaltungen und Elbtouren zur Verfügung. Der Verein Alter Hafen führt außerdem mit dem **Fleetkahn „Aurora"** Erlebnisfahrten auf dem Burggraben und der Oberschwinge durch.

Am Wasser West 7 findet sich in einem restaurierten Gebäude aus dem 17. Jahrhundert das **Kunsthaus Stade.** Die Ausstellungen zeigen insbesondere Gemälde von Künstlern aus deutschen und europäischen Künstlerkolonien.

Einer der schönsten Plätze nahe dem

Alten Hafen ist der **Fischmarkt.** Architektonisch dominierend ist der 1977 rekonstruierte **Alte Kran,** dessen Vorläufer im Mittelalter Lasten an Land gehievt haben. Ein kleines Informationszentrum im Innern des Krans erzählt die facettenreiche maritime Geschichte der Stadt, über die sich zahlreiche interessierte Besucher informieren. Auf der westlichen Wasserseite steht **Mutter Flint mit dem Stint,** eine Bronzeskulptur der Fischhändlerin **Margarethe Flint.** In einem Kinderwagen transportierte sie ihre Fische, vorwiegend Stinte, für den Verkauf auf den Pferdemarkt, wo sie bis 1949, da ist sie fast 90 Jahre alt, ihren Stand hat.

Ein Baumschließer verriegelt einst vor dem **Baumhaus** die Hafenzufahrt mit einem Schlagbaum. Heute ist das Fachwerkhaus in Privatbesitz und beherbergt die **Sammlung Alt Stade.** Was auch immer an Stade zwischen dem 18. bis 20. Jahrhunderts erinnert, Fotos, Dokumente, selbst alte Bierflaschen, historische Ziegel und Steine, wird hier aufbewahrt.

Menschen mit einer Liebe zum Wasser und zur Seefahrt gibt es viele in Stade. Allein der **Marine-Verein** der Stadt hat

Fischmarkt Wasser Ost (l.)

80 Mitglieder. Ihr ehemaliger Vorsitzender **Rolf Klodt** ist eigentlich Gebirgsjäger – und findet dennoch auf ungewöhnlichem Weg zu den Soldaten zur See. Als Leiter einer Bundeswehrschule empfängt er 1992 eine Gruppe französischer Marinesoldaten, die ein Fußballspiel gegen seine Soldaten austragen. Nach dem Spiel bekommt er die Mütze eines Besatzungsmitgliedes des Patrouillenbootes *„L'Audacieuse"* geschenkt. Sie ist der Beginn seiner Sammelleidenschaft. Mittlerweile hat Rolf Klodt 161 **Marinemützen** zusammengetragen, die in Regalen seines Reihenhauses in Stade lagern: Kopfbedeckungen aus Oman, Israel und Algerien, aus Thailand und Peru, Mützen so großer Marinenationen wie Großbritannien, Spanien und Japan. Alle Mützen erzählen ihre Geschichte, sind Geschenke von Witwen, Sammlerfreunden, Marinebehörden und die Ausbeute von Truppenbesuchen in vielen Häfen. Ausgestellt hat Rolf Klodt auch schon: in Stade natürlich und mittlerweile auch in Hamburg.

Auf ca. 3.000 Quadratmeter Ausstellungsfläche präsentiert das **Technik- und Verkehrsmuseum Stade** in der Freiburger Straße 60 die vor allem regionale Technikgeschichte der letzten 150 Jahre. Mit seinen 5.000 Exponaten ist das Technikmuseum das größte seiner Art in Niedersachsen.

Der Elbe-City-Jet legt an am Stadersand (l.)

Der Turm der Kirche **St. Cosmae et Damiani** ist mit seiner barocken Haube das Wahrzeichen von Stade. Im Innern findet man eine von **Behrendt Hus** und seinem Neffen und damaligen Gesellen **Arp Schnitger** gebaute Orgel.

80.000 Besucher kommen alljährlich in das nördlich der Altstadt gelegene Kultur- und Tagungszentrum **Stadeum**, um bei Events, Konzerten, Tagungen und Kongressen dabei zu sein. Bis zu 1.600 Personen finden im großen Saal Platz.

Nördlich des Industriegebiets an der Elbe hat sich das **Stadeum** mit der **Festung Grauerort** einen weiteren Spielort erschlossen, der allemal einen Sonntagsausflug wert ist. Die Festung wurde zwischen 1869 und 1879 von Preußen zum Schutz vor feindlichen Schiffen auf der Elbe errichtet. Das Hochwallfort Grauerort ist ein typischer preußischer Festungsbau und fast vollständig erhalten. Das Fort schmiegt sich mit seinem rhombusför-

Kunsthaus Stade (o.)

Rolf Klodt (o.) und sein Mützenregal (l.)

Stadeum (o.)

migen Grundriss an den Elbdeich. Zur Elbe hin sind die Wälle kasemattiert. Um das Fort bemüht ist heute der Förderverein **Festung Grauerort e.V.**, der hier durch die Anlage führt, kleine Konzerte organisiert und daran arbeitet, dem Ort auch ein Profil als Open-air-Bühne zu verleihen, auf der immerhin schon die Opern **Nabucco** und **Aida** Triumphe gefeiert haben.

Seit 1974 wird in Stade an vier Tagen im Juni das **Altstadtfest** mit etwa 80.000 Besuchern gefeiert. Daneben werden seit 1971 regelmäßig die „Schwedischen Wochen" gefeiert. Bei diesem Fest kleiden sich Stader Geschäftsleute in historische Gewänder und verhökern ihre Waren meistbietend. Wie ehedem einen Preis nicht einfach zu akzeptieren, sondern auszuhandeln, ist dann erwünscht.

„Die Wachenden" von Stade (u.), eine Skulptur des Nottensdorfer Künstlers Carsten Eggers

Unter dem Emblem eines auf einer alten Münze abgebildeten Hanseschiffes aus dem 15. Jahrhundert, eines Holk, findet im August das **Internationale Holkfest** statt. Das Programm ist thematisch sehr offen, **Gitte Haenning** singt Standards und Schlager, **Sissi Perlinger** zeigt ihr komödiantisches Talent und **Bill Ramsey** singt Jazz. Sie zählen zu den Stars der ersten Jahre; ein weiterer Höhepunkt sind die Open-air-Opern auf der Festung an der Elbe.

Eine Sängerin aus Stade wird möglicherweise einmal zu den Top-Künstlern nicht nur auf einem der großen Stader Feste zählen: **Juliette Schoppmann**. Von September 2002 bis März 2003 zog sie mit ihren Superstar-Kollegen Millionen Menschen vor den Fernsehschirm, als Deutschland noch bereit war, den Superstar zu suchen. Der Hype ist nach den vielen Casting-Shows merklich abgeflaut. Es hat sich herausgestellt, dass die Superstars auch weiterhin dünn gesät sind. Vegetarierin Juliette Schoppmann hat es zumindest zu einem Eintrag in das Goldene Buch der Stadt Stade gebracht, sicher nicht ihr größter Karrierewunsch, aber ein Mosaikstein in einer Karriere, die vielleicht gerade erst begonnen hat.

Über Stade berichtet als Marktführer das **Tageblatt** mit weiteren Ausgaben in Buxtehude und dem Alten Land. Hinzu kommt für Stade das im gleichen Verlagshaus erscheinende **Mittwochsjournal.**

Vom 1. Mai bis zum 3. Oktober pendelt der **Moorexpress** an jedem Wochenende und an Feiertagen zwischen > Osterholz-Scharmbeck (II-269), Worpswede, Gnarrenburg, Bremervörde und Stade. Die Bezeichnung „Moorexpress" für die bummelnden historischen Triebwagen klingt wie eine liebenswerte Übertreibung. Doch

Auf dem Altstadtfest in Stade ist für jede Altersgruppe etwas dabei. 2004 treten u.a. die „Hemvärnets Musikkär", eine Blaskapelle der freiwilligen Heimwehr Helsingborg (Schweden), auf (o.r.)

als der Express seinen Dienst aufnahm, ist noch der Torfkahn der Maßstab für Geschwindigkeit im Moor. Ab 1909 legen Arbeiter mühselig Schienen durch das nasse Land zwischen Elbe und Weser. Wie der Torfkahn ist auch der Moorexpress ein Symbol der Landschaft und der Geschichte ihrer Besiedlung. Der regelmäßige Personenverkehr wird 1978 eingestellt, aber seit 1999 ist der Zug als Touristenattraktion wieder im Einsatz.

1897 gründet **Herbert Henry Dow** in Michigan (USA) die **Dow Chemical Company**. Heute ist das Unternehmen mit einem Jahresumsatz von 33 Milliarden US-Dollar einer der fünf welt-

größten Chemieproduzenten. Seit 1959 ist das Unternehmen in Deutschland präsent. Die Elbanbindung, Strom vom nahen Kernkraftwerk und ein Salzstock locken es nach Stade. 1.500 Mitarbeiter stellen hier jährlich vier Millionen Tonnen Chemikalien für den Eigenbedarf und internationale Kunden her. Wichtigster Grundstoff in Stade ist Steinsalz, das in Salzstöcken bei >Harsefeld (74) gewonnen und über eine 27 Kilometer lange Pipeline zum Werksgelände am **Bützflether Sand** transportiert wird. Aus der Salzsole entstehen Wasserstoff, Chlor und Natronlauge. Weitere wichtige Grundstoffe sind Erdölderivate sowie Methanol, Phenol und Anilin. Die Produkte, die das Werk verlassen, finden sich am Ende der Verarbeitungskette in hunderten von Alltagsprodukten: Glycerin in Seifen, Propylenglykol in Bremsflüssigkeiten, Polycarbonat in Compact Discs usw.
Ebenfalls im Industriegebiet Stade-Bützfleth ist seit 1970 die **Aluminium Oxid Stade GmbH (AOS)** angesiedelt. Seitdem 1973 die Produktion begann, wird hier aus Bauxit Aluminiumoxid und Aluminiumhydroxid hergestellt. Der Rohstoff kommt überwiegend aus Afrika und wird im nördlichen Teil des Hafens Stade-Bützfleth gelöscht. Aluminiumhydroxid wird an über 200 Kunden in aller Welt vertrieben, die daraus die unterschiedlichsten Produkte herstellen: Wasserenthärter für Waschpulver, Polier- und Schleifmittel, keramische Produkte sowie Flammen hemmende Zusatzstoffe, die in Kunststoffen für den Automobilbau Verwendung finden.
Auch die **Hydro Aluminium Deutschland GmbH** ist in Bützfleth angesiedelt. Hydro stellt hier Rundbarren aus Aluminium her. 70.000 Tonnen verlassen jährlich das Werk und werden europaweit zu Rohren und Stangen verarbeitet.
Alle Seitenleitwerke der **Airbus**-Flugzeuge kommen aus Stade. Die 1.500 Mitarbeiter des Airbus-Werks an der Niederelbe fertigen auch Teile für die Landeklappen und die Druckkalotten. Die Spezialität des Stader Werks ist die „Schwarze Kunst", die Verarbeitung von Kohlefaserverbundwerkstoffen. Dabei handelt es sich um Matten aus Kohlefaser in Epoxidharz, die bei gleicher Festigkeit wesentlich leichter als Aluminium sind. Mit solchen durch Kohlenstofffasern verstärkten Kunststoffen können die Flugzeugbauer leichtere Flugzeuge herstellen, die weniger Treibstoff verbrauchen. Das neue Flagschiff der Airbus-Flotte ist das Großraumflugzeug **A 380**. Die in Stade produzierten Seitenleitwerke sind riesig: 14 Meter hoch, fast 13 Meter lang, 3.500 Kilogramm schwer bei einer Fläche von 120 Quadratmeter pro Ruder. 150 Mitarbeiter arbeiten in Stade am A 380. 2006 bekommt die **Singapore Airlines** den ersten Flieger.

Rund 3.000 Besucher erleben die Aufführung der Oper „Nabucco" auf der Festung Grauerort (l.)

Auszubildende bei AOS (l.)

Hydro Aluminium-Werk in Bützfleth (ganz l.)

Juliette Schoppmann mit ihren Eltern (o.)

STADER BUXTEHUDER ALTLÄNDER TAGEBLATT

Das Stader Tageblatt erreicht eine Auflage von 25.000 Exemplaren und erscheint im Zeitungsverlag Krause

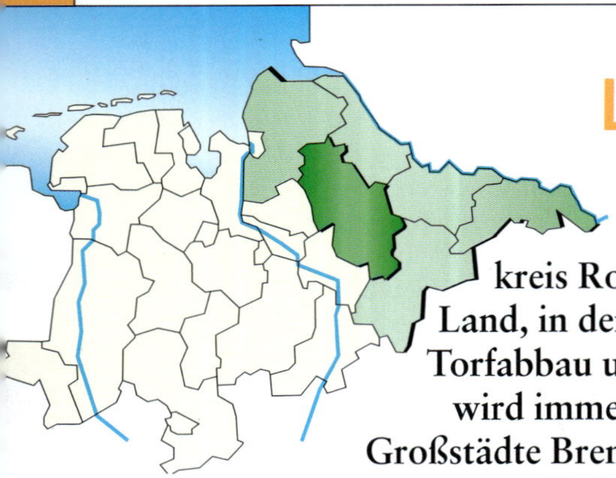

Landkreis Rotenburg

Im Elbe-Weser-Dreieck zwischen den Flüssen Wümme und Oste liegt der Landkreis Rotenburg. Das früher beinahe menschenleere Land, in dem sich die wenigen Bewohner mühsam vom Torfabbau und dem Anbau auf kargen Böden ernähren, wird immer beliebter. Gerade die Bewohner der nahen Großstädte Bremen, Hamburg und Hannover erkennen den Reiz der noch unzersiedelten ländlichen Region.

Mit einer Nord-Süd-Ausdehnung von fast hundert Kilometern und einer Fläche von über 2.000 Quadratkilometern ist der Landkreis Rotenburg einer der größten Kreise Deutschlands. Zum Landkreis gehören die Städte Rotenburg (Wümme), Bremervörde, Zeven und Visselhövede. Zeven ist Mitglied der gleichnamigen Samtgemeinde. Sieben weitere Samtgemeinden und zwei Einheitsgemeinden kommen hinzu. Sitz des Kreises ist Rotenburg (Wümme).

Bis heute ist der Landkreis ländlich geblieben. Landwirtschaftliche Flächen, Wald- und Moorgebiete sowie die Flusstäler von Wümme und Oste und einige Heideflächen bestimmen den Charakter der weitgehend unzersiedelten Landschaft. Ihr natürlicher Reiz wird weiter aufgewertet durch bäuerlich geprägte Dörfer mit großem Fachwerkbestand und die lebendigen Kleinstädte. Während in den Geestgebieten jahrhundertealte Haufendörfer mit markanten Eichenbeständen dominieren, haben sich in den Moorniederungen die nach ihrem Gründer benannten Findorff-Siedlungen entlang den Kanälen bis heute gehalten.

Hauptverkehrsadern sind die A 1 Hamburg–Bremen, die das Kreisgebiet auf einer Länge von rund 40 Kilometern durchquert, vier Bundesstraßen sowie die Landesstraße 142. Die innere Erschließung ist durch 90 gut ausgebaute Kreisstraßen gewährleistet. Die wichtigste Eisenbahnstrecke verläuft zwischen Hamburg und Bremen. Eine Anbindung an das Wasserstraßennetz besteht für Sportbootfahrer über die bis Bremervörde schiffbare Oste.

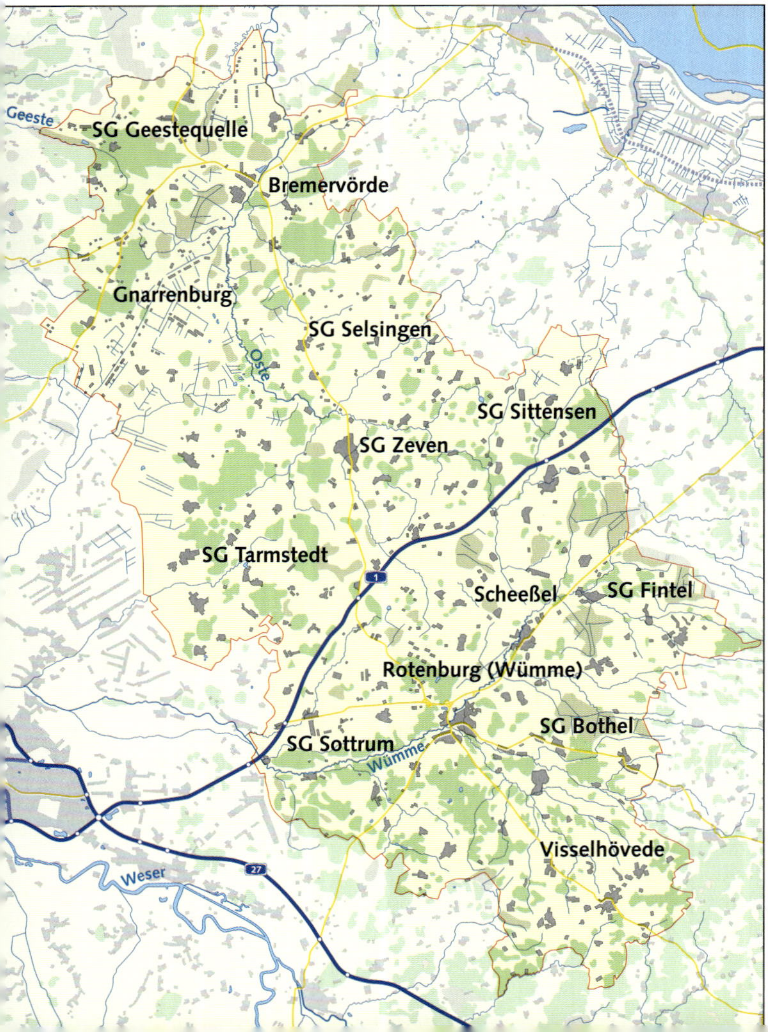

Urlauber schätzen besonders die naturräumliche Vielfalt des Landkreises. So sind Wandern, Radfahren und Wassersport die drei Schwerpunkte im Tourismuskonzept. Die Mühlenroute ist eine der beliebten Radwanderwege der Region. Auf einer 210 Kilometer langen Rundtour verbindet sie 16 sehenswerte Wind,- Wasser- und Motormühlen. Beliebt ist der Wümme-Radweg, der von der Quelle in der Lüneburger Heide bis zur Mündung in die Lesum bei Bremen den kompletten Fluss entlangführt. Wasserwanderer finden auf der Wümme wie auch auf der Oste mit ihren zahlreichen mäandernden Schleifen gute Bedingungen zum Paddeln und Rudern.

Über die Grenzen hinaus bekannt ist der Landkreis durch den Reitsport mit seinen Traditionsgestüten und erfolgreichen Reitvereinen. Immer mehr Urlauber lernen die reiterliche Tradition des Kreises kennen, sei es auf dem eigenen Pferd oder auf den Schulpferden der vielen Reiterhöfe.

Der Landkreis lockt außerdem mit zahlreichen überregional ausstrahlenden Veranstaltungen: Zur Tarmstedter Ausstellung melden sich jedes Jahr hunderte Aussteller aus den Bereichen Landwirtschaft, Handel, Handwerk und Gewerbe an, die regelmäßig 80.000 bis 90.000 Besucher anziehen. Ein Publikumsmagnet ist seit 1997 das Hurricane-Festival, auf dem Stars wie Chuck Berry oder Wishbone Ash vor bis zu 50.000 Rockfans spielen. Sehr gut besucht sind auch die Sandbahnrennen auf dem Eichenring bei Scheeßel, wo 10.000 Motorradfans bei den Rennen mitfiebern. Nicht ganz so groß, aber fein und gut besucht ist die Zevener Gitarrenwoche, die seit 1981 Dozenten, Schüler und Besucher aus ganz Deutschland anzieht.

Torfabbau im Teufelsmoor (o.)

Landkreis-Profil

	Landkreis	Land Nieders.
Einwohner, Fläche		
Einwohner gesamt	164.360	7.993.415
darunter 0 bis 15 Jahre in %	18,1	15,4
darunter älter als 65 Jahre in %	16,6	18,7
darunter Ausländer in %	4,8	6,7
Fläche in qkm	2.069,95	47.618,24
Einwohner je qkm	79,4	167,9
Sozialstruktur (Jahresdurchschnitt, gerundet)		
Erwerbstätige gesamt	68.100	3.492.600
Empfänger von Arbeitslosengeld / -hilfe	5.690	354.300
Empfänger sonst. Hilfen zum Lebensunterhalt	4.130	311.900
Anzahl Wirtschaftsbetriebe		
Gesamt (Industrie, Handel, Gewerbe, Dienstl.)	7.958	351.151
darunter Land-, Forst-, Fischereiwirtschaft	610	15.862
Steueraufkommen		
Lohn- und Einkommensteuerzahler	55.420	2.738.281
Summe positiver Einkünfte (in Tsd. EUR)	1.755.820	88.279.875
Steuereinnahmen (EUR je Einwohner)	466,36	544,33

Wahlen

Landtagswahl 2003	
CDU	59,7
SPD	30,1
FDP	4,1
Grüne	5,8
Sonstige	0,3

Mitglieds-gemeinden:
- Bothel
- Brockel
- Hemsbünde
- Hemslingen
- Kirchwalsede
- Westerwalsede

Einwohner: 8.725
Fläche: 148,67 qkm
58,7 Einw. je qkm

SG Bothel

Die Samtgemeinde Bothel liegt im Süden des Landkreises Rotenburg. Begrenzt von den Städten Rotenburg (Wümme) undVisselhövede zieht sie sich fast schlauchartig von der östlichen zur westlichen Kreisgrenze. Aus südöstlicher Richtung wird die Samtgemeinde von der **Rodau** und der **Wiedau** durchflossen, die in Rotenburg in die **Wümme** münden.
Bothel ist als größter Ort Mittelpunkt der Samtgemeinde und Sitz der Verwaltung. Zwischen Rodau, Wiedau und Vissel gelegen, prägen neue Wohngebiete den Charakter des kleinen Ortes. Doch auch etliche Landwirte sind – teilweise im Nebenerwerb – aktiv geblieben. Rathaus, Bürgerhaus, Schulen, Kindergarten, Sportplätze, Turnhallen, Freibad, Campingplatz und Tennisplätze liegen an zentraler Stelle des Ortes. Ein reges Vereinsleben festigt die Verbundenheit und den Zusammenhalt der Bevölkerung.
Die Brockeler wird es nicht kränken, wenn gesagt wird, in ihrer Gemeinde sei nicht gar so viel los. Gelegentlich allerdings geht es etwas lauter zu. Die heißeste Nacht des Jahres findet jeweils am letzten Wochenende im Juli statt: die **Open-air-Disco**. Seit 1988 bittet dann der **Brockeler Schützenverein** zum Tanz unter freiem Himmel.
Brockel war einmal ein bekannter Wallfahrtsort. Einst zu den Besitzungen des Klosters Rastede gehörend, zählt die Gemeinde zu den waldreichsten Gegenden im Landkreis. Wahrzeichen des Ortes ist die alte **Brockeler Mühle**. Der Galerieholländer gehört zu den jüngeren Mühlen der Umgebung. Wie viele andere verfiel sie. Doch auch hier fanden sich engagierte Bürger in einem Verein zusammen, um sie wieder aufzubauen. Der **Mühlenverein Brockel**, dem es auch gelang, die ehemalige Dampfmaschine wieder in die Mühle zu bringen, kümmert sich seit 1993 um ihre Erhaltung. Heute ist das 23 Meter hohe Bauwerk mit seinen sieben Stockwerken auch zu besichtigen.

Hemslingen ist mit seinem alten Baumbestand an Straßen und Wegen auch als das **„Dorf der 1000 Eichen“** bekannt. In Zusammenarbeit der Gemeinde mit dem **TuS Hemslingen-Söhlingen** ist dort im Jahr 2002 ein neues Sporthaus und Gemeindebüro im traditionellen Stil entstanden. Das aus altem Fachwerk errichtete **Brockwischenhus** ist zu diesem Zweck in > Schneverdingen (189) abgebaut und in Eigenleistung in Hemslingen wieder aufgebaut worden.

Das Brockwischenhus in Hemslingen (r.)

Die Brockeler Mühle (o.)

Das Ensemble der Theatergruppe Hemsbünde (r.)

Landschaftlich reizvoll ist **Hemsbünde.** Die Zahl der landwirtschaftlichen Betriebe ist auch hier mittlerweile zurückgegangen. Dafür finden immer mehr Städter den Weg in die Umgebung der vier **„Wasserdörfer“**, wie die Ortsteile Hemsbündes auch genannt werden. Zu den kulturellen Highlights gehört die **Theatergruppe Hemsbünde**, die 1963 aus der **Singgemeinschaft Hemsbünde** hervorgegangen ist und sich dem Plattdeutschen verschrieben hat. Mit ihrem Engagement bietet die Theatergruppe

der Gemeinde einmal im Jahr eine echte Alternative zum sonst übermächtigen Fernsehen.
Mittelpunkt der Gemeinde **Kirchwalsede** ist die um 1150 erbaute **Feldsteinkirche**, eine ehemalige Wehrkirche. Sie gilt als eine der schönsten Dorfkirchen im niedersächsischen Raum. In der fast 380 Jahre alten Wassermühle **Federlohmühlen** sind standesamtliche Trauungen möglich. Die **Bullenseen** (es gibt einen Großen und einen Kleinen Bullensee) entstanden hier schon gegen Ende der letzten Eiszeit aus Resten eines Gletschers in der Wümmeniederung. Die moorige Umgebung sorgt für einen hohen Säuregehalt des Wassers.

DAS!-Fernsehkoch Rainer Sass zu Gast bei Iris Precht-Hallé und Pierre Hallé im Botheler Landhaus (o.)

Der Große Bullensee ist im Sommer als Badesee beliebt (l.)

Daher existieren in beiden Seen keine Fische. Die Umgebung ist jedoch als Naturschutzgebiet ausgewiesen und als Naherholungsgebiet bekannt.
Die landschaftliche Vielfalt lockt immer mehr Urlauber in die Samtgemeinde. Auf dem verhältnismäßig kleinen Gebiet bieten gleich drei Campingplätze, nämlich in **Bothel**, **Hemslingen** und **Brockel**, Stellplätze für Dauercamper und Touristen an. Weit verbreitet ist der Urlaub auf dem Bauernhof und auch Angebote für Pferdefreunde nehmen ständig zu. **Westerwalsede** ist fast ausschließlich landwirtschaftlich strukturiert. Gemeinschaft und Nachbarschaftshilfe werden groß geschrieben. Es ist ein hübscher Ort, dessen Ortsteil Süderwalsede 1981 sogar Bundessieger im Wettbewerb „Unser Dorf soll schöner werden" geworden ist.
Iris Precht-Hallé gehört seit 1998 zum Köche-Team in der Nachmittagssendung *ARD-Buffet*. Dort, wie auch im Radio, verrät sie leckere Rezepte. Ehemann **Pierre Hallé** empfiehlt dazu den passenden Wein. Beide zusammen führen seit 1983 das Restaurant **Botheler Landhaus**. Anfangs steht rein französische Küche auf dem Speiseplan. Aber Iris Precht-Hallé findet über Seminare bei Spitzenköchen schließlich den Einstieg in andere Weisen der hohen Kunst des Kochens. Heute bevorzugt sie eine eher regionalbezogene Küche mit frischen Erzeugnissen aus der Umgebung.
Die **Holzschnitz- und Spielzeugwerkstatt** wurde 1929 von **Lotte Sievers-Hahn** in > Eyendorf (Salzhausen 150) gegründet. Im Erzgebirge hat Lotte Hahn die Schnitzkunst erlernt und daraus ihren eigenen Stil entwickelt. Mit **Theodor Sievers** zieht sie nach Brockel, wo der Aufstieg der Firma beginnt. Seit 1981 wird diese von Lotte Sievers' Sohn **Gerd** geführt, der das im norddeutschen Raum einzigartige kunsthandwerkliche Unternehmen in Brockel und in einem 2001 gegründeten Tochterunternehmen im slowakischen Zilina mit insgesamt rund 60 Mitarbeitern fortsetzt. Sparsame, großflächige Schnitte charakterisieren die vor allem aus Lindenholz gefertigten handgeschnitzten Figuren.

Krippe aus der Schnitzwerkstatt von Lotte Sievers-Hahn (l.)

Feldsteinkirche in Kirchwalsede (u.)

Bremervörde

Ortsteile:
- **Bevern**
- **Elm**
- **Hesedorf**
- **Hönau-Lindorf**
- **Iselersheim**
- **Mehedorf**
- **Minstedt**
- **Nieder Ochtenhausen**
- **Ostendorf**
- **Plönjeshausen**
- **Spreckens**

Einwohner: 19.257
Fläche: 150,17 qkm
128,2 Einw. je qkm

Vörder See (r.)

Hören, Sehen, Fühlen, Riechen: Die Welt der Sinne im Natur- und Erlebnispark Bremervörde (o.) beruht auf Arbeiten des Künstlers und Pädagogen Hugo Kükelhaus. Auch das Riesen-Ei (r.) steht in dem Park

„Schön ist's auf der ganzen Erde, am schönsten doch in Bremervörde." Diese Zeilen widmete Wilhelm Busch der Stadt auf halbem Weg zwischen Bremen und Hamburg anlässlich eines Besuchs in Bremervörde im Jahr 1878 – das große Wort eines freundlichen Dichters, der sich nach einigen Tagen in Bremervörde jedoch wieder in seinen Geburtsort Wiedensahl zurückzog. Dennoch, auch wenn er nur ein Höflichkeitsgedicht schrieb: ihm war nicht entgangen, wie liebenswert die Stadt ist.

Den Bewohnern wirklich ans Herz gewachsen ist der nur fünf Minuten von der Innenstadt entfernt gelegene **Natur- und Erlebnispark Bremervörde,** heute so etwas wie das heimliche Zentrum der Stadt. Entstanden ist er im Zuge der 2. Niedersächsischen Landesausstellung *Natur im Städtebau* 1991. Umgeben von Rosen- und Rhododendrongärten, einem Feuchtbiotop und seltenen Sträuchern und Bäumen genießen die Besucher die Stille inmitten der Stadt. Attraktiver Mittelpunkt des Parks ist der 50 Hektar große **Vörder See.** Er bietet vortreffliche Wassersportbedingungen für Segler und wird wegen seines Fischreichtums auch von Anglern geschätzt. Ein Highlight ist die **Seebühne** mit einem abwechslungsreichen Kulturprogramm im Sommer.

Die große restaurierte Hofanlage **Haus am See** mit Bauernhaus, Scheune, Backhaus, Brunnen sowie Apotheker- und Bauerngarten mit 150 Heilkräutern lässt alte Zeiten aufleben. In der Scheune ist mit dem **Café Dunkel** eine weitere Attraktion des Natur- und Erlebnisparks untergebracht. Dort können sich Besucher der Herausforderung stellen, für kurze Zeit in die Welt der Blinden einzutauchen. Einen Platz sucht man in dem völlig abgedunkelten Café

Blick auf den Bremervörder Hafen (o.)

selbst und wird von Nicht-Sehenden bedient. Da wird selbst das Trinken einer harmlosen Tasse Kaffee zu einem schwierigen Problem.
Ebenfalls im Park steht das **Bremervörder Riesen-Ei.** Die Betonplastik ist 1991 von den Künstlern **Armin Kölbli** und **Manfred Stürmlinger** geschaffen worden und mahnt symbolisch den Erhalt der menschlichen Lebensgrundlagen an. Ein zweites Ei steht seit 1994 nahe Tschernobyl, ein drittes soll im philippinischen Regenwald aufgestellt werden. In dem drei Meter hohen Ei sind 6.000 Botschaften der Bremervörder an die Zukunft versiegelt. Nach 1.000 Jahren soll das Ei geöffnet und an die Botschaften wieder erinnert werden. Diverse wissenschaftliche Sammlungen

Steganlagen des Oste Yacht Clubs am Vörder See (l.)

sind das stetig gewachsene Fundament des **Bachmann-Museums.** In der ehemaligen erzbischöflichen Kanzlei begeistern sich besonders Kinder für die beiden prähistorischen Wale und die Knochen und Zähne von Mammut und Fellnashorn. Die **Historische Apothekenausstellung** zeigt ein Laboratorium mit urtümlichen Destilliergeräten und Perkolatoren. Die **Alte Goldschmiede** präsentiert Metalle, schöne Steine und Schmuckentwürfe.
Der Bremervörder **Hafen** an der Unteroste ist der letzte schiffbare Hafen die Oste aufwärts. Nichts erinnert mehr an die Zeiten, als täglich bis zu hundert Torfkähne kommen und ihre Ladung auf Ewer verladen, die den Brennstoff in etwa sechs Stunden zur Elbe transportieren. Heute machen ausschließlich Yachten in dem geschützt in einem Altarm der Oste liegenden Hafen fest. Der größere Teil der Steganlagen wird privat unterhalten, zum einen vom 1989 gegründeten **Vörder Yacht-Club,** zum anderen vom **Oste-Yacht-Club.** Der VYC unterhält zusätzlich noch einen Bootsanleger in Ostendorf rund zehn Kilometer nördlich der Stadt. Der bereits 1972 gegründete OYC ist im Hafen weithin an seinem „schwimmenden Vereinsheim" zu erkennen, einer 22 Meter langen holländischen Tjalk namens „Bliev Sinnig". Auch am Vörder See ist der OYC mit eigenen Anlagen und Seglern präsent. Dort bildet der Club in allen Boots- und Segelklassen aus und veranstaltet Regatten, so zum Beispiel 2004 erstmals die niedersächsische Landesmeisterschaft in der olympischen Teeny-Klasse.
Die tideabhängigen 74 Flusskilometer der Oste von Bremervörde bis zur Mündung sind nicht allein ein beliebtes Wassersportrevier. Auch zahllose Vögel leben am Wasser. Reiher finden genügend Nahrung, denn die Oste ist reich an Barschen und Aalen. Und mit dem Wert 2 für die Trinkwasserqualität gilt die Oste als besonders sauberer Fluss.
Seit 1985 exisitiert die **Dr. Marlene-Trentwedel-Stiftung** zur Förderung der Bildenden Künste. Sie wurde von dem 1984 verstorbenen Bremervörder **Friedrich Trentwedel** zum Andenken an seine Ehefrau eingerichtet. Marlene Trent-

Dr. Marlene Trentwedel (1909–1979) (o.)

BREMERVÖRDER ZEITUNG
GNARRENBURGER UND SELSINGER ZEITUNG

Die in Bremervörde erscheinende „Bremervörder Zeitung" wird 1853 gegründet und ist seit 1911 im Besitz der Familie Borgardt. Täglich wird eine Auflage von rund 8.300 Exemplaren erreicht

Ziegelei Pape in Bevern (o.)

Für die mühselige arbeit des Torfstechens wird die ganze Familie herangezogen; Aufnahme um 1900 (r.)

Jürgen Christian Findorff (o.) nach einem Gemälde von Johan Günther Bornemann von 1792. Das Grab des hannoverschen Moorkommissars liegt in Iselersheim (u.)

wedel wird 1909 in Bremervörde geboren, studiert in Jena und promoviert in Heidelberg. Zurück in Bremervörde, ist sie am Aufbau des Gymnasiums beteiligt und setzt sich früh für den Erhalt des alten Stadtbildes ein. Friedrich Trentwedel stellte 150.000 Mark aus seinem Vermögen als Stiftungskapital zur Verfügung. Er legte fest, dass die Kapitalerträge für gut dotierte Kunstpreise oder den Erwerb von Werken zu verwenden seien. Bedacht werden Künstler, die im Elbe-Weser-Dreieck leben oder deren Arbeiten sich auf diesen Raum beziehen.

Auf dem Friedhof zu **Iselersheim** liegt der vielleicht bekannteste Bürger von Bremervörde: **Jürgen Christian Findorff** (1720–1792). Dem Moorkommissar in hannoverschen Diensten ist die Besiedlung der großen Moore zwischen Wümme und Hamme zu verdanken. Er hat das Teufelsmoor vermessen und für dessen Entwässerung und die Ansiedlung von Moorkolonisten gesorgt. Im Mittelpunkt seines Interesses steht immer die Sorge um das wirtschaftliche Auskommen der Siedler. Da er selbst auch auf einer Moorbauernstelle arbeitet, kann er die Arbeit aus eigener Erfahrung einschätzen. Sein Engagement trägt ihm den Beinamen „Vater aller Moorbauern" ein. Bis zum Tode Findorffs 1792 in Mehedorf bei Bremervörde sind durch die Moorkolonisation auf 14.000 Hektar 42 neue Dörfer mit insgesamt 1.116 Siedlerstellen und damit eine neue Heimat für über 5.000 Siedler entstanden. An den nördlichen Stadtteilen Bremervördes, besonders am Ortsteil **Ostendorf**, ist das Konzept der Findorff'schen **Moorhufensiedlungen** heute noch sehr deutlich zu erkennen.

Am Ortsrand von **Bevern** steht mit der alten **Ziegelei Pape** ein Denkmal regionaler Industriekultur. Aufwändig restauriert, vermittelt es Einblicke in die jahrhundertealte Geschichte der Ziegelherstellung. Bereits für das Jahr 1565 ist eine Produktion von 7.000 Dachziegeln und 43.000 Mauersteinen für den Bau der Burg Vörde und das Kloster in Zeven belegt. Die Menge steigt bis 1915 auf über 1,2 Millionen Stück jährlich. Bei einem Rundgang durch die Ziegelei erfährt man alles über die Produktionsabläufe von der Rohstoffgewinnung bis zum baufertigen Ziegel.

Geflügel, Wild und Fertiggerichte sind die Geschäftsbereiche der **Geti Wilba GmbH & Co KG**. Das traditionsreiche Unternehmen beliefert die Lebensmittelindustrie, die Gastronomie und den Einzelhandel. An den verschiedenen Standorten sind insgesamt über 800 Mitarbeiter beschäftigt. Am Stammsitz in Bremervörde mit rund 600 Beschäftigten sind ein Geflügelverarbeitungswerk, der Wildbetrieb und ein Fertiggerichtewerk angesiedelt. Hervorgegangen ist Geti Wilba in seiner heutigen Struktur aus der Fusion der beiden Familienunternehmen Geti-Feinkost Georg Timmermann GmbH und Wild-Bargmann GmbH. Die Tradition der Geflügelproduktion und -veredelung reicht bis ins Jahr 1952 zurück und die der Wildveredelung bis ins Jahr 1963. Seit 2002 gehört das Unternehmen zum Nestlé-Konzern.

SG Fintel

Mitgliedsgemeinden:
_ Fintel
_ Helvesiek
_ Lauenbrück
_ Stemmen
_ Vahlde

Einwohner: 7.616
Fläche: 121,93 qkm
62,5 Einw. je qkm

Die Samtgemeinde Fintel an der östlichen Grenze des Landkreises liegt in der Wümmeniederung. Die **Fintau**, der die Samtgemeinde ihren Namen verdankt, fließt durch das Gebiet und trifft in Lauenbrück auf die Wümme.
Lauenbrück ist der zentrale Ort der Samtgemeinde. Lange leben die Bewohner aussschließlich von der Landwirtschaft. Die leichten Böden bringen ohne Düngung kaum Erträge. Die Bauern weichen deshalb auf Schafhaltung und Imkerei aus, die auf den großen Moor- und Heideflächen lohnend sind. Erst mit Einführung des Mineraldüngers werden viele Flächen kultiviert. Das Wirtschaftswunder des Nachkriegsjahrzehntes fördert die Ansiedlung von

Gewerbe- und Dienstleistungsbetrieben, und die Nähe zu Bremen und Hamburg hat in der Samtgemeinde den Tourismus belebt. Sie ist heute ein beliebtes Naherholungsziel. So gibt es schon seit vielen Jahren Wochenendhausgebiete in Fintel, Stemmen und Helvesiek. Camper aus Hamburg wissen den Campingplatz **Alte Löweninsel** in **Lauenbrück** zu schätzen. Er liegt auf dem historischen Grund einer alten Wasserburg mit Burggraben. Andere nutzen den **Mobilheimpark Aukamp,** vom Campingplatz rund einen Kilometer entfernt wümmeaufwärts.
Der bekannte niederdeutsche Dichter **Friedrich Freudenthal,** geboren 1849 in Fallingbostel, lebte von seinem dritten Lebensjahr an in **Fintel.** Viele Geschichten aus seiner Feder erzählen vom Leben im Moor. Das strohgedeckte **Wohnhaus** des Dichters steht gut erhalten noch heute im Ort.

Ein reges Vereinsleben verbindet die Bewohner von **Helvesiek** und fördert ihr Gemeinschaftsgefühl. Ein sehr aktiver **Schützenverein** mit 230 Mitgliedern besteht schon seit über 70 Jahren und ist Träger fast aller Veranstaltungen im Dorf. Eine **Freiwillige Feuerwehr** sorgt seit 100 Jahren für den Brandschutz und

Campingplatz Alte Löweninsel (o.)

Mobilheimpark Aukamp (l.)

den Ordnungsdienst bei größeren Veranstaltungen. **Stemmen** ist ein echtes Bauerndorf, das seinen Charakter bis in die heutige Zeit erhalten konnte. Eichenumstandene Höfe prägen das Ortsbild. Und auch **Vahlde** lebt vor allem durch die wichtigsten Stützpfeiler des niedersächsischen Dorflebens: Schützenverein, Sportverein und Freiwillige Feuerwehr.
Auf dem historischen Gelände eines Vorwerkes zur ehemaligen Burg liegt der 300.000 Quadratmeter große **Wildpark Lauenbrück** der **Familie von Schiller**. In naturbelassenen Grossgehegen erleben die Besucher Wild- und Haustiere. Verschiedene Hirscharten sind in ihrem natürlichen Umfeld angesiedelt, es gibt Auerochsen und Tarpan-Urwildpferde. Mit über 30 Eseln und einer regelmäßigen Nachzucht ist der Wildpark Lauenbrück das größte Eselsgestüt Niedersachsens. Ein Erlebnis für Kinder ist natürlich ein Eselsritt durch den Park.
Der **Wasserlehrpfad** in Lauenbrück bringt dem Besucher Vielfalt und Emp-

Friedrich Freudenthal (1849–1929) (o.)

Apartments im Ferienzentrum Eurostrand (o.)

Zentrale der Hühnerhof Heidegold GmbH (r.)

Blick auf die Fintau vom gegenüber liegenden Ufer aus (o.)

Ponyreiten im Wildpark Lauenbrück (r.)

findlichkeit der Natur der Wümmeniederung nahe. Für einige früher weit verbreitete Tier- und Pflanzenarten ist die Wümme mit ihren Nebengewässern wieder ein Lebensraum geworden. Die heimischen Arten sind auf Schautafeln dargestellt. Mit etwas Geduld und Vorsicht lassen sich Rohrammer und Sumpfrohrsänger beobachten oder Sumpfdotterblume und das Sumpfvergissmeinnicht betrachten.

Bei Gästen aus ganz Deutschland beliebt ist der **Ferienpark Eurostrand** in Fintel. Die Anlage, die sich durch ihre „All Inclusive"-Angebote auszeichnet, bietet einen Badesee, eine Tropic-Halle für Shows und ein attraktives Innenzentrum mit viel Raum für diverse Freizeitaktivitäten: eine Schwimmbad- und Saunalandschaft, Minigolf, Tennis und Bowling, außerdem Planwagenfahrten oder eine Wanderung durch die Heide und als Kontrastprogramm Tanz und Party bis in die Morgenstunden.

Ein überregional bedeutendes Unternehmen im Eiergroßhandel ist in Fintel ansässig: Die Firma **Hühnerhof Heidegold GmbH** mit ihrem Stammsitz in Fintel geht auf einen typisch ländlichen Eierhandel zurück, den die Kaufleute **Friedrich Behrens** und **Friedrich Schröder** 1949 gründen. Bis zu 60 Aufkäufer waren in den Anfangsjahren im Raum Hannover und Bremen von Hof zu Hof unterwegs, um von den Landwirten Eier aufzukaufen. Heute ist Heidegold in Deutschland einer der Marktführer in Sachen alternativer Eiererzeugung und Vermarktung.

Die waldreiche Gegend um Lauenbrück ist das Metier der 1934 als Schmiede gegründeten **Wahlers Forsttechnik GmbH.** Seit 1972 ist Wahlers auf den Bau von Forstmaschinen spezialisiert und entwickelte 1973 den patentierten *Räumfix* zur Abraumbeseitigung im Wald. Das Unternehmen ist auch Generalimporteur für Forstmaschinen der finnischen Marke „Ponsse".

SG Geestequelle

Mitgliedsgemeinden:
- Alfstedt
- Basdahl
- Ebersdorf
- Hipstedt
- Oerel

Einwohner: 6.700
Fläche: 140,47 qkm
47,7 Einw. je qkm

Geestequelle ist die einzige Samtgemeinde im Landkreis Rotenburg, deren Name in keinem Zusammenhang mit einem Ort steht. Namensgebend ist vielmehr ein geografischer Punkt inmitten des Dreiecks Basdahl, Oerel und Hipstedt. Hier entspringt die **Geeste**, die in > Bremerhaven (II-174) in die Weser mündet.

Im nördlichen Teil der Samtgemeinde liegt **Alfstedt**, die kleinste der fünf Mitgliedsgemeinden mit der alten Mühlen- und Vorwerkssiedlung **Bredemehe**. Das uralte Mühlengebäude wurde vom Verein **De Möhl** saniert und wird heute für kulturelle Veranstaltungen, Ausstellungen und Fortbildungen genutzt. Aus Bredemehe stammt **Hans-Hinrich Kahrs**. Der 1956 geborene Gymnasiallehrer ist ehrenamtlich für den **Landschaftsverband Stade** tätig. Als Berater für Plattdeutsch an Schulen entwickelt und koordiniert er zusammen mit der Geschäftsstelle des Landschaftsverbandes Projekte für Schüler. Vor allem aber wird er in der Region als plattdeutscher Autor hoch geschätzt. Neben erfolgreichen Theaterstücken, die im gesamten niedersächsischen Raum gespielt werden, hat Kahrs mittlerweile auch neun Hörspiele für **Radio Bremen** geschrieben.

Als sich 1974 die **Alfster Heimatfrünn** gründen, wird Plattdeutsch als antiquierte Sprache belächelt. Das hat sich mittlerweile geändert, die Rückbesinnung auf ländliche Traditionen zeigt sich nicht nur im Erhalt alter Gebäude, sondern auch in der Verbreitung der althergebrachten Sprache durch die Heimatvereine. Doch haben die Alfster Heimatfrünn nicht nur mit Projekten wie **Plattdeutsch in der Schule** von sich reden gemacht, sondern auch durch ihre Ausstellung **Alfstedter nach Amerika**, die sich mit dem Schicksal in der Gemeinde beheimateter Auswanderer beschäftigt. Die Ausstellung präsentieren die Heimatfrünn im 2004 fertig gestellten **Heimathaus**.

Wo die Bundesstraßen 71 und 74 zusammenlaufen, liegt die Gemeinde **Basdahl**. Neben der Landwirtschaft ist eine starke Gastronomie zuhause. Sie hat hier eine lange Tradition, denn schon im Mittelalter war Basdahl Tagungsort für Ritter und Geistliche des Erzbistums Bremen.

Mit der **L & L Rotorservice** GmbH hat sich in Basdahl ein Unternehmen angesiedelt, das eine echte Marktlücke besetzt. Der 80 Mitarbeiter zählende Betrieb ist auf die Wartung und Instandsetzung von Windenergieanlagen, insbesondere der Rotorblätter, spezialisiert.

Die kleine um 1577 in rotem Backstein erbaute **St. Christophorus Kirche** in Oese mit ihrer Inneneinrichtung ist eine besondere Sehenswürdigkeit. Die Turmuhr hat statt Ziffern Buchstaben und unmittelbar an der Kirche liegt **Tetjus Tügel** begraben. Der Hamburger Künstler mit Wohnung und Atelier auf dem

Mundartautor Hans-Hinrich Kahrs (o.)

Der Hof Freitag, seit 370 Jahren Wohnhaus der Familie Rademacher, steht unmittelbar an der Geestequelle (ganz o.)

Verladung von Rotorblättern für Windenergieanlagen bei L & L Rotorservice (l.)

Die Aufenthalte in der Freizeit- und Begegnungsstätte Oese enden mit dem großen Abschlussbüfett (r.)

Die Gangolf-Kirche zu Oerel, benannt nach einem frommen burgundischen Ritter des 8. Jahrhunderts (o.)

Quickhof in Oese zeichnete und malte, war ein talentierter Musiker, Dichter und Literat, war Schauspieler und Kabarettist und ganz sicher ein Lebemann – worauf seine sieben Ehen schließen lassen. Die meisten seiner zahlreichen Gemälde entstanden im Teufelsmoor, wo der *„ruhelose Wanderer zwischen den Welten und Genres seine Inspiration und emotionale Heimat"* fand, wie es in einem Katalog seiner Hamburger Ausstellung im Jahr 2002 heißt.

In Oese steht auch die große **Freizeit- und Begegnungsstätte Oese**, das Gästehaus des evangelisch-lutherischen Kirchenkreises Bremervörde-Zeven. Zur Anlage gehört die ehemalige Dorfschule des kleinen Ortes. In der warmen Jahreszeit kann zusätzlich ein Zeltgelände genutzt werden. Das Haus steht nicht nur kirchlichen Gruppen offen. Es eignet sich für alle Kinder- und Jugendfreizeiten, Tagungen und Konferenzen, Seminare der Erwachsenenbildung und Familienfreizeiten. Das Mitarbeiterteam versteht sich als christliche Lebensgemeinschaft und bietet ein eigenes Programm als Jugendbildungsstätte mit 25 bis 30 Veranstaltungen jährlich an. Gäste des Hauses sind zu den täglichen Andachten eingeladen.

Das Zentrum der Gemeinde Hipstedt ist der Ortsteil **Hipstedt-Löh.** Er ist kurz vor dem Zweiten Weltkrieg entstanden als Marinesiedlung für das damalige Marinesperrzeugamt in Hinzel. Der heutige **Staatsforst Hinzel** reicht bis an den Bahnhof heran und macht fast die Hälfte des Hipstedter Gemeindegebiets aus.

Oerel ist die älteste, flächengrößte und zugleich bevölkerungsstärkste Gemeinde und der heutige Mittelpunkt der Samtgemeinde Geestequelle. Die über 800 Jahre alte **Kirche zu Oerel** mit ihren frühgotischen Altarfiguren ist größtenteils aus Feldsteinen erbaut. Sehenswert ist auch der hölzerne Glockenturm und die Feldsteinmauer entlang der Rückseite der Kirche. Der Kirchenvorplatz wurde zur 1050-Jahr-Feier der Gemeinde vollkommen neu gestaltet.

Heutige Ansicht der ehemaligen Marinesiedlung Hipstedt-Löh (r.)

Gnarrenburg

Ortsteile:
- Augustendorf
- Barkhausen
- Brillit
- Fahrendorf
- Findorf
- Glinstedt
- Gnarrenburg
- Karlshöfen
- Klenkendorf
- Kuhstedt
- Kuhstedtermoor
- Langenhausen

Einwohner: 9.488
Fläche: 122,91 qkm
77,2 Einw. je qkm

Die Gemeinde Gnarrenburg liegt am Nordrand des Teufelsmoores. Durchzogen wird sie von Nord nach Süd vom etwa 19 Kilometer langen **Oste-Hamme-Kanal**. Auf der 1769 gebauten Wasserstraße fahren noch bis ins 20. Jahrhundert die **Halbhuntschiffe** der Moorbauern mit Torf und landwirtschaftlichen Erzeugnissen beladen nach Bremervörde und Bremen. Entlang des Kanals liegen **Findorff-Siedlungen**, benannt nach dem für die Kolonialisierung verantwortlichen Moorkommissar. Es war ein schweres Leben in diesen Siedlungen. „*Den eersten sien Dot, den tweeten sien Not, den drütten sien Brot*“ – dieses plattdeutsche Sprichwort beschreibt treffend die armseligen Verhältnisse der ersten Siedler im Teufelsmoor. Sie wurden vom kurhannoverschen König Georg III. angeworben, um das unbewohnte Moor in eine kultivierte Landschaft zu verwandeln. Die armen Siedler folgten dem Ruf des Staates, weil er für sie die Chance zum Aufbau einer Existenz bot. Doch das Land war unfruchtbar, brachte Not und Elend. Nur mit dem Verkauf von Torf konnten die Siedler Einnahmen erwirtschaften. Die nötigen Verkehrswege mussten sie selber erst schaffen: Von Hand gegraben waren die Verkehrswege im Moor. Ein Netz von kleinen und größeren Kanälen durchzieht bis heute das Teufelsmoor. Sie münden allesamt in die Wümme, Hamme und deren Zuflüsse und prägen auch um Gnarrenburg herum das Bild der Landschaft.

Neben dem Torf war es **Glas**, welches den Moorbewohnern das Überleben sicherte, denn die Grundmaterialien Quarzsand und Torf als Brennstoff lagen gewissermaßen vor der Tür. Weithin bekannt war einst die **Marienhütte**. Im alten Gnarrenburger Bahnhof sind zahlreiche Arbeitsgeräte und Gläser aus Gnarrenburger Produktion zusammengetragen.

Der **Moorhof** in **Augustendorf** ist eine Hofstelle, die nach dem Erwerb des Anwesens durch die Gemeinde Gnarrenburg vom **Heimatverein** mit liebevoller Detailtreue komplett restauriert und als Museum eingerichtet wurde. Mittelpunkt der Hofanlage ist ein altes Rauchhaus, in dem sich vom Bau des Gebäudes im vorletzten Jahrhundert bis 1984 das Leben einer Moorbauernfamilie abgespielt hat. Alle Zimmer des Gebäudes wurden originalgetreu hergerichtet. Im Außenbereich sind weitere Gebäude restauriert worden: der Schweinestall, der Schafstall, die Torfscheune und ein Erd-

Rüdiger und Werner Flathmann beim Torfstechen auf dem Moorhof in Augustendorf (o.)

Dorfmittelpunkt Kuhstedtermoor (o.l.)

Gnarrenburg heute: Kindergruppen beim Erntefest (ganz o.l.)

Heino Lütjen mit seinem Nachbau eines Halbhuntschiffes auf der Kolbeck (l.)

Verladung von abgepackter Blumenerde auf dem firmeneigenen Gleisanschluss der Torf- und Humuswerke in Gnarrenburg (r.)

Landrat Dr. Hans-Harald Fitschen beim Sprung über den Graben anlässlich der Einweihung des neuen Moorerlebnispfades in Augustendorf (o.)

Die NDR-Moderatorin Heike Götz mit einem TV-Team der „NDR-Landpartie" auf dem Hof von Moorschnuckenzüchter Detlev Logemann im Juni 2004 (o.l.)

Immer am ersten Sonnabend im Januar findet in Kuhstedt die Holzauktion statt. Traditionell wird dazu draußen Skat gespielt – und zwar bei jedem Wetter! Gerne kommen auch die Bremer, um sich hier mit Kaminholz einzudecken (o.r.)

keller. Außerdem sehen die Besucher funktionsfähige Geräte und Anlagen wie den Göpel, einen Ziehbrunnen und einen Backofen. Ein Torfstich mit dem dazugehörigen Torfkahn sowie diverse historische landwirtschaftliche Maschinen und Geräte vervollständigen die Ausstattung. Der Moorhof ist von Mai bis September sonntagnachmittags geöffnet.

Ein weiteres Museum steht am Rande der großen Moore im Geestort **Brillit.** Dort hat der **Kultur- und Heimatverein Brillit** im Jahr 1993 eine etwa 200 Jahre alte Kartoffelscheune vor dem völligen Verfall bewahrt und ein **Kartoffelmuseum** eingerichtet. Neben Dokumentationen zur Geschichte der Knolle sind dort landwirtschaftliche Maschinen für den Anbau sowie alte Haushaltsgeräte für die Verarbeitung von Kartoffeln zu sehen.

Aus der Landschaft nicht wegzudenken ist auch die **Moorschnucke.** Die anspruchslose und widerstandsfähige Landschafrasse ist speziell für das Leben an feuchten Standorten gezüchtet worden. Trotz ihrer Anpassungsfähigkeit und ihrer guten Fleischqualität teilen auch die Moorschnucken das Schicksal vieler traditioneller Haustierrassen und sind heute vom Aussterben bedroht. **Detlev Logemann** aus der Ortschaft Karlshöfen gehört zu den wenigen Züchtern, die sich dem Erhalt der Moorschnucken verschrieben haben.

1857 wurde am Karlshöfenerberg die Glasfabrik **Zur Carlshütte** gegründet. An ihrer Stelle steht heute die **Brilliant AG** mit ihren rund 300 Mitarbeitern. Das Unternehmen ist führender Anbieter von Wohnraumleuchten in Europa. Das umfassende Sortiment wird in über 40 Ländern der Welt vor allem über Baumärkte und Möbelhäuser vertrieben.

Ebenfalls stark in ihrem Marktsegment ist die **Torf- und Humuswerk Gnarrenburg GmbH.** Das 150 Mitarbeiter zählende Unternehmen ist einer der führenden Produzenten von Substraten und Blumenerde für den Hobby- und Profi-Gartenbau. Es gehört seit 2004 zur **Compo GmbH & Co. KG** in Münster.

Rotenburg (Wümme)

Ortsteile:
- **Borchel**
- **Mulmshorn**
- **Unterstedt**
- **Waffensen**

Einwohner: 22.024
Fläche: 99,01 qkm
222,4 Einw. je qkm

Die Wümme mit ihren Nebengewässern hat Rotenburg geprägt. Die Burg, die der Stadt ihren Namen gab, entstand als Wasserburg. Der erste Wümmeübergang, die heutige **Amtsbrücke**, ist älter als die Stadt selbst. Diese blickt auf 800 Jahre Geschichte zurück und feiert 2004 mit großem Aufwand das 75-jährige Bestehen ihres **Stadtrechts**. Es hat lange gedauert, um zu werden, was man heute ist: ein Ort mit neuem Gesicht, seit 1998 die Sanierung der Innenstadt und der Bau der Fußgängerzone abgeschlossen worden sind.
Rotenburg hat eine Königin: Die **„Deutsche Kartoffelkönigin"**. Sie wird auf dem **Rotenburger Kartoffelmarkt** gekrönt. Ihre Amtszeit ist auf ein Jahr begrenzt. Dann gibt sie ihre Krone an die designierte Kartoffelprinzessin weiter. Dieses Ereignis wird umrahmt von einem Fest, auf dem die Landfrauen Gerichte rund um die Kartoffel anbieten. Aushängeschild für diese Kartoffelfete ist **Knolli,** ein dickes Kartoffelmännchen, das mit Stock und Hut die Gäste begrüßt. Knolli heißt auch der traditionelle **Rotenburger Kartoffelschnaps**.

Steht die Kartoffel für die Tradition und die Verbundenheit mit der Erde, so weisen die **„7 Sparx für R."**, die seit 1994 den Rathausturm zieren, in den Himmel. Die umstrittene Neonplastik ist ein Werk des in Hannover lebenden Künstlers **Christoph Rust**. Beim nächtlichen Spaziergang sind die in kräftigem Blau leuchtenden Zeichen, die „Funken für Rotenburg", gut zu erkennen. Die Sparx versinnbildlichen die Verbindung von Erde und Atmosphäre. Allemal aber setzen sie ein Zeichen und drücke aus, was Rotenburg heute sein will: eine moderne Stadt, die zu Traditionen steht, ohne in ihnen zu erstarren.
Seit 1880 betreiben die **Rotenburger Werke der Inneren Mission** Einrichtungen und Dienste für Menschen mit Behinderung und helfen ihnen, ein selbstbestimmtes und selbständiges Leben in der Gesellschaft zu führen. Die Einrichtungen umfassen alle Lebensbereiche vom Wohnen über Bil-

Der „Paar-oh-die Brunnen" des Künstlers Jürgen Goertz auf dem Marktplatz (o.)

Blick in die Rotenburger Fußgängerzone (ganz o.l.)

Das Rudolf-Schäfer-Haus aus dem Jahr 1675 ist das älteste Gebäude der Stadt (ganz o.r.)

Knolli, das Kartoffelmännchen (l.)

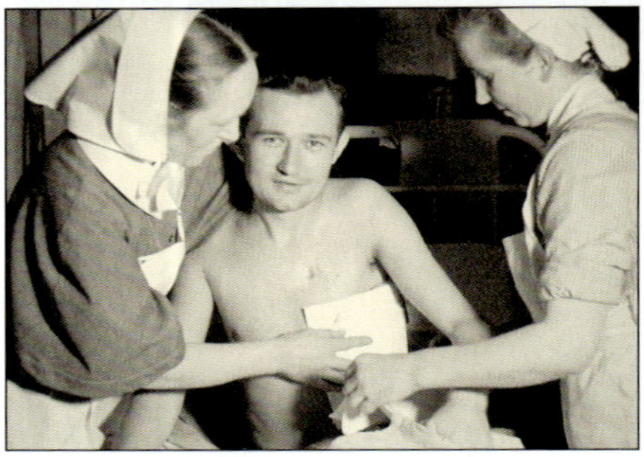

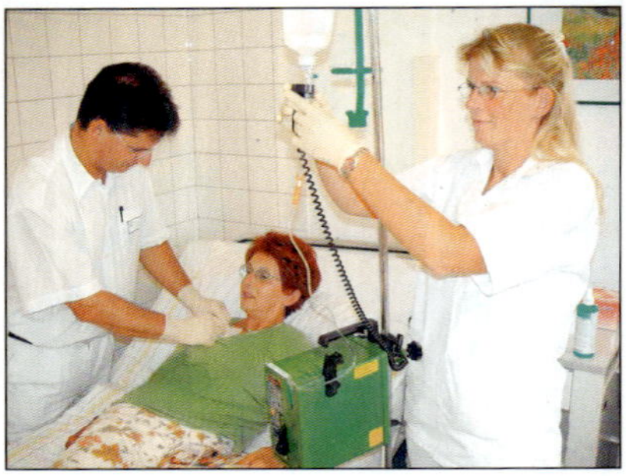

Krankenpflege in den 1940er Jahren (r.) und heute (ganz r.) im Diakoniekrankenhaus Rotenburg (o.)

Elise Averdieck (o.)

Gärtner der Werke der Inneren Mission (l.)

dung und Arbeit bis zur Freizeitgestaltung und Seelsorge. Kinder und Jugendliche besuchen die **Lindenschule**, eine staatlich anerkannte Förderschule für geistige Entwicklung aus dem ganzen Kreis. Die Erwachsenenbildung ist auf Menschen im Erwerbs- und Rentenalter zugeschnitten. Eine eigene **Berufsschule** ermöglicht staatlich anerkannte Ausbildungen in der Heilerziehung.
Vielfältige Arbeitsplätze gibt es in der **Werkstatt für behinderte Menschen.** Für Menschen mit geistiger Behinderung und besonders hohem Assistenzbedarf stehen weitere Einrichtungen zur Verfügung.
Die Geschichte des **Diakonissen-Mutterhauses** beginnt 1856 in Hamburg. Die Diakonisse **Elise Averdieck** nimmt einen Kranken in ihre Wohnung auf, schnell entsteht eine kleine Krankenstation. Drei Jahre später bekommt Elise Averdieck Geld für ein neues Gebäudes geschenkt. Es wird 1860 als Diakonissen-Mutterhaus eingeweiht. Nach Differenzen mit dem Vorstand der Einrichtung siedeln die Schwestern 1905 mit ihrer Oberin **Helene Hartmeyer** nach Rotenburg über. Hier bauen sie ein neues Mutterhaus, ein Krankenhaus und eine Pflegeschule auf. Nach dem Zweiten Weltkrieg eröffnet das Mutterhaus eine Zweiganstalt mit Lungenheilstätte, Altenpflegeheim und der einzigen Entbindungsstation Niedersachsens für Mütter mit Tuberkulose. Heute ist das **Diakoniekrankenhaus** das größte konfessionelle Krankenhaus Norddeutschlands und das drittgrößte in Niedersachsen.
Fast alle Rotenburger Diakonissen sind aus ihren Einsatzorten nach Rotenburg zurückgekehrt. Sie leben heute im „Feierabend“; in den Ruhestand gehen sie nie. Die Schwestern sind in Einrichtungen des Werkes ehrenamtlich tätig, kümmern sich um Pflegebedürftige und Menschen im Krankenhaus, organisieren Hilfen für Waisenkinder und pflegen den Kontakt zu den Kirchengemeinden der Umgebung.

Wichtig für die Entwicklung der Stadt ist auch die **Bundeswehr.** Die heutige **Lent-Kaserne** wurde 1936 als Luftzeugamt errichtet. 1958 werden hier ein Instandsetzungsbataillon und die Heeresfliegertruppe sowie später ein Fernmeldebataillon und eine Nachschubkompanie stationiert.

Freizeitbad Ronululu (l.)

Im Rahmen der Umstrukturierung verlassen Heeresflieger und Nachschubtruppe 1990 die Kaserne. Das Fernmeldebataillon wird mehrfach umgegliedert. Heute sind in der Kaserne ein Logistikbataillon, ein Fernmeldebataillon, ein Kraftfahrausbildungszentrum und verschiedene Kleindienststellen stationiert. Die Zukunft allerdings ist ungewiss. Immer wieder werden Pläne laut, den Standort aufzugeben.

Rotenburg ist bundesweit eine Hochburg für den Bau von Verkaufsfahrzeugen, Anhängern, Marktständen, Pavillons etc. **Borco Höhns** und **Seico** sind die führenden Unternehmen; rund 450 Beschäftigte finden in dieser Branche einen Arbeitsplatz.

Eine Freizeitattraktion in Rotenburg ist das Erlebnisbad **Ronululu** mit insgesamt elf Becken und über 2.200 Quadratmeter Wasserfläche. Zu den Attraktionen gehören eine 84 Meter lange Wasserrutsche sowie eine schnelle Super-Breitrutsche. Darüber hinaus stehen eine über 600 Quadratmeter große Saunalandschaft mit Dampfbad und Saunagarten sowie ein Solarium zur Verfügung.

Komfort in familiärer Atmosphäre – so lautet das Credo im **Landhaus Wachtelhof.** Das einzige Fünf-Sterne-Superior Luxushotel im Landkreis gehört der **Familie Höhns** und steht für dezente Noblesse. Neben exquisiter Gastronomie verfügt der Wachtelhof über ein exklusives Wellness-Angebot. Die Therme ist im Stile antiker Badehäuser gehalten und bietet unter anderem ein Kosmetik-Programm nach der „Clarins Paris Methode“: 80 genau festgelegte Massagen, begleitet von entspannenden Klängen und Aromen, unterstützt durch pflanzliche Pflegeprodukte. Die Leiterin des Wellness-Programms, **Nadine Böning**, wurde dafür vom Frauenmagazin „Freundin“ in die Liste der „140 besten Kosmetikerinnen Deutschlands“ aufgenommen. Als offizieller Partner der Reedereien Hapag-Lloyd und Sea Cloud Cruises bietet der Wachtelhof außerdem einen Komplettservice für Kreuzfahrten mit den Schiffen MS „Europa“, MS „Hanseatic“ und den beiden „Sea Clouds“ I und II. Angebot und Service des Wachtelhofs haben mittlerweile auch das Organisationskommittee der Fußball-WM 2006 davon überzeugt, Teilnehmer des Turniers hier unterzubringen.

Wellness-Bereich des Landhaus Wachtelhof (o.)

Der ehemalige Schlauchturm der Feuerwehr (ganz o.) ist heute ein Kunstmuseum. Vom obersten Stockwerk genießen Besucher den Rundblick über Rotenburg

Ortsteile:
- Bartelsdorf
- Hetzwege
- Jeersdorf
- Ostervesede
- Scheeßel
- Sothel
- Westeresch
- Westerholz
- Westervesede
- Wittkopsbostel
- Wohlsdorf

Einwohner: 12.817
Fläche: 149,70 qkm
85,6 Einw. je qkm

Scheeßel

Scheeßel mit seinen über 13.000 Einwohnern ist eine kleine Einheitsgemeinde und feiert im Jahr 2005 ihr 1.200-jähriges Bestehen. Der Ort zieht jedes Jahr, vor allem mit drei weit über die Region ausstrahlenden Veranstaltungen, an jeweils einem einzigen Wochenende ein Mehrfaches seiner Einwohnerzahl an Besuchern an.

Finallauf zur Sandbahn WM auf dem Eichenring Anfang der 1970er Jahre (r.)

Ein Begriff für vermutlich alle Motorradfans in Deutschland ist der **Eichenring,** der beinahe schon legendäre Sandbahnparcours von 1.300 m Länge. Betreiber der Anlage ist seit 1951 der **Motor-Sport-Club Eichenring**. Er organisiert jahrelang die Finalläufe zur Weltmeisterschaft. Nach Änderung des Austragungsmodus findet nun jährlich ein Punktlauf zur Weltmeisterschaft mit vielen tausend Zuschauern und rund 400 Helfern statt.

Gäste des Internationalen Trachtenfestes in Scheeßel (r.)

Junge Nachwuchstänzer bei der Internationalen Trachtenbegegnung (o.)

Der Eichenring ist seit 1997 auch Schauplatz des enorm populären **Hurricane-Festivals**. Für drei Tage kommen bis zu 50.000 Musikfreunde in die Gemeinde. Schon in den 1970er Jahren erwirbt sich Scheeßel einen Ruf als Festivalstandort mit Auftritten von Chuck Berry, Jerry Lee Lewis oder der virtuosen Gitarrenband Wishbone Ash. Nach einem Fiasko mit dem damaligen Veranstalter Ende der 1970er Jahre bewiesen die Gemeinde und die Eigentümer 1997 viel Mut, als sie mit dem damals in der Konzertbranche weitgehend unbekannten **Folkert Koopmans** das Wagnis eingehen, wieder ein Openair-Festival zu etablieren. Doch der Versuch sollte sich lohnen. Koopmans und seine Konzertagentur **FKP Scorpio** haben das Hurricane zu einem der erfolgreichsten Openair-Festivals in Deutschland entwickelt, das zum Beispiel Die Fantastischen Vier, die legendären Cure, David Bowie und die eigenwillige P. J. Harvey zusammenbringt. Seit 2004 gibt es zwei offene Bühnen, auf denen insgesamt 47 Bands ihrem Publikum einheizen.

Eine völlig andere Zielgruppe erreicht das **Internationale Trachtenfest** in Scheeßel. Zwei gleichermaßen bekannte Tanz- und Trachtengruppen teilen sich die Aufgabe, norddeutsches Kulturgut national und international zu popularisieren: die Tanz- und Trachtengruppe **De Beekscheepers** und die **Original Scheeßeler Trachtengruppe**. Das jährliche Fest wird in ungeraden Jahren von den Beekscheepers als **Internationales Beeke Trachtenfest** und in geraden von den

Hurricane Festival 2004

Originalen als **Internationale Trachtenbegegnung** ausgerichtet. Selbst aus dem Ausland kommt Besuch zu diesen schon legendären Festen. Und immer, wenn Scheeßeler Lür – Leute aus Scheeßel – auf dem **Meyerhof** und auf dem Heimat hausgelände auftreten, zeigt sich, dass Regionalstolz auch in Zukunft ein Bestandteil von Weltoffenheit sein wird. Der Meyerhof wird erstmalig 1320 erwähnt. Im Hofgebäude befindet sich das Trauzimmer der Gemeinde. Wegen der malerischen Lage inmitten des alten Eichen- und Buchenbestandes lassen sich auch auswärtige Brautpaare gern dort trauen. Ansonsten steht der Meyerhof den Scheeßeler Vereinen als Kultur- und Begegnungsstätte unentgeltlich zur Verfügung.

Nach wechselhafter Geschichte und langen Zeiten des Verfalls steht die **Amtsvogtei** heute unter Denkmalschutz und liegt inmitten des Ortes in einem 20.000 Quadratmeter großen Park. Das liebevoll renovierte Anwesen dient dem **Energieversorger EWE** als Scheeßeler Verwaltungszentrale und steht zu einem beträchtlichen Teil der Öffentlichkeit zur Verfügung. Zusammen mit dem ebenfalls sorgfältig erneuerten Park ist die Amtsvogtei heute ein lebendiger Ort der Begegnung für Scheeßeler Bürger und Gäste der Gemeinde.

Zu den Sehenswürdigkeiten der Gemeinde zählt die 1507 gebaute **Mühle** an der Wümme mit einem angegliederten Komplex von vierzehn Gebäuden. Der letzte Neubau der Anlage datiert aus dem Jahr 1830. Heute besitzt die Mühle drei Schrotgänge, vier Rohrmischmaschinen, eine Hammermühle und eine Futterpresse. Im Jahr 2003 wird das Bauwerk von dem **Förderverein Scheeßeler Mühle** übernommen. Geplant ist der Einbau einer neuen Roggenmühle.

Amtsvogtei (o.)

Die in Scheeßel aufgewachsene Läuferin **Kirsten Bolm** studiert heute in Heidelberg und startet für Mannheim. Sie gewinnt Titel u.a. als Deutsche Meisterin über 100 Meter Hürden, den Deutschen Hallenmeistertitel über 60 Meter Hürden sowie eine Silbermedaille bei der Hallen-EM 2002. Scheeßel stark verbunden geblieben ist der Fußballer **Matthias Scherz**, der heute beim 1. FC Köln als Stürmer spielt. Er kommt von **Rot-Weiß Scheeßel** und gelangt über den FC St. Pauli in die Bundesliga. Matthias Scherz hat in Scheeßel seine familiären Bindungen behalten und ein Haus gebaut. Wahrscheinlich, dass er am Ende seiner Profikarriere zurückkehren wird!

Der Heidesee mitten in Scheeßel ist ein exklusives Wohngebiet (u.)

SG Selsingen

Mitgliedsgemeinden:
- **Anderlingen**
- **Deinstedt**
- **Farven**
- **Ostereistedt**
- **Rhade**
- **Sandbostel**
- **Seedorf**
- **Selsingen**

Einwohner: 9.147
Fläche: 226,34 qkm
40,4 Einw. je qkm

Elfriede Heins in ihrer Kartoffelschnapsbrennerei im Sandbosteler Ortsteil Hütten (o.)

Die Samtgemeinde Selsingen ist flächenmäßig die zweitgrößte, gleichzeitig aber die am dünnsten besiedelte Verwaltungseinheit des Landkreises. Die Samtgemeinde wurde schon 1965 mit zunächst elf Mitgliedsgemeinden gegründet. 1969 kamen vier weitere Gemeinden hinzu. Durch die Gebietsreform 1974 erhielt die Samtgemeinde ihre heutige Ausprägung mit acht Mitgliedsgemeinden.

Die Landwirtschaft ist bis heute Haupterwerbszweig. Im Laufe der Jahre entstanden im Umfeld zahlreiche Gewerbebetriebe, die vor allem landwirtschaftliche Produkte verarbeiten. Brennereien, Futtermittelwerke, Kartoffel, Dünger-, Viehhandlungen und Fuhrunternehmen profitieren von der heimischen Landwirtschaft. Aber auch Handwerks- und Gewerbebetriebe sowie kleinere Industriebetriebe sind in der Samtgemeinde angesiedelt. Dennoch ist das Angebot an festen Stellen knapp. Viele Einwohner haben ihren Arbeitsplatz in benachbarten Orten oder Städten gefunden.

Viele Betriebe haben sich mit dem Tourismus ein weiteres wirtschaftliches Standbein geschaffen. Ausgedehnte Wälder, Moore, vereinzelte Heideflächen sowie Flusstäler der Oste und Twiste prägen den Charakter dieser abwechslungsreichen Landschaft, in der sich eine Vielzahl gepflegter Dörfer befindet. Es ist für besonders familienfreundliche Ferienangebote im Rahmen des Wettbewerbs „Familienferien in Deutschland" sogar zum Bundessieger gekürt worden. Eines der Angebote, das mit dem sanften Tourismus in der Samtgemeinde entstand, ist die **Nutztierroute.** Per Fahrrad führt sie die Teilnehmer auf die Spuren von zahlreichen, heute seltenen Nutztieren in ihrer natürlichen Umgebung. Auf dem Weg können die Naturliebhaber Hannoveraner Pferde, Schwarzkopfschafe, Galloway-Rinder, Heidschnucken und viele andere heimische Nutztiere beobachten.

Ewas weniger besinnlich geht es auf dem **Dorfmove Ohrel** in der Gemeinde **Anderlingen** zu. Er ist ein Umzug im Stil der Berliner Love Parade – nur ein bisschen kleiner. Organisiert von der Dorfjugend des Ortes, ist die Veranstaltung mittlerweile so erfolgreich, dass zuletzt schon 25 Wagen und schätzungsweise 2.500 Teilnehmer und Zuschauer dabei waren – mit stetig steigender Tendenz.

Dass Selsingen ein schönes Dorf ist, wissen spätestens seit 1985 nicht nur die Einheimischen. Damals gewann die Ortschaft eine Bronzemedaille im Bundeswettbewerb „Unser Dorf soll schöner werden". Noch erfolgreicher als Selsingen selbst waren die Ortsteile Granstedt und Haaßel. Granstedt wurde 1991 Bundessieger. Bereits zwei Jahre zuvor holte Haaßel die Gold-

Der sommerliche Dorfmove durch Ohrel (r.)

medaille als schönstes Dorf Deutschlands. Darüber hinaus waren auch die Ortschaften Godenstedt (1975) und Oberochtenhausen (1998) Bundessieger. Die Samtgemeinde Selsingen mit ihren Mitgliedsgemeinden ist damit im Bundeswettbewerb die erfolgreichste kommunale Körperschaft im Lande Niedersachsen.
Historische Sehenswürdigkeiten wie **Eckes Hus** in **Ostereistedt**, übrigens das älteste Fachwerkhaus im Landkreis, das **Heimathaus** und die **Holländer-Windmühle Elisabeth** in Selsingen laden zum Besichtigen und Verweilen ein. Die **Wassermühle Eitzmühlen** in Lavenstedt, einem Ortsteil von Selsingen, ging 1998 an die Pächterinnen des **Landfrauenvereins Selsingen** über, die dort seitdem ein kleines Café betreiben. Samstags und sonntags bieten die Damen selbst gebackenen Kuchen an. Fest im Angebot sind die **Eitzter Fantasie**, die **Selsinger Landfrauentorte** und die **Mühlenradtorte.** Gelegentlich stellen die Landfrauen auch Handarbeiten aus.
Nicht wenige Gemeinden, in denen Truppen stationiert sind, leiden wirtschaftlich unter deren Abzug. Auch die holländischen Soldaten werden bis 2006 die Kaserne in **Seedorf** verlassen haben. Aber die umliegenden Gemeinden und nicht zuletzt auch >Zeven (124) haben Glück: Die Bundeswehr wird die Kaserne übernehmen und ihre Truppenstärke aufstocken.
In **Sandbostel** lag im Zweiten Weltkrieg das Gefangenenlager **Stalag X B**. Zwischen 1939 und 1945 waren hier über eine Million Kriegsgefangene aus 46 Nationen inhaftiert. Zu ihnen zählten u.a der italienische Schriftsteller Giovanni Guareschi, Schöpfer der unsterblichen Streithähne *Don Camillo*, dem katholischen Priester, und *Peppone*, seinem stalinistischen Bürgermeister. Mehrere tausend Menschen überlebten die Gefangenschaft nicht. Nach intensiver öffentlicher Diskussion wird 2004 ein Kompromiss gefunden, der das angemessene Gedenken und die Interessen der Betriebe in dem heutigen Gewerbegebiet berücksichtigt. Die Samtgemeinde, der **Verein Dokumentations- und Gedenkstätte Sandbostel** und weitere Gruppen beteiligen sich an der Stiftung, die u.a. im Bereich der einstigen Lagerkirche ein Dokumentationszentrum einrichten wird.

Kartoffelernte in Selsingen: Hans-Gabert Meyer und Frau sowie Gehilfe Mark Dekleine (o.)

Baracke des ehemaligen Gefangenen–lagers Stalag X B in Sandbostel (ganz o.)

Landfrauencafé (ganz o.l.) in der Wassermühle Eitzmühlen (ganz o. Mitte)

Nutztierroute (o.l.)

Mitglieds-gemeinden:
- Groß Meckelsen
- Hamersen
- Kalbe
- Klein Meckelsen
- Lengenbostel
- Sittensen
- Tiste
- Vierden
- Wohnste

Einwohner: 10.850
Fläche: 138,75 qkm
78,2 Einw. je qkm

SG Sittensen

Die Autobahn Hamburg–Bremen mit der Abfahrt, Tankstelle und Raststätte in Sittensen wird 1937 eingeweiht. Nun sind Autobahnabfahrten nicht unbedingt reizende Orte. Für Sittensen jedoch hat sich dieser Anschluss als ein Glücksfall herausgestellt. Denn der Anschluss beflügelte mehr als anderswo die Ansiedlung von Industrie- und Gewerbebetrieben.
Heute umfasst die Samtgemeinde neben dem namensgebenden Sittensen acht weitere Gemeinden. Über 10.000 Menschen leben hier, davon mehr als die Hälfte in Sittensen selbst. 400 bis 500 Betriebe haben hier ihren Hauptsitz oder Niederlassungen. Am bekanntesten ist wohl die **alga Nutzfahrzeug- und Baumaschinen GmbH & Co. KG**, die seit 1969 auf heute über 250.000 qm Lagerfläche gebrauchte und neue Lkw, Busse, Baumaschinen und landwirtschaftliche Fahrzeuge kauft und verkauft. Über Filialen in Osteuropa, Süd- und Nordamerika operiert alga von der Zentrale in Sittensen aus mittlerweile auf mehreren Kontinenten. Vor Ort richtet die aus dem Unternehmen hervorgegangene **Werkstatt TBS** mit 75 Mitarbeitern Fahrzeuge in enger Kooperation mit alga nach Kundenwünschen her.
Im hübschen ehemaligen Dorfzentrum von Sittensen direkt an der Oste und nah am Marktplatz, unweit der Kirche **St. Dionysius** ist das **Handwerkermuseum** in einer alten **Wassermühle** untergebracht. Auf dem Platz in der Nähe der Mühle waren schon vor Jahrhunderten Handwerker ansässig, Schmiede, Sattler, Bäcker, Tischler, ein Friseur und Schuhmacher. Die Ausstellung im Museum greift diese alten Traditionen auf und präsentiert in ihren Räumen 18 verschiedene für ein Bördedorf wie Sittensen typische Handwerke.
Klein Meckelsen ist die zweitgrößte Gemeinde der Samtgemeinde Sittensen und größer als Groß Meckelsen. Es gibt eine aktive Dorfjugend, den Verein **Oltimer-Frünn lütt meckels un üm to**, den Männerchor, die Trachtengruppe und den Automobilclub.
Ippensen beeindruckt in seinem Ortskern mit den herrlichen alten **Eichen**,

Das Gelände von alga an der A 1 (o.)

Heimathaus in Sittensen (r.)

Gewerbegebiet Sittensen (ganz o.r.)

Das Landgasthaus in Hamersen (r.)

die entlang der Hauptstraße die Bauernhöfe beschatten. Alte Fachwerkhäuser wurden liebevoll restauriert und präsentieren sich heute in ihrem ursprünglichen Zustand.
Auch **Kalbe** hat sich seinen ländlichen Charakter erhalten. Im Rahmen der Dorferneuerung wurde in historische Häuser investiert. So präsentieren sich heute wieder restaurierte Reetdach- und Zweiständerhäuser, die den ursprünglichen Zustand des Dorfes erahnen lassen. Und fast jeder zweite Dorfbewohner in Kalbe ist Mitglied im **Sportverein!**

Hamersen ist das kleinste Dorf der Samtgemeinde Sittensen und hat weniger als 500 Einwohner; davon sind mehr als ein Dutzend hauptberufliche Landwirte. Außerdem gibt es in Hamersen ein renommiertes **Landgasthaus** mit einem Saal für Hochzeiten und Discothekenbetrieb.
Nachdem in **Groß Meckelsen** auf einem Acker antike Tonscherben gefunden wurden, begannen 1986 Ausgrabungen. Entdeckt wurde ein kompletter **Siedlungsplatz** aus der römischen Kaiserzeit und der Zeit der Völkerwanderung. Nach diesen Funden zu urteilen, ist das Dorf bereits 2.000 Jahre alt. Im Ortsteil **Kuhmühlen** befindet sich auf der ehemaligen Gutsanlage eine alte **Wassermühle** und das ehemalige Müllerhaus, in dem heute ein Restaurant der gehobenen Klasse seine Pforten öffnet.
Im Jahr 1994 gründet der Ingenieur **Franciscus Steur** die **Ifex GmbH,** um eine neue Feuerlöschtechnologie auf den Markt zu bringen. Heute arbeiten weltweit mehr als 10.000 Anwender mit Ifex-Systemen. Sie schützen Gebäude in Japans 27-Millionen-Metropole Tokio ebenso wie ein ukrainisches Atomkraftwerk, die Häfen von Sydney, den Gotthard-Tunnel, Segmente von Daimler Chrysler-Autofabriken und kommen im Regenwald des Mato Grosso zum Einsatz. Beim Impulslöschverfahren wird das Löschmittel mit sehr hoher Geschwindigkeit in den Brandherd geschossen und trifft mit über 400 km/h auf das Feuer. Mit seiner hohen kinetischen Energie durchdringt das Wasser die Brandthermik und löscht das Feuer binnen kürzester Zeit.
Als **Friedhelm Tietjen** aus **Klein Meckelsen** 1962 einen Bienenkorb geschenkt bekommt, hat er seine Passion gefunden. Gegen den Willen seiner Eltern ab-

solviert er eine Imkerausbildung. 1978 macht er sich selbständig. Heute betreibt er mit 15 Mitarbeitern und 350 Bienenvölkern eine der größten Imkereien Norddeutschlands. Seinen Honig verkauft Tietjen auf 20 Wochenmärkten und übers Internet. Neben der Imkerei betreibt er den **Friesenstall Marschhorst,** den er 1985 mit zwei Pferden gegründet hat. Heute umfasst der Hof über 30 Boxen und 25 Hektar Weideland und hat als einziger Stall in Deutschland die Anerkennung zur EU-Besamungsstation für Friesenpferde. Ein Blick auf die Pferdeweiden bietet sich im Sommer bei Kaffee und Kuchen von der Terrasse des Cafés **Bi uns to hus,** das von Ehefrau **Renate** geführt wird.

Kirche St. Dionysius in Sittensen (o.)

Wolfgang Tietjen am Verkaufsstand der väterlichen Imkerei (l.)

Der Firehunter der Firma IFEX verfügt über eine Dual-Intruder-Impulskanone mit 1.000-Liter-Tank (ganz l.)

Franciscus Steur (o.)

Wassermühle an der Oste in Sittensen mit dem Handwerkermuseum (l.)

Mitgliedsgemeinden:

- Ahausen
- Bötersen
- Hassendorf
- Hellwege
- Horstedt
- Reeßum
- Sottrum

Einwohner: 14.214
Fläche: 172,92 qkm
82,2 Einw. je qkm

Das Heimathaus Sottrum ist ein Zwei-Ständer-Bauernhaus von 1630 (r.o.)

Ortsansicht Bötersen (r. Mitte)

Das Gymnasium Sottrum (r.u.)

SG Sottrum

Die über 6.000 Einwohner zählende Gemeinde Sottrum ist Mittelpunkt der gleichnamigen Samtgemeinde. Die Nähe zur Hansestadt Bremen – das Oberzentrum liegt etwa 20 Autominuten entfernt – und die Sehnsucht vieler Menschen nach einem Leben im Grünen haben sich in den letzten Jahren in einem stetigen Einwohnerzuwachs und damit auch einem Ausbau der Infrastruktur niedergeschlagen. So verfügt Sottrum seit 2004 auch über ein eigenständiges Mittelstufengymnasium.
In der durch Moor, Wald und die Flussniederungen von Wümme und Wieste geprägten Landschaft finden Bewohner und Gäste Entspannung. Wochenendhausgebiete am **Grundbergsee** in **Everinghausen** und weiteren Bereichen beiderseits der Wümme sowie drei Campingplätze in Everinghausen und **Hassendorf** werden rege genutzt, ebenso die zahlreichen Sport- und Freizeiteinrichtungen und Kinderspielplätze in den Mitgliedsgemeinden.

Die Skulptur „Johannes der Täufer" im Bibelgarten von Horstedt ist eine Sehenswürdigkeit entlang dem Radweg Kräuterregion Wiesteniederung (o.)

Die Aufwertung von Sottrum geht einher mit einer tiefen Veränderung der dörflichen Struktur. Die Menschen leben und arbeiten nicht mehr wie früher in ihren Dörfern, die Welt ist größer geworden, die Bewohner zwangsweise mobiler. Die Gemeinde **Bötersen** schildert auf ihrer Internetseite die Situation, wie sie auch auf viele andere ländliche Gemeinden zutrifft: *„Die Landwirtschaft kann längst nicht mehr so viele Arbeitsplätze bieten wie früher. In den ortsansässigen Betrieben und Geschäften können auch nur wenige Arbeit finden. Viele Bötersener fahren nach Rotenburg, Bremen oder Hamburg zu ihren Arbeitsstellen."* Die Hassendorfer unterlegen diese Entwicklung mit Zahlen: *„Es ist heute noch die Landwirtschaft, die den Ortskern Hassendorfs prägt, obgleich die allgemeinen strukturellen Veränderungen in der Landwirtschaft auch hier dazu führten, dass es 1980 dreizehn, heute nur noch sieben landwirtschaftliche Vollerwerbsbetriebe und mehrere Nebenerwerbsbetriebe gibt."*

Das bedeutet aber nicht, dass hier keine uralt eingesessenen Familien mehr zu finden sind. So leben die Generationen der **Familie Hoops** seit mehr als 400 Jahren auf ihrer angestammten Hofstelle, dem **Zürns Hoff** in der heutigen **Dorfstraße** in Bötersen. *„Der Hof wurde stets von den Eltern an ihre Kinder weitervererbt"*, erzählt **Silke Hoops**, die heute gemeinsam mit ihren Eltern **Günter** und **Annette** das **Gasthaus Hoops** führt, das vor nunmehr auch schon über 160 Jahren, 1854, die erste Konzession für einen Ausschank erhielt.

Gerade weil sich das tägliche Leben in den letzten dreißig Jahren mehr verändert hat als vorher in Jahrhunderten, werden Traditionen bewusst gepflegt. So erfreuen sich die **Erntefeste** im Herbst in allen Gemeinden bis heute großer Beliebtheit. In und um **Horstedt** gedeihen über 1.000 Kräuter, Duft- und Heilpflanzen. Saatgut aus aller Welt ist dort erhältlich und im Juni präsentiert die Gemeinde mit dem **Horstedter Bibelgarten** Kräuter als ein lebendiges Stück Natur. Ein Radwanderrundweg und Lehrpfade entstehen hier und in den Gemeinden **Sottrum** und **Reeßum** sowie in Mulmshorn in >Rotenburg (109) und >Gyhum (Samtgemeinde Zeven 124). Sie haben sich im Rahmen des Projekts „Gärten, Parks und Gartenbau" zur **Kräuterregion Wiesteniederung** zusammengeschlossen. Es gibt Führungen durch Gärten und Verarbeitungsanlagen. Kochkurse und Seminare werden angeboten, um neu erworbenes Wissen zu Hause umzusetzen, Fakten zum Kräuteranbau und zur Weiterverwendung werden gesammelt und aufbereitet. Die zahlreichen Kräuterprodukte, Projekte und Ideen stehen am jährlichen **Kräutertag** im Mittelpunkt. Dann wird nach überliefertem Wissen und nach neuen Erkenntnissen experimentiert.

Zu den wichtigsten Sehenswürdigkeiten der Samtgemeinde gehören das **Heimathaus** in Sottrum, ein Zweiständerbauernhaus von 1630 mit Spieker, Backhaus und Querdurchfahrtsscheune sowie die ebenfalls aus dem 17. Jahrhundert stammenden **Wassermühlen** in **Ahausen** und **Stuckenborstel**. Letztere ist die einzig erhaltene von ehemals fünf Wassermühlen an der Wieste. Ihre Geschichte lässt sich bis in das Jahr 1631 zurückverfolgen. Die Mühle wird durch ein unterschlächtiges Wasserrad angetrieben. 1989 wird die Mühle von der Gemeinde Sottrum erworben. Durch die von Müllermeister **Gerhard Brettmann** initiierte und geleitete Restaurierung ist sowohl das Mühlengebäude als auch das Mahlwerk komplett und funktionstüchtig wieder hergestellt worden. Der zum **Heimatverein Sottrum** gehörende **Förderkreis Wassermühle Stuckenborstel** hat die Mühle zur Nutzung übernommen. Besichtigungen sind nach Absprache mit Gerhard Brettmann möglich.

Müllermeister Gerhard Brettmann (o.)

Die Wassermühle in Stuckenborstel (o.l.)

Glockenstuhl der Gemeinde Reeßum (l.)

Manfred Wernecke zählt zu den Menschen, denen die 24 Stunden des Tages nicht reichen. Das liegt zum Teil an seinem Job als Bürgermeister von Bötersen. Es liegt aber auch an seiner Leidenschaft für Modellbahnen, mit denen er seit Jahren bundesweit unterwegs ist. Herzstück der Sammlung, die er gemeinsam mit seinem Sohn **Frank** ausstellt, sind sechs in Handarbeit entstandene Bahnen. Ins Hobby eingebunden sind auch die Frauen der beiden Modellbahner. Werneckes Lebensgefährtin **Christine Schlinkmann** und Schwiegertochter **Anna** bemalen in liebevoller Kleinarbeit Figuren und Kulissen. Die Sammlung umfasst mittlerweile tausend Loks, 400 davon sind während der Ausstellungen im Einsatz. Seit 1984 tourt Manfred Wernecke mit seinen Anlagen durchs Land. Heute sind für den Transport zwei Lkw, zwei Transporter und vier Pkw mit acht Anhängern nötig. Dieser Tross besucht im Jahr etwa dreißig Städte, um die Sammlung zu präsentieren.

Modellbahner Manfred Wernecke und Lebensgefährtin Christine Schlinkmann (o.)

Mitgliedsgemeinden:
- Breddorf
- Bülstedt
- Hepstedt
- Kirchtimke
- Tarmstedt
- Vorwerk
- Westertimke
- Wilstedt

Einwohner: 11.003
Fläche: 186,58 qkm
59,0 Einw. je qkm

Dirk Gieschen (o.)

Gretchen und Heinrich Willenbrock in den 1950er Jahren am Schanktisch ihres Gasthauses (o.r.)

Tarmstedter Ausstellung (u.)

SG Tarmstedt

Tarmstedt ist Verkehrs-, Schul- und Verwaltungsmittelpunkt der Samtgemeinde. Der beschauliche Ort verknüpft die Vorteile des Dorflebens mit denen einer Kleinstadt. Fachgeschäfte, Supermärkte, Handwerks- und Dienstleistungsbetriebe, Ärzte und Banken versorgen Ort und Umland. Für Freizeitaktivitäten gibt es ein Tenniszentrum, eine Reithalle, eine Schießsportanlage und Sportplätze. Auch die anderen Gemeinden sind eher beschauliche Wohnorte in landschaftlich reizvoller Umgebung. Man arbeitet vielfach in Hamburg, Bremen, Zeven oder Rotenburg. Zum Teil, etwa in **Hepstedt**, ist der dörfliche Charakter stärker erhalten. Hier wird traditionell Pferdesport betrieben. Um Pferdestärken geht es immer am ersten Wochenende im August: Dann ist **Dipshorner Oldtimer- und Teilemarkt** in **Vorwerk**.

Und auch **Steinfeld** in der Gemeinde **Bülstedt** hält's mit den PS: dann, wenn wieder einmal **Motorrad Trial** ist. Dabei geht es um Geschicklichkeitsfahren über Stock und Stein ohne die Füße auf die Erde zu setzen.

Und einmal im Jahr, wenn die **Tarmstedter Ausstellung** stattfindet, ist es mit der Ruhe ganz vorbei. Diese Mischung von Information und Unterhaltung für Landwirte, Verbraucher und Tierfreunde gefällt. Fast 100.000 Besucher kommen inzwischen. Ausstellungsleiter **Dirk Gieschen** sieht diesen Erfolg vor allem in der Themenbreite und Themenwahl begründet. *„Auf reges Interesse stieß insbesondere das Thema erneuerbare Energien"*, weiß Gieschen.

Die **Kooperative Gesamtschule Tarmstedt** mit gymnasialer Oberstufe setzt sich mit einem Projekt mit dem Zusammenwachsen Europas auseinander, einem Prozess, der eine echte Chance zur Erweiterung des eigenen Horizontes bietet, wenn die Menschen bereit sind, auch die Eigenheiten anderer Regionen kennen und schätzen zu lernen. Gemeinsam mit Schulen in Ockelbo (Schweden), Holmegaard (Dänemark) und Philippeville (Belgien) publiziert die KGS die internationale **Internet-Zeitung Friend-Ship**. Unter *www.friend-ship.de* schreiben Schüler der vier Schulen vor allem über Wissenswertes aus ihrer Heimat. Als ein gewisser **Johann Meyer** 1738 mit **Meyers Hus** in **Kirchtimke** einen Gasthof eröffnet, wird er nicht eine Sekunde daran gedacht haben, dass die Geschichte seines Gastbetriebes bis in das 21. Jahrhundert fortgeschrieben werden würde. Das Beispiel seines Gasthofes zeigt einmal mehr, wie liebenswert beharrlich ländliche Traditionen sein können: **Heinrich Willenbrock**, der 1921 die Nachfahrin des Gründers, **Gretchen Meyer**, heiratet, wurde gemeinhin „Meyers Heinrich" genannt und **Willenbrocks Gasthaus**, wie es seit

Jahrzehnten offiziell heißt, nennen die Einheimischen auch Generationen später noch wie selbstverständlich „Meyers Gasthaus".
„Wilstedt bei Nacht" – unter diesem Motto steht der **Wilstedter Abendvolkslauf**, der jedes Jahr im Frühsommer das Dorf bewegt. Die Invasion der Dauerläufer ist in zwanzig Jahren zur Institution geworden. Mittlerweile nehmen regelmäßig 3.500 Läuferinnen und Läufer an dem Volkslauf unterm Sternenhimmel teil.
Eine weniger sportliche, sondern eher heiße Nacht bietet das alljährliche **Wilstedt Open Air Festival**, das seit 1985 von der **Jugendgemeinschaft Wilstedt** veranstaltet wird. Unter dem Motto *„Umsonst und draußen"* lockt das Fest am letzten Samstag im Juli rund 2.500 Besucher auf die **Wüllenheide** zwischen **Wilstedt** und **Dipshorn**. An einer Cocktailbar gibt es Getränke und Speisen. Mit den Einnahmen werden die Kosten für die Bands beglichen. Wem ein Festival nicht reicht, für den heißt es zwei Wochen später „**Rock den Lukas**" – Open-air-Musik auf dem Ausstellungsgelände am Wörpeweg in Tarmstedt.
Zu den Leiseren seines Fachs gehört **Manfred Pilster**. Allerdings ist sein Medium nicht die Musik, sondern der Film. Der Tarmstedter dreht seit 50 Jahren eigene Naturdokumentationen. Sein Lieblingswerk ist ein knapp 35-minütiger Film über die Fauna und Flora der Kalkalpen, der vor allem mit Tierszenen glänzt, die nur wenige Menschen überhaupt je zu Gesicht bekommen. Seine Werke dreht Pilster in 16-Millimeter-Kodachrome. Videoaufnahmen, so sagt er, kommen an die Qualität der alten chemischen Filme einfach nicht heran.
Ein Beispiel für den Umbau ehemaliger militärischer Anlagen ist der **Timke-Park** in **Westertimke**. Denn im Zusammenhang mit der Reduzierung militärischer Einrichtungen wurde die Timke Kaserne aufgegeben. 1996 zieht auch das Flugabwehrraketengeschwader 36 ab. Es war lange Zeit ungewiss, ob und wie das militärische Gelände genutzt werden könnte. Seit Anfang 2000 bemüht sich die eigens gegründete **Timke-Park GmbH** in Zusammenarbeit mit der Gemeinde Westertimke und der Samtgemeinde um eine Nachnutzung. Bei den Gesellschaftern handelt es sich um zwei private Investoren, die das gesamte Objekt von fast 250.000 qm innerhalb von zehn Jahren mit neuem Leben erfüllen wollen. Ein Teil der Gebäude, Bürogebäude, Werkstätten und Hallen, wird sinnvoll eingebunden, so dass ein integriertes, in sich geschlossenes Gewerbegebiet angeboten wird. 24 Firmen haben sich bereits über 100.000 qm gesichert und ihre Tätigkeit in Westertimke aufgenommen.

Bürocenter des Gewerbegebiets Timke-Park (o.) Die für Militärsiedlungen typische Bauweise ist noch zu erkennen

Hauptgebäude der Kooperativen Gesamtschule Tarmstedt, auch liebevoll „Blauer Dampfer" genannt (l.)

Naturfilmer Manfred Pilster in den Kalkalpen (o.)

Die Rocklegende Birth Control im Juli 2004 beim Wilstedt Open Air (o.l.)

Visselhövede

Ortsteile:
- Bleckwedel
- Buchholz
- Dreeßel
- Drögenbostel
- Hiddingen
- Jeddingen
- Kettenburg
- Lüdingen
- Nindorf
- Ottingen
- Rosebruch
- Schwitschen
- Wehnsen
- Wittorf

Einwohner: 10.757
Fläche: 158,85 qkm
67,7 Einw. je qkm

Blick auf Einkaufsmeile und St.-Johannis-Kirche (o.)

Karin Schroeder und Andreas Goehrt in „Niemand heißt Elise", einer Produktion des Theaters Metronom (r.)

Historische Ansicht der Honig- und Wachswarenfabrik Sonnentau (u.) mit dem charakteristischen Wasserturm (u.r.)

Das Gemeindegebiet mit vierzehn eingemeindeten Orten ist die Südspitze des Landkreises Rotenburg und gehört naturräumlich bereits zur Lüneburger Heide, ist aber nicht Teil des Naturschutzgebiets. Die Stadt verdankt ihren Namen der **Vissel**, die in der Ortsmitte neben der historischen **St.-Johannis-Kirche** entspringt. Nah der Quelle steht das **Rathaus**. Es ist ein ehemaliger Herrensitz, in dessen Obergeschoss das historische Stadtwappen hängt, das, der Bedeutung des Getreides für das Leben der Menschen entsprechend, aus vielen Tausend eingefärbten Getreidekörnern gearbeitet ist. Wiederum nahe dem Rathaus steht das heutige **Heimathaus**, eines der ältesten Häuser der Stadt, das auch für Veranstaltungen genutzt wird. Betrieben wird es vom **Kultur- und Heimatverein Visselhövede.** Der Verein fördert Brauchtumspflege und ländliche Kultur. Sein Programm versucht viele Interessen anzusprechen und umfasst klassische Konzerte wie auch Folkmusik, Reisevorträge, Berichte und kunsthandwerkliche Kurse. Gemeinsam bildet dieses Ensemble das historische Zentrum des Ortes mit seinen 10.000 Einwohnern.

In der Bahnhofstraße befindet sich das Gelände der ehemaligen Honig- und Wachswarenfabrik **Sonnentau.** Der 1889 dort erbaute **Wasserturm** wird im Jahr 2003 renoviert und steht heute für zeitgenössische Kunstausstellungen zur Verfügung. Auf seinen Ebenen bietet der Turm 80 qm Ausstellungsfläche. Er ist im Besitz der Stadt und wird ehrenamtlich von dem Künstler **Manfred Willy Reichert** und dem **künstlernet.com** betreut.

Das **Theater Metronom** wird 1985 von den beiden Schauspielern **Karin Schroeder** und **Andreas Goehrt** gegründet. In wechselnden Besetzungen entstanden in den folgenden Jahren Eigenproduktionen für Kinder und Erwachsene. Spielorte sind zunächst fremde Bühnen, später das Metronom Theaterzelt und seit 1994 das eigene Theater in **Hütthof**, einem Ortsteil von **Rosebruch**. Das umtriebige Team bietet seinem Publikum heute rund 60 Veranstaltungen pro Jahr, wobei das Programm häufig eigene Stücke durch Gastspielproduktionen anderer Theater ergänzt. Nebenher betreibt das Metronom noch einen Zeltverleih. Bei Bedarf kann bei den Theaterleuten auch eine komplette Veranstaltungstechnik mit Bühnen, Tribünen, Licht- und Tonanlagen gemietet werden.

Christian Städter ist gelernter Groß- und Außenhandelskaufmann. Seine Leidenschaft ist aber definitiv eine andere: das **Wrestling**. Wie die meisten anderen hat er seinen Sport durchs Fernsehen kennen gelernt. Aber anders als die Catcher auf der Couch, setzt er seine Begeisterung in Aktivitäten um. So ist Christian Städter in Visselhövede denn auch weit besser unter dem Namen **Crazy Johnny Tiger** bekannt, organisiert Catch-Events in seiner Heimatstadt und steigt natürlich auch selbst in den Ring.

Hinter den ehrwürdigen Mauern einer alten Zündholzfabrik vermarktet die 1988 gegründete **Swedish Match Advertising Products** Werbezündhölzer und -feuerzeuge sowie exklusive Schreibgeräte für Mitteleuropa. 60 Mitarbeiter in Visselhövede und Verkaufsbüros im gesamten deutschsprachigen Raum sowie in Stockholm, Prag und Budapest arbeiten rund 40.000 Aufträge pro Jahr ab. Das Unternehmen ist eine Tochter der Swedish Match AB in Stockholm mit weltweit 15.000 Mitarbeitern.

1924 gründete **Wilhelm Hoyer** die Firma **Wilhelm Hoyer Viska-Fabrikate** in Visselhövede. Mit dem Fahrrad und später mit dem Moped fährt er über Land, um seine Produkte, Öle, Fette, Waschmittel sowie Schuh-, Leder- und Fußbodenpflegemittel zu verkaufen. Vor dem Krieg sind Viska-Produkte so bekannt, dass sie im Versand bis nach Ostpreußen und Pommern gehen. Nach dem Krieg baut Hoyer als weiteres Standbein den Mineralölhandel auf. Heute ist die **Unternehmensgruppe Hoyer** mit der *Wilhelm Hoyer KG Mineralölgroßhandel*, der *Hoyer GmbH Visselgas* und den in Visselhövede neu angesiedelten *Finke Mineralölwerk GmbH* und *Mecklenburg-Mineralölvertrieb GmbH* mit 400 Mitarbeitern einer der größten deutschen konzernunabhängigen Mineralölgroßhändler.

Christian Städter alias „Crazy Johnny Tiger" mit Ehefrau Beate, die als „Nicky" ebenfalls im Ring steht (o.)

Crazy Johnny Tiger und Nicky zusammen mit Teamkollege Ken Mahler bei einer Präsentation im „Harley Container Bremen" (l.)

Visselquelle im Zentrum von Visselhövede (l.)

Die St.-Nikolaus-Kapelle in Wittorf (u.)

SG Zeven

Mitglieds-gemeinden:
- **Elsdorf**
- **Gyhum**
- **Heeslingen**
- **Stadt Zeven**

Einwohner: 21.762
Fläche: 253,65 qkm
85,8 Einw. je qkm

Zeven hat eine „holländische Note". Hier kaufen die Soldaten der niederländischen **NATO-Garnison** in > Seedorf (Selsingen 114) ein. Viele wohnen hier, nutzen eigene Schulen und Kindergärten. Der Abzug der Soldaten ist beschlossene Sache. Aber Soldaten der Bundeswehr werden sie ersetzen. Zeven muss nicht, wie andere Gemeinden, den Verlust von Einwohnern und Kaufkraft und die anderen negativen Auswirkungen des Abzugs von Soldaten bewältigen.

Der St. Vitus-Brunnen auf dem Vitus-Platz (o.)

Blick in die Lange Straße (ganz o.r.)

Königin-Christinen-Haus (o.) mit dem Trauzimmer (o.r.)

Bis direkt an den Ort angrenzende Waldgebiete tragen zum hohen Freizeitwert Zevens bei; nicht umsonst trägt der Ort den Namenszusatz *„Stadt am Walde"*. Zeven hat in den letzten Jahren viel für die Modernisierung des Stadtkerns getan. Vor allem die neue Fußgängerzone gibt dem Zentrum ein jüngeres Gesicht. Ungewöhnlich ist in Zeven die offensive Integration zahlreicher **Kunstwerke in den öffentlichen Raum**. In der Innenstadt, in der Fußgängerzone, im Stadtpark oder im Garten des Königin-Christinen-Hauses, überall trifft der Besucher auf Skulpturen und Objekte. Seit den 1960er Jahren greift das Programm *Kunst am Bau* in neu errichteten Schulen, am Postgebäude und am Rathaus. So entstand vor dem 1990 gebauten Finanzamt ein Platz mit einer beweglichen Edelstahlskulptur. Diese kontinuierliche Integration künstlerischer Objekte setzt sich auf der Straße fort. 1993 beschert ein erstes Bildhauersymposium der Stadt gleich sieben wichtige Werke aus Sandstein, Marmor, Eichenholz und Stahl. Sie sind im **Stadtpark** und in dem **Skulpturengarten** hinter dem Königin-Christinen-Haus zu sehen. Die Werke werden eigens für den jeweiligen Platz geschaffen und beziehen sich, jedes auf eigene Art, auf seine räumliche bzw. historische Umgebung. Im gleichen Jahr erwirbt die Stadt die Bronzeskulptur *Großer Hephaistos I*, ein Schlüsselwerk des Worpsweder Bildhauers **Waldemar Otto**. Sie steht auf dem Vorplatz des Königin-Christinen-Hauses. Mit dem Umbau der **Lange Straße** zur Fußgängerzone

2001 und 2002 werden innerhalb eines Gesamtkonzeptes gleichzeitig sieben weitere Kunstwerke entwickelt und realisiert. Drei Plätze, jeder mit einem Thema aus Zevens Geschichte belegt, bilden das Entree zur Fußgängerzone. Themen, die die heutige Gesellschaft prägen, wurden künstlerisch bearbeitet: *„Religion“*, *„Staat/Kultur“* und *„Wissenschaft“*. Die Installation der Skulpturen war unter den Zevener Bürgern durchaus umstritten. Heute aber sind nicht wenige stolz darauf, dass kaum eine andere Stadt in Norddeutschland dem Besucher eine so große Zahl moderner Skulpturen im öffentlichen Raum bieten kann.

Auch die Einrichtung der **Städtischen Galerie** im Königin-Christinen-Haus gibt der Kunst in Zeven einen neuen Stellenwert. Seit 1986 wird hier Grafik, Malerei und Bildhauerei aus dem Elbe-Weser-Raum gezeigt. In Ausstellungen präsentieren Künstler ihre Werke, deren Spektrum von gegenständlicher Malerei über Installationen bis zu Arbeiten mit Neuen Medien reichen. Hinter dem Haus erwartet die Besucher außerdem der schon erwähnte Skulpturengarten mit moderner Bildhauerei.

Das **Königin-Christinen-Haus** ist das älteste profane Gebäude in Zeven. Der Name bezieht sich auf die schwedische Königin Christine (1626–1689), die auf einer ihrer Reisen in Zeven Station gemacht und hier Quartier genommen haben soll. Seit einigen Jahren dient das **Christinenzimmer**, der repräsentativste Raum des historischen Teils, als Trauzimmer. Auf dem Heuboden, der zu einem Saal umgestaltet wurde, finden regelmäßig Vorträge, Konzerte und andere kulturelle Veranstaltungen statt. Seit 1998 ist hier auch die **Sammlung Walter Kempowski** untergebracht. Der Autor hat der Stadt Zeven Ausgaben seiner Bücher, Zeugnisse der Arbeit als Lehrer sowie Objekte aus seinem **Haus Kreienhoop** zur Verfügung gestellt.

Walter Kempowski, der in Nartum in der Gemeinde **Gyhum** wohnt, gehört zu den bedeutendsten deutschsprachigen Schriftstellern der Gegenwart. 1929 in Rostock geboren, wird er mit 15 Jahren einer Strafeinheit der Hitlerjugend zugewiesen, ein Jahr später als Luftwaffenkurier in den längst verlorenen Krieg einberufen. 1947 geht er nach Hamburg. Während eines Besuches 1948 in seiner Geburtsstadt Rostock wird er verhaftet und zusammen mit seinem Bruder zu 25 Jahren Zwangsarbeit wegen „Spionage“ verurteilt, die Mutter zu zehn Jahren wegen „Mithilfe“. Zwischen 1954 und 1957 werden alle drei vorzeitig entlassen. Walter Kempowski studiert in Göttingen. Er heiratet **Hildegard Janssen** und arbeitet wie sie als Lehrer, zunächst in > Breddorf (Tarmstedt 120), dann in Nartum, schließlich in Zeven. Ab 1980 lehrt er Literatur-Produktion an der

Haus Kreienhoop in Nartum (o.l.) Dort wohnt der Schriftsteller Walter Kempowski (o.)

St.-Viti-Kirche und Kloster Zeven (l.)

Zevener Zeitung

In Zeven und Umgebung wird die „Zevener Zeitung“ gelesen, die mit täglich über 10.000 Exemplaren erscheint

Lehrgang während der Zevenen Gitarrenwoche (o.)

Werk der Nordmilch eG (r.)

Feuerwehrmuseum in Zeven, das einzige seiner Art in Norddeutschland (r.)

Carl-von-Ossietzky-Universität in > Oldenburg (II-46). Im gleichen Jahr gründet er das **Archiv für unpublizierte Autobiographien**. Es umfasst heute über 7.000 Tagebücher, Briefe und Autobiographien sowie 300.000 Fotos. Neben zahlreichen anderen Auszeichnungen erhält er 1996 das Große Bundesverdienstkreuz und 2003 eine Honorarprofessur für Neuere Literatur- und Kulturgeschichte an der Universität Rostock. Seine autobiographischen Chroniken *Tadellöser & Wolff* und *Ein Kapitel für sich* werden von Regisseur **Eberhard Fechner** überaus erfolgreich fürs Fernsehen verfilmt. Sie sind Teile seiner **Deutschen Chronik**, die insgesamt neun Bände umfasst. Sein Hauptwerk ist das zehnbändige **Echolot**, ein kollektives Tagebuch des Zweiten Weltkrieges, dessen letzter Teil im Frühjahr 2005 erscheint.

Vom 1141 gegründeten **Kloster Zeven** sind heute nur noch die **St.-Viti-Kirche** und das Hauptgebäude mit dem Museum erhalten. Sie sind immer noch so imposant, dass sie das architektonische Wahrzeichen der Stadt bilden. Der inhaltliche Schwerpunkt des Museums liegt auf der Geschichte Zevens und des Klosters. Sehr attraktiv ist es auch für Kinder. Im mittelalterlichen Gewölbekeller wurden vor 200 Jahren Diebe eingekerkert – ein höchst angenehmer Grusel für heutige junge Besucher. Im Vorgeschichtsraum können sie wie die Menschen in der Steinzeit Getreide mahlen. Und in den Sommerferien dürfen sie im Museum einen Schatz suchen. Sie erhalten einen Bogen mit Suchaufgaben und kniffligen Fragen und gewinnen bei richtiger Beantwortung der Fragen etwas aus der „süßen“ Schatztruhe.

Zu den über die Grenzen Zevens hinaus bekannten Kulturveranstaltungen gehört die 1981 gegründete **Zevener Gitarrenwoche**. Im Zentrum stehen Jahr für Jahr von renommierten Dozenten geleitete Workshops für Jugendliche und Erwachsene in klassischer und Flamenco-Gitarre. Nachmittags wird gemeinsam musiziert. Während dieser Tage ist das Zevener Rathaus ein Zentrum der Musik. Gitarrenbaumeister arbeiten im Foyer an ihren Instrumenten, eine große Notenausstellung lädt zum Stöbern ein. Und natürlich stehen abends Meisterkonzerte mit Gitarrenvirtuosen aus aller Welt auf dem Programm.

Ein eher technisches Denkmal ist derzeit die **Purple-Slave-Station**, ein selbststrahlender Sendemast, dessen gesamte Konstruktion als Antenne wirkt. Der 93 Meter hohe Mast war früher einer von drei Sendern der **Friesischen Decca-Kette**, einem bis 1999 betriebenen Navigationssystem zur Überwachung der Nordsee. Der Sendemast soll in Zukunft für die Verbreitung von Mobilfunksignalen eingesetzt werden.
Das **Veranstaltungsgelände Ahe** feiert 2003 das 25-jährige Jubiläum. Hier finden im Jahr acht Flohmärkte, zwei Antikmärkte und jeweils ein viertägiger Herbst- und Frühjahrsmarkt statt. Auf dem Gelände starten auch die **Vier-**

Blick in die Fertigung bei der Lisega GmbH (o.)

Ständige Qualitätskontrollen bei der Kondomherstellung sind selbstverständlich bei der Firma Mapa (l.)

Abend-Märsche mit ihren rund 1.500 Teilnehmern. Das Treffen der **Audi-** und **VW-Freunde** an einem Wochenende Anfang Juni hat sich mittlerweile als größte Veranstaltung dieser Art in Norddeutschland etabliert und präsentiert bis zu 1.200 getunte Fahrzeuge der Marken *Volkswagen* und *Audi*. In der **Fußgängerzone** finden außerdem der große Weihnachtsmarkt und die **Deutsch-Holländische Woche** statt, stellen die Holländer des nahen Nato-Stützpunktes doch derzeit etwa zehn Prozent der Bevölkerung.
Mit 1.140 Mitarbeitern ist Zeven einer der wichtigsten Standorte der Bremer **Nordmilch eG.** Das größte milchwirtschaftliche Unternehmen Deutschlands besteht seit der Fusion mehrerer Milch verarbeitender Betriebe im Jahr 1999. In Zeven werden für Nordmilch neben Kaffeesahne und Kondensmilch vor allem Desserts und Frischkäseprodukte sowie Buttermilch und Molkengetränke produziert.
Die **Mapa GmbH** mit heute 650 Mitarbeitern hat ihren Sitz seit 1947 in Zeven, damals noch als „Hanseatische Gummiwarenfabrik". Sie nimmt nach dem Krieg die Kondomproduktion der bis dahin schon namhaften Marken *Fromms* und *Blausiegel* auf und erweitert ihre Produktpalette 1956 um Kindersauger der Marke *Nuk* sowie 1960 um Haushaltshandschuhe. Seit 1973 gehört das Unternehmen zur französischen Hutchinson-Gruppe, die mittlerweile wiederum Teil des Mineralölkonzerns **Total** ist. Seit 2002 wird auch das Reinigungsprogramm der Marke *Spontex* von Mapa weitergeführt.
Die Erfindung eines neuartigen Konstanthängers für Rohrhalterungen gab 1964 den Anstoß zur Gründung der **LISEGA GmbH.** Heute produzieren über 500 Mitarbeiter weltweit alles, was man zur Befestigung von Rohrleitungen benötigt. Voraussetzung für die Entwicklung zum Marktführer war die Verfügbarkeit von über 8.000 standardisierten, aufeinander abgestimmten Halterungsbauteilen als vollständiges Baukastensystem. Das 1971 in **Zeven-Aspe** errichtete Werk ist Stammsitz der heute international operierenden Gruppe. Weltweit wird in sechs Werken ein jährlicher Umsatz von mehr als 50 Millionen Euro erwirtschaftet.

Sendemast der stillgelegten Friesischen Decca-Kette (o.)

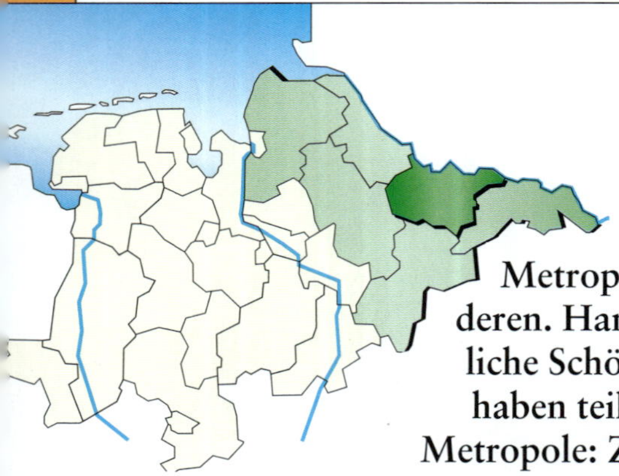

Landkreis Harburg

Harburg bietet Wälder, Flusslandschaften, Moore und Heide – und die Nähe zur Metropole Hamburg. Hier profitiert einer vom anderen. Hamburger genießen die Ruhe und landschaftliche Schönheit vor den Toren ihrer Stadt, Harburger haben teil am Wohlstand und den Möglichkeiten der Metropole: Zusammenleben zum gegenseitigen Nutzen.

Die Kunststätte Bossard in Lüllau bei Jesteburg (o.)

Der Landkreis Harburg liegt im Nordosten Niedersachsens, und natürlich ist die Nähe zur Freien und Hansestadt Hamburg für die Bewohner überaus anziehend. Auch wegen der attraktiven Nachbarschaft mit ihren zahlreichen Arbeitsplätzen hat sich die Einwohnerzahl des Landkreises seit dem Zweiten Weltkrieg mit fast 240.000 Menschen mehr als verdoppelt. Das bisherige Selbstverständnis, der grüne Vorgarten Hamburgs zu sein, ist allerdings der Überzeugung gewichen, an der wirtschaftlichen Entwicklung der Metropolregion effektiv mitwirken zu können. In vielen Orten ist diese Aufbruchstimmung an der Entwicklung neuer Gewerbegebiete, der Ansiedlung neuer Unternehmen und einer hohen Zahl von Existenzgründungen deutlich spürbar.

Erfreulich für die Harburger ist, dass die große Stadt nicht in den Landkreis mäandert ist, sondern dass er seinen ländlichen Charakter bewahren konnte. Nahezu ein Drittel der Fläche des Kreises mit Waldgebieten, ausgedehnten Heidelandschaften, Mooren, Flusstälern und Höhenzügen steht unter Natur- und Landschaftsschutz. Dieses Gebiet erstreckt sich in Nord-Süd-Richtung über 37 Kilometer vom Urstromtal bis tief in das Naturschutzgebiet der Lüneburger Heide. Vom westlichsten Punkt auf der Stader Geest bis zur Elbmarsch im Osten sind es rund 60 Kilometer. Attraktive Lagen, gute Verkehrsverbindungen und idyllische Landschaften ziehen viele gut verdienende Großstädter an. Seit Jahren weist der Landkreis statistisch die höchste Kaufkraft in Niedersachsen auf. In dem ruhigen Landkreis neben der unruhigen Metropole haben sich viele Prominente niedergelassen. Ex-Boxer

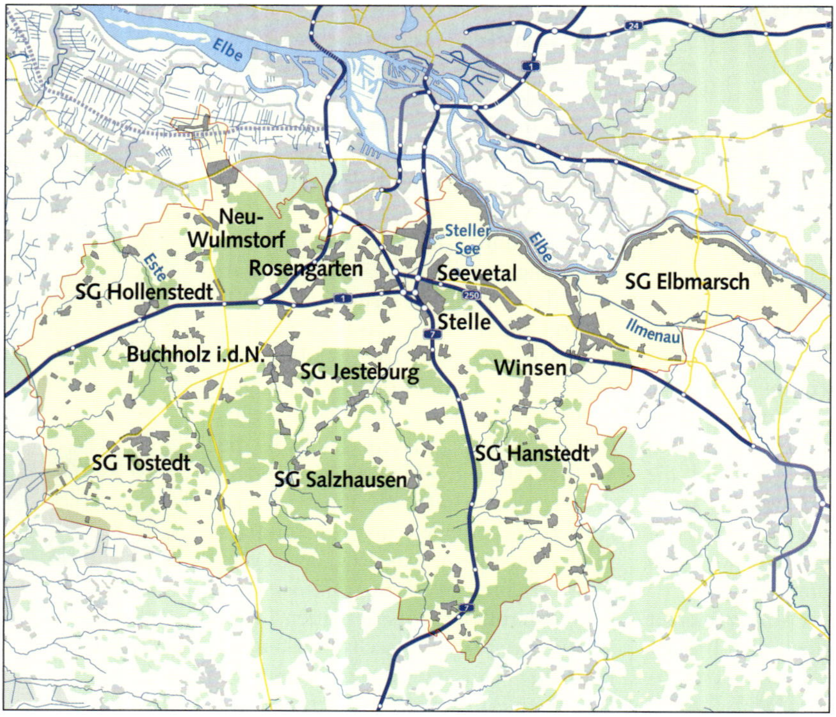

Max Schmeling genießt in Hollenstedt seinen Ruhestand, in Neu Wulmstorf trainiert einer der erfolgreichsten HSV-Spieler aller Zeiten, Manfred Kaltz, heute Kinder und Jugendliche in seiner Fußballschule. Bis zu ihrem Tod 2004 hat Inge Meysel in Seevetal ihre Villa an der Elbe bewohnt. Überhaupt gab es eine Zeit, da berühmte Persönlichkeiten im Landkreis ein und aus gingen. In den Bendestorfer Filmstudios entstanden in den 1950er Jahren zahlreiche der heute ein wenig angestaubt wirkenden, in ihrer Zeit aber erfolgreichen Heimatfilme wie z.B. *Ave Maria* und *Heideschulmeister Uwe Karsten*. Heinz Rühmann, Zarah Leander und Rudolf Prack sind nur einige der Schauspieler, die Glanz und Glamour in den kleinen Heideort brachten. Und was früher der Film war, ist heute die Musik. Pop aus dem Landkreis Harburg dominiert geradezu die deutschen Hitparaden – Dieter Bohlen, der seit vielen Jahren in Tötensen lebt, ist eben fast überall, seitdem Gewinner zahlreicher Contests mit Stücken aus seiner Tötenser Musikfabrik die Hitparaden überschwemmen.

Aber natürlich ist Harburg damals wie heute vor allem ein Landkreis, in dem weniger prominente Menschen leben, die dennoch etwas bewegen. Eckart Brandt aus Hollenstedt kämpft mit dem Boomgarden-Verein für den Erhalt alter Obstbaumsorten; in Tostedt kreiert Elke Martensen Hüte für die High Society, der Zuckerbäcker Jürgen Kanzelmeyer verkauft schon einmal Naschwerk an das britische Königshaus, der Elbfischer Wilhelm Grube aus Hoopte hat den Stint wieder salonfähig gemacht.

Rangierbahnhof Maschen, das riesige Verkehrsdrehkreuz vor den Toren Hamburgs (o.)

Landkreis-Profil

	Landkreis	Land Nieders.
Einwohner, Fläche		
Einwohner gesamt	238.385	7.993.415
darunter 0 bis 15 Jahre in %	16,1	15,4
darunter älter als 65 Jahre in %	19,7	18,7
darunter Ausländer in %	4,8	6,7
Fläche in qkm	1.244,57	47.618,24
Einwohner je qkm	191,5	167,9
Sozialstruktur (Jahresdurchschnitt, gerundet)		
Erwerbstätige gesamt	72.700	3.492.600
Empfänger von Arbeitslosengeld / -hilfe	8.420	354.300
Empfänger sonst. Hilfen zum Lebensunterhalt	6.350	311.900
Anzahl Wirtschaftsbetriebe		
Gesamt (Industrie, Handel, Gewerbe, Dienstl.)	12.704	351.151
darunter Land-, Forst-, Fischereiwirtschaft	532	15.862
Steueraufkommen		
Lohn- und Einkommensteuerzahler	85.342	2.738.281
Summe positiver Einkünfte (in Tsd. EUR)	3.500.247	88.279.875
Steuereinnahmen (EUR je Einwohner)	537,26	544,33

Wahlen

Landtagswahl 2003	
CDU	57,8
SPD	31,4
FDP	4,5
Grüne	6,4
Sonstige	0,0

Buchholz i.d.N.

Ortsteile:
- **Dibbersen**
- **Holm-Seppensen**
- **Sprötze**
- **Steinbeck**
- **Trelde**

Einwohner: 36.943
Fläche: 74,63 qkm
495,0 Einw. je qkm

Tropische Pflanzen und exotische Schmetterlinge (r.), zu sehen im Schmetterlingspark alaris

In der Wassermühle Holm-Seppensen finden regelmäßig kulturelle Veranstaltungen und Mahltage statt (o.)

In Sniers Hus ist bäuerliches Gerät aus der Nordheide zu sehen (o.)

Tanzgruppe vor Sniers Hus (r.)

Buchholz in der Nordheide hat lange ein bisschen von „Dornröschen" und ein wenig vom „Aschenputtel": ein armes, abgelegenes Heidedorf, das nach jahrhundertelangem tiefem Schlaf wachgeküsst worden ist. Es war der Ausbau zum Eisenbahnknotenpunkt, der am Ende des 19. Jahrhunderts der kleinen Gemeinde eine Menge Arbeit und ein wenig Wohlstand brachte. Was folgte, war eine deutsche Karriere: vom „swatten Bokholt" zur heute größten Stadt des Landkreises Harburg. Vom „swatten", moorschwarzen Image ist in der Stadt jedenfalls nichts übrig geblieben. Im Gegenteil: Buchholz ist für viele Menschen zur Heimat geworden, was auch an den vielfältigen sportlichen und weiteren auf Vereinsebene organisierten Aktivitäten liegt. Sie steigern nicht nur die Attraktivität des Ortes, sondern gründen und sichern auch ein dichtes Geflecht sozialer Beziehungen. Dieses Geflecht ergänzen zahlreiche Einrichtungen. Die Sozialstation, die Altentagesstätte, die Kindertagesstätten, der Kinderspielkreis, das Jugendzentrum, das Hallen- und Freibad und nicht zuletzt heilpädagogische Einrichtungen sind Teil der sozialen Infrastruktur.

Zur Steigerung der Attraktivität tragen aber auch die kulturellen Einrichtungen bei: das Heimatmuseum, die Holmer Mühle mit Theateraufführungen und Konzertabenden, Sniers Hus, das Jugendzentrum, die Stadtbücherei, das Stadtarchiv, das Veranstaltungszentrum Empore. Und 2001 wird unter Beteiligung von **Wolfgang Schröder** der **Kunstverein Buchholz** gegründet.

In der Innenstadt werben Boutiquen, ansprechende Geschäfte und Restaurants – von der gutbürgerlichen Küche bis hin zu internationaler Gastronomie – um Publikum. Zweimal in der Woche treffen sich die Buchholzer auf dem **Obst-, Gemüse- und Blumenmarkt** zum Einkauf und zum ausgiebigen Wochenendplausch. Bei schlechtem Wetter – aber natürlich nicht nur dann – lässt es sich im gläsernen **City-Center** in der Stadtmitte ungestört shoppen.

Buchholz ist eine junge und dynamische Stadt. Gerade deswegen tun die Verantwortlichen viel, um die ländlichen Wurzeln nicht zu kappen. **Sniers Hus** ist ein Beispiel. Das für die Region typische Gebäude ist in > Regesbostel (Hollenstedt 140) vor dem Abriss bewahrt und in **Holm-Seppensen** wieder aufgebaut worden. In dem Bau aus dem 17. Jahrhundert stehen Einrichtungs- und Arbeitsgegenstände, wie sie über viele Generationen in einem bäuerlichen Wirtschaftsbetrieb der Nordheide gebräuchlich waren. Unterhalten wird das dreischiffige Hallenhaus vom **Buchholzer Geschichts- und Museumsverein.** In den Sommermonaten werden in einem alten Backhaus an

jedem dritten Samstag im Monat Brote und Kuchen gebacken und verkauft. Der Verein organisiert außerdem ganzjährig an jedem zweiten Samstag im Monat **Mahltage** in der 1758 gebauten **Wassermühle** in **Holm.** Besucher können dann frisches Mehl und Mühlenbrote erwerben. Im alten Lagerraum und in der einstigen Wohnung des Müllers lädt der Verein regelmäßig zu Vorträgen, Konzerten und Kunstausstellungen ein. Alle zwei Jahre im Spätherbst findet in der Mühle an der Seevebrücke außerdem die **Jahresausstellung** von Werken in der Region ansässiger Künstler statt.

In **Seppensen,** Zum Mühlenteich 2, liegt der **Schmetterlingspark alaris,** eine von Deutschlands größten Schmetterlingsfarmen. In dem Park flattern über die Saison verteilt mehr als 140 Arten durch die in drei Klimazonen eingeteilten Hallen – vom nur drei Zentimeter großen transparenten Glasflügler aus Peru bis zum 32 Zentimeter großen Atlas-Seidenspinner aus Asien. Von April bis Oktober ist der Park täglich geöffnet, das **Orchideencafé** steht den Besuchern offen und kann außerdem für Veranstaltungen oder Familienfeiern gebucht werden.

Die größte Veranstaltung in Holm-Seppensen ist das **Heideblütenfest** am letzen Wochenende im August. Seit 1949 wird der **Jungfernstieg** für drei Tage zur Flaniermeile. Höhepunkt ist jedes Jahr die Wahl einer **Heidekönigin.** Nach der Krönung hat sie ihren ersten großen offiziellen Auftritt in **Buchholz.** Gemeinsam mit dem Bürgermeister eröffnet sie jeweils am zweiten Wochenende im Oktober das **Buchholzer Stadtfest.** An drei Tagen sind bei der weitaus größten Party des Jahres an die 25.000 Besucher auf den Beinen.

Eigeninitiative ist ein zentrales Element im Alltag der Buchholzer. Ein Beispiel ist der Ausbau des alten Bahnhofs. Nachdem das Amateurtheater **De Steenbeeker** 2003 aus dem 1901 gebauten alten Bahnhof von Holm-Seppensen ausgezogen ist, haben sich Bürger des Ortes entschlossen, das Gebäude zum neuen Dorfmittelpunkt umzubauen. Der **Förderverein Kulturbahnhof Holm-Seppensen** wurde gegründet und der Bahnhof in weitgehender Eigenarbeit zum Kulturzentrum für Lesungen, Theater, Musik umgerüstet.

Zu den besonderen Höhepunkten in der Stadtchronik zählt jedes Jahr der **Große**

Rund 20.000 Zuschauer lockt der Große Preis von Buchholz jährlich an. Im Bild: Teilnehmer Erik Zabel (o.)

Hunderte von Kindern gehen beim Buchholzer Stadtlauf und Skatertag an den Start (ganz o.l.)

Viele fleißige Hände helfen mit, um den Bahnhof in Holm-Seppensen in eine kulturelle Begegnungsstätte zu verwandeln (o.l.)

In der Fechtabteilung von Blau-Weiß Buchholz üben die Teilnehmer Gewandtheit, Geistesgegenwart und Reaktionsvermögen (o.)

Preis von Buchholz, um den seit 1989 an Himmelfahrt fast die gesamte deutsche Radelite und Rennfahrer aus der ganzen Welt kämpfen. Rund 600 Fahrer gehen in acht Kategorien an den Start – von Schülern bis zu den Profis. Zu den Teilnehmer der letzten Rennen zählen Jens Heppner vom Team Wiesenhof, Danilo Hondo (2000 für Team Telekom und 2004 für Team Gerolsteiner), Jörg Jaksche (CSC-Team), der schon Paris-Nizza gewann, und der Bahnspezialist Andreas Kappes. Das Telekom-Team bzw. das T-Mobile Team nimmt regelmäßig teil, 1998 kann **Erik Zabel** das Rennen gewinnen. Start und Ziel der Rundstrecke ist die **Bremer Straße.** Die Stecke ist zum Vorteil der Zuschauer nur 2,8 Kilometer lang; weil die Radler vierzigmal den Kreis durchfahren, sehen die Zuschauer die Sportler im Minutenrhythmus.

Ausrichter ist der Verein **Blau-Weiß Buchholz,** der etwa 3.000 Mitgliedern jeden Alters die Möglichkeit bietet, sich in 24 verschiedenen Sportarten zu betätigen. Neben dem Radsport gehören Fechten, Judo, Ju Jutsu, Tischtennis, Badminton, Basketball, Kunstturnen und Leichtathletik zum Angebot.

Gemeinsam mit dem **TSV Buchholz 08,** dem größten Buchholzer Sportverein, organisiert der Verein jedes Jahr im Juni den **Buchholzer Stadtlauf und Skatertag,** an dem rund 2.500 Sportler teilnehmen, die von ca. 15.000 Zuschauern angefeuert werden. Verschiedene Läufe von 600 Meter bis 21,1 Kilometer für Skater, Kinder, Jugendliche und Erwachsene führen über ebene Strecke durch die Fußgängerzone und die Innenstadt von Buchholz.

Der Zieleinlauf des Rennens liegt vor der **Empore Buchholz.** Das 1991 eröffnete Theater- und Veranstaltungszentrum ist Mittelpunkt des kulturellen Lebens in Buchholz. Ein Theater mit eigenem Ensemble ist nicht drin für die Stadt, zumal Hamburg nicht weit ist, aber Tourneetheater und viele Solo-Künstler bedienen die Buchholzer mit Theaterstücken, Musicals und Konzerten. Sehr aktiv ist auch die **Kulturinitiative** mit ihren Lesungen. Binnen eines Jahres haben u.a. Harry Rowohlt, Raoul Schrott, Vladimir Sorokin, Zsusa Bánk und der Überraschungs-Erfolgsautor Yann Martel in Buchholz gelesen. Ständiger Gast ist das Ohnsorg-Theater, wie überhaupt plattdeutsche Stücke sehr beliebt sind. So füllt auch die **Niederdeutsche Bühne Buchholz de Steenbeeker** den Theater- und Konzertsaal mit Platz für über 500 Gäste.

Kultureller Treffpunkt der Stadt ist die Empore Buchholz (r.)

Fröhliche Stimmung bei Jazz & Platt in der Steinbecker Grundschule (u.)

Die Empore ist auch Plattform für Buchholzer „Eigengewächse“. Eines ist die umtriebige **Ulrike Barz,** die in Buchholz geboren, als Schauspielerin in Hamburg und als klassische Sängerin in Leipzig ausgebildet worden und seit Jahren in Chemnitz als Carmen im Musical „Fame“ zu hören ist. Sie hat sich auf die Schwemme der Casting-Shows im Fernsehen mit einer selbst geschriebenen und komponierten Revue ihren Reim gemacht. Eigene Erfahrungen bei solchen Shows und beim Vorsingen waren Ideengeber für „Hinter den Kulissen“. Es geht um *Dietmar Ohlen*, der in der Empore seinen Superstar sucht, um *Penny Elmers*, die Heidekönigin, um die Kartenabreißerin *Mona*, die gern mit Herzensbrecher *Joe Berg* auf der Bühne stehen möchte. Die junge Buchholzerin hat nicht nur das Textbuch verfasst, sondern führt auch Regie. Die musikalische Leitung hat sie ihrer Schwester **Gabriele Barz,** Sängerin und Gesangslehrerin, anvertraut. So viel Umtriebigkeit wird hoffentlich belohnt. Demnächst sicher mehr in anderen Theatern ...

Das Plattdeutsche macht sogar vor Jazz nicht halt, wie die Veranstaltung **Jazz & Platt in Steinbeck** zeigt. Jedes Jahr am ersten Samstag in den Herbstferien wird die Turnhalle der **Steinbecker Grundschule** zu einem Biergarten umgebaut und es wird Jazz gespielt. **De Steenbeeker** begleiten die Musik mit mundartlichen Kommentaren.

Mit zwei recht originellen Veranstaltungen wartet **Dibbersen** auf. Im August rasen beim **Stoppelfeld-Rennen** PS-vernarrte Fahrer mit ihren Autos, deren Innenräume mit Schalensitz, Hosenträgergurt sowie Überrollkäfig recht spartanisch ausgestattet sind, über die Piste.

Unter dem Motto „Löschen wie damals“ kommen seit 1994 Ende Mai, Anfang Juni Oldtimerfreunde aus Deutschland, den Niederlanden und Dänemark mit über 60 Oldtimern zum **Feuerwehrfahrzeug-Veteranentreffen** auf dem Festplatz in **Dibbersen** zusammen. Die Veranstaltung des **Feuerwehrmuseums Marxen** und der **Freiwilligen Feuerwehr Dibbersen** zieht nicht nur mit Oldies Zuschauer an; den ganzen Tag demonstrieren Vereinsmitglieder, wie mühsam und mit welchem Gerät früher Feuer gelöscht worden ist. Zum Fest gehört ein unterhaltsames Beiprogramm mit Jazz und Schminkständen, Flohmarkt und Turnvorführungen sowie – am Abend – ein Lagerfeuer und die Open-Air-Party.

Keine Attraktion, aber eine Alternative für sparsame Autofahrer ist in **Dibbersen** die **erste Erdgas-Tankstelle** im Landkreis Harburg. Ob sich der Treibstoff durchsetzen wird, hängt von vielen Faktoren ab: der Dichte des Netzes, dem Preis für die Umrüstung der Autos, vor allem aber von den Begehrlichkeiten des Finanzministers. Die Aral-Tankstelle an der B 75 ist im August 2002 in Betrieb genommen worden und wird von den **Buchholzer Stadtwerken** geführt.

Stoppelfeldrennen in Dibbersen über holpriges Gelände (o.)

Feuerwehr-Veteranentreffen in Dibbersen (l.)

Sängerin und Gesangslehrerin Gabriele Barz (o.)

Preisvergleich bei der Erdgas-Tankstelle in Dibbersen (u.)

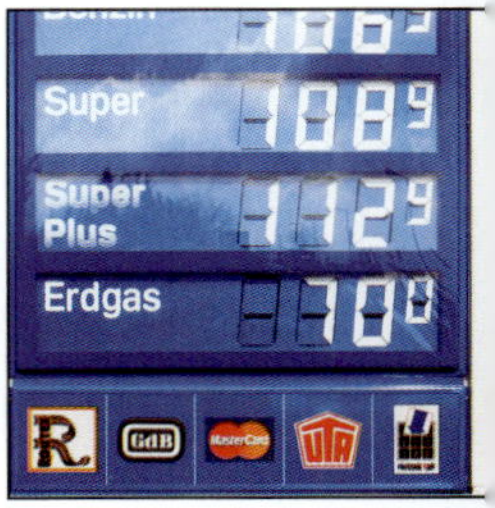

Das Ritscher-Trecker-Treffen in Sprötze erinnert an den Traktorenbauer Karl Ritscher, der hier in der Nachkriegszeit die Fahrzeuge produziert hat (r.)

Im Landgasthof Hoheluft (o.) steht noch heute der berühmte Verhandlungstisch (r.), an dem am Ende des Zweiten Weltkriegs die kampflose Übergabe der Stadt Hamburg an die englischen Truppen vereinbart worden ist

Zu Ehren von **Karl Ritscher** (1896–1970), der mit seinen **Moorburger Trecker-Werken** zu den Pionieren des deutschen Traktorenbaus gehört, organisieren **Klaus Ehlert** und sein Schwiegersohn **Thorsten Kröger** alle zwei Jahre am ersten Sonnabend im Mai das **Ritscher-Trecker-Treffen.** Rund 80 Ritscher-Fahrzeuge sind dann auf dem ehemaligen Produktionsgelände (heute **Senator Technology GmbH**) in **Sprötze** ausgestellt. Dort baut Karl Ritscher sein Werk nach dem Krieg wieder auf, nachdem es 1943 in Hamburg ausgebombt worden war. In der zweiten Hälfte der 1950er Jahre gerät Karl Ritscher unter Druck und verkauft 1961 sein Werk, nachdem rund 7.500 Schlepper seinen Namen in alle Welt gefahren hatten. Jedes Jahr am ersten Wochenende im Januar findet zu seinen Ehren der **Ritscher-Stammtisch** statt. In gemütlicher Runde wird über Ritscher-Themen geredet, die ein Teil der örtlichen Geschichte sind.

Von historischer Bedeutung ist der **Landgasthof Hoheluft** in **Steinbeck.** Wo heute in 30 Hotelzimmern Gäste schlafen und Gerichte der gutbürgerlichen Küche und saisonale Spezialitäten serviert werden, fanden am 29. April 1945 wichtige **Kapitulationsverhandlungen** statt, die zum erfreulichen Ergebnis hatten, dass am Ende des Zweiten Weltkrieges die Stadt Hamburg kampflos – und damit ohne weitere Verluste – an die Engländer übergeben werden konnte. Der damalige **Verhandlungstisch** steht noch heute in Hoheluft.

Bekanntester Bewohner von Buchholz ist ein Sportler. „Das Tier“ wird er früher genannt – weil er einen Trainings-

In Buchholz packt Milford Tea Tee in kleine Beutel; aber auch lose Ware verlässt das Werk (l.)

Möbel Kraft (u.)

fleiß ohnegleichen an den Tag legt. Den größten Kampf seines Lebens trägt **Dieter Kottysch** 1972 aus. Bei den Olympischen Spielen in München gewinnt er als erster westdeutscher Boxer nach dem Krieg Gold – im Halbmittelgewicht. Dreimal drei Minuten dauert der Schlagabtausch mit dem Polen Wieslaw Rudkowski. Es ist der 250. und letzte öffentliche Kampf von Kottysch. Heute arbeitet er in Buchholz bei den dortigen Stadtwerken als technischer Zeichner. Die Glückwunschtelegramme von Bundeskanzler Willy Brandt, Außenminister Walter Scheel, dem Hamburger Bürgermeister Peter Schulz und Kottyschs früherem Arbeitgeber, Tchibo-Chef Günther Hertz, bewahrt der Boxer in einem Ordner auf. Das ehemalige Zimmer von Tochter **Alexandra** ist jetzt der Trophäenraum. Mit seinem damaligen Gegner verbindet ihn heute eine enge Freundschaft. Mindestens einmal wöchentlich telefonieren sie und sehen sich mehrmals im Jahr.

Dass sich der Landkreis gegenüber Hamburg zu profilieren weiß (und von der Nähe zur Metropole profitiert), zeigen die Gewerbegebiete. Fast 90 Firmen haben sich im rund 50 Hektar großen **Gewerbegebiet Vaenser Heide** und den beiden neuen Gewerbezonen niedergelassen, darunter einige wirklich große Namen. Teekennern ist **Milford Tea** ein Begriff. Anfang der 1960er Jahre beginnt die Ludwig Schwarz & Co. GmbH in Hamburg mit dem Abpacken von Tee. Ein wichtiger Auftraggeber ist die Ostfriesische Tee Gesellschaft Laurens Spethmann. Schon nach wenigen Jahren werden die in der Nähe des Hamburger Freihafens gelegenen Räume zu klein, und die Firma errichtet in Buchholz ein neues Werk. 1989 wird das Teehaus von seinem Kunden übernommen und zur hundertprozentigen Tochter der **Laurens Spethmann Holding** in >Hittfeld (Seevetal 152). 1998 folgt die Umfirmierung auf den Namen „Milford Tea". Das bundesweit bekannte Unternehmen ist auf die Produktion von Teebeuteln und loser Ware in Tüten spezialisiert. Das Sortiment umfasst zahlreiche Kräuter- und Früchtetees sowie Schwarz- und Grüntees.

Früher haben nur firmeneigene Lkw die gute Nachricht von den niedrigen Preisen weitergegeben. Heute sind die Zeiten vorbei, in denen **Möbel Kraft** auf weitere Werbung ganz verzichtet. Das Unternehmen hat kräftig in den Standort Buchholz investiert und fünf Millionen Euro in die Modernisierung und Aufstockung des Möbelhauses gesteckt. Einen schönen weiten Blick hat man von oben aus dem neuen Restaurant. Die Ansiedlung weiterer benachbarter Fachmärkte ist in der Realisierungsphase. Kunden des Möbelriesen kommen aus ganz Norddeutschland.

Dieter Kottysch mit Enkel Davy-Alexander (o.) und bei den Olympischen Spielen 1972 in München (u.)

SG Elbmarsch

Mitglieds-gemeinden:
- Drage
- Marschacht
- Tespe

Einwohner: 11.117
Fläche: 81,36 qkm
136,6 Einw. je qkm

Alle zwei Jahre im Sommer verwandelt sich der südliche Teil der Samtgemeinde Elbmarsch in eine Open-Air-Kunstausstellung. Seit 1995 werden im Rahmen des Projektes **Marschkunst – Kunstmarsch** auf Wiesen und Feldern, in privaten Gärten und auf öffentlichen Plätzen, am Deich und an den Kanälen bis zu 70 Arbeiten von Künstlern aus der Region aufgestellt. Die höchst weitläufige Ausstellung, die jedes Jahr unter einem anderen Motto steht, lässt sich am besten per Rad bewältigen. Die Tour dauert ein bis zwei Stunden. Eine Karte, auf der die Standorte aller Werke verzeichnet sind, hilft bei der Orientierung.

Kunst in freier Natur bei dem Projekt „Marschkunst – Kunstmarsch“; im Bild: der Hamburger Künstler Yves Rasch bei der Bearbeitung eine Baumskulptur (r.)

Ponystart beim Stover Rennen in Drage (r.)

Initiiert wird das Ereignis von einer Arbeitsgruppe im **Förderverein Elbmarschkultur e.V.**, der seit 1988 besteht und sich zu einer festen und wichtigen Institution in der Samtgemeinde entwickelt hat. Ihm gehören neben **Marschkunst – Kunstmarsch** neun weitere Arbeitsgruppen mit über 300 Mitgliedern an.

Im Rathaus finden regelmäßig Einzelausstellungen der Künstler aus dem **Fotoarbeitskreis** statt. In der **Grundschule Marschacht** wird alle zwei Jahre eine Gemeinschaftsausstellung organisiert. Auch ein **Fotokalender** über die Elbmarsch erscheint jedes Jahr. Die **Arbeitsgruppe Plattdeutsch** pflegt die niederdeutsche Sprache, die Tonarbeiten der **Arbeitsgruppe Kunsthandwerker** sind in der **Töpfer-Terrasse Tespe** ausgestellt. Kindertheater und Neujahrskonzert fallen in die Zuständigkeit der Gruppe **Musik & Theater.** Die **Trachtenlüüd ut de Elvmasch** bewahrt Trachten und Volkstanz aus dem Gebiet der **Winsener Elbmarsch** vor dem Vergessen.

Maler der Elbmarsch, die sich in der **Artothek** zusammengefunden haben, zeigen ihre Bilder in den Foyerräumlichkeiten der Gemeindeverwaltung und in der Bibliothek im **Küsterhaus.** Besucher können die Werke nicht nur anschauen, sondern auch für maximal drei Monate ausleihen. Der Ausleihpreis beträgt zehn Prozent des Kaufpreises.

Ganzjährig geöffnet ist der Skulpturenpark am Deich zwischen Rathaus und Alten- und Pflegeheim (u.) Im Bild: Irmtraud Viertel und Marlena Witkowska-Rypina von der polnischen Gemeinde Biale-Blotar bei Bromberg. Gemeinsam mit der polnischen Partnergemeinde betreibt der Förderverein Elbmarschkultur eine Deutsch-Polnische Arbeitsgruppe, die u.a. gemeinsame Kunstausstellungen organisiert

Seit über 125 Jahren, genau genommen seit 1875, treffen sich einmal im Jahr Liebhaber des Pferdesports zum **Stover Rennen** in **Drage.** Veranstalter ist der **Stover Rennverein von 1874,** einer der ältesten Rennvereine Deutschlands. Die Rennbahn liegt direkt am Ufer der Elbe, beim Vereinslokal **Hotel zur Rennbahn,** im mit alten Eichen bestandenen Deichvorland. Das Volksfest beginnt um 11 Uhr mit einem Ponyrennen. Highlight ist gegen 16.30 Uhr der mit 5.000 Euro dotierte **Große Preis von Stove.** Viele der 10.000 Zuschauer versuchen ihr Glück und wetten mit mehr oder weniger Sachverstand auf den Einlauf. Das kann sich lohnen: Die Dreierwette hat schon einmal eine Quote von 35.744 Euro für zehn Euro Einsatz gebracht. Pferderennen ohne Wetten ist offensichtlich für die meisten Besucher nicht sehr spannend: Insgesamt setzen die 40 Wettkassen am Renntag etwa 200. 000 Euro um.

Extra für das Stover Rennen pendelt Fährmann **Karl-Heinz Büchel (Käpt'n Kuddel)** mit seiner Fähre **„Spieker Möwe"** den ganzen Tag vom Norddeutschen Haus in Altengamme (Hamburg) zur Stover Rennbahn und zurück.

Alljährlich im August sprinten Radsportler der Spitzenklasse bei den **HEW Cyclassics** durch die Elbmarsch. Vor den Profis radeln bis zu 14.000 Amateure die Strecke entlang. Als Weltcup-Rennen zählen die HEW-Cyclassics bis 2004 als einziges deutsches Rennen zu den zehn weltweit wichtigsten Eintagesrennen. Im Zuge der Neustrukturierung des Radsportkalenders durch den Weltverband UCI finden die HEW-Cyclassics ab 2005 unter dem Gütesiegel der neuen „UCI Pro Tour" statt. Die Elite muss eine Strecke von etwa 250 km bezwingen, die Amateure können zwischen 55 km, 115 km oder 170 km wählen. Das Rennen beginnt in Hamburg an der Mönckebergstraße, wo auch das Ziel liegt. Bis zur Brücke bei Geesthacht fahren die Sportler in südöstlicher Richtung die Elbe entlang. Hier wechseln sie an das andere Ufer und fahren wieder aufwärts nach Nordwesten, durch die Samtgemeinde Elbmarsch, zurück nach Hamburg. Auch wenn es nur einen kurzen Augenblick dauert, bis die Profis vorbeigezogen sind, verfolgen zahlreiche Schaulustige, wie der Korso bei **Marschacht-Rönne** in die Elbuferstraße biegt. Auch Fahrer der Radsportgruppe des **MTV Jahn Obermarschacht** gehen bei dem Rennen regelmäßig an den Start.

Das Fachmagazin „Der Feinschmecker kürt 2001 die **Landkäserei Fehling** in **Fahrenholz** zu einem der besten Käseproduzenten Deutschlands. Der Käse aus Rohmilch wird hier von der Besitzerin **Ulrike Fehling** und ihren Mitarbeitern noch in Handarbeit hergestellt und anschließend mindestens zehn Wochen gelagert. Durch die handwerkliche Herstellung und kühle, langsame Reifung heben sich die Produkte deutlich von Industrieprodukten ab. Zu kaufen gibt es verschiedene Sorten: den **Elbmarscher Rohmilch-Schnittkäse** oder den **Fahrenholzer nach Camembert-Art** in dreißig Hofläden, vier Supermärkten oder direkt auf dem Hof der Landkäserei.

Kindergruppe der Trachtenlüüd ut de Elvmasch (ganz o.)

Der Bremer Matthias Riethmüller (o.) ist seit Jahren begeisterter Teilnehmer der HEW Cyclassics (l.)

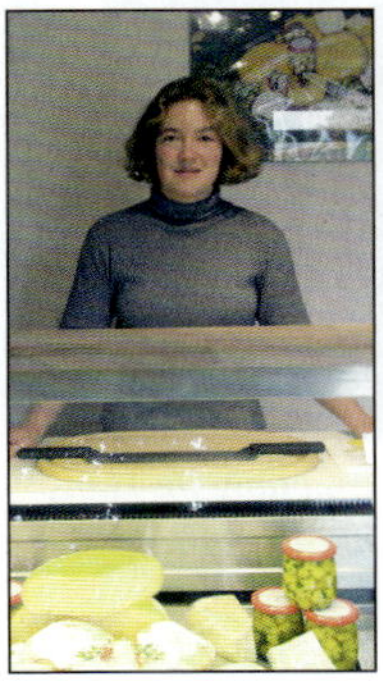

Ulrike Fehling in der Landkäserei Fehling (o.)

Mitglieds-
gemeinden:
- Asendorf
- Brackel
- Egestorf
- Hanstedt
- Marxen
- Undeloh

Einwohner: 12.529
Fläche: 198,14 qkm
63,2 Einw. je qkm

SG Hanstedt

Undeloh, direkt am Naturpark Lüneburger Heide gelegen, ist ein idealer Ausgangspunkt für Wanderungen (o.l.)

Schäfer Herold mit seiner grasenden Schnuckenherde (o.r.)

Falkner Lothar Askani im Wildpark Lüneburger Heide (r.)

Empfang im Haus der Natur in Döhle (o.)

Hanstedt liegt zu beiden Seiten des Tals der **Schmalen Aue** in einer hügeligen Landschaft am Nordrand der Lüneburger Heide. Besonders reizvoll ist die **Heidehochfläche Auf dem Töps** mit einem Aussichtspunkt, der bei klarem Wetter den Blick bis nach Hamburg freigibt. Die Hochfläche, auf der die Heidschnuckenherde von **Schäfer Herold** von Mai bis Oktober grast, liegt zwei Kilometer vom Ortskern entfernt. Eine Attraktion in der Samtgemeinde sind tausend wilde Tiere: Braunbären, Elche, Luchse, Wölfe, Wildschweine, Moschusochsen, Ziegen, Schafe, Waschbären und viele andere Tiere leben im **Wildpark Lüneburger Heide** in **Hanstedt-Nindorf.** Sie teilen sich rund 60 Hektar ursprüngliche Wald-Moor-Landschaft. Besonders stolz sind die Betreiber auf ihre **Kodiak-Bären,** die größten Landraubtiere der Welt, und auf die seltenen Schneeleoparden. Während der Hirschbrunft können die Besucher an **Brunftführungen** teilnehmen. Eindrucksvoll sind die **Flugvorführungen** der majestätischen Greifvögel durch das Falkner-Ehepaar **Lothar** und **Tanja Askani.** Lothar Askani arbeitet bereits seit 35 Jahren als Falkner. Seine Greifvogelshow – er betreut über 100 Vögel, darunter Seeadler und Condore – lockt jeden Tag Hunderte von Besuchern in den Wildpark nach Nindorf. Der Park ist ganzjährig geöffnet.

Kramer Traktor mit Balkenmäher, Baujahr 1954 oder der *Hanomag R 19*, Baujahr 1953 – alte Traktoren finden, restaurieren und ausstellen ist das Hobby des **Stammtisches Freunde alter Traktoren.** Seit 1999 macht die Gemeinschaft alte Fahrzeuge wieder flott. Viermal im Jahr treffen sich die Hobby-Schrauber im **Gasthaus Müller-Garbers** („Bei Dorothee") in **Brackel.**

Von Mai bis September kann man in einer ehemaligen Rauchkate aus dem Jahre 1789 von dienstags bis sonntags und an Feiertagen Flora und Fauna der Heide kennen lernen. Diverse Schaukästen zeigen den Besuchern im **Haus der Natur** in **Egestorf-Döhle,** das vom Verein **Naturschutzpark** verwaltet wird, Tiere und Pflanzen der Region. Per Knopfdruck können Tierstimmen abgerufen werden. Eine zwanzigminütige Tonbildschau sowie zahlreiche Lehr- und Schaumodelle machen fit für den Heidebesuch.

Wer etwas über das Heidedorf **Egestorf** erfahren möchte, kann das **Kleine Dorfmuseum** in **Dresslers Hus** besuchen. In dem 180 Jahre alten reetgedeckten Fachwerkhaus ist die Bildersammlung „Das alte Egestorf" und ein Modell des

Dorfes Egestorf von 1848 untergebracht, daneben eine Schneiderstube Nach einem Besuch in **Dresslers Hus** bietet sich eine Wanderung auf dem **Waldlehrpfad** bei Egestorf an.
Auch der Heidepastor **Wilhelm Bode,** Begründer des **Naturschutzgebietes Lüneburger Heide,** ist früher hier durch die Landschaft spaziert, als er von 1886 bis 1923 in der Gemeinde Egestorf gelebt hat. Im **Feuerwehrmuseum Marxen** ist auf einer Fläche von tausend Quadratmetern die Geschichte des Feuerwehrwesens von den 1920er Jahren bis in die

Gegenwart ausgestellt. Seit 1987 gibt die Außenstelle des **Freilichtmuseums am Kiekeberg** von Mai bis Oktober samstags, sonntags und feiertags anhand von Löschfahrzeugen, Uniformen, einer alten Handdruckspritze und historischer Aufnahmen einen Einblick in die regionale Feuerwehrgeschichte. Richtig laut geht es einmal im Jahr während des **Historischen Löschtages** zu. Dann heulen Sirenen, alte Feuerwehrfahrzeuge rücken mit Blaulicht aus und Löschwasser spritzt in hohem Bogen über die Wiesen.
Auch Musikfreunden macht die Samtgemeinde Angebote: von Juli bis September findet die Konzertreihe **Musik in alten Heidekirchen** wechselweise in der **St.-Stephanus-Kirche** in **Egestorf** und der **St.-Magdalenen-Kirche** in **Undeloh** statt. Undeloh ist zugleich idealer Ausgangspunkt für Wanderungen und Kutschfahrten durch das **Naturschutzgebiet Lüneburger Heide.** Inzwischen haben viele Landwirte in der Lüneburger Heide Kutschpferde im Stall und bieten Fahrten durch Heide und Moor an. Doch die Touren von **Werner Herrig** sind schon etwas Besonderes. In königlich-hannoverscher Postuniform kutschiert der Bendestorfer auf seiner alten Postkutsche seine Gäste durch die Heide. Kutscher und Pferde warten jeden Mittwoch ab zehn Uhr vor dem Hanstedter **Hotel Sellhorn** auf Mitreisende.
Postkutschen und Postwege haben auch den Filmemacher **Jürgen A. Schulz** aus **Asendorf** inspiriert. In seinem 45-Minuten-Streifen „Unterwegs auf alten Postwegen" zeigt der gebürtige Hamburger den Landkreis Harburg aus der Perspektive der Reisenden in früherer Zeit. Seit 1998 dreht Jürgen A. Schulz keine Filme mehr und ist im Ruhestand. Sein Sohn **Manfred** hat das Filmgeschäft übernommen und firmiert als **Videosail GmbH** in **Asendorf.**

Manfred Schulz (o.) bei Dreharbeiten auf dem Segelschulschiff „Gorch Fock" (ganz o.)

Exponate des Feuerwehrmuseums in Marxen (o.)

Werner Herrig in königlich-hannoverscher Uniform (ganz o.l.)

SG Hollenstedt

Mitgliedsgemeinden:
- Appel
- Drestedt
- Halvesbostel
- Hollenstedt
- Moisburg
- Regesbostel
- Wenzendorf

Einwohner: 10.499
Fläche: 110,10 qkm
95,4 Einw. je qkm

Max Schmeling und Anny Ondra (r.) leben am Ende ihrer aktiven Karrieren zurückgezogen in Hollenstedt. Nach dem Tode Anny Ondras ist Max Schmeling der prominenteste Einwohner Hollenstedts

Die Nähe zu Hamburg und die idyllische Lage im Estetal machen die Samtgemeinde Hollenstedt zu einem beliebten Wohnsitz.
Hollenstedts berühmtester Einwohner ist Box-Idol **Max Schmeling.** In **Wenzendorf** bewohnt der 1905 in Klein-Luckow bei Prenzlau geborene und in Hamburg aufgewachsene, noch immer populärste deutsche Boxer ein großes Anwesen mit Wohnhaus, Teich und Jagdhaus. Aus seinen 70 Profikämpfen geht er 56 Mal als Sieger hervor, 1930 wird er Weltmeister. Seinen spektakulärsten Kampf trägt er in der Nacht vom 18. auf den 19. Juni 1936 in New York aus, als er den vermeintlich unschlagbaren **Joe Louis** in der zwölften Runde mit einer rechten Geraden ausknockt. Im Oktober 1948 verabschiedet Schmeling sich vom Boxen. Mit seiner Frau **Anny Ondra,** in den 1920er Jahren tschechischer Filmstar und in dem englischen Film „Erpressung/Blackmail“ (1929) Alfred Hitchcocks erste Blondine, lebt er 54 Jahre lang zusammen. Sie stirbt 1987 und liegt auf dem Hollenstedter Friedhof begraben. Mit großzügigen finanziellen Spenden ermöglicht Schmeling der Samtgemeinde den Bau gemeinnütziger Einrichtungen. Seit 2003 läuft der Trainingsbetrieb in den Hollenstedter **Max-Schmeling-Hallen,** zwei miteinander verbundenen Ballsporthallen. Auch die 70 Meter lange Wasserrutsche des **Freibad Hollenstedt** an der Jahnstraße ist eine Spende des Box-Champions.
Kulturelle Veranstaltungen finden häufig im **Amtshaus** in **Moisburg** von 1618 sowie im **Küsterhaus** in **Hollenstedt,** einem 1669 erbauten Dreiständerhaus, statt. Im Küsterhaus ist außerdem ein **Eine-Welt-Laden** zu Hause, in dem ehrenamtliche Mitarbeiter Waren aus der Dritten Welt wie Kaffee und Kakao zu „fairen“, also etwas höheren, den Produzenten begünstigenden Preisen, verkaufen.

Elke Hupke vom Eine-Welt-Laden an einem Stand im Gemeindehaus der St.-Andreas-Gemeinde anlässlich des Weltgebetstages der Frauen (r.)

In **Moisburg** können Besucher einem Müller bei der Arbeit zuschauen. Die **Moisburger Mühle** an der **Este,** ehemals die Amtswassermühle des Amtes Moisburg, ist nach wie vor in Betrieb. An jedem ersten Wochenende im Monat wird Korn gemahlen. Aus dem Schrot stellt

Auf dem Ökologiehof Wennerstorf wird Feldgemüse nach den Regeln des ökologischen Gartenbaus angebaut (r.)

eine ortsansässige Bäckerei das **Moisburger Amtsmühlenbrot** her, das während der Öffnungszeiten der Mühle gekauft werden kann. In einem kleinen Café in der historischen Mahlstube werden Kaffee und Kuchen serviert. Die Mühle aus dem 14. Jahrhundert beherbergt auch das **Mühlenmuseum,** das von Mai bis Oktober an den Wochenenden für Besichtigungen offen steht.
Seit 1987 ist das Mühlengebäude eine Außenstelle des **Freilichtmuseums am Kiekeberg** in > Rosengarten (148). Das gilt auch für den **Ökologiehof Wennerstorf.** Der Gebäudekomplex, früher als **Smeds Hoff** bekannt, zählt zu den

wenigen erhaltenen Hofensembles der Nordheide. Im Haupthaus ist eine Ausstellung zur Hofgeschichte aufgebaut. Auf dem Hof mit seinen Beeten wird von behinderten Jugendlichen nach ökologischen Gesichtspunkten Gemüse angebaut. Die Produkte können von Juni bis November direkt vor Ort oder im Freilichtmuseum am Kiekeberg erworben werden.
Eckart Brandt ist Vorsitzender des Hollenstedter **Boomgarden-Verein.** Der 2004 gegründete Verein pflanzt auf dem **Wilkenshoff** in **Hollenstedt-Ochtmannsbruch** alte Obstbaumsorten an. Da heute viele marktgängige Obstsorten auf wenige Ausgangssorten zurückgehen, sollen im Rahmen des **Boomgarden-Projekts** regionaltypische Obstsorten und somit die genetische Vielfalt erhalten werden.
Aus der Produktionsschmiede der **penta tv GmbH** mit Sitz in **Hollenstedt** stammen Fernseherfolge wie die Kinderserien *Hallo Spencer*, *Leonie Löwenherz* oder *Max & Molly*. Die Gesellschaft, die auf Familienprogramme spezialisiert ist, produziert auch Beiträge für Serien und Magazine wie die deutsche *Sesamstraße* und *Sandmännchen*.
Einige der Lieder für *Hallo Spencer* sind Kompositionen von **wake-up-music** aus **Hollenstedt.** Komponist und Sounddesigner **Thomas Kisser** leitet das Tonstudio, das vor allem Musik für Multimedia und Werbung produziert.
In der Küche der Autobahnraststätte Hollenstedt beginnt 1973 die Karriere von **Reinhold Pfaff.** 1976 übernimmt er von seinem Schwiegervater die Raststätte. Heute betreibt der gelernte Koch mit rund hundert Angestellten vier Raststätten und eine Tankstelle an der A 1. 1,3 Millionen Gäste „verdrücken" bei ihm jährlich hundert Tonnen Pommes, die gleiche Menge Bratkartoffeln, 500.000 Eier, 50.000 Schnitzel, 50.000 Currywürste und ebenso viele Bockwürste. Zwölf Tonnen Kaffeebohnen gehen durch die Mühle. Das Erfolgsrezept von Pfaff: weg vom alten Schmuddelimage, hin zu gepflegter Gastronomie an der Autobahn. Täglich kontrolliert der Manager den Zustand seiner Läden: 250 Kilometer pro Tour.

Thomas Kisser in seinem Hollenstedter Studio (o.)

Eckard Brand bei einer Obstbaumführung. Im Rahmen des Boomgarden-Projekts versucht er, alte Obstbaumsorten zu erhalten und bekannter zu machen (o.l.)

Raststätte Hollenstedt (l.) von Reinhold Pfaff (o.)

Kinderfest am Freibad Hollenstedt (l.)

Mitglieds-gemeinden:
- Bendestorf
- Harmstorf
- Jesteburg

Einwohner: 10.252
Fläche: 37,81 qkm
271,1 Einw. je qkm

Blick ins Innere des Filmmuseums in Bendestorf (r.) Dort wird die Filmtechnik der frühen Nachkriegsjahre gezeigt: Kameras, Scheinwerfer, Schneidetische und anderes mehr

Filmplakate aus dem Filmmuseum (o.l. und o.r.) Viele berühmte deutsche Schauspielerinnen und Schauspieler der Nachkriegszeit haben in Bendestorf gedreht

Das Filmmuseum ist im Makens-Huus untergebracht (r.)

SG Jesteburg

In **Bendestorf** hat **Marika Rökk** beim Feuerwehrball auf dem Tisch getanzt und **Hildegard Knef** alle Hüllen fallen lassen. Kaum zu glauben: Die meisten der bekannten deutschen Schauspieler der Nachkriegszeit wie Johannes Heesters, Heinz Rühmann, Will Quadflieg, Sonja Ziemann und Rudolf Prack haben hier gearbeitet. Bendestorf: ein Treffpunkt der Stars.

Nach Kriegsende entwickeln sich die **Bendestorfer Filmstudios** zu den modernsten ihrer Zeit in der damaligen Westzone. Bis in die 1960er Jahre dreht die **Junge-Film-Union** hier unter ihrem Gründer, dem Drehbuchautor **Rolf Meyer,** Komödien und Revuefilme sowie zahlreiche Heimatfilme, darunter *Heideschulmeister Uwe Karsten* mit Claus Holm und *Ave Maria* mit Zarah Leander. Als sich Hildegard Knef als **Die Sünderin** für einen Wimpernschlag lang nackt auf der Leinwand räkelt und im Film ein Doppelselbstmord thematisiert wird, geht ein Aufschrei der Empörung durch die Nation und die Kirche ist schockiert. In den Glanzzeiten sind es drei bis vier Produktionen im Jahr, insgesamt entstehen an die hundert abendfüllende Spielfilme und Filmserien. Die ersten Filme werden 1947/48 im Saal des **Gasthauses Zum Schlangenbaum** (heute: **Schlangenkeller**) gedreht. Die Bendestorfer können sich als Statisten ein Zubrot verdienen. Frisöre, Bäcker und Gastwirte profitieren von dem filmischen Rummel. Die Fontane-Verfilmung *Der Schimmelreiter* von 1977 und *Der Hauptmann von Köpenick* mit Harald Juhnke aus dem Jahr 1997 gehören zu den letzteren großen Produktionen. Nach einigen Fernsehsendungen wie *Otto – die Serie* oder *Alles, Nichts, Oder?* mit Hella von Sinnen werden vor allem Werbe-Clips gedreht. Das **Filmmuseum Bendestorf** auf dem Ernteboden im **Makens-Huus** erinnert an die glorreiche Zeit. Kameras, Scheinwerfer, Schneidetische, Plakate, Szenenbilder, Original-Drehbücher und Autogrammbilder sind ausgestellt. Im Videoraum laufen nach Absprache in Bendestorf gedrehte Filme.

Das **Makens-Huus,** benannt nach der einstigen Besitzerfamilie, wird 1862 als Zweiständerhallenhaus in der Dorfmitte errichtet. Heute ist das Gebäude nicht nur Sitz der Gemeindeverwaltung, auf der Diele und im ehemaligen Stall finden Veranstaltungen wie zum Beispiel die **Bendestorfer Klaviertage** statt, die der **Bürger- und Verkehrsverein** organi-

siert. Die daneben liegende **Thiemann-Scheune** aus dem 18. Jahrhundert dient vor allem als Ausstellungsgebäude.
Nach den Dreharbeiten haben sich die Stars an den rustikalen Holztischen im **Landhaus Meinsbur** entspannt. Das Haus wurde 1934 von **Anna Wagner** als Hotel gegründet. Während der Nazizeit

sollen Widerständler die Gaststätte als Treffpunkt benutzt haben. In den 1980er Jahren etabliert sich das Hotel und Restaurant als eine der nobelsten Adressen im Hamburger Umland. Zum Gedenken an die Mutter von **Axel Springer,** die in Bendestorf gelebt und hier Verfolgten des NS-Regimes geholfen hat, wird 1992 im Landhaus Meinsbur das **Ottilie-Springer-Stübchen** eingerichtet. Das „Meinsbur" ist ein Prominenten-Treffpunkt. Mit etwas Glück trifft man hier Leute wie Dieter Bohlen oder Otto Waalkes. Im April 2002 hat ein Feuer Teile des Landhauses zerstört. 300 Feuerwehrleute können nicht verhindern, dass das reetgedeckte Dach ausbrennt. Die untere Etage wird durch Löschwasser in starke Mitleidenschaft gezogen. Wie schon einmal steht ein mühseliger Wiederaufbau an. Doch heute ist das Landhaus wieder geöffnet.
Auch das **Lokal Kurth** in **Bendestorf** ruft Erinnerungen wach: Zu dem Gasthaus gehört der Garten, in dem **Hildegard Knef** die erste Nacktszene der deutschen Filmgeschichte drehen sollte, aber dann ist es zu kalt und die Knef marschiert ins Studio. Seit Dezember 2003 ist das Gasthaus geschlossen.
Fernab der Hamburger Kunstszene haben **Johann Michael Bossard** (1874–1950), Professor für Bildhauerei an der Kunstgewerbeschule in Hamburg und seine Ehefrau **Jutta Bossard** (1903–1996) – auch sie eine Bildhauerin – zwischen 1911 und 1950 die **Kunststätte Bossard** geschaffen. Auf dem drei Hektar großen Heidegrundstück in **Lüllau** bei **Jesteburg** sind insgesamt 6.000 Kunstobjekte im Wohn- und Atelierhaus, im Kunsttempel und in der Gartenanlage ausgestellt oder eingearbeitet.

Schüler bei einer Führung durch die Kunststätte Bossard (l.)

Johann Michael und Jutta Bossard in der Kunststätte Bossard (ganz l.)

In ihrem 1991 eröffneten **Puppenmuseum Jesteburg** zeigen **Ingrid** und **Dieter Greiff** 360 Puppen aus der Zeit von 1800 bis 1915. In dem **Museums-Cafe** serviert Ingrid Greiff Kaffee und selbstgebackenen Kuchen. Museum und Cafe sind von Mittwoch bis Sonntag von 14 bis18 Uhr geöffnet.

Nicht nur bei Prominenten beliebt: das Landhaus Meinsbur (l.)

Ingrid und Dieter Greiff vor ihrem Puppenmuseum in Jesteburg (u.)

Ortsteile:
- Elstorf
- Neu Wulmstorf
- Rade
- Rübke
- Schwiederstorf

Einwohner: 20.344
Fläche: 56,16 qkm
362,3 Einw. je qkm

Neu Wulmstorf

Der Posaunenchor der Evangelisch-Freikirchlichen Gemeinde Neu Wulmstorf (r.)

Ulla Winterhoff und Marina Conrad (im Bild rechts) im Harburger Keramik Hof (r.)

Neu Wulmstorf ist eine lebendige Gemeinde mit drei Grundschulen, einer Hauptschule, einer Realschule und einem Gymnasium im gleichnamigen Hauptort. Wichtige Einrichtungen der Gemeinde sind – wie in den meisten Gemeinden – Freibad und Hallenbad, Sporthallen, Sportplätze, Tennisplätze und eine Minigolfanlage. Ein wichtiges Detail macht allerdings den großen Unterschied aus: die Nähe zur großen Stadt. Durch den **Elbtunnel** ist die City der Welt- und Hafenstadt Hamburg nur eine halbe Autostunde entfernt.

Um das kulturelle Leben Neu Wulmstorfs kümmert sich der **Kulturverein Neu Wulmstorf.** Er fördert Auftritte ortsansässiger Künstler, veranstaltet klassische Konzerte, Ausstellungen, Jazzfrühschoppen, Kabarettaufführungen und plattdeutsche Abende.

Über ein Dutzend Bläserinnen und Bläser sind im 1954 gegründeten **Posaunenchor der Evangelisch-Freikirchlichen Gemeinde Neu Wulmstorf** aktiv. Jeden Mittwochabend trifft sich die Gruppe zur Probe, einmal pro Monat spielt sie im Gottesdienst der **Kreuzkirche.** Neben Chorälen, Choralvorspielen und Bearbeitungen alter und zeitgenössischer Meister werden auch Gospels, Spirituals und Pop-Arrangements vorgetragen.

Zum Geburtstag bekommt er heute noch den obligatorischen Bananenpräsentkorb geschenkt, der auf seine geschnippelten „Bananen-Flanken“ anspielt: Die Hereingaben von **Manfred Kaltz** („Bananen-Manni“) sind immer noch legendär. 581 Mal hat er für den HSV in der Bundesliga gespielt, 76 Bundesligatore gehen auf das Konto des erfolgreichen HSV-Profis. Als einziger Spieler war er bei allen großen Triumphen in der goldenen HSV-Ära der späten 1970er und frühen 1980er Jahre dabei. Seine größten Erfolge sind die WM-Teilnahme in Argentinien (1978), die Vize-Weltmeisterschaft in Spanien (1982), die Deutsche Meisterschaft 1979, 1982 und 1983. DFB Pokalsieger wird er mit dem HSV 1976 und 1987, Europapokalsieger der Pokalsieger 1977 und 1983 Europapokalsieger der Landesmeister. In Norddeutschland leitet Manfred Kaltz heute mehrere ei-

Karl-Heinrich Lehmann und sein Sohn Heiko neben der von ihnen hergestellten Albatros-Gallionsfigur der Gorch Fock (l.)

gene **Fußballschulen**, eine davon ist in Neu Wulmsdorf. Jungen, aber auch Mädchen zwischen sieben und 14 Jahren können auf dem Sportplatz in Neu Wulmstorf an einem **Förder-** oder **Wochenkurs** teilnehmen.

Einmal im Jahr findet die **Elstorfer Hühnerprobe** statt. Seit Jahren tobt zwischen der **Nicolaikirche** in **Elstorf** und ihrem Nachbarn **Dieter Seepolt** ein Pseudo-Krieg mit humoristischen Zügen. Der Anlass des freundschaftlichen Zanks rührt von unpräzisen Angaben in alten Grundbüchern her. Sie besagen, dass zwischen Pfarrgrundstück und Nachbarschaft ein hühnerdichter Zaun installiert sein muss. Doch wer hat sich um diesen Zaun zu kümmern? Der Test ist jedenfalls immer der gleiche: unter den kritischen Augen der Zuschauer, eines Notars und des Bürgermeisters läuft ein Huhn die Grundstücksgrenze entlang. Kann es auf den anderen Hof gelangen, ist der Zaun offensichtlich nicht dicht. Sehr zur Freude der Beteiligten ist dies eigentlich immer der Fall. Nach dem Ortstermin geht es daher zur Lagebesprechung in ein Gasthaus. Das fällige Bußgeld wird eingesammelt und für soziale oder gemeinnützige Zwecke gespendet.

Waschbecken aus Kunstmarmor für Lufthansa- und Airbus-Flieger, beheizbare Kunststoffdachrinnen des Hamburger Fernsehturms und Verkleidungen am Hotel Atlantic – das ist nur eine kleine Auswahl der von der **Fiberglas Technik Lehmann & Sohn GmbH** in Neu Wulmstorf hergestellten Produkte. Der Schwerpunkt des Unternehmens liegt aber auf glasfaserverstärkten Kunststoffbauteilen im Schiffbau. Auch die Gallionsfigur der **Gorch Fock,** des Segelschulschiffs der Deutschen Marine, stammt aus dem Neu Wulmstorfer Betrieb. Die Figur, ein goldschimmernder Albatros, war in den vergangenen Jahren vom Pech verfolgt. Den ersten Albatros hat **Karl-Heinrich Lehmann** 1969 aus Polyester gefertigt. 32 Jahre lang trotzt die Bugfigur der See, doch 2001 wird sie zerstört. Eine Nachfolgefigur aus Holz geht beim Transport in der Biscaya verloren. 35 Jahre nach der ersten baut **Karl-Heinrich Lehmann** daraufhin zum zweiten Mal eine Gallionsfigur aus Polyester, einen 550 Kilo schweren Vogel.

Manfred Kaltz (l.), berühmt für seine „Bananenflanke“, trainiert heute Kinder und Jugendliche in seinen Fußballschulen, eine davon in Neu Wulmstorf (o.)

In der Betriebskantine der früheren Europazentrale von **Lada** ist heute der **Lichthof** von **Irene** und **Michael Rawe** ansässig. Korbstühle, Palmen und gelbe Lichtsäulen prägen den luftigen Innenhof mit Platz für 120 Gäste. Auf der Speisekarte stehen Steaks, Salate, Grill-Klassiker und Pasta-Variationen.

Lichthof (o.)

Michael Rawe (ganz o.)

Keramik wo man hinschaut: Teller, Vogeltränken, Türschilder, Kerzenleuchter, Tierfiguren verkaufen **Ulli** und **Ulla Winterhoff, Gertrud Peter** und ihre Mitarbeiter im **Harburger Keramik Hof** im Neu Wulmstorfer Gewerbegebiet. Alle Objekte sind als Rohware sowie geschliffen und gebrannt erhältlich. Das Team gibt auch **Malkurse** und Kinder können an Geburtstagen mit Farbe und Keramik experimentieren.

Typische Spezialitäten wie Altländer Schinkenmettwurst, Altländer Katenschinken und Bauchspeck sind die Renner im Angebot von **Schwarz Cranz.** 1852 gründet Fleischermeister **Johann Tobias Schwarz** in **Cranz** im Hamburger Alten Land das Unternehmen als Landschlachterei. 1992 wird der Firmensitz vom zu klein gewordenen Stammhaus in Cranz in das benachbarte Neu Wulmstorf verlegt. Heute leiten **Paul-Otto Schwarz** und dessen Tochter **Kristin Schwarz** in fünfter bzw. sechster Generation den Familienbetrieb. Knapp 500 Mitarbeiter sind in Produktion und Verwaltung tätig, diverse Handelszentralen zählen zum Kundenstamm. In der eigenen Produktentwicklung werden ständig neue Fleisch- und Wurstwaren kreiert, z.B. rechteckiger Toastschinken oder Pfefferlachsschinken. Beliebt ist der **Direktverkauf** auf dem Firmengelände in der **Justus-von-Liebig-Straße.**

Während in den Großstädten eine Berufsfeuerwehr das Rettungs- und Löschwesen regelt, übernehmen in den Gemeinden freiwillige Einrichtungen mit vielen ehrenamtlichen Helfern die Sorge für Leben und Gut der Bürger. In Neu Wulmstorf gibt es vier Ortsfeuerwehren. Gemeindebrandmeister ist **Uwe Schievink.** Als Beispiel soll hier die **Ortsfeuerwehr Neu Wulmstorf** beschrieben werden. Sie verfügt heute in Neu Wulmstorf unter Leitung von **Ortsbrandmeister Sven Schrader** über etwa 60 aktive Mitglieder. Der Jugendfeuerwehr gehören 34 Kinder und Jugendliche an. Im Jahr stehen durchschnittlich 80 Einsätze an. Insgesamt kommen über 7.500 ehrenamtliche Arbeitsstunden für die Bürger und die Gemeinde Neu Wulmstorf zusammen – wobei nicht verschwiegen werden soll, dass die Freiwillige Feuerwehr natürlich auch eine menschliche Dimension hat: Hier treffen sich nicht nur Feuerwehrkollegen, sondern auch Freunde. Manche Mitglieder sind der Feuerwehr schon als Kinder verbunden und bleiben es das ganze Erwachsenenleben hindurch. Sie ist eine wichtige Einrichtung und auch eine soziale Institution.

Die Aufgaben der Feuerwehr haben sich im Laufe der Zeit stark verändert. Feuerwehrleute von einst würden sich in einer modernen Feuerwehr anfangs wohl nur schwer zurechtfinden. So wird der klassische Brandeinsatz dank präventiver Schutzmaßnahmen immer seltener. Die Aufgaben der Feuerwehr verschieben sich in Richtung technische Hilfeleistung bei Verkehrsunfällen und Umwelteinsätzen in Verbindung mit Gefahrgutunfällen. Gerade die Feuerwehr in Neu Wulmstorf muss wegen der Eisenbahnlinie Hamburg–Cuxhaven und der stark befahrenen Bundesstrasse B 73 auf den Umgang mit ge-

Reportage

„Wasser marsch!“

Eine besondere Stellung im Gemeinschaftsleben der Gemeinden haben überall die Freiwilligen Feuerwehren.

Einsatz der Freiwilligen Feuerwehr Neu Wulmstorf bei einem Flächenbrand in Rade (l.)

Die Freiwillige Feuerwehr Neu Wulmstorf beim Transport von Gefahrgut (o.)

fährlichen Gütern und radioaktiven Stoffen vorbereitet sein. Ein Spezialfahrzeug und Schutzanzüge wurden deshalb angeschafft.

Wegen der Spezialisierung gehört für jeden Feuerwehrmann neben den klassischen Kenntnissen der Brandbekämpfung auch der Umgang mit Atemschutzgerät und Chemikalienschutzanzug zum Ausbildungsprogramm. Dass Feuerwehrangehörige in Erster Hilfe, in der Bedienung der Gerätschaften wie Kettensäge, Generatoren und Pumpen ausgebildet sind, ist selbstverständlich. Aber auch der Umgang mit moderner Kommunikationstechnik, Bordcomputern und Analysegeräten zur Bestimmung gefährlicher Stoffe gehören heute zum Standard.

Ob es die Arbeit mit der Jugendfeuerwehr ist, die natürlich auch große pädagogische Bedeutung hat, der **Tag der offenen Tür** oder Festveranstaltungen wie zum 1. Mai oder die Absperrmaßnahmen bei Schützenfest und Laternenumzug: der Feuerwehr kommen viele Aufgaben in der Gemeinde zu. Der Alltag der Männer der Freiwilligen Feuerwehr jedenfalls sieht etwa so aus wie in dem folgenden Protokoll:

28. 5. 2004 *Technische Hilfeleistung. Um 18:40 Uhr prallte ein Pkw am Neuenfelder Hinterdeich seitlich gegen einen Baum und rutschte in den Straßengraben. Eine eingeklemmte Person wurde befreit.*

31. 5. 2004 *Feuer. Um 17:23 Uhr brannte in der Hamburger Straße Sperrmüll.*

3. 6. 2004 *Technische Hilfeleistung. Tiernotfall. Um 16:36 Uhr steckte im Heisternest eine Kuh in einem Graben fest. Die Kuh konnte wohlbehalten aus ihrer misslichen Lage befreit werden.*

12. 6. 2004 *Technische Hilfeleistung. Tiernotfall. Um 10:48 Uhr wurde die Drehleiter im Bramweg in Stellung gebracht. Besorgte Bürger hatten gemeldet, dass sich ein Storch schon vier Tage lang bewegungslos auf einem Dach befände. Als sich die Feuerwehr und der Storchenbeauftragte mit dem Leiterkorb näherten, breitete der Storch seine Flügel aus und schwang sich in die Lüfte, sodass man davon ausgehen kann, dass das Tier gesund war.*

Rosengarten

Ortsteile:
- Eckel
- Ehestorf
- Emsen
- Iddensen
- Klecken
- Leversen
- Nenndorf
- Sottorf
- Tötensen
- Vahrendorf

Einwohner: 13.261
Fläche: 63,67 qkm
208,3 Einw. je qkm

Das Freilichtmuseum am Kiekeberg (r.) zeigt historische Bauernhäuser, Wohn- und Werkstätten damaliger Handwerker, zeittypische Bewirtschaftungsweisen und Arbeitstechniken

Ein Ortsteil der Gemeinde ist häufiger als anderer in den Schlagzeilen: **Tötensen.** In einer gepflegten Walmdach-Villa wohnt der in Oldenburg > (II-46) geborene Dieter Bohlen. Der Musiker, Komponist, Produzent und Buchautor lockt immer wieder zahlreiche Fans und Schaulustige an.

Ein architektonisches Geschichtsbuch ist das **Freilichtmuseum** am **Kiekeberg.** Seit den 1950er Jahren wird hier das Leben auf dem Land in den vergangenen 150 Jahren dokumentiert. Kartoffel- und Honigspeicher, Hühnerstall, Schmiede, Bienenstöcke, die Torfscheune,

Kochen mit Kindern auf dem Hof Meyn im Freilichtmuseum am Kiekeberg (r.)

ein kleines Fischerhaus und ein Backhaus – über 30 historische Gebäude des Ensembles veranschaulichen die Lebensweise der Bewohner der Nordheide.

Kühe, schwere Kaltblutpferde, Schafe, Schweine und Federvieh beleben ein rund zwölf Hektar großes Gelände in **Ehestorf.** Während jährlich bis zu 200.000 Besucher durch das Museumsdorf spazieren, kümmern sich die Mitarbeiter um die Sammlungen und den landwirtschaftlichen Betrieb des Museums. Im **Hofladen** gibt es selbst gemachte Marmelade, Wurst, Käse, Honig, bäuerliches Geschirr, Körbe, Kartoffelschnaps und Brot, das hier regelmäßig gebacken wird. Vorführungen und Sonderveranstaltungen wie Handwerker- und Erntetag oder das Kinderferienprogramm vermitteln einen Einblick in vergangene Lebens- und Arbeitszusammenhänge. Mit Butterkuchen aus dem Museumsbackofen und regionaler und saisonaler Küche wartet **Stoof Mudders Kroog,** der Gasthof im Freilichtmuseum, auf.

Einen Ausflug zum Freilichtmuseum kann man mit einem Stopp im rustika-

Kutscher Werner Herrig fährt für den Verein Postkutsche Lüneburger Heide e.V., der im Forsthaus Dat Ole Försterhuus im Staatsforst Klecker Wald sein Domizil hat (r.)

len Gasthaus **Zum Kiekeberg** in **Ehestorf** verbinden. Seit über 110 Jahren werden hier auf dem 127 Meter hohen Berg Gäste bewirtet. Viele Touristen schätzen das selbst gebackene Brot und den Blick bis hin nach Hamburg.

Dam- und Rotwild, Marder und Eulen sind auf dem 50 Hektar großen hügeligen Gelände des **Wildparks Schwarze Berge** in **Vahrendorf** zuhause. In dem auf europäische Tierarten spezialisierten Park leben Elche, Luchse, Wölfe, Steinböcke und etliche weitere Arten. Vom **Elbblickturm** kann man weit in die Umgebung schauen. Es gibt einen gro-

ßen Kinderspielplatz, einen Imbiss, ein Restaurant, einen Streichelzoo und Gelegenheiten zum Grillen. In der **Kunsthandwerker-Halle** zeigen Holzschnitzer, Töpfer und andere Künstler ihr Können.
In dem alten Forsthaus **Dat Ole Försterhuus** mitten im Staatsforst **Klecker Wald** hat der 650 Mitlieder starke Verein **Postkutsche Lüneburger Heide e.V.** sein Domizil. Der 1957 gegründete Verein trifft sich regelmäßig im Försterhaus, organisiert Diavorträge und Backtage. Dat Ole Försterhuus, in dem seit 2003 auch standesamtliche Trauungen durchgeführt werden, ist Ausgangspunkt der beliebten Kutschfahrten in die Heide. Der Verein hat außerdem zahlreiche Wanderwege mit insgesamt 186 nordischen Findlingen angelegt.

Alle Wege führen zum bekannten **Klecker Hünengrab,** einem 48 Meter langen und sechs Meter breiten Bestattungshügel, der von 76 aufrecht stehenden Umfassungssteinen gesäumt wird, die während der jüngeren Steinzeit um 2200 bis 2000 v. Chr errichtet wurden. Seit Jahrzehnten pilgern bis zu tausend Menschen am zweiten Pfingstfeiertag zum Klecker Hünengrab zwischen Buchholz und Klecken, um den traditionellen **Waldgottesdienst** unter freiem Himmel mit zu erleben.
Eine sehr viel lautere Veranstaltung zieht jährlich im Juli rund 5.000 Schaulustige nach **Emsen:** die **Deutsche Duo Meisterschaft.** Seit 1992 gehen an die 30 Duos, motorisierte Dreiradfahrzeuge mit 3,6 PS und Spitzengeschwindigkeiten von 50 km/h, auf dem Sportplatz in **Emsen** an den Start. In der ehemaligen DDR dienten die urigen Fahrzeuge als Krankenstühle. Rund um die Meisterschaft gibt es ein buntes Rahmenprogramm mit Flohmarkt, Disco, Schwalbentreffen und Traktoren-Oldtimer-Show. Die Einnahmen spendet der Veranstalter **Duo-Club Emsen** an Einrichtungen, die in der Kinder- und Jugendpflege tätig sind.

Bauerngarten hinter dem Meibohmschen Haus im Freilichtmuseum am Kiekeberg (o.l.)

Auf Tuchfühlung mit heimischen Tieren im Wildpark Schwarze Berge (o.r.)

Waldgottesdienst am Klecker Hühnengrab (ganz o.)

Wettfahrt auf drei Rädern: einstige Krankenfahrstühle aus der DDR kommen in Emsen als kultige Rennwagen zum Einsatz (l.)

Mitglieds-gemeinden:
- Eyendorf
- Garlstorf
- Garstedt
- Gödenstorf
- Salzhausen
- Toppenstedt
- Vierhöfen
- Wulfsen

Einwohner: 13.549
Fläche: 148,16 qkm
91,4 Einw. je qkm

SG Salzhausen

Zara Phillips, Tochter von Prinzessin Anne aus Großbritannien, erlangt 2004 mit „Springleaze Marcaroo" beim Vielseitigkeitsreiten in Luhmühlen den 7. Platz in der Weltcup-Prüfung (r.)

Peter Geller auf dem Dachgarten seiner Mühle (r.)

Laut Andy Warhol die „schönste Mühle der Welt": die Windmühle von Peter Geller in Garlstorf (u.)

Der kleine Heideort **Luhmühlen** verhilft der Samtgemeinde zu internationalem Ruhm. Seit 1958 trifft sich in diesem Mekka der **Vielseitigkeitsreiterei** (früher unter dem Begriff „Military" bekannt) die Weltelite der Buschreiter. Alljährlich Mitte Juni findet in der **Westergellerser Heide** ein Turnier auf Weltniveau statt. Eine Weltmeisterschaft, vier Europameisterschaften und viele Deutsche Meisterschaften sind vom **Pferdezucht- und Reitverein Luhmühlen e.V.** ausgerichtet worden, seit einigen Jahren unter Mithilfe der **Turniergesellschaft Luhmühlen** und des **Fördervereins Luhmühlen International e.V.** Zahlreiche prominente Gäste haben das Turnier besucht; viele daran teilgenommen. Eine der bekanntesten ist Prinzessin Anne von Großbritannien, die 1975 in Luhmühlen Vize-Europameisterin wird. Wer sich für ein Reitturnier fit machen möchte, kann an einem der 15 bis 20 Vielseitigkeitslehrgänge teilnehmen, die das **Ausbildungszentrum Luhmühlen** pro Jahr anbietet.

Als der Popkünstler **Andy Warhol** (1928–1987), die Lüneburger Heide besucht, kürt er die **Windmühle** in **Garlstorf** – vermarktungssicher wie er war – zur *„schönsten Windmühle der Welt"* und verwendet sie als Motiv für eine seiner berühmten Siebdruckarbeiten. Verständlich ist das schon, denn mit dem viereckigen Backsteinturm, der weißlackierten Rundum-Galerie, einer schiefergedeckten Haube und den vier mächtigen Flügeln scheint sie einem Mühlenmärchen entsprungen.

1981 entdeckt der Fotograf **Peter Geller,** Gewinner des *World Press Foto Awards* 1971, die heruntergekommene Mühle durch eine Kleinanzeige und fängt an, sie zu restaurieren. Längst ist im Inneren der Mühle, die Peter Geller „Anna-Nanna" getauft hat, eine Wohnung mit Bibliothek, Kamin, arabischen Möbeln, afrikanische Holzfiguren und Masken entstanden. Natürlich hängt auch ein Druck von Warhols Mühlenbild an einer Wand. Die Einrichtungsgegenstände stammen von Reisen, sind aber auch das Ergebnis des Herumstöberns auf vielen Flohmärkten – eine von Peter Gellers Leidenschaften. Seinen größten Fund macht er im benachbarten **Winsen an der Luhe,** wo er einen „Schatz" der deutschen Fotogeschichte entdeckt: den Nachlass des Multitalents **Heinrich Hauser** (1901–1955), Schriftsteller, Fotograf, Journalist, berühmt in den 1920er Jahren, dann völlig vergessen, ein Großer der Fotogeschichte, dessen Nachlass als Ramschware verhökert wurde. Damit allerdings ist es jetzt vorbei.

Nicht weit entfernt, in **Garstedt,** ist Schauspieler und Hundefreund **Gert Haucke** zuhause. Seit den 1960er Jahren war der in Berlin geborene Haucke in über 250 Fernseh- und Kinofilm-Rollen zu sehen und in vielen Hörfunkproduktionen zu hören. Eine seiner bekanntesten Hörfunkrollen ist der besserwisserische Vater in *„Papa, Charly hat gesagt..."* – mit fast 400 Sendungen eine der erfolgreichsten deutschen Hörfunkserien überhaupt. Ab 1986 verkörpert Gert Haucke in der TV-Serie *Der Landarzt* die Figur des Bauunternehmers „Bruno Hanusch". Seit Jahren spielt Gert Haucke auch in Hamburg Theater.

Das **Feuerwehrmuseum** hat im 1902 erbauten, heute unter Denkmalschutz stehenden **Salzhausener Schlauchturm,** auch **„Steigerturm"** genannt, seinen Platz. Der Turm kann von Mai bis September an Werktagen besichtigt werden. Das Vertrauen in die Besucher ist groß: Im Winterhalbjahr liegt der Schlüssel zu den kleinen Ausstellungen beim Hausmeister im **Haus des Gastes** oder im gegenüberliegenden Textilgeschäft **Mestmacher** bereit.

Der 1950 gegründete **Verkehrs- und Kulturverein Salzhausen** ist nicht nur bei der Vermittlung von Zimmern, Pensionen und Ferienwohnungen behilflich, sondern organisiert auch Veranstaltungen in der Dörpschün und im Haus des Gastes.

Die **Dörpschün** (Dorfscheune) von 1778 liegt im historischen Kern des Dorfes, gegenüber der **St.-Johannis-Kirche** aus dem Jahre 950 mit dem mächtigen Rundturm. Hier finden die Oster- und Weihnachtsaustellung statt und Kunsthandwerker stellen aus. Auch im **Haus des Gastes** in der **Schützenstraße** finden regelmäßig kleine Ausstellungen statt. Die Villa von 1915 war einst das Wohnhaus des Stifters und Philosophen **Dr. Gerhard Denckmann.** Im Erdgeschoss ist die Samtgemeindebücherei von Salzhausen untergebracht, seit 2000 auch das **Zentrum für Plattdeutsch.**

Nach einem Besuch der **Eyendorfer Mühle** lohnt ein Abstecher ins **Café Wiemann** in **Eyendorf,** das zwei sehr verschiedenenartige Gewerbe kombiniert: Neben Kaffee, Cappucino, Espresso, 20 verschiedenen Teesorten, Torten und Kuchen stehen auch antike Möbel zum Verkauf. Seit über 25 Jahren restauriert **Rolf Wiemann** in seiner kleinen Werkstatt Landmöbel, die 150 Jahre und älter sind. In einer Vorratsscheune von 1887 können die Anrichten, Vitrinen, Kommoden, Tische und Schränke begutachtet werden.

Das Team der Samtgemeinde-Bücherei: Annet Sorge, Herbert Timm und Kitty Schulz (v.l.n.r.) Herbert Timm, der Plattdeutsch-Beauftragte im Kreis Harburg, ist auch Leiter des Zentrums für Plattdeutsch in Salzhausen (l.)

Schlauchturm (o.) und St.-Johannis-Kirche (ganz o.) in Salzhausen

Rolf Wiemann beim Restaurieren von Möbeln (u.)

Ortsteile:
_ Beckedorf
_ Bullenhausen
_ Emmelndorf
_ Fleestedt
_ Glüsingen
_ Groß-Moor
_ Helmstorf
_ Hittfeld
_ Hörsten
_ Holtorfsloh
_ Horst
_ Klein-Moor
_ Lindhorst
_ Maschen
_ Meckelfeld
_ Metzendorf
_ Ohlendorf
_ Over
_ Ramelsloh

Einwohner: 41.157
Fläche: 105,19 qkm
391,3 Einw. je qkm

Seevetal

Zwischen Elbe und Heide, 20 Minuten von der Hamburger Innenstadt entfernt, liegt die Gemeinde Seevetal. Seit der Gebietsreform 1972 verzeichnet die Gemeinde über Jahre einen starken Bevölkerungszuwachs. Seevetal liegt im Schnittpunkt bedeutender Fernverkehrswege. Hier treffen sich Bundesautobahnen und Fernverkehrsstrecke der Bahn. Besonders hervorstechend ist der Rangierbahnhof in Maschen. Er ist in seiner Art einer der größten in Europa. Wichtig und hoch entwickelt sind auch die regionalen Verkehrswege – besonders für die enorme Zahl der Pendler. Rund 14.000 Einwohner sind außerhalb der Gemeinde, überwiegend in Hamburg, beschäftigt. Etwa 5.000 Beschäftigte aus umliegenden Gemeinden arbeiten in Seevetal. Dabei liegt der Fokus nicht nur auf der Erweiterung von Angeboten für den individuellen Verkehr. Im Gegenteil: Seevetal hat bereits in den 1980er Jahren Verträge mit dem Hamburger Verkehrsverbund über zusätzliche Bus- und Bahnverbindungen abgeschlossen und sich an ihrer Finanzierung beteiligt. So fahren Seevetaler heute zum HVV-Tarif in die Metropole. Dieses Angebot wird auch von Pendlern der Nachbargemeinden genutzt; die immer wieder erweiterten **Park + Ride-Plätze** an den drei Bahnhöfen Hittfeld, Maschen und Meckelfeld erfreuen sich großer Beliebtheit.
Ergänzt wird der ÖPNV durch das vor einigen Jahren eingeführte **Anruf-Sammeltaxi-System** (AST), das eine wesentliche Verbesserung des bestehenden Bus- und Bahnangebotes ist und jährlich von ca. 10.000 Fahrgästen genutzt wird. Zwischenzeitlich können Fahrten mit dem Anruf-Sammeltaxi auch über die Gemeindegrenzen hinaus bestellt werden. Mehr als 170 **AST-Haltestellen** gibt es im Gemeindegebiet, keine liegt weiter als 300 Meter von der Wohnung des jeweiligen Bestellers entfernt.
In der ländlichen Umgebung bei gleichzeitiger Nähe zur Großstadt liegt für viele der rund 40.000 Bürgerinnen und Bürger der Gemeinde Seevetal ein besonderer Reiz. Viele von ihnen sind „Zugezogene“. Deswegen fördert die Gemeinde Seevetal seit vielen Jahren die örtlichen Vereine und trägt durch den

Blick auf den Rangierbahnhof in Maschen (r.)

Stolz posieren Kinder aus der Samtgemeinde vor ihren Bildern im Bunten Bahnhof Meckelfeld (l.)

Bau und Unterhalt von Turnhallen- und Sportstättenbau dazu bei, dass in über hundert Vereinen jedermann seinen Neigungen nachgehen kann. Nicht zuletzt das Vereinswesen hat einen großen Anteil daran, Neubürgern die Integration zu erleichtern.

Zurück zum Verkehr: Auf dem **Rangierbahnhof Maschen** herrscht rund um die Uhr Betrieb. 830 Mitarbeiter sorgen dafür, dass täglich bis zu 5.000 Waggons auf dem richtigen Gleis landen und etwa 150 Güterzüge in alle Himmelsrichtungen fahren. Von 1970 bis 1977 ist die gigantische Anlage mit ihren 300 Kilometern Gleisen, 800 Weichen und 900 Signalen für rund 800 Millionen Mark gebaut worden. Güterwagenströme von und nach Hamburg, Schleswig-Holstein und Nord-Niedersachsen, die vorher auf fünf Rangierbahnhöfen in Hamburg bewältigt worden sind, durchlaufen den Rangierbahnhof Maschen. Über eine Million Güterzüge haben seither Maschen verlassen. Seit 1999 gehört der Bahnhof zur **DB Cargo AG,** jetzt **Railion Deutschland AG.** Nachts, wenn ein Großteil der Arbeit gemacht wird, erhellen 2.000 Lampen das sieben Kilometer lange, 700 Meter breite und ca. 380 Fußballfelder große Gebiet mit den 210 Kilometer Oberleitungen und 2.800 Masten. Der Bahnhof zählt zu den größten und modernsten Rangierbahnhöfen Europas.

Die anderen, „normalen" Bahnhöfe der Gegend bestechen durch ihre künstlerische Gestaltung. Beschmierte Wände, Graffiti auf den Kacheln und den Fahrkartenautomaten, trister Beton, schlichte Fliesen und ein verwahrloster Gesamteindruck gehören für die Menschen, die täglich durch den Meckelfelder S-Bahnhof und den Bahnhof Maschen gehen, der Vergangenheit an. Künstler haben die ehemals schmuddeligen Bahnhöfe in farbenfrohe Galerien verwandelt. Jetzt sind der **Bunte Bahnhof Meckelfeld** und der **Bunte Bahnhof Maschen** so etwas wie ein Spektrum der künstlerischen Potenziale in der Gemeinde. Angefangen hat alles 2002, als **Willi Cramer** die Idee auf den Weg bringt und im Ortsrat Maschen der **Arbeitskreis Künstlerische Ausgestaltung des S-Bahnhofes Maschen** seine Arbeit aufnimmt. Kindergärten, Behindertenwerkstätten, Seniorenheime und Schulen steuern Werke bei, die im August 2002 zunächst im Bahnhof Maschen der Öffentlichkeit präsentiert werden. Hunderte Bilder, gemalt oder gesprayt auf ausrangierten Autobahnschildern, zieren nun die Bahnhöfe.

Keine Spur von trister Bahnhofsatmosphäre im Bunten Bahnhof Maschen (l.)

Er hatte die Idee für die bunten Bahnhöfe: Willi Cramer im Bunten Bahnhof Maschen (l.)

Natürlich finden sich in Seevetal auch Zeugen der Vergangenheit. Dominierend sind die hoch aufragenden Backsteinkirchen. Ortsmittelpunkt in Hittfeld ist die **St. Mauritiuskirche** mit dem hölzernen Glockenturm. Sie wurde im Jahr 1250 aus Feldsteinen erbaut und verleiht dem Ortsteil einen besonderen Charme. Sehenswert ist auch die **Stiftskirche St. Sixtus und Sinnitius** in **Ramelsloh.** Ältester Teil der Kirche ist der gotische Chorraum. 1889 kommt es zur Errichtung eines neugotischen Kirchenschiffs und Turms. Von April bis September ist sie täglich geöffnet; auf Wunsch sind Führungen möglich. Lebendige, wenn auch stille und zurückgezogene Religiosität wird gelebt in der **Cella St. Hildegard** der Evangelischen Schwesternschaft **Ordo Pacis** in **Fleestedt.** Sie wird 1953 gegründet als

Viele Lieder der bekannten deutschen Country-Band Truck Stop sind im Studio Maschen entstanden (r.)

Für kulturelle, geschäftliche und private Veranstaltungen steht in Seevetal die Burg Seevetal zur Verfügung (r.)

Großer Saal in der Burg Seevetal (r.)

Stiftskirche in Ramelsloh (u.)

Gemeinschaft von Frauen. Gemeinsam ist allen Schwestern der Auftrag des Friedens Christi und der Ruf, mitten im Alltag, oft recht verborgen, im Gebet zu leben. Fast 20 Jahre lang lebt die kleine Gruppe von Schwestern in dem Haus, bis die Gemeinschaft sich aus Altersgründen auflöst. Das Haus in Fleestedt mit seiner Kapelle und einigen Gästezimmern wird aber als Haus der Stille und des Gebets für Schwestern und Gäste weitergeführt. Regelmäßige Angebote sind Stundengebete, Meditation, eine wöchentliche Eucharistiefeier und Einkehrtage.

Wegen der Nähe zu Hamburg zählt ein umfangreiches Kulturangebot nicht zu den herausstechenden Eigenschaften der Gemeinde. Wozu auch: Theater und und Museen auf höchstem Niveau liegen quasi „nebenan." Das heißt aber beileibe nicht, dass es kein kulturelles Angebot gäbe. So steht für Tagungen, Ausstellungen oder Betriebsfeste das **Veranstaltungszentrum Burg Seevetal** mit 520 Sitzplätzen und einer Ausstellungsfläche von 1.000 Quadratmetern zur Verfügung. Und nicht zuletzt durch einige bemerkenswerte Einrichtungen und eine außerordentlich bekannte Bewohnerin, die über Jahrzehnte vor allem Fernsehgeschichte geschrieben hat, ist die Kultur in der Gemeinde präsent.

„Der wilde, wilde Westen fängt gleich hinter Hamburg an, in einem Studio in Maschen, gleich bei der Autobahn…" diese Textpassage der deutschen Country-Band **Truck Stop** hat den Seevetaler Ortsteil Maschen deutschlandweit bekannt gemacht. Mit Liedern wie *„Ein Tag wie ein Freund"* und *„Ich möcht'*

so gern Dave Dudley hör'n" haben die Cowboys von der Waterkant Schlagergeschichte geschrieben. Viele der bekannten Hits sind im **Studio Maschen** des mittlerweile verstorbenen Produzenten, Verlegers und Bandmitglieds **Joe Menke** aufgenommen worden. Hier arbeiten seit den 1960er Jahren Stars des deutschen Schlagers wie Freddy Quinn, Baccara, Mary Roos, Roger Whittaker oder Hildegard Knef, aber auch internationale Stars wie Rod Steward, Boney M. oder James Last.

Überdimensionale Mobiles schweben zwischen den Wipfeln alter Kiefern. Riesige Stahlstangen mit blinkenden Edelstahlspiegeln scheinen im Wind zu tanzen. Rund 50 Gebilde aus Stahl, Aluminium und Acrylglas drehen sich, schwingen und flimmern im **Skulpturenpark Ramelsloh.** Auf dem 10.000 Quadratmeter großen Gelände, das auf einem 25 Meter hohen Endmoränenhang liegt, sind ausschließlich kinetische Arbeiten, sich bewegende Skulpturen, Figuren und Objekte zu sehen. Auch drinnen, im Kinetikkabinett, treiben Licht und E-Motoren die Ausstellungsstücke an. Oberstes Prinzip ist die Harmonie von Natur, Architektur und Skulptur. Die Arbeiten sind modern, manchmal avantgardistisch, sicher nicht populistisch, aber zugänglich, wenn man neugierig ist und offen für Experimentelles. Geöffnet ist jeden ersten Sonntag der Monate Juni bis Oktober von 14 bis 18.00 Uhr. Gruppen können Extratermine telefonisch vereinbaren.

Der Park wird von der **Gernot-Huber-Stiftung** unterhalten, die auch noch ein zweites Kunstanwesen auf Teneriffa betreut. Sie wird 1997 von dem Designer und Bildhauer **Gernot Huber** und seiner Frau **Gisela Huber** gegründet. Nachdem Gernot Huber 30 Jahre als Industriedesigner sein Geld mit Entwürfen vom Brillantschmuck bis zu Hochseeschiffen verdient hat, kehrt er 1990 zur Kunst zurück. Etwa zwei Drittel der Werke im Skulpturenpark stammen von ihm, den Rest haben Nachwuchskünstler beigesteuert. Neben der Betreuung der Kunstprojekte in Ramelsloh und auf Teneriffa vergibt die Stiftung Aufträge sowie Stipendien an begabten künstlerischen Nachwuchs.

Neben dem Skulpturenpark Ramelsloh (ganz o.) unterhält das Künstlerpaar Gisela und Gernot Huber (o.) ein weiteres künstlerisches Areal auf Teneriffa

Als Portierfrau in *„Das Fenster zum Flur"* und Glucke Käthe Scholz in *„Die Unverbesserlichen"* wird **Inge Meysel** zur „Mutter der Nation". Dieser späte Ruhm ist hart erkämpft. Die Berlinerin wird 1910 als Tochter eines jüdischen Tabakhändlers und einer Dänin geboren. Während der Weltwirtschaftskrise wird sie Schauspielerin, nach einem zwölfjährigen Auftrittsverbot während

Hobby-Meteorologin Margret Duensing mit einem Regenmesser in ihrem Garten in Fleestedt (o.)

Horster Wassermühle (r.)

der Nazizeit geht sie 1945 ans Hamburger Thalia-Theater. Seit den 1960er Jahren ist das Fernsehen Mittelpunkt ihrer Karriere. Meistens stellt sie resolute Frauen in ihrem schwierigen Alltag dar. In den 1970er Jahren setzt sich Inge Meysel zusammen mit Alice Schwarzer für die Rechte der Frauen ein. Zweimal ist sie verheiratet, in erster Ehe mit dem Hamburger Schauspieler Helmut Rudolph, in zweiter Ehe mit dem Regisseur **John Olden**. Couragiert und kratzbürstig ist Inge Meysel nicht nur in ihren Rollen. Noch im Jahr 2000 macht sie Schlagzeilen, als sie sich in ihrem Wohnort **Bullenhausen** gegen die Errichtung eines Elb-Schutzwalls wehrt und damit einen bühnenreifen „Deichkrieg" auslöst. Gemeinsam mit acht Nachbarn kämpft sie gegen den Deich vor ihrer Haustür, während 200 andere Bullenhausener für den Bau sind. Am Ende bekommt Inge Meysel ihren Willen: Der **Harburger Deichverband** setzt dem Jahre langen Streit ein Ende und baut statt eines Deiches eine höhere Flut-

Inge Meysels Bungalow in Bullenhausen an der Elbe (o.)

mauer. Ihre letzten Jahre verbringt die Schauspielerin zurückgezogen in dem 200-qm-Bungalow in Bullenhausen am Elbdeich. Und hier stirbt sie 2004 im Alter von 94 Jahren.

Sehr bemerkenswert, wenn auch nicht so prominent wie die Schauspielerin, ist eine andere Seevetalerin, die seit über 40 Jahren an jedem Morgen die gleiche Prozedur vollzieht: Noch vor dem Frühstück geht **Margret Duensing** aus **Fleestedt** mit einem speziellen Messapparat und einer Metallkanne in den Garten. Hier gibt ein Wasserauffanggerät, Regenmesser genannt, Auskunft über die Niederschlagsmenge der letzten 24 Stunden. Die Hobby-Meteorologin ersetzt den Behälter durch einen neuen, nimmt die Flüssigkeit und die Instrumente mit ins Haus und notiert die Daten in einem meteorologischen Tagebuch. Am Ende des Monats schickt sie einen Bogen mit allen Werten an die **Regionale Messnetzgruppe** in Hamburg,

denn im Höpenweg 13 in **Fleestedt** ist eine offizielle **Niederschlagsstation** des **Deutschen Wetterdienstes.** Bis heute hat Margret Duensing mehr als 15.000 Niederschlagsmessungen durchgeführt und im Winter bestimmt sie auch die Schneehöhen. 2002 bekommt die gebürtige Hannoveranerin, die seit 1960 mit ihrem Mann und ihren beiden Töchtern in Fleestedt lebt, für ihr Engagement die Verdienstmedaille des Verdienstordens der Bundesrepublik Deutschland verliehen.

Alles ist in Seevetal natürlich ein wenig kleiner und bodenständiger als in der großen Stadt nebenan, selbst das mondäne Leben. Der **Yachthafen Bullenhausen** ist fünf Jahre nach der großen Sturmflut von 1962 im Rahmen der großen Deichbaumaßnahmen entstanden. Anfangs nutzen nur einige Fischer den Hafen, denn für die Sportschifffahrt stehen weder Steg- noch Clubanlagen zur Verfügung. Dies ändert sich 1972, als die **Interessengemeinschaft Yachthafen Bullenhausen** mit 32 Mitgliedern gegründet wird. Durch viel Eigenarbeit und den selbst organisierten Bau einer Steganlage nimmt der Sporthafen Gestalt an. Im Juni 1972 wird die erste Segelsaison eröffnet. 1974 wandelt sich die Interessengemeinschaft in den Verein **Yacht Club Bullenhausen** (YCB) um. Die Anzahl der Mitglieder hat sich seither verdreifacht.

Die **Spielbank Hittfeld,** ländliche Konkurrenz zur Hamburger Spielbank, residiert in einem rustikalem Klinkerbau in der Ortsmitte. Seit dem Auslaufen der Konzession für das klassische Roulettespiel zum 31. August 2004 wird dort ausschließlich ein Automatencasino mit über 100 Glücksspielautomaten betrieben. Die Roulettekugel läuft allerdings weiter, und zwar vollautomatisch an einer Multirouletteanlage. Die Spielbank Hittfeld schaut auf eine rund 30jährige Tradition zurück und ist eine von zehn Standorten der **Spielbanken Niedersachsen GmbH.** Der Pachtvertrag zwischen der Betreibergesellschaft und dem Hittfelder Gastronomen **Eduard Prange** mit einer Laufzeit von zehn Jahren garantiert, dass auch weiterhin die Chance auf „ein kleines Glück" erhalten bleibt.

Der Yachtclub Bullenhausen ist auch um die Schulung von Kindern und Jugendlichen bemüht (o.)

„Einarmige Banditen" in der Spielbank Hittfeld (l.)

Im Gemäuer der ab 1529 urkundlich belegten **Horster Wassermühle** ist heute das **Gasthaus Horster Mühle** untergebracht. Morgens um halb sechs beginnen die **Backtage.** Dann wird der Steinbackofen mit Buchenholz eingeheizt. Zuerst wird Brot, mit der Resthitze dann Butterkuchen gebacken. Ab 12 Uhr stehen Backwaren sowie hausgeräucherter Schinken und hausgemachte Erbsensuppe zum Verkauf. Zur Weihnachtszeit kommt **Christstollen** aus dem Ofen und Glühwein wärmt die Gäste auf. Im über 100 Jahre alten Kuhstall wird seit 1980 im Frühling und im Herbst das **Kuhstallfest** gefeiert. Bis zu 250 Leute tanzen dann zu Live-Musik. Auch das **Oktoberfest** und das **Horster Mühlenfest** am ersten Sonntag im September sind beliebt. **Werner Herrig** aus >Hanstedt (138) macht auch hier mit seinen Kaltblutpferden und der Postkutsche des Vereins **Postkutsche Lüneburger Heide e.V.** Station – natürlich in königlich-hannoverscher Uniform.

Rustikal-gemütlich und doch modern ist die Discothek **Hittfelder Mühle,** die sich seit gut 30 Jahren in der alten Windmühle in Hittfeld behauptet. Hier sitzt man bei Kerzenlicht an massiven Holztischen oder an der kreisrunden Mühlenbar im alten Turm. Die Hittfelder Mühle hat ein gesetztes Publikum und es werden vorwiegend die Hits zurückliegender Jahrzehnte, aber auch aktuelle Stücke gespielt.

Die Gaststätte von Eduard Prange (l.)

Hittfelder Mühle außen (r.) und mit Partystimmung innen (u.r.)

Die Brüder Jochen (ganz o.) und Michael (o.) Spethmann

1964 machen die Brüder **Rolf** und **Jürgen Abraham,** Söhne eines Cuxhavener Kaufmanns, ihr erstes Geschäft auf: einen Verkaufsstand auf einem Bremerhavener Wochenmarkt. Ihr geräucherter Katenschinken entwickelt sich zum Verkaufsschlager, 1971 gründen die beiden Brüder in **Moisburg** eine Schinkenräucherei, zehn Jahre später zieht die Firma nach **Meckelfeld** um. Heute beträgt der Marktanteil der **Gebr. Abraham GmbH & Co. KG** in Deutschland bei geräuchertem und luftgetrocknetem Schinken 22 Prozent. An fünf Standorten arbeiten 600 Beschäftigte, 150 davon am Firmensitz in Meckelfeld. Rund 450.000 Käufer greifen täglich zu einem **Abraham-Schinken.**

1907 gründet **Laurens Janssen** in Leer die **Ostfriesische Tee Gesellschaft** (OTG). Anfang der 1950er Jahre übernimmt der Enkel, **Laurens Spethmann,** das Unternehmen. Gemeinsam mit seiner Frau **Marianne** baut er die **OTG** zu einem national und international erfolgreichen Tee-Anbieter auf. Ende der 1960er Jahre kreiert Laurens Spethmann die Marke **Milford.** In den folgenden Jahren kommen die Teemarken **Onno Behrends** und **Meßmer** hinzu. Seit 1996 gehört auch **Schneekoppe** (unter anderem Müsli) zur **Laurens Spethmann Holding AG & Co** (LSH) in **Hittfeld.** Die OTG mit den Marken *Meßmer* und *Milford* hat gemeinsam mit dem konkurrierenden Unternehmen Teekanne in Deutschland die Marktführerschaft und verkauft zwölf Milliarden Beutel Tee pro Jahr. Acht Produktionsstätten, zwei Großlager, darunter eines in **Buchholz,** gehören zur LSH. Von den 1.600 Mitarbeitern arbeiten knapp 200 in der Zentrale in Hittfeld. Heute führt **Jochen Spethmann** mit Bruder **Michael Spethmann** in vierter Generation die **LSH.**

Stelle

Die Gemeinde Stelle liegt zwischen der Gemeinde **Seevetal** und der Stadt **Winsen (Luhe)**, zwischen Elbe und dem **Staatsforst Buchwedel**, ein stiller Ort, der seine ländliche Identität nicht verloren hat.

Einen Eindruck der alten Zeit vermittelt die kleine **Heimatstube**, von Landwirt **Heinrich Behr** 1960 eingerichtet. Sie umfasst eine Sammlung bäuerlicher

Hausgeräte, wie sie in den letzten 150 Jahren in Gebrauch waren, daneben Arbeitsgeräte und Handwerkszeug sowie Handarbeiten, Stickzeug, Wäsche und Trachtenteile. Über die Entwicklung des Dorfes informieren Fotografien, Zeitungen und Zeitungsausschnitte; alte Landkarten sowie ein Geländemodell vermitteln Einblicke in die Dorfentwicklung. Auch über die Geschlechterfolge der meisten Steller Höfe finden sich detaillierte Angaben. Nicht zuletzt ist die Vor- und Frühgeschichte der Region durch Bodenfunde aus der Feldmark repräsentiert. Das kleine Haus ist nur nach vorheriger Absprache zu besichtigen.

Direkt an der Elbe liegen die Ortsteile **Fliegenberg, Rosenweide** und **Wuhlenburg.** Hier können Besucher die herrliche Landschaft genießen und werden von Wiesen, Weiden und Bäumen quasi zum Rasten oder Radwandern überredet. Außerdem besteht die Möglichkeit, mit der Hoopter Elbfähre in >Winsen (Luhe) (165) auf die Hamburger Seite nach Zollenspieker mit dem schönen Fährhaus überzusetzen.

Seit Jahren sind die **Steller Musikanten** regelmäßig auf dem malerisch gelegenen **Hof Freschenhausen** von **Gerd Benthack** zwischen

Stelle und **Maschen** zu Gast. Die Besucher machen es sich in der ungezwungenen Atmosphäre unter freiem Himmel gemütlich: Wolldecken, Klappstühle und prall gefüllte Picknickkörbe sind obligatorisch. 1993 wird das Orchester von 26 Musikern gegründet. Ziel ist die Pflege der populären deutschen Blasmusik. Heute zählt die Truppe 42 aktive Mitglieder. Das Orchester tritt regelmäßig in der Region auf und geht alle zwei Jahre auf Tournee.

In **Fliegenberg** trifft sich der Männergesangsverein **Elbdeich-Brummer** seit 1995 in **Oppermanns Gasthaus.** Sieben Männer sind Gründungsmitglieder. Mittlerweile hat es der Chor auf 50 Gesangsbrüder gebracht. Sie treffen

Ortsteile:
- **Achterdeich**
- **Ashausen**
- **Fliegenberg**
- **Rosenweide / Wuhlenburg**
- **Stelle**

Einwohner: 11.086
Fläche: 38,50 qkm
287,9 Einw. je qkm

Die Steller Musikanten haben sich der populären deutschen Blasmusik verschrieben (l.)

Die Gesangsbrüder der Elbdeichbrummer (u.l.)

Gerd Benthack (o.) vom Hof Freschenhausen (ganz o.)

Landwirtschaftliches Gerät und bäuerliche Lebensart der letzten 150 Jahre sind in der kleinen Heimatstube von Familie Behr zu sehen (l.)

Direktverkauf (o.l.) und Ingwerlager (o.r.) bei der Johannes Lühders KG

sich, um Volks- und Wanderlieder zu singen. Nach zahlreichen Auftritten auf Veranstaltungen und privaten Festen sind die Elbdeich-Brummer mehrmals beim Hamburger Hafenkonzert des NDR zu Gast gewesen. Regelmäßig Mitte September singen sie auf dem **Oktoberfest** am **Fliegenberger Elbdeich.**

Mitarbeiter sind weltweit im Einsatz. Die Spezialitäten, wie Ingwer-Püree mit Zitronensaft, eingelegter Ingwer, gezuckerte Ingwer-Chips, Ingwer-Konfitüre und Ingwer-Snack-Würfel werden in fast 20 Länder exportiert.

Mitfahrzentralen sind ein Begriff. Seltener sind Mitsegelvermittler. Wer Lust

Die Charterhanse Hamburg GmbH vermittelt Segelreisen auf der ganzen Welt, z.B. auch zu den Gletschern in Feuerland (r.)

Fruchtgummi, Gelee, Pralinen, und Marzipan stellt die **Johannes Lühders KG** seit 1909 her. Das Unternehmen hat namhafte Kunden. *Harrod's* in London und das *Hotel Sacher* in Wien beziehen die Delikatessen des Familienbetriebs, der 2000 seinen Sitz von Hamburg nach Stelle verlagert hat. 90 Mitarbeiter beschäftigt das Traditionsunternehmen, das sich 2001 einen weiteren Markt erschließt. Es gründet ein Joint Venture mit dem weltweit größten Ingwer-Produzenten Buderim Ginger Limited (Australien). Die **Buderim Ginger Sales GmbH** in **Stelle** ist geboren. Sie vertreibt in Mittel- und Osteuropa sowie Skandinavien diverse Ingwerartikel – ein lukratives Geschäft mit der exotischen Wurzel, die viele Menschen lieben. Buderim Ginger Ltd. verarbeitet über 5.000 Tonnen Ingwer pro Jahr, 200

Heiner Wischendorff in seiner Gärtnerei (o.)

auf einen Törn nach Spanien, Griechenland, in den Südatlantik oder die Karibik hat, bucht eine Reise bei der **Charterhanse Hamburg GmbH** in **Stelle.** Das Unternehmen beschäftigt Sachverständige für die Sportschifffahrt und fungiert seit 1962 als Buchungs-Service für Charter-Interessenten. Die von Charterhanse Hamburg empfohlenen Boote werden von Mitarbeitern persönlich überprüft.

Ananassalbei, Zitronenthymian und hochstämmiger Rosmarin: **Annette Wischendorff** aus **Fliegenberg** experimentiert mit ihren Pflanzen. Gemeinsam mit ihrem Mann **Heiner Wischendorff** führt sie am Elbdeich eine Gärtnerei, die auf Kräuter spezialisiert ist. Allein über 17.000 Töpfchen stark duftender Basilikumpflanzen gedeihen in der Wärme des Gewächshauses.

SG Tostedt

Mitgliedsgemeinden:
- Dohren
- Handeloh
- Heidenau
- Kakenstorf
- Königsmoor
- Otter
- Tostedt
- Welle
- Wistedt

Einwohner: 25.193
Fläche: 221,30 qkm
113,8 Einw. je qkm

Dass **Tostedt** schon im Mittelalter ein wichtiger Marktort war, daran erinnert jedes Jahr der **Töster Markt,** mit bis zu 50.000 Besuchern der größte Flohmarkt Norddeutschlands. Etwa tausend Aussteller bieten ihre Waren auf drei Kilometern Straße zwischen **Himmels-** und **Weidenweg** an.
Die Samtgemeinde Tostedt umfasst acht Mitgliedsgemeinden, typische niedersächsische Dörfer, die in ihrer Gesamtheit ein vielfältiges Bild der ebenso lebendigen wie ruhigen Samtgemeinde ergeben – kein Widerspruch, wie sich gleich zeigen wird.
Dohren ist ein typisch niedersächsisches Haufendorf mit alten, eichenumstandenen Höfen. Erst in der jüngsten Vergangenheit wurde Dohren als Wohnort neu entdeckt. Zahlreiche Einfamilienhäuser belegen Dohrens Stärken: erschwingliche Grundstückspreise und ruhige Wohnlagen, dazu die Nähe zum regionalen Zentrum Tostedt.
Das kleine **Handeloh** ist auf den ersten Blick unspektakulär – aber eben nur auf den ersten Blick, wie zwei Beispiele zeigen. **Dr. Klaus Hamann** sammelt hier seit über 30 Jahren einheimische Vögel und Säugetiere, Schlangen, Frösche und Präparate norddeutscher Tiere. 1993 kauft der studierte Geograph, Ökologe und Förster die **Alte Schmiede** in Handeloh und stellt seine private naturkundliche Sammlung vor. Von den zigtausend Objekten (allein die Muschel- und Schneckensammlung umfasst insgesamt 10.000 Exemplare) sind 500 ausgestellt. Geöffnet ist von April bis Oktober an Wochenenden, feiertags oder nach Absprache.
Wald- und Naturlehrpfade gibt es viele, doch der **Planetenlehrpfad** in **Handeloh** ist eine Seltenheit. Angelegt hat ihn der **Arbeitskreis Astronomie Handeloh (AkA).** Auf dem Lehrpfad kann das Planetensystem erwandert werden. Startpunkt ist natürlich die Sonne – eine Kugel von 28 cm Durchmesser auf einem drei Meter hohen Obelisken. Von dort wandert der Besucher von Planet zu

Der Arbeitskreis Astronomie Handeloh stellt sich auf dem Gemeindefest 2003 in Handeloh vor (o.)

Planet. An jedem Standort sind Informationstafeln mit Daten und Bildern angebracht. Das Sonnensystem ist im Maßstab 1 : 5 Milliarden dargestellt. Daraus ergibt sich eine Länge des gesamten Pfades von ca. 1,2 Kilometer.
Die Gemeinde **Kakenstorf** liegt reizvoll an den Ufern der **Este.** Viele Wanderwege laden zu Ausflügen ein, und eine Sportanlage mit drei Tennisplätzen bietet Gelegenheit zu sportlicher Betätigung. Empfehlenswert ist ein Ausflug

Dr. Klaus Hamann und die Diplombiologin Karen Möller (ganz l.)

Naturkundliches Museum in der Alten Schmiede in Handeloh (l.)

ins malerische **Bötersheim.** Die beiden **Mühlen,** die ausgedehnten **Gutsanlagen** lassen auch heute noch die Bedeutung des Örtchens im Mittelalter erahnen. Und gleich drei Restaurants, der **Dorfkrug,** das **Gasthaus Zum Estetal** und das **Gasthaus Kiek,** laden zu heimischer Küche ein.

Königsmoor ist die jüngste politische Gemeinde im Landkreis Harburg, erst 1957 gegründet. Die Gemeinde hat in der Mitte des langgestreckten Dorfes ein Dorfgemeinschaftshaus, die **Moorhalle,** gebaut. Hier werden die Gemeinschaft und Traditionen gepflegt, etwa durch den Schützenverein oder den Sportverein mit seiner Tanzgruppe. Die **Laienspielgruppe Wümme-Königsmoor** studiert jedes Jahr ein meist plattdeutsches Theaterstück ein. Der **Skatclub Königsmoor** organisiert alle Jahre eine Großveranstaltung, um den **Silbernen Hirsch** auszuspielen.

In **Otter** pflegen der **Schützenverein Otter von 1908,** der **Pfeifenclub Blauer Dampf** und die **Freiwillige Feuerwehr** das ganze Jahr über Brauchtum und Geselligkeit. Von Anfang Mai bis Ende September, an den Wochenenden und nach Absprache steht **Das kleine Wäschemuseum** offen. Zu sehen sind Handarbeiten und Wäsche aus dem 19. und frühen 20. Jahrhundert, darunter Weiß-, Bunt-, Tisch-, und Bettwäsche. Kenner erfreuen sich an Kreuz- und Plattstich sowie an Hohlsäumen und Monogrammen.

Welle, an der Bundesstraße 3 von Hannover nach Hamburg gelegen, war eine bedeutende Post-Relaisstation. Heute ist es ein stiller Ort. Vom **Mühlenberg** genießt man einen schönen Blick über die Acker-, Wald- und Wiesenlandschaft rund um Welle. Besonders reizvoll ist der Blick zur Osterzeit, wenn die Osterfeuer brennen.

Auch **Wistedt** ist von regem Vereinstreiben geprägt: Fußball, Tennis, Volleyball und sogar Boxen. Den Erholungssuchenden ist eine Wanderung in Richtung **Everstorfermoor** zur **Trabrennbahn** oder zum **Otterberg** oder **Düvelshöpen** zu empfehlen. Auch die angrenzenden Moore beeindrucken zur **Wollgrasblüte.**

So klein die Mitgliedsgemeinden zum Teil auch sind: in Doren, Otter oder Tostedt ist erstaunlich viel Prominenz zu Hause. Als vierzehnjähriges Mädchen ist sie 1981 nach einem Reitunfall querschnittsgelähmt. Doch schon in der Reha-Klinik treibt sie weiter Sport. Heute ist **Heidi Kirste** aus Dohren ein

Urgestein im **Rollstuhlbasketball.** Bereits an vier Olympischen Spielen für behinderte Spitzenathleten hat die Mutter zweier Söhne mit der Rollstuhl-Basketball-Nationalmannschaft teilgenommen. 1984 trägt sie in Los Angeles dazu bei, die bisher einzige deutsche Goldmedaille in dieser Disziplin für Deutschland zu holen. Vier Jahre später

Am Sonntag vor Rosenmontag – und das ist bestehende Tradition in Otter – veranstaltet der Pfeifenclub Blauer Dampf einen Kinderkarneval. Clown Michael Saxinger sorgt dabei für gute Laune (o.)

Laienspielgruppe Wümme-Königsmoor: Theaterstück Landrat Ottenjan (r.)

Rollstuhlbasketballerin Heidi Kirste aus Dohren (im Bild rechts) bei der Weltmeisterschaft 1998 in Australien (r.)

gewinnt die Mannschaft in Seoul Silber. Im Jahr 2000 trägt sie in Sydney die deutsche Fahne ins Olympiastadion. Heidi Kirste ist zur **Olympia-Botschafterin** Hamburgs gewählt worden.

Gloria von Thurn und Taxis zählt zu ihren Kundinnen, Silvia von Schweden, Edda Darboven und Vicky Leandros ebenso. Auch Jutta Speidel, Gabi Dohm, Christine Kaufmann, Sydney Rome, Milva und Katja Ebstein kaufen bei ihr ein. Die Damen der Gesellschaft, Prominente und Stars, haben ein Faible für Hüte von **Elke Martensen**. 1940 in Hamburg geboren, lernt sie in dem Salon *Toni Becker Haute Couture* das Modistinnen-Handwerk. Später geht sie nach Frankreich, Brüssel und München. Frauenzeitschriften wie *Brigitte* und *Petra* begeistern sich für ihre Hüte und lassen Elke Martensen viele Jahre Modelle entwerfen. Fast 25 Jahre arbeitet sie mit Jil Sander zusammen. Jetzt präsentiert Elke Martensen ihre Hüte nur noch auf Ausstellungen, wie im Museum für Kunst und Gewerbe in Hamburg. Alle Modelle entstehen seit vielen Jahren in ihrem Tostedter Atelier. Elke Martensen entwirft rund 135 neue Modelle pro Jahr.

Als das britische Königspaar den 40. Hochzeitstag feiert, zieren kunstvoll gefertigte Marzipanfrüchte aus den Händen von **Jürgen Kanzelmeyer** aus **Tostedt** die Tafel. Früchte- und Blumenarrangements aus Zucker, Handys oder Goldbarren aus Schokolade, Weinfässer aus Marzipan – für die handmodellierten, handgeblasenen und handgegossenen Kreationen von Jürgen Kanzelmeyer gibt es kaum motivische Grenzen. Seit 1985 betreibt der Konditormeister in Tostedt die **Internationale Modellierfachschule für Zuckerdekor und Marzipan** mit Schülern, die von weit her, sogar aus Skandinavien und Nordamerika, anreisen.

Mit *„My love is your love"* von Whitney Houston gewinnt die damals 18-jährige **Florence Joy Büttner** 2004 die Endausscheidung der Casting-Show *Star Search 2* beim TV-Sender SAT 1 und unterschreibt einen Plattenvertrag bei *Universal Music*. Die tiefgläubige Christin wohnt mit Mutter **Mirjam Stegmeier,** Schwester und Bruder in **Otter.** Die

Hutmacherin Elke Martensen in ihrer Tostedter Werkstatt (o.) Zu ihren Kundinnen gehören u.a. Vicky Leandros und Silvia von Schweden

Aus Schokolade, Zucker und Marzipan kreiert Jürgen Kanzelmeyer süße Kunstwerke (l.)

Schäfer Hermann Herold mit seinen Heidschnucken und Hunden (u.l.)

Mit 18 Jahren gewinnt Florence Joy Büttner aus Otter bei der Sendung Star Search 2 (o.)

Für rund 1,5 Stunden kann man mit dem Heide-Ballon in die Lüfte steigen. Kinder sollten mindestens 12 Jahre alt sein oder – wegen der Höhe des Korbes – wenigstens 1,30 m groß sein. Eine Altersgrenze nach oben gibt es nicht (r.)

junge Sängerin hatte nie Gesangsunterricht, spielt Klavier, komponiert und liebt vor allem Pop und Gospel. Nach eigener Aussage möchte sie *„ein Leben in Wahrheit und Echtheit“* führen – nicht ganz einfach in der Branche, in die sie gegangen ist.

400 Mutterschafe, neun Böcke und jedes Jahr 400 Lämmer gehören zur **Schäferei Herold** in **Handeloh-Inzmühlen.** Schäfer **Hermann Herold** hat die Herde im Jahre 2000 übernommen. 300 Tage im Jahr wandert er mit den Heidschnucken und Hütehunden durch die Heideflächen in Inzmühlen, Wehlen, Wesel und die Töpsheide bei > Hanstedt (138).

Zum Heiratsantrag, zum Hochzeitstag oder ohne besonderen Anlass: Die Firma **Heide Ballon** aus **Handeloh-Wörme** bietet Flüge mit dem Heißluftballon an. In der Regel beginnt der Aufstrieg früh morgens mit Sonnenaufgang oder abends, zwei Stunden vor Sonnenuntergang, wenn der Wind nicht so stark weht. Für 1,5 Stunden kann man sich dann die Welt von oben anschauen.

Satinholz, rötliches Vengaiholz oder das fast schwärzliche Coromandelholz: Liebhaber schwerer Möbel aus exotischen Harthölzern finden in **Tostedt** exzellente Möbel im größten deutschen Fachgeschäft für neue und alte Kolonialstilmöbel, in der **Galerie Himmelsweg.** Mehrmals im Jahr reist Inhaber **Volker Elstermann** nach Indien und sucht nach schönen alten Möbeln aus der Hinterlassenschaft früherer Kolonialherren und überwacht die Maßanfertigungen für seine Kunden aus ganz Europa. Damit für die Möbel keine Tropenhölzer geschlagen werden müssen, verwendet Volker Elstermann, der mit Fachleuten eine kleine Tischlerei in Indien betreibt, zur Ausbesserung nur Balken und Säulen aus abbruchreifen Häusern der Kolonialzeit.

Möbelprüfung in Indien für die Galerie Himmelsweg (r.)

Heidi und Volker Elstermann (ganz r.)

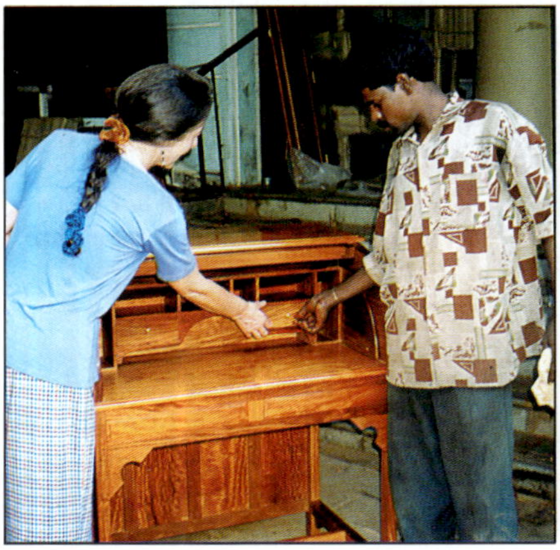

Winsen (Luhe)

Als Johann Peter Eckermann, Winsens berühmtester Bürger und Freund und Biograf Goethes, 1792 geboren wird, leben gerade tausend Menschen in Winsen. Sein Leben ist es wert, kurz erzählt zu werden, steht es doch exemplarisch für die oft schwierige und armselige Existenz deutscher Intellektueller im 18. Jahrthundert. Das Kind eines armen Hausierers wird mit 16 Jahren Schreiber in Winsen, später in verschiedenen Ämtern der Präfektur

Lüneburg. Er versucht, sich in Hannover zum Maler ausbilden zu lassen, was aber am Geldmangel scheitert, und schlägt sich mit Kanzleiarbeiten durch. 1821/22 hört er in Göttingen juristische Vorlesungen. Nach positiven Reaktionen auf lyrische Versuche schreibt er eine Sammlung poetologischer Thesen, deren Manuskript er an Goethe sendet. 1823 reist er nach Weimar und wird der engste Gehilfe Goethes beim Redigieren. Finanziell zahlt sich das für ihn keineswegs aus: Seinen Lebensunterhalt muss er vor allem durch Sprachunterricht für englische Bildungsreisende bestreiten. Testamentarisch von Goethe zum Herausgeber seiner Werke bestimmt, wird Eckermann 1837 herzoglicher Bibliothekar mit dem Titel eines Hofrats und bezieht erneut ein der Stellung kaum angemessenes, karges Gehalt. Er stirbt in Armut.

Landesgartenschau Winsen/Luhe 2006
23. April - 15. Oktober
Eine blühende Fantasie.

Am Nordrand des **Schlossparks** liegt das Wahrzeichen der Stadt: das **Schloss zu Winsen**. Es hatte einst eindeutig Wehrfunktion, denn ein wichtiger Handelsweg führt nah dem kleinen Ort zum Übergang über die Elbe bei **Hoopte.** Ihn zu sichern war eine der Aufgaben des Schlosses. Es war wohl ein schlichtes Gebäude, robust, aber groß genug, um die Katen in seinem Schatten weit zu überragen. Erst als nach dem Tode ihres

Ortsteile:
- Bahlburg
- Borstel
- Gehrden
- Hoopte
- Laßrönne
- Luhdorf
- Pattensen
- Rottorf
- Roydorf
- Sangenstedt
- Scharmbeck
- Stöckte
- Tönnhausen

Einwohner: 32.455
Fläche: 109,55 qkm
296,3 Einw. je qkm

Wahrzeichen der Stadt: das Schloss zu Winsen (o.l.)

Beim Winsener Entenrennen plumpsen tausende Gummienten von der Luhe-Brücke ins Wasser (l.)

Mit ihrem schlanken Turm ist die Kirche St. Marien ein typisches Beispiel norddeutscher Backsteingotik (o.)

Die Stadt Winsen (Luhe) wurde von der niedersächsischen Landesregierung mit der Ausrichtung der Landesgartenschau im Jahre 2006 betraut (Logo o.l.)

Zum Bummeln und Einkaufen lädt in Winsen die Rathausstraße ein (o.)

Gemahls **Herzogin Dorothea,** die Tochter des dänischen Königs Christian III., 1593 das Schloss als Witwensitz bezieht, erhält es seine jetzige Gestalt. Eigentümer des Schlosses, in dem heute das Amtsgericht seinen Sitz hat, ist das Land Niedersachsen. Die **Schlosskapelle** wird für Konzerte und Trauungen genutzt. Im Marstall, dem ehemaligen Pferdestall des Schlosses, sind die **Stadtbücherei,** das **Museum im Marstall** und ein **Café** untergebracht. Das Museum erzählt einiges über das Leben Johann Peter Eckermanns, außerdem sind Exponate zur Früh- und Stadtgeschichte ausgestellt.

Neben Schloss und Marstall sticht das **Blaufärberhaus,** ein Bürgerhaus aus dem 16. Jahrhundert, hervor. Das Gebäude in der **Luhestraße** ist mit seinem verzierten Giebel eines der schönsten Gebäude in der Altstadt.

Wie in vielen anderen kleinen Städten ist das gesellschaftliche Leben Winsens vor allem in Vereinen organisiert. Der Internetauftritt der Stadt verzeichnet alleine 17 Chöre, Singgruppen und Gesangvereine, außerdem 40 Sportvereine vom Tanz- über den Fischerei- bis zum Drachenclubverein sowie viele weitere Zusammenschlüsse, in denen Menschen mit Gleichgesinnten ihren Hobbys nachgehen. Es gibt einen Aquarienverein, einen Amateur-Radio-Club, eine Deutsch-Japanische und eine Deutsch-Indische Gesellschaft, die Landfrauen, den Rotary Club, ja sogar einen Stenografenverein.

Winsener Anzeiger

In Winsen erscheint der „Winsener Anzeiger“ als Tageszeitung für den Landkreis Harburg in einer Auflage von über 10.000 Exemplaren. Sie gehört zum Verbund der „Landeszeitung“ aus Lüneburg

Rund 7.000 nummerierte Quietsche-Entchen werden seit 1997 im August an der **Luhe-Brücke** in **Roydorf** für eine gute Sache zu Wasser gelassen. Die Entenliebhaber können die gelben Tierchen für vier Euro in verschiedenen Geschäften im Landkreis Harburg erstehen. Der Erlös kommt wohltätigen Zwecken zugute. Bis zum Winsener Schloss rackern sich die kleinen Gummivögel im Rahmen des **Winsener Entenrennens** auf der zwei Kilometer langen Flussstrecke ab. Die ersten hundert Enten bescheren ihren Besitzern Preise, wie z.B. einen Laptop oder T-Shirts. Die Verlierer lassen sich vom bunten Rahmenprogramm mit Spielen, Kleinkunst und Kuchen trösten. Veranstalter ist der **Round Table Winsen.**

Karitativ ist auch eine andere Veranstaltung: Ob zu Fuß, mit dem Fahrrad oder Inline-Skates, beim **Run for Help** laufen seit 1996 einmal im Jahr rund 400 Sportler für den guten Zweck. Die **Deutsche Multiple-Sklerose-Gesellschaft Landesverband Niedersachsen** veranstaltet die Benefiz-Aktion, deren Erlös dann Menschen zugute kommt, die an Multipler Sklerose erkrankt sind. Zahlreiche Sponsoren und Sportler zahlen als Antrittsgeld einen Betrag zugunsten

Beim famila Elbe Masters messen rund 600 Nachwuchshandballer ihr Können (r.)

der MS-Kranken. Die Läufer starten auf dem Sportplatz der Berufsbildenden Schulen zum Stundenlauf. Gleichzeitig setzen sich die Fahrradfahrer und Inliner in Bewegung. Am Ende treffen sich alle Aktiven und Gäste auf dem Sportgelände zur After-Sport-Party.

Einen Tag vor Himmelfahrt beginnt in Winsen das fünftägige **Winsener Stadtfest,** das entlang der **Rathausstraße** und auf dem **Schlossplatz** förmlich einen

Ausnahmezustand auslöst. Rund 100.000 Gäste kommen, wenn die Innenstadt sich in eine Partymeile verwandelt. Bühnen, Karussells, Imbiss- und Zuckerbuden – die Mischung aus Jahrmarkt und Showprogramm zieht jedes Jahr viel Publikum nach Winsen.

Am Pfingstwochenende steht die Stadt im Zeichen des Jugend-Handballs. Dann veranstaltet der **Jugend-Handballturnier-Verein Winsen/Luhe** sein Turnier **famila Elbe Masters.** 60 Mannschaften mit über 600 jungen Sportlern aus dem In- und Ausland kommen nach Winsen. Am Samstag und Sonntag finden die Vor- und Zwischenrundenspiele statt, Pfingstmontag ist der große Finaltag.

Die Stadt war immer durch die nahe Elbe geprägt. Bereits um 1200 fährt eine **Elbfähre** von **Hoopte** auf die jetzt hamburgische Seite. Heute pendelt die Autofähre **„Spieker Möwe"** zwischen **Hoopte** und dem **Zollenspieker Fährhauses** am Hamburger Elbufer. Die Fährverbindung ist ein Familienbetrieb. 1983 übernimmt der gebürtige St. Paulianer **Karl-Heinz Büchel** aus Seevetal, besser bekannt als **„Käpt'n Kuddl"**, den Fährbetrieb. In den ersten Jahren macht er die Arbeit allein, fährt 14 Stunden am Tag über den Fluss. Heute besitzt Käpt'n Kuddl zwei Fähren, eine Barkasse und beschäftigt acht Leute, darunter Schwager und Schwägerin, Stiefsohn und Ehefrau. Die Elbfähre Zollenspieker-Hoopte verkehrt vom 1. März bis 30. November im 10-Minuten-Takt. Bis zu 16 Pkw oder 100 Personen können an Bord gehen. Auf der Hamburger

Fährhaus Zollenspieker (o.)

Käpt'n Kuddel (im Bild links) und sein Freund und Helfer Kuddel Puttfarken (l.)

Christian Eckhoff auf seiner Schiffswerft (o.)

Grubes Fischerhütte (ganz l.)

Wilhelm Grube beim Einholen von Reusen (l.)

Michael Benecke mit den „Hauptdarstellern“ vom Eckercken Figurentheater (o.)

Beim Stöckter Faslam ziehen die Karneval-Fans von Stöckte nach Winsen (r.)

Beim Scharmbecker Erntefest werden liebevoll und in mühseliger Arbeit geschaffene Kunstwerke gezeigt. Im Bild: der Nachbau einer norwegischen Stabkirche von der Wagenbaugruppe C'est la vie (u.)

Seite ist das Zollenspieker Fährhaus umfangreich saniert worden. Das Fährhaus, ehemals „Toln Spieker“, liegt an einer scharfen Biegung der Elbe, bei Stromkilometer 598, am südlichsten Punkt der Hansestadt. Von hier konnten die Zöllner früher nach allen Seiten über den Fluss *„spieken“* (spähen) und Wegezoll für die Elbquerung kassieren.

Von ehemals drei Schiffswerften in Hoopte ist nur eine geblieben: die **Schiffswerft August Eckhoff** am **Stöckter Hafen.** Schiffbaumeister **Christian Eckhoff** führt den 1872 gegründeten Betrieb in vierter Generation. Zwei Angestellte gehen ihm zur Hand, seine Ehefrau erledigt die Büroarbeit. Wenn viel zu tun ist, engagiert er Leiharbeiter. Neben Reparaturen und Umbauten von gewerblichen Schiffen (Schuten, Pontons, Barkassen und Fährschiffen) nimmt die Arbeit an Sportbooten und Wohnschiffen von Freizeitkapitänen immer größeren Raum ein.

Im März ist in Hoopte **Stintzeit.** Denn wenn die Wassertemparatur der Elbe auf sechs bis neun Grad gestiegen ist, kommen die bis zu 20 Zentimeter langen, silbrig glänzenden Fische von der Elbmündung stromaufwärts zur Laichablage bis nach Geesthacht geschwommen. Mitten im Strom legen die Weibchen bis zu 50.000 Eier auf dem Kiesgrund ab. An der Fahrrinne in sieben Meter Tiefe liegen dann schon die 100 Reusen von „Mr. Stint“, **Wilhelm Grube** aus Hoopte, dem einzigen Berufs-Elbfischer zwischen Hamburg und Geesthacht. Während der Stintsaison beliefert er rund 50 Restaurants zwischen Hamburg und Lüneburg. Und auch die Küche in seinem Hoopter Restaurant **Grube's Fischerhütte** läuft auf Hochtouren. Wochen vorher sind alle Plätze ausgebucht, mehr als 5.000 Reservierungen aus ganz Deutschland müssen im Frühjahr bewältigt werden.

Aus Holz, Stahl, Messing und Silikon sind die kleinen Hauptdarsteller vom **Eckercken-Figurentheater** geformt, das für Kinder und Erwachsene spielt. Der Name ist natürlich symbolisch: „Eckercken“ ist ein altdeutsches Wort für Eichhörnchen – das niedliche, manchmal zutrauliche, aber auch räuberische Tier. Zauberhafte Figuren von **Michael Benecke**, Schafe, Rehe, Vögel, Zwerg und Bär, bevölkern die Bühne. Jede ist aus rund 250 Einzelteilen gebaut. Gemein-

Zeichnung von Holger Aue (o.)

sam mit Lebensgefährtin **Sylvia Hepe** führt Michael Benecke seit 1996 das Theater mit Sitz in **Pattensen.** Seine Erfahrung mit dem Puppenspiel ist immens: Er ist Ausstatter für Figurentheater in ganz Deutschland, leitete in Berlin lange Zeit die Bühne „Die Strippenzieher“, ist als Dozent für Figurenbau tätig und führt seit einiger Zeit auch Regie. Seine Partnerin studierte Psychologie, bevor sie 1985 das Holzwurm-Theater in Pattensen mitgründet, das sie als Spielerin, Puppenbauerin und bei der Entwicklung von Stücken bis 1996 künstlerisch mit prägt. Sie führt Regie und war als Fernseh-Figurenspielerin tätig. Rund 80 Auftritte absolvieren die beiden im Jahr, vor allem im norddeutschen Raum.

Über die Stadtgrenzen hinaus bekannt ist auch der **Stöckter Faslam.** Seit 1949 organisieren die **Faslambrüder Stöckte** am Faschingssonntag ihren Umzug mit zahlreichen Festwagen. Wenn die Karawane von **Stöckte** über die Hoopter Straße nach Winsen zuckelt, bekommen vor allem lokale und große Politik „Volkes Stimmung“ zu hören. Beliebt ist auch das seit 1949 gefeierte **Scharmbecker Erntefest.** Am ersten Sonntag im September ziehen über 20 dekorierte, mit Ähren gespickte Wagen, Fußgruppen, Musik- und Spielmannszüge durch den festlich geschmückten Ort. Den Kopf der Parade ziert die von Pferden gezogene Königskutsche mit dem **Erntekönigspaar.** Nach 90 Minuten treffen sich die Fahrzeuge auf dem Sportplatz, wo der schönste Wagen prämiert wird und ein buntes Festprogramm auf die Gäste wartet.

Motorrad-Fans kennen den Comic-Zeichner von **Tönnhausen.** Denn **Holger Aue** ist bekannt für seine Geschichten rund ums Motorrad. Nach dem Umweg über eine kaufmännische Lehre macht der 1967 geborene Motorradliebhaber das Abitur und studiert anschließend Illustration. Seit über zehn Jahren zeichnet er jetzt mit Bleistift und feinem Pinsel Motorrad-Comics. Seit 1998 wohnt Holger Aue mit Freundin **Doris Wendlandt,** die seine Zeichnungen koloriert, in Tönnhausen. Holger Aue zeichnet und schreibt nicht nur für die 14-täglich erscheinende Zeitschrift *Motorrad*, sondern arbeitet auch an seiner Reihe *Motomania,* in der mittlerweile mehr ein halbes Dutzend Bände erschienen sind.

In Winsen steht Europas größtes und leistungsfähigstes Furnierwerk. Mit seinen 270 Mitarbeitern verarbeitet das 1961 von **Karl Danzer** gegründete **Furnierwerk Winsen** etwa 48.000 Kubikmeter Rundholz pro Jahr. Auf einer Fläche von 60.000 Quadratmeter werden europäische, amerikanische und afrikanische Holzarten sowie verschiedene Edel-, Maser- und Pyramidenhölzer verarbeitet.

Im Furnierwerk Winsen bearbeitet eine Hochleistungs-Babcock-Messermaschine einen Rundholzstamm. Mitarbeiter nehmen die Furnierblätter ab und legen sie auf einen Furnierwagen (u.)

Landkreis Soltau-Fallingbostel

Der Dichter Hermann Löns hat der Lüneburger Heide ein bis heute lebendiges literarisches Denkmal gesetzt. Er wäre überrascht, wenn er wüsste, dass sich hier, inmitten von Heide und Wacholder, einige der attraktivsten Freizeitparks Deutschlands angesiedelt haben.

Auf der Lüneburger Heide, in dem wunderschönen Land, ging ich auf und ging ich nieder, allerlei am Weg ich fand", schreibt Hermann Löns in einer Ode an die Heidelandschaft. Was er damals fand, begegnet einem auf der Reise durch die Lüneburger Heide noch heute. Weitläufige, niedrig bewachsene Landschaft, Heidschnuckenherden, Moore und Feuchtwiesen mit seltenen Pflanzen, schöne Auelandschaften, kleine Flüsse und Naturbadeseen mit feinen Sandstränden. Besonders schön ist es hier von Anfang August bis Mitte September. Dann färbt sich die Besenheide *(calluna vulgaris)* und verwandelt die Landschaft in ein lila-rotes Pflanzenmeer. Die weniger verbreitete Moorheide *(erika tetralix)* blüht sogar schon ab Juli.

Wie in kaum einer anderen Region des Dreistromlandes ballen sich hier die Touristenattraktionen. So liegen mit dem Vogelpark Walsrode, dem Heide-Park Soltau und dem Serengeti-Park in Hodenhagen gleich drei beliebte deutschen Freizeitparks im Landkreis Soltau-Fallingbostel. Im größten Vogelpark der Welt in Walsrode leben die seltensten, schönsten und buntesten Vögel in artgerechter Umgebung inmitten einer herrlichen Park- und Gartenanlage.

Der Heide Park in Soltau ist einer der größten Freizeitparks Deutschlands. 1978 öffnet er mit sechs Fahrgeschäften und einer kleinen Tiershow seine Pforten. Mittlerweile wurden auf einer Fläche von 850.000 Quadratmeter rund 250 Millionen Euro investiert. Eine der spektakulärsten Attraktionen ist die Holzachterbahn „Colossos". Mit einer

Höhe von 60 Metern, einer Strecke von 1.500 Metern und einer Maximalgeschwindigkeit von bis zu 120 km/h zählt die Bahn zu den größten Holzachterbahnen der Welt.
Im Hodenhagener Serengeti-Park endlich warten mittlerweile gleich vier Erlebnisländer – Tierland, Affenland, Freizeit- und Wasserland – auf Besucher. Im Tierland treffen sie auf tausend frei lebende exotische Tiere und lernen Deutschlands größte Elefantenzuchtanlage kennen. Im Affenland toben 200 Affen zwanzig verschiedener Arten durch begehbare große Freianlagen. Hinzu kommen im Freizeit- und Wasserland Fahrgeschäfte, Shows, Tierfütterungen, große Spielplätze, Gastronomie und ein Grillplatz.
Neben diesen Einrichtungen, die mehrere Millionen Besucher im Jahr in die Region ziehen, bietet der Landkreis überraschend viele weitere attraktive Freizeitangebote: In Bispingen lockt das Ralf Schumacher Kartcenter Fans des Motocross. Romantiker treffen im Naturpark Iserhatsche auf das „Neuschwanstein des Nordens“. Deutschlands einzige Ginsengfarm ist hier beheimatet und zu Kunstauktionen reisen internationale Gäste zum Schloss Ahlden. Einen Besuch wert ist das Norddeutsche Spielzeugmuseum in Soltau mit über 600 Quadratmetern Ausstellungsfläche und Exponaten aus vier Jahrhunderten. Und auch sonst gibt es zahlreiche weitere Angebote für einen Aufenthalt in der Heide. Ob Heuhof, Campingplatz oder stilvolles Herrenhaushotel, die Verkehrsvereine und Touristinformationen halten für jeden Geldbeutel und Geschmack Urlaubsangebote bereit.

Wohl kein zweiter Landkreis hat eine solche Dichte florierender Freizeitparks wie Soltau-Fallingbostel. Im Bild: Bob-Bahn im Heide-Park Soltau (o.)

Landkreis-Profil

	Landkreis	Land Nieders.
Einwohner, Fläche		
Einwohner gesamt	142.740	7.993.415
darunter 0 bis 15 Jahre in %	16,7	15,4
darunter älter als 65 Jahre in %	18,3	18,7
darunter Ausländer in %	5,1	6,7
Fläche in qkm	1.873,43	47.618,24
Einwohner je qkm	76,2	167,9
Sozialstruktur (Jahresdurchschnitt, gerundet)		
Erwerbstätige gesamt	63.300	3.492.600
Empfänger von Arbeitslosengeld / -hilfe	5.380	354.300
Empfänger sonst. Hilfen zum Lebensunterhalt	5.750	311.900
Anzahl Wirtschaftsbetriebe		
Gesamt (Industrie, Handel, Gewerbe, Dienstl.)	6.495	351.151
darunter Land-, Forst-, Fischereiwirtschaft	414	15.862
Steueraufkommen		
Lohn- und Einkommensteuerzahler	48.038	2.738.281
Summe positiver Einkünfte (in Tsd. EUR)	1.444.311	88.279.875
Steuereinnahmen (EUR je Einwohner)	540,36	544,33

Wahlen

Landtagswahl 2003	
CDU	55,4
SPD	35,2
FDP	4,2
Grüne	4,6
Sonstige	0,6

Mitgliedsgemeinden:
- Flecken Ahlden (Aller)
- Eickeloh
- Grethem
- Hademstorf
- Hodenhagen

Einwohner: 6.994
Fläche: 84,76 qkm
82,5 Einw. je qkm

In dem Roman „Das steinerne Herz" von Arno Schmidt (o.) von 1954 spielt Schloss Ahlden (ganz o.r.) eine zentrale Rolle. Der Stich auf dem Buchtitel zeigt Prinzessin Sophie Dorothea von Ahlden

Mitarbeiter von Heermanns Blaubeerland vor dem Firmengebäude (o.r.)

Der Botaniker Dr. Wilhelm Heermann (r.)

SG Ahlden

Die *„dicken Blauenbeeren"* haben in Grethem nicht nur einen besonders schmackhaften, sondern auch recht einträglichen Ruf. Der Siegeszug der **Heidelbeere** in die Küchen rund um den Globus beginnt 1934 in der drittkleinsten Kommune des Landkreises. Seither zählt der Blaubeeranbau zur wichtigsten Einnahmequelle. Die erste Kulturheidelbeere ist bereits in den 1920er Jahren von dem Botaniker **Dr. Wilhelm Heermann** in der Gemeinde **Grethem** gezüchtet worden. 1934 gründet er den Betrieb **Heermanns Blaubeerland** als ersten Blaubeerbetrieb weltweit. Zu den eigenen Züchtungen gehören die Sorten *Gretha*, *Gila*, *Ama* und *Heerma*. Sohn **Dietrich Heermann** hat sie unter Sortenschutz stellen lassen. Seit 1994 leiten **Jürgen** und sein Sohn **Albrecht Badenhop** den Betrieb. Mittlerweile haben sich vier Blaubeerbauern zur **Blaubeergarten Vermarktung GmbH** zusammengeschlossen.

Ebenso eng wie die Heidelbeere mit dem Flecken Ahlden verbunden ist, sind es **Arno Schmidt** und das **Schloss Ahlden**. Der Hamburger Schriftsteller wählt es als Schauplatz seines 1956 erschienenen historischen Romans „Das steinerne Herz". Die Gemeinde dankt dem Autor mit dem **Arno-Schmidt-Hain**, einem Park beim **Alten Spritzenhaus**. *„Mir war schon als Kind nichts lieber, als weite Ebenen, mit Heide bedeckt, Moos eingemischt, darin Kiefernwaldungen auf Sandboden; kurzum karge, menschenleere Öde"*, erinnert sich der 1914 geborene Schmidt. Bereits mit 16 Jahren wollte er Schriftsteller werden, doch erst mit 35 Jahren veröffentlicht er sein erstes Buch. Mit „Leviathan oder Die beste der Welten" beginnt er seine Laufbahn als freier Schriftsteller. In der Turmfassade der Ahldener Kirche sieht er Christus am Kreuz und zu dessen Füßen Stahlhelm und Schwert, der Anlass für Arno Schmidt, Ahlden zum Ort des Geschehens im „Steinernen Herz" zu erwählen. Es ist eine Abenteuer- und Detektivgeschichte und ein Ritterroman. Fahrende Ritter, eingesperrte Prinzessinnen und verborgene Schätze tauchen ebenso auf, wie gut zwei Dutzend Ahldener Bewohner. Neben der Fiktion ist aber immer auch die ablehnende Haltung gegen den Zeitgeist im Nachkriegsdeutschland der Adenauer-Ära spürbar, gegen die Allianz von Kirche und Staat und gegen die Wiederbewaffnung nach dem Krieg.

Aber **Schloss Ahlden** am Ortsausgang Richtung Hodenhagen ist nicht erst durch Arno Schmidts Roman bekannt geworden. Von 1694 bis 1726 ist der historische Bau an der Aller für die „Ahldener Prinzessin“ Sophie Dorothea ein feudales Gefängnis. Später beherbergt das Schloss ein Amtsgericht und heute ist es Anlaufpunkt für Kunstfreunde aus der ganzen Welt. Die **Familie Seidel** betreibt dort das **Kunstauktionshaus Schloss Ahlden.** Gemälde und Antiquitäten werden in regelmäßigen Abständen versteigert. Besichtigt werden kann das Schloss, das sich in Privatbesitz befindet, jedoch nicht.

„Afrikareise“ im Serengeti-Park (o.)

De Brinkhof (l.)

Wer durch Ahlden flaniert, stößt auch sonst auf etliche historische Gebäude. Eines ist das **Alte Zollhaus**, früher eine florierende Zollstation. Die **Ahldener Kirche** zeugt von lebendiger Frühgeschichte. Karl der Große lässt sie zu Beginn des 9. Jahrhunderts errichten. Die meisten historischen Gebäude stehen für Besichtigungen nicht offen. Plaketten an den Häusern erzählen aber von ihrer wechselvollen Geschichte.

Zutritt erwünscht ist in der Galerie **neue kunst an alter leine** im **Alten Spritzenhaus** – auch und vor allem für Nichtkenner. *„Kunst soll Spaß machen“*, lautet dort das Motto von **Eike** und **Horst Doneck.** Beliebt bei Einwohnern und Besuchern ist **De Brinkhof** in Hodenhagen. Die Brinkanlage direkt an der Aller mit einem 300 Jahre alten Zweiständerhaus dient heute als Veranstaltungszentrum. Auch die **Aller-Meiße-Halle** wird rege besucht. Die einstige KDF-Halle im Barackenstil ist 1959 in > Jever (I-198) abgebaut und in **Hodenhagen** wieder aufgebaut worden. Bis zu 400 Personen finden hier Platz.

Eine Besonderheit in der Region ist die kleine **Gierseilfähre** in **Eickeloh.** Seit 1928 quert die Fähre die **Aller**, um Landwirte zu ihren Äckern zu bringen. Bis heute bringen Fährmänner Gäste über das Wasser und alle Landwirte der Gemeinde haben einen Fährschein, auch wenn nur noch wenige in der Landwirtschaft ihren Haupterwerb haben. Ähnlich wie der **Hof Fegebank** haben sie umgerüstet und touristische Angebote wie **Heuübernachtungen** entwickelt.

In Hodenhagen lädt das **Kleine Angelmuseum** mit seiner Sammlung alten Angelgeräts, Katalogen und Büchern aus der Zeit von 1850 bis 1965 zu einem Besuch ein. Als Highlight ist die erste deutsche sogenannte „Stationärrolle“, gebaut um 1920 von Walter Schulz in Berlin, zu bewundern. Am bekanntesten ist Hodenhagen natürlich durch den **Serengeti-Park.** Der Besuch gleicht einer Afrikareise, ohne ins Flugzeug steigen zu müssen. Wilde Tiere laufen um das eigene Auto herum. Eine Gruppe weißer Tiger aus dem Zirkus Barum hat hier ein neues Zuhause gefunden. Fast tausend Tiere von der Giraffe bis zum Nashorn kann man hautnah erleben.

Leo, das Logo des Serengeti-Parks in Hodenhagen (u.)

Ortsteile:
- **Dorfmark**
- **Jettebruch**
- **Mengebostel**
- **Riepe**
- **Vierde**

Einwohner: 11.820
Fläche: 63,49 qkm
186,2 Einw. je qkm

Klinik Fallingbostel (r.)

Andreas Viebrock, und Jette Joop bei der Einweihung des ersten Design-Hauses im Massivhauspark am Hartemer Weg (u.)

Bad Fallingbostel

Erst seit August 2002 trägt Fallingbostel den Titel „Bad“ eines Kurortes. Die Designerin **Jette Joop** hat in Bad Fallingbostel nicht etwa durch Kleider- oder Schmuckkreationen Spuren hinterlassen. Vielmehr macht die Hamburgerin hier durch ein komplett luxuriös gestaltetes Musterhaus der **Viebrockhaus AG** auf sich aufmerksam. Zu besichtigen ist es wie 22 weitere wohnfertige Häuser in Deutschlands größtem **Massivhauspark** am **Hartemer Weg.** Unweit des Bahnhofs sind Relikte einer ganz anderen Zeit zu sehen: Im **Megalithpark Osterberg**, eingerichtet von der **Archäologischen Arbeitsgemeinschaft**, sind Zeugnisse der Eiszeit zu bewundern, überwiegend Altmoränenmaterial und Findlinge. Interessant ist auch das **Archäologische Museum**, das in einem ehemaligen Forsthaus am heutigen **Kurpark** untergebracht ist. Neben den geologischen Informationen, die sich auf archäologische Funde der Region stützten, ist die **„Fallingbosteler Braut aus Ungarn“** eine besondere Attraktion. Dabei handelt es sich um die Nachbildung einer frühbronzezeitlichen Frau mit reichem Schmuck. Überall im Stadtgebiet findet man weitere Relikte aus der Bronzezeit. Beispielsweise mit der rekonstruierten Grabanlage **Vierde 5**, die unweit der **Böhme-Brücke** in den 1980er Jahren ausgegraben wird. Beigaben wie blaue Glasperlen, Bronzenadeln, Lanzenspitzen aus Bronze und Keramikgefäße deuten darauf hin, dass die drei gefundenen Leichen zu einer ehemals einflussreichen Familie gehört haben.

Sebastian-Kneipp-Platz mit Kurhaus (o.)

Neue historische Erkenntnisse gewinnt der Besucher auf dem **Hof der Heidmark** in der **Soltauer Straße**. Das Fachwerkhaus stammt aus dem Jahre 1642

und ist heute eine Gedenkstätte, mit der an die Bevölkerung der Dörfer erinnert wird, welche in den 1930er Jahren dem Bau eines Truppenübungsplatzes weichen mussten. In einem der alten **Treppenspeicher** befindet sich die **Heimatstube Rummelsburg** mit der Sammlung zu den Themen Tuchmachergewerbe und Jagd.

Nachbildung der frühbronzezeitlichen „Fallingbosteler Braut aus Ungarn“ (r.)

Zu einem Kurort gehört eine Fachklinik. Auf der anderen Böhme-Seite liegt die **Klinik Fallingbostel.** Hier werden hauptsächlich Patienten mit Herz- und Kreislauferkrankungen nach einem ganzheitlichen Ansatz behandelt.

Entspannung und Gesundheit findet man nicht nur bei den Therapieformen in der Klinik, sondern auch in Sporteinrichtungen, wie dem **Freibad** oder dem **Dorfmarker Strandbad.**

Bad Fallingbostel hat eine **tausendjährige Linde.** 1972 wird sie durch einen Orkan abgeknickt.

Werksgelände von Eckes-Granini (o.)

Die Gemeinde pflanzt eine neue Linde, in deren Nähe man im Gasthaus auf dem Campingplatz den Tag bei Kaffee und Kuchen genießen kann. Im **Liethwald** ist den Schriftstellern und Söhnen der Stadt, **August** und **Friedrich Freudenthal,** ein Denkmal gesetzt worden. Im 19. Jahrhundert machen die Brüder mit ihren Reisebeschreibungen die Heidelandschaft bekannt.
Eine etwas andere Art des Wohnens bieten die Herbergseltern **Angélique** und **Frank Kästner.** Sie betreiben am

Michelin Reifenwerke (l.)

Liethweg die **Jugendherberge** in unmittelbarer Nähe zum **Böhmewald** und dem modernen **Freibad.** Mit ausgefeilten Sonderprogrammen wie „Familienerlebnisreisen" locken sie nach Bad Fallingbostel. Im Angebot sind zudem spezielle Wochenendprogramme. *„Männer, zieht euch warm an!"* lautet der Titel eines Abenteueraufenthaltes für Väter und deren Söhne zwischen acht und zwölf Jahren. Und für Mütter und Töchter bietet das Haus ein Entspannungswochenende mit Tanzen, Yoga, Massage und Fitness-Buffet.
Mit der Gründung der ersten **Sparkasse** in Fallingbostel machen sich die Ökonomen **Friedrich Schmidt** und **Johann Heinrich Harms** sowie der spätere Oberamtmann **Heinrich Guichard von Quintus-Icilius** 1838 in der Stadt verdient. Heute erinnert das **Quintus-Denkmal** am **Kirchplatz** an diese Anfänge der modernen Finanzwirtschaft und den bedeutenden Verwaltungsmann. Mit dem Quintus-Denkmal unterstreicht die Stadt auch ihre Bedeutung als Verwaltungssitz. Mehr als siebenhundert Jahre lang werden nun schon ununterbrochen von Bad Fallingbostel aus die Geschicke der Region bestimmt – beginnend am Ende des 13. Jahrhunderts als Amtsvogtei, heute als Kreisstadt.
Mit Eckes-Granini Deutschland und Kraft Foods Deutschland sind zwei bedeutende Namen im Bereich der Nahrungs- und Genussmittelindustrie im Gewerbegebiet in der südlichen Stadt vertreten. 800 Beschäftigte produzieren hier über 400 verschiedene Artikel vom Ketchup bis zum Käse. Eckes versorgt

Das Rathaus der Stadt Bad Fallingbostel von 1991 bildet mit dem Turm und dem einem Kirchenschiff nachempfundenen Verwaltungstrakt einen architektonischen Kontrapunkt zur St.-Dionysius-Kirche. Sogar einen Wetterhahn hat der Rathausturm erhalten (l.)

aus seinem modernen Hochregallager die neuen Bundesländer und den gesamten norddeutschen Raum. Auch die Automobilindustrie hat sich niedergelassen. Seit 1993 haben die **Michelin Reifenwerke** in Fallingbostel ihr regionales Vertriebszentrum. Und in **Dorfmark** hat mit der **ALD Autoleasing GmbH** die größte Leasinggesellschaft der Branche ihren Sitz. Jährlich werden rund 10.000 Fahrzeuge vermarktet.

Ortsteile:
- Behringen
- Bispingen
- Borstel
- Haverbeck
- Hörpel
- Hützel
- Steinbeck
- Volkwardingen
- Wilsede

Einwohner: 6.254
Fläche: 128,11 qkm
48,8 Einw. je qkm

Ortseinfahrt Bispingen (r.)

Der früh verstorbene Kommerzienrat Ernst Nölle (ganz o.) konnte sein Märchenschloss nicht vollenden. 1986 greift der Berliner Uwe Schulz-Ebschbach (o.) dessen Pläne wieder auf. Faszinierend ist zum Beispiel das Diana-Sanssouci-Zimmer mit seiner üppigen barocken Ausgestaltung (ganz o.r.)

Bispingen

Skifahren in der Heide? Völlig unmöglich, sollte man meinen. Mit der **Skihalle Bispingen** will man künftig das Gegenteil beweisen. Ab Ende 2006 können sich Pistenfans *„Ski und Rodel gut"* zurufen. Die neue Indoorfreizeitanlage soll nicht nur zusätzliche Impulse für die Tourismusindustrie bringen, sie schafft zudem 100 Arbeitsplätze. Gemeinsam mit den Center Parcs und der Kartbahn setzt man auf die Faktoren Spaß, Freizeit und Wellness.

Vor allem Motorsportfreunde kommen in der Gemeinde bislang auf ihre Kosten. Das **Ralf Schumacher Kartcenter** ist eines der modernsten in Europa, deren Outdoorbahn 1996 eröffnet worden ist. Formel-1-Pilot **Ralf Schumacher** und **Jörg Schlüssler** entwickelten das Konzept für die High-Tech-Halle. Seit 2001 können Kinder und Erwachsene auch in der Indoorbahn ihre schnellen Runden drehen. Gefahren wird mit 5,5 und 8,5 PS starken Honda-Karts.

Ruhiger und erholsamer geht es hingegen in den **Center Parcs Bispinger Heide** zu. Die Gäste wohnen in einem der 650 Ferienhäuser und genießen unter tropischer Atmosphäre die kurze Auszeit vom Alltag, beispielsweise im **Aqua-Mundo**, einem subtropischen Schwimmbad.

Eine besondere Attraktion ist der kulturhistorische **Landschaftspark Iserhatsche** mit seinem **Jagdschloss** im schwedischen Holzbaustil. Das Märchenschloss lässt der Kommerzienrat **Ernst Nölle**, der Großvater von Elisabeth Nölle-Neumann, der bekannten Leiterin des Allensbacher Meinungsforschungsinstituts, 1913 erbauen. Von 1929 bis

1986 ist es im Besitz der Familie Reemtsma. Dann erkennt der Berliner Malermeister **Uwe Schulz-Ebschbach** seine Chance, das **„nördliche Neuschwanstein"** zu bauen. Besucher sind willkommen. Die Raumfolge basiert auf dem Gaußschen Wegesystem: Der Eingangsbereich ist mit Jagdtrophäen und „D-Mark-Teppich" geschmückt. Im „Kamin-Trophäen-Raum" sind Möbel aus der Zeit der Jahrhundertwende sowie eine Sammlung von Heidebildern zu bewundern. Handdrucktapeten geben einen Einblick in die Welt des Biedermeier. In der einstigen Bibliothek mit Kunstwerken aus verschiedenen Jahrhunderten können Heiratswillige sich das Ja-Wort geben. Klassische Handwerksleistungen zeigt das Diana-Sanssouci-Zimmer. Eine gleichsam kulturhistorische wie auch ökologische Landmarke ist das Burgberg-Montagnetto, ein Bauwerk in terrassiertem Seensystem. Das Gewölbe „Brotbackofengrotte" vermittelt den Eindruck, als könnten Wein und Bier von der Decke fließen, während das zweite das Herz des Berges, „Sala del Monte", darstellt. Auf dem Gelände hat sich der Berliner Bildhauer **W. O. Hengstenberg** mit der

Konstruktion des Philosophischen Barocken Eisenparks verewigt. Mit seinen 230.000 qm handelt es sich um einen der größten Landschaftsparks in Europa. Im Mittelpunkt ragt der acht Meter hohe **Ebereschen-Eisen-Glocken-Baum** hervor.

Hoch hinaus geht es auf den knapp 170 Meter hohen **Wilseder Berg** im Zentrum des **Naturparks Lüneburger Heide**. In den **Häusern der Natur**, die der Verein Naturschutzpark hat errichten lassen, können sich Besucher über die Landschaftsgeschichte sowie die Besonderheiten des Gebietes, aber auch über die Flora und Fauna informieren.

Für die Heide typisch sind Greifvogelarten. Im **Greifvogelgehege Bispingen** kann man Eulen über den Rücken streicheln oder ihnen ins Gefieder fassen. **Frigga Steinmann-Laage** fasziniert mit viel Wissensvermittlung und Humor. Besucher können in einer 90-minütigen Führung das Verhalten von Eulen und anderen Greifvögeln kennen lernen.

Mit der Kulturlandschaft Lüneburger Heide rings um Bispingen beschäftigt sich eines der ältesten Freilichtmuseen Deutschlands, das Heimatmuseum **Dat ole Hus** in **Wilsede.** Die verschiedenen Landschaftstypen und das Leben und Arbeiten der Heidjer stehen im Mittelpunkt. 1907 ist der Hof, dessen Ursprung auf das Jahr 1742 zurückgeht, von > Hanstedt (138) nach Wilsede versetzt worden. Das Museum ist gut zu Fuß, mit dem Fahrrad oder mit der Pferdekutsche erreichbar.

Am sieben Hektar großen **Brunausee** in **Behringen** lockt die schöne Badelandschaft und am Ufer lädt das **Café Seeterrasse** zum Kaffeetrinken und Kuchenessen ein. Einmal im Jahr wird der See Schauplatz für die **Leuchtenden Wasserspiele** der örtlichen Freiwilligen Feuerwehr beim **Seefest.**

Die **Schwabe GmbH**, geführt von **Ingo Hinz**, ist über Bispingen hinaus bekannt. Das 40-köpfige Team für Stahl, Rohrleitungs- und Apparatebau war u.a. am Umbau des Mobiltheaters **König der Löwen** und dem Neubau des Hamburger Polizeipräsidiums beteiligt.

Die Center Parcs Bispinger Heide am Ortsrand von Bispingen (o.)

Bettina Eschbach und ihre Kollegen Gerhard Stemmann und Walter Hilmer kutschieren Gäste durch die Gegend um den Wilseder Berg (l.)

Frigga Steinmann-Laage (o.)

Ralf Schumacher am Steuer eines Honda-Karts in dem nach ihm benannten Kart-Center (o.l.)

Ortsteile:
- Ahrsen
- Benefeld
- Bomlitz
- Bommelsen
- Borg
- Jarlingen
- Kroge
- Uetzingen

Einwohner: 7.235
Fläche: 64,07 qkm
112,9 Einw. je qkm

Extruder zur Folienherstellung bei Wipak (u.)

Bomlitz

Die idyllische Gemeinde Bomlitz wächst. Ausgedehnte Wälder rings um Bomlitz locken vor allem Familien zum Hausbau. **In Benefeld**, auf dem Gelände **Am Großen Busch** und andernorts wird gebaut. Älter noch als die Gemeinde selbst ist die industrielle Tradition. Aus einer 1815 entstandenen Schießpulverfabrik – lange ein Familienunternehmen, seit über 30 Jahren im besitz der Bayer-Tochter **Wolff Walsrode AG** – entwickelte sich einer der größten Industriestandorte in Niedersachsen. Heute gilt der **Industriepark Walsrode** weltweit als Kompetenzzentrum für Zellulosechemie und Folientechnologie. Der nachwachsende Rohstoff Zellulose wird hier zu Produkten für Baustoffe, Farben, Lacke und Kosmetika verarbeitet. Die Firma **Wipak Walsrode** zum Beispiel, die zur finnischen **Wihuri-Gruppe** gehört, produziert Kunststofffolien, die vor allem für Lebensmittelverpackungen verwendet werden. Ein weiteres Spezialprodukt aus Bomlitz ist der **Walsroder Kunstdarm** der Firma **CaseTech** für Fleischindustrie und Metzgerhandwerk

Rund 2.500 Menschen arbeiten in den Produktionsbetrieben und bei den technischen Dienstleistern im Industriepark – Gesamtumsatz über 500 Millionen Euro. In den historischen Gebäuden aus dem beginnenden 20. Jahrhundert werden nach vollständiger Renovierung moderne Arbeitsplätze eingerichtet: beispielsweise im Gutshofgebäude und Werkbahnhof mit ihren spitzen Türmen, im Pförtnerhaus an der Haupteinfahrt zum Industriepark oder in dem klassizistischen Verwaltungsgebäude.

Der Agrar-Dienstleister **Volker Jäger** aus **Bommelsen** führt Bodenbohrungen durch. Zudem beschäftigt sich das Unternehmen mit der Lage- und Größenbestimmung landwirtschaftlicher Flächen. Und die Firma **Becker & Hänisch** am selben Ort entwickelt Geräte und Maschinen für die Agrar- und Forsttechnik. Darüber hinaus fungiert sie als Systemlieferant für die Industrie.

Vor allem im Sommer sind das **Waldstadion** und das 1980 eröffnete **Waldbad** ein zentraler Anlaufpunkt in der Gemeinde. Von der 65 Meter langen Rutsche lassen sich jährlich fast 50.000 Badegäste aus der gesamten Region ins Nass katapultieren. Während hier, in der **Hans-Böckler-Straße**, jedermann gern gesehen ist, nutzt vorwiegend die **Sportgemeinschaft Bomlitz-**

Der alljährliche Liederabend des Verkehrsvereins auf dem Vehnenhof in Bommelsen (o.l.)

Verwaltungssitz der Wolff Walsrode AG (o.r.)

Hügelgräberfeld Lohheide (r.)

Lönsheide das **Waldstadion.** In den 1960er Jahren ist es Trainingsstützpunkt für viele Zehnkämpfer, z.B. Hans-Joachim Walde und Jürgen Kretschmer. Bei Bedarf kann das Waldstadion heute auch von auswärtigen Vereinen als Trainingslager gemietet werden. Über-

nachtungsmöglichkeiten sind vorhanden und in **Joe's Sportsbar**, einer gemütlichen Kneipe mit großer Terrasse, hat man einen Blick über das gesamte Spielfeld.

Wer statt zu laufen den Pferderücken bevorzugt, findet im Ferien- und Reiterhof **Beekenhof** sein Ziel. Das Bauerngehöft, das unter Denkmalschutz steht, ist von Wald und Wiesen umgeben. **Wiebke** und **Jan Siemsglüss** bieten hier Reitunterricht für alle Altersklassen.

Zu ausgedehnten Spaziergängen lädt der **Archäologische Wanderpfad** ein. Er führt entlang am **Hügelgräberfeld Lohheide** aus der Bronzezeit, vorbei an **gewölbten Äckern**, einem Relikt aus der früheren Bauernkultur bis hin zur Burg. Wo die **Warnau** in die **Böhme** mündet, sind die Wallanlagen der frühmittelalterlichen Hünenburg noch zu sehen.

Ein besonderes Denkmal ist in **Benefeld** der 1990 kinderlos verstorbenen Bomlitzerin **Johanna Loosch** gesetzt worden. Sie vererbt der Gemeinde einen hohen Geldbetrag, der für die Schaffung von Altenwohnungen im Ortsteil Benefeld bestimmt ist. Das Geld fließt in die Errichtung der nach der Spenderin benannten ebenerdigen **Seniorenwohnanlage Johanna Loosch**.

Ein kulinarisches Ausflugsziel ist **De Bommelser Kaffeestuv,** mitten im **Bomlitztal** gelegen. In diesem Café mit angrenzender Pension erwarten den Besucher am Nachmittag selbst gebackene Torten oder gesellige Grillabende zu

späterer Stunde. Grillvergnügen steht auch im **Restaurant Brambusch**, einem alten Backhaus aus dem Jahre 1763 hoch im Kurs. Wer indes nicht in einem Restaurant essen möchte, sollte auf dem **Beitjers Hof** seine Lebensmittel einkaufen. **Sabine** und **Heinz-Dieter Köpke** verkaufen hier Eier, Kartoffeln, Schinken sowie Sülze, Wurst und Marmelade aus eigenen Erzeugnissen.

Ein Abstecher lohnt in jedem Fall zur **Cordinger Mühle** in **Benefeld.** Das Gebäudeensemble am **Warnauufer** ist eines der historisch wertvollen Gebäude im Landkreis und besteht aus der Wassermühle, dem Backhaus und dem Müllerhaus, wo sich eine ständige Ausstellung über den Schriftsteller **Arno Schmidt** befindet, der hier mehrere Jahre gelebt hat. 1980 wird der Mühlenhof restauriert und steht für öffentliche und private Veranstaltungen sowie für standesamtliche Trauungen zur Verfügung. Und noch etwas gibt es in der Gemeinde Bomlitz: den berühmten **Vogelpark**, der jedoch besser bekannt ist unter dem Namen > Walsrode (197).

Bommelser Kaffestuv (o.)

Waldbad (ganz o.)

Seniorenwohnanlage Johanna Loosch (ganz o.l.)

Heideflüsschen Warnau (o.)

Ortsteile:
- Alvern
- Breloh
- Ilster
- Lopau
- Oerrel
- Töpingen
- Trauen

Einwohner: 17.795
Fläche: 193,41 qkm
92,0 Einw. je qkm

Wunsdorfer Tor der Panzertruppenschule (r.)

Heimathaus Ollershof (o.)

Freigelände des Panzermuseums (o.r.)

Munster

Im *Donatus burgensium antiquus*, dem Bürgerbuch der Stadt Lüneburg, befindet sich für das Jahr 1303 der Eintrag über den Zuzug des *Hermannus* aus *Munstere*. Dabei handelt es sich um die erste urkundliche Erwähnung Munsters.

Die militärische Vergangenheit und die heutige Bundeswehr prägen das Bild der Garnisonsstadt. 1893 wird der erste Truppenübungsplatz angelegt. 1945 richtet die britische Besatzungsmacht in den ausgedehnten militärischen Liegenschaften der Wehrmacht das größte Entlassungslager für kriegsgefangene Soldaten der Wehrmacht ein. 1955 kommt die neu geschaffene Bundeswehr mit einer Truppenübungsplatzkommandantur, einer Standortverwaltung, einer Panzertruppenschule und einem Panzerbataillon in das damalige Heidedorf. 1956 wird Munster zur größten Garnisonsstadt der damaligen Bundesrepublik. Die Bundeswehr ist der entscheidende Impuls für die Entwicklung der Stadt. Bis 1965 steigt die Einwohnerzahl auf 14.000 an, 2.000 Wohnungen werden neu errichtet. Auch heute ist die Bundeswehr nach wie vor der größte Arbeitgeber. Die seit dem Kriegsende bestehende britische Garnison wird 1993 aufgelöst.

Viele Sehenswürdigkeiten in Munster zeugen von der militärischen Tradition. Das **Deutsche Panzermuseum Munster** zählt zum wichtigsten Besuchermagneten der Region. Rund 70.000 Menschen kommen jährlich in das 1983 eröffnete Haus. Die Ausstellung **„Vom assyrischen Streitwagen zum Waffensystem Leopard“** erzählt von 5.000 Jahren Panzergeschichte. Ein begehbarer Panzer steht auf dem Freigelände. Hier sind auch verschiedene Waffensysteme der Bundeswehr und der NVA der ehemaligen DDR zu besichtigen. In der Halle 1 wird die Entwicklung der gepanzerten Kampftruppen von 1917 bis Anfang der sechziger Jahre gezeigt. Die Gefechtsfahrzeuge der Bundeswehr und der NVA aus der Zeit von 1961 bis zur Gegenwart befinden sich in weiteren Hallen.

Für die Katholiken in der Garnison Munster ist 1960 die **St.-Michael-Kirche** geweiht worden. Der 37 Meter hohe Turm stammt vom

Diözesanbaumeister Josef Felich. Besonders sehenswert ist das Abbild des Kirchenpatrons Michael.

Die **St.-Martin-Kirche** ist 1961 für die evangelisch-lutherische Militärgemeinde geweiht worden. Der moderne Bau mit dem herabgezogenen Dach des Kirchenschiffes erinnert an einen Schafstall. In ihrem Inneren wirkt die Kirche aufgrund der schlanken Betonstützen wie ein niedersächsisches Ständerhaus. Andernorts nur zur Weihnachtszeit zu sehen, kann hier die Krippe des Tiroler Künstlers **Josef Brugger** das ganze Jahr über bewundert werden.

Die **Friedenskirche** wird 1971 vom Landessuperintendenten Peters aus Celle geweiht. Erwähnenswert sind die von **Otto Weckerle** gestalteten Fenster. Sie zeigen verschiedene Motive rund um die Arche Noah.

Die älteste Kirche in Munster ist **St. Urbani.** Der untere Teil des Turms und Teile des Hauptschiffes der alten Heidekirche stammen aus dem 13. Jahrhundert. Besondere Beachtung verdienen die am äußeren Turm befindliche Figur des **Kirchenpatrons** von Wladimir Rudolf, der **Flügelaltar** von Volkmar Klovesten sowie das reich verzierte **Bronzetaufbecken** des Lüneburger Bildhauers Hans Schnitker.

Das **Rathaus** zu Munster entsteht erst vor gut 40 Jahren. Neben der Stadt-

verwaltung ist hier die **Rathausgalerie** zu finden. Mit der neuen **Stadtbücherei** und ihrer Dauerausstellung von Bildern und Plastiken vorwiegend zeitgenössischer Künstler, darunter über hundert Arbeiten aus der **Sammlung Fritz Thomas-Gottesberg** sowie Ölgemälde von **Clemens Neuhaus,** demonstriert die Stadt an zentraler Stelle ihr Interesse an der Kunst. Der von dem in Munster lebenden Künstler **Milan Vobruba** initiierte **Kunstpreis der Stadt Munster** trägt dazu bei, dass Skulpturen mittlerweile das gesamte Stadtbild zieren. Alle zwei Jahre wird der Preis auf der *„Internationalen Ausstellung Glasplastik und Garten"* verliehen. Seit 1996 etablieren sich die Ausstellungsbereiche Park am Ollershof, Garten und Galerie an der Örtze sowie der Saal der Stadtbücherei zunehmend als Ausstellungsorte. Doch nicht nur die Künstler lassen ihre Arbeiten als Geschenk zurück, auch die Wirtschaft vor Ort engagiert sich. In der **Brucknerstraße** hat eine private Wohnungsbaugesellschaft die **Bärengruppe** aufgestellt. Am Eingang der verkehrsberuhigten Zone kann man die Bronzeskulptur **„Lilli Marleen"** bewundern und zwischen den Schulgebäuden auf dem Süllberg steht seit 1965 eine **Schildkrötengruppe.** Die **Kreissparkasse** stiftet der Stadt einen bronzen Kranich, der seit 1998 im **Mühlenkolk** zu sehen ist. Auch der **Gänsebrunnen** auf dem Marktplatz, der von **Bernd Marco** geschaffen worden ist, und der **Niedersachsenbrunnen** von **Jos Pirkner** sind sehenswert.

Kultur anderer Art bietet die **Heimathofanlage Munster** mit dem **Heimathaus Ollershof.** 1978 ist sie in Gemeindebesitz übergegangen. Die Besitzerin **Emmi Marcks** überlässt die Anlage der Stadt mit der Auflage, das Haus als „Dr.-Hermann-Marcks-Heimathaus" der Öffentlichkeit zugänglich zu machen. Das Zweiständerhaus aus dem Jahre 1798 ist 1920 zum Wohnhaus umgebaut worden. Die Anlage erreicht man während eines Spaziergangs von der St.-Urbani-Kirche zur alten Wassermühle.

Für Sportfreunde ist das Naherholungsgebiet **Flüggenhofsee** die richtige Anlaufstelle in Munster. Hier befindet sich neben der Kleintierzuchtanlage das **DLRG-Heim der Sportangler.** Auch Touristen dürfen sich mit einer Gastanglerkarte zu

Die Friedenskirche in Breloh (o.)

Flüggenhofsee (ganz o.)

Preisträger der 5. Internationalen Ausstellung für Glasplastik und Garten 2004 (o.l.)

Marktplatz mit Gänsebrunnen (l.)

Am Eingang zur Fußgängerzone steht die Skulptur „Lilli Marleen" von Claus Homfeld (u.)

Countryfest in Munster (o.)

Bei der Geka werden alle in Deutschland gefundenen Kampfstoffe vernichtet (r.)

den Petrijüngern zählen. Der 14 Hektar umfassende See bietet neben einem Badestrand die Möglichkeit zum Surfen und Grillen. Aufgrund seiner Größe ist er im Winter zum Schlittschuhlaufen freigegeben.

Besucher des **Allwetterbades** müssen bereits in der Eingangszone entscheiden, ob sie sich im Freibad oder im Hallenbad vergnügen wollen. In dem Erlebnisbecken gibt es einen Gegenstromkanal, eine Schwalldusche und einen Sitzstrudel. Schwimmsportler finden wettkampfgerechte Schwimmbahnen vor. Für einen Imbiss zwischendurch bietet sich die Cafeteria an.

Für Munsteraner, die Golf spielen, gibt es den **Golf-Club Munster e.V.**, dessen Gelände in den 1960er Jahren nach schottischem Vorbild angelegt wird. Das 23 Hektar umfassende Gelände mit seiner 5.278 Meter langen Strecke für die Herren und einer 4.635 Meter Strecke für die Damen, ist von Wald umgeben. Vom Clubhaus mit öffentlichem Restaurant lässt sich das Geschehen auf dem Platz von der großen Terrasse verfolgen. Golf ist nur eine der vielen Freizeitmöglichkeiten vor Ort. Mit einem regen Vereinsleben vom Modellbau bis zum Bogenschießen herrscht ein breites Angebot. Ebenso rustikal wie amerikanisch geht es zu im **Trucker & Country Club Munster**. Seit 1992 frönt man hier der Country Music und fühlt sich als Cowboy. Die Mitglieder sind Menschen jeden Alters, Trucker, Country-Music-Fans, Cowboys, lockere Typen, Freunde, die tolerant miteinander umgehen und gemeinsam Spaß haben.

Die Relikte militärischer Vergangenheit, chemische Kampfstoffe und Rüstungsaltlasten, werden durch die **Geka**, eine Gesellschaft des Bundes, umweltgerecht entsorgt. Nur hier werden alle in der Bundesrepublik gefundenen Kampfstoffe vernichtet. 1997 ist die Geka, ehemals Teil einer Bundeswehrdienststelle, in eine private GmbH überführt worden.

Die **Busse Metallbau** GmbH ist in ganz Niedersachsen aktiv. Das Unternehmen, 1969 von **Friedel Busse** gegründet, produziert Treppen, Tore, Türen, Geländer sowie Stahlkonstruktionen. Sohn **Olaf Busse** gründet 1990 die Busse Alu-Bau GmbH, die sich mit der Fertigung und Montage von Aluminiumfenstern, -türen und -fassaden sowie mit der Herstellung von Wintergärten befasst. Die Center Parc Bispinger Heide zählen beispielsweise zum Kundenstamm.

Neuenkirchen

Auf das **Café Wilkens** ist man im Schnuckendorf Neuenkirchen stolz. Die **Familie Wilkens** kreiert nicht nur besonders leckeren Kuchen, der mit dem Preis für regionale Esskultur ausgezeichnet worden ist. Das Café ist auch der einzige Ort in der Gemeinde, wo Live-Musik gespielt wird.
Hat man sich bei den Wilkens gestärkt, lohnt der Besuch des **Heidehauses**. Hier erfährt man Wissenswertes rund um die Entstehung der Neuenkirchener Heideflächen sowie zum Torfabbau oder der Korbimkerei. Im Blickpunkt stehen natürlich auch die Heidschnucken und die Wollverarbeitung. Träger des Heidehauses ist der **Verein Schäferhof**, der von der Europäischen Union und der Gemeinde für Maßnahmen zum Naturschutz und zur Landschaftspflege auf Heide- und Moorflächen sowie die Schaffung von Rückzugsgebieten für bedrohte Tierarten gefördert wird. Der Verein bewirtschaftet insgesamt 110 Hektar Heide- und Moorflächen. Ein Schäfer hütet hier rund 750 der berühmten **Schnucken.**

Den Dorfmittelpunkt bildet der reetgedeckte **Schröers-Hof.** Das ehemalige Wohnhaus eines Schmiedes, ein Zweiständerhaus, wird 1990 zu einer Schmiede umgebaut. Es gibt eine Ausstellung mit alten bäuerlichen Gebrauchsgegenständen und zentral im Dielenraum des Vierständerhauses ist die **Touristinformation Neuenkirchen** untergebracht. Zwischen den Gebäuden sind neben einem Speicher und einer offenen Remise auch ein Ziehbrunnen und ein Bienenzaun zu sehen. Im angrenzendem Backhaus wird bei Veranstaltungen rustikal auf Birkenholz Brot gebacken. Naturfreunde sollten auf jeden Fall den **Bauerngarten** und das **Biotop** besichtigen. Auf dem Schröers-Hof findet seit 1991 an jedem dritten Sonntag im September das **Kartoffelfest** statt. Hier erhält man nicht nur Informationen rund um die Kartoffel, auch ein buntes Unterhaltungsprogramm mit Kartoffelschälwettbewerben und verschiedenen Folkloretanzgruppen lockt die Besucher. Sie kommen nicht zuletzt wegen des Moderators **Rolf Baden**, der seit Jahren charmant durchs Kartoffelprogramm führt.
Im Ortsteil **Sprengel** steht die einzige vollgemauerte Windmühle im Landkreis Soltau-Fallingbostel. Die **Sprengeler Mühle** misst vom Boden bis zur Kappe 18,60 Meter. **Walter Laverenz** erklärt und demonstriert den Besuchern die Technik der 1877 erbauten Mühle.

Ortsteile:
- Behningen
- Brochdorf
- Delmsen
- Gilmerdingen
- Grauen
- Ilhorn
- Neuenkirchen
- Schwalingen
- Sprengel
- Tewel

Einwohner: 5.739
Fläche: 96,68 qkm
59,4 Einw. je qkm

Rolf Baden (o.) moderiert das alljährliche Kartoffelfest auf dem Schröers-Hof (o.l.)

Café Wilkens (l.)

Stadtkinder zu Besuch bei Barbara Cwiertnia (o.)

Sprengeler Mühle (r.)

Das Kunstobjekt „bleiben" am Neuenkirchener Ortsausgang (ganz r.)

Das Kunstobjekt „Holzkristall" von Tony Cragg in Tewel (o.)

Lange Lohn- und Dienstleistungsunternehmen (r.)

Ganz andere Einblicke bekommt man in **De ole School Hof**, einem privaten Landschulheim im Ortsteil **Gilmerdingen. Barbara Cwiertnia** und ihre Familie bringen vor allem Stadtkindern das Landleben näher. Die Kinder können mit Tieren schmusen und lernen,sie regelmäßig zu füttern. Neben Kaninchen, Enten und Ziegen lebt hier auch das seltene Husumer Hausschwein. Barbara Cwiertnia vermietet die Räumlichkeiten nicht nur an Schulklassen und Kindergärten sondern auch für Gruppenseminare und Familientreffen.

Auch in Neuenkirchen hat die Kunst einen hohen Stellenwert. Der **Kunstverein Springhornhof** lädt seit 1970 regelmäßig internationale Künstler ein, die aufgefordert sind, landschaftsbezogene Werke in der Umgebung des Dorfes zu realisieren. Im Laufe der Zeit sind daraus einige Dutzend Objekte geworden. Am Ortseingang etwa begrüßt den Reisenden weithin sichtbar der Schriftzug **„ankommen"**. Und ein deutliches **„bleiben"** vor der Kulisse eines kleinen Waldstücks kann unschwer als ein Appell an Vorüberfahrende interpretiert werden. **Rupprecht Matthies** hat die beiden Objekte geschaffen. Der **Egozentrische Steinkreis** stammt von **Timm Ulrichs**. Sehenswert ist ebenso der **Holzkristall** von **Tony Cragg.** Aus Holzscheiben erstellt er ein um sich selbst rotierendes Menschenprofil, das im Ortsteil **Tewel** steht. Ein ausgeschilderter Rundweg gibt Radfahrern Gelegenheit zu einer ganz besonderen **Kunst-Landschafts-Tour**.

Das **Lange Lohn- und Dienstleistungsunternehmen** ist ein heute in dritter Generation geführtes Familienunternehmen. Der Spezialist für Land- und Forstwirtschaft beginnt 1951 mit Lohndrescharbeiten. Neben den landwirtschaftlichen Arbeiten hat sich der Betrieb zu einem echten Spezialisten für Baumbeschnitt und der -entfernung entwickelt. Das zu beseitigende Holz sowie Baumstümpfe werden von der Firma gehäckselt oder zerfräst.

Osterheide

Ortsteile:
- Oerbke
- Wense
- Ostenholz

Einwohner: 887
Fläche: 177,99 qkm
5,0 Einw. je qkm

Zwischen >Bad Fallingbostel (174) und Bergen im benachbarten Kreis Celle liegt der **NATO-Truppenübungsplatz Bergen**. In den Truppenlagern Bergen-Hohne und Oerbke/ Fallingbostel sind mehrere britische Einheiten der **7th Armored Brigade** stationiert. In Oerbke/Fallingbostel leben neben den 1.200 britischen Soldaten deren 840 Angehörige. Die einstige Anlage des Truppenübungsplatzes Bergen hat dazu beigetragen, dass die Heidmark zwischen Bergen und Fallingbostel ihr Gesicht verändert hat. Die dünne Besiedlung vor Ort sowie die Nähe zu den Übungsplätzen in >Munster (180) haben im „Dritten Reich“ die Entscheidung des Reichswehrministers begünstigt, in der hügeligen Landschaft rund 30.000 Soldaten in die Panzerausbildung zu schicken. Die dort lebenden Bauern wehren sich, doch letztlich müssen insgesamt 500 Höfe bis 1938 umsiedeln.

Der **Hohe Stein** in Ostenholz ist ein Gedenkstein, der an die Räumung der Gemeinden in den Jahren 1936 bis 1938 erinnert. Mittlerweile steht er vor der 1724 gebauten kleinen Fachwerkkirche in **Ostenholz** und erinnert an die „opferwilligen Heidjer“. Nach dem Zweiten Weltkrieg wird der Truppenübungsplatz von den Briten verwaltet, seit 1958 zählt er als **NATO-Schießplatz Bergen-Hohne** zur Bundeswehr.

Osterheide ist **gemeindefreier Bezirk**. Das deutsche Kommunalrecht kennt neben der Kategorie der „Einheitsgemeinde“ und der „Samtgemeinde“ auch sogenannte gemeindefreie Bezirke, abgegrenzte Gebiete, die zu keiner politischen Gemeinde gehören. Oft sind es unbewohnte Waldgebiete oder Wasserflächen. Sie befinden sich entweder im Eigentum des Bundeslandes, in dem sie liegen, oder im Eigentum der Bundesrepublik Deutschland. Manche gemeindefreie Gebiete sind auch bewohnt. Dann sind sie faktisch mit einer Gemeinde vergleichbar, haben Verwaltungsgebäude, Kindergärten, Büchereien, Straßen und Wege einschließlich Beleuchtungs- und Entwässerungsanlagen, Klärwerke mit Kanalnetz, Sport-, Erholungs- und Freiflächen, Freiwillige Feuerwehren und alles, was sonst noch zu einer Gemeinde gehört. Aber sie haben keine eigene Gemeindevertretung. Die Verwaltung untersteht dem Bund oder dem Land.

Das Gebiet des Truppenübungsplatzes Bergen ist durchaus nicht unbewohnt, ist gemeindefrei und teilt sich sogar noch in die gemeindefreien Bezirke Osterheide im Landkreis Soltau-Fallingbostel und Lohheide im

Eigentümer der meisten Wohnhäuser in Osterheide ist der Bund. Sie werden von der Bundesvermögensverwaltung in Soltau verwaltet (o.)

Gut Wense (o.)

Mahnmal auf dem Friedhof der Namenlosen in Oerbke (r.)

Heiner Knust (o.)

Landkreis Celle. Die britischen Soldaten und ihre Angehörigen, die hier wohnen, sind nicht meldepflichtig, wohl aber die knapp 900 weiteren Einwohner von Osterheide. Das Gebiet untersteht der Bundesfinanzverwaltung. Eine gewählte Einwohnervertretung wirkt an der Verwaltung mit. Als „Oberhaupt" haben die Osterheider einen **Bezirksvorsteher**. Sitz der Verwaltung ist **Oerbke**. Mehr als die Hälfte der Einwohner steht in einem Beschäftigungsverhältnis mit den Stationierungsstreitkräften.

Seit 1999 kicken sie zusammen im **SG Osterheide**, die Fußballer des **Sportverein Oerbke** und des **TuS Eintracht Ostenholz**, eine Jugend-, eine Herren- und eine Damenmannschaft. Der sportliche Erfolg soll nicht zuletzt über eine intakte Gemeinschaft erreicht werden. Besonderer Wert gelegt wird auf die Jugendarbeit. Vorsitzender ist **Heiner Knust**.

Sehenswert ist die prachtvolle **Gutskapelle** in **Wense** aus dem Jahre 1673. Das Kleinod ist aufwändig restauriert worden. Das Epitaph über der Eingangspforte erinnert an Friedrich Wilhelm von der Wense und seine Frau. Gegenüber liegt das im Jugendstilerrichtete Gutshaus derer von der Wense. 1936 wird Ernst August von der Wense von der Wehrmacht enteignet. Heute ist dort das **Bundesforstamt** einquartiert. Sehenswert sind zudem die jungsteinzeitlichen **Großsteingräber** mit Namen **Siebensteinhäuser** in **Ostenholz** auf dem Truppenübungsplatz Bergen.

Ein Ort für schmerzliche Erinnerungen an die furchtbare Zeit des Zweiten Weltkrieges ist der sowjetische Kriegsgefangenenfriedhof in Oerbke, der **Friedhof der Namenlosen**. Hier liegen 30.000 ehemalige sowjetische Kriegsgefangene begraben. Die ersten Transporte mit Gefangenen treffen im Juli 1941 im Lager Oerbke ein. Unterkünfte gibt es zunächst nicht. Die Menschen graben sich Erdhöhlen als Schlafstätten, später errichten sie Baracken. Nicht nur die Unterbringung ist katastrophal, auch die Verpflegung reicht kaum zum Überleben. Die mangelnden hygienischen Bedingungen führen im November 1941 zu einer Fleckfieber-Epidemie. Bis zum Frühjahr 1942 sterben mehr als 14.000 Gefangene an Hunger, Kälte, Fleckfieber und anderen Lagerkrankheiten. Auch in >Wietzendorf (200) erinnert ein Mahnmal an weitere Opfer eines dortigen Lagers für sowjetische Kriegsgefangene.

Der Hohe Stein erinnert an die Heidedörfer, die in den 1930er Jahren dem Truppenübungsplatz weichen müssen (r.)

SG Rethem (Aller)

Die Verbindung zum Wasser in Rethem in der gleichnamigen Samtgemeinde ist groß. Vor allem im Sommer schätzen die Rethemer ihren **Fährsee**, einen Naturbadesee im Urstromtal der **Aller**. Ein paar Kilometer weiter, am anderen Ufer der Aller, liegt der **Campingplatz Rittergut Frankenfeld**. Mutige fahren vom zentralen Anleger in **Frankenfeld** aus auf der Aller Wasserski. Von hier aus geht es auf dem **Aller-Leine-Fernradweg** kreuz und quer durch Niedersachsen, natürlich nicht, ohne die Aller zu queren. Mit „Shuttle-Bikes", einer Art Tretboot für das eigene Fahrrad, setzt man zum jeweiligen Ufer über – oder aber man kombiniert die Niedersachsenerkundung mit dem Angebot „Paddel & Pedal". Hier werden die Strecken von vornherein sowohl zu Lande als auch zu Wasser zurückgelegt.

Lange gilt Rethem als „zweitkleinste Stadt Deutschlands". Doch mittlerweile ist die Gemeinde an der Aller kräftig gewachsen. Immerhin, die Statistik weist sie noch heute als fünftkleinste Stadt in Niedersachsen aus – eine Stadt, in der man gerne Bier trinkt und seit dem Mittelalter immer eigenständig gebraut hat. Ein Braubottich im **Londy-Park** dokumentiert diese Vergangenheit. Und im Gasthaus **Zur Alten Post** wird nach wie vor das **Rethemer Rothbeer** ausgeschenkt.

Über den Namen „Londy" stolpert man in Rethem gleich zwei Mal. Wie die örtliche Schule, ist auch der Park nach **Heinrich-Christoph Londy** benannt. Als Sohn einer Dienstmagd in Rethem geboren, geht Londy nach einer Maurerlehre nach Hamburg, wo er sich erfolgreich selbständig macht. Er kommt zu Geld und stiftet seinem Heimatort die Schule und den Park.

Im **Londy-Park** steht eine historische und nur noch selten zu sehende **Bockwindmühle** aus dem Jahre 1593.Trotz ihres Alters ist die Mühle voll funktionsfähig, kann besichtigt werden und wird zu Schauzwecken gelegentlich in Gang gesetzt.

Noch weisen nur Reste der Burghofmauer auf die einstige Burg zu Rethem hin. Doch neben dem **Fachwerkrathaus** wird die **Burghofmauer** restauriert. Das **Kulturforum Burghof** soll hier einziehen und künftig mit Ausstellungen und dem historischen Burggarten Besucher anziehen.

Mitgliedsgemeinden:

- Böhme
- Frankenfeld
- Häuslingen
- Stadt Rethem (Aller)

Einwohner: 4.885
Fläche: 108,59 qkm
45,0 Einw. je qkm

Blick auf den Bootsanleger am Campingplatz Frankenfeld (l.)

Nach Heinrich-Christoph Londy (o.) ist nicht nur der Park sondern auch die örtliche Schule benannt

Bockwindmühle im Londy-Park (l.)

Rittergut Frankenfeld mit dem dahinter direkt an der Aller liegenden schönen Campingplatz (ganz l.)

SV Viktoria Rethem: hoffnungsvoller Nachwuchs (ganz o.)

Werder-Abwehrspieler Valérien Ismael (im Bild) und seine Mannschaftskameraden signieren den „Werder-Sessel" (o.)

Gasthaus „Zum Hirsch" (o.r.) Dort erwartet den Besucher ein kleiner Tierpark mit zahlreichen Arten vom Berberaffen bis zum Hirschen

Entlang der Aller lockt der **Naturlehrpfad.** Hier erfährt der Spaziergänger alles Wissenswerte über Flora und Fauna in der Marsch, so beispielsweise über die hier als „Knicks" bezeichneten Hecken. Gut entwickelte Knicks bestehen aus mehreren Stockwerken und bieten einen natürlichen Lebensraum für zahlreiche Tierarten. Aus den überfrorenen **Schlehenfrüchten,** die dort wachsen, wird ein herber Likör und aus den **Hagebutten** Wein hergestellt.

Jedes Jahr am zweiten Pfingsttag findet ein Kinderfest im Tiergarten des **Gasthauses „Zum Hirsch"** statt. Eine Attraktion ist auch das jährliche Geschicklichkeitsfahren am 3. Oktober mit vier Treckern. Das Turnier endet mit der Preisverleihung ab 17 Uhr.

Der Sport und ein ausgeprägtes Vereinsleben haben einen hohen Stellenwert in Rethem. Größter Verein ist der **SV Viktoria Rethem.** 1920 gründet Tischlermeister **Pape** den Verein. Zunächst findet er wenig Resonanz, heute hingegen erfreut sich der Verein regen Zulaufs. So rege, dass auch „verrückte" Ideen wie die von Raumausstatter **Frank Leverenz** Anklang finden: Um Geld für die Jugendabteilung zu erhalten, lässt er ein wahres Unikat versteigern. Als Fußballfan hat Leverenz einen „Werder-Sessel" kreiert, auf dem alle Spieler des Deutschen Meisters 2004 unterschrieben haben. Tausend Euro soll das Stück erzielen – und der Plan geht auf! Ein Rethemer zeigt Herz und kauft das Möbel. 1926 wird der **Sportplatz** am Londy-Park errichtet. 1945, während der Kämpfe am Ende des Zweiten Weltkriegs um den Allerübergang, nehmen englische Soldaten die Vereinsfahne aus der Wohnung des damaligen Vorsitzenden Heinrich Heissmann als Trophäe mit.

In **Häuslingen** hat ein international gefragter Hersteller von Müllfahrzeugen seinen Sitz: die Firma **Schörling-Fahrzeugbau,** die hier 120 Mitarbeiter beschäftigt. 1920 beginnt das Unternehmen mit der Produktion von Schienenreinigungsfahrzeugen. Seit 1970 kommen Müllsammelfahrzeuge hinzu, die europaweit exportiert werden.

Und in Häuslingen steht ein ganz besonderer **Schafstall** mit einem sogenannten **Donnerbesen** im Mauerwerk. Das seltene Ziegelmuster aus dem Jahre 1706 soll nach altem Aberglauben vor Gewitter schützen.

Gasthaus „Zur Alten Post" (r.)

Schneverdingen

Ortsteile:
- Ehrhorn
- Großenwede
- Heber
- Insel
- Langeloh
- Lünzen
- Schülern
- Wesseloh
- Wintermoor
- Zahrensen

Einwohner: 19.065
Fläche: 234,58 qkm
81,3 Einw. je qkm

Die erste offiziell bei einem Heideblütenfest in Schneverdingen gewählte **Heidekönigin** heißt Elsa Ehrhorn. Seit 1922 feiert man das **„Fest der weißen Rose"**. Erst 14 Jahre später wird erstmals eine der jungen Dorfbewohnerinnen zur **Heidekönigin** gekrönt. Über 60 Frauen dürfen sich seither so nennen. Wirklich berühmt geworden ist mit diesem Titel bundesweit indes nur eine: **Jenny Elvers-Elbertzhagen**, die 41. Heidekönigin aus >Amelinghausen (206). Wenn in Schneverdingen gefeiert wird, dann ist einer nicht aus dem Geschehen wegzudenken: Regisseur **Ingo Sax**. Im Rahmen des Heidefestes inszeniert er seit über 30 Jahren auf der **Freilichtbühne Höpental** mit der Theatergruppe des Verkehrsvereins verschiedene Aufführungen rund um Märchen und Sagen.

Rätselhaft mag es für Uneingeweihte im buddhistischen **Meditationshaus Semkye-Ling**, untergebracht in einem alten Landsitz aus dem Jahre 1911, zugehen. Das Tibetische Zentrum in der Heide erhält 1996 vom Dalai Lama seinen Namen, der übersetzt *„Ort, an dem das Mitgefühl entfaltet wird"* bedeutet. Wer auf Tuchfühlung mit der fernöstlichen Religion gehen möchte, findet in Semkye-Ling eine Auswahl an Gruppenklausuren und Seminaren.

Naherholung mitten in Schneverdingen bietet der **Walter-Peters-Park**. In dem 2000 entstandenen **Walderlebniszentrum Ehrhorn No. 1** wird traditionelle Lehmbauweise gezeigt. Spuren der Vergangenheit sind hier in der Form alter Rußpartikel aus den Jahren 1650 bis 1875 sichtbar geblieben. Lebensmittel hat man damals direkt über der Herdwand geräuchert, indem der Rauch durch eine verputzte, runde Öffnung zurück ins Flett gezogen ist. Die Ausstellung zeigt darüber hinaus Fiktives und Bodenständiges gleichermaßen. So ist die biblische Geschichte vom Paradies über die Vertreibung aus dem Garten Eden neben der Heidebauernwirtschaft dokumentiert. Durch die **„Schweineorgel"**, einen Kasten mit Guckloch und Kurbel, der an einen alten Filmapparat erinnert, kann man das bäuerliche Leben und die Landschaft des 19. Jahrhunderts betrachten, wie sie sich den damals Lebenden dargeboten haben mag.

Um Schneverdingen herum findet man weite Moor- und Heideflächen, darunter das **Pietzmoor**, ein Hochmoor am Südrand der Stadt. Das 8.000 Jahre alte Moor ist 2,5 qkm groß und hat eine 7,5 Meter dicke Torfschicht. Aufgrund

Regisseur Ingo Sax (o.)

Das Meditationshaus Semkye-Ling (l.)

Blick in den nach dem Ehrenbürger und langjährigen Stadtdirektor Walter Peters (1920–1997) benannten Park (ganz o.l.)

Elsa Ehrhorn, die erste Schneverdinger Heidekönigin von 1936, mit ihrem Gefolge (ganz o.r.)

Die Schneverdinger Stadtfalken mit der Heidekönigin von 2003, Maike Jahn (o.)

Ortsmitte Schneverdingen: Blick in die Harburger Straße (r.)

der **Heidegarten** mit über 100 Heidesorten. Die **Alfred Toepfer Akademie für Naturschutz** (NNA) bietet an den beiden Standorten **Hof Möhr** und **Camp Reinsehlen** ein breites Bildungs- und Erlebnisprogramm zu Natur- und Umweltthemen.

Westlich vom **Höpener Weg** trifft man auf das Heimathaus **De Theeshof.** In diesem reetgedeckten Niedersachsenhaus zeigt die **Handarbeitsgruppe des Heimatbundes** einmal wöchentlich alte Handarbeitstechniken. Täglich bietet die Dauerausstellung einen Einblick in das bäuerliche Wohn- und Arbeitsleben zwischen 1850 und 1950. Darüber hinaus wird das Heimathaus für Theateraufführungen, Dichterlesungen und Filmabende genutzt. Zu der Heimathofanlage gehört auch das **Frido-Witte-Haus,** das ehemalige Häuslingshaus. Die Werke des in Schneverdingen geborenen Malers und Grafikers Frido Witte sind hier ausgestellt.

De Kaffeestuuv (r.)

Alfred-Töpfer-Akademie (ganz r.)

seines Nährstoffreichtums wachsen verschiedene Wollgras-, Seggen- und Torfmoosarten.

Erwähnenswert ist das ganz nah am Stadtzentrum gelegene **Landschaftsschutzgebiet Höpen.** Während einer nostalgischen Kutschfahrt vorbei an Buchweizenfeldern, Schnuckenherden und den charakteristischen **Bienenzäunen,** aufgereiht auf einem Gestell stehenden Bienenstöcken, schweift der Blick über die Heide. Besonders reizvoll ist dies zur **Hauptblüte** im August. Höhepunkt der Besichtigungstour ist

Musikalisch gibt der Musikzug **Schneverdinger Stadtfalken e.V.** den Ton in der Gemeinde an. 1960 als Fanfarenzug des Verkehrsvereins Schneverdingen gegründet, spielen die 64 Mitglieder heute ein breites Spektrum von lateinamerikanischen Rhythmen über Rock und Pop bis hin zu Kultschlagern und Oldies. Sie nehmen an zahlreichen Veranstaltungen im gesamten norddeutschen Raum teil.

Kulinarisch lässt man sich in Schneverdingen von **Holger Fach** verwöhnen. In **De Kaffeestuuv** ist Schlemmen ausdrücklich erwünscht. In einem alten Schafstall aus dem Jahre 1752 in der **Schulstraße** mit Biedermeierzimmer, Kaminecke und Galerie bietet er eine große Auswahl an hausgebackenen Torten.

Nordwestlich des Stadtzentrums liegt der Ortsteil **Insel** mit seinem **Pult- und Federkielmuseum**. In Schränken, Regalen und Vitrinen steht eine Sammlung alter Schulranzen, Arbeiten aus dem Werk- und Handarbeitsunterricht sowie Globen, Schultüten, Zeugnisse und Schiefertafeln. Im Rahmen der

Expo 2000 in Hannover ist in Schneverdingen die **Eine-Welt-Kirche** entstanden. Die Brettstapelbauweise der Kirche aus Eichen- und Kiefernholz vereinigt die geometrischen Formen Kreis, Quadrat und Kreuz.

Zahlreiche Unternehmen haben ihren Sitz in Schneverdingen. Heute kommt dem Dienstleistungssektor eine besondere Bedeutung zu. Eine lange Tradition in der Stadt hat die Lederverarbeitung zur Herstellung von Schuhen. Die Schuhfabrikation hat bis heute Spuren hinterlassen: in einem großen **Factory Outlet** verkauft die **Fischer Markenschuh GmbH** Hausschuhe, Freizeitschuhe, Pantoletten und Sandalen. Seit 1949 ist das 1856 in Sachsen gegründete Familienunternehmen in Schneverdingen beheimatet. Aus Kostengründen wird 1996 die Produktion nach Polen verlegt.

Die **Gottena Keks- und Waffelfabrik** produziert in Schneverdingen und verkauft ihre Süßigkeiten in einem Factory Outlet. Außer in Chemnitz, Meinigen und Rinteln ist die **DW Systembau** in Schneverdingen mit einem Werk vertreten. Hier werden jährlich über 400.000 qm „Brespa"-Decken für über 1.000 Bauvorhaben produziert. Damit ist die DW Systembau Marktführer bei Spannbetondecken in Deutschland. Die Muttergesellschaft Consolis ist einer der größten Hersteller von Betonfertigteilen in Europa. Zu den damit ausgestatteten Bauwerken zählen die Color Line Arena in Hamburg und das Hochregallager der BLG Logistics Group im Neustädter Hafen in >Bremen (II-228), von dem aus die Tchibo-Filialen beliefert werden.

Wer seine Wohnungseinrichtung nach Maß gefertigt haben möchte, ist bei der autorisierten **Corianverarbeitung** von **Fred Schirmer** gut aufgehoben. Hier können sowohl gewerbliche als auch private Kunden ihre Waschtische, Küchenarbeitsplatten und Tresen aus dem vielseitig verwendbaren Corian herstellen lassen. Dieser Mineralwerkstoff des Chemieriesen **Dupont** besteht vorwiegend aus einem Gemisch von Gesteinsmehl und Acryl.

Aus 7.000 Erdproben in versiegelten Plexiglasbüchern besteht der Eine-Erde-Altar in der Eine-Welt-Kirche (o.)

Auf den 120 m langen Fertigungsbahnen bei DM Systembau wird erst Spannstahl gespannt und dann Beton aufgeschüttet. Nach dem Aushärten werden die Spannbetonplatten auf Maß geschnitten (ganz o.)

Nostalgisches Logo von Fischer Markenschuh (o.l.)

Mitglieds-gemeinden:
- Bothmer
- Buchholz
- Engehausen
- Essel
- Gilten
- Grindau
- Hope
- Lindwedel
- Marklendorf
- Nienhagen
- Norddrebber
- Schwarmstedt
- Suderbruch

Einwohner: 11.715
Fläche: 140,96 qkm
83,1 Einw. je qkm

SG Schwarmstedt

Der Spendentopf auf der Drehorgel von **Harry Natuschka** ist häufig gut gefüllt. Begeisterte Besucher von **„Harry's klingendem Museum"** lassen gern den einen oder anderen Euro in dieser ungewöhnlichen Privatsammlung mechanischer Musikinstrumente in Schwarmstedt zurück. In der Samtgemeinde am südlichen Rand der Lüneburger Heide entführt er in die musikalische Vergangenheit. Radio und Fernsehen gibt es in dieser Welt noch nicht. Dafür ist der Erfindungsreichtum der Menschen umso größer: Kleine Tabatieren mit Spielwerk, große Walzen- und Plattenspielwerke bis hin zum Reproduktions-Flügel, mit dem Werke der bedeutendsten Pianisten der Welt wiedergegeben werden können, gehören in diese musikalische Vergangenheit. Das klingende Museum öffnet kurzfristig auf Anfrage; kleine Gruppen sind stets willkommen.

Blick in das „Klingende Museum" (ganz o.r.) von Harry Natuschka (o.)

Schloss Bothmer (ganz o.)

Kulturbetrieb herrscht auf dem **Uhle-Hof**. Hier wird traditionelle mit moderner Kunst verbunden. Das nach einem Großfeuer im Jahre 1855 wieder aufgebaute Haus, dient seit 1985 als Bürgerbegegnungsstätte und Samtgemeindebücherei. Auch die **PRO(vinz) BÜHNE Schwarmstedt**, die örtliche Theatergruppe, spielt im Uhle-Hof. Sie ist 1986 auf Initiative der Schwarmstedterin **Gisela Sauer** entstanden. Damals veröffentlicht sie eine Anzeige mit der Frage *„Wer hat Lust Theater zu spielen?"* und prompt finden sich zehn Frauen und Männer. Auf dem Gelände des Uhle-Hofs liegt auch das Künstlerhaus, in dem der 2002 verstorbene Kunstmaler **Siegfried Steege** gewirkt hat. In einem Nebengebäude des Uhle-Hofs ist das **Haus der Jugend** untergebracht. Bis zu 50 Jugendliche nutzen täglich das umfassende betreute Sport- und Freizeitangebot.

Die **Kunstschule PINX**, 1991 als gemeinnütziger Verein gegründet, bietet als einzige im Landkreis Soltau-Fallingbostel außerschulische Angebote im künstlerisch-kulturellen Bereich für Kinder, Jugendliche und Erwachsene an. In **Bothmer** ist die einklassige **Alte Dorfschule** zu besichtigen. Das 1908 erbaute Haus wird 1995 als **Schulmuseum** wiedereröffnet. Besucher können an einer Schulstunde wie zu Kaisers Zeiten teilnehmen. Neben der schulhistorischen Sammlung sind archäologische Funde aus der Umgebung zu sehen. Wechselnde Ausstellungen beschäftigen sich mit Themen rund um das Leben auf dem Lande in vergangenen Jahrhunderten.

Sehenswert ist auch das **Schloss Bothmer**, ein restauriertes Herrenhaus des ehemaligen Ritterguts aus dem Jahre 1715, heute im Privatbesitz. Im Nebengebäude befinden sich Gastronomie und eine Ausbildungsstätte für Pferd und Reiter. In der angrenzenden **Gutskapelle** von 1610 finden noch heute Gottesdienste und Trauungen statt. Die **St.-Laurentius-Kirche** ist erstmals 1150 als *„ecclesia de Swamstede"* erwähnt worden. Sehenswert sind der Taufstein, die Kanzel sowie die freiliegenden spätmittelalterlichen Fresken.

Die **Alte Burg** aus dem Jahre 1632 kann nur von außen besichtigt werden. Sie ist in Privatbesitz. Doch allein wegen der geschossüberragenden Giebelwand lohnt sich ein Blick auf die Fassade.
Ganz sicher einen Besuch wert ist das **Antiquitäten-Café** von **Heidrun Hubert-Rummel**. Anfang der 1980er Jahre eröffnete sie das erste derartige Café in Niedersachsen. Mittwochs bis sonntags verwöhnt sie zwischen 14.00 und 19.00

Uhr ihre Gäste mit hausgemachtem Kuchen und Kaffee. Man schaut sich in Ruhe um und kauft, wenn man mag, eine Antiquität.
Eine Attraktion ist das **Wasserkraftwerk** an der **Allerschleuse** bei **Markendorf.** 1915 erbaut, sind die Staustufen mit dem zusätzlichen Wehr noch gut erhalten. Das Bauwerk war bis zur Einstellung des Güterverkehrs auf der Aller im Jahre 1968 groß genug für Schleppzüge bis zu einer Länge von 165 Metern.
Maschinenbau- und Lebensmittelindustrie sind in Schwarmstedt eng miteinander verknüpft. Die **HOJA Maschinenbau-Metallbau GmbH** stellt als 1982 gegründetes Unternehmen Maschinen und Anlagen für die Lebensmittelindustrie her. Unter anderem werden komplette Produktionslinien für Kartoffelpuffer, Pfannkuchen und andere Convenience-Produkte gebaut. In diesem Bereich hat sich HOJA Maschinenbau-Metallbau GmbH die Marktführerschaft erarbeitet und liefert Anlagen in ganz Europa, aber auch für Kunden direkt vor der Haustür, wie zum Beispiel die Universalbratanlagen für Kraft Foods in >Bad Fallingbostel (174) und die **Snackmaster Tiefkühlprodukte** in Schwarmstedt. Die tiefgekühlten Kartoffelspezialitäten dieses Unternehmens sind unter der Marke **„Schwarmstedter“** als gefüllte Kartoffeltaschen in ganz Deutschland für ihre Qualität bekannt. Begonnen hat alles 1966 mit der Herstellung von Reibekuchen nach Hausfrauenart. Heute beschäftigt die Firma 100 Mitarbeiter.
Ein traditionelles Familienunternehmen, 1955 von **Hermann** und **Irmgard Vatter** in **Hope** als Pachtbetrieb gegründet, ist die **Bäckerei Vatter.** 1985 übergeben sie an Sohn **Eckehard Vatter.** Der eröffnet 1987 die erste Filiale mit angeschlossenem Sitzcafé in Mellendorf und hat seither weiter erfolgreich expandiert. Heute gibt es neben dem Backbetrieb 24 Filialen und rund 220 Mitarbeiter. Ähnlich wichtig als Arbeitgeber ist das benachbarte Auslieferungslager für **Schlecker** im **Gewerbegebiet Am Fahrenbruch** in **Essel.**

Gisela Sauer (auf dem Sofa in der Mitte) mit ihren Mitstreitern in „Feine Herrschaften“, einer Aufführung der PRO(vinz)BÜHNE Schwarmstedt im Jahre 2002 (o.)

Antiquitäten-Café von Heidrun Hubert-Rummel (l.)

Wasserkraftwerk an der Allerschleuse (ganz l.)

Die Kunstschule PINX ist in der früheren Dorfschule untergebracht. Vor dem Gebäude: der Kunstbaum „Launa“ des Künstlers Max Dans (o.)

Ortsteile:
- Ahlften
- Brock
- Deimern
- Dittmern
- Harber
- Hötzingen
- Leitzingen
- Marbostel
- Meinern
- Mittelstendorf
- Moide
- Oeningen
- Tetendorf
- Wiedingen
- Woltem
- Wolterdingen

Einwohner: 21.957
Fläche: 203,23 qkm
108,0 Einw. je qkm

Soltau

Im Heide-Park (o.r.) rast man mit 120 Stundenkilometern die 1.500 Meter lange Strecke auf „Colossos“ entlang, eine der weltweit größten Holzachterbahnen (r.)

Kaum vorstellbar ist, Soltau zu erwähnen, ohne gleich an den Heide-Park zu denken. Der Freizeitpark ist die wohl bekannteste Attraktion der Stadt in der Heide. Mit einer Fläche von 850.000 Quadratmeter ist der in den 1970er Jahren entstandene Familien- und Erlebnispark ein Prototyp, einer der größten Norddeutschlands und einer der meistbesuchten in ganz Deutschland. Neben rasanten oder familienfreundlichen Karussells setzt man auf Tiershows als Publikumsmagneten. Im **Delphinarium** bieten *Fritz* und *Joker* ein unterhaltsames Wasserballett. Wer es idyllischer mag, kann mit einem Rundboot eine über 200 Meter lange **Märchenlandschaft** durchfahren, die per Computer zum Leben erweckt wird.

Solehalle in der Soltau-Therme (r.)

Krankenhaus und Reha-Klinik (u.)

Soltau liegt malerisch eingebettet im Tal der **Böhme.** Neben einer romantischen Landschaft zum Verlieben erwarten den Gast hier Ferien im staatlich anerkannten Ort mit Sole-Kurbetrieb. Die **Soltau-Therme** ist ein Sole-Erlebnisbad umgeben von **Kurpark** und **Böhmewald.** Das Wasser in der Solehalle besitzt eine Temperatur von 30 bis 36 Grad. Angenehm ist auch der natürliche Salzgehalt des Wassers. Die Soltauer Sole wird erfolgreich gegen die weit verbreitete Schuppenflechte, aber auch bei Rheuma, Gicht und Ischiasbeschwerden eingesetzt.

Mit dem **Neuro-Orthopädischen Krankenhaus und Zentrum für Rehabilitative Medizin Soltau** verfügt die Stadt über eine großzügige Rehabilitationseinrichtung, eine Fachklinik für Neurologie, Orthopädie und Psychosomatik. Das Haus hat einen neurologischen und orthopädischen Akutbereich sowie in der rehabilitativen Medizin Spezialstationen zur Behandlung unterschiedlichster neurologischer, orthopädischer und psychosomatischer Erkrankungen.

Neben diesen medizinischen Angeboten ist der „normale“ Fremdenverkehr ein wesentliches Standbein für Soltaus Wirtschaft. Eine originelle Übernachtungsmöglichkeit bietet der **Oelshof**, ein idyllischer Hof in Alleinlage, mit Gestüt, Pensionsstall, Poloschule und der Möglichkeit zu Ausritten. Eine ungewöhnliche Unterkunft ist die **Pension Berger**, die an das Atelier **Steffi's Art** angeschlossen ist.

Veranstaltungszentrum Alte Reithalle während der Eröffnungsfeier 2003 (l.)

Blick in eines der Zimmer aus „Dingley Hall", einem drei Meter breiten Puppenhaus von 1877, das zwei englische Jungen mit rund 1.100 Möbeln, Bildern, Miniaturen und über 50 Puppen ausgestattet haben (l.)

Das **Lichterfest** im **Böhmepark** findet immer am ersten Wochenende im September statt. Ehrenamtliche Mitglieder der **Arbeitsgemeinschaft Lichterfest** sorgen für das Programm und die Illumination des Parks, in dem dann Tausende von Windlichtern erstrahlen. Leuchtende Fontänen sowie ein imposantes Höhenfeuerwerk sorgen immer wieder für ein begeistertes Publikum. Auf mehreren Bühnen und in der angrenzenden **Bibliothek Waldmühle** werden unterschiedliche musikalische und kabarettistische Programme angeboten. Neben dem Böhmepark fungiert die **Alte Reithalle** als Veranstaltungszentrum. Die ehemalige Halle der Kaiserlichen Reitschule ist ein Zentrum für Tagungen und Kongresse und bietet Platz für bis zu 500 Personen. Auch für private Veranstaltungen steht die Reithalle zur Verfügung. Für die gastronomische Betreuung zeichnet das benachbarte **Brauhaus J. Albrecht** verantwortlich. Mittwochs findet dort der legendäre **Witwenball** statt, eine traditionelle Soltauer Tanzveranstaltung für alle Altersgruppen.

Mit dem **Museum Soltau** und dem **Norddeutschen Spielzeugmuseum** hat Soltau zwei weitere kulturelle Angebote. Das Norddeutsche Spielzeugmuseum präsentiert auf 600 Quadratmetern eine international bedeutsame Sammlung historischer Spielzeuge. Die Bandbreite reicht von frühen Holz- und Porzellanpuppen über Teddybären bis zu Blechkutschen und Eisenbahnen. Zu den Höhepunkten zählen drei weltweit einmalige Steiff-Schauszenen: eine Schule, ein Orchester und eine vierspännige Kutsche aus der Zeit um 1910. Für

Stefanie Klymat (l.) und von ihr entworfene Lichtskulpturen (o.) beim jährlichen Soltauer Lichterfest

große und kleine Kinder bietet das Museum eine faszinierende Vielfalt an Spiel- und Experimentiermöglichkeiten. Jährlich kommen rund 4.000 Besucher in das Museum.

Im **Museum Soltau** gibt es neben Vor- und Frühgeschichtlichem vor allem heimatkundliche Exponate zu sehen. Zu besichtigen ist u.a. eine Bürgerstube so-

Aufführung des Schülervarietés Showpalast (r.)

Die Heidedichter August und Friedrich Freudenthal (u.)

Zentrale der Unternehmensgruppe Hagebau (r.)

Sitz der Freudenthal-Gesellschaft ist das ehemalige Bürgermeisterzimmer des Rathauses Soltau von 1825 (o.)

Böhme-Zeitung

Im Verlag von Dr. Wolff-Martin Mundschenk erscheint in Soltau die „Böhme-Zeitung", die u.a. auch in Schneverdingen, Munster, Wietzendorf, Neuenkirchen und Bispingen gelesen wird

wie eine Küche aus der Zeit um die Jahrhundertwende. Dass ein **Heimatmuseum** nicht immer Vergangenes zeigen muss, wird in Soltau durch verschiedene Ausstellungen aktueller Künstler aus den Bereichen Malerei, Bildhauerei und Architektur verdeutlicht.

Einmalig im Landkreis ist das Schülervarieté **Showpalast** aus Soltau. Vier Pädagogen der **Hauptschule Soltau** gründen es 1988. Seither tingelt das Varieté in regelmäßigen Abständen mit seinem Programm jährlich ca. 50 Mal durch Deutschland. 30 Schülerinnen und Schüler betätigen sich als Künstler und Artisten und präsentieren internationale Artistik, Amüsement und Nervenkitzel.

Der Erhaltung heimischen Kulturgutes widmet sich die **Freudenthal-Gesellschaft.** Sie gründet sich 1948 zur Pflege der Werke der beiden aus >Fallingbostel (174) stammenden Heidedichter **August** und **Friedrich Freudenthal** sowie der plattdeutschen Sprache und Literatur im Allgemeinen. Heute ist sie zu einer modernen Literaturgesellschaft avanciert. Neben zahlreichen Lesungen, Literaturfahrten und Lesewettbewerben für Schüler sieht die Freudenthal-Gesellschaft ihre Hauptaufgabe darin, die niederdeutsche Literatur zu fördern.

So werden Werke der Brüder Freudenthal neu aufgelegt und jährlich erscheinen die „Soltauer Schriften" der Gesellschaft gemeinsam mit dem „Binneboom" des **Heimatbundes Soltau.** Zudem vergibt die Gesellschaft jährlich den mit 2.500 Euro dotierten **Freudenthal-Preis für niederdeutsche Literatur.** In der **Bibliothek Waldmühle** gibt es eine Abteilung Regionalliteratur der Lüneburger Heide mit eigenem Bestand „Plattdüütsch in de School".

Der **Golf Club Soltau** von **Bernd Ingendahl** ist eine öffentliche Golfanlage mit reizvollem Ambiente für den Abschlag. Ein 18-Loch-Parcours und ein 9-Loch-Platz stehen den Golfern am Südrand der Stadt zur Verfügung. Zurücklehnen können sie sich im rustikalen Clubrestaurant von **Nicole Quaschnik.**

Überregional ein Begriff sind die Familienunternehmen **Breiding-Bettfedern, Röders Zinn** sowie **Röders Druck- und Spritzguss.** Nach dem ersten Weltkrieg begann **Albrecht Röders,** angeregt durch das Bauhaus, neue Zinnentwürfe zu machen, in denen traditionelle, werk-

stoffgerechte Fertigung mit zeitgemäßer Formgebung verbunden wurden. Diesen Weg geht die Werkstatt Röders noch heute in Zusammenarbeit mit namhaften Designern für Zinngerät.

Der „Internationale Druckgusstag 2002" bringt der **G.A. Röders GmbH & Co. KG** Glück und den dritten Preis im Aluminium-Druckgusswettbewerb. In sechster Generation wird das Familienunternehmen heute von den Ingenieuren **Gerd** und **Andreas Röders** geleitet. Der Schwerpunkt liegt in der Sicherheitstechnik. Der Kundenstamm reicht von der Flugzeug- und Automobilindustrie bis hin zur Medizinbranche.

Die **hagebau** ist eine Unternehmensgruppe aus dem Baustoff- und Holzhandel mit mehr als 900 Standorten und gehört damit zu den Marktführern der Branche. Die Zentrale ist in Soltau; allein hier sind fast 500 Mitarbeiter beschäftigt. Erstes Ziel der Gemeinschaft ist der gemeinsame Einkauf. Eine der größten Lkw-Flotten Deutschlands mit mehr als 2.000 Fahrzeugen ist täglich unterwegs, um die Kunden schnell und zuverlässig zu beliefern.

Walsrode

Ortsteile:
- Altenboitzen
- Benzen
- Bockhorn
- Düshorn
- Ebbingen
- Fulde
- Groß Eilstorf
- Hamwiede
- Hollige
- Honerdingen
- Hünzingen
- Idsingen
- Kirchboitzen
- Klein Eilstorf
- Krelingen
- Nordkampen
- Schneeheide
- Sieverdingen
- Stellichte
- Südkampen
- Vethem
- Westenholz

Einwohner: 24.367
Fläche: 270,68 qkm
90,0 Einw. je qkm

„Fritz von der Leine“ alias Hermann Löns (o.)

Vogelpark Walsrode: Pelikananlage im Rhododendrontal (ganz o.) und Tiertrainer G. Alonso mit Besucher und Weißgesichtseule bei der Flugschau (o.l.)

Im Jahre 1893 besucht der Dichter **Hermann Löns** zum ersten Mal Walsrode. Seine Begeisterung über die abwechslungsreiche Heidelandschaft fasst er in zahlreiche Verse über dieses *„wunderschöne Land“*. Hermann Löns fällt gleich zu Beginn des Ersten Weltkrieges als Soldat im französischen Loivre. In Walsrode hat man ihn indes nie vergessen. In Erinnerung an den Dichter, der auch als Journalist in Hannover Erfolge durch witzige Glossen unter dem Pseudonym „Fritz von der Leine“ feiert, trägt Walsrode heute den Beinamen „Hermann-Löns-Stadt“. Im **Tietlinger Wacholderhain** zu Walsrode findet Löns seine letzte Ruhestätte, und hier ist ihm zu Ehren ein Denkmal gesetzt.

Als Kleinstadt im Grünen glänzt Walsrode vor allem durch sein Freizeit- und Erholungsangebot. Aus dem gesamten Bundesgebiet reisen seit über 40 Jahren Fans in den **Vogelpark Walsrode,** der – anders, als sein Name vermuten lässt – eigentlich überwiegend auf dem Gebiet der Gemeinde >Bomlitz (178) liegt. Mit einer Fläche von 240.000 Quadratmetern zählt er zu den größten Parks seiner Art weltweit. Über 4.000 Vögel aller Kontinente sind zu sehen. In der Park- und Gartenlandschaft kann man in der **Tropenwaldhalle** die indonesische und in der **Paradieshalle** die übrige tropische Vogelwelt bewundern. Will man die Tiere in Aktion erleben, bietet sich der Besuch der **Flugshow** auf der Freilichtbühne an. Hier zeigen Falken ihren schnellen Jagdflug, Adler gleiten durch die Lüfte und Papageien, Pelikane und Sekretäre zeigen ihr Können. In der **Vogelbaby-Station** beobachtet man das Schlüpfen und die Aufzucht von Küken.

Verwundert mag mancher sich auf dem Weg in die Stadt am **Rathausplatz** die Augen reiben: Hier stehen mittlerweile drei Rathäuser: ein historisches

Der alte Messingklopfer von 1628 (o.)

Arbeiten aus der Heide-Wachs Zierschnitzerei (ganz o.)

Haus der „Walsroder Zeitung", der Tageszeitung, die im Altkreis Fallingbostel gelesen wird. Sie erscheint im Verlag J. Gronemann KG mit täglich über 12.000 Exemplaren (o.r.)

Apotheker Hans Pohl vor der Alten Ratsapotheke (o. ganz r.)

aus dem Jahre 1760, eines von 1904 und das heutige Verwaltungsgebäude. Sehenswert sind der **Flamingo-Brunnen** von **Gwendolyn L. Blume** sowie die Skulptur **De Schipper** von **Joris Baudion**. Am **„Walsroder Mittwoch"** wird man in den Sommermonaten am **Großen Graben** Teil eines fröhlichen Kleinkunstfestivals. Neben dem ersten Rathaus steht die älteste Apotheke des Landkreises. Seit 1659 werden in der **Alten Ratsapotheke** Medikamente über den Tresen gereicht. Der Apotheke gegenüber befindet sich das **Hotel Hannover**. Schmuckstück ist der **Messingklopfer** aus dem Jahr 1628 an der Eingangstür. Hier hat ehemals die Burg Walsrode gestanden. Das heutige Hotel bietet bis zu 50 Personen eine stilvolle Unterkunft. Das Restaurant lockt vor allem mit Spezialitäten aus der Heide.

Inmitten der östlich davon gelegenen Grünfläche liegt, umgeben von altem Baumbestand, der **Klostersee**. Vier Mal jährlich ist er die Kulisse für Konzerte von Swing bis Pop. Direkt am Klostersee steht mit dem **Kloster Walsrode** das älteste von sieben Heideklöstern. Durch den wappengeschmückten **Langen Gang** mit seinen Barocktüren geht es zur Kapelle und dem Chor. Von der blauen Rokoko-Holzdecke gleitet der Blick zu den spätmittelalterlichen Gemäldefenstern. Sie gehören zu den eindrucksvollsten Glasgemälden im norddeutschen Raum. Das älteste erhaltene Kunstwerk ist die fast lebensgroße Figur des **Grafen Walo**. Er stiftet 986 der Gemeinde die Kirche **St. Johannes der Täufer**. Durch Blitzeinschlag und Plünderungen im Dreißigjährigen Krieg werden Kunstgegenstände sowie die alte Bausubstanz zerstört.

Feuer drohte einst auch das älteste Haus der Stadt unweit der Kirche zu zerstören. Doch das 1618 errichtete Gebäude hat als einziges die Brände von 1626 und 1757 überstanden.

Nahe der **Volkshochschule** ist dem Pfarrer **Ludwig Harms** ein Denkmal gesetzt worden, der 1849 das Pfarramt seines Vaters übernimmt und zugleich ein Missionshaus als Ausbildungstätte für Missionare gründet.

Spaziert man gen Westen weiter in Richtung **Stadtwald Eckernworth**, kommt man an einem Brunnen von **Twinn**, dem Glockenspiel, das sechs Mal am Tag läutet, und der **Kaiser-Eiche** zu Ehren Wilhelms I. vorbei. Mitten im Stadtwald ist das **Heidemuseum** im **Rischmannshof** untergebracht. Es handelt sich um eines der ältesten deutschen Freilichtmuseen. Im Erdgeschoss des Hauptgebäudes erhält

Die Imkerei von Uwe Rosenhagen (o.) ist ein anerkannter Bioland-Betrieb. Außer Honig von wild wachsenden Pflanzen werden auch Bonbons, Seife und Honigwein produziert

man Einblick in ein typisches Heidebauernhaus des 18. und 19. Jahrhunderts. Im Dachgeschoss teilt sich das Museum in drei Bereiche: In der **Brüggemann-Ausstellung** sind der **Bordesholmer Altar** sowie andere Werke zu sehen, die stadtgeschichtliche Abteilung berichtet vom 1.000-jährigen Kloster bis zur **Heidjer Wohnkultur,** und das **Hermann-Löns-Zimmer** erinnert mit Einrichtungsgegenständen aus dem Nachlass sowie Manuskripten und Bildern an den Dichter.

Die Skulptur „Sisyphus“ (l.) von Mohamed Abla interpretiert die berühmte griechische Sage

Ginseng auf der FloraFarm (ganz o.l.)

Auf einem ehemaligen Gartengelände zwischen der heutigen Innenstadt und dem Krankenhaus wird Anfang der 1980er Jahre entlang der **Fulde** ein naturnaher Landschaftspark mit Teichen und Feuchtwiesen angelegt. Großkronige Laubbäume und zahlreiche alte Obstbäume zeichnen den **Fuldepark** aus. Der mitten im Park etwas versteckt gelegene **Fuldegarten** ist von einer dichten Vogelschutzhecke umgeben. Er wird nach ökologischen Prinzipien bewirtschaftet und von der **Lebenshilfe** im Rahmen des **Projektes Schulgarten** betreut.

Einzigartig in Deutschland ist die **Heide-Wachs Zierschnitzerei GmbH** in der **Quintusstraße.** In echter Handarbeit werden hier Kerzen für jeden Anlass geformt. Eingetaucht werden die Kerzen in zahlreiche verschiedene Farbbäder, um die richtige Farbgebung zu erreichen. Das Unternehmen verkauft im Internet und auch direkt vor Ort und bietet kostenlose Führungen durch die Produktion an.

Mit der **Waldgaststätte Eckernworth** GmbH arbeitet die Zierschnitzerei eng zusammen. Bei deftigem Essen können die Besucher in Biergartenatmosphäre entspannen. Zudem wird Erlebnisgastronomie mit Besenschmeißen, einer Bier-Olympiade oder dem **Heidjer Germanen-Boßeln** geboten.

Eine unsere Breiten ungewöhnliche Idee hat in den 1980er Jahren Landwirt **Heinrich Wischmann.** Er macht sich Gedanken um die Zukunft seines Hofes und wird durch Zufall auf die asiatische Heilpflanze **Ginseng** aufmerksam. Bald schafft er eine winzige Menge der wertvollen Saat nach Niedersachsen und startet erste Versuche. 1992 gründet er die **FloraFarm.** Da man abgeerntete Ginsengfelder 30 Jahre lang nicht nutzen kann, hat Wischmann kurzerhand einen Natur-„Golf“-Platz daraus gemacht. Zehn Löcher mit einem Durchmesser von einem Meter warten hier auf Freunde dieses ungewöhnlichen Golfsports.

Familie Scheele aus Nordkampen (o.) züchtet auf ihrem Hof Galloway-rinder, die wohlschmeckendes Fleisch liefern

Ortsteile:
- Bockel
- Marbostel
- Meinholz
- Reddingen
- Suroide
- Wietzendorf

Einwohner: 4.027
Fläche: 106,88 qkm
37,7 Einw. je qkm

Wietzendorf

In der Mitte des Ortes zieht der **Wietzendorfer Imker**, Wahrzeichen des Honigfestdorfes, die Blicke auf sich. Der Bremer Künstler **Claus Homfeld** entwirft die Statue, die zum 23. **Honigfest** 1996 enthüllt wird. Sehenswert ist die **St. Jakobi Kirche** in Wietzendorf, deren Name auf einen der Jünger Jesu zurückgeht. Die Kirche wird 1876 im neugotischen Stil erbaut. Einzig der hölzerne Kirchturm stammt bereits aus dem Jahr 1746. Er trägt drei große Glocken, von denen die älteste 1564 von einem durch Wietzendorf reisenden Glockengießer gegossen wird. Das Taufbecken aus Bronze stammt von 1350 und gehört zu den ältesten Stücken der Kirche. 1957 wird der Chorraum von dem Kirchenmaler **Rudolf Schäfer** neu gestaltet. Die beiden Gemälde links und rechts im Altarraum stellen Motive zu den höchsten christlichen Feiertagen, Ostern und Weihnachten, dar. Die Abbildungen in den Deckenböden des Altarraumes verweisen auf die messianischen Verheißungen des Propheten Jesaja.

Im Zentrum von Wietzendorf befindet sich der **Peetshof.** Er wird 1874 erbaut und ist im originalen Zustand erhalten. Die Gemeinde lässt ihn Stück für Stück mit gesammelten antiquarischen Möbeln und Geräten ausstatten, die in etwa einem Alltag auf dem Lande um 1900 entsprechen. So sind auf dem Hof heute gleich mehrere Museen vereinigt.

Die Frühschoppen des Verkehrsvereins und das Sommerfest des Heimatvereins sind alljährliche Höhepunkte auf dem Peetshof (o.)

Im linken Becken leben Teichfrösche, im rechten tausende von Muscheln (ganz o.r.). Den Gebäudekomplex im Hintergrund nutzt die Naturschutzgruppe

Kinderbuchlesung in der Lesestube (o.r.)

Neben einem **Museum für Bäuerliches Wohnen und Arbeiten** informieren Ausstellungen über Torfstich und Imkerei ebenso über die Region wie Ausstellungen zur Wietzendorfer Geschichte und zum Thema „Wald-Holz-Handwerk“. Die ehrenamtlich geführte Bücherei des **Heimatvereins Peetshof** verfügt über einen Buchbestand von rund 5.000 Exemplaren. Besonders die Kinderabteilung ist gut sortiert. Zudem gibt es eine enge Zusammenarbeit mit der Kreisfahrbücherei.

Das **Feuchtwiesengebiet** im Westen von Wietzendorf ist dank des Engagements der **Naturschutzgruppe Wietzendorf** zum Naturschutzgebiet erklärt worden. Auf dem Rundweg zwischen **Pastorenmoor** und **Radewiesen** wird Spaziergängern die umgebende Natur näher gebracht. Jüngste Untersuchungen zeigen, dass in diesem 55 Hektar großen

Gebiet über 180 Schmetterlingsarten, über 30 Vogelarten und weit über 100 Pflanzenarten beheimatet sind.
Naturverbunden geht es auch auf dem **Ferienhof Flottwedel** zu. Umgeben von schönen alten Bäumen, liegt der Einzelhof in einem Waldgebiet südöstlich von Soltau. Hier können die Gäste in den gemütlichen Ferienwohnungen ihren Blick über Feld und Wald schweifen lassen. Eine große Mutterkuhherde, Ponys und viele andere Hoftiere runden

das Leben auf diesem traditionsreichen voll bewirtschafteten Hof ab. Ferien auf dem Bauernhof verbringt man auch auf dem **Laverenzhof.** Der 1883 errichtete Hof liegt zentral zwischen Nord- und Südheide und ist seit jeher im Besitz der Familie Winkelmann. Heute kümmern sich **Hermann** und **Ute Winkelmann** um Gäste und Hoftiere. Neben den drei Haflinger-Ponys werden hier ein Germanischer Bärenhund, Milchkühe, Kälber, Katzen sowie Schafe und Lämmer gehalten. Mehrfach wird der Hof als „beliebtester Ferienhof Niedersachsens" ausgezeichnet.
Nicht ganz so alt, aber ebenfalls traditionsreich ist das Unternehmen **von Loh Bedachungen.** 1883 gründet es der Wietzendorfer **Heinrich von Loh.** Doch erst seit 30 Jahren ist auch das Dachdeckerhandwerk Gegenstand des Unternehmens geworden. Angefangen hat man mit der Produktion von Dachpfannen aus Zement, die noch heute überregional vertrieben werden. Von sich reden macht die Firma mit dem **Thermodach.** Im Vergleich zu anderen Isolierungen kann es nachträglich am Dach angebracht werden und so zur Heizkostenersparnis beitragen.
Eine Konfrontation mit der schlimmen jüngeren deutschen Vergangenheit ist die **Kriegsgräberstätte Wietzendorf.** Die ersten Transporte mit sowjetischen Kriegsgefangenen treffen im Juli 1941 im Lager > Osterheide (185) ein. Wietzendorf ist ab 1942 ein „Zweiglager". Die Gefangenen leben unter katastrophalen Umständen, 16.000 von ihnen sterben und sind hier begraben. Ein **Mahnmal** wird kurz nach Kriegsende auf Anweisung der sowjetischen Militärmission errichtet.

Der Hof Flottwedel mit seinem regelmäßigen Backofenfest ist auch bekannt als Heuhotel und für sein herrliches Landfrühstück (o.)

Kranzniederlegung für russische Kriegsgefangene an der Kriegsgräberstätte Wietzendorf (ganz o.)

Ferien auf dem Laverenzhof: Kinder beim Melken (o.l.)

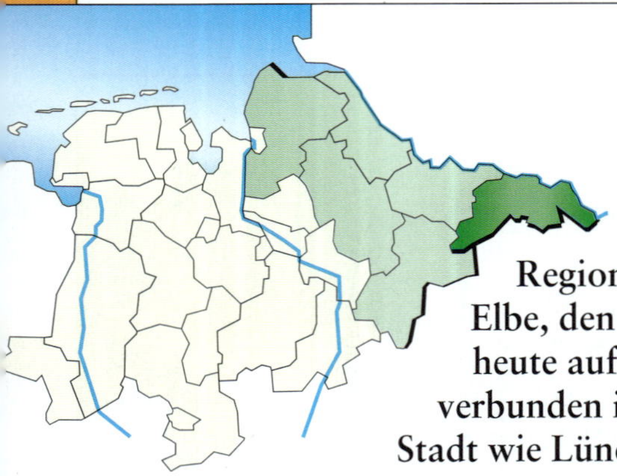

Landkreis Lüneburg

Vor Jahrhunderten durch Salz zu Reichtum gekommen und später als DDR-nahe Region an den Rand gedrängt; begrenzt durch die Elbe, den zeitweise schmutzigsten Fluss Europas, der heute auf dem Weg zur Gesundung ist; der Tradition verbunden in den Dörfern und jugendlich-vital in einer Stadt wie Lüneburg: Dieser Landkreis hat viele Gesichter.

Südlich von Hamburg, zwischen Elbetal und Lüneburger Heide, liegt der Landkreis Lüneburg. Über vier Jahrzehnte bildet der große Fluss die Grenze zur DDR, Soldaten und Wachtürme zementieren die deutsche Teilung. Die heute wieder selbstverständlichen Fährfahrten von Bleckede und Darchau sind jahrzehntelang unterbrochen.

Einige wenige Rituale und manch pragmatische Umnutzung erinnern an die sozialistische Zeit. In der einzigen östlich der ehemaligen Grenze gelegenen Gemeinde Amt Neuhaus, die 1945 der DDR zufällt und nach dem Fall der Mauer wieder Teil Niedersachsens wird, zweitaktet jedes Jahr eine große Trabbi-Rallye durch den Ort. In Neuhaus dient heute – ganz pragmatisch – ein Dieselkraftwerk der früheren Grenzanlagen zur Herstellung von Einstreuprodukten für die Tierhaltung aus aufbereitetem Stroh.

Die Elbe ist die Lebensader für einen der bedeutenden Naturräume Europas, der Flusslandschaft Elbe. Teil dieser großartigen Landschaft ist das **Biosphärenreservat Niedersächsische Elbtalaue** mit ihren mäandernden Flussarmen und überschwemmten Wiesen. Im Landkreis Lüneburg liegt auch der **Carrenziener Forst** mit seinen flechtenreichen Kiefernwäldern. Bei Stixe berührt eine riesige Wanderdüne die Wipfel mancher Bäume. Streckenweise fließt die Elbe am Fuß eiszeitlicher Erd- und Geröllberge entlang, etwa bei Alt Garge, zwischen Hitzacker und Neu Darchau sowie am Höhbeck mit der 70 Meter hohen Geestkante. Fischfang gehört zum Leben am Fluss. Trotz besser gewordener Wasserqualität gibt es im gesamten Landkreis heute nur noch ganz wenige Berufsfischer. Das Fischereibüro in Schloss Bleckede rührt deshalb auch die Werbetrommel für die Elbfischerei.

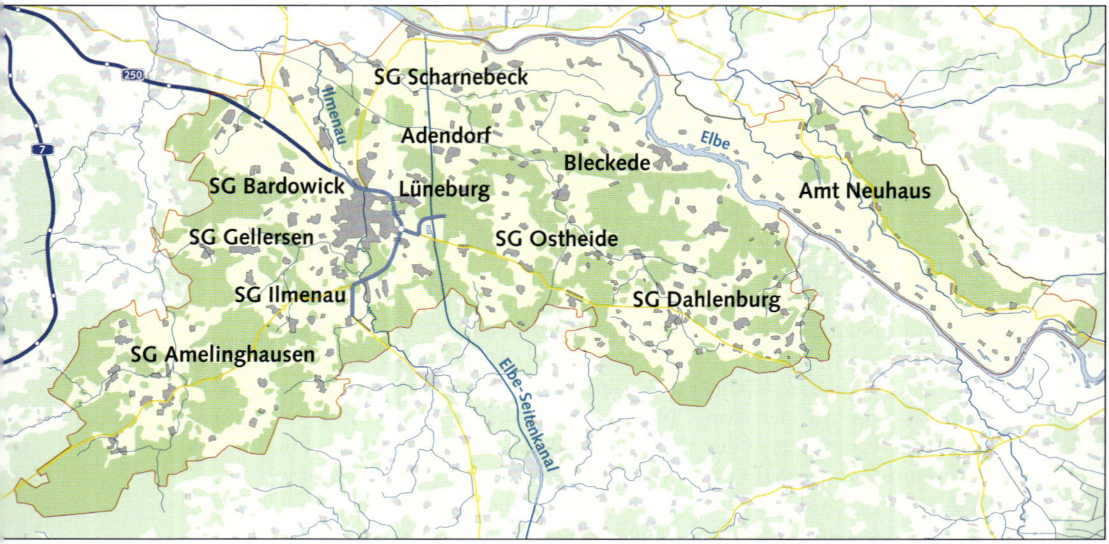

Zahlreiche Lebensmittelproduzenten haben sich angesiedelt. Bardowick mit seinen Wurzeln ist der Gemüsegarten des Landkreises. Und in der Lehr- und Versuchsanstalt für Tierhaltung in Scharnebeck lernen zukünftige Landwirte alles über Milchwirtschaft und Rinderhaltung. Auch die **Lüneburger Heide** hat großen Einfluss auf das Leben hier, selbst wenn sie nur einen kleinen Teil der Fläche des Landkreises ausmacht. Amelinghausen krönt seit Jahrzehnten eine Heidekönigin auf dem Heideblütenfest.

Die Stadt Lüneburg ist das Zentrum des Landkreises. Mit ihren über 10.000 Studenten ist sie eine junge Stadt und eine hübsche dazu: Von den verheerenden Bombenangriffen des Zweiten Weltkrieges bleibt sie weitgehend verschont. Die ehemals so reiche und mächtige Stadt hat das Bild der sie umgebenden Landschaft entscheidend geprägt. Denn die Heide ist das Resultat der Abholzung, der Urbarmachung des rauen Landstriches, ein drastischer menschlicher Eingriff, der einen uns heute natürlich scheinenden Lebensraum formt. Vor über tausend Jahren beginnt dieser Kahlschlag: Lüneburg braucht Holz für die Salzgewinnung. So tritt an die Stelle der Wälder eine sandige Geestlandschaft mit Heidekraut und Wacholder. Die noch zu Beginn des letzten Jahrhunderts als öde empfundenen Flächen, heute von Heidschnucken kurz gehalten, entwickeln mit der Zeit ihre eigene Attraktivität, deren spröde Schönheit Dichter ins Bewusstsein der Menschen heben, ehe der touristische Aufstieg der Region beginnt.

Die Fähre „Amt Neuhaus" von Bleckede über die Elbe nach Wendischthun (o.)

Landkreis-Profil

	Landkreis	Land Nieders.
Einwohner, Fläche		
Einwohner gesamt	173.164	7.993.415
darunter 0 bis 15 Jahre in %	16,1	15,4
darunter älter als 65 Jahre in %	16,6	18,7
darunter Ausländer in %	5,7	6,7
Fläche in qkm	1.323,11	47.618,24
Einwohner je qkm	130,9	167,9
Sozialstruktur (Jahresdurchschnitt, gerundet)		
Erwerbstätige gesamt	68.900	3.492.600
Empfänger von Arbeitslosengeld / -hilfe	8.630	354.300
Empfänger sonst. Hilfen zum Lebensunterhalt	7.320	311.900
Anzahl Wirtschaftsbetriebe		
Gesamt (Industrie, Handel, Gewerbe, Dienstl.)	7.566	351.151
darunter Land-, Forst-, Fischereiwirtschaft	386	15.862
Steueraufkommen		
Lohn- und Einkommensteuerzahler	57.809	2.738.281
Summe positiver Einkünfte (in Tsd. EUR)	1.869.740	88.279.875
Steuereinnahmen (EUR je Einwohner)	472,84	544,33

Wahlen

Landtagswahl 2003	
CDU	49,3
SPD	36,1
FDP	3,7
Grüne	8,8
Sonstige	2,1

Ortsteile:
- Adendorf
- Erbstorf

Einwohner: 9.824
Fläche: 16,08 qkm
610,9 Einw. je qkm

Adendorf

Adendorf hat seine Attraktionen, ist vor allem bekannt als Sport- und Freizeitgemeinde mit einem besonders großen Angebot an Sporteinrichtungen. Einmal im Monat kommen hier Magier zum Zaubererstammtisch zusammen. Und im Koi-Markt stehen japanische Karpfen zum Verkauf für bis zu 2.000 Euro pro Prachtexemplar! Sportler werden gut bedient in Adendorf: Von Mai

bis August ist das **Freibad Adendorf** mit seiner 63 Meter langen und zehn Meter hohen Rutsche, dem fünf Meter hohen Sprungturm und der angeschlossenen Minigolfanlage geöffnet. Von Oktober bis März ist das **Walter-Maack-Eisstadion Adendorf** mit seinen Tribünen für über 2.000 Zuschauer fest in der Hand der Eissportler. Der **Adendorfer Eissport Club** (**AEC**) trägt an den Wochenenden seine Heimspiele aus und hier trainieren auch die Mannschaften des Vereins.

Im Sommer nutzt das **Schaufenster Adendorf** die Halle zur Präsentation der Leistungen und Angebote Adendorfer Betriebe. Diese Ausstellung wird von der **Werbegemeinschaft Adendorf e.V.** organisiert, die auch das Straßenfest **Kirchwegsause** rund um den Rathausplatz auf die Beine stellt. Das Fest mit Musik, Tanz und Vereinspräsentationen findet im Wechsel mit dem Schaufenster Adendorf alle zwei Jahre am Pfingstsonntag statt.

Direkt neben dem Eisstadion spielen Kinder in dem 3.500 Quadratmeter großen überdachten Abenteuerspielplatz **alcino das kunterbunte Kindertobeland.** Seit Eröffnung im November 2003 hüpfen die Besucher auf Trampolinen herum, fahren auf der Kart-Bahn um die Wette und arbeiten sich die Kletterwand hinauf. Eine besondere Attraktion ist der Soccer-Fun-Park. Bei diesem Hallenfußball können die Kinder auf insgesamt zwei Spielfeldern spielen – fünf gegen fünf oder sieben gegen sieben; die Spielregeln bestimmen die Kinder selbst. Aber auch Erwachsene dürfen sich hier austoben und Geburtstagskinder haben freien Eintritt.

Direkt neben dem alcino liegt die hoteleigene Golfanlage des Best Western Castanea Resort Hotels. Der Betreiber, die **Golf Resort Adendorf KG,** popularisiert den Sport durch preiswerte Mitgliedschaften von nur 30 Euro im Monat. Rund 500 Spieler spielen zu den günstigen Tarifen. Anfänger trainieren auf einem öffentlichen Neun-Loch-Kurzplatz, Golfer ab Platzreife auf dem 18-Loch-Platz (Mastercourse). Zum Angebot gehören After-Work-Golfen, Aufbauturniere für Anfänger und natürlich „echte“ Turniere.

Im März 2002 gründen zehn Eltern den Verein **Naturpädagogik Adendorf-Bardowick e.V.** als Alternative zum Regelkindergarten. Sie heben den **Waldkin-**

Die Erbstorfer Harmoniker beim „Schaufenster Adendorf“ (o.)

Blick auf Rathaus und Rathausplatz (r.)

Maren Schnelle, Andy Taylor, Simon Betteridge und Ines Lüders (v.l.n.r.) vom Team des Golf-Clubs und Hotels (u.)

dergarten Adendorf aus der Taufe. Die Kinder spielen und lernen bei Wind und Wetter unter freiem Himmel. Ausgerüstet mit Sitzmatte und Verpflegung erkunden sie unter Aufsicht von Sozialpädagogin **Christiane Zimmermann** und Erzieher **Ralf Rainer Kronemann-Beußel** ihre Umgebung.

An jedem ersten Donnerstag im Monat ist **Magiertreff**: der Zauberstammtisch von Lüneburg und Umgebung trifft sich in der Gaststätte **Sporthotel Adendorf.** Die zehn Mitglieder kommen seit Mitte der 1990er Jahre zusammen, um über Zauberkräfte, Tricktechniken und das Geschäft zu plaudern. Manchmal lüften

sie den Mantel des Geheimnisses ein wenig. Dann bieten die Lehrer **Axel Pusch**, **Raimund Ebken** und die Zauberhexe **Sylke Finsel** Übungsstunden für Jugendliche und Kinder an.

Dank der Initiative von **Ingeborg Stoephasius** können Tierfreunde in Adendorf seit Herbst 2002 ihr Haustier auf dem Tierfriedhof **Tierfrieden** bestatten. Auslöser für die Gründung des einzigen Tierfriedhofs im Landkreis Lüneburg ist der Tod des Hundes einer Freundin von Ingeborg Stoephasius. Da diese ihr Tier nicht beerdigen kann, bleibt nur der Weg zum Abdecker. Daraufhin entschließt sich Ingeborg Stoephasius zur Gründung einer Bestattungsstätte für Vierbeiner. **Hans-Otto Rudloff** stellt sein Grundstück zur Verfügung und finanziert die Anlage. Auf dem ca. 5.000 Quadratmeter großen Gelände steht jetzt sogar ein Blockhaus als Verabschiedungsraum für Hunde, Katzen, Vögel und andere von ihren Besitzern geliebte Kleintiere.

Für bis zu 2.000 Euro stehen im **Koi-Markt Adendorf** echte und, wie der Preis zeigt, höchst kostbare Koi-Karpfen aus Japan zum Verkauf. Die Fische kommen direkt von der **Ogata-Koi-Farm** in

Kyoto. Außerdem bietet der Koi-Markt Koifutter, Skulpturen und Wasserspiele für den echten japanischen Garten an. Beratung rund um die Anlage eines Koiteichs komplettieren das Sortiment für Fans dieser höchst artifiziellen japanischen Kultur.

Der Familienbetrieb **Horst Schluckwerder** hat sich mit Spezialitäten aus Marzipan und Schokoladen einen Namen gemacht. Seit 1963 produzieren mittlerweile 300 Mitarbeiter in Adendorf Spezialitäten wie Edelmarzipantaler mit Pflaume in Madeira, Nougat-Krokant-Pralinen, Klassiker wie Waffelblätter und Schokoladenplätzchen, die in 44 Länder verkauft werden.

Kinder vom Waldkindergarten Adendorf (o.l.)

Am Magierstammtisch (o.r.): Oliver Thomas, Dieter Albrecht, Blanco (Christian Blanke), Volker Heuer, Raimund Ebken, und Hörbie als Gast aus Hamburg (v.l.n.r.)

Ingeborg Stoephasius (o.) betreibt auch das Doggy-Fun, eine Hundespielwiese, auf der die Hunde freien Auslauf haben

Hundegrab für „Herby" auf dem Tierfriedhof Tierfrieden (o.l.)

Koi-Fütterung beim Koi-Markt Adendorf (ganz l.o.)

Mitglieds-gemeinden:
- Amelinghausen
- Betzendorf
- Oldendorf (Luhe)
- Rehlingen
- Soderstorf

Einwohner: 8.242
Fläche: 194,48 qkm
42,4 Einw. je qkm

SG Amelinghausen

Vor ca. 200 Jahren ist das Gebiet der Samtgemeinde im nordöstlichen Teil der Lüneburger Heide noch fast gänzlich mit Heide bedeckt. Von der damaligen rosalila Landschaft sind heute nur kleine Flächen geblieben. Aber diese Reste, die **Kronsbergheide**, die **Rehrhofer Heide** und die **Schwindebecker Heide**, prägen noch heute das Leben der Bevölkerung, der **Heidjer**.

Mit Heidekrone und Purpurmantel ist die Heidekönigin ein Jahr lang eine charmante Repräsentantin der Heide. Im Bild oben rechts: die Heidekönigin von 2004, Meike Völker mit ihrem Hofstaat. Berühmt geworden ist die 41. Heidekönigin von 1990, Jenny Elvers-Elbertzhagen (o.l.)

Zu Ehren der abtretenden Heidekönigin findet immer am Historischen Schafstall ein traditionelles Frühstück mit lustigen Reden statt (r.)

Seit 1950 findet in der Kronsbergheide bei **Amelinghausen** Mitte August das berühmte **Heideblütenfest** statt. Zehntausende Zuschauer kommen regelmäßig zur Heideblütenfestwoche. Die Eröffnungsveranstaltung „Der See brennt", mit Musik auf einer schwimmenden Bühne und dem Feuerwerk am **Lopausee**, ist besonders sehenswert. Am abschließenden Sonntag der Festwoche wird auf dem **Kronsberg** ein **plattdeutscher Gottesdienst** zelebriert und nachmittags die neue **Heidekönigin** gewählt. Später zieht der große **Festumzug** durch das geschmückte Amelinghausen. Hier hat die Karriere von **Jenny Elvers-Elbertzhagen** begonnen: Die in Amelinghausen aufgewachsene Schauspielerin und Moderatorin wird 1990 zur 41. Heidekönigin gekrönt.

Die Heide ist nicht nur ein idyllischer lila Teppich aus Pflanzen. Britische und kanadische Nato-Truppen nutzen die **Schwindebecker Heide** von 1961 bis 1995 im Rahmen des **Soltau-Lüneburg-Abkommens** als militärisches Übungsressort. Seit Mitte der 1990er Jahre wird das Gelände, dessen Boden durch den militärischen Übungsbetrieb stark beansprucht worden ist, renaturiert.

Am Rande dieser Heide, nah bei **Schwindebeck**, liegt die **Schwindequelle**, die den **Schwindebach** speist. Sie steht als zweitgrößte Quelle in Niedersachsen seit 1936 unter Naturschutz.

Biologische Küche kocht **Brigitte Bauck** für die bis zu 35 Pensionsgäste auf dem **Bauckhof Amelinghausen**. Er ist einer der drei Bauckhöfe, die über viele Generationen im Familienbesitz waren. 1932, als noch niemand von Ökologie und Umweltbewusstsein sprach, wurde der Hof in Klein Süstedt auf biologisch-dynamisches Wirtschaften umgestellt. Amelinghausen wird seit 1939 und Stütensen seit 1966 biologisch-dynamisch bewirtschaftet. 1969 wird die Gemeinnützige Landbauforschungsgesellschaft begründet, um die Höfe aus Privateigentum in gemeinnütziges Eigentum zu überführen. **Bauckhof-Produkte** sind bundesweit über Naturkostläden und Postversand erhältlich. Der Hof in Amelinghausen hält auch Zimmer für Urlauber bereit.

Der Kräutergarten des Bauckhofes ist eine Station der **Kräuterwanderung** des Apothekers **Jörg Albrecht Koch.** Er beginnt die Führung vor seiner Apotheke und erklärt die Pflanzen, ihre Inhaltsstoffe und heilsamen Anwendungen.
Durch Amelinghausen fährt der Oldtimerzug **Heide-Express.** Die Kleinbahn aus den 1950er Jahren startet in Lüneburg. Die **Arbeitsgemeinschaft Verkehrsfreunde Lüneburg e.V.** unterhält nicht nur den Zug, die Mitglieder springen auch als Schaffner, Barkeeper oder Kellner ein.
Ein Haltepunkt ist der **Historische Schafstall Amelinghausen.** Während der 1970er Jahre bauen **Anneliese** und **Helmuth Petersen** den ca. 200 Jahre alten Schafstall zu einem Ausflugslokal um, das Gruppen nach Absprache buchen können und dessen Charakter als rustikaler Schnuckenstall weitgehend erhalten geblieben ist.
Im **Finkenweg** 18 in Amelinghausen haben **Ingrid** und **Rolf Nobel** einen privaten **Eulengarten** für ihre rund 60 Eulen

angelegt. Von Mai bis September führt Rolf Nobel Besucher jeden Mittwoch und Samstag um 15 Uhr durch das idyllische Areal.
Ein touristischer Anziehungspunkt ist das 4.000 Jahre alte, in einer Heidefläche eingebettete Gräberfeld mit seinen sechs teilweise freigelegten Steingräbern: die **Oldendorfer Totenstatt. Christel Wegener** und **Helmuth Petersen** bieten archäologische Führungen durch die Grabstätte an, auf Wunsch auch auf Plattdeutsch.
Keramikfunde und Tongefäße aus den Grabanlagen können im **Regionalmuseum Archäologie** besichtigt werden, das in einer denkmalgeschützten ehemaligen niedersächsischen Rauchkate in Oldendorf untergebracht ist.
Das Gelände der Oldendorfer Totenstatt gehört **Günter Rund** und Müllermeister und Landwirt **Andreas Engel,** der die **Oldendorfer Mühle** betreibt. Dessen Mutter **Else Engel,** geb. Müller, ist eine der ersten weiblichen Müllergesellen gewesen. Ihr Großvater **August Müller** heiratet 1886 in die Familie ein, die die vermutlich im 14. Jahrhundert gebaute Wassermühle an der Luhe betreibt. Täglich werden heute rund 50 Tonnen Roggen zu Mehlen und Spezialschroten verarbeitet.
Im Ortsteil **Etzen** speist die Luhe auch die 50 Fischteiche der **Familie Hedder,** die auf dem **Hof Etzen** Forellen züchtet und Aale aufzieht. Später werden die Fische an Angelvereine verkauft, in der hofeigenen Räucherei geräuchert, im **Fischladen** verkauft oder im von **Christa Hedder** betriebenen Restaurant **Café im Speicher** angeboten.

Familientag am Lopausee; Höhepunkt ist das Entenrennen (o.)

Christel Wegener führt über die Oldendorfer Totenstatt (l.)

Heide-Express (ganz l.)

Im Eulengarten werden ca. 60 Eulen und Taggreife in natürlich gestalteten Volieren gezeigt (o.)

Ortsteile:
- Bitter
- Bohldamm
- Bohnenburg
- Darchau
- Dellien
- Groß Banratz
- Groß Kühren
- Gühlstorf
- Haar
- Herrenhof
- Kaarßen
- Konau
- Krusendorf
- Laake
- Laave
- Neu Garge
- Neuhaus
- Niendorf
- Pinnau
- Popelau
- Preten
- Privelack
- Rassau
- Rosien
- Stapel
- Stiepelse
- Stixe
- Strachau
- Sückau
- Sumte
- Tripkau
- Viehle
- Vockfey
- Wehningen
- Wilkenstorf
- Zeetze

Einwohner: 5.505
Fläche: 237,16 qkm
23,2 Einw. je qkm

Amt Neuhaus

Übrig gebliebener DDR Grenzwachturm (ganz o.r.)

Das Künstlerpaar Hedda und Joachim Bornemann wohnt in dem Fachwerkhaus auf dem Gelände der Ausstellungsremise in Konau. Im Bild: Hedda Bornemann in ihrem verwunschenen Garten (o.r.)

Das ganze Gebiet der Gemeinde Amt Neuhaus ist Teil des **Biosphärenreservats Niedersächsische Elbtalaue.** Weißstörche, Kiebitze, Fischotter, Biber und Rotbachunken finden ideale Lebensbedingungen in dieser naturnahen Landschaft. Von 1945 bis 1990 ist das **Amt Neuhaus** Teil der **DDR.** Mit dem Einmarsch der sowjetischen Truppen am Ende des Krieges wird die Elbe ein Grenzfluss. Damit ist die Verbindung zum Landkreis Lüneburg abgeschnitten. Die Gemeinden fallen an den Kreis Hagenow in Mecklenburg-Vorpommern. 1993, drei Jahre nach der Wiedervereinigung, wird das Amt Neuhaus in den Landkreis Lüneburg zurückgegliedert.

Am 5. August 1962 machen sich drei Jugendliche im Alter von 15 und 16 Jahren auf, die DDR bei Darchau über die Elbe zu verlassen. Sie werden von DDR-Grenzern entdeckt, die Soldaten eröffnen das Feuer. Ein Junge ertrinkt, ein weiterer gibt auf und wird festgenommen. Nur einer der Jugendlichen erreicht das westliche Ufer. An diese tragischen Zustände aus DDR-Zeiten erinnern neben alten **Grenzwachtürmen** in **Darchau** und **Popelau** eine **Ausstellung** in der restaurierten Durchfahrtsscheune in **Konau.** Teile der Ausstellung sind in der **Remise,** einem kleinen Fachwerkhaus, untergebracht. Der **Förderverein Konau e.V.** hat dessen Pflege übernommen und organisiert nach Absprache Führungen. Die Ausstellung zum Leben am Grenzzaun ist integriert in den **grenzhistorischen Rundweg** des EXPO-2000-Projektes „Fluss Landschaft Elbe Wendepunkte“.

An DDR-Zeiten erinnert jedes Jahr am ersten Juniwochenende die vom **„Werner Club“ Krainke e.V. Neuhaus** vorbereitete **Trabbi Rallye.** Bis zu 30 Fahrer treten am Fußballplatz zum Rennen gegen die Uhr an. Am Abend steigt der **Trabbi-Ball.** Die 40 meist jugendlichen Mitglieder des Clubs stellen außerdem jedes Jahr am zweiten Augustwochenende den **Rocksommer** auf die Beine. Als Bühnenkulisse für die bis zu acht Bands dient der alte **Burgwall** der im 17. Jahrhundert abgerissenen Wasserburg in Neuhaus.

Da **Konau** seit 1952 im Sperrgebiet der DDR liegt, ist das Dorf über Jahrzehnte fast unverändert geblieben. Es bildet mit **Popelau** ein einheitliches **Marschhufendorf.** Wie aufgezogen auf einer Perlenschnur liegen die Häuser mit den Wohngiebeln zum Deich, während der Wirtschaftsteil auf Hofkoppel und Feldmark weist. In seiner Art ist es das weltweit einzige vollständig erhaltene Marschhufendorf und steht unter Denkmalschutz. In **Darchau** gibt es heute eine **Fähre** für die Elbüberfahrt nach **Neu-Darchau** im angrenzenden Kreis Lüchow-Dannenberg.

Die **SBE Naturprodukte GmbH** von **Christian Fabel** in Neuhaus nutzt ein Dieselkraftwerk, das früher die Grenzanlagen mit Strom versorgt hat, zum Betrieb von Strohverarbeitungsmaschinen für Einstreuprodukte in der Tierhaltung. Die **Bau- und Möbeltischlerei Dittmer** ist seit über 100 Jahren Familienbetrieb. 1995 kauft die Familie das Haus zurück, in dem der Betrieb einst gegründet worden ist. Dittmer ist einer der ersten, der nach der Rückgliederung des Amtes Neuhaus Mitglied der Innung Lüneburg wird. Ein Traditionsbetrieb ist auch die **Bäckerei Ickert.** Die seit 1957 ansässige Bäckerei hat heute sieben Filialen und ein Verkaufsmobil und wird von **Manfred Ickert** geführt.

Durch die Randlage in der DDR blieb die Natur im Amt Neuhaus weitgehend sich selbst überlassen. Günstige Bedingungen für die Stiftung **The Storck Foundation - Störche für unsere Kinder,** die um den Ort **Preten** ein ideales Areal zum Aufbau eines Storchenparadieses fand. Im Rahmen des 1994 gestarteten Projekts **Sudewiesen** fördert die Stiftung des Süßwarenherstellers extensive Landwirtschaft, renaturiert Feuchtwiesen und organisiert die Ansiedlung von Heckrindern und Wildpferden.
Der **Carrenziener Forst,** der sich auf einer Strecke von 30 Kilometern von **Preten** bis nach **Wehningen** zieht, ist eine landschaftliche Sehenswürdigkeit. Der Kiefernwald wurde Mitte des 19. Jahrhunderts auf einer parallel zur Elbe verlaufenden Binnendüne angelegt. Nur ein kleiner Teil, die **Stixer Wanderdüne,** widersteht der Aufforstung und deckt noch heute große Kiefern bis zum Wipfel mit Sand zu.
Eine kleine, 1984 gegründete Werkstatt für Holzspielzeug hat sich in **Wehningen** zu Europas größtem Hersteller von Massagetischen aus Holz gemausert: die **Xenon Warnke Holzmanufaktur,** die mit 150 Mitarbeitern pro Jahr 4.000 Massagetische und in den Türenwerken in **Pinnau** über 30.000 Türen herstellt.
Mit rund 250 Mitarbeitern ist das **AIS Rechenzentrum für Rechtsanwälte** in **Sumte** der größte Arbeitgeber in der Gemeinde Amt Neuhaus. Seit 1971 arbeitet AIS, damals noch in Hamburg, als bundesweiter Dienstleister für Rechtsanwälte im Bereich Forderungsbeitreibung. Seit 1994 ist das Unternehmen in seinem Bürodorf in Sumte angesiedelt.

Sommerfest des AIS Rechenzentrums, bei dem die Kinder des Betriebskindergartens einen Tanz aufführen (o.)

Der Heimatforscher und Ortschronist Werner Hüls (o.) Von ihm liegen zahlreiche Publikationen zur Geschichte von Neuhaus und den umliegenden Orten vor. Gerade für eine Gemeinde wie Amt Neuhaus, die zeitweise unter die Räder der Geschichte geraten ist und erst seit 1993 wieder zu Niedersachsen gehört, ist Heimatgeschichte identitätsstiftend

Türenfertigung bei Xenon Warnke (o.l.)

Trabbi Rallye in Neuhaus (ganz o.l.)

SG Bardowick

Mitglieds-gemeinden:
- Barum
- Flecken Bardowick
- Handorf
- Mechtersen
- Radbruch
- Vögelsen
- Wittorf

Einwohner: 15.755
Fläche: 100,01 qkm
157,5 Einw. je qkm

In Bardowick fallen zwei Dinge auf: Die vielen Hinweisschilder auf Gemüseverkaufsstellen und die ungewöhnlich große Kirche, der **Dom St. Peter und Paul** mit seinem mächtigen Doppelturm. Der gotische Backsteinbau erinnert an die mittelalterliche Blütezeit Bardowicks. Denn wo heute bäuerliche Häuser weit verstreut an ländlich anmutenden Straßen stehen und die Menschen zum großen Teil vom Gemüseanbau leben, stand um 1150 eine der bedeutendsten Städte Norddeutschlands.

Festlich geschmückter Wagen beim Erntefest in Bardowick. Auf dem Blumen-Sessel: Lisa Cohrs (r.)

Rainer Bauland an der Gemüsebindemaschine (u.) Das Gerät bindet und wäscht Suppengrün, Porree oder Petersilie

Lange Zeit ist Bardowick Drehscheibe des Handels mit slawischen Nachbarn, ist stolz auf Stadtrecht und Münze, demonstriert mit seinen neun Kirchen Frömmigkeit und Reichtum. Doch 1189 legt der Welfenherzog **Heinrich der Löwe** die Stadt in Schutt und Asche. Danach kommt Bardowick nie wieder hoch. Im **Gildehaus**, einem reetgedeckten Fachwerkgebäude aus dem Jahre 1651, das als Heimatmuseum dient, ist die gloriose Vergangenheit nachgezeichnet.
Nach der Zerstörung leben die Bardowicker von den Erträgen ihrer Äcker.

Der **Gemüseanbau** hat seine Bedeutung bis heute bewahrt. Auf über 1.000 Hektar Fläche wachsen in der Samtgemeinde die weit über die Region hinaus bekannten Wurzeln, aber auch Spargel, Kartoffeln und Grünkohl, Gemüse, das auf Wochenmärkten der Region ebenso verkauft wird wie auf dem Hamburger Großmarkt. Die Tradition des Gemüseanbaus findet sich sogar im Stadtwappen mit seinen drei weißen Petersilienwurzeln wieder.
Viele Höfe sind seit Ewigkeiten in Familienhand. Den **Gemüsebaubetrieb Gade** etwa gibt es seit über 300 Jahren. 1998 übernimmt der staatlich geprüfte Landwirt **Oliver Gade** den Betrieb von seinem Vater. Auf 30 Hektar baut er Möhren, Spargel, Kartoffeln, Grünkohl an. Über Großhändler landet die Ernte auf Wochen- oder auch in Supermärkten, wird aber auch ab Hof verkauft.
Andere Unternehmen finden einen Markt als Anbieter von Maschinen für den Gemüseanbau. Die **Agrartechnologie R. Bauland** aus Bardowick produziert und handelt mit Gemüse-Waschmaschinen und ist auf die Reparatur von Landmaschinen spezialisiert. In seinem Sortiment hat **Rainer Bauland** außerdem vollautomatische Bindemaschinen, die Möhren, Suppengrün und Kräuter zu handlichen Sträußen zurren.

Der Dom St. Peter und Paul ist das älteste Gebäude in Bardowick und wurde nach fast 100jähriger Bauzeit 1487 eingeweiht. Die beiden Türme überragen alle anderen Gebäude in der Gemeinde (r.)

Auch die schönen jungen Frauen in Bardowick sind quasi dem Gemüse verpflichtet: Während anderswo Heide- oder Weinköniginnen regieren, krönt Bardowick seit 1963 seine **Wurzelkönigin**, die am zweiten Samstag im März auf dem **Wurzelball** gefeiert wird.

Jedes Jahr Ende September, 14 Tage vor dem kirchlichen Erntedankfest, richtet der **Gemüsebauverein Bardowick** mit der **Bardowicker Landjugend** Norddeutschlands größtes **Erntedankfest** aus. Regelmäßig bewundern mehr als 10.000 Besucher die mit Dahlien, Ähren und vor allem natürlich Gemüse geschmückten Wagen. Bevor der große Umzug durch den Ort zieht, wird nach einem Gottesdienst im Bardowicker Dom die Erntekrone aus Getreideähren abgeholt. Der Umzug endet auf dem Festplatz an der Straße **Große Worth** mit dem beliebten Budenzauber und der festlichen Dreifaltigkeit aus Wurst, Musik und Bier.

Der Handelsplatz Bardowick an der **Ilmenau** ist natürlich der Schifffahrt verbunden. Vor der Verwüstung der mittelalterlichen Metropole ist der Wasserweg für den Handel unentbehrlich. Die Abfahrt eines Gemüseschiffes nach Hamburg wird früher vom Läuten der Glocke des **Viti-Turms** angekündigt, die heute nur noch zum Jahreswechsel schlägt.

Der **Verein der Ilmenauschiffer Bardowick von 1861** dokumentiert auf einer Tafel nah der 1933/34 gebauten **Bardowicker Schleuse** die große Zeit der Bardowicker Ilmenauschifffahrt. Die Schleuse ist, genau wie die **Wittorfer Schleuse,** heute noch in Betrieb. Mittlerweile dient sie jedoch in der Hauptsache dem Sportbootverkehr.

Oliver Gade (o.) bei der Rote-Bete-Ernte. Er tauscht Anbauflächen mit anderen Landwirten, um durch wechselnde Fruchtfolge die Bodenfruchtbarkeit und die Gesundheit der Pflanzen zu verbessern

Seit dem 11. Jahrhundert steht an der Viti-Furth eine Brücke über die Ilmenau. Die letzte hölzerne Zugbrücke wird 1880 erbaut. Sie weicht Mitte der 1960er Jahre der stählernen Klappbrücke (l.)

Bis heute betrieben wird auch die um 1812 gebaute **Windmühle** von Bardowick, ein Gallerieholländer. Sie ist neben dem Dom ein Wahrzeichen des Ortes. Seit 1907 ist sie im Besitz der **Familie Meyer.** Der Inhaber **Eckhard Meyer** beschäftigt sechs Mitarbeiter, die in der Mühle Getreide für Lebensmittel und Viehfutter verarbeiten. Auch er bietet einen Hofverkauf an, und in der Mühle haben sich ein Naturkostladen und ein Geschäft für Tiernahrung und Garten etabliert. Alljährlich wird am Deutschen Mühlentag, dem Pfingstmontag, ein **Mühlenfest** gefeiert.

Harry Sander und Herbert Werner in der traditionellen Tracht der Gilde der Ilmenauschiffer mit Kappe und weißer Schürze beim jährlichen Schifferball im Gasthaus Zum Anker (l.)

Kindergeburtstag einmal anders: Kutscher Andreas Gensch fährt seine jungen Passagiere in den Einemhofer Forst, wo ein Geburtstagsprogramm wartet (o.)

Die mittelalterliche Wohnanlage Nikolaihof (r.)

Im 1998 eröffneten Hospiz St. Marianus erhalten Patienten eine Sterbebegleitung, die neben einer qualifizierten Schmerztherapie auch die menschliche Zuwendung nicht vergisst (r.)

Am Ortsrand von Bardowick, mitten in einem Eichenwäldchen, liegt der **Nikolaihof**, eine mittelalterliche Wohnanlage aus dem 13. Jahrhundert. Das Anwesen mit kleiner Kirche, alten Fachwerkhäusern und einigen Scheunen dient einst als Hospital. Heute sind hier Seniorenwohnungen untergebracht.

Menschen mit einer unheilbaren Krankheit finden im **St. Marianus**, dem Bardowicker Zentrum für Schwerkranke, medizinische Versorgung und menschliche Nähe. Speziell ausgebildete Kranken- und Ordensschwestern leisten psychologische Sterbebegleitung und kümmern sich um Familienangehörige und Freunde.

Mit Pferd und Wagen führt **Andreas Gensch** aus **Mechtersen** durch Lüneburg. Die historischen Stadtrundfahrten beginnen am Rathaus (Am Markt) und führen über den Ochsenmarkt, den Lambertiplatz, vorbei Am Sande und bis zum Wasserviertel mit Stintmarkt. Auf dem Programm von Andreas Gensch stehen auch Kaffeefahrten in, um und durch Mechtersen. In einem Kaltblutgespann geht es zum **Café Kutscher-Ausspann**, das in einem alten Eisenbahnwaggon untergebracht ist. Nachdem sich die Gäste mit Kaffe und Kuchen gestärkt haben, können sie den Stall und die Hufbeschlagschmiede des Kutschbetriebs besichtigen. Andreas Gensch bietet außerdem Kutschfahrten in den **Einemhofer Forst** in der Samtgemeinde >Gellersen (217) an. Dort wartet ein Programm mit Lagerfeuer, Bogenschießen, Hufeisenwerfen und Schatzsuche auf die Teilnehmer.

Die Feste in der Region sind zahlreich. Jede Gemeinde feiert gerne und ausgiebig und die Bürger organisieren sich ihr Vergnügen meistens selbst. Überregionale Bedeutung hat das **Heideblütenfest** in **Wittorf** am letzten Wochenende im August. Die großen Heideflächen in Wittorf sind verschwunden, das traditionelle **Fest** ist geblieben. Ab 13 Uhr startet der Festwagen-Korso in der Dorfmitte und rollt durch Wittorf. Das schönste Gefährt wird prämiert und abends wählt eine Jury des **Sparclubs Up de Heid** die Heideblütenkönigin. Danach folgt der unumgängliche Tanz im Festzelt.

In **Barum/St. Dionys** wird am 21. Juni vor der Gaststätte Fehlhaber das **Sonnenwendfest** zelebriert. Und jeden ersten Samstag im August lockt am Barumer See das Fest **„Der See brennt"**. Bis in den Abend ist das Programm auf die Kinder zugeschnitten. Aber sicher gefällt ihnen auch, wenn nach Einbruch der Dunkelheit ein großes Feuerwerk am Himmel über dem Naturbadesee zerplatzt.

Bleckede

Ortsteile:
- Alt Garge
- Barskamp
- Bleckede-Wendischthun
- Brackede
- Breetze
- Garlstorf
- Garze
- Göddingen
- Karze
- Radegast
- Rosenthal
- Walmsburg
- Wendewisch

Einwohner: 9.750
Fläche: 140,40 qkm
69,4 Einw. je qkm

Die Stadt **Bleckede** liegt direkt an der Elbe, eingebettet in das Biosphärenreservat Flusslandschaft Elbe. Seit 1945 ist Bleckede Grenzstadt am „Eisernen Vorhang". Die Wende 1989, die Rückgliederung des Ortsteils **Bleckede-Wendischthun** auf der Ostseite der Elbe und die Wiederaufnahme des Fährverkehrs

Flusslandschaft Elbe bei Bleckede (l.)

haben in der Gemeinde für viel Bewegung gesorgt.

Nordflügel des Elbschlosses (u.r.) und Blick in das Innere mit der Ausstellung „Faszination Fliegen" (u.l.)

Im Jahr 2002 wird das **Elbschloss Bleckede** nach Renovierung und Umbau als Informationszentrum für die Elbtalaue neu eröffnet. Seitdem beherbergt es neben der **Tourist-Information** und dem **Café Fritz** das Besucher- und Informationszentrum für das **Biosphärenreservat Niedersächsische Elbtalaue**. Besucher erwarten diverse Themenräume: Ideen für Ausflüge, das Aquarium mit heimischen Fischen, ein Storchenraum, eine Abteilung über die Geschichte der Elbe und eine mit Schlossgeschichten, dazu der 20 Meter hohe Aussichtsturm. Ab Ostern startet an jedem Sonntag um 14 Uhr am Elbschloss eine dreistündige Kutschfahrt durch die Elbtalaue: die **Storchen-Safari.**

Der Hof des Schlosses ist die Kulisse diverser Kulturveranstaltungen, wie des **Jazz im Schlosshof** und des **Historischen Burgfestes** mit mittelalterlichem Markt. Der **Musikalische Frühling**, das Open-air-Festival für klassische und moderne Musik ist gewissermaßen eine Institution; es zieht seit fast drei Jahrzehnten kontinuierlich sein Publikum an.

Seit November 1989 kann der Reisende vom **Bleckeder Hafen** mit der Fähre **„Amt Neuhaus"** wieder auf die östliche Elbseite nach Bleckede-Wendischthun überwechseln, wo noch immer ein ehemaliger **DDR-Wachturm** an die Deutsche Teilung erinnert. Heute gehört dieser Turm am Fähranleger dem Berliner **Eckhard Krüger,** der das Relikt aus DDR-Zeiten als Ferienwohnung nutzt. An jedem zweiten Oktober, am Abend vor dem Tag der Deutschen Einheit, organisiert der neue Besitzer ein Lagerfeuer mit Imbiss und

Der heute bewohnte ehemalige DDR-Grenzwachturm (o.)

Thorsten Knuth, Leiter der Albert-Schweitzer-Altenhilfe im Gespräch mit einem Bewohner (o.)

Pause in der Radlerherberge „Alte Schule" (r.)

Getränken. In Neu Darchau soll – wenn die Planung abgeschlossen ist – in wenigen Jahren eine Brücke die Elbe queren. In der von **Petra Sühr** geführten **Radlerherberge „Alte Schule"** in **Neu Wendischthun**, dem östlich der Elbe gelegenen Ortsteil mit seinen 63 Bewohnern, ist eine kleine Ausstellung zum Leben an der ehemaligen Grenze untergebracht. In Neu Wendischthun, dem Warftendorf, steht jedes Haus auf einer eigenen Warft, um dem Hochwasser zu trotzen. Die hübschen Fachwerkhäuser stehen zum großen Teil unter Denkmalschutz.

Vereinsheim der Bleckeder Bootsfreunde (o.r.)

Der kohlebefeuerte Raddampfer „Kaiser Wilhelm" von 1900 (o.l.) fährt in den Sommermonaten zwischen Bleckede und Lauenburg. Der Verein zur Förderung des Lauenburger Elbschifffahrtsmuseums betreibt ihn ehrenamtlich

Der **Bleckeder Hafen** linkseitig der Elbe fungiert als Schutzhafen. Hier kommen Schiffe unter, wenn die Elbe wegen Eisgang oder Niedrigwasser nicht befahrbar ist. Hier sind auch die **Bleckeder Bootsfreunde von 1927** und das Fahrgastschiff **Bleckeder Löwe** beheimatet. Das für 130 Personen zugelassene Schiff der **A. Haak Fahrgastschifffahrt** ist für Rund-, Tages-, Linien- und Charterfahrten auf der Elbe ausgelegt.
Seit jeher war **Fischfang** Teil der Elbnutzung. Aber die dramatische Verschmutzung des Flusses verdarb lange den Fang: Nur drei Berufsfischer in der Region üben ihren Beruf heute noch hauptberuflich aus. Nachdem seit 1990 die Chemiekombinate der DDR stillgelegt und viele kommunale Kläranlagen gebaut worden sind, bessert sich die Wasserqualität und mit ihr der Gesundheitszustand der Zander, Aale und Hechte. Das 2003 eingerichtete **Elbfischereibüro** im **Elbschloss Bleckede** will das wirtschaftliche Potenzial der Fischerei in der Niedersächsischen Elbtalaue stärken. Unter Leitung von Projektkoordinator **Axel Schlemann** versucht das Büro, den Elbfisch wieder zu popularisieren und die Elbfischerei sowie den Angeltourismus zu fördern. Die regionale Wochenzeitung **Elbmarsch-Post** mit Sitz in Bleckede erscheint im östlichen Landkreis Lüneburg. Fünf freie Journalisten stellen zusammen mit Chefredakteur **Wolfgang Herbst** die regionalen Themen zusammen. Schon seit 1878 existiert die zweite örtliche Zeitung, die **Bleckeder Zeitung. Christian Schötteldreyer** leitet den Familienbetrieb in dritter Generation. Dreimal wöchentlich erreichen die Zeitungen ihre Leser im Landkreis insbesondere in den Gemeinden Bleckede und Amt Neuhaus. 2003 feiert die Zeitung 125-jähriges Jubiläum.
1969 wird das **ASF Kinderdorf** vom **Albert-Schweitzer-Familienwerk** in **Alt Garge** eingeweiht. Unter der Leitung des Sozialpädagogen **Dietrich Bangen** finden rund 100 Kinder und Jugendliche in Familien und Wohngruppen ein neues Zuhause. Im Rahmen der **Albert-Schweitzer-Altenhilfe** betreibt das Familienwerk einen Gebäudekomplex, mit rund 80 barrierefreien Ein- bis Zweizimmerwohnungen für Senioren.

SG Dahlenburg

Mitglieds-gemeinden:
- **Boitze**
- **Dahlem**
- **Flecken Dahlenburg**
- **Nahrendorf**
- **Tosterglope**

Einwohner: 6.443
Fläche: 155,82 qkm
41,3 Einw. je qkm

Dahlenburg ist eine Idylle. Vor allem Senioren aus der Hauptstadt Berlin kommen zu Tausenden zu Besuch und genießen die Ruhe im Ort. Aber auch wirtschaftlich hat die Samtgemeinde einiges zu bieten. Die Molda AG ist in ihrem Marktsegment eine Weltfirma; für Orchideenliebhaber sind die Gewächshäuser im Ort bundesweit ein Begriff und das nahe Islandpferdegestüt ist über die Grenzen des Landkreises hinaus bekannt.
Die **Molda AG** in **Dahlenburg** ist seit über 50 Jahren mit der Trocknung hochwertiger Nahrungsmittel beschäftigt. Die Angebotspalette, zu der entsprechende Techniken gehören, ist breit: Gefriertrocknung von Kaffee, Vakuumtrocknung von Fleischextrakten oder Walzentrocknung von Hefe. Schwerpunkt der Produktion ist aber die Trocknung von Früchten, mit der sich Molda weltweit eine Spitzenposition am Markt erarbeitet hat. Das Unternehmen mit seinen 420 Beschäftigten ist einer der größten Arbeitgeber des Landkreises.
Das **Heizkraftwerk** der Molda AG, das täglich 65 Tonnen Kohle verbraucht und stündlich 35 Tonnen Dampf erzeugt, deckt nicht nur weitgehend den betriebseigenen Strombedarf. Mit der Abwärme wird zudem das gemeindeeigene **Freibad im Dorn** beheizt. Auch die beiden Kläranlagen der Molda AG nutzt zusätzlich die Gemeinde mit.
Überregional bekannt ist der **Orchideen-Garten** von **Joachim Karge** in **Dahlenburg.** Großhändlern und privaten Käufern bietet er auf 4.000 qm in 14 Gewächshäusern 350 verschiedenen Orchideenarten an. Das Unternehmen ist seit 1896 in Familienbesitz. Alle drei Jahre findet hier Anfang Juli ein von der **Deutschen Orchideen Gesellschaft** initiiertes Treffen statt. Zahlreiche Orchideenliebhaber kommen zu den Vorträgen und zur Prämierung ganz besonderer Pflanzen.

Früchte und andere Lebensmittel werden bei der Molda AG gefriergetrocknet (o. und ganz u.)

Joachim Karge mit Loki Schmidt, der Gattin von Altbundeskanzler Helmut Schmidt, bei der Taufe einer Orchidee auf den Namen „Doriella Loki Schmidt" (o.l.)

Elke u. Lothar Schenzel mit ihrem Isländer-Zuchthengst „Ossi vom Kronshof" und dem Hund Lina (o.)

Schulung auf dem Ellernhof: Es müssen Aufgaben bewältigt werden wie z.B. einen Luftballon durch ein Viereck mit stacheligen Zacken zu schieben (r.). Das funktioniert nur in Teamarbeit

Die Sammlung des Heimatmuseums in der St. Laurentiuskapelle (o.r.) besteht überwiegend aus Schenkungen und Leihgaben von Dahlenburger Bürgern und Freunden des Museums. Angefangen hat alles mit dem Lehrer Louis Baumgarten, der 1911 den Museumsverein Dahlenburg gründet und 1928 die St. Laurentiuskapelle als Museum einrichtet

Das Seminar- und Tagungszentrum **Ellernhof** schult Mitarbeiter und Führungskräfte. Die Hotelanlage liegt, umgeben von Wald und Wiesen, in Alleinlage im Dahlenburger Ortsteil **Ellringen**. Im Rahmen von firmeninternen Trainings gehen die Ausbilder ungewöhnliche Wege. Teamwork und gegenseitiges Vertrauen werden u.a. auf Hoch- und Niedrigseilparcours, beim Bogenschießen und in vielen anderen Gruppenaktivitäten entwickelt.

Im idyllischen **Ellringen** haben **Elke** und **Lothar Schenzel** den **Kronshof**, das größte Islandpferdegestüt im norddeutschen Raum, aufgebaut. Seit mehr als 35 Jahren züchten sie hier auf 160 Hektar Grünfläche Islandpferde. Gäste quartieren sich hier für einen Urlaub ein, Anfänger lernen zu reiten. Islandpferde und Reitzubehör stehen zum Verkauf. Ein gutes Geschäft ist die Unterbringung fremder Pferde.

Die größte Veranstaltung in Dahlenburg ist der **Martinimarkt** am ersten Novemberwochenende. 70 Schaustellerbetriebe schlagen von Freitag bis Sonntag ihre Zelte auf und ziehen mehr als zehntausend Besucher an. Im Dahlenburger **Heimatmuseum** hat eine Arbeitsgruppe eine Ausstellung mit Flachsbearbeitungsgeräten und einer Fotodokumentation zum Thema

Leinenherstellung arrangiert. In dem Museum, das von Mai bis Oktober an jedem Sonntagvormittag und nach Vereinbarung öffnet, ist außerdem die berühmte **Schlacht an der Göhrde** des Jahres 1813 zwischen russisch-deutschen Truppen und den Franzosen unter Napoleon mit 1.500 Zinnsoldaten nachgestellt. Auch die Schuhmachergeschichte des Ortes ist dokumentiert, weil bis ins 19. Jahrhundert hinein in Dahlenburg derart viele Schuster ansässig sind, dass es in der Umgebung nur **„Schusterburg"** heißt. Das Museum ist seit 1928 in der hübschen **St. Laurentiuskapelle** untergebracht, einem Feldsteinbau aus dem 13. Jahrhundert.

Eine reine Idylle kann aber natürlich auch Dahlenburg nicht sein: Die Bahnstrecke Lüneburg–Dannenberg führt mitten durch die **Göhrde**, ein großes Waldgebiet im Landkreis Lüchow-Dannenberg, das zu Teilen in die Samtgemeinde Dahlenburg hineinragt. In den letzten Jahren steht diese Strecke im Zentrum der Proteste gegen die **Castor-Transporte**. Im März 2001 gerät Dahlenburg in die Schlagzeilen, als sich Castorgegner bei **Süschendorf**, an einen im Gleisbett versenkten Betonklotz anketten.

SG Gellersen

Mitglieds-gemeinden:
- Kirchgellersen
- Reppenstedt
- Südergellersen
- Westergellersen

Einwohner: 12.051
Fläche: 73,61 qkm
163,7 Einw. je qkm

Die Samtgemeinde Gellersen ist geprägt von ihren ausgedehnten Waldgebieten: dem **Gellerser Anfang**, dem **Böhmsholz** bei **Reppenstedt** und dem **Forst Einemhof** mit seinem gut ausgebauten Reitwegenetz.
In der **Westergellerser Heide**, die bis nach Luhmühlen in der Gemeinde > Salzhausen (150) reicht, liegt das bekannte Turniergelände, das seit 1958 Austragungsort der **Internationalen Vielseitigkeitsturniere** (früher: Military) ist. Nach dem Krieg beginnt der kometenhafte Aufstieg Luhmühlens zum Mekka der **Vielseitigkeitsreiter**. Am Anfang steht im Jahre 1956 die Stubbendorf-Vielseitigkeitsprüfung. 1958 kommt die Olympiavorbereitung der Military-Reiter hinzu. Damit ist der Weg zum Reiterdorf geebnet. Vier Europameisterschaften und eine Weltmeisterschaft der Vielseitigkeitsreiter sind die bisherigen Höhepunkte. **Am Mühlenteich** in Heiligenthal steht die im 14. Jahrhundert gebaute und in den 1950er Jahren restaurierte **Wassermühle Heiligenthal**, die seit 1929 im Besitz der **Familie Zackariat** ist. 1973 baut die Familie eine Fachwerkscheune gegenüber der Mühle zum Restaurant **Wassermühle Heiligenthal** um. Die Brüder **Michael** und **Martin Zackariat** bieten hier in fast privater Atmosphäre Menüs, Buffets und vieles mehr an. In den historischen Mauern haben die Besitzer außerdem 13 Gästezimmer eingerichtet.
Etwa 100 Meter von der Wassermühle entfernt steht die **Gutskapelle Heiligenthal**. Nach einer gründlichen Renovierung 1975 finden in der kleinen Backsteinkapelle wieder Gottesdienste statt. Die rote Kirche wird auch für stilvolle kirchliche Trauungen und für Konzerte genutzt, die das **Kunst-Forum Gellersen** organisiert.
Die **Therapeutische Gemeinschaft** in Reppenstedt-Dachtmissen des Vereins **Jugendhilfe e.V. Lüneburg** hilft drogenabhängigen Menschen bei der Bewältigung ihrer Sucht. Die Gemeinschaft versteht sich als ein dritter Weg zwischen Klinik und ambulanter Therapie. Im Wohnhaus ist Platz für bis zu 18 Personen, die miteinander leben und Verantwortung für die Gruppe übernehmen sollen. Neben der Gruppen-

Hinrich Romeike mit seinem Pferd „Marius" beim Internationalen Vielseitigkeitsturnier in Luhmühlen. Als bestplazierter deutscher Reiter erringt er 2004 bei den Olympischen Spielen in Athen den 6. Platz (l.)

Die Wassermühle Heiligenthal geht zurück auf eine Klostergründung von Prämonstratensermönchen im 14. Jahrhundert (o.)

Harum Alickovic und Alexander Fischer sen., Mitarbeiter der Lünekartoffel-Vertrieb GmbH beim Sortieren (o.l.)

Kartoffelpackbetrieb Böhmer (o.r.)
Den Transport auf die Märkte besorgt die Firma Transporte Günter Burmeister (darunter)

Ina G. Sommermeier (o.)

Markus Kristen alias „Markus Medicus“ (l.)

und Einzeltherapie hat jeder Bewohner seine Aufgaben: Es wird gekocht, eingekauft, das Haus geputzt und der Garten gepflegt. Neben den Wohnräumen für die jungen Menschen gibt es Therapieräume, Arztzimmer, Räume für Freizeitgestaltungen wie Kraftsport oder Tischtennis sowie einen Musik- und Fernsehraum. Ein Volleyball- und ein Grillplatz stehen auch zur Verfügung.

Eine Fabrik für technische Gummi- und Kunststoffspezialitäten ist die **Hildebrand und Richter & Co GmbH**, kurz **Hiri**. Es werden Riemen, Schläuche, Dichtungen und Klebebänder nach Vorgaben von Kunden hergestellt. Die Produkte finden sich u.a. in Autos, Flugzeugen, Schiffen oder Kühlaggregaten wieder. Schon seit 1948 produziert das Unternehmen mit heute 50 Mitarbeitern in der Fabrik in **Kirchgellersen.**

In Dachtmissen schulen Manager ihre Führungskompetenz in Seminaren mit Pferden. **Ina G. Sommermeier**, Coach, promovierte Medizinerin und Reitlehrerin, bietet ein Training zum Umgang mit Eigenschaften und Fähigkeiten wie Vertrauen, Kommunikation und Durchsetzungsfähigkeit an. Die Pferde reagieren auf feinste – oft unwillkürliche – menschliche Signale und liefern so Informationen, die sich für Verhaltensänderungen nutzen lassen.

Kartoffeln aus den Kreisen Lüneburg und Uelzen landen bei der **Lünekartoffel-Vertrieb** in Südergellersen. Die Kartoffelhandlung besteht seit 1989 und ist ein Gemeinschaftsunternehmen der Firmen **Heidesaat Lüneburg Kleinlein KG** und der Kartoffelabteilung des **Landhandel Rudolf Peters** im Kreis Harburg. In der Zentrale in Südergellersen, wo 50 Mitarbeiter beschäftigt sind, stehen eine Anlage zum Sortieren, Waschen und Aufbereiten von Kartoffeln und Lagerhallen für rund 3.500 Tonnen Kartoffeln. Von hier gehen die Knollen an den **Packbetrieb Böhmer**, ebenfalls in Südergellersen. Dort packen 60 Beschäftigte die Kartoffeln ab, die anschließend von der Lebensmittelspedition **Transporte Günter Burmeister** aus Amelinghausen mit ihren 25 Angestellten an den Einzelhandel in ganz Deutschland verschickt werden.

Südergellersen ist auch Sitz des **Abenteuercamps – Umweltpädagogische Erlebnisreisen.** Der Verein organisiert Klassenreisen und Ferienfahrten, z.B. unter dem Motto „Zeitreise ins Mittelalter“ oder „Indianercamp“. Rund 60 Abenteuercamps mit über 1.500 Kindern hat der Verein seit 1993 schon durchgeführt. Ein beliebtes Ziel ist das Rittergut Barnstedt in der Samtgemeinde >Ilmenau (219), wo für die kleinen Urlauber ein Indianerlager aufgebaut wird. Erfinder der Abenteuercamps und Geschäftsführer des Vereins ist der Diplompädagoge **Markus Kristen („Markus Medicus“)**, der bei den Reisen auch als Gaukler, Magier und Medizinmann auftritt.

SG Ilmenau

Mitglieds-gemeinden:
- Barnstedt
- Deutsch Evern
- Embsen
- Melbeck

Einwohner: 10.252
Fläche: 69,70 qkm
147,1 Einw. je qkm

Einen Spagat zwischen Tradition und Zeitgeist lebt die Samtgemeinde Ilmenau: ein in der 25. Generation bewirtschaftetes Rittergut und ein höchst modernes Fahrsicherheitszentrum des ADAC, ein nach über dreihundert Jahren als Wohnhaus zur Kirche umgebautes Niedersachsenhaus und ein erfolgreicher Shetland-Pony-Hof setzen im Profil der Gemeinde Akzente.

Inmitten ausgedehnter Felder und ursprünglicher Wälder liegt das **Rittergut Barnstedt**. Die Wurzeln des Siedlungsplatzes reichen bis in das 8. Jahrhundert zurück. Seit 1165 ist das Anwesen im Besitz der Familie **von Estorff**, die das Gut in der 25. Generation bewirtschaftet. Der Hof wird nach den Regeln ökologischen Landbaus betrieben und ist einer der größten Biobetriebe Norddeutschlands. Auf 360 Hektar Betriebsfläche werden Speisekartoffeln, Brotgetreide und Futter für die 28 Mutterkühe, 25 Mastrinder („Welsh Black"), 9.000 Legehennen sowie 800 Enten und Gänse angebaut. Neben dem Verkauf hofeigener Produkte wie Geflügelfleisch, Eiern aus Freilandhaltung und Welsh-Black-Rindfleisch, bietet das Rittergut in seinem Café und Restaurant eine regionale Küche, die im Rahmen der europäischen Initiative „Culinary Heritage" (kulinarisches Erbe) für die Bewahrung regionaler Esskultur ausgezeichnet worden ist.

Eine architektonische Besonderheit ist die vierhundert Jahre alte **Gutskapelle Barnstedt**, die bis heute der Barnstedter Bevölkerung als Gotteshaus dient. Wegen ihrer guten Akustik wird sie auch gern für Konzerte genutzt. Einmal im Monat finden Kammerkonzerte oder Lesungen statt, die von dem **Musischen Förderverein Barnstedt** organisiert werden.

Die Gutskapelle in Barnstedt wird 1593 erbaut und 1731 an ihre heutige Stelle, näher an das Gut heran, versetzt (l.)

Die Katharinen-Kirche in Embsen wird ca. 1280 von dem Burgherrn Manneke von Estorff zum Seelenheil für seinen Sohn gestiftet. Die Familie von Estorff hat bis auf den heutigen Tag das Patronat in der Kirchengemeinde (l.)

Sabine und Christian von Estorff mit Tochter Katharina und Kalb Schoko (ganz l.) Katharina kümmert sich um Tierkinder, die von der Mutter nicht angenommen werden

Auch die **Katharinen-Kirche** in **Embsen** geht auf die Familie von Estorff zurück. Von der ursprünglichen Inneneinrichtung sind die beiden großen Altarleuchter und ein Teil des Abendmahlgerätes erhalten. Alles andere verschwindet im Laufe der Jahrhunderte durch Plünderung, Unachtsamkeit und in der Folge des großen Umbaus im 19. Jahrhundert.

Immer wieder beliebt ist das große Osterfeuer in Barnstedt am Ostersamstag in einer ehemaligen Sandkuhle (o.)

fahrer ihre Fahrzeuge zu beherrschen. Seit Juli 2004 trainieren Fahrer von Pkw, Motorrädern, Lkw, Bussen und Kleintransportern auf dem 21 Hektar großen Gelände alltägliche Gefahrensituationen wie Aquaplaning, Schneeglätte oder Ausbrechen des Fahrzeugs zu meistern. Teil der Anlage ist ein Multifunktionsgebäude, das Büros, Seminarräume, eine Geschäftsstelle des **ADAC Hansa** und ein Restaurant beherbergt. Rund 50 freiberufliche Trainer und 15 Verwaltungsangestellte können jährlich bis zu 40.000 Lehrgangsteilnehmer betreuen.

Ungewöhnlich: Das alte Zweiständerhaus von 1665 in Deutsch Evern wird für Gottesdienste genutzt (r.)

In der **Schlagzeugschule** von **Jörg Schwieger** in **Deutsch Evern** geben nicht nur herkömmliche Instrumente den Takt zu Pop-, Rock- und Blues an. Seit 1999 wird in Stomp-Manier auf allem getrommelt, was Töne hervorbringt: Eimer, Töpfe, Einkaufswagen und Autofelgen. Die **Lüneburger Schrott Trommler**, kurz **LST**, treten nicht nur in Lüneburg und Umgebung auf, sondern sind in ganz Deutschland unterwegs. 2001 gründet Jörg Schwieger außerdem die **Sambagruppe Vamos**, die Sambarhythmen auf brasilianischen Trommeln spielt.

Im ADAC Fahrsicherheitszentrum in Embsen trainieren Fahrer von Pkw, Lkw, Motorrädern, oder Bussen sicheres Fahren (r.)

Jörg Schwieger mit seiner Sambagruppe Vamos auf dem Lüneburger Stadtfest (o.)

Shetland-Ponys, in den Immenhof-Filmen der fünfziger Jahre die vierbeinigen Stars, leben seit 1962 im **Forsthaus Tiergarten** in Deutsch Evern. Nach dem filmischen Vorbild bewirtschaftet **Fritz Klein** aus Ostpreußen mit seiner Familie seinen Reiterhof für Kinder. Zum Hof gehören auch eine Hannoveraner- und Trakehnerzucht. Anfang der 1980er Jahre wird der damals schon 80-jährige Fritz Klein mit seinen Trakehnern zweimal niedersächsischer Landesmeister im Zweispänner-Fahren. Seit über 20 Jahren führt nun seine Tochter **Annette Klein** den Betrieb.

80 Meter über Normal Null ragt der **Offroad-Hügel** des **ADAC Fahrsicherheitszentrum Lüneburg** aus der Landschaft in **Embsen.** Auf dem künstlichen Berg mit bis zu 90 Prozent Gefälle lernen Motorrad- und Geländewagen-

Das älteste Niedersachsenhaus des Landkreises Lüneburg steht in **Deutsch Evern.** Noch 1960 leben in dem über dreihundert Jahre alten Reetdachhaus Menschen und Tiere zusammen. Auf Initiative von **Pastor Christian Schnabel** kauft die evangelische **Martinusgemeinde** 1987 das halb verfallene Haus und versetzt es auf den **Hengstberg** im alten Deutsch Everner Dorfkern. Viele Bewohner der Gemeinde helfen bei Wiederaufbau. Seit dem Erntedankfest 1989 fungiert das Niedersachsenhaus als Kirche der Martinusgemeinde.

Lüneburg

Die ehemalige Hansestadt an der **Ilmenau**, Namensgeberin für den Landkreis und die Lüneburger Heide, wird im Mittelalter dank ihres „weißen Goldes", dem Salz, „backsteinreich". Heute lockt die alte Stadt mit ihren vom Zweiten Weltkrieg verschonten 1.400 mittelalterlichen Baudenkmälern rund sieben Millionen Tagesgäste pro Jahr an. Aber Lüneburg erstarrt nicht in musealer Tradition: Die junge Universitätsstadt ist stolz auf ihre lebendige Kulturszene und bietet Besuchern und Bewohnern die größte Kneipendichte Deutschlands.

Mons, pons, fons – der lateinische Reim nennt drei Glücksfälle, die Lüneburg im Mittelalter zu Reichtum verhelfen: der Berg, die Brücke und die Quelle. Der Übergang über die Ilmenau macht Lüneburg früh zu einem profitablen Verkehrsknotenpunkt. Das in der Saline gewonnene Salz begründet den Reichtum der Stadt. Und die Verbindung der Ilmenau zur Elbe ist die beste Voraussetzung für einen schwunghaften **Salzhandel**.

Über tausend Jahre bestimmt Salz das Schicksal der Stadt. Im Mittelalter ist es beinahe so kostbar wie Gold, denn es ist das einzig bekannte Konservierungsmittel für Fleisch und Fisch. Im 13. Jahrhundert kocht in 54 Siedehütten mit 216 Pfannen die Sole. Zwischen 1560 und 1623, der Blütezeit der Saline, gewinnen die Sülfmeister jährlich über 20.000 Tonnen Salz. Lüneburg ist damals eine der reichsten Städte Norddeutschlands. Ihre Sülfmeister zählen zu den wenigen Millionären des Mittelalters. Auf der **Alten Salzstraße**, die über Mölln nach Lübeck führt, gelangt das kostbare Gut an die Küste, wo mit Salz in großen Mengen Heringe konserviert werden. Bis weit in den Ostseeraum nach Skandinavien und in das Baltikum hinein gelangen die Fässer mit dem „Weißen Gold". Der ungehemmte Abbau hat seinen Preis: Er verschlingt Unmengen Brennholz, bis die Wälder um die Stadt verschwunden sind.

Bis zur Wiedervereinigung ist Lüneburg ein wichtiger Standort von **Bundeswehr** und **Bundesgrenzschutz**. In vier Kasernen leben 6.000 Soldaten, 500 BGS-Beamte und zahlreiche Zivilbedienstete. Aber Anfang der 1990er Jahre ziehen viele Soldaten ab, was erhebliche Kaufkraftverluste für die Stadt bedeutet und ein Umdenken unumgänglich macht. Was tun mit den

Für Lüneburg typisch: alte, reiche Backsteinarchitektur (l.)

Ortsteile:
- Altstadt
- Bockelsberg
- Ebensberg
- Goseburg/ Zeltberg
- Häcklingen
- Kaltenmoor
- Kreideberg
- Lüne/Moorfeld
- Mittelfeld
- Neu Hagen
- Ochtmissen
- Oedeme
- Rettmer
- Rotes Feld
- Schützenplatz
- Weststadt
- Wilschenbruch

Einwohner: 70.614
Fläche: 70,34 qkm
1.003,9 Einw. je qkm

Lüneburg hat eine lange Tradition als Militärstandort. 1826 entsteht die erste Kaserne vor den Toren der Stadt. Der Bundesgrenzschutz ist bis zu den 1990er Jahren der letzte Nutzer des Geländes, auf dem heute der Lüne-Park mit Medienunternehmen, Call Centern und anderen Dienstleistern angesiedelt ist (r.)

Rekruten vor der Lüner Kaserne 1921 (o.)

verlassenen Kasernengeländen? Welche Funktion können sie in Zukunft einnehmen? Heute kann man sagen, dass die Umnutzung gelungen ist. Nur in der **Theodor-Körner-Kaserne** sind noch 1.200 Soldaten und hundert BGS-Beamten stationiert. Die **Schlieffen-Kaserne** dagegen, verkehrsgünstig zwischen Innenstadt und Autobahnzubringer gelegen, ist jetzt Sitz des **Behördenviertels Ost** mit Gewerbeaufsichtsamt, Katasteramt, Finanzverwaltung, Verwaltungs- und Arbeitsgericht.

Das ehemals vom BGS genutzte, 180.000 Quadratmeter große Areal der **Lüner Kaserne** heißt heute **Lüne-Park** und beherbergt vor allem Unternehmen der Informations- und Kommunikationstechnologie. Rund 30 Unternehmen mit 500 Beschäftigten haben sich angesiedelt: Werbe- und Webagenturen, Fachbetriebe für Lithografie und Digitaldruck, Firmen für Softwareberatung, und außerdem das Multiplex-Kino **CineStar - Der Filmpalast**. Die alte **Scharnhorst-Kaserne** im Stadtteil **Bockelsberg** wird zu weiten Teilen von der früher über die ganze Stadt verstreuten **Universität Lüneburg** als Campus genutzt. Wo früher Soldaten ihren Militärdienst geleistet, geschlafen und gearbeitet haben, besuchen heute Studenten Seminare. Auf manchen Fußböden sind noch Spuren von Armeebetten zu erkennen, die hier einmal gestanden haben.

Rund 10.000 Studenten sind an Universität und Fachhochschule eingeschrieben. Im Jahre 2005 haben die Uni und die Fachhochschule zur **Lüneburger Modelluniversität** fusioniert. Dort können seitdem die international gebräuchlichen Abschlüsse *Bachelor* und *Master* erworben werden. Die jugendliche Klientel dominiert vor allem am Abend das Stadtbild, denn immerhin jeder siebte Bewohner ist Student oder Studentin: Sie sind Lüneburgs „Salz der Neuzeit".

Von einer Kasernensporthalle zum gut besuchten Veranstaltungsort mit Partys,

In den Backsteingebäuden des alten Pferdestalls der Lüner Kaserne bietet heute die Firma Dedon von Bobby Dekeyser schicke Möbel und Gartenmöbel an (r.)

Die ehemalige Scharnhorst-Kaserne wird heute von der Universität Lüneburg genutzt (l.u.) An die militärische Vergangenheit erinnert auch die in die Unibibliothek integrierte Panzerreparaturwerkstatt mit Überbleibseln von militärischem Gerät. Im Bild: der Lesesaal der Bibliothek (o.)

Konzerten, Kabarett-, Comedy- und Theatervorstellungen hat sich die **Vamos! Kulturhalle** entwickelt. Im **Campus-Center** haben sich eine große Buchhandlung, ein Reisebüro und ein Computerladen etabliert. Mehrere Cafés, wie das **Agenda-Café Ventuno**, bieten Getränke, Snacks und „fair" gehandelte und ökologische Produkte an.

Lüneburg ist bei den Studenten auch wegen des Nachtlebens sehr beliebt. Rund 350 Kneipen gibt es in der Stadt, viele im **Wasserviertel** der Altstadt **Am Stintmarkt**, der Kneipenmeile Lüneburgs. Die Straße, auch einfach **„Stint"** genannt, hat ihren Namen von den kleinen, silbrig glänzenden Fischen, die früher in der Ilmenau gelaicht haben.

Der Platz am alten Hafen war früher Umschlagsort für Salz und Lebensmittel aller Art. Im Sommer sitzt man heute mit seinem Getränk auf den Stufen zur Ilmenau. Tausende kommen zum sporadisch stattfindenden **Stintfest**, einem kleinen Hafenfest im Sommer.

Ebenso beliebt wie der Stint ist die **Schröderstraße**, die Verlängerung der **Münzstraße**, die zum **Rathaus** hinführt. Auch hier liegen Kneipen und Cafés dicht an dicht.

Besucher von Großraumdiscos kommen im **Fun & Lollipop** auf ihre Kosten. Das **Tanzcafé Lollipop** sucht sein Geschäft mit der älteren Generation. Hier laufen Schlager und Oldies. Härtere Töne schlägt die **Garage** an. In der 1987 in einer ehemaligen Fabrikhalle eröffneten Disco treten namhafte Bands und Musiker wie **Phillip Boa**, **Pur**, **Fury in the Slaughterhouse** und **Bap** auf.

Blick auf die Lüneburger Kneipen-Meile Am Stint (u.)

High-Life beim Lüneburger Stadtfest (r.)

„Giebel im Licht": festliche Beleuchtung am Lüneburger Rathaus (u.) und in der ganzen Innenstadt

Für sieben Euro pilgern die Gäste der **Jack Daniels Rock Night** Mitte April von Club zu Club. Bis in die frühen Morgenstunden können sie in Kneipen, Discos und Lokalen der Altstadt zu rockiger Musik tanzen. Ähnlich beliebt ist die **Nacht der Clubs** im November. Über 20 Kneipen, Clubs und Discos locken mit kostenloser Live-Musik in die Innenstadt.

Die größte Veranstaltung des Jahres ist das **Lüneburger Stadtfest**. Mitte Juni ist die ganze Innenstadt für drei Tage eine einzige Partymeile.

Geruhsamer geht es in der Adventszeit zu. Seit 1982 veranstaltet der **Arbeitskreis Lüneburger Altstadt** den **Historischen Christmarkt** rund um die **St.-Michaelis-Kirche.** Hier wird am zweiten Advent das Treiben auf einem Weihnachtsmarkt des 16. Jahrhunderts nachgestellt. Handwerker und Händler in historischen Trachten stehen in einfachen Holzbuden und verkaufen Wurstwaren, Felle, Töpfer-, Holz- und Schmiedearbeiten.

Im Gegensatz zu vielen anderen historischen Städten Deutschlands bleibt Lüneburg vom Bombenhagel des Zweiten Weltkriegs weitgehend verschont. Vor allem drei Sehenswürdigkeiten locken nach Lüneburg: das **Rathaus**, die **Bürgerhäuser** rund um den alten Handelsplatz **Am Sande** und das **Kloster Lüne.**

Das **Rathaus** in der Altstadt (Am Markt) wurde über achthundert Jahre immer wieder umgebaut und erweitert. Älteste Teile stammen aus dem 13. Jahrhundert, die Barockfassade wurde 1720 vollendet. Im Rathausturm läutet im Sommer regelmäßig ein Glockenspiel mit 41 Glocken aus Meißener Porzellan. Eine Rathausführung ist beinahe Pflicht. Zu sehen sind die **Bürgermeisterkörkammer** von 1491, der **Fürstensaal,** der als einstiger Tanzsaal des Rates heute ein festlicher Rahmen für Kammerkonzerte ist, und

die **Große Ratsstube** von 1564, einer der bedeutendsten Renaissancesäle in Deutschland. Fürstensaal und Ratsstube dienen der Stadt auch bei feierlichen Empfängen.
Vor dem Rathaus plätschert der **Lunabrunnen** von 1530. Zur Adventszeit findet auf dem **Marktplatz** vor dem Rathaus ein **Weihnachtsmarkt** statt. In diesen Wochen sind die Häuser auf dem Marktplatz besonders hübsch geschmückt. Überall hängen gemäß dem Motto **„Giebel im Licht"** Lichterketten in den Fenstern.
Die Nordflanke des Marktes begrenzt die Straße **Am Ochsenmarkt** mit dem **Heinrich-Heine-Haus**, das nach langer Restaurierung im Januar 1993 öffnet. In den 1820er Jahren bewohnen die Eltern des Dichters **Heinrich Heine** das Obergeschoss. Ihr berühmter Sohn ist oft zu Besuch und schreibt hier am „Buch der Lieder". Heute sind in dem Gebäude das **Literaturbüro Lüneburg**

und die **Literarische Gesellschaft Lüneburg**, der **Bund Bildender Künstlerinnen und Künstler Lüneburg** und der **Kunstverein Lüneburg** untergebracht. Das zweite Obergeschoss ist Ausstellungen und Veranstaltungen vorbehalten; im Erdgeschoss versprechen sich Brautpaare den Bund fürs Leben.
Zahllose stolze Bürger- und Patrizierhäuser des 15. bis 18. Jahrhunderts, zumeist aus Backstein, aber auch aus Fachwerk prägen Lüneburgs Stadtbild. Vom Markt mit dem Rathaus sind es etwa 300 Meter bis zum zentralen Stadtplatz **Am Sande**, wo die architektonische Vielfalt besonders deutlich wird. Hier, unterhalb des 108 Meter hohen Turms der 1300 erbauten **St.-Johannis-Kirche**, der bedeutendsten Kirche Lüneburgs, an deren Orgel **Johann Sebastian Bach** gespielt haben soll, erinnern Bürgerhäuser aus der Zeit der Gotik, der Renaissance und des Barocks an die Blütezeit der ehemaligen Hansestadt. Als bedeutendstes Gebäude des knapp 300 Meter langen und ca. 35 Meter breiten Platzes gilt das **Schwarze Haus**, das 1548 als Brauhaus errichtet wird.
Am Sande hat auch die **Landeszeitung** für die Lüneburger Heide ihren Sitz. Mit einer Auflage von 36.000 Exemplaren ist sie nicht nur die Tageszeitung für Lüneburg, sondern für den gesamten Landkreis. Die Zeitung ist ein Familienbetrieb der drei Verlegerfamilien **Wiesemann**, **Bergmann** und **von Stern**. Für fünf weitere Zeitungen liefert die Landeszeitung die Mantelseiten: für die *Böhme-Zeitung* (Soltau), die *Allgemeine Zeitung* (Uelzen), den *Winsener Anzeiger* (Winsen/Luhe), die *Elbe-Jeetzel-Zeitung* (Lüchow-Dannenberg) und die *Wittinger Zeitung* (Landkreis Gifhorn).
Neben der fünfschiffigen St.-Johannis-Kirche überragen zwei weitere mittelalterliche Kirchen die Altstadt: die ab

Die fünfschiffige St.-Johannis-Kirche ist die älteste Lüneburger Kirche (l.)

Blick in den großen Ausstellungsraum (u.) des Heinrich-Heine-Hauses (ganz u.l.)

Tierfreundin Christine Strobell aus Lüneburg mit zwei Schützlingen (o.) Sie reitet seit ihrem vierten Lebensjahr. 2003 erwirbt sie erstmals ein Fohlen von einem Pferdehändler, das wegen einer Fehlstellung der Beine geschlachtet werden soll. Seitdem vermittelt sie Schlachtpferde an Interessenten, um sie vor dem sicheren Tod zu retten. Übrigens: Christine Strobells Fohlen von damals mit dem Beinfehler ist heute ein prima Reitpferd

LANDESZEITUNG

Am Sande ist ein häufiger Schauplatz von urbanem Entertainment wie z.B. dem Bike Point (r.)

1376 erbaute dreischiffige **St.-Michaelis-Kirche** am Johann-Sebastian-Bach-Platz und die fünfschiffige **St.-Nicolai-Kirche** im Wasserviertel an der Ilmenau, die in der ersten Hälfte des 15. Jahrhunderts als Gotteshaus der Ilmenauschiffer, Hafenarbeiter, Böttcher und Brauer gebaut wird. Vom 98 Meter hohen Turm, der von Mai bis September zugänglich ist, haben die Besucher einen Panoramablick auf die Altstadt. Von Juni bis August findet jeden Samstagvormittag ein halbstündiges **Orgelkonzert** statt.

Buchstäblich auf Salz gebaut sind die Häuser in der westlichen Altstadt. Durch das Grundwasser sind Hohlräume im Salzstock unterhalb Lüneburgs entstanden, so dass es in der westlichen Altstadt zu unterirdischen Einstürzen und Erdsenkungen kommt.

Die „Alte Handwerkerstraße" (r.) ist ein Stadtfest, das alle zwei Jahre vom Arbeitskreis Lüneburger Altstadt veranstaltet wird

Jedes Jahr findet das Kinderfest (r.) in der Innenstadt statt

Der spätere Sachsenherzog **Hermann Billung** lässt um 950 auf dem Kalkberg eine **Burg** errichten. 1371 befreien sich die zu Reichtum gekommenen und nach Unabhängigkeit strebenden Lüneburger von ihrem Landesherrn. Sie zerstören die Burg der Billunger und verteidigen die Stadt so gut, dass der Herzog seinen Regierungssitz nach Celle verlegen muss. Mit dem Niedergang der Saline und der Verarmung Lüneburgs gewinnen die Herzöge wieder an Einfluss. 1637 lassen die Welfen zum Zeichen ihres Sieges den Kalkberg erneut befestigen und 1698 unter Beteiligung italienischer Bauleute das **Landesherrliche Schloss** Am Ochsenmarkt bauen, in dem heute das **Landgericht** untergebracht ist. Der Name des knapp 50 Meter hohen Kalkberges am Westrand der Altstadt ist eigentlich irreführend, denn er besteht nicht aus Kalk, sondern aus Gips. Er trägt seinen Namen, weil früher nahezu alle als Mörtel verwendbaren Stoffe „Kalk" genannt wurden. Durch die Verwendung von Gips zum Häuserbau wölben viele Lüneburger Bauten „ihre Bäuche" nach außen, denn Gips saugt Feuchtigkeit wie ein Schwamm auf. An der **Waagestraße** fallen die **„schwangeren Mauern"** besonders auf.

Am Stint, direkt an der Ilmenau, steht der **Alte Kran**, eines der Wahrzeichen von Lüneburg, der erstmals 1331 urkundlich erwähnt wird. Eine seiner

letzten Lasten ist eine Lokomotive, die über den Wasserweg von England nach Lüneburg kam. 1860 bricht die Antriebswelle, damit endet der Hubbetrieb.
Ein weiteres Wahrzeichen der Stadt ist der 1907 im Zentrum Lüneburgs erbaute **Wasserturm Lüneburg.** Bis 1985 versorgt er in dieser Funktion die Haushalte mit Trinkwasser. Heute gehört er dem **Trägerverein Wasserturm Lüneburg e.V.** Seit 2000 finden im Turm kulturelle Veranstaltungen statt. Er kann außerdem für Trauungen, private Feiern und Tagungen angemietet werden. Von der Aussichts-

terrasse in 56 Metern Höhe hat man auf Lüneburg und die Umgebung einen fantastischen Blick, der bei gutem Wetter bis nach Hamburg oder Uelzen reicht.
Zwei Kilometer nördlich vom Stadtzentrum entfernt liegt inmitten einer Grünanlage mit altem Baumbestand das 1172 gegründete **Kloster Lüne.** Im Lauf der Zeit wächst der Bau aus Backstein-, Fachwerk- und Putzbauelementen kunterbunt zusammen. Das Backsteingebäude ist heute ein evangelisches Damenstift. In der malerischen Anlage leben sechs Damen unter der Leitung einer Äbtissin. Das Kloster kann ebenso wie die angeschlossene Klosterkirche besichtigt werden. Neben Führungen finden auch Konzerte statt.

Ein Neubau, der durch einen überdachten Gang mit dem historischen Gebäudekomplex verbunden ist, beherbergt das 1995 eröffnete **Teppichmuseum.** Hier können von April bis Oktober Teppiche, Stickereien, Altar- und Fastentücher und andere edle Textilien aus dem 13. bis 15. Jahrhundert bestaunt werden, die von den Benediktinernonnen und Stiftsdamen gefertigt worden sind. Für die kleine Pause zwischendurch bietet sich das **Café im Kloster** an.
Damit die salzige Vergangenheit der Stadt nicht verloren geht, steht noch das alte Salinengelände mit den Produktionsanlagen in einem der ersten Industriedenkmäler Deutschlands. Das **Deutsche Salzmuseum – Industriedenkmal Saline Lüneburg** in der Sülfmeisterstraße ist als Museum zum Anfassen konzipiert und dokumentiert seit 1989, unter welchen Mühen die Salinenarbeiter mit erhitzten Bleipfannen einst Salz gewonnen haben.
Die Exponate reichen vom mikroskopisch win-

Schüler der Hauptschule Stadtmitte auf dem Wasserturm (o. und u.) Immer die 10. Klassen führen mittwochs und samstags durch den Turm

Der Alte Kran Am Stint (l.)

Produktion von Müsliriegeln beim De-Vau-Ge Gesundkostwerk (o.)

Diorama „Tiere der Nacht“ im Naturmuseum (ganz o.)

Schreinmadonna im Ostpreußischen Landesmuseum (r.)

zigen Kristall bis zum riesigen Salzsteinbrocken – sechs Tonnen schwer und 200 Millionen Jahre alt. Der Betreiber des Museums ist der **Förderkreis Industriedenkmal Saline Lüneburg.**

Neben dem Salzmuseum gibt es vier weitere Museen in Lüneburg. Einen Eindruck von der früheren Braukunst verschafft seit 1985 das **Brauereimuseum** der Holsten-Gruppe in der **Heiligengeiststraße.** Auf sechs Ebenen werden im alten Sudhaus der ehemaligen Lüneburger Kronen-Brauerei Zeugnisse einer alten Brautradition gezeigt, an deren Beginn 1485 der Brauer Thomas Lampe an der Sudpfanne stand.

Das **Museum für das Fürstentum Lüneburg** in der **Wandrahmstraße** öffnet 1891 und bietet seitdem drei Sachbereiche: Ur- und Frühgeschichte, Stadt- und Landesgeschichte sowie kirchliche Kunst. Von September bis Mai findet im **Patriziersaal** jeden ersten Sonntag im Monat ein **Puppentheater** statt.

Nach dem Zweiten Weltkrieg siedeln sich Hunderttausende Vertriebene aus den deutschen Ostgebieten in Niedersachsen an. In der Region Lüneburg sind zu Anfang der 1950er Jahre so viele Ostpreußen ansässig, dass die Menschen vom „Klein-Ostpreußen in der Lüneburger Heide“ sprechen. Um die Kultur und Identität der neuen Bürger zu dokumentieren, wird 1958 das **Ostpreußische Jagdmuseum** gegründet. Aus ihm geht 1987 in einem Neubau an der **Ritterstraße** das **Ostpreußische Landesmuseum** hervor. Es widmet sich der Landschaft, Geschichte und Kultur Ostpreußens.

Im **Naturmuseum Lüneburg** lernen die Besucher auf fünf Etagen heimische Lebensräume, die Erdgeschichte der Region und Wasser als unverzichtbares Lebenselement kennen. Zum Programm gehören heimatkundliche Wanderungen und Vorträge.

Flaggschiff der Kulturszene ist das **Theater.** Das Drei-Sparten-Haus, nach dem Krieg gegründet, reagiert mit dem Repertoire sehr pragmatisch und durchaus ambitioniert auf die Interessen und Neigungen der Bürger. Es umfasst Schauspiel, Oper, Operette, Musical und Ballett. Außerdem finden Kammerkonzerte, Sinfoniekonzerte der **Lüneburger Sinfoniker,** Kinderkonzerte und Kinderopern statt. 1995/96 wurde das Theater von Grund auf renoviert und erweitert und hat heute 542 Plätze.

Das **Kleine Keller Theater** zeigt seit 1987 Komödien, Krimis, Märchen und Sketche. Inszeniert werden zwei neue Stücke pro Jahr, jeweils im Frühjahr und im Herbst.

Der Lüneburger Exportschlager Salz ist von anderen Lebensmitteln abgelöst worden. Aber auch heute kommen große Lüneburger Arbeitgeber aus der Ernährungsbranche. Im Industriegebiet **Lüner Heide** hat das **De-Vau-Ge Gesundkostwerk,** ein Unternehmen der

Gerichtslaube im Lüneburger Rathaus (l.)

Brauereimuseum (o.)

Im Salzmuseum ist ein Teil der Einrichtung einer hölzernen Siedehütte nachgebaut (l.) In jeder der 54 Siedehütten wurde in vier bleiernen Pfannen über mit Holz beheizten Öfen Salz gewonnen. Die Lehmöfen und die Bleipfannen mussten nach etwa vier Wochen Betrieb erneuert werden

Siebenten-Tags-Adventisten, seinen Sitz. Bereits 1899 gründen deren deutsche Mitglieder bei Magdeburg den **Deutschen Verein für Gesundheitspflege** (De-Vau-Ge). Heute ist die Firma eine GmbH und hat seit 1976 ihren Sitz in Lüneburg. Sie ist mit den Marken **grano Vita** und **Eden** der führende deutsche Lebensmittelhersteller im Reformhausbereich. Darüber hinaus ist sie mit den Marken **Bruno Fischer** und **Evers** im Naturkosthandel vertreten. Gemeinsam mit den Zweigwerken in Hünfeld und Tangermünde produzieren über 1.000 Mitarbeiter Müslis, Fruchtriegel, vegetarischen Brotaufstrich, Babynahrung und vieles mehr. Rund 700 Arbeitnehmer beschäftigt das Werk in Lüneburg. Über 15.000 Tonnen Müsli-Produkte und über 50.000 Tonnen Frühstücks-Cerealien verlassen jährlich die De-Vau-Ge Produktionsstätten. Dazu kommen mehr als 200 Millionen Müsli-, Cerealien- und Fitness-Riegel. Der Lebensmittelhersteller produziert neben vielen pflanzlichen Brotaufstrichen, wie zum Beispiel Nussmus, auch verschiedene Sorten vegetarischer Würstchen, Bratlinge und Nudelsaucen. Auch Nahrungsergänzungsmittel von Leinsamen über Milchzucker bis zu Feigenextrakt sind im Sortiment.

Alaska-Seelachsfilet pur, Fisch in knuspriger Panade und Lachs in Blätterteig: Tiefkühlfisch in allen Variationen stellt die **Pickenpack Hussmann & Hahn Seafood GmbH** her. Seit der Gründung einer Hochseereederei in Hamburg durch **Julius Pickenpack** im Jahr 1906 ist das Unternehmen auf Fisch spezialisiert und wird viele Jahrzehnte als Familienunternehmen geführt. Schon früh setzt es auf den Wachstumsmarkt Tiefkühlnahrung, der auf die steigende Zahl Berufstätiger, Single-Haushalte und den Außer-Haus-Konsum reagiert. Bereits in den 1970er Jahren ist Pickenpack in der Herstellung und

Industriegebiet Lüner Heide (r.)

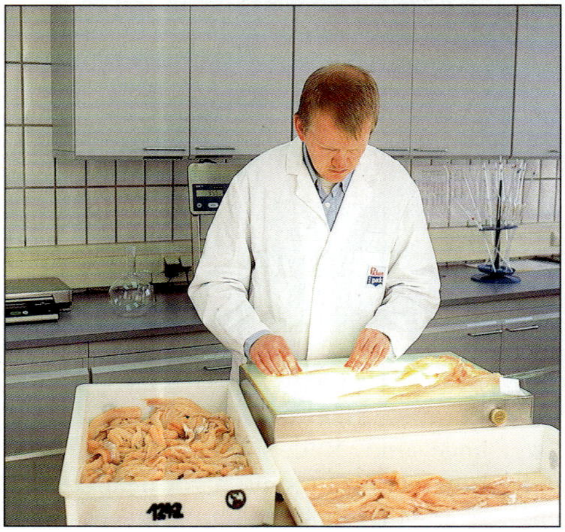

Untersuchung der Rohware bei Pickenpack Hussmann & Hahn Seafood (r.)

Vermarktung von Tiefkühlfischprodukten tätig. Seit 1975 ist der Firmensitz in Lüneburg. 2003 folgt die Fusion mit dem Cuxhavener Unternehmen **Hussmann & Hahn**. Knapp 500 Mitarbeiter in Lüneburg und ca. 150 Beschäftigte in >Cuxhaven (32) produzieren heute insbesondere **Hausmarken** für Handelsketten; 40 Prozent der Produkte gehen in den Export. Der frisch gefangene Fisch wird bereits auf See bearbeitet und eingefroren. Im Industriegebiet **Lüner Heide** in Lüneburg wird der in 7,5 Kilo Blöcken angelieferte Tiefkühlfisch portioniert. Je nach „Format“ als Fischstäbchen, Fischfilet, Fischspieß, Fischburger oder Schlemmerfilet wird der Fisch dann paniert, frittiert oder mit Saucen versehen.

Auch Größen der Automobilindustrie produzieren in Lüneburg. So ist ein Werk des Automobilzulieferers **Johnson Controls** in der Stadt ansässig. In der Automobilindustrie ist das Unternehmen mit Firmensitz in Milwaukee (USA) einer der bedeutendsten Lieferanten von Autositz- und Innenraumsystemen sowie Autobatterien. Das 1885 gegründete Unternehmen entwirft und fertigt Sitzsysteme, Instrumententafeln und Dachhimmel. Daneben werden Tür- und Säulenverkleidungen sowie Sonnenblenden hergestellt. Zu den Kunden gehören alle namhaften Automobilkonzerne: von Audi, BMW und DaimlerChrysler über Jaguar und Lancia bis hin zu Mitsubishi, VW und Skoda. In dem Werk in Lüneburg sind rund 900 Mitarbeiter vorwiegend an der Produktion von Türverkleidungen und Instrumententafeln für die Kunden VW, Opel und DaimlerChrysler beteiligt. Vom Standort Lüneburg kommen beispielsweise die Instrumententafeln für den Opel Astra und den VW Touran.

SG Ostheide

Mitglieds-gemeinden:
- Barendorf
- Neetze
- Reinstorf
- Thomasburg
- Vastorf
- Wendisch Evern

Einwohner: 9.886
Fläche: 129,78 qkm
76,2 Einw. je qkm

Einerseits die Nähe zur Kreisstadt Lüneburg und die Autobahnanbindung an die Metropole Hamburg, andererseits beinahe unberührte Natur mit altem Waldbestand, idyllischen Bachläufen und kleinen landwirtschaftlich geprägten Dörfern: Diese für Städter beinahe unwiderstehliche Mischung ist verantwortlich für den enormen Zustrom in der Samtgemeinde Ostheide. Ihre Bevölkerung ist in den letzten drei Jahrzehnten um zwei Drittel auf fast 10.000 Menschen angewachsen.

Dieser Zuzug bringt nicht nur die Städter in die Dörfer, die hier am Wochenende die Stille der Natur genießen, um am Montagmorgen wieder in ihre Büros zu fahren. Sie bringen auch neue Ideen und Projekte mit, bauen Firmen auf, die in der wenig urbanen Umgebung auf den ersten Blick fremd scheinen – und dennoch prächtig gedeihen. Archäologie muss nicht staubtrocken sein. Das **AGIL Büro für angewandte Archäologie** vermittelt Themen der Vergangenheit auf anschauliche Weise. AGIL ist ein Zusammenschluss von Archäologen, Handwerkern, Pädagogen, Biologen, Restauratoren und Medienexperten, die seit Mitte der 1980er Jahre die Archäologie entstauben. Die sechs festen und 20 freien Mitarbeiter richten Museumsausstellungen aus, konzipieren Schulprogramme, organisieren Ferienzeiten für Kinder, gestalten archäologische Parks, bieten Kurse in alten Handwerkstechniken an und planen Urlaubsreisen im Stil einer archäologischen Zeitreise. Im **Heidehaus** in **Neetze**, gegenüber der eindrucksvollen **Willibrordi-Kirche**, organisiert das Büro Fortbildungsseminare für Lehrer, Museumspädagogen und

Chor Cantabile (u.)

Kulturwissenschaftler. Spielerisch wird Wissenswertes über die Steinzeit, die Römer, Kelten und das Mittelalter aufbereitet. Ob Speerschleuderwurf, Bogenschießen, Papierschöpfen oder Hirsebreikochen, AGIL setzt auf die Erfahrung, hat sein Wissen schon bei der *Sendung mit der Maus*, *Terra X* und der Zeitschrift *Spektrum der Wissenschaft* eingebracht.

Ein ähnliches Konzept verfolgt das Unternehmen **ArcheoKit** aus **Vastorf. Marc Bastet**, der Geschichte und Archäologie studiert hat, fertigt für Museen und Wissenschaftler Modelle, Figuren und grafische Darstellungen aus dem Bereich Archäologie und Geschichte an. Für Museumshops und für Werbezwecke baut ArcheoKit Objekte für den Verkauf.

In **Barendorf** liegt das **Bildungs- und Tagungszentrum Ostheide**, eine staatlich anerkannte Einrichtung der außer-

Schmiede-Aktion bei AGIL (o.)

Rathaus Ostheide (ganz l.o.)

Bildungs- und Tagungszentrum Ostheide (l.o.)

Kutscher Andreas Groothoff (o.)

Ferkel im Öko-Stall von Heinz Hagemann (r.)

Verkittete Sande in Holzen (o.)

Dagmar Strampe (ganz o.)

Hofladen auf dem Spargelhof Strampe (o.r.)

schulischen Bildung. In dem ehemaligen Gutshaus stehen drei Tagungsräume und mehrere Gruppenräume zur Verfügung, in denen z.B. Seminare zur Land- und Forstwirtschaft, zu Gesundheit und Ernährung, Familie und Kommunikation sowie Geschichte und Kultur abgehalten werden. Bis zu 60 Teilnehmer können in dem Tagungszentrum übernachten.

Auf artgerechte Tierhaltung hat sich die mittlerweile 400 Jahre alte Hofstelle von Bauer **Heinz Hagemann** in **Neetze** spezialisiert. Der **Öko-Stall** mit den rund 400 Mastschweinen ist Ende der 1980er Jahre einer der ersten Betriebe, der bei **Neuland** unter Vertrag steht. Hier liegen die Schweine auf Stroh, haben ganzjährig Auslauf und dürfen sogar ihren Ringelschwanz behalten, der auf konventionellen Höfen abgeschnitten wird. Gefüttert werden Gerste, Weizen, Roggen, Kartoffelstärke, Mineralien, Erbsen und Rapsöl – alles ohne Antibiotika und Gentechnik.

Bereits Wochen vor dem Start der Spargelsaison Anfang Mai beginnt auf dem **Spargelhof Strampe** in **Neetze** die Ernte, denn **Peter Strampe-Münster** und seine Frau **Dagmar Strampe** arbeiten mit einer Anti-Tau-Folie. Die aufgestaute Wärme beschleunigt das Wachstum des Gemüses. Bis zum traditionellen Saisonende am 24. Juni, dem Johannistag, wird der Spargel auf ihrem Hof gestochen.

Typisch für eine dörfliche Gemeinde ist auch in Ostheide das ausgeprägte Vereinsleben. So probt in Neetze der **Gemischte Chor Heiderose** und es gibt einen **Posaunenchor**, dessen Konzerte sich großer Beliebheit erfreuen. Die Blaskapelle **„Die Radenbecker“** schließlich ist über die Gemeindegrenzen hinaus bekannt.

Eine seltene, natürlich gewachsene Landschaftsformation findet sich in **Holze**, einem Ortsteil von **Reinstorf**. Hier liegen die sogenannten **verkitteten Sande.** Dabei handelt es sich um Sandgrubenfelsen, die vor 100.000 Jahren durch Gletscher entstanden sind, die kalkhaltigen Geschiebemergel transportiert haben.

Der **Reit- und Fahrstall Groothoff** aus **Ostheide-Neetze** ist auf irische Tinkerpferde und andere Kaltblüter spezialisiert. Die schweren Tiere ziehen Planwagen und original restaurierte Kutschen aus dem 19. Jahrhundert. Neben Kutschfahrten, wie der Storchensafari nach >Bleckede (213) bietet der Fahrstall auch Ausbildungen an. **Andreas Groothoff** gibt Reitunterricht für Menschen mit und ohne Behinderungen.

SG Scharnebeck

Mitglieds-gemeinden:

- Flecken Artlen-burg
- Brietlingen
- Echem
- Hittbergen
- Hohnstorf (Elbe)
- Lüdersburg
- Rullstorf
- Scharnebeck

Einwohner: 14.842
Fläche: 135,73 qkm
109,3 Einw. je qkm

Schiffshebewerk Lüneburg in Scharnebeck (l.)

Eingang zur Ausstellung über Baugeschichte und Technik des Schiffshebewerks (l.)

Begrenzt von der Elbe, durchkreuzt vom Elbe-Seitenkanal liegt die Samtgemeinde Scharnebeck in der Elbmarsch. Aus der idyllischen Landschaft, die jedes Jahr für Fahrradfreunde Kulisse der Tour de Marsch ist, wo in der Elbe gefischt wird und Fahrgastschiffe übers Wasser schippern, ragen riesige Betontürme in den Himmel. Sie gehören zum Wahrzeichen der Gemeinde, dem „Riesen von Scharnebeck“, einem der größten Doppelsenkrechtschiffshebewerke der Welt.

Zwischen **Artlenburg** und **Hohnstorf** zweigt der **Elbe-Seitenkanal** von der Elbe ab. Die Attraktion dieser Kanalstrecke liegt in **Scharnebeck**: das **Schiffshebewerk Lüneburg**. Das gewaltige Doppelsenkrechtschiffshebewerk hebt Schiffe von der flachen Elbmarsch über 38 Meter hoch auf den Geestrücken der Lüneburger Heide. 500.000 Gäste kommen jedes Jahr, um zuzusehen, wie die Schiffe in zwei jeweils 100 Meter langen, mit Wasser gefüllten Betontrögen fast geräuschlos wie im Fahrstuhl befördert werden. Das Gewicht einer einzelnen dieser „Badewannen“ entspricht der Last von 6.000 Pkw. In drei Minuten erreicht das Schiff die gewünschte Position; die gesamte Durchfahrt dauert lediglich 15 Minuten. In einer **Ausstellungshalle** erfährt der Besucher einiges über Baugeschichte und

Technik des Schiffshebewerks. Der Pavillon steht gleich neben dem Hebewerk und ist von März bis Oktober geöffnet.

Viermal täglich durchlaufen die Fahrgastschiffe **Uhu II** und **Elvkieker II** der **Reederei Helle** aus **Scharnebeck** den Schiffsfahrstuhl. Jeden Tag, außer in den Wintermonaten, können Besucher den Auf- oder Abstieg im Hebewerk miterleben. Auch die **Personenschifffahrt Jürgen Wilcke** aus dem Flecken **Artlenburg** durchquert mit dem Fahrgastschiff **Lüneburger Heide** das Hebewerk.

Im **Yachthafen Artlenburg** liegen die Schiffe der **Artlenburger Segelgemeinschaft**, der **Seglervereinigung Artlenburg**, des **Artlenburger Motorboot Clubs** und zahlreiche Einzellieger. Insgesamt hat der beliebte Ankerplatz Platz für 150 Boote.

Hohnstorf liegt direkt an der Elbe. Eine alte Tradition ist die **Eiswette**. Jeden

Yachthafen Artlenburg (o.)

Tour de Marsch (o.)

ersten Sonntag im Jahr um elf Uhr heißt die bange Frage vor der Gaststätte **Hohnstorfer Fährhaus:** *„Geiht de Elv oder steiht de Elv?"* Heute ist die historische Prüfung nur noch Anlass für ein Spektakel. Aber in frü-

Erich Panz und Sohn Eckhard beim Fischen auf der Elbe (r.)

Schloss Lüdersburg (r.)

heren Zeiten, als es noch keine Elbbrücken gibt, ist das Eis ein großes Hindernis und Eisgang weitaus häufiger als heute.

Vom 13. bis ins 20. Jahrhundert gibt es zwischen **Hohnstorf** und Lauenburg eine Fährverbindung. Erst der Bau der zweiten **Elbebrücke** 1951 zwischen Hohnstorf und Lauenburg (die erste Brücke wird im Zweiten Weltkrieg zerstört) lässt die Einnahmen so weit sinken, dass der letzte Fährmann **Friedrich Oehlke** im Dezember 1957 keinen Nachfolger mehr findet.

Hohnstorf hat eine 400-jährige Elbfischereigeschichte. Von den einst 20 Fischern in Hohnstorf ist nur noch ein Berufsfischer übrig: Fischermeister **Eckhard Panz** hält die Tradition der Hohnstorfer Elbfischer lebendig.

Der Verein **Elbfischerei-Museum Hohnstorf** hat 250 Exponate vom Netz bis zum Fischerkahn gesammelt. Seit 1998 stellt der Verein einen Teil dieser Fischereiutensilien im **Elbfischerei-Museum** aus, das in einem Raum der Zweigstelle Hohnstorf der Sparkasse Lüneburg untergebracht ist.

Die bekannteste Veranstaltung der Samtgemeinde Scharnebeck ist die **Tour de Marsch** Anfang Mai, die inzwischen das größte Volksradfahren im norddeutschen Raum ist. Die 35 Kilometer lange Rundstrecke beginnt und endet auf dem **Schützenplatz Scharnebeck** und verläuft über Wiesen und durch Wälder. Entlang der Strecke gibt es an Rast- und Versorgungsstellen kleine Erfrischungen. Kultureller Mittelpunkt der Samtgemeinde ist die **Domäne Scharnebeck** auf dem Gelände des ehemaligen **Zisterzienserklosters**. Die 1510 erbaute Domäne Scharnebeck ist der letzte erhaltene Bau des Klosters, das im Jahre 1253 gegründet und 1531 aufgelöst wird. Heute wird die Domäne von der **Kreisvolkshochschule Lüneburg** und von der Samtgemeinde Scharnebeck für Veranstaltungen genutzt: Satireabende, Konzerte, Lesungen usw.

Schmuckstück von **Lüdersburg** ist die **Golfanlage Schloss Lüdersburg** mit ihren zwei 18-Loch-Plätzen und einem öffentlichen 9-Loch-Golfplatz. Der **Old Course** wird 1989 eröffnet. Zehn Jahre später folgte der **Lakes Course**, der zu den besten Golfplätzen Deutschlands zählt. Zur Golfanlage gehört ein 1776 errichtetes Barockgebäude, das heute als Hotel dient.

Wohnhaus mit Fachwerk auf der Domäne Scharnebeck (r.)

Bildnachweis

Einleitung 4 Satellitenbild, Infoterra GmbH; 6 Hermannsdenkmal, Hermannsdenkmal-Stiftung; 17 Brautpaar, Original Scheeßeler Trachtengruppe; 18 Domtreppenfegen, Bremer Touristik Zentrale; 20 Kloatscheeten, Samtgemeinde Schüttorf; 20 Spargelanstich, Raiffeisen-Warengenossenschaft Grafschaft Hoya eG ;
Landkreis Cuxhaven 23 Alte Liebe, Stadt Cuxhaven; 24 Ostesperrwerk, Wasser- und Schiffahrtsamt Cuxhaven; 25 Ulrich Kirchhoff auf Carino, Niederelbe-Zeitung; 25 Turnierchef Dr. Martin Lübbeke, Niederelbe-Zeitung; 25 Königstiger, Samtgemeinde Am Dobrock; 25 Hans-Jürgen Hartmann, Mibau GmbH; 26 Burg Bederkesa, Tourismus Kur und Freizeit GmbH; 26 Aqua Vitalis, Tourismus Kur und Freizeit GmbH; 26 Rolandstatue, Tourismus Kur und Freizeit GmbH; 27 Torfstecher, Tourismus Kur und Freizeit GmbH; 27 Discothek, Roes Gasthof; 27 Meredith Michaels-Beerbaum, Elmloher Reitertage; 28 Heiser Mühle, Samtgemeinde Beverstedt; 29 Prämierung eines Esels, Beverstedter Markt- und Kulturverein; 29 Jahresausstellung, Künstlervereinigung Arche; 29 Atrium MS „Norwegian Sky“, Gehr GmbH & Co. KG; 30 Einbringung von Geoton, Fibo ExClay Deutschland GmbH; 31 Catherine André, Catherine André; 32 Ritzebütteler Schleusenpril, Stadt Cuxhaven; 32 Cuxport, Stadt Cuxhaven; 33 Strand bei Duhnen, Stadt Cuxhaven; 33 Steubenhöft, Stadt Cuxhaven; 33 Alte Liebe, Stadt Cuxhaven; 33 MS „Wappen von Hamburg“, Förde Reederei Seetouristik GmbH & Co. KG; 34 Kugelbake, Stadt Cuxhaven; 34 Fort Kugelbake; Stadt Cuxhaven; 34 Villa Gehben, Stadt Cuxhaven; 34 Wrackmuseum, Stadt Cuxhaven; 34 Peter Baltes, Peter Baltes; 35 Seglerhafen, Bernd Schlüsselburg; 35 Freydis, Trans Ocean e.V.; 35 Helmut Bellmer, Trans Ocean e.V.; 36 Duhner Wattrennen, Bernd Schlüsselburg; 36 EWE Athlethics, Bernd Schlüsselburg; 36 Beach Handball, Bernd Schlüsselburg; 36 Sohl'nborger Büttpedder, Sonnhild Sallmann; 37 Vortrag, Nationalpark-Zentrum Sahlenburg; 37 Wattführung, Nationalpark-Zentrum Sahlenburg; 37 Schloss Ritzebüttel, Stadt Cuxhaven; 38 Windenergieanlagen, Plambeck Neue Energien AG; 38 Ringelnatz-Museum, Ringelnatz-Stiftung; 39 Tablettenproduktion, TAD Pharma; 39 Reinraum, Lohmann Animal Health; 39 Betriebsgelände, Voco GmbH; 40 Hauptschöpfwerk, Wasser- und Bodenverbände Otterndorf; 40 Sole Therme, Stadt Otterndorf Touristinformation; 41 Puppen, Förderverein Puppenstube Otterndorf; 41 Werksgelände, Alfred Paulsen Sauerkonserven GmbH & Co KG; 41 Alfred Paulsen, Alfred Paulsen Sauerkonserven GmbH & Co KG; 42 Eheppar Stelljes, Die Photo-Linse Annelie Kuklinski; 42 Hermann-Allmers-Haus, Hermann-Allmers-Gesellschaft e.V.; 43 Discothek Pam Pam, wirkunXgrad medienkontor GmbH; 43 Off-Road-Fahrer, Freizeitpark Motodrom Hoope GmbH; 43 Piratenburg, Samtgemeinde Hagen; 45 Lichtdruckerei, Gerd Berthold; 46 Manfred Friedhoff, Manfred Friedhoff; 48 Genossenschaftsgebäude, BÄKO Bremerhaven eG; 49 Jugendchor Hey Now, Musikschule Beck; 49 Ingo Beck, Ingo Beck; 50 Großraumdisco Planet Dance, wirkunXgrad medienkontor GmbH; 51 Luneplate, bremenports GmbH & Co. KG; 51 Staesz Pfefferkuchengewürz, Gewürzmühle Nesse; 52 Stoteler See, Gemeinde Loxstedt; 53 Schießstand, Rolf Runkler Westerntreffen Düring; 53 Chor, Shanty Chor Loxstedt; 53 Chor, Prayers & Preachers; 54 Museumshalle, Aeronauticum Nordholz Deutsches Luftschiff- und Marinefliegermuseum; 54 Außengelände, Aeronauticum Nordholz Deutsches Luftschiff- und Marinefliegermuseum; 54 Exponate, Kurioses Muschel-Museum; 55 Seefernaufklärer, Marinefliegergeschwader 3; 55 Ölaufklärer, Marinefliegergeschwader 3; 55 Bordhubschrauber, Marinefliegergeschwader3; 55 Krabbenschälmaschine, Alwin Kocken; 55 Krabbenschälmaschine, Detail, Alwin Kocken; 56 Polder Bramel, Gemeinde Schiffdorf; 56 Spadener See, Gemeinde Schiffdorf; 57 Ralph Bürgerhoff, Ralph Bürgerhoff; 57 Geestensether Bahnhofsmarkt, Gewerbe- und Verschönerungsverein Geestenseth e.V.; 57 Orchester, Sinfonisches Blasorchester Wehdel; 57 Szene im Watt, Theatergruppe „Das letzte Kleinod“; 58 Storchennest, Ewald Meybohm; 58 Kanufahrt, Samtgemeinde Sietland; 58 Trachtengruppe, Wannaer Deelpedders; 59 Trachtengruppe, De Godshemer; 58 Gaststätte, Rüsch's Sommergarten; 58 Fahrgastschiff „Onkel Heinz“, Rüsch's Sommergarten
Landkreis Stade 60 Apfelernte, Herzapfelhof Lühs; 61 Obstbaumblüte, Wirtschaftsförderungsgesellschaft Landkreis Stade GmbH; 61 Altstadt Stade, Museumsverein Stade e.V.; 62 Litberg, Samtgemeinde Apensen; 62 Rathaus, Samtgemeinde Apensen; 62 Naturbad Sauensiek, Karin Cordes; 63 Kartoffelernte, Neuhof Beckdorf; 63 Spaghetti Eis, Eisbär Eis GmbH; 63 Weihnachtskrippe, Chriwos Bastelscheune; 63 Musikstudio, Geminy Music Thomas Rathjen; 63 Pflanzenmarkt, Gartenbau Lühnen GbR; 64 Luftbild, Stadt Buxtehude; 64 Skulptur Hase und Igel, Stadt Buxtehude; 64 Fleth, Stadt Buxtehude; 64 Skulptur „Der Flethenkieker“, Carsten Eggers; 65 St.-Petri-Kirche, Stadt Buxtehude; 65 Abthaus, Stadt Buxtehude; 65 Marschturmzwinger, Stadt Buxtehude; 65 Lange Straße, Stadt Buxtehude; 66 Rathaus, Stadt Buxtehude; 66 Buxtehude Museum, Stadt Buxtehude; 66 Restaurant, Restaurant Amadeus; 66 Carlo von Tiedemann und Dirk Domagala, Buxtehuder Brauhaus; 66 Winfried Ziemann, Winfried Ziemann; 66 „Buxtehuder Bulle“, Stadt Buxtehude; 67 Altstadtfest, Altstadtverein Buxtehude; 67 Weinfest, Altstadtverein Buxtehude; 67 Pfingstmarkt, Heimatverein Neukloster; 68 Rallycross, Automobilclub Niederelbe e.V.; 68 Tim Fischer, Ulrike Molitor; 68 Dieter Nuhr, WortArt; 68 Sissi Perlinger, Roland Forster; 68 Optische Kontrolle, KID-Systeme GmbH; 69 Laborszene, Synthopol Chemie Dr. rer. pol. Koch GmbH & Co. KG; 69 Werksgebäude, Bacardi GmbH; 69 Glaslager, Interpane Glasgesellschaft mbH & Co. KG; 69 Fertigung bei Lever Faberge, Unilever Deutschland GmbH; 70 Queen Mary 2, Gemeinde Drochtersen; 70 Elbstrandrennen, Verein für Pferderennen am Krautsander Elbstrand e.V; 70 Skulptur „Deichgraf von Krautsand“, Carsten Eggers; 70 Freifall-Rettungs-

boot, Ernst Hatecke GmbH; 71 Rasenmähertrecker-Rennen, Friedhelm Meybohm; 71 Jürgen Petschull, Harald Schmitt (Gruner & Jahr); 71 Piggeldy und Frederick, Elke Löwe; 71 Führung im Kehdinger Moor, Verein zur Förderung von Naturerlebnissen e.V; 71 Ziegelei, Klinkerwerk Rusch; 72 Birger Tetzlaff, Jörg Potreck; 72 Moorexpress, Samtgemeinde Fredenbeck; 72 Gut Deinster Mühle, Einsatz Creative Production GmbH & Co KG; 72 Bohrgerät, Dankers Bohrtechnik GmbH; 73 Bau der Remise, Heimat- und Kulturkreis Kutenholz; 73 Naturerlebnis, Verein zur Förderung von Naturerlebnissen e.V.; 73 Verpackungen, RPC Verpackungen Kutenholz GmbH; 74 Rathaus, Samtgemeinde Harsefeld; 74 Gästeführung Amtshof, Samtgemeinde Harsefeld; 74 Klosterpark, Samtgemeinde Harsefeld; 74 Bücherei, Friedrich-Huth-Bücherei Harsefeld; 75 Lagerfeuer, Thomas von Hein, Harsefelder Pfadfinder; 75 Garten der Steine, Samtgemeinde Harsefeld; 75 Hans Prigge, Hans Prigge; 75 Eissporthalle, Samtgemeinde Harsefeld; 76 Jette Joop, Rendel & Spitz GmbH; 76 Marita Krüger, Marita Krüger; 76 Skateranlage, Samtgemeinde Harsefeld; 77 Weihnachtsmannbüro, Hermann Bardenhagen; 77 Kutscher Müller, Witt's Gasthof; 77 Spargelstecher, Otto von Gruben (Gut Kuhla); 78 Gruppenbild, Hökerwerkstatt; 78 Kinderbuchlesung, Kulturkreis Himmelpforten; 78 Wette, J. Bölsche (Fanclub Gasthof Stechmann); 79 Schloss Agathenburg, Michael Wilde, Institut für Integriertes Design an der Hochschule für Künste Bremen; 79 Kuben, Michael Wilde, Institut für Integriertes Design an der Hochschule für Künste Bremen; 79 Drechseln, Handwerksmuseum Horneburg; 80 Gruppenbild, Atlantic Mineralölwerk; 80 Carsten Eggers, Carsten Eggers; 80 Kaufhaus Mohr, Mohr GmbH & Co. KG; 81 Obstblüte im Alten Land, Wirtschaftsförderungsgesellschaft Landkreis Stade GmbH; 81 Rathaus Jork, Mark Harris (Touristik Zentrale Jork); 81 Museumsgebäude, Museum Estebrügge; 81 Gerd Matthes, Museum Estebrügge; 82 Vorernteführung, Obstbauversuchsring des Alten Landes e.V.; 82 Apfelbaumpaten, Patrick Schlie s2marketing (Obsthof Axel Schuback); 82 Hein Luehs, Herzapfelhof Luehs GmbH & Co KG; 82 Apfeldiplom, Heinrich Schuback; 83 Lühe-Anleger, Wirtschaftsförderungsgesellschaft Landkreis Stade GmbH; 83 Fähre „Dat ole Land", Lühe-Schulau-Fähre GmbH; 83 Elbe-City-Jet, Wirtschaftsförderungsgesellschaft Landkreis Stade GmbH; 83 Twielenflether Leuchtturm, Wirtschaftsförderungsgesellschaft Landkreis Stade GmbH; 84 Kinderferien, Feriendorf Altes Land Verwaltungsgesellschaft mbH; 84 Seefahrtschule Grünendeich, Maritime Landschaft Unterelbe GbR; 84 Gaststätte „Ole Fähr", Angelika Weidig; 84 Trauzimmer, Samtgemeinde Lühe; 84 Hogendiekbrücke, Samtgemeinde Lühe; 85 Vogelschwarm, Verein zur Förderung von Naturerlebnissen e.V.; 85 Bus „Vogelkieker", Verein zur Förderung von Naturerlebnissen e.V.; 85 Freilandbereich, Natureum Niederelbe; 86 Prozessionsübung, Museumsverein Stade e.V.; 86 MS „Seeland", Karl Meyer Reederei GmbH & Co. KG; 86 Museumsgebäude, Kehdinger Küsten-Schifffahrtsmuseum; 87 Luftbild, Samtgemeinde Oldendorf; 87 Fähre Brobergen, Samtgemeinde Oldendorf; 87 St.-Martins-Kirche, Samtgemeinde Oldendorf; 88 Discoszene, Musikladen Heinbockel; 88 Siegerehrung, Familie Schlichtmann; 88 Jonne Kirchgäßner, Jonne Kirchgäßner; 88 Milchtankstelle, Samtgemeinde Oldendorf; 89 Fischmarkt, Stadt Stade; 89 Stadthafen, Stadt Stade; 89 Bootshaus, Stadt Stade; 89 Yachthafen, Stadt Stade; 90 Altländer Trachten, Schwedenspeicher-Museum Stade; 90 Kernkraftwerk Stade, E.ON Kernkraft GmbH; 90 Rathaus, Stadt Stade; 91 Zeughaus, Stadt Stade; 91 Altländer Prunkpforte, Schwedenspeicher-Museum Stade; 91 Stadtsiegel, Schwedenspeicher-Museum Stade; 91 Schwedenspeicher, Schwedenspeicher-Museum Stade; 92 Hafensänger, Verein Alter Hafen; 92 Dieter-Theodor Bohlmann, Verein Alter Hafen; 92 Skulptur „Mutter Flint", Stadt Stade; 92 Baumhaus, Stadt Stade; 93 Fischmarkt, Stadt Stade; 93 Elbe-City-Jet, Hansestar Klaus Suhr elbe-cityjet Schnellfähren GmbH & Co. KG; 93 Kunsthaus Stade, Schwedenspeicher-Museum Stade; 93 Mützenregal, Rolf Klodt; 93 Rolf Klodt, Rolf Klodt; 94 Stadeum, Stadt Stade; 94 Skulptur „Die Wachenden von Stade", Carsten Eggers; 94 Blaskapelle, Arbeitsgemeinschaft Aktuelles Stade; 95 Werksgelände, Hydro Aluminium Deutschland GmbH; 95 Opernszene, Förderverein Festung Grauerort e.V.; 95 Auszubildende, Aluminium Oxid Stade GmbH; 95 Familie Schoppmann, R. Schoppmann

Landkreis Rotenburg 97 Torfabbau, K+S Aktiengesellschaft; 98 Brockwischenhus, Sabrina Hinck; 98 Theatergruppe Hemsbünde, Anette Bürger; 99 Dinner, Iris Precht-Hallé; 99 Feldsteinkirche, Sabrina Hinck; 99 Krippe, Gerd Sievers; 100 Vörder See, Oste Yacht Club; 100 Welt der Sinne, Stadt Bremervörde; 100 Riesen-Ei, Stadt Bremervörde; 101 Dr. Marlene Trentwedel, Stadt Bremervörde; 101 Bremervörder Hafen, Stadt Bremervörde; 101 Steganlagen, Oste Yacht Club; 102 Ziegelei Pape, Stadt Bremervörde; 102 Findorff-Grab, Stadt Bremervörde; 102 Findorff-Gemälde, Bachmann-Museum; 102 Torfstich um 1900, Karl-Peter Schreckenberg; 103 Friedrich Freudenthal, Samtgemeinde Fintel; 104 Fintau, Samtgemeinde Fintel; 104 Ferienzentrum Eurostrand, Eurostrand Fintel GmbH & Co. KG; 104 Firmengebäude, Hühnerhof Heidegold GmbH; 105 Verladung Rotorblätter, L & L Rotorservice GmbH; 106 Abschlussbüffet, Freizeit- und Begegnungsstätte Oese; 106 Ortsansicht Hipstedt-Löh, Sabrina Hinck; 107 Erntefest, Gemeinde Gnarrenburg; 107 Kuhstedtermoor, Gemeinde Gnarrenburg; 107 Torfstecher, Gemeinde Gnarrenburg; 107 Halbhuntschiff, Gemeinde Gnarrenburg; 108 Sprung über den Graben, Gemeinde Gnarrenburg; 108 Holzauktion, Gemeinde Gnarrenburg; 108 Moorschnuckenhof, Detlev Logemann; 108 Verladung von Blumenerde auf die Bahn, K+S Aktiengesellschaft; 109 Fußgängerzone, Info-Büro Rotenburg; 109 Rudolf-Schäfer-Haus, Info-Büro Rotenburg; 109 Brunnen, Info-Büro Rotenburg; 109 Knolli, Info-Büro Rotenburg; 110 Krankenhausgebäude, Diakoniekrankenhaus Rotenburg (Wümme) gGmbH; 110 Krankenpflege um 1940, Diakoniekrankenhaus Rotenburg (Wümme) gGmbH; 110 Krankenpflege heute, Diakoniekrankenhaus Rotenburg (Wümme) gGmbH; 110 Elise Averdieck, Fresh Color GbR; 110 Gärtner, Rotenburger Werke der Inneren Mission; 111 Freizeitbad Ronululu, Stadtwerke Rotenburg; 111 Landhaus Wachtelhof, Flumdesign GbR; 111 Schlauchturm, Info-Büro Rotenburg; 112 Sandbahn Eichenring, Gemeinde Scheeßel; 112 Internationales Trachtenfest, Christoph Herrmann; 112 Junge Nachwuchstänzer, Heiko Klee; 113 Hurricane Festival 2004,

FKP Scorpio Konzertproduktionen GmbH; 113 Amtsvogtei, Sabrina Hinck; 113 Heidesee, Gemeinde Scheeßel; 114 Dorfmove, Samtgemeinde Selsingen; 115 Landfrauencafé, Samtgemeinde Selsingen; 115 Wassermühle Eitzmühlen, Samtgemeinde Selsingen; 115 Nutztierroute, Samtgemeinde Selsingen; 115 Lagerbaracke Sandbostel, Sabrina Hinck; 116 Heimathaus, Samtgemeinde Sittensen; 117 St.-Dionysius-Kirche, Samtgemeinde Sittensen; 117 Klostermühle, Samtgemeinde Sittensen; 117 Imkerstand, Wolfgang Tietjen; 117 Firehunter, Ifex GmbH; 117 Franciscus Steur, Ifex GmbH; 118 Heimathaus, Samtgemeinde Sottrum; 118 Skulptur „Johannes der Täufer", Samtgemeinde Sottrum; 119 Glockenstuhl, Samtgemeinde Sottrum; 120 Dirk Gieschen, Dirk Gieschen; 120 Tarmstedter Ausstellung, Dirk Gieschen; 120 Gasthausschild, Irmtraud Weisser; 120 Gretchen und Heinrich Willenbrock, Irmtraud Weisser; 121 Birth Control, Eckhard Gallus; 121 Timke-Park, Timke-Park GmbH; 121 Manfred Pilster, Manfred Pilster; 121 Schulgebäude, Kooperative Gesamtschule Tarmstedt; 122 Einkaufsmeile, Gerd Richter; 122 Historische Ansicht Sonnentau, Stadt Visselhövede; 122 Theaterszene, Theater Metronom; 122 Wasserturm, Sabrina Hinck; 123 Hochzeitsfoto, Christian Städter; 123 Crazy Johnny Tiger u.a., Christian Städter; 123 St.-Nikolaus-Kapelle, Stadt Visselhövede; 123 Vissel-Quelle, Sabrina Hinck; 124 Königin-Christinen-Haus, Stadt Zeven; 124 Trauzimmer, Stadt Zeven; 125 Walter Kempowski, Walter Kempowski; 126 Gitarrenwoche, Stadt Zeven; 126 Nordmilch-Werk, Nordmilch eG; 126 Löschzug, Feuerwehrmuseum Zeven; 127 Qualitätskontrolle, Mapa GmbH; 127 Werkshalle, Lisega GmbH;

Landkreis Harburg 130 Tanzgruppe, Stadt Buchholz; 131 Buchholzer Stadtlauf, Arno A. Reglitky; 131 Erik Zabel, T-Mobile International Corporate Communication; 131 Bahnhof Holm-Seppensen, Stadt Buchholz; 132 Fechtszene, Arno A. Reglitky; 132 Empore Buchholz, Stadt Buchholz; 132 Jazz & Platt, De Steenbeeker; 133 Stoppelfeldrennen, Stadt Buchholz; 133 Feuerwehr-Veteranentreffen, Feuerwehrmuseum Marxen; 133 Gabriele Barz, Gabriele Barz; 133 Erdgastankstelle, Körner Magazinverlag; 134 Ritscher-Trecker-Treffen, Thorsten Kröger; 135 Tee-Abpackung, Laurens Spethmann GmbH & Co.; 135 Möbelhaus, Möbel Kraft Artur Kraft KG; 135 Dieter Kottysch mit Enkel, Dieter Kottysch; 135 Dieter Kottysch 1972, Dieter Kottysch; 136 Marschkunst, Samtgemeinde Elbmarsch; 136 Ponystart, Stover Rennverein von 1874; 136 Skulpturenpark, Samtgemeinde Elbmarsch; 137 Kindergruppe, Trachtenlüüd ut de Elvmarsch; 137 Matthias Riethmüller, Reinald Achilles upsolut event GmbH; 137 HEW Cyclassics, Reinald Achilles upsolut event GmbH; 138 Undeloh, Verkehrsverein Undeloh; 138 Schäfer, Schäferei Hermann Herold; 138 Lothar Askani, Angela Kraft (Wild Park Lüneburger Heide); 138 Empfang im Haus der Natur Döhle, Verein Naturschutzpark e.V.; 139 Dreharbeiten auf der „Gorch Fock", JAS Film; 139 Manfred Schulz, JAS Film; 139 Werner Herrig, Werner Herrig; 139 Feuerlöschzüge, Feuerwehrmuseum Marxen; 140 Max Schmeling und Anny Ondra, Max Schmeling; 140 Stand Eine-Welt-Laden, Elke Hupke; 140 Feldgemüse, Ökologiehof Wennerstorf; 141 Obstbaumführung, Boomgarden-Verein e.V.; 141 Thomas Kisser, wake up music-Studio; 141 Reinhold Pfaff, Raststätten GmbH + Co. KG Hollenstedt; 141 Freibad, Förderverein Freibad Hollenstedt e.V.; 142 Filmplakat „Die Sünderin", Filmmuseum Bendestorf; 142 Filmplakat Marika Rökk, Filmmuseum Bendestorf; 142 Makens-Hus, Samtgemeinde Jesteburg; 143 Landhaus, Landhaus Meinsbur; 143 Führung in der Kunststätte Bossard, Stiftung Kunststätte Bossard; 144 Posaunenchor, Reinhard Petersen; 144 Ulla Winterhoff und Marina Conrad, Harburger Keramikhof; 145 Karl-Heinrich und Heiko Lehmann, Fiberglas Technik Lehmann & Sohn GmbH; 145 Manfred Kaltz, Manfred Kaltz; 145 Mannschaftsbild, Manfred Kaltz; 147 Flächenbrand, Feuerwehr Neu Wulmstorf; 147 Gefahrgut, Feuerwehr Neu Wulmstorf; 148 Freilichtmuseum, Freilichtmuseum Kiekeberg; 148 Kutscher Werner Herrig, Verein Postkutsche Lueneburger Heide e.V.; 148 Kochen mit Kindern, Freilichtmuseum Kiekeberg; 149 Waldgottesdienst, Gemeinde Rosengarten; 149 Bauerngarten, Freilichtmuseum Kiekeberg; 149 Freigehege, Wildpark Schwarze Berge,; 149 Krankenfahrstuhlrennen, Duo-Club Emsen; 150 Zara Phillips, Enno Friedrich (Turniergesellschaft Luhmühlen); 150 Peter Geller, Peter Geller; 150 Mühle, Peter Geller; 151 Team, Samtgemeindebücherei Salzhausen; 151 St.-Johannis-Kirche, Verkehrs- und Kulturverein Salzhausen; 151 Schlauchturm, Samtgemeinde Salzhausen; 153 Bunter Bahnhof Meckelfeld, Frank Drynda; 153 Bunter Bahnhof Maschen, Frank Drynda; 154 Plattencover, Truck Stop; 154 Burg Seevetal, Gemeinde Seevetal; 154 Großer Saal, Gemeinde Seevetal; 155 Skulpturenpark, Gernot Huber Stiftung; 155 Gisela und Gernot Huber, Gernot Huber Stiftung; 156 Margret Duensing, Margret Duensing; 156 Horster Wassermühle, Maik Schmanns; 157 Steg, Yachtclub Bullenhausen; 157 Spielbank Hittfeld, Spielbanken Niedersachsen GmbH; 157 Gaststätte, Eduard Prange; 158 Partystimmung, Diskothek Hittfelder Mühle GmbH; 158 Jochen Spethmann, ; 158 Michael Spethmann, Laurens Spethmann Holding AG & Co; 159 Orchester, Steller Musikanten; 159 Chor, Elbdeich-Brummer; 160 Direktverkauf, Johannes Lühders KG; 160 Ingwerlager, Johannes Lühders KG; 160 Gletscher in Feuerland, Charterhanse Hamburg GmbH; 161 Arbeitskreis Astronomie, Samtgemeinde Tostedt; 162 Kinderkarneval, Pfeifenclub Blauer Dampf e.V.; 162 Theaterszene, Herbert Fricke; 162 Heidi Kirste, Heidi Kirste; 163 Elke Martensen, Elke Martensen; 163 Jürgen Kanzelmeyer, Zuckerstudio Kanzelmeyer Internationale Modellierfachschule für Zuckerdekor und Marzipan; 163 Florence Joy Büttner, Stefan Lohrberg Management; 163 Hermann Herold, Hermann Herold; 164 Heide-Ballon, Karsten Funk; 164 Möbelprüfung, Galerie Himmelsweg; 164 Heidi und Volker Elstermann, Galerie Himmelsweg; 165 Schloss zu Winsen, Stadtmarketing Winsen; 165 Entenrennen, Tex Fichtner (Round Table); 165 Kirche St. Marien, Stadtmarketing Winsen; 166 famila Elbe Masters, Jugend-Handballturnier-Verein Winsen e.V.; 166 Rathausstraße, Stadtmarketing Winsen; 167 Einholen der Reusen, Wilhelm Grube,; 168 Eckercken Theater, Michael Benecke; 168 Stabkirche, Stadt Winsen (Luhe); 168 Stöckter Faslam, Georg Fütterer; 169 Illustration, Holger Aue; 169 Babcock-Messermaschine, Furnierwerk Winsen GmbH;

Landkreis Soltau-Fallingbostel 171 Bob-Bahn, Heide-Park Soltau GmbH; 172 Schloss Ahlden, Kunstauktionshaus Schloss Ahlden GmbH; 172 Gruppenbild Mitarbeiter, Heermanns Blaubeerland GbR; 172 Dr. Wilhelm Heermann, Heermanns Blaubeerland GbR; 173 Giraffen, Serengeti-Park Hodenhagen GmbH; 173 De Brinkhof, Samtgemeinde Ahlden; 173 Leo, Serengeti-Park Hodenhagen GmbH; 174 Einweihung, Viebrockhaus AG; 174 Klinikgebäude, Klinik Bad Fallingbostel; 174 Kurpark, Stadt Bad Fallingbostel; 174 Fallingbosteler Braut, Archäologische Arbeitsgemeinschaft e.V.; 175 Werksgelände, Eckes-Granini Deutschland GmbH; 175 Werksgelände, Michelin Reifenwerke KGaA; 175 Rathaus, Stadt Bad Fallingbostel; 176 Ernst Nölle, Landschaftspark Iserhatsche Uwe Schulz-Ebschbach; 176 Uwe Schulz-Ebschbach, Landschaftspark Iserhatsche Uwe Schulz-Ebschbach; 176 Diana-Sanssouci-Zimmer, Landschaftspark Iserhatsche Uwe Schulz-Ebschbach; 177 Center Parks Bispinger Heide, Center Parcs Leisure Deutschland GmbH; 177 Ralf Schumacher, Schumachers Motodrom GmbH; 177 Frigga Steinmann-Laage, Frigga Steinmann-Laage; 178 Extruder, Wipak Walsrode GmbH & Co. KG; 178 Liederabend, Verkehrsverein Bomlitz; 178 Verwaltungssitz, Wolff Walsrode AG; 178 Hügelgräberfeld, Gemeinde Bomlitz; 179 Waldbad, Gemeinde Bomlitz; 179 Flüsschen Warnau, Gemeinde Bomlitz; 180 Heimathaus Ollershof, Stadt Munster; 181 Flüggenhofsee, Stadt Munster; 181 Preisträger, Stadt Munster; 182 Countryfest, Trucker & Country Club Munster e.V.; 182 Werksansicht, Geka mbH; 182 Golfplatz, Golf Club Munster e.V.; 183 Kartoffelfest, Gemeinde Neuenkirchen; 183 Rolf Baden, Heide-Touristik Neuenkirchen; 184 Stadtkinder, Barbara Cwiertnia; 184 Skulptur „Holzkristall", Gemeinde Neuenkirchen; 184 Sprengeler Mühle, Gemeinde Neuenkirchen; 184 Skulptur „bleiben", Monika Zimmermann; 186 Mahnmal Friedhof der Namenlosen, Gemeindefreier Bezirk Osterheide; 187 Hinrich-Christoph Londy, Samtgemeinde Rethem; 188 Valérien Ismael, Frank Leverenz; 189 Elsa Ehrhorn, Stadt Schneverdingen; 189 Ingo Sax, Wolfgang Neruda; 190 Orchester mit Heidekönigin, Schneverdinger Stadtfalken, ; 190 De Kaffeestuuv, De Kaffeestuuv Inhaber Holger Fach; 191 Fertigungsbahnen, DW Systembau GmbH; 191 Nostalgisches Logo, Fischer Markenschuh GmbH; 192 Harry's Klingendes Museum, Harry Natuschka; 192 Harry Natuschka, Harry Natuschka; 193 Bühnenszene, PRO(vinz)BÜHNE Schwarmstedt; 194 Parkgelände, Heide-Park Soltau GmbH; 194 Colossos, Heide-Park Soltau GmbH; 194 Solehalle, Soltau Therme; 195 Eröffnungsfeier, Soltauer Veranstaltungszentrum „Alte Reithalle" GmbH; 195 Dingley Hall, Norddeutsches Spielzeugmuseum; 195 Lichterfest, Stadt Soltau; 195 Stefanie Klymat, Stefanie Klymat; 196 Schülervarieté, Hauptschule Soltau; 196 Brüder Freudenthal, Freudenthal-Gesellschaft e.V.; 196 Rathaus Soltau von 1825, Freudenthal-Gesellschaft e.V.; 196 Firmengebäude, hagebau Handelsgesellschaft für Baustoffe mbh & Co. KG; 197 Pelikananlage, Vogelpark Walsrode; 197 Tiertrainer, Vogelpark Walsrode; 197 Papageien, Stadt Walsrode; 197 Hermann Löns, Stadt Walsrode; 199 Ginsengfeld, Wischmann FloraFarm GmbH; 199 Skulptur „Sisyphus", Stadt Walsrode; 200 Frühschoppen, Gemeinde Wietzendorf; 200 Feuchtwiesengebiet, Naturschutzgruppe Wietzendorf e.V.; 201 Kranzniederlegung, Gemeinde Wietzendorf; 201 Kinderbuchlesung, Gemeinde Wietzendorf; 201 Kinder beim Melken, Familie Winkelmann

Landkreis Lüneburg 204 Rathaus, Gemeinde Adendorf; 204 Erbstorfer Harmoniker, Volker Franke (Werbegemeinschaft Adendorf e.V.); 204 Gruppenbild, Golf Resort Adendorf KG; 205 Kinder, Waldkindergarten Adendorf; 205 Magierstammtisch, Sylke Finsel; 205 Koi-Fütterung, Koi-Markt Adendorf; 206 Heidekönigin, Samtgemeinde Amelinghausen; 206 Heidekönigin Jenny Elvers, Hans Jürgen Pyritz; 206 Frühstück, Anneliese Petersen; 207 Lopausee, Samtgemeinde Amelinghausen; 207 Heide-Express, Arbeitsgemeinschaft Verkehrsfreunde Lüneburg e.V.; 207 Oldendorfer Totenstatt, Christel Wegener; 207 Eule, Rolf Nobel; 208 Wachturm, Gemeinde Amt Neuhaus; 208 Garten, Hedda und Joachim Bornemann; 209 Sommerfest, AIS Rechenzentrum für Rechtsanwälte; 209 Trabbi Rallye, Werner Club Neuhaus; 209 Türenfertigung, Xenon Warnke Holzmanufaktur; 209 Werner Hüls, Gemeinde Amt Neuhaus; 210 Erntefest, Horst Rhau; 210 Rainer Bauland, Rainer Bauland; 211 Oliver Gade, Oliver Gade; 211 Ilmenauschiffer in traditioneller Tracht, Hans-Jürgen Werner; 212 Kindergeburtstag, Andreas Gensch; 213 Flusslandschaft, Elbschloss Bleckede; 213 Ausstellung, Elbschloss Bleckede; 213 Nordflügel, Elbschloss Bleckede; 214 Albert-Schweitzer-Altenhilfe, Jörg Grabowski; 214 Radler machen Pause, Petra Sühr Radlerherberge „Alte Schule"; 214 Vereinsheim, Bleckeder Bootsfreunde von 1927 e.V.; 214 Raddampfer „Kaiser Wilhelm", Verein zur Förderung des Lauenburger Elbschiffahrtsmuseums e.V.; 215 Mitarbeiter, Molda AG; 215 Werksansicht, Molda AG; 215 Joachim Karge und Loki Schmidt, Joachim Karge; 216 Elke und Lothar Schenzel, Satzstudio Trageser; 216 Schulung, Tagungszentrum Ellernhof; 217 Hinrich Romeike, H.W. Müller rv-press; 217 Wassermühle Heiligenthal, Samtgemeinde Gellersen; 218 Harum Alickovic und Alexander Fischer sen., Samtgemeinde Gellersen; 218 Kartoffelpackbetrieb Böhmer, Samtgemeinde Gellersen; 218 Fuhrpark Transporte Günter Burmeister, Samtgemeinde Gellersen; 218 Ina G. Sommermeier, Ina G. Sommermeier; 218 Markus Kristen, Umweltpädagogische Erlebnisreisen e.V.; 219 Familie von Estorff, Ingo Wandmacher; 219 Gutskapelle, Samtgemeinde Ilmenau; 219 Katharinenkirche, Samtgemeinde Ilmenau; 220 Osterfeuer, Samtgemeinde Ilmenau; 220 Sambagruppe Vamos, Jörg Schwieger; 220 Zweiständerhaus Deutsch Evern, Samtgemeinde Ilmenau; 220 Fahrtraining auf Motorrad, Christian Brinkmann; 221 Backsteinhäuser, Stadt Lüneburg; 222 Lüne-Park, Stadt Lüneburg; 222 Rekruten vor der Lüner Kaserne 1921, Stadt Lüneburg; 222 Alter Pferdestall der Lüner Kaserne, Stadt Lüneburg; 222 Kneipenmeile, Stadt Lüneburg; 223 Stadtfest, Stadt Lüneburg; 223 Campus (ehemalige Scharnhorst-Kaserne), Universität Lüneburg; 223 Lesesaal (ehemalige Panzerreparaturwerkstatt), Universität Lüneburg; 224 Giebel im Licht, Stadt Lüneburg; 225 Stadtfest, Stadt Lüneburg; 224 Ausstellungsraum im Heinrich-Heine-Haus, Barbara Westphal; 224 Heinrich-Heine-Haus, Kunstverein Lüneburg; 225 St.-Johannis-Kirche, Stadt Lüneburg; 225 Christine Strobell, Christine Strobell; 226 Bike Point, Stadt Lüneburg; 226 Kinderfest, Stadt Lüneburg; 226 Stadtfest „Alte Handwerkerstraße", Stadt Lüneburg; 227 Schüler auf dem Wasserturm,

Trägerverein Wasserturm Lüneburg e.V.; 227 Wasserturm, Stadt Lüneburg; 227 Alter Kran, Stadt Lüneburg; 228 Schreinmadonna, Ostpreußisches Landesmuseum; 228 Produktion bei De-Vau-Ge, Studio A Design; 228 Diorama „Tiere der Nacht", Naturmuseum Lüneburg; 229 Gerichtslaube, Stadt Lüneburg; 229 Siedehütte, Deutsches Salzmuseum; 229 Museumsgebäude, Brauereimuseum Lüneburg; 230 Industriegebiet Lüner Heide, Stadt Lüneburg; 230 Mitarbeiter bei der Kontrolle, Pickenpack Hussmann & Hahn Seafood GmbH; 231 Rathaus, Samtgemeinde Ostheide; 231 Tagungsgebäude, Bildungs- und Tagungszentrum Ostheide; 231 Schmiede-Aktion, AGIL Büro für angewandte Archäologie; 231 Chor, Chor Cantabile; 232 Kutschfahrt, Andreas Groothoff; 232 Verkittete Sande, Samtgemeinde Ostheide; 233 Schiffshebewerk, Samtgemeinde Scharnebeck; 233 Eingang zur Ausstellung, Samtgemeinde Scharnebeck; 233 Yachthafen Artlenburg, Samtgemeinde Scharnebeck; 234 Tour de Marsch, Samtgemeinde Scharnebeck; 234 Fischen auf der Elbe, Eckhard Panz; 234 Schloss Lüdersburg, Golf- und Landclub Schloss Lüdersburg e.V.

Danksagung

Die Redaktion dankt herzlich allen, die ihr geholfen haben mit Informationen und mit der kritischen Durchsicht ihrer Texte. Besonderer Dank gilt auch den vorstehend genannten Leihgebern für die freundliche Überlassung von Bildmaterial in so außerordentlich großer Fülle.

Impressum

Medienkassette DreiStromLand

eingetragene Marke zur Reg.Nr. 303 42 499 des Deutschen Patent- und Markenamtes

Band 3
1. Auflage 2005 (Redaktionsschluss: Dezember 2004)
ISBN 3-203-85999-8

Projektleitung Helmut Albers

Buchredaktion Rolf Böttcher
Marc Bolkenius
Corinna Laubach
Nicole Möser
Hermann Pölking
Jens Schönig
Susanne Seedorf
Frank Wendler
Bianca Wermann

Fotografie Friedrich-Karl Boehm
Elke Martens (Bremen, Bremerhaven)
Rianne van der Ven (Bremen)
Ralf Reincken (Landkreis Verden)
Sabrina Hinck (Landkreis Rotenburg)

Art Direction Tatjana Blaar

Layout Tatjana Blaar
Corinna Hahn

Lithografie und Karten Melanie Erdmann
Pierre Hansen

Druck Druck- und Verlagshaus Fromm, Osnabrück

Filmredaktion Roland Mayer
Hermann Pölking
Linn Sackarnd
Barbara Thiel
Eva-Maria Walter

Film-Team Barbara Thiel (Leitung)
Sven Bien
Beate Drechsler
Stephanie Faase
Florian Gerding
Rafael Giese
Thomas Golüke
Midori Hirose
Julius Holtz
Ruth Johnson
Jörg Johow
Ralf Küster

Sprecher Martin Heckmann
Peter Kämpfe

Musik und Komposition André Feldhaus

Produzenten Roland Mayer
Hermann Pölking

Filmproduktion evado GmbH, Bremerhaven

Gesamtherstellung APE kommunikation GmbH, Bremen

Vertrieb edition nordwest im Europa Verlag, Hamburg